PATENT LAW

특허법

윤 태 식

박영사

머리말

이전부터 인공지능(AI)이 의료 진단, 데이터 분석 등 특정 전문분야에서 의미 있는 역할을 담당했는데, 이제는 언론, 출판, 엔터테인먼트, 미술, 소프트웨어 등 생활 전 분야에서 ChatGPT, Midjourney, Codex 등 생성형 인공지능(Generative AI)에 기반을 둔 공개 플랫폼의 활용도가 눈에 띄게 늘고 있다.

인공지능이 세상을 어느 정도로 바꿀 수 있을지를 구체적으로 예측하기는 어렵지만, 우리 생활 속으로 들어와 미래세상을 바꿀 수 있는 게임체인저로 될 것임은 명확해 보인다.

인공지능(AI)과 같은 작업도구를 이용한 기술의 변화를 인식하면서 한편으로 제조업 등에서 원천기술을 보유하고 기술이나 소재, 부품, 장비 등에서 국산화를 이루어 기술자립에 따른 대외 영향력을 키워 나가는 것에도 관심을 가질 필요가 있다.

특히 레거시 산업기술이라도 관리하면서 중요산업이나 첨단기술 분야에 적극적으로 투자하여 미래전략산업을 확보하고 대 · 중소기업 모두를 아우르는 이른바 기술생태계를 조성, 관리해 나가야 한다. 그리고 인재를 키우고 소중히 하며 중요한 산업기술과 정보가 유출되지 않도록 보안에도 힘써야 한다.

이제 전문분야에서 인재를 육성하고 기술을 유지 · 발전시키고 지키는 것은 이를 보유한 회사뿐 아니라 그 회사가 속한 사회 나아가 국가의 발전에 큰 영향을 미치는 핵심과제가 되었다. 따라서 법률적인 제도 역시 그러한 시대적 과업을 뒷받침하기 위해 적극적으로 제정되고 운용될 필요가 있다.

가치 있는 기술을 유지하고 발전시키는 작업은 특허법과 깊이 관련되어 있다.

해당 기술 자체는 높이 평가받을 만한데도 특허출원서의 청구범위 등 명세서 작성을 소홀히 하여 출원이 거절되거나 특허권이 무효로 되고, 심판이나 침해소송 등에서 공격방어를 제대로 하지 못하여 패소하는 등의 안타까운 사례가 발생할 수 있다.

저자는 법원에서 다년간 지식재산 관련 재판업무 등을 맡으면서 사건 해결을 위해 연구하고 정리한 내용을, 전문가나 지식재산권법의 이해를 필요로 하는 분들과 나누기 위해 그동안 단독으로 특허법, 디자인보호법, 저작권법, 부정경쟁방지법에 관한 전문서적을 차례로 집필하여 출간하였다. 그중 '판례중심 특허법'(2013)과 그 개정판인 '특허법 – 특허 소송 실무와 이론 –'(2017)은 특허법 영역에서 판례를 중심으로 한 집필방식을 처음으로 시도하여 수십 년간 선고되어 온 특허 관련 대법원판례 등을 주제별로 정리하고 그 의미 등을 분석한 것이었다.

그 밖에도 저자는 그동안 국내 · 외 지식재산권법 이론과 실무를 연구하여 우리 지식재산권법 연구에 활용하고 그중 특허법을 지식재산권법 전체의 관점에서 서로 연계하면서 통합적으로 조망, 해석하고자 노력해 왔고 그 노력이 어느 정도 결실을 보아 위 책 외에 디자인보호법, 저작권법, 부정경쟁방지법에 관한 전문서적까지 출간할 수 있었는데 그중 박영사를 통해 펴낸 '저작권법'(2020), '저작권법 제2판'(2021)과 '부정경쟁방지법'(2021)은 본격적인 해설서였다.

본서는, 저자가 법원에서 다년간 지식재산권법 관련 재판업무를 담당하면서 얻은 경험과 연구 성과를 담은 특허법 해설서로서 특허법 전체 내용을 제1장부터 제14장까지의 14개 부분으로 나누어 특허법의 이론과 실무를 자세히 설명하고 있다.

그동안 특허법에 관한 다수의 중요한 개정이 이루어졌고 특허 실무와 이론에도 많은 변화와 발전이 있었기에 이 책에서 특허법 전 분야에 걸쳐 기존에 출판된 다른 특허법 해설서와 차별화될 수 있도록 이미 알고 있는 내용은 더욱 정확하게 가다듬으면서 수십 년 동안에 걸쳐 쌓인 특허법 이론을 상세히 설명하고 기존 해설서에서 설명하고 있지 않은 최근의 변화된 실무와 이론까지 특허법에 관한 중요한 사항을 모두 망라하여 전문가를 위한 표준적인 해설서가 될 수 있도록 노력하였다.

특허 실무를 정확히 알지 못한다면 관련 전문서적을 통해 이론을 숙지하였더라도 특허법을 제대로 공부하였다고 할 수 없고 특허출원이나 심사, 심판, 소송 등에서 관련 절차를 원만히 진행하기도 어렵다. 독자들이 이 책을 통하여, 그동안 법원 등이 주요 특허법 분쟁 사건에서 어떻게, 왜 그와 같이 판단하였는지를 알 수 있도록 하고 특허법에 관한 주요 개정 경위나 복잡하고 어려운 특허법 실무와 이론을 논리적이면서도 가능한 한 쉽게 이해할 수 있도록 집필하였다.

독자들이 이해하는 데 도움이 되도록 특허법 조문을 최대한 인용하였고 2024. 2. 20. 법률 제20322호로 개정된 특허법(시행일 2024. 8. 21.), 2024. 2. 6. 법률 제20197호로 개정된 발명진흥법(시행일 2024. 8. 7.)과 2024. 7월까지 선고된 주요 대법원판결 등을 반영하였다. 중복서술을 피하는 방법으로 책의 분량을 최대한 압축하였고 북 바인딩도 출판 경향에 따라 가벼운 종이(페이퍼 백)로 하였다.

한편 이 책에는 저자가 기존의 실무태도와 다른 견해를 제시하거나 앞으로의 실무 방향을 예상한 내용 등이 있는데 이는 개인적인 연구의견에 불과하므로 이러한 내용이 구체적이고 개별적인 사건에서의 법원 입장과는 무관하다는 점을 강조하고 싶다.

책의 자료 수집에서부터 집필, 교정에 이르기까지의 오랜 기간 혼자의 힘으로 작업한 데다가 능력 부족으로 놓친 내용이 있을 수 있다고 생각하니 마음이 돌연 무거워진다. 겸허한 마음으로 연구를 계속하여 부족한 부분을 보완하고자 한다. 책의 집필 작업 자체는 출간으로 끝나지만, 그것이 또 다른 작업 여정의 시작임을 책을 낼 때마다 절실히 느끼고 있다.

이 책이 세상에 나올 수 있도록 격려해 주신 모든 분께 깊은 감사의 예를 드린다.

특히 출간에 도움을 주신 박영사 안종만 · 안상준 대표님, 조성호 이사님과 편집 작업으로 고생하신 윤혜경 대리를 비롯한 여러 편집위원님께 감사를 드린다.

마지막으로 사랑하는 가족에게도 깊은 고마움과 진한 미안함을 전한다.

2024년 9월 30일

윤 태 식

목차

제1장 특허법과 다른 지식재산권법 등 간 관계

제2장 특허법의 보호대상

제3장 특허를 받을 수 있는 자·특허를 받을 수 있는 권리

제4장 특허요건

제5장 특허청구범위 해석

제6장 특허발명의 보호범위

제7장 특허에 관한 출원 · 심사 · 결정

제8장 특허권의 설정등록 · 존속기간 · 효력

제9장 특허권의 이전 · 이용 · 소멸

제10장 특허민사소송

제11장 특허형사소송(벌칙 포함)

제12장 특허심판 · 심결

第13장 심결 등 취소소송

제14장 특허에 관한 국제적 측면

제1장

특허법과 다른 지식재산권법 등 간 관계

제1절 지식재산권의 의의 및 종류
제2절 특허법과 다른 지식재산권법 간 관계
제3절 특허법과 민법 간 관계
제4절 특허법과 독점규제 및 공정거래에 관한 법률 간 관계
제5절 특허제도·특허법 연혁 개요 및 특허에 관한 법령의 내용

제1장 특허법과 다른 지식재산권법 등 간 관계

제1절 지식재산권의 의의 및 종류

I. 지식재산권(Intellectual Property Right)의 의의

「지식재산 기본법」은 지식재산을 인간의 창조적 활동 또는 경험 등에 의하여 창출되거나 발견된 지식·정보·기술, 사상이나 감정의 표현, 영업이나 물건의 표시, 생물의 품종이나 유전자원, 그 밖에 무형적인 것으로서 재산적 가치가 실현될 수 있는 것을 말하고(제3조 제1호), 지식재산권이란 법령 또는 조약 등에 따라 인정되거나 보호되는 지식재산에 관한 권리를 말한다(제3조 제3호)고 정의한다.

「지식재산 기본법」 제정 전에는 법률과 실무에서 지적재산권이라는 용어를 사용하였는데 「지식재산 기본법」에서 비로소 지식재산, 지식재산권이라는 용어를 사용하면서 부칙을 통해 여러 법률에 규정되어 있던 지적재산권이라는 용어를 지식재산권으로 모두 변경하였다.

지식재산권은 법률에 따라 인정되는 이러한 지식재산에 관한 권리를 총칭하는 개념이라 할 수 있다. 정신적인 창작물이나 영업활동과 관련된 다양한 정보 등의 지식재산은 대개 유체물(material object)과 일체로 되어 있지만, 관념상 별개의 것으로 무체물(immaterial object)에 속한다.

II. 지식재산권의 종류

모든 지식, 정보, 기술 등이 포괄적으로 지식재산권으로 보호되는 것이 아니고 각각 법률이 필요에 따라 특정의 지식, 정보, 기술 등을 개별적으로 보호하고 있다.

우리나라에서 지식재산권을 규율하는 지식재산권법에는 가장 핵심적인 것으로 특허법, 실용신안법, 상표법, 디자인보호법, 저작권법, 부정경쟁방지 및 영업비밀보호에 관한 법률이 있고, 그 외에도 식물신품종 보호법, 반도체집적회로의 배치설계에 관한 법률, 발명진흥법, 콘텐츠산업 진흥법, 종자산업법, 공간정보산업 진흥법, 수산종자산업육성법, 농수산물 품질관리법, 민·군기술협력사업 촉진법, 소재·부품전문기업 등의 육성에 관한 특별조치법, 산업교육진흥 및 산학연협력촉진에 관한 법률, 음악산업진흥에 관한 법률 등이 포함된다.

제2절 특허법과 다른 지식재산권법 간 관계

창작행위인 발명에 대해 특허를 받을 수 있는 권리가 발생하고 그 발명이 특허법에 규정된 요건과 절차를 충족하면 특허로 등록된다. 설정등록에 따라 발생하는 특허권은 모든 사람에 대해 주장할 수 있는 독점적·배타적인 권리라는 점에서 민법의 소유권 등 물권과 유사하지만 무체물인 특허권에는 물권에서 말하는 점유라는 개념이 없다. 따라서 특허권의 대상인 발명은 소유권의 대상인 물건과는 구별된다. 강학상 특허권을 물권에 빗대 설명하는 것은 물건에 관한 소유권의 법적 논리 구조를 빌려 설명하기 위한 것으로 특허권을 물권적인 논리로 설명하더라도 그 본질은 소유권과 같은 절대적인 지배권이 아니라 무체재산의 독점권이자 등록된 특허발명의 권한 없는 실시행위를 배제하는 배타권(금지권)이다.[1)]

이전부터 강학상 지식재산권법을 각각의 법률 속성이나 보호대상의 성질에 따라 일응 창작법(creation law)과 표지법(marking law)으로 구분하여 오고 있다.

오늘날에는 지식재산권 상호간 융합 현상이 일어나 지식재산권법을 창작법과 표지법의 어느 한쪽으로만 구분하는 것이 적절하지 않다는 견해도 있지만, 강학상 지식재산법의 종래 구분에 따를 경우 창작법에는 특허법, 실용신안권법, 저작권법, 디자인보호법 등이 포함되고, 표지법에는 상표법, 부정경쟁방지 및 영업비밀보호에 관한 법률 중 부정경쟁행위를 규율하는 규정 등[2)]이 포함된다.

이하 특허법과 다른 지식재산권법과의 관계에 대하여 살펴본다.

---

1) 점유를 전제로 하는 물건의 소유권이 침해된 경우에 물건을 반환받음으로써 그 소유권을 회복하지만 점유를 전제로 하지 않는 특허권의 경우는 타인에 의한 권원 없는 실시를 배제함으로써 특허권을 회복하는 효과를 얻게 된다.

2) 그 외의 대표적인 예로 상인이 영업에 관하여 자기를 표시하는 명칭인 상호가 있다. 상호는 상법에 의해 보호되는 식별표지이다. 상법 제23조에 의하여 상대방이 부정한 목적으로 자기의 영업으로 오인할 수 있는 상호를 사용할 경우 상호사용금지, 손해배상청구 등을 통하여 보호된다. 상호로서 보호되기 위해서 등기가 반드시 필요한 것은 아니지만, 등기된 상호에는 부정한 목적을 추정하는 효력이 부여되어 있다. 타인의 등록상표권과 동일·유사한 상호 문구 등을 등록상표권의 지정상품과 동일·유사한 상품에 상표로 사용하는 것은 상표권침해에 해당하나, 상호를 부정경쟁의 목적 없이 보통으로 사용하는 방법으로 표시한 경우에는 상표법 제90조에 의하여 상표권의 효력이 그와 같이 사용된 상호에 미치지 않는다. 상호가 표지로서 부정경쟁방지 및 영업비밀보호에 관한 법률상 주지성 등의 일정한 요건을 갖추게 된 경우에는 그 법으로서도 보호될 수 있다. 그 밖에도 지리적 표시가 농수산물 품질관리법 제32조 등에 의해 규율되고 있다.

I. 특허법과 상표법 간 관계

창작법에 속하는 특허법, 디자인보호법에 의해 보호되는 창작활동 결과물인 발명, 디자인에는 등록됨을 전제로 실시 여부와 관계없이 완성에 따라 등록을 받을 수 있는 권리 등이 발생하여 발명, 디자인 자체에 재산적 가치가 인정된다. 반면에 상표법에 의해 보호되는, 상품이나 서비스 혹은 서비스 제공에 관련된 물건의 식별표지인 상표는[3] 그 상표 표시 자체가 인간의 정신 활동에 의한 경제적, 문화적 가치물이라는 이유로 재산적 가치를 가지는 것이 아니고, 그 상표와 관련된 상품이나 서비스 (이하 편의상 상품을 중심으로 설명한다)를 사용하는 수요자에게 업무상 신용이 축적되어 비로소 실질적인 재산적 가치를 가지게 된다.

창작활동의 결과물인 발명이 완성되면 특허출원 전에 등록을 받을 수 있는 권리가 인정된다(특허법 제37조, 제38조 참조). 또한 실시 여부와 관계없이 등록된 발명, 즉 특허발명[4]에 구현된 기능(기술)에 재산적 가치가 인정되어 특허권이 침해되었다면 적어도 특허발명의 실시에 대해 합리적으로 받을 수 있는 금액을 손해액으로 하여 손해배상을 청구할 수 있다(특허법 제128조 제5항).

그런데 상표법에 의해 보호되는 상품의 식별표지인 상표는, 인간의 정신활동에 의한 창작물이라는 이유로 재산적 가치를 가지는 것이 아니라, 그 상표와 관련된 상품을 사용하여 온 수요자에 의해 축적된 경험이나 신용(goodwill)이 축적되어 비로소 재산적 가치를 가진다. 이에 따라 상표법은 특허법과 달리 상표출원 전에 상표등록을 받을 수 있는 권리를 인정하지 않는다.

이러한 차이는 손해배상에서도 나타난다. 상표권침해에 따른 손해배상을 받기 위하여 피침해자가 상표권자라는 사실만으로는 부족하고 그가 업으로 등록상표를 지정상품에 사용하고 있다는 사실(즉 지정상품에 관한 상표사용으로 영업상의 신용 또는 고객흡인력이 축적되어 있다는 의미)을 주장・증명할 필요가 있다. 즉, 상표권침해에 따른 손해배상에서 상표권은 특허권과 달리 등록상표를 타인이 무단 사용하였다는 사실만으로 곧

---

3) 2016. 2. 29. 법률 제14033호로 전부개정되기 전의 상표법에서 상품은 상표, 서비스업은 서비스표라고 각각 구분하여 서로 별개의 표장으로 불렀으나, 위와 같이 전부 개정된 상표법에서는 상표의 대상이 되는 상품에 지리적 표시가 사용되는 상품의 경우를 제외하고 서비스 또는 서비스의 제공에 관련된 물건을 포함하고 있어서(제2조 제1항 제1호) 개정법 이후에는 상표라는 개념으로 통합 내지 일원화되고 상표와 구분되는 서비스표라는 용어는 별도로 사용되지 않는다.

4) 특허법은 "특허발명"이라 함은 특허를 받은 발명을 말하고(제2조 제2호), 실용신안법은 "등록실용신안"이라 함은 실용신안등록을 받은 고안을 말한다(제2조 제2호)고 규정하고 있다.

바로 등록상표의 사용에 대해 합리적으로 받을 수 있는 금액을 손해액으로 인정되는 것이 아니고, 상표권자가 그 상표를 지정상품과 관련된 영업에 실제 사용하고 있음에도 불구하고 상표권침해행위가 있었다는 등 구체적 피해 발생사실이 있어야 인정될 수 있다.[5)]

상표법은 상품과 관련하여 축적된 상표권자의 신용을 보호함으로써 경쟁을 촉진하기 위해 상표권 존속기간의 갱신을 허용한다(제84조 이하). 반면에 상품에 축적된 신용이 아닌 물건의 기능적인 특징은 특허법의 보호대상이고 공공이익을 위해 이러한 기능적인 특징이 특허로 등록되지 않았다거나 특허를 받았더라도 특허권 존속기간이 끝나면 더는 그 기간을 연장할 수 없는 것이 원칙이고,[6)] 특허발명은 공공영역(public domain)으로 들어가 누구라도 자유로이 해당 기능(기술)을 사용할 수 있다.

II. 특허법과 부정경쟁방지 및 영업비밀보호에 관한 법률 간 관계

특허법과 부정경쟁방지 및 영업비밀보호에 관한 법률(이하 부정경쟁방지법이라 줄여 쓴다) 중 영업비밀 중 기술정보에 관한 규정은 창작행위에 따른 성과를 보호한다고 하는 측면에서 유사하다(반면에 영업비밀 중 고객정보 등과 같은 경영상 정보는 창작에 따른 성과를 보호하는 것은 아니다).

그러나 특허법은 발명에 대하여 출원 · 등록 · 공개 등의 과정을 거쳐 등록된 발명에 대해 독점적 이용권 및 배타적 금지권을 부여하고 그 권리를 일정 기간 보호하는 법체계인 반면에, 부정경쟁방지법의 영업비밀에 관한 규정은 기술상 또는 경영상 정보 그 자체에 독점적인 전용권을 부여하는 것이 아니라 그 정보에 대한 부정한 누설을 금지함으로써 영업비밀로 유지되는 상태 그 자체를 보호한다.

---

5) 대법원 2016. 9. 30. 선고 2014다59712, 2014다59729(병합) 판결 참조. 이어 위 판결에서 "상표권자가 해당 상표를 등록만 해 두고 실제 사용하지는 않았다는 등 손해 발생을 부정할 수 있는 사정을 침해자가 증명한 경우에는 손해배상책임을 인정할 수 없다."라고 한다.

6) 다만 예외적으로, 특허법 제89조 제1항은 "특허발명을 실시하기 위하여 다른 법령에 따라 허가를 받거나 등록 등을 하여야 하고, 그 허가 또는 등록 등을 위하여 필요한 유효성 · 안전성 등의 시험으로 인하여 장기간이 소요되는 대통령령으로 정하는 발명인 경우에는 제88조 제1항에도 불구하고 그 실시할 수 없었던 기간에 대하여 5년의 기간까지 그 특허권의 존속기간을 한 차례만 연장할 수 있다."라고 규정하여 허가 등에 따른 특허권의 존속기간의 연장을 인정하고, 특허법 제92조의2 제1항은 "특허출원에 대하여 특허출원일부터 4년과 출원심사 청구일부터 3년 중 늦은 날보다 지연되어 특허권의 설정등록이 이루어지는 경우에는 제88조 제1항에도 불구하고 그 지연된 기간만큼 해당 특허권의 존속기간을 연장할 수 있다."라고 하여 등록지연에 따른 특허권의 존속기간의 연장을 인정하고 있다.

특허법은 산업상 이용할 수 있고 신규성, 진보성 등이 부정되지 아니하는 등의 법정요건을 갖춘 발명을 보호대상으로 하지만, 부정경쟁방지법은 공공연히 알려져 있지 아니하고 독립된 경제적 가치를 가지는 것으로서 합리적인 노력에 의하여 비밀로 유지된 생산방법, 판매방법 기타 영업활동에 유용한 기술상 또는 경영상의 정보를 영업비밀로 보호하므로(제2조 제2호) 그 영업비밀의 보호대상 범위는 특허의 그것보다 훨씬 넓다.

특허법은 정해진 출원절차를 거쳐 등록된 특허권에 독점적으로 사용할 권리를 인정하고 다른 사람이 그 특허권의 보호범위에 속하는 기술을 권한 없이 사용하는 것 등을 금지할 수 있다. 반면에, 부정경쟁방지법은 영업비밀의 대상을 부정한 수단으로 취득, 사용하는 것 등을 금지할 뿐이므로 다른 사람이 그와 동일한 영업비밀을 독자적으로 개발하거나 그 영업비밀을 정당한 방법으로 취득하였다면 그 기술사용을 막을 수 없다.7)

특허출원을 하기 위한 특허출원서에는 발명의 설명 · 청구범위를 적은 명세서와 필요한 도면 및 요약서를 첨부하고, 발명의 설명에는 그 발명이 속하는 기술분야에서 통상의 지식을 가진 사람이 그 발명을 쉽게 실시할 수 있도록 명확하고 상세하게 적고 그 발명의 배경이 되는 기술을 적어야 하며, 청구범위에는 청구항이 발명의 설명에 의하여 뒷받침되고 명확하고 간결하게 적어야 한다(특허법 제42조 제2항, 제3항, 제4항 참조). 그리고 특허청장은 특허출원에 따라 정해진 날부터 1년 6개월이 지난 후 또는 그 전이라도 특허출원이 신청한 경우에 특허출원을 특허공보에 게재하여 출원공개를 한다(특허법 제64조 제1항).

따라서 그 기술분야에서 통상의 지식을 가진 자라면 출원공개된 자료 등을 보고 실시할 수 있을 것이니 특허출원된 발명에 대하여 영업비밀을 주장하는 자로서는 그 특허출원된 내용 이외의 어떠한 정보가 영업비밀로 관리되고 있고 어떤 면에서 경제성이 있는지 등을 구체적으로 특정하여 주장 · 증명하여야 한다.8)

III. 특허법과 저작권법 간 관계

특허법은 자연법칙을 이용한 기술적 사상의 창작물인 발명을 일정기간 독점적 · 배타적으로 실시할 수 있는 권리를 인정하고 있다. 저작권법은 인간의 사상 또는 감정이 표현된 창작물을 일정기간 독점적 · 배타적으로 이용할 수 있는 권리를 인정하고 있다.

---

7) 윤태식, 부정경쟁방지법, 박영사(2021), 27.
8) 대법원 2004. 9. 23. 선고 2002다60610 판결 참조.

따라서 특허권이나 저작권은 모두 인간의 정신활동에 의해 이루어진 창작물에 대하여 인정되는 점, 특허법에서 추상적인 아이디어(abstract idea)에 해당하는 것은 발명의 대상이 되지 않고 저작권법에서 표현(expression)이 아닌 아이디어(idea)에 해당하는 것은 저작물의 대상이 될 수 없는 점 등에서 일응 공통된다.

그러나 특허법은 기술적 사상의 창작물에 인정되어 산업 발전을 도모하는 데 비해 저작권법은 문화적 사상의 창작물에 인정되어 정신문화 향상에 이바지하므로 두 법은 지향하는 목표가 서로 다르다.

또한 특허법은 가장 먼저 출원하여 등록된 발명의 기술에 관한 사상이나 아이디어의 응용(application of idea)을 보호하는 데 비해 저작권법은 독자적으로 창작된 인간의 사상이나 감정에 관한 표현을 보호한다. 어느 발명이 특허받기 위해서는 특허청 심사관의 심사에 따라 그 출원 전 선행기술과 대비하여 신규성과 진보성 등이 부정되지 않아야 하고(심사주의) 이때 특허결정이라는 행정처분에 따른 설정등록이 권리의 효력발생요건인 데 비해, 저작권은 타인의 저작물에 의거하지 않고 독자적으로 창작한 것이라면 어떠한 절차나 방식을 필요로 하지 않고 창작한 때부터 발생하고(무심사 · 무방식주의) 저작권 등록은 저작권의 효력발생요건이 아니다.[9]

특허권은 절대적 · 독점배타적 권리인 반면에 저작권은 상대적 · 독점배타적 권리이다. 즉, A가 X 발명을 출원하여 특허를 받으면 설령 다른 발명자 B가 X 발명을 전혀 알지 못한 상태에서 독자적으로 X 발명과 사실상 동일한 X' 발명을 창작하였음을 증명하더라도 특허출원절차에서 X 발명에 의해 신규성 등이 부정되어 특허를 받을 수 없게 되므로 이때 B가 A의 동의 없이 X' 발명을 실시하면 X 발명의 특허권을 침해하게 된다. 반면에, 저작권법에서는 A가 Y 저작물을 먼저 창작하였더라도 B가 Y 저작물에 의거하지 않고 독자적으로 Y' 저작물을 창작하였음을 증명한다면 설령 Y와 Y'가 사실상 동일한 저작물이더라도 B가 Y' 저작물에 대해 저작권을 인정받아 아무런 제한 없이 Y' 저작물에 대한 권리를 행사할 수 있다.[10]

한편 「반도체집적회로의 배치설계에 관한 법률」은 기술에 관한 창작물인 반도체집적회로의 배치설계를 보호대상으로 하고 배치설계권은 창작성이 있는 배치설계를 정해진 절차에 따라 설정등록함으로써 발생하는 점(제10조)에서 특허법 체계와 유사한 성

9) 특허권의 보호기간은 설정등록한 날부터 특허출원일 후 20년이 되는 날까지이고(특허법 제88조 제1항), 실용신안권의 보호기간은 설정등록한 날부터 실용신안등록출원일 후 10년이 되는 날까지이며(실용신안법 제22조 제1항), 저작재산권의 보호기간은 저작권법 제3관에 특별한 규정이 있는 경우를 제외하고는 저작자가 생존하는 동안과 사망한 후 70년간이다(저작권법 제39조 제1항).

10) 윤태식, 저작권법(제2판), 박영사(2021), 4~5.

격을 가지면서도 한편으로는, 배치설계권의 효력이 배치설계권자가 아닌 자에 의해 제작된 것으로서 창작성이 있는 동일한 배치설계에는 미치지 않는 것으로 규정(제9조 제3호)함으로써 저작권법 체계와 유사한 성격도 가지고 있다.

Ⅳ. 특허법과 디자인보호법 간 관계

특허법이 보호하는 것은 자연법칙을 이용한 기술적 사상의 창작인 발명이고, 디자인보호법이 보호하는 것은 물품[물품의 부분, 글자체 및 화상(畫像)을 포함한다]의 형상·모양·색채 또는 이들을 결합한 것으로서 시각을 통하여 미감을 일으키게 하는 디자인이다(디자인보호법 제2조 제1호).

발명은 자연법칙을 이용한 기술적 사상의 창작인 반면에 디자인은 원칙상 물품(글자체, 화상은 예외)의 외관에 관한 창작인 점에서 이들은 서로 구별된다.[11] 따라서 특허출원과 실용신안등록출원 간에 인정되는 선·후출원 및 출원변경 관련 규정이 특허·실용신안등록출원과 디자인등록출원 간에는 인정되지 않는다.[12]

그리고 권리의 보호범위 및 존속기간에 관하여, 특허권자는 업으로서 특허발명을 실시할 권리를 독점하고(특허법 제94조 제1항 등[13]) 설정등록한 날부터 특허출원일 후 20년이 되는 날까지 존속하며(특허법 제88조 제1항), 디자인권자는 업으로서 등록디자인 또는 이와 유사한 디자인을 실시할 권리를 독점하고(디자인보호법 제92조) 2013. 5. 28. 법률 제11848호로 전부개정된 디자인보호법이 시행(시행일 2014. 7. 1.) 후 출원되어 디자인등록된 디자인권부터는 설정등록한 날부터 발생하여 디자인등록출원일 후 20년이 되는 날까지 이되(디자인보호법 제91조 제1항, 부칙 제10조), 위 개정법 이전에 등록된 디자인권은 설정등록이 있는 날부터 15년간 존속(구 디자인보호법 제40조 제1항 본문)하는 차이가 있다.[14]

---

11) 그 외에 실용신안법에서 보호되는 고안은 물품의 형상·구조 또는 조합의 창작인 점(실용신안법 제4조 제1항)에서 디자인보호법에서 보호되는 물품의 형상·모양·색채 또는 이들을 결합한 디자인과 다르다. 디자인보호법에 관한 내용에 대하여는 윤태식, 디자인보호법 -디자인 소송 실무와 이론-, 진원사(2016) 참조.

12) 1998. 9. 23. 법률 제5576호 개정 특허법 전까지의 구 특허법 제53조에서는 의장등록출원을 특허출원으로 변경할 수 있는 규정을 정해 놓고 있었으나 위와 같이 개정하면서 관련규정이 삭제되었다.

13) 다만 특허법 제90조 제4항에 따라 특허권의 존속기간이 연장된 특허권의 효력은 그 연장등록의 이유가 된 허가 등의 대상물건(그 허가 등에 있어 물건에 대하여 특정의 용도가 정하여져 있는 경우에는 그 용도에 사용되는 물건)에 관한 그 특허발명의 실시행위에만 미친다(제95조).

14) 그 외 특허법에는 허가 또는 등록 등을 위하여 필요한 유효성·안전성 등의 시험으로 인하여

다만 발명과 디자인은 물품의 형상에 관한 창작을 보호하는 면에서는 일응 공통되므로 같은 물품이라도 그 물품의 형상이 기술적 사상이나 기능에 관한 창작이라면 발명으로서 보호되고 미적 외관에 관한 창작이라면 디자인으로서도 중첩적으로 보호될 수 있다. 이에 특허법과 디자인보호법은 해당 권리가 타인의 등록권리와 저촉되는 것을 해결하기 위하여 관련 규정들을 두고 있다.[15)]

장기간이 소요되는 대통령령으로 정하는 발명인 경우에는 그 실시할 수 없었던 기간에 대하여 5년의 기간까지 그 특허권의 존속기간을 한 차례만 연장할 수 있고(제89조), 특허출원에 대하여 특허출원일부터 4년과 출원심사 청구일부터 3년 중 늦은 날보다 지연되어 특허권의 설정등록이 이루어지는 경우에는 그 지연된 기간만큼 해당 특허권의 존속기간을 연장할 수 있는 특허권의 존속기간 연장제도를 두고 있으나(제92조의2), 디자인보호법에는 그러한 제도가 없다.

15) 특허법 제98조(타인의 특허발명 등과의 관계), 제138조(통상실시권 허락의 심판) 제1항 참조. 실용신안법 제25조, 제32조에도 특허법의 위 규정과 같은 내용의 규정이 있다. 디자인보호법도 제34조 제4호에서 물품의 기능을 확보하는 데에 불가결한 형상만으로 된 디자인에 대하여는 디자인등록을 받을 수 없다고 규정하고, 제95조에서도 등록디자인이 그 등록출원일 전에 출원된 타인의 등록디자인 또는 이와 유사한 디자인 · 특허발명 · 등록실용신안 또는 등록상표를 이용하거나 타인의 특허권 · 실용신안권 또는 상표권과 저촉되는 경우 등에 대하여 규정하고 있다.

제3절 특허법과 민법 간 관계

앞서 본 바와 같이 특허권은 무체재산권으로서 점유를 전제로 하지 않아 민법상 유체물 등의 소유권과는 권리의 발생, 소멸, 존속기간 유무, 권리의 내용 등에서 서로 다르다.

특허권은 특허청의 특허결정에 따른 설정등록에 의하여 발생하지만(특허법 제87조), 유체물 등의 소유권은 등기·등록 외에 무주물 선점, 가공, 부합, 시효취득, 선의취득 등에 의하여도 취득할 수 있다(민법 제245조 이하).

또한 발명에도 인격권적 요소가 있어 발명자는 특허출원서, 특허증 등에 발명자로서 성명을 게재할 수 있는 인격적 권리(발명자 명예권)가 인정된다(특허법 제43조, 제86조). 여기서는 권리남용론을 중심으로 설명한다.

I. 특허권자의 특허권행사와 권리남용

1 총설

선출원주의·등록주의 원칙에 따라 특허권은 실시의 선·후가 아니라 먼저 출원하여 등록한 이에게 주어지고 설정등록에 따라 효력이 발생하지만, 선출원 등록주의를 획일적으로 적용할 경우 이러한 점들이 악용되어 부정한 목적으로 특허권 취득이 이루어지거나 매우 부당하게 특허권이 행사될 염려가 있는 등의 폐해가 발생할 수 있다.

특허법은, 획일적인 등록주의 등의 폐해를 막기 위한 수단 중 하나로 특허출원 시에 그 특허출원된 발명의 내용을 알지 못하고 그 발명을 하거나 그 발명을 한 사람으로부터 알게 되어 국내에서 그 발명의 실시사업을 하거나 이를 준비하고 있는 자는 그 실시하거나 준비하고 있는 발명 및 사업목적의 범위에서 그 특허출원된 발명의 특허권에 대하여 통상실시권을 가진다는 규정(제103조) 등을 두고 있고, 그 외에 권리남용론이 논의되고 있다.

특허권에 관한 권리남용론에는 아래에서 보는 바와 같이 민법 제2조의 권리남용에 근거한 것(권리 자체에 하자는 없지만 권리행사에 권리남용 법리를 적용하는 경우)과 등록된 권리 자체에 무효사유가 있음을 이유로 한 것(권리 자체에 하자가 있어 권리남용법리를 적용하는 경우)이 있다.

2 민법 제2조에 근거한 권리남용

특허권 침해행위가 있는 경우에 특허권자가 자신의 권리를 지키기 위해 침해행위자에게 침해금지 등을 청구하는 등의 방법으로 특허권을 행사하는 것은 특허권자가 가지는 정당한 권리의 행사이기에 이러한 권리행사에 민법 제2조의 권리남용에 해당하는 사례는 거의 일어나지 않을 것으로 통상 생각해 왔다. 다만 특허권자의 침해금지가처분 사건에서 특허권자인 가처분채권자가 입는 피해와 특허권자에 의해 침해자로 주장되는 가처분채무자가 입는 불이익을 형량하여 가처분채무자가 입는 불이익이 더 큰 경우에 보전의 필요성이 인정되지 않는다는 이유로 침해금지가처분을 받아들이지 않는 경우는 있다.

이러한 연유로 특히 본안소송에서 특허권의 행사와 권리남용 간 관계의 주된 쟁점은 민법 제2조의 권리남용 문제보다는 아래에서 보듯이 특허권에 진보성이 부정되어 그 권리 자체에 무효사유가 있음을 이유로 한 권리남용 문제였다.

그러나 본안소송에서 특허권자가 자신의 권리를 지키기 위해 특허권에 기초하여 침해행위자를 상대로 침해금지나 손해배상 청구를 할 때에도 권리남용이라는 문제가 일어날 수 있다. 대표적인 사례로 표준필수특허에 기초한 생산·판매 금지 등의 침해금지청구나 손해배상청구와 권리남용 간 관계가 논의되고 있다.

가. 특허권 행사가 민법 제2조에 기초한 권리남용에 해당할 수 있는지와 관련하여 주관적 요건이 필요한지 여부

특허법에 따른 특허권 행사가 민법 제2조에 기초한 권리남용에 해당할 수 있는지와 관련하여, 종전에 상표권의 행사와 권리남용 간 관계에서 "권리의 행사가 주관적으로 오직 상대방에게 고통을 주고 손해를 입히려는 데 있을 뿐 이를 행사하는 사람에게는 아무런 이익이 없을 경우이어야 하고"라고 하여 권리남용 인정에 주관적 요건이 필요하다는 견해[16]와 그러한 주관적 요건은 필요하지 않다는 견해[17]가 있었다.

그러나 이후 대법원은 상대방에 대한 상표권의 행사가 상표사용자의 업무상의 신용유지와 수요자의 이익보호를 목적으로 하는 상표제도의 목적이나 기능을 일탈하여 공정한 경쟁질서와 상거래 질서를 어지럽히고 수요자 사이에 혼동을 초래하거나 상대방에 대한 관계에서 신의성실의 원칙에 위배되는 등 법적으로 보호받을 만한 가치가

16) 대법원 1989. 4. 24. 선고 89다카2988 판결 [상표 사용금지](권리남용 항변 배척 사건), 대법원 2006. 2. 24. 자 2004마101 결정 [상표권침해금지가처분](권리남용 항변 인정).
17) 대법원 2001. 4. 10. 선고 2000다4487 판결 [저작권침해금지](권리남용 항변 인정).

없다고 인정되는 경우에 그 상표권의 행사는 비록 권리행사의 외형을 갖추었다 하더라도 등록상표에 관한 권리를 남용하는 것으로서 허용될 수 없고, 상표권의 행사를 제한하는 위와 같은 근거에 비추어 볼 때 상표권 행사의 목적이 오직 상대방에게 고통을 주고 손해를 입히려는 데 있을 뿐 이를 행사하는 사람에게는 아무런 이익이 없어야 한다는 주관적 요건을 반드시 필요로 하는 것은 아니라고 하여[18] 상표권의 행사가 권리남용에 해당하기 위해서 일반 권리남용 이론에서 요건으로 삼는 주관적 요건[19]은 필요하지 않은 것으로 정리되었다.

이러한 법리는 특허권의 행사에 따른 권리남용 판단에 적용될 수 있다.

나. 표준필수특허에 기초한 특허권행사와 민법 제2조의 권리남용 간 관계

표준필수특허에 기초한 생산·판매 금지 등의 침해금지청구나 손해배상청구가 권리남용에 해당할 수 있는지가 문제되고 있다.

표준필수특허(Standard Essential Patent, SEP)라 함은 국제표준화기구(ISO)와 국제전기기술위원회(IEC), 국제전기통신연합(ITU) 등에서 제정한 표준기술을 구현하는 상품을 생산하거나 서비스를 제공하기 위하여 기술을 구현할 때 해당 특허를 침해하지 않고는 관련 제품을 생산·판매하기 어려울 정도의 핵심특허로서 그 제품을 생산·판매하기 위하여 필수적으로 실시해야 하는 특허를 말한다.

대개 표준필수특허는 회피설계가 불가능하여 해당 특허를 침해하지 않고는 관련 제품을 생산, 판매하기 어렵다. 특허사용교섭에서 우위에 선 특허권자가 자신의 이익을 극대화하기 위해 타인에 표준필수특허에 대한 과도한 실시료 지급을 요구하는 것은 시장진입을 부당히 막거나 영업을 방해하는 행위가 될 수 있고 과도한 실시료를 지급하고 해당 특허를 허락받아 제품을 생산하더라도 실시료 상당액이 제품가격인상 등으로 전가되어 그 부담은 소비자에게 돌아간다.

일반적으로 복수의 표준설정기구(Standard-setting Organization, SSO)가 일정한 기술분야에서 중복투자를 방지하고 기술개발을 촉진하기 위해 특정 기술을 표준기술로

18) 대법원 2007. 1. 25. 선고 2005다67223 판결 [가처분 이의].

19) 민법상 권리남용론에서 주관적 요건이 필요하다고 본 사안으로는 대법원 1976. 5. 11. 선고 75다2281 제4부판결 [건물철거등], 대법원 2013. 1. 16. 선고 2011다38592, 38608 판결 [묘지철거및토지인도·묘지철거및토지인도] 등이 있다. 다만 대법원 2003. 4. 11. 선고 2002다59481 판결 [채무부존재확인], 대법원 2013. 4. 11. 선고 2012다105888 판결 [매매대금반환등] 등은 일반 민사사건에서도 상계권의 행사가 상계에 관한 권리남용에 해당하기 위한 요건에 해당하는지를 판단할 때에는 일반적인 권리남용의 경우에 요구되는 주관적 요건을 필요로 하는 것은 아니라고 판시한다.

선정하는데 표준설정기구에 의해 표준으로 확정되는 과정에서 표준필수특허권자는 실시자에게 해당 특허를 공정하고 합리적이며 비차별적인 조건으로 실시허락한다는 자발적 선언(확약)을 하게 된다.

여기서 공정하고 합리적이며 비차별적인 특허기술사용조건이란 표준필수특허의 특허실시조건이 공정하고(Fair) 특허실시료가 과도하지 않고 합리적이어야 하며(Reason-able) 이러한 조건은 해당 특허를 실시하려는 자에게 차별 없이 적용되어야 한다(Non-Discriminatory)는 내용을 말한다(이하 FRAND 조건이라 함).[20]

이에 대한 각국의 주요 실무[21]를 간추려 보면 미국 연방항소법원은, Microsoft Corp. v. Motorola, Inc. 사건[22]에서 Motorola가 그 소유의 표준필수특허를 FRAND 조건에 따라 실시허락하기로 합의하였다는 이유 등을 들어 금지청구를 인정하지 않았고, Apple Inc. v. Motorola Mobility Inc. 사건[23]에서 1심이 당연위법의 원칙(per se rule)을 적용하고 표준필수특허의 경우 금지청구를 인정할 수 없다고 한 것은 잘못이라고 하면서도 eBay 사건[24]의 법리에 따라 금지청구를 배척하였다. 미국 실무는 표준필수특허권자가 금지청구를 하는 행위 자체는 독점금지법 위반행위는 아니라고 하면서

20) 표준필수특허의 FRAND 실시료 산정방법에 관련된 판결로 Microsoft Corp. v. Motorola, Inc., 2013 WL 2111217 (W.D. Wash, 2013), In re Innovatio IP Ventures, LLC, 2013 WL 5593609 (N.D. Ill. 2013), Ericsson v. D-Link, 773 F.3d 1201 (Fed. Cir. 2014) 등이 있다. Microsoft Corp. v. Motorola, Inc. 사건은 표준필수특허의 FRAND 실시료율 산정에 대해 Georgia-Pacific Co. v. United States Plywood Co., 318 F.Supp. 1116 (S.D.N.Y. 1970) 판결에서 제시된 합리적 실시료 산정방법을 다소 변형하여 제품의 상업적 수익성보다는 표준필수특허 자체로 인한 가치에 중점을 두고 표준필수특허 자체가 기여한 부분과 기술표준 전체가 기여한 부분 등을 고려하여 산정하였는데 그 후 위 산정방법은 표준필수특허의 FRAND 실시료율이 문제되는 사건에 큰 영향을 주고 있다.

21) 참고가 되는 자료로 이규홍, “지식재산권의 부당행사 규제에 관한 연구 (상)”, 저스티스 139권, 한국법학원(2013), 30~61 및 “지식재산권의 부당행사 규제에 관한 연구 (하)”, 저스티스 140권, 한국법학원(2014), 184~209; 오성은, “표준필수특허 보유자의 금지청구권 행사와 시장지배적지위 남용행위에 관한 EU 사례 분석”, 한국경쟁법학회 경쟁법연구 vol 33, 법문사(2016), 285 이하; 특허청 · 한국지식재산보호원, 표준특허 분쟁대응 가이드(2020) 등이 있다.

22) 696 F.3d 872, 884 (9th Cir. 2012).

23) 2012-1548, 2012-1549 (Fed. Cir. 2014).

24) 미국 연방대법원은 eBay Inc. v. MercExchange L.L.C., 547 U.S. 388, 391 (2006) 판결에서 특허 유효성 및 특허침해행위의 존재가 인정되면 법원이 자동적으로 금지명령을 허용하여야 하고 특별한 사정없이 이것을 받아들이지 않으면 재량권을 남용한 것이라는 종래 실무에 따른 원심의 침해금지 가처분인용을 파기하면서 형평법상의 요건(회복할 수 없는 손해가 발생할 것, 코먼로 상의 구제수단으로는 손해 전보가 충분하지 않을 것, 당사자 쌍방이 입을 불이익의 균형을 고려할 것, 금지명령에 의하여 공익을 해치지 않을 것)에 대하여 치밀한 심리를 한 후 결정할 것을 요구하였다.

어떤 조건이 공평하고 합리적이며 비차별적인 것인가를 사안에 따라 개별적으로 판단하는 경향이 있다. 즉 특허권자가 부당하게 과도한 실시료를 요구하는 경우에 금지청구는 인정되지 않고 그 반대로 실시자가 FRAND 조건에 따라 실시허락계약을 체결하는 것을 거부하고 있는 경우에 금지청구가 인정될 수 있다는 입장이다.

독일 연방대법원은 이른바 Orange Book 사건[25]에서 표준필수특허를 사용하려는 자가 금지청구를 피하기 위해서는 그 특허권자에게 무조건적인 실시허락 요청을 하여야 하고, 그 특허기술을 사용했다면 실시료를 지급하거나 그 상당액을 예치하여야 한다고 하였다.

그 외 Apple Inc.이 유럽 통신규격에 해당하는 GPRS 표준필수특허를 아이폰에 실시한 것을 이유로 Motorola Mobility LLC가 Apple Inc.을 상대로 독일 법원으로부터 침해금지명령을 받고 집행하려 하자 Apple Inc.은 위 금지명령의 집행이 부당하다고 주장하면서 유럽연합 집행위원회(European Commission)에 소를 제기하였는데, 유럽연합 집행위원회는 Motorola Mobility LLC가 스마트폰의 표준필수특허가 침해되었다는 이유로 독일 법원에 Apple Inc.을 상대로 판매금지가처분신청을 한 것은 유럽 반독점 절차 규정을 위반하여 독일 시장에서 우월적 지위를 남용하는 것이 된다고 판단하였다.[26] 유럽연합 집행위원회는 위 소송에서 FRAND 선언을 한 표준필수특허권자가 침해금지명령을 청구할 수 있는 예외적 상황으로 잠재적인 실시자(willing licensee)가 재정위기 등으로 채무를 상환할 수 없게 된 경우, 잠재적 실시자의 자산 관할권이 손해액 상당을 집행할 수 없는 관할권에 속한 경우, 잠재적 실시자가 라이선스 계약을 할 의사가 없어서 특허권자가 적절한 보상을 받지 못하는 경우를 들고 있다.[27]

그리고 Huawei가 독일의 뒤셀도르프 지방법원에 ZTE를 상대로 ZTE가 Huawei의 LTE(Long Term Evolution) 표준필수특허를 동의 없이 사용하고 있다는 이유로 침해금지 및 손해배상을 청구한 사건에서 뒤셀도르프 지방법원은 European Court of Justice(유럽연합법원, 이하 ECJ라고 함)에 여러 질의를 하였는데 ECJ는 표준필수특허권의 침해금지 청구권의 행사는 원칙적으로 특허권자의 정당한 권리이고 시장 우월적 지위를 가진 자의 행사라고 할지라도 그 자체가 곧바로 우월적 지위의 남용이 되는 것은 아니라고 하면서도, 표준필수특허권자가 FRAND 선언을 한 경우 특허권자가 아래에 설명하는 것과 같은 일정한 조치를 하지 않고 침해소송을 제기하는 것은 유럽연합규정

25) Case No. KZR 39/06 (BGH, 2009. 5. 6.)
26) Case AT.39985 - Motorola - Enforcement of GPRS standard essential patents, European Commission Decision (2014. 4. 29.)
27) 특허청 · 한국지식재산보호원, 표준특허 분쟁대응 가이드(2020), 215 참조.

에 위반된다고 하였다.[28] ECJ는 표준필수특허권자가 제기하는 침해소송의 전제로서, 특허권자는 소송제기 전에 특허실시자에게 해당 특허와 구체적인 침해행위 등을 지적하는 특허침해 경고를 하고, 만일 특허실시자가 특허권자에게 FRAND 조건에 따라 실시허락받을 의사를 표시하고 있다면 특허권자는 특허실시자에게 실시료와 그 산정방법 등을 알리고 구체적인 실시허락계약을 요구한 사실, 그와 아울러 특허실시자가 표준필수특허를 사용하고 있고 특허권자의 위와 같은 계약체결 요구에 성실하게 대응하고 있지 않고 있다는 사실(즉, 특허실시자가, 특허권자의 계약 내용 제시에 대응하여 역 제안을 하지 않고 있고 역 제안이 받아들여지지 않을 경우에 합리적인 실시료 상당액을 공탁 또는 예치하고 있지도 않음)을 주장·증명할 필요가 있다고 하였다.

일본 지적재산고등재판소는 특허권자가 표준필수특허권에 기하여 금지청구를 행사하는 경우에 특허권자가 표준필수특허권자로서 FRAND 선언을 한 사실 및 상대방이 FRAND 조건에 따른 실시허락을 받을 의사가 있다는 사실이 주장·증명된다면 특허권자의 금지청구는 일본 민법 제1조 제3항의 권리남용에 해당한다고 보고 있다.[29] 그리고 특허권자가 표준필수특허권에 기하여 FRAND 조건의 실시료 상당액을 넘는 손해배상청구를 하는 경우에 상대방은 특허권자가 FRAND 선언을 한 사실을 주장·증명하면 실시료 상당액을 초과하는 과도한 청구를 거절할 수 있고, 또한 특허권자가 표준필수특허권에 기하여 FRAND 조건의 실시료 상당액 범위 내에서 손해배상청구를 하는 경우에는 실시료 상당액 청구를 제한할 수 없으나, FRAND 선언에 이른 과정이나 실시허락 교섭과정 등에서 나타난 제반 사정을 종합하여 해당 손해배상청구권이 발명의 공개에 대한 대가로서 중요한 의미가 있는지를 고려하고, 실시료 상당액 범위 내의 손해배상청구를 허용하는 것이 현저히 불공정하다고 인정되는 특별한 사정이 있다는 사실이 주장·증명된 경우에는 그러한 손해배상청구 역시 권리남용에 해당하여 제한될 수 있다고 하였다.[30]

우리나라에서는 삼성전자가 애플을 상대로 제3세대 이동통신 기술과 관련된 4개의 표준필수특허 등에 대한 침해금지 및 손해배상청구소송을 제기한 소송이 있다.

서울중앙지방법원은 FRAND 선언이 확약이나 자동적인 실시권 부여라고 볼 수 없고 단지 특허권자에게 실시허락 계약의 체결과 관련하여 FRAND 조건으로 성실하게 협상할 의무 등을 부담시키는 일반 원칙을 선언하는 것에 불과한 것으로 FRAND 선언

---

28) EuGH 5. Kammer, Urteil vom 16.07.2015 - C-170/13 (EuGH, 2015. 7. 16.)
29) 知的財産高等裁判所 2014(平成26). 5. 16. 자 平成25(ラ)10007 결정 참조.
30) 知的財産高等裁判所 2014(平成26). 5. 16. 선고 平成25(ネ)10043 판결. 표준필수특허에 기한 손해배상청구를 FRAND 조건의 실시료 상당액의 범위 내에서만 인정하였다.

이 청약의 의사표시라거나 표준특허를 실시하는 행위를 청약에 대한 승낙이라고 볼 수 없다는 전제하에 FRAND 선언으로 임의로 표준필수특허를 실시하여 침해하는 제3자에게 침해금지청구권을 행사하는 것까지 포기한 것이라고 해석할 수 없어 금반언 원칙 위반이라 볼 수 없다고 하고, 권리남용에 관련된 쟁점에 대하여는 두 당사자가 성실하게 협상에 임했다고 볼 수 없고 특허권자가 FRAND 선언 이후 이에 위반하여 FRAND 조건에 부합하지 않는 과도한 실시료를 요구하였다고 할 수 없다는 사실인정 하에서 특허권자가 표준필수특허의 침해를 전제로 침해금지청구를 하는 것이 FRAND 선언에 위반된 행위로서 권리남용에 해당하지 않는다고 하였다.[31]

3 등록된 권리 자체에 무효사유가 있음(특허권의 진보성이 부정됨)을 근거로 한 권리남용

가. 문제의 소재

특허발명에 진보성이 없다는 특허무효사유가 있음을 근거로 한 권리남용 주장은 등록된 권리 자체에 무효사유가 있음을 이유로 하는 권리남용 주장(권리 자체에 하자가 있어 권리남용법리를 적용하는 경우)으로서 앞서 본 민법 제2조의 권리남용에 근거한 것(권리 자체에 하자는 없지만 권리행사에 권리남용 법리를 적용하는 경우)과는 성격이 다르다.

즉 여기서의 권리남용론은 특허권 침해를 이유로 특허권자가 특허발명을 권한 없이 실시하고 있는 상대방을 상대로 제기한 특허침해금지청구소송 등에서 그 상대방이 특허권자의 특허발명에 진보성이 없다는 특허무효사유가 있음을 이유로 무효사유의 흠을 가진 특허권 행사가 권리남용에 해당한다고 항변하거나 특허권 침해죄로 기소된 형사소송에서 같은 이유로 무죄를 주장하는 경우에 문제된다.

특허에 무효사유가 존재하는 경우에 특허심판원의 특허무효심판절차를 통해서 해당 특허를 무효로 할 수 있지만, 특허무효심결 확정 전이라도 개별적인 특허침해소송 등에서 해당 특허에 진보성 부정 등의 특허무효사유를 주장하는 경우에 법원이 그 침해 등 판단의 선결문제로 특허발명의 진보성 유무를 포함한 특허무효사유 해당 여부를 판단할 수 있는지에 대해 많은 논의가 있었다.

이하 특허침해 등의 선결문제로서 특허무효심판절차를 통하지 않고도 진보성 문제를 포함한 특허의 무효사유 등을 주장하여 특허권행사를 저지할 수 있는지를 검토한다.

---

31) 서울중앙지방법원 2012. 8. 24. 선고 2011가합39552 판결(항소심에서 소 취하 종국).

나. 권리범위확인 사건에서의 특허무효사유(진보성 결여의 무효사유 제외) 판단

권리범위확인 사건이란 심판청구인이 심판의 대상으로 삼은 확인대상발명이 특허권의 효력이 미치는 객관적인 범위에 속하는지를 확인하는 목적을 가진 심판 및 그 심판의 심결에 불복하여 제기된 심결취소소송을 말한다.

타인이 실시하는 확인(실시)대상발명이 특허권의 권리범위에 속하는지를 판단하는 권리범위확인 사건에서 특허발명이 출원 당시 신규성이 부정된다고 인정되면 특허무효심결의 확정 유무에 관계없이 그 권리범위가 인정되지 않는다.[32)]

그리고 특허무효사유에서 신규성 결여와 선출원주의 위반은 특허발명 내지 후출원발명과 선행발명 내지 선출원발명의 동일성 여부가 문제된다는 점에서 공통되므로 권리범위확인 사건에서 후출원발명에 선출원주의 위반의 무효사유가 있는 경우에도 위 법리를 그대로 적용하여 특허발명의 권리범위가 인정되지 않는다.[33)]

권리범위확인 사건에서 신규성이 부정되는 경우, 선출원주의 위반의 경우 외에도 특허발명이 특허법에서 요구하는 명세서 기재요건을 갖추지 못하여(명세서 기재불비) 그 기술적 범위를 특정할 수 없는 경우,[34)] 특허발명의 실시가 불가능한 경우[35)] 및 특허발명이 미완성발명인 경우[36)]에도 같은 법리가 적용되어 특허발명의 권리범위가 인정되지 않는다.

권리범위확인 사건에서 그 절차의 속성상 특허발명이 신규성 없음, 선출원주의 위반, 명세서 기재불비, 실시 불가능, 미완성발명과 같은 이유로 특허발명의 권리범위가 그 자체로 인정되지 않으면 확인대상발명이 특허발명의 권리범위에 속하는지를 확정할 수 없으므로 확인(실시)대상발명이 해당 특허발명의 권리범위에 속하지 않는다고 결론 내리게 된다.

따라서 이러한 경우에는 타인에 의해 실시되고 있는 확인대상발명이 특허권의 효력이 미치는 객관적인 범위에 속하는지까지 나아가 심리 판단할 필요가 없기 때문에 그와 같이 주장된 각각의 사유가 특허무효사유에 해당하는지 또는 그 주장된 사유들이 특허무효사유에 해당함을 전제로 하여 특허실시자의 권리남용 주장을 허용할지 여부도 심리 판단할 필요가 없다(결국 이러한 경우에는 특허권의 권리남용 문제가 일어나지 않는다).

---

32) 대법원 1983. 7. 26. 선고 81후56 전원합의체 판결, 대법원 2003. 1. 10. 선고 2002도5514 판결 참조.

33) 대법원 2009. 9. 24 선고 2007후2827 판결.

34) 대법원 1983. 1. 18. 선고 82후36 판결, 대법원 1989. 3. 28. 선고 85후109 판결, 대법원 2002. 6. 14. 선고 2000후235 판결 등.

35) 대법원 2001. 12. 27. 선고 99후1973 판결 등.

36) 대법원 2005. 9. 28. 선고 2003후2003 판결.

다. 민사 · 형사사건에서의 특허무효사유(진보성 결여의 무효사유 제외) 판단

1) 권리범위확인 사건에서 특허발명의 권리범위를 인정하지 않은 위 사유들에 관한 법리는 민사 · 형사사건에도 그대로 적용된다.

즉 특허권 침해금지가처분 사건에서, 쟁점이 되는 특허발명이 신규성 없음, 선출원주의 위반, 명세서 기재불비, 실시 불가능, 미완성발명과 같은 이유로 특허발명의 권리범위가 그 자체로 인정되지 않으면 특허침해 여부의 전제로서 특허무효의 심결의 확정 유무에 관계없이 특허발명의 권리범위가 부정된다.[37] 이러한 논리는 손해배상청구 등의 민사사건[38] 및 형사사건(특허법 제225조의 특허권 침해죄, 실용신안법 제45조의 실용신안권침해죄 등)[39]의 경우에도 그대로 적용된다.

2) 참고로 후출원 등록특허의 실시가 선출원 특허권을 침해하는지의 쟁점과 관련하여 판례변경 등으로 유의할 점이 있어 이를 설명한다.

먼저 상표권에 관한 형사사건에서 상표권자가 상표등록출원일 전에 출원 · 등록된 타인의 선출원 등록상표와 동일 · 유사한 상표를 등록받아(이하 그와 같이 등록받은 상표를 '후출원 등록상표'라고 한다) 선출원 등록상표권자의 동의 없이 이를 선출원 등록상표의 지정상품과 동일 · 유사한 상품에 사용한 경우에 선출원 등록상표와 유사한 후출원 등록상표의 사용이 선출원 상표권에 대한 침해에 해당하는지 여부 및 형사사건에서 그 침해죄 성부 시기의 쟁점에 대해 살펴본다.

---

37) 대법원 1992. 6. 2. 자 91마540 결정, "등록된 특허발명의 일부 또는 전부가 출원 당시 공지공용의 것인 경우에는 특허무효의 심결 유무에 관계없이 그 권리범위를 인정할 수 없다 할 것이나, 이는 등록된 특허발명의 일부 또는 전부가 출원 당시 공지공용의 기술에 비추어 새로운 것이 아니어서 소위 신규성이 없는 경우 그렇다는 것이지, 신규성은 있으나 그 분야에서 통상의 지식을 가진 자가 선행기술에 의하여 용이하게 발명할 수 있는 것이어서 소위 진보성이 없는 경우까지 법원이 다른 소송에서 당연히 권리범위를 부정할 수 있다고 할 수는 없다"(위 판시 내용 중 진보성 부분은 대법원 2012. 1. 19. 선고 2010다95390 전원합의체 판결로 변경됨).

38) 대법원 2001. 3. 23. 선고 98다7209 판결, "위와 같은 실용신안등록을 무효로 할 수 있는 사유가 있더라도 다른 절차에서 그 전제로서 실용신안등록이 당연무효라고 판단할 수 없고, 다만 등록실용신안의 일부 또는 전부가 출원 당시 공지공용의 것인 경우에는 실용신안등록무효의 심결 유무에 관계없이 그 권리범위를 인정할 수 없으나, 이는 등록실용신안의 일부 또는 전부가 출원 당시 공지공용의 기술에 비추어 새로운 것이 아니어서 이른바 신규성이 없는 경우 그렇다는 것이지, 신규성은 있으나 그 분야에서 통상의 지식을 가진 자가 선행기술에 의하여 극히 용이하게 발명할 수 있는 것이어서 이른바 진보성이 없는 경우까지 다른 절차에서 당연히 권리범위를 부정할 수는 없다"(위 판시 내용 중 진보성 부분은 대법원 2012. 1. 19. 선고 2010다95390 전원합의체 판결로 변경됨).

39) 특허권에 관한 대법원 2004. 2. 27. 선고 2003도6283 판결, 실용신안권에 관한 대법원 2003. 1. 10. 선고 2002도5514 판결, 대법원 2004. 6. 11. 선고 2002도3151 판결 등 참조.

위와 같은 쟁점에서 이전에 대법원은, 후출원 등록상표를 무효로 하는 심결이 확정될 때까지는 후출원 상표권자가 자신의 상표권 실시행위로서 선출원 등록상표와 동일 · 유사한 상표를 그 지정상품과 동일 · 유사한 상표에 사용하는 것은 선출원 상표권에 대한 침해가 되지 않고, 후출원 등록상표에 의한 선출원 등록상표의 침해는 후출원 등록상표가 적법한 절차에 따라 등록무효심결이 확정되었음에도 불구하고 그 후 후출원 상표권자가 선출원 등록상표와 동일 · 유사한 상표를 그 지정상품이 동일 · 유사한 상품에 사용한 때에 성립한다는 입장이었다.[40)]

그러나 대법원은 견해를 바꾸어, 상표권자가 상표등록출원일 전에 출원 · 등록된 타인의 선출원 등록상표와 동일 · 유사한 후출원 등록상표를 선출원 상표권자의 동의 없이 이를 선출원 등록상표의 지정상품과 동일 · 유사한 상품에 사용하였다면 후출원 등록상표의 적극적 효력이 제한되어 후출원 등록상표에 대한 등록무효심결의 확정 여부와 상관없이 선출원 상표권에 대한 침해가 성립한다고 하였다.[41)]

판례 변경된 위 판결은 민사사건이지만 해당 판결이유에서 위 판시 취지와 배치되는 대법원 1986. 7. 8. 선고 86도277 판결,[42)] 대법원 1999. 2. 23. 선고 98다54434, 54441(병합) 판결의 관련 판시까지 변경하고 있어 상표에 관한 민사 및 형사사건에 모두 적용된다.

그리고 상표권에 관한 이러한 논리는 선출원주의가 적용되는 특허권, 실용신안권 및 디자인권에 대하여도 마찬가지로 적용된다.[43)]

따라서 특허권자라고 하더라도 그 출원일 전에 먼저 출원하여 등록된 타인의 선출원 등록특허와 동일한 후출원 등록특허를 선출원 특허권자의 동의 없이 실시하였다면 후출원 등록특허의 적극적 효력이 제한되어 후출원 등록특허에 대한 등록무효심결의 확정 여부와 상관없이 선출원 특허권에 대한 침해가 성립한다.

---

40) 대법원 1986. 7. 8. 선고 86도277 판결, 대법원 1999. 2. 23. 선고 98다54434, 54441(병합) 판결.

41) 대법원 2021. 3. 18. 선고 2018다253444 전원합의체 판결.

42) 해당 판결의 요지는 후출원등록상표에 의한 선출원등록상표의 침해는 후출원등록상표가 적법한 절차에 따라 등록무효의 심결이 확정되었음에도 불구하고 그 후 후출원등록상표권자가 선출원등록상표와 동일 또는 유사한 상표를 그 지정상품이 동일 또는 유사한 상품에 사용한 때 성립한다는 것이었다.

43) 대법원 2021. 3. 18. 선고 2018다253444 전원합의체 판결은 "특허권과 실용신안권, 디자인권의 경우 선발명, 선창작을 통해 산업에 기여한 대가로 이를 보호 · 장려하고자 하는 제도라는 점에서 상표권과 보호 취지는 달리하나, 모두 등록된 지식재산권으로서 상표권과 유사하게 취급 · 보호되고 있고, 각 법률의 규정, 체계, 취지로부터 상표법과 같이 저촉되는 지식재산권 상호간에 선출원 또는 선발생 권리가 우선한다는 기본원리가 도출된다는 점에서 위와 같은 법리가 그대로 적용된다."라고 하였다.

라. 특허발명에 진보성 결여의 무효사유가 있음을 근거로 한 권리남용 판단

1) 특허발명이 출원 당시 선행기술에 비추어 신규성은 부정되지 않으나 그 기술분야에서 통상의 지식을 가진 자가 선행기술에 따라 쉽게 발명할 수 있어 진보성이 없는 경우에 무효심판절차와는 다른 절차에서 그 전제가 되는 특허발명이 무효라고 심리 판단할 수 있는지에 대해, 실무에서는 서로 상반된 의견이 있었다.

즉, 특허침해금지가처분 사건에서 특허발명의 일부 또는 전부가 출원 당시 공지공용이어서 신규성이 없는 경우에는 특허무효의 심결 유무에 관계없이 그 권리범위를 인정할 수 없지만, 특허발명이 신규성은 있으나 그 기술분야에서 통상의 지식을 가진 자가 선행기술에 의하여 쉽게 발명할 수 있어 진보성이 없는 경우까지 법원이 다른 소송에서 당연히 권리범위를 부정할 수 없다는 견해가 있었고,[44] 이러한 논리는 민사 본안사건인 특허권 침해를 이유로 한 손해배상청구사건에서도 그대로 유지되었다.[45]

그 반대로 특허권 침해금지가처분 사건에서 채무자가 특허청에 별도로 제기한 심판절차에 의하여 그 특허권이 무효라고 하는 취지의 심결이 있는 경우나 특허발명이 진보성에 관한 특허요건을 구비하지 못하였다고 인정되는 경우에 그 특허권은 무효심판절차에 의하여 무효로 될 개연성이 높아 보전의 필요성이 없다는 이유로 가처분금지청구를 받아들여서는 안 된다는 취지의 사례가 있었고,[46] 민사 본안사건에서 특허무효심결이 확정되기 전이더라도 특허권 침해소송을 심리하는 법원은 특허발명에 무효사유가 있는 것이 명백한지에 대하여 판단할 수 있고 심리결과 해당 특허발명에 무효사유가 있는 것이 분명한 때에는 그 특허권에 기초한 금지와 손해배상 등의 청구는 특별한 사정이 없는 한 권리남용에 해당하여 허용되지 아니한다는 사례도 있었다.[47]

대체로 이 문제에 대한 1심 및 2심의 다수 실무는 '진보성 없음을 이유로 한 특허권의 등록무효 여부는 특허청 및 특허법원의 등록무효심판 · 소송절차에 따라 결정되고, 특허침해 여부를 판단하는 일반 법원은 특허발명이 등록무효심판 · 소송절차에서 무효로 확정되지 않는 한 일응 유효함을 전제로 심리한다'는 원칙을 적용하고 있었으나, 그와 반대의 견해를 표명한 1심 및 2심의 실무도 적지 않았기에 이 부분에 관한 실

---

44) 대법원 1992. 6. 2. 자 91마540 결정, 대법원 2003. 6. 27. 자 2000마7727 결정도 "등록된 특허발명이 신규성이 없는 경우에는 특허무효의 심결 유무에 관계없이 그 권리범위를 인정할 수 없어 피보전권리인 침해금지청구권의 존재 자체가 부인되지만, 특허발명이 진보성이 없다는 이유만으로는 특별한 사정이 없는 한 피보전권리의 존재를 부인할 수 없다."라고 판시하였다.

45) 대법원 2001. 3. 23. 선고 98다7209 판결 등.

46) 대법원 1993. 2. 12. 선고 92다40563 판결.

47) 대법원 2004. 10. 28. 선고 2000다69194 판결.

무는 정리될 필요가 있었다.

결국 대법원은 전원합의체 판결을 통해 "특허발명에 대한 무효심결이 확정되기 전이라고 하더라도 특허발명의 진보성이 부정되어 특허발명이 특허무효심판에 의하여 무효로 될 것임이 명백한 경우에는 특허권에 기초한 침해금지 또는 손해배상 등의 청구는 특별한 사정이 없는 한 권리남용에 해당하여 허용되지 아니한다고 보아야 하고, 특허권 침해소송을 담당하는 법원으로서도 특허권자의 그러한 청구가 권리남용에 해당한다는 항변이 있는 경우 당부를 살피기 위한 전제로서 특허발명의 진보성 여부에 대하여 심리 · 판단할 수 있다."라고 하여 특허침해소송에서 특허발명에 대한 무효심결이 확정되기 전이라고 하더라도 법원이 선결문제로서 특허발명의 진보성 여부까지 심리 · 판단할 수 있는 것으로 정리하였다.[48]

위 전원합의체 판결에 따라 그동안 유지되어 온 '진보성 없음을 이유로 한 특허권의 등록무효 여부는 특허청 및 특허법원의 등록무효심판 · 소송절차에 따라 결정되고, 특허침해 여부를 판단하는 일반 법원은 특허발명이 등록무효심판 · 소송절차에서 무효로 확정되지 않는 한 일응 유효함을 전제로 심리한다'는 종전 원칙이 폐기되고, 일반 법원도 특허침해가 문제된 소송에서 특허침해 여부에 앞서 선결문제로서 특허발명의 진보성에 따른 특허무효 여부를 심리하여 판단할 수 있게 되었다.

위 전원합의체 판결은 해당 사안에서 특허발명이 진보성이 없어 특허무효심판에 의하여 무효로 될 것임이 명백한 경우에는 권리남용에 해당하여 허용되지 않는다고 하는 권리남용론을 채택하여 금지청구권이나 손해배상청구 등을 부정하는 논리를 취하고 있다.

한편 위 전원합의체 판결 법리는 설령 특허권 침해소송 등을 담당하는 법원이 문제가 되는 특허발명에 대해 특허무효심판에 의하여 무효로 될 것이 명백하다고 판단하더라도 그 판단은 당사자 사이에서만 효력 있고 종전의 특허청과 법원의 권한분배 구도 자체에 영향을 주지 않고 그와 같은 무효취지의 판단이 대세적으로 특허무효를 선언하는 것이 아님에 유의한다.

한편, 위 전원합의체 판결의 판시 법리가 권리범위확인 사건에도 그대로 적용되는지에 대해 실무에서 이를 긍정한 것[49]과 부정한 것[50]이 있었고, 위 전원합의체 판결에

48) 대법원 2012. 1. 19. 선고 2010다95390 전원합의체 판결.
49) 대법원 1991. 3. 12. 선고 90후823 판결, 대법원 1991. 12. 27. 선고 90후1468, 1475(병합) 판결, 대법원 1997. 5. 30. 선고 96후238 판결, 대법원 1997. 7. 22. 선고 96후1699 판결, 대법원 1998. 2. 13. 선고 97후686 판결, 대법원 1998. 2. 27. 선고 97후2583 판결 등.
50) 대법원 1998. 10. 27. 선고 97후2095 판결, 대법원 1998. 12. 22. 선고 97후1016, 1023, 1030 판결, 대법원 2001. 2. 9. 선고 98후1068 판결, 대법원 2004. 4. 27. 선고 2002후2037

서 특허침해사건에 관한 판결만을 변경의 대상으로 열거하고 있어 위 전원합의체 판결 법리가 권리범위확인 사건에도 적용되는지에 대한 입장 역시 정리될 필요가 있었다.

대법원은 아래와 같이 (특허침해소송과는 달리) 권리범위확인 사건에서는 특허발명의 진보성 여부를 판단할 수 없다(즉, 2010다95390 전원합의체 판결 법리가 권리범위확인 사건에는 적용되지 않는다)고 하였다.51)

> 특허법은 특허가 일정한 사유에 해당하는 경우에 별도로 마련한 특허의 무효심판절차를 거쳐 무효로 할 수 있도록 규정하고 있으므로, 특허는 일단 등록이 되면 비록 진보성이 없어 해당 특허를 무효로 할 수 있는 사유가 있더라도 특허무효심판에 의하여 무효로 한다는 심결이 확정되지 않는 한 다른 절차에서 그 특허가 무효임을 전제로 판단할 수는 없다. 나아가 특허법이 규정하고 있는 권리범위확인심판은 심판청구인이 그 청구에서 심판의 대상으로 삼은 확인대상발명이 특허권의 효력이 미치는 객관적인 범위에 속하는지 여부를 확인하는 목적을 가진 절차이므로, 그 절차에서 특허발명의 진보성 여부까지 판단하는 것은 특허법이 권리범위확인심판 제도를 두고 있는 목적을 벗어나고 그 제도의 본질에 맞지 않다. 특허법이 심판이라는 동일한 절차 안에 권리범위확인심판과는 별도로 특허무효심판을 규정하여 특허발명의 진보성 여부가 문제되는 경우 특허무효심판에서 이에 관하여 심리하여 진보성이 부정되면 그 특허를 무효로 하도록 하고 있음에도 진보성 여부를 권리범위확인심판에서까지 판단할 수 있게 하는 것은 본래 특허무효심판의 기능에 속하는 것을 권리범위확인심판에 부여함으로써 특허무효심판의 기능을 상당 부분 약화시킬 우려가 있다는 점에서도 바람직하지 않다.
>
> 따라서 권리범위확인심판에서는 특허발명의 진보성이 부정된다는 이유로 그 권리범위를 부정하여서는 안 된다.
>
> 위와 같은 법리는 실용신안의 경우에도 마찬가지로 적용된다.

결론적으로 두 전원합의체 판결에 따르면 아래와 같이 정리된다.

■ 특허침해소송 등에서는 권리범위확인 사건과 달리 무효심결이 확정될 때까지 반드시 소송절차를 중지할 필요가 없고 법원이 침해판단의 전제로서 특허발명의 무효사유 중 진보성이 부정되어 무효심판에 의하여 무효로 될 것이 명백하다고 판단될 경우 그 당부를 살피기 위한 전제로서 특허발명의 진보성 여부에 대하여 심리·판단할

판결 등.

51) 대법원 2014. 3. 20. 선고 2012후4162 전원합의체 판결. 이와 같은 법리가 대법원 2017. 11. 14. 선고 2016후366 판결 등에서도 유지되고 있다.

수 있다. 즉, 위 전원합의체 판결의 권리남용 법리 적용 범위는 특허발명의 모든 무효사유에 적용되는 것이 아니라 특허무효 사유 중 진보성이 부정되는 경우에 한정되어 적용된다는 점에 유의할 필요가 있다.

■ 신규성은 있으나 진보성이 없는 특허발명에 대하여 무효심판과 권리범위확인심판이 동시에 계속되었다가 같은 날 심결이 있는 경우, 무효심판 사건에서는 진보성이 없다는 이유로 특허를 무효로 판단하였음에도 불구하고 권리범위확인심판 사건에서는 진보성 결여를 이유로 한 특허 무효 주장이 허용되지 않으므로 확인대상발명이 특허발명의 권리범위에 속한다는 결론이 나올 수 있다.

2) 관련하여 권리남용 법리에 대한 항변에 대하여 특허권자는 정정의 재항변으로 대응할 수 있다.

특허권에 기초한 침해금지 또는 손해배상 등을 구하는 소송에서 그 특허발명이 진보성이 부정되어 무효로 될 것이 명백하여 특허권자의 청구가 권리남용에 해당한다는 항변이 있는 경우 특허권자로서는 특허권에 대한 정정심판청구, (특허무효심판절차 및 정정무효심판절차 내에서) 정정청구를 통해 정정을 인정받아 그러한 무효사유를 해소했거나 해소할 수 있다는 사정을 그 항변에 대한 재항변으로 주장할 수 있다.

다만 특허권자가 정정심판을 청구하여 특허무효심판에 대한 심결취소소송의 사실심 변론종결 이후에 특허발명의 명세서 또는 도면에 대하여 정정을 한다는 심결이 확정된 경우에 과거에는 민사소송법 제451조 제1항 제8호에 규정된 재심사유에 해당한다고 보았으나, 그 후 판례변경으로 인해 특허권자가 정정심판을 청구하여 특허무효심판에 대한 심결취소소송의 사실심 변론종결 이후에 특허발명의 명세서 또는 도면에 대하여 정정을 한다는 심결이 확정되더라도 정정 전 명세서 또는 도면으로 판단한 원심판결에 민사소송법 제451조 제1항 제8호가 규정한 재심사유에 해당하지 않는다는 것으로 대법원의 견해가 바뀌었음에 유의한다.

그리고 이러한 법리는 특허권 침해를 원인으로 한 민사소송이나 특허무효심판절차에서의 정정청구에 대한 심결 사실심 변론종결 이후에 특허발명의 명세서 또는 도면에 대하여 정정을 한다는 심결이 확정된 경우에도 그대로 적용된다.[52]

---

52) 대법원 2020. 1. 22. 선고 2016후2522 전원합의체 판결 [등록무효(특)]. 위 판결에서 설시한 법리와 달리 정정심결의 확정이 민사소송법 제451조 제1항 제8호에 규정된 재심사유에 해당한다는 취지로 판시한 심결취소소송에 관한 대법원 2001. 10. 12. 선고 99후598 판결, 대법원 2008. 7. 24. 선고 2007후852 판결, 대법원 2010. 9. 9. 선고 2010후36 판결, 특허권 침해를 원인으로 하는 민사소송에 관한 대법원 2004. 10. 28. 선고 2000다69194 판결뿐만 아니라, 특허무효심판절차에서의 정정청구에 대한 심결의 확정이 민사소송법 제451조 제1항 제8호에 규정된 재심사유에 해당한다는 취지로 판시한 대법원 2006. 2. 24. 선고 2004후3133 판결을

즉, 특허권 침해를 원인으로 하는 민사소송의 종국판결 등이 이미 확정되거나 그 확정 전이라도 사실심 변론종결 후에 정정심결이 확정되었음을 이유로 사실심 법원의 판단을 다투는 것은 허용되지 않는다.

3) 위 2010다95390 전원합의체 판결의 권리남용 법리 적용 범위와 관련하여 위 권리남용 법리가 등록무효심판 내지 그 심결에 대한 취소소송 절차에도 적용될 수 있는가의 문제가 있다.

이에 대하여 실무는 아래와 같이 대체로 소극적인 입장이다.

즉, 위 전원합의체 판결 이전에 대법원이, '특허발명은 그 정정자체가 무효인데, 정정 이전의 청구범위도 공지기술만으로 구성된 것이어서 역시 무효이다'라는 주장이 있는 사안에서, 대법원은 "구 특허법(2001. 2. 3. 법률 제6411호로 개정되기 전의 것) 제137조 제1항은 특허발명의 명세서 또는 도면의 정정이 같은 법 제136조 제1항 내지 제3항의 규정에 위반된 경우에는 그 정정의 무효심판을 청구할 수 있다고 규정하고 있으므로, 설령 특허발명이 특허청구범위를 실질적으로 변경한 내용으로 정정된 것이라고 하더라도, 정정의 무효심판에서 그 위법 여부를 다툴 수 있음은 별론으로 하고, 정정된 특허발명을 당연무효라고 할 수 없다."라고 한 것이 있다.[53)]

위 전원합의체 판결 이후 디자인등록무효와 관련된 사안에서 특허법원이, '선등록 디자인권자가 후등록 디자인권자를 상대로 제기한 등록무효심판절차에서 선등록 디자인권자의 디자인이 무효로 될 것임이 명백하여 그 심판청구는 권리남용에 해당한다'라는 주장이 있는 사안에서, 특허법원은 무효심판을 청구할 수 있는 이해관계인으로 인정받기 위해 반드시 청구대상이 되는 등록디자인과 유사한 등록디자인의 디자인권자 또는 전용실시권자에 해당할 필요가 없어서 등록무효심판은 디자인권의 행사라고 볼 수 없고, 무효심판청구인이 자신의 선등록 디자인권자로서의 지위가 그와 유사한 후등록 디자인으로 인해 실질적으로 제한을 받는다는 점에 기초하여 무효심판을 청구하였는데 무효심판청구인의 선등록 디자인에 명백한 등록무효사유가 있는 경우라고 하더라도, 그와 같은 선등록 디자인을 선행발명으로 삼아 등록무효심판을 청구하는 것이 등록무효심판의 피청구인에게 불합리한 고통이나 손해를 주는 것이라고 보기도 어렵다는 점 등을 들어 디자인권의 행사가 권리남용인지 여부가 문제되는 위 판결 법리를 무효심판절차에까지 확장하여 적용할 수 없다고 한 사례[54)]가 있다.

비롯한 같은 취지의 판결들은 위 판결의 견해에 배치되는 범위 내에서 모두 변경되었다.

53) 대법원 2003. 1. 10. 선고 2002후1829 판결.

54) 특허법원 2024. 3. 28. 선고 2023허12831 판결 [등록무효(디)] (미상고 확정) 참조.

II. 위법한 침해행위에 대한 금지청구 및 손해배상 청구의 인정 여부

특허권 침해행위는 민사상 불법행위의 특수유형으로 발전해 왔고 특허법은 민법의 특별법이라고 할 수 있어 민법 규정이 보충적으로 적용되는 관계에 있다. 특허법에 의하여 보호되는 특허발명의 요건을 갖추지 못하여 특허권 침해가 성립하지 않는 경우에 곧바로 일반 불법행위가 성립한다고 해석할 수는 없지만, 침해자가 경쟁자의 법률상 보호할 가치가 있는 이익을 침해하는 행위로 경쟁자에게 손해를 가한 경우 민법상 불법행위에 따라 그 손해를 배상할 책임이 발생할 수 있다(민법 제750조).

과거 민법상 불법행위를 이유로 한 일반적인 금지청구 및 예방청구에 관하여는 민법에 별다른 규정이 없고 해석론으로도 민법상 불법행위를 이유로 일반적인 금지청구 및 예방청구를 인정하기 어렵다는 것이 기존 실무 입장이었다.

다만 특허권 침해라는 불법행위에 대하여는 사후적인 손해배상청구만으로는 권리자를 충분히 구제할 수 없어 특허법에서는 특허권 침해행위에 대해 손해배상청구 외에 금지청구와 예방청구 등을 인정하고 있었다.

그런데 만일 상대방의 행위가 특허법에서 인정하는 특허권 침해행위라고까지 할 수는 없지만 같은 행위에 대해 민법상 불법행위 요건을 충족하는 경우가 있는지, 그것이 인정된다면 그러한 민법상 불법행위에 대하여 금지청구 등을 인정할 수 있는지가 문제되어 왔다.

대법원은 민법상 일반 불법행위에 기초한 금지 또는 예방청구를 인정하지 않는다는 종전의 견해를 사실상 바꾸어 경쟁자가 상당한 노력과 투자에 의하여 구축한 성과물을 상도덕이나 공정한 경쟁질서에 반하여 자신의 영업을 위하여 무단으로 이용함으로써 경쟁자의 노력과 투자에 편승하여 부당하게 이익을 얻고 경쟁자의 법률상 보호할 가치가 있는 이익을 침해하는 행위는 부정한 경쟁행위로서 민법상 불법행위에 해당하고, 위와 같은 무단이용 상태가 계속되어 금전배상을 명하는 것만으로는 피해자 구제의 실효성을 기대하기 어렵고 무단이용의 금지로 인하여 보호되는 피해자 이익과 그로 인한 가해자 불이익을 비교·교량할 때 피해자 이익이 더 큰 경우에는 그 행위의 금지 또는 예방을 청구할 수 있다고 하였다.[55]

위 법리 내용의 의미에 대해 여러 의견이 있을 수 있으나, 민법상 불법행위를 이유

---

55) 대법원 2010. 8. 25. 자 2008마1541 결정. 이에 대한 해설로 유영선, "불법행위로서 '부정한 경쟁행위' 및 그에 기한 금지청구권의 성립 요건 등에 관하여", 민사재판의 제문제(제23권), 사법발전재단(2015), 453 이하가 있다.

로 한 일반적인 금지 또는 예방청구를 인정하지 않는다는 기존 입장을 원칙으로 하면서도, 예외적으로 그 행위자의 무단이용 상태가 계속되어 금전배상을 명하는 것만으로는 피해자 구제의 실효성을 기대하기 어렵고 무단이용의 금지로 인하여 얻는 피해자와 행위자의 불이익 등을 비교하여 피해자를 더 보호하여야 할 필요가 있는 경우에는 그 행위의 금지 또는 예방청구를 허용할 수 있다는 취지라고 봄이 옳을 것이다.[56]

위 법리는 본안소송인 민법상 불법행위에 기한 손해배상청구 사건에서도 그대로 적용되고 있고,[57] 종합유선방송사업자가 전송한 방송프로그램에 대해 개별 TV 수상기와 셋톱박스 사이를 연결하여 한 자막광고 영업행위의 금지를 구한 사건에서도 원용되고 있다.[58]

한편 실무 중에는 개별 사용자들이 특정한 프로그램[59]을 통하여 포털사이트에서 제공하는 키워드 검색결과 화면에 나타나는 광고를 삭제하거나, 다른 포털사이트의 광고가 나오도록 대체시킬 경우 피고의 광고 수익이 감소하는 결과가 발생할 수 있더라도 프로그램을 제공·배포한 자가 그러한 행위로 포털사이트의 광고영업 수익에 대응하는 다른 영업적 이익을 얻지 않고 있어 프로그램을 단순히 제공·배포한 행위만으로는 포털사이트의 영업을 방해하는 위법행위가 아니라고 한 사례가 있다.[60] 이 사안은 앞서 본 법리의 적용 범위와 한계를 명확히 하는 데 도움이 된다.

한편 불법행위의 상당인과관계 등이 쟁점이 된 사안이 있다.

특허권자의 특허를 기반으로 한 원고 제품을 수입, 판매하는 원고 제품이 국민건강보험의 요양급여대상으로 결정되고 약제 상한금액이 정해져 약제급여목록표에 등재되었는데, 피고가 원고 제품의 제네릭 의약품인 피고 제품을 국민건강보험의 요양급여

---

56) 더 상세한 내용은 윤태식, 저작권법(제2판), 박영사(2021), 24~31 및 윤태식, 부정경쟁방지법, 박영사(2021), 42~50을 참고하여 주시기 바란다.

57) 대법원 2012. 3. 29. 선고 2010다20044 판결.

58) 대법원 2014. 5. 29. 선고 2011다31225 판결.

59) 위 사건에서 "개별 사용자로 하여금 '네이버·다음·네이트·구글'의 4대 포털사이트가 제공하는 화면에서 원하는 콘텐츠의 추가·삭제·위치변경 및 스킨과 색상을 포함한 전체 디자인을 변경할 수 있게 해 주는 개인화 툴 프로그램"을 말한다.

60) 대법원 2016. 4. 29. 선고 2013다42953 판결. 그 구체적인 논거로서 대법원은 소송에서 문제된 개인화 툴 프로그램과 오토스타일링이 함께 설치되면 개별 사용자의 컴퓨터 검색 화면에서 각 포털사이트가 제공하는 광고가 자동적으로 삭제되면서 화면 최상단에 '시퀀스링크'라는 광고가 나타나지만, 이러한 시퀀스링크 연결 효과는 오토스타일링을 동반 설치한 경우에만 발생하고 단순히 위 프로그램만을 설치한 때에는 발생하지 않으므로 시퀀스링크 연결 효과는 위 프로그램을 제공·배포한 행위의 결과가 아니라는 점 등의 여러 사정을 들어 오토스타일링이 동반 설치되지 않은 채 문제의 개인화 툴 프로그램을 제공·배포한 행위만으로는 부정경쟁행위에 해당하지 아니한다고 판단하였다.

대상으로 결정신청하여 피고 제품이 약제급여목록표에 등재되었다가 원고 제품에 사용된 특허의 진보성을 부정하는 특허법원 판결이 선고되자 피고는 피고 제품의 판매예정시기를 등재 후 즉시로 변경하고 보건복지부장관은 원고 제품의 약제 상한금액의 인하(최종 상한금액의 80%로 함) 시행일을 2011. 4. 25.(특허권 존속기간 만료일 다음날)에서 2011. 2. 1.로 변경하였고 위 진보성 판결은 대법원에서 파기환송되고 그 후 위 특허의 진보성이 부정되지 않는다는 심결이 확정된 사안에서 원고는 피고의 피고 제품에 대한 요양급여대상 결정신청, 판매예정시기 변경신청, 제조 및 판매라는 일련의 피고 제품 출시행위가 불법행위에 해당한다고 주장하면서 피고를 상대로 원고 제품의 약제 상한금액 인하에 대한 손해배상을 청구하였으나, 대법원은 피고의 행위가 위법하다거나 피고의 행위와 원고 제품의 상한금액 인하 사이에 상당인과관계가 없어 불법행위에 해당하지 않는다고 하였다.[61)]

III. 특허권 행사 등과 영업비방행위 간 관계

영업비방행위는 부정경쟁방지법에서 별도의 부정경쟁행위로 정하고 있지 않고[62)] 민법 제750조의 불법행위, 형법 제313조의 신용훼손죄 등과 같은 일반법의 규율에 맡기고 있다.

영업비방행위는 경쟁관계에 있는 자가 허위사실을 들어 영업자의 중요한 자산 중 하나인 영업상 신용 등을 직접적으로 공격하는 행위이므로 공정한 경쟁질서를 해치는 위법행위이다.

경쟁사업자에 의해 자신의 특허권 등이 침해되고 있다는 취지를 경쟁사업자에게 통보한 것은 내부적인 문제이어서 그 자체만으로는 형법상의 신용훼손행위에 해당한다고 보기 어려우나, 예를 들어 해당 특허권 등이 무효로 될 것임을 이미 알고도 이를 숨긴 채 침해를 주장하거나, 구체적인 침해 사실의 적시 없이 막연히 추상적인 침해사실을 주장하거나, 일부 침해를 기화로 특허권 등을 침해하지 않은 다른 경쟁제품에까지

61) 대법원 2020. 11. 26. 선고 2016다260707 판결 및 같은 날 선고 2018다221676 판결.

62) 1961. 12. 30. 법률 제911호로 제정된 부정경쟁방지법 제2조(부정경쟁행위중지청구권) 제6호는 "경쟁관계에 있는 타인의 영업상의 신용을 침해하는 허위의 사실을 진술하거나 유포하는 행위를 하는 자가 있을 때에는, 이로 인하여 영업상의 이익이 침해될 우려가 있는 자는 그 행위의 중지를 청구할 수 있다."라고 규정하고 있었는데, 1986. 12. 31. 법률 제3897호로 전부 개정된 부정경쟁방지법에서 위 규정이 삭제되었다.
일본 부정경쟁방지법 제2조 제1항 제14호는 '경쟁관계에 있는 타인의 영업상의 신용을 해하는 허위의 사실을 고지하거나 유포하는 행위'를 부정경쟁행위로 규정하고 있다.

침해를 주장하여 침해와 관련 없는 제품의 생산 및 판매 등을 중지하도록 하게 한 경우 등과 같은 특별한 사정이 있다면 그 통보행위가 민법상의 불법행위에 해당할 수 있다.

그리고 경쟁사업자 아닌 그 제3자 거래처 등에 특허권 침해 주장 내용을 통보하여 판매하지 못하게 하였다가 나중에 자신의 권리가 무효로 되는 등 경쟁사업자의 물품이 통보자의 권리를 침해한 것이 아닌 것으로 밝혀진 경우에 신용훼손의 고의가 명백히 인정되지 않아 형법상의 신용훼손행위에 해당한다고 단정할 수 없더라도 제3자에게 허위의 사실을 통보하여 그의 영업을 방해한 것이 되기 때문에 과실이 인정될 수 있어 민법상 불법행위에 해당할 수 있다.

즉, 나중에 특허권 등이 무효로 확정되는 등의 사정으로 통보자에 의해 주장되는 특허권 등을 침해하지 않았다고 판단하게 된 경우에 달리 정당한 사유가 없다면 그러한 통지행위에 대해 통보자에게 과실이 있었다고 추인될 수 있다.

여기서 면책될 수 있는 정당한 사유는 통보자가 단순히 통보내용이 진실이라고 믿었다는 사정만으로는 인정하여 주기 어렵고, 대상 권리가 특허권인지 상표권인지, 특허권인 경우 개척발명인지 아니면 개량발명인지 여부, 검토의뢰 변리사에 대한 의뢰내용 및 방식(서면 여부), 상대방에 대한 고지내용 및 관련 사정(경고가 권리행사의 일환으로서 정당행위에 해당할 수 있는지 아니면 외형적으로 권리행사의 형식을 취하고 있을 뿐이고 그 실질은 경업자의 거래처에 대한 신용을 훼손하고 경쟁에서 우위에 설 목적인지, 권리자가 법률적·사실적 근거가 없음을 알고 있었는지, 권리자라는 명목으로 침해소송을 제기하기 이전에 통상 필요로 하는 사실조사 및 법률적 검토를 하면 그 근거가 없음을 쉽게 알 수 있었음에도 이를 소홀히 하고 굳이 나아가 통지하였는지 여부도 중요하다[63]), 통지 시기, 통지 범위, 당사자 간 거래관계 여부, 권리에 대한 무효사유의 존부 등의 통지자 측 사정과 거래 상대방의 업종, 사업 내용, 경고 내용에 대한 대응 능력 정도 등의 피통지자 측의 사정들을 종합적으로 고려하여 판단한다.[64][65] 다만 실무는 지식재산권의 보유에 따른 경고에서 권리

63) 특히 특허권 등과 같이 특허청에 의해 심사되어 등록된 지식재산권을 가지는 권리자가 이러한 권리를 제3자에게 행사한다는 것은 특별한 사정이 없는 한 정당한 권리행사로서 위법성이 조각된다고 보아야 하기 때문에 본문에서 열거한 고려요소들에 대한 심리가 필요하게 된다.

64) 대전고등법원 2010. 6. 24. 선고 2010나1058 판결(미상고 확정)은 피고가 홈쇼핑 회사를 상대로 하여 홈쇼핑 회사가 판매할 예정인 원고 제품이 피고의 특허권을 침해한다는 이유로 판매중지 등을 요구하는 내용의 경고장을 보내자 홈쇼핑 회사가 원고 제품의 판매를 철회하였는데 나중에 원고 제품이 피고의 특허권을 침해하지 않는다는 판결이 확정된 경우에, 피고는 원고에게 홈쇼핑 회사의 판매 철회로 인하여 원고가 입은 손해를 배상하여야 한다고 판단하였다. 서울중앙지방법원 2016. 12. 23. 선고 2016가합529142 판결(미항소 확정)은 피고는, 원고가 디자인권자로부터 독점판매권을 받은 블랙박스 케이스와 유사한 디자인의 블랙박스를 판매하

자에게 위와 같은 과실의 추인이 인정되는 경우에 이를 번복하기에 족한 상당한 이유는 엄격하여 단순히 변리사의 의견이나 감정에 따른 것이라는 사정만으로는 과실의 추인을 번복시킬 수 있는 사유에 해당하지 않는다고 본다.[66]

권리자가 그 권리를 무단으로 사용한 제조자를 상대로 권리침해 및 사용중지 등을 통지하는 행위와 제조자 이외의 단순 유통거래자(제3자) 등에 해당 상품에 대한 권리침해, 사용중지를 통지하는 행위는 서로 법적인 평가가 같을 수 없다. 예를 들면 권리자가 그 제조자 이외의 제3자에 대하여 권리침해를 주장하는 경우에 면책을 받으려면 그

고 있음을 이유로 홈쇼핑 회사에 판매중지 등을 요구하는 내용의 경고장을 보내고 홈쇼핑 회사가 원고 제품의 판매 등을 중단하였는데 사실은 블랙박스 케이스의 제작자가 모두 동일한 케이스 제작자로 확인된 경우에, 피고는 원고에게 홈쇼핑 회사의 판매 철회로 인하여 원고가 입은 손해를 배상하여야 한다고 하였다.

65) 한편 서울고등법원 2006. 6. 21. 선고 2005나90010 판결(상고기각 확정)은 "피고 회사가 2002. 1. 31.경 원고가 거래하던 주식회사 ○○철강, 주식회사 □□개발 등에 '회전드럼 코일 저장장치의 기술 도용사실 통보'라는 제목으로, 원고가 피고 회사의 특허권을 침해하였다는 이유로 이 사건 가처분을 받은 사실, 피고 회사가 원고를 상대로 이로 인한 손해배상청구 소송을 제기하여 진행 중인 사실 등이 적힌 통지문을 발송한 사실은 기초사실에서 본 바와 같은데, 위 통보의 내용은 피고 회사가 원고를 상대로 이 사건 가처분을 받았다는 점, 손해배상청구 소송을 제기하여 진행 중이라는 것으로서 이는 사실의 적시에 불과하다 할 것이고, 아직 원고의 이 사건 후행 발명 및 이를 이용한 제품의 제작, 판매가 실제로 이 사건 선행 발명을 침해한 것인지가 유권적으로 밝혀지지 않은 상황이었으므로 이 사건 선행 발명의 특허권자인 피고 회사로서는 자신의 특허권을 보호하고 시장 잠식을 막기 위하여 용인되는 범위 내의 정당한 조치를 취한 것이라 할 것이며, 위 통보에 '기술 도용' 등의 표현이 있다 하더라도 그 주된 취지가 위와 같은 사실 적시인 이상 이를 두고 원고의 명예를 훼손하였다거나 업무를 방해하였다고 볼 수는 없다."라고 하였다.

서울고등법원 2013. 4. 24. 선고 2012나74573 판결(상고기각 확정)은 등록된 상표권에 기초하여 이루어진 상표권자의 소송 외의 제3자(쇼핑몰)에 대한 권리행사 등의 행위는 특별한 사정이 없는 한 상표의 독점권에 따른 적법한 행위이고 권리행사 당시 불법행위에 대한 고의·과실이 있다고 보기도 어려워 상표등록 무효심결의 확정에 따라 곧바로 불법행위가 성립한다고 볼 수 없다는 취지로 판단하였다. 이는 피고가 선행 특허침해가처분이 인용되자 제3자에게 위와 같은 통보를 하였고, 그 후 원고가 소극적인 권리범위확인심판을 제기하여 인용하는 심결을 받고 위 심결이 확정된 사안이다.

66) 大阪地方裁判所 1986(昭和61). 4. 25. 선고 昭和55(ワ)6390 판결은 포장두부에 대하여 실용신안권의 등록을 받은 피고가 원고의 거래처에게 원고에 의해 제작된 두부충진용의 포장이 피고의 권리를 침해한다고 하여 사용중지 등의 요구 및 소송을 제기한 후 그 등록권리가 진보성 없음을 이유로 무효심결을 받았음에도 종전과 같이 사용중지 등의 주장을 한 경우에 무효심결 후 설령 심결취소소송의 제기에 의해 그 판단이 확정되지 않았더라도 피고는 실용신안에 무효원인이 있음을 알 수 있었다는 사정 하에 있었으므로 그 권리의 행사에 대해 특히 신중하여야 하고 위 심결에 잘못이 있고 실용신안권이 진보성이 부정되지 않는 유효한 것이라고 믿었다는 점에 대하여 합리적인 이유가 있다는 등의 특별한 사유가 없는 한 과실이 있었다고 하여야 한다고 하였다.

제조자에 대해 경고하는 경우에 비해 훨씬 더 높은 정도의 주의의무가 요구된다고 보아야 한다.67)

경쟁의 상대방인 타인은 특정되어 있을 것이 필요하지만 반드시 성명 기타 명칭을 사용하지 않아도 제3자에게 누구를 상대로 하는 것인가를 알 수 있을 정도로 나타나 있는 것으로 충분하다. 타인인 이상 여러 명이 될 수 있고 자연인뿐 아니라 법인이 포함된다. 법인격 없는 단체라도 실질적으로 1개의 통일적 단체로서 대외적으로 영업활동을 하거나 재산관계의 주체로 되는 경우에는 타인에 해당된다.

통지된 사실이 거짓인지 여부의 증명책임은 원칙적으로 거짓(허위)사실이라고 주장하는 측에게 있다. 거짓인지 여부는 행위자의 의도, 동기 등도 참작하여야 하지만 직접적으로는 고지, 통보받은 자가 통보(유포)된 사실을 보고 그것이 진실이라고 믿을 수 있는지 여부 등을 기준으로 하는 것 외에 관련 제반 사정을 종합하여 판단한다.

따라서 통지내용을 검토하면 반드시 거짓사실이라고 할 수 없는 내용이라도 통지를 받은 자로 하여금 진실이라는 생각을 불러일으키는 내용이라면 거짓에 해당할 수 있다.68) 여기의 사실에는 외부에서 지각할 수 있는 것 외에 동기, 목적, 의도 등이라도

67) 이 부분에 대해 명시적으로 판단한 것은 아니나 그와 관련된 사안으로 대법원 2001. 10. 12. 선고 2000다53342 판결이 있다. 특허권자가 특허권 침해 여부가 불명확한 제품의 제조자를 상대로 손해 예방을 위하여 그 제품의 제조나 판매를 금지시키는 가처분신청 등의 법적 구제절차는 취하지 아니한 채, 사회단체와 언론을 이용하여 불이익을 줄 수도 있음을 암시하고, 나아가 그 구매자에 대하여도 법률적인 책임을 묻겠다는 취지의 경고와 함께 역시 사회단체와 언론을 통한 불이익을 암시하며, 형사고소에 대한 합의조건으로 위 제품 제조자와의 계약을 해제하고 자신과 다시 계약을 체결할 것을 지속적으로 강요하여 마침내 이에 견디다 못한 구매자로 하여금 기존계약을 해제하고, 기왕 설치되어 있던 제품까지 철거되도록 하였다면 이러한 일련의 행위들은 정당한 권리행사의 범위를 벗어난 것으로서 위법한 행위이고, 특허권자가 회사의 대표이사로서 위와 같은 행위를 하였다면 회사도 특허권자와 연대하여 손해를 배상할 책임이 있다고 하였다.

서울중앙지방법원 2015. 5. 1. 선고 2014가합551954 판결(항소 후 강제조정 종국)은 특허침해의 가능성을 언급한 것이 아니라 특허침해를 단정하여 거래처에 판매중단을 요구하는 경고장을 보냈으나, 그 후 특허침해가 인정되지 않은 것으로 판명되었고 특허심판원에 권리범위 확인의 심판을 제기하거나 법원에 특허권 침해를 원인으로 한 가처분신청을 하지도 아니하고 내용증명 등을 보내어 특허권 침해에 대한 의견을 조회하는 등의 절차 없이 곧바로 경고장을 보낸 데 과실이 있다는 이유로 변호사(특허사무소 대표)에게 과실에 기한 손해배상책임을 인정하였다. 위 판결에서 법원은 '경쟁업자가 아닌, 경쟁업자의 거래처에 대한 경고장 발송의 경우 한층 더 높은 주의의무가 요구된다'라고 하고 있다.

68) 東京地方裁判所 2006(平成18). 9. 26. 선고 平成17(ワ)2541 판결은 일본 부정경쟁방지법 제2조 제1항 제14호(신용훼손행위) 해당 여부에 관하여 "본 호의 부정행위는 경쟁관계에 있는 타인의 영업상의 신용을 해하는 허위의 사실을 고지 등 하는 행위를 말하는 것으로서 타인의 영업상의 신용을 해하는지 여부는 대상으로 되는 문언뿐 아니라 고지문서의 다른 부분이나 첨부된 문서의 기재를 아울러 참작하는 것에 의해 전체로서 허위라고 할 수 있는지를 검토하여야

그것이 객관적으로 증명될 수 있는 한 포함될 수 있지만 주관적 견해, 비평, 예상, 평가, 추상적 추론과 같은 순수한 가치판단은 포함되지 않는다.

실제로 구체적인 사건에 들어가 보면 순수한 가치판단인지 거짓(허위)사실인지 여부를 명확히 구분하기 어렵지만, 예를 들어 품질이 좋지 않다는 내용과 같은 경우는 어느 정도 법적인 평가가 포함된 사실상태로 보아 전체적으로 사실에 포함하는 것으로 본다.

하고, 고지문서의 형식, 취지, 고지의 경위, 고지문서의 배포처의 수, 범위, 고지의 상대방 그 후의 행동 등의 제반 사정을 종합하여 평가하여야 하고 허위의 사실인지 여부는 고지내용에 대하여 고지의 상대방의 보통의 주의와 고지받은 자를 기준으로 하여 결정하여야 하므로 고지의 상대방이 어떤 사람이고 어느 정도의 예비지식을 가지고 있는가, 해당 고지가 어떤 상황에서 이루어진 것인가 등의 점을 검토하면서 상대방이 고지받은 사실에 대해 진실에 반하는 오해를 할 것인지 여부에 따라 결정하여야 한다."라고 한다.

제4절 특허법과 독점규제 및 공정거래에 관한 법률 간 관계

I. 총설

특허법은 발명을 보호·장려하고 그 이용을 도모함으로써 기술의 발전을 촉진하여 산업발전에 이바지함을 목적으로 하고(제1조), 독점규제 및 공정거래에 관한 법률은 사업자의 시장지배적지위의 남용과 과도한 경제력의 집중을 방지하고, 부당한 공동행위 및 불공정거래행위를 규제하여 공정하고 자유로운 경쟁을 촉진함으로써 창의적인 기업활동을 조장하고 소비자를 보호함과 아울러 국민경제의 균형 있는 발전을 도모함을 목적으로 한다(제1조).

두 법은 모두 기술의 발전을 촉진하고 창의적인 기업활동을 조장하여 국가경제의 발전에 이바지한다는 목적은 공통되지만, 특허법은 창작성 있는 기술의 공개로 경제발전에 이바지하는 대가로 특허권에 장기간 독점배타권을 부여하는 방법을 사용하는 데 반해 독점규제 및 공정거래에 관한 법률은 사업자의 시장지배적지위의 남용과 과도한 경제력의 집중을 막아 경제발전을 꾀하려는 점에서 국가경제 발전이라는 같은 목적을 달성하기 위한 구체적인 수단은 다르다.

이러한 연유로 특허권자가 특허권을 행사하더라도 두 법 사이에 저촉되는 영역이 발생할 수 있다.

독점규제 및 공정거래에 관한 법률 제117조는 "이 법은 저작권법, 특허법, 실용신안법, 디자인보호법 또는 상표법에 의한 권리의 정당한 행사라고 인정되는 행위에 대하여는 적용하지 아니한다."라고 규정하므로, 특허권의 정당한 행사라고 인정되지 아니하는 행위에 대하여는 독점규제 및 공정거래에 관한 법률이 적용된다.

여기서 특허권의 정당한 행사라고 인정되지 아니하는 행위란 행위의 외형상 특허권 행사로 보이더라도 그 실질이 특허제도의 취지를 벗어나 제도의 본질적 목적에 반하는 경우를 의미하고, 여기에 해당하는지는 특허법의 목적과 취지, 해당 특허권의 내용과 아울러 해당행위가 공정하고 자유로운 경쟁에 미치는 영향 등 제반 사정을 함께 고려하여 판단한다.[69]

두 법률의 관계에 대해 앞에서 언급한 표준필수특허를 사용하는 경우에 갈등이 생긴다. 특허권자의 침해금지청구가 원칙적으로 특허권자의 정당한 권리여서 시장 우월적 지위를 가진 자의 행사라고 하더라도 그 자체가 곧바로 우월적 지위의 남용이라고

69) 대법원 2014. 2. 27. 선고 2012두24498 판결.

할 수는 없지만, 특허권자가 FRAND 조건에 따르지 않거나 필요한 조치를 하지 않거나 부당한 조건을 부과하는 행위 등은 표준필수특허권의 정당한 행사라고 인정되지 않아 독점규제 및 공정거래에 관한 법률 위반에 해당할 수 있다.

II. 특허권 행사와 독점규제 및 공정거래에 관한 법률이 문제된 주요 사안

특허권 행사와 독점규제 및 공정거래에 관한 법률에 관한 사안으로 아래와 같은 주요 판결이 있다.

(1) 삼성전자 주식회사가 애플코리아 유한회사를 상대로 제3세대 이동통신 기술과 관련된 4개의 표준필수특허 등에 대한 침해금지 및 손해배상청구소송을 제기한 소송에서 삼성전자의 특허권 행사 내용이 독점규제 및 공정거래에 관한 법률에서 정하는 필수설비의 거래거절행위, 거래상대방에 대한 부당한 거래조건의 요구행위, 기만적 방법 또는 위계에 의한 고객 유인행위에 해당하는 시장지배적사업자의 지위남용행위 또는 불공정거래행위에 해당하지 않는다고 한 사례가 있다.[70)]

(2) 퀄컴 인코포레이티드 외 2인[71)]의 특허권 행사가 독점규제 및 공정거래에 관한 법률에 위배된 시장지배적지위의 남용 등에 해당한다고 판단된 사례가 있다.

퀄컴 인코포레이티드 외 2인이 ① 모뎀칩셋 제조사에게 자신의 이동통신 표준필수특허에 대한 특허 라이선스를 거절·제한하는 행위, 구체적으로 경쟁 모뎀칩셋 제조사가 라이선스 제공을 요청하는 경우에도 모뎀칩셋의 사용권한이 제외된 실시권만 허여함으로써 라이선스 범위를 제한하거나 라이선스 제공을 거절하면서, 모뎀칩셋 단계에서의 특허권 소진을 막기 위한 부제소약정, 보충적 권리행사약정, 한시적 제소유보약정을 제안함으로써, 모뎀칩셋 판매처를 자신과 라이선스 계약을 체결한 휴대폰 제조사로 한정하고, 모뎀칩셋 제조사가 모뎀칩셋 판매량, 구매자, 구매일시, 제품모델, 가격 등이 포함된 영업정보를 보고하도록 하며, 모뎀칩셋 제조사의 특허를 원고들에게 소진적으로 라이선스하거나 원고들이나 원고들의 모뎀칩셋을 구매하는 고객에게 특허침해를 주장하지 못하도록 하는 조건을 요구하는 행위(이하 행위 1이라 한다), ② 모뎀칩셋 공급계

70) 서울중앙지방법원 2012. 8. 24. 선고 2011가합39552 판결(항소심에서 소취하 종국).

71) 코드분할다중접속방식(Code Division Multiple Access, CDMA), 광대역코드분할다중접속방식(Wideband Code Division Multiple Access, WCDMA), 엘티이(Long Term Evolution, LTE) 등의 이동통신특허를 휴대폰 제조사에 라이선스하고 그 대가로 실시료를 징수하는 동시에 휴대폰용 모뎀칩셋을 비롯하여 관련 소프트웨어를 판매하는 사업자들이다.

약과 특허 라이선스 계약을 연계하여 휴대폰 제조사에게 특허 라이선스 계약 체결을 요구하고 이에 따르지 않는 경우에 모뎀칩셋을 공급하지 아니하거나 중단 또는 제한하는 행위(이하 행위 2라 한다), ③ 휴대폰 제조사와의 특허 라이선스 계약에 포괄적 라이선스, 휴대폰 가격 기준 실시료, 크로스 그랜트 조건[72]을 부가하는 행위(이하 행위 3이라 한다)를 한 데 대해 공정거래위원회가 독점규제 및 공정거래에 관한 법률에 위반되는 행위라는 이유로 원고들에게 시정명령과 과징금 납부명령을 하자 원고들이 불복하여 시정명령 등 취소의 소를 제기하였다.

서울고등법원은 행위 1은 구 독점규제 및 공정거래에 관한 법률 제3조의2 제1항 제3호, 같은 법 시행령 제5조 제3항 제4호, 시장지배적지위 남용행위 심사기준(2015. 10. 23. 공정거래위원회고시 제2015-15호, 이하 심사기준이라 한다) IV.3.라.⑵의 '정상적인 거래관행에 비추어 타당성 없는 조건을 제시하여 다른 사업자의 활동을 부당하게 방해하는 시장지배적사업자의 지위 남용행위' 및 같은 법 제23조 제1항 제4호의 불공정거래행위에 해당하고, 행위 2는 시장지배적사업자의 지위 남용행위로서 구 독점규제 및 공정거래에 관한 법률 제3조의2 제1항 제3호, 같은 법 시행령 제5조 제3항 제4호, 심사기준 IV.3.라.⑶의 '불이익 강제'에 의한 시장지배적지위 남용행위에 해당하며, 행위 3은 같은 법 제3조의2 제1항 제3호, 같은 법 시행령 제5조 제3항 제4호의 시장지배적지위 남용행위나 같은 법 제23조 제1항 제4호의 불공정거래행위에 해당한다고 볼 수 없다고 판단하였다.[73]

(3) 독점규제 및 공정거래에 관한 법률 제117조(구 법 제59조)에 따라 법 적용 대상이 되는 특허권의 정당한 행사라고 인정되지 아니하는 행위의 의미와 판단 기준 및 역지불 합의의 부당성 판단에 관한 사례가 있다.

미국에서 의약가격 경쟁 및 특허권 존속기간 회복에 대한 법률(Drug Price Competition and Patent Term Restoration Act, 1984년 개정되고 2003년 주요 개정이 있었음, 이른바 Hatch-Waxman Act라고 불림)에 따라 최초로 약식 의약허가를 신청한 복제약 제조회사가 원고로부터 제기된 소송에서 복제약이 특허권의 보호범위 내에 속하지 않거나 해당 특허가 무효임을 확인받게 되면 해당 복제약을 180일간 독점적으로 판매할 수 있는 특권을 부여받게 되는데 이러한 상황 탓에 특허권자가 복제약 제조회사에 일정한 금액을 지급하는 등 합의를 통해 시장진입을 지연 또는 철수시키는 합의에 이르게 되는 경우가 발생하였다.

---

72) 휴대폰 제조사로부터 휴대폰 제조사 보유 특허를 라이선스받거나 원고들과 원고들의 모뎀칩셋 구매 고객에 대하여 해당 특허를 주장하지 못하도록 하는 조건.

73) 서울고등법원 2019. 12. 4. 선고 2017누48 판결 [시정명령등취소](상고기각 확정).

일반적으로 특허침해 관련 합의는 특허침해자가 특허권자로부터 제기된 특허권 침해로 인한 손해배상청구소송 등과 관련하여 특허권자에게 합의금을 지급하고 분쟁을 종료시키는 형태로 진행하는 것이 통상인데, 앞서 본 내용과 같은 합의는 거꾸로 특허권자가 특허를 침해하였거나 침해하였다고 주장되는 자에게 합의금을 지급한다는 점에서 이를 이른바 역지불 합의(reverse payment settlements)라고 부르고 있다.

이에 대해 미국에서는 특허법(특허권 남용)과 독점금지법(antitrust law) 관계에서 그 위법성 및 처리방법을 둘러싸고 많은 논쟁이 있었는데, 연방항소법원은 Federal Trade Commission v. Actavis 사건[74]에서 해당 역지불 합의는 그 반경쟁적 효과가 특허의 잠재적 독점 영역에 있는 한 반독점 공격에서 면제되는 점, 특허가 가지고 있는 것 이상으로 경쟁을 배제하고 있다는 증거가 없는 점 등의 이유로 위 합의가 독점금지법에 위반되지 않는다고 일응 판단하였다. 그러나 그 상고심인 Federal Trade Commission v. Actavis 사건[75]에서 연방대법원은 역지불 합의 그 자체가 위법으로 추정되는 것은 아니지만 법원이 역지불 합의를 평가할 때 여러 고려요소[76]를 검토하여 합리의 원칙(rule of reason)[77]에 따라 사안별로 위법성 유무를 판단할 필요가 있고 이와 같이 독점금지법 적용면제 여부를 판단하면서 반드시 특허권의 유효성 여부를 심리할 필요는 없다고 하면서 연방항소법원의 판결을 파기환송하였다.

우리나라는 미국과 체결한 자유무역협정에 따라 2011. 12. 2. 법률 제11118호로 약사법을 개정하여 미국에서 운용하고 있던 허가-특허연계제도(Patent-Approval Linkage System)를 도입하였고(구 약사법 제31조의3, 4), 2015. 3. 13. 법률 제13219호로 개정된 구 약사법은 미국의 Hatch-Waxman Act(Paragraph IV 부분)와 유사한 제도를 도입하였다.

즉, 등재의약품의 안전성 · 유효성에 관한 자료를 근거로 구 약사법 제31조 제2항

74) 677 F.3d 1298 (Fed. Cir. 2012). 위 사건에서 Solvay Pharmaceuticals, Inc.는 복제약 신청을 한 Actavis와 사이에 다른 복제약 제조사가 시장에 진입하지 않는 한 Actavis가 위 Solvay 특허 만료 65개월 전까지 제품을 판매하지 않고 그 대가로 Actavis에게 합의금을 지급하기로 하는 역지불 합의를 하였다.

75) 570 U.S. 136, 133 S. Ct. 2233 (2013).

76) 미국 연방대법원은 "역지급이 반경쟁효과를 가져올지 여부는 역지급 내용의 규모(scale), 역지급이 지급인에 의해 장래 지출될 것으로 예상되는 장래 소송비용에 대해 차지하는 비중, 그 지급을 옹호할 수 있는 다른 서비스로부터의 독립성, 그리고 다른 설득력 있는 정당화 사유의 부족 여부에 따라 결정된다."고 하였다.

77) 미국 독점금지법을 해석하기 위하여 사법부에 의해 발전된 법리이다. 어떤 행위 그 자체만으로 위법성을 인정하지 않고 구체적으로 경쟁이나 소비자 이익에 어떠한 영향을 미쳤는지를 종합적으로 분석하여 위법성 여부를 판단하는 방법이다.

또는 제3항에 따라 의약품의 품목허가를 신청하거나 같은 조 제9항에 따라 효능 · 효과에 관한 변경허가를 신청한 자는 허가를 신청한 사실, 허가신청일 등 총리령으로 정하는 사항을 특허권등재자와 등재특허권자 등에게 통지하도록 하고(구 약사법 제50조의4), 등재특허권자 등은 구 약사법 제50조의4에 따른 통지를 받은 날부터 45일 이내에 식품의약품안전처장에게 소정의 사항이 기재된 진술서를 첨부하여 통지의약품의 판매금지를 신청할 수 있도록 규정하였다(구 약사법 제50조의5). 구 약사법 제50조의5 제1항에 따라 판매금지 신청을 받은 식품의약품안전처장은 판매금지가 신청된 의약품에 대한 품목허가 또는 변경허가를 할 때 같은 항 제1호 내지 제4호에 해당하는 경우를 제외하고는 구 약사법 제50조의4에 따라 등재특허권자 등이 통지받은 날부터 9개월 동안 판매를 금지하여야 하는 것으로 규정함(구 약사법 제50조의6 제1항)과 아울러 같은 조 제2항에서 위 판매금지의 효력이 소멸되는 사유와 시기에 대하여 규정하였다. 한편, 구 약사법 제50조의4에 따라 통지를 하여야 하는 자는 의약품의 품목허가 또는 변경허가를 신청할 때 소정의 요건을 모두 갖춘 의약품보다 우선하여 의약품을 판매할 수 있는 허가(이하 우선판매품목허가라 한다)를 식품의약품안전처장에게 신청할 수 있고(구 약사법 제50조의7), 식품의약품안전처장은 구 약사법 제50조의8 제1항에 따라 우선판매품목허가를 한 경우 특허권이 등재된 의약품의 자료를 근거로 가장 이른 날 의약품의 제조판매품목허가 또는 변경허가를 신청하고 허가를 신청하기 전에 등재된 특허권에 관한 무효심판 등을 제기하여 승소한 자로서 가장 이른 날 심판을 제기한 자에게 의약품의 제조판매품목허가 또는 변경허가를 받은 의약품과 동일한 의약품을 '최초로 우선판매품목허가를 받은 자의 판매가능일부터 9개월이 경과하는 날까지' 다른 자가 판매하는 것을 금지할 수 있도록 하고 우선적으로 의약품을 판매할 수 있도록 하는 우선판매품목허가제도가 규정되었다(구 약사법 제50조의8 내지 10, 위 구구 약사법 제31조의3, 4는 삭제).

대법원은 의약품의 특허권자가 자신의 특허권을 침해할 가능성이 있는 의약품의 제조 · 판매를 시도하면서 그 특허의 효력이나 권리범위를 다투는 자에게 그 행위를 포기 또는 연기하는 대가로 일정한 경제적 이익을 제공하기로 하고 특허 관련 분쟁을 종결하는 합의를 한 경우, 그 합의가 '특허권의 정당한 행사라고 인정되지 아니하는 행위'에 해당하는지는 특허권자가 그 합의를 통하여 자신의 독점적 이익의 일부를 상대방에게 제공하는 대신 자신의 독점적 지위를 유지함으로써 공정하고 자유로운 경쟁에 영향을 미치는지에 따라 개별적으로 판단하여야 하고, 이를 위해서는 합의의 경위와 내용, 합의의 대상이 된 기간, 합의에서 대가로 제공하기로 한 경제적 이익의 규모, 특허분쟁에 관련된 비용이나 예상이익, 그 밖에 합의에서 정한 대가를 정당화할 수 있는 사유의 유무 등을 종합적으로 고려하여야 한다고 하면서, 원고들이 ○○제약에 '조△△'(항구토제)의 국내 공동판매권과 '발□□□'(바이러스성 피부병 치료제)의 국내 독점판매권, 통상적인 관행을 넘어서는 높은 수준의 현금 인센티브 등의 경제적 이익을 제공하고, ○○제약은 그 대신에 자신이 개발하여 1998년 출시한 복제약 '온△△'의 생산과 판매를 중단함과 아울러 향후 '조△△'이나 '발□□□'와 동일한 성분의 복제약을 개발하지 않고, 더 나아가 '조△△'이나 '발□□□'와 약리유효성분을 달리하는 새로운 경쟁제품의 개발·생산·판매까지도 포기하는 내용의 합의는 원고들이 자신들의 특허권을 다투면서 경쟁제품을 출시한 ○○제약에게 특허 관련 소송비용보다 훨씬 큰 규모의 경제적 이익을 제공하면서 그 대가로 경쟁제품을 시장에서 철수시키고 특허존속기간보다 장기간 그 출시 등을 제한하기로 한 것으로서 특허권자인 원고들이 위 합의를 통하여 자신의 독점적 이익의 일부를 ○○제약에게 제공하는 대신 자신들의 독점력을 유지함으로써 공정하고 자유로운 경쟁에 영향을 미친 것이므로, 이는 '특허권의 정당한 행사라고 인정되지 아니하는 행위'에 해당하여 독점규제 및 공정거래에 관한 법률의 적용대상이 된다고 하여 이 부분에 관한 원심의 결론을 수긍하였다.[78)]

다만, 원심인 서울고등법원은 그 논리 구성에서 "특허권의 정당한 행사에는 독점규제 및 공정거래에 관한 법률의 적용이 배제되나 특허권의 행사가 정당하지 않은 경우에는 독점규제 및 공정거래에 관한 법률이 적용된다. 여기서 정당한 권리행사인지 여부는 독점규제 및 공정거래에 관한 법률 제58조[79)]가 '다른 법률 또는 그 법률에 의한 명령에 따라 행하는 정당한 행위'라고 규정하고 있는 점에 비추어 독점규제 및 공정거래에 관한 법률의 원리에 따라 판단할 것이 아니라 특허법의 원리에 따라 결정하여야 한다."라고 전제한 다음 원고들이 위 합의를 통하여 ○○제약에 대하여 원고들이 받은 특허와 다른 방법으로 '◇◇◇◇◇'을 생산하는 것까지 금지시키고, 또 '◇◇◇◇◇'과 다른 물질로서 그것과 경쟁관계에 놓일 수 있는 제품의 연구·개발·제조·판매까지 금지시킴으로써 원고들의 특허권의 정당한 행사 범위를 벗어났으므로 독점규제 및 공

78) 대법원 2014. 2. 27. 선고 2012두24498 판결. 한편 대법원은 원심판결 중 위 합의의 본문내용이 아닌 '발□□□'의 경쟁제품에 대한 제조 등을 금지한 부분이 공정거래법 제19조 제1항 제9호의 '부당한 공동행위'에 해당한다는 원심판단에 대하여는 근거 제시 부족을 이유로 파기하고 나머지 부분에 대하여는 상고를 기각하였다. 다만 위 파기환송된 부분은 독점규제 및 공정거래에 관한 법률 제19조 제1항 제9호의 '부당한 공동행위'와 관련된 문제이고 역지불 합의와는 무관하다.

79) 2020. 12. 29. 법률 제17799호로 전부개정된 독점규제 및 공정거래에 관한 법률에서 제117조로 조문의 위치를 옮기면서 "이 법은 「저작권법」, 「특허법」, 「실용신안법」, 「디자인보호법」 또는 「상표법」에 따른 권리의 정당한 행사라고 인정되는 행위에 대해서는 적용하지 아니한다." 라고 규정한다.

정거래에 관한 법률의 적용을 받는다고 하였다.[80]

이러한 원심판결에 대하여 결론의 당부를 떠나 논리 구성면에서 원심처럼 독점규제 및 공정거래에 관한 법률의 원리가 아닌 특허법 원리에 따라 정당한 행사인지 여부를 판단하는 전제에 서게 될 경우, 만약 특허권 침해가 인정되고 특허존속기간 중에 특허약품 복제약의 제조·판매를 금지하는 경우는 특허권의 정당한 행사에 해당하여 언제나 독점규제 및 공정거래에 관한 법률이 적용되지 않는 논리가 될 수 있고, 또한 같은 전제에서 만약 그와 달리 특허침해 여부가 명확하지 않은 경우에 특허약품 복제약의 제조·판매를 금지시키는 대신에 일정한 대가를 지급하기로 하는 약정은 특허권의 정당한 행사로 볼 수 없어 이런 경우에 역지불 합의는 그 자체로 성립할 수 없게 된다는 의문 등을 제기하는 의견들이 나와 대법원의 최종적인 판단이 기대되었다.

대법원은, 대가 지급 등의 약정에 공정거래법이 적용된다고 판단한 원심 결론을 수긍하면서도 판결이유 중 역지불 합의의 위법성 판단에서 특허권의 행사가 정당한 권리행사인지 여부를 독점규제 및 공정거래에 관한 법률이 아닌 특허법의 원리에 따라야 한다고 한 이유설시 부분은 받아들이지 않고 역지불 합의의 위법성 판단 기준에 대해 앞에서 적은 내용과 같은 여러 고려요소를 형량하여 결정하도록 하였다.[81]

---

80) 서울고등법원 2012. 10. 11. 선고 2012누3028 판결(일부 파기환송).
81) 대법원 2014. 2. 27. 선고 2012두24498 판결 참조(파기환송 후 소취하 종국).

제5절 특허제도 · 특허법 연혁 개요 및 특허에 관한 법령의 내용

I. 특허제도 · 특허법 연혁 개요

영국 헨리 6세가 1449년에 스텐인드 글라스(stained glass)에 대한 특허를 부여하였다는 기록이 남아 있지만 당시 특허는 새로운 기술이나 발명에 대해서가 아니라 보상 또는 은혜의 수단으로 부여되었다.

이탈리아 북부의 도시국가 베니스가 모직물공업 발전을 목적으로 르네상스 시대인 1474년에 제정한 베니스 특허법(Venetian Patent Law)이 있으나, 오늘날의 특허법 내용에 직접적으로 관련된 것은 영국에서 1624년부터 실시된 전매조례(Statute of Monopolies)이다.

우리 특허제도가 대한제국 당시인 1908. 8. 12. 공포되고 같은 달 16. 실시된 한국특허령(칙령 제196호)이 처음이라고 주장하는 견해가 있는데, 이는 오해이다.

위 특허령은 대한제국에 진출한 일본인을 보호하기 위한 일본의 칙령(전문 5개조)이지 대한제국에 의해 공포된 칙령이 아니고 당시 일본 정부가 일본의 공업소유권 법령을 대한제국에 적용하는 데 필요한 법령상의 명칭 해석과 시행절차를 규정하여 공포한 것에 불과하다.[82]

대한제국이 1910. 8. 29. 일본에 병탄되어 일본 특허법령이 시행되고 1945. 8. 15. 일본의 강점에서 벗어났지만 미국이 1945. 9. 9. 일본으로부터 행정권을 인수하여 군정체제가 시작되었다. 미국 군정청이 1945. 1. 12. 공포한 「재조선 미국육군사령부 군정청 법령 제21호」에 의하여 종래 시행되고 있던 일본 특허법령이 유지되었고, 1946. 1. 22. 공포된 「재조선 미국 육군사령부 군정청 법령 제44호」에 따라 특허, 실용신안, 미장(의장)에 관한 업무를 관장하기 위하여 특허원(特許院)[83]이 설치되었으나 새로운 특허법령이 제정되지 않아 특허법령이 제정되어 실시될 때까지 잠정적인 조치로서 1946. 1. 28. 특허원장령으로서 보호원(保護願)제도가 채택되었다. 「재조선 미국 육군사령부 군정청 법령 제91호」에 의해 특허법[84]이 1946. 10. 5. 제정되고 1946. 10. 15.부터 시행되면서 종전의 특허에 관한 법령이 폐지되고 특허원에 제출되어 있던

82) 韓國特許制度史, 특허청(1988), 111 이하 참조.
83) 1977년에 특허청으로 개청하였다.
84) 당시 디자인(意匠)이 제정 특허법에 미장(美匠)특허로 포함되어 있다가 1961. 12. 31. 법률 제951호에 이르러 독립적인 의장법이 제정되고, 실용신안도 제정 특허법에 포함되어 있다가 1961. 12. 31. 법률 제952호로 독립적인 실용신안법이 제정되었다.

보호원에 대해 그 제출일을 특허출원일로 선택하고 제출자로 하여금 그 보호원을 제정 특허법의 시행일로부터 3월 내에 특허출원으로 갱신하도록 하였다.[85)]

특허법은 1961. 12. 31. 법률 제950호, 1973. 2. 8. 법률 제2505호, 1990. 1. 13. 법률 제4207호로 전부개정되고 1952. 4. 13. 법률 제234호로 일부개정된 것을 비롯하여 2024. 2. 20. 법률 제20322호로 개정되기까지 수십여 차례 일부개정이 이루어져 오늘에 이르고 있다.

II. 특허에 관한 법령의 내용

특허에 관한 법령은 특허법, 발명진흥법을 비롯하여 각 법률에서 위임한 사항을 규율한 시행령, 그 시행령에서 위임한 사항 등을 규율한 행정규칙(예규, 훈령, 고시 포함)으로 이루어진다.

특허법에서 위임한 사항을 규율한 시행령으로 특허법 시행령, 특허권 등의 등록령, 특허권의 수용·실시 등에 관한 규정이 있다.

위 시행령의 하위 법령인 행정규칙 중 i) 예규에는 특허·실용신안 심사기준, 특허고객번호 발급 및 관리지침, 법원에 대한 심판청구 등 통지에 관한 예규, 특허고객번호 발급 및 관리지침, 특허법원 소제기 부가기간의 지정에 관한 지침 등이 있고, ii) 훈령으로는 국방관련 특허출원의 분류기준, 특허·실용신안 심사사무취급규정, 특허·실용신안 심사기준, 등록사무취급규정, 심판부의 설치·운영에 관한 규정, 심판사무취급규정 등이 있으며, iii) 고시로는 미생물기탁기관의 등록 및 운영에 관한 고시, 선행기술조사 등 특허심사지원 사업 관리에 관한 고시, 전자문서 제출 파일의 형식 및 재전자화에 관한 고시, 출원서류 등의 반환 신청에 관한 고시, 특허·실용신안 우선권증명서류의 전자적 교환에 관한 고시, 특허·실용신안 우선심사의 신청에 관한 고시, 핵산염기 서열목록 또는 아미노산 서열목록 작성 기준, 미생물기탁기관의 등록 및 운영에 관한 고시, 특허·실용신안 우선심사의 신청에 관한 고시, 허가 등에 따른 특허권 존속기간의 연장제도 운용에 관한 규정, 특허권의 수용·실시 등을 위한 보상금액 또는 대가의 액 산정기준, 산업재산권 심판비용액 결정에 관한 고시, 특허실용신안·상표·디자인 일괄심사의 신청에 관한 고시, 특허료·등록료와 수수료 및 등록세 반환요령 등이 있다.

발명진흥법에서 위임한 사항을 규율한 시행령으로 발명진흥법 시행령, 국가공무원 등 직무발명의 처분·관리 및 보상 등에 관한 규정이 있고, 위 시행령의 하위 법령인

85) 韓國特許制度史, 특허청(1988), 184 이하 참조.

시행규칙으로 국가공무원 등 직무발명의 처분 · 관리 및 보상 등에 관한 규정이 있다.

그리고 그 밖의 행정규칙으로 지식재산권 관리지침, 국가공무원 등 직무발명의 처분 · 관리 및 보상 등에 관한 업무 운영요령, 특허기술상 시행요령, 특허청 공공데이터 대민서비스 제공 및 관리에 관한 규정, 혁신특허 사업화 지원 규정, 국가공무원 등 직무발명의 처분 · 관리 및 보상 등에 관한 업무 운영요령, 담보 산업재산권 매입 · 활용 사업 운영에 관한 지침이 있고, 그 외에 예를 들어 서울특별시 가평군 공무원 직무발명 보상 조례와 같이 각 지방자치단체의 관련 자치법규 등이 있다.

제 2 장

특허법의 보호대상

제2장 특허법의 보호대상

제1절 발명의 성립성

I. 총설

1 특허법의 발명과 실용신안법의 고안 등과의 차이

발명의 성립성을 설명하기 전에 법률에서 말하는 발명, 특허발명, 고안, 등록실용신안이라는 용어 정의를 정리하고 관련하여 특허법의 발명과 실용신안법의 고안의 차이에 대해서 간략히 설명한다.

자연법칙을 이용한 기술적 사상의 창작으로 고도(高度)한 것을 발명이라 하고(특허법 제2조 제1호), 그중 특허법에 정한 여러 요건을 충족하여 특허를 받은 발명을 특허발명이라 한다(특허법 제2조 제2호).

한편 자연법칙을 이용한 기술적 사상의 창작을 고안이라 하고(실용신안법 제2조 제1호), 그중 실용신안법에 정한 여러 요건을 충족하여 실용신안등록을 받은 고안을 등록실용신안이라 한다(실용신안법 제2조 제2호).

참고로 실용신안법의 고안이 특허법의 발명과 차이가 나는 주요한 사항을 간추려 보면, ① 고안은 발명에서 요구되는 문언상의 요건인 고도함을 요하지 않는 점, ② 고안은 물품[1]의 형상[2] · 구조[3] 또는 조합[4]에 관한 것이어야 하므로(물품성 요건, 실용신안

1) 실용신안법은 제4조 제1항 본문의 「물품」에 대하여 정의하고 있지 않으나, 일반적으로 공간적으로 일정한 형(型)을 가진 것으로 일반 상거래의 대상이 되고 사용목적이 명확한 것은 실용신안법의 「물품」에 해당하는 것으로 해석되고 있다. 특허청, 특허 · 실용신안 심사기준(2023)(2023. 3. 22. 예규 제131호로 개정된 것, 이하 특허 · 실용신안 심사기준이라 한다), 제3부 제1장 4.3.1.

2) 형상이란 선이나 면 등으로 표현된 외형적인 형태를 말한다. 특허 · 실용신안 심사기준 제3부 제1장 4.3.1.

3) 구조란 공간적, 입체적으로 나타나는 구성을 말한다. 특허 · 실용신안 심사기준 제3부 제1장 4.3.1.

4) 조합이란 둘 이상이 각각 독립적으로 일정한 구조 또는 형상을 가지며, 사용에 의하여 이들이 기능적으로 서로 관련되어 사용가치를 발휘하는 것을 말한다. 특허 · 실용신안 심사기준 제3부

법 제4조 제1항 각 호 외의 부분 참조) 물품의 고안만이 인정되고 물품이 아닌 방법이나 모양, 선, 기호와 같은 것, 조성물 · 합금 · 화합물, 액체 등의 물질 같이 일정한 형상, 구조를 가지지 않는 것, 동 · 식물 품종 등은 실용신안법의 고안에 해당하지 않는 점, ③ 실용신안등록을 받을 수 없는 고안으로 특허법이 정한 사유 외에 국기 또는 훈장과 동일하거나 유사한 고안도 규정되어 있는 점(실용신안법 제6조), ④ 고안에 관한 도면이 실용신안등록출원서에는 반드시 첨부되어야 하나(실용신안법 제8조 제2항), 발명에 관한 도면은 특허출원서에 반드시 첨부할 필요는 없는 점(특허법 제42조 제2항), ⑤ 실용신안권의 존속기간은 실용신안권을 설정등록한 날부터 실용신안등록출원일 후 10년이 되는 날까지(실용신안법 제22조 제1항)이지만 특허권의 존속기간은 특허권을 설정한 날부터 특허출원일 후 20년이 되는 날까지(특허법 제88조 제1항)인 점, 존속기간 연장에 대해 실용신안권은 등록지연에 따른 연장(실용신안법 제22조의3)만 가능하지만 특허권은 그 외에 허가 등에 따른 연장(특허법 제89조부터 제92조의5까지)도 가능한 점, ⑥ 실용신안법에는 특허법 제96조 제2항[5]에 대응하는 규정이 없는 점, ⑦ 실용신안법의 벌칙에서 몰수와 교부는 임의적으로 규정되어 있으나(제51조 제1항) 특허법의 벌칙에서 몰수와 교부는 필수적인 것으로 규정되어 있는 점(제231조 제1항), ⑧ 실용신안법은 특허협력조약에 의한 국제출원에서 도면의 제출에 대한 특례규정(제36조[6])이 그에 대응되는 특허법의 특례규정(제201조[7])과 달리 규정되어 있는 점 등을 들 수 있다.

두 법은 위 주요 차이점을 제외하면 절차나 규율하는 내용에 큰 차이는 없다.

제1장 4.3.1.

5) "둘 이상의 의약[사람의 질병의 진단 · 경감 · 치료 · 처치(處置) 또는 예방을 위하여 사용되는 물건을 말한다. 이하 같다]이 혼합되어 제조되는 의약의 발명 또는 둘 이상의 의약을 혼합하여 의약을 제조하는 방법의 발명에 관한 특허권의 효력은 약사법에 따른 조제행위와 그 조제에 의한 의약에는 미치지 아니한다."

6) "① 국제실용신안등록출원의 출원인은 국제출원일에 제출한 국제출원이 도면을 포함하지 아니한 경우에는 기준일까지 도면(도면에 관한 간단한 설명을 포함한다)을 특허청장에게 제출하여야 한다. ② 특허청장은 기준일까지 제1항에 따른 도면의 제출이 없는 경우에는 국제실용신안등록출원의 출원인에게 기간을 정하여 도면의 제출을 명할 수 있다. 기준일까지 제35조 제1항 또는 제3항에 따른 도면의 국어번역문의 제출이 없는 경우에도 또한 같다. ③ 특허청장은 제2항에 따른 도면의 제출명령을 받은 자가 그 지정된 기간에 도면을 제출하지 아니한 경우에는 그 국제실용신안등록출원을 무효로 할 수 있다. ④ 출원인이 제1항 또는 제2항에 따라 도면 및 도면의 국어번역문을 제출한 경우에는 그 도면 및 도면의 국어번역문에 따라 제11조에 따라 준용되는 「특허법」 제47조 제1항에 따른 보정을 한 것으로 본다. 이 경우 「특허법」 제47조 제1항의 보정기간은 도면의 제출에 적용하지 아니한다."

7) 도면(도면 중 설명부분에 한정한다)의 국어번역문의 제출에 관한 내용만이 규정되어 있다.

2 특허법에서 발명의 성립성

어떤 기술이라도 특허법에서 규정한 특허요건(patentability, 산업상 이용가능성, 신규성, 진보성, 명세서 기재 요건, 선출원 등)을 충족하여야 특허를 받을 수 있는 발명이 된다.

특허요건과 관련하여 인간을 수술, 치료 또는 진단하는 방법에 관한 발명이 특허를 받을 수 있는지에 대해 다툼이 있으나, 의료행위에 관한 발명은 특허법 제29조 제1항 각 호 외의 부분 전단의 산업상 이용할 수 있는 발명에 해당하지 않는다는 이유로 출원이 거절되거나 등록되더라도 무효로 된다.

어느 기술이 발명 개념에 해당하더라도 특허요건을 구비하였는지를 판단할 필요 없이 법에서 특허를 받을 수 없도록 규정하는 경우가 있다. 특허법은 "공공의 질서 또는 선량한 풍속에 어긋나거나 공중의 위생을 해칠 우려가 있는 발명에 대해서는 제29조 제1항에도 불구하고 특허를 받을 수 없다."라고 규정하는데(제32조), 강학상 이를 불특허요건이라 한다.

불특허요건의 설정, 즉 특허를 받을 수 없는 발명으로 규정하는 것은 국가의 입법정책에 따른 결정사항이다.

한편 어느 기술이 특허요건을 충족하여 특허를 받을 수 있는지를 판단하는 과정에서 검토하여야 할 이론적인 문제가 있다. 그 이론적인 문제란 문제되는 기술이 특허법에 정한 발명 개념에 해당하여 특허대상적격(patent subject matter eligibility)[8]이 있는지와 어느 기술이 일응 발명으로서 외관을 가지고 있으나 그 기술분야에서 통상의 지식을 가진 자가 반복 실시하여 목적하는 기술적 효과를 얻을 수 있을 정도로 구체적,

---

8) 미국은 특허법 제100조(a)에서 "발명이라 함은 발명 또는 발견을 말한다."라고 하고 제101조에서 "새롭고 유용한 방법, 기계, 제품 또는 물질의 조성물 또는 그에 의한 신규의 유용한 개량을 발명하거나 발견한 자는 특허법이 정한 조건과 요건에 따라 특허를 받을 수 있다."라고 규정하고 있다. 이 때문에 발명 개념이나 특허대상적격 이론은 판례를 통해 발전되었다.
Diamond v. Chakrabarty, 447 U.S. 303 (1980) 판결에서는 특정한 DNA를 일정한 종류의 박테리아에 주입하여 여러 가지 원유성분을 분해할 수 있는 특별한 효소를 가진 박테리아를 만들어 낸 것에 대해 태양 아래 인간이 만든 모든 것은 특허대상이 되고, 자연에 존재하는 것이라도 그것으로부터 현저하게 다른 성격을 가지는 새로운 것은 특허대상이 된다고 하면서 위 박테리아에 대한 특허를 인정하였다. Diamond v. Diehr, 450 U.S. 175, 185 (1981) 판결에서 출원발명은 합성 고무를 금형 프레스에 넣어 몰딩하는 과정에서 산출물의 경도와 원상회복력을 강화하기 위하여 공정 중에 금형 내의 온도에 따른 가장 적절한 작업시간을 계산해 냄으로써 그에 따라 작업시간을 조절하는 컴퓨터 프로그램에 관한 것이었는데, 연방대법원은 자연법칙, 자연현상, 추상적 아이디어에는 예외적으로 특허대상적격이 없다고 하면서도 알려진 수학공식이라도 그 공식이 어떠한 제조방법이나 기구에 적용되어 특허법상 보호가치가 있는 어떠한 기능을 갖게 된다면 그 제조방법이나 기구에 특허가 부여될 수 있다고 하였다.

객관적으로 구성된 발명에 해당하지 않는지, 즉 미완성발명(미완성발명 여부)에 해당하는지 여부이다.

어느 기술이 이러한 발명 개념에 해당하지 않거나 미완성발명에 해당한다면 특허법 제29조 제1항 각 호 외의 부분 전단의 산업상 이용할 수 있는 발명에 해당하지 않는다는 이유로 출원이 거절되거나 등록되더라도 무효로 된다. 미완성발명과 명세서 기재불비와의 관계에 대하여는 후술한다.

발명 개념과 관련된 특허대상적격, 미완성발명, 특허요건, 특허법이 특허를 받을 수 없는 발명이라고 규정한 내용은 넓게 보면 발명의 성립성에 관한 문제라 할 수 있다. 이러한 발명의 성립성 내용 중 본 장에서는 발명 개념 및 그와 관련된 특허대상적격, 미완성발명을 설명하고 특허를 받기 위한 특허요건(불특허요건 포함), 특허법에서 정한 특허를 받을 수 없는 발명에 대하여는 「제4장 특허요건」에서 설명한다.

II. 발명의 개념 · 의의(특허대상적격)

특허법에서 발명이란 자연법칙을 이용한 기술적 사상의 창작으로 고도(高度)한 것을 말한다(제2조 제1호)고 규정하므로 이를 설명한다.

1 자연법칙의 이용

가. 자연법칙의 의의

특허법 제2조 제1호에서 말하는 '자연법칙'은 자연과학의 영역에서 경험에 따라 발견되는 법칙으로서 일정한 원인에 의하여 일정한 확실성을 가지고 같은 결과가 반복하여 발생할 수 있는 인과율임과 아울러 제3자가 그것을 반복하여 재현할 수 있는 것을 말한다.

어느 발명이 인간의 추리력 기타 순 지능적, 정신적 활동에 따라 발견되고 안출된 법칙(수학 공식 또는 논리학적 법칙, 경제학상의 법칙 자체 등), 인위적인 결정(금융보험제도, 과세제도, 놀이방법 등) 또는 약속에 해당하거나 이와 같은 것만을 이용하고 있는 경우,[9]

9) 대법원 2003. 5. 16. 선고 2001후3149 판결은 "출원발명은 바코드스티커, 달력지, 쓰레기 봉투, 그리고 컴퓨터 등을 이용한 바코드 판독 등 하드웨어 및 소프트웨어 수단을 포함하고 있지만, 출원발명의 구성요소인 위 각 단계는 위 하드웨어 및 소프트웨어의 결합을 이용한 구체적 수단을 내용으로 하고 있지 아니할 뿐만 아니라, 그 수단을 단지 도구로 이용한 것으로 인간의 정신활동에 불과하고, 위 각 단계로 이루어지고 위 각 단계에서 얻어지는 자료들을 축적한 통계로 생활쓰레기를 종합관리하는 출원발명은 전체적으로 보면 그 자체로는 실시할 수 없고 관

영구기관과 같이 에너지보존법칙에 위배되는 경우[10]에는 자연법칙을 이용하지 아니한 것이어서 특허법상의 발명에 해당하지 아니한다.

그러나 수학적인 연산 등을 이용하더라도 그것을 통하여 변환되는 데이터를 이용하여 특정한 기술수단의 성능을 높이거나 제어함으로써 유용하고 구체적이고 실용적인 결과를 얻을 수 있도록 변형된 경우에는 자연법칙을 이용하고 있다고 할 수 있다.[11][12]

어느 발명이 자연법칙을 이용한 것인지는 청구항(청구범위) 전체로 판단한다. 청구항에 기재된 발명 일부에 자연법칙을 이용하고 있는 부분이 있더라도 청구항 전체로서 자연법칙을 이용하고 있지 않다고 판단될 때에는 특허법상의 발명에 해당하지 않고, 역으로 청구항에 기재된 발명 일부에 자연법칙을 이용하지 않는 부분이 있더라도 청구항 전체로서 자연법칙을 이용하고 있다고 판단될 때에는 특허법에서 말하는 발명에 해당한다.

Mayo Collaborative Services v. Prometheus Laboratories, Inc. 사건[13]에서 미국 연방대법원은 약의 대사물질을 측정하고 효율에 관한 알려진 임계값을 염두에 두고 약의 복용을 증가시키거나 감소시키는 것을 결정하는 환자에 대한 약의 처방방법은 자연법칙(law of nature)의 범주를 벗어나지 못하여 특허대상이 될 수 없다고 하였다. 연방대법원은 자연법칙은 새로 발견되더라도 그 자체로 특허받을 수 없고, 새로 발견된 법칙을 응용(application)하더라도 그것이 해당 기술분야에서 이미 알려진 요소에 의존

련 법령 등이 구비되어야만 실시할 수 있는 것으로 관할 관청, 배출자, 수거자 간의 약속 등에 의하여 이루어지는 인위적 결정이거나 이에 따른 위 관할 관청 등의 정신적 판단 또는 인위적 결정에 불과하므로 자연법칙을 이용한 것이라고 할 수 없다."고 하였다.

10) 대법원 1998. 9. 4. 선고 98후744 판결.

11) 대법원 2001. 11. 30. 선고 97후2507 판결은 "수치제어입력포맷을 사용하여 소프트웨어인 서브워드 부가 가공프로그램을 구동시켜 하드웨어인 수치제어장치에 의하여 기계식별 · 제어 · 작동을 하게 하는 것일 뿐만 아니라 하드웨어 외부에서의 물리적 변환을 야기시켜 그 물리적 변환으로 인하여 실제적 이용가능성이 명세서에 개시되어 있으므로 이와 같은 제5항 발명을 자연법칙을 이용하지 않은 순수한 인간의 정신적 활동에 의한 것이라고 할 수는 없다."라고 하였다.

12) 대법원 2008. 12. 11. 선고 2007후494 판결은 "정보 기술을 이용하여 영업방법을 구현하는 이른바 영업방법(Business Method) 발명에 해당하기 위해서는 컴퓨터상에서 소프트웨어에 의한 정보처리가 하드웨어를 이용하여 구체적으로 실현되고 있어야 하고...(중간 생략)...명칭을 '인터넷 커뮤니티상의 개인방 형태의 미니룸 생성 및 관리방법'으로 하는 출원발명의 2004. 12. 30. 자로 보정된 특허청구범위 제3항 및 위 보정 전 특허청구범위 제1항은 모두 영업방법 발명의 범주에 속하는 것이나, 그 구성요소인 원심판시 각 단계들이 소프트웨어와 하드웨어의 결합을 이용한 구체적 수단을 내용으로 하고 있지 않을 뿐 아니라, 사용목적에 따른 각 단계별 정보의 연산 또는 가공이 어떻게 실현되는지에 대해 명확하게 기재되어 있지도 않아, 컴퓨터상에서 소프트웨어에 의한 정보처리가 하드웨어를 이용하여 구체적으로 실현되고 있지 않으므로, 전체적으로 볼 때 구 특허법 제29조 제1항 본문의 산업상 이용할 수 있는 발명이라고 할 수 없다."라고 하였다.

13) 566 U.S. 66, 132 S. Ct. 1289 (2012).

하고 있는 경우에는 여전히 특허받을 수 없는 것이며, 이러한 경우 특허받을 수 있는 자연법칙의 진정한 응용(genuine application)이기 위해서는 그 응용이 청구항 기재 노력 이상의 중요한 발명적 개념을 포함하고 있어 자연법칙 그 자체와 분리될 수 있어야 하고 그 판단은 청구항 전체를 기준으로 고려(considered as a whole)할 것을 요구하고 있다. 위 판결에서 연방대법원은 특허를 받을 수 있는지(patent eligible) 여부를 판단하는 기준으로 2단계 분석방법을 최초로 제시하였는데, 먼저 문제의 기술이 자연법칙, 자연현상, 추상적 개념 등 특허를 받을 수 없는 사항에 관련된 것인지를 확인하고, 만일 그에 관련된 기술이라면, 그것이 발명 개념을 포함함으로써 청구항 전체로 보아 특허를 받을 수 있는 사항으로 변경되었는지(즉, 자연법칙의 진정한 응용이 되었는가)를 고려한다. 자연법칙, 자연현상 또는 추상적 아이디어에 종래 사용되던 전통적인 단계를 추가하는 것만으로는 특허대상이 될 수 없는 것이 특허받을 수 있는 것으로 바뀌지 않고 그 기술에 해당 기술분야의 기술자들이 이미 잘 이해하고 있거나 일상적이고 전통적인 행위가 포함되고 있다면 특허대상으로 되지 않는다고 하였다.

Ariosa Diagnostics, Inc. v. Sequenom, Inc. 사건[14]에서는, 임산부의 혈장이나 혈청에서 cffDNA(cell-free fetal DNA의 약자, 무세포 태아 DNA)를 발견한 다음 이를 공지기술을 이용하여 확대하고 부계로부터 계승된 cffDNA를 검색하여 태아의 성별 등 유전적 특징을 알아내는 진단 방법에 관한 발명이 특허받을 수 있는 것인지가 쟁점이었는데, 연방항소법원은 Mayo 사건의 2단계 분석방법을 적용하여 cffDNA가 산모의 혈중에 존재하는 것은 자연현상이고 cffDNA를 확대한 후 부계로부터 계승된 cffDNA를 찾아내는 방식은 해당 발명의 출원 시에 이미 널리 알려진 방법이었으며 달리 그러한 자연현상이 특허를 받을 수 있는 응용으로 변경(transform)된 것이 아니라는 이유로 특허를 받을 수 없다고 하였다.

Association for Molecular Pathology v. Myriad Genetics 사건[15]은 인체로부터 분리된 DNA 유전자 서열 등에 관하여 받은 특허의 유효성이 문제되었다. 위 사건에서 Myriad는 BRCA1과 BRCA2라고 명명된 유전자의 돌연변이가 유방암과 자궁암을 급속히 진행시킨다는 사실을 최초로 발견하고 이들 유전자의 위치와 서열을 찾아내어 이들을 조성물 발명 등으로 출원하여 특허를 받았다. 원심인 연방항소법원은 인체로부터 분리된 DNA 및 cDNA[complementary DNA의 약자로서 mRNA로부터 실험을 통해 만들어진 합성(synthetic) DNA를 말함]에 관한 조성물 특허는 유효라고 하였으나,[16] 연방대법

14) 788 F.3d 1371 (Fed. Cir. 2015) (상고허가신청 기각 확정).
15) 569 U.S. 576, 133 S. Ct. 210 (2013).
16) 유효의 주된 논거는 전체 DNA 분자(molecule)는 서로 화학적으로 결합되어 있어 DNA의 일부

원은 인체로부터 분리된 DNA는 자연적으로 발생하는(naturally occurring) 것으로서 그 것을 인체로부터 분리하였다고 하더라도 그 자체는 특허대상이 될 수 없으나 cDNA는 자연적으로 발생하는 것이 아니므로 특허대상이 될 수 있다고 하였다.

나. 컴퓨터 프로그램 관련 발명 또는 영업방법 발명의 성립성 판단 기준

우리 실무는 컴퓨터 프로그램 관련 발명의 성립성 판단에서, 수치제어입력포맷을 사용한 소프트웨어(하드웨어를 움직이는 기술)를 구동시켜 하드웨어인 수치제어장치에 의하여 기계식별·제어·작동을 하게 하는 등의 하드웨어 외부에서의 물리적 변환을 발생시키는지 여부를 판단 기준으로 판단하거나,[17] 정보기술을 이용하여 영업방법을 구현하는 이른바 영업방법(business method) 발명의 경우에 컴퓨터에서 소프트웨어에 의한 정보처리가 하드웨어를 이용하여 구체적으로 실현되고 있는지를 그 판단 기준으로 하고 있고 후자의 판단 기준은 컴퓨터 프로그램 발명에도 적용되고 있다.

컴퓨터에서 소프트웨어에 의한 정보처리가 하드웨어를 이용하여 구체적으로 실현되고 있다고 함은 소프트웨어가 컴퓨터에 의하여 단순히 읽히는 것에 그치지 않고, 소프트웨어가 컴퓨터에 읽혀져 하드웨어와 구체적인 상호 협동 수단에 의하여 특정한 목적 달성을 위한 정보의 처리를 구체적으로 수행하는 정보처리장치 또는 그 동작방법이 구축되는 것을 말하기도 하고,[18] 소프트웨어와 하드웨어가 협동한 구체적 수단에 의해 사용 목적에 부응한 정보의 연산 또는 가공을 실현함으로써 사용 목적에 부응한 특유의 정보처리장치(기계) 또는 그 동작방법이 구축되는 것[19]을 말하기도 한다.

컴퓨터에서 소프트웨어에 의한 정보처리가 하드웨어를 이용해 구체적으로 실행되고 있는 경우에는 i) 해당 소프트웨어와 협동해 동작하는 정보처리 장치(기계), ii) 컴퓨터 사용이 시간적 요소로 연결된 일련의 처리 또는 조작 방법, iii) 해당 소프트웨어를 기록한 컴퓨터로 읽을 수 있는 매체, iv) (하드웨어와 결합되어 특정과제를 해결하기 위하여) 매체에 저장된 컴퓨터 프로그램으로 특허를 받을 수 있다.

참고로 미국 실무를 살펴보면, 연방대법원은 Gottschalk v. Benson 사건[20]에서 수학공식을 이용하는 방법발명의 경우에 수학공식을 남들보다 먼저 보유하는 결과가

를 분리하기 위해서는 그 부분의 양쪽 끝단에 있는 공유결합들(covalent bonds)을 절단시켜야 하는데, 이러한 과정을 독창적인 화학조성물을 가지는 새로운 분자를 창조한 것으로 평가하였기 때문이었다.

17) 대법원 2001. 11. 30. 선고 97후2507 판결.
18) 특허법원 2007. 6. 27. 선고 2006허8910 판결(미상고 확정).
19) 특허청, 컴퓨터 관련 발명 심사기준(2014), 2.2.2.
20) 409 U.S. 63 (1972).

되고 알고리즘 그 자체에 대하여 특허를 부여하는 것과 실질적으로 같은 효과를 가진다면 특허를 받을 수 없지만, 이러한 결론이 컴퓨터 프로그램을 위한 특허를 배제하는 것을 의미하는 것은 아니라고 하였고, Diamond v. Diehr 사건[21]에서 컴퓨터 프로그램을 이용하여 물리적인 공정을 제어하는 것은 전체적으로 볼 때 특허대상적격이 배제되지 않는다고 하였다.

미국 연방항소법원은 In re Alappat 사건[22]에서 오실로프코스에 매끄러운 파형을 나타내도록 하는 기기에 관한 청구항에 대해 알고리즘을 보충하는 소프트웨어가 유형적인 기계의 조작에 영향을 준다는 등의 사유로 특허를 인정하였다.

이후 연방항소법원은 State Street Bank & Trust Co. v. Signature Financial Group, Inc. 사건[23]에서 컴퓨터를 이용한 펀드의 자금운용방법에 관한 영업방법 발명을 특허의 대상으로 인정하였다. 위 판결은 영업방법 발명의 경우 객체의 물리적 변화 등을 수반하지 않더라도 유용하고(useful) 구체적이며(concrete) 유형의(tangible) 결과를 가져온다면 특허가 부여될 수 있다는 내용이었다.

한편 연방항소법원은 In re Bernard L. Bilski and Rand A. Warsaw 사건[24]에서 방법발명에서의 전통적인 판단 기준인 '유용하고 구체적이며 유형의 결과발생'이라는 기준을 강화하여 '방법발명이 특정한 기계나 장치에 결합되어 있거나 특정한 물품을 다른 상태 혹은 물건으로 변환시키는 경우'에 특허될 수 있다는 취지의 엄격한 기준(machine or transformation test)을 제시하였는데, 그 상고심인 Bilski v. Kappos 사건에서 연방대법원은 원심이 내린 결론 자체를 지지하면서도 원심에 의해 제시된 방법발명에서의 특허성 판단 기준(machine or transformation test)은 특허가 부여될 수 있는 유일한 기준이 될 수 없다고 하면서 원심에 의해 제시된 특허성 판단 기준을 충족하지 않은 방법발명도 특허를 받을 수 있다는 전통적인 기준을 재확인함으로써 방법발명에 대한 연방항소법원의 엄격한 특허성 판단 기준을 받아들이지 않았다.[25]

---

21) 450 U.S. 175 (1981).
22) 33 F.3d 1526 (Fed. Cir. 1994) (en banc).
23) 149 F.3d 1368, (Fed. Cir. 1998), "기계로 일련의 수식계산을 실행함으로써 금액 표시에 대응하는 데이터를 최종주가로 변환하는 것은 유용하고(useful), 구체적인(concrete) 동시에 유형(tangible)의 결과를 가져오기 때문에 청구항 발명이 알고리즘, 공식 또는 계산이 아닌 실용적인 응용에 해당한다."
24) 545 F.3d 943 (Fed. Cir. 2008).
25) Bilski v. Kappos, 561 U.S. 593, 130 S. Ct. 3218 (2010), 연방대법원은 판결에서 연방대법원이 이미 Gottschalk v. Benson, 409 U.S. 63, 70 (1972) 사건과 Parker v. Flook, 437 U.S. 584, 588 (1978) 사건에서 machine or transformation test가 특허를 부여받을 수 있는지 여부(patent eligibility)를 판단하기 위한 유일한 기준으로 할 수 없다고 판단한 적이 있음을 밝히

한편 Alice Corp. v. CLS Bank International 사건[26]에서 대상기술은 미지급 위험 등을 방지하기 위하여 거래 당사자가 안전하게 현금이나 금융증서를 교환할 수 있도록 하는 에스크로(escrow) 시스템에 관한 것으로, 분쟁을 중재하는 제3자가 컴퓨터 시스템을 이용하여 거래당사자가 합의하도록 하는 것을 내용으로 하는 방법발명과 이를 실현하기 위한 시스템 및 소스코드를 포함한 기록매체발명으로 구성되어 있었다. 이 사건에서 연방대법원은 Mayo Collaborative Services v. Prometheus Laboratories, Inc. 사건[27]에서 제시된 2단계 분석방법론을 적용하여 제3자가 금융 거래의 위험을 관리하도록 하는 방법은 추상적인 아이디어에 불과하고 이러한 방법을 범용의 컴퓨터에서 실행하도록 장치를 부가한 것은 추상적 아이디어를 단순히 구현하는 것에 지나지 않으므로 특허성이 없다고 하면서, 과거 Diamond 사건에서 Diehr가 작성한 청구항이 특허성을 인정받은 것은 그것이 컴퓨터에서 실행되었기 때문이 아니라 존재하는 기술적인 공정을 개량시켰기 때문이라고 하였다.

이후 Ultramercial, Inc. v. Hulu LLC 사건[28]에서 공급사업자가 저작권의 보호를 받는 영화, 음악 등 저작물을 인터넷에서 소비자에게 보여주고, 소비자는 그 대가를 인터넷에 준비된 광고들 중 하나를 보면 되며 공급된 저작물의 대가는 광고사업자가 지불하는 등을 내용으로 하는 영업방법 발명에 대해, 연방항소법원은 전술한 Mayo 사건 및 Alice 사건에 적용된 특허성 여부가 문제될 경우의 판단 기준인 2단계 분석방법에 따라 영업방법 발명의 기술구성 대부분이 저작물의 제공 전에 광고를 보게 하는 추상적 아이디어를 그 내용으로 하고 있을 뿐이고, 추상적 아이디어를 종래에 이미 널리 알려진 행위에 의하여 실행할 것을 요구할 뿐이므로 추상적 아이디어를 특허 받을 수 있는 사항으로 변경(transform)시키지는 못하였으며 청구항의 구성 일부가 이 분야에서 전에는 이용된 적이 없다는 것만으로는 추상적 아이디어에 발명적 요소를 부여하지 않는다고 하였다.

한편 Alice 판결 이후에 컴퓨터 소프트웨어에 관한 발명의 유효성을 인정한 사례도 있다.[29] DDR Holdings, LLC v. Hotels.com, L.P. 사건[30]은 전자상거래에 사용되

고 있다.

26) 573 U.S. 208, 134 S. Ct. 2347 (2014).

27) 566 U.S. 66, 132 S. Ct. 1289 (2012).

28) 772 F.3d 709 (Fed. Cir. 2014) (상고허가신청기각 확정).

29) http://patentpharos.blogspot.kr/2014/12/software-patent-eligibility-guideline.html, 강상윤, Software 특허와 관련한 특허적격성(Patent Eligibility) 판단에 대한 새로운 Guideline, http://blog.naver.com/kasanlaw/220859031840, 정회목, 미국 소송 사례를 통해 살펴 본 미국 소프트웨어 특허에 대한 성립요건의 변천, http://blog.naver.com/kasanlaw/220862238427, 정회목, Alice판결의 2단계 판단법을 통과하여 소프트웨어 특허의 적격성 인정(각 2016. 11.

는 웹페이지를 제공하는 방법에 관한 발명이 특허를 받을 수 있는지가 문제된 사안이다. 위 사건에서 연방항소법원은 위 발명이 컴퓨터 프로세스를 이용하여 종래의 컴퓨터 네트워크 기술에 존재하는 문제점을 해결하는 구성을 포함하고 있어 특허가 유효하다고 하였다.

Enfish, LLC v. Microsoft Corporation 사건[31]은 행과 열에 따라 데이터에 주소를 부여하고 열 번호와 행 번호를 이용하여 빠르게 데이터를 검색하는 방법 및 장치에 대한 발명의 특허성 여부가 문제된 사안이다. 위 사건에서 연방항소법원은 기존 데이터베이스보다 향상된 정보검색 결과를 얻을 수 있는 등 컴퓨터 기능을 개선하고 있다는 이유로 특허받을 대상 적격을 인정하였다.

Bascom Global Internet Services, Inc. v. AT&T Mobility LLC 사건[32]에서 연방항소법원은 인터넷에서 검색된 정보에 대하여 사용자 맞춤형 콘텐츠 필터링을 허용하는 인터넷 서비스 제공자(ISP)를 제공하는 방법 및 시스템에 관한 것인데 인터넷 콘텐츠 필터링 소프트웨어가 필터링 기능을 구체적인 곳에 설치, 최종 사용자 원격 조정, 각각의 최종 사용자에게 알맞은 맞춤형 필터링 기능 등을 구비하고 기존 필터 도구를 지역서버가 아닌 ISP서버에 설치하여 필터 기능의 효율을 높이고 컴퓨터 시스템의 성능을 향상시켰다는 이유로 특허대상적격을 인정하였다.

한편 유럽을 보면 유럽특허조약(EPC) 제52조 제2항은 컴퓨터 프로그램 자체 및 매체에 기록된 컴퓨터 프로그램에 대한 특허성을 부정하는 것으로 규정하고 있다. 다만 유럽 특허청(EPO)은 종래에는 특허출원된 발명이 컴퓨터 프로그램으로 통제되는 내부적 작업에 관계되는 경우에는 추가적인 기술적 효과를 발생시켜야 특허를 부여받을 수 있다[33]고 하여 기술적 기여접근법을 중시하였다가 기술적 기여접근법은 특허대상이 아닌 진보성 판단에서 사용되어야 한다[34]고 하여 그 원칙을 폐기하고 점차 특허대상을 컴퓨터 프로그램으로까지 확대하는 방향으로 운용하고 있다.[35]

---

21. 검색) 참조.

30) 773 F.3d 1245 (Fed. Cir. 2014).
31) No. 2015-1244 (Fed. Cir. 2016).
32) No. 2015-1763 (Fed. Cir. 2016).
33) T1173/97 (1998. 1. 7.).
34) T0931/95 (2000. 9. 8.).
35) 한국특허법학회 편, “컴퓨터프로그램 발명의 성립성”, 개정판 특허판례연구, 박영사(2012), 16~17(김관식 집필부분).

2 기술적 사상의 창작

특허법에서 특허를 받을 수 있는 대상인 발명이나 실용신안법에서 등록을 받을 수 있는 고안은 자연법칙을 이용한 기술적 사상의 창작이라는 점에서 공통된다.

여기서 기술은 일정한 목적을 달성하기 위한 구체적인 수단으로서 실제로 이용할 수 있고 반복하여 재현할 수 있는 성질을 가진 것을 말한다. 기술적 사상의 본질은 일정한 산업기술의 목적을 달성하는 수단이 구체적으로 구현된 것이므로 기술적 사상인지 여부 자체는 산업기술의 목적을 달성하는 수단이 실시가능성과 반복재현가능성이 인정되는지에 의하여 판단된다.

결국 기술적 사상의 창작이란 일정한 목적을 달성하기 위하여 창작된 구체적 수단으로서 이용가능성과 반복재현성을 가진 것을 말한다.

3 고도성

특허와 고안은 법문상 고도(高度) 유무에서 차이가 나는 것으로 되어 있고 이와 같은 차이는 진보성 판단에서 나타나, 특허에서는 출원된 발명이 속하는 기술분야에서 통상의 지식을 가진 자가 '쉽게' 발명할 수 있는 것이 특허대상에서 제외되는(특허법 제29조 제2항) 반면에, 고안에서는 그 고안이 속하는 기술분야에서 통상의 지식을 가진 자가 '극히 쉽게' 고안할 수 있는 것이 그 대상에서 제외된다(실용신안법 제4조 제2항).[36]

그러나 고도라는 용어가 법문에 사용하게 된 이유는 특허법상의 발명과 실용신안법상의 고안을 구별하기 위한 것으로서 기술적 사상의 창작 중 비교적 기술 정도가 높은 것을 발명으로 하고 그렇지 못한 것을 고안으로 본다는 이론상의 의미에 불과하고 사실상 진보성의 수준에 영향을 줄 수 있더라도 그 이상의 법적인 의미를 가지지 않으므로 위 고도라는 용어의 유무가 발명의 성립성 여부를 결정짓는 본질적 내용이라고 할 수 없다.

통상 출원된 발명에 대한 심사과정 등에서도 발명의 고도성 판단을 진보성 등 판

---

36) 대법원 1997. 10. 10. 선고 96후2319 판결은 "실용신안법이 정하는 실용적 고안이라 함은 물품의 형상, 구조 또는 조합에 관한 자연법칙을 이용한 기술적 사상의 창작으로서, 특허법이 정하는 자연을 정복하고 자연력을 이용하여 일정한 효과를 창출하고 이에 따라 인간의 수요를 충족하는 기술적 사상의 고도의 창작인 발명과 그 성질에서 같으나 다만 고도의 것이 아닌 점에서 다를 뿐이므로, 실용신안법에 의하여 장려·보호·육성되는 실용신안은 물품의 특수한 형태에 그치는 것이 아니라 기술적 고안을 포함한 실용성이 그 대상이 되는 것이며, 기술적 사상의 창작으로서 그 작용효과가 등록의 적부를 가리는 주요 기준이 된다."라고 하였다.

단에 앞서 별도로 언급하지 않는 것이 실무 태도이다.[37)]

기술에 따라 특허법상의 발명과 실용신안법상의 고안이 병존할 수 있기 때문에 실용신안등록출원인이나 특허출원인은 실용신안등록출원 또는 특허출원의 출원서에 최초로 첨부된 명세서 또는 도면에 기재된 사항의 범위에서 실용신안등록출원을 특허출원으로 변경하거나 특허출원을 실용신안등록출원으로 변경할 수 있다(특허법 제53조, 실용신안법 제10조).

III. 발명의 판단 시기 · 기준

특허를 받을 수 있는 발명은 완성된 것이어야 하고 완성된 발명이란 그 발명이 속하는 분야에서 통상의 지식을 가진 자가 반복 실시하여 목적하는 기술적 효과를 얻을 수 있을 정도까지 구체적, 객관적으로 구성되어 있는 발명으로 그 판단은 특허출원의 명세서에 기재된 발명의 설명 내용(해결하려는 과제 · 과제의 해결 수단 · 발명의 효과)을 전체적으로 고려하여 출원 당시의 기술수준에 입각하여 판단한다.[38)]

다만 특허법은 무권리자에 대한 정당한 권리자 출원의 경우에는 무권리자가 출원한 때를(무권리자 출원 시)(제34조, 제35조), 분할출원 · 분리출원 · 변경출원의 경우에는 원 특허출원의 출원일을(제52조, 제52조의2, 제53조), 조약에 의한 우선권 주장하는 경우에는 당사국에 출원한 날을(제54조), 특허출원 등을 기초로 한 국내우선권 주장의 경우에는 선출원을 한 때를(제55조), 국제특허출원에 의한 우선권 주장의 경우에는 우선권을 주장한 선출원(우선일) 시(지정국가에 대한 국제특허출원 또는 우선권 주장의 경우 선출원의 출원일로부터 12개월 이내에 국제특허출원 시)(제202조)를 기준으로 판단한다.

IV. 발명 개념에 해당하지 않는 예

특허법에서 말하는 발명 개념에 해당하지 않는 것으로 자연법칙 자체(가속도의 법칙, 만유인력의 법칙 등), 단순한 발견으로 창작이 아닌 것,[39)] 자연법칙에 위배되는 것(영

37) 예외적으로 간단하나마 발명의 성립성에서 고도성 유무를 언급한 사안으로 대법원 2004. 4. 16. 선고 2003후635 판결, 대법원 1991. 12. 27. 선고 90후724 판결 등이 있다.

38) 대법원 1994. 12. 27. 선고 93후1810 판결 참조.

39) 물질 자체의 발견이 아니라 천연물에서 어떤 물질을 인위적으로 분리하는 방법을 개발한 경우 그 방법은 발명에 해당되고, 또 그 분리된 화학물질 또는 미생물 등도 발명에 해당된다. 자연계에 존재하는 물건의 속성을 발견하고 그 속성에 따라 새로운 용도로 사용함으로써 기인하는 용도발명도 단순한 발견과는 구분되는 것으로 특허법상 다르게 취급된다. 원칙적으로 새로운

구운동의 기계장치 등), 자연법칙을 이용하지 아니한 것, 개인의 숙련에 의해 달성할 수 있는 기능, 단순한 정보의 제시, 미적 창조물, 컴퓨터 프로그램 언어 자체, 컴퓨터 프로그램 자체(매체에 저장된 프로그램 등[40] 제외), 반복하여 동일한 효과를 얻을 수 없는 것[41] 등이 있다.[42]

용도의 단순한 발견만으로는 발명으로서 성립하지 않으나, 새로운 속성의 발견과 그에 연결되는 새로운 용도의 제시 행위가 통상의 기술자로서는 자명하지 않은 발명적 노력을 가한 경우라면 발명으로서 인정될 수 있다. 특허 · 실용신안 심사기준, 제3장 제1부 4.1.2.

40) 다만 컴퓨터 프로그램에 의한 정보처리가 하드웨어를 이용해 구체적으로 실현되는 경우에는 해당 프로그램과 연동해 동작하는 정보처리장치(기계), 그 동작 방법, 해당 프로그램을 기록한 컴퓨터로 읽을 수 있는 매체 및 매체에 저장된 컴퓨터 프로그램은 자연법칙을 이용한 기술적 사상의 창작으로서 발명에 해당한다. 특허 · 실용신안 심사기준 제3장 제1부 4.1.8.

41) 발명의 반복재현성은 반드시 100%의 확률로 효과를 얻을 수 있는 것만을 의미하는 것이 아니고, 100%보다 적은 확률이라도 효과를 얻을 수 있는 것이 확실하다면 반복재현성이 있다고 본다. 특허 · 실용신안 심사기준 제3장 제1부 4.1.9.

42) 특허 · 실용신안 심사기준 제3장 제1부 4.1.

제2절 발명의 완성과 미완성

I. 미완성발명의 의의 및 내용

어느 발명의 청구항에 기재된 기술이, 출원 당시 기술수준에 따라 그 기술분야에서 통상의 지식을 가진 자에 의해 반복하여 실시될 수 있고 발명이 목적하는 기술적 효과 달성을 예상할 수 있을 정도로 구체적, 객관적으로 구성되어 있다면, 발명으로 완성되었다고 볼 수 있다.43)

미완성발명이란 일응 발명으로서의 외관을 가지고 있으나 그 기술분야에서 통상의 지식을 가진 자가 반복 실시하여 목적하는 기술적 효과를 얻을 수 있을 정도로 구체적, 객관적으로 구성된 발명에 해당하지 않아 특허대상이 될 만한 발명에 미처 이르지 못하였다고 평가되는 발명을 말한다.

미완성발명의 구체적인 예로는 ① 단순한 과제 또는 착상의 제기에 그치고 제기된 과제 해결 수단 만에 의해서는 과제 해결이 명백하게 불가능하거나 그 실현방법을 모르는 것, ② 발명의 목적을 달성하기 위한 수단의 일부 또는 그 전부가 없어 발명의 과제를 해결할 수 없는 것, ③ 과제의 해결수단이 막연하여 구체화할 수 없는 것 또는 그 수단만 가지고는 발명의 과제를 해결할 수 없는 것, ④ 발명의 반복 재현이 불가능한 것, ⑤ 발명의 구성이 구체적으로 제시되어 있어도 그 구성의 해결수단으로 인정되기 위해서는 실험결과 등의 구체적인 뒷받침이 있어야 하는 발명(주로 화학발명의 경우에 문제됨)인데도 불구하고 그 뒷받침이 없는 것, ⑥ 발명의 기술적 사상이 일응 실현할 수 있도록 완성된 것이지만 그 실시 결과가 사회적으로 용납되지 않을 정도로 위험한 상태로 방치되는 경우44) 등을 들 수 있다.

II. 미완성발명의 판단 방법 · 기준시기 · 취급

특허를 받을 수 있는 발명은 완성된 것이어야 하고 완성된 발명이란 그 발명이 속하는 분야에서 통상의 지식을 가진 자가 반복실시하여 목적하는 기술적 효과를 얻을 수 있을 정도까지 구체적, 객관적으로 구성된 발명을 말한다.

---

43) 대법원 2019. 1. 17. 선고 2017후523 판결.

44) 다만 그 발명을 통해서 경제적으로 이익을 얻을 수 있어야 한다든지 어떠한 기술적 문제점도 수반하여서는 아니 된다는 것까지 요구하는 것은 아니다. 특허법원 2004. 8. 26. 선고 2003허6524 판결(상고기각 확정) 참조.

발명이 완성되었는지는 청구범위를 기준으로 출원 당시의 기술수준에 따라 발명의 설명에 기재된 내용(해결하려는 과제 · 과제의 해결 수단 · 발명의 효과)을 전체적으로 고려하여 판단하고, 반드시 발명의 설명 중의 구체적 실시례에 한정하여 결정하는 것은 아니다.45)

발명이 완성되었는지 여부의 판단 기준 시기는 특허출원의 명세서에 기재된 발명의 설명에 기재된 내용(해결하려는 과제 · 과제의 해결 수단 · 발명의 효과)을 전체적으로 고려하여 출원 당시의 기술수준에 입각하여 판단한다.46)

어느 발명이 미완성발명에 해당한다면 특허무효심결의 확정 전이라도 그 권리범위를 인정할 수 없으므로(권리범위 부정설), 만일 권리범위확인 사건에서 확인대상발명이 미완성발명에 해당한다면 문제가 되는 특허발명과 대비할 필요도 없이 특허발명의 권리범위에 속하지 않는다.47)

III. 미완성발명과 명세서 기재요건 간 관계

미완성발명과 관련하여 그것이 명세서 기재요건과 어떤 관계에 있는지 살펴볼 필요가 있다.

미완성발명은 글자 그대로 발명이 성립에 이르지 못한 것을 의미하여 산업상 이용가능성이 부정되는 반면, 명세서 기재불비는 발명이 그 자체로는 성립하였음을 전제로 특허법 제42조에 규정된 명세서에 관한 기재요건을 갖추지 못한 경우를 말한다.

미완성발명은 종전부터 화학 분야에서 자주 논의되어 왔다. 이른바 실험의 과학이라고 하는 화학발명의 경우에는 해당 발명 내용과 기술수준에 따라 차이가 있을 수는 있지만 예측가능성 내지 실현가능성이 현저히 부족하여 실험데이터가 제시된 실험 예가 없으면 완성된 발명으로 보기 어렵고 발명의 실시례나 그것으로부터 평균적 기술자가 쉽게 실시할 수 없는 발명은 미완성발명으로 되어 나중에 보정에 의해 실험데이터 등을 추가하여 효과를 뒷받침하더라도 이는 미완성발명을 완성된 발명으로 변경하는 것이 되어 허용되지 않는다(실무).

미완성발명과 명세서에 관한 기재요건은 서로 그 자체의 개념 및 규정이 다를 뿐

45) 대법원 1993. 9. 10. 선고 92후1806 판결, 대법원 1994. 12. 27. 선고 93후1810 판결, 대법원 2013. 2. 14. 선고 2012후3312 판결, 대법원 2013. 4. 11. 선고 2012후436 판결, 대법원 2019. 1. 17. 선고 2017후523 판결 등 참조.

46) 대법원 1993. 9. 10. 선고 92후1806 판결, 대법원 2007. 8. 24. 선고 2006후237 판결 등 참조.

47) 대법원 2005. 9. 28. 선고 2003후2003 판결.

아니라 그 요건이 충족되지 않을 경우에 특허청에 의해 거절되거나 이해관계인 등에 의해 무효사유로 주장되기 위한 근거 규정에서도 미완성발명의 경우는 법 제29조 제1항 각 호 외의 부분(산업상 이용가능성)이, 명세서 기재불비의 경우는 법 제42조 제3항 및 제4항이 각각 근거가 되어 서로 다르다.[48]

그리고 미완성발명에 해당하는 경우에는 어떠한 보정에 의해서도 그 하자를 치유할 수 없고 그와 같은 이유로 거절된 경우에는 선출원의 지위도 인정하지 않는 것[49]임에 반하여, 명세서 요건을 충족하지 못한 기재불비에 해당하는 경우에는 2001. 2. 3. 법률 제6411호로 개정되기 전 특허법 당시에는 요지변경에 해당하지 않는 한 보정이 인정되어 그 하자를 치유할 수 있었고 그 출원에 선출원의 지위도 인정되어 법률적 효과가 서로 다르다고 여겨왔다. 다만 2001. 2. 3. 법률 제6411호로 개정된 특허법에서 특허출원 보정범위에 관하여 종래의 요지변경에 관한 제48조가 삭제되고 제47조 제2항의 "제1항(특허출원의 보정)의 규정에 의한 명세서 또는 도면의 보정은 특허출원서에 최초로 첨부된 명세서 또는 도면에 기재된 사항의 범위 안에서 이를 할 수 있다."라는 신규사항 추가금지에 관한 규정이 신설되어 이를 위반한 경우를 거절사유 및 특허취소사유·특허무효사유로 하고 있다. 이에 따라 신규사항 추가의 경우 명세서 기재불비의 보정은 허용되지 않으므로 구 법 당시보다 보정의 허용범위가 좁아졌으니 이제는 미완성발명과 명세서에 관한 기재요건과의 차이도 적어졌다고 할 수 있다.

어느 발명이 특허법 제42조 제3항에서 정한 명세서 기재요건을 충족하지 못하였다고 하여 곧바로 이를 미완성발명이라고 단정할 수 없고 심사단계에서도 각각의 거절사유를 서로 혼용할 수 없다.[50] 다만, 통상 미완성발명일 경우에는 그 발명을 쉽게 실시할 수 없는 경우가 대부분이므로 아울러 명세서 기재불비에 해당하는 경우가 많을 것이고, 실제에서도 명세서 중 발명의 설명 기재가 불충분한 경우에 그것이 기재불비 때문인지 아니면 발명 자체가 미완성이기 때문인지를 판가름하는 것은 쉬운 일이 아니다.

이와 같은 이유로 실무에서 이해관계인 등이 출원과정에서 혹은 등록된 특허발명에 대해 그것을 실시할 수 없다거나 발명의 설명 기재가 불충분한 점을 들어 미완성발명 및 명세서 기재불비를 거절사유 혹은 등록무효사유 등으로 함께 주장하는 경우가

48) 대법원 2008. 6. 12. 선고 2006후1612 판결은 "신규 화학물질발명의 완성 여부가 발명의 설명의 기재 정도에 의하여 판단된다고 하더라도 발명의 완성 여부와 발명의 설명의 기재요건 충족 여부는 별도의 등록무효사유이어서 이를 반드시 같이 판단하여야만 하는 것은 아니다."라고 하였다.

49) 대법원 1992. 5. 8. 선고 91후1656 판결 참조.

50) 특허법원 2001. 7. 20. 선고 2000허7038 판결(미상고 확정) 참조.

종종 있고 의약의 용도발명에서 약리효과 기재와 같이 두 사유가 함께 판단되는 경우[51])도 있다.

이에 따라 미완성발명이라는 개념에 대해 이를 명세서의 실시가능요건의 문제로 처리하면 되고 특허법에서 그러한 개념을 굳이 사용할 필요가 없다는 견해도 있다.

Ⅳ. 미완성발명과 신규성 · 진보성 판단 대상 선행기술의 적격성 관계

발명의 신규성 · 진보성 판단에 제공되는 대비 발명은 반드시 그 기술적 구성 전체가 명확하게 표현된 것뿐만 아니라, 미완성발명 또는 자료 부족으로 표현이 충분하지 않더라도 통상의 기술자가 경험칙에 의하여 매우 쉽게 기술내용을 파악할 수 있다면 진보성을 부정하기 위한 선행기술이 될 수 있다.[52])

Ⅴ. 실무에서 발명의 완성 여부가 문제된 사례

실무에서 발명의 완성 여부가 문제된 사례를 살펴본다.

■ 재조합 DNA기술과 같은 유전공학관련 발명에서 발명의 완성 여부[53]): 대법원 1992. 5. 8. 선고 91후1656 판결

유전자의 본체는 DNA이고 그 염기서열의 특성에 따라 개개의 유전자가 규정되므로 재조합 DNA기술과 같은 유전공학관련 발명에 있어서 외래유전자는 원칙적으로 유전암호인 염기서열로서 특정되어야 하고, 염기서열로 특정할 수 없을 때에 한하여 외래유전자의 기능, 이화학적 성질, 기원, 유래, 제조법 등을 조합시켜 특정할 수 있으나, 어느 경우라도 발명으로서 완성되었다고 하려면 기술기재 정도가 그 기술분야에 있어서 통상의 지식을 가진 자가 명세서에 기재된 바에 따라 반복실시하여 목적하는 기술적 효과를 얻을 수 있을 정도로 구체적, 객관적으로 개시되어 있어야 하고, 그 외래유전자의 취득이 가능하여 산업상 이용할 수 있어야 한다.

---

51) 그 예로 대법원 2003. 2. 26. 선고 2001후1617 판결, 대법원 2007. 6. 1. 선고 2006후2301 판결은 등록고안이 실시가능성이 없어 명세서 기재불비에 해당한다고 하였다.

52) 대법원 1997. 8. 26. 선고 96후1514 판결, 대법원 2006. 3. 24. 선고 2004후2307 판결, 대법원 2011. 1. 13. 선고 2009후1972 판결 등 참조.

53) 유전자 관련 발명의 성립성 등에 대하여는 한국특허법학회 편, "유전자 관련 발명의 성립성과 명세서 기재 요건", 개정판 특허판례연구, 박영사(2012), 19(김관식 집필부분) 이하 참조.

선행발명은 그 명세서에 외래유전자인 인간 EPO 게놈 DNA의 취득과정과 이를 이용한 EPO의 제조과정이 상세히 기재되어 있을 뿐 외래유전자인 인간 EPO 게놈 DNA의 염기서열이 명확하지 아니하다는 것이고, 거기에다가 외래유전자인 인간 EPO 게놈 DNA가 지정기관에 기탁도 되어 있지 아니하여 용이하게 이를 얻을 수 없다면, 선행발명은 명세서에 기재된 기술구성이 해당 발명이 속하는 분야에서 통상의 지식을 가진 자가 명세서의 기재에 의하여 반복실시하여 목적하는 기술적 효과를 얻을 수 있을 정도까지 구체적, 객관적으로 개시되어 있다고 할 수 없으므로 완성된 발명이라 할 수 없다.

■ 명세서에 폴리프로필렌 글리콜을 사용한 예가 적시되어 있지 아니 하더라도 미완성 발명이라 할 수 없다고 한 사례: 대법원 1993. 9. 10. 선고 92후1806 판결

선행발명의 명세서의 구체적 실시례에는 프로필렌 글리콜을 사용한 예가 적시되어 있을 뿐 폴리프로필렌 글리콜을 사용한 예가 적시되어 있지 아니하나, 폴리프로필렌 글리콜과 프로필렌 글리콜은 중합체와 단량체의 차이에 불과할 뿐 아니라 명세서 중 특허청구범위나 발명의 설명을 검토하여 보더라도 선행발명에서 폴리프로필렌 글리콜이 중합체의 한 성분으로 사용될 수 있음을 인정할 수 있으므로 비록 구체적 실시례에 폴리프로필렌 글리콜을 사용한 예가 적시되어 있지 아니하더라도 선행발명이 미완성된 발명이라 할 수 없다.

■ 의약 용도발명에서 발명이 완성되었다고 볼 수 있기 위한 약리효과의 기재 정도: 대법원 2004. 12. 23. 선고 2003후1550 판결[54)]

특허출원서에 첨부하는 명세서에 기재될 '발명의 설명'에는 그 발명이 속하는 기술분야에서 통상의 지식을 가진 자가 해당 발명을 명세서 기재에 의하여 출원 시의 기술수준으로 보아 특수한 지식을 부가하지 않고서도 정확하게 이해할 수 있고 동시에 재현할 수 있도록 그 목적 · 구성 · 작용 및 효과를 기재하여야 하고, 특히 약리효과의 기재가 요구되는 의약의 용도발명에 있어서는 그 출원 전에 명세서 기재의 약리효과를 나타내는 약리기전이 명확히 밝혀진 경우와 같은 특별한 사정이 있지 않은 이상 특정 물질에 그와 같은 약리효과가 있다는 것을 약리데이터 등이 나타난 시험 예로 기재하거나 이에 대신할 수 있을 정도로 구체적으로 기재하여야만 비로소 발명이 완성되었다

54) 같은 취지의 판결로 대법원 2001. 11. 13. 선고 99후2396 판결, 대법원 2001. 11. 30. 선고 2001후65 판결, 대법원 2001. 11. 30. 선고 2000후2958 판결, 대법원 2003. 10. 10. 선고 2002후2846 판결, 대법원 2007. 3. 30. 선고 2005후1417 판결 등이 있다.

고 볼 수 있는 동시에 명세서의 기재요건을 충족하였다고 볼 수 있다.

■ **미생물 이용 발명 요건: 대법원 2005. 9. 28. 선고 2003후2003 판결**

구 특허법 시행령(1987. 7. 1. 대통령령 제12199호로 개정되기 전의 것) 제1조 제2항, 제3항, 구 특허법 시행규칙(1987. 7. 7. 상공부령 제717호로 개정되기 전의 것) 제31조의2 제1항의 규정을 종합하면, 미생물을 이용한 발명에 있어서 그 발명이 속하는 기술분야에서 통상의 지식을 가진 자가 그 미생물을 용이하게 입수할 수 없는 경우에는 특허청장이 지정하는 기관에 그 미생물을 기탁하고, 명세서에 해당미생물의 기탁번호 · 기탁기관의 명칭 및 기탁연월일을 기재하는 외에 그 기탁사실을 증명하는 서면을 출원서에 첨부하지 아니하면 그 발명이 완성되었다고 할 수 없다.

제3절 발명의 종류

I. 총설

특허권자는 업으로서 특허발명을 실시할 권리를 독점하는데, 특허법 제2조 등에서는 발명을 '물건의 발명'과 '방법의 발명'으로 분류하고 있고, '방법의 발명'을 '물건을 생산하는 방법의 발명'과 '기타 방법의 발명'으로 분류하고 있다.

II. 물건의 발명

물건의 발명은 기계 · 장치 · 기구 · 시설과 같은 제품이나 화학물질, 조성물과 같은 물건(물질) 자체에 관한 발명을 말하는 것으로 기술적 사상이 물건의 형태로 구체화되어 시간의 경과라는 요소(시간적 요소)가 없는 발명이다(다수설).[55)]

물건의 발명은 다시 ① 제품과 같은 물건(기계, 기구, 장치, 시설 등)의 발명, ② 재료인 물건(화학물질, 조성물 등)의 발명, ③ 그 물건의 특정 성질을 이용하는 물건의 발명(용도 발명[56)]) 등으로 나눌 수 있다.

특허법에서 물건에 관하여 따로 정의 규정이 없으므로, 특허법의 물건에 민법 제98조(물건의 정의) "본 법에서 물건이라 함은 유체물 및 전기 기타 관리할 수 있는 자연력을 말한다."의 규정이 적용된다. 컴퓨터 프로그램은 컴퓨터를 실행하는 명령에 불과하여 컴퓨터 프로그램 자체는 발명이 될 수 없다. 다만 컴퓨터 프로그램에 의한 정보처리가 하드웨어를 이용해 구체적으로 실현되고 있는 경우에 해당 프로그램과 연동하여 동작하는 정보처리장치(기계), 그 동작 방법, 해당 프로그램을 기록한 컴퓨터로 읽을 수 있는 매체 및 매체에 저장된 컴퓨터 프로그램은 자연법칙을 이용한 기술적 사상의 창작으로서 발명이 될 수 있다.[57)]

55) 대법원 2002. 8. 13. 선고 2001후492 판결 등 참조.

56) 실무는 의약 용도발명을 물건의 발명에 해당한다고 보고 있다. 대법원 2015. 5. 21. 선고 2014후768 전원합의체판결 참조. 대법원 1990. 1. 25. 선고 88후1236 판결은 용도를 붙인 단일화합물의 제조방법 또는 단일화합물을 보조성분과 혼합하는 용도를 붙인 조성물의 제조방법에 관한 발명은, 단순한 화학물질의 용도에 관한 발명으로 볼 것이 아니라 제조방법에 관한 발명으로 보아 특허성을 인정할 것인지의 여부를 판단하는 것이 옳다고 하였다.

57) 특허 · 실용신안 심사기준 제3부 제1장 4.1.8.

III. 방법의 발명

방법의 발명은 일정한 목적을 향한 시계열적으로 관련 있는 행위나 공정에 의해서 성립하는 것으로, 발명의 실체가 시간의 경과라는 요소(시간적 요소)를 발명의 구성상 필수 요건으로 한다.[58)]

방법의 발명은 다시 ① 제조(생산)방법의 발명, ② 기타 방법의 발명(예컨대 통신 · 측정 · 수리 · 제어 등의 방법의 발명이나 물건 사용법의 발명, 물건 취급법의 발명 등)으로 나눌 수 있다. 방법의 발명은 특정한 목적을 달성하기 위한 시간상의 일련의 연속적인 단계들로 이루어진 발명으로서, 방법의 발명에서는 개별 구성요소의 배치 순서가 작용효과 등에 중대한 차이를 가져올 수 있으므로, 개별 구성요소의 시계열적인 배치 순서 역시 발명의 중요한 요소가 된다.[59)]

물건을 생산하는 방법의 발명에 관하여 특허법 제129조는 "물건을 생산하는 방법의 발명에 관하여 특허가 된 경우에 그 물건과 동일한 물건은 그 특허된 방법에 의하여 생산된 것으로 추정한다. 다만, 그 물건이 특허출원 전에 국내에서 공지되었거나 공연히 실시된 물건(제1호), 특허출원 전에 국내 또는 국외에서 반포된 간행물에 게재되었거나 전기통신회선을 통하여 공중이 이용할 수 있는 물건(제2호)의 어느 하나에 해당하는 경우에는 그러하지 아니하다."라고 규정한다.

위 규정에 따라 생산방법의 추정을 받으려면, 그 출원 전에 공개되지 아니한 신규한 물건이어야 한다.

한편 특허법 제129조의 추정을 번복하기 위한 요건으로, i) 위 규정의 취지를 증명의 곤란성을 구제하기 위한 조항으로 해석하여 원고에 의해 침해자로 주장되는 피고가 자기의 생산방법을 주장, 증명하는 것으로 충분하다는 견해와 ii) 위 규정에서 피고가 자기의 생산방법을 주장, 증명하는 것 외에 그 방법이 특허발명의 방법의 권리범위에 속하지 않는 것까지 주장, 증명하여야 한다는 견해가 있다.

특허된 방법에 의하여 생산된 것으로 추정된다는 문언에 비추어 보면 피고가 그

---

58) 대법원 2002. 8. 13. 선고 2001후492 판결은 특허발명의 특허청구범위 제1항은 폴리덱스트로즈라는 원료에 올리고 당류를 특정 비율로 첨가한다는 처리수단을 사용하여 두 물질이 혼합된 유동성 식품이라는 목적물을 제조하는 방법으로서, 비록 단일의 공정이지만 시간적 요소를 포함하는 '첨가'라는 공정을 가지고 있어 발명의 표현형식뿐만 아니라 발명의 구성에서도 음식물의 제조방법에 관한 발명으로 봄이 옳다고 하였다

59) 특허법원 2018. 10. 11. 선고 2018허4874 판결(미상고 확정)은 특허발명은 선행발명과 대비하여 '압착'과 '건조'의 구성요소의 시계열적인 배치 순서에 차이가 있어 그 구성이 다르다는 이유 등으로 진보성이 부정되지 않는다고 하였다.

방법이 특허발명의 방법의 권리범위에 속하지 않는 것까지 즉, 특허권 비침해사실까지 주장, 증명하여야 한다고 본다.

Ⅳ. 물건의 발명과 방법의 발명 간 관계

특허법에서 물건의 발명과 방법의 발명은 구분되어 사용된다.

실무 및 다수 견해는 물건의 발명과 방법의 발명을 구분하는 기준을 앞에서 본 바와 같이 시간적 요소를 포함하고 있는지 여부에 두고 있다.

그러나 물건의 발명으로 분류되는 컴퓨터 프로그램에도 시간적 요소가 포함될 수 있기 때문에 시간적 요소만으로 두 발명을 명확히 나눌 수 없게 되었다. 이에 물건의 발명과 방법의 발명을 구분하는 기준을 시간적 요소에 의하지 않고 생산·유통 여부를 기준으로 구분하자는 견해도 있다.

실무는 발명의 종류를 물건의 발명과 방법의 발명 등으로 구분하면서 이를 '발명의 성격,[60] 범주,[61] 카테고리[62]가 다르다'거나 '표현양식[63]에 따른 차이' 등으로 표현하고 있다.

어떠한 발명이 특허법상 물건의 발명에 속하는지 방법의 발명에 속하는지는 단순히 발명의 명칭이나 표현형식 만에 의하여 결정되는 것이 아니고 발명의 실체를 구성하는 내용에 의하여 정하여진다.[64] 물건에 대한 발명의 권리범위 내에는 그 물건에 관련된 방법발명(예를 들어, 제조방법발명, 사용방법발명 등)이 포함되는 것이므로, 두 발명

---

60) 대법원 1990. 2. 27. 선고 89후148 판결.

61) 대법원 2005. 6. 10. 선고 2003후1543 판결.

62) 카테고리(category)는 영어권 국가에서 발명의 종류를 의미하는 용어로 사용되고 있다. 예컨대 Guidelines for Examination in the European Patent Office(유럽특허심사가이드라인, 2009)의 PART D V-9 6.3 Change of category of claim에서 '제품에서 방법으로', '방법에서 제품으로'의 변경 등을 청구항 카테고리 변경의 예시로 들고 있다.

63) 대법원 1990. 2. 27. 선고 89후148 판결, 대법원 2007. 1. 12. 선고 2005후3017 판결 참조.

64) 1986. 12. 31. 법률 제3891호(1987. 7. 1.부터 시행됨)로 개정된 특허법에서 물질(의약발명)특허제도를 도입하여 특허법 제4조에서 특허를 받을 수 없는 발명으로 규정되어 있던 '화학방법에 의하여 제조될 수 있는 물질의 발명' 등이 삭제되었다. 의약 발명 불인정의 구 특허법 당시의 사례로서 대법원 1990. 8. 14. 선고 89후1202 판결은 "구 특허법(1986. 12. 31. 법률 제3891호로 개정되기 전의 법률) 제4조 제2호의 규정에 의하면, 의약의 발명은 특허를 받을 수 없도록 되어 있는바, 특허청구의 범위가 의약의 제조방법의 형식으로 표현되어 있다고 하여도 그 제조방법이 기존의 관용기술을 적용한 데에 지나지 아니한 것으로서 물질의 유효성분을 의약으로 사용할 수 있게 하는 데에 그 발명의 특징이 있을 뿐이라면 이는 의약의 발명으로 보아야 할 것이다."라고 하였다.

은 발명의 속성에 따라 그 효력범위에서 차이가 있지만 서로 대비 자체가 불가능한 발명은 아니다.[65)]

특허법상 물건의 발명, 방법의 발명, 생산방법의 발명은 그 효력 면에서 다르다.

특허권자는 물건의 발명의 경우 그 물건의 생산·사용·판매 등의 행위를 독점하고, 단순한 방법발명의 경우에는 그 방법을 사용하는 행위에 대하여만 권리를 독점한다. 특히 물건을 생산하는 방법의 발명에 관하여는 그 생산방법의 사용만이 아니고 그 생산방법을 사용하여 만든 물건에까지 보호가 확장된다. 즉, 단순한 방법발명이 침해되었음을 이유로 침해금지청구를 하는 경우에 특허권자는 그 방법의 사용을 금지하는 청구를 할 수 있을 뿐이고 그 방법의 발명을 사용하여 만든 물건에 대하여는 금지청구를 할 수 없는데, 생산방법의 발명이라면 그 방법의 발명을 사용하여 만든 물건에 대하여도 금지청구를 할 수 있다.

65) 대법원 2004. 10. 14. 선고 2003후2164 판결, 특허법원 2004. 12. 2. 선고 2004허1557 판결 (심리불속행 상고기각 확정) 참조.

제4절 실시의 개념

I. 총설

특허법은 특허권자는 업으로서 특허발명을 실시할 권리를 독점한다(제94조 제1항 전문)고 규정하므로 특허권자는 허락 없는 제3자의 특허발명의 실시행위에 대해 특허권의 효력을 미치게 할 수 있다.

여기서 '업으로서'란 경제활동으로 행해지는 것을 말하고 반드시 영리를 목적으로 하여야 하는 것은 아니지만 개인적 · 가정적으로 하는 것은 제외된다. 경제활동으로 행해지는 한 계속적으로 반복될 필요도 없다.

실시행위에 어떠한 행위가 포함되는가에 따라 제3자의 행위에 직접적인 영향을 주므로, 법적인 안정성과 예측가능성을 확보하기 위하여 특허법에서 명시적으로 규정하고 있다. 특허법 제2조 제3호는 "이 법에서 사용하는 실시란 다음 각 목의 구분에 따른 행위를 말한다. 물건의 발명인 경우: 그 물건을 생산 · 사용 · 양도 · 대여 또는 수입하거나 그 물건의 양도 또는 대여의 청약(양도 또는 대여를 위한 전시를 포함한다. 이하 같다)을 하는 행위(가목), 방법의 발명인 경우: 그 방법을 사용하는 행위 또는 그 방법의 사용을 청약하는 행위(나목), 물건을 생산하는 방법의 발명인 경우: 나목의 행위 외에 그 방법에 의하여 생산한 물건을 사용 · 양도 · 대여 또는 수입하거나 그 물건의 양도 또는 대여의 청약을 하는 행위(다목)"라고 규정하고 있다.

2019. 12. 10. 법률 제16804호로 개정된 특허법은 제2조 제3호 나목 중 그 개정 전 조항의 "그 방법을 사용하는 행위"를 "그 방법을 사용하는 행위 또는 그 방법의 사용을 청약하는 행위"로 변경하였다. 이는 개정 전 특허법이 소프트웨어 등과 같은 방법의 발명인 경우 그 방법을 사용하는 행위만을 특허를 받은 발명의 실시로 규정하고 있어 소프트웨어 등을 정보통신망을 통하여 전송하는 행위가 특허를 받은 발명의 실시에 해당하는지 불분명하여 보호하기 어려운 측면이 있어 방법의 발명인 경우에 그 방법의 사용을 청약하는 행위를 특허를 받은 발명의 실시에 포함시킨 것이다.

다만 이로 인한 소프트웨어 산업의 위축을 방지하기 위하여 특허법 제94조 제2항을 신설하여 "특허발명의 실시가 제2조 제3호 나목에 따른 방법의 사용을 청약하는 행위인 경우 특허권의 효력은 그 방법의 사용이 특허권 또는 전용실시권을 침해한다는 것을 알면서 그 방법의 사용을 청약하는 행위에만 미친다."고 규정하였다.

위에서 규정된 생산, 양도 등의 행위는 각각 별개의 실시행위이고 이들 각각의 실시행위에 대해 특허권의 효력이 미친다. 이를 실시행위 독립의 원칙이라 한다.

II. 실시의 개념

특허법 제2조 제3호는 "실시란 다음 각 목의 구분에 따른 행위를 말한다. 물건의 발명인 경우: 그 물건을 생산·사용·양도·대여 또는 수입하거나 그 물건의 양도 또는 대여의 청약(양도 또는 대여를 위한 전시를 포함한다. 이하 같다)을 하는 행위(가목), 방법의 발명인 경우: 그 방법을 사용하는 행위 또는 그 방법의 사용을 청약하는 행위(나목), 물건을 생산하는 방법의 발명인 경우: 나목의 행위 외에 그 방법에 의하여 생산한 물건을 사용·양도·대여 또는 수입하거나 그 물건의 양도 또는 대여의 청약을 하는 행위(다목)"라고 규정하고 있다.

여기서 '생산'은 새로 물건을 만들어 내는 것을 말한다. 이에는 통상의 공업적 생산물의 제조행위 외에 조립이나 부품의 결합, 중요부분의 수리행위 등을 포함하는 법률적 개념이다.

'사용'은 발명에 관한 물건이 가지는 기능을 발휘하거나 발명의 목적을 달성할 수 있도록 해당 발명을 이용하는 것을 말한다.

'양도'는 물건을 타인에게 이전하는 것을, '대여'는 타인에게 물건을 빌려주는 것을, '청약'이란 일방 당사자가 다른 당사자에게 일정한 계약의 내용을 체결할 것을 제의 내지 신청하는 것을 말한다.

'수입'이란 외국에서 생산된 상품을 국내시장에 반입하는 행위를 말하는데 이와 관련하여 정상적인 무역거래에서 수입물품이 보세지역 내에 머물러 있는 경우가 수입에 해당하는지 여부가 문제가 된다.

이에 대하여는 ① 특허에 관한 물품이 국내 통관절차를 마치는 것을 '수입'으로 보되, 통관절차를 마치지 않고 보세창고에 머물러 있는 경우는 아직 국외에 있는 것으로 보아 '수입'에 해당하지 않는다(다만 보세지역 내에 있는 수입물을 부품 또는 원료로 하여 특허에 관한 물품을 제조하는 경우는 국내 생산으로 해석한다)고 보는 견해(통관설), ② 물품이 일단 국가 영해로 들어온 이상 원칙적으로 수입에 해당한다고 보는 견해(영해설), ③ 국가 영해로 들어와 짐을 풀거나 물품을 하역하는 경우에 수입에 해당한다는 견해(양륙설 내지 하역설)가 있다.

통관설에 의할 경우 특허법 등에서 미수죄 처벌조항이 없어 위조상품 등에 대해 제대로 대응하지 못하게 되는 불합리한 점이 있다는 반론이 있고, 영해설에 대하여는 영해를 단순히 통과하는 경우에까지 수입에 해당한다고 보는 것은 부당하다는 반론이 있다. 통관설은 관세 부과라는 관점 등에서 바라보는 관세법의 수입 개념을 그대로 원용한 것이나[66] 수입 여부의 개념은 개별적인 법의 입법목적에 따라 상대적으로 해석하여야 하고 지식재산권법에서는 일단 유통상태에 놓여지면 배포를 막기 어려워 지식재산권 보호를 위하여 통관이 이루어지기 전에도 수입에 해당한다고 볼 필요가 있다는 점에서 양륙설 내지 하역설이 주장되고 있다.

한편 디자인보호법 제2조 제7호에서는 실시의 개념에 '수출'[67]을 포함시키고 있으나,[68] 특허법에서는 수출에 대하여 언급하고 있지 않다. 구 디자인보호법(2011. 6. 30. 법률 제10809호로 개정되기 전의 것) 제2조 제7호에는 "실시라 함은 디자인에 관한 물품을 생산·사용·양도·대여 또는 수입하거나 그 물품의 양도 또는 대여의 청약(양도나 대여를 위한 전시를 포함한다. 이하 같다)을 하는 행위를 말한다."라고 하여 '수출'이 실시의 하나로 규정되어 있지는 않았는데, 위 2011. 6. 30. 개정된 디자인보호법에서 '수출'을 실시의 하나로 포함하여 규정하였다.

구 디자인보호법 시행 당시에는 수출이 실시행위의 하나로 열거되어 있지 않았는데 그 당시에는 수출이 국내에서의 양도·대여의 개념에도 포함될 수 없어 디자인권의 효력이 수출행위에까지 미치지 아니하므로 디자인권자가 명시적으로 수출행위에 대하여 금지청구 등을 할 수는 없고, 다만 수출은 국내에서의 생산·양도·수입을 수반하므로 그에 따른 침해문제 및 금지청구 등으로 해결할 수 있다고 해석되었다. 이러한 논의는 특허법의 이곳에도 적용될 수 있다. 상표에 관한 사안이지만 수출자유지역 내에

---

66) 관세법위반 등 사건에서 배출가스 또는 소음 변경인증을 받지 않고 자동차를 부정수입하였는지 여부를 관세법에 정한 수입 개념에 따라 판단한 것으로 대법원 2019. 9. 9. 선고 2019도2562 판결이 있다. 위 판결은 "관세법 제2조 제1호는 외국물품을 우리나라에 반입(보세구역을 경유하는 것은 보세구역으로부터 반입하는 것을 말한다)하는 것을 수입의 한 가지 형태로 규정하고 있고, 여기서 반입이란 물품이 사실상 관세법에 의한 구속에서 해제되어 내국물품이 되거나 자유유통 상태에 들어가는 것을 말한다(대법원 2000. 5. 12. 선고 2000도354 판결 등 참조). 그런데 관세법 제2조 제5호 가목은 우리나라에 있는 물품으로서 외국물품이 아닌 것을 '내국물품'으로 규정하면서, '외국물품'에 대해서는 제4호 가목에서 외국으로부터 우리나라에 도착한 물품으로서 제241조 제1항에 따른 수입의 신고(이하 '수입신고'라 한다)가 수리되기 전의 것이라고 규정하고 있다. 따라서 외국으로부터 우리나라에 도착하여 보세구역에서 수입신고 절차를 거치는 수입자동차는 수입신고 수리 시에 사실상 관세법에 의한 구속에서 해제되어 내국물품이 되므로 수입신고 수리 시에 보세구역으로부터 반입되어 수입이 이루어진 것이라고 보아야 한다."라고 한다.

67) '수출'이란 국내에서 외국으로 재화를 팔기 위하여 실어 내는 것을 말한다.

68) 상표법 제2조 제1항 제11호 나목도 '상표의 사용'에 상품 또는 상품의 포장에 상표를 표시한 것을 양도 또는 인도하거나 양도 또는 인도할 목적으로 전시·수출 또는 수입하는 행위를 열거하고 있다.

서 수출 목적으로만 등록상표가 부착된 상품을 생산하였더라도 국내에서의 상표 사용행위에 해당한다고 본 사례가 있다.69)

실시행위와 관련하여서는 관련 문제로 소진 · 병행수입 등의 문제가 있다. 이에 대하여는 「제8장 특허권의 설정등록 · 존속기간 · 효력 제2절 특허권의 효력 Ⅳ. 특허권 소진 · 진정상품의 병행수입에 관한 문제」에서 설명한다.

69) 대법원 2002. 5. 10. 선고 2000후143 판결 참조.

제 3 장

특허를 받을 수 있는 자·특허를 받을 수 있는 권리

제3장 특허를 받을 수 있는 자 · 특허를 받을 수 있는 권리

제1절 총설

특허법은 발명을 한 사람 또는 그 승계인은 특허법에서 정하는 바에 따라 특허를 받을 수 있는 권리를 가지는 발명자주의를(특허법 제33조 제1항 본문, 이하 특허법과 조문을 함께 기재하는 특별한 사정이 없는 한 특허법과 조문을 함께 기재하는 경우에 편의상 조문만 기재한다),[1] 발명을 한 사람 또는 그 승계인은 법정의 요건을 갖추는 한 권리로서 특허를 받을 수 있고 특허청의 거절결정에 대하여 심판 및 소송으로 이를 다툴 수 있는 권리주의를(제29조, 제42조, 제132조의17, 제186조 등), 동일한 발명에 대하여 다른 날에 둘 이상의 특허출원이 있는 경우에 먼저 특허출원한 자만이 그 발명에 대하여 특허를 받을 수 있는(제36조 제1항) 선출원주의를 채택하고 있다.[2]

이하 먼저 특허를 받으려는 자가 제출하여야 하는 특허출원서의 기재사항에 대해 개괄적으로 살펴본 다음 특허를 받을 수 있는 자와 특허를 받을 수 있는 권리를 설명하면서 특허를 받을 수 있는 권리가 없는 자가 출원한 경우의 조치방법에 대해서도 함께 살펴보고, 그 밖에 선출원을 비롯한 여러 특허요건에 대하여는 「제4장 특허요건」에서 설명한다.

---

1) 이에 대비되는 것이 출원자주의이다. 출원자주의에 따르면 발명을 한 사람 또는 그 승계인인지와 관계없이 국내에 해당 발명을 가장 먼저 특허출원한 자가 특허를 받을 수 있는 권리를 가지게 된다.

2) 동일한 발명에 대하여 같은 날에 둘 이상의 특허출원이 있는 경우에는 특허출원인 간에 협의하여 정한 하나의 특허출원인만이 그 발명에 대하여 특허를 받을 수 있다. 다만, 협의가 성립하지 아니하거나 협의를 할 수 없는 경우에는 어느 특허출원인도 그 발명에 대하여 특허를 받을 수 없다(제36조 제2항).

제2절 특허출원서의 지위 및 첨부사항 · 외국어특허출원

I. 특허출원서의 지위 및 첨부사항(명세서 · 필요한 도면 · 요약서)

특허를 받으려는 자는 특허출원인의 성명 및 주소(법인인 경우에는 그 명칭 및 영업소의 소재지), 특허출원인의 대리인이 있는 경우에는 그 대리인의 성명 및 주소나 영업소의 소재지[대리인이 특허법인 · 특허법인(유한)인 경우에는 그 명칭, 사무소의 소재지 및 지정된 변리사의 성명], 발명의 명칭, 발명자의 성명 및 주소를 적은 특허출원서를 특허청장에게 제출하여야 한다(제42조 제1항).

이때 특허출원서에는 발명의 설명 · 청구범위를 적은 명세서와 필요한 도면[3] 및 요약서를 첨부하여야 한다(법 제42조 제2항).

특허출원서는 특허출원의 주체 및 그 절차를 밟는 자를 명확히 하고 특허권의 부여를 구하는 의사표시를 명확히 함과 아울러 심사의 대상을 특정하는 역할을 한다.

또한 명세서의 청구범위는 명세서에서 대세적 절대권인 특허권의 효력이 미치는 범위를 명확하게 하기 위한 것으로 특허권의 효력이 미치는 객관적 범위(보호범위)를 확정하기 위한 기준이 된다(제97조 참조).

그러나 제42조 제2항에 따른 요약서는 기술정보로서의 용도로 사용하여야 하며, 특허발명의 보호범위를 정하는 데에는 사용할 수 없다(제43조).

제42조 제1항에 따라 특허출원을 하려는 자는 특허법 시행규칙(이하 법 시행규칙이라 한다)이 정하는 별지 제14호 서식의 특허출원서에 명세서 · 요약서 및 도면, 대리인에 의하여 절차를 밟는 경우에는 그 대리권을 증명하는 서류, 기타 법령의 규정에 의한 증명서류를 첨부하여 특허청장에게 제출하여야 한다(법 시행규칙 제21조 제1항). 명세서는 법 시행규칙이 정한 별지 제15호 서식, 요약서는 별지 제16호 서식, 도면은 별지 제17호 서식에 따른다(법 시행규칙 제21조 제2항).

명세서에 있는 발명의 설명은 그 발명이 속하는 기술분야에서 통상의 지식을 가진 사람이 그 발명을 쉽게 실시할 수 있도록 명확하고 상세하게 적을 것과 그 발명의 배경이 되는 기술을 적을 것이라는 요건을 모두 충족하여야 한다(제42조 제3항). 발명의 설명에는 발명의 명칭, 기술분야, 발명의 배경이 되는 기술, 해결하려는 과제 · 과제의 해결 수단 · 발명의 효과의 각 사항이 포함된 발명의 내용, 도면의 간단한 설명, 발명을

---

3) 특허출원서에는 필요한 도면을 첨부하여야 하는 것으로 규정(제42조 제2항)되어 있는 반면에 실용신안등록출원서에는 도면을 반드시 첨부하여야 하는 것으로 규정(실용신안법 제8조 제2항)되어 있다.

실시하기 위한 구체적인 내용, 그 밖에 그 발명이 속하는 기술분야에서 통상의 지식을 가진 자가 그 발명의 내용을 쉽게 이해하기 위하여 필요한 사항을 기재하여야 하는데(법 시행규칙 제21조 제3항), 그중 기술분야, 해결하려는 과제 · 과제의 해결 수단 · 발명의 효과의 각 사항이 포함된 발명의 내용, 도면의 간단한 설명, 그 밖에 그 발명이 속하는 기술분야에서 통상의 지식을 가진 자가 그 발명의 내용을 쉽게 이해하기 위하여 필요한 사항은 해당하는 사항이 없는 경우에는 그 사항을 생략할 수 있다(법 시행규칙 제21조 제4항).

도면은 특허출원서에 반드시 첨부되어야 하는 것은 아니고 도면만으로 발명의 설명을 대체할 수 없지만(실용신안등록출원서에는 도면이 반드시 첨부되어야 한다), 도면은 실시례 등을 구체적으로 보여줌으로써 발명의 구성을 더욱 쉽게 이해할 수 있도록 해주는 것으로서 도면이 첨부되어 있는 경우에는 도면 및 도면의 간단한 설명을 종합적으로 참작하여 발명의 설명이 청구항을 뒷받침하고 있는지 여부를 판단할 수 있다.

청구범위에는 보호받으려는 사항을 적은 항(이하 청구항이라 한다)이 하나 이상 있어야 하며, 그 청구항은 발명의 설명에 의하여 뒷받침될 것과 발명이 명확하고 간결하게 적혀 있을 것이라는 요건을 모두 충족하여야 한다(제42조 제4항). 또한 청구범위에는 보호받으려는 사항을 명확히 할 수 있도록 발명을 특정하는 데 필요하다고 인정되는 구조 · 방법 · 기능 · 물질 또는 이들의 결합관계 등을 적어야 한다(제42조 제6항).[4)]

출원인은 출원 당시 청구범위가 기재되지 않은 명세서를 출원서에 첨부할 수 있으나, 이때에도 발명의 설명은 적어야 한다(청구범위 제출 유예제도의 인정, 제42조의2 제1항).

이는 청구범위의 작성 없이 신속한 출원을 가능하게 하고 특허이용전략을 충분히 검토하여 효과적으로 청구범위를 작성할 시간적 여유를 제공함으로써 출원인의 권리보호를 도모하고자 마련된 제도이다.

다만, 심사 및 제3자의 기술이용 측면에서 청구범위를 기재할 필요가 있어 일정한 시점[심사청구의 취지를 통지받은 날부터 3개월이 되는 날까지 또는 우선일 등으로부터 1년 2개월(출원일, 우선권 주장이 있는 경우 최우선일) 중 빠른 날]까지는 보정을 통해 청구범위를 기재하도록 하고 있다(제42조의2 제2항 참조). 특허출원인이 위 청구범위 제출기한까지 보정을 하지 아니한 경우에는 앞의 기한이 되는 날의 다음 날에 해당 특허출원을 취하한 것으로 본다(제42조의2 제3항).

---

4) 특허청구범위에 대한 상세한 내용은 「제5장 특허청구범위 해석」에서 상세히 설명한다.

II. 외국어특허출원

제42조의3 제1항은 특허출원인이 명세서 및 도면(도면 중 설명부분에 한정한다. 이하 같다)을 국어가 아닌 산업통상자원부령으로 정하는 언어(영어)[5]로 적겠다는 취지를 특허출원을 할 때 특허출원서에 적은 경우에는 그 언어로 적을 수 있다고 하여 외국어특허출원을 허용하고 있다.

특허출원인이 특허출원서에 최초로 첨부한 명세서 및 도면을 제42조의3 제1항에 따른 언어로 적은 특허출원(이하 외국어특허출원이라 한다)을 한 경우에는 제64조 제1항 각 호[6]의 구분에 따른 날부터 1년 2개월이 되는 날까지 그 명세서 및 도면의 국어번역문을 산업통상자원부령으로 정하는 방법[7]에 따라 제출하여야 한다. 다만, 이에 따른 기한 이전에 제60조 제3항에 따른 출원심사 청구의 취지를 통지받은 경우에는 그 통지를 받은 날부터 3개월이 되는 날 또는 제64조 제1항 각 호의 구분에 따른 날부터 1년 2개월이 되는 날 중 빠른 날까지 제출하여야 한다(제42조의3 제2항). 이에 따라 국어번역문을 제출한 특허출원인은 위에 기재된 기한 이전에 그 국어번역문을 갈음하여 새로운 국어번역문을 제출할 수 있다. 다만, 명세서 또는 도면을 보정(제42조의3 제5항에 따라 보정한 것으로 보는 경우는 제외한다)한 경우(제1호), 특허출원인이 출원심사의 청구를 한 경우(제2호)의 어느 하나에 해당하는 경우에는 그러하지 아니하다(제42조의3 제3항).

특허출원인이 제2항에 따른 명세서의 국어번역문을 제출하지 아니한 경우에는 위에 기재된 기한이 되는 날의 다음 날에 해당 특허출원을 취하한 것으로 본다(제42조의3 제4항).

특허출원인이 제42조의3 제2항에 따른 국어번역문 또는 같은 조 제3항 본문에 따른 새로운 국어번역문을 제출한 경우에는 외국어특허출원의 특허출원서에 최초로 첨부한 명세서 및 도면을 그 국어번역문에 따라 보정한 것으로 본다. 다만, 제42조의3 제3

5) 산업통상자원부령으로 정하는 언어란 영어를 말한다(법 시행규칙 제21조의2 제1항).

6) "1. 제54조 제1항에 따른 우선권 주장을 수반하는 특허출원의 경우: 그 우선권 주장의 기초가 된 출원일 2. 제55조 제1항에 따른 우선권 주장을 수반하는 특허출원의 경우: 선출원의 출원일 3. 제54조 제1항 또는 제55조 제1항에 따른 둘 이상의 우선권 주장을 수반하는 특허출원의 경우: 해당 우선권 주장의 기초가 된 출원일 중 최우선일 4. 제1호부터 제3호까지의 어느 하나에 해당하지 아니하는 특허출원의 경우: 그 특허출원일"

7) 새로운 국어번역문을 제출하려는 경우에는 별지 제13호 서식의 서류제출서에 법 제42조의3 제1항에 따라 제출한 명세서 및 도면의 새로운 국어번역문, 대리인에 의하여 절차를 밟는 경우에는 그 대리권을 증명하는 서류를 첨부하여 특허청장에게 제출하여야 한다(법 시행규칙 제21조의3 제2항).

항 본문에 따라 새로운 국어번역문을 제출한 경우에는 마지막 국어번역문(이하 제42조의3 및 제47조 제2항 후단에서 최종 국어번역문이라 한다) 전에 제출한 국어번역문에 따라 보정한 것으로 보는 모든 보정은 처음부터 없었던 것으로 본다(제42조의3 제5항). 특허출원인은 제47조 제1항에 따라 보정을 할 수 있는 기간에 최종 국어번역문의 잘못된 번역을 산업통상자원부령으로 정하는 방법[8]에 따라 정정할 수 있다. 이 경우 정정된 국어번역문에 관하여는 제42조의3 제5항을 적용하지 아니한다(제42조의3 제6항).

위와 같은 정정에 따라 제47조 제1항 제1호 또는 제2호[9]에 따른 기간에 정정을 하는 경우에는 마지막 정정 전에 한 모든 정정은 처음부터 없었던 것으로 본다(제42조의3 제7항).

---

8) 국어번역문의 잘못된 번역을 정정하려는 자는 별지 제17호의2 서식의 국어번역문 오역정정서에 정정사항에 대한 설명서, 대리인에 의하여 특허에 관한 절차를 밟는 경우에는 그 대리권을 증명하는 서류를 첨부하여 특허청장에게 제출하고 특허료 등의 징수규칙 제2조 제1항 제10호의2에 따른 수수료를 납부하여야 한다(법 시행규칙 제21조의3 제3항).

9) “1. 거절이유통지(거절이유통지에 대한 보정에 따라 발생한 거절이유에 대한 거절이유통지는 제외한다)를 최초로 받거나 제2호의 거절이유통지가 아닌 거절이유통지를 받은 경우: 해당 거절이유통지에 따른 의견서 제출기간 2. 거절이유통지(제66조의3 제2항에 따른 통지를 한 경우에는 그 통지 전의 거절이유통지는 제외한다)에 대한 보정에 따라 발생한 거절이유에 대하여 거절이유통지를 받은 경우: 해당 거절이유통지에 따른 의견서 제출기간”

제3절 특허를 받을 수 있는 자

I. 총설

특허를 받을 수 있는 자(특허출원의 주체 포함)로 특허법은 발명을 한 사람, 발명자 등으로부터 특허를 받을 수 있는 권리를 승계한 자(승계인)(제33조)를, 발명진흥법은 직무발명[10]을 한 종업원, 법인의 임원 또는 공무원(제2조 제2호)을 들고 있다. 또한 동일한 발명에 대하여 중복등록은 허용되지 않기 때문에 특허를 받을 수 있는 자는 선출원자이어야 한다.

II. 발명자 및 승계인

1 발명자

발명을 한 사람(발명자, inventor)은 발명에 대해 특허를 받을 수 있는 권리를 가진다. 발명자는 발명의 완성과 동시에 특허를 받을 수 있는 권리인 재산권과 아울러 발명에 포함된 인격권(발명자 인격권 또는 발명자 명예권)을 취득한다.[11]

발명에 대해 특허를 받을 수 있는 권리에 관하여 특허법은 관련 규정(제30조, 제33조 내지 제38조, 제41조, 제44조, 제62조, 제99조의2, 제133조, 제139조)을 두어 재산권으로 보호하고 있다.

발명자 인격권(명예권)은 특허법에 직접적으로 명시되어 있지 않으나 공업소유권의 보호를 위한 파리 협약 제4조의3에서 "발명자는 특허에 발명자로서 명시될 권리를 가진다."라고 하여 발명자 기재권(게재권)을 인정하고, 특허법에서 특허출원서 및 특허공보에 발명자의 성명 및 주소를 기재할 의무(제42조 제1항 제4호, 제87조 제3항 제3호, 제193조)와 특허증에 발명자를 기재할 의무(제86조, 법 시행규칙 제50조 제1항의 별지 서식 제26호)를 부과하는 규정들을 통해 간접적으로 발명자 인격권(명예권)이 뒷받침되고 있다.

재산권인 발명이나 특허를 받을 수 있는 권리와 달리 발명자 인격권(명예권)은 타인에게 양도할 수 없다.

---

10) "직무발명이란 종업원, 법인의 임원 또는 공무원(이하 '종업원 등'이라 한다)이 그 직무에 관하여 발명한 것이 성질상 사용자 · 법인 또는 국가나 지방자치단체의 업무 범위에 속하고 그 발명을 하게 된 행위가 종업원 등의 현재 또는 과거의 직무에 속하는 발명을 말한다."

11) 특허거절결정이 확정되는 경우에는 발명자 인격권(명예권)은 더 이상 인정되지 않는다.

발명자란 발명을 한 사람으로 그 발명의 창작행위에 실제로 가담한 자를 의미하고 단순한 보조자, 조언자, 자금제공자, 추상적인 지시 내지 명령한 자는 발명자가 아니다.

특허법은 특허를 받을 수 있는 자, 즉 특허출원인으로 될 수 있는 주체에 대하여 별다른 규정을 두고 있지 않아서 법률의 규정에 따라 권리능력이 있는 자라면 그 주체로 될 수 있으나, 발명은 사실행위이므로 특허법상 발명을 한 자는 자연인에 한하여 인정되고 미성년자와 같이 행위능력이 제한되는 사람도 발명자가 될 수 있다. 다만 자연인을 제외한 법인 등 단체는 발명자가 될 수 없다.

관련하여 인공지능(Artificial Intelligence, AI)[12]이 인간의 개입 없이 독자적으로 완성한 발명에 대하여 발명자로서 인정될 수 있는지가 문제된다.

이에 대해서는 여러 국내외 견해가 있으나, 우리 실무는 특허출원서 중 '발명자의 성명'란에 사람이 아닌 인공지능의 명칭 '다버스(DABUS)'만을 기재하여 특허청이 제203조 제4항에 따라 해당 특허출원을 무효로 한 사안에서 제33조 제1항에서 발명자를 발명을 한 사람 즉, 자연인으로 기재하고 있다는 이유 등을 들어 인공지능을 발명자로 인정하지 않고 있다.[13]

발명자인지 여부는 특허출원서나 특허공보, 특허증의 발명자란의 기재 여부와 관계없이 자료에 따라 실질적으로 정해지는 것이므로, 특허출원서에 발명자로 기재되어 있다고 하여 그 사람이 진정한 발명자로 추정되지 않고[14] 이러한 경우에 설령 특허를 받더라도 특허공보, 특허증에 기재된 발명자가 진정한 발명자로 추정되지도 않는다.

발명은 한 사람이 아닌 복수의 사람이 서로 협력하여 완성할 수 있다. 둘 이상의 사람이 발명을 한 경우를 공동발명이라 한다.

공동발명자가 되기 위해서는 발명의 완성을 위하여 실질적으로 상호 협력하는 관계가 있어야 하므로, 단순히 발명에 대한 기본적인 과제와 아이디어만을 제공하였거나, 연구자를 일반적으로 관리하였거나, 연구자의 지시로 데이터의 정리와 실험만을 하였거나, 자금·설비 등을 제공하여 발명의 완성을 후원·위탁하였을 뿐인 정도 등에 그치지 않고, 발명의 기술적 과제를 해결하기 위한 구체적인 착상을 새롭게 제시·부가·보완하거나, 실험 등을 통하여 새로운 착상을 구체화하거나, 발명이 해결하려는 과제 및 발명의 효과를 달성하기 위한 구체적인 수단과 방법의 제공 또는 구체적인 조언·

12) 인공지능(Artificial Intelligence, AI)이란 인간의 인식, 판단, 추론, 문제 해결, 그 결과로서의 언어나 행동 지령, 학습 기능 등과 같은 인간의 두뇌작용을 컴퓨터 등을 통해 구현하는 기술을 말한다.

13) 서울고등법원 2024. 5. 16. 선고 2023누52088 판결(특허출원무효처분 취소 청구의 소, 상고심 계속 중).

14) 대법원 2011. 12. 13. 선고 2011도10525 판결 참조.

지도를 통하여 발명을 가능하게 한 경우 등과 같이 기술적 사상의 창작행위에 실질적으로 이바지하여야 공동발명자에 해당한다.

한편 이른바 실험의 과학이라고 하는 화학발명의 경우에는 해당 발명 내용과 기술수준에 따라 차이가 있을 수는 있지만 예측가능성 내지 실현가능성이 현저히 부족하여 실험데이터가 제시된 실험례가 없으면 완성된 발명으로 보기 어려운 경우가 많이 있는데, 그와 같은 경우에는 실제 실험을 통하여 발명을 구체화하고 완성하는 데 실질적으로 기여하였는지의 관점에서 공동발명자인지를 결정한다.[15)]

둘 이상이 공동으로 발명한 경우에는 특허를 받을 수 있는 권리를 공유하므로 특허를 받으려면 공유자 모두가 공동으로 특허출원을 하여야 한다(제33조 제2항, 제44조). 발명 후 지분 양도 등으로 둘 이상이 특허를 받을 수 있는 권리를 공유하게 된 경우에도 마찬가지이다. 특허를 받을 수 있는 권리가 공유인 경우에는 각 공유자는 다른 공유자 모두의 동의를 받아야만 그 지분을 양도할 수 있다(제37조 제3항).

2 승계인

발명자가 아니더라도 발명자로부터 특허를 받을 수 있는 권리를 승계한 자 또는 특허를 받을 수 있는 권리를 승계한 자로부터 다시 그 특허를 받을 수 있는 권리를 승계한 자(이하 승계인이라 한다)는 특허를 받을 수 있는 권리를 가진다.

특허출원 전에 특허를 받을 수 있는 권리의 승계는 당사자의 합의에 따라 효력이 발생하지만 그 승계인이 특허출원을 하여야 제3자에게 대항할 수 있다(제38조 제1항). 여기서 제3자는 특허를 받을 수 있는 권리에 관하여 승계인의 지위와 양립할 수 없는 법률상 지위를 취득한 사람에 한한다. 무권리자의 특허로서 특허무효사유가 있는 특허권을 이전받은 양수인은 위 제3자에 해당하지 않는다.[16)]

15) 대법원 2011. 7. 28. 선고 2009다75178 판결. 대법원 2005. 3. 25. 선고 2003후373 판결은 아이디어를 구체화하고 도면으로 작성한 사람과 실험을 통하여 세부적인 문제점들을 개선하여 완성한 사람을 공동발명자로 보았다. 대법원 2005. 6. 10. 선고 2003다31596 판결은 대상발명은 강○○의 기본적인 기술적 구상과 물적 투자에다가 발명의 구성요소의 관련 분야에서 종사하고 있던 개발자들의 기술 및 물적 지원을 통하여 그 기술적 구상을 산업상 이용할 수 있도록 연구, 개발하여 완성한 것이므로 강○○과 개발자들의 인적, 물적 투자의 결합에 의하여 이루어진 공동발명이라 하였다. 대법원 2011. 7. 28. 선고 2009다75178 판결은 특허발명의 과정에서 구체적인 착상을 하고 부하에게 그 발전 및 실현을 하게 하거나 소속 부서 내의 연구가 혼미하고 있을 때 구체적인 지도를 하여 발명을 가능하게 하였음을 근거로 특허발명의 공동발명자에 해당한다는 원심판단을 수긍하였다.

16) 대법원 2005. 6. 23. 선고 2003후1932 판결.

동일한 자로부터 동일한 특허를 받을 수 있는 권리를 승계한 자가 둘 이상인 경우 그 승계한 권리에 대하여 같은 날에 둘 이상의 특허출원이 있으면 특허출원인 간에 협의하여 정한 자에게만 승계의 효력이 발생하고(제38조 제2항), 동일한 자로부터 동일한 발명 및 고안에 대한 특허를 받을 수 있는 권리 및 실용신안등록을 받을 수 있는 권리를 승계한 자가 둘 이상인 경우 그 승계한 권리에 대하여 같은 날에 특허출원 및 실용신안등록출원이 있으면 특허출원인 및 실용신안등록출원인 간에 협의하여 정한 자에게만 승계의 효력이 발생한다(제38조 제3항).

특허출원 후에 특허를 받을 수 있는 권리의 승계는 상속, 그 밖의 일반승계의 경우를 제외하고는 특허출원인변경신고를 하여야만 그 효력이 발생한다(제38조 제4항). 특허를 받을 수 있는 권리의 상속, 그 밖의 일반승계가 있는 경우에는 승계인은 지체 없이 그 취지를 특허청장에게 신고하여야 한다(제38조 제5항).

동일한 자로부터 동일한 특허를 받을 수 있는 권리를 승계한 자가 둘 이상인 경우 그 승계한 권리에 대하여 같은 날에 둘 이상의 특허출원인변경신고가 있으면 신고를 한 자 간에 협의하여 정한 자에게만 신고의 효력이 발생한다(제38조 제6항).

법인 등 단체는 자연인이 아니어서 발명자가 될 수 없지만, 특허를 받을 수 있는 자의 문제는 법적 지위에 관한 것이고 특허법이 별다른 규정을 두고 있지 않아 민법 등 법률에 따라 권리능력이 있는 법인은 특허를 받을 수 있는 권리를 승계함으로써 특허를 받을 수 있는 자가 될 수 있다.

즉 일반 법인은 민법에 의해 법인격을 얻은 주체로서 설립등기를 한 때부터 해산등기를 할 때까지 법적 인격을 가지므로 발명에 관하여도 자기의 이름으로 권리 및 의무의 주체가 될 수 있고, 국가 역시 주권을 가진 주체로서 법인격이 있는 것으로 간주되므로 발명에 관하여 대한민국 명의로 권리 및 의무의 주체가 될 수 있다.

입법부, 사법부 및 행정부에 속하는 국가기관이나 국립대학교 등은 원칙적으로 법인격이 없기 때문에 특허를 받을 수 있는 자가 되지 못한다.[17)18)] 그러나 예외적으로 국립대학법인 서울대학교 설립·운영에 관한 법률(제3조 제1항)에 의해 설립된 국립대

---

17) 대법원 1997. 9. 26. 선고 96후825 판결 [거절사정(특)]은 “특허법에서 특허출원의 주체가 될 수 있는 자나 당사자능력에 관한 규정을 따로 두고 있지 아니하므로, 특허권과 특허법의 성질에 비추어 민법과 민사소송법에 따라 거기에서 정하고 있는 권리능력과 당사자능력이 있는 자라야 특허출원인이나 그 심판·소송의 당사자가 될 수 있다고 할 것인바, 경북대학교는 국립대학으로서 민사법상의 권리능력이나 당사자능력이 없음이 명백하므로 특허출원인이나 항고심판청구인, 상고인이 될 수 없다.”라고 하였다.

18) (행정기관이 출원하는 경우의 예) 농림수산식품부의 소속기관인 국립종자원이 특허를 출원하는 경우에 출원서의 ‘출원인성명(명칭)’란에 ‘대한민국(국립종자원장)’이라고 기재한다.

학법인 서울대학교의 경우와 같이 특별법에 의하여 설립된 법인의 경우에는 해당 법에 따라 법인격이 인정되고 있어 특허를 받을 수 있는 자가 될 수 있고 권리 · 의무의 주체가 될 수 있다.[19)]

지방자치단체는 지방자치법(제3조 제1항)에 따라 법인격이 인정되므로 특허를 받을 수 있는 자가 될 수 있다. 지방자치단체는 특별시 · 광역시 · 도 · 시 · 군 및 구로 구분되는데 지방자치단체인 구는 특별시와 광역시의 관할에 있는 자치구만이 해당되므로 일반 시에 있는 구는 지방자치법에서 법인격이 인정되는 지방자치단체에 해당되지 않는다.

종친회, 학회 등의 단체와 같은 법인이 아닌 사단 등은 실질적으로 법인의 모습을 하고 있을지라도 법인설립등기를 하지 않은 경우에는 민법이 정하는 법인격이 부여되지 않기 때문에 특허를 받을 수 있는 자가 되지 못하고 이는 그 단체에 대표자나 관리인이 정하여져 있더라도 마찬가지이다. 다만 법인이 아닌 사단 또는 재단에 대표자나 관리인이 정하여져 있는 경우 특허를 받을 수 있는 자 등 권리 · 의무의 주체는 될 수 없지만 특허법은 개별적으로 그 법인이 아닌 사단 또는 재단의 이름으로 출원심사의 청구인, 특허취소신청인, 심판의 청구인 · 피청구인 또는 재심의 청구인 · 피청구인의 자격(개별적인 행위능력 또는 절차능력)을 인정하고 있다(제4조).

발명자가 재산권인 특허를 받을 수 있는 권리를 양도하더라도 발명자 인격권(명예권)은 이전되지 않고 발명자에게 여전히 남아 있으므로, 특허를 받을 수 있는 권리를 승계한 자(승계인)가 특허출원을 하더라도 특허출원서의 발명자란에 승계인이 아닌 원(原) 발명자를 기재하여야 한다. 다만 승계인이 출원서에 자신이 발명자라고 기재하여 출원하더라도 그 자체로 특허법상 출원거절이유나 특허무효사유에 해당하지 않는다.

3 선출원한 자

특허권이 독점권인 이상 동일한 발명에 대하여 중복등록은 허용할 수 없기 때문에 선출원자만이 특허를 받을 수 있다.

동일한 발명에 대해 다른 날에 둘 이상의 특허출원이 있는 경우에는 선출원한 자만이 특허를 받을 수 있고(제36조 제1항), 같은 날에 둘 이상의 특허출원이 있는 경우에는 특허출원인 간에 협의하여 정한 하나의 특허출원인만이 그 발명에 대하여 특허를 받을 수 있다. 다만, 협의가 성립하지 아니하거나 협의를 할 수 없는 경우에는 어느 특

19) 그 밖에 국립대학법인 서울대학교 설립 · 운영에 관한 법률과 같은 유형의 특별법으로 「국립대학법인 인천대학교 설립 · 운영에 관한 법률」, 「울산과학기술원법」 등이 있다.

허출원인도 그 발명에 대하여 특허를 받을 수 없다(제36조 제2항).

선출원에 대한 상세한 내용은 「제4장 특허요건 제4절 선출원(중복특허의 배제)」에서 설명한다.

4 특허출원과 관련한 행위능력(절차능력)

관련하여 특허출원과 관련한 행위능력(절차능력) 등에 대하여도 함께 설명한다.

미성년자 · 피한정후견인 또는 피성년후견인은 법정대리인에 의하지 아니하면 특허에 관한 출원 · 청구 기타의 절차[20]를 밟을 수 없으나, 미성년자와 피한정후견인이 독립하여 법률행위를 할 수 있는 경우[21]에는 그러하지 아니하다(제3조 제1항). 위 법정대리인은 후견감독인의 동의 없이 제132조의2에 따른 특허취소신청이나 상대방이 청구한 심판 또는 재심에 대한 절차를 밟을 수 있다(제3조 제2항). 행위능력에 흠이 있는 자가 밟은 절차는 보정된 당사자나 법정대리인이 추인하지 않으면 제16조(절차의 무효)에 따라 무효로 할 수 있다.

행위능력 또는 법정대리권이 없거나 특허에 관한 절차를 밟는 데에 필요한 권한의 위임에 흠이 있는 자가 밟은 절차는 보정(補正)된 당사자나 법정대리인이 추인하면 행위를 한 때로 소급하여 그 효력이 발생한다(제7조의2).

국내에 주소 또는 영업소가 없는 재외자(법인인 경우에는 그 대표자)가 국내에 체류하는 경우를 제외하고는 그 재외자의 특허에 관한 대리인으로서 국내에 주소 또는 영업소가 있는 자(이하 특허관리인이라 한다)에 의해서만 특허에 관한 절차를 밟거나 특허법 또는 특허법에 따른 명령에 의하여 행정청이 한 처분에 대하여 소(訴)를 제기할 수 있다(제5조 제1항).

여기서 '재외자'라 함은 국내에 주소 또는 영업소가 없는 자연인이나 법인을 말하며, 대한민국 국민일지라도 국내에 주소나 영업소가 없으면 재외자에 해당하고 외국인

---

20) ① 특허에 관한 출원에는 특허출원, 분할출원, 분리출원, 변경출원, 정당한 권리자의 출원, 특허권존속기간연장등록출원, 특허협력조약에 따른 출원 등이 있고, ② 특허에 관한 청구에는 심사청구, 재심사청구, 각종 심판청구(심사관에 의한 심판청구 포함), 기술평가청구, 재심청구 등이 있으며, ③ 특허에 관한 기타 절차에는 상기 ① 및 ②와 관련하여 출원인 등이 특허청장 등에 하는 절차와 우선심사신청, 심사유예신청 등의 각종 신청 절차가 있다. 위 ① 내지 ③을 합하여 특허에 관한 절차라고 한다. 특허 · 실용신안 심사기준, 제1부 제1장 2.

21) 미성년자가 혼인에 따라 성년으로 의제된 다음에 절차를 밟는 행위 등과 같이 미성년자가 독립하여 법률행위를 할 수 있는 경우에 스스로 특허에 관한 절차를 밟을 수 있다. 피한정후견인은 원칙적으로 독립하여 특허에 관한 절차를 밟을 수 있다. 다만, 법원이 법정대리인을 통해서만 법률행위를 할 수 있도록 명령한 사항에 대해서는 그러하지 아니하다.

일지라도 국내에 주소나 영업소가 있으면 재외자에 해당하지 않는다.

재외자는 특허관리인(국내에 주소 또는 영업소가 있는 자)을 대리인으로 선임하거나 자기(법인의 경우에는 대표자)가 국내에 체류하는 경우에만 특허에 관한 절차를 밟을 수 있다. 특허관리인은 위임된 권한의 범위에서 특허에 관한 모든 절차 및 특허법 또는 특허법에 따른 명령에 따라 행정청이 한 처분에 관한 소송에서 본인을 대리한다(제5조 제2항). 재외자가 특허관리인이 없이 국내에 체류하지 않은 채로 특허에 관한 절차를 밟기 위하여 서류를 제출한 경우에는 법 시행규칙 제11조(부적법한 출원서류 등의 반려) 제1항 제3호에 따라 반려의 대상이 된다. 재외자의 특허권 또는 특허에 관한 권리에 관하여 특허관리인이 있으면 그 특허관리인의 주소 또는 영업소를, 특허관리인이 없으면 특허청 소재지를 민사소송법 제11조에 따른 재산소재지로 본다(제13조).

대리인의 대리권의 범위에 관하여 국내에 주소 또는 영업소가 있는 자로부터 특허에 관한 절차를 밟을 것을 위임받은 대리인(특허관리인을 포함한다. 이하 같다)은 특별한 수권을 위임받지 아니하면 특허출원의 변경 · 포기 · 취하, 특허권의 존속기간의 연장등록출원의 취하, 특허권의 포기, 신청의 취하, 청구의 취하, 제55조 제1항의 규정에 의한 우선권 주장이나 그 취하, 제132조의17의 규정에 의한 심판청구 또는 복대리인의 선임을 할 수 없다(제6조). 특허에 관한 절차를 밟는 자의 대리인(특허관리인을 포함한다, 이하 같다)의 대리권은 서면으로써 증명하여야 한다(제7조). 행위능력 또는 법정대리권이 없거나 특허에 관한 절차를 밟는 데 필요한 권한의 위임에 흠이 있는 자가 밟은 절차는 보정된 당사자나 법정대리인이 추인하면 행위를 한 때로 소급하여 그 효력이 발생한다(제7조의2). 그리고 특허에 관한 절차를 밟는 자의 위임을 받은 대리인의 대리권은 본인의 사망이나 행위능력의 상실, 본인인 법인의 합병에 의한 소멸, 본인인 수탁자의 신탁임무의 종료, 법정대리인의 사망이나 행위능력의 상실, 법정대리권의 대리권 소멸이나 변경의 사유가 있어도 소멸하지 아니한다(제8조).

특허에 관한 절차를 대리인에 의하여 밟는 경우에 있어서 현재 및 장래의 사건에 대하여 미리 사건을 특정하지 아니하고 포괄위임할 수도 있다. 대리인은 포괄위임을 하려는 자에게 포괄위임에 대하여 설명하고 포괄위임을 하려는 자의 서명 또는 날인을 받은 포괄위임장을, 법 시행규칙 별지 제3호 서식의 포괄위임등록 신청서에 첨부하여 특허청장에게 제출한다(법 시행규칙 제5조의2 제1항).

포괄위임을 받아 특허에 관한 절차를 밟으려는 자는 특허청으로부터 통지받은 포괄위임등록번호를 특허청 또는 특허심판원에 제출하는 서류에 적어야 한다(법 시행규칙 제5조의2 제3항). 법 시행규칙 제5조의2 제1항 또는 제4항에 따라 포괄위임을 하거나 포괄위임등록사항을 변경하려는 자가 포괄위임장을 온라인으로 제출하거나 전자적기록매체에 수록하여 제출하는 경우에는 i) 특허청에서 제공하는 소프트웨어나 특허청 홈페이지를 이용하여 포괄위임장에 전자서명을 하여 전자문서로 제출하거나, ii) 휴대전화로 전송되는 인증번호를 입력하고, 출원인이 서명 또는 날인한 포괄위임장의 전자적 이미지를 첨부하여 제출해야 한다(법 시행규칙 제5조의2 제5항).

대리업무의 자격과 관련하여 법무법인이 변리사 등록을 마친 구성원 변호사를 담당변호사로 하여 출원 대리 등 특허청에 대한 대리 업무를 할 수 있는지 문제된다.

법무법인은 변호사의 직무에 속하는 업무를 수행하고, 법무법인의 구성원이나 구성원 아닌 소속 변호사가 다른 법률에 정한 자격에 의한 직무를 수행할 수 있을 때에는 그 직무를 법인의 업무로 할 수 있으므로(변호사법 제49조 제1항, 제2항), 법무법인은 변리사 자격을 가진 그 구성원이나 소속 변호사가 수행할 수 있는 특허청에 대한 대리 등의 업무를 법인의 업무로 할 수 있다.[22]

특허에 관한 절차를 밟는 자의 대리인이 2인 이상이면 특허청장 또는 특허심판원장에 대하여 각각의 대리인이 본인을 대리한다(제9조). 특허청장 또는 제145조 제1항에 따라 지정된 심판장은 특허에 관한 절차를 밟는 자가 그 절차를 원활히 수행할 수 없거나 구술심리(口述審理)에서 진술할 능력이 없다고 인정되는 등 그 절차를 밟는 데 적당하지 아니하다고 인정되면 대리인을 선임하여 그 절차를 밟을 것을 명할 수 있고(제10조 제1항), 특허청장 또는 심판장은 특허에 관한 절차를 밟는 자의 대리인이 그 절차를 원활히 수행할 수 없거나 구술심리에서 진술할 능력이 없다고 인정되는 등 그 절차를 밟는 데 적당하지 아니하다고 인정되면 그 대리인을 바꿀 것을 명할 수 있으며(제10조 제2항), 이때 특허청장 또는 심판장은 제10조 제1항 및 제2항의 경우에 변리사로 하여금 대리하게 할 것을 명할 수 있다(제10조 제3항). 그리고 특허청장 또는 심판장은 제10조 제1항 또는 제2항에 따라 대리인의 선임 또는 교체 명령을 한 경우에는 위 제1항에 따른 특허에 관한 절차를 밟는 자 또는 위 제2항에 따른 대리인이 그 전에 특허청장 또는 특허심판원장에 대하여 한 특허에 관한 절차의 전부 또는 일부를 무효로 할 수 있다(제10조 제4항).

한편 2인 이상이 특허에 관한 절차를 밟을 때에는 특허출원의 변경 · 포기 · 취하 또는 특허권의 존속기간의 연장등록출원의 취하, 신청의 취하, 청구의 취하, 제55조 제1항에 따른 우선권 주장 또는 그 취하, 제132조의17에 따른 심판청구의 어느 하나에 해당하는 사항을 제외하고는 각자가 모두를 대표한다(제11조 제1항 본문). 다만, 대표자를 선정하여 특허청 또는 특허심판원에 신고하면 그 대표자만이 모두를 대표할 수 있

22) 대법원 2022. 2. 10. 선고 2017두68837 판결.

다(제11조 제1항 단서). 위 제1항 단서에 따라 대표자를 선정하여 신고한 때에는 대표자로 선임된 사실을 서면으로 증명하여야 한다(제11조 제2항).

대리인에 관하여는 특허법에 특별한 규정이 있는 경우를 제외하고는 민사소송법 제1편 제2장 제4절을 준용한다(제12조).

III. 직무발명자

1 직무발명의 의의

발명진흥법에서 말하는 발명이란 특허법 · 실용신안법 또는 디자인보호법에 따라 보호 대상이 되는 발명, 고안 및 창작을 말한다(제2조 제1호, 여기서는 편의상 특허법에 따라 보호 대상이 되는 발명을 중심으로 설명한다). 발명진흥법에서의 발명은 업무범위에 속한 것인지에 따라 직무발명과 직무발명 외의 발명[23]으로 나뉜다.

직무발명이란 종업원, 법인의 임원 또는 공무원이 그 직무에 관하여 발명한 것이 성질상 사용자 · 법인 또는 국가나 지방자치단체의 업무 범위에 속하고 그 발명을 하게 된 행위가 종업원, 법인의 임원 또는 공무원의 현재 또는 과거의 직무에 속하는 발명을 말한다(발명진흥법 제2조 제2호). 직무발명에서 말하는 발명이란 특허법 · 실용신안법 또는 디자인보호법에 따라 보호 대상이 되는 발명, 고안 및 창작을 말한다(발명진흥법 제2조 제1호).[24]

2 직무발명의 성립요건

발명진흥법은 직무발명을 (1) 종업원, 법인의 임원 또는 공무원이 그 직무에 관하여 발명한 것이 (2) 성질상 사용자 · 법인 또는 국가나 지방자치단체의 업무범위에 속하고 (3) 그 발명을 하게 된 행위가 종업원, 법인의 임원 또는 공무원의 현재 또는 과거의 직

23) 직무발명 외의 발명을 개인발명이라 설명하기도 한다. 이는 발명진흥법 제2조 제3호가 개인발명가란 직무발명 외의 발명을 한 자를 말한다고 한 문언을 참고로 한 것으로 보이나 저자는 직무발명과 개인발명으로 구분하는 것보다는 직무발명과 직무발명 외의 발명으로 구분하는 것이 문언에 더 부합하는 설명이고 굳이 개인발명가라는 문언으로부터 개인발명이라는 용어까지 만들어 낼 필요는 없다고 생각한다.

24) 직무발명에 관한 조항은 구 특허법(2006. 3. 3 법률 제7869호로 개정되기 전의 것) 제39조에 규정되어 있었다가 이를 2006. 3. 3. 법률 제7869호로 개정된 발명진흥법으로 옮겨 통합하여 지금에 이르고 있다.

무에 속하는 특허법 · 실용신안법 또는 디자인보호법에 따라 보호 대상이 되는 발명, 고안 및 창작(이하 발명이라 한다)이라 정의한다(제2조 제1호, 제2호).

가. 종업원, 법인의 임원 또는 공무원이 직무에 관하여 한 발명일 것

직무발명자는 종업원, 법인의 임원 또는 공무원(이하 함께 부를 경우 종업원 등이라 한다)이다.

종업원은 사용자와 고용계약 그 밖의 관계에서 타인의 사무에 종사하는 피용자를 말한다.

법적인 고용계약뿐만 아니라 사실상 사용자에게 고용되어 노무를 제공하는 지위에 있다면 사용자와 종업원의 관계가 성립하므로 고용계약 등이 유효한지 취소되었는지를 불문하며 사무에 종사하는 이상 직무가 일시적 · 계속적인지, 상근 · 비상근인지, 직무에 대해 보수가 지급되는지, 직무 지위나 내용이 정규직 · 임시직인지, 촉탁이나 고문인지, 기능습득 중인 자인지 등을 따지지 않는다. 대학교수는 민간기업이나 시험연구기관의 연구원과 동일하게 취급할 수 없으나 학교로부터 연구비를 지원받거나 특정한 연구목적을 위하여 설치된 연구시설을 이용하여 발명한 경우에는 직무발명자로 될 수 있다. 또한 「파견근로자 보호 등에 관한 법률」에 정한 파견근로자는 파견사업주에 의해 고용되어 근로자파견의 대상이 되는 사람을 말하므로 사용 사업주와 관계없는 것이 통상이나 직무발명의 사용자는 발명을 한 종업원이 어느 사업주의 지휘, 명령, 감독을 받고 어느 설비 등을 이용하여 기술적 사상의 창작에 이르렀는지에 따라 결정될 문제이기 때문에 예를 들어 형식적으로 파견회사 종업원이지만 실질적으로 사용 사업주로부터 급여와 인적 · 물적 시설을 제공받고 그 지휘명령에 따르는 등 사용 사업주가 고용한 종업원과 다를 바 없는 업무를 하고 있다면 파견 사업주가 아닌 사용 사업주와 사이에서도 직무발명관계가 성립할 수 있다.

법인의 임원에는 법인의 업무를 집행하거나 감독하는 자, 즉 법인의 대표이사, 이사, 임시이사, 감사(민법 제57조, 제63조, 제66조), 주식회사의 이사, 감사(상법 제382조,[25] 제409조), 합자회사의 무한책임사원(상법 제273조) 등이 포함된다.

공무원은 국가공무원법에 의한 국가공무원 및 지방공무원법에 의한 지방자치단체 소속 공무원을 모두 포함한다. 발명진흥법은 공무원의 직무발명에 대하여 종업원과 법인 임원의 일반적인 직무발명과는 다른 규정을 두고 있다(이에 대해서는 「3 직무발명의 효과 가. 권리귀속 · 권리승계 및 그에 따른 법률관계 일반」에서 설명한다). 국가공무원 등의

25) 다만 이사가 자기 또는 제3자의 계산으로 회사와 거래를 하기 위해서는 미리 이사회에서 해당 거래에 관한 중요사실을 밝히고 이사회의 승인을 받아야 한다(상법 제398조 참조).

직무발명의 처분 · 관리 및 그 보상 등에 필요한 사항을 규정하기 위하여 국가공무원 등 직무발명의 처분 · 관리 및 보상 등에 관한 규정(시행세칙 포함)이 있다.

발명은 기술적 사상의 창작행위이므로 발명자는 기술적 사상의 창작행위, 예를 들어 특허인 경우 발명의 기술적 과제를 해결한 창작에 실제로 가담한 자를 의미하고 단순한 보조자, 조언자, 자금제공자, 지시 또는 명령한 자는 발명자가 아니다.

둘 이상의 사람이 직무발명자가 되기 위해서는 둘 이상의 사람이 기술적 사상의 창작행위, 예를 들어 특허인 경우 발명의 기술적 과제를 해결한 창작을 위하여 실질적으로 협력하고 이바지하여야 한다.

종업원 등의 지위는 발명이 완성된 시점을 기준으로 하므로 발명을 착상하고 완성하기까지 사이에 종업원 등의 지위에 있는 것으로 충분하고 발명이 완성된 후 퇴직하고 나서 특허출원하더라도 직무발명 성립에 아무런 영향을 주지 않는다. 다만 종업원 등이 퇴직한 다음에 비로소 기술적 사상의 창작행위를 하였다면 그 발명이 퇴직 이전에 재직하던 직무에 속하더라도 직무발명으로 될 수 없다.

종업원 등이 언제 발명을 완성하였는지는 연구일지 등의 자료에 따라 객관적으로 결정된다.

종업원 등이 직무발명을 완성한 경우에는 지체 없이 사용자 등에게 그 사실을 서면(「전자문서 및 전자거래 기본법」 제2조 제1호에 따른 전자문서를 포함한다. 이하 같다)으로 알려야 하고 둘 이상의 종업원 등이 공동으로 직무발명을 완성한 경우에는 공동으로 알려야 한다(제12조).

회사가 종업원 등으로 하여금 재직 중 완성한 발명에 대해 신고의무를 미리 부과하여 두는 고용계약 · 근무규정이나 퇴직 후 일정기간 안에 이루어진 발명은 퇴직 전 사용자가 승계한다는 내용의 고용계약 · 근무규정(추적조항, trailing clause)은 사용자가 강자로서의 지위를 남용하여 이를 부당하게 강요하는 등 민법의 일반원칙(공서양속, 권리남용, 신의성실의 원칙 등)에 위배되지 않는 한 유효하다(다수설).

나. 발명이 성질상 사용자 · 법인 또는 국가나 지방자치단체의 업무범위에 속할 것

발명이 성질상 사용자 · 법인 또는 국가나 지방자치단체(이하 함께 부를 경우 사용자 등이라 한다)의 업무범위에 속하여야 한다.

여기서 사용자는 민법 제756조의 사용자와 같은 의미, 즉 타인을 선임하여 어느 사무에 종사하게 하고 지휘 감독하는 자를 말하지만 반드시 고용계약상의 사용자에 한정하지 않고 급여지급, 인적 · 물적 시설의 제공, 지휘명령관계 등을 종합적으로 고려하여 발명의 장려에 따라 산업발전을 꾀하는 측이 누구인지 그에게 특허권을 승계시키는 것이 타당한가라는 관점에서 판단한다.

사용자의 업무범위는 개인일 경우 그 개인이 추구하는 현실적인 사업내용을 중심으로 파악하고 법인의 경우에도 정관의 기재 등에 구애되지 않고 사용자가 현실적으로 하고 있거나 장래 할 구체적 예정이 있는 업무를 포함한다.

종업원이나 법인의 임원의 이익을 위하여 사용자나 법인의 업무범위를 엄격하게 해석하여야 한다는 견해도 있지만 이때 사용자나 법인의 업무범위는 정관에 기재된 사업목적에 구애받지 않고 비교적 폭넓게 해석하여 객관적으로 사용자나 법인의 업무와 기술적으로 관련된 범위에서 이루어진 발명도 직무발명이 될 수 있다. 다만 회사의 정관은 기본적으로 주주나 채권자를 보호하기 위한 것이고 회사와 종업원 등 사이의 권리관계를 규율하는 것이 아니기 때문에 정관에 회사의 영업목적 등이 정해져 있더라도 회사가 현재 하고 있지 않고 장래에 구체적으로 할 예정도 없는 경우에는 업무범위에 속한다고 보기 어렵다.

공무원의 경우는 해당 공무원이 소속된 기관의 업무를 기준으로 해당 업무와 기술적으로 관련된 범위에서 이루어진 발명이 직무발명으로 될 수 있다.

법인격이 없는 단체는 그 대표자 또는 관리인이 정해져 있더라도 여기에서의 사용자 등에 해당하지 않는다.

다. 그 발명을 하게 된 행위가 종업원 등의 현재 또는 과거의 직무에 속할 것

발명을 하게 된 행위라 함은 발명을 착상하고 구체화하여 완성하기까지의 행위 일체로서 정신적 활동(문헌조사, 연구 등) 및 이에 부수하는 육체적 활동(실험, 장치 제작 등)을 포함한다.

종업원 등의 현재 또는 과거의 직무에 속한다고 함은 고용 관계에 있는 동안 종업원 등에게 부여된 업무 중 해당 발명과 관계있는 것 일체를 말한다. 직무에 속하는지는 해당 종업원 등의 지위, 급여, 직종 등 여러 사정을 종합적으로 고려하여 판단한다.

사용자 등으로부터 어느 시점에서라도 구체적인 과제를 부여받아 해당 사무에 종사하게 되었던 것은 물론이고 설령 그러한 구체적인 지시 등이 없더라도 담당하는 직무 내용과 책임 범위로 보아 발명을 시도하거나 수행하는 것이 당연히 예정되거나 객관적으로 기대되는 경우를 포함한다.[26] 종업원 등이 담당하는 직무 내용과 책임 범위

26) 대법원 1991. 12. 27. 선고 91후1113 판결은 악기 회사의 공작과 기능직사원으로 입사하여 회사를 퇴직할 때까지 공작과 내 여러 부서에 숙련공으로 근무하면서 금형제작, 센터핀압입기제작, 치공구개발 등의 업무에 종사한 직원이 피아노 부품의 하나인 플랜지의 구멍에 붓싱을 효과적으로 감입하는 장치를 고안한 경우 위 근무기간 중 위와 같은 고안을 시도하여 완성하려고 노력하는 것이 일반적으로 기대된다는 이유로 위 고안이 직무발명에 해당한다고 보았다.

로 보아 발명을 시도하는 것이 예정되거나 객관적으로 기대되고 사용자 등이 인적 · 물적 요소를 이용하여 기술적 과제를 해결하는 창작행위를 하였다면 설령 사용자 등이 종업원 등에게 구체적으로 과제를 부여하지 않았더라도 직무발명이 될 수 있다.

3 직무발명의 효과

가. 권리귀속 · 권리승계 · 통상실시권 및 그에 따른 법률관계 일반

1) 권리귀속에 대한 원칙 · 예외

발명자주의에 따라 발명을 한 사람에게 원시적으로 발명에 대한 권리가 귀속되는 원칙이 직무발명의 경우에도 적용된다. 따라서 종업원 등의 직무발명에 대하여 사용자 등에게 (뒤에서 설명하는 발명진흥법 개정 부분인) 특허 등을 받을 수 있는 권리나 특허권 등을 승계시키는 계약 또는 근무규정이 있는 것과 같은 특별한 사정이 없는 한, 직무발명의 경우도 발명으로 인한 특허 등을 받을 수 있는 권리는 원칙에 따라 발명자인 종업원 등에게 귀속된다(발명진흥법 제10조 제1항 참조).

한편 발명자주의에 대한 예외로 특허 등을 받을 수 있는 권리나 특허권 등을 승계시키는 계약 또는 근무규정이 있는 경우에는 사용자 등이 승계하고(이에 대하여는 후술한다), 공무원 또는 국가나 지방자치단체에 소속되어 있으나 공무원이 아닌 자(이하 공무원 등이라 한다)의 직무발명에 대한 권리는 국가나 지방자치단체가 승계할 수 있고, 국가나 지방자치단체가 승계한 공무원 등의 직무발명에 대한 특허권 등은 국유나 공유로 한다. 다만, 고등교육법 제3조에 따른 국 · 공립학교(이하 국 · 공립학교라고 한다) 교직원의 직무발명에 대한 권리는 「기술의 이전 및 사업화 촉진에 관한 법률」 제11조 제1항 후단에 따른 전담조직(이하 전담조직이라 한다)이 승계할 수 있으며, 전담조직이 승계한 국 · 공립학교 교직원의 직무발명에 대한 특허권 등은 그 전담조직의 소유로 한다(발명진흥법 제10조 제2항). 발명진흥법 제10조 제2항에 따라 국유로 된 특허권 등의 처분과 관리(특허권 등의 포기를 포함한다)는 국유재산법 제8조에도 불구하고 특허청장이 이를 관장하며, 그 처분과 관리에 필요한 사항은 대통령령[27]으로 정한다(발명진흥법 제10조 제4항).

2) 권리승계의 방법 · 시기 · 효력 등

특허를 받을 수 있는 권리의 승계는 그 승계인이 특허출원을 하여야 제3자에게 대항할 수 있고(특허법 제38조 제1항), 특허출원 후에 특허를 받을 수 있는 권리의 승계는 상속, 그 밖의 일반승계의 경우를 제외하고는 특허출원인변경신고를 하여야만 그 효력

27) 「국가공무원 등 직무발명의 처분 · 관리 및 보상 등에 관한 규정」이 있다.

이 발생한다(특허법 제38조 제4항). 특허등록 후라면 특허권 이전등록을 마쳐야만 그 승계의 효력이 발생한다(특허법 제101조 제1항).

여기서 위 제3자는 특허를 받을 수 있는 권리에 관하여 승계인의 지위와 양립할 수 없는 법률상 지위를 취득한 사람에 한한다. 무권리자의 특허로서 특허무효사유가 있는 특허권을 이전받은 양수인은 위 제3자에 해당하지 않는다.[28]

그런데 외부의 제3자는 승계사실을 제대로 알 수 없고 당사자 사이에도 관련 계약이나 근무규정이 없거나 계약 등이 있어도 발명의 완성 시기에 다툼이 있을 수 있어 승계의 효력발생시기를 확정하기가 쉽지 않다. 이런 문제 때문인지 이를 명확히 하기 위해 발명진흥법은 관련 규정을 두고 있다.

종업원 등이 직무발명을 완성한 경우 지체 없이 사용자 등에게 그 사실을 서면(「전자문서 및 전자거래 기본법」 제2조 제1호에 따른 전자문서를 포함한다. 이하 같다)으로 알려야 하고 2명 이상의 종업원 등이 공동으로 직무발명을 완성한 경우에는 공동으로 알려야 한다(발명진흥법 제12조).

발명진흥법 제12조에 따라 통지를 받은 사용자 등이 종업원 등의 직무발명에 대하여 미리 특허 등을 받을 수 있는 권리나 특허권 등을 승계시키거나 전용실시권을 설정하도록 하는 계약이나 근무규정을 정한 경우에는 그 권리는 발명을 완성한 때부터 사용자 등에게 승계된다. 다만, 사용자 등이 대통령령으로 정하는 기간(4개월)에 그 발명에 대한 권리를 승계하지 아니하기로 종업원 등에게 통지하는 경우에는 그러하지 아니하다(발명진흥법 제13조 제1항, 같은 법 시행령 제7조).

이 부분 등이 발명진흥법의 개정 전· 후로 차이가 있음에 유의한다.

즉, 2024. 2. 6. 법률 제20197호로 개정되기 전의 발명진흥법 제13조 제1항은 종업원 등이 직무발명을 완성한 경우에는 지체 없이 그 사실을 사용자 등에게 문서로 알려야 하고 이에 따라 통지를 받은 사용자 등은 대통령령으로 정하는 기간(4개월)에 그 발명에 대한 권리의 승계를 종업원 등에게 서면으로 알린 때에는 그때부터 그 발명에 대한 권리가 사용자 등에게 승계된 것으로 보았었다. 이러한 직무발명에 대한 승계 통지 의무화와 아울러 승계시점이 승계통지 시로 되어 있어 그 승계통지가 이루어지기 전에 종업원 등의 무단 공개나 이중양도 문제가 발생할 가능성이 있어 사업자 측에 부담이 되었다. 위 개정법은 그중 미리 특허 등을 받을 수 있는 권리나 특허권 등을 승계시키거나 전용실시권을 설정하도록 하는 계약이나 근무규정을 정한 경우에는 직무발명 승계시점을 승계통지 시에서 발명완성 시로 바꾸고 대통령령으로 정하는 기간(4개월)

---

28) 대법원 2005. 6. 23. 선고 2003후1932 판결.

기간 내에 불승계 의사만 통지하도록 승계절차를 간소화하였다.[29]

발명진흥법 제13조 제1항에 따른 계약 또는 근무규정이 모두 없는 사용자 등(국가나 지방자치단체는 제외한다)이 제12조(직무발명 완성사실의 통지)에 따라 통지를 받은 경우에는 대통령령으로 정하는 기간(4개월)에 그 발명에 대한 권리의 승계 여부를 종업원 등에게 서면으로 알려야 한다. 이 경우 사용자 등은 종업원 등의 의사와 다르게 그 발명에 대한 권리의 승계를 주장할 수 없다(발명진흥법 제13조 제1항, 같은 법 시행령 제7조).

사용자 등이 위 기간에 승계 여부를 알리지 아니한 경우에는 사용자 등은 그 발명에 대한 권리의 승계를 포기한 것으로 본다(발명진흥법 제13조 제3항 전문).

사용자 등이 종업원 등의 발명진흥법 제12조에 따른 통지가 없음에도 다른 경위로 직무발명 완성사실을 알게 되어 직무발명 사전승계 약정 등에 따라 발명에 대한 권리를 승계한다는 취지를 종업원 등에게 문서로 알리면 종업원 등의 직무발명 완성사실 통지 없이도 발명진흥법 제13조 제1항에 따른 권리승계의 효과가 발생한다.

직무발명에 대한 특허를 받을 수 있는 권리 등을 사용자 등에게 승계한다는 취지를 정한 약정 또는 근무규정의 적용을 받는 종업원 등은 사용자 등이 이를 승계하지 아니하기로 확정되기 전까지는 임의로 위와 같은 승계 약정 또는 근무규정의 구속에서 벗어날 수 없는 상태에 있다.

종업원 등이 그 발명의 내용에 관한 비밀을 유지한 채 사용자 등의 특허권 등 권리의 취득에 협력하여야 할 의무는 자기 사무의 처리라는 측면과 아울러 상대방의 재산보전에 협력하는 타인 사무의 처리라는 성격을 동시에 가지게 되므로, 이러한 경우 종업원 등은 배임죄의 주체인 '타인의 사무를 처리하는 자'의 지위에 있다.

위와 같은 지위에 있는 종업원 등이 임무를 위반하여 직무발명을 완성하고도 그 사실을 사용자 등에게 알리지 않은 채 그 발명에 대한 특허를 받을 수 있는 권리를 제3자에게 이중으로 양도하여 제3자가 특허권 등록까지 마치도록 하는 등으로 그 발명의 내용이 공개되도록 하였다면, 이는 사용자 등에게 손해를 가하는 행위로서 배임죄를 구성한다.[30] 민사적으로는 이중양도의 문제로서 대항요건(특허청에 대한 명의변경신고)을

---

29) 그 밖에 개정된 발명진흥법은 종업원 측의 증거자료 수집을 돕기 위해 영업비밀도 소송 판결에 필요한 경우 증거자료 제출을 법원이 명령할 수 있고, 증거자료를 소송 외의 목적으로 활용하지 못하도록 제재하는 자료제출명령과 비밀유지명령 제도를 함께 도입했다.
발명진흥법 제13조(직무발명의 권리승계)의 개정규정은 위 개정법 시행(시행일 2024. 8. 7.) 이후 직무발명한 경우부터 적용하고, 직무발명 보상금에 관한 소송에서의 자료제출명령, 비밀유지명령에 관한 제55조의8부터 제55조의11까지의 개정규정은 위 개정법 시행 이후 제기된 직무발명 보상금에 관한 소송부터 적용한다(개정법 부칙 제2조 내지 제4조).

30) 대법원 2012. 11. 15. 선고 2012도6676 판결.

먼저 갖춘 자가 우선하고 이로 인해 사용자 등이 특허를 받지 못하게 되더라도 이는 종업원 등의 채무불이행 문제로 된다.

그런데 더 나아가 직무발명 사전승계 약정 등의 적용을 받는 종업원 등이 직무발명을 완성하고도 그 사실을 사용자 등에게 알리지 아니한 채 발명에 대한 특허를 받을 수 있는 권리를 제3자의 '적극 가담' 아래 또는 제3자와 '통모'하여 이중으로 양도하여 제3자가 특허권 등록까지 마치게 되었다면, 위 이중양도는 민법 제103조에서 정한 반사회질서의 법률행위로서 무효가 된다. 따라서 이러한 경우에 위 직무발명 완성사실을 알게 된 사용자 등은 종업원 등에게 직무발명 사전승계 약정 등에 따라 권리승계의 의사를 문서로 알림으로써 위 종업원 등에 대하여 특허권이전등록청구권을 가지고, 이때 사용자 등은 위 특허권이전등록청구권을 피보전채권으로 하여 종업원 등의 제3자에 대한 특허권이전등록청구권을 대위행사할 수 있다.[31]

「기술의 이전 및 사업화 촉진에 관한 법률」 제2조 제6호에 따른 공공연구기관(이하 이 조에서 공공연구기관이라 한다)이 국내 또는 해외에서 직무발명에 대하여 특허 등을 받을 수 있는 권리 또는 특허권 등(이하 직무발명에 대한 권리라 한다)을 종업원 등으로부터 승계한 후 이를 포기하는 경우 해당 직무발명을 완성한 모든 종업원 등은 그 직무발명에 대한 권리를 양수할 수 있다(발명진흥법 제16조의2 제1항).

위 제16조의2 제1항에도 불구하고 공공연구기관의 장이 대통령령으로 정하는 바에 따라 직무발명심의위원회의 심의를 거쳐 공공의 이익을 위하여 특별히 직무발명에 대한 권리를 포기할 필요가 있다고 인정하는 경우에는 그 권리를 종업원 등에게 양도하지 아니할 수 있다. 이 경우 공공연구기관의 장은 제3항의 기간 내에 종업원 등에게 그 사유를 구체적으로 알려야 한다(발명진흥법 제16조의2 제2항, 발명진흥법 시행령 제7조의3 제1항).

위 제16조의2 제1항에 따라 직무발명에 대한 권리를 포기하려는 공공연구기관의 장은 대통령령으로 정하는 기간(공공연구기관이 직무발명에 대한 권리를 승계한 날부터 6개월이 되는 날까지) 내에 해당 직무발명을 완성한 모든 종업원 등에게 그 사실을 통지하여야 한다(발명진흥법 제16조의2 제3항, 발명진흥법 시행령 제7조의3 제2항).

위 제16조의2 제3항에 따른 통지를 받은 종업원 등은 직무발명에 대한 권리를 양수하려는 경우 통지를 받은 날부터 대통령령으로 정하는 기간(1개월) 내에 직무발명에 대한 권리의 양수 의사를 공공연구기관의 장에게 서면으로 알려야 한다(발명진흥법 제16조의2 제4항, 발명진흥법 시행령 제7조의3 제3항).

---

31) 대법원 2014. 11. 13. 선고 2011다77313, 77320 판결.

위 제16조의2 제4항에 따라 종업원 등이 직무발명에 대한 권리의 양수 의사를 알린 경우 제4항의 기간이 끝난 날의 다음 날부터 그 권리가 종업원 등에게 양도된 것으로 본다. 이 경우 공공연구기관이 직무발명에 대한 권리를 제3자와 공유한 경우에는 공공연구기관의 장이 다른 공유자 모두의 동의를 받은 때에 한정하여 그 권리가 양도된 것으로 본다(발명진흥법 제16조의2 제5항).

위 제4항에 따라 직무발명에 대한 권리의 양수 의사를 알린 종업원 등이 2명 이상인 경우에는 그 권리를 공유한다(발명진흥법 제16조의2 제6항).

공공연구기관의 장과 종업원 등은 공공연구기관이 직무발명에 대한 권리를 계속 유지하기 위한 비용을 종업원 등이 일부 부담하는 대신 직무발명에 대한 종업원 등의 보상을 조정하는 방안을 제3항의 기간 내에 상호 협의할 수 있다(발명진흥법 제16조의2 제7항).

공공연구기관의 장은 제5항 전단에 따라 직무발명에 대한 권리가 종업원 등에게 양도된 것으로 보는 날 이후 그 권리와 관련하여 발생하는 비용(세금을 포함한다)을 종업원 등에게 청구할 수 있다(발명진흥법 제16조의2 제8항).

종업원 등은 사용자 등이 직무발명을 출원할 때까지 그 발명의 내용에 관한 비밀을 유지하여야 한다. 다만 사용자 등이 승계하지 아니하기로 확정된 경우에는 그러하지 아니하다(발명진흥법 제19조). 이에 위반하여 부정한 이익을 얻거나 사용자 등에 손해를 가할 목적으로 직무발명의 내용을 공개하면 사용자 등의 고소가 있는 경우(친고죄) 3년 이하의 징역 또는 3천만원 이하의 벌금에 처한다(발명진흥법 제58조 제2항, 제4항).

2024. 2. 6. 법률 제20197호로 개정되기 전의 발명진흥법 하에서는, 발명자주의에 따라 직무발명을 한 종업원에게 원시적으로 발명에 대한 권리가 귀속되는 이상 위 권리가 아직 사용자 등에게 승계되기 전 상태에서는 전체로서의 발명 내용 그 자체가 사용자 등의 영업비밀로 된다고 볼 수 없으므로, 직무발명에 대한 권리를 사용자 등에게 승계한다는 취지를 정한 약정 또는 근무규정의 적용을 받는 종업원 등이 비밀유지 및 이전절차협력의 의무를 이행하지 아니한 채 직무발명의 내용이 공개되도록 하였다면 종업원의 그 직무발명 공개행위가 발명진흥법 제58조 제2항,[32] 제19조에 위배되는 행위에 해당하거나 직무발명의 내용 공개에 의하여 그에 내재되어 있었던 사용자 등의 개개의 기술상의 정보 등이 공개되었음을 문제삼아 누설된 사용자 등의 기술상의 정보 등을 개별적으로 특정하여 부정경쟁방지법상 영업비밀 누설행위에 해당할 수 있음은

32) "제19조를 위반하여 부정한 이익을 얻거나 사용자 등에 손해를 가할 목적으로 직무발명의 내용을 공개한 자에 대하여는 3년 이하의 징역 또는 3천만원 이하의 벌금에 처한다."

별론으로 하고, 특별한 사정이 없는 한 그와 같은 직무발명의 내용 공개가 곧바로 부정경쟁방지법 제18조 제2항에서 정한 영업비밀 누설에 해당한다고 볼 수는 없었다.[33)]

그런데 2024. 2. 6. 법률 제20197호로 개정(시행일 2024. 8. 7.)된 발명진흥법 제13조 제1항이 개정되어 미리 특허 등을 받을 수 있는 권리나 특허권 등을 승계시키거나 전용실시권을 설정하도록 하는 계약이나 근무규정을 정한 경우에는 그 권리는 발명을 완성한 때부터 사용자 등에게 승계되고 다만, 사용자 등이 대통령령으로 정하는 기간에 그 발명에 대한 권리를 승계하지 아니하기로 종업원 등에게 통지하는 경우에는 그러하지 아니하는 것으로 규정되었다.

따라서 개정된 발명진흥법에서는 미리 특허 등을 받을 수 있는 권리나 특허권 등을 승계시키거나 전용실시권을 설정하도록 하는 계약이나 근무규정이 있고 사용자 등이 대통령령으로 정하는 기간에 그 발명에 대한 권리를 승계하지 아니하기로 종업원 등에게 통지가 이루지지 않는 한 발명이 완성한 때부터 사용자 등에게 승계되므로 이와 같이 승계가 이루어진 후의 직무발명의 무단 공개는 영업비밀 누설에 해당한다고 볼 여지가 있다(그 외에 이중양도의 성부도 법 개정에 따라 영향을 받는다).

직무발명 외의 종업원 등의 발명에 대하여 미리 사용자 등에게 특허 등을 받을 수 있는 권리나 특허권 등을 승계시키거나 사용자 등을 위하여 전용실시권(專用實施權)을 설정하도록 하는 계약이나 근무규정의 조항은 무효로 한다(발명진흥법 제10조 제3항). 직무발명까지 포함하여 직무발명 외의 종업원 등의 발명에 대해 사용자 등에게 특허 등을 받을 수 있는 권리나 특허권 등을 승계시키거나 사용자 등을 위하여 전용실시권(專用實施權)을 설정하도록 하는 계약이나 근무규정의 조항은 그 규정 전체가 무효가 되지 않고 직무발명 외의 종업원 등의 발명에 관한 부분만 무효(일부 무효의 법리)가 된다.

종업원 등의 직무발명이 제3자와 공동으로 행하여진 경우 계약이나 근무규정에 따라 사용자 등이 그 발명에 대한 권리를 승계하면 사용자 등은 그 발명에 대하여 종업원 등이 가지는 권리의 지분을 갖는다(발명진흥법 제14조).

이때 사용자 등은 권리 승계에 공유자인 제3자의 동의를 받아야 하는지가 문제된다.

특허법상 공동발명자 상호 간에는 특허를 받을 권리를 공유하는 관계가 성립하고(제33조 제2항), 그 지분을 타에 양도하려면 다른 공유자의 동의가 필요(제37조 제3항)함이 원칙이다.

그러나 예외적으로 발명진흥법 제14조는 “종업원 등의 직무발명이 제삼자와 공동

---

33) 대법원 2012. 11. 15. 선고 2012도6676 판결.

으로 행하여진 경우 계약이나 근무규정에 따라 사용자 등이 그 발명에 대한 권리를 승계하면 사용자 등은 그 발명에 대하여 종업원 등이 가지는 권리의 지분을 갖는다."라고 규정하므로, 직무발명이 제3자와 공동으로 이루어진 경우에 사용자 등은 그 발명에 대한 종업원 등의 권리를 승계하기만 하면 공유자인 제3자의 동의 없이도 그 발명에 대하여 종업원 등이 가지는 권리의 지분을 갖는다.[34] 이때 특허를 받을 수 있는 권리의 공유자 사이에 지분에 대한 별도의 약정이 있으면 그에 따르되, 약정이 없는 경우에는 지분의 비율은 균등한 것으로 추정된다(민법 제262조 제2항).

3) 통상실시권 설정 등

직무발명에 대하여 종업원 등이 특허, 실용신안등록, 디자인등록(이하 특허 등이라 한다)을 받았거나 특허 등을 받을 수 있는 권리를 승계한 자가 특허 등을 받으면 사용자 등은 그 특허권, 실용신안권, 디자인권(이하 특허권 등이라 한다)에 대하여 통상실시권(通常實施權)을 가진다(발명진흥법 제10조 제1항 각 호 외의 부분 본문, 단서 부분 제외).

종업원 등이 사용자 등과 사이에 승계 합의가 있다고 인정되려면 이에 관한 종업원 등의 의사가 명시적으로 표시되거나 혹은 묵시적 의사를 추인할 수 있는 명백한 사정이 인정되어야 한다.[35] 이때 직무발명에 대해 외국에서 특허를 받을 수 있는 권리나 특허권 등을 승계시키는 계약이나 근무규정도 정할 수 있다.

직무발명에 관한 통상실시권을 취득하게 되는 사용자는 그 종업원 등이 직무발명을 완성할 당시의 사용자이고, 그에 따른 특허권의 등록이 그 후 이루어졌다고 하여 등록 당시의 사용자 등이 그 통상실시권을 취득하는 것은 아니다.[36]

사용자 등에게 인정되는 위 통상실시권은 무상의 법정 통상실시권으로서 규정취지상 특허가 등록되기 전이라도 인정되고 특허출원을 하지 아니하고 영업비밀로 보유하기로 결정한 경우에도 인정된다. 그 통상실시권의 범위는 통상실시권 설정 당시의 업무범위에 한정되지 않고 발명을 한 종업원 등이 퇴직하더라도 소멸되지 않는다. 법정 통상실시권이므로 사용자 등은 통상실시권 설정등록을 하지 않더라도 그 후 특허권 등을 양수한 자에게 대항할 수 있으나(특허법 제118조 제2항 참조), 실시사업과 함께 이전하는 경우 또는 상속이나 그 밖의 일반승계의 경우를 제외하고는 특허권자의 동의를 받아야만 이를 이전할 수 있다(특허법 제102조 제5항).

직무발명에 대한 통상실시권은 사용자 등에게 법률에 따라 인정되는 권리이므로

34) 대법원 2012. 11. 15. 선고 2012도6676 판결.
35) 대법원 2011. 7. 28. 선고 2010도12834 판결.
36) 대법원 1997. 6. 27. 선고 97도516 판결.

종업원 등은 사용자 등의 의사에 반하여 통상실시권을 소멸시키거나 훼손하는 행위를 해서는 안 된다. 이에 따라 종업원이 특허권을 포기하거나 정정심판을 청구하는 경우에 사용자 등의 동의를 받아야 한다(특허법 제119조 제1항, 제136조 제8항).

한편 사용자 등이 중소기업기본법 제2조에 따른 중소기업이 아닌 기업인 경우 종업원 등과의 협의를 거쳐 미리 i) 종업원 등의 직무발명에 대하여 사용자 등에게 특허 등을 받을 수 있는 권리나 특허권 등을 승계시키는 계약 또는 근무규정(제1호), ii) 종업원 등의 직무발명에 대하여 사용자 등을 위하여 전용실시권을 설정하도록 하는 계약 또는 근무규정(제2호)의 어느 하나에 해당하는 계약 또는 근무규정을 체결 또는 작성하지 아니한 경우에는 위 통상실시권을 가지지 아니한다(발명진흥법 제10조 제1항 각 호 외의 부분 단서).37)

발명진흥법 제13조 제1항에 따른 계약 또는 근무규정이 모두 없는 사용자 등(국가나 지방자치단체는 제외한다)이 제12조(직무발명 완성사실의 통지)에 따라 통지를 받고 대통령령으로 정하는 기간(4개월)에 그 발명에 대한 권리의 승계 여부를 종업원 등에게 서면으로 알리지 아니하면 사용자 등은 그 발명에 대한 권리의 승계를 포기한 것으로 보므로 이러한 경우에 사용자 등은 발명진흥법 제10조 제1항에도 불구하고 그 발명을 한 종업원 등의 동의를 받지 아니하고는 통상실시권을 가질 수 없다(발명진흥법 제13조 제3항).

나. 종업원 등의 보상청구권

1) 의의 · 성격

종업원 등이 직무발명에 대하여 특허 등을 받을 수 있는 권리나 특허권 등을 계약이나 근무규정에 따라 사용자 등에게 승계하게 하거나 전용실시권을 설정한 경우에는 정당한 보상을 받을 권리를 가진다(발명진흥법 제15조 제1항).

종업원 등이 갖는 위 보상청구권은 특허를 받을 수 있는 권리나 특허권 승계 시 혹은 전용실시권 설정 시 등에 당연히 발생하는 특별한 법정채권이다.

회사에서는 특허를 받을 수 있는 권리의 승계에 대한 보상으로 출원보상금, 등록보상금, 실적보상금을 지급하도록 규정하고 있는 경우가 많다. 위 보상청구권은 독립하여 양도할 수 있는 재산권으로서 상속의 대상이 된다.

이 종업원 등의 보상청구권 규정은 종업원 등을 보호하기 위한 강행규정이다.

따라서 위 규정에 따른 보상금지급을 거절하거나 종업원 등의 보상청구권을 부정

---

37) 결국 소정의 중소기업과 사전승계 규정이 있는 대기업만이 불승계의사표시를 하여 무상의 통상실시권을 가지게 된다.

하거나 정당한 보상액을 감액할 권리를 사용자 등에게 유보하는 등의 방법으로 종업원 등에 일방적으로 불리하게 정한 계약 또는 근무규정은 무효로서 효력이 없다. 승계계약 등에 보상금지급에 관한 규정이 없더라도 종업원 등은 발명진흥법 제15조 제1항에 따라 정당한 보상청구권을 취득하고 계약이나 근무규정에 정한 기준과 보상액이 합리적이지 않다면 위 조항에 따라 정당한 보상을 청구할 수 있다.

2) 정당한 보상액 결정

가) 관련 규정 및 보상금 산정방식

종업원 등이 직무발명에 대하여 특허 등을 받을 수 있는 권리나 특허권 등을 계약이나 근무규정에 따라 사용자 등에게 승계하게 하거나 전용실시권을 설정한 경우에는 정당한 보상을 받을 권리를 가지는데, 사용자 등은 위 보상에 대하여 보상형태와 보상액을 결정하기 위한 기준, 지급방법 등이 명시된 보상규정을 작성하고 종업원 등에게 서면으로 알려야 한다(발명진흥법 제15조 제2항).

사용자 등은 위 보상규정의 작성 또는 변경에 관하여 종업원 등과 협의하여야 하되 사용자 등이 이에 따라 협의하여야 하거나 동의를 받아야 하는 종업원 등의 범위, 절차 등 필요한 사항은 대통령령으로 정하고(같은 조 제5항, 같은 법 시행령 제7조의2), 사용자 등이 위 보상규정을 종업원 등에게 불리하게 변경하는 경우에는 해당 계약 또는 규정의 적용을 받는 종업원 등의 과반수의 동의를 받아야 한다(같은 조 제3항).[38] 사용자 등은 위 보상을 받을 종업원 등에게 위 보상규정에 따라 결정된 보상액 등 보상의 구체적 사항을 서면으로 알려야 한다(같은 조 제4항).

사용자 등이 이들 규정에 따라 종업원 등에게 보상한 경우에는 정당한 보상을 한 것으로 본다.

다만, 그 보상액이 직무발명에 의하여 사용자 등이 얻을 이익과 그 발명의 완성에

38) "발명진흥법 시행령 제7조의2 ① 사용자 · 법인 또는 국가나 지방자치단체(이하 사용자 등이라 한다)가 법 제15조 제3항에 따라 협의하거나 동의를 받아야 하는 종업원, 법인의 임원 또는 공무원(이하 종업원 등이라 한다)의 범위는 다음 각 호의 구분에 따른다.
1. 협의: 새로 작성하거나 변경하려는 보상규정의 적용을 받게 되는 종업원 등(변경 전부터 적용 받고 있는 종업원 등을 포함한다)의 과반수
2. 동의: 불리하게 변경하려는 보상규정의 적용을 받고 있는 종업원 등의 과반수
② 사용자 등은 새로 작성하거나 변경하는 보상규정(불리하게 변경하는 보상규정을 포함한다)을 적용하려는 날의 15일 전까지 보상형태와 보상액을 결정하기 위한 기준 및 지급방법 등에 관하여 종업원 등에게 알려야 한다.
③ 사용자 등은 법 제15조 제3항에 따라 협의하거나 동의를 요청하는 경우 성실한 자세로 임하여야 한다."

사용자 등과 종업원 등이 공헌한 정도를 고려하지 아니한 경우에는 그러하지 아니하다(같은 조 제6항). 그리고 회사 내의 직무발명심의위원회의 설치근거와 업무내용(발명진흥법 제17조, 제18조)을 정하여 직무발명과 관련된 사항을 심의할 수 있도록 하였다.

공무원 등의 직무발명에 대하여 발명진흥법 제10조 제2항에 따라 국가나 지방자치단체가 그 권리를 승계한 경우에는 정당한 보상을 하여야 한다. 이 경우 보상금의 지급에 필요한 사항은 대통령령이나 조례로 정한다(발명진흥법 제15조 제7항, 국가공무원 등 직무발명의 처분 · 관리 및 보상 등에 관한 규정 참조).

발명진흥법은 직무발명에 따른 정당한 보상액을 산정하는 데 중요한 요소로 직무발명에 의하여 사용자 등이 얻을 이익과 그 발명의 완성에 사용자 등과 종업원 등이 공헌한 정도를 들고 있다.

실무상 직무발명의 보상금 산정방식으로 「보상금 = 사용자 등이 얻을 이익[특허권 실시로 인한 제품매출액 등 × 특허발명의 배타적 · 독점적 실시로 인한 이익률(1 - 통상실시로 인한 이익률) × 실시료율] × 발명자 공헌도(즉, 1 - 사용자 공헌률) × 발명자 기여도(여러 발명자들 중 직무발명자가 창작에 기여한 비율)」의 방법[39] 또는 「보상금 = 사용자 등이 얻을 이익(특허권 실시로 인한 제품 매출액 × 직무발명의 기여도[40] × 실시료율 × 독점권 기여율) × 발명자 공헌도 × 발명자 기여율」의 방법[41] 등을 통상 취하고 있다.

나) 직무발명에 의하여 사용자 등이 얻을 이익 산정

직무발명에 의하여 사용자 등이 얻을 이익액이라 함은 단지 직무발명을 실시함으로써 사용자 등이 얻을 이익액을 말하는 것이 아니라 승계에 대한 대가 즉 특허를 받을 수 있는 권리를 승계하여 독점적 · 배타적으로 실시할 수 있는 지위를 취득함으로써 얻을 것으로 예상되는 이익을 말한다.

사용자는 직무발명을 승계하지 않고도 무상의 통상실시권을 가지기 때문에, 특허를 승계함으로써 비로소 얻게 되는 추가적인 이익은 타인의 실시를 배제하고 이를 독점적 · 배타적으로 실시하거나[42] 사용권을 설정함으로써 얻게 되는 이익으로 한정되고 구체적으로는 실시권 계약을 통하여 얻는 실시료 수입이나 제3자에게 실시권을 부여하지 않고 독점적 · 배타적으로 발명을 실시함으로써 얻게 되는 초과이익(제3자에게 실시

39) 서울고등법원 2011. 5. 25. 선고 2010나109963 판결(상고기각 확정) 등.
40) 직무발명이 해당 제품에 차지하는 비중을 말한다.
41) 서울고등법원 2014. 7. 17. 선고 2013나2016228 판결(상고기각 확정) 등.
42) 예를 들면 회사가 특허권을 실시하여 제품을 판매한 경우에는 「특허권 실시에 의하여 얻은 제품 매출액×특허발명의 배타적 · 독점적 실시로 인한 이익률(1 - 통상실시로 인한 이익률)×실시료율」이라고 할 수 있다.

권을 부여하였을 때 감소될 이익액과 비교하여 그것을 초과하는 이익, 이익은 초과매출액에 제품의 이익률 또는 가상의 실시료율을 곱하여 계산함)이라 할 수 있다. 실무에서 매출액 중 독점적 · 배타적으로 발명을 실시함으로써 얻게 되는 독점적 이익액을 산정하기 위해 '독점권 기여율'을 반영하기도 한다. 이때 독점적 • 배타적 이익이 있는지를 판단할 수 있는 중요 요소로는 사용자 등의 실시 여부, 경쟁사들의 대체기술 보유 및 대체제품생산 여부, 특허무효사유 해당 여부, 실시료 등의 지급 유무, 경쟁사 실시 배제로 인한 매출 증가 등을 들 수 있다.43)

사용자 등이 실시한 발명이 직무발명 출원 당시 이미 공지되어 이를 자유롭게 실시할 수 있었고 경쟁관계에 있는 제3자도 그와 같은 사정을 쉽게 알 수 있었다면(즉 신규성이 없는 발명으로 평가된다면) 사용자 등이 직무발명 실시로 인하여 무상의 통상실시권을 넘는 독점적 · 배타적 이익을 얻고 있다고 단정할 수 없다.44)

그리고 사용자 등이 얻을 이익은 직무발명 자체에 의하여 얻을 이익을 의미하는 것이지 수익 · 비용의 정산 이후에 남는 영업이익 등 회계상 이익을 의미하는 것은 아니므로 수익 · 비용의 정산 결과와 관계없이 직무발명 자체에 의한 이익이 있다면 사용자 등이 얻을 이익이 있는 것이고, 또한 사용자 등이 제조 · 판매하고 있는 제품이 직무발명의 권리범위에 포함되지 않더라도 그것이 직무발명 실시제품의 수요를 대체할 수 있는 제품으로서 사용자 등이 직무발명에 대한 특허권에 기해 경쟁회사로 하여금 직무발명을 실시할 수 없게 함으로써 매출이 증가하였다면, 그로 인한 이익을 직무발명에 의한 사용자 등의 이익으로 평가할 수 있다.45)

그렇더라도 사용자 등이 얻을 이익은 직무발명과 상당인과관계 있는 이익에 한정된다. 사용자 등이 얻을 제품 매출액 중 직무발명과 무관하게 사용자 등이 인지도, 시장에서의 지위, 명성, 직무발명 외의 품질이나 서비스 등에 의해 발생한 부분을 제외하고 직무발명의 기여로 인한 사용자 등이 이익을 산정한다.46)

직무발명이 완성품의 일부와 관련되는 경우 또는 직무발명이 적용된 제품에 직무발명 외에도 수 개의 다른 특허 등이 적용된 경우에는 전체 매출액에서 직무발명이 기

43) 이지영, "직무발명보상금 소송의 주요 쟁점", 제22회 대법원 지적재산권법연구회 정기세미나 자료집, 지적재산권법연구회(2021), 306은 직무발명보상금 관련 판결에서 나타난 독점권 기여율의 분포는 0.1%부터 50%까지 비교적 큰 편차를 보이는 가운데, 10%가 가장 많은 비중을 차지하고 있고 주로 6%~20%의 범위에서 형성되고 있다고 한다.

44) 대법원 2011. 9. 8. 선고 2009다91507 판결.

45) 대법원 2011. 7. 28. 선고 2009다75178 판결.

46) 실무에서는 이를 주로 초과매출액의 비중에 대한 판단 즉 독점권 기여율에서 고려하거나, 직무발명의 기여도에서 고려한 사례가 있다. 직무발명제도 해설, 한국특허법학회 편, 박영사(2015), 238(장현진 집필부분) 참조.

여한 정도를 참작하고, 포괄실시허락계약과 같이 복수의 특허발명이 실시허락의 대상이 된 경우에는 그 실시료 수입에서 직무발명이 기여한 정도를 산정한다.

사용자 등이 직무발명에 대하여 특허를 받을 수 있는 권리 또는 특허권을 승계함으로써 초과이익을 얻었거나 얻을 것이라는 점 및 그 액수에 대한 증명책임은 종업원에게 있다.

'발명자 공헌도'는 해당 발명을 완성하는 과정에서 발명자가 창조적으로 기여한 정도를 의미하는 것으로 이를 고려함은 사용자 등이 발명을 완성하기에 이르기까지 투입한 인적·물적 설비의 내용을 정당한 보상액 산정에서 공제하자는 취지이다.

'발명자 기여도'는 공동으로 연구 내지 발명한 자들 중 발명자가 기여한 정도를 나타내는 비율로서 전체 연구자 내지 발명자들 구성, 직책, 연구기간, 노력 정도 등을 고려하여 정하게 된다.47)

사용자 등이 종업원으로부터 승계하여 특허등록을 한 직무발명이 이미 공지된 기술이거나 공지된 기술로부터 통상의 기술자가 쉽게 발명할 수 있는 등의 특허무효사유가 있고 경쟁관계에 있는 제3자도 그와 같은 사정을 용이하게 알 수 있어서 사용자 등이 현실적으로 그 특허권으로 인한 독점적·배타적 이익을 전혀 얻지 못하고 있다고 볼 수 있는 경우가 아닌 한 단지 직무발명에 대한 특허에 무효사유가 있다는 사정만으로는 특허권에 따른 독점적·배타적 이익을 일률적으로 부정하여 직무발명보상금의 지급을 면할 수는 없고, 이러한 무효사유는 특허권으로 인한 독점적·배타적 이익을 산정할 때 참작요소로 고려된다.48)

사용자 등이 직무발명을 제3자에게 양도한 이후에는 더 이상 그 발명으로 인하여 얻을 이익이 없을 뿐만 아니라, 직무발명의 양수인이 직무발명을 실시함으로써 얻은 이익은 양수인이 처한 우연한 상황에 따라 좌우되는 것이어서 이러한 양수인의 이익액까지 사용자 등이 지급해야 할 직무발명보상금의 산정에 참작하는 것은 불합리하므로, 사용자 등이 직무발명을 양도한 경우에는 특별한 사정이 없는 한 그 양도대금을 포함하여 양도 시까지 사용자 등이 얻은 이익액만을 참작하여 양도인인 사용자 등이 종업원에게 지급해야 할 직무발명보상금을 산정한다.49)

사용자 등은 직무발명에 대한 권리를 승계한 후 출원(出願)하지 아니하거나 출원을 포기 또는 취하하는 경우에도 발명진흥법 제15조에 따라 정당한 보상을 하여야 하고

47) 직무발명보상금과 법인세에 관한 세액공제 여부와 관련하여서는 대법원 2013. 6. 27. 선고 2013두2655 판결 참조.
48) 대법원 2017. 1. 25. 선고 2014다220347 판결.
49) 대법원 2010. 11. 11. 선고 2010다26769 판결.

그 발명에 대한 보상액을 결정할 때에는 그 발명이 산업재산권으로 보호되었더라면 종업원 등이 받을 수 있었던 경제적 이익을 고려하여야 한다(발명진흥법 제16조).

사용자 등이 직무발명자에 대한 정당한 보상금의 지급과 종업원의 사용자에 대한 직무발명에 관한 특허 등을 받을 수 있는 권리나 특허권 등의 승계가 동시이행의 관계에 있지 않고[50] 서로 별개의 독립된 법률행위다.

다) 직무발명의 완성에 사용자 등이 공헌한 정도

직무발명이 완성된 데에 대한 사용자 등이 공헌으로 평가되는 사항으로서는 사용자 등이 지출한 연구개발비, 연구설비비, 자료, 급여, 연구보조자의 제공, 사용자 등이 제공한 기술정보 등 사용자 등이 제공하는 인적 · 물적 요소를 비롯하여 종업원의 지위와 직무 내용, 직무발명의 개발부터 완성에 이르기까지의 경위와 과정, 제품개발에 따라 사용자 등이 부담하는 위험부담의 크기와 정도, 발명 완성 후 종업원에 대한 대우 등을 들 수 있다.

3) 보상청구권의 소멸시효

종업원 등이 가지는 직무발명 보상금청구권은 특허를 받을 수 있는 권리나 특허권 승계 시 또는 전용실시권 설정 시 등에 당연히 발생하는 특별한 법정채권이므로, 일반채권과 마찬가지로 10년간 행사하지 않으면 소멸시효가 완성한다.

직무발명 보상금청구권은 일반적으로 사용자 등이 직무발명에 대한 특허를 받을 권리나 특허권 등을 종업원 등으로부터 승계한 시점에 발생하여 직무발명 보상금청구권의 소멸시효 기산점도 위 승계 시점이지만, 만일 회사의 근무규칙 등에 직무발명 보상금 지급시기를 정하고 있는 경우에는 그와 같이 정해진 지급시기에 직무발명 보상금청권을 행사할 수 있고 그 시기가 도래할 때까지 보상금청구권 행사에 법률상 장애가 있다고 보아 근무규칙 등에 정하여진 그 지급시기가 소멸시효의 기산점이 된다.[51]

한편 사용자가 직무발명에 관한 근무규정을 변경하였는데 그러한 변경 이전에 이

---

50) 대법원 2012. 11. 15. 선고 2012도6676 판결.

51) 대법원 2011. 7. 28. 선고 2009다75178 판결 등.
근무규칙에 지급시기의 정함이 있음에도 정해진 지급시기 이전에 종업원이 보상금청구를 할 수는 있을 것이다. 문제는 이러한 경우에 소멸시효 기산점을 직무발명 승계시로 보아야 한다는 견해가 있고 그와 같은 해석이 종업원에게 불리한 것임을 들어 이러한 경우에도 근무규칙에 정해진 지급시기로 보아야 한다는 견해가 있다. 위 2009다75178 판결에 대한 해설인 유영선, "공동발명자 판단 기준 및 직무발명보상금", 대법원판례해설, 90호(2011 하반기), 법원도서관(2012), 558 참조.

미 종업원이 퇴직하였다면 그 종업원이 사용자와 사이에 변경된 근무규정을 적용하기로 합의하는 등의 특별한 사정이 없는 한 변경된 근무규정은 변경 이전에 이미 퇴직한 종업원에게는 적용되지 않는다.[52]

4 그 밖의 문제

가. 준거법

직무발명에 대해 외국에서 특허를 받을 수 있는 권리를 사용자에게 승계시키는 취지의 근무규정이나 약정은 원칙적으로 유효하다.

직무발명에 대해 외국에서 특허를 받을 수 있는 권리를 양도하는 경우와 같이 섭외적인 요소가 포함된 법률관계의 준거법 문제와 관련하여, 종업원 등이 한 직무발명에 관하여 특허를 받을 수 있는 권리의 귀속, 성립(취급) 및 유・무효에 대하여는 등록국법에 의하고,[53] 직무발명에 대하여 종업원 등이 사용자 등에게 특허를 받을 수 있는 권리를 양도한 경우에 그 대가나 보상에 관하여는 양도 당사자 간의 원인관계인 채권적 법률행위의 효력 문제이므로 계약 등 당사자의 의사에 따라 결정하되 국내법이 적용될 경우에 대가(보상)금액에 대하여는 발명진흥법 관련 규정을 유추 적용할 수 있다.

예를 들어 국내 근로계약에 따라 완성된 직무발명에서 특허를 받을 수 있는 권리를 취득한 종업원에 의하여 외국에서 등록되는 특허권에 관하여, 사용자 등이 통상실시권을 가지는지 여부의 준거법은 근로계약에 관한 준거법인 대한민국 법률이 적용되고 그 법률은 직무발명 완성 당시 시행되던 발명진흥법이다.[54]

나. 보상금의 지급과 시효중단 및 시효이익의 포기

보상금청구권의 소멸시효 완성 전에 사용자 등이 직무발명보상금을 지급한 경우에는 채무승인에 따른 시효중단 문제가 발생하고, 보상금청구권의 소멸시효 완성 후에 사용자 등이 직무발명보상금을 지급한 경우에는 시효이익의 포기 문제가 발생한다.

52) 대법원 2024. 5. 30. 선고 2021다258463 판결. 원고의 직무발명 보상금청구권 행사에는 피고가 해당 직무발명에 대한 특허를 받을 수 있는 권리를 승계하여 원고의 직무발명 보상금청구권이 발생할 당시에 시행되던 피고의 직무발명에 관한 근무규정이 적용될 뿐이고 원고가 퇴직한 후 피고가 변경한 근무규정이 적용되지는 않는다는 전제에서 변경된 근무규정의 시행일로서 피고가 주장하는 소멸시효 기산일에 원고가 직무발명 보상금청구권을 행사할 수 있게 되었다고 볼 수 없다고 하였다.

53) 대법원 2011. 4. 28. 선고 2009다19093 판결.

54) 대법원 2015. 1. 15. 선고 2012다4763 판결 참조.

사용자 등이 계약이나 근무규정에 따라 직무발명보상금을 나름 산정하여 종업원 등에게 지급하였더라도 소송 등의 결과 나중에 직무발명보상금액이 추가로 인정된다면 사용자 등이 당초 지급한 보상금액을 넘어서는 액수를 포함한 그 채무 전체를 묵시적으로 승인하였다거나 그 채무 전체에 대해 시효이익의 포기가 있었던 것으로 추단하기는 어렵다.55)

다. 특허를 받을 수 있는 권리가 침해된 경우 손해배상액 산정

직무발명에 해당하는 종업원 등의 발명에 관하여 회사와 그 대표이사가 종업원 등의 특허를 받을 수 있는 권리를 적법하게 승계하지 않고 발명진흥법 제15조 제1항에서 정하는 정당한 보상도 하지 않은 상태에서 종업원 등을 배제한 채 대표이사를 발명자로 하여 회사 명의의 특허등록을 마침으로써 종업원 등의 특허를 받을 수 있는 권리를 침해한 경우에 위 종업원 등이 입은 재산상 손해액은 종업원 등이 발명진흥법 제15조 제1항에 의하여 받을 수 있었던 정당한 보상금 상당액이다.

그 수액은 직무발명제도와 그 보상에 관한 법령의 취지를 참작하고 증거조사의 결과와 변론 전체의 취지에 의하여 밝혀진 당사자들 사이의 관계, 특허를 받을 수 있는 권리를 침해하게 된 경위, 위 발명의 객관적인 기술적 가치, 유사한 대체기술의 존재 여부, 위 발명에 의하여 회사가 얻을 이익과 그 발명의 완성에 위 종업원 등과 회사가 공헌한 정도, 회사의 과거 직무발명에 대한 보상금 지급 례, 위 특허의 이용 형태 등 관련된 모든 간접사실들을 종합하여 정하여야 하고, 등록된 특허권 또는 전용실시권의 침해행위로 인한 손해배상액의 산정에 관한 특허법 제128조의 규정을 유추적용하여 산정할 것은 아니다.56)

Ⅳ. 외국인

외국인의 개별적인 권리능력에 대하여 재외자 중 외국인은 i) 그 외국인이 속하는 국가에서 대한민국 국민에 대하여 그 국가의 국민과 같은 조건으로 특허권 또는 특허에 관한 권리를 인정하는 경우(제1호), ii) 대한민국이 그 외국인에 대하여 특허권 또는 특허에 관한 권리를 인정하는 경우에는 그 외국인이 속하는 국가에서 대한민국 국민에

55) 특허법원 2021. 7. 2. 선고 2020나1612 판결(해당 판결은 위 2012다4763 판결에 따라 파기환송되어 원심법원에 계속 중인데, 파기환송 판결에서 이 부분 쟁점에 대하여는 아무런 판단이 없었다).

56) 대법원 2008. 12. 24. 선고 2007다37370 판결.

대하여 그 국가의 국민과 같은 조건으로 특허권 또는 특허에 관한 권리를 인정하는 경우(제2호), iii) 조약 또는 이에 준하는 것에 따라 특허권 또는 특허에 관한 권리가 인정되는 경우(제3호)의 어느 하나에 해당하는 경우를 제외하고는 특허권 또는 특허에 관한 권리를 누릴 수 없다(제25조).

따라서 제25조의 3가지의 어느 하나에 해당하는 경우에 한하여 외국인은 특허를 받을 수 있는 권리를 가진다.

여기서 재외자는 국내에 주소나 영업소(법인이 아닌 사단의 경우에는 주된 사무소)가 없는 자(재외자가 법인인 경우에는 그 대표자)를 말한다. 대한민국 국민일지라도 국내에 주소나 영업소가 없으면 재외자에 해당하고 무국적자나 외국의 국적을 가지는 자일지라도 국내에 주소나 영업소가 있으면 재외자에 해당하지 않는다. 외국인은 대한민국 국적을 가지지 아니한 자로서 외국의 국적을 가지는 자와 무국적자이다. 우리나라와 외국의 이중국적을 가지는 자는 대한민국 국민으로 취급된다.

제25조에 위반한 출원은 거절결정을 받게 되고(제62조 제1호) 등록이 되더라도 무효사유(제133조 제1항 제1호)가 된다. 특허를 무효로 한다는 심결이 확정된 경우에는 그 특허권은 처음부터 없었던 것으로 보나(제133조 제3항 본문), 특허된 후 그 특허권자가 제25조에 따라 특허권을 누릴 수 없는 자로 되거나 그 특허가 조약 또는 이에 준하는 것을 위반한 경우에 해당한다는 사유로 특허를 무효로 한다는 심결이 확정된 경우에는 특허권은 그 특허가 같은 호에 해당하게 된 때부터 없었던 것으로 본다(제133조 제1항 제4호, 제3항 단서).

V. 특허를 받을 수 있는 자에 대한 제한

특허청 또는 특허심판원 직원은 상속 또는 유증(遺贈)의 경우를 제외하고는 재직 중 특허를 받을 수 없다(제33조 제1항 단서). 이에 위반하여 특허청 또는 특허심판원 직원이 특허출원한 경우 거절이유(제62조 제1항 제1호 및 제2호) 및 무효사유(제133조 제1항 제2호)에 해당한다.

다만 특허청 또는 특허심판원 직원이 특허를 발명한 경우 그 발명에 관한 특허를 받을 수 있는 권리를 출원 전에 제3자에게 이전할 수 있을 뿐만 아니라 출원한 후에도 제3자에게 이전할 수는 있다.

Ⅵ. 특허출원서 등에 발명자가 잘못 기재된 경우의 효력 및 발명자 중 일부 발명자가 누락되거나 잘못 기재된 경우의 조치방법

1 특허출원서 등에 발명자가 잘못 기재된 경우의 효력

특허청에 제출한 특허출원서 등의 발명자란에 진정한 발명자가 기재되어 있지 않아도 그것은 특허거절사유로 되어 있지 않고(제62조 참조), 잘못된 발명자 기재 내용 그대로 등록되더라도 특허무효사유로 규정되어 있지 않다(제133조 제1항 참조).

잘못된 발명자 내용 기재 그대로 등록된 경우 진정한 발명자는 그로 인해 특허증에 발명자로 기재될 권리를 잃어버렸으므로 잘못된 발명자인 특허권자에게 발명자 인격권(명예권)의 침해에 대한 손해배상을 청구할 수 있다.

발명자에 관하여 출원거절이유나 특허무효사유로 될 수 있는 경우는 발명을 하거나 특허를 받을 수 있는 권리를 승계한 것도 아닌 남의 발명을 빼앗아 자기나 제3자를 발명자 또는 그 승계인이라고 한 특허출원(무권리자 출원) 및 이러한 출원에 의해 등록된 특허에 한정된다.

2 특허출원서 등에 발명자 중 일부 발명자가 누락되거나 잘못 기재된 경우의 조치방법

가. 특허권 설정등록 전

특허출원서에 기재된 발명자 중 일부 발명자가 누락되거나 잘못 기재되었다는 점에 대해 다툼이 없는 경우를 본다. 특허출원인이 착오로 특허출원서에 발명자 중 일부 발명자의 기재를 누락하거나 잘못 적은 때에는 그 특허권의 설정등록 전까지는 법 시행규칙 제9호 서식의 보정서를 제출하여 이를 추가 또는 정정할 수 있다(법 시행규칙 제28조 제2항).

특허출원서에 기재된 발명자가 잘못 기재된 정도가 아니라 특허를 받을 수 있는 권리를 가지지 않은 자가 한 특허출원에 대하여는 후술하는 「제4절 특허를 받을 수 있는 권리 Ⅲ. 특허를 받을 수 있는 권리를 가지지 않은 자가 한 특허출원의 유형 · 효력 및 조치방법」에서 살펴본다.

나. 특허권 설정등록 후

특허권 설정등록 후라도 특허공보 등에 기재된 발명자 중 일부 발명자가 누락되거나 잘못 기재되었다는 점에 대해 다툼이 없는 경우에 특허권자는, 발명자 기재가 누락(특허출원서에 적은 발명자의 누락에 한정한다) 또는 잘못 적은 것임이 명백한 경우에 한하여 법 시행규칙 별지 제29호 서식의 정정발급신청서를 제출하여 이를 추가 또는 정정할 수 있고, 만일 그렇지 않고 일부 발명자가 누락(특허출원서에 적은 발명자의 누락에 한정한다) 또는 잘못 적은 것임이 명백하지 않은 경우라면, 특허권자 및 정정발급신청 전·후 발명자 모두가 서명 또는 날인한 확인서류가 첨부된 정정발급신청서를 제출하는 방법으로 이를 추가 또는 정정할 수 있다(법 시행규칙 제28조 제2항).[57]

다만 제33조(특허를 받을 수 있는 자) 제1항 본문에 따른 특허를 받을 수 있는 권리를 가지지 아니하거나 제44조(공동출원)를 위반한 경우 특허를 받을 수 있는 권리를 가진 자는 제99조의2에 따라 법원에 해당 특허권의 이전(특허를 받을 수 있는 권리가 공유인 경우에는 그 지분의 이전을 말한다)을 청구할 수 있는데 이러한 청구에 따라 특허권 이전등록을 받은 다음 발명자를 추가·삭제 또는 정정하려는 경우에는 특허권자 및 신청 전·후 발명자 모두가 서명 또는 날인한 확인서류를 첨부하지 않을 수 있다(법 시행규칙 제28조 제4항).

특허공보 등에 기재된 발명자가 잘못 기재된 정도가 아니라 특허를 받을 수 있는 권리를 가지지 않은 자가 한 특허출원에 대하여는 후술하는 「제4절 특허를 받을 수 있는 권리 III. 특허를 받을 수 있는 권리를 가지지 않은 자가 한 특허출원의 유형·효력 및 조치방법」에서 살펴본다.

57) 특허권 설정등록 후에 발명자 추가를 자유롭게 허용하면 확대된 선출원의 지위를 얻기 위하여 이용될 염려가 있어 특허권 설정등록 후의 발명자 추가에 제한을 둔 것으로 보인다.

제4절 특허를 받을 수 있는 권리

I. 특허를 받을 수 있는 권리의 의의 · 성질 · 발생 · 소멸

특허법은 특허권이 설정등록에 의하여 발생한다고 하면서도 발명의 완성부터 설정등록 전까지 해당 발명에 대해 출원을 전제로 특허를 받을 수 있는 권리에 관하여 규정하고 있다.

특허를 받을 수 있는 권리의 성질에 대해 다수의 견해는 국가에 대하여 특허를 부여하는 행정처분을 청구하는 권리라는 공권적인 성질과 발명의 완성과 함께 취득하는 재산권이라는 사권적인 성질을 아울러 가지는 권리로 본다.

특허를 받을 수 있는 권리는 발명이 완성한 시점에서부터 거절결정의 확정, 특허권 설정등록 전 또는 포기 시까지 발명자 또는 특허를 받을 수 있는 권리의 승계인이 해당 발명을 자유롭게 실시, 수익, 이전하고 특허출원을 할 수 있는 권리이다.

특허에 관하여 개별적으로 권리능력을 가지고 있던 외국인이 나중에 조약의 파기 등으로 그 능력을 상실하게 된 때에는 특허를 받을 권리도 소멸한다.

특허권의 상속이 개시된 때 상속인이 없는 경우에는 그 특허권이 소멸하지만(제124조 제1항), 특허법에서 특허를 받을 수 있는 권리에 대하여는 아무런 규정이 없어서 특허를 받을 수 있는 권리의 상속인이 존재하지 아니하는 경우에도 소멸하는지가 문제된다.

이 경우에 특허법에 별도의 규정이 없어 민법이 적용되어야 함을 이유로 상속인이 없는 재산은 국가에 귀속한다고 해석할 여지가 있으나(민법 제1027조의2, 제1028조 참조), 특허권에 관한 제124조 제1항을 준용하여 누구나 실시할 수 있도록 특허를 받을 수 있는 권리가 소멸한다고 본다.

II. 특허를 받을 수 있는 권리의 내용

특허를 받을 수 있는 권리란 발명을 한 자 또는 특허를 받을 수 있는 권리의 승계인이, 발명을 완성한 시점에서부터 앞에서 본 거절결정의 확정, 특허권 설정등록 전 등의 경우까지 자신의 발명을 자유롭게 실시, 수익, 이전하고 특허출원을 할 수 있는 권리이다.

1 실시 및 이전 등

특허를 받을 수 있는 권리는 설정등록이 되기 전의 단계에서 인정되는 권리여서 특허권과 같이 독점적으로 실시할 수 있는 독점권이나 제3자의 실시를 금지할 수 있는 배타권이 인정되지 않는다. 오히려 해당 발명이 타인의 특허권과 저촉하는 경우에는 해당 특허권의 효력으로 인해 해당 발명을 실시할 수 없게 될 수 있다.

특허를 받을 수 있는 권리는 재산권으로서 양도성을 가지므로 당사자 간의 합의만으로58) 또는 상속 등을 통하여 그 전부 또는 일부 지분을 이전할 수 있다(제37조 제1항).

다만 특허출원 전에 이루어진 특허를 받을 수 있는 권리의 승계는 그 승계인이 특허출원을 하여야 제3자에게 대항할 수 있고(제38조 제1항), 특허출원 후에 특허를 받을 수 있는 권리의 승계는 상속, 그 밖의 일반승계의 경우를 제외하고는 특허출원인변경신고를 하여야만 그 효력이 발생한다(제38조 제4항, 특허출원인변경 신고에 대해서는 법 시행규칙 제26조, 제27조 참조). 특허를 받을 수 있는 권리의 상속, 그 밖의 일반승계가 있는 경우에는 승계인은 지체 없이 그 취지를 특허청장에게 신고하여야 한다(제38조 제5항).

동일한 자로부터 동일한 특허를 받을 수 있는 권리를 승계한 자가 둘 이상인 경우 그 승계한 권리에 대하여 같은 날에 둘 이상의 특허출원이 있으면 특허출원인 간에 협의하여 정한 자에게만 승계의 효력이 발생하고(제38조 제2항), 동일한 자로부터 동일한 발명 및 고안에 대한 특허를 받을 수 있는 권리 및 실용신안등록을 받을 수 있는 권리를 승계한 자가 둘 이상인 경우 그 승계한 권리에 대하여 같은 날에 특허출원 및 실용신안등록출원이 있으면 특허출원인 및 실용신안등록출원인 간에 협의하여 정한 자에게만 승계의 효력이 발생한다(제38조 제3항).

동일한 자로부터 동일한 특허를 받을 수 있는 권리를 승계한 자가 둘 이상인 경우 그 승계한 권리에 대하여 같은 날에 둘 이상의 특허출원인변경신고가 있으면 신고를 한 자 간에 협의하여 정한 자에게만 신고의 효력이 발생한다(제38조 제6항).

제38조 제2항, 제3항 또는 제6항의 경우에 특허청장은 특허출원인에게 기간을 정

---

58) 대법원 2012. 12. 27. 선고 2011다67705, 67712 판결은 "특허를 받을 수 있는 권리는 발명의 완성과 동시에 발명자에게 원시적으로 귀속되지만, 이는 재산권으로 양도성을 가지므로 계약 또는 상속 등을 통하여 전부 또는 일부 지분을 이전할 수 있고(제37조 제1항), 그 권리를 이전하기로 하는 계약은 명시적으로는 물론 묵시적으로도 이루어질 수 있고, 그러한 계약에 따라 특허등록을 공동출원한 경우에는 출원인이 발명자가 아니라도 등록된 특허권의 공유지분을 가진다."라고 하였다.

하여 협의의 결과를 신고할 것을 명하고, 그 기간에 신고가 없으면 위 각 협의는 성립되지 아니한 것으로 본다(제38조 제7항, 제36조 제6항).

2인 이상이 처음부터 공동으로 발명을 완성하거나 1인이 발명을 완성한 후 특허를 받을 수 있는 권리의 일부 지분권을 양도한 경우에 이들은 특허권을 받을 수 있는 권리를 공유하게 된다. 특허법은 특허를 받을 수 있는 권리가 공유인 경우에는 각 공유자는 다른 공유자 모두의 동의를 받아야만 그 지분을 양도할 수 있고(제37조 제3항), 공유자 모두가 공동으로 특허출원을 하여야 하며(제44조) 이에 위반하여 출원한 경우에 거절되고(제62조 제1호) 등록되더라도 등록무효사유(제133조 제1항 제1호)로 규정하고 있다

2 질권 설정 금지

특허를 받을 수 있는 권리는 질권의 목적으로 할 수 없다(제37조 제2항).

특허를 받을 수 있는 권리는 재산적 가치를 가지는 사권으로 양도할 수 있지만 행정처분인 특허등록을 구비한 후에 발생하는 특허권을 전제로 하고 있어 특허등록 전에는 확정적인 권리라고 할 수 없고 달리 공시방법이 없으며 질권의 실행으로 인해 그 대상이 신규성을 상실할 우려가 있다. 이러한 이유 등으로 특허를 받을 수 있는 권리에 대해 질권 설정을 인정하지 않고 있다.

특허를 받을 수 있는 권리에 대해 저당권을 설정할 수 있는지 여부에 대해 특허법에 규정은 없으나 같은 이유로 저당권 설정은 할 수 없다고 본다. 다만 특허를 받을 수 있는 권리에 대한 양도담보 설정은 그 실행 및 청산 과정에서 신규성 상실의 우려가 적어 인정될 여지가 있다.

3 강제집행 허부 및 방법

특허를 받을 수 있는 권리에 대하여 강제집행을 할 수 있는지가 문제된다.

민사집행법상 공표되지 아니한 저작 또는 발명에 관한 물건은 압류가 금지되지만(제195조 제12호), 특허를 받을 수 있는 권리는 발명에 관한 물건이 아니므로 그 규정에 의해 압류가 금지된다고 보기 어렵다.

특허를 받을 수 있는 권리는 독립하여 재산적 가치가 있고 양도할 수 있는 등 금전으로 평가할 수 있어 채권 만족을 얻을 수 있는 이상 '부동산집행의 대상이 되지 아니하는 재산 중 유체동산과 채권, 유체물의 인도나 권리이전청구권을 제외한 그 밖의 재산권'에 대한 강제집행 규정(민사집행법 제251조)이 적용된다. 이때 강제집행으로 인해

그 내용이 공개되어서는 아니 되므로 현금화 방법은 양도명령(민사집행법 제241조 제1항 제1호) 내지 그 밖에 적당한 방법으로 현금화하도록 하는 명령(같은 항 제4호)에 의한다.

이때 특허를 받을 수 있는 권리가 공유인 경우에 각 공유자는 다른 공유자 모두의 동의를 받아야만 그 지분을 양도할 수 있으므로 채권자가 양도명령을 신청할 때에 다른 공유자의 동의서(인감증명서 또는 본인서명사실확인서 포함)를 제출하여야 한다.

특허를 받을 수 있는 권리에 대해 공유물분할청구가 있는 경우에 현물분할은 허용되지 아니하고 경매에 의한 대금분할의 방법 및 그에 준하는 방법으로 하여야 한다.[59]

III. 특허를 받을 수 있는 권리를 가지지 않은 자가 한 특허출원의 유형 · 효력 및 조치방법

1 특허를 받을 수 있는 권리를 가지지 않은 자의 특허출원[60] 유형

발명자가 아닌 자로서 특허를 받을 수 있는 권리의 승계인이 아닌 자(이하 무권리자라 한다)가 한 특허출원 문제는, 정당한 권리자가 특허출원한 것이 아니라 무권리자가 출원한 경우[61]와 정당한 권리자가 출원한 후 출원인 명의가 동의 없이 무권리자 명의로 변경된 경우, 공동발명자가 출원인 명의에서 제외된 경우[62] 등이 있고, 이들은 각각의 경우에 다시 무권리자 명의로 특허권 설정등록이 되기 전 · 후로 구분할 수 있다.

정당한 권리자가 출원한 후 출원인 명의가 무권리자로 바뀐 경우는 그 변경이 정당한 권리자의 의사에 따른 경우와 그 변경이 정당한 권리자의 흠 있는 의사에 따른 경우 또는 적법한 양도 약정이 있었다가 해제, 취소된 경우[63] 등으로 구분할 수 있다.

---

59) 대법원 2014. 8. 20. 선고 2013다41578 판결 참조.

60) 특허를 받을 수 있는 권리를 가지지 않은 자의 특허출원을 모인출원이라고 부르는 경우가 있으나 이는 일본에서 사용되는 실무상의 용어이므로 이를 '특허를 받을 수 있는 권리를 가지지 않은 자의 특허출원', '무권리자출원' 내지 '무권원자출원' 등으로 바꾸어 부르는 것이 바람직하다고 본다.

61) 특허법원 2007. 3. 28. 선고 2006허6143 판결(심리불속행 상고기각 확정)은 이미 승계인의 지위를 상실한 사람에 의하여 출원된 등록발명은 '발명자가 아닌 사람으로서 특허를 받을 수 있는 권리의 승계인'이 아닌 사람에 의한 특허출원에 기한 것이므로, 그 등록이 무효로 되어야 한다고 하였다.

62) 특허법원 2004. 8. 27. 선고 2003허1956 판결(상고이유서 부제출 상고기각 확정)은 제조된 농약의 약효검사 수행업체가 약효검사를 수행하게 됨을 기화로 얻은 농약에 관한 지식을 바탕으로 특허출원하여 등록받은 경우 이른바 무권리자출원에 해당하여 무효라고 판단하였다.

63) 대법원 2004. 1. 16. 선고 2003다47218 판결은 양도인이 특허 또는 실용신안(이하 '특허 등'이라 한다)을 등록출원한 후 출원중인 특허 등을 받을 수 있는 권리를 양수인에게 양도하고,

그중 특허출원인이 착오로 인하여 특허출원서 등에 발명자 중 일부의 발명자의 기재를 누락하거나 잘못 적은 경우에 대해서는 앞의「제3절 특허를 받을 수 있는 자 VI. 특허출원서 등에 발명자가 잘못 기재된 경우의 효력 및 발명자 중 일부 발명자가 누락되거나 잘못 기재된 경우의 조치방법」에서 설명하였다.

2 무권리자가 특허출원한 경우의 효력

무권리자(발명자가 아닌 자로서 특허를 받을 수 있는 권리의 승계인이 아닌 자)가 한 특허출원은 제36조(선출원) 제1항부터 제3항까지의 규정을 적용할 때에는 처음부터 없었던 것으로 본다(제36조 제5항). 즉 무권리자 출원에는 선출원 지위가 인정되지 않는다.

제33조(특허를 받을 수 있는 자) 제1항 본문에 따른 특허를 받을 수 있는 권리를 가지지 아니하거나 같은 항 단서에 따라 특허를 받을 수 없는 경우, 제44조(공동출원)에 위반하여 특허를 받을 수 없음에도 특허가 출원된 경우에 그 특허출원은 거절되고(제62조 제1호, 제2호), 설령 등록되더라도 그 특허발명은 특허무효사유에 해당하여 특허무효심판을 통해 무효로 된다(제133조 제2호, 제3호).

다만 특허가 제133조 제1항 제2호 본문에 해당하는 경우에 특허를 받을 수 있는 권리를 가진 자는 법원에 해당 특허권의 이전(특허를 받을 수 있는 권리가 공유인 경우에는 그 지분의 이전을 말한다)을 청구할 수 있는데(제99조의2) 이에 기초하여 특허권이 이전등록된 경우에는 특허무효심판의 대상이 되지 않는다(제133조 제1항 제2호 단서).

거짓이나 그 밖의 부정한 행위로 특허, 특허권의 존속기간의 연장등록, 특허취소신청에 대한 결정 또는 심결을 받은 자는 3년 이하의 징역 또는 3천만원 이하의 벌금에 처한다(제229조).

그에 따라 양수인 명의로 출원인명의변경이 이루어져 양수인이 특허권 또는 실용신안권(이하 '특허권 등'이라 한다)의 설정등록을 받은 경우에 있어서 그 양도계약이 무효나 취소 등의 사유로 효력을 상실하게 되는 때에 그 특허 등을 받을 수 있는 권리와 설정등록이 이루어진 특허권 등이 동일한 발명 또는 고안에 관한 것이라면 그 양도계약에 의하여 양도인은 재산적 이익인 특허 등을 받을 수 있는 권리를 잃게 됨에 대하여 양수인은 법률상 원인 없이 특허권 등을 얻게 되는 이익을 얻었다고 할 수 있으므로, 양도인은 양수인에 대하여 특허권 등에 관하여 이전등록을 청구할 수 있다고 하였다.

대법원 2005. 6. 23. 선고 2003후1932 판결은 원고와 발명자들 사이에 체결된 출원발명에 대한 출원권 양도계약이 그 양도계약에서 정한 해제조건의 성취로 인하여 출원발명에 대한 거절결정 전에 이미 그 효력이 소멸되었으므로, 원고에 의한 출원발명의 출원이 특허를 받을 수 있는 권리를 가지지 아니한 자에 의한 출원이라 하였다.

3 무권리자가 특허출원한 경우의 조치방법

무권리자(발명자가 아닌 자로서 특허를 받을 수 있는 권리의 승계인이 아닌 자)로서 특허출원서에 출원인으로 기재된 자에 대해서 누가 진정한 출원인인지 여부에 관하여 다툼이 있을 수 있다.

특허권 설정등록 전이라면 무권리자가 한 특허출원이 제33조 제1항 본문에 따른 특허를 받을 수 있는 권리를 가지지 아니한다는 사유로 제62조 제1호에 해당하여 특허를 받지 못하게 된 경우에는 그 무권리자의 특허출원 후에 한 정당한 권리자의 특허출원은 무권리자가 특허출원한 때에 특허출원한 것으로 본다. 다만 무권리자가 특허를 받지 못하게 된 날부터 30일이 지난 후에 정당한 권리자가 특허출원을 한 경우에는 그러하지 아니하다(제34조).

여기서 무권리자가 특허를 받지 못하게 된 날이란 무권리자 출원이라는 이유로 해당 출원에 대해 거절결정이 확정된 날 또는 거절결정에 대한 불복심판에 대한 기각심결이 확정된 날이고, 무권리자가 출원을 취하 또는 포기하는 경우에는 취하서 또는 포기서를 제출한 날이다.

특허법은 정당한 권리자가 무권리자 출원에 해당하는 발명을 일정 기간 내에 출원한 경우에 정당한 권리자의 특허출원일을 무권리자의 출원일로 보아 소급효를 인정한다.

이때 정당한 권리자가 한 특허출원의 발명이 출원일 소급효의 적용을 받기 위해서는 청구범위에 기재된 발명뿐만 아니라 발명의 설명 및 도면에 기재된 발명도 무권리자가 한 출원의 발명 범위에 포함되어야 한다.

그리고 무권리자가 한 출원발명이, 정당한 권리자가 한 발명의 구성을 일부 변경함으로써 그 기술적 구성이 정당한 권리자가 한 발명과 상이하게 되었더라도, 변경이 그 기술분야에서 통상의 지식을 가진 사람이 보통으로 채용하는 정도의 기술적 구성의 부가 · 삭제 · 변경에 지나지 않고 그로 인하여 발명의 작용효과에 특별한 차이를 일으키지 않는 등 기술적 사상의 창작에 실질적으로 기여하지 않아야 한다.[64)]

---

64) 대법원 2011. 9. 29. 선고 2009후2463 판결. A가 경영하는 개인업체 연구개발부장 B가 C 회사에 전직하여 A의 영업비밀을 C 회사 직원들에게 누설하여 C 회사가 A의 영업비밀을 변형하여 명칭이 "떡을 내장하는 과자 및 그 제조방법"인 특허발명을 출원하여 특허등록을 받은 사안에서, 위 특허발명은 무권리자가 출원하여 특허를 받은 경우에 해당하여 그 등록이 무효라고 한 사례. 종래 실무는 무권리자의 특허출원인지 여부를 '동일성' 기준에 근거하여 해결하려는 경향이 있었고 그러다 보니 구체적 타당성을 확보하기 위하여 '동일성' 범위를 유연하게 해석할 수밖에 없었으며 이에 따라 다른 곳에서 문제되는 '동일성' 개념과의 혼란을 초래한 면이 있

무권리자가 한 출원의 발명 범위를 벗어난 정당한 권리자의 출원이 있는 경우(즉 정당한 권리자의 출원에 다수의 발명이 포함되어 있고 그 발명 중 일부의 발명만이 무권리자에 의하여 출원된 발명에 해당하는 경우)에는 정당한 권리자의 출원의 출원일이 소급되지 않는다.

또한 무권리자 출원에 기한 출원과정에서 아직 특허등록이 이루어지기 이전이라면 정당한 권리자가 출원권리 없는 자를 상대로 출원인 명의변경 절차의 이행을 구하는 소 또는 정당한 권리자임의 확인을 구하는 소를 제기한 후 그 승소판결을 근거로 특허청에 단독으로 출원인 명의변경신청을 할 수 있다(법 시행규칙 제26조 참조).

무권리자가 한 특허출원이 등록되었더라도 특허를 받을 수 있는 권리의 승계인이 무효심판을 제기하여 제33조 제1항 본문에 따른 특허를 받을 수 있는 권리를 가지지 아니한다는 사유로 제133조 제1항 제2호에 해당하여 특허를 무효로 한다는 심결이 확정된 경우에는 무권리자의 특허출원 후에 한 정당한 권리자의 특허출원은 무효로 된 그 특허의 출원 시에 특허출원한 것으로 본다. 다만, 심결이 확정된 날부터 30일이 지난 후에 정당한 권리자가 특허출원을 한 경우에는 그러하지 아니하다(제35조). 무권리자의 출원을 무효사유로 한 특허무효심판 및 그에 따른 심결취소소송에서 위와 같은 무효사유에 관한 증명책임은 무효라고 주장하는 당사자에게 있다.[65]

정당한 권리자가 소정의 기간 내에 출원을 할 경우 출원일이 무권리자의 출원일로 소급하여 인정되기 때문에 무권리자의 출원 내용이 공개되더라도 정당한 권리자의 발명에 대한 출원이 신규성 상실로 간주되지 않고 확대된 선출원 규정(제29조 제3항 본문)도 정당한 권리자의 출원에는 적용되지 않는다.

제34조 또는 제35조의 규정에 의하여 정당한 권리자가 특허출원을 하고자 할 때에는 법 시행규칙 별지 제14호 서식의 특허출원서에 i) 명세서 · 요약서 및 도면(제1호), ii) 정당한 권리자임을 증명하는 서류(제2호), iii) 대리인에 의하여 절차를 밟는 경우에는 그 대리권을 증명하는 서류(제3호)의 서류를 첨부하여 특허청장에게 제출하여야 한다(법 시행규칙 제31조 제1항). 명세서는 별지 제15호 서식, 요약서는 별지 제16호 서식, 도면은 별지 제17호 서식에 따른다(법 시행규칙 제31조 제2항).

었다. 대법원 2011. 9. 29. 선고 2009후2463 판결은 종래 관점에서 탈피하여 법문에 규정된 대로 '발명자인지 여부', 즉 '기술적 사상의 창작에 실질적으로 기여하였는지 여부'(창작설)의 관점에서 무권리자 출원의 판단 기준을 제시하였다는 점에서 의의가 있다. 대법원 2011. 9. 29. 선고 2009후2463 판결의 의의 및 분석에 대하여는 윤태식, 특허법 – 특허 소송 실무와 이론 –(제2판), 진원사(2017), 120~121 참조

65) 대법원 2022. 11. 17. 선고 2019후11268 판결. 이에 대한 판례해설로는 이현경, "무권리자 특허출원의 증명책임", 대법원판례해설 제134호, 법원도서관(2023), 268 이하가 있다.

그런데 이때 정당한 권리자가 정확한 확정일을 알기 어렵기 때문에 출원을 제 때에 하지 못하여 불이익을 받을 우려가 있다. 정당한 권리자의 편의를 위해 특허청장 또는 특허심판원장은 특허출원이 무권리자가 한 특허출원이라는 이유로 그 특허출원에 대하여 특허거절결정, 특허거절결정의 불복심판에 대한 기각심결 또는 특허무효심결의 확정이 있는 때에는 이를 그 정당한 권리자에게 서면으로 통지하여야 한다(법 시행규칙 제33조).

관련하여 특허청 심사실무를 설명한다.[66]

정당한 권리자의 출원으로 인정되기 위해서는 ① 무권리자의 출원이 정당한 권리자의 출원 전에 있었어야 하고, ② 그 무권리자의 출원이 무권리자의 출원이라는 이유로 거절결정이나 무효심결이 확정되어야 하며, ③ 정당한 권리자의 출원이 그 확정일로부터 30일 이내에 있어야 하고, ④ 정당한 권리자출원의 발명의 범위가 무권리자가 한 출원의 발명 범위 이내라는 요건을 충족하여야 한다. 법 시행규칙 별지 14호 서식을 이용하여 정당한 권리자출원으로 출원(심사과정 중 의견서에서 정당한 권리자의 출원임을 주장하는 경우를 포함한다)한 경우 심사관은 다른 거절이유에 앞서 정당한 권리자출원의 적법 여부를 먼저 심사하고, 위 ①, ③ 및 ④의 요건의 충족이 의심되면 출원일을 소급할 수 없다는 취지를 기재하여 출원인에게 통지한다(법 시행규칙 제31조). 이때 위 ②의 요건이 충족되지 않는 경우에는 특별한 사정이 없는 한 심사를 보류한다. 심사가 보류된 출원의 심사는 무권리자의 출원으로 주장된 출원의 특허여부 결정 혹은 무효와 관련된 심결의 확정 이후에 신속하게 재개한다(특허 · 실용신안심사사무취급규정 제7조 참조).

한편, 정당한 권리자가 자신의 권리를 되찾기 위하여는 무권리자 출원임을 이유로 한 거절결정이 확정되거나 특허에 대한 무효심결이 확정된 날부터 30일 내에 출원하여야 하는 시간적인 제한이 있는데 무권리자 출원에서 이러한 시간적인 제한이 지난 경우에 정당한 권리자의 보호수단과 관련하여, 현행 특허법상 출원권리 없는 자 등의 명의로 특허등록이 이루어진 경우, 등록을 무효로 한 후 법정 기한 내에 다시 출원하여 출원인 지위에 대한 소급효를 받는 방법 외에 이전등록청구를 인정할 수 있는지 여부가 문제되었다.

이에 대하여 과거 대법원은 정당한 권리자로부터 특허를 받을 수 있는 권리를 승계받은 바 없는 무권리자의 특허출원에 따라 특허권의 설정등록이 이루어진 경우에 정당한 권리자가 무권리자에 대하여 직접 특허권의 이전등록을 구할 수 없다고 한 적이

66) 특허 · 실용신안 심사기준 제5부 제3장 4.5.

있었다.[67)]

이는 당시 시행되던 법 규정상 어쩔 수 없는 논리해석이지만 정당한 권리자의 보호를 위하여 이전등록을 구할 수 있도록 법을 개정할 필요가 있었는데 2016. 2. 29. 법률 제14035호로 개정된 특허법에서 무권리자의 특허를 막고 정당한 권리자의 보호를 위하여 정당한 권리자가 특허출원을 특허의 등록공고가 있는 날부터 2년 이내에 하여야 하는 등의 제한 사유를 삭제하고(제35조 단서), 특허권의 이전청구를 인정하며(제99조의2) 특허권의 이전청구에 따른 이전등록 전의 실시에 의한 통상실시권을 인정하는(제103조의2) 등 중요한 개정이 행해졌다.

이에 따라 특허등록 후에도 특허가 제133조 제1항 제2호 본문에 해당하는 경우에 특허를 받을 수 있는 권리를 가진 자는 법원에 해당 특허권의 이전(특허를 받을 수 있는 권리가 공유인 경우에는 그 지분의 이전을 말한다)을 청구할 수 있고(제99조의2 제1항), 이 청구에 기초하여 특허권이 이전등록된 경우(공유인 특허권의 지분을 이전하는 경우에는 다른 공유자의 동의를 받지 아니하더라도 그 지분을 이전할 수 있다)에는 특허권(제1호), 제65조 제2항에 따른 보상금 지급 청구권(제2호), 제207조 제4항에 따른 보상금 지급청구(제3호)의 권리는 그 특허권이 설정등록된 날부터 이전등록을 받은 자에게 있는 것으로 본다(제99조의2 제2항, 제3항).

정당한 권리자의 특허출원이 제34조(무권리자의 특허출원과 정당한 권리자의 보호) 또는 제35조(무권리자의 특허와 정당한 권리자의 보호)에 따라 특허된 경우에는 특허권의 존속기간은 무권리자의 특허출원일의 다음 날부터 기산한다(제88조 제2항).

무권리자가 발명자에 의해 이루어진 발명의 일부 구성을 변경함으로써 그 기술구성이 발명자가 한 발명과 다르게 되었더라도, 그 변경이 그 기술분야에서 통상의 지식을 가진 사람이 보통으로 채용하는 정도의 기술적 구성의 부가 · 삭제 · 변경에 지나지 아니하고 그로 인하여 발명의 작용효과에 특별한 차이를 일으키지 아니하는 등 기술적 사상의 창작에 실질적으로 기여하지 않은 경우에는 그 특허발명은 무권리자의 특허출원에 해당한다.[68)]

---

67) 대법원 2014. 5. 16. 선고 2012다11310 판결.

68) 대법원 2011. 9. 29. 선고 2009후2463 판결. A가 경영하는 개인업체 연구개발부장 B가 C 회사에 전직하여 A의 영업비밀을 C 회사 직원들에게 누설하여 C 회사가 A의 영업비밀을 변형하여 명칭이 "떡을 내장하는 과자 및 그 제조방법"인 특허발명을 출원하여 특허등록을 받은 사안에서, 위 특허발명은 무권리자가 출원하여 특허를 받은 경우에 해당하여 그 등록이 무효라고 한 사례. 종래 실무는 무권리자의 특허출원인지 여부를 '동일성' 기준에 근거하여 해결하려는 경향이 있었고 그러다 보니 구체적 타당성을 확보하기 위하여 '동일성' 범위를 유연하게 해석할 수밖에 없었으며 이에 따라 특허법 여러 곳에서 문제되는 '동일성' 개념과의 혼란을 초래한 면이 있었다.

발명자로부터 출원발명에 대한 특허를 받을 권리를 양수하면서 출원발명의 출원일로부터 상당한 기간 내에 출원발명의 특허권에 관한 양도계약이 체결되지 않는 것을 해제조건으로 출원발명에 대해 특허를 받을 수 있는 권리에 관하여 양도계약을 체결하였는데 그 해제조건의 성취로 인하여 출원발명에 대한 거절결정 전에 이미 그 양도효력이 소멸되었다면 특허를 받을 권리는 발명자에게 복귀되므로 양수인에 의한 출원발명의 출원은 특허를 받을 수 있는 권리를 가지지 아니한 자에 의한 출원으로 된다.[69]

따라서 이러한 무권리자 출원에 대하여 설정등록이 이루어진 특허권은 특허무효사유에 해당한다.

양도인이 특허를 등록출원한 후 출원 중인 특허를 받을 수 있는 권리를 양수인에게 양도하고, 그에 따라 양수인 명의로 출원인명의변경이 이루어져 양수인이 특허권의 설정등록을 받은 경우에 있어서 그 양도계약이 무효나 취소 등의 사유로 효력을 상실하게 되는 때에 그 특허를 받을 수 있는 권리와 설정등록이 이루어진 특허권이 동일한 발명에 관한 것이라면 그 양도계약에 의하여 양도인은 재산적 이익인 특허를 받을 수 있는 권리를 잃게 됨에 대하여 양수인은 법률상 원인 없이 특허권을 얻게 되는 이익을 얻었다고 할 수 있으므로, 양도인은 양수인에 대하여 특허권에 관하여 이전등록을 청구할 수 있다(실용신안도 마찬가지이다).[70]

정당한 권리자의 특허권 이전등록청구에 대하여는 「제8장 특허권의 설정등록 · 존속기간 · 효력 제1절 설정등록 · 존속기간 I. 설정등록 [2] 특허권의 이전청구에 따른 등록」 부분에서 설명한다.

IV. 그 밖의 관련 사항

[1] 특허를 받을 수 있는 권리를 가진 자의 발명이 그 의사에 의하여 또는 그 의사에 반하여 신규성을 상실한 경우의 구제방법

특허를 받을 수 있는 권리를 가진 자의 발명이 i) 특허를 받을 수 있는 권리를 가진

대법원 2011. 9. 29. 선고 2009후2463 판결은 종래 관점에서 탈피하여 법문에 규정된 대로 발명자인지 여부, 즉 기술적 사상의 창작에 실질적으로 기여하였는지 여부(창작설)의 관점에서 무권리자 출원의 판단 기준을 제시하였다는 점에서 의의가 있다. 대법원 2011. 9. 29. 선고 2009후2463 판결의 의의 및 분석에 대하여는 윤태식, 특허법 - 특허 소송 실무와 이론 -(제2판), 진원사(2017), 120~121 참조

69) 대법원 2005. 6. 23. 선고 2003후1932 판결.

70) 대법원 2004. 1. 16. 선고 2003다47218 판결.

자에 의하여 제29조 제1항 각 호의 어느 하나에 해당하게 된 경우(다만, 조약 또는 법률에 따라 국내 또는 국외에서 출원공개되거나 등록공고된 경우는 제외한다)(제1호) 또는 ii) 특허를 받을 수 있는 권리를 가진 자의 의사에 반하여 제29조 제1항 각 호[71]의 어느 하나에 해당하게 된 경우(제2호)에 그 날부터 12개월 이내에 특허출원을 하면 그 특허출원된 발명에 대하여 제29조 제1항 또는 제2항을 적용할 때에는 그 발명은 제29조 제1항 각 호의 어느 하나에 해당하지 아니한 것으로 본다(제30조 제1항).

특허를 받을 수 있는 권리를 가진 자가 당시 그 출원발명과 동일한 발명에 대해 제30조 제1항의 기간 내에 여러 번의 공개행위를 하고, 출원인이 그중 가장 먼저 공지된 발명에 대해서 절차에 따라 기간 내 신규성 상실의 예외 주장을 하였다면 여기에는 그 최초 이후에 공개된 동일한 발명들에 대해서도 신규성 상실의 예외 주장을 하고자 하는 의사가 포함되어 있다고 보아야 하고, 특허발명의 공개는 그 성질상 어떤 시점의 한정적 행위가 아니라 어느 정도 계속되는 반복상태를 예정하고 있어서 최초의 시점에 공개된 발명에 대해서만 신규성 상실의 예외 주장을 하더라도 나머지 발명들이 가장 먼저 공개된 발명과 동일성이 인정되는 범위 내에 있다면 공개된 나머지 발명들에까지 신규성 상실의 예외 효력이 미친다.[72]

관련하여 신규성 상실 예외 규정의 적용 근거가 된 선행발명에 따라 쉽게 실시할 수 있는 발명이 누구나 이용할 수 있는 공공영역에 있음을 전제로 한 자유실시기술 주장은 허용되지 않는다.[73]

이에 대하여는 「제4장 특허요건 제3절 신규성 VI. 신규성 상실의 예외」에서 상세하게 설명한다.

2 특허를 받을 수 있는 권리가 침해된 경우 손해액 산정방법

특허를 받을 수 있는 권리가 침해된 경우의 손해액 산정방법은 특허를 받을 수 있는 권리를 침해하게 된 경위, 해당 발명의 객관적인 기술적 가치, 유사한 대체기술의 존재 여부, 그 발명에 의하여 발명자가 얻을 이익과 그 발명의 완성에 발명자, 특허받을 수 있는 권리를 침해한 자 등이 각각 공헌한 정도, 해당 특허의 이용 형태 등 관련

71) "1. 특허출원 전에 국내 또는 국외에서 공지(公知)되었거나 공연(公然)히 실시된 발명 2. 특허출원 전에 국내 또는 국외에서 반포된 간행물에 게재되었거나 전기통신회선을 통하여 공중(公衆)이 이용할 수 있는 발명"
72) 디자인에 관한 대법원 2017. 1. 12. 선고 2014후1341 판결 참조.
73) 디자인사건에 관한 대법원 2023. 2. 23. 선고 2022후10012 판결 참조.

된 모든 간접사실들을 종합하여 정하여야 하고, 등록된 특허권 또는 전용실시권의 침해행위로 인한 손해배상액의 산정에 관한 특허법 제128조의 규정을 유추적용하여 산정할 것은 아니다.[74]

74) 대법원 2008. 12. 24. 선고 2007다37370 판결.

제 4 장

특허요건

제1절 총설
제2절 산업상 이용가능성
제3절 신규성
제4절 선출원(중복특허의 배제)
제5절 확대된 선출원(선출원 범위의 확대)
제6절 진보성
제7절 하나의 발명마다 하나의 특허출원 원칙(1발명 1출원 주의)
제8절 특허를 받을 수 없는 발명(제32조)
제9절 명세서 기재요건

제4장 특허요건

제1절 총설

어느 기술이 발명의 개념에 속한다고 하여 당연히 특허를 받을 수 있는 대상이 되는 것은 아니다. 어느 발명에 대해 특허권을 주장하기 위해서는 그 발명이 특허법에서 정한 특허요건을 충족하고 정해진 양식과 절차에 따라 출원하여 특허결정을 받고 설정등록을 마쳐야 한다. 특허발명이란 위와 같은 절차에 따라 특허권 설정등록을 마친 발명을 말하고 이를 특허를 받은 발명이라고 설명하기도 한다.

어느 발명이 특허를 받기 위한 특허요건에는 실체적 요건(주체 요건[1] 및 객체 요건) 및 절차적 요건(시기적 요건, 명세서 기재 요건)이 있다. 이 책에서는 특허요건을 가장 좁은 의미인, 객체 요건 중 발명의 성립성 여부를 제외한 등록요건을 의미하는 것으로 본다.

주요 등록요건에는 해당 발명을 중심으로 하여 판단하는 절대적 요건과 선행기술과 대비하여 판단하는 상대적 요건이 있다. 현행 특허법상 절대적 요건으로는 산업상 이용가능성(제29조 제1항 각 호 외의 부분 전단, 이에 대하여는 본 장의 「제2절 산업상 이용가능성」에서 설명한다), 특허를 받을 수 없는 발명으로 규정된 공공의 질서 또는 선량한 풍속을 문란하게 하거나 공중의 위생을 해할 염려가 있는 발명(제32조, 이에 대하여는 본 장의 「제8절 특허를 받을 수 없는 발명」에서 설명한다)이 있고, 상대적 요건으로 신규성(제29조 제1항, 이에 대하여는 본 장의 「제3절 신규성」에서 설명한다), 진보성(제29조 제2항, 이에 대하여는 본 장의 「제6절 진보성」에서 설명한다)이 있다.

그리고 절차적 요건 중 시기적 요건으로 선출원(제36조, 이에 대하여는 본 장의 「제4절 선출원(중복특허의 배제)」에서 설명한다), 확대된 선출원(제29조 제3항, 이에 대하여는 본 장의 「제5절 확대된 선출원(선출원 범위의 확대)」에서 설명한다)이 있고, 명세서 기재와 관련하여 발명의 설명 및 청구범위 기재 요건(제42조 제3항 · 제4항 · 제6항 · 제9항 등, 이에 대하여는 본 장의 「제9절 명세서 기재요건」에서 설명한다) 등이 있다.

어느 발명이 이러한 등록요건 중 어느 하나라도 충족하지 못하는 경우에 그 특허

1) 특허를 받으려는 자가 특허법이 정하는 특허를 받을 수 있는 자 및 특허를 받을 수 있는 권리를 승계한 자이어야 하고 행위능력(절차능력) 등을 갖추고 있을 것 등이다.

출원은 거절되고(제62조 제1호), 설령 심사과정에서 그 흠을 지나쳐 특허결정을 받아 등록되더라도 심판제기에 따라 그 특허권은 무효로 됨(제133조 제1항 제1호)이 원칙이다(상세는 각 해당 부분 참조).

그 밖에 특허거절이유에는 해당하나 등록무효 사유에는 해당하지 않는 절차적 요건으로 1발명 1출원 주의(제45조 제1항 본문, 이에 대하여는 본 장의 「제7절 하나의 발명마다 하나의 특허출원 원칙(1발명 1출원 주의)」에서 설명한다)가 있다.

이하 이들 요건을 차례로 설명한다.

제2절 산업상 이용가능성

I. 산업상 이용가능성의 의의

특허법은 특허를 받을 수 있는 발명이기 위하여 산업상 이용할 수 있는 발명일 것을 요건으로 하고 있다(제29조 제1항 각 호 외의 부분 전단).

산업상 이용가능성이란 발명이 산업에서 반복적으로 이용될 수 있는 것을 말한다.

여기서 산업은 유용하고 실용적인 기술에 속하는 모든 활동을 포함하는 가장 넓은 개념으로 해석되어 엄격한 의미의 공업, 상업, 농업, 광업, 임업, 수산업, 상업 및 서비스업에 대하여 적용된다. 산업상 이용할 수 있는 발명에서의 이용은 실시를 말한다.

여기서 말하는 이용가능성, 즉 실시가능성은 그 발명의 성질에 따라 해당 특허발명이 속하는 기술분야에서 통상의 지식을 가진 자가 특허출원의 명세서에 기재된 발명이 해결하려는 과제, 과제의 해결 수단 및 발명의 효과 등을 전체적으로 고려하여 기술적 의미에서 생산 또는 사용할 수 있다는 것을 의미하는 것일 뿐 그 발명을 통해서 경제적으로 이익을 얻을 수 있어야 한다든지 어떠한 기술적 문제점도 수반하여서는 안 된다는 것까지 요구하는 것은 아니다.

산업상 이용할 수 있는 발명에 해당하기 위해서는 그 발명의 성질에 따라 기술적 의미에서 생산하거나 실시할 수 있어야 하고 만일 기술적으로 생산하거나 실시할 수 없다면 산업상 이용할 수 있는 발명이라고 할 수 없다.

제29조의 문언에서 알 수 있듯이 산업상 이용할 수 있어야 한다는 사실은 특허를 부여받기 위한 적극적 요건으로서 출원인은 특허를 받기 위하여 자신의 출원발명이 산업상 이용가능성 요건을 충족하고 있음을 주장·증명하여야 한다. 이와 반대로 신규성, 진보성 유무는 제29조의 문언상 특허청 심사관이 해당 발명의 신규성, 진보성이 부정된다는 사실을 주장·증명하여야 한다.

산업상 이용가능성의 판단 기준 시는 발명의 출원일을 기준으로 한다.

특허출원된 발명이 출원일 당시가 아니라 장래에 산업적으로 이용될 가능성이 있더라도 특허법이 요구하는 산업상 이용가능성의 요건을 충족할 수 있다. 다만 이는 해당 발명의 산업적 실시화가 장래에 있어도 좋다는 의미일 뿐 장래 관련 기술의 발전에 따라 기술적으로 보완되어 장래에 비로소 산업상 이용가능성이 생겨나는 경우까지 포함하는 것은 아니다.[2)]

---

2) 대법원 2003. 3. 14. 선고 2001후2801 판결, 출원발명의 출원일 당시 수지상 세포는 혈액 단

II. 산업상 이용가능성 유무가 문제되는 발명

실무상 산업상 이용가능성 유무가 문제되는 여러 발명을 설명한다.[3)]

1 의료행위

가. 산업상 이용할 수 없는 발명에 해당하는 유형

의료법에서 정하는 의료행위라 함은 의학적 전문지식을 기초로 하는 경험과 기능으로 진찰, 검안, 처방, 투약 또는 외과적 시술을 시행하여 하는 질병의 예방 또는 치료행위 및 그 밖에 의료인 등이 실시하지 아니하면 보건위생상 위해가 생길 우려가 있는 행위를 의미한다. 의료인 등이 실시하지 아니하면 보건위생상 위해가 생길 우려는 추상적 위험으로도 충분하므로 구체적으로 환자에게 위험이 발생하지 아니하였다고 하더라도 보건위생상의 위해가 인정될 수 있다.[4)]

사람의 질병을 진단, 치료, 경감하고 예방하거나 건강을 증진시키는 방법의 발명, 즉 의료행위에 관한 발명은 산업에 이용할 수 있는 발명이라 할 수 없으므로 특허를 받을 수 없다.[5)]

의료행위의 특허성을 부정하는 이론적 근거에 대하여, 인간의 생명이나 건강을 유지, 회복하기 위한 방법에 관하여 배타적, 독점적 지위를 부여함으로써 치료, 진단, 질병 예방행위를 자유로이 할 수 없도록 하는 것은 특허제도의 목적에 우선하는 인간의 존엄이라는 절대적 가치에 반하기 때문에 의료행위를 특허법에 의한 보호대상으로 하기에 적당하지 않다고 보는 견해가 있다.[6)] 그러나 그와 같은 사유는 의료행위에 한하지 않고 다른 특허발명에도 찾아볼 수 있다.

오히려 의료행위의 특허성을 부정하는 근거는 의료행위와 의약, 의료기기 사이의 본질적 차이에 있다고 생각된다. 물론 의약이나 의료기기에 특허가 인정되는 것과의

핵세포의 0.5% 미만으로 존재하고 분리된 후에는 수일 내로 사멸하기 때문에 연구하기가 쉽지 않아 혈액으로부터 충분한 양의 수지상 세포를 분리해 내는 것은 기술적으로 쉽지 않고, 출원일 이후 기술의 발전에 따라 사람의 혈액으로부터 수지상 세포를 추출하고 이를 이용하여 면역반응을 유발시키는 기술이 임상적으로 실시되고 있다는 것이므로, 결국 출원발명의 출원일 당시를 기준으로 수지상 세포를 사람의 혈액으로부터 분리하여 출원발명에 사용하는 기술이 장래에 산업상 이용가능성이 있다고 보기는 어렵다고 하였다.

3) 특허 · 실용신안 심사기준 제3부 제1장 5. 참조.

4) 대법원 2012. 5. 10. 선고 2010도5964 판결.

5) 대법원 1991. 3. 12. 선고 90후250 판결 참조.

6) 특허법원 2005. 6. 23. 선고 2004허7142 판결(상고기각 확정).

균형상 의료행위에도 특허성을 부정할 이유가 없다는 견해는 경청할 만하지만, 의약이나 의료기기는 특허의 대상으로 되어도 의사가 수술 등을 함에 있어서 별다른 제약 없이 자신의 능력을 충분히 발휘할 수 있는 반면에, 의료행위가 특허의 대상으로 되면 의사는 수술 등의 의료행위를 하면서 항상 자신이 하려고 하는 의료기술이나 치료방법이 특허의 대상으로 되어 있는지 일일이 확인하여야 할 뿐 아니라 혹시나 수술 후에 특허침해소송을 제기당하지 않을까 하는 우려를 하게 되어 의료행위를 신속하고 제대로 할 수 없게 된다.

이러한 본질적 차이에 비추어 보면, 특허법이 의사 등의 그와 같은 우려를 불식시키는 별도의 조치[7]를 두고 있지 않는 한 의료행위 그 자체에 대한 특허성을 선뜻 인정하기는 어렵다. 다만 의사의 의료행위 자체에 대해 특허성을 인정할 수 없더라도 뒤에서 설명하는 바와 같이 의료기기 작동방법이나 인간으로부터 채취한 것을 처리하거나 분석하는 방법, 인간으로부터 채취한 것을 원재료로 하여 의약이나 의료재료를 제조하는 방법 등에 대하여는 산업상 이용가능성 기준을 완화하여 특허성의 범위를 넓히려는 노력이 이루어지고 있다.

의사(한의사 포함) 또는 의사의 지시를 받은 자의 행위가 아니라도, 의료기기(예: 메스 등)를 이용하여 인간을 수술하거나 인간을 치료하는 방법은 여기서 말하는 의료행위에 해당한다. 또한, 이화학적 측정 또는 분석, 검사 방법 등 각종 데이터를 수집하는 방법발명에서 그 방법이 질병의 진단과 관련된 것이더라도 그 방법발명이 임상적 판단을 포함하지 않는 경우에는 산업상 이용할 수 있는 발명으로 인정한다. 다만, 그 발명이 인체에 직접적이면서 일시적이 아닌 영향을 주는 단계를 포함하는 경우에는 산업상 이용가능성이 없는 것으로 취급한다.

청구항에 의료행위를 적어도 불가분의 구성요소로 포함하고 있거나 그것을 주요 구성으로 하는 방법발명은 산업상 이용할 수 있는 것으로 인정하지 않는다.[8] 그리고 인간을 수술하거나 치료하거나 진단하는 방법은 반드시 의료법상 의료인에 의하여 수행되는 것으로 한정되지 않는다.[9]

---

7) 미국의 경우 백내장 수술방법의 특허를 취득한 의사가 다른 의사를 특허권 침해로 제소한 Samuel L. Pallin M.D. v. Jack A. Singer, M.D. and the Hitchcock Clinic d/b/a Hitchcock Associates of Randolph., 36 U.S.P.Q.2d 1050 (D. Vermont. 1995) 판결을 계기로 논쟁 끝에 특허법 재287조 (c)항을 개정하여 의료행위를 특허의 대상으로 하되 의사가 침해할 경우에는 특허권자가 금지청구나 손해배상청구를 할 수 없도록 하였다.

8) 특허법원 2005. 6. 23. 선고 2004허7142 판결(상고기각 확정). 위 판결에서 청구항 내용을 검토하여 출원발명은 인간의 질병을 치료하기 위한 방법이거나 적어도 치료를 위한 예비적 처치 방법이나 건강상태를 유지하기 위하여 처치를 하는 방법에 해당한다고 하였다.

9) 특허법원 2018. 12. 14. 선고 2018허3062 판결(미상고 확정) 참조.

인체를 처치하는 방법발명에서 의료행위와 비의료행위(예: 미용행위)를 구별 및 분리할 수 없거나, 의료행위가 주된 것이고 비의료행위(예: 미용행위)가 부수적인 경우[10]의 방법발명은 의료행위로 간주되어 산업상 이용할 수 있는 것으로 인정하지 않는다.

이러한 논리는 치료 효과와 비치료 효과를 함께 가지는 방법발명에도 적용된다.

다만 인체를 필수 구성요소로 하는 발명이더라도 의료행위가 아니라 미용행위에 해당하는 경우에는 산업상 이용가능성이 있어 특허로 보호받을 수 있고,[11] 피부미용기법에 관한 발명을 실시하여 건강증진의 효과가 수반되더라도 피부미용의 효과를 달성하기 위한 과정에서 나타나는 부수적인 효과에 불과한 경우에는 산업상 이용가능성이 인정되며,[12] 일반적으로 인간을 수술, 치료, 진단하는 방법에 이용할 수 있는 발명의 경우에는 산업상 이용 가능성이 없으나, 그것이 인간 이외의 동물에만 한정한다는 사실이 청구범위에 명시되어 있으면 산업상 이용할 수 있는 발명으로 취급한다.[13]

의사가 의약품을 사용하여 인간을 치료하는 방법 중 당초에는 특허법상 특허를 받을 수 없는 의료행위로 본 것이 나중에 특허권을 부여할 수 있는 발명에 해당한 것으로 바뀐 사례도 있다.

예컨대 '골 흡수 억제를 위한 조성물'이라는 명칭의 의약물질발명의 투여주기와 단위투여량을 특징으로 하는 조성물 발명에 대해 당초에는 이러한 발명은 의약 물질을 인간 등에게 투여하는 방법이어서 특허를 받을 수 없는 의약을 사용한 의료행위라고 보았다.[14]

그런데 그 후 의약이라는 물건의 발명에서 대상 질병 또는 약효와 함께 투여용법과 투여용량을 부가하는 경우에 이러한 투여용법과 투여용량은 의료행위 자체가 아니라 의약이라는 물건이 효능을 온전하게 발휘하도록 하는 속성을 표현함으로써 의약이라는 물건에 새로운 의미를 부여하는 구성요소가 될 수 있고, 이와 같은 투여용법과 투여용량이라는 새로운 의약용도가 부가되어 신규성과 진보성 등의 특허요건을 갖춘 의약에 대해서는 새로 특허권이 부여될 수 있다고 하였다.[15]

나. 산업상 이용할 수 있는 발명에 해당하는 유형

인간을 수술하거나 치료하거나 진단에 사용하기 위한 의료기기 그 자체, 의약품

---

10) 특허법원 2018. 12. 14. 선고 2018허3062 판결(미상고 확정).
11) 특허법원 2004. 7. 15. 선고 2003허6104 판결(모발의 웨이브방법에 관한 발명)(미상고 확정).
12) 특허법원 2017. 11. 17. 선고 2017허4501 판결(심리불속행 상고기각 확정).
13) 대법원 1991. 3. 12. 선고 90후250 판결 참조.
14) 대법원 2009. 5. 28. 선고 2007후2926 판결 및 같은 날 선고 2007후2933 판결.
15) 대법원 2015. 5. 21. 선고 2014후768 전원합의체판결.

그 자체 등은 산업상 이용할 수 있는 발명에 해당한다.

신규한 의료기기의 발명에 병행하는 의료기기의 작동방법 또는 의료기기를 이용한 측정방법발명이 그 구성에 인체와 의료기기 간의 상호작용 또는 실질적인 의료행위를 포함하는 경우를 제외하고는 산업상 이용할 수 있는 것으로 본다.

인간으로부터 자연적으로 배출된 것(예: 소변, 변, 태반, 모발, 손톱) 또는 채취된 것(예: 혈액, 피부, 세포, 종양, 조직)을 처리하는 방법이 의료행위와는 분리할 수 있는 별개의 단계로 이루어진 것 또는 단순히 데이터를 수집하는 방법인 경우에는 산업상 이용할 수 있는 것으로 본다.

2 업(業)으로 이용할 수 없는 발명

개인적 또는 실험적, 학술적으로만 이용할 수 있고 업으로서 이용될 가능성이 없는 발명은 산업상 이용할 수 있는 발명에 해당되지 않는다.

그러나 개인적 또는 실험적, 학술적으로 이용될 수 있는 것이라도 시판(市販) 또는 영업의 가능성이 있는 것은 산업상 이용할 수 있는 발명에 해당한다.

3 현실적으로 명백하게 실시할 수 없는 발명

이론적으로 그 발명을 실시할 수 있더라도 그 실시가 현실적으로 전혀 불가능하다는 사실이 명백한 발명은 산업상 이용할 수 있는 발명에 해당하지 않는다(예: 오존층의 감소에 따른 자외선의 증가를 방지하기 위하여 지구표면 전체를 자외선흡수플라스틱 필름으로 둘러싸는 방법 등).

다만, 그 발명이 실제로 또는 즉시 산업상 이용되는 것이 필요하지는 않고, 장래에 이용될 가능성이 있으면 산업상 이용할 수 있는 발명이다. 다만 실무는 특허출원된 발명이 출원일 당시가 아니라 장래에 산업적으로 이용될 가능성이 있더라도 특허법이 요구하는 산업상 이용가능성의 요건을 충족한다고 하는 법리는 해당 발명의 산업적 실시화가 장래에 있어도 좋다는 의미일 뿐 장래 관련 기술의 발전에 따라 기술적으로 보완되어 장래에 비로소 산업상 이용가능성이 생겨나는 경우까지 포함하는 것은 아니라고 한다.[16)]

16) 대법원 2003. 3. 14. 선고 2001후2801 판결 참조.

제3절 신규성

I. 신규성의 의의

1 신규성의 의의 및 특허법 규정

특허제도는 발명자가 자신의 발명을 공개하도록 함으로써 기술의 이용 및 개발을 촉진시키고 중복투자를 방지하여 사회적, 경제적으로 공공의 이익을 꾀하고자 하는 제도이다.

따라서 어느 발명(기술)에 특허권을 부여하기 위하여는 기술 내용면에서 그것이 적어도 기존에 존재하지 아니한 새로운 것(신규성의 문제)이어야 하고 기존의 기술보다 진보된 것(진보성의 문제)이어야 한다.

발명의 신규성(novelty)은 발명이 기존의 기술, 즉 출원 전에 공지된 선행기술에 비추어 객관적으로 새로운 기술적 사상의 응용이어야 인정된다.

특허권은 공공의 이익에 도움이 되는 발명을 공개하는 대가로 부여받는 것이므로 그 출원 전에 일반 대중 또는 적어도 비밀유지의무를 부담하고 있지 않은 불특정인에 이미 알려진 발명에 대하여는 특허권이 부여될 수 없다.

제29조 제1항은 특허를 받을 수 없는 발명으로서, 특허출원 전에 국내 또는 국외에서 공지(公知)되었거나 공연(公然)히 실시된 발명(제1호), 반포된 간행물에 게재되었거나 전기통신회선[17]을 통하여 공중(公衆)이 이용할 수 있는 발명(제2호)을 규정하고 있는데 위 사유에 해당하지 않는 발명을 '신규성이 부정되지 않는 발명'이라고 한다.

특허법은 신규성의 요건을 적극적으로 규정하지 않고 신규성이 부정(상실)되는 사유를 명시하면서 발명이 신규성 부정(상실) 사유에 해당한다면 특허를 받을 수 없다고 소극적으로 규정하고 있다. 진보성에 관한 제29조 제2항도 같은 형식이다.

이러한 규정형식이 신규성이나 진보성에 관한 증명책임에 영향을 미치고 있다. 특허법이 신규성, 진보성이 부정되지 않는 경우에 특허를 받을 수 있다는 형식으로 규정하고 있기 때문에 예를 들어 출원된 발명의 경우에 신규성, 진보성이 부정된다는 점에 대한 증명책임은 이를 주장하는 특허청 심사관에게 있고 특허청 심사관은 이를 증명할 수 없으면 특허결정을 하여야 한다.

---

17) 2013. 3. 22. 법률 제11654호로 개정되기 전의 구 특허법에서는 '대통령령이 정하는 전기통신회선'이라고 규정되어 있었으나 위 개정에서 '전기통신회선'으로 변경되었다.

2 신규성과 진보성 간 관계

어느 발명의 기술구성이 공지된 선행기술에 비추어 새로운 것인가인 신규성의 문제와 그 발명이 속하는 기술분야에서 통상의 지식을 가진 자가 출원 전 공지기술로부터 쉽게 그 기술구성을 도출해 낼 수 있는 것인가인 진보성의 문제는 개념상 구별된다.

어느 발명이, 신규성이 부정된다는 것과 진보성이 부정된다는 것은 원칙적으로 특허를 받을 수 없는 사유로 서로 독립되어 있고 발명의 진보성은 신규성이 있음을 전제로 하므로 발명의 신규성 유무 판단이 진보성 판단 보다 선행되어야 하는 것이 논리적인 순서이다.

즉, 어느 발명에서 출원 전 선행기술과 대비하여 신규성이 부정되면 나아가 진보성 유무를 판단할 필요가 없다.[18] 다만 구체적인 사례에서 발명의 신규성과 진보성의 한계를 논리적으로 명확하게 구분하기 어려운 경우가 있다.

신규성과 진보성은 모두 사실이 아닌 법적 판단의 문제로서 그 자체는 자백의 대상이 되지 않는다. 다만 신규성과 진보성을 판단하는 근거가 되는 선행기술의 존부·내용이나 그 공지 여부 등의 객관적 사실은 자백의 대상이 될 수 있다.

한편 대비판단 대상의 개수에서 신규성 판단은 하나의 선행발명만을 1:1로 대비하여 동일성 여부를 판단하나, 진보성의 경우는 하나가 아니라 여러 선행발명을 결합하여 문제가 되는 발명을 쉽게 도출할 수 있는지를 판단하는 점에서 서로 다르다.

II. 신규성 판단 기준이 되는 선행기술의 범위

1 선행기술과 관련된 용어 정리

신규성 판단 기준이 되는 선행기술의 범위를 설명하기 전에 이와 관련된 선행기술, 기술수준, 주지기술, 관용기술 등의 여러 용어들의 개념을 알아 둘 필요가 있다.

발명의 신규성 판단 시 비교대상이 되는 (특허법이 정한) 출원 전 공지·공용의 기술이나 간행물에 게재되거나 전기통신회선을 통하여 공중이 이용할 수 있게 된 기술을 선행기술이라 하고, 위와 같은 특허법 소정의 선행기술에다가 기술상식 내지 기술관련 지식을 포함하여 기술수준이라고 한다.

여기서 기술상식이라 함은 그 발명이 속하는 기술분야에서 통상의 지식을 가지는

18) 대법원 2004. 10. 15. 선고 2003후472 판결 참조.

사람(통상의 기술자)에게 일반적으로 알려져 있는 기술(주지기술, 관용기술을 포함) 또는 경험칙으로부터 명백한 사항을 말한다. 주지기술이란 그 발명이 속하는 기술분야에서 일반적으로 알려져 있는 기술로서 예를 들면 그 기술에 대해 상당히 많은 공지문헌이 존재하거나 굳이 자료를 예시할 필요가 없을 정도로 널리 알려져 있는 기술을 말하고, 관용기술이란 주지기술이면서 그 발명이 속하는 기술분야에서 자주 사용되고 있는 것을 말한다.

또한 신규성을 부정하기 위한 선행기술이 발명의 수준에 이르러야 하는지가 문제된다. 출원발명의 신규성 판단에 제공되는 선행기술 자료는 반드시 그 기술구성 전체가 명확하게 표현된 것뿐만 아니라, 미완성 발명(고안) 또는 자료의 부족으로 표현이 불충분하더라도 그 기술분야에서 통상의 지식을 가진 자가 경험칙에 의하여 쉽게(고안인 경우는 매우 쉽게) 기술내용을 파악할 수 있다면 그 대상이 될 수 있다(이는 진보성의 경우도 마찬가지이다).[19]

2 선행기술의 시간적 범위

第29조 제1항 각 호에서 "특허출원 전에…"라고 규정하고 있으므로 신규성 판단의 시간적 범위는 발명의 완성 시나 공개 시가 아니라 출원 시가 기준이 되고 구체적으로 기준은 시각(시 · 분 · 초)이고 날(日)이 아니다(국외 발명 공지인 경우 공지된 때를 우리나라 시간으로 환산하여 해당 출원의 출원 시보다 앞서는지를 판단한다). 따라서 동일한 발명에 관하여 같은 날 공개와 특허출원이 이루어진 경우 특허출원이 공개된 발명보다 시간적으로 앞선다면 그 출원발명은 신규성이 부정되지 않는다. 반면에 제36조에 따라 선 · 후 출원을 판단하거나 제98조에 따라 이용저촉 관계를 판단하면서는 시각이 아닌 날(日)이 기준이 된다.

여기서 '특허출원 전'의 의미는 발명의 공지 또는 공연 실시된 시점이 특허출원 전이라는 의미이지 그 공지 또는 공연 실시된 사실을 인정하기 위한 증거가 특허출원 전에 작성된 것을 의미하는 것은 아니므로, 특허출원 후에 작성된 문건들에 기초하여 어떤 발명 또는 기술이 특허출원 전에 공지 또는 공연 실시된 것인지 여부를 인정할 수 있다.[20]

19) 대법원 1997. 8. 26. 선고 96후1514 판결, 대법원 2000. 12. 8. 선고 98후270 판결, 대법원 2003. 12. 26. 선고 2001후2702 판결, 대법원 2006. 3. 24. 선고 2004후2307 판결 등 참조.
20) 대법원 2007. 4. 27. 선고 2006후2660 판결. 위 판결은 원심이 이 사건 정정 후 제1항 발명의 특허청구범위에 기재된 '공동배관'이라는 기술사상이 이 사건 특허발명의 출원 전에 공지된 것

3 선행기술의 지역적 범위

2006. 3. 3. 법률 제7871호로 개정되기 전의 특허법 제29조 제1항은 신규성 상실(부정) 사유를 특허출원 전에 국내에서 공지되었거나 공연히 실시된 발명(제1호), 특허출원 전에 국내 또는 국외에서 반포된 간행물에 게재되거나 대통령령이 정하는 전기통신회선을 통하여 공중이 이용가능하게 된 발명(제2호)이라고 하여 신규성 상실 사유에 따라 그 지역적 범위를 달리 정하고 있었다.

위 2006. 3. 3. 법률 제7871호로 개정된 특허법 제29조 제1항은 신규성 상실 사유의 지역적 범위를 국내 또는 국외로 똑같이 규정하여 이를 구별하지 않고 있다.

III. 신규성이 부정되기 위한 요건과 대비대상의 범위

1 신규성이 부정되기 위한 요건

통상적으로 신규성이 부정되는지 여부의 요건을 설명할 때 발명(출원발명 또는 무효라고 주장되는 특허발명, 이하 같다)의 청구범위에 기재된 사항으로부터 특정되는 기술구성이 그 출원 전에 공개된 제29조 제1항 각 호의 어느 하나의 발명, 즉 선행발명(기술)과 1:1로 대비하여 서로 동일하면 신규성이 없는 발명이고, 동일하지 않으면 신규성이 부정되지 않은 발명이 된다고 설명한다.

이러한 내용에 따라 다수의 견해는 신규성이 부정되지 않는 것이 특허요건이고 그 신규성 유무의 판단 기준이 발명의 동일성이라 하여 신규성이 부정된다는 의미나 요건을 발명의 동일성의 범위로 대체하는 논리를 전개하여 설명하고 있다. 그러면서도 나아가 신규성이 부정된다는 구체적인 의미에 대해서는 별다른 설명이 없다.

그러나 그와 같은 논리전개를 펼치기 전에 과연 신규성이 부정된다는 의미가 도대체 무엇인가라는 실체를 파악할 필요가 있다.

어느 발명의 신규성이 선행발명에 의해 부정된다는 신규성 부정(anticipation)의 의미는 그 발명의 출원 전에 공지된 하나의 선행발명(single prior art reference)에, 즉 1:1로 대비하여,[21] 그 발명의 기술구성이 명시적(explicity) 또는 내재적(inherently)으로 모

인 사실을 인정하기 위해 이 사건 특허출원 전에 반포된 간행물인 을 제3호증 외에도 이 사건 특허발명의 우선권 주장일 후에 작성된 갑 제6, 7호증, 을 제6호증을 증거로 채용한 것은 위 법리에 따른 것으로 옳다고 하였다.

21) 반면에 진보성을 부정하기 위한 선행기술로는 2 이상의 선행기술이 사용될 수 있다.

두 개시되어 있어야 함을 말한다.[22)]

이때 비교대상은 발명의 청구범위에 기재된 기술구성과 선행발명(비교대상발명, 인용발명)[23)]의 명세서 또는 간행물 등에 기재되어 있는 기술구성 전체이다.

먼저, 신규성을 판단하면서 발명의 청구항의 기술구성을 하나의 선행발명의 명세서 또는 간행물 등에 기재되어 있는 기술구성 전체와 개별적으로 대비하여 동일성 여부를 판단하여야지 (진보성 판단에서 허용되는) 복수의 선행발명의 기술구성을 조합하여 청구항에 기재된 발명과 대비하여서는 아니 됨에 유의한다.

이 부분을 언급한 대법원판결은 찾아보기 어려우나 실무나 학계에서 다툼이 없다.[24)] 미국 실무도 신규성을 부정하기 위한 선행발명의 적격성과 관련하여, 하나의 선행발명에 특허발명의 모든 구성요소가 개시되어 있어야 한다는 원칙이 인정되어 있다.[25)]

다음으로, 여기서 어느 기술구성이 선행발명에 '내재적으로 개시되어 있다'고 하기 위해서는 그 발명의 기술구성 중 일부가 선행발명에 명백히 개시되어 있지는 않지만 그와 같이 명백히 개시되어 있지 않은 기술구성이 통상의 기술자에 의해 선행발명에 필연적으로(necessarily) 존재한다고 인식되어야 하고 단지 그 기술구성이 선행발명에 존재할 개연성이나 가능성이 있다는 점만으로는 부족하다.

그리고 선행발명에 필연적으로 존재한다고 인식되어야 한다는 의미는 선행발명에 명백히 개시되어 있지는 않지만 그 기술상식에 비추어 볼 때 기재되어 있는 것과 마찬가지로 볼 수 있는 경우를 말한다. 그 기술구성이 선행발명에 필연적으로 존재한다고 인정되는 이상, 선행발명의 공지 시 또는 해당 출원의 특허출원일 전에 구체적으로 그 특성 등을 알지 못하였고 기술발전에 따라 그 후에 통상의 기술자에게 그 특성이나 용도 등이 정확히 알려지게 되었다고 하더라도 내재된 기술구성으로 인정될 수 있다.[26)]

특허발명에서 구성요소로 특정된 물건의 구성이나 속성이 선행발명에 명시적으로 개시되어 있지 않은 경우라도 선행발명에 개시된 물건이 특허발명과 동일한 구성이나

22) Celeritas Techs. Ltd. v. Rockwell Int'l Corp., 150 F.3d 1354 (Fed. Cir. 1998).

23) 법원은 비교대상발명, 선행발명이라는 용어를, 특허청은 인용발명이라는 용어를 주로 사용한다. 본서에서는 이해의 편의를 위해 종전에 판결이나 심결 등에 기재된 비교대상발명, 인용발명이라는 용어를 선행발명으로 바꾸어 기재하는 등 가능한 한 선행발명이라는 용어로 통일하였다.

24) 특허법원 2005. 5. 20. 선고 2004허5160 판결.

25) In re Raymond G. BOND, 910 F.2d 831, 15 U.S.P.Q.2d 1566 (Fed. Cir. 1990), C.R. Bard, Inc. v. M3 Systems, Inc., 157 F.3d 1340, 48 U.S.P.Q2d 1225 (Fed. Cir. 1998).

26) EMI Group of N. Am., Inc. v. Cypress Semiconductor Corp., 268 F.3d 1342 (Fed. Cir. 2001), Schering Corp. v. Geneva Pharmaceuticals, Inc., 339 F.3d 1373 (Fed. Cir. 2003).

속성을 갖는다는 점이 인정된다면, 이는 선행발명에 내재된 구성 또는 속성으로 볼 수 있다. 이와 같은 경우 특허발명이 해당 구성 또는 속성으로 인한 물질의 새로운 용도를 특허의 대상으로 한다는 등의 특별한 사정이 없는 한 공지된 물건에 원래부터 존재하였던 내재된 구성 또는 속성을 발견한 것에 불과하므로 신규성이 부정된다. 이는 그 발명이 속하는 기술분야에서 통상의 지식을 가진 사람이 출원 당시에 그 구성이나 속성을 인식할 수 없었던 경우에도 마찬가지이다. 또한 공지된 물건의 내재된 구성 또는 속성을 파악하기 위하여 출원일 이후 공지된 자료를 증거로 사용할 수 있다.27)

이와 같이 선행발명에 개시된 물건이 문제가 된 발명과 동일한 구성 또는 속성을 가질 수도 있다는 가능성 또는 개연성만으로는 두 발명을 동일하다고 할 수 없고, 필연적으로 그와 같은 구성 또는 속성을 가진다는 점이 증명되어야 한다. 한편 선행발명이 공지된 물건 그 자체일 경우에는 그 물건과 문제가 된 발명(특허발명 또는 출원발명)의 구성을 대비하여 기술구성이 동일한지를 판단할 수 있으나, 선행발명이 특정 제조방법에 의해 제작된 물건에 관한 공지된 문헌인 경우에 선행발명에 개시된 물건은 선행발명에 개시된 제조방법에 따라 제조된 물건이므로, 선행발명에 개시된 제조방법에 따랐을 경우 우연한 결과일 수도 있는 한 실시례가 위와 같은 구성 또는 속성을 가진다는 점을 넘어 그 결과물이 필연적으로 해당 구성 또는 속성을 가진다는 점이 증명되어야 문제가 된 발명이 선행발명과 기술구성에서 동일하다고 할 수 있다.28)

2 신규성 유무 판단에서 발명의 동일성 판단 방법

가. 발명의 청구항에 기재된 기술구성 확정

신규성 유무 판단에서 발명의 동일성 여부는 발명의 '청구항(청구범위)에 기재된 발명의 기술구성'과 그 출원 전의 공지기술(실무에서 주로 선행발명, 비교대상발명, 인용발명으로 부르고 있다)을 1:1로 대비하여 그 발명의 모든 기술구성이 명시적(explicity) 또는 내재적(inherently)으로 개시되어 있는지를 살피고 두 발명의 기술구성의 일치점과 차이점을 파악한 다음, 그 차이점에 대하여 검토하는 방법으로 판단한다.

두 발명의 기술구성을 대비하는 이유는 발명의 기술구성이 그 발명을 객관적으로 표현하여 특정하는 것으로서 발명의 동일성을 판단하는 가장 중요한 요소이기 때문이다.

발명의 청구항에 기재된 발명의 기술구성이 그 기술분야에서 통상의 지식을 가진

---

27) 대법원 2021. 12. 30. 선고 2017후1304 판결.
28) 대법원 2021. 12. 30. 선고 2017후1304 판결.

자에게 명확하게 이해될 수 있는 경우 발명의 기술구성은 청구항을 기초로 하여야 할 뿐, 명세서 중 발명의 설명이나 도면의 기재에 의하여 제한 해석하여서는 아니 된다.29)

발명의 설명 또는 도면에 기재되어 있으나 청구항에 기재되어 있지 않은 사항은 특별한 사정이 없는 한 청구항에 기재되지 않은 것으로 하여 발명의 기술구성을 특정하고,30) 반대로 청구항에 기재되어 있는 사항에 대해서는 반드시 고려하여 발명의 기술구성을 특정한다. 비록 발명의 설명 또는 도면에 의하여 청구항에 기재된 사항을 이해하는 데 참작하더라도 청구항의 일부가 아닌 한정 사항을 청구항을 해석하면서 기술구성으로 특정하여서는 아니 된다. 예를 들어 청구항에 기재된 사항이 실시례보다 포괄적인 경우 발명의 설명에 기재된 구체적인 실시례로 제한 해석하여 신규성 유무를 판단해서는 안 된다.

특허의 명세서에 기재되는 용어는 그것이 가지고 있는 보통의 의미로 사용하고 동시에 명세서 전체를 통하여 통일되게 사용하여야 하나, 다만 어떠한 용어를 특정한 의미로 사용하려고 하는 경우에는 그 의미를 정의하여 사용하는 것이 허용되는 것이므로, 용어의 의미가 명세서에서 정의된 경우에는 그에 따라 해석한다.31)

다만 용어의 의미가 명세서에 따로 정의되어 있지 않고 청구항에 기재된 용어의 의미가 불명확한 경우에는 발명의 설명 또는 도면 및 출원 시의 기술상식을 참작하여 청구항에 기재된 발명의 기술구성을 확정한다.

나. 발명의 유형에 따른 동일성 판단 방법

1) 주지관용기술의 부가, 삭제, 변경이 있는 경우

다수의 견해나 실무의 주류는 신규성 판단에서의 동일성 범위에 주지관용기술의 부가, 삭제, 변경 등 실질적으로 동일한 구성이나 설계변경사항32) 등을 포함하는 것으로 보고 있다.

그러나 뒤의 「③ 신규성 등에서 발명의 동일성 범위」에서 보는 바와 같이, 저자는 신규성 판단에서의 동일성 범위는 명시적 또는 내재적으로 개시되어 있는 한도 내에서

---

29) 대법원 2004. 12. 9. 선고 2003후496 판결 등.

30) 대법원 2001. 12. 24. 선고 99후2181 판결은 특허발명의 특허청구범위의 청구항이 복수의 구성요소로 되어 있는 경우에는 그 각 구성요소가 유기적으로 결합된 전체가 특허발명의 요지를 이루는 것이고, 이러한 경우 특허청구범위를 해석함에 있어서 출원경위에 나타난 출원인의 의사를 참작한다고 하더라도 그 구성요소의 일부를 배제하는 것은 허용될 수 없다고 하였다.

31) 대법원 1998. 12. 22. 선고 97후990 판결.

32) 대법원 1995. 10. 13. 선고 94후1640 판결, 대법원 2000. 12. 8. 선고 98후270 판결. 설계변경사항에 대한 상세한 내용은 한국특허법학회 편, "진보성 등 판단에 있어서 설계변경사항의 한계", 개정판 특허판례연구, 박영사(2012), 259 이하(윤태식 집필부분) 참조.

다소 엄격하게 인정하고 실질적으로 동일한 기술이나 설계변경사항 등은 신규성 영역을 떠나 진보성 판단 단계에서 고려되어야 한다는 견해를 취하고 있다.

한편, 실무 및 다수의 견해에 따른다면 먼저 기술구성의 차이가 주지관용기술의 부가, 삭제, 변경 등에 해당하는지를 살피고 그에 해당한다면 주지관용기술의 부가, 삭제, 변경 등으로 새로운 효과의 발생이 없는 정도의 미세한 차이에 불과한지 여부를 검토하여 발명의 동일성 여부를 판단하게 된다.

2) 수치한정발명의 경우

수치한정발명은 발명을 특정하는 청구항의 기술구성 중 일부가 수량적으로 표현된 발명을 말한다.

발명을 특정하는 기술구성이 수치범위에 의하여 기재되어 있는 경우에 그것과 대비되는 발명(선행발명)의 수치범위가 완전히 일치하여야 동일하다고 판단되는 것은 아니고 두 발명의 수치범위가 완전히 일치하지 않아도 일부 중복되어 있다면 동일하다고 판단될 수 있다. 다만 수치한정발명이 '선행 또는 공지의 발명에 상위개념이 기재되어 있고 위 상위개념에 포함되는 하위개념만을 청구항 구성요소의 전부 또는 일부로 하는 발명'(선택발명)으로서의 성격을 가지고 있다는 점을 고려하면 출원발명의 수치범위가 대비되는 발명(선행발명)의 수치범위와 일부 중복되었다는 사정만으로 항상 동일한 발명이 되는 것은 아니다. 수치한정발명에서 신규성 유무를 판단할 때 그 수치가 선행문헌과 형식적으로 중복되어 있는지가 중요한 것이 아니라 통상의 기술자가 선행문헌에 기재된 수치범위에 나타난 기술적 교시를 적용할지 여부를 진지하게 고려하였을지(would seriously contemplate) 여부,[33] 즉 그와 같은 수치범위의 적용을 받는 발명이 문제가 된 발명에 포함된 것인지가 중요하다.

구성요소의 범위를 수치로써 한정하여 표현한 발명이 그 출원 전에 공지된 발명과 수치한정의 유무 또는 범위에서만 차이가 있는 경우, 실무에서 발명의 신규성 판단 기준은 아래와 같다.[34]

---

33) Guidelines for Examination in the European Patent Office, Part G Chapter VI. 8.

34) 대법원 2013. 5. 24. 선고 2011후2015 판결. 2011후2015 판결 이전에 수치한정발명의 신규성 내지 동일성 판단과 관련된 판시로 대법원 2000. 11. 10. 선고 2000후1283 판결 등은 하수처리용 접촉물에 관한 특허발명이 그 출원 전에 국외 간행물에 기재된 선행발명의 일부 구성요소의 수치를 한정한 것에 불과한 것으로 그 수치 한정에 구성의 곤란성이 인정되지 아니하고 수치 한정으로 인한 특별한 효과나 임계적(臨界的) 의의가 인정되지 않으므로 특허발명은 선행발명과 기술적 구성이 실질적으로 동일하여 공지된 기술에 해당한다는 취지로 판시하여 구성의 곤란성이나 임계적 의의를 신규성 내지 발명의 동일성 여부의 판단 기준으로 하려 한 사례가 있었다. 그러나 이러한 판단 기준은 수치한정발명의 진보성 판단 기준과 내용면에서 별다른 차

구성요소의 범위를 수치로써 한정하여 표현한 발명이 그 출원 전에 공지된 발명과 사이에 수치한정의 유무 또는 범위에서만 차이가 있는 경우에는, 그 한정된 수치범위가 공지된 발명에 구체적으로 개시되어 있거나, 그렇지 않더라도 그러한 수치한정이 통상의 기술자가 적절히 선택할 수 있는 주지 · 관용의 수단에 불과하고 이에 따른 새로운 효과도 발생하지 않는다면 그 신규성이 부정된다.

그리고 한정된 수치범위가 공지된 발명에 구체적으로 개시되어 있다는 것에는, 그 수치범위 내의 수치가 공지된 발명을 기재한 선행문헌의 실시례 등에 나타나 있는 경우 등과 같이 문언적인 기재가 존재하는 경우 외에도 통상의 기술자가 선행문헌의 기재 내용과 출원 시의 기술상식에 기초하여 선행문헌으로부터 직접적으로 그 수치범위를 인식할 수 있는 경우도 포함된다.

한편 수치한정이 공지된 발명과는 상이한 과제를 달성하기 위한 기술수단으로서의 의의를 가지고 그 효과도 이질적인 경우나 공지된 발명과 비교하여 한정된 수치범위 내외에서 현저한 효과의 차이가 생기는 경우 등에는, 그 수치범위가 공지된 발명에 구체적으로 개시되어 있다고 할 수 없음은 물론, 그 수치한정이 통상의 기술자가 적절히 선택할 수 있는 주지 · 관용의 수단에 불과하다고 볼 수도 없다.

3) 상위개념과 하위개념을 가진 각 발명과의 대비

선행 또는 공지의 발명에 하위개념이 기재되어 있고 발명의 청구항에 그 상위개념으로 기재되어 있는 경우에는 서로 동일한 발명으로 인정한다.

한편 역으로, '선행 또는 공지의 발명에 상위개념이 기재되어 있고 위 상위개념에 포함되는 하위개념만을 청구항 구성요소의 전부 또는 일부로 하는 발명'(이른바 선택발명)이 있다.

우리 실무는 선택발명이라는 용어를 널리 사용하여 오다가 대법원 2021. 4. 8. 선고 2019후10609 판결부터는 선택발명이라는 용어를 더는 사용하고 있지 않고 '선행 또는 공지의 발명에 상위개념이 기재되어 있고 위 상위개념에 포함되는 하위개념만을 청구항 구성요소의 전부 또는 일부로 하는 발명'이라고 부르고 있다. 다만 기재 편의상 종래의 용어도 함께 사용하기로 한다.[35]

이른바 선택발명은 형식적으로 보면 선행발명에 포함되는 발명이어서 선행발명과

이가 없어 신규성과 진보성 판단 기준이 모호하다는 비판이 있었다. 2011후2015 판결은 수치한정발명이 선택발명의 하나라고 볼 수 있다는 점과 발명의 실질적 동일성 판단 기준에 관한 판시 내용을 종합하여 수치한정발명의 신규성 판단 기준을 정립한 점에서 그 의의가 있다.

35) 선택발명에 대한 상세한 내용으로 손천우, "선택발명의 특허성에 관한 연구", 박영사(2022)가 있다.

중복특허 여부의 문제를 발생시키지만 일정한 요건을 갖춘 경우 예외적으로 별도의 발명으로서 특허가 부여되는 것이라는 견해가 통설이다.

여기서 상위개념이란, 동족적(同族的) 또는 동류적(同類的) 사항의 집합의 총괄적 개념 또는 어떤 공통적인 성질에 의하여 복수의 사항을 총괄한 개념을 의미한다.

이때 단순히 개념상으로 하위개념이 상위개념에 포함되거나 상위개념의 용어로부터 하위개념의 요소를 열거할 수 있다는 사실만으로는 하위개념으로 표현된 발명이 자명하게 도출될 수 있다고 할 수 없다.

선행 또는 공지의 발명에 상위개념이 기재되어 있고 위 상위개념에 포함되는 하위개념만을 구성요소의 전부 또는 일부로 하는 발명(이른바 선택발명)의 신규성을 부정하기 위해서는, 선행발명이 선택발명을 구성하는 하위개념을 구체적으로 개시하고 있어야 하고, 이에는 선행발명을 기재한 선행문헌에 선택발명에 대한 문언적인 기재가 존재하는 경우 외에도 그 발명이 속하는 기술분야에서 통상의 지식을 가진 자가 선행문헌의 기재 내용과 출원 시의 기술상식에 기초하여 선행문헌으로부터 직접적으로 선택발명의 존재를 인식할 수 있는 경우도 포함된다.[36]

이른바 선택발명은 특허법에서 정하고 있는 발명의 형태가 아니라 이론상으로 인정되고 있는 개념으로 유럽공동체, 일본 등에서 실무상 인정되고 있는 용어이고 미국에서는 선택발명이라는 용어 자체를 사용하고 있지 않고 상위개념에 상응하는 Genus(屬)와 하위개념에 상응하는 Species(種)의 문제로 파악하고 있으나 전체적으로 내용을 보면 우리 실무와 별다른 차이가 없다.

먼저 미국 실무에서 속(屬)개념의 발명에 대한 청구항은 그 속(屬)개념에 포함되는 종(種)개념에 대한 선행기술의 개시에 의하여 신규성이 부정된다.[37]

다음으로 선행기술의 개시가 특허청구된 종(種)개념을 명확하게 지칭하는 것이 아니라면 종개념에 대한 청구항은 그 종개념을 포함하는 속개념의 선행기술개시에 의하여 곧바로 신규성이 부정되지는 않는다.[38] 다만 이때 선행기술에 개시된 속개념이 제한된 수의 종개념을 포함하고 있거나 종개념에 주목하게 할 만한 동기를 제공하고 있

36) 대법원 2009. 10. 15. 선고 2008후736, 743 판결, 대법원 2021. 4. 8. 선고 2019후10609 판결은 이른바 선택발명의 진보성 판단에서 선행발명에 특허발명의 상위개념이 공지되어 있는 경우에도 구성의 곤란성이 인정되면 진보성이 부정되지 않고, 구성의 곤란성 여부의 판단이 불분명한 경우이더라도 특허발명이 선행발명에 비하여 이질적이거나 양적으로 현저한 효과를 가지고 있다면 진보성이 부정되지 않는다고 하였고, 이러한 법리는 대법원 2023. 2. 2. 선고 2020후11738 판결에도 그대로 유지되고 있다.

37) Chester v. Miller, 906 F.2d 1574 (Fed. Cir. 1990).

38) In re Schaumann, 572 F.2d 312 (C.C.P.A. 1978).

다면 종개념을 기재하고 있는 발명은 그로 인해 자명성(non-obviousness, 우리 특허법의 진보성에 상응)의 추정을 받는다.[39] 그리고 이러한 논리를 조합(combination)과 구성요소(element)·숫자의 범위 및 비율 간의 신규성 부정 판단에 그대로 적용하고 있다.

4) 성질 또는 특성 등에 의해 물건을 특정하려고 하는 기재를 포함하는 발명(파라미터 발명)

이른바 파라미터 발명은 발명자가 새롭게 창출한 물리적, 화학적, 생물학적 특성 값(파라미터)을 이용하거나 복수의 변수 사이의 상관관계를 이용하여 발명의 구성요소를 특정한 발명을 말한다.

이른바 파라미터 발명은 물리적·화학적·생물학적 특성 값(파라미터)에 대하여 그 발명이 속하는 기술분야에서 표준적(일반적)인 것이 아니거나 관용되지 않는 특성 값을 출원인이 임의로 창출하거나, 이들 복수의 변수 간의 상관관계를 이용하여 연산식으로 특성 값(파라미터)으로 변환한 후 이를 발명의 일부로 하는 발명 또는 일반적인 수치한정이 아닌 새롭게 만들어낸 물리적·화학적·생물학적 특성 값(파라미터) 또는 새롭게 만들어낸 복수의 변수 사이의 상관관계를 이용하여 기술구성을 특정한 발명이라고 할 수 있다.

이른바 파라미터 발명은 파라미터 자체를 청구항의 일부로 하여 신규성을 판단하되 청구항에 기재된 파라미터 자체가 신규하다고 해서 곧바로 그 발명의 신규성이 인정되는 것이 아니다.

이른바 파라미터 발명에서 성질 또는 특성 등에 의해 물건을 특정하려고 하는 기재를 포함하는 발명과, 이와 다른 성질 또는 특성 등에 의해 물건을 특정하고 있는 선행발명을 대비할 때, 문제가 된 발명의 청구범위에 기재된 성질 또는 특성이 다른 정의(定義) 또는 시험·측정방법에 의한 것으로 환산이 가능하여 환산해 본 결과 선행발명의 대응되는 것과 동일하거나 문제가 된 발명의 설명에 기재된 실시형태와 선행발명의 구체적 실시형태가 동일한 경우에는, 달리 특별한 사정이 없는 한, 두 발명은 발명에 대한 기술적인 표현만 달리할 뿐 실질적으로는 동일한 것으로 보아야 할 것이므로, 이러한 발명은 신규성을 인정하기 어렵다.[40][41] 반면 위와 같은 방법 등을 통하여 양 발

---

39) Merk & Co. v. Biocraft Labs., Inc., 874 F.2d 804 (Fed. Cir. 1989), In re Baird, 16 F.3d 380 (Fed. Cir. 1994).

40) 대법원 2002. 6. 28. 선고 2001후2658 판결, 대법원 2009. 9. 10. 선고 2007후2971 판결, 대법원 2021. 12. 30. 선고 2017후1298 판결.

41) 특허법원 2017. 6. 15. 선고 2017허431 판결(심리불속행 상고기각 확정)은 "금속합금발명 등 물건의 발명에서 발명자가 처음으로 창출(創出)한 파라미터(parameter)를 사용하면서 동시에

명이 실질적으로 동일하다는 점이 증명되지 않으면, 신규성이 부정된다고 할 수 없다.

5) 의약용도 발명에서 투여방법 · 투여용량 및 약리기전이 신규성 유무 판단을 위한 기술구성인지 여부

가) 의약용도 발명 일반론

의약이란 사람의 질병의 진단 · 경감 · 치료 · 처치 또는 예방을 위하여 사용되는 물질을 말하므로, 의약특허란 사람의 질병을 진단, 경감, 치료, 처치 또는 예방하는 물질, 즉 의약의 발명 또는 2 이상의 의약을 혼합하여 의약을 조제하는 방법(혼합의약)의 발명에 대하여 부여하는 특허를 말한다. 의약발명은 어느 물질을 의약적 특정 용도에 사용하는 것에 대한 용도발명의 일종이므로 용도발명에 관한 일반원칙이 그대로 적용된다.

용도발명이란 어떤 공지의 특정 물질이 가지는 특정한 용도에 대하여 부여되는 특허이고, 의약용도 발명은 용도발명 중 의약분야에 속한 물건의 발명이다.[42]

용도발명은, 그 출원일 전에 그 용도를 기재하고 있는 간행물 등에 그 용도가 구체적으로 개시되어 있지 아니하고, 공지된 용도와 질적으로 다른 효과가 있거나, 질적인 차이가 없더라도 양적으로 현저한 차이가 있는 경우에 한하여 특허를 받을 수 있다.[43]

용도발명은 외관상 중복특허에 해당하지만 기술적 사상의 창작이 아닌 새로운 발견에 대하여 효과의 현저성 등을 이유로 정책적으로 특허를 부여하는 것인데,[44] 이는 선행 또는 공지의 발명에 상위개념이 기재되어 있고 위 상위개념에 포함되는 하위개념만을 구성요소의 전부 또는 일부로 하는 특허발명(이른바 선택발명)에서의 발명의 본질과 같다.

파라미터를 일정한 수치 범위 내로 한정하는 방법으로 물건을 특정한 경우, 동일한 파라미터가 선행발명에 존재하지 않는다는 이유만으로 신규성 · 진보성이 부정되지 않을 가능성이 높다. 그러나 파라미터는 공지된 물건의 특성이나 성질을 표현방식만 바꾸어 표시하였거나 공지된 물건에 내재된 본래의 성질이나 특성을 확인한 것에 불과한 경우가 있을 수 있는데, 이러한 경우에는 물건에 관한 발명인 위 발명이 선행발명에 이미 개시되어 있는 물건을 포함하고 있다고 할 것이므로 신규성 · 진보성이 부정된다고 보아야 한다."라고 하였다.

42) 의약용도 발명에 대한 실무상의 쟁점을 정리한 것으로 이혜진, "의약용도 발명의 특허법적 쟁점", 사법논집(제61집), 법원도서관(2016), 307 이하 참조.

43) 대법원 2003. 10. 24. 선고 2002후1935 판결(광학이성질체의 용도발명에 대하여), 대법원 2017. 8. 29. 선고 2014후2702 판결(투여용법과 투여용량에 관한 용도발명에 대하여) 등 참조.

44) 대법원은 의약 용도발명의 경우 구성의 곤란성에 대하여는 아무런 언급이 없다. 공지된 화합물의 경우 이에 대한 약리활성과 부작용 등의 정보가 이미 알려져 있으므로 의약개발 과정에서의 경험칙상 의약의 용도를 도출하는 것에 구성의 곤란성을 인정하여 주기는 어렵다.

'용도'를 구성요소로 하여 그 발견에 특허를 부여하는 용도발명과 '후행물질'을 구성요소로 하여 그 발견에 특허를 부여하는 선택발명은 법적 평가에서 서로 다를 것이 없는 것이다. 이러한 이유로 용도발명의 신규성 및 진보성 판단 기준도 선택발명의 그것들과 별다른 차이가 없다.

의약용도 발명이란 특정물질 또는 물질을 조합하여 약리적인 효과를 발견한 발명으로서 예컨대 i) 화합물 A를 유효성분으로 하는 B질환 치료용 약학조성물 또는 ii) C질환을 치료 또는 예방하기 위해 사용하는 것을 특징으로 하는 화합물 D와 같이 원칙적으로 조성물의 형식으로 기재된다.[45]

즉 의약용도의 표시는 원칙적으로 질병의 진단, 치료, 경감, 처치 또는 예방에 해당하는 약효(예: 급성 염증성 질환의 치료)로써 표현해야 한다. 다만 의약용도가 약리기전으로만 정의되어 있다 하더라도 해당 표현이 통상의 기술자에게 구체적인 약효로 인식되어 있어서 의약으로서의 용도가 명확하다고 인정되는 경우에는 '○질환의 치료'라는 형식이 아닌 기재를 허용할 수 있다(예: 화학식 I의 화합물을 유효성분으로 하는 항히스타민제, 일반식을 갖는 맥관형성 억제 화합물 및 제약학적으로 허용가능한 부형제를 포함하는, 맥관형성을 억제하는데 효과적인 조성물 등).[46]

관련하여, 앞에서 용도발명의 신규성 및 진보성 판단 기준이 선택발명의 그것들과 별다른 차이가 없다고 설명하였는데 명세서 기재 정도와 관련하여서는 큰 차이가 있다.

즉, 명세서 기재 정도와 관련하여, 약리효과의 기재가 요구되는 의약용도 발명에서는 그 출원 전에 명세서 기재의 약리효과를 나타내는 약리기전이 명확히 밝혀진 경우와 같은 특별한 사정이 있지 않은 이상 특정 물질에 그와 같은 약리효과가 있다는 것을 약리데이터 등이 나타난 시험례로 기재하거나 또는 이에 대신할 수 있을 정도로 구체적으로 기재하여야만 비로소 발명이 완성되었다고 볼 수 있는 동시에 명세서 기재요건을 충족하였다고 볼 수 있고, 이와 같이 시험례의 기재가 필요함에도 불구하고 최초 명세서에 그 기재가 없던 것을 추후 보정에 의하여 보완하는 것은 명세서에 기재된 사항의 범위를 벗어난 것으로서 명세서의 요지를 변경한 것이다.[47]

이에 반하여 선택발명의 명세서에서는 선행발명에 비하여 현저한 효과 등이 있음을 명확히 기재하면 충분하고, 그 효과의 현저함을 구체적으로 확인할 수 있는 비교실

45) 기술분야별 심사실무가이드 제5부 의약 분야 심사실무가이드 2.2, 특허청(2023). 그 밖의 2.2에는 의약용도의 표시에 있어서 의약용도를 한정하지 않은 '의약', '치료제'라는 포괄적 기재는 인정하지 않는다.

46) 대법원 2004.12.23. 선고 2003후1550 판결

47) 대법원 2001. 11. 30. 선고 2001후65 판결 [보정각하(특)] 등 참조.

험자료까지 기재하여야 하는 것은 아니며, 만일 그 효과가 의심스러울 때에는 출원일 이후에 출원인이 구체적인 비교실험자료를 제출하는 등의 방법에 의하여 그 효과를 구체적으로 주장·증명하는 것이 허용되므로,48) 이 부분에 관하여는 두 발명 간에 차이가 있다.

의약용도 발명과 선택발명이 본질적으로 차이가 있다고 보기 어려움에도 명세서 기재 정도에 위와 같은 큰 차이가 난다는 점은 논리적인 면에서 받아들이기 어려운 면이 있다. 저자는 의약용도 발명에서의 명세서 기재 정도를 선택발명에서의 그것보다 더 엄격하게 보는 주된 이유가 논리적인 구조에 있다기보다는 국내에서의 의약용도 발명에 관한 기술수준의 경쟁력이 아직 선진 수준에 미치지 못한다는 점을 감안한 정책적인 문제로 보고 있다. 결국 국내의 의약용도 발명의 기술수준이 높아짐에 따라 언젠가는 그 명세서 기재 정도가 선택발명의 명세서 기재 정도와 같은 수준으로 변경(완화)될 때가 올 것으로 예측해 본다.

의약용도 발명 이외에 특정 생리활성 또는 질병예방의 기능을 가지는 건강기능식품에 관한 용도를 청구한 발명도 인정되고 있다.

건강기능식품의 용도발명에 있어, 그 용도는 속성 자체가 아닌 그 속성을 통해 실현하고자 하는 목적(예: 고지혈증 개선용, 혈당 강하를 위한, 비만 개선용)을 구체적 내용으로 표현하여야 한다.49) 건강기능식품은 인체에 유용한 기능성을 제공하기 위하여 다양한 형태로 제조·가공된 식품을 의미하는 것이므로, 특정 질환 또는 증상을 치료하기 위한 용도로 기재하여야 하는 의약용도 발명과는 달리, 그 용도를 인체에 어떠한 유용한 기능이 있는 것인지 정도로 기재하면 된다.

의약용도 발명의 권리범위는 해당 의약용도의 실시에 한정되고 다른 의약용도에까지 미치는 것은 아니다. 다만 침해대상제품이 어떤 경우에 의약용도 발명을 실시하였다고 인정할 수 있는지가 문제되나, 의약용도 발명이 물건발명이라는 점을 고려할 때 침해라고 주장되는 제품에 첨부된 문서나 그 제품 표시에 기재되어 있는 용도가 특허발명의 같은 용도이거나 그러한 표시가 없더라도 실제 특허발명의 의약용도와 같은 용도로 사용하기 위해 생산, 판매되고 있다면 해당 특허발명을 실시하고 있다고 볼 수 있지만, 단순히 그 제품에 특허발명의 의약용도 효과가 내재되어 있다거나 시중에 판매된 결과 해당 특허발명의 의약용도로 사용되고 있다는 이유만으로는 의약용도 발명을

48) 대법원 2003. 4. 25. 선고 2001후2740 판결 참조.

49) 특허법원 2002. 4. 4. 선고 2001허1501 판결(미상고 확정)은 '혈소판 활성인자의 수용체에 대한 결합에 대해 길항활성을 갖는'으로 표현된 사항은 용도 한정이 아니라 기능을 기재한 것이므로 용도발명이 아니라고 하였다.

실시하고 있다고 보기 어렵다.

나) 의약용도 발명의 청구범위에 질병치료를 위한 투여방법(주기)이나 투여용량이 기재되어 있는 경우에 이러한 투여방법(주기) · 투여용량이 신규성(내지 진보성) 유무 판단[50]을 위한 기술구성으로 볼 수 있는지

의약용도 발명의 경우 특정 물질(유효성분) 자체와 의약용도가 발명의 중요한 구성이므로 신규성 유무 판단에서 특정 물질 또는 의약용도에서 상이하여야 신규성이 부정되지 않는다.

당초 실무는 의약용도 발명은 의약물질과 그 의약용도로서의 대상 질병 또는 약효를 구성요소로 할 뿐이고, 의사는 그의 전문지식에 따라 자유롭게 의약물질의 투여용법이나 투여용량을 결정할 수 있어야 하는데 의약용도 발명에서 투여주기와 단위투여량은 조성물인 의약물질을 구성하는 부분이 아니라 의약물질을 인간 등에게 투여하는 방법이어서 특허를 받을 수 없는 의약을 사용한 의료행위이거나, 조성물 발명에서 선행발명과 대비 대상이 되는 그 청구범위 기재에 의하여 얻어진 최종적인 물건 자체에 관한 것이 아니라는 이유로 투여주기와 단위투여량은 의약용도 발명의 구성요소로 볼 수 없다는 견해를 취하고 있었다.[51]

그러나 의약용도 발명에서 투여방법 · 횟수가 일응 발명의 기술구성임을 전제로 나아가 진보성 판단을 한 적도 있어[52] 다소 정리가 필요한 상황이었는데, 그 후 아래에서 보는 바와 같이 의약용도 발명에서 투여주기와 단위투여량을 발명의 구성요소로 볼 수 있다는 것으로 견해를 바꾸었다.[53]

> 사람의 치료 등에 관한 방법 자체를 특허의 대상으로 하는 방법의 발명으로서 의약용도 발명을 허용할 수는 없지만, 의약이라는 물건에 의약용도를 부가한 의약용도 발명은 의약용도가 특정됨으로써 해당 의약물질 자체와는 별개로 물건의 발명으로서 새롭게 특허의 대상이 될 수 있다. 즉 물건의 발명 형태로 청구범위가 기재되는 의약용도 발명에서는 의약물질과 그것이 가지고 있는 의약용도가 발명을 구성하는 것이고(대법원 2009. 1. 30. 선고 2006후3564 판결, 대법원 2014. 5. 16. 선고 2012후3664 판결

---

50) 특정한 투여용법과 투여용량에 관한 용도발명의 신규성 유무 판단에 관한 기술구성 확정 내용은 같은 발명의 진보성 유무 판단에서의 기술구성 확정에도 적용될 수 있다. 그 외 진보성 판단에 관한 특유의 판단 기준에 관하여는 대법원 2017. 8. 29. 선고 2014후2702 판결 참조.
51) 대법원 2009. 5. 28. 선고 2007후2926 판결, 대법원 2009. 5. 28. 선고 2007후2933 판결.
52) 대법원 2012. 5. 24. 선고 2012후153, 191(병합) 판결.
53) 대법원 2015. 5. 21. 선고 2014후768 전원합의체 판결.

등 참조), 여기서의 의약용도는 의료행위 그 자체가 아니라 의약이라는 물건이 효능을 발휘하는 속성을 표현함으로써 의약이라는 물건에 새로운 의미를 부여할 수 있는 발명의 구성요소가 된다.

나아가 의약이 부작용을 최소화하면서 효능을 온전하게 발휘하기 위해서는 약효를 발휘할 수 있는 질병을 대상으로 하여 사용하여야 할 뿐만 아니라 투여주기 · 투여부위나 투여경로 등과 같은 투여용법과 환자에게 투여되는 용량을 적절하게 설정할 필요가 있는데, 이러한 투여용법과 투여용량은 의약용도가 되는 대상 질병 또는 약효와 더불어 의약이 그 효능을 온전하게 발휘하도록 하는 요소로서 의미를 가진다. 이러한 투여용법과 투여용량은 의약물질이 가지는 특정의 약리효과라는 미지의 속성의 발견에 기초하여 새로운 쓰임새를 제공한다는 점에서 대상 질병 또는 약효에 관한 의약용도와 본질이 같다고 할 수 있다. 그리고 동일한 의약이라도 투여용법과 투여용량의 변경에 따라 약효의 향상이나 부작용의 감소 또는 복약 편의성의 증진 등과 같이 질병의 치료나 예방 등에 예상하지 못한 효과를 발휘할 수 있는데, 이와 같은 특정한 투여용법과 투여용량을 개발하는 데에도 의약의 대상 질병 또는 약효 자체의 개발 못지않게 상당한 비용 등이 소요된다. 따라서 이러한 투자의 결과로 완성되어 공공의 이익에 이바지할 수 있는 기술에 대하여 신규성이나 진보성 등의 심사를 거쳐 특허의 부여 여부를 결정하기에 앞서 특허로서의 보호를 원천적으로 부정하는 것은 발명을 보호 · 장려하고 그 이용을 도모함으로써 기술의 발전을 촉진하여 산업발전에 이바지한다는 특허법의 목적에 부합하지 아니한다.

그렇다면 의약이라는 물건의 발명에서 대상 질병 또는 약효와 함께 투여용법과 투여용량을 부가하는 경우에 이러한 투여용법과 투여용량은 의료행위 그 자체가 아니라 의약이라는 물건이 효능을 온전하게 발휘하도록 하는 속성을 표현함으로써 의약이라는 물건에 새로운 의미를 부여하는 구성요소가 될 수 있다고 보아야 하고, 이와 같은 투여용법과 투여용량이라는 새로운 의약용도가 부가되어 신규성과 진보성 등의 특허요건을 갖춘 의약에 대해서는 새롭게 특허권이 부여될 수 있다.

대법원은 위 판결을 통해 의약용도 발명을 물건의 발명에 해당하면서도 의약발명에서 투여용법과 투여용량을 의약용도의 범주로 파악하고 신규성, 진보성 유무 판단을 위한 구성요소가 될 수 있음을 명확히 하였다.

사실 그동안 의약용도 발명의 본질이 방법발명인지 물건의 발명인지에 대해 견해가 나뉘어 있었다.

미국은 의료방법에도 특허성을 인정하고 있고 특허법 제100조(b)에서 새로운 용도를 방법발명으로 특허될 수 있다고 하고 있어 방법발명으로 보호하고 있고, 반면에 유럽은 유럽특허조약(EPC) 제53조(c)에서 치료방법발명은 특허대상이 아니라고 하면서도, 제54조(4)는 의약용도가 선행기술에 포함되지 아니하는 경우 제1의 의약용도 발명에 대해서 그 물질이나 조성물의 특허성이 부정되지 않는다고 규정하고, 제54조(5)에서 공지된 물질의 새로운 용도가 선행기술에 공지되지 않으면 제2의 의약용도 발명에 대해서 물질이나 조성물의 특허성이 부정되지 않는다고 규정하는 등의 영향으로 의약용도 발명을 물건 발명으로 보호하고 있다. 일본은 실무에서 의약용도 발명을 물건의 발명으로 보고 있다.

의약용도 발명은 어떤 물질의 특정한 용도에 관한 것이어서 어떤 물질을 전제로 한다는 점에서는 물건의 발명으로서의 성격이 있고, 다른 한편 특정한 용도라는 측면에서는 방법발명으로서의 성격도 가지고 있다. 다만 대부분의 의약용도 발명은 물질이 공지되어 있기 때문에 물질 자체로는 새롭게 특허로 보호받을 수 없는 상황에서 그 물질이 가지는 특정한 용도를 보호받고자 하는 것이기 때문에 본질적으로는 방법발명에 해당한다고 볼 수 있다.[54] 그런데 의약용도 발명을 방법발명으로 분류하게 될 경우에는 특허를 받을 수 없는 치료방법과 구분하기 어렵게 되어 의료행위에 제한을 주게 될 뿐만 아니라 그 보호범위가 너무 넓어진다는 문제가 발생하기 때문에 이를 물건의 발명으로 분류하게 된 것으로 보인다.[55]

다) 의약의 용도를 기재하면서 유효 성분의 약리기전을 부가한 경우의 기술구성 파악

의약용도 발명에서는 특정 물질과 그것이 가지고 있는 의약용도가 발명을 구성한다. 약리기전은 특정 물질에 불가분적으로 내재된 속성에 불과하므로, 의약용도 발명의 특허청구범위에 기재되는 약리기전은 특정 물질이 가지고 있는 의약용도를 특정하는 한도 내에서만 발명의 구성요소로서 의미를 가질 뿐, 약리기전 그 자체가 특허청구범위를 한정하는 구성요소라고 볼 수 없다.[56]

---

54) 이진희, “의약용도 발명의 특허성”, Law & technology, 제13권 제2호, 서울대학교 기술과법센터(2017), 59 참조. 신혜은, “투여용법·용량을 포함하는 의약용도 발명의 권리범위”, 산업재산권 48호, 한국산업재산권법학회(2015), 214는 의약발명의 본질은 공지 물질의 새로운 속성(치료효과)을 이용하여 인간을 치료하는 방법에 있지만 치료방법 발명에 대해 특허성을 인정하지 않는다는 대 전제를 고려하여 물건의 발명의 형태로 보호받을 수 있도록 한 것이고, 대법원이 투여용법·용량 또한 물건의 발명의 형식으로 보호되는 용도발명의 구성요소가 될 수 있다고 판단한 이상 의약용도 발명을 물건의 발명으로 봄이 타당하다고 한다.

55) 이혜진, “의약용도 발명의 특허법적 쟁점”, 사법논집(제61집), 법원도서관(2016), 322 참조.

56) 대법원 2014. 5. 16. 선고 2012후238, 245(공동소송참가) 판결. 대법원 2014. 5. 16. 선고 2012후3664 판결도 같은 취지에서 “...위 약리기전은 유효성분인 텔미사르탄에 불가분적으로

청구범위에 질병의 진단, 치료, 경감, 처치 또는 예방에 해당하는 약효로써 표현된 의약의 용도가 기재되어 있으면서 유효 성분의 약리기전이 추가로 기재된 경우, 유효 성분의 약리기전에 관한 표현 자체는 불명확한 것으로 볼 수 없다. 그러나 이를 독립적인 구성으로 인정하지 않고, 명세서로부터 그러한 약리기전에 의하여 나타나는 유효성분의 약효가 무엇인지 파악하여 의약의 용도를 해석한다.57)

6) 발명의 범주가 다른 경우

두 발명이 서로 동일한 발명인지 여부를 판단함에 있어서는 대비되는 두 발명의 실체를 파악하여 따져보아야 할 것이지 표현양식에 따른 차이가 있는지 여부에 따라 판단할 것은 아니므로, 대비되는 두 발명이 물건의 발명과 방법의 발명으로 서로 발명의 범주가 다르다는 사정만으로 곧바로 동일한 발명이 아니라고 단정할 수 없다.58)

7) 기능적 표현(means plus function)이 기재된 경우(기능식 청구항)

청구항을 기재할 때에는 보호받고자 하는 사항을 명확히 할 수 있도록 발명을 특정하는 데 필요하다고 인정되는 구조, 방법, 기능, 물질 또는 이들의 결합관계 등을 기재할 수 있다.

청구범위에 기능적 표현이 기재된 경우를 기능식 청구항이라 한다.

청구범위에 기능적 표현이 기재되어 있다고 함은 청구항에 구조가 아닌 기능, 효과, 성질 등에 의하여 발명을 특정하는 내용이 기재되어 있음을 말한다.

다만 청구범위에 외견상 기능적 표현으로 된 용어를 사용한 것처럼 보이더라도 구조에 대하여 상세하게 한정되어 있는 경우라든가 그 출원 당시의 기술수준으로 보아 그 발명의 기술분야에서 통상의 지식을 가진 자가 청구범위 기재 자체만으로 그 용어에 대한 구체적인 기술구성을 명확하게 인식할 수 있는 정도의 용어라면 굳이 이를 기능적 표현으로 볼 필요가 없다.59)

따라서 기능식 청구항이란 일응 발명을 이루는 구성요소 중 전부 또는 일부가 물

내재되어 텔미사르탄이 '당뇨병 예방 또는 치료 등'의 의약용도로 사용될 수 있도록 하는 속성에 불과하고, 텔미사르탄의 그러한 의약용도 범위를 축소 또는 변경하는 것은 아니므로, 결국 이 사건 제1항 발명은 유효성분인 텔미사르탄과 그것이 가지고 있는 의약용도인 '당뇨병 예방 또는 치료 등'으로 구성되어 있는 의약용도 발명으로 파악된다."라고 하였다.

57) 기술분야별 심사실무가이드 제5부 의약 분야 심사실무가이드 2.2.1.3., 특허청(2023).

58) 제36조의 동일성 여부에 관한 사안으로 대법원 2007. 1. 12. 선고 2005후3017 판결, 대법원 2009. 9. 24. 선고 2007후2797 판결 등 참조.

59) 대법원 2009. 7. 23. 선고 2007후4977 판결.

리적인 구조가 아닌 해당 구성요소의 기능, 효과, 성질 등으로 표현된 것으로서 그것이 출원 당시 기술수준으로 보아 그 발명의 기술분야에서 통상의 지식을 가진 사람이 청구범위 기재 자체만으로 그와 같은 표현에 대한 기술구성을 명확히 인식할 수 없게 기재된 청구항이라고 정의할 수 있다.

기능식 청구항의 청구범위 해석은 일반 청구항의 청구범위 해석 법리와 같다.

따라서 청구항에 기능적 표현이 기재된 경우에도 그와 같이 기재된 기능·특성 등이 발명의 내용을 한정하는 사항으로 포함된 이상 이를 발명의 구성에서 제외한 후 청구항을 해석할 수는 없고, 청구항에 기능·특성 등을 이용하여 물건을 특정한 기재는 특별한 사정이 없는 한 그러한 기능·특성 등을 가지는 모든 발명을 의미한다고 해석함이 원칙이다.

다만 그 예외로서 아래와 같은 경우를 들 수 있다.

① 청구항에 기재된 사항은 발명의 설명이나 도면 등을 참작하여야 그 기술적 의미를 정확하게 이해할 수 있으므로, 청구항에 기재된 용어가 특별한 의미로 해석되도록 발명의 설명이나 도면에 정의되거나 설명이 되어 있는 등의 다른 사정이 있는 경우에는 용어의 일반적인 의미를 기초로 하면서도 그 용어에 의하여 구체적으로 표현하고자 하는 기술적 의의를 고찰한 다음에 그 용어의 의미를 객관적, 합리적으로 해석하여 발명의 내용을 확정하고,[60] 청구항에 기재된 기능적 표현만으로는 특허를 받고자 하는 발명의 기술적 구성을 알 수 없거나 알 수 있더라도 기술적 범위를 확정할 수 없는 경우에는 발명의 설명이나 도면 등 명세서의 다른 기재부분을 보충하여 명세서 전체로서 특허발명의 기술내용을 실질적으로 확정할 수 있다.[61]

② 출원 시의 기술상식을 참작하여 청구항을 해석할 때 그러한 기능·특성 등을 가지는 모든 물건 중에서 특정한 물건을 의미하고 있다고 해석하는 것이 그 자체로 적절하지 않은 경우가 있다.

예를 들면 청구항에 '플라스틱 부재를 상호 선택적으로 접합하는 수단'이라고 되어 있는 경우, 여기서 '선택적으로 접합하는 수단'은 플라스틱 재질의 부재를 선택적으로 접합하는 데 사용되기 곤란한 자석이나 용접 등과 같은 접합 수단은 포함되지 않는 것으로 해석한다.[62]

③ 청구범위에 표현된 기능·특성 등을 가지는 모든 발명이 기술구성에 포함된다

60) 대법원 1998. 12. 22. 선고 97후990 판결, 대법원 2007. 10. 25. 선고 2006후3625 판결, 대법원 2009. 7. 23. 선고 2007후4977 판결 등 참조.

61) 대법원 2006. 10. 26. 선고 2004후2260 판결.

62) 특허·실용신안 심사기준 제3부 제2장 4.1.2.

고 해석하면 명세서에 개시된 기술내용을 넘어 발명의 기술구성이나 권리범위를 불합리하게 확대하는 결과가 되는 경우가 있다.

이러한 경우에는 발명의 설명이나 도면 등 명세서의 다른 기재부분을 보충하여 명세서 전체로서 특허발명의 기술내용을 실질적으로 확정할 수 있다.[63]

8) 제조방법 기재 물건 청구항(product by process claim)의 경우

제조방법 기재 물건 청구항 또는 프로덕트 바이 프로세스 청구항(product by process claim)이란 물건의 발명에 관한 청구항에서 물건을 특정하는 데 필요한 구성의 일부 또는 전부를 대체하는 제조방법에 의하여 특정된 요소가 적어도 하나 이상 기재되어 있는 청구항을 말한다.[64]

제조방법이 기재된 물건발명의 특허요건의 판단 방법에 대하여 그 동안 논란이 있었다.

종전에는, 실무가 제조방법이 기재된 물건발명을 그 제조방법에 의해서만 물건을 특정할 수밖에 없는 등의 특별한 사정이 있는지 여부로 나누어, 이러한 특별한 사정이 없는 경우에는 그 제조방법 자체를 고려할 필요가 없이 특허청구범위의 기재에 의하여 물건으로 특정되는 발명만을 선행기술과 대비하는 방법으로 신규성, 진보성 유무를 판단해야 한다는 취지로 판시한 적이 있었다.[65]

그 후 대법원은 제조방법이 기재된 물건발명의 특허요건을 판단함에 있어서 그 기술적 구성을 제조방법 자체로 한정하여 파악할 것이 아니라 제조방법의 기재를 포함하여 특허청구범위의 모든 기재에 의하여 특정되는 구조나 성질 등을 가지는 물건으로 파악하여 출원 전에 공지된 선행기술과 비교하여 신규성, 진보성 유무를 검토하는 것으로 정리하였다.[66]

---

63) 특허법원 2020. 12. 4. 선고 2019허8118 판결(심리불속행 상고기각 확정).

64) 이에 관한 자세한 내용은 윤태식, 프로덕트 바이 프로세스 청구항(Product By Process Claim)에 관한 소고, 사법논집(제45집), 법원도서관(2007), 483, 특허법 주해 I, 박영사(2010), 1181(프로덕트 바이 프로세스 청구항, 윤태식 집필부분), 윤태식, 제조방법 기재 물건 청구항의 청구범위 해석과 관련된 쟁점, 특별법연구 제11권, 사법발전재단(2014), 396~435 참조. 그 외 박민정, "프로덕트 바이 프로세스 청구항(Product by Process Claim)에 관한 고찰", 특허소송연구 6집(2013. 5.), 특허법원. 1 이하 및 손천우, "제조방법이 기재된 물건(Product by Process 청구항의 특허침해판단에서의 해석기준", 사법 36호, 사법발전재단(2016), 209 이하가 있다.

65) 대법원 2006. 6. 29. 선고 2004후3416 판결 등 참조.

66) 대법원 2015. 1. 22. 선고 2011후927 전원합의체 판결. 그 이유에 대해 생명공학 분야나 고분자, 혼합물, 금속 등의 화학 분야 등에서의 물건의 발명 중에는 어떠한 제조방법에 의하여 얻어진 물건을 구조나 성질 등으로 직접적으로 특정하는 것이 불가능하거나 곤란하여 제조방법

따라서 제조방법이 기재된 물건발명에서 청구항에 기재된 제조방법이 물건의 구조나 성질 등에 영향을 주는 경우에는 제조방법에 의해 특정되는 구조나 성질 등을 가지는 물건으로 신규성을 판단한다. 만일 제조방법이 기재된 물건발명에서 청구항에 기재된 제조방법이 물건의 구조나 성질 등에 영향을 미치지 않았다면 최종적으로 얻어진 물건 자체를 신규성 판단 대상으로 해석한다.67)

결국 청구항에 기재된 제조방법과 다른 방법에 의해서도 동일한 물건이 제조될 수 있더라도 그 물건이 출원 전 공지의 물건이라면 해당 청구항에 기재된 발명의 신규성이 부정될 수 있다.

참고로 제조방법이 기재된 물건발명의 권리침해 단계에서의 권리범위에 대해서는, 원칙적으로 (특허요건의 경우와 같이) 제조방법이 기재된 물건발명에서 청구항에 기재된 제조방법이 물건의 구조나 성질 등에 영향을 주는 경우에는 제조방법에 의해 특정되는 구조나 성질 등을 가지는 물건을 기준으로 판단하지만, 예외적으로 이러한 해석방법에 의하여 도출되는 특허발명의 권리범위가 명세서의 전체적인 기재에 의하여 파악되는 발명의 실체에 비추어 지나치게 넓다는 등의 명백히 불합리한 사정이 있는 경우에 한하여 그 권리범위를 청구범위에 기재된 제조방법의 범위 내로 한정할 수 있다.68)

3 신규성 등에서 발명의 동일성 범위

가. 특허법에서의 발명의 동일성

특허법에서 발명의 동일성이 문제되는 곳으로 신규성 관련 규정인 제29조 제1항, 확대된 선출원 관련 규정인 제29조 제3항 외에 공지예외 주장 출원(제30조), 정당한 권리자의 보호(제33조, 제34조), 선출원(제36조), 특허를 받을 수 있는 권리의 승계(제38조), 분할출원(제52조), 분리출원(제52조의2), 변경출원(제53조), 우선권 주장 출원(제54조, 제55조) 등이 있다.

그 외에 발명의 동일성 자체는 선택발명이나 수치한정발명 등에서의 신규성 판단 및 선사용권(제103조)의 대상과도 연결되어 있고, 출원에서 보정이 인정되는 범위 등과

에 의해서만 물건을 특정할 수밖에 없는 사정이 있을 수 있지만, 이러한 사정에 의하여 제조방법이 기재된 물건발명이라고 하더라도 그 본질이 물건 발명이라는 점과 특허청구범위에 기재된 제조방법이 물건의 구조나 성질 등을 특정하는 수단에 불과하다는 점은 마찬가지이므로, 이러한 발명과 그와 같은 사정은 없지만 제조방법이 기재된 물건발명을 구분하여 그 기재된 제조방법의 의미를 달리 해석할 것은 아니라고 하였다.

67) 대법원 2015. 1. 22. 선고 2011후927 전원합의체 판결 [등록무효(특)].

68) 대법원 2015. 2. 12. 선고 2013후1726 판결 [권리범위확인(특)].

도 연결되어 있는 등 특허제도 전반에 걸친 가장 중요한 기본 논제 중 하나이다.

실무에서 통상적으로 발명의 동일성 여부 판단 작업은, ① 선·후출원 발명의 청구범위를 해석하고, ② 대비 대상이 되는 두 발명의 기술구성을 서로 비교하여 공통점·차이점이 무엇인지 파악한 다음, ③ 그 차이점을 평가하는 단계로 이루어진다.

이러한 청구범위 해석을 전제로 대비대상이 되는 두 발명의 기술구성을 비교하여 두 발명이 서로 발명의 동일성 범위에 있다면 신규성이 부정된다고 결론을 내리게 된다.

이하 실무에서 논의되는 발명의 동일성에 대해 살펴보고 저자의 견해를 설명한다.

나. 신규성 등에서 발명의 동일성 범위에 관한 실무 내용

특허청의 특허·실용신안 심사기준에는 "신규성의 판단은 청구항에 기재된 발명과 선행발명의 구성을 대비하여 양자의 구성의 일치점과 차이점을 추출하여서 판단한다. 청구항에 기재된 발명과 인용발명(선행발명)의 구성에 차이점이 있는 경우에는 청구항에 기재된 발명은 신규성이 있는 발명이며, 차이점이 없으면 신규성이 없는 발명이다. 청구항에 기재된 발명과 선행발명이 전면적으로 일치하는 경우는 물론 실질적으로 동일한 경우에도 신규성이 없는 발명이다(대법원 2004. 10. 15. 선고 2003후472 판결). 여기서 발명이 실질적으로 동일한 경우란 과제해결을 위한 구체적 수단에서 주지·관용기술의 단순한 부가, 전환, 삭제 등에 불과하여 새로운 효과발생이 없고, 발명 간의 차이가 발명의 사상에 실질적인 영향을 미치지 않는 비본질적 사항에 불과한 경우를 말한다(대법원 2003. 2. 26. 선고 2001후1624 판결 참조)."라고 되어 있다.[69]

대법원도 "특허법 제29조 제1항의 발명의 동일성 여부의 판단은 특허청구범위에 기재된 양 발명의 기술적 구성이 동일한가 여부에 의하여 판단하되 그 효과도 참작하여야 할 것인바, 기술적 구성에 차이가 있더라도 그 차이가 과제 해결을 위한 구체적 수단에서 주지 관용기술의 부가, 삭제, 변경 등으로 새로운 효과의 발생이 없는 정도의 미세한 차이에 불과하다면 양 발명은 서로 동일하다는 법리[70]와 기록에 나타난 이 사건 특허발명이 해결하고자 하는 과제 및 효과 등을 종합하면, 이 사건 특허발명과 선행발명에서 차이가 나는 부분은 그 기술적 사상에 영향을 미치지 않는 단순한 설계변경에 해당하거나 그 과제해결을 위한 미세한 차이에 지나지 아니하므로 양 발명은 실질적으로 동일하다고 본 원심의 인정과 판단은 정당하고,…"라고 한다.[71]

---

69) 특허·실용신안 심사기준 제3부 제2장 4.3.
70) 대법원 2001. 6. 1. 선고 98후1013 판결, 대법원 2004. 3. 12. 선고 2002후2778 판결 참조.
71) 대법원 2004. 10. 15. 선고 2003후472 판결.

그리고 수치한정발명의 신규성과 관련하여 "구성요소의 범위를 수치로써 한정하여 표현한 발명이 그 출원 전에 공지된 발명과 사이에 수치한정의 유무 또는 범위에서만 차이가 있는 경우에는, 그 한정된 수치범위가 공지된 발명에 구체적으로 개시되어 있거나, 그렇지 않더라도 그러한 수치한정이 그 발명이 속하는 기술분야에서 통상의 지식을 가진 자가 적절히 선택할 수 있는 주지·관용의 수단에 불과하고 이에 따른 새로운 효과도 발생하지 않는다면 그 신규성이 부정된다."라고 한다.[72]

결국 대법원도 발명의 신규성 여부 판단에서 발명의 동일성의 범위에 실질적으로 동일성이 인정되는 범위까지 포함시키고 있다.

또한 대법원은, 확대된 선출원과 선출원에서도 "확대된 선출원에 관한 구 특허법(2006. 3. 3. 법률 제7871호로 개정되기 전의 것) 제29조 제3항에서 규정하는 발명의 동일성은 발명의 진보성과는 구별되는 것으로서 두 발명의 기술적 구성이 동일한가 여부에 의하되 발명의 효과도 참작하여 판단할 것인데, 기술적 구성에 차이가 있더라도 그 차이가 과제해결을 위한 구체적 수단에서 주지·관용기술의 부가·삭제·변경 등에 지나지 아니하여 새로운 효과가 발생하지 않는 정도의 미세한 차이에 불과하다면 두 발명은 서로 실질적으로 동일하다"라고 하고,[73] "구 특허법(1990. 1. 13. 법률 제42307호로 전문 개정되기 전의 것) 제11조 제1항은 동일한 발명에 대하여는 최선출원에 한하여 특허를 받을 수 있다고 규정하여 동일한 발명에 대한 중복등록을 방지하기 위하여 선(출)원주의를 채택하고 있는바, 전후로 출원된 양 발명이 동일하다고 함은 그 기술적 구성이 전면적으로 일치하는 경우는 물론 그 범위에 차이가 있을 뿐 부분적으로 일치하는 경우라도 특별한 사정이 없는 한, 양 발명은 동일하고, 비록 양 발명의 구성에 상이점이 있어도 그 기술분야에 통상의 지식을 가진 자가 보통으로 채용하는 정도의 변경에 지나지 아니하고 발명의 목적과 작용효과에 특별한 차이를 일으키지 아니하는 경우에는 양 발명은 역시 동일한 발명이다."[74]라고 하여 신규성, 확대된 선출원 및 선출원 규정에서의 발명의 동일성 범위를 사실상 동일하게 파악하고 있다.

이러한 입장에 따른다면 신규성, 확대된 선출원 및 선출원 규정에서의 발명의 동일성 범위는 실질적 동일성이 인정되는 범위까지 확대되어 넓게 인정되고 상호 간에 그 범위에 별다른 차이가 없다.

---

72) 대법원 2013. 5. 24. 선고 2011후2015 판결.

73) 대법원 2011. 4. 28. 선고 2010후2179 판결. 대법원 2021. 9. 16. 선고 2017후2369, 2017후2376(병합) 판결도 같은 취지이다.

74) 대법원 2009. 9. 24. 선고 2007후2827 판결.

다. 신규성 등에서 발명의 동일성 범위에 관한 저자의 견해

아직까지 특허청과 법원 등의 주류적인 실무는 확대된 선출원(선출원 범위의 확대) 등의 경우에 발명의 동일성과 발명의 진보성을 구별하고 있지만 신규성, 확대된 선출원(선출원 범위의 확대), 선출원(중복특허금지)의 각각의 발명의 동일성 인정 범위에는 서로 별다른 차이가 없다는 입장을 취하고 있는 것으로 보인다.

그런데 저자는 신규성, 확대된 선출원(선출원 범위의 확대), 선출원(중복특허금지)의 경우에 각각의 동일성 인정 범위를 동일하다고 해석함은 타당하지 않다고 생각한다.

발명의 동일성 여부가 발명의 '청구항(청구범위)에 기재된 발명의 기술구성'과 그 출원 전의 공지기술(실무에서 주로 선행발명, 비교대상발명, 인용발명으로 부르고 있다)을 1:1로 대비하여 그 발명의 모든 기술구성이 명시적(explicity) 또는 내재적(inherently)으로 개시되어 있는지를 살피고 두 발명의 기술구성의 일치점과 차이점을 파악한 다음, 그 차이점에 대하여 검토하는 방법으로 판단함은 앞서 기술한 바와 같다.

내재적 기술구성의 개시와 관련하여, 미국은 선행기술에 언급되어 있지 않은 기술구성이 있더라도 선행기술이 그러한 기술구성을 반드시 포함하고 있다는 점이 다른 선행문헌 등에 의해 증명되는 경우에 내재적 기술구성을 인정하고 있고,[75] 유럽에서는 통상의 기술자가 선행문헌에 개시된 기술구성을 실행하면 필연적으로 출원발명의 청구항의 구성요소들이 포함된다고 평가될 경우에 기술구성의 묵시적 개시(implicit disclosure)를 인정한다.[76] 일본 특허청의 특허실용신안 심사기준도 신규성 판단 시에 간행물에 기재된 발명의 구성을 출원 시 기술상식을 참작하여 통상의 기술자가 해당 선행발명의 간행물에 기재되어 있는 사항 및 간행물에 기재되어 있는 사항으로부터 도출할 수 있어 간행물에 기재되어 있는 것과 같은 사항으로 보고 있다.[77]

위와 같은 내용에 따르면 선행기술인 선행발명으로부터 문제가 된 발명의 신규성이 부정되기 위해서는 선행발명에 문제가 된 발명의 청구항에 기재되어 있는 기술 및 기재되어 있는 것과 마찬가지라고 인정할 수 있는 기술이 모두 개시되어 있어야 하고 그 외에 주지·관용기술의 단순한 부가, 전환, 삭제 등과 같은 실질적 동일성은 포함시키지 않게 되므로 신규성에서의 발명의 동일성을 매우 좁게 보게 된다.

저자 역시 신규성 유무 판단에서 발명의 동일성을 비교할 때 선행발명의 명세서(간

---

75) Continental Can Company U.S.A. Inc. v. Monsanto Company, 948 F.2d 1264 (Fed. Cir. 1991). 그 후 이러한 입장은 Transclean Corp. v. Bridgewood Services, Inc., 290 F.3d 1364 (Fed. Cir. 2002) 및 King Pharmaceuticals, Inc. v. Eon Labs, Inc., 616 F.3d 11267 (Fed. Cir. 2010) 판결 등에서도 그대로 유지되고 있다.

76) Guidelines for Examination in the European Patent Office, Part G Chapter VI. 6.

77) 일본 특허실용신안 심사기준 제II부 제2장 1.5.3 참조.

행물 등)에 기재되어 있는 기술 및 거기에 기재되어 있는 것과 마찬가지라고 평가할 수 있는 기술로 좁게 이해하고 그 외에 주지·관용기술의 단순한 부가, 전환, 삭제 등과 같은 실질적 동일성은 포함시키지 않고 이들은 진보성 유무 판단 문제로 보는 것이 타당하다고 보아 제29조 제1항 각 호의 신규성 상실사유에서 발명의 동일성의 범위는 좁게 보아야 한다는 견해이다.[78)]

다만 여기서 말하는 신규성과 진보성 등 사이에서의 발명의 동일성은 신규성 상실 예외 주장에서 출원된 발명이 먼저 공개된 발명과 동일성이 인정되는 범위 내에 있다면 출원된 발명에 대해 신규성 상실의 예외 효력이 미친다고 할 때의 동일성 범위 문제와는 구별할 필요가 있다(이에 대하여는 다시 후술한다).

저자는 모든 발명의 동일성 여부 판단에서 획일적으로 위와 같은 입장을 취하는 것은 아니다. 어느 발명을 선행발명과 1:1로 비교할 때 단순한 주지·관용기술의 부가·삭제·변경 등이 있는 경우는 신규성 유무 단계에서 고려할 필요가 없고 진보성 유무 단계에서 판단해도 충분하기 때문에 적어도 신규성 유무 판단에서 발명의 동일성 부분에는 위와 같은 실질적 동일성의 범위까지 굳이 포함시킬 필요가 없어 신규성 유무 판단에서의 발명의 동일성 범위를 매우 엄격하게 본다.[79)]

이 문제는 신규성 판단에서 실질적 동일성 개념을 어디까지 인정할 것인지 여부와도 밀접히 관련되어 있다. 이 부분은 실무에서 합의가 선행되어야 할 부분이기는 하나,[80)] 만일 제29조 제1항의 적용범위에서 실질적 동일성을 제외하고 출원발명의 청구

---

78) 윤태식, 판례중심 특허법, 진원사(2013), 96.

79) 김관식, "발명의 동일성에 관한 연구", 서울대학교 대학원 박사학위 논문(2013), 67~68에서, 유럽의 경우에도 구성의 차이가 있고 이것이 통상의 기술자에게는 주지의 균등물에 해당하더라도 이는 신규성의 문제가 아니라 진보성의 문제라고 하고 있는데(T169/84 O. J. EPO 1987, 369), 이러한 점은 우리나라에서 균등물의 치환에 대하여 동일한 발명으로 보고 있는 점(대법원 1986. 6. 10. 선고 83후2 판결)과 차이가 있음을 언급하고 있고, 결론에서 발명이 실질적으로 동일하다는 개념을 신규성의 판단 시에 도입하는 점은 타당하지 않고 이를 진보성 상실로 대체하는 것이 바람직하다고 주장한다.

80) 이러한 점이 있어서 대법원 2009. 9. 24. 선고 2007후2827 판결에서 "등록된 특허발명이 그 출원 전에 국내에서 공지되었거나 공연히 실시된 발명으로서 신규성이 없는 경우에는 그에 대한 등록무효심판이 없어도 그 권리범위를 인정할 수 없는바(대법원 1983. 7. 26. 선고 81후56 전원합의체 판결, 대법원 2003. 1. 10. 선고 2002도5514 판결 등 참조), 특허무효사유에 있어서 신규성 결여와 선원주의 위반은 특허발명 내지 후출원발명과 선행발명 내지 선출원발명의 동일성 여부가 문제된다는 점에서 다르지 않으므로, 위 법리는 후출원발명에 선원주의 위반의 무효사유가 있는 경우에도 그대로 적용된다."라고 설시함으로써, 마치 중복특허의 동일성 범위 자체가 신규성에서의 동일성 범위와 동일하다는 판시로 읽혀지지 않도록 문언에 주의를 기울인 것으로 보인다. 같은 날 선고된 동일한 쟁점의 다른 사건에서 대법원 2009후1040 판결은 '등록된 특허발명이 그 출원 전에 국내에서 공지되었거나…(중간 생략)…특허무효사유에 있어

항의 기술구성이 선행발명의 기술구성과 문언상 동일하다고 평가할 수 있는 정도로 한정하여 적용하여야 한다는 저자의 해석론에 의하면, 제29조 제1항과 제29조 제3항 및 제36조 제1항에서의 발명의 동일성 인정 범위는 다소 달라질 수 있다.

결국 저자의 견해에 의하면 신규성에서 발명의 동일성을 청구범위에 기재된 것 및 그와 같이 기재되어 있는 것과 마찬가지로 기재된 사항 등에 한정하는 것으로 매우 엄격하게 보아야 하고(이러한 해석론은 제29조 제1항에서의 발명의 동일성 개념에서 실질적 동일성 개념을 제외하거나 좁게 해석함으로써 제29조 제2항과의 관계를 상대적으로 명확히 설정하기 위함이다), (후술하지만) 확대된 선출원과 선출원에서의 각 발명의 동일성 기준 자체는 대동소이하나 그 구체적인 범위에 있어서는 선출원 쪽의 동일성이 확대된 선출원 쪽의 동일성보다는 다소 넓을 수 있다는 입장을 취한다.

이를 요약하여 기호로 표현하자면 동일성 범위가 「신규성 ⊂ 확대된 선출원 ⊆ 선출원」의 순으로 넓어질 수 있게 된다. 이에 대한 더욱 구체적인 내용은 해당 설명 부분에서 이미 설명하였다.

Ⅳ. 신규성 상실 사유

제29조 제1항은 어느 발명이 산업상 이용할 수 있는 발명으로서 특허출원 전에 국내 또는 국외에서 공지되었거나 공연히 실시된 발명(제1호),[81] 특허출원 전에 국내 또는 국외에서 반포된 간행물에 게재되거나 전기통신회선을 통하여 공중이 이용할 수 있게 된 발명(제2호)을 제외하고는 그 발명에 대하여 특허를 받을 수 있다고 규정하고 있다.

여기서 특허출원 전이란 특허출원일의 날(日)이 아닌 특허출원의 시각(時刻, 외국에서 공지된 경우 한국시간으로 환산한 시간)까지 고려한 개념이다.

특허출원 전의 의미는 발명의 공지 또는 공연 실시된 시점이 특허출원 전이라는 의미이지 그 공지 또는 공연 실시된 사실을 인정하기 위한 증거가 특허출원 전에 작성된 것을 의미하는 것은 아니므로, 법원은 특허출원 후에 작성된 문건들에 기초하여 어떤 발명 또는 기술이 특허출원 전에 공지 또는 공연 실시된 것인지 여부를 인정할 수

서 신규성 결여와 선원주의 위반은 특허발명 내지 후출원발명과 선행발명 내지 선출원발명의 동일성 여부가 문제되는 점에서 다르지 않으므로, 등록된 특허발명이 선출원된 발명과 동일한 발명이어서 원래 특허를 받을 수 없는 발명인 경우에는 등록무효심판이 없어도 그 권리범위를 인정할 수 없다고 보아야 할 것이다'라고 하고 있다.

81) 실무에서는 이를 통틀어 '공지 · 공용 발명'이라고 부르고 있다.

있다.[82)]

특허발명의 신규성 또는 진보성 판단과 관련하여 해당 특허발명의 구성요소가 출원 전에 공지된 것인지는 사실인정의 문제이고, 그 공지사실에 관한 증명책임은 신규성 또는 진보성이 부정된다고 주장하는 자에게 있다. 따라서 권리자가 자백하거나 법원에 현저한 사실로서 증명을 필요로 하지 않는 경우가 아니라면, 그 공지사실은 증거에 의하여 증명되어야 하는 것이 원칙이다.

특허명세서에 배경기술 또는 종래기술로 기재되어 있다고 하여 그 자체로 공지기술로 볼 수 없고, 명세서의 전체적인 기재와 출원경과를 종합적으로 고려하여 출원인이 일정한 구성요소는 단순히 배경기술 또는 종래기술인 정도를 넘어서 공지기술이라는 취지로 청구범위의 전제부에 기재하였음을 인정할 수 있는 경우에만 별도의 증거 없이 청구범위의 전제부 기재 구성요소가 출원 전 공지된 것이라고 사실상 추정된다.

다만 이러한 추정이 절대적인 것은 아니므로 출원인이 실제로는 출원 당시 아직 공개되지 아니한 선출원발명이나 출원인의 회사 내부에만 알려져 있었던 기술을 착오로 공지된 것으로 잘못 기재하였음이 밝혀지는 경우와 같이 특별한 사정이 있는 때에는 추정이 번복될 수 있다.[83)]

1 공지 · 공연 실시 발명(제29조 제1항 제1호)

공지된 발명이라 함은 어느 발명이 불특정인에 알려지거나 그 불특정인이 알 수 있는 상태에 놓인 것을 말한다.

공연히 실시된 발명이라 함은 어느 발명이 비밀유지의무 등의 제한이 없는 상태에서 양도 등의 방법으로 사용되어 불특정인에 알려지거나 그 불특정인이 쉽게 알 수 있는 상태로 실시된 것, 즉 기술사상을 보충 또는 부가하여 다시 발전시킴이 없이 그 실시된 바에 따라 직접 쉽게 반복하여 실시할 수 있는 것임을 말한다.[84)][85)]

---

82) 대법원 2007. 4. 27. 선고 2006후2660 판결.
83) 대법원 2017. 1. 19. 선고 2013후37 전원합의체 판결.
84) 대법원 1996. 1. 23. 선고 94후1688 판결. 대법원 2008. 5. 29. 선고 2007후4557 판결은 명칭을 '보강토 옹벽용 블록'으로 하는 특허발명이 그 출원 전 공연실시된 증거로 삼은 카탈로그 사진에 도시된 옹벽용 블록에 특허발명의 기술적 특징이 나타나 있는지 쉽게 알 수 없고 실시한 제품이 아닌 별개의 물품에 해당된다는 이유로 공연실시되었다고 한 원심을 파기하였다.
85) 다만 대법원 2002. 6. 25. 선고 2000후1290 판결 등 외 대부분의 대법원판결에서는 여기서 공지되었다고 함은 반드시 불특정다수인에게 인식되었을 필요는 없더라도 적어도 '불특정다수인'이 인식할 수 있는 상태에 놓여져 있음을 의미한다라고 하여 불특정 다수인이라는 용어를 사용하고 있다. 대법원 2002. 6. 14. 선고 2000후1238 판결, 대법원 2021. 4. 29. 선고 2017

해당 발명품을 그 출원일 이전에 동종업자에게 납품한 사실이 있다면 그 발명은 일반인의 눈에 띔으로써 바로 알려져 모방할 수 있는 것이므로 공지로 된다.[86] 다만 예를 들어 발명품이 해당 발명의 출원 전에 불특정인이 인식할 수 있는 장소에 설치되어 있었더라도 해당 발명은 그 구성요소들의 배치 또는 연결관계에 대한 구성을 그 특징으로 하고 있고, 통상의 기술자가 공개된 장소에 설치된 그 시설물을 보고도 해당 발명의 구성에 관하여 공간적, 시간적인 수치 한정의 기술내용을 쉽게 파악할 수 없다면 위 발명품의 설치만으로 해당 발명의 기술내용이 공연히 실시되었다고 할 수 없다.[87]

실시의 의미에 대하여는 제2조 제3호에 규정되어 있고 「제2장 특허법의 보호대상 제4절 실시의 개념」에서 설명하며 관련하여 소진 · 병행수입 등의 문제는 「제8장 특허권의 설정등록 · 존속기간 · 효력 제2절 특허권의 효력 IV. 특허권 소진 · 진정상품의 병행수입에 관한 문제」 부분에서 설명한다.

여기서 불특정인은 일반 공중을 의미하는 것이 아니라 발명의 내용을 비밀로 유지할 의무가 없는 사람을 말하고 그 인원의 많고 적음을 불문한다. 따라서 비밀을 유지할 의무가 있는 사람이 발명의 내용을 알게 되었다면 불특정인에 해당되지 않아 설령 이때 다수가 발명의 내용을 알고 있더라도 발명이 공지되었다고 할 수 없고 비밀을 유지할 의무가 없는 사람이 발명의 내용을 알게 된 이상 1인이라도 발명이 공지되었다고 보므로, 불특정인 외에 다수인지 소수인지 여부는 의미가 없다.[88]

또한 비밀로 유지할 의무(비밀유지의무)는 통상 법령[89]이나 계약[90]에 의해 인정되

후2963 판결 등 참조. 이는 공연 실시에 대하여도 같다. 대법원 2012. 4. 26. 선고 2011후4011 판결, 대법원 2021. 4. 29. 선고 2017후2963 판결 등 참조.

후술하지만 저자는 공지의 대상은 불특정인으로 충분하고 다수 · 소수 여부는 의미가 없다는 의견이다.

86) 대법원 2000. 12. 22. 선고 2000후3012 판결. 대법원 2004. 5. 27. 선고 2002후1911 판결은 특허발명의 기술구성들이 포함된 기계가 납품된 후 주요 구성 및 작동과정이 외부에 노출된 상태로 설치되어 육안으로 이를 쉽게 관찰할 수 있었고, 기계가 설치된 작업장 부근에도 외부인의 접근을 통제하는 경고 표시나 장치도 없어 공장의 직원들은 물론 정문을 통과한 납품업자나 관련 부서 직원의 안내를 받는 방문자가 해당 기계가 설치된 작업장을 자유롭게 출입할 수 있었다면 공지되었다고 하였다.

87) 대법원 2002. 9. 24. 선고 2000후3463 판결.

88) 앞에서 언급한 불특정다수인으로 명시하고 있는 다수의 판결과는 달리 대법원 2002. 6. 25. 선고 2000후1290 판결은 "비록 소수의 사람만이 그 내용을 알았다 하더라도 선행발명 3이 이 사건 특허발명의 출원 전에 공지되었거나 공연히 실시된 발명이라고 보는데 아무런 지장이 없다"고 한 원심판단을 수긍하였다.

89) 특허청 직원, 특허심판원 소속 직원이거나 직원이었던 사람(특허법 제226조), 특허법 제58조 제2항의 규정에 따른 전문기관, 특허법 제58조 제3항에 따른 전담기관의 임직원이거나 임직원이었던 사람(특허법 제226조의2), 법원의 비밀유지명령에 의하여 비밀유지의무를 부담하는 사

나, 그 외에 신의칙상[91] 내지 사회통념상[92] 또는 상관습상[93]으로도 인정될 수 있다.[94] 공지는 비밀이 아닌 상태로 제3자가 객관적으로 인식할 수 있는 상태에 있으면 충분하고 제3자가 그것을 실제로 인식하였는지 여부는 문제로 되지 아니한다.[95]

람(특허법 제224조의3, 발명진흥법 제55조의9), 대리상, 회사 이사, 준법지원인의 비밀유지의무를 부담하는 사람(상법 제92조의3, 제382조의4, 제542조의13) 등이다. 특허법 제58조의2는 전문기관의 임직원이 특허출원 중인 발명(국제출원 중인 발명을 포함한다)에 관하여 직무상 알게 된 비밀을 누설하거나 도용한 경우 등이 있는 경우에 전문기관의 지정취소 등에 대하여 규정하고 있다.

90) 대법원 2022. 1. 13. 선고 2021후10732 판결은 "원고 보조참가인이 이 사건 계약에 따라 소외 회사에 최초 납품한 선행발명 4는 시제품의 의미만을 가질 뿐이고, 이후 협의에 따른 제품 개량을 거쳐 최종 납품이 이루어졌을 때에야 비로소 이 사건 계약의 이행이 완료되었다고 볼 수 있다. 또한 소외 회사와 원고 보조참가인은 이러한 계약 이행의 완료라는 공동 목적 하에 서로 협력하는 관계에서 제3자에 대한 계약 이행 사항의 누설 금지 의무를 부담하였고, 나아가 이 사건 시운전 당시 소외 회사에 의해 제한된 인원만 참석하는 등 실제로 비밀유지를 위한 조치가 이루어졌다고 볼 만한 정황도 엿보인다. 따라서 선행발명 4는 이 사건 특허발명 출원 전에 국내 또는 국외에서 공연히 실시된 것이 아니라고 볼 여지가 있다."라고 하였다. 위 사안에서 시운전 당시에는 원고 보조참가인으로부터 선행발명 4를 제작한 업체도 참가하였다.

91) 대법원 1992. 10. 27. 선고 92후377 판결은 심판청구인이 다른 회사에 인용의장에 관한 제작도면을 첨부하여 제출한 형식승인의뢰서는 공개의 목적으로 만들어진 간행물이라고 볼 수 없고, 위 회사는 신의칙상 심판청구인이 위 회사를 위하여 고안한 후 형식승인을 받기 위하여 제출한 인용의장의 제작도면을 비밀로 할 의무가 있다고 하였다. 대법원 2001. 2. 23. 선고 99후1768 판결은 피고 회사와 ○○음반의 양 회사는 이 사건 등록의장과 출원 전까지 여러 차례의 회의를 거쳐 최종적으로 위 완제품 샘플을 채택하기로 결정하였는바, 이러한 여러 사정 등을 종합하여 보면, ○○음반이나 그 관계직원들은 신의칙상 또는 사회통념상 피고 회사를 위하여 위 완제품 샘플의 의장을 비밀로 하여야 할 관계에 있다고 하였다. 대법원 2002. 9. 24. 선고 2000후3463 판결은 한국도로공사는 피고와 시험설치계약을 직접 체결한 당사자로서 특별한 사정이 없는 한 신의칙상 비밀유지의무가 있다고 하였다.

92) 대법원 2001. 2. 23. 선고 99후1768 판결 등 참조. 다만 사회통념상 또는 상관습상 비밀유지의무가 있는지 유무는 보유자측의 상대방에 대한 신뢰관계 정도와 상대방 측의 이해관계 등의 주관적인 사정과 해당 기술의 특성, 내용, 공표 여부, 거래계에서의 평가 및 계약 내용 등의 객관적인 사정 등을 종합하여 판단할 필요가 있다.

93) 대법원 2005. 2. 18. 선고 2003후2218 판결은 하청을 받은 업체가 하청을 준 업체와 도급인과 사이에 비밀유지약정이 체결되어 있음을 알고 있었다면 상관습상 비밀유지의무를 부담한다고 하였다.

94) 대법원 1984. 12. 26. 선고 84후8 판결은 체신부를 비롯한 정부기관 및 그 산하단체 등 6개처의 실무자들 간에 작성된 서울 지하철건설에 따른 지장통신 시설보호 및 복구방법에 관한 합의사양서인 갑 제7호증이 위 6개처 간에 작성된 것 자체만을 가지고 이를 배부 또는 반포된 것으로 볼 수 있다거나 또는 그 내용상의 고안이 공지로 된 것이라고 볼 수 없고 그것이 실제 위 6개처 이외의 동종업자들에게 배부된 때로부터 비로소 그 내용상의 고안이 공지된 것으로 볼 수 있다고 하였다.

95) 대법원 1983. 2. 8. 선고 81후64 판결, 대법원 1996. 6. 14. 선고 95후19 판결, 대법원 2002. 6. 14. 선고 2000후1238 판결, 대법원 2004. 12. 23. 선고 2002후2969 판결 등 참조. 한편

발명을 공개한 자와의 사이에 비밀유지의무가 있다는 사실은 특별한 사정이 없는 한 공지 또는 공연 실시사실을 부인하는 특허권자가 주장 · 증명한다.

한편 비밀유지의무 있는 사람이라도 그 의무를 위반하여 보유하는 발명의 내용을 공개하여 버리면 공개된 사실에 따른 효력을 되돌릴 수 없기 때문에 그 때부터 그 발명은 공지된 것으로 본다(다수설).96) 이때 해당 발명에 관하여 특허를 받을 수 있는 정당한 권리를 가진 자는 제30조의 공지 등이 되지 아니한 발명으로 보는 경우에 관한 규정(신규성 상실의 예외조항)을 주장하여 구제받을 수 있다. 제30조는 특허를 받을 수 있는 권리를 가진 자에 의하여 공지 · 공용된 경우와 특허를 받을 수 있는 권리를 가진 자의 의사에 반하여 공지 · 공용된 경우에 대하여 규정하고 있다(뒤의 「VI. 신규성 상실의 예외」에서 설명함).

특허는 출원된 것만으로는 공지로 되었다고 할 수 없지만 등록일 이후에는 불특정인이 해당 특허의 내용을 인식할 수 있는 상태에 놓이게 되어 공지되었다고 보며 이때 특허공보가 발행되어야 비로소 그 특허가 공지되는 것이 아니다.97)

특허권에 대해 등록공고가 없더라도 등록되면 누구라도 그 출원서를 열람할 수 있으므로 제29조 제1항 제1호의 선행기술 자료로 사용할 수 있다.

그러나 예를 들어 제216조 제2항98) 등에 따라 출원이 등록공고 또는 출원공개되지 않은 경우와 같은 특별한 사정이 있다면, 그 출원서는 제29조 제1항 제2호의 특허

특허법원 2017. 6. 16. 선고 2016허7947 판결은 창틀 프레임의 시공에 관한 하도급계약을 체결하고 창틀 프레임을 시공한 사안에서, "발명과 동일한 물건이 매매, 도급 등을 원인으로 양도된 경우에는 양수인에게 비밀유지의무가 부과되었다는 등의 특별한 사정이 없는 한 외관을 통해 발명의 기술적 구성을 용이하게 알 수 없더라도 그 발명이 속하는 기술분야에서 통상의 지식을 가진 사람이 그 물건을 분해하거나 분석하여 발명의 기술적 구성을 용이하게 알 수 있다면 그 물건이 양도됨으로써 양수인을 비롯한 불특정 다수인이 발명의 기술적 구성을 인식할 수 있는 상태에 놓인 것이므로 발명이 공연히 실시된 것으로 볼 수 있다."라고 한다.

96) 이와 반대로, 디자인에 관한 사안이나 특허법원 2008. 8. 14. 선고 2008허248 판결(미상고 확정)은 디자인의 창작자와 사이에 비밀유지의무가 있는 자가 함부로 유출한 디자인은 디자인보호법 제33조 제1항 제1호의 공지된 디자인에 해당하지 않는다고 하였다.

97) 대법원 2001. 7. 27. 선고 99후2020 판결, 대법원 2009. 12. 24. 선고 2009다72056 판결 참조.

98) 「특허청장 또는 특허심판원장은 제1항의 신청이 있더라도 다음 각 호의 어느 하나에 해당하는 서류를 비밀로 유지할 필요가 있다고 인정하는 경우에는 그 서류의 열람 또는 복사를 허가하지 아니할 수 있다. 1. 출원공개 또는 설정등록되지 아니한 특허출원(제55조제1항에 따른 우선권 주장을 수반하는 특허출원이 출원공개 또는 설정등록된 경우에는 그 선출원은 제외한다)에 관한 서류 2. 출원공개 또는 설정등록되지 아니한 특허출원의 제132조의17에 따른 특허거절결정에 대한 심판에 관한 서류 3. 공공의 질서 또는 선량한 풍속에 어긋나거나 공중의 위생을 해칠 우려가 있는 서류」

출원 전에 국내 또는 국외에서 반포된 간행물이 아니므로 그 출원에 기재된 발명은 제29조 제1항 제2호의 선행기술로는 사용할 수 없다.

2 간행물 게재 발명(제29조 제1항 제2호 전단)

간행물은 인쇄 기타 기계적, 전기적 방법에 의하여 공개할 목적으로 복제된 문서, 도화, 사진 등의 정보전달 매체를 말하고, 간행물의 예로는 국내・외에서 발간된 특허 관련 공보가 가장 대표적인 것이고 그 밖에 서적, 논문, 제품의 카탈로그, 마이크로필름, 컴퓨터 디스크 등이 있다.

청구범위의 전제부에 기재한 구성요소나 명세서에 종래기술로 기재한 사항이 출원 전에 공지된 것으로 볼 것인지가 문제된다. 당초 이를 긍정한 사례가 있었다.[99]

하지만 특허명세서에 배경기술 또는 종래기술로 기재되어 있다고 하여 그 자체로 공지기술로 볼 수 없고, 명세서의 전체적인 기재와 출원경과를 종합적으로 고려하여 출원인이 일정한 구성요소는 단순히 배경기술 또는 종래기술인 정도를 넘어서 공지기술이라는 취지로 청구범위의 전제부에 기재하였음을 인정할 수 있는 경우에만 별도의 증거 없이도 청구범위의 전제부 기재 구성요소가 출원 전 공지된 것이라고 사실상 추정된다. 다만 이러한 추정이 절대적인 것은 아니므로 출원인이 실제로는 출원 당시 아직 공개되지 아니한 선출원발명이나 출원인의 회사 내부에만 알려져 있었던 기술을 착오로 공지된 것으로 잘못 기재하였음이 밝혀지는 경우와 같이 특별한 사정이 있는 때에는 추정이 번복될 수 있다.[100]

여기에서 말하는 '특별한 사정'에 해당하는 경우에는 앞에서 설명한 출원인이 실제로는 출원 당시 아직 공개되지 아니한 선출원발명이나 출원인의 회사 내부에만 알려져 있었던 기술을 착오로 공지된 것으로 잘못 기재하였음이 밝혀지는 경우 외에도 특허발명의 설명에 어느 발명이 종래기술로 기재되어 있으나 실제로 그 발명이 해당 특허발명의 출원 후에 공개되거나 등록된 경우임이 밝혀진 경우[101] 등과 같이 명세서에 종래

---

99) 대법원 2005. 12. 23. 선고 2004후2031 판결.

100) 대법원 2017. 1. 19. 선고 2013후37 전원합의체 판결. 위 판결 이유에 "청구범위의 전제부 기재 구성요소 또는 명세서의 종래기술이라는 이유만으로 공지된 것으로 볼 수 있다거나 심지어 이를 하나의 선행기술로 사용할 수 있다고 보는 잘못된 시각이 바로잡히기를 기대한다."라는 내용이 있다.

101) 특허법원 2000. 9. 28. 선고 2000허2453 판결(미상고 확정), 특허법원 2000. 12. 23. 선고 2000허4565 판결(미상고 확정)은 명세서에 종래 기술로 기재되었더라도 그 출원 전에 공지되지 않았다면 선행기술로 사용할 수 없다고 하였고, 대법원 2017. 1. 19. 선고 2013후37 판결은 출원인이 실제로는 출원 당시 아직 공개되지 아니한 선출원발명이나 출원인의 회사 내부에

기술로 기재되어 있더라도 공지기술이 아니라는 점이 증명되는 경우 등을 생각해 볼 수 있다.

반포는 간행물을 불특정인이 그 기재 내용을 인식할 수 있는 상태에 두는 것을 말한다.[102] 일반인이 실제로 열람하여 기재 내용을 알고 있을 필요는 없다.

박사학위논문은 논문심사 위원회에서 심사를 받기 위하여 일정한 부수를 인쇄 내지 복제하여 대학원 당국에 제출하는 것이 관례로 되어 있다고 하더라도 이는 논문심사를 위한 필요에서 심사에 관련된 한정된 범위의 사람들에게 배포하기 위한 것에 불과하므로, 그 내용이 논문심사 전후에 공개된 장소에서 발표되었다는 등의 특별한 사정이 없는 한, 인쇄 시나 대학원 당국에의 제출 시 또는 논문심사 위원회에서의 인준 시에 곧바로 반포된 상태에 놓이거나 논문내용이 공지된다고 보기는 어렵고, 일반적으로는 논문이 일단 논문심사에 통과된 이후에 인쇄 등의 방법으로 복제된 다음 공공도서관 또는 대학도서관 등에 입고(서가에 진열)되거나 주위의 불특정 다수인에게 배포됨으로써 비로소 일반 공중이 그 기재내용을 인식할 수 있는 반포된 상태에 놓이게 되거나 그 내용이 공지되는 것이 경험칙이고,[103] 위와 같은 반포시점 이전인 도서관에서의 등록 시에 곧바로 반포된 상태에 놓이거나 그 기재 내용이 공지로 되는 것은 아니다.[104]

제품 카탈로그는 제작되었으면 배부·반포되는 것이 사회통념이고, 제작한 카탈로그를 배부·반포하지 아니하고 그대로 가지고 있다는 것은 경험칙상 맞지 않으므로 카탈로그의 배부범위, 비치장소 등에 관하여 구체적인 증거가 없다고 하더라도 그 카탈로그가 제29조 제1항 제2호와 관련하여 제작(발행) 무렵에 배부·반포되었다고 인정된다.[105] 이에 대해 특허청은 간행물에 반포시기가 발행 연도만이 기재되어 있는 경우에는 해당 연도의 말일에, 발행년월만이 기재되어 있는 경우에는 해당 연월의 말일에, 발행년월일까지 기재되어 있는 경우에는 그 연월일에 각각 반포된 것으로 취급하고 있으나,[106] 별다른 자료 없이 그와 같이 단정하는 것은 곤란하고 소송절차에서 제출된 증

만 알려져 있었던 기술을 착오로 공지된 것으로 잘못 기재하였음이 밝혀지는 경우를 들고 있다.

102) 대법원 1986. 12. 23. 선고 83후40 판결, 대법원 1992. 10. 27. 선고 92후377 판결 등 참조.

103) 대법원 1996. 6. 14. 선고 95후19 판결, 대법원 2002. 9. 6. 선고 2000후1689 판결, 대법원 2006. 11. 24. 선고 2003후2072 판결 등 참조.

104) 대법원 1996. 11. 26. 선고 95후1517 판결, 대법원 2002. 9. 6. 선고 2000후1689 판결 참조.

105) 대법원 1998. 9. 4. 선고 98후508 판결, 대법원 2000. 12. 12. 선고 98후1884 판결은 시공매뉴얼에 대하여 같은 취지로 판시한 반면에, 대법원 1992. 10. 27. 선고 92후377 판결은 부품제조자가 자동차회사로부터 형식승인을 받기 위하여 위 회사에 의장에 관한 제작도면을 첨부하여 제출한 형식승인의뢰서는 공개의 목적으로 만들어진 간행물이라고 볼 수 없다고 하였다.

106) 특허·실용신안 심사기준, 제3부 제2장 3.3.3.

거에 따른 법관의 사실인정 문제에 맡기는 것이 옳을 것이다.

'간행물에 게재된 발명'이란 그 문헌에 직접적으로 명확하게 기재되어 있는 사항 및 문헌에 명시적으로는 기재되어 있지 않으나 사실상 기재되어 있다고 인정할 수 있는 사항에 의하여 파악되는 발명을 말한다.[107] 여기서 사실상 기재되어 있다고 인정할 수 있는 사항이란 그 발명이 속하는 기술분야에서 통상의 지식을 가진 자가 출원 시의 기술상식을 참작하여 출원 시에 간행물에 기재된 사항에 의하여 파악해 낼 수 있는 사항을 포함한다. 발명이 간행물에 기재되어 있다고 하기 위해서는 적어도 발명이 어떤 구성을 가지고 있는가가 제시되어 있어야 하고, 예컨대 내부에 특징이 있는 발명에 대해 그 외형 사진만이 게재되어 있는 경우에는 여기서 말하는 간행물에 기재된 발명에 해당하지 않는다.[108]

선출원이 무효 · 취하 · 포기 또는 거절결정이나 거절한다는 취지의 심결이 확정되기 전에 제64조(출원공개)에 따라 출원공개된 경우에 그 선출원은 간행물에 게재된 발명에 해당한다.

3 전기통신회선을 통하여 공중이 이용할 수 있게 된 발명(제29조 제1항 제2호 후단)

구 특허법(2001. 2. 3. 법률 제6411호로 개정된 것, 2001. 7. 1. 시행)에서 제29조 제1항 제2호를 개정하여 대통령령이 정하는 일정한 전기통신회선을 통하여 공중이 이용할 수 있게 된 발명에 대해서는 간행물을 통하여 공개된 발명과 같은 지위를 부여할 수 있도록 하였고,[109] 구 특허법(2013. 3. 22. 법률 제11654호로 개정된 것, 2013. 7. 1. 시행)에서는 제29조 제1항 제2호에서 "대통령령이 정하는"이라는 문구를 삭제하여 전기통신회선을 통하여 공중이 이용할 수 있게 된 발명에 대해서는 모두 제29조 제1항 제2호를 적용하도록 하였다.[110]

전기통신회선(telecommunication line)이란 유선, 무선, 광선 및 기타의 전기 · 자기

---

107) 대법원 1997. 8. 26. 선고 96후1514 판결.

108) 대법원 1997. 12. 23. 선고 97후433 판결.

109) 이에 따라 2013. 6. 30.까지 출원된 발명에 대하여는 구 특허법 시행령(2013. 6. 28. 령 제24645호로 개정되기 전의 것) 제1조의2에서 정하는 전기통신회선에 한정된다.

110) 이에 따라 전기통신회선을 통한 공지를 선행기술로 사용할 때에 2013. 6. 30.까지의 출원에서는 구 특허법 제29조 제1항 제2호(구 특허법 시행령 제1조의2에서 정한 경우)나 제1호(그 외 전기통신회선)를 적용하는 데 반해, 2013. 7. 1.부터의 출원에서는 제29조 제1항 제2호를 적용한다.

적 방식으로 (일방향이 아닌) 쌍방향으로 송·수신이 가능한 전송로(예를 들면 인터넷 등 데이터 통신망)를 말한다. 전기통신회선에는 인터넷은 물론 전기통신회선을 통한 공중게시판(public bulletin board), 이메일 그룹 등이 포함되며, 미래에 기술의 발달에 따라 새로이 나타날 수 있는 전기·자기적인 통신방법도 포함될 수 있다.

여기서 공중이란 비밀유지의무가 없는 불특정인을 말하며, 이용가능성은 공중이 자료에 접근하여 그 발명내용을 인식, 실시할 수 있는 상태를 말하는 것으로 공중이 그것에 접근할 수 있다면 공중이 이용할 수 있게 된 것으로 인정한다.

전기통신회선에서의 공개시점은 전기통신회선에 해당 발명을 게재한 시점이다. 따라서 이미 반포된 간행물을 전기통신회선을 통하여 공개한 경우라도 전기통신회선에 공개된 발명을 인용하는 경우에는 발명이 전기통신회선에 공개된 시점을 공개일로 하여야 한다. 심사관이 전기통신회선을 통하여 공개된 기술을 심사과정에서 인용하는 경우 세계지식재산권기구 표준(WIPO Standard) ST.14에 따라 저자(author), 글의 제목(title), 간행물 명칭, 해당 페이지(또는 그림, 도표 등), 공개일, 검색일, 홈페이지 주소 등을 기재하여야 한다.[111)]

인터넷 웹사이트에 게재된 내용의 실제 게재일을 확인하기 위하여 해당 전기통신회선의 정보 게재에 관한 권한이나 책임을 가지는 담당자에게 게재사실을 문의하거나 미국의 비영리단체인 인터넷 아카이브가 운영하는 사이트(www.archive.org)에 저장된 내용과 게재일에 관한 자료를 활용할 수 있다.[112)]

V. 신규성 부정에 따른 취급

1 거절이유 · 취소사유 · 무효사유 및 청구항 판단 방법

가. 거절이유 · 취소사유 · 무효사유

제29조 제1항 각 호에 위반한 출원은 거절결정을 받게 되고(제62조 제1호) 특허결정 후에도 특허결정을 취소하고 직권으로 다시 심사하여 거절할 수 있다(제66조의3).

이러한 흠을 발견하지 못하여 등록되더라도 특허권의 설정등록일부터 등록공고일

111) 특허 · 실용신안 심사기준 제3부 제2장 3.4.4.

112) 특허 · 실용신안 심사기준 제3부 제2장 3.4.3. 그러나 웨이백 머신(wayback machine)은 인터넷 아카이브가 만든 일종의 디지털 타임캡슐인데, 보존한 웹 페이지는 저장된 지 6~12개월 이후에 공개되고 저장하는 주기가 일정하지 않기 때문에 모든 업데이트가 웹사이트에 기록되는 것은 아니다.

후 6개월이 되는 날까지 제29조 제1항 제2호의 규정에 위반되었음을 이유로 한 특허취소신청사유에 해당하고(제132조의2 제1항, 같은 조 제1항 제1호에 해당하는 경우는 제외한다. 제1항에도 불구하고 특허공보에 게재된 제87조 제3항 제7호에 따른 선행기술에 기초한 이유로는 특허취소신청을 할 수 없다. 제132조의2 제2항), 무효사유(제133조 제1항 제1호)에 해당되어 등록무효심판의 대상이 된다. 등록무효심판은 특허권이 소멸된 후에도 청구할 수 있고(제133조 제2항), 특허를 무효로 한다는 심결이 확정된 경우에는 그 특허권은 처음부터 없었던 것으로 본다(제133조 제3항 본문).

나. 거절이유 · 취소사유 · 무효사유에 해당하는 경우 취급

예를 들어 고혈압치료제와 저혈압치료제를 함께 기재하고 있는 특허청구범위 중 고혈압치료제로서의 효용이 있음이 특허출원 전 공지된 경우에 고혈압치료제와 저혈압치료제는 치료대상이 서로 다른 것이어서 서로 유기적으로 결합되었다고 볼 수 없는 경우와 같이, 특허발명의 청구범위가 신규성이 부정되지 않는 부분과 유기적으로 결합되지 아니한 공지기술 부분을 포함하고 있고 청구범위가 여러 개의 항 중 하나의 항이라도 거절이유가 있다면 그 출원은 청구범위 전부가 거절된다.[113)]

한편 특허무효심판에서는 청구항마다 무효심판을 제기할 수 있어 이에 따라 청구항마다 해당 사유의 유무를 판단하여야 하므로 청구범위가 여러 개의 청구항으로 되어 있는 발명의 무효심판의 경우에 청구항 1이 신규성이 부정되어 무효로 파악된다면 청구항 1의 구성요소를 모두 포함하면서 일부 구성요소를 부가 · 한정하고 있는 종속항인 청구항 2의 신규성에 대해 그 부가 · 한정된 구성요소를 포함하여 이를 심리 판단하여야 한다. 특허취소신청도 청구항이 둘 이상인 경우에는 청구항마다 특허취소신청을 할 수 있으므로 특허무효심판의 위 내용이 특허취소신청에 그대로 적용될 수 있다.

2 신규성 부정 시 특허를 받더라도 권리범위가 부정됨

특허법은 특허에 무효사유가 존재하는 경우에 특허심판원의 특허무효심판절차를 통해서 해당 특허를 무효로 할 수 있도록 규정하고 있다. 그러나 등록된 특허발명이 그 출원 전에 국내에서 공지되었거나 공연히 실시된 발명으로서 신규성이 없는 경우에는 그에 대한 등록무효심판이 없어도 그 권리범위를 인정할 수 없다.

따라서 개별적인 특허침해소송이나 권리범위확인 사건 등에서도 당사자가 그 전제

113) 대법원 1995. 10. 13. 선고 94후2018 판결, 대법원 1997. 4. 25. 선고 96후603 판결.

로서 침해 여부가 다투어지고 있는 특허발명의 무효를 주장하고 법원이 그 무효사유에 대하여 심리판단 할 수 있다.

대법원은 권리범위확인 사건에서 해당 특허가 신규성이 없는 경우에 법원이 그 전제로서 해당 특허의 신규성 결여라는 무효사유에 대하여 심리판단 할 수 있다고 하였다.[114)][115)] 그리고 이 법리는 특허권 침해금지가처분 사건,[116)] 손해배상청구 등의 침해 사건[117)] 및 침해 여부가 문제되는 형사사건[118)]에도 그대로 적용되고 있다.

---

114) 앞의 대법원 1983. 7. 26. 선고 81후56 전원합의체 판결은 "이는 발명특허권 권리범위확인 청구사건에 있어서도 동일하게 풀이되어야 한다고 할 것인바, 결국 그 취지는 출원된 권리의 일부에 공지공용의 사유가 있고 그 출원에 의한 등록이 있었다 하여도 그 공지사유가 신규성 있는 기술적 효과발생에 유기적으로 결합된 것으로 볼 수 없는 한 무효심결의 유무에 구애됨이 없이 그 공지부분에까지 권리범위가 확장될 수 없다는데 있다 할 것이다.", "따라서 이 사건 특허가 출원 당시 그 전부가 공지공용의 것인 경우에는 그 일부가 공지공용인 경우와는 달리 그 무효심결이 확정되기까지는…(중간 생략)…그 권리가 인정되어야 한다는 전제 아래 확인대상 발명이 이건 특허의 권리범위에 속한다고 본 원심결은 이 점에 있어서 특허권의 권리범위확인에 관한 법리를 오해한 위법을 범하였다…"라고 하였고, 대법원 2009. 9. 24 선고 2007후2827 판결은 "등록된 특허발명이 그 출원 전에 국내에서 공지되었거나 공연히 실시된 발명으로서 신규성이 없는 경우에는 그에 대한 등록무효심판이 없어도 그 권리범위를 인정할 수 없는바(대법원 1983. 7. 26. 선고 81후56 전원합의체 판결, 대법원 2003. 1. 10. 선고 2002도5514 판결 등 참조), 특허무효사유에 있어서 신규성 결여와 선원주의 위반은 특허발명 내지 후출원발명과 선행발명 내지 선출원발명의 동일성 여부가 문제된다는 점에서 다르지 않으므로, 위 법리는 후출원발명에 선원주의 위반의 무효사유가 있는 경우에도 그대로 적용된다."고 하여 위 법리를 후출원발명에 선출원주의 위반의 무효사유가 있는 경우에도 적용하고 있다.

115) 그 외에도 대법원은 해당 특허발명 명세서의 기재가 불비하여 그 기술적 범위를 특정할 수 없는 경우(대법원 1983. 1. 18. 선고 82후36 판결, 대법원 1989. 3.28. 선고 85후109 판결, 대법원 2002. 6. 14. 선고 2000후235 판결 등) 및 해당 특허의 실시가 불가능한 경우(대법원 2001. 12. 27. 선고 99후1973 판결)에도 특허침해소송 등을 담당하는 법원이 그 무효사유에 대하여 심리판단 할 수 있다고 판시하고 있다.

116) 대법원 1992. 6. 2. 자 91마540 결정, "등록된 특허발명의 일부 또는 전부가 출원 당시 공지공용의 것인 경우에는 특허무효의 심결 유무에 관계없이 그 권리범위를 인정할 수 없다 할 것이나, 이는 등록된 특허발명의 일부 또는 전부가 출원 당시 공지공용의 기술에 비추어 새로운 것이 아니어서 소위 신규성이 없는 경우 그렇다는 것이지, 신규성은 있으나 그 분야에서 통상의 지식을 가진 자가 선행기술에 의하여 용이하게 발명할 수 있는 것이어서 소위 진보성이 없는 경우까지 법원이 다른 소송에서 당연히 권리범위를 부정할 수 있다고 할 수는 없다"(위 판시내용 중 진보성 부분은 대법원 2012. 1. 19. 선고 2010다95390 전원합의체 판결로 변경됨).

117) 대법원 2001. 3. 23. 선고 98다7209 판결, "위와 같은 실용신안등록을 무효로 할 수 있는 사유가 있더라도 다른 절차에서 그 전제로서 실용신안등록이 당연무효라고 판단할 수 없고, 다만 등록실용신안의 일부 또는 전부가 출원 당시 공지공용의 것인 경우에는 실용신안등록무효의 심결 유무에 관계없이 그 권리범위를 인정할 수 없으나, 이는 등록실용신안의 일부 또는 전부가 출원 당시 공지공용의 기술에 비추어 새로운 것이 아니어서 이른바 신규성이 없는 경우 그렇다는 것이지, 신규성은 있으나 그 분야에서 통상의 지식을 가진 자가 선행기술에 의하여 극히 용이하게 발명할 수 있는 것이어서 이른바 진보성이 없는 경우까지 다른 절차에서 당연

3 침해대상발명(확인대상발명)이 자유실시기술인 경우

자유실시기술이란 어느 발명이 그 발명의 출원 전에 공지된 기술만으로 이루어지거나 그 기술분야에서 통상의 지식을 가진 자가 공지기술로부터 쉽게 발명할 수 있는 기술을 말한다.

어느 발명의 특허발명의 권리범위에 속하는지를 판단함에 있어 특허발명이 아니라 특허발명과 대비되는 침해대상발명(내지 확인대상발명)이 자유실시기술에 해당하는 경우에는 특허발명과 대비할 필요 없이 특허발명의 권리범위에 속하지 않는다.

자유실시기술의 항변은 침해소송이나 권리범위확인소송에서 특허권의 유효성 여부에 대하여는 일체 판단을 하지 아니하고 그 대신 실시하고 있는 침해대상발명(내지 확인대상발명)과 특허권의 출원 전 공지기술을 대비하여 침해 내지 권리범위 속부 여부를 판단하여 달라는 방어 방법이다.

실무는 자유실시기술의 항변이 특허발명의 무효 여부를 직접 판단하지 않고 대상발명을 공지기술과 대비하여 대상발명이 특허발명의 침해 여부 내지 권리범위에 속하는지를 결정함으로써 신속하고 합리적인 분쟁해결을 도모할 수 있는 장점이 있다고 보고 있다.

실무에서 자유실시기술의 항변은 (특허발명의 진보성 없음을 이유로 한 무효 주장이 인정되지 않는) 권리범위확인 사건뿐 만 아니라 민사소송 및 형사소송에도 적용되고 있다.[119][120]

관련하여 권리범위확인 심판청구의 대상이 되는 확인대상발명의 자유실시기술 여부를 판단할 경우 특허발명의 특허청구범위에 기재된 구성과 어떻게 대비하여야 하는지가 문제된다.

히 권리범위를 부정할 수는 없다"(위 판시 내용 중 진보성 부분은 대법원 2012. 1. 19. 선고 2010다95390 전원합의체 판결로 변경됨).

118) 대법원 2004. 2. 27. 선고 2003도6283 판결, "특허는 일단 등록이 된 이상 이와 같은 심판 등에 의하여 특허를 무효로 한다는 심결 등이 확정되지 않는 한 유효한 것이고 다른 절차에서 그 특허가 당연무효라고 판단할 수 없지만, 등록된 특허발명의 일부 또는 전부가 출원 당시 공지공용의 것인 경우에는 특허무효의 심결 등 유무에 관계없이 그 권리범위를 인정할 수 없다."

119) 대법원 2017. 11. 14. 선고 2016후366 판결은 자유실시기술에 관한 법리는 확인대상발명이 결과적으로 특허발명의 청구범위에 나타난 모든 구성요소와 그 유기적 결합관계를 그대로 가지고 있는 이른바 문언 침해(literal infringement)에 해당하는 경우에도 그대로 적용된다고 하였다. 대법원 2014. 3. 20. 선고 2012후4162 전원합의체 판결은 권리범위확인심판에서는 특허발명의 진보성이 부정된다는 이유로 그 권리범위를 부정하여서는 안 된다고 하였다.

120) 대법원 2008. 7. 10. 선고 2008후64 판결, 대법원 2004. 9. 23. 선고 2002다60610 판결, 대법원 2006. 5. 25. 선고 2005도4341 판결 등 참조.

실무는 권리범위확인 심판청구의 대상이 되는 확인대상발명이 공지의 기술만으로 이루어지거나 그 기술분야에서 통상의 지식을 가진 자가 공지기술로부터 쉽게(고안과 확인대상고안을 대비할 경우는 매우 쉽게) 실시할 수 있는지 여부를 판단할 때에는, 확인대상발명을 특허발명의 특허청구범위에 기재된 구성과 대응되는 구성으로 한정하여 파악할 것은 아니고, 심판청구인에 의해 특정되는 확인대상발명의 구성 전체를 가지고 그 해당 여부를 판단하고 있다.[121)]

예를 들어, 어느 특허발명이 A+B로 구성되어 있고 확인대상발명의 기술구성은 A+B+C로 특정되어 있는데 출원 전 공지기술로는 A+B의 구성만이 있고 구성요소 C는 공지된 바 없다고 가정한다.

이때 확인대상발명의 기술구성을 특허발명의 대응되는 구성요소인 A+B로만 파악하면 확인대상발명은 자유실시기술에 해당하게 되고, 확인대상발명 전체로 파악하면 자유실시기술에 해당하지 않게 되어 그 결론이 달라진다. 이 경우 확인대상발명이 자유실시기술에 해당하지 않는다고 전제하면 확인대상발명이 그 특허발명의 이용관계에 해당하는지 까지 심리하여야 한다.

자유실시기술의 내용이나 존재 의의에 대한 저자의 견해 등은 뒤의 「VI. 신규성 상실의 예외 ④ 신규성 상실의 예외 규정의 적용 효력 나. 신규성 상실 예외 효력이 미치는 범위」, 「제6절 진보성 IV. 진보성 부정 유무에 따른 취급 ③ 침해대상발명(확인대상발명)이 자유실시기술인 경우」, 「제12장 특허심판 · 심결 제6절 권리범위확인심판(제135조) III. 심판 ③ 자유실시기술」에서 언급하거나 설명하고 있다.

VI. 신규성 상실의 예외

① 신규성 상실의 예외의 의의 · 규정 취지

신규성 상실의 예외라고 함은 제30조 제1항 각 호에 해당하여 신규성을 상실한 발명에 대하여 신규성을 상실하지 아니한 것으로 보는 것을 말한다.

제30조 제1항은 발명자에 대한 형평성을 고려하고 산업의 발전을 도모하는 취지에서 ① 특허를 받을 수 있는 권리를 가진 자에 의하여 그 발명이 제29조 제1항 각 호의 어느 하나에 해당하게 된 경우(다만 조약 또는 법률에 따라 국내 또는 국외에서 출원공개되거나 등록공고된 경우는 제외한다)(제1호),[122)] ② 특허를 받을 수 있는 권리를 가진 자의

121) 대법원 2008. 7. 10. 선고 2008후64 판결, 대법원 2009. 7. 9. 선고 2008후1562 판결.
122) 2006. 3. 3. 법률 제7871호로 개정되기 전의 구 특허법 제30조 제1항 제1호는 “특허를 받을

의사에 반하여 그 발명이 제29조 제1항 각 호의 어느 하나에 해당하게 된 경우(제2호)에 공지 등이 되지 아니한 발명으로 보고 있다.

어느 발명이 출원 이전에 공개된다면 신규성을 상실하여 출원하더라도 특허를 받을 수 없게 되지만 일정한 경우에 그와 같이 먼저 공개된 자료를 신규성이나 진보성 판단 시 선행기술로 사용하지 않도록 하는 제도로 신규성 상실에 대한 예외를 인정하는 규정이다.[123)]

특허를 받을 수 있는 자가 자신의 발명을 시험하거나 학회나 연구논문으로 발표하는 경우, 발명을 빼앗겨 공개되는 경우 등에까지 신규성 상실 사유에 해당한다는 이유로 신규성에 관한 원칙을 너무 엄격하게 적용하면 특허를 받을 수 있는 권리를 가진 자에게 지나치게 가혹하여 형평성을 잃게 되거나 연구결과를 신속히 공개하지 않게 되어 산업의 발전을 도모하는 특허법의 취지에 맞지 않는 경우가 생길 수 있으므로, 제3자의 권익을 해치지 않는 범위 내에서 예외적으로 특허를 받을 수 있는 권리를 가진 자가 일정한 요건과 절차를 갖춘 경우에는 발명이 출원 전에 공개되었다고 하더라도 그 발명은 신규성을 상실하지 않는 것으로 보는 예외 규정을 두었다.

신규성 상실 예외 주장에 관하여 특허법과 디자인보호법의 관련 규정이 다름에 유의한다.

특허법 제30조 제1항에서 신규성 상실 예외 주장은 자기공지(제1호)와 의사에 반한 공지(제2호)를 나누어 규정하지만 모두 신규성 상실 예외 주장을 허용하고 있다. 다만 위 제1호 단서 규정으로 인해 자기 공지의 경우에만 조약 또는 법률에 따라 국내 또는 국외에서 출원공개되거나 등록공고된 경우는 신규성 상실 예외 주장을 허용하지 않는다(즉 제2호에는 위와 같은 제1호 단서 규정이 없다).

그리고 특허법의 경우에는 신규성 상실 예외 주장의 시기가 특허출원 시, 제47조 제1항에 따라 보정할 수 있는 기간, 제66조에 따른 특허결정 또는 제176조 제1항에 따른 특허거절결정 취소심결(특허등록을 결정한 심결에 한정하되, 재심심결을 포함한다)의 등본을 송달받은 날부터 3개월 이내의 기간(다만, 제79조에 따른 설정등록을 받으려는 날

수 있는 권리를 가진 자가 그 발명에 대하여 다음 각목의 1의 행위를 함으로써 제29조 제1항 각호의 1에 해당하게 된 경우 가. 시험 나. 간행물에의 발표 다. 대통령령이 정하는 전기통신회선을 통한 발표 라. 산업자원부령이 정하는 학술단체에서의 서면발표"로 규정되어 있었다. 위 특허법 개정으로 출원공개, 등록공고를 제외한 모든 국내외의 자기 공지행위에 대해 신규성 상실의 예외 규정을 적용받을 수 있도록 공개 형태 제한이 완화되었다.

123) 2001. 2. 3. 법률 제6411호로 개정되기 전의 구 특허법 제30조 제1항에서는 제29조 제1항의 예외만을 인정(즉, 신규성이 있는 것으로 인정)하였으나 위 개정 특허법에서 "제29조 제1항 또는 제2항을 적용할 때에는"이라고 규정하여 진보성도 상실되지 않도록 하여 보호의 범위를 확대하였다.

이 3개월보다 짧은 경우에는 그 날까지의 기간)으로 한정되어 있다(제30조). 또한 '제30조에 따른 공지 등이 되지 아니한 발명으로 보는 발명에 관한 사항'에 대하여 특허공보에 게재하여 공고하여야 하는 것으로 되어 있다(특허법 시행령 제19조 제2항 제2호, 이하 특허법 시행령을 법 시행령이라 한다).

반면에 디자인보호법에서 신규성 상실 예외 주장은 자기 공지와 의사에 반한 공지를 나누는 문언은 없지만 이에 대해 별다른 제한이 없어 모두 주장할 수 있는 점은 특허법과 차이가 없다. 하지만 특허법에는 신규성 상실 예외 주장 중 자기 공지 규정에만 단서 조항(조약 또는 법률에 따라 국내 또는 국외에서 출원공개되거나 등록공고된 경우는 제외한다)이 있고 의사에 반한 공지 규정에는 위 단서 조항이 없는 반면에, 디자인보호법에는 제36조 제1항 본문 단서로 '그 디자인이 조약이나 법률에 따라 국내 또는 국외에서 출원공개 또는 등록공고된 경우에는 그러하지 아니하다'라고 규정되어 있어 디자인보호법은 위 단서 조항이 (특허법과 달리) 자기 공지뿐만 아니라 의사에 반한 공지의 경우에도 적용될 수 있고 위 경우에 해당하면 모두 신규성 상실 예외 주장을 할 수 없는 것으로 해석된다. 그리고 디자인보호법에서 신규성 상실 예외 주장의 시기는 디자인등록출원 시나 등록과정뿐만 아니라 심사 절차에서는 출원 시 뿐만 아니라 출원 중, 등록결정 전, 의견서 제출 시, 일부심사디자인의 경우 이의신청에 대한 답변 시에도 할 수 있고 심판절차에서도 주장할 수 있도록 되어 있다(제36조). 또한 '디자인보호법 제36조에 따른 공지 등이 되지 아니한 디자인으로 되는 디자인에 관한 사항'은 디자인공보에 게재할 사항으로 규정되어 있지 않다(디자인보호법 시행령 제10조 제2항).[124]

2 신규성 상실의 예외 규정의 실체적 요건

제30조 제1항 제1호, 제2호의 신규성 상실의 예외 규정을 적용받을 수 있는 자는 특허를 받을 수 있는 자이므로 발명자가 출원한 경우뿐만 아니라 발명자로부터 특허를

124) 이러한 규정들의 차이 때문에 디자인보호법에서 신규성 상실 예외 주장으로 인하여 등록디자인의 등록 이후에 별건의 심판절차에서 디자인권자의 답변서 제출을 통해 비로소 신규성 상실 예외 주장이 제기되어 인정될 경우 그 주장 사실 등을 전혀 알지 못하는 제3자(실시자 등)의 이익을 해치게 되는 상황이 발생할 여지가 높다. 이러한 상황은 구 디자인보호법 하에서도 마찬가지였으나 시기 제한 규정을 삭제하는 법 개정을 함으로써 그러한 상황이 발생할 가능성이 더욱 높아진 것이다. 이러한 제3자의 불이익을 피해 주기 위해 디자인공보 및 등록원부 '제36조에 따른 공지 등이 되지 아니한 디자인으로 되는 디자인에 관한 사항'을 게재하도록 하거나 통상실시권 규정을 신설하는 등의 보호 제도를 정비할 필요가 있다는 의견이 나오고 있다, 정태호, "디자인의 신규성 상실의 예외 인정과 자유실시디자인과의 관계", 2023. TOP 10 특허판례 세미나, 사단법원 한국특허법학회 외(2024) 73~75.

받을 수 있는 권리를 승계한 자가 출원한 경우도 포함한다.

특허를 받을 수 있는 권리, 특허를 받을 수 있는 권리를 가진 자에 관한 내용은 「제3장 특허를 받을 수 있는 자·특허를 받을 수 있는 권리」에서 이미 설명하였다.

가. 특허를 받을 수 있는 권리를 가진 자에 의한 공개(제30조 제1항 제1호)

특허를 받을 수 있는 권리를 가진 자에 의하여 그 발명이 출원 전에 제29조 제1항 각 호의 어느 하나에 해당하여 신규성을 상실한 경우에 그 발명은 제29조 제1항 각 호의 어느 하나에 해당하지 아니한 것으로, 달리 말하면 신규성을 상실하지 않은 것으로 본다.

다만, 조약 또는 법률에 따라 국내 또는 국외에서 출원공개되거나 등록공고된 경우는 본 호에서 제외되는 데(같은 호 단서) 이는 특허 완성 후 사업준비 등으로 미처 출원하지 못한 특허에 대하여 출원의 기회를 부여하는 신규성 상실 예외 제도의 취지상 이미 적법하게 출원되어 공개된 디자인에 대해서는 재출원의 기회를 부여할 필요가 없기 때문이다.

나. 특허를 받을 수 있는 권리를 가진 자의 의사에 반한 공지(제30조 제1항 제2호)

특허를 받을 수 있는 권리를 가진 자의 의사에 반하여 그 발명이 제29조 제1항 각 호의 어느 하나에 해당하게 된 때라 함은 예를 들어 출원인의 발명내용이 타인의 협박, 사기, 절취 등과 같이 출원인에게 책임을 묻기 어려운 사유로 인하여 사용인 또는 대리인의 고의 또는 과실로 누설되거나 타인이 이를 도용함으로써 권리자의 공개의사와 무관하게 불특정인에게 공개된 경우를 말한다.

반면에 특허를 받을 수 있는 권리를 가진 자가 부주의 또는 착오에 의해 스스로 공개를 하였다면 여기의 의사에 반한 공개에 해당하지 않는다(다수설).

위 제30조 제1항 제2호의 규정에 의하여 신규성 상실의 예외를 주장하는 자는 위와 같이 특허를 받을 수 있는 권리를 가진 자의 의사에 반하여 공개된 사실을 증명할 책임이 있다.[125)]

특허법은 권리자에 의한 공개의 경우에만 조약 또는 법률에 따라 국내 또는 국외에서 출원공개되거나 등록공고된 경우에 공지 예외 규정을 적용하지 않는다는 단서 규정을 두고 권리자의 의사에 반한 경우에는 그와 같은 공제 예외에 관한 단서 규정을 두고 있지 않다(앞에서 본 바와 같이 디자인보호법 제36조 제1항에서는 의사에 반한 공지의

---

125) 대법원 1985. 12. 24. 선고 85후14 판결 참조.

경우에도 조약 또는 법률에 따라 국내 또는 국외에서 출원공개되거나 등록공고된 경우는 공지 예외 규정을 적용하지 않는 것으로 형식으로 규정되어 있다).

3 신규성 상실의 예외 규정의 절차적 요건

가. 특허를 받을 수 있는 권리를 가진 자에 의한 공개(제30조 제1항 제1호)

특허를 받을 수 있는 권리를 가진 자의 발명이 제30조 제1항 제1호에 해당하는 경우에는 그날부터 12개월[126] 이내에 특허출원을 하면 그 특허출원된 발명에 대하여 제29조 제1항 또는 제2항의 규정을 적용할 때에는 그 발명은 제29조 제1항 각 호의 어느 하나에 해당하지 아니한 것으로 본다(제30조 제1항 제1호).

제30조 제1항 제1호의 신규성 상실의 예외 규정을 적용받으려는 자는 특허출원서에 그 취지를 적어 출원하여야 하고, 이를 증명할 수 있는 서류를 산업통상자원부령으로 정하는 방법[127]에 따라 특허출원일부터 30일 이내에 특허청장에게 제출하여야 한다(제30조 제2항). 국제특허출원 발명에 대하여는 출원서에 그 취지를 기재하고 이를 증명할 수 있는 서류를 제30조 제2항의 규정에 불구하고 제201조 제4항의 규정에 의한 기준일(국내서면제출일) 경과 후 30일 이내에 제출하여야 한다(제200조, 법 시행규칙 제111조).

종전에는 제30조 제1항 제1호의 신규성 상실 예외 주장은 '출원 시'에만 할 수 있어 출원 시에 신규성 상실의 예외 주장을 누락하면 그 후에는 이를 보완할 방법이 없다는 이유로 설령 신규성 상실 예외 규정에 해당한다는 취지를 기재한 서면을 나중에 제출하더라도 제30조 제1항 제1호를 적용받지 못하여 특허를 받을 수 없는 문제가 발생하였다.[128]

이에 2015. 1. 28. 법률 제13096호로 개정된 특허법에서 제30조 제3항을 신설하여 출원인이 출원 시 신규성 상실의 예외 주장을 하지 않은 경우에 제30조 제2항에도 불구하고 산업통상자원부령으로 정하는 보완수수료를 납부한 경우에는 제47조 제1항에 따라 명세서 또는 도면을 보정할 수 있는 기간(제1호) 또는 제66조에 따른 특허결정

---

126) 특허법이 2011. 12. 2. 법률 제11117호로 개정됨으로써 유예기간이 6개월에서 12개월로 연장되었다. 다만 제30조의 개정규정은 위 개정 특허법 부칙에 따라 개정 특허법 시행(2012. 3. 15.) 후 최초로 출원하는 특허출원부터 적용된다.

127) 증명서류 제출은 법 시행규칙 별지 제13호 서식의 서류제출서에 의한다. 다만 특허출원과 동시에 그 증명서류를 제출하는 때에는 출원서에 증명서류제출의 취지를 기재함으로써 그 제출서를 갈음할 수 있다(법 시행규칙 제20조의2).

128) 대법원 2011. 6. 9. 선고 2010후2353 판결.

또는 제176조 제1항에 따른 특허거절결정 취소심결(특허등록을 결정한 심결에 한정하되, 재심심결을 포함한다)의 등본을 송달받은 날부터 3개월 이내의 기간(다만 제79조에 따른 설정등록을 받으려는 날이 3개월보다 짧은 경우에는 그 날까지의 기간)(제2호)의 어느 하나에 해당하는 기간에 제30조 제1항 제1호를 적용받으려는 취지를 적은 서류 또는 이를 증명할 수 있는 서류를 제출할 수 있는 신규성 상실의 예외 주장 보완 규정(제30조 제3항)을 신설하였다.

나. 특허를 받을 수 있는 권리를 가진 자의 의사에 반한 공지(제30조 제1항 제2호)

특허를 받을 수 있는 자의 의사에 반하여 공지된 경우에도 공지된 발명은 공지된 날부터 12개월 이내에 특허출원을 하여야 한다. 다만, 특허를 받을 수 있는 권리를 가진 자가 발명을 공개한 경우에 제30조의 규정을 적용받고자 한다면 그 취지를 출원서에 기재하여야 하는 것과는 달리, 권리자의 의사에 반한 공지를 이유로 제30조의 규정을 적용 받고자 하는 경우에는 그 취지를 출원 시 출원서에 기재할 필요는 없다.

이는 진정한 발명자 등이 발명이 공개되었음을 인식하지 못한 상태에서 출원하는 경우가 있는데 이러한 경우에도 본인의 의사에 의하여 공개가 이루어진 경우와 같은 절차를 밟도록 요구하는 것은 가혹하다는 점을 고려한 것으로 보인다.

결국 신규성 상실 예외 주장 출원에 있어서 특허를 받을 수 있는 권리자에 의한 공지와 특허를 받을 수 있는 권리자의 의사에 반하는 공지는 공지된 날부터 12개월(출원일이 2012. 3. 14. 이전인 경우는 6개월) 이내에 출원을 하여야 한다는 점에서 공통되지만 공개자, 공지형태 및 필요 서면의 제출 등에서 차이가 있다.

권리자에 의한 공지는 발명자 또는 특허를 받을 수 있는 권리의 정당한 승계인에 의한 공개를 말한다. 따라서 권리자로부터 공개를 허락받았다 하더라도 권리자나 권리자로부터 공개를 허락받은 자가 아닌 자가 공개를 하였다면 제30조 규정을 적용받을 수 없게 될 수 있다.

권리자의 의사에 반한 공지에서 발명자 또는 특허를 받을 수 있는 권리의 승계인의 의사에 반한 공지로 의사에 반하였는지 여부는 공지시점을 기준으로 권리자의 진정한 의사를 참작하여 판단한다.

[4] 신규성 상실의 예외 규정의 적용 효력

가. 발명의 출원일의 불소급

특허를 받을 수 있는 권리를 가진 자의 발명이 제30조 제1항 각 호의 어느 하나에 해당하게 된 경우 그 날부터 12개월 이내에 특허출원을 하면 그 특허출원된 발명에 대하여 제29조 제1항(신규성) 또는 제2항(진보성)을 적용할 때에는 그 발명은 제29조 제1항 각 호의 어느 하나에 해당하지 아니한 것으로 본다(제30조 제1항 각 호 외의 부분).

즉 제30조 제1항 각 호에 해당되는 발명은 비록 공개되었더라도 신규성, 진보성 판단 시 선행기술로 사용하지 않도록 하는 간주하는 규정일 뿐(즉 신규성 상실 예외사유 발생일까지 신규성이 소급하여 의제됨) 그로써 해당 발명의 출원일 자체가 신규성이 상실되는 시점으로 소급하는 것은 아니다.

따라서 신규성 상실 예외사유 발생일과 특허출원 사이에 제3자가 독립적으로 발명을 하여 출원하는 등의 제30조에서 규정한 것 외의 신규성 상실사유가 있다면 그 특허출원은 신규성 상실 예외 규정을 적용받지 못하여 특허를 받을 수 없게 된다. 다만 위의 예에서 제3자의 공개행위가 특허를 받을 수 있는 권리를 가진 자의 공개행위에 기초하여 이루어졌으면 신규성 상실 예외 규정을 적용받아 특허를 받을 수 있다.

나. 신규성 상실 예외 효력이 미치는 범위

신규성 상실 예외 효력을 적용함에 있어서 제29조 제1항 각 호에 따라 공개된 발명과 나중에 출원된 발명이 동일한지 여부가 가장 문제가 된다. 출원된 발명이 먼저 공개된 발명과 동일성이 인정되는 범위 내에 있다면 출원된 발명에 대해 신규성 상실의 예외 효력이 미친다.

여기서 동일성이 인정되는 범위란 기술적 구성이 동일하거나 기술적 구성에 차이가 있더라도 그 차이가 과제해결을 위한 구체적 수단에서 주지·관용기술의 부가·삭제·변경 등에 지나지 아니하여 새로운 효과가 발생하지 않는 정도의 미세한 차이에 불과한 경우를 말한다(실무).

어느 발명이 반복하여 여러 차례 공개된 경우에 어떤 방법으로 신규성 상실의 예외 효력이 어느 범위까지 미치는가도 문제가 된다.

특허를 받을 수 있는 권리를 가진 자가 당시 그 출원발명과 동일한 발명에 대해 제30조 제1항의 기간 내에 여러 번의 공개행위를 하고, 출원인이 그중 가장 먼저 공지된 발명에 대해서 절차에 따라 기간 내 신규성 상실의 예외 주장을 하였다면 여기에는 그 최초 이후에 공개된 동일한 발명들에 대해서도 신규성 상실의 예외 주장을 하고자 하는 의사가 포함되어 있다고 보아야 하고, 특허발명의 공개는 그 성질상 어떤 시점의 한정적 행위가 아니라 어느 정도 계속되는 반복상태를 예정하고 있어서 최초의 시점에 공개된 발명에 대해서만 신규성 상실의 예외 주장을 하더라도 나머지 발명들이 가장 먼저 공개된 발명과 동일성이 인정되는 범위 내에 있다면 공개된 나머지 발명들에까지

신규성 상실의 예외 효력이 미친다.[129)]

그리고 종전에 진행되어 그 심결이 확정된 특허무효심판청구에 대한 답변서를 제출할 때 어떤 선행발명에 기초한 신규성 상실의 예외 주장을 하였다면 그 후 또다시 진행되는 동일한 발명에 대한 등록무효심판에 대한 답변서를 제출할 때에 동일한 선행발명에 기초한 신규성 상실의 예외 주장을 반복하여 하지 않더라도 그 발명은 신규성을 상실하지 않는 것으로 본다.[130)]

관련하여 신규성 상실 예외 적용의 근거가 된 선행발명에 기초하여 자유실시기술 주장을 할 수 있는지가 문제되는데, 신규성 상실 예외 규정의 적용 근거가 된 선행발명에 따라 쉽게 실시할 수 있는 발명이 누구나 이용할 수 있는 공공의 영역에 있음을 전제로 한 자유실시기술 주장은 허용되지 않고, 확인대상발명과 등록된 특허발명을 대비하여야 한다.[131)]

---

129) 대법원 2017. 1. 12. 선고 2014후1341 판결. 그 밖에 특허법원 2008. 8. 28. 선고 2008허3407 판결 [등록무효(디)](미상고 확정), 특허법원 2017. 6. 15. 선고 2016허7671 판결 [등록무효](미상고 확정)도 같은 취지이다.

130) 디자인에 관한 특허법원 2022. 4. 7. 선고 2021허4591 판결(미상고 확정) 참조.

131) 디자인에 관한 대법원 2023. 2. 23. 선고 2022후10012 판결 참조. 위 판결이유에서 "디자인등록출원 전 공공의 영역에 있던 디자인이라고 하더라도 신규성 상실 예외 규정의 적용을 받아 등록된 디자인과 동일 또는 유사한 디자인이라면 등록디자인의 독점 · 배타권의 범위에 포함되게 된다. 그렇다면 이와 같이 신규성 상실 예외 규정의 적용 근거가 된 공지디자인 또는 이들의 결합에 따라 쉽게 실시할 수 있는 디자인이 누구나 이용할 수 있는 공공의 영역에 있다고 단정할 수 없으므로, 신규성 상실 예외 규정의 적용 근거가 된 공지디자인을 기초로 한 자유실시디자인 주장은 허용되지 않는다. 제3자의 보호 관점에서 보더라도 디자인보호법이 정한 시기적 · 절차적 요건을 준수하여 신규성 상실 예외 규정을 받아 등록된 이상 입법자의 결단에 따른 제3자와의 이익균형은 이루어진 것으로 볼 수 있다. 또한 신규성 상실 예외 규정의 적용 근거가 된 공지디자인을 기초로 한 자유실시디자인 주장을 허용하는 것은 디자인보호법이 디자인권자와 제3자 사이의 형평을 도모하기 위하여 선사용에 따른 통상실시권(디자인보호법 제100조) 등의 제도를 마련하고 있음에도 공지디자인에 대하여 별다른 창작적 기여를 하지 않은 제3자에게 법정 통상실시권을 넘어서는 무상의 실시 권한을 부여함으로써 제3자에 대한 보호를 법으로 정해진 등록디자인권자의 권리에 우선하는 결과가 된다는 점에서도 위와 같은 자유실시디자인 주장은 허용될 수 없다."라고 한다.

제4절 선출원(중복특허의 배제)

I. 의의 · 규정 취지

1 의의

선출원주의란 동일한 발명에 대하여 2 이상의 특허출원이 있는 경우에 가장 먼저 특허를 출원한 자에게 특허를 부여하는 주의를 말한다.

第36조는 "① 동일한 발명에 대하여 다른 날에 2 이상의 특허출원이 있는 때에는 먼저 특허출원한 자만이 그 발명에 대하여 특허를 받을 수 있다. ② 동일한 발명에 대하여 같은 날에 2 이상의 특허출원이 있는 때에는 특허출원인의 협의에 의하여 정하여진 하나의 특허출원인만이 그 발명에 대하여 특허를 받을 수 있다. 협의가 성립하지 아니하거나 협의를 할 수 없는 때에는 어느 특허출원인도 그 발명에 대하여 특허를 받을 수 없다. ③ 특허출원된 발명과 실용신안등록출원된 고안이 동일한 경우 그 특허출원과 실용신안등록출원이 다른 날에 출원된 것일 때에는 제1항의 규정을 준용하고, 그 특허출원과 실용신안등록출원이 같은 날에 출원된 것일 때에는 제2항의 규정을 준용한다. ④ 특허출원 또는 실용신안등록출원이 무효 · 취하 또는 포기되거나 거절결정이나 거절한다는 취지의 심결이 확정된 때에는 그 특허출원 또는 실용신안등록출원은 제1항 내지 제3항의 규정을 적용함에 있어서는 처음부터 없었던 것으로 본다. 다만, 제2항 후단(제3항의 규정에 의하여 준용되는 경우를 포함한다)의 규정에 해당하여 그 특허출원 또는 실용신안등록출원에 대하여 거절결정이나 거절한다는 취지의 심결이 확정된 때에는 그러하지 아니하다. ⑤ 발명자 또는 고안자가 아닌 자로서 특허를 받을 수 있는 권리 또는 실용신안등록을 받을 수 있는 권리의 승계인이 아닌 자가 한 특허출원 또는 실용신안등록출원은 제1항 내지 제3항의 규정을 적용함에 있어서는 처음부터 없었던 것으로 본다. ⑥ 특허청장은 제2항의 경우에는 특허출원인에게 기간을 정하여 협의의 결과를 신고할 것을 명하고 그 기간내에 신고가 없는 때에는 제2항의 규정에 의한 협의는 성립되지 아니한 것으로 본다."라고 하여 선출원주의를 규정하고 있다.

2 규정 취지

第36조의 선출원주의는 복수의 발명이 출원되었을 때 가장 먼저 출원한 자에게 특허권을 부여하여 선출원주의를 채택하고 중복특허를 배제하기 위한 규정이다.

II. 선출원 판단대상 · 방법 · 기준 시

1 선출원 판단대상 · 방법

선출원 내지 중복특허 여부를 결정할 때 동일성 여부의 판단 대상은, 먼저 출원한 '(보정 등으로 확정된) 발명의 청구항에 기재된 기술구성'과 나중에 출원한 '발명의 청구항에 기재된 기술구성'이다(청구항 기술구성 : 청구항 기술구성). 반면에 제29조 제3항의 이른바 확대된 선출원의 지위를 판단하기 위하여는 선출원의 명세서(발명의 설명, 청구범위)와 도면에 기재된 기술구성과 후출원의 청구범위에 기재된 기술구성이다(명세서 등의 기술구성 : 청구항 기술구성).

선출원 여부를 판단할 때 청구항에 기재되어 있는 사항을 기준으로 기술구성을 특정하여야 하고 발명의 설명 또는 도면에 기재되어 있으나 청구항에 기재되어 있지 않은 사항은 청구항에 기재되지 않은 것으로 하여 기술구성을 특정한다.

다만, 제36조 제1항 본문에 의한 동일한 발명인지 여부는 각각의 청구범위를 기준으로 하더라도 그 청구범위를 해석하면서 발명의 설명 및 도면을 참작할 수 있음은 당연하므로, 두 발명의 청구범위 기재를 대비하면서 형식적으로 기재된 기술구성의 존재 유무만을 따져서는 아니 된다.

제36조가 적용되려면 발명의 동일성 판단이 전제가 된다. 즉 선출원주의는 서로 다른 출원에 기재된 발명들이 기술구성에서 서로 동일성 범위 내에 있는 경우에 적용된다.

실무에서 통상 발명의 동일성 여부 판단 작업은 대부분, (1) 선 · 후출원발명의 청구범위를 해석하고, (2) 대비 대상이 되는 두 발명의 기술구성을 서로 비교하여 공통점 · 차이점이 무엇인지 파악한 다음, (3) 그 차이점을 평가하는 단계로 이루어진다.

실무에서의 발명의 동일 여부 판단법리를 소개하면, 전 · 후로 출원된 양 발명이 동일하다고 함은 그 기술구성이 전면적으로 일치하는 경우는 물론 그 범위에 차이가 있을 뿐 부분적으로 일치하는 경우라도 특별한 사정이 없는 한, 양 발명은 동일하고, 비록 두 발명의 기술구성에 상이점이 있어도 통상의 기술자가 보통으로 채용하는 정도의 변경에 지나지 아니하고 발명의 목적과 작용효과에 특별한 차이를 일으키지 아니하는 경우에는 두 발명은 역시 동일한 발명이라고 하거나,[132] 발명의 동일 여부를 판단하는

---

132) 대법원 1985. 8. 20. 선고 84후30 판결, 대법원 1991. 1. 15. 선고 90후1154 판결, 대법원

데에는 양 발명의 기술적 구성이 동일한가 여부에 의하여 판단하되 발명의 효과도 참작하여야 할 것인바, 기술 구성에 차이가 있더라도 그 차이가 과제 해결을 위한 구체적 수단에서 주지 관용기술의 부가, 삭제, 변경 등으로 새로운 효과의 발생이 없는 정도의 미세한 차이에 불과하다면 두 발명은 서로 동일하다고 한다.[133)]

또한 발명의 동일성 판단 시 물건에 관한 발명과 방법에 관한 발명과 같이 발명의 범주가 다르더라도 발명의 실체를 파악하여 동일한 발명인지 여부를 검토한다.[134)]

다만 선출원에서 같은 날 출원의 경우에는 특허권의 존속기간이 부당하게 연장될 우려가 없고 출원인까지 동일한 경우에 하나의 출원서에 복수의 청구항으로 기재하여 출원한다면 모두 유효하게 등록될 수 있었을 것이라는 점 등을 고려하여야 함을 이유로 이 경우에는 발명의 동일성 범위를 좁게 해석하여 선·후출원을 모두 등록시켜 주어야 한다는 견해가 있다.[135)]

한편 저자는 앞의 「제3절 신규성 III. 신규성이 부정되기 위한 요건과 대비대상의 범위 ③ 신규성 등에서 발명의 동일성 범위」에서 발명의 동일성 인정 범위가 모든 국면에서 똑같지 않고 「신규성 ⊂ 확대된 선출원 ⊆ 선출원」 순으로 넓어질 수 있어 각각의 국면에서 동일성 인정 범위에 다소 차이가 있다고 설명한 바 있다(이는 실무 태도와는 다소 다른 점에 유의한다).

저자의 견해에 따를 경우 신규성, 확대된 선출원 및 선출원의 각 동일성 인정범위 중 선출원의 동일성 범위가 가장 넓게 인정될 수 있는 이유는 무엇일까.

(신규성이나 확대된 선출원의 경우와 달리) 실무상 선출원 여부를 판단할 때 대비하는 대상은 두 발명의 특허청구범위에 기재된 기술구성만으로 제한되어 있다(미국, 유럽, 일본 등의 실무도 같다). 이와 같이 대비대상의 범위가 좁은 선출원 여부 판단 방법의 한계로 인해 실제로는 두 발명이 별다른 차이가 없음에도 불구하고 특허청구범위 상의 문언만을 다소 변경하는 방법으로 심사 등의 사각지대를 만들어 중복특허라는 올가미에서 빠져 나갈 확률이 신규성이나 확대된 선출원의 경우보다 상대적으로 높다.

특허청구범위 기재 형식에 다소 변경을 가하였을 뿐 선행발명과 별다른 차이가 없

2009. 9. 24. 선고 2007후2827 판결 등 참조.

133) 대법원 2001. 6. 1. 선고 98후1013 판결.

134) 대법원 1990. 2. 27. 선고 89후148 판결은 두 발명 중 하나가 물건에 관한 발명으로 되어 있고 다른 하나가 방법에 관한 발명으로 되어 있을 때에는 그 발명의 실체를 파악하여 동일한 발명인데 별개의 표현양식으로 표현한 것으로서 표현상의 차이가 있는 것에 지나지 아니하는 것인지 아니면 장치와 방법 양자에 관하여 각각 별개의 발명이 있었는지 여부를 먼저 확정하여 설시하고 이에 터 잡아 두 발명의 동일성 여부를 판단하여야 한다고 하였다. 대법원 2007. 1. 12. 선고 2005후3017 판결도 같은 취지이다.

135) 김관식, "발명의 동일성에 관한 연구", 서울대학교 대학원 박사학위 논문(2013), 103~108.

는 사실상 중복발명을 기초로 특허를 부여받는다면 그것은 선행발명의 존속기간을 사실상 다시 연장시켜 주는 것과 같고 이는 특허제도를 설정한 취지에도 크게 어긋난다. 중복특허를 방지한다는 정책적 목표는 특허제도를 건전하게 유지하기 위한 가장 기본적이고 중요한 핵심적 토대인데 중복특허를 두 발명의 특허청구범위 기재 내용만을 비교하여 걸러내기에는 시스템상 불안한 면이 있기 때문에, 중복특허로 볼 여지가 커서 특허제도의 정책적 목표를 유지할 필요가 있는 개별적 사안에서는 더욱 실질적으로 두 발명의 동일성 범위를 검토할 필요가 있다.

앞서 본 바와 같이 대법원이 선출원에서의 발명의 동일성에 대하여 "동일한 발명에 대하여는 최선출원에 한하여 특허를 받을 수 있다고 규정하여 동일한 발명에 대한 중복등록을 방지하기 위하여 선출원주의를 채택하고 있는바, 전후로 출원된 양 발명이 동일하다고 함은 그 기술적 구성이 전면적으로 일치하는 경우는 물론 그 범위에 차이가 있을 뿐 부분적으로 일치하는 경우라도 특별한 사정이 없는 한, 양 발명은 동일하고, 비록 양 발명의 구성에 상이점이 있어도 그 기술분야에 통상의 지식을 가진 자가 보통으로 채용하는 정도의 변경에 지나지 아니하고 발명의 목적과 작용효과에 특별한 차이를 일으키지 아니하는 경우에는 양 발명은 역시 동일한 발명이다"라고 한 판단법리에는 중복특허를 방지하기 위해 발명의 동일성 판단 기준을 (신규성이나 확대된 선출원에서의 발명의 동일성 판단법리보다는 상대적으로) 조금이라도 넓게 보려는 의도가 깔려있다고 생각한다.

이러한 문제는 이미 미국에서도 검토된 것 같다. 관련하여 미국 실무는 아예 중복특허에 동일 발명의 유형(same invention-type)뿐 아니라 예외적으로 (우리 실무는 인정하고 있지 않지만) 자명성의 유형(obviousness-type)도 포함시키고 있는데 (비자명성이 우리 특허법의 진보성에 상응함) 이를 통해 청구범위만을 비교하는 방법의 동일성 판단 방법으로 인해 중복특허가 발생할 수 있는 사각지대를 더욱 좁힘으로써 중복특허를 최대한 방지하려는 강한 의지를 엿볼 수 있다.

2 선출원 판단 기준 시

선·후 출원의 비교는 출원한 날(日)인데, 이는 신규성 여부 등을 판단할 때 시(時)를 기준으로 하는 것과 차이가 있다. 특허출원일이란 해당 특허출원서가 특허청에 도달된 날이다.

다만 예외적으로 공업소유권의 보호를 위한 파리 협약에 따른 우선권 주장을 수반하는 출원, 국내우선권 주장을 수반하는 출원인 경우에는 각 그 우선권 주장의 기초가 되는 선출원의 출원일을 기준일로 하고(제54조 제1항, 제55조 제3항), 적법한 분할출원, 분리출원 및 변경출원인 경우에는 각 원출원일을 기준일로 하며(제52조 제2항, 제52조의2 제2항, 제53조 제2항), 정당한 권리자의 출원은 무권리자 출원일을 기준일로 한다(제34조, 제35조).

III. 선출원의 지위

가장 먼저 출원함에 따라 가질 수 있는 지위를 선출원의 지위라고 한다.

선출원의 지위를 얻게 되면 해당 출원이 계속 중인 동안 그와 동일한 발명에 관한 후출원의 특허등록을 저지하고 그 선출원이 특허등록된 후에도 후출원을 거절결정에 이르게 하거나 그 후출원이 특허등록 되더라도 이를 무효로 돌릴 수 있다.

1 선출원의 지위를 가지지 않는 경우

특허출원 또는 실용신안등록출원이 무효 · 취하 또는 포기되거나 거절결정이나 거절한다는 취지의 심결이 확정된 경우 그 특허출원 또는 실용신안등록출원은 제36조 제1항부터 제3항까지의 규정을 적용할 때에는 처음부터 없었던 것으로 보므로(제36조 제4항) 선출원의 지위를 갖지 않는다.

이러한 경우에도 선출원의 지위를 인정하면 공개되지 않은 선행기술에 의해 특허받지 못하는 경우가 생기고 출원자의 재출원 기회도 상실되는 등의 불합리한 경우가 생기기 때문이다.

선출원 지위에 관하여 제36조 제4항은 당초에는 "특허출원 또는 실용신안등록출원이 무효 또는 취하된 때에는 그 특허출원 또는 실용신안등록출원은 제1항 내지 제3항의 규정을 적용함에 있어서는 처음부터 없었던 것으로 본다."라고 규정되어 있었다가, 2001. 2. 3 법률 제6411호로 개정되면서 "특허출원 또는 실용신안등록출원이 무효 또는 취하되거나 실용신안등록출원이 각하된 때에는 그 특허출원 또는 실용신안등록출원은 제1항 내지 제3항의 규정을 적용함에 있어서는 처음부터 없었던 것으로 본다."라고 개정되었고, 다시 2006. 3. 3. 법률 제7871호로 개정되면서 "특허출원 또는 실용신안등록출원이 무효 · 취하 또는 포기되거나 거절결정이나 거절한다는 취지의 심결이 확정된 때에는 그 특허출원 또는 실용신안등록출원은 제1항 내지 제3항의 규정을 적용함에 있어서는 처음부터 없었던 것으로 본다."라고 개정되어 점차적으로 대상이 변경되었음에 유의한다(위 밑줄 저자. 실용신안법의 선출원 규정의 개정 연혁과는 내용이 다소 다름).

이에 따라 예를 들어 대법원 1991. 9. 24. 선고 90후2331 판결(거절결정이 확정된 경우에도 선출원의 지위가 유지된다는 해석), 대법원 2007. 1. 12. 선고 2005후3017 판결(특허권, 실용신안권의 포기에는 출원의 포기와는 달리 소급효가 없다라는 해석) 등의 사례는 위와 같이 2006년의 특허법 개정 이전의 법 해석에 따른 결론으로 현행법에서는 그와 같은 결론은 유지될 수 없다.

발명자 또는 고안자가 아닌 자로서 특허를 받을 수 있는 권리 또는 실용신안등록을 받을 수 있는 권리의 승계인이 아닌 자(무권리자)가 한 특허출원 또는 실용신안등록출원은 제36조 제1항부터 제3항까지의 규정을 적용할 때에는 처음부터 없었던 것으로 보므로(제36조 제5항) 선출원의 지위를 갖지 않는다.

2 선출원의 지위를 가지는 경우

통상의 선출원은 선출원의 지위를 가진다.

여기서는 위 1에 대한 예외(즉, 예외에 대한 예외)를 설명한다.

거절결정이나 거절한다는 취지의 심결이 확정된 출원이라 하더라도 같은 날에 둘 이상의 특허출원이 있는 경우에 협의가 성립하지 아니하거나 협의를 할 수 없어(즉 협의불성립의 경우) 제36조 제2항 후단의 규정에 해당하여 그 이유로 거절결정이나 거절한다는 취지의 심결이 확정된 경우에는 처음부터 없었던 것으로 보지 아니하므로(제36조 제4항 단서) 이때에는 선출원의 지위를 가진다.

이는 동일 출원일에 출원된 발명들에 대하여 협의가 성립하지 아니하거나 협의를 할 수 없다는 이유로(즉 협의불성립을 이유로) 특허출원이 거절된 경우에 선출원의 지위가 소멸된다면 협의 불성립으로 거절된 출원인 중 먼저 출원한 자가 특허를 받게 되는 불합리한 일이 발생하게 되어 이를 방지하기 위하여 2006. 3. 3. 법률 제7871호로 개정된 구 특허법에서 신설되었다.

발명자 또는 고안자가 아닌 자로서 특허 또는 실용신안등록을 받을 수 있는 권리를 승계하지 않은 자의 특허출원 또는 실용신안등록출원이 같은 날에 출원된 경우에 협의가 성립하지 아니하거나 협의를 할 수 없어(즉 협의불성립의 경우) 제36조 제2항을 준용하여 거절결정된 경우에도 처음부터 없었던 것으로 보지 아니하므로(제36조 제3항 제4항 단서) 선출원의 지위를 가진다.

Ⅳ. 선출원의 적용범위 및 취급

제36조는 발명자와 출원인이 동일한 경우에 적용되는지에 대해 아무런 내용이 없으므로 발명자와(또는) 출원인이 (각각) 동일한 경우에도 적용된다.136)

다만 발명자와 출원인이 다르고 선출원이 출원공개 또는 등록공고된 경우에는 후출원에 대해 제29조(확대된 선출원) 제3항, 제4항이 우선적으로 적용될 가능성이 크다.

그 이유는 선출원의 청구범위가 확정되지 않거나 선출원이 공개되지 않으면 선출원이 처리되거나 출원공개 또는 등록공고될 때까지 후출원의 심사가 보류되고(법 시행규칙 제40조 참조), 제29조 제3항의 확대된 선출원 규정은 선출원의 청구범위가 확정되기 전이라도 출원공개 등이 되어 있으면 출원의 명세서 또는 도면의 범위 안에서 유연하게 적용될 수 있기 때문이다.

이런 연유로 실무상으로 제36조는 발명자와 출원인이 서로 동일한 경우의 선·후출원에 주로 적용되는 경향이 있다.

---

136) 다소 오래된 사례이기는 하나 대법원 1985. 5. 28. 선고 84후14 판결은 동일한 출원인이 동일한 고안을 둘 이상 출원한 경우에 의용실용신안법 제7조 제1항(지금의 특허법 제36조 제2항과 거의 같은 취지의 내용임)을 적용하면서 특단의 사정이 없는 한 동일출원인 사이의 협의는 있을 수가 없으므로 동일출원인이 동일 고안을 2 이상 출원하였을 때에는 협의가 성립되지 아니하거나 협의를 할 수 없을 때에 해당하여 어느 출원도 실용신안등록을 받을 수 없다고 한 것이 있고, 대법원 1990. 8. 14. 선고 89후1103 판결은 동일인에 의한 동일고안이 경합하여 출원된 경우에는 구 실용신안법(1980. 12. 13. 개정 전의 법률) 제7조 제1항 단서의 규정에 의한 협의의 여지가 없으므로 어느 출원도 등록받을 수 없다고 한 원심판단에 대해 동일인이 동일고안에 대하여 같은 날에 경합출원을 하여 모두 등록이 된 경우에 그 후 어느 한쪽의 등록이 무효로 확정되었다면 나머지 등록을 유지존속시켜 주는 것이 타당하고 당초에 경합출원이었다는 사실만으로 나머지 등록까지 모두 무효로 볼 것이 아니고, 위 제7조 제3항에서 동일한 내용의 실용신안등록출원이 경합하거나 실용신안등록출원과 특허출원이 경합한 경우에 그 어느 하나가 무효 또는 취하되었거나 포기된 때에는 그 실용신안등록출원 또는 특허출원은 처음부터 없었던 것으로 본다고 규정한 취지에 미루어 보더라도 위와 같이 해석하는 것이 타당하다고 하였다. 89후1103 판결과 앞의 84후14 판결을 살펴보면, 대법원은 동일인 경합발명출원의 경우 동일인 사이에는 원칙상 협의가 불가능하여 이들 출원이 모두 등록될 수 없고 설령 그 흠이 간과되어 등록되더라도 두 발명에 무효사유가 여전히 있는 것으로 보지만 어느 등록받은 특허에 대한 무효가 먼저 확정되면 그 무효의 소급효로 인해 등록된 다른 특허의 무효사유가 해소된다고 하는데 89후1103 판결은 무효심결의 소급효 등에 따른 논리적인 결론이라고 할 것이므로 위 84후14 판결과 저촉된다고 쉽게 단정하기 어렵다. 그 외에 대법원 1991. 9. 24. 선고 90후2331 판결도 구 실용신안법(1990. 1. 13. 법률 제4209호로 개정되기 전의 것) 제7조 제1항 본문의 선출원주의에 관한 규정은 선후출원의 출원인이 동일한 경우에도 적용된다고 하였다.

1 동일한 발명에 대하여 다른 날에 2 이상의 특허출원이 있는 때

동일한 발명에 대하여 다른 날에 2 이상의 특허출원이 있는 때에는 먼저 출원한 자만이 그 발명에 대하여 특허를 받을 수 있다.

특허출원에 대한 발명과 실용신안등록출원에 대한 고안이 동일한 경우에도 먼저 출원한 자만이 그 발명 또는 고안에 대하여 특허 또는 실용신안등록을 받을 수 있다(제36조 제1항, 제3항).

2 동일한 발명에 대하여 같은 날에 2 이상의 특허출원이 있는 때

동일한 발명에 대하여 같은 날에 2 이상의 특허출원이 있는 때에는 특허출원인의 협의에 의하여 정해진 하나의 특허출원인만이 그 발명에 대하여 특허를 받을 수 있고, 협의가 성립하지 아니하거나 협의를 할 수 없을 때에는 어느 출원인도 특허를 받을 수 없다(제36조 제2항).

여기서 협의를 할 수 없을 때라 함은 ① 상대방이 협의에 응하지 않는 등의 이유로 협의를 할 수 없는 경우, ② 동일한 발명에 대한 2 이상의 출원 중 어느 한 출원이 특허(실용신안등록)되었거나, 제36조 제2항 후단(제3항의 규정에 의하여 준용되는 경우를 포함한다)의 규정에 해당하여 이를 이유로 거절결정이나 거절한다는 취지의 심결이 확정된 경우를 말한다.

특허청장은 위 제2항의 경우에 특허출원인에게 기간을 정하여 협의의 결과를 신고할 것을 명하고, 그 기간에 신고가 없으면 제2항에 따른 협의는 성립되지 아니한 것으로 본다(제36조 제6항).

협의가 성립되면 법 시행규칙 별지 제20호 서식의 권리관계변경신고서를 제출하여야 하고, 협의결과에 따라 경합되는 출원의 취하 등 관련절차를 동시에 취하여야 한다. 권리관계변경신고서만 제출되고 협의결과에 따른 절차를 이행하지 않는 경우에는 협의가 성립하지 않은 것과 같이 처리한다(법 시행규칙 제34조 제1항, 제2항).

특허출원에 관한 발명과 실용신안등록출원에 관한 고안이 같은 날에 동일한 사항으로 출원된 경우에도 위와 같다(제36조 제3항 전단).

V. 선출원주의 위반 효과

1 거절이유 · 취소사유 · 무효사유

선출원에 관한 제36조 제1항부터 제3항까지에 따라 특허를 받을 수 없음에도 이를 위반하여 출원한 후출원은 거절되고(제62조 제1호), 특허결정 후에도 심사관은 특허결정을 취소하고 직권으로 다시 심사하여 거절할 수 있다(제66조의3).

이러한 흠을 발견하지 못하여 후출원이 등록되더라도 특허권의 설정등록일부터 등록공고일 후 6개월이 되는 날까지 제36조 제1항부터 제3항까지의 규정에 위반되었음을 이유로 한 특허취소신청사유에 해당하고(제132조의2 제1항, 다만 제1항에도 불구하고 특허공보에 게재된 제87조 제3항 제7호에 따른 선행기술에 기초한 이유로는 특허취소신청을 할 수 없다. 제132조의2 제2항), 무효사유(제133조 제1항 제1호)에 해당되어 등록무효심판의 대상이 된다.

등록무효심판은 특허권이 소멸된 후에도 청구할 수 있고(제133조 제2항), 특허를 무효로 한다는 심결이 확정된 경우에는 그 특허권은 처음부터 없었던 것으로 본다(제133조 제3항 본문).

2 선출원주의 위반 시 특허를 받더라도 권리범위가 부정됨

특허법은 특허에 무효사유가 존재하는 경우에 특허심판원의 특허무효심판절차를 통해서 해당 특허를 무효로 할 수 있도록 규정하고 있다.

그러나 특허발명이 그 출원 전에 국내에서 공지되었거나 공연히 실시된 발명으로서 신규성이 없는 경우에는 그에 대한 등록무효심판이 없어도 그 권리범위를 인정할 수 없는데, 특허무효사유에 있어서 신규성 결여와 선출원주의 위반은 특허발명 내지 후출원발명과 선행발명 내지 선출원발명의 동일성 여부가 문제된다는 점에서 다르지 않으므로, 위 법리는 후출원발명에 선출원주의 위반의 무효사유가 있는 경우에도 그대로 적용된다.[137)]

따라서 선출원주의에 위반된 특허출원이 특허를 받아 등록되더라도 개별적인 특허침해소송이나 권리범위확인 사건 등에서 당사자가 그 전제로서 침해 여부가 다투어지고 있는 특허발명의 무효를 주장하고 법원이 그 무효사유에 대하여 심리판단 할 수 있

137) 대법원 2009. 9. 24. 선고 2007후2827 판결.

다. 이에 대해서는 앞의 「제3절 신규성 V. 신규성 부정에 따른 취급 2 신규성 부정 시 특허를 받더라도 권리범위가 부정됨」에서 이미 설명하였다.

3 후출원 특허발명이 무효로 될 때까지 선출원 특허발명과의 관계

선출원 특허발명을 미처 알지 못하여 후출원 특허발명이 특허를 받게 된 경우와 관련하여 후출원 특허발명이 심판 또는 판결에 따라 무효로 확정될 때까지 선출원 특허발명과의 관계가 문제될 수 있다.

이와 관련하여 상표사건에서 당초 대법원은 후출원 등록상표를 무효로 하는 심결이 확정될 때까지는 후출원 등록상표권자가 자신의 상표권 실시행위로서 선출원 등록상표와 동일 또는 유사한 상표를 그 지정상품과 동일 또는 유사한 상표에 사용하는 것은 선출원 등록상표권에 대한 침해가 되지 않고, 후출원 등록상표에 의한 선출원 등록상표의 침해는 후출원 등록상표가 적법한 절차에 따라 등록무효의 심결이 확정되었음에도 불구하고 그 후 후출원 등록상표권자가 선출원 등록상표와 동일 또는 유사한 상표를 그 지정상품이 동일 또는 유사한 상품에 사용한 때 성립한다고 판시하였었다.[138] 이러한 견해에 의하면 후출원 등록상표가 심판 등에 따라 무효로 확정될 때까지는 두 권리가 병존함을 인정하게 된다.

그런데 대법원은 그 후 견해를 바꾸어 상표권자가 상표등록출원일 전에 출원·등록된 타인의 선출원 등록상표와 동일·유사한 후출원 등록상표를 선출원 등록상표권자의 동의 없이 이를 선출원 등록상표의 지정상품과 동일·유사한 상품에 사용하였다면 후출원 등록상표의 적극적 효력이 제한되어 후출원 등록상표에 대한 등록무효심결의 확정 여부와 상관없이 선출원 등록상표권에 대한 침해가 성립한다고 하였다. 그리고 특허권과 실용신안권, 디자인권의 경우에도 위와 같은 법리가 그대로 적용된다고 하였다.[139]

결국 위 전원합의체 판결에서 변경된 법리에 따르면 후출원 특허권자가 후출원의 출원일 전에 출원·등록된 타인의 선출원 특허발명과 동일한 발명을 선출원 특허권자의 동의 없이 실시하였다면 후출원 특허발명의 적극적 효력이 제한되어 후출원 특허발명에 대한 등록무효심결의 확정 여부와 상관없이 선출원 특허발명에 대한 침해가 성립한다.

---

138) 대법원 1986. 7. 8. 선고 86도277 판결, 대법원 1999. 2. 23. 선고 98다54434, 54441(병합) 판결.

139) 대법원 2021. 3. 18. 선고 2018다253444 전원합의체 판결. 위 판결은 판결이유에서 판시 취지와 배치되는 같은 민사사건인 대법원 1999. 2. 23. 선고 98다54434, 54441(병합) 판결뿐 아니라 형사사건인 대법원 1986. 7. 8. 선고 86도277 판결의 관련 판시까지 변경하고 있다.

제5절 확대된 선출원(선출원 범위의 확대)

I. 의의 · 규정취지

1 특허법 규정

第29조 제3항은 “특허출원한 발명이 다음 각 호의 요건을 모두 갖춘 다른 특허출원의 출원서에 최초로 첨부된 명세서 또는 도면에 기재된 발명과 동일한 경우에 그 발명은 제1항에도 불구하고 특허를 받을 수 없다. 다만, 그 특허출원의 발명자와 다른 특허출원의 발명자가 같거나 그 특허출원을 출원한 때의 출원인과 다른 특허출원의 출원인이 같은 경우에는 그러하지 아니하다. 1. 그 특허출원일 전에 출원된 특허출원일 것 2. 그 특허출원 후 제64조에 따라 출원공개되거나 제87조 제3항에 따라 등록공고된 특허출원일 것”, 제4항은 “특허출원한 발명이 다음 각 호의 요건을 모두 갖춘 실용신안등록출원의 출원서에 최초로 첨부된 명세서 또는 도면에 기재된 고안(考案)과 동일한 경우에 그 발명은 제1항에도 불구하고 특허를 받을 수 없다. 다만, 그 특허출원의 발명자와 실용신안등록출원의 고안자가 같거나 그 특허출원을 출원한 때의 출원인과 실용신안등록출원의 출원인이 같은 경우에는 그러하지 아니하다. 1. 그 특허출원일 전에 출원된 실용신안등록출원일 것 2. 그 특허출원 후 「실용신안법」 제15조에 따라 준용되는 이 제64조에 따라 출원공개되거나 「실용신안법」 제21조 제3항에 따라 등록공고된 실용신안등록출원일 것”, 제5항은 “제3항을 적용할 때 다른 특허출원이 제199조 제2항에 따른 국제특허출원(제214조 제4항에 따라 특허출원으로 보는 국제출원을 포함한다)인 경우 제3항 본문 중 ‘출원서에 최초로 첨부된 명세서 또는 도면’은 ‘국제출원일까지 제출한 발명의 설명, 청구범위 또는 도면’으로, 같은 항 제2호 중 ‘출원공개’는 ‘출원공개 또는 「특허협력조약」 제21조에 따라 국제공개’로 본다.”, 제6항은 “제4항을 적용할 때 실용신안등록출원이 「실용신안법」 제34조 제2항에 따른 국제실용신안등록출원(실용신안법 제40조 제4항에 따라 실용신안등록출원으로 보는 국제출원을 포함한다)인 경우 제4항 본문 중 ‘출원서에 최초로 첨부된 명세서 또는 도면’은 ‘국제출원일까지 제출한 고안의 설명, 청구범위 또는 도면’으로, 같은 항 제2호 중 ‘출원공개’는 ‘출원공개 또는 「특허협력조약」 제21조에 따라 국제공개’로 본다.”라고 규정한다.

第29조 제3항은 출원공개 또는 등록공고된 발명에 대하여 선출원의 범위를 발명의 명세서 또는 도면에 기재된 기술구성에까지 확대하여 후출원의 특허청구범위에 기재된 기술구성이 그것과 동일한 경우에 후출원은 특허를 받을 수 없도록 한 규정이다.

제29조 제5항은 특허협력조약에 따른 국제출원인 경우에도 제3항과 같은 선·후출원 판단내용을 적용하는 규정이다. 제29조 제4항과 제6항은 다른 출원이 실용신안등록출원인 경우에 위 제3항과 제5항과 각각 같은 선·후출원 판단내용으로 규정하고 있다.

2 규정 취지

앞에서 설명한 바와 같이 제36조(선출원)에 따른 선출원 여부는 선·후 출원의 특허청구범위에 기재된 기술구성만을 대비하여 판단한다. 따라서 후출원의 특허청구범위가 선출원의 특허청구범위에는 기재되어 있지 않으나 발명의 설명이나 도면에 나와 있는 별개의 기술구성을 기재하고 있는 경우에는 제36조가 적용되지 않는다.

특허발명의 보호범위는 청구범위에 적혀 있는 사항에 따라 정해지고 그 밖의 발명의 설명이나 도면에 기재된 사항에는 미치지 않아 발명의 설명 등에 적혀 있는 기술구성을 전제로 한 발명은 누구나 자유로이 실시할 수 있다. 그런데 선출원의 심사절차가 지연되고 있는 중에 제3자가 그 선출원의 발명의 설명이나 도면에만 적혀 있는 기술구성을 자신의 발명으로 하여 후출원한 경우에 만일 후출원의 출원일 당시 선출원이 미리 공개되어 있지 않다면 후출원은 제29조 제1항 각 호의 신규성 상실 사유에도 해당하지 않는다.

그런데 이러한 경우에 선출원이나 신규성 상실 사유에 해당하지 않아 특허요건을 충족한다는 이유로 후출원에 특허를 부여하면 실질적으로 새로운 발명을 한 자에게 특허를 부여하여 발명을 보호한다는 특허제도에 어긋나 선출원의 기술구성에 더하여 새로운 기술을 추가 개시한 것도 없는 자에게 독점권을 부여하게 되어 부적절하고 선출원의 발명의 설명을 통해 자유로이 실시할 수 있을 것으로 알고 해당 기술을 먼저 실시하고 있던 자와의 사이에도 불합리한 법률관계가 일어난다.

또한, 명세서 또는 도면에 기재된 발명을 보정에 의해 청구범위에 기재할 경우 제36조 규정에 의한 선출원이 될 수 있어 그와 동일한 후출원 발명의 등록을 막기 위한 측면도 있다(심사실무는 후출원 심사를 선출원 심사 종결 시까지 미루고 있다).

제29조 제3항은 후출원의 출원일 전에 출원되었지만 후출원의 출원 후에 출원공개되거나 등록공고된 선출원의 출원서에 최초로 첨부된 명세서(특허청구범위, 발명의 설명 포함) 또는 도면에 기재된 기술구성에 대해서도 선출원의 지위를 부여하여 서로 동

일할 경우 후출원의 특허등록을 저지하고자 도입한 규정이다.[140)]

위 규정은 특허법 개정과정에서 심사청구제도, 출원공개제도의 도입과 관련이 있다.

1980. 12. 31. 법률 제3325호로 개정되기 전의 구 특허법 시행 당시 선출원주의 등이 적용되는 결과 선출원의 청구범위 특정이 나머지 출원절차 진행의 전제가 되었다. 위 구 특허법 당시는 선출원의 특허청구범위에만 후출원 배제의 효력이 인정되고 있어서 선·후 출원의 동일성 범위를 판단하기 위해서 선출원의 특허청구범위가 먼저 확정될 필요가 있었는데 그와 관련하여 심사절차가 많이 지연되었다. 게다가 특허권의 권리범위는 특허청구범위에만 미치므로 출원자는 특허청구범위뿐만 아니라 발명의 설명에 기재된 모든 발명에 대하여도 특허청구범위에 포함하여 출원하여 두지 않으면 선출원주의를 주장할 수 없게 되어 심사절차가 더욱 지연되었다.

이에 1980. 12. 31. 법률 제3325호로 개정된 구 특허법 개정에서 심사처리의 신속을 기하기 위하여 심사청구가 있는 출원에 대하여만 심사하게 하는 심사청구제도를 도입하였는데 그와 함께 선출원의 특허청구범위가 먼저 특정되지 않고도 후출원을 배제할 수 있는 제도가 필요하였다. 이에 위 개정된 구 특허법은 출원 후 1년 6월이 지나면 특허공보에 출원공개를 하는 출원공개제도와 아울러 후출원의 등록을 저지할 수 있는 선출원의 범위를 종전의 특허청구범위에서 명세서와 도면에까지 확대한 것이다.

후출원의 특허청구범위에 기재된 기술구성이, 후출원의 출원일 전에 출원되었지만 후출원의 출원 후에 출원공개되거나 등록공고된 선출원의 출원서에 최초로 첨부된 명세서 또는 도면에 기재된 기술구성과 동일한 경우에도 그 후출원의 특허등록을 배제할 수 있다는 것은 결국 구 특허법상의 선출원의 범위를 더 넓히는 것이므로 위 제도를 강학상 '확대된 선출원' 또는 '선출원 범위의 확대'라고 부른다.

또한 후출원이 선출원의 공개 전에 출원되었다면 그 시점에서 선출원의 명세서는 특허청 내부에서 비밀로 보관되어 있는 상태이기 때문에 그 명세서에 기재된 기술이 후출원 전의 공지기술이라고 할 수 없지만 후출원 후 선출원의 공개로 인해 결과적으로 선출원의 기술구성이 후출원 전에 공지된 선행기술로 간주되는 것이기 때문에 '공지의 의제'라고도 부른다.

제29조 제3항과 제36조는 선·후출원관계를 규정한 것이라는 점에서는 공통된다.

다만 제36조는 중복특허의 배제를 입법취지로 하고 있는 것인데 비해, 제29조 제

---

140) 미국도 Alexander Milburn Co. v. Davis-Bournonville Co., 270 U.S. 390 (1926) 판결에서 같은 취지로 후출원 당시 공개되지 않았지만 그보다 먼저 출원된 특허의 출원 문헌을 후출원을 거절하기 위한 선행자료로 삼을 수 있다고 하였고, 1952년 특허법 개정을 통하여 제102조(e)에서 확대된 선출원과 같은 취지의 내용으로 규정하였다.

3항은 선출원의 명세서에 기재된 기술이 비록 후출원 후 공개되었더라도 그와 동일한 후출원 발명에 특허를 부여할 수 없음을 입법취지로 하고 있다. 즉 제29조 제3항의 확대된 선출원은 해당 특허출원에 선행하는 특허출원이 있고 후출원 후 선출원이 공개될 것을 요건으로 그 공개내용에 의하여 후출원을 배제하는 점에서 제29조 제1항의 신규성 부정 영역을 확대한다는 의미를 가진다. 저자는 제29조 제3항을 제29조 제1항의 신규성 부정 규정과 같은 조에 두고 조항만을 달리하여 규정한 이유가 거기에 있다고 생각한다.

II. 확대된 선출원의 적용요건

제29조 제3항 내지 제6항을 적용하기 위해서는 다음 요건을 충족하여야 한다.[141]

1 특허출원(이하 Y 출원이라 한다)의 출원일(이하 내용에서 출원일이라 함은 조약우선권 주장을 수반하는 출원은 "제1국 출원일[142]", 국내우선권 주장 출원은 "우선권 주장 출원일"이라 한다)전에 다른 특허출원 또는 실용신안등록출원(이하 Z 출원이라 한다)이 출원되어 있을 것(제29조 제3항, 제4항)

가. 분할출원, 분리출원, 변경출원이 있는 경우

출원이 분할출원, 분리출원, 변경출원이 있으면 그 출원일이 원출원일로 소급하나 확대된 선출원의 지위 등과 관련하여서는 분할출원, 분리출원, 변경출원에 의한 출원일의 소급 규정이 적용되지 않는다(제52조 제2항, 제52조의2 제2항, 제53조 제2항).[143]

이에 따라 Z 출원이 분할출원, 분리출원, 변경출원인 경우에는 제29조 제3항 내지 제6항 적용에서 출원일은 분할, 분리 또는 변경출원일이다(제52조 제2항 단서, 제52조의2 제2항, 제53조 제2항 단서).

분할출원, 분리출원, 변경출원은 제29조 제3항, 제4항 적용에서 출원일이 소급하

141) 아래 내용은 특허·실용신안 심사기준, 제3부 제4장 3.의 내용을 인용하였다.

142) Z 출원이 조약우선권 주장을 수반하는 출원인 경우 우선권 주장의 근거가 되는 제1국에의 출원명세서로 보는 견해와 제2국에의 출원명세서로 보는 견해가 있으나 특허청 심사기준은 제1국에의 출원명세서를 기초로 확대된 선출원의 지위를 판단한다.

143) 분할출원이나 변경출원을 하면서 원출원의 최초명세서 또는 도면에 기재되지 않은 기술 구성 등을 추가하는 경우까지 출원일 소급을 인정하여 주면 원출원과 분할출원·변경출원 사이에 출원한 제3자에게 불측의 손해를 줄 수 있기 때문이다.

지 않으므로 Y 출원보다 출원일이 늦을 경우 선행기술로 사용할 수 없으나 원출원이 Y 출원보다 출원일이 앞선다면 원출원을 Z 출원으로 하여 확대된 선출원을 적용하기 위한 선행기술로 사용할 수 있다.

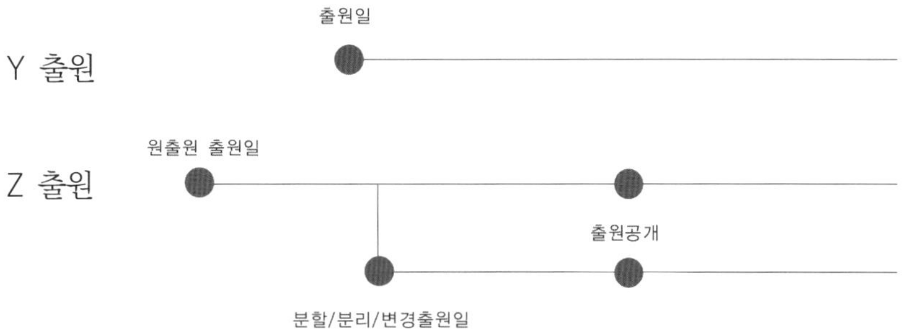

나. 파리 협약에 의한 우선권 주장 출원의 경우

Z 출원이 공업소유권의 보호를 위한 파리 협약에 의한 우선권 주장을 수반하는 출원인 경우에는 제1국 출원의 명세서 또는 도면(이하 출원의 최초 명세서 또는 도면은 최초 명세서 등이라 한다)과 우선권 주장 수반 출원의 최초 명세서 등에 공통으로 기재된 발명에 대하여는 제1국 출원일을 Z 출원의 출원일로 인정한다(제54조 제1항).

아래 예에서 제1국 출원에 기재된 발명 A는 제29조 제3항, 제4항을 적용할 때 제1국 출원일을 출원일로 보므로 우선권 주장 출원을 Z 출원으로 선행기술로 사용할 수 있으나 제1국 출원에 기재되지 아니한 B 발명은 출원일이 실제 우리나라에 출원한 날이므로 Z 출원의 선행기술자료로 사용할 수 없다. 한편, 제1국 출원에는 기재되어 있으나 우선권 주장 출원에 포함되지 아니한 C 발명은 우리나라에 출원된 발명이 아니므로 Z 출원의 선행기술자료로 사용할 수 없다.

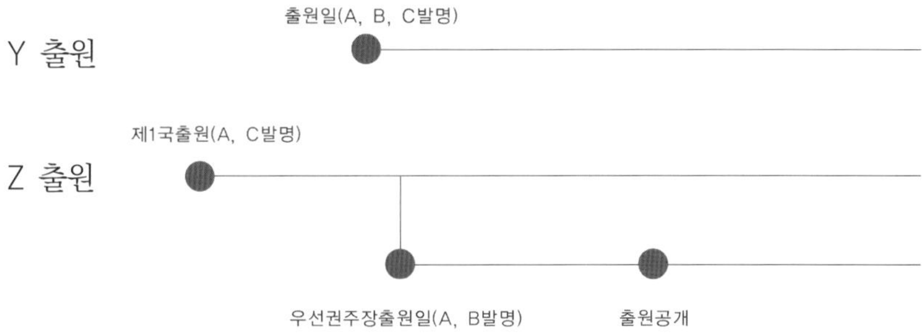

다. 국내우선권 주장의 기초가 된 선출원 · 국내우선권 주장 출원의 경우

국내우선권 주장의 기초가 된 선출원(이하 다.항에서 선출원이라 한다)의 최초 명세서에 기재된 발명 또는 국내 우선권의 주장을 수반하는 출원(이하 다.항에서 우선권 관련 후출원이라 한다)의 최초 명세서 등에 기재된 발명을 제29조 제3항 내지 제6항의 Z 출원으로 할 경우에는 아래와 같이 취급한다.

1) 우선권 관련 후출원과 선출원 모두의 최초 명세서 등에 공통으로 기재된 발명에 관해서는 선출원의 출원일을 Z 출원의 출원일로 하여 제29조 제3항 내지 제6항의 규정을 적용한다. 우선권 관련 후출원의 최초 명세서 등에만 기재되고 선출원의 최초 명세서 등에는 기재되지 아니한 발명에 대해서는 우선권 관련 후출원의 출원일을 Z 출원의 출원일로 하여 제29조 제3항 내지 제6항의 규정을 적용한다. 선출원의 최초 명세서 등에만 기재되고 우선권 관련 후출원의 최초 명세서 등에 기재되어 있지 아니한 발명에 대하여는 제29조 제3항 내지 제6항의 규정을 적용할 수 없다(제55조 제3항, 제4항).

(국내우선권 주장) 선출원은 그 출원일로부터 1년 3개월이 지난 때에 취하된 것으로 간주되어(제56조 제1항) 출원공개되지 않으므로 우선권 관련 후출원이 출원공개 또는 등록공고되었을 때 우선권 관련 후출원의 최초명세서 등에 기재된 발명 중 선출원의 최초 명세서 등에 기재된 발명은, 위 등록공고 또는 공개되었을 때에 출원공개된 것으로 간주된다(제56조 제1항, 제55조 제4항).

또한, 우선권 관련 후출원과 선출원의 최초 명세서 등에 기재되어 있지 않으나 보정에 의하여 새로이 기재된 발명에 대해서는 제29조 제3항 내지 제6항의 규정이 적용되지 아니하고, 선출원의 최초 명세서 등에 기재되어 있으나 우선권 관련 후출원의 최초 명세서 등에 기재되어 있지 아니한 발명에 대하여는 출원공개된 것으로 보지 않는다. 따라서, 이러한 발명에 대하여도 제29조 제3항 내지 제6항의 규정이 적용되지 않는다.

2) 위 1)의 경우에 있어서, 특허를 받으려는 자는 자신이 특허나 실용신안등록을 받을 수 있는 권리를 가진 특허출원 또는 실용신안등록출원으로 먼저 한 출원이 제55조 제5항 각 호의 국내우선권 주장을 수반하는 출원(공업소유권의 보호를 위한 파리 협약에 의한 것을 포함한다)일 경우에는 후출원과 선출원 모두의 최초 명세서 등에 기재된 발명 중, 해당 선출원의 우선권 주장의 기초가 되는 출원의 최초 명세서 등에 기재된 발명에 관해서는 후출원의 출원일을 Z 출원의 출원일로 하여 제29조 제3항 내지 제6항의 규정을 적용한다(제55조 제5항).

〈예 1〉 아래에서 후출원이 선출원만을 기초로 우선권 주장 출원을 하였다면 그 선출원에 기재된 A, C 발명 중 제1국 출원에 기재된 발명 A는 제29조 제3항, 제4항 적용 시 후출원일에 출원한 것으로 간주하므로 Y 출원에 A 발명이 기재되어 있더라도 후출원을 선행기술자료로 사용할 수 없고 C 발명에 대하여만 선행기술로 사용할 수 있다.

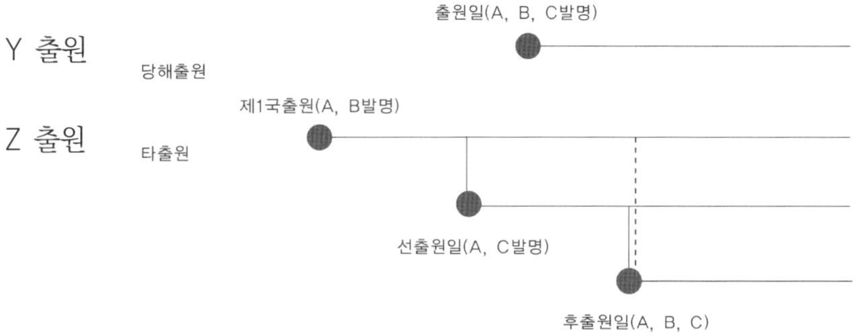

〈예 2〉 위에서 후출원이 제1국 출원과 선출원을 기초로 우선권 주장출원을 하였다면 A 발명도 제29조 제3항, 제4항 적용시 Z 출원으로 하여 선행기술로 사용할 수 있다.

② 특허출원(Y 출원)의 출원 후에, 그 출원일(조약우선권 주장을 수반하는 출원은 제1국 출원일, 국내우선권 주장 출원은 선출원일) 전에 출원된 다른 특허출원 또는 실용신안등록출원(Z 출원)이 출원공개 또는 등록공고 되었을 것

Z 출원이 출원공개 또는 등록공고된 후에는 그 출원에 대하여 특허여부 결정, 무효, 취하 또는 포기 등이 있더라도 확대된 선출원의 지위가 유지된다.

③ 특허출원의 청구항에 기재된 발명이, 그 출원일(조약우선권 주장을 수반하는 출원은 제1국 출원일, 국내우선권 주장 출원은 선출원일) 전에 출원된 다른 특허출원 또는 실용신안등록출원(Z 출원)의 최초 명세서 등에 기재된 특허 또는 고안과 동일할 것

가. 출원서에 최초로 첨부된 명세서 또는 도면에 기재된 발명

(Z 출원의) 출원서에 최초로 첨부된 명세서 또는 도면이어야 하므로 출원 후 보정

한 내용은 포함되지 않고, 명세서이므로 청구범위뿐만 아니라 발명의 설명까지 포함한다. 한편 출원서의 최초 명세서 또는 도면에 기재되어 있었다면 출원 이후의 보정에 따라 삭제되었더라도 여전히 확대된 선출원의 지위를 가진다(즉 제29조 제3항, 제4항이 적용된다).

나. 확대된 선출원에서 발명의 동일성

Y 출원에 확대된 선출원이 적용되기 위하여는 Y 출원의 청구항에 기재된 기술구성과 Z 출원의 최초 명세서 등에 기재된 기술구성이 완전히 동일하거나 실질적으로 동일하여야 한다.

1) 동일성 판단 대상 · 방법 · 기준 시

제29조 제3항, 제4항의 적용 여부 판단 대상은 Y 출원의 '청구항에 기재된 기술구성'과 Z 출원의 '최초 출원 시 그 출원서에 첨부된 명세서 또는 도면에 기재된 기술구성'이다. 이때 동일성 판단 방법, 기준시도 신규성에서의 그것들과 같다.

2001. 2. 3. 법률 제6411호로 개정되기 전 구 특허법 제29조 제3항은 "특허출원한 발명이 해당 특허출원을 한 날 전에 특허출원 또는 실용신안등록출원을 하여 해당 특허출원을 한 날 후에 출원공개되거나…"라고 규정되어 있었는데 위 개정으로 "특허출원한 발명이 해당 특허출원을 한 날 전에 특허출원 또는 실용신안등록출원을 하여 해당 특허출원을 한 후에 출원공개되거나…"라고 변경되었다(위 밑줄 저자). 이는 특허출원과 같은 날에 공개되었으나 시간상으로는 특허출원보다 늦게 공개된 해당 특허출원에 대해 본 조항을 적용하는 데 어려움이 있음을 감안하여 공개시기를 날이 아닌 시각의 개념으로 개정한 것이다(위 구 특허법 시행일 이전 출원에는 종전 규정을 적용한다).

2) 동일성 범위

확대된 선출원에서 Y 출원의 청구항에 기재된 기술구성과 Z 출원의 최초 명세서 또는 도면에 기재된 기술구성을 대비할 때 Y 출원의 청구항에 기재된 기술구성이 Z 출원의 최초 명세서 또는 도면에 기재된 기술구성과 동일한 표현으로 기재되어 있지 않아도 그 기술분야에서 통상의 지식을 가진 사람이 그 명세서와 실질적으로 동일한 내용이 기재되어 있다고 인정할 수 있는 경우를 포함한다.

반면에, 단순한 시사에 그치는 것, 발명으로서 미완성에 머무른 것, 선출원 명세서 또는 도면의 기재에서 쉽게 생각할 수 있을 정도의 것(진보성이 없는 것), 선출원 명세서 또는 도면에 기재되어 있지 않은 기술에 대하여 단지 공지문헌이 있는 정도에 그치는 것(그 기술을 주지관용이라고까지 볼 수는 없는 것)은 명세서에 기재되었다고 할 수 없다.

특허청은 발명이 실질적으로 동일한 경우란 선행발명과 청구범위에 기재된 발명이 단순한 표현(카테고리)의 상위, 구성이 동일한 경우의 단순한 목적 또는 효과 인식의 차이, 단순한 구성의 변경(단순한 관용수단의 전환, 단순한 관용수단의 부가 또는 삭제, 단순한 재료변환 또는 균등물 치환, 단순한 균등수단의 전환, 단순한 형상, 수 또는 배열의 한정이나 변경, 단순한 수치의 한정 또는 변경), 단순한 용도의 차이 및 당연한 용도 한정 등 발명의 사상에는 실질적으로 아무런 영향을 미치지 아니하고 단지 비본질적 사항(부수사항)에 차이가 있는데 불과한 경우라고 설명한다.[144)]

대법원도 확대된 선출원에 관한 제29조 제3항에서 규정하는 발명의 동일성은 발명의 진보성과는 구별되는 것으로서 양 발명의 기술적 구성이 동일한가 여부에 의하되 발명의 효과도 참작하여 판단할 것인데, 기술적 구성에 차이가 있더라도 그 차이가 과제해결을 위한 구체적 수단에서 주지·관용기술의 부가·삭제·변경 등에 지나지 아니하여 새로운 효과가 발생하지 않는 정도의 미세한 차이에 불과하다면 양 발명은 서로 실질적으로 동일하나,[145)] 양 발명의 기술적 구성의 차이가 위와 같은 정도를 벗어난다면 설사 그 차이가 그 발명이 속하는 기술분야에서 통상의 지식을 가진 자가 용이하게 도출할 수 있는 범위 내라고 하더라도 양 발명을 동일하다고 할 수 없다고 하여[146)] 확대된 선출원의 적용 시 요구되는 발명의 동일성 기준이 진보성 판단 기준과 다름은 명확히 하고 있다.

다만 신규성, 확대된 선출원, 선출원(중복특허금지)의 경우에 각각의 동일성 인정 범위를 반드시 동일하다고 보아야 하는가라는 문제가 있으나 이에 관한 실무 태도 및 저자의 견해에 대하여는 「제3절 신규성 III. 신규성이 부정되기 위한 요건과 대비대상의 범위 [3] 신규성 등에서 발명의 동일성 범위」에서 설명하고 있다.

저자는 발명의 동일성 인정 범위가 신규성, 확대된 선출원, 선출원(중복특허금지)의 경우에 똑같지 않고 「신규성 ⊂ 확대된 선출원 ⊆ 선출원」 순으로 넓어질 수 있어 각각의 영역에서 동일성 인정 범위에 다소 차이가 있다고 설명한 바 있다(이는 실무 태도와는 다소 다른 점에 유의한다). 이 부분은 다시 돌아가 참고하여 주시기 바란다.

---

144) 특허·실용신안 심사기준 제3부 제4장 6.3.

145) 대법원 2001. 6. 1. 선고 98후1013 판결, 대법원 2008. 3. 13. 선고 2006후1452 판결, 대법원 2019. 2. 21. 선고 2017후2819 전원합의체 판결 등 참조.

146) 대법원 2011. 3. 24. 선고 2010후3202 판결. 대법원 2021. 9. 16. 선고 2017후2369, 2017후2376(병합) 판결도 같은 취지이다.

III. 확대된 선출원 위반 효과

1 거절이유 · 취소사유 · 무효사유

제29조 제3항에 따라 특허를 받을 수 없음에도 이를 위반하여 출원한 후출원은 거절된다(제62조 제1호).

이러한 흠을 발견하지 못하여 후출원이 등록되더라도 특허권의 설정등록일부터 등록공고일 후 6개월이 되는 날까지 제29조 제3항의 규정에 위반되었음을 이유로 한 특허취소신청사유에 해당하고(제132조의2 제1항, 다만 제1항에도 불구하고 특허공보에 게재된 제87조 제3항 제7호에 따른 선행기술에 기초한 이유로는 특허취소신청을 할 수 없다. 제132조의2 제2항), 무효사유(제133조 제1항 제1호)에 해당하여 등록무효심판의 대상이 된다.

등록무효심판은 특허권이 소멸된 후에도 청구할 수 있고(제133조 제2항), 특허를 무효로 한다는 심결이 확정된 경우에는 그 특허권은 처음부터 없었던 것으로 본다(제133조 제3항 본문).

2 확대된 선출원 위반 시 특허를 받더라도 권리범위가 부정됨

특허법은 특허에 무효사유가 존재하는 경우에 특허심판원의 특허무효심판절차를 통해서 해당 특허를 무효로 할 수 있도록 규정하고 있다.

그러나 등록된 특허발명이 그 출원 전에 국내에서 공지되었거나 공연히 실시된 발명으로서 신규성이 없는 경우에는 그에 대한 등록무효심판이 없어도 그 권리범위를 인정할 수 없는데, 특허무효사유에 있어서 신규성 결여와 확대된 선출원주의 위반은 발명의 동일성 여부가 문제된다는 점에서 다르지 않으므로, 위 법리는 후출원발명에 확대된 선출원주의 위반의 무효사유가 있는 경우에도 그대로 적용된다.

따라서 확대된 선출원주의에 위반된 특허출원이 특허를 받아 등록되더라도 개별적인 특허침해소송이나 권리범위확인 사건 등에서 당사자가 그 전제로서 침해 여부가 다투어지고 있는 특허발명의 무효를 주장하고 법원이 그 무효사유에 대하여 심리판단 할 수 있다.

이에 대해서는 「제3절 신규성 V. 신규성 부정에 따른 취급 2 신규성 부정 시 특허를 받더라도 권리범위가 부정됨」에서 이미 설명하였다.

3 후출원 특허발명이 무효로 될 때까지 선출원 특허발명과의 관계

선출원을 미처 알지 못하여 후출원이 특허를 받게 된 경우와 관련하여 후출원 특허발명이 심판 또는 판결에 따라 무효로 확정될 때까지 선출원 특허발명의 관계가 문제될 수 있다.

이와 관련한 판례 변경 전·후의 법리 내용은 「제4절 선출원(중복특허의 배제) Ⅳ. 선출원주의 위반 효과 3 후출원이 무효로 될 때까지 선출원과의 관계」에서 이미 상세히 설명하였다.

결론적으로 전원합의체 판결에서 변경된 법리에 따르면 후출원 특허권자가 후출원의 출원일 전에 타인의 선출원이 출원되고 그 선출원이 후출원의 출원일 후에 출원공개되거나 등록공고된 경우에 타인의 선출원 특허발명과 동일한 발명을 선출원 특허권자의 동의 없이 실시하였다면 후출원 특허발명의 적극적 효력이 제한되어 후출원 특허발명에 대한 등록무효심결의 확정 여부와 상관없이 선출원 특허발명에 대한 침해가 성립한다.147)

Ⅳ. 확대된 선출원 적용 예외

선출원의 발명자, 출원자가 후출원의 발명자, 출원자와 동일한 경우에 제29조 제3항 본문을 적용한다면 규정의 취지상 해당 발명자, 출원자에게 너무 가혹하게 되므로 법은 그 특허출원의 발명자와 다른 특허의 발명자, 실용신안등록출원의 고안자가 같거나 그 특허출원을 출원한 때의 출원인과 다른 특허출원의 출원인, 실용신안등록출원의 출원인이 같은 경우에는 제29조 제3항, 제4항을 적용하지 않는다고 규정한다(제29조 제3항 및 제4항 각 단서).

다만 이러한 경우에 자신의 선출원 발명이라도 선출원의 공개 또는 공고가 이루어지면 신규성을 상실시킬 수 있는 선행발명(공지기술)이 될 수 있기 때문에 후출원은 선출원 발명의 출원공개 또는 등록공고 전에 이루어질 필요가 있다.

---

147) 대법원 2021. 3. 18. 선고 2018다253444 전원합의체 판결. 위 판결은 판결이유에서 판시 취지와 배치되는 같은 민사사건인 대법원 1999. 2. 23. 선고 98다54434, 54441(병합) 판결뿐 아니라 형사사건인 대법원 1986. 7. 8. 선고 86도277 판결의 관련 판시까지 변경하고 있다. 종전 상표사건에서는 후출원에 의한 선출원 등록상표의 침해는 후출원 등록상표가 적법한 절차에 따라 등록무효심결이 확정되었음에도 불구하고 그 후 후출원 등록상표권자가 선출원 등록상표와 동일 또는 유사한 상표를 그 지정상품이 동일 또는 유사한 상품에 사용한 때 성립한다고 판시하였으나 위 판결에 따라 변경되었다.

선 · 후 출원의 발명자에서 발명자는 원칙적으로 출원서에 기재된 발명자를 말한다. 발명자가 공동발명자이거나 출원인이 2인 이상인 경우에는 선 · 후출원의 발명자나 출원인 모두가 표시상 완전히 일치하여야 하되 형식적으로 표시상 완전히 일치하지 않는 경우에도 개명 · 상속 · 합병 등에 의하여 실질적으로 동일한 것으로 판단되면 각각 동일한 것으로 인정한다.

발명자, 출원자가 표시상 완전히 동일하지 않을 경우에 발명자, 출원자가 동일하다는 사실은 발명자, 출원자가 주장 · 증명한다.

V. 다른 출원(Z 출원)이 국제특허출원 등인 경우의 특칙

다른 출원(Z 출원)이 국제특허출원인 경우에 제29조 제3항, 제4항 중 "출원공개"는 "출원공개 또는 특허협력조약 제21조에 따라 국제공개"로, "출원서에 최초로 첨부된 명세서 또는 도면"은 "국제출원일까지 제출한 발명의 설명, 청구범위 또는 도면"이다(제29조 제5항, 제6항).

다만 제29조 제3항, 제4항을 적용할 때 제201조 제4항에 따라 출원인이 국내서면제출기간에 발명의 설명 및 청구범위의 국어번역문을 제출하지 아니하여 취하한 것으로 보는 국제특허출원 또는 국제실용신안등록출원의 경우에는 다른 출원(Z 출원)의 지위를 갖지 않는 출원으로 한다(제29조 제7항).

국내우선권 주장을 수반하는 국제특허출원에 관하여 제29조 제3항 내지 제6항 규정을 적용함에 있어서는, 국제출원일에 제출한 국제출원의 명세서 또는 도면에 기재된 발명 중에서 국내우선권 주장의 기초가 되는 선출원의 명세서 또는 도면에 기재된 발명은 그 국제특허출원의 특허협력조약 제21조에서 규정하는 국제공개 또는 특허의 등록공고 시 그 선출원에 관하여 출원공개된 것으로 본다(제202조 제2항).

제6절 진보성

I. 진보성의 의의 · 규정 취지

어느 발명이 그 출원 전의 선행기술에 비추어 신규성이 부정되지 않더라도 그것이 보호할 가치가 있는 진보성(inventive step, non-obviousness)이 부정되지 않아야 특허를 받을 수 있다.

제29조 제2항은 “특허출원 전에 그 발명이 속하는 기술분야에서 통상의 지식을 가진 자가 제1항 각 호의 어느 하나에 해당하는 발명에 의하여 쉽게 발명할 수 있으면 그 발명에 대해서는 제1항에도 불구하고 특허를 받을 수 없다.”라고 하여 신규성이 부정되지 않더라도 진보성이 없는 발명은 특허를 받을 수 없다고 규정한다.

진보성에 관한 규정은 1973. 2. 8. 법률 제2505호로 전부개정된 특허법에서부터 신규성 요건과 구별되어 규정되었다. 이론적으로도 어느 발명이 선행기술에 비하여 객관적으로 새로운 것인가의 신규성 문제와 어느 발명이 선행기술로부터 쉽게 생각해 낼 수 있는 것인가의 진보성 문제는 구별된다.

진보성이 없는 발명에 대해 특허를 부여하지 않도록 한 이유는 출원 전 선행기술과 동일하지 않더라도 기술구성이나 작용효과에서 더 나은 것이 없거나 개선 정도가 미미한 기술에 대하여 특허권을 부여하는 것은 기술 발달에 공헌한 자에 대하여 그 공개 대가로 독점배타권을 부여하는 특허제도 취지에 맞지 않을 뿐 아니라 그러한 특허권으로 말미암아 제3자의 기술실시가 제한됨으로써 산업발전에 이바지하고자 하는 특허제도의 목적에 반하기 때문이다.

II. 진보성 유무 판단에 관한 일반론

[1] 진보성 판단 대상 · 기준 시 및 방법

가. 판단 대상

진보성 유무를 판단하는 대상은 문제가 되는 발명의 청구항에 기재된 기술구성과 선행발명의 명세서 또는 도면 등에 나와 있는 기술구성이다.

진보성 유무를 판단하는 기준이 되는 특허출원 전이란 특허출원의 날(日)을 기준으로 하지 않고 특허출원의 시각(시 · 분 · 초)을 기준으로 하여 해당 출원의 출원 시보다 앞서는 경우이다(국외 발명 공지인 경우 공지된 때를 우리나라 시간으로 환산하여 해당 출원의 출원 시보다 앞서는 경우이다). 그리고 진보성 판단의 대상범위는 국내외 공지·공용 또는 간행물 등이다.

이하 진보성 판단에 제공되는 특허출원 전 선행기술과 관련하여 문제되는 점을 설명한다.

여기서 특허출원 전의 의미는 발명의 공지 또는 공연 실시된 시점이 특허출원 전이라는 의미이지 그 공지 또는 공연 실시된 사실을 인정하기 위한 증거가 특허출원 전에 작성된 것을 의미하는 것은 아니므로, 특허출원 후에 작성된 문건들에 기초하여 어떤 발명 또는 기술이 특허출원 전에 공지 또는 공연 실시된 것인지 여부를 주장·증명할 수 있다.[148)]

명세서, 특히 청구범위의 전제부에 종래기술로 기재되어 있는 선행발명이 발명의 출원 전에 공지되었는지와 관련하여, 실무가 명세서의 전체적인 기재와 출원경과를 종합적으로 고려하여 출원인이 일정한 구성요소는 단순히 배경기술 또는 종래기술인 정도를 넘어서 공지기술이라는 취지로 청구범위의 전제부에 기재하였음을 인정할 수 있는 경우에만 별도의 증거 없이도 전제부 기재 구성요소를 출원 전 공지된 것이라고 사실상 추정하되, 출원인이 실제로는 출원 당시 아직 공개되지 아니한 선출원발명이나 출원인의 회사 내부에만 알려져 있었던 기술을 착오로 공지된 것으로 잘못 기재하였음이 밝혀지는 경우와 같이 특별한 사정이 있는 때에는 추정이 번복될 수 있는 것(사실상의 추정 및 복멸의 허용 이론)[149)]으로 정리되었음은 본 장의 「제3절 신규성 Ⅳ. 신규성 상실 사유 ② 간행물 게재 발명(제29조 제1항 제2호 전단)」에서 본 바와 같다.

다음으로 진보성 판단을 위한 선행기술 적격성 내지 선행기술의 파악 정도에 관하여 선행기술의 내용을 어느 정도까지 인정해 줄 수 있는지 문제된다.

이미 앞의 신규성 부분에서 설명하였듯이 선행기술인 특허발명의 명세서에는 그 발명 출원의 당초 명세서에 기재되어 있는 기술 및 기재되어 있는 것과 마찬가지라고 인정할 수 있는 기술이 개시되어 있는 것으로 볼 수 있으므로 선행기술의 기술구성을 선행기술에 기재되거나 기재되어 있는 것과 마찬가지라고 인정할 수 있는 기술까지 인정할 수 있다.

나아가 진보성 판단에 제공되는 선행발명은 기술구성 전체가 명확하게 표현된 것뿐만 아니라, 미완성 발명 또는 자료의 부족으로 표현이 불충분하거나 일부 내용에 흠결이 있다고 하더라도 그 기술분야에서 통상의 지식을 가진 자가 기술상식이나 경험칙

---

148) 대법원 2007. 4. 27. 선고 2006후2660 판결.
149) 대법원 2017. 1. 19. 선고 2013후37 전원합의체 판결.

에 의하여 쉽게 기술내용을 파악할 수 있는 범위 내에서는 대비대상이 될 수 있다.[150]

그 외 대법원의 주류적인 태도는, 출원대상이 '고안'인 경우는 진보성 판단에 제공되는 선행기술에 대하여 통상의 기술자가 기술상식이나 경험칙에 의하여 '극히 쉽게' 기술내용을 파악할 수 있는 범위까지는 대비대상이 될 수 있다고 하거나, 출원대상이 '발명'인 경우에는 통상의 기술자가 기술상식이나 경험칙에 의하여 '쉽게' 기술내용을 파악할 수 있는 범위까지는 대비대상이 될 수 있다고 하여 출원대상이 발명인지 고안인지에 따라서 통상의 기술자가 기술내용을 파악할 수 있는 정도에 차이를 두고 있다.

다만 간혹 진보성 판단에 제공되는 대비 고안은 기재된 내용에 따라 해당 기술분야에서 통상의 지식을 가진 자가 '쉽게' 실시할 수 있을 정도로 기재되어 있는 것을 말한다고 판시하기도 하고,[151] 진보성 판단에 제공되는 대비 발명은 통상의 기술자가 경험칙에 의하여 '극히 쉽게' 기술내용의 파악이 가능하다면 그 대상이 될 수 있다고 함으로써[152] 종래 출원대상이 고안 또는 발명인 경우의 기술내용 파악 정도에 관한 판시 내용이 서로 혼용되는 경우가 있는데 이러한 실무 태도는 명확히 정리될 필요가 있다.

나. 판단의 기준이 되는 자: 통상의 지식을 가진 자의 의미

진보성 유무의 판단에서 기준이 되는 자는 "그 발명이 속하는 기술분야에서 통상의 지식을 가진 자"이다.

여기서 그 발명이 속하는 기술분야는 해당 발명이 이용되는 산업분야로 그 범위는 발명의 내용을 종합적으로 검토하여 객관적으로 판단한다.[153]

그 발명이 속하는 기술분야에서 통상의 지식을 가진 자(이하 통상의 기술자라 한다)란 발명의 출원 시를 기준으로 국내외를 막론하고 출원 시 해당 기술분야에 관한 기술수준에 있는 모든 것을 입수하여 자신의 지식으로 할 수 있고, 연구개발을 위하여 통상의 수단 및 능력을 자유롭게 구사할 수 있다고 가정한 자연인을 말한다.[154][155] 여기의

150) 대법원 1997. 8. 26. 선고 96후1514 판결, 대법원 2011. 1. 13. 선고 2009후1927 판결.
151) 대법원 1997. 12. 23. 선고 97후433 판결.
152) 대법원 2011. 1. 13. 선고 2009후1972 판결.
153) 대법원 2003. 4. 25. 선고 2002후987 판결 등 참조.
154) 특허법원 2010. 3. 19. 선고 2008허8150 판결(상고취하 확정). 통상의 기술자의 의미에 대한 더욱 상세한 내용은 한국특허법학회 편, "통상의 기술자의 의미", 개정판 특허판례연구, 박영사(2012), 231(김지수 집필부분) 이하 참조.
155) 대법원 2004. 11. 12. 선고 2003후1512 판결은 "구 특허법(2001. 2. 3. 법률 제6411호로 개정되기 전의 것) 제29조 제2항, 제1항 제2호의 규정의 취지는 어떤 발명이 그 특허출원 전에 국내뿐만 아니라 국외에서 반포된 간행물에 기재된 발명에 의하여 용이하게 도출될 수 있는 창작일 때에도 진보성을 결여한 것으로 보고 특허를 받을 수 없도록 하려는 데에 있으므로(대

자연인에는 산업발전에 따른 기술의 복잡·고도화에 따라 한 사람만이 아니라 복수의 기술분야에 종사하는 전문가들로 이루어지는 조직이나 집단도 포함될 수 있다.

특허청은 "통상의 기술자란 출원 전의 해당 기술분야의 기술상식을 보유하고 있고, 출원발명의 과제와 관련되는 출원 전의 기술수준에 있는 모든 것을 입수하여 자신의 지식으로 할 수 있는 자로서, 실험, 분석, 제조 등을 포함하는 연구 또는 개발을 위하여 통상의 수단을 이용할 수 있으며, 공지의 재료 중에서 적합한 재료를 선택하거나 수치범위를 최적화(最適化)하거나 균등물(均等物)로 치환하는 등 통상의 창작능력을 발휘할 수 있는 특허법상의 상상의 인물이다."라고 설명하는데,[156] 그 내용은 앞서 본 통상의 기술자 의미와 차이가 없다.

위에서 말하는 기술수준이란 제29조 제1항 각 호의 1에 규정된 발명 이외에도 해당 발명이 속하는 기술분야의 기술상식 등을 포함하는 기술적 지식에 따라 구성되는 것으로 일상적인 업무 및 실험을 위한 통상의 수단 등 청구항에 기재된 발명의 기술분야와 관련된 모든 종류의 정보에 관계된다. 통상의 기술자의 기술수준은 관련 자료 등에 기초한 객관적 증거에 따라 파악한다.

실무도 진보성 판단에서 통상의 기술자의 기술수준을 적극적으로 고려하고 있다.

예를 들면 명칭이 "매우 깊은 압축의 깊이를 갖는 강화 유리"인 발명에서 통상의 기술자의 기술수준을 화학공학 또는 재료공학 분야의 학사학위 소지자로서 유리제품 제조 관련 산업분야에서의 실무 경력이 3년 정도인 사람을 기준으로 한 것,[157] 명칭이 "뇌신경질환의 예방 또는 치료용 식품 조성물" 발명에서 통상의 기술자의 기술수준을 식품공학 또는 바이오산업공학의 석사학위 또는 학사학위 소지자로서 곤충류 이용 기능성식품(약품) 관련 산업 분야에서의 실무 경력이 3년(석사학위 소지자의 경우) 또는 5년(학사학위 소지자의 경우) 정도인 사람을 기준으로 한 것,[158] 명칭이 "몰리브데늄을 함유하는 지르코늄 전처리 조성물, 관련된 금속기판 처리방법 및 관련된 코팅된 금속기판" 발명에서 통상의 기술자의 기술수준은 금속 또는 화학 관련 분야의 학사학위 소지자로서 도금 산업분야에서의 실무 경력이 4년 정도인 사람을 기준으로 한 것[159] 등이 있다.

법원 2002. 8. 23. 선고 2000후3234 판결 참조), 이와 달리 발명의 진보성 판단은 국내의 기술 수준을 고려하여 국내에 있는 해당 기술분야의 전문가의 입장에 판단하여야 한다는 상고이유의 주장은 독자적 견해에 불과하여 받아들일 수 없다."고 한다.

156) 특허·실용신안 심사기준 제3부 제3장 3.2.

157) 특허법원 2021. 8. 19. 선고 2020허6842 판결(미상고 확정).

158) 특허법원 2020. 7. 17. 선고 2019허7016 판결(미상고 확정).

159) 특허법원 2019. 10. 25. 선고 2018허8159 판결(미상고 확정).

통상의 기술자가 제29조 제1항 각 호의 1에 규정된 발명에 의하여 쉽게 발명할 수 있다는 것은 통상의 기술자가 해당 특허출원 전에 공지 등이 된 선행발명(비교대상발명, 인용발명)에 의해 청구항에 기재된 발명에 이를 수 있는 동기가 있다거나 선행발명으로부터 통상의 창작능력 발휘를 통하여 청구항에 기재된 발명을 쉽게 생각해 낼 수 있다는 의미이다.

관련 문제로 통상의 기술자의 의미 내지 기술 수준이 발명의 진보성 판단과 발명의 설명에서의 명세서 기재요건 판단에서 서로 다른 것인지가 문제된다.

이에 대해 명시적으로 설명된 대법원의 판시는 나와 있지 않으나 진보성 및 명세서 기재요건에 관한 실무 중 진보성 판단에 관한 통상의 기술자와 명세서 기재요건에 관련된 통상의 기술자를 다소 다른 기준으로 판단한 것처럼 볼 수 있는 사례[160]가 있지만 대체로 거의 같은 의미 내지 기술수준으로 사용하고 있는 것으로 보인다.[161]

이론적으로도 진보성 판단에 관한 통상의 기술자와 명세서 기재요건에 관련된 통상의 기술자를 달리 보아야 할 합리적 근거가 없으므로 이들 통상의 기술자를 통일적으로 해석하는 것이 바람직하다고 생각된다.

---

160) 구 특허법(1990. 1. 13. 법률 제4207호로 개정되기 전의 것) 제8조 제3항의 명세서 기재 요건과 관련하여, 대법원 1992. 7. 28. 선고 92후49 판결은 "그 발명이 속하는 기술분야에서 통상의 지식을 가진 자가 용이하게 실시할 수 있을 정도라고 함은, 특허출원 당시의 기술수준을 기준으로 하여 그 발명과 관련된 기술분야에서 평균적인 기술능력을 가진 자이면 누구든지 특허출원된 발명의 내용을 명확하게 이해하고 이를 재현할 수 있는 정도를 일컫는 것"이라고 하고, 대법원 1995. 7. 14. 선고 94후654 판결도 "출원에 관한 발명이 속하는 기술분야에서 보통 정도의 기술적 이해력을 가진 자, 즉 평균적 기술자가 해당 발명을 명세서 기재에 기하여 출원시의 기술수준으로 보아 특수한 지식을 부가하지 않고서도 그 발명을 정확하게 이해할 수 있고 동시에 재현할 수 있는 정도의 설명이 필요하다."라고 하였다. 대법원 2004. 10. 14. 선고 2002후2839 판결은 구 특허법(2001. 2. 3. 법률 제6411호로 개정되기 전의 것) 제42조 제3항의 '발명의 상세한 설명'에 대해, "특허 출원된 발명이 속하는 기술분야에서 보통 정도의 기술적 이해력을 가진 자(이하 평균적 기술자라 한다)가 해당 발명을 명세서 기재에 의하여 출원시의 기술수준으로 보아 특수한 지식을 부가하지 않고서도 정확하게 이해할 수 있고 동시에 재현할 수 있는 정도로 기재되어야 할 것"이라고 하였다.

161) 구 특허법 제42조 제4항 제1호에 대하여 대법원 2007. 3. 15. 선고 2006후3588 판결은 "구 특허법 제42조 제4항 제1호의 취지는 특허출원서에 첨부된 명세서의 발명의 상세한 설명에 기재되지 않은 사항이 청구항에 기재됨으로써 출원자가 공개하지 않은 발명에 대하여 특허권이 부여되는 부당한 결과를 막기 위한 것으로서, 청구항이 발명의 상세한 설명에 의하여 뒷받침되고 있는지 여부는 특허출원 당시의 기술 수준을 기준으로 하여 그 발명이 속하는 기술분야에서 통상의 지식을 가진 사람의 입장에서 특허청구범위에 기재된 사항과 대응되는 사항이 발명의 상세한 설명에 기재되어 있는지 여부에 의하여 판단하여야 한다."라고 하였고, 위 부분에 관한 판시는 대법원 2014. 9. 4. 선고 2012후832 판결에도 그대로 이어지고 있다.

다. 판단 방법

1) 진보성 판단 방법의 실무 변화

가) 종전의 진보성 판단 방법

종전에는 발명의 진보성을 판단하는 방법으로 해당 발명과 선행발명들의 기술분야 및 발명의 목적(발명이 해결하고자 하는 기술적 과제), 기술구성(그 과제를 달성하기 위하여 채택한 기술적 수단), 작용효과(구성에 따라 나타나는 특유의 효과)를 대비하면서 목적에서 기술적 해결 과제의 특이성 여부, 기술구성에서 기술의 채택 및 결합의 곤란성 여부, 작용효과에서 이질적 효과, 현저한 양적 효과 및 쉽게 예측할 수 있는지 등을 종합적으로 검토한 다음에 해당 발명의 진보성 유무를 판단하는 방법이 주로 사용되었다.

당시 실무의 진보성 판단법리도 "제29조 제2항의 규정은 특허출원된 발명이 선행의 공지기술로부터 용이하게 도출될 수 있는 창작일 때에는 진보성을 결여한 것으로 보고 특허를 받을 수 없도록 하려는 취지인바, 이와 같은 진보성 유무를 가늠하는 창작의 난이의 정도는 그 기술구성의 차이와 작용효과를 고려하여 판단하여야 하며 출원된 기술의 구성이 공지된 선행기술과 차이가 있을 뿐만 아니라 그 작용효과에 있어서도 선행기술에 비하여 현저하게 향상·진보된 것인 때에는 기술의 진보발전을 도모하는 특허제도의 목적에 비추어 그 발명이 속하는 기술의 분야에서 통상의 지식을 가진 자가 용이하게 발명할 수 없는 것으로서 진보성이 있는 것으로 보아야 한다."라고 하여,[162] 기술구성의 차이라든가 작용효과의 현저성 등을 중심으로 하여 진보성을 판단하였다.

특히 일반적인 물건의 발명 등의 진보성 판단 중 기술구성 대비는, 문제되는 해당 발명의 기술구성을 개별적으로 구성요소별로 분해하여 특정한 후 각각 해당 구성요소에 대응되는 여러 선행발명의 개별적 기술구성을 열거하고 기술분야 등의 유사성 등을 통해 이들 대응 구성요소들을 쉽게 결합하여 해당 발명에 이를 수 있는지를 검토하는 논리적 과정을 거쳤다.

이처럼 진보성 유무를 판단하면서 각 발명의 목적, 구성, 효과를 대비하는 방법이 주로 사용된 것은 당시 시행되던 특허법 규정 및 출원 실무와 직접적인 관련이 있다. 2007. 1. 3. 법률 제8197호로 개정되기 전의 구 특허법 제42조 제3항은 "제2항 제3호의 규정에 의한 발명의 상세한 설명에는 그 발명이 속하는 기술분야에서 통상의 지식을 가진 자가 용이하게 실시할 수 있을 정도로 그 발명의 목적·구성 및 효과를 기재하여야 한다."라는 내용으로 규정하고 있었다. 이러한 연유로 특허출원을 하는 사

162) 대법원 1997. 12. 9. 선고 97후44 판결.

람은 당시 출원서를 제출하면서 법 규정에 따라 발명의 상세한 설명에 해당 발명의 목적 · 구성 · 효과의 순으로 내용을 기재할 수밖에 없었고 발명의 진보성 유무를 판단하면서도 자연스럽게 명세서에 기재된 대로의 목적 · 구성 · 효과의 순으로 대비하게 되었다.

종전 실무는 진보성 유무를 문제가 되는 발명과 선행발명들의 목적, 구성, 효과를 대등하게 검토한 후 판단한 것이 대부분이나 기술의 유형에 따라 기술구성의 차이나 작용효과의 현저성에 주안점을 두고 판단한 사례도 많다.

진보성 유무 판단에서 목적 · 구성 · 효과나 구성 · 효과를 대등하게 검토한 후 진보성을 부정하지 않은 것으로 대법원 1995. 12. 26. 선고 94후685 판결, 대법원 1996. 1. 26. 선고 94후1589 판결, 대법원 1996. 7. 12. 선고 95후1388 판결, 대법원 1997. 10. 24. 선고 96후1798 판결, 대법원 2002. 4. 12. 선고 99후2150 판결, 대법원 2004. 11. 26. 선고 2004후653 판결, 대법원 2009. 1. 15. 선고 2007후1053 판결, 대법원 2009. 7. 23. 선고 2007후3646 판결, 대법원 2009. 11. 12. 선고 2007후333 판결, 대법원 2010. 5. 13. 선고 2009후870 판결 등이 있고, 같은 방법으로 진보성을 부정한 것으로는 대법원 1997. 11. 28. 선고 97후266 판결, 대법원 2002. 7. 23. 선고 2000후105 판결, 대법원 2002. 8. 23. 선고 2000후99 판결, 대법원 2002. 9. 6. 선고 2000후1689 판결, 대법원 2006. 7. 28. 선고 2004후2512 판결, 대법원 2008. 11. 13. 선고 2006후435 판결, 대법원 2009. 5. 14. 선고 2008후4318 판결, 대법원 2009. 7. 9. 선고 2008후3575 판결, 대법원 2010. 1. 28. 선고 2008후26 판결, 대법원 2010. 4. 29. 선고 2009후1118 판결, 대법원 2012. 2. 23. 선고 2011후2695 판결 등이 있다.[163)]

기계, 장치 등의 발명에서는 상대적으로 구성에 중점을 두고 진보성 유무를 판단하였는데 진보성 유무 판단에서 상대적으로 구성 대비에 주안점을 둔 사례로는 대법원 1990. 7. 24. 선고 89후1530 판결, 대법원 2005. 1. 28. 선고 2003후175 판결, 대법원 2008. 4. 24. 선고 2006후60 판결, 대법원 2008. 5. 15. 선고 2006후3717 판결, 대법원 2009. 1. 30. 선고 2008후3513 판결, 대법원 2009. 4. 23. 선고 2007후2285 판결, 대법원 2009. 6. 23. 선고 2009후320 판결, 대법원 2009. 6. 23. 선고 2007후1145 판결, 대법원 2010. 4. 15. 선고 2009후4339 판결 등이 있다.[164)]

화학, 선택발명, 용도발명, 수치발명 등의 발명에서는 상대적으로 효과에 중점을 두고 진보성을 판단하였는데 진보성 유무 판단에서 상대적으로 작용효과 대비에 주안

---

163) 각 판결이유의 요지에 대하여는 윤태식, 판례중심 특허법, 진원사(2013), 271~284 참조.
164) 각 판결이유의 요지에 대하여는 윤태식, 판례중심 특허법, 진원사(2013), 251~257 참조.

점을 둔 사례로는 대법원 1982. 6. 8. 선고 80후111 판결, 대법원 1983. 4. 26. 선고 82후72 판결, 대법원 1994. 4. 15. 선고 90후1567 판결, 대법원 1995. 12. 26. 선고 94후1411 판결, 대법원 1996. 4. 26. 선고 94후2254 판결, 대법원 1997. 12. 23. 선고 97후51 판결, 대법원 1999. 4. 9. 선고 97후2033 판결, 대법원 2005. 11. 25. 선고 2004후3362 판결, 대법원 2009. 6. 11. 선고 2007후3981 판결 등이 있다.[165)]

나) 현재의 진보성 판단 방법

그러나 앞에서 본 발명의 내용을 구성요소별로 분해하여 각 구성요소에 대응하는 선행발명의 구성을 특정한 다음 결합의 용이성을 검토하는 방법 등의 종전 진보성 판단 방법은 발명의 진보성 판단이 다소 형식적으로 이루어져 발명의 진보성이 쉽게 부정될 수 있는 염려가 있었고, 발명의 유·무효를 결정짓는 진보성 판단에 더 많은 고민과 깊은 실질적인 검토가 필요하다는 일각의 비판이 있었다.

더구나 2007. 1. 3. 법률 제8197호로 개정된 구 특허법 제42조 제3항은 "제2항 제3호의 규정에 따른 발명의 상세한 설명에는 그 발명이 속하는 기술분야에서 통상의 지식을 가진 자가 그 발명을 쉽게 실시할 수 있도록 산업자원부령이 정하는 기재방법에 따라 명확하고 상세하게 기재하여야 한다."라고 개정되어 발명의 설명에 더 이상 반드시 목적·구성·효과의 순으로 내용을 기재할 필요가 없게 되었고 이러한 명세서 기재방법의 변화가 진보성 판단 방법에도 영향을 미치게 되었다.

위 개정 구 특허법 시행 후 실무는 진보성 판단이 더욱 실질적으로 이루어질 수 있도록 노력하면서 진보성 판단을 선행발명 중에서 해당 발명의 구성과 가장 가까운 주된 선행발명(비교대상발명, 인용발명)을 특정하고 선행발명과 문제가 된 (출원, 특허) 발명과의 구성 등에 관한 공통점, 차이점을 정리한 후, 통상의 기술자가 주된 선행발명과 나머지 선행발명들과의 결합 등에 의하여 위 차이점을 극복하고 문제가 되는 발명에 이를 수 있는지 여부, 그로 인한 작용효과의 차이가 있는지 등의 순으로 논증하고 있다.

이러한 실무 태도는 이제 발명의 진보성을 판단하는 방법으로 굳게 자리 잡고 있다. 대법원도 "출원발명의 진보성을 판단함에 있어서, 먼저 출원발명의 청구범위와 기술사상, 선행발명의 범위와 기술내용을 확정하고, 출원발명과 가장 가까운 선행발명[이하 '주(主)선행발명'이라고 한다]을 선택한 다음, 출원발명을 주선행발명과 대비하여 공통점과 차이점을 확인하고, 그 발명이 속하는 기술분야에서 통상의 지식을 가진 사람이 특허출원 당시의 기술수준에 비추어 이와 같은 차이점을 극복하고 출원발명을 쉽게 발

165) 각 판결이유의 요지에 대하여는 윤태식, 판례중심 특허법, 진원사(2013), 258~264 참조.

명할 수 있는지를 심리한다."라고 판시하고 있다.[166)]

실무에서 어느 발명이 선행발명에 의해 진보성이 부정되는지를 판단하기 위한 구체적인 판단 방법을 항을 바꾸어 구체적으로 설명하면 아래와 같다.

2) 발명이 선행발명에 의해 진보성이 부정되는지를 판단하기 위한 구체적인 판단 방법

(출원, 특허) 발명이 선행발명에 의해 진보성이 부정되는지를 판단하기 위하여는
【A】 해당 발명의 청구항에 기재된 발명의 기술구성을 특정하고,
【B】 선행발명 중 해당 발명의 출발점이 되는 주된 선행발명과 그에 결합되는 나머지 선행발명을 구분한 다음,
【C】 주된 선행발명과 해당 발명과의 공통점, 차이점을 대비 · 정리하고,
【D】 통상의 기술자가 주된 선행발명과 나머지 선행발명과 결합하거나 주지관용기술을 참작하여 위 차이점을 어떻게 극복하여 해당 발명에 쉽게(고안의 경우에는 극히 쉽게) 이를 수 있는지, 그로 인해 선행발명과 어떠한 작용효과의 차이가 있는지를 검토하고,
【E】 주된 선행발명과 나머지 선행발명과의 결합에 따라 위 차이점을 극복할 수 있는 경우에 주된 선행발명과 나머지 선행발명과의 결합을 가져오는 동기가 선행발명의 어느 부분에 기재되어 있는지(명시적으로 기재되어 있지 않다면 그 결합의 동기가 통상의 기술자라면 쉽게 알 수 있는 것인지를 검토)에 관하여 판단하는 등의 논리적인 과정을 거친다.

이하 위 【A】 내지 【E】의 진보성 판단 방법에 대해 상세히 설명한다.

가) 발명의 청구항에 기재된 기술구성 특정

【A】에서 청구항의 기재 형식에 따라 청구항의 기술적 범위에 차이가 발생하는 것은 아니므로 청구항을 전제부와 특징부로 나누어 기재한 이른바 젭슨 형식(Jepson type)의 청구항의 경우라도 전제부를 포함한 전체로서 기술구성을 확정한다.

설령 전제부에 기재된 모든 구성요소가 공지된 것이라고 하더라도, 공지된 구성요소를 포함한 유기적 일체로서의 발명 전체의 기술사상이 판단의 대상이므로, 그중 공지된 전제부를 제외한 나머지 특징부의 구성요소만으로 선행기술과 대비하여서는 안

166) 대법원 2019. 10. 31. 선고 2015후2341 판결.

된다.

이때 앞에서 설명하였듯이 전제부에 기재되었다는 사실만으로 전제부에 기재된 구성요소들이 공지된 것이라고 판단해서는 곤란하고, 명세서의 전체적인 기재와 출원경과를 종합적으로 고려하여 출원인이 일정한 구성요소에 대해 단순히 배경기술 또는 종래기술인 정도를 넘어서 공지기술의 취지로 청구범위의 전제부에 기재하였음을 인정할 수 있는 경우에만 별도의 증거 없이도 전제부 기재 구성요소를 출원 전 공지된 것이라고 사실상 추정하되 출원인이 실제로는 출원 당시 아직 공개되지 아니한 선출원발명이나 출원인의 회사 내부에만 알려져 있었던 기술을 착오로 공지된 것으로 잘못 기재하였음이 밝혀지는 경우와 같이 특별한 사정이 있는 때에는 추정이 번복될 수 있다.[167]

명세서의 발명의 설명에서 특정 용어를 별도로 정의하지 아니한 경우에 그 용어가 가지는 사전적 의미를 이용하여 청구범위해석을 할 수 있다.[168] 이때 용어가 가지는 사전적 의미와 발명의 기술사상 내지 구성을 전체적으로 검토하여 그 의미 내용을 확정할 필요가 있다.[169]

특허권의 보호범위는 특허출원서에 첨부한 명세서의 특허청구범위에 기재된 사항에 의하여 정하여지므로, 발명이 특허를 받을 수 없는 사유가 있는지를 판단함에 있어서 특허청구범위의 기재만으로 권리범위가 명백하게 되는 경우에는 특허청구범위의 기재 자체만을 기초로 하여야 할 것이지 발명의 설명이나 도면 등 다른 기재에 의하여 특허청구범위를 제한해석하는 것은 허용되지 않는다.[170][171]

---

167) 대법원 2017. 1. 19. 선고 2013후37 전원합의체 판결.

168) 대법원 2008. 6. 26. 선고 2008후1098 판결.

169) 대법원 2006. 12. 22. 선고 2006후2240 판결에서 등록실용신안의 청구항에는 탄성스프링의 설치와 관련하여 '연결부재에 삽입 구비되어 있어'라고 기재되어 있으나, 명세서의 설명 및 도면을 보충하면 위 탄성스프링은 연결부재의 외주(外周)에 삽입 구비되는 것으로 보아야 한다고 해석하였다. 대법원 2013. 4. 25. 선고 2012후85 판결에서 특허발명의 구성에는 "그물의 상하면에는 제1, 2로프가 미싱기계에 의해 각각 박음질로 부착되되"라고 되어 있는바, 여기에서 "박음질"의 사전적 의미는 좁게는 '바느질의 하나로서 실을 곱걸어서 튼튼하게 꿰매는 것'이지만, 넓게는 '재봉틀로 박는 일'을 뜻한다고 전제하면서도 특허발명의 설명과 도면을 참조하여 특허발명 구성에서의 '미싱기계에 의한 박음질'은 '미싱기계의 바늘이 로프와 그물을 상하로 관통하면서 꿰매는 방식'을 의미한다고 해석하였다.

170) 대법원 2009. 7. 9. 선고 2008후3377 판결은 특허발명의 '특정 네트워크', '통신차단대상' 및 '통신차단을 위한 ARP 패킷을 만들어 송신하는 단계'의 각 기재는 그 자체로 기술적인 의미와 그것이 포섭하는 범위가 분명하므로 특허발명의 설명 등에 의하여 특허청구범위의 기재를 제한 해석할 수 없다고 하였다. 대법원 2011. 6. 10. 선고 2010후3486 판결은 청구범위는 그 구성 중 '높이조절링(30)'의 재질을 전혀 한정하고 있지 아니하므로, 비록 명세서 중 고안의 설명란에 위 '높이조절링(30)'의 재질이 금속 또는 경질의 합성수지라고 기재되어 있다고 하더라도 그 재질이 연질을 제외한 경질로만 제한되지 않는다고 하였다.

독립항과 이를 한정하는 종속항 등 여러 항으로 이루어진 청구항의 기술내용을 파악함에 있어서 특별한 사정이 없는 한 광범위하게 규정된 독립항의 기술내용을 독립항보다 구체적으로 한정하고 있는 종속항의 기술구성이나 발명의 설명에 나오는 특정의 실시례 등으로 제한하여 해석할 수 없다.172)

특허청구범위의 기재가 명확히 이해될 수 있고 누가 보더라도 그 기재가 오기임이 발명의 설명의 기재에 비추어 보아 명확하다고 할 수 없는 경우에는, 특허등록의 유·무효 판단을 위한 특허발명의 기술구성을 확정함에 있어서 특허청구범위의 기재를 기초로 하여야 할 뿐 발명의 설명에 나오는 내용으로 보완 해석하여 그와 달리 판단할 수 없다.173)

이처럼 특허권의 실질적 보호범위는 특허출원서에 첨부한 명세서의 청구범위에 기재된 사항에 의하여 정하여지는 것이 원칙이지만, 특허청구범위 기재만으로 특허의 기술적 구성을 알 수 없거나 알 수 있더라도 그 기술적 범위를 확정할 수 없는 경우에는

대법원 2011. 7. 14. 선고 2010후1107 판결은 특허청구범위 제1항 중 '카테터 튜브의 제2루멘 내에 빼낼 수 있게 삽입되는 탐침'이라는 구성은 특허청구범위기재 자체만으로 구체적인 기술구성을 명확히 인식할 수 있는데도, 이와 달리 그 기재 자체만으로는 구체적인 기술내용을 확정할 수 없다는 이유로 발명의 설명 등의 기재에 따라 위 구성의 탐침을 '카테터 튜브의 제2루멘 내에 빼낼 수 있게 삽입되고, 그 말단은 팽창 가능한 구조의 선단부로 연장되며, 해면 모양의 뼈로부터의 저항을 극복할 수 있을 정도의 강성을 가지고, 팽창 가능한 구조(86)와 일체가 되어 시술부위로 진행하는 것'이라고 제한하여 해석한 원심판단은 잘못이라고 하였다.

대법원 2021. 1. 14. 선고 2017다231829 판결은 특허발명의 명세서에서 전자기장 발생부에 대한 차단벽의 상대 위치를 한정하고 있지 않은 이상 전자기장 발생부가 차단벽보다 공간적으로 앞서 위치하는 것이라고 제한하여 해석될 수 없고, 특허발명 명세서의 도면에 도시된 내용은 하나의 실시례에 불과하므로 이는 청구범위의 기재를 제한하여 해석할 수 있는 근거가 될 수 없다고 하였다.

171) 특허발명(등록고안)의 청구범위에 기재된 구성을 제한해석할 수 없다고 한 사례로는 대법원 2004. 12. 9. 선고 2003후496 판결, 대법원 2005. 4. 29. 선고 2003후2652 판결, 대법원 2005. 11. 10. 선고 2004후3546 판결, 대법원 2006. 2. 24. 선고 2004후2741 판결, 대법원 2006. 10. 13. 선고 2004후776 판결, 대법원 2007. 6. 14. 선고 2007후807 판결, 대법원 2007. 9. 6. 선고 2005후1486 판결, 대법원 2007. 11. 29. 선고 2007후2698 판결, 대법원 2008. 6. 26. 선고 2006후1896 판결, 대법원 2008. 9. 11. 선고 2006후2844 판결, 대법원 2010. 1. 28. 선고 2007후3752 판결, 대법원 2010. 6. 24. 선고 2008후4202 판결, 대법원 2011. 2. 10. 선고 2010후2377 판결, 대법원 2011. 8. 25. 선고 2010후3639 판결, 대법원 2012. 2. 9. 선고 2011후2367 판결, 대법원 2012. 3. 29. 선고 2010후2605 판결, 대법원 2014. 1. 16. 선고 2013후778 판결, 대법원 2020. 4. 9. 선고 2018후12202 판결 등이 있다. 특허발명(등록고안)의 청구범위에 기재된 구성을 명세서와 도면 등을 참작하여 해석한 사례로는 대법원 2007. 9. 21. 선고 2005후520 판결 등이 있다.

172) 대법원 2010. 7. 22. 선고 2008후934 판결.

173) 대법원 2001. 9. 7. 선고 99후734 판결.

명세서의 다른 기재에 의해 보충해석할 수가 있다.[174)]

강학상 특허권의 기술구성을 특정할 때 제한해석은 할 수 없지만 보충해석은 할 수 있다고 말하지만, 실제로 구체적인 사건에 들어가 보면 제한해석과 보충해석의 경계는 거의 한 끗 차이라고 할 수 있을 만큼 가까워 명확히 구분하기 어렵고 이런 연유로 상고심의 파기환송 판결 중에서 제한해석과 관련한 진보성 판단이 문제가 되는 사례가 적지 않다.

그 외 발명의 기술구성 특정에 대하여는 「제3절 신규성 III. 신규성이 부정되기 위한 요건과 대비대상의 범위 ② 신규성 유무 판단에서 발명의 동일성 판단 방법」에서도 상세히 설명하였다.

나) 발명이 속하는 기술분야

【B】에서 선행발명은 (출원, 특허) 발명과 같은 기술분야에 속하거나 해당 발명의 기술적 과제, 효과 또는 용도와 합리적으로 관련된 기술분야에 속한 것이어야 한다.

여기서 같은 기술분야란 원칙적으로 해당 발명이 이용되는 산업분야를 말하는 것이나, 청구항에 기재된 발명의 효과 혹은 발명의 구성 전부 또는 일부가 가지는 기능으로부터 파악되는 기술분야도 포함된다.[175)]

기술분야의 상이(相異) 여부는 그 발명이 속하는 기술분야에서 통상의 기술자가 기술적 관점에서 재료, 제조방법 및 원리 등과 유사하거나 공통하는 다른 기술분야가 있는 경우에 그 다른 기술분야에 속하는 기술을 전용하는 것을 생각해 낼 수 있는가 하는 문제를 판단하기 위하여 필요하다.

기술분야를 정하는 판단 기준에는 i) 문제해결설(발명이 어떠한 문제를 해결하려고 시도하였느냐를 가지고 발명이 속하는 기술분야를 결정하려는 견해)과 ii) 기능성설(발명이 어느 산업에 사용하는 데 목적이 있는지를 가지고 발명이 속하는 기술분야를 결정하려는 견해)이 있다.

발명의 기술분야를 정하는 판단 기준에 관한 실무의 주류는 문제해결설의 입장을 취하고 있다.

문제가 되는 발명이 이용되는 산업분야가 선행발명의 산업분야와 달라 선행발명을 해당 발명의 진보성을 부정하는 선행기술로 사용하기 어렵더라도, 선행발명의 기술적 구성이 특정 산업분야에만 적용될 수 있는 구성이 아니고 문제가 되는 발명의 산업분

174) 대법원 2002. 4. 12. 선고 99후2150 판결.

175) 대법원 1992. 5. 26. 선고 91후1663 판결은 보온버선에 관한 출원고안과 장갑에 관한 선행고안이 동일 기술분야에 속한다고 하였다.

야에서 통상의 기술을 가진 자가 그 발명이 당면한 기술적 문제를 해결하기 위하여 별다른 어려움 없이 이용할 수 있는 구성이라면 이를 발명의 진보성을 부정하는 선행기술로 삼을 수 있다.[176)]

이에 따르면 어느 발명이 대비하려는 청구항에 기재된 발명과 다른 기술분야에 속해 있더라도, 그 발명의 해당 기능이 통상 다른 기술분야에도 사용될 가능성이 있는 등 대비하려는 발명 간 기술분야가 인접하여 서로 관련성이 있거나 기능에 공통성이 있고, 통상의 기술자가 특정한 기술적 과제를 해결하기 위해 참고할 가능성이 있는 것으로 인정된다면 그 발명은 대비의 대상이 되는 선행발명(비교대상발명)으로 될 수 있다.

발명의 기술분야를 정하는 판단 기준에 관한 실무 중에는 기능성설에 가까운 판시를 한 사례도 있다.

예를 들어 완충재는 충격을 완화하기 위한 것이고, 단열재는 열의 전도를 막는 것이라는 점에 비추어 일반적으로 기술분야를 같이한다고 할 수 없으므로 단열재의 기술분야에서 공지된 기술이라도 완충재의 기술분야에서도 공지되었다고 할 수 없다고 한 사례도 있다.[177)]

미국 실무는 문제해결설에 서 있으면서도[178)] 자명성 분석(obviousness analysis)을 하기 위한 선행기술(prior art)로 고려되기 위하여 해당 선행발명(비교대상발명, reference)은 대상이 되는 발명과 유사한 기술분야(analogous art)의 발명일 것을 요구하고 있다. 이때 유사한 기술분야는 창의적인 대상(inventive subject matter)과 같은 기술분야이거나 같은 기술분야가 아니더라도 발명자에 의한 해결이 시도되는 문제와 합리적으로 관련되어 있다고 인정되는 경우에 인정된다.[179)] 여기서 선행기술이 합리적으로

---

176) 대법원 2008. 7. 10. 선고 2006후2059 판결, 대법원 2009. 9. 10. 선고 2007후2971 판결. 대법원 2012. 10. 25. 선고 2012후2067 판결 등 참조. 그외 문제해결설에 가까운 것으로 대법원 2006. 12. 7. 선고 2005후3321 판결 [등록무효(특)]도 "이 사건 특허발명은 태양광선을 차단하기 위해 사용되는 파라솔을 접었을 때 그 부피를 보다 더 작게 함으로써 파라솔의 이동 및 보관이 용이한 파라솔 프레임지지구를 제공하기 위한 것인 반면, 선행발명 1은 강풍에서 사용하여도 우산이 손상되지 않는 내강풍용 우산을 제공하기 위한 것이므로, 양 발명은 그 기술분야 및 목적이 동일하지는 아니하나, 파라솔과 우산은 모두 중앙의 지지봉을 중심으로 상부의 덮개를 접고 펼칠 수 있는 구조로 이루어져 있고 특히 양 발명의 파라솔과 우산은 모두 환기구와 개구부가 형성된 것이므로 그 기술분야가 매우 근접하고 또 파라솔이나 우산과 같이 접고 펼칠 수 있는 구조의 물품에 있어서 이를 접었을 때 그 부피를 더 작게 한다는 것은 당연히 요청되는 것이므로 이 사건 특허발명의 목적이 특이하다고 보기는 어렵다."라고 하였다.

177) 대법원 1992. 5. 12. 선고 91후1298 판결.

178) In re Klein, 647 F.3d 1343 (Fed. Cir. 2011).

179) Wang Labs., Inc. v. Toshiba Corp., 993 F.2d 858, 864 (Fed. Cir. 1993), In Bigio 381 F.3d 1325 (Fed. Cir. 2004).

관련되어 있다고 함은 논리적인 관점에서 발명자가 기술의 과제(문제점) 해결을 위해 선행발명 그 자체에 대해 관심을 가지게 되는 경우를 말한다.180)

다) 선행발명과 해당 발명과의 공통점, 차이점 대비

앞의 【C】에서 발명들을 대비하여 차이점을 확인할 때에는 발명의 구성요소들이 유기적으로 결합되어 있는지를 고려하여야 한다. 발명을 이루는 구성요소 중 유기적으로 결합되어 있는 것끼리는 더는 구성요소를 나누어 분해하지 않고 그와 같이 유기적으로 결합된 일체로서 선행발명의 대응되는 구성요소와 대비한다.

선행발명에 진보성 판단이 문제되는 발명의 일부 구성이 나와 있지 않더라도 그 구성이 해당 장치에서 당연히 가지고 있거나(내재, 전제하고 있거나) 이용할 수밖에 없는 것인지를 확인하여 그와 같은 내용으로 인정된다면 해당 발명의 구성에 있는 것으로 인정할 수 있다.

라) 구성 등의 차이 극복 · 결합의 용이성 · 작용효과 고려

발명의 진보성을 판단할 때에는 청구항에 기재된 복수의 구성을 분해한 후 각각 분해된 개별 구성요소들이 공지된 것인지 여부만을 따져서는 아니 되고, 특유의 과제 해결원리에 기초하여 유기적으로 결합된 전체로서의 구성의 곤란성을 따져 보아야 하며, 이때 결합된 전체 구성으로서의 발명이 갖는 특유한 효과도 함께 고려하여야 한다.181) 발명은 여러 기술이 결합하여 이루어지는 경우가 대부분이므로 이때 발명의 진보성 판단 대상은 그 발명의 기술구성이 유기적으로 결합한 전체로서(as a whole)이고 독립된 개별 기술구성이 아니다.

제시된 선행문헌을 근거로 발명의 진보성이 부정되는지를 판단하기 위해서는 진보성 부정의 근거가 될 수 있는 일부 기재만이 아니라 선행문헌 전체에 의하여 통상의 기술자가 합리적으로 인식할 수 있는 사항을 기초로 대비 · 판단한다. 그리고 일부 기재 부분과 배치되거나 이를 불확실하게 하는 다른 선행문헌이 제시된 경우에는 그 내

180) In re Clay 966 F.2d 656, 658 (Fed. Cir. 1992), In re Icon Health and Fitness, Inc., 496 F.3d 1374, 1379-80 (Fed. Cir. 2007). Clay 사건에서 연방항소법원은 기술의 과제(문제점)에 대한 정의를 좁게 해석하여 자연의 암석에서 오일(oil)을 추출하는 기술이 제조된 탱크로부터 오일을 추출하는 출원발명의 자명성을 부정하는 선행기술로 될 수 없다고 하였다. 그러나 그렇다고 하여 선행기술이 출원발명과 유사한 기술분야(analogous art)이어야 한다는 요건으로 선행기술의 범위가 실제로 제한되고 있는 것은 아니다. Martin J. Adelman · Randall R. Rader · Gordon P. Klancnik(이하 Martin J. Adelman외 2인 공저라고 한다), Patent Law in a nutshell(second edition), WEST(2012), 186.

181) 대법원 2007. 9. 6. 선고 2005후3284 판결, 대법원 2021. 4. 8. 선고 2019후11756 판결.

용까지도 종합적으로 고려하여 통상의 기술자가 발명을 쉽게 생각해 낼 수 있는지를 판단한다.[182)183)]

앞의 【D】, 【E】에서 통상의 기술자가 특허출원 당시의 기술수준에 비추어 진보성 판단의 대상이 된 발명이 선행기술과 차이가 있음에도 그러한 차이를 극복하고 선행기

182) 대법원 2016. 1. 14. 선고 2013후2873, 2880 판결은 "① 이 사건 정정발명의 우선권 주장일 이전에 개시된 갑 제6호증이, 가바펜틴은 Ca2+채널의 $\alpha_2\delta$ 서브유닛(이하, $\alpha_2\delta$ 서브유닛이라 한다)에 결합하고, 프레가발린은 가바펜틴보다 더 잘 $\alpha_2\delta$ 서브유닛에 결합한다는 사실을 밝히는 한편, $\alpha_2\delta$ 서브유닛이 가바펜틴이 항경련 활성을 발휘하는 결정적 표적일 수 있다고 제안하고 있는 점 등이 인정되나, 그러한 사정만으로 프레가발린이 Ca2+채널 차단제라는 사실이 도출되지는 않으므로, 이를 전제로 하여 Ca2+채널 차단제가 통증치료에 효과가 있다는 사실을 결합하여 프레가발린의 진통효과를 쉽게 도출할 수 있다고 할 수 없다. ② 가바펜틴과 관련한 갑 제6호증의 실험결과와 위와 같은 내용의 기재 등에 의하면 통상의 기술자가 가바펜틴의 항경련 작용이 $\alpha_2\delta$ 서브유닛과 관련이 있을 것이라고 인식할 여지가 있기는 하다. 그러나 갑 제6호증의 전체적인 기재나 실험내용 등에 비추어 가바펜틴의 약리기전이 $\alpha_2\delta$ 서브유닛에 의한 것이라고 단정하기는 어렵고, 가바펜틴이 $\alpha_2\delta$ 서브유닛에 결합하여 항경련 작용을 발휘한다는 갑 제6호증의 내용과 부합하지 아니하는 내용의 다른 선행문헌들이 이 사건 정정발명의 우선권 주장일 이전에 개시되어 있는 등의 사정에 의하면, 통상의 기술자가 갑 제6호증에 기재된 가바펜틴의 항경련 작용이 $\alpha_2\delta$ 서브유닛과의 결합에 의하여 발생할 수 있다는 불확실한 가설을 기초로 하여, 프레가발린도 $\alpha_2\delta$ 서브유닛에 가바펜틴과 경쟁적으로 결합하고, 프레가발린이 가바펜틴과 같은 항경련 효과가 있다는 사실들을 보태어 프레가발린이 가바펜틴과 같이 진통효과가 있다는 사실을 도출하는 것은 쉽지 않다."라고 하였다.

183) 대법원 2022. 1. 13. 선고 2019후12094 판결은 "선행발명에는 용융 염욕의 바람직한 점도가 '100포이즈 이하'라고 기재되어 있고 점도의 하한이 기재되어 있지 않으므로, 위 기재 부분만 볼 때에는 선행발명의 점도 범위에 이 사건 제1항 발명의 점도 범위가 포함되는 것처럼 보이기는 한다. 그러나 선행발명은 용융 염욕에 침지시킨 강대 표면에 응고 피막을 형성시킬 수 있을 정도의 부착성이 있는 점도 범위를 전제로 하는 발명이므로, 통상의 기술자는 선행발명의 전체적인 기재를 통해 응고 피막을 형성시킬 수 있는 최소한의 점도가 점도 범위의 하한이 되리라는 점을 합리적으로 인식할 수 있다. 한편 점도가 100포이즈에 비해 지나치게 낮아서 이 사건 제1항 발명과 같이 '$0.3 \cdot 10^{-3}$Pa.s~$3 \cdot 10^{-1}$Pa.s'의 범위, 즉 '0.003포이즈~3포이즈'의 범위가 되면, 강대를 염욕에 침지시킨 후 취출하더라도 용융 염이 강대 표면에 부착되지 않아 몇몇 액적만이 강대의 표면에 잔류할 뿐 응고 피막이 형성될 수 없다. 따라서 선행발명의 점도를 응고 피막이 형성될 수 없을 정도인 '$0.3 \cdot 10^{-3}$Pa.s~$3 \cdot 10^{-1}$Pa.s'의 범위까지 낮추는 방식으로 변형하는 것은 선행발명의 기술적 의의를 상실하게 하는 것이므로, 통상의 기술자가 쉽게 생각해내기 어렵다고 보인다. 또한 선행발명에는 'Li2O은 응고 피막의 열 팽창 계수를 높이지 않고 욕의 용융 온도를 낮게 할 목적으로 6.0%까지 첨가할 수 있다. 6.0%를 초과하는 Li2O의 첨가는 응고 피막과 강대 표면의 밀착성이 지나치게 양호하여, 응고 피막의 박리성이 나빠지기 때문에 피해야 하는 것이다'라고 기재되어 있다. 이는 용융 염욕 조성과 관련하여 6.0%w를 초과하는 Li2O의 첨가에 관한 부정적 교시로 볼 수 있으므로, 이 사건 제1항 발명을 이미 알고 있는 상태에서 사후적으로 고찰하지 않고서는 통상의 기술자가 이와 같은 부정적 교시를 무시하고 선행발명의 Li2O의 조성비율을 10%w≤Li2O≤45%w으로 변경하기는 어렵다."라고 하였다. 이에 대한 판례해설로는 김기수, "제시된 선행문헌을 근거로 발명의 진보성이 부정되는지 판단하는 방법", 대법원판례해설 제132호, 법원도서관(2023), 253 이하가 있다.

술로부터 그 발명을 쉽게 발명할 수 있는지를 판단하기 위한 고려요소로 기술분야의 관련성, 과제의 공통성, 기능·작용의 공통성, 선행기술로부터의 시사·암시·동기부여, 재료치환 등의 설계변경 가능여부 등을 들 수 있다.

선행발명 내용 중에 청구항에 기재된 발명의 내용 내지 그 발명에 대한 시사·암시·동기 부여가 있는 경우,[184] 선행발명과 청구항에 기재된 발명의 과제가 공통되는 경우,[185] 기능·작용이 공통되는 경우,[186] 기술분야의 근접성, 관련성이 있는 경우,[187] 통상의 기술자가 가지는 통상적인 창작능력의 범위에 해당하는 것[188] 등은 통

184) 대법원 2008. 5. 15. 선고 2006후3724 판결, 대법원 2010. 4. 29. 선고 2009후4285 판결. 대법원 2008. 8. 21. 선고 2007후1633 판결은 "명칭을 '투시창을 갖는 유모차 보호덮개'로 하는 이 사건 특허발명의 특허청구범위 제1항(이하 이 사건 제1항 발명이라 하고, 다른 특허청구범위도 같은 방식으로 기재한다)과 원심 판시 선행발명들은 유모차 보호덮개가 모두 보호덮개 몸체와 투시창으로 이루어져 있는 점에서 같고, 다만 그 투시창의 재질이 경질의 플라스틱인지 아니면 연질의 플라스틱인지에서만 차이가 있다. 그런데 원심이 적법하게 채택한 증거에 의하면 종래에 유모차 보호덮개의 투시창 재질로 사용하던 연질의 플라스틱이 유아의 시력을 손상시키는 문제점이 있다는 것이 이 사건 특허발명의 우선권 주장일 전에 공중파 TV를 통하여 보도되었음을 알 수 있어서, 이와 같은 문제점을 인식하고 있는 통상의 기술자라면 이와 같은 문제점이 없음이 알려진 경질의 플라스틱을 유모차에 쉽게 적용할 수 있다고 할 것이므로, 이 사건 제1항 발명은 선행발명들의 투시창의 재질을 경질의 플라스틱으로 변경하여 쉽게 발명할 수 있어서 그 진보성이 부정된다."라고 하였다.

185) 대법원 2008. 5. 15. 선고 2007후5024 판결은 "이 사건 특허발명이 속하는 기술분야에서 통상의 지식을 가진 자(이하 통상의 기술자라 한다)가 해당 기술분야의 기본적 과제 등에 비추어 용이하게 선행발명 1, 2의 결합 또는 조합에 이를 수 있다고 인정할 수 있으며"라고 하였다.

186) 대법원 2006. 12. 7. 선고 2005후3321 판결은 "파라솔과 우산은 모두 중앙의 지지봉을 중심으로 상부의 덮개를 접고 펼칠 수 있는 구조로 이루어져 있고 특히 양 발명의 파라솔과 우산은 모두 환기구와 개구부가 형성된 것이므로 그 기술분야가 매우 근접하고"라고 하였다.

187) 대법원 2003. 4. 25. 선고 2002후987 판결은 "출원발명이나 선행발명 1, 2 모두 수목자원의 효율적 이용에 관한 기술로서, 출원발명과 인용발명 2는 수간주입법에 의하여 방제대상 수목에 약품을 투여하는 것인 점에서, 출원발명과 인용발명 1은 수간에 천공을 한 다음에 그 천공한 구멍의 처리방법에 관한 것인 점에서 각 공통점이 있어 출원발명과 인용발명 1, 2 모두 동일한 기술분야에 속하는 발명으로 보기에 충분하고"라고 하였다. 대법원 2018. 12. 27. 선고 2018후10800 판결은 "선행발명 1에서는 공중파 등을 이용한 TV 방송과 인터넷을 이용한 반응도 조사의 전송방식이 달라서 그런 것일 뿐, 인터넷 방송 기술이 도입된 상황에서 인터넷 방송을 하면서 선행발명 1에 나타난 인터넷을 통한 시청자 반응도 조사를 도입하는 데 어려움은 없다고 볼 수 있다. 또한 선행발명 5에는 인터넷 강의 영상과 채팅창이 컴퓨터 화면에 동시에 표시되어 수강생들이 강의에 대한 의견을 즉시 표시할 수 있는 구성이 나타나 있을 뿐만 아니라, TV 시청자들의 반응을 조사하고 이를 반영하며 시청자들과 공유하는 쌍방향 소통 방법은 이전부터 존재했던 것이므로, 선행발명 1과 선행발명 5를 결합하는 데 어려움이 있다고 볼 수는 없다."라고 하였다.

188) 이에는 일정한 목적 달성을 위한 공지의 재료 중에서 가장 적합한 재료의 선택(대법원 2005. 6. 10. 선고 2004후1137 판결) 내지 공지 기술의 단순 적용(대법원 2008. 4. 10. 선고 2005

상의 기술자가 선행발명에 의하여 청구항에 기재된 발명을 쉽게 발명할 수 있다는 유력한 근거가 된다.

반면에 기술적 과제를 달성하는 구성 및 기술사상이 다른 경우,[189] 선행기술이 존재하더라도 이들을 결합할 동기나 암시가 나타나 있지 않은 경우,[190] 선행발명에 대체적인 기술구성이 나와 있기는 하나 세부적으로 부품의 연결구성이 다르고 선행발명으로부터 해당 발명에 이르기 위해 연결구성을 대폭적으로 변경하여야 하는 등과 같이 여러 선행기술을 도입하는 경우 각각의 유기적 결합관계가 손상되는 경우,[191] 기술분야가 다르고 구성 선택의 가능성이 다양하고 구성요소의 미세한 차이만으로도 현격한 결과의 차이를 가져오며 완성을 위해 다양한 실험과 반복적인 시행착오를 거쳐야 하는 경우,[192] 출원된 기술에 공지된 선행기술로부터 예측되는 효과 이상의 더욱 나은 새로운 작용효과 내지 상승효과가 인정되는 경우에는 진보성이 부정되지 않는다.[193] 발명의 효과가 종래기술과 큰 차이가 나지 않더라도 그와 전혀 다른 새로운 해결수단을 창작한 때에는 그 새로운 해결방법의 제공에 의한 기술의 풍부화가 인정되어 진보성이 긍정될 수 있다.[194]

작용효과와 관련하여 명세서의 발명의 설명에 선행발명과 비교하여 더 나은 작용효과가 기재되어 있지 않은 효과는 진보성 판단에 고려할 수 없음이 원칙이다.[195] 다만 장치 등의 물건 발명에서 선행발명과 비교하여 더 나은 효과가 명세서의 발명의 설

후469 판결), 통상적이고 반복적인 실험을 통한 적절히 선택할 수 있는 단순한 수치한정(대법원 2007. 11. 16. 선고 2007후1299 판결), 단순한 기술전용(대법원 1993. 5. 11. 선고 92후1387 판결, 대법원 2011. 7. 14. 선고 2010후1107 판결) 및 치환(대법원 2009. 12. 10. 선고 2007후3455 판결), 균등물의 치환(대법원 1996. 2. 23. 선고 94후1176 판결)이나 변경(대법원 2003. 5. 27. 선고 2002후604 판결), 기술의 구체적 적용에 따른 단순한 설계변경(대법원 2006. 2. 23. 선고 2005후2441 판결, 대법원 2011. 7. 14. 선고 2010후1107 판결) 등이 있다.

189) 대법원 2018. 12. 13. 선고 2016후1840 판결은 “선행발명들은 인체의 조직을 ‘복수의 방향으로’ 연결된 봉합사 등에 연결된 메쉬 부재에 대응되는 구성에 의해 지지하고자 하는 기술사상을 갖고 있어, 인체의 조직을 ‘한 방향’으로 당기려고 하는 이 사건 제1항 정정발명의 기술사상과 분명한 차이가 있다. 이러한 선행발명들에 이 사건 제1항 정정발명과 같이 ‘한 방향으로 당기기 위한 구성’을 도입하는 것은 선행발명들의 기술적 의미를 잃게 하는 것이 되어 통상의 기술자가 쉽게 생각해내기 어렵다.”라고 하였다.

190) 대법원 2019. 7. 25. 선고 2018후12004 판결, 대법원 2020. 12. 10. 선고 2018후11728 판결.

191) 대법원 2019. 6. 13. 선고 2018후11681 판결, 대법원 2020. 8. 27. 선고 2017후2864 판결, 대법원 2021. 12. 30. 선고 2019후10296 판결.

192) 대법원 2003. 1. 10. 선고 2002후1829 판결.

193) 대법원 1997. 5. 30. 선고 96후221 판결, 대법원 1997. 9. 26. 선고 96후825 판결. 대

194) 대법원 2000. 2. 11. 선고 97후2224 판결 참조.

195) 대법원 1997. 5. 30. 선고 96후221 판결 등.

명에 직접 기재되어 있지 않더라도 그 효과를 주는 기술구성이 선행발명(비교대상발명)에 없는 새로운 기술구성이고 통상의 기술자가 발명의 설명이나 도면에 기재된 발명의 객관적 구성으로부터 발명의 효과를 쉽게 인식할 수 있거나 발명의 설명으로부터 유리한 효과를 추론할 수 있는 경우에는 그 발명의 효과로 인정하거나 의견서 등에서 주장·증명(실험 결과)된 더 나은 효과를 참작하여 진보성을 판단할 수 있다.[196]

그러나 명세서의 발명의 설명에 기재되어 있지 않고 발명의 설명 또는 도면의 기재로부터 통상의 기술자가 미루어 짐작할 수 없는 경우에는 나중에 제출된 의견서 등에서 나타나는 새로운 주장·증명하는 효과는 참작할 수 없다.[197]

그리고 실험의 과학이라고 불리는 화학 등의 발명에서는 선행발명과의 비교실험자료까지는 아니라고 하더라도 주장하는 작용효과가 있음이 명확히 기재되어 있어야만 진보성 판단에 고려될 수 있고 그렇지 않다면 명세서의 기재요건에 위반된다. 다만 발명의 효과가 기재되어 있는데 그 효과가 의심스러울 때에는 출원일 이후에 출원인 또는 특허권자가 신뢰할 수 있는 비교실험자료를 제출하는 등의 방법에 의하여 그 효과를 구체적으로 주장·증명할 수 있다.[198]

진보성 판단에서 무엇보다 중요한 것은 통상의 기술자를 기준으로 하여 그 발명의 출원 당시 공지된 선행발명으로부터 그 발명을 쉽게 발명할 수 있는지를 판단하여야 하고, 진보성이 부정되는지의 판단 대상이 된 발명의 명세서에 개시되어 있는 기술을

---

196) 대법원 2002. 8. 23. 선고 2000후3234 판결에서 특허발명은 그 명세서에 노치부의 작용 효과가 구체적으로 기재되어 있지는 않지만 그 효과는 명세서의 전체 기재로부터 쉽게 알 수 있고, 통상의 기술자가 용이하게 생각해내기 어려운 '노치부'라는 신규한 구성을 통하여 보다 향상된 작용효과를 가져온 것이어서 비교대상고안들에 비하여 진보성이 부정되지 않는다고 하였다. 대법원 2002. 4. 12. 선고 99후2150 판결은 "특허발명에서 '플랩'은 기저귀의 다리 탄성체의 안쪽에 별도로 설치되어 있어서 그 사이의 공간에 배설물을 저장하고 그 흐름을 차단할 수 있는 제2장벽을 형성하는 기능을 할 수 있을 뿐만 아니라, 유체투과성의 플랩을 사용함으로써 플랩 사이의 액체 및 기체를 플랩 외부로 방출시켜 착용자의 피부가 습기에 의하여 짓무르는 것을 방지하는 기능도 할 수 있다는 것이 예견될 수 있다 할 것이고, 원심이 이와 같은 취지에서 유체투과성의 플랩으로 인하여 플랩 안쪽에 있는 피부가 짓무르는 것을 방지하는 효과는 비록 명세서에 기재되어 있지 않지만 해당 기술분야에서 통상의 지식을 가진 자가 그 구성에 의하여 당연히 예측하고 이해할 수 있는 정도의 것이라고 판단한 것은 정당하다."라고 하였다. 명세서 기재요건과 관련된 사안이지만 대법원 2016. 5. 26. 선고 2014후2061 판결은 발명의 설명의 기재와 에어포켓 현상이 출원 전에 널리 알려진 사실을 들어 이 사건 제1항 발명이 시료도입 통로부와 통기부가 교차하는 부위에서의 급격한 유동 변화를 완화시킬 수 있는 여유공간인 '돌출부'를 통하여 에어포켓 현상을 최소화 또는 완화시키는 효과를 발휘한다는 것을 충분히 예측할 수 있을 것으로 보인다고 하였다.

197) 특허·실용신안 심사기준 제3부 제3장 6.3.

198) 대법원 2011. 9. 8. 선고 2010후3554 판결 등.

알고 있음을 전제로 하여 사후적으로 통상의 기술자가 그 발명을 쉽게 생각해 낼 수 있는지를 판단하여서는 아니 된다. 이러한 사후적 고찰 금지는 실무에서 발명의 진보성이 부정되지 않는 이유 중 가장 큰 비중을 차지하는 논리이다.199)

둘 이상의 다른 선행기술을 결합하기가 쉬운지, 즉 결합의 용이성을 결정하는 과정에서 i) 통상의 기술자가 결합할 가능성이 있는지, ii) 선행기술의 출처가 동일하거나 인접 기술분야인지 여부, iii) 결합을 위해 서로 관련지을 만한 합리적인 근거가 있는지를 고려한다.200)

3) 발명이 공지공용의 선행기술을 종합(결합)하여 이루어진 경우 진보성 판단

종합(결합)발명이란 발명의 기술적 과제를 달성하기 위하여 선행기술들에 기재된 기술적 특징을 종합하여 새로운 해결수단으로 구성한 발명을 말한다. 이때 결합할 수 있는 선행기술의 개수에 이론상 특별한 제한은 없으나 결합되는 선행기술의 개수가 많으면 많을수록 결합의 용이성이 인정되기 어려워 종합발명에 쉽게 이르기 어렵게 된다.

여러 선행기술을 결합하여 특허발명이 쉽게 발명될 수 있는지와 관련하여 앞에서 본 발명의 진보성이 부정되지 않는지를 판단하는 방법 【A】 내지 【E】를 검토한다.

어느 발명의 특허청구범위에 기재된 청구항이 복수의 구성요소로 되어 있는 경우에는 각 구성요소가 유기적으로 결합한 전체로서의 기술사상이 진보성 판단의 대상이 되는 것이지 각 구성요소가 독립하여 진보성 판단의 대상이 되는 것은 아니므로, 그 발명의 진보성 여부를 판단함에 있어서는 청구항에 기재된 복수의 구성을 분해한 후 각각 분해된 개별 구성요소들이 공지된 것인지 여부만을 따져서는 안 되고, 특유의 과제 해결원리에 기초하여 유기적으로 결합된 전체로서의 구성의 곤란성을 따져보아야 할 것이며, 이때 결합된 전체 구성으로서의 발명이 갖는 특유한 효과도 함께 고려한다.

그리고 여러 선행기술문헌을 인용하여 발명의 진보성을 판단함에 있어서는 그 인

---

199) 대법원 2007. 8. 24. 선고 2006후138 판결. 그 외 사후적 판단금지를 주요 진보성 판단 방법으로 내세운 것으로 대법원 2009. 11. 12. 선고 2007후3660 판결, 대법원 2010. 7. 22. 선고 2008후3551 판결, 대법원 2011. 2. 10. 선고 2010후2698 판결, 대법원 2011. 3. 24. 선고 2010후2537 판결, 대법원 2011. 8. 18. 선고 2009후2951 판결, 대법원 2015. 7. 23. 선고 2014다42110 판결, 대법원 2015. 11. 27. 선고 2013후3326 판결, 대법원 2016. 11. 25. 선고 2014후2184 판결, 대법원 2018. 12. 13. 선고 2016후1840 판결, 대법원 2019. 6. 13. 선고 2018후11681 판결, 대법원 2019. 7. 25. 선고 2018후12004 판결, 대법원 2020. 8. 27. 선고 2017후2864 판결, 대법원 2020. 12. 10. 선고 2018후11728 판결, 대법원 2021. 12. 30. 선고 2019후10296 판결, 대법원 2021. 12. 30. 선고 2019후10296 판결, 대법원 2022. 1. 13. 선고 2019후112094 판결 등이 있다.

200) 특허·실용신안 심사기준 제3부 제3장 7.

용되는 기술을 조합 또는 결합하면 해당 특허발명에 이를 수 있다는 암시, 동기 등이 선행기술문헌에 제시되어 있거나 그렇지 않더라도 해당 발명의 출원 당시의 기술수준, 기술상식, 해당 기술분야의 기본적 과제, 발전경향, 해당 업계의 요구 등에 비추어 보아 그 기술분야에서 통상의 지식을 가진 자가 쉽게(고안의 경우에는 매우 쉽게) 그와 같은 결합에 이를 수 있다고 인정할 수 있는 경우에는 해당 발명(고안)의 진보성은 부정된다.[201]

4) 주지관용기술의 결합과 진보성 판단

주지관용기술은 특허법에서 규정하고 있는 용어는 아니나 특허법의 권리관계에서 매우 중요한 역할을 하고 있다.

실무에서 '주지기술'이란 그 기술분야에서 일반적으로 알려져 있는 기술로서 예를 들면 그 기술에 대해 다수의 공지문헌이 존재하거나 굳이 예시할 필요가 없을 정도로 해당 업계에 널리 알려져 있는 기술을 말하고, '관용기술'이란 주지기술임과 아울러 해당 업계에서 자주 사용되고 있는 기술을 말한다.

주지관용기술이 기재되어 있는 자료로는 널리 사용되는 교과서, 초학자를 대상으로 하는 서적, 기술표준사전, 해당 기술분야의 국가표준(KS) 규격 등이 있다. 다만 정보통신 등 기술개발이 활발히 일어나고 있는 기술분야에서는 기술표준사전이나 국가표준(KS) 규격에 게재된 내용이라도 그러한 게재 사실만으로 주지관용기술로 쉽게 단정하기 어렵다.[202]

어느 주지관용기술이 소송상 공지 또는 현저한 사실이라고 볼 수 있을 만큼 일반적으로 알려져 있지 아니한 경우에 그 주지관용기술은 소송에서는 증명을 필요로 하나, 법원은 자유로운 심증에 의하여 증거 등 기록에 나타난 자료를 통하여 주지관용기술을 인정할 수 있다.[203]

주지관용기술인지 여부는 기본적으로 사실인정 문제이기는 하지만 신중한 검토가 요구된다.

주지관용기술인지 여부의 실익 중 가장 큰 것은 거절결정절차에서 거절이유통지 시 새로운 거절이유에 해당하는지 여부 등이다. 즉 ① 이미 통지된 거절이유가 선행발명에 의하여 출원발명의 진보성이 부정된다는 취지인 경우에, 위 선행발명을 보충하여 특허출원 당시 그 기술분야에 널리 알려진 주지관용기술의 존재를 증명하기 위한 자료

---

201) 대법원 2007. 9. 6. 선고 2005후3284 판결, 대법원 2010. 9. 9. 선고 2009후1897 판결 등.
202) 특허 · 실용신안 심사기준 제3부 제3장 9.
203) 대법원 1991. 4. 23. 선고 90후489 판결, 대법원 2008. 5. 29. 선고 2006후3052 판결 등.

는 새로운 공지기술에 관한 것에 해당하지 아니하므로, 심결취소소송의 법원이 이를 진보성을 부정하는 판단의 근거로 채택하였다고 하더라도 이미 통지된 거절이유와 주요한 취지가 부합하지 아니하는 새로운 거절이유를 판결의 기초로 삼은 것이라고 할 수 없고,[204] ② 정정심판을 기각하는 이유가 선행발명에 의하여 발명의 진보성이 부정된다는 취지라면 특허청장이 취소소송절차에 이르러 비로소 제출한 자료들은, 선행발명을 보충하여 출원 당시 해당 발명과 동일한 기술분야에 널리 알려진 주지관용기술을 증명하기 위한 것이거나, 정정의견제출 통지서에 기재된 선행발명의 기재를 보충 또는 뒷받침하는 것에 불과한 경우라고 인정될 때 판단의 근거로 삼을 수 있다.[205]

이론적으로는 주지관용기술을 도입하였다고 하여 당연히 진보성이 부정되는 것은 아니고 발명 당시의 기술수준에 비추어 어떤 주지관용기술의 전용(轉用)이 그 분야의 통상의 지식을 가진 자에게 자명하지 않고 그로 인한 발명의 효과가 종래의 것에 비해 현저하게 향상된 것이라면 진보성이 부정되지 않는다고 할 수 있다.

하지만 발명이 공지공용의 선행기술과 주지관용의 기술을 수집·종합하여 이루어진 데에 그 특징이 있는 경우에서 이를 종합하는 데 각별한 곤란성이 있다거나 이로 인한 작용효과가 공지된 선행기술로부터 예측되는 효과 이상의 새로운 상승효과가 있다고 볼 수 있는 경우가 아니면 그 발명의 진보성은 인정되기 어렵다. 어느 발명이 출원 전 주지관용기술을 결합하였음을 특징으로 하는 경우라면 특별한 사정이 없는 한 같은 분야에서 이미 사용되고 있다는 의미가 될 수 있어 각 기술을 결합하는 데 어려움이 없고 발명의 효과도 예측되는 정도라고 인정될 가능성이 크기 때문이다.[206]

5) 발명의 범주(카테고리) 차이와 진보성 판단

물건의 발명인지 방법의 발명인지와 같은, 발명의 범주(카테고리)에 관한 차이는 진보성 판단에 별다른 영향을 주지 않는다.

예를 들어 방법의 발명에 대한 진보성 판단에서 선행발명이 물건의 발명에 관한

204) 대법원 2013. 9. 26. 선고 2013후1054 판결. 대법원 2010. 10. 28. 선고 2009후405 판결은 "몇 개의 특허공보에 개시되어 있는 사정만으로는 위 각 기재내용이 경피용 제제의 의약분야에서 주지관용기술에 해당한다고 할 수 없으므로, 거절결정 불복심판에 관한 이 사건 심결취소소송에 이르러 처음 제출된 위 각 특허공보는 거절이유 통지에 포함되지 않은 새로운 증거에 해당하여 이 사건 제1항 발명의 진보성을 부정하는 증거로 사용될 수 없다."라고 하였다.

205) 대법원 2019. 7. 25. 선고 2018후12004 판결 참조.

206) 대법원 2009. 12. 10. 선고 2007후3455 판결은 투시창과 확대경은 모두 주지관용인 구성으로 투시창을 확대경으로 치환하는 것은 통상의 기술자가 필요에 의하여 쉽게 선택할 수 있고 그 효과는 선행기술의 단순 결합으로부터 예측되는 효과에 지나지 않는다는 이유로 진보성을 부정한 원심판단을 수긍하였다.

것이라도 방법의 발명의 구성요소들에 포함된 물건의 형식으로 기재된 세부 구성요소들과 실질적으로 동일한 구성요소들이 모두 기재되어 있고, 그 선행발명에 이들 세부 구성요소들을 결합하는 방법 또는 순서가 명확하게 기재되어 있지 않더라도 해당 발명이 속하는 기술분야에 종사하는 통상의 지식을 가진 자라면 물건에 대한 기재형식으로 기재된 선행발명으로부터 해당 발명의 제조방법을 쉽게 발명해 낼 수 있다면 이러한 범주의 차이는 단순한 표현양식의 차이에 불과하여 방법의 발명이 선행발명에 의하여 진보성이 부정된다고 판단될 수 있다.

6) 2차적 고려사항과 진보성 판단

발명의 진보성 판단에서 2차적 고려사항이라 함은 진보성을 판단하면서 발명의 직접적인 내용이 아닌 사유로써 발명의 진보성이 부정되지 않음을 추단케 할 수 있는 간접사실을 말한다.

예를 들면 발명품의 상업적 성공, 발명품에 대한 업계로부터의 호평, 경쟁업체의 발명모방품 실시, 특허발명의 출원 전에 오랫동안 해당 기술을 실시했거나 실시하려고 시도한 사람이 없었다는 점, 특허법제와 등록 경위가 다른 외국에서 특허발명이 특허되었다는 사정 등을 들 수 있다.

어느 발명품이 종래 제품을 누르고 상업적으로 성공을 하였다는 점은 해당 발명의 진보성이 부정되지 않는(인정되는) 하나의 자료로 참고할 여지는 있지만, 해당 발명이 상업적으로 성공하였다고 하더라도 그것이 그 발명의 기술적 내용의 우월성에 기인한 것이 아니라 발명자 또는 그 실시자의 자금력, 영업적 능력, 광고, 사후 서비스, 제품 디자인 등을 토대로 한 것이라면 발명품의 상업적 성공 사실이 발명의 진보성 유무 판단에 별다른 영향을 주기 어려울 것이다.

우리 실무는 발명의 진보성 유무를 우선적으로 명세서나 문헌 등에 기재된 기술내용을 토대로 통상의 기술자가 선행기술로부터 쉽게 발명할 수 있는지 여부에 따라 판단되어야 하는 것을 원칙으로 하고 있기 때문에 상업적 성공 등을 발명의 진보성 판단의 하나의 자료로 참고하고 있기는 하지만 아직은 진보성 유무 판단을 확인하거나 보충하는 정도로만 사용하는 경향이 있고,[207] 나아가 상업적 성공 등의 2차적 고려사항 자체만으로 또는 그것을 기술 대비와 대등한 독자적인 고려요소로 하여 진보성을 판단

---

207) 출원발명이 선행발명의 문제점을 해결하고 상업적으로 성공을 한 경우도 참고하여 진보성이 부정되지 않는다고 판단한 사례로 대법원 1995. 11. 28. 선고 94후1817 판결(우엉, 무, 당근과 같은 뿌리채소의 껍질을 효과적으로 벗겨내기 위한 로울러), 대법원 1996. 10. 11. 선고 96후559 판결(액제 우황청심환)이 있다.

하는 데에는 소극적이다.[208]

2 진보성 판단에 관한 미국 · 유럽의 실무

미국은 제정 특허법에서는 특허요건으로 신규성과 유용성 외에 비자명성을 요구하지 않았다가 1952년에 특허법을 개정하면서 (진보성에 대응되는) 비자명성(non-obviousness)을 특허받기 위한 요건으로 추가하였다.

미국 연방대법원은 1952년의 개정 특허법 전부터 실무에서 특허 여부 판단을 위해 발전되어 온 negative rule[209]과 사후적 고찰 금지(hindsight reaction methodology), 추가 상승효과(synergism) 등의 고려요소와 더불어 비자명성 여부를 판단하는 요소로 ⓐ 선행기술의 범위(유사기술)와 내용, ⓑ 선행기술과 청구된 발명의 기술내용 차이, ⓒ 해당 기술분야의 통상의 기술자(person having ordinary skill in the art)의 기술수준, ⓓ 2차적인 고려사항(secondary considerations, 비자명성의 객관적 징후)을 들고 있다. 이를 미국 실무에서 Graham Factors라고 부르고 있다. 이하 위 ⓐ 내지 ⓓ 사항과 미국의 자명성 판단 기준에 대해 간략하게 설명한다.

먼저 선행기술과 관련하여 미국 특허법 제102조에 규정된 모든 선행기술이 제103조에서의 자명성 여부 판단에 사용될 수 있다. 한편 비자명성 판단을 위한 선행기술 자료는 유사기술에 해당하여야 함이 원칙인데 여기서 유사기술이란 그 발명의 노력(시도)이 이루어지는 것과 동일 분야에 속하는 선행기술, 그 발명이 언급한 것과 동일한 문제에 대하여 합리적으로 관련되어 있는 기술을 의미한다.[210]

미국 특허법상 제103조의 비자명성 판단에서 중요한 점은 통상의 기술자에게 양 기술의 차이 자체가 명백한지가 아니고 거기에다가 다른 고려요소들과 함께 해당 발명에 이르는 것이 전체적으로(the subject matter as a whole) 쉬운지에 있다.

---

208) 대법원 2002. 9. 24. 선고 2000후1566 판결, 대법원 2004. 11. 12. 선고 2003후1512 판결, 대법원 2004. 11. 26. 선고 2002후1775 판결, 대법원 2005. 4. 15. 선고 2004후1090 판결, 대법원 2005. 11. 10. 선고 2004후3546 판결, 대법원 2006. 10. 27. 선고 2004후2819 판결, 대법원 2008. 8. 21. 선고 2006후3472 판결, 대법원 2009. 7. 23. 선고 2009후78 판결, 대법원 2010. 1. 28. 선고 2007후3752 판결 등 참조.

209) 미국에서 'negative rule'이란 구성요소들의 결합에서 구성요소들이 신규한 것이 아니고 그것들이 기존에 수행하여 오던 기능 또는 작용과 다른 차이가 없는 기능을 가지는 단순한 구성요소들의 결합으로 이루어진 발명은 특허를 받을 수 없다는 원칙이다. 'negative rule'의 연혁 및 내용 등에 대해서는 한국특허법학회 편, "진보성 판단에 있어서 설계변경사항의 한계", 개정판 특허판례연구, 박영사(2012), 262~263(윤태식 집필부분) 등 참조.

210) In re Wood, 599 F.2d 1032, 1036 (C.C.P.A. 1979).

해당 기술분야의 통상의 기술자의 기술수준을 정함에 있어, 발명가의 교육수준, 해당 분야에 있는 전형적 종사자의 교육 수준(예를 들면, 통상의 기술자가 고등학교 수준의 학력인지, 학사학위를 가지고 있는지 또는 석사 또는 박사학위를 가지고 있는지), 그 기술에서 발생하는 문제점의 유형과 그러한 문제에 대한 종전의 해결방안, 해당 기술에서 새로운 기술혁신이 얼마나 신속하게 이루어지는지, 기술의 정교화(즉, 발명이 낚시에서 사용되는 물고기 유인장치인가 또는 유전자의 복제 방법인가 여부) 등을 고려하고 있다.[211)]

진보성 판단에서 고려할 2차적 고려사항으로는 해당 발명이 상업적으로 성공하였는지, 오랜 기간 해당 발명이 필요하였음에도 그 기술의 과제해결이 제시되지 않고 있었는지, 타인이 해당 발명에 대해 실패를 계속한 사실이 있는지, 기타 해당 발명의 비자명성을 추단할 만한 객관적 사실이 있는지를 들 수 있다.[212)]

미국 연방항소법원은 자명성 판단 기준으로 사후적 고찰을 방지하기 위하여 2차적 고려요소를 적용하고,[213)] TSM 기준[combination test, 선행기술에 특허발명과 같은 결합에 관하여 교시(teaching), 암시(suggestion), 동기(motivation)가 있어야 한다는 원칙]을 적용하면서[214)] 통상의 기술자의 창작능력과 상식을 고려하기보다는 선행기술을 해당 발명에 결합할 수 있는 동기 등이 있는지를 따져 위 기준을 엄격하게 적용하여 왔다.[215)]

그러나 미국 연방대법원은 KSR International Co. v. Teleflex, Inc. 사건[216)]에서 연방항소법원이 TSM 기준을 너무 좁고 도식적으로 적용하고, 선행기술 자료가 아니라 TSM 기준에 따른 더욱 정확하고 명백한 주장, 증명을 요구하는 잘못을 저질렀다고 하면서, TSM 기준은 교시, 암시, 동기와 같은 단어들 또는 간행물에 대한 과도한 중요성 부여, 공개된 특허의 명시적인 내용 등과 같은 형식적 개념에 의해 제한될 수 없다고 강조하는 한편, 발명이 자명한지를 결정함에 있어 중요한 것은 그 기술구성의 결합이 특허권자에게 쉬운지가 아니라 통상의 기술자에게 쉬운지 여부이고, 판단 기준으로 상식(common sense)과 자명한 시도(obvious to try)의 역할을 언급하면서 종전의 자명성 판단 요소(Graham Factors)를 재확인하고 자명성을 판단하면서 광범위하고 유연하게 접근할 것을 강조하고 있다.[217)]

---

211) Environmental Designs, Ltd. v. Union Oil Co. of Cal., 713 F.2d 693, 696 (Fed. Cir. 1983).
212) Graham v. John Deere Co., 383 U.S. 1 (1966).
213) Hybritech, Inc. v. Monoclonal Antibodies, Inc., 802 F.2d 1367 (Fed. Cir. 1986).
214) In re Rouffet, 149 F.3d 1350 (Fed. Cir. 1998).
215) In re Lee, 277. F.3d 1338 (Fed. Cir. 2002).
216) 550. U.S. 398, 127 S. Ct. 1727 (2007).
217) 미국에서 KSR International Co. v. Teleflex, Inc. 판결 법리는 디자인의 자명성 판단 방법에도 큰 영향을 주고 있다. 미국에서 등록디자인의 무효 여부와 관련된 자명성 판단 방법으로 Rosen-Durling의 2단계 테스트가 있다. 이 2단계 테스트는 ① 주선행디자인(the primary ref-

유럽의 경우 유럽특허조약 제56조에서 진보성을 언급하고 있는데, 이를 판단하는 기준으로 심사지침서에 문제-해결책 접근방법(problem-and-solution approach)이 인정되고 있다.[218]

이는 ⓐ 해당 발명과 가장 가까운 선행기술을 선택하는 단계, ⓑ 해당 발명이 해결하고자 하는 객관적인 기술적 과제를 결정하는 단계, ⓒ 선행기술의 내용과 그 분야의 통상의 지식으로부터 해당 발명의 청구항에 이르는 것이 통상의 기술자에게 자명한 것인지를 검토하는 단계를 거치도록 하고, 위 ⓒ와 관련하여 발명에 이르기 위하여 선행기술을 응용하거나 변형한 경우 시사 내지 방향들(indicators[219])이 선행기술에 내재되어 있어 당연히 그와 같이 결합하였으리라고 판단되는 경우라면 진보성이 없고, 통상의 기술자가 단순히 결합할 수 있었을 것이라는 가능성만으로는 부족하다고 보는 접근법(could-would approach)도 제시되고 있다. 이때 사후적 고찰(ex post fact analysis)이 배제되어야 함을 명시적으로 규정하고 있다.

erence)이 청구항에 기재된 디자인과 기본적으로 동일("basically the same")하여야 하고[In re Rosen, 673 F.2d 388, 391 (CCPA 1982)], ② 부선행디자인(the secondary references)은 주선행디자인에 관련성(하나의 선행디자인의 특징을 다른 선행디자인의 특징에 응용할 수 있도록 암시하는 것)이 있어야 한다("so related to the primary reference that features in one would suggest application of those features to the other")[Durling v. Spectrum Furniture Co., Inc., 101 F.3d 100, 103 (Fed. Cir. 1996)]는 선례에 따른 원칙을 말한다. 미국 실무는 특허법 제103조의 넓고 유연한 기준에 없는 Rosen-Durling의 2단계 테스트에 따른 제한을 부과하여 오면서 주선행디자인이 등록디자인과 기본적으로 동일(basically the same)하지 않으면 그 다음 단계로 나아가 판단할 필요 없이 무효 주장을 배척하였다. 그동안 미국 실무는 주선행디자인이 등록디자인과 기본적으로 동일(basically the same)하다는 의미를 우리가 말하는 실질적 동일보다도 더욱 엄격하게 판단하고 있었기 때문에 여간해선 주선행디자인을 내세워 자명성 판단을 받는 것 자체가 쉽지 않았고 이로 인하여 웬만해선 등록디자인을 무효로 시키기 어려웠다. 그런데 LKQ Corporation, Keystone Automotive Industries, Inc. v. GM Global Tech. Operations LLC, No. 2021-2348 (Fed. Cir., 2024. 5. 21. 선고) (en banc) 사건에서 연방항소법원은 미국 특허법 제103조가 디자인특허와 실용특허에 차별을 두고 있지 않아 모든 유형의 특허에 같은 법리가 적용되어야 한다는 이유로 KSR International Co. v. Teleflex, Inc. 판결의 자명성 판단 법리가 디자인특허의 자명성 판단에도 그대로 적용되어야 한다고 판시하였다(특허심판원에 파기환송). 이 부분 내용은 정차호, "미국의 디자인 진보성 판단 기준인 Rosen-Durling 법리를 폐기한 CAFC의 LKQ v. GM 전원법정 판결", 제53회 디자인법연구회 정기세미나(2024. 5. 25.) 발표자료를 참고하였다.

218) Guidelines for Examination in the European Patent Office (유럽특허심사가이드라인, 2007) Part C Chapter IV. 11.5~11.9 참조.

219) '동기부여(motivation)'에 상응하는 용어로 보인다.

III. 개별 발명에서 특유한 진보성 판단 방법

1 총설

앞에서 일반적인 발명에서의 진보성 판단 방법론에 대하여 살펴보았다. 그런데 모든 발명이 속성에서 항상 같을 수 없고 다를 수 있어 그러한 개별적인 발명의 속성에 따라 진보성 판단 방법 역시 다를 수 있다. 이하 실무에서 쟁점이 되고 있는 발명을 유형별로 구분하여 각각의 특유한 진보성 판단 방법을 정리해 본다.

2 성질 또는 특성 등에 의해 물건을 특정하려고 하는 기재를 포함하는 발명(파라미터 발명)

새롭게 창출한 물리적, 화학적, 생물학적 특성 값을 이용하거나 복수의 변수 사이의 상관관계를 이용하여 발명의 구성요소를 특정한 발명을 이른바 파라미터 발명이라 한다.

이른바 파라미터 발명의 특허청구범위에 기재된 성질 또는 특성이 발명의 내용을 한정하는 사항인 이상, 이를 발명의 구성에서 제외하고 선행발명과 대비해서는 아니 된다.

이른바 파라미터 발명과 이와 다른 성질 또는 특성 등에 의해 물건 또는 방법을 특정하고 있는 선행발명을 대비할 때, 파라미터 발명의 청구범위에 기재된 성질 또는 특성이 다른 정의 또는 시험·측정방법에 의한 것으로 환산이 가능하여 환산해 본 결과 선행발명의 대응되는 것과 별다른 차이가 없거나 특허발명의 명세서의 발명의 설명에 기재된 실시형태와 선행발명의 구체적 실시형태에 별다른 차이가 없고 그에 따른 작용효과에도 별다른 차이가 없다면 달리 특별한 사정이 없는 한 이들 발명은 발명에 대한 기술적인 표현만 달리할 뿐 실질적으로는 별다른 차이가 없는 것으로 보아야 할 것이므로, 이러한 파라미터 발명은 진보성이 부정된다.[220]

파라미터 발명이 공지된 발명과 파라미터에 의해 한정된 구성에서만 차이가 있는 경우, 발명의 명세서 기재 및 출원 당시 그 발명이 속하는 기술분야에서 통상의 지식을 가진 사람의 기술 수준을 종합하여 보았을 때 파라미터가 공지된 발명과는 상이한 과

---

220) 대법원 2002. 6. 28. 선고 2001후2658 판결, 대법원 2004. 4. 28. 선고 2001후2207 판결 참조. 이들 판결에는 "동일·유사하거나"라고 판시되고 있는데 저자는 '유사'라는 문구가 특허법에서 사용되는 것은 적절하지 않다고 생각하여 이를 '별다른 차이' 등으로 바꾸어 설명한다.

제를 해결하기 위한 기술수단으로서의 의의를 가지고, 그로 인해 특유한 효과를 갖는다고 인정되는 것과 같이 기술적 의의가 인정되는 경우에는 진보성이 부정되지 않는다.

한편 파라미터의 채용으로 인한 위와 같은 기술적 의의를 인정할 수 없더라도 발명이 새롭게 도입한 파라미터를 수치로 한정하는 형태를 취하고 있는 경우에, 한정된 수치범위 내외에서 현저한 효과의 차이가 생기거나, 그 수치한정이 공지된 발명과는 상이한 과제를 달성하기 위한 기술수단으로서의 의의를 가지고 그 효과도 이질적인 경우라면, 진보성이 부정되지 않는다.221)

③ 기능적 표현(means plus function)이 기재된 경우(기능식 청구항)

청구항을 기재할 때에는 보호받고자 하는 사항을 명확히 할 수 있도록 발명을 특정하는 데 필요하다고 인정되는 구조, 방법, 기능, 물질 또는 이들의 결합관계 등을 기재할 수 있다.

기능적 표현이 기재된 발명에서 문제는 기능적 표현이 기재된 용어의 기술구성 확정(이는 청구범위 해석문제에 귀착된다)이고 그 다음의 진보성 판단 방법은 일반적인 발명의 그것과 동일하다.

기능적 표현이 기재된 용어의 기술구성 확정에 대하여는 「제3절 신규성 III. 신규성이 부정되기 위한 요건과 대비대상의 범위 ② 신규성 유무 판단에서 발명의 동일성 판단 방법 나. 발명의 유형에 따른 동일성 판단 방법 7) 기능적 표현(means plus function)이 기재된 발명(기능식 청구항)」에서 설명하였다.

④ 제조방법 기재 물건(product by process) 발명

제조방법 기재 물건 청구항 또는 프로덕트 바이 프로세스 청구항(product by process claim)이란 물건의 발명에 관한 청구항에서 물건을 특정하는 데 필요한 구성의 일부 또는 전부를 대체하는 제조방법에 의하여 특정된 요소가 적어도 하나 이상 기재되어 있는 청구항을 말한다.222)

---

221) 대법원 2021. 12. 30. 선고 2017후1298 판결 참조.

222) 이에 관한 자세한 내용은 윤태식, 프로덕트 바이 프로세스 청구항(Product By Process Claim)에 관한 소고, 사법논집(제45집), 법원도서관(2007), 483, 특허법 주해 I, 박영사(2010), 1181(프로덕트 바이 프로세스 청구항, 윤태식 집필부분), 윤태식, 제조방법 기재 물건 청구항의 청구범위 해석과 관련된 쟁점, 특별법연구 제11권, 사법발전재단(2014), 396~435 참조. 그 외 박민정, "프로덕트 바이 프로세스 청구항(Product by Process Claim)에 관한 고찰", 특허소송

제조방법 기재 물건 청구항에서 청구범위에 기재된 제조방법을 발명의 기술구성으로 확정하여야 하는지가 문제되는데 물건의 발명에 관한 특허청구범위는 발명의 대상인 물건의 구성을 특정하는 방식으로 기재되어야 하는 것이므로, 물건의 발명의 특허청구범위에 기재된 제조방법은 최종 생산물인 물건의 구조나 성질 등을 특정하는 하나의 수단으로서 그 의미를 가질 뿐이다.

따라서 제조방법이 기재된 물건발명의 특허요건을 판단함에 있어서 그 기술적 구성을 제조방법 자체로 한정하여 파악할 것이 아니라 제조방법의 기재를 포함하여 특허청구범위의 모든 기재에 의하여 특정되는 구조나 성질 등을 가지는 물건으로 파악하여 출원 전에 공지된 선행기술과 비교하여 신규성, 진보성 등이 있는지 여부를 살펴야 함은 이미 앞의 「제3절 신규성 III. 신규성이 부정되기 위한 요건과 대비대상의 범위 2 신규성 유무 판단에서 발명의 동일성 판단 방법 나. 발명의 유형에 따른 동일성 판단 방법 8) 제조방법 기재 물건 청구항(product by process claim)」에서 설명하였다.

결국 물건발명의 청구항에 기재된 제조방법이 물건의 구조나 성질 등에 영향을 주는 경우에는 제조방법에 의해 특정되는 구조나 성질 등을 가지는 물건으로 진보성을 판단하고, 물건발명 청구항 중에 제조방법에 의한 기재가 있더라도 제조방법이 제조효율 또는 수율에만 영향을 미치는 등의 경우와 같이 물건의 구조나 성질 등에 영향을 미치지 않는다면 제조방법을 제외하고 최종적으로 얻어진 물건 자체를 진보성 판단 대상으로 한다.

5 수치한정발명

발명을 특정하기 위한 사항을 수치범위에 의하여 표현한 발명을 이른바 수치한정발명이라고 한다. 수치한정발명은 '일반적으로 발명의 구성요소 중 온도나 압력, 배합비율 등과 같이 수치로 표현할 수 있는 구성요소를 일정한 수치범위로 한정한 발명'을 말한다.[223)]

연구 6집(2013. 5.), 특허법원. 1 이하 및 손천우, "제조방법이 기재된 물건(Product by Process 청구항의 특허침해판단에서의 해석기준", 사법 36호, 사법발전재단(2016), 209 이하가 있다.

223) 장윤식, "수치한정발명의 진보성 판단 방법", 대법원판례해설 제138호, 법원도서관(2024), 413. 대법원은 공지된 발명으로부터 수치만을 한정하는 발명뿐만 아니라 선행발명과의 대비 없이 단순히 구성요소의 범위를 수치로써 한정하는 발명을 모두 수치한정발명의 범주에 포함하여 파악하고 있다고 하면서 대법원 2011. 10. 13. 선고 2010후2582 판결 등에서 선행발명에 관한 언급 없이 단지 '구성요소의 범위를 수치로써 한정하여 표현한 발명에 있어서'라고 표현하고 있음을 들고 있다. 그 외 같은 논문 414~423에서 수치한정발명의 분류와 진보성 판단

수치한정발명이 공지된 발명이 가지는 구성요소의 범위를 수치로서 한정하여 표현하는 방식으로는 아래와 같은 유형 등이 있다.

【A】 공지된 발명의 연장선에 있고 발명의 과제가 공통되며 수치한정의 유무에서만 차이가 있는 경우: 이러한 경우에는 수치범위 내외에서 현저한 작용효과의 차이 또는 임계적 의의가 요구됨
【B】 공지된 발명과 수치범위가 중복되지 않고 발명의 과제가 다르며 유리한 효과가 이질적인 경우: 이러한 경우에는 수치범위 내외에서 현저한 작용효과의 차이 또는 임계적 의의가 요구되지 않음
【C】 공지된 발명에 진보성을 인정할 수 있는 새로운 구성요소를 부가하여 공지된 발명에 나와 있는 구성요소에 대한 수치한정이 보충적이고 유리한 효과가 이질적인 경우: 이러한 경우에는 수치범위 내외에서 현저한 작용효과의 차이 또는 임계적 의의가 요구되지 않음

이에 관한 실무 법리를 정리하면 아래와 같다.

【A】 유형과 관련하여 어느 발명이 그 출원 전에 공지된 발명이 가지는 구성요소의 범위를 수치로써 한정하여 표현한 경우 그 발명의 과제 및 효과가 공지된 발명의 연장선에 있고 수치한정의 유무에서만 차이가 있는 경우에, 그 한정된 수치범위 내외에서 현저한 효과의 차이 (임계적 의의)가 생기지 않아 기술적 의미가 인정되지 않는다면 그 발명은 그 기술분야에서 통상의 지식을 가진 자가 통상적이고 반복적인 실험을 통하여 적절히 선택할 수 있는 정도의 단순한 수치한정에 불과하여 진보성이 부정된다.[224)]

【B】 유형과 관련하여 어떠한 발명이 그 출원 전에 공지된 발명이 가지는 구성요소의 범위를 수치로서 한정하여 표현한 경우에는 그 발명에 진보성을 인정할 수 있는 다른 구성요소가 부가되어 있어서 그 출원발명에서의 수치한정이 보충적인 사항에 불과한 것이 아닌 이상, 그 한정된 수치범위 내외에서 이질적이거나 현저한 효과의 차이(임계적 의의)가 생기지 않는다면 그 출원발명은 그 기술분야에서 통상의 지식을 가진 사람이 통상적이고 반복적인 실험을 통하여 적절히 선택할 수 있는 정도의 단순한 수치한정에 불과하여 진보성이 부정된다.[225)]

이때 발명이 그 출원 전에 공지된 발명이 가지는 구성요소의 범위를 수치로서 한

에 대해 설명하고 있다.

224) 대법원 1993. 2. 12. 선고 92다40563 판결, 대법원 2007. 11. 16. 선고 2007후1299 판결, 대법원 2018. 6. 28. 선고 2016후564 판결, 대법원 2013. 2. 28. 선고 2011후3193 판결.

225) 대법원 1994. 5. 13. 선고 93후657 판결, 대법원 2007. 11. 16. 선고 2007후1299 판결 등.

정하여 표현한 경우에 수치한정 범위 내외에서 현저한 작용효과(수치한정의 임계적 의의)가 인정되기 위해서는 수치한정 부분을 전후(경계)로 발명의 효과(특성)에 매우 큰 현저한 변화가 나타나야 하고 이러한 수치한정의 기술적 의미가 발명의 설명에 기재되어 있어야 하고, 상한치 및 하한치가 임계치라는 것이 방법의 설명 중의 실시례 또는 보조자료 등으로부터 증명되어야 한다. 임계치가 필요한 경우에 임계치라는 사실이 증명되기 위해서는 통상적으로 수치범위 내외를 모두 포함하는 실험결과가 제시되어 그 수치가 임계치임을 객관적으로 확인할 수 있어야 한다.[226]

【C】 유형과 관련하여 어떠한 발명이 그 출원 전에 공지된 발명이 가지는 구성요소의 범위를 수치로서 한정하여 표현한 경우에 그 발명에 진보성을 인정할 수 있는 다른 구성요소가 부가되어 있어 그 발명에서의 수치한정이 보충적인 사항에 불과하거나, 수치한정을 제외한 두 발명의 구성이 동일하더라도 그 수치한정이 공지된 발명과는 상이한 과제를 달성하기 위한 기술수단으로서의 의의를 가지고 그 효과도 이질적인 경우라면, 수치한정의 임계적 의의가 없어도 발명의 진보성이 부정되지 아니한다.[227]

이러한 실무 태도에 따르면, 어떠한 특허발명이 그 출원 전에 공지된 발명이 가지는 구성요소의 범위를 수치로써 한정하여 표현한 경우에는 그 특허발명에 진보성을 인정할 수 있는 다른 구성요소가 부가되어 있어서 그 특허발명에서의 수치한정이 보충적인 사항에 불과한 것이 아닌 이상, 그 특허발명이 그 기술분야에서 통상의 지식을 가진 사람이 통상적이고 반복적인 실험을 통하여 적절히 선택할 수 있는 정도의 단순한 수치한정으로서, 공지된 발명과 비교하여 이질적인 효과나 한정된 수치범위 내외에서 현저한 효과 차이가 생기지 않는 것이라면 진보성이 부정된다.[228]

6 선택발명 · 결정형 발명

가. 선택발명의 진보성 판단

선택발명[229]은 선행 또는 공지의 발명에 구성요건이 상위개념으로 기재되어 있고

226) 특허 · 실용신안 심사기준 제3부 제3장 6.4.2.

227) 대법원 2010. 8. 19. 선고 2008후4998 판결. 수치한정발명에서 진보성을 인정한 사례가 거의 없었는데 위 판결은 방전전류 범위의 수치한정에 의하여 코어 손실의 감소라는 선행발명들과는 명백히 다른 효과가 있음을 이유로 그 진보성이 부정되지 않는다고 하였다.

228) 대법원 2001. 7. 13. 선고 99후1522 판결, 대법원 2007. 11. 16. 선고 2007후1299 판결, 대법원 2010. 8. 19. 선고 2008후4998 판결, 대법원 2023. 7. 13. 선고 2022후10180 판결 참조

229) 대법원 2021. 4. 8. 선고 2019후10609 판결부터는 선택발명이라는 용어를 더는 사용하고 있지 않고 '선행 또는 공지의 발명에 상위개념이 기재되어 있고 위 상위개념에 포함되는 하위개념만을 청구항 구성요소의 전부 또는 일부로 하는 발명'으로 부르고 있다.

위 상위개념에 포함되는 하위개념만을 구성요건 중의 전부 또는 일부로 하는 발명을 말한다.

선행 또는 공지의 발명에 구성요소가 상위개념으로 기재되어 있고 위 상위개념에 포함되는 하위개념만을 구성요소 중의 전부 또는 일부로 하는 이른바 선택발명은, 선행발명이 선택발명을 구성하는 하위개념을 구체적으로 개시하지 아니하고(신규성 문제), 선택발명에 포함되는 하위개념들 모두가 선행발명이 갖는 효과와 질적으로 다른 효과를 갖고 있거나, 질적인 차이가 없더라도 양적으로 현저한 차이가 있는 경우(진보성 문제)에 한하여 특허를 받을 수 있다.

일반적으로 발명에서 등록요건을 판단함에 있어 발명의 신규성을 진보성보다 먼저 판단하는 것이 통상적이기는 하지만 일각에서 선택발명은 그것에 내재하는 본질적 특수성 때문에 작용효과를 판단함에 있어서 신규성과 진보성을 함께 판단할 수 있고 현저한 작용효과가 인정된다면 하위개념의 구체적 개시 여부 등에 관계없이 신규성을 인정해야 한다는 견해도 있다.

그러나 선택발명에 일반적인 발명의 신규성 · 진보성 판단논리와 다른 논리가 적용될 합리적인 근거는 없으므로 선택발명에서도 신규성을 먼저 판단한 다음에 진보성을 판단하는 것이 논리적이다.230)

나아가 일반적인 발명의 진보성 판단 기준은 선택발명의 진보성 판단에도 마찬가지로 적용되어야 한다. 따라서 선행발명에 특허발명의 상위개념이 공지되어 있는 경우에도 과제의 해결 수단의 차이 또는 구성의 곤란성이 인정되면 진보성이 부정되지 않고, 과제의 해결 수단의 차이 또는 구성의 곤란성 여부의 판단이 불분명한 경우이더라도 특허발명이 선행발명에 비하여 이질적이거나 양적으로 현저한 효과를 가지고 있다면 진보성이 부정되지 않음이 원칙이다.231)

예를 들어 선행발명에 발명을 이루는 구성요소 중 일부를 두 개 이상의 치환기로 하나 이상 선택할 수 있도록 기재하는 이른바 마쿠쉬(Markush) 형식으로 기재된 화학식과 그 치환기의 범위 내에 이론상 포함되기만 할 뿐 구체적으로 개시되지 않은 화합물을 청구범위로 하는 발명의 경우에도 진보성 판단을 위하여 구성의 곤란성을 검토할 필요가 있다.

위와 같은 발명에서 과제의 해결 수단의 차이 또는 구성의 곤란성을 판단할 때에

230) 대법원 2003. 4. 25. 선고 2001후2740 판결도 "원심이 이 사건 출원발명의 신규성을 인정하고 나서 이 사건 출원발명의 출원인이 효과의 증명을 위하여 제출한 갑 제6호증을 그 효과의 현저성 여부의 판단을 위한 증거로 채택하여 심리 · 판단한 것은 정당하다."고 한다.

231) 대법원 2021. 4. 8. 선고 2019후10609 판결, 대법원 2023. 2. 2. 선고 2020후11738 판결.

는 선행발명에 마쿠쉬 형식 등으로 기재된 화학식과 그 치환기의 범위 내에 이론상 포함될 수 있는 화합물의 개수, 통상의 기술자가 선행발명에 마쿠쉬 형식 등으로 기재된 화합물 중에서 특정한 화합물이나 특정 치환기를 우선적으로 또는 쉽게 선택할 사정이나 동기 또는 암시의 유무, 선행발명에 구체적으로 기재된 화합물과 특허발명의 구조적 유사성 등을 종합적으로 고려한다.232) 예를 들어 두 발명이 모두 마쿠쉬 형식의 청구항으로 기재되어 있어 특허발명의 일부 화합물이 치환기와 치환 위치 등의 선택에 따라 선행발명의 화합물에 포함될 수 있고, 특허발명에서 선택된 일부 화합물이 선행발명에서 선택된 일부 화합물과 치환기의 치환 위치만 다를 뿐 그 구조가 같고 치환기를 다른 치환 위치로 치환시키는 것에 대한 부정적인 교시가 없다면 특허발명의 구성의 곤란성이 인정되지 않는다.233)

발명의 진보성을 판단할 때에는 그 발명이 갖는 특유한 효과도 함께 고려하여야 한다. 선행발명에 이론적으로 포함되는 수많은 화합물 중 특정한 화합물을 선택할 동기나 암시 등이 선행발명에 개시되어 있지 않은 경우에도 그것이 아무런 기술적 의의가 없는 임의의 선택에 불과한 경우라면 그와 같은 선택에 어려움이 있다고 볼 수 없는데, 발명의 효과는 선택의 동기가 없어 구성이 곤란한 경우인지 임의의 선택에 불과한 경우인지를 구별할 수 있는 중요한 표지가 될 수 있기 때문이다. 또한 화학, 의약 등의 기술분야에 속하는 발명은 구성만으로 효과의 예측이 쉽지 않으므로, 선행발명으로부터 특허발명의 구성요소들이 쉽게 도출되는지를 판단할 때 발명의 효과를 참작할 필요가 있고, 발명의 효과가 선행발명에 비하여 현저하다면 과제의 해결 수단의 차이나 구성의 곤란성을 추론하는 유력한 자료가 된다.234)

---

232) 대법원 2021. 4. 8. 선고 2019후10609 판결. 대법원 2009. 10. 15. 선고 2008후736, 743 판결 등은 "이른바 선택발명의 진보성이 부정되지 않기 위해서는 선택발명에 포함되는 하위개념들 모두가 선행발명이 갖는 효과와 질적으로 다른 효과를 갖고 있거나, 질적인 차이가 없더라도 양적으로 현저한 차이가 있어야 하고, 이때 선택발명의 발명의 설명에는 선행발명에 비하여 위와 같은 효과가 있음을 명확히 기재하여야 한다"고 판시하였다. 이는 구성의 곤란성이 인정되기 어려운 사안에서 효과의 현저성이 있다면 진보성이 부정되지 않는다는 취지이므로, 선행발명에 특허발명의 상위개념이 공지되어 있다는 이유만으로 구성의 곤란성을 따져 보지도 아니한 채 효과의 현저성 유무만으로 진보성을 판단하여서는 아니 된다고 하였다.
한편 대법원 2023. 2. 2. 선고 2020후11738 판결은 위 2019후10609 판결 법리를 원용하면서 원심이 효과에 대한 고려 없이 구성이 곤란하지 않다고 판단한 것은 잘못이지만, 당뇨병 치료와 관련해 개선된 효과를 찾기 위한 유기화합물 스크리닝 과정에서 우선적으로 시도해 볼 수 있는 치환을 통해 선행발명에 개시된 화합물의 효과에 비하여 어느 정도 개선된 효과를 얻은 것만으로는 효과가 현저하다고 보기 부족하다는 점에서 해당 특허발명이 선행발명에 의해 진보성이 부정된다는 원심의 결론 자체는 수긍하였다.

233) 대법원 2024. 5. 30. 선고 2021후10022 판결.

234) 대법원 2021. 4. 8. 선고 2019후10609 판결, 대법원 2023. 2. 2. 선고 2020후11738 판결.

구성의 곤란성 여부의 판단이 불분명한 경우라고 하더라도, 특허발명이 선행발명에 비하여 이질적이거나 양적으로 현저한 효과를 가지고 있다면 진보성이 부정되지 않는다. 효과의 현저성은 특허발명의 명세서에 기재되어 통상의 기술자가 인식하거나 추론할 수 있는 효과를 중심으로 판단하여야 하고, 만일 그 효과가 의심스러울 때에는 특허권자도 출원일 이후에 추가적인 실험 자료를 제출하는 등의 방법으로 그 효과를 구체적으로 주장·증명할 필요가 있다. 이때 추가적인 실험 자료 등은 그 발명의 명세서 기재 내용의 범위를 넘지 않는 것이어야 한다.[235]

후출원 발명의 진보성 판단 단계에서 후출원 발명이 선행발명에 비하여 현저한 효과가 있는지 여부를 판단함에 있어서, 후출원 발명의 명세서에 기재되어 있지 아니하거나 통상의 기술자가 명세서 기재로부터 예측할 수 있는 효과가 아닌 것은 고려할 수 없다는 원칙[236]은 선택발명의 진보성 판단에도 적용된다.

따라서 선택발명에서도 현저한 효과가 명세서에 전혀 기재되어 있지 않다면 진보성 판단에서 사후 실험을 통해 증명된 효과를 선택발명의 효과로 인정할 수 없다.

선택발명의 명세서 중 발명의 설명에 선행발명에 비하여 이질적이거나 양적으로 현저한 효과가 있음을 명확히 기재하였다고 하려면 선행발명과 질적인 차이를 확인할 수 있는 구체적인 내용이나 양적으로 현저한 차이가 있음을 확인할 수 있는 정량적 기재가 있어야 한다.[237]

선택발명의 명세서에 선행발명에 비하여 위와 같은 효과가 있음을 명확히 기재하면 충분하고, 그 효과의 현저함을 구체적으로 확인할 수 있는 비교실험자료까지 기재하여야 하는 것은 아니며, 만일 그 효과가 의심스러울 때에는 출원일 이후에 출원인이 구체적인 비교실험자료를 제출하는 등의 방법에 의하여 그 효과를 구체적으로 주장·증명할 수 있다.[238]

위 2019후10609 판결은 결론부분에서 "이 사건 제1항 발명은 통상의 기술자가 그 발명의 내용을 이미 알고 있음을 전제로 사후적으로 판단하지 않는 한 선행발명으로부터 그 구성을 도출하는 것이 쉽다고 볼 수 없고 개선된 효과도 있으므로, 선행발명에 의하여 진보성이 부정되기는 어려워 보인다."라는 문구를 사용하고 있다. 다만 여기서 말하는 개선이 어느 정도로 이질적이고 어느 정도로 현저한 효과인지에 대하여 특별한 언급은 없는데 이는 파기환송 후 원심이 심리·판단하도록 하기 위함으로 보인다.

235) 대법원 2021. 4. 8. 선고 2019후10609 판결, 대법원 2024. 3. 28. 선고 2021후10343 판결, 대법원 2024. 5. 30. 선고 2021후10022 판결 등 참조.

236) 대법원 1997. 5. 30. 선고 96후221 판결 등 참조.

237) 대법원 2017. 5. 11. 선고 2014후1631 판결 참조.

238) 대법원 2003. 4. 25. 선고 2001후2740 판결, 다만 모든 발명에서 명세서의 효과 기재요건을 선택발명과 같이 취급하지 않음에 유의한다. 수치한정발명이나 의약용도 발명에서는 일정한 요건 아래 최초 명세서에 구체적인 데이터가 기재되어 있을 것을 요구하고 있고 추후 원칙적

일부 실무의 판시 중에서 "이른바 선택발명의 진보성이 부정되지 않기 위해서는 선택발명에 포함되는 하위개념들 모두가 선행발명이 갖는 효과와 질적으로 다른 효과를 갖고 있거나, 질적인 차이가 없더라도 양적으로 현저한 차이가 있어야 하고, 이때 선택발명의 발명의 설명에는 선행발명에 비하여 위와 같은 효과가 있음을 명확히 기재하여야 한다."라고 한 것이 있으나, 이는 구성의 곤란성이 인정되기 어려운 사안에서 효과의 현저성이 있다면 진보성이 부정되지 않는다는 취지이므로, 선행발명에 특허발명의 상위개념이 공지되어 있다는 이유만으로 구성의 곤란성을 따져 보지도 아니한 채 효과의 현저성 유무만으로 진보성을 판단하여서는 아니 된다.239)

선택발명은 일응 하위개념에 속하는 것으로 보이는 실시태양이 선행발명의 효과와 비교하여 이질적 또는 현저한 효과를 보이는 것에 의해 예외적으로 특허성이 인정되는 것이기 때문에 선택발명에 포함되는 '하위개념들 모두'가 선행발명에 비하여 위와 같은 효과가 있어야 한다.240) 따라서 마쿠쉬 형식으로 기재된 특허발명의 청구항에서 구성요소 중 일부가 청구항에 선택적으로 기재되어 그 선택적 구성요소 중 어느 하나를 선택하여 선행발명과 대비한 결과 진보성이 부정되면 그 특허발명의 청구항 전부의 진보성이 부정된다.241)

따라서 선택발명에 대한 효과를 판단하기 위해서는 선행문헌 중에 개시된 것 내에서 가장 우수한 실시태양의 효과와 하위개념에 속하는 실시태양의 것 중에서 가장 효과가 낮은 것을 비교하여 판단하여야 함이 원칙이고, 복합제의 화합물의 구성요소가 공지되어 있는 이상 그 화합물의 배합비를 특정한 수치로 한정해 놓고 있지 않다면 발명의 설명에 바람직하다고 기재된 배합비 외에 예상 가능한 모든 배합비에서 선행발명에 기재된 발명보다 현저한 효과가 있음이 인정되어야 특허받을 수 있다.242)

다만, 하나의 선택발명에서 그 효과 자체에 '여러 효과'가 있는 경우, 선택발명의

으로 임계적 의의나 약리데이터의 보충이 허용되지 않는다. 예외적으로 수치한정발명에서의 수치한정이 단순히 발명의 적당한 실시 범위나 형태 등을 제시하기 위한 것으로서 그 자체에 별다른 기술적 특징이 없어 통상의 기술자가 적절히 선택하여 실시할 수 있는 정도의 단순한 수치한정에 불과하다면, 그러한 수치한정에 대한 이유나 효과의 기재가 없어도 통상의 기술자로서는 과도한 실험이나 특수한 지식의 부가 없이 그 의미를 정확하게 이해하고 이를 재현할 수 있을 것이므로, 이런 경우에는 명세서에 수치한정의 이유나 효과가 기재되어 있지 않더라도 구 특허법 제42조 제3항에 위배된다고 할 수 없다. 대법원 2011. 10. 13. 선고 2010후2582 판결 참조.

239) 대법원 2009. 10. 15. 선고 2008후736, 743 판결 참조.

240) 대법원 2003. 10. 10. 선고 2002후2846 판결, 대법원 2009. 10. 15. 선고 2008후736, 743 판결 참조.

241) 대법원 2024. 5. 30. 선고 2021후10022 판결.

242) 대법원 2003. 10. 10. 선고 2002후2846 판결 참조.

효과 모두를 이에 대응하는 선행발명의 효과와 대비하여 모든 종류의 효과 면에서 현저한 차이가 있어야 하는 것은 아니고, 선택발명의 효과 중 일부라도 이에 대응하는 선행발명의 효과에 비하여 현저하다고 인정되면 충분하다.243)

출원발명의 특허청구범위로 나타나는 화합물 발명이 복수인 경우에는 그 발명의 설명에 이들 발명 모두가 선행발명과 비교하여 이질적이거나 양적으로 현저한 효과가 있다는 실험자료 등이 기재되어 있어야 하고 만일 그중 어느 하나의 화합물 발명이라도 그러한 효과가 인정되지 않는다면 특별한 사정이 없는 한 출원심사원칙에 따라 출원발명 전체가 거절된다.

한편, 관련 문제로 선택발명이 선행발명에 비하여 현저한 효과가 있음을 명확히 기재하여야 한다는 진보성 판단 문제와 선택발명의 명세서 기재 요건과는 구별함이 바람직하다.

즉, '명세서 기재요건'과 관련하여 출원인이 선택발명으로서 출원한 것인지 아니면 선택발명이 아닌 통상의 발명으로 출원한 것인지(즉 출원인이 출원 당시 선행발명을 인식하고 있었는지 여부)에 따라 명세서 기재 정도가 달라지는 것은 아니라고 본다.

설령 출원인이 출원 당시 선택발명임을 인식하고 있지 않았으나 심사절차 중에 선택발명임을 알게 되었더라도 특별한 사정이 없는 한 일반 발명임을 전제로 명세서 기재요건을 판단할 수 있다. 선택발명이 선행발명과 비교하여 특허성을 인정받을 수 있을 만큼 질적으로 다르거나 양적으로 현저한 효과가 있는지는 명세서 기재요건이 아니라 진보성의 문제로 다루는 것으로 충분하기 때문이다.244)

명세서 기재요건은 제3자에 의해 이해되고 반복 · 재현될 수 있을 정도로 기재되는 것으로 충분하고, 출원 당시 선택발명이라고 인식하였다고 하여 반드시 출원발명의 최초 명세서에 선행발명과 대비한 정량적 기재나 비교실험자료를 모두 갖추고 있어야 하는 것은 아니다. 그렇다고 하여 출원발명의 명세서에 단순히 선행발명에 비해 매우 우수하다고 적은 것만으로는 통상의 기술자가 출원발명이 선행발명에 비하여 질적으로 다르거나 양적으로 현저한 효과를 가진다는 사실을 이해할 수 있을 정도로 명확하고 충분하게 기재하였다고 하기에 부족하다.245)

---

243) 대법원 2003. 10. 24. 선고 2002후1935 판결, 대법원 2012. 8. 23. 선고 2010후3424 판결 참조.

244) 대법원 2011. 7. 14. 선고 2010후2872 판결 참조.

245) 대법원 2007. 9. 6. 선고 2005후3338 판결.

나. 결정형 발명의 진보성 판단

의약화합물 분야에서 선행발명에 공지된 화합물과 결정 형태만을 달리하는 특정 결정형의 화합물을 특허청구범위로 하는 발명을 이른바 결정형 발명이라 한다.

종전 실무는 동일한 화합물이 여러 결정 형태를 가질 수 있고 결정 형태에 따라서 용해도, 안정성 등의 약제학적 특성이 다를 수 있다는 것은 의약화합물 기술분야에서 널리 알려져 있어 의약화합물의 제제설계(製劑設計)를 위하여 결정다형(結晶多形)의 존재를 검토하는 것은 통상 행해지는 일이므로, 의약화합물 분야에서 선행발명에 공지된 화합물과 결정 형태만을 달리하는 특정 결정형의 화합물을 특허청구범위로 하는 이른바 '결정형 발명'은 특별한 사정이 없는 한 선행발명에 공지된 화합물이 갖는 효과와 질적으로 다른 효과를 갖고 있거나 질적인 차이가 없더라도 양적으로 현저한 차이가 있는 경우에 한하여 진보성이 부정되지 않고, 이때 결정형 발명의 설명에는 선행발명과의 비교실험자료까지는 아니라고 하더라도 위와 같은 효과가 있다는 것이 명확히 기재되어 있어야만 진보성 판단에 고려될 수 있으며, 만일 그 효과가 의심스러울 때에는 출원일 이후에 출원인 또는 특허권자가 신뢰할 수 있는 비교실험자료를 제출하는 등의 방법에 의하여 효과를 구체적으로 주장·증명하여야 한다는 입장이었다.[246)]

즉, 종전 실무는 결정형 발명의 경우 그 발명 경위의 속성상 구성의 곤란성이 인정되기 어렵다는 묵시적인 전제에 서서 그 외에 특별한 사정, 즉 이질적인 효과를 가지거나 동질적이더라도 양적으로 현저한 차이가 있는지를 따져 그것이 인정되는 경우에 비로소 진보성을 인정하는 논리구조였기에 진보성 판단에 엄격한 태도를 취하고 있었다.

그러나 그 후 이른바 선택발명에서의 대법원 2021. 4. 8. 선고 2019후10609 판결의 진보성 판단 법리에 영향을 받아 아래에서 보는 바와 같이 구성의 곤란성 여부도 함께 판단하여야 한다는 논리를 전개하고 있다.

동일한 화합물이 여러 결정 형태를 가질 수 있고 결정 형태에 따라서 용해도, 안정성 등의 약제학적 특성이 다를 수 있다는 것은 의약화합물 기술분야에서 널리 알려져 있어 의약화합물의 제제설계(製劑設計)를 위하여 그 결정다형(結晶多形)의 존재를 검토하는 다형체 스크리닝(polymorph screening)은 통상 행해지고 있다. 그러나 그것만으로 결정형 발명의 구성의 곤란성이 부정된다고 단정할 수 없다. 다형체 스크리닝이 통상 행해지는 실험이라는 것과 이를 통해 결정형 발명의 특정한 결정형에 쉽게 도달할 수 있는지는 별개의 문제이기 때문이다.[247)]

---

246) 대법원 2011. 7. 14. 선고 2010후2865 판결, 대법원 2011. 9. 8. 선고 2010후3554 판결 등 참조.

247) 대법원 2022. 3. 31. 선고 2018후10923 판결, 대법원 2023. 3. 13. 선고 2019후11800 판결,

결정형 발명과 같이 의약화합물 분야에 속하는 발명은 구성만으로 효과의 예측이 쉽지 않으므로 구성의 곤란성을 판단할 때 발명의 효과를 참작할 필요가 있고, 발명의 효과가 선행발명에 비하여 현저하다면 구성의 곤란성을 추론하는 유력한 자료가 될 수 있다. 결정형 발명의 구성의 곤란성을 판단할 때에는, 결정형 발명의 기술적 의의와 특유한 효과, 그 발명에서 청구한 특정한 결정형의 구조와 제조방법, 선행발명의 내용과 특징, 통상의 기술자의 기술수준과 출원 당시의 통상적인 다형체 스크리닝 방식 등을 기록에 나타난 자료에 기초하여 파악한 다음, 선행발명 화합물의 결정다형성이 알려졌거나 예상되었는지, 결정형 발명에서 청구하는 특정한 결정형에 이를 수 있다는 가르침이나 암시, 동기 등이 선행발명이나 선행기술문헌에 나타나 있는지, 결정형 발명의 특정한 결정형이 선행발명 화합물에 대한 통상적인 다형체 스크리닝을 통해 검토될 수 있는 결정다형의 범위에 포함되는지, 그 특정한 결정형이 예측할 수 없는 유리한 효과를 가지는지 등을 종합적으로 고려하여, 통상의 기술자가 선행발명으로부터 결정형 발명의 구성을 쉽게 도출할 수 있는지를 살펴보아야 한다.248)

대법원 2024. 3. 28. 선고 2021후10343 판결 등 참조.

248) 대법원 2022. 3. 31. 선고 2018후10923 판결은 "선행발명은 타일로신의 담황색 고체 화합물을 개시하고 있는데 그 형태가 결정형(crystal form)인지 무정형(amorphous form)인지에 대하여는 밝히지 않았고, 이 사건 제1항 발명의 출원 당시 타일로신이 다양한 결정 형태(결정다형성)를 가진다는 점 등이 알려져 있었다고 볼만한 자료도 없다. 선행발명에 개시된 타일로신 담황색 고체 화합물과 이 사건 제1항 발명이 청구하는 제Ⅰ형 결정형은 각각의 형태를 도출하기 위한 출발물질은 물론 용매, 온도, 시간 등의 구체적인 결정화 공정 변수가 상이한데, 피고가 제출한 출원 당시의 통상적인 다형체 스크리닝 방식에 관한 자료만으로는 통상의 기술자가 결정화 공정 변수를 적절히 조절하거나 통상적인 다형체 스크리닝을 통해 선행발명으로부터 위와 같은 특성을 갖는 제Ⅰ형 결정형을 쉽게 도출할 수 있는지 분명하지 않다...(중간 생략)... 선행발명에 제Ⅱ형 결정형 수준의 열역학적 안정성을 보유하거나 제Ⅱ, Ⅲ형 결정형 수준의 흡습성을 나타내는 타일로신의 결정형조차 공지되어 있지 않다는 점을 고려하면, 피고가 제출한 자료만으로는 위와 같은 정도로 제Ⅱ형 결정형에 비해 우수한 열역학적 안정성을 가지고 제Ⅱ, Ⅲ형 결정형에 비해 낮은 흡습성을 나타내는 제Ⅰ형 결정형의 효과를 선행발명으로부터 예측할 수 있는 정도라고 단정하기는 어려워 보인다."라고 하였고, 대법원 2023. 3. 13. 선고 2019후11800 판결은 "선행발명은 셀렉시팍의 화합물을 개시하고 있는데 그 형태가 결정형(crystal form)인지 무정형(amorphous form)인지에 대하여는 밝히지 않았고, 이 사건 제1항 발명의 출원 당시 셀렉시팍이 다양한 결정 형태(결정다형성)를 가진다는 점 등이 알려져 있었다고 볼만한 자료도 없다. 선행발명에 개시된 셀렉시팍 화합물과 이 사건 제1항 발명이 청구하는 제Ⅰ형 결정형은 각각의 형태를 도출하기 위한 출발물질은 물론 용매, 온도, 시간 등의 구체적인 결정화 공정 변수가 상이한데, 피고가 제출한 출원 당시의 통상적인 다형체 스크리닝 방식에 관한 자료만으로는 통상의 기술자가 결정화 공정 변수를 적절히 조절하거나 통상적인 다형체 스크리닝을 통해 선행발명으로부터 위와 같은 특성을 갖는 제Ⅰ형 결정형을 쉽게 도출할 수 있는지 분명하지 않다...(중간 생략)...선행발명에는 입자 직경, 잔류용매량, 재결정에서의 불순물 제거 효과, 안정성 등과 관련하여 제Ⅲ형 결정형 수준의 효과를 나타내는 셀렉시

그리고 결정형 발명의 효과의 현저성에서 결정형 발명의 효과가 선행발명에 공지된 화합물이 갖는 효과와 질적으로 다르거나 질적인 차이가 없더라도 양적으로 현저한 차이가 있는 경우에 한하여 결정형 발명의 진보성이 부정되지 않고, 이때 결정형 발명의 명세서 중 발명의 설명에는 선행발명과의 비교실험자료까지는 아니라고 하더라도 위와 같은 효과가 있다는 것이 명확히 기재되어 있거나 그 발명의 명세서에 기재되어 통상의 기술자가 인식하거나 추론할 수 있는 효과를 중심으로 판단하되, 만일 그 효과가 의심스러울 때에는 그 기재 내용의 범위를 넘지 않는 한도에서 출원일 이후에 추가적인 실험 자료를 제출하는 등의 방법으로 그 효과를 구체적으로 주장・증명하는 것이 허용된다.[249] 이때 추가적인 실험 자료 등에 해당 특허발명의 명세서에 기재되지 않은

팍의 결정형조차 공지되어 있지 않다는 점을 고려하면, 피고가 제출한 자료만으로는 제Ⅲ형 결정형 또는 제Ⅱ형 결정형에 비해 우수한 위와 같은 제Ⅰ형 결정형의 효과를 선행발명으로부터 예측할 수 있는 정도라고 단정하기는 어려워 보인다."라고 하였다.

249) 대법원 2011. 7. 14. 선고 2010후2865 판결, 대법원 2022. 3. 31. 선고 2018후10923 판결, 대법원 2023. 3. 13. 선고 2019후11800 판결. 참조. 위 2010후 2865 판결은 "먼저 생체이용률에 대해서 살펴보면, 이 사건 특허발명의 명세서 실시례 19b에는 결정형(I)의 라세미체의 혈중농도를 측정하여 얻은 것으로 보이는 생체이용률 값이 기재되어 있고, 갑 제52호증에는 종래의 레르카니디핀 염산염의 S-이성질체만의 혈중농도를 측정하여 얻은 생체이용률 값이 기재되어 있다. 그런데 생체이용률 값은 실험대상자의 신체조건, 최종측정시간, 활성성분의 입자크기, 투여제제의 조성, 제형 등에 따라 달라지는 것이므로 그 실험데이터를 정량적으로 비교하기 위해서는 이와 같은 측정조건들 모두가 서로 동일하다는 것이 전제되어야 하나, 기록에 의하더라도 위 각 생체이용률 값의 측정조건이 동일한지 전혀 알 수 없으므로 이들 값의 대비에 의해서 결정형(I)의 생체이용률이 선행발명 1, 2보다 우수하다고 할 수 없다. 다음으로 용해도에 대해서 살펴보면, 갑 제40호증에는 결정형(I)의 용해도가 186~188℃ 범위의 모세관 융점을 가지는 종래의 레르카니디핀 염산염 결정(21331/25 C2a)의 용해도에 비하여 약 5배 높다는 실험결과가 기재되어 있다. 그러나 기록에 의하더라도 위 레르카니디핀 염산염 결정(21331/25 C2a)이 선행발명 1, 2와 같이 무수물인지 여부를 확인할 수 없어 이를 선행발명 1, 2의 정확한 재현물이라고 보기 어려우므로 위 실험결과에 의해 결정형(I)의 용해도가 선행발명 1, 2보다 우수하다고 할 수 없다. 뿐만 아니라, 결정형의 변화로 인하여 5~10배의 용해도 차이를 나타낼 수 있다는 것은 이 사건 특허발명의 출원 당시 해당 기술분야에서 이미 알려진 사실이었고, 기록에 의하더라도 결정형(I)에서 5배의 용해도 상승으로 인하여 달성되는 구체적인 약제학적 효과가 무엇인지 알기도 어려우므로, 단순히 용해도가 5배 상승했다는 것만으로 바로 결정형(I)이 현저한 효과를 갖는다고 할 수는 없다. 그리고 뱃치 간 변이감소는, 혼합결정과 달리 단결정에서는 결정형 간의 혼합비 차이로 인한 변이가 나타날 수 없기 때문에 당연히 얻게 되는 효과일 뿐 결정형(I) 자체의 고유한 물성에서 나오는 효과가 아니다. 결국 결정형(I)은 선행발명 1, 2의 화합물에 비하여 이질적이거나 양적으로 현저한 효과를 갖는다고 할 수 없으므로, 이 사건 제24항 발명의 진보성이 부정된다."고 하였다. 대법원 2011. 9. 8. 선고 2010후3554 판결도 같은 취지로 판시하고 있다.

또한 대법원 2024. 3. 28. 선고 2021후10343 판결은 선행발명 1은 미라베그론 및 미라베그론 2염산염을 개시하고 있으나, 미라베그론 α형 결정이라는 미라베그론의 특정한 결정형은 개시하고 있지 않다는 점에서 이 사건 제3항 발명과 차이가 있지만, 구성의 곤란성을 부정하는

효과에 대한 것은 발명의 효과의 현저성 판단에 고려할 수 없다. 결국 출원일 이후에 추가적인 실험자료 등을 제출할 수는 있지만 그 실험자료 등은 그 발명의 명세서 기재 내용의 범위를 넘지 않는 것이어야 한다.[250]

7 의약용도 발명

가. 용도발명 일반론

용도발명은 기술적 사상의 창작이 아닌 새로운 발견에 대하여 효과의 현저성 등을 이유로 정책적으로 특허를 부여하는 것인데,[251] 이는 선행 또는 공지의 발명에 상위개념이 기재되어 있고 위 상위개념에 포함되는 하위개념만을 구성요소의 전부 또는 일부로 하는 특허발명(이른바 선택발명)에서의 발명의 본질과 같다. '용도'를 구성요소로 하여 그 발견에 특허를 부여하는 용도발명과 '후행물질'을 구성요소로 하여 그 발견에 특허를 부여하는 선택발명은 법적 평가에서 서로 다를 것이 없다. 이러한 이유로 용도발명의 신규성 및 진보성 판단 기준도 선택발명의 그것들과 별다른 차이가 없다.

근거로, i) 선행발명의 명세서에 미라베그론이 포함된 화학식 I의 화합물이 유리체, 염, 수화물, 용매화물 또는 다형성 결정(polymorphic crystals) 등으로 단리·정제되는 것으로 기재되어 있고, 선행발명 1이 화학식 I에 의해 나타나는 화합물, 그 화합물의 염·수화물·기하 및 광학 이성질체·다형성 물질을 포함하는 것으로 기재되어 있어 미라베그론의 결정다형성이 암시되어 있는 점, ii) 선행발명 1에 미라베그론 α형 결정에 이를 수 있다는 직접적인 가르침은 없으나 위와 같이 미라베그론의 결정다형성이 암시되어 있으므로, 통상의 기술자가 미라베그론의 제제 설계를 위하여 특정한 결정형을 확인할 동기는 충분해 보이는 점, iii) 미라베그론 α형 결정은 통상의 기술자가 선행발명 1에 개시된 미라베그론에 대한 통상적인 다형체 스크리닝을 통해 검토할 수 있는 결정다형의 범위에 포함된다고 볼 수 있는 점을 들었고, 효과의 현저성이 부정되는 근거로 i) 상대습도가 약 80% 이하인 경우에는 미라베그론 α형 결정과 미라베그론 2염산염 사이에 별다른 흡습성의 차이가 나타나지 않거나 그 차이가 현저하지 않은 이상, 미라베그론 α형 결정이 미라베그론 2염산염에 비하여 의약품의 제조 원료나 의약품으로서 유리한 흡습성을 가진다고 단정할 수 없는 점, ii) 특허발명의 명세서에 기재된 미라베그론 α형 결정과 β형 결정 사이의 약 2.8% 정도의 상대적인 흡습성 차이를 양적으로 현저하다고 평가하기는 어려운 점, iii) 명세서 기재에 의하더라도 미라베그론 α형 결정은 β형 결정과 용융점에서는 거의 차이가 없고 용융엔탈피만 14.705J/g 높은 정도이므로, 그 열역학적 안정성의 차이를 양적으로 현저하다고 할 수 없는 점, iv) 출원일 이후에 제출된 추가 실험 자료의 각 시험 결과는 이 사건 특허발명의 명세서에 기재되지 않은 효과에 관한 것으로 명세서 기재 내용의 범위를 넘는 것으로 효과의 현저성 판단에 고려할 수 없는 점 등을 들었다.

250) 대법원 2022. 3. 31. 선고 2018후10923 판결, 대법원 2024. 3. 28. 선고 2021후10343 판결 등 참조.

251) 대법원은 의약 용도발명의 경우 구성의 곤란성에 대하여는 아무런 언급이 없다. 공지된 화합물의 경우 이에 대한 약리활성과 부작용 등의 정보가 이미 알려져 있으므로 의약개발 과정에서의 경험칙상 의약의 용도를 도출하는 것에 구성의 곤란성을 인정하여 주기는 어렵다.

용도발명 일반론에 대하여는 「제3절 신규성 III. 신규성이 부정되기 위한 요건과 대비대상의 범위 ② 신규성 유무 판단에서 발명의 동일성 판단 방법 나. 발명의 유형에 따른 동일성 판단 방법 5) 의약용도 발명에서 투여방법·투여용량이 신규성 유무 판단을 위한 기술구성인지 여부」에서 이미 설명하였다.

나. 투여용법과 투여용량에 관한 용도발명

먼저 투여용법과 투여용량을 부가하는 용도발명이 특허를 받을 수 있는지에 대하여 본다.

종전 실무는 공지의 의약물질의 투여주기와 단위투여량을 특징으로 하는 골 흡수 억제를 위한 조성물 발명에 대해 이는 의약 물질을 구성하는 부분이 아니라 의약 물질을 인간 등에게 투여하는 방법이어서 특허를 받을 수 없는 의약을 사용한 의료행위라고 하였다.[252)]

그러나 그 후 실무 태도가 변경되어 의약이라는 물건의 발명에서 대상 질병 또는 약효와 함께 투여용법과 투여용량을 부가하는 경우에 이러한 투여용법과 투여용량은 의료행위 그 자체가 아니라 의약이라는 물건이 효능을 온전하게 발휘하도록 하는 요소로서 의약물질이 가지는 특정의 약리효과라는 미지의 속성의 발견에 기초하여 새로운 쓰임새를 제공한다는 점에서 대상 질병 또는 약효에 관한 의약용도와 본질이 같으므로 이러한 투여용법과 투여용량은 의약이라는 물건에 새로운 의미를 부여하는 구성요소가 될 수 있다고 보아야 하고, 이와 같은 투여용법과 투여용량이라는 새로운 의약용도가 부가되어 신규성과 진보성 등의 특허요건을 갖춘 의약에 대해서는 물건의 발명으로서 새로 특허권이 부여될 수 있는 것으로 견해가 바뀌었다.[253)]

다음으로, 투여용법과 투여용량에 관한 용도발명의 진보성 요건에 대해, 의약개발 과정에서는 약효증대 및 효율적인 투여방법 등의 기술적 과제를 해결하기 위하여 적절한 투여용법과 투여용량을 찾아내려는 노력이 통상적으로 행하여지고 있으므로 특정한 투여용법과 투여용량에 관한 용도발명의 진보성이 부정되지 않기 위해서는 출원 당시의 기술수준이나 공지기술 등에 비추어 통상의 기술자가 예측할 수 없는 현저하거나 이질적인 효과가 인정되어야 한다.[254)]

의약용도 발명에서는 통상의 기술자가 선행발명들로부터 특정 물질의 특정 질병에 대한 치료효과를 쉽게 예측할 수 있는 정도에 불과하다면 그 진보성이 부정되고, 이러

252) 대법원 2009. 5. 28. 선고 2007후2926 판결 및 같은 날 선고 2007후2933 판결.
253) 대법원 2015. 5. 21. 선고 2014후768 전원합의체판결.
254) 대법원 2017. 8. 28. 선고 2014후2702 판결.

한 경우 선행발명들에서 임상시험 등에 의한 치료효과가 확인될 것까지 요구된다고 볼 수 없다.[255)]

다. 특정 광학이성질체의 용도에 관한 발명

화학분야의 발명에서 라세미체가 공지된 경우 부제탄소의 개수에 따라 일정한 숫자의 광학이성질체가 존재한다는 것은 널리 알려져 있으므로, 특정 광학이성질체의 용도에 관한 발명은, 첫째 그 출원일 전에 라세미체 화합물의 용도를 기재하고 있는 간행물 등에 그 광학이성질체 화합물의 용도가 구체적으로 개시되어 있지 아니하고, 둘째 그 광학이성질체 화합물의 특유한 물리화학적 성질 등으로 인하여 공지된 라세미체의 용도와 질적으로 다른 효과가 있거나, 질적인 차이가 없더라도 양적으로 현저한 차이가 있는 경우에 한하여 특허를 받을 수 있다.

그런데 광학이성질체에 그 용도와 관련된 '여러 효과'가 있는 경우에 효과의 현저함이 있다고 하기 위해서는, 광학이성질체의 효과 모두를 이에 대응하는 공지의 라세미체의 효과와 대비하여 모든 종류의 효과 면에서 현저한 차이가 있어야 하는 것이 아니라, 광학이성질체의 효과 중 일부라도 이에 대응하는 라세미체의 효과에 비하여 현저하다고 인정되면 충분한 것이고, 그 기술분야에서 통상의 지식을 가진 자가 단순한 반복 실험으로 광학이성질체의 현저한 효과를 확인할 수 있다는 사정만으로 그 효과의 현저함을 부인할 수 없다.[256)]

8 소극적 한정(negative limitations) 발명

가. 소극적 한정 발명의 의의

이른바 소극적 한정(제외) 발명이란 청구범위가 통상의 청구범위와 같이 기재되어 있으면서 '‥위 혼합물 중 ○○화합물을 함유하지 않는 것을 특징으로 하는 액정 매질' 혹은 '‥A, B, C를 함유하는 X 조성물, 다만 ‥를 함유하는 X 조성물을 제외한다'와 같이 청구범위에 어느 특정 구성을 포함하지 않는 것을 내용으로 하는 소극적 구성요건이 기재되어 있는 발명을 말한다.

소극적(제외) 한정 발명은 출원인이 당초에는 넓은 개념으로 정의하는 용어 내지 넓은 구성으로 청구범위를 기재하였다가 심사과정에서 선행기술인 특정 구성이 공지된 것으로 밝혀지는 바람에 공지된 특정 구성 등을 청구범위에서 제외시키면 해당 출원발

255) 대법원 2019. 1. 31. 선고 2016후502 판결.
256) 대법원 2003. 10. 24. 선고 2002후1935 판결 등 참조.

명을 특허받을 수 있다고 생각한 경우에 이루어지는 경우가 많다.

나. 소극적 한정 발명에서의 쟁점

소극적 한정 발명의 쟁점사항으로는 ① 그와 같은 기재가 명세서 기재요건을 충족하는지 여부, ② 소극적 한정 발명은 앞에서 본 바와 같은 경위로 행해지는 경우가 많은데 이 경우에는 명세서 또는 도면에 그와 같이 제외되는 부분에 대한 내용이 적혀 있지 않은 것이 통상이어서 이러한 경우에 특정 구성을 제외하는 보정 내지 정정이 '명세서 또는 도면에 기재된 사항의 범위 안'에 해당되는지 여부, ③ 그와 같은 기재가 포함된 소극적 한정 발명이, 진보성 부정으로 판단되지 않기 위한 요건은 무엇인지 등이 있다.

먼저, ①의 명세서 기재요건과 관련하여, 청구범위에 '‥을 제외하고'라고 기재된 경우 그 문구가 사용되더라도 그 의미가 명세서의 발명의 설명에 의하여 명확히 뒷받침되어 발명의 특정에 문제가 없는 경우라면 명세서 기재요건을 충족한다.

다음으로, ②의 보정 내지 정정요건과 관련하여, 소극적 한정 발명이 이루어지게 되는 경위에 비추어 당초 청구범위가 선행기술 등에 저촉되어 신규성 등이 부정되는 것을 극복하기 위하여 선행기술과 중복되는 범위를 제거하는 것은 '명세서 또는 도면에 기재된 사항의 범위 안'에 해당하는 것(신규사항에 해당하지 않는 것)으로 본다.[257)][258)]

나아가 그러한 기재의 보정 내지 정정이 통상의 기술자에게 명세서 또는 도면을 종합하여 이해되는 기술적 사항과의 관계에서 새로운 기술적 사항을 도입하는 것이 아

---

257) 특허 · 실용신안 심사기준 제4부 제2장 1.2는 "의료방법 관련 발명의 대상이 사람인지 동물인지가 명시되어 있지 아니한 경우, 그 발명이 특정 동물만을 대상으로 하는 것은 아닌 것이 자명할 때 사람에 해당하는 부분을 삭제하기 위하여 한정하는 보정은 신규사항이 추가된 것으로 보지 않는다."고 한다.

258) 한편, Donald S. Chisum, ELEMENTS OF UNITED STATES PATENT LAW(second edition), 英和対訳 アメリカ特許法とその手続, 改訂 第二版, 雄松堂出版(2000), 222~225에는 "소극적 한정의 사용이 유효한 상황으로는 출원인이 당시 넓은 속개념으로 정의한 청구항을 기재하였는데 심사결과 선행기술인 특정의 종개념을 제외하는 범위라면 특허를 받을 수 있다고 판단되는 경우를 생각할 수 있다. 출원인은 선행기술의 종개념을 청구항 범위로부터 제외함으로써 선행기술을 회피하려고 할 것이다. 보정에 의해 소극적 한정을 하는 경우의 장애는 명세서에 이와 같은 한정을 지지하는 개시가 없는 경우이다. 예를 들면 명세서와 출원 당시의 청구항이 산화촉매를 사용하는 제법을 기재하고 있고, 선행기술이 산화촉매를 바나듐과 인을 조합하여 사용하는 위 출원제법과는 다른 목적을 위한 같은 내용의 제법을 개시하고 있는 경우에, 출원명세서에 바나듐과 인에 대하여 언급되어 있지 않다면 출원인이 바나듐과 인의 조합을 배제하는 산화촉매라는 한정을 포함하는 청구항으로 보정하는 것이 허용되지 않는다. Ex parte Grasselli, 231 U.S.P.Q. 393(PTO Bd. 1983), on requst for rehearing, 231 U.S.P.Q. 395 (PTO Bd. App. 1983), affd, 738 F.2d 453 (Fed. Cir. 1984) (unpulished)"라고 기재되어 있다.

니라면 해당 보정, 정정은 '명세서 또는 도면에 기재된 사항의 범위 안'에서 이루어진 것으로 본다.259)

그리고 ③의 진보성 판단 기준과 관련하여, 소극적 발명이 선행기술과 기술적 사상, 해결 과제 및 그 과제를 해결하기 위한 수단을 현저히 달리한다고 평가되고, 소극적 한정으로 제외하고 있는 어떠한 구성이 없는 상황에서만 나머지 구성이 작동한다거나 현저히 효과가 증대된다는 특별한 사정이 있는 경우에는 진보성이 부정되지 않는다는 견해가 있다.260)

Ⅳ. 진보성 부정 유무에 따른 취급

[1] 거절이유 · 취소사유 · 무효사유 및 청구항 판단 방법

가. 거절이유 · 취소사유 · 무효사유

제29조 제1항 각 호에 위반한 출원은 거절결정을 받게 되고(제62조 제1호) 특허결정 후에도 특허결정을 취소하고 직권으로 다시 심사하여 거절할 수 있다(제66조의3).

이러한 흠을 발견하지 못하여 등록되더라도 특허권의 설정등록일부터 등록공고일 후 6개월이 되는 날까지 제29조 제2항(제29조 제1항 제2호에 해당하는 발명에 의하여 쉽게 발명할 수 있는 경우에 한함)의 규정에 위반되었음을 이유로 한 특허취소신청사유에 해당하고(제132조의2 제1항, 같은 조 제1항 제1호에 해당하는 경우는 제외한다. 제1항에도 불구하고 특허공보에 게재된 제87조 제3항 제7호에 따른 선행기술에 기초한 이유로는 특허취소신청을 할 수 없다. 제132조의2 제2항), 무효사유(제133조 제1항 제1호)에 해당되어 등록무효심판의 대상이 된다. 등록무효심판은 특허권이 소멸된 후에도 청구할 수 있고(제133조 제2항), 특허를 무효로 한다는 심결이 확정된 경우에는 그 특허권은 처음부터 없었던 것으로 본다(제133조 제3항 본문).

나. 거절이유 · 취소사유 · 무효사유에 해당하는 경우 취급

예를 들어 고혈압치료제와 저혈압치료제를 함께 기재하고 있는 특허청구범위 중 고혈압치료제로서의 효용이 있음이 특허출원 전 공지된 경우에 고혈압치료제와 저혈압치료제는 치료대상이 서로 다른 것이어서 서로 유기적으로 결합되었다고 볼 수 없는 경우와 같이, 특허발명의 청구범위가 진보성이 부정되지 않는 부분과 유기적으로 결합

---

259) 특허 · 실용신안 심사기준 제4부 제2장 1.2.

260) 특허법원 2007. 9. 6. 선고 2006허9920 판결(미상고 확정) 참조.

되지 아니한 공지기술 부분을 포함하고 있고 청구범위가 여러 개의 항 중 하나의 항이라도 거절이유가 있다면 그 출원은 청구범위 전부가 거절된다.[261)]

한편 특허무효심판에서는 청구항마다 무효심판을 제기할 수 있어 이에 따라 청구항마다 해당 사유의 유무를 판단하여야 하므로 청구범위가 여러 개의 청구항으로 되어 있는 발명의 무효심판의 경우에 독립항에 대한 진보성이 부정되지 않는 경우에는 그 독립항을 인용하는 종속항도 당연히 진보성이 부정되지 않는다.[262)]

만일 독립항이 진보성이 부정되어 무효로 된다면 독립항의 구성요소를 모두 포함하면서 일부 구성요소를 부가·한정하고 있는 종속항의 진보성은 그 부가·한정된 구성요소를 포함하여 이를 별도로 판단한다.

특허취소신청도 청구항이 둘 이상인 경우에는 청구항마다 특허취소신청을 할 수 있으므로 특허무효심판의 위 내용이 특허취소신청에 그대로 적용될 수 있다.

2 진보성이 없는 경우에 무효심판절차와는 다른 절차에서 그 전제가 되는 특허발명을 무효라고 판단할 수 있는지

가. 실무 태도 정리

특허법은 특허에 무효사유가 존재하는 경우에 특허심판원의 특허무효심판절차를 통해서 해당 특허를 무효로 할 수 있도록 규정하고 있다.

그런데 신규성이 부정되는 경우와 달리 등록된 특허발명이 출원 당시 선행기술에 비추어 신규성은 있으나 그 분야에서 통상의 지식을 가진 자가 선행기술에 의하여 쉽게 발명할 수 있어서 진보성이 없는 경우에 무효심판절차와는 다른 절차에서 그 전제가 되는 특허발명을 무효라고 판단할 수 있는지에 관하여 그동안 많은 논의가 있었다.

당초 실무는 등록된 특허발명의 일부 또는 전부가 출원 당시 공지공용의 것인 경우에는 특허무효의 심결 유무에 관계없이 그 권리범위를 인정할 수 없다. 그러나 이는 등록된 특허발명의 일부 또는 전부가 출원 당시 공지공용의 기술에 비추어 새로운 것이 아니어서 신규성이 없는 경우 그렇다는 것이지, 신규성은 있으나 그 분야에서 통상의 지식을 가진 자가 선행기술에 의하여 용이하게 발명할 수 있는 것이어서 소위 진보성이 없는 경우까지 법원이 다른 소송에서 당연히 권리범위를 부정할 수는 없다는 입

261) 대법원 1995. 10. 13. 선고 94후2018 판결, 대법원 1997. 4. 25. 선고 96후603 판결.

262) 참고로 권리범위확인(특허침해) 여부 판단에서 확인(실시)대상발명이 특허발명의 청구항 1의 권리범위에 속하지 아니하다(청구항 1을 침해하지 않는다)면 청구항 1을 인용하고 있는 나머지 종속항들의 권리범위에도 당연히 속하지 아니한다(나머지 종속항들을 침해하지 아니한다).

장이었다.[263)]

그런데 실무 중에서 가처분신청 당시 채무자가 특허청에 별도로 제기한 심판절차에 의하여 그 특허권이 무효라고 하는 취지의 심결이 있는 경우나 무효심판이 청구되고 그 청구의 이유나 증거관계로부터 장래 그 특허가 무효로 될 개연성이 높다고 인정되는 등의 특별한 사정이 있는 경우에는 당사자 간의 형평을 고려하여 그 가처분신청은 보전의 필요성이 없다는 이유로 가처분금지청구를 받아들여서는 안 된다고 하거나,[264)] 특허의 무효심결이 확정되기 이전이라고 하더라도 특허권 침해소송을 심리하는 법원은 특허에 무효사유가 있는 것이 명백한지 여부에 대하여 판단할 수 있고, 심리한 결과 해당 특허에 무효사유가 있는 것이 분명한 때에는 그 특허권에 기초한 금지와 손해배상 등의 청구는 특별한 사정이 없는 한 권리남용에 해당하여 허용되지 아니한다고 하여[265)] 이 부분에 관하여 대법원의 판단이 정리될 필요가 있었다.

결국 대법원 2012. 1. 19. 선고 2010다95390 전원합의체 판결에 이르러 "특허발명에 대한 무효심결이 확정되기 전이라고 하더라도 특허발명의 진보성이 부정되어 특허가 특허무효심판에 의하여 무효로 될 것임이 명백한 경우에는 특허권에 기초한 침해금지 또는 손해배상 등의 청구는 특별한 사정이 없는 한 권리남용에 해당하여 허용되지 아니한다고 보아야 하고, 특허권 침해소송을 담당하는 법원으로서도 특허권자의 그러한 청구가 권리남용에 해당한다는 항변이 있는 경우 당부를 살피기 위한 전제로서 특허발명의 진보성 여부에 대하여 심리 · 판단할 수 있다."라고 함으로써 침해사건에 관하여 법원이 특허발명의 진보성 여부를 심리 · 판단할 수 있다고 하였고 이와 배치된 기존의 위 판례들을 변경하기에 이르렀다. 위 대법원 2012. 1. 19. 선고 2010다95390 전원합의체 판결은 진보성 판단에 한정하여 권리남용 항변을 적용하고 있다.

한편, 위 변경된 법리가 권리범위확인 사건에도 그대로 적용되는지 여부에 대해 이를 인정한 것[266)]과 부정한 것[267)]이 있어서 권리범위확인 사건에도 위 법리가 적용되는지에 대한 판단 역시 정리될 필요가 있었다.

---

263) 대법원 1992. 6. 2. 자 91마540 결정, 대법원 2001. 3. 23. 선고 98다7209 판결, 대법원 2003. 6. 27. 자 2000마7727 결정.

264) 대법원 1993. 2. 12. 선고 92다40563 판결.

265) 대법원 2004. 10. 28. 선고 2000다69194 판결.

266) 대법원 1991. 3. 12. 선고 90후823 판결, 대법원 1991. 12. 27. 선고 90후1468, 1475(병합) 판결, 대법원 1997. 5. 30. 선고 96후238 판결, 대법원 1997. 7. 22. 선고 96후1699 판결, 대법원 1998. 2. 13. 선고 97후686 판결, 대법원 1998. 2. 27. 선고 97후2583 판결 등.

267) 대법원 1998. 10. 27. 선고 97후2095 판결, 대법원 1998. 12. 22. 선고 97후1016, 1023, 1030 판결, 대법원 2001. 2. 9. 선고 98후1068 판결, 대법원 2004. 4. 27. 선고 2002후2037 판결 등.

그 후 대법원 2014. 3. 20. 선고 2012후4162 전원합의체 판결에 이르러 권리범위확인심판은 심판청구인이 그 청구에서 심판의 대상으로 삼은 확인대상발명이 특허권의 효력이 미치는 객관적인 범위에 속하는지를 확인하는 목적을 가진 절차이므로, 그 절차에서 특허발명의 진보성 여부까지 판단하는 것은 특허법이 권리범위확인심판 제도를 두고 있는 목적을 벗어나고 그 제도의 본질에 맞지 않는다는 등의 이유로 (침해사건과는 달리) 권리범위확인심판 및 그 심결취소소송에서는 대법원 2012. 1. 19. 선고 2010다95390 전원합의체 판결의 법리를 적용하지 않고 특허발명의 진보성이 부정된다는 이유로 그 권리범위를 부정하여서는 안 된다고 하였다.[268)]

이와 같은 판례의 입장에 따른다면 신규성은 있으나 진보성이 없는 특허발명에 대하여 무효심판과 권리범위확인심판이 동시에 계속되었다가 같은 날 심결을 하는 경우에 무효심판에서는 진보성이 없다는 이유로 특허를 무효로 한 결정에도 불구하고, 권리범위확인심판에서는 무효인 특허발명을 일단 유효한 것으로 취급하여 확인대상발명이 특허발명의 권리범위에 속한다는 결정을 할 수밖에 없다. 다만 앞에서 본 바와 같이 특허침해소송 등에서는 무효심결이 확정될 때까지 반드시 소송절차를 중지할 필요가 없고 법원이 침해판단의 전제로서 특허발명의 무효 여부를 판단할 수 있고 그 결과 특허발명이 진보성이 부정되어 무효심판에 의하여 무효로 될 것임이 명백하다고 판단될 경우 그 당부를 살피기 위한 전제로서 특허발명의 진보성 여부에 대하여 심리 · 판단할 수 있다.

나. 대법원 2012. 1. 19. 선고 2010다95390 전원합의체 판결의 의의 및 과제

1) 대법원 2012. 1. 19. 선고 2010다95390 전원합의체 판결의 의의

대법원 2012. 1. 19. 선고 2010다95390 전원합의체 판결에 의해 그동안 유지되어 온 '진보성 없음을 이유로 한 특허권의 등록무효 여부는 특허청 및 특허법원의 등록무효심판 · 소송절차에 따라 결정되고, 특허침해 여부를 판단하는 일반 법원은 특허가 등록무효심판 · 소송절차에서 무효로 확정되지 않는 한 일응 유효함을 전제로 심리한다'는 원칙이 폐기되고, 일반 법원도 특허침해 여부에 앞서 진보성과 관련한 특허무효 여부를 심리하여 판단할 수 있게 되었다.

대법원 2012. 1. 19. 선고 2010다95390 판결은 침해소송에서 등록된 특허발명이 진보성이 없어 특허무효심판에 의하여 무효로 될 것임이 명백한 경우에는 권리남용에 해당하여 허용되지 않는다고 하는 권리남용론을 채택하여 금지청구 등을 부정하는 논

268) 판결이유에서 실용신안의 경우에도 같은 법리가 적용된다라고 하였다. 그 후 선고된 대법원 2017. 11. 14. 선고 2016후366 판결 등도 같은 법리가 유지되고 있다.

리를 취하면서도 종전의 특허청과 법원의 권한분배 구도 자체에는 영향이 없어 그와 같은 무효판단이 있더라도 대세적으로 특허무효를 선언하는 것은 아님에 유의한다.

2) 대법원 2012. 1. 19. 선고 2010다95390 판결과 관련된 논점 해설

대법원 2012. 1. 19. 선고 2010다95390 판결과 관련하여 더 구체적으로 설명할 내용과 여러 해결해야 할 문제 중 중요한 것으로 아래와 같은 사항을 들 수 있다.

가) '그 특허가 특허무효심판에 의하여 무효로 될 것임이 명백한 경우'의 구체적인 의미 및 적용범위

대법원 2012. 1. 19. 선고 2010다95390 판결의 '명백성'의 의미에 대하여는 다양한 견해가 있을 수 있으나, 기술내용을 평가한다는 특성상 '명백한'이라는 문구에 큰 의미를 부여하기는 어렵다. '특허발명의 진보성이 부정되어 그 특허가 특허무효심판에 의하여 무효로 될 것임이 명백한 경우'라는 문구는 '특허가 법원에 의해서 진보성이 부정되어 무효라고 판단되는 경우'라는 의미와 사실상 같은 것이라고 이해할 수 있다.

여기서 '명백성'은, 침해소송을 담당하는 법원이 진보성이 부정된다는 점과 관련하여 가지는 심증의 정도를 말하는 것이므로, 행정행위의 당연무효 요건으로서 중대·명백성에서 말하는 명백성과는 다른 개념으로 '명백성' 요건에 그다지 의미를 부여할 필요가 없고 권리남용설을 채택함에 따른 상징적인 개념 요소 정도로 이해함이 타당하다.[269)]

따라서 특허심판원과 특허법원 등에서의 진보성 판단이 달라졌다거나, 이들 모두 진보성이 부정되지 않는다고 판단하였다거나, 아예 등록무효심판이 제기된 바가 없다거나 하는 경우에도 침해소송을 담당하는 법원은 그 독자적인 관점에서 발명의 진보성이 부정됨이 명백하다고 판단된다면 그 발명에 기초한 특허침해금지 및 손해배상 등의 청구를 권리남용이라는 이유로 배척할 수 있다.

예를 들어 설령 특허발명에 대한 등록무효사건의 경우 특허심판원은 진보성을 부정한 반면에 특허법원은 그 반대로 판단하여 진보성을 긍정하고 대법원에서는 다시 그 반대로 진보성을 부정하여 이들 사이의 진보성 판단이 서로 일치하지 않은 경우에도 파기환송 법원은 대법원 2012. 1. 19. 선고 2010다95390 판결에 따라 특허발명의 진보성이 부정되어 그 특허가 무효로 될 것임이 명백하여 이에 기초한 원고의 특허침해금지 등의 청구가 권리남용에 해당한다는 이유로 허용되지 아니한다고 판단할 수

---

269) 유영선, 침해소송법원에서 진보성의 심리·판단 가능 여부, 사법 21호, 사법발전재단(2012), 434.

있다.[270)]

나) '특별한 사정'의 의미 및 그와 관련된 정정심판청구 또는 정정청구(정정재항변의 민사소송법 제149조의 실기한 공격방어방법 해당 문제 포함), 재심과의 관계

대법원 2012. 1. 19. 선고 2010다95390 판결은 특허발명에 대한 무효심결이 확정되기 전이라고 하더라도 특허발명의 진보성이 부정되어 그 특허가 특허무효심판에 의하여 무효로 될 것임이 명백한 경우에는 그 특허권에 기초한 침해금지 또는 손해배상 등의 청구는 '특별한 사정이 없는 한' 권리남용에 해당하여 허용되지 아니한다고 보아야 한다고 판시하였는데, 여기서 말하는 '특별한 사정'이란 어떤 경우일까.

대법원 2012. 1. 19. 선고 2010다95390 판결에서 말하는 특별한 사정이란 진보성이 부정되는 특허무효 사유가 존재하더라도 정정심판청구, 정정청구에 의해 진보성이 부정된다고 할 수 없는 경우를 염두에 둔 표현이라고 이해된다.

특허권에 기초한 침해금지 또는 손해배상 등을 구하는 소송에서 그 특허가 무효로 될 것임이 명백하여 특허권자의 청구가 권리남용에 해당한다는 항변이 있는 경우 특허권자는 특허권에 대한 정정심판청구, 정정청구를 통해 정정을 인정받아 그러한 무효사유를 해소했거나 해소할 수 있다는 사정을 그 재항변으로 주장할 수 있다.[271)] 이러한 재항변이 인정되는 경우에는 권리남용의 항변은 인정되지 않게 된다.

이때 정정 재항변의 요건사실이 문제인데 ① 해당 청구항에 대해 정정심판청구 내지 정정청구를 한 사실, ② 해당 정정청구 등이 특허법상의 정정요건을 충족하는 사실, ③ 그 정정으로 인하여 해당 청구항에서 무효항변으로 주장된 무효사유가 해소될 수 있다는 사실, ④ 침해주장발명이 정정 후 청구항의 보호범위에 속한다는 사실에 대해 주장, 증명할 필요가 있다.

그리고 특허권 침해소송에서 특허권 무효항변에 대해 특허권자가 정정 재항변을 주장할 경우에 정정심판청구 또는 정정청구를 실제로 하고 있을 것이 필요한가의 문제가 있는데 여러 견해가 있겠지만 정정청구 등을 하기 어려운 특별한 사정이 없는 한 재항변을 주장할 경우 정정청구 등을 실제로 하였음을 주장·증명할 필요가 있다고 생각된다.

한편 과거에는 특허무효심판이나 권리범위확인심판 등에 대한 심결취소소송과 별개로 진행되던 특허무효심판절차에서 정정청구에 대한 심결이 확정된 경우에 종전에는 제136조 제10항에 따라 정정 후의 명세서 또는 도면에 따라 특허출원 등이 되고 특허권의 설정등록이 된 것으로 보아야 한다는 이유로, 정정심결의 확정이 심결취소소송과

---

270) 대법원 2012. 3. 15. 선고 2010다63133 판결 참조.

271) 대법원 2020. 1. 22. 선고 2016후2522 전원합의체 판결 참조.

의 관계에서 민사소송법 제451조 제1항 제8호에 규정된 재심사유에 해당하고,[272] 특허권 침해소송의 상고심 계속 중에 해당 특허발명의 명세서에 대한 정정심결이 확정된 경우에 원심판결도 민사소송법 제451조 제1항 제8호에 규정된 재심사유에 해당한다[273]는 입장이었다.

그러나 그 후 대법원 전원합의체 판결에 따라 특허무효심판이나 권리범위확인심판 등에 대한 심결취소소송, 특허권 침해를 원인으로 하는 민사소송과 별개로 진행되던 특허무효심판절차에서 정정청구에 대한 심결이 확정되더라도, 정정 전 명세서 등으로 판단한 판결(사실심 변론종결 시 기준)에 민사소송법 제451조 제1항 제8호의 재심사유는 없다는 것으로 법리가 모두 변경되었다.[274]

이에 따라 특허권 침해를 원인으로 하는 민사소송의 종국판결이 확정되거나 그 확정 전이라도 사실심 변론종결 후에 정정심결의 확정을 이유로 사실심 법원의 판단을 다투는 것도 허용되지 않는다.

위 전원합의체 판결 이후에는 예를 들어 피고가 원심판결 선고 후에 정정심판을 청구하여 상고심 진행 중에 정정심결이 확정되었다 하더라도 원심판결에 민사소송법 제451조 제1항 제8호가 규정한 재심사유가 있지 않아 더는 정정 전의 명세서에 따라 판단한 원심판결을 다툴 수 없게 되었다.

다) 권리남용 항변의 심리 판단 순서, 권리남용론의 다른 무효사유에 대한 적용 여부

권리남용 항변을 배척하는 판단은 그 특성에 비추어 권리장애사유(무효 등)·권리소멸사유(취소 등)·권리행사저지사유(기한유예 등)의 각 단계에서 다른 항변보다 뒤에 하는 것이 원칙이다. 다만 특허권의 진보성이 부정됨을 근거로 한 권리남용 항변을 인용하는 경우에는 다른 항변보다 먼저 판단할 수 있다.

주류적인 판례는 아니었으나 종전에 대법원은 특허의 무효심결이 확정되기 이전이라고 하더라도 특허권 침해소송을 심리하는 법원은 특허에 무효사유가 있는 것이 명백한지에 대하여 판단할 수 있고, 심리한 결과 해당 특허에 무효사유가 있는 것이 분명한 때에는 그 특허권에 기초한 금지와 손해배상 등의 청구는 특별한 사정이 없는 한 권리남용에 해당하여 허용되지 아니한다는 취지로 판시한 적이 있었다.[275] 위 판결은 마치

272) 대법원 2001. 10. 12. 선고 99후598 판결, 대법원 2006. 2. 24. 선고 2004후3133 판결, 대법원 2008. 7. 24. 선고 2007후852 판결, 대법원 2010. 9. 9. 선고 2010후36 판결.
273) 대법원 2004. 10. 28. 선고 2000다69194 판결.
274) 대법원 2020. 1. 22. 선고 2016후2522 전원합의체 판결.
275) 대법원 2004. 10. 28. 선고 2000다69194 판결.

권리남용론으로 주장할 수 있는 사유를 진보성을 비롯한 모든 무효사유로 확대할 수 있는 것처럼 판시함으로써 그 적용범위를 둘러싸고 큰 혼란을 일어나게 되었다.

그러나 대법원은 위 판결 이전부터 신규성, 선출원의 무효사유와 관련하여서 공지기술제외설을 채택하고, 명세서 기재불비의 무효사유와 관련하여서는 권리범위 부정설 내지 기술적 범위 확정불능설을 채택하여 특허발명의 권리범위 또는 특허침해를 부정하는 확립된 이론체계를 구축하였고, 이러한 판시가 주류적인 판례로 지금까지 이어져 오고 있다.

대법원 2012. 1. 19. 선고 2010다95390 판결도 이러한 무효사유와 관련한 이론체계가 확립되어 있는 사정을 고려하여 권리남용 항변을 주장할 수 있는 사유를 모든 무효사유가 아닌 그중 진보성 문제에 한정하여 법리를 설시함으로써 신규성, 기재불비, 선출원과 관련한 기존의 확립된 대법원판례와 조화를 꾀하고 있다.

위 2010다95390 판결에 관한 그 밖의 내용에 대하여는 「제1장 특허법과 다른 지식재산권법 등 간 관계 제3절 특허법과 민법 간 관계 Ⅰ. 특허권자의 특허권행사와 권리남용 [3] 등록된 권리 자체에 무효사유가 있음(특허권의 진보성이 부정됨)을 근거로 한 권리남용 라. 특허발명에 진보성 결여의 무효사유가 있음을 근거로 한 권리남용 판단」 부분에서도 설명하고 있다.

[3] 침해대상발명(확인대상발명)이 자유실시기술인 경우

어느 발명의 특허발명의 권리범위에 속하는지를 판단함에 있어 특허발명이 아니라 특허발명과 대비되는 침해대상발명(내지 확인대상발명)이 특허발명의 출원 전에 공지된 기술만으로 이루어지거나 그 기술분야에서 통상의 지식을 가진 자가 공지기술로부터 쉽게 발명할 수 있는 경우(이를 자유실시기술이라 한다)에는 특허발명과 대비할 필요 없이 특허발명의 권리범위에 속하지 않는다.

대법원은 권리범위확인사건에서 자유실시기술의 항변을 통하는 방법으로 인해 특허발명의 무효 여부를 직접 판단하지 않고도 침해대상발명을 공지기술과 대비하는 방법으로 침해대상발명이 특허발명의 권리범위에 속하는지를 결정함으로써 신속하고 합리적인 분쟁해결을 도모할 수 있다고 한다.

그리고 대법원은 이러한 자유실시기술 법리는 특허권 침해 여부를 판단할 때 일반적으로 적용되는 것으로, 확인대상발명이 결과적으로 특허발명의 청구범위에 나타난 모든 구성요소와 그 유기적 결합관계를 그대로 가지고 있는 이른바 문언침해(literal infringement)에 해당하는 경우에도 그대로 적용된다고 하였다.[276)]

자유실시기술의 항변은 무효심결 확정 전에는 특허발명의 진보성 판단을 할 수 없었던 종전 특허침해소송실무에서 구체적으로 타당한 결론을 내기 위해 우회적으로 사실상 진보성을 판단하여 권리자의 청구를 기각하기 위해 나타난 것이라고 볼 수 있다.

대법원은, 특허가 진보성이 없어 무효 사유가 있는 경우에도 특허 무효심판에서 무효 심결이 확정되지 않으면, 특별한 사정이 없는 한 다른 절차에서 그 특허가 무효임을 전제로 판단할 수는 없다고 하면서 특허발명의 보호범위를 판단하는 절차로 마련된 권리범위 확인심판에서 특허의 진보성 여부를 판단하는 것은 권리범위 확인심판의 판단 범위를 벗어날 뿐만 아니라, 본래 특허 무효심판의 기능에 속하는 것을 권리범위 확인심판에 부여하는 것이 되어 위 두 심판 사이의 기능 배분에 부합하지 않기 때문에 특허발명이 공지의 기술인 경우 등을 제외하고는 특허발명의 진보성이 부정되는 경우에도 권리범위 확인심판에서 등록되어 있는 특허권의 효력을 당연히 부인할 수 없다는 입장이다.[277)]

다만 대법원 2012. 1. 19. 선고 2010다95390 판결에 따라 침해소송에서는 무효심결 확정 전에 특허발명의 진보성 판단을 할 수 있게 되어 특허권 침해소송에서 자유실시기술의 항변을 인정할 실익은 크게 줄어들었고 외국에서도 특허침해소송실무에서 무효항변을 인정하게 되면서 나름의 근거를 들어 자유실시기술의 항변을 더는 인정하지 않으려는 경향에 있어 (권리범위확인 사건의 경우는 별론으로 하더라도 적어도) 일반 법원이 관할하는 특허침해소송실무에서 이러한 우회적인 자유실시기술의 항변을 계속 인정할 필요성이 있는지에 대하여 진지하게 고민해야 할 것으로 생각된다.

276) 대법원 2017. 11. 14. 선고 2016후366 판결.
277) 대법원 2017. 11. 14. 선고 2016후366 판결 등 참조.

제7절 하나의 발명마다 하나의 특허출원 원칙(1발명 1출원 주의)

I. 의의 · 규정 취지

제45조는 "① 특허출원은 하나의 발명마다 하나의 특허출원으로 한다. 다만, 하나의 총괄적 발명의 개념을 형성하는 일 군(群)의 발명에 대하여 하나의 특허출원으로 할 수 있다. ② 제1항 단서에 따라 일 군의 발명에 대하여 하나의 특허출원으로 할 수 있는 요건은 대통령령으로 정한다."라고 규정한다.

출원인으로서는 가능한 한 다수의 발명을 하나의 출원서에 포함시켜서 출원하면 출원료나 특허 관리 측면에 있어서 유리하기 때문에 서로 관련성이 없는 복수의 발명을 하나의 출원서에 포함시키려고 한다. 그러나 제3자로서는 권리에 대한 감시나 선행기술 자료로서의 이용 또는 심사에 대한 부담 등의 이유로 가능한 한 하나의 출원의 범위를 좁히는 것이 유리하다.

본 조의 취지는 서로 다른 복수의 발명을 하나의 출원서에 포함시키고자 하는 출원인과 이것을 허용할 경우 불이익을 받게 되는 제3자 및 심사에 대한 부담 등을 받는 특허청과의 사이에 균형을 꾀하기 위하려는 데 있다. 결국 본 조는 발명의 특허성과는 관련이 없는 절차상의 편의와 이해조정을 꾀하기 위해 도입된 규정이다.

II. 하나의 발명마다 하나의 출원 원칙

특허출원은 하나의 발명마다 하나의 특허출원으로 함이 원칙이다. 이를 1발명 1출원 주의(一發明一出願主義)라고 한다.

III. 하나의 발명마다 하나의 출원 예외

그런데 기술적으로 관련된 복수의 발명을 각 독립항으로 하여 한꺼번에 출원할 수 있도록 하는 것이 바람직한 면도 있기 때문에 서로 기술적으로 밀접한 관계를 가지는 발명들에 대하여 그들을 하나의 출원으로 출원할 수 있도록 하여 출원인, 제3자 및 특허청간 편의를 꾀하고 이해관계를 조정할 필요가 있다.

그래서 법은 하나의 총괄적 발명의 개념을 형성하는 일 군(群)의 발명(실무에서 이를 발명의 단일성이라 부른다)에 대하여 하나의 특허출원으로 할 수 있도록 허용하되 일 군의 발명에 대하여 하나의 특허출원으로 할 수 있는 요건은 대통령령으로 정하도록 하였고, 이에 따라 법 시행령 제6조는 제45조 제1항 단서의 규정에 의한 일 군의 발명에 대하여 하나의 특허출원을 하기 위하여는 청구된 발명 간에 기술적 상호관련성이 있을 것, 청구된 발명들이 동일하거나 상응하는 기술적 특징을 가지고 있을 것과 이 경우 기술적 특징은 발명 전체로 보아 선행기술에 비하여 개선된 것이어야 한다는 요건을 갖출 것을 요구하고 있다.

여기서 기술적 상호관련성이 있다고 함은 하나 또는 둘 이상의 동일하거나 대응하는 특별한 기술적인 특징들이 관련된 기술관계가 존재하는 경우(기술적으로 서로 밀접한 관계가 있는 경우)를 말하고 개선된 기술적 특징이라 함은 하나의 총괄적 발명의 개념을 형성하는 일 군의 발명인지(발명의 단일성 여부)를 판단하기 위하여 제시된 개념으로 해당 청구항이 출원 전 선행기술에 비해 신규성과 진보성이 부정되지 않는 개량된 기술적 특징을 가지는 것을 말한다.

이러한 두 요건을 충족하는 한 발명의 범주가 동일한지 여부, 청구항 기재 형식에서 일 군의 발명이 각각 별개의 청구항으로 청구되었는지 또는 하나의 청구항 내에 택일적 형식으로 청구되었는지 여부와는 관계가 없다.

Ⅳ. 1발명 1출원 주의에 위반된 출원의 효과

제45조에 해당하는 하나의 발명마다 하나의 출원에 관한 원칙과 예외에 해당하지 않고 그것에 위반된 출원은 거절이유에 해당된다(제62조 제4호). 복수의 발명에 관한 특허출원이 이러한 요건을 충족하지 않는 경우에 분할출원하는 방법으로 거절이유를 해소할 수 있다.

다만 이러한 흠은 단순한 절차적 규정위반에 불과하여 그 흠이 발견되지 아니한 채 특허결정을 받게 되더라도 무효사유에 해당하지는 않는다(제133조 제1항).

제8절 특허를 받을 수 없는 발명(제32조)

I. 법 규정 · 취지

제32조는 "공공의 질서 또는 선량한 풍속에 어긋나거나 공중의 위생을 해칠 우려가 있는 발명에 대해서는 제29조 제1항에도 불구하고 특허를 받을 수 없다."라고 규정한다.[278)]

본 조에 해당하는 발명은 공익을 위하여 특허를 받을 수 없는 발명을 규정한 것으로 제29조의 특허요건을 구비하고 있는지에 나아가 살펴볼 필요 없이 특허받을 수 없다고 규정한다.

II. 내용

1 공서양속을 문란하게 하는 발명

공공의 질서 또는 선량한 풍속에 어긋난 발명, 즉 공서양속에 위반되는 발명은 특허를 받을 수 없다.

여기서 공공의 질서는 국가사회의 일반적 이익을 의미하고, 선량한 풍속은 사회의 일반적 · 도덕적 관념을 가리킨다.[279)]

인체를 사용하는 발명으로서 그 발명을 실행할 때 필연적으로 신체를 손상하거나 신체의 자유를 비인도적으로 구속하는 발명 및 인간의 존엄성을 손상시키는 결과를 초래할 수 있는 발명에 대해서는 공서양속을 문란하게 할 우려가 있다.

그러나 인체로부터 자연적으로 배출된 소변, 태반 등이나 인간에게 위해를 끼치지 않는 인위적인 방법으로 얻어진 혈액 등을 원료로 하는 발명은 공서양속을 문란하게 할 우려가 없다.

다만, 식품관련 발명의 경우 질병 치료 등의 특수한 목적이 아닌 일상적 섭취를 위한 것임을 고려해볼 때 인체 일부 또는 인체의 배출물을 식품의 재료로 사용하는 것은

278) 실용신안법 제6조는 "다음 각 호의 어느 하나에 해당하는 고안에 대해서는 제4조 제1항에도 불구하고 실용신안등록을 받을 수 없다. 1. 국기 또는 훈장과 동일하거나 유사한 고안 2. 공공의 질서 또는 선량한 풍속에 어긋나거나 공중의 위생을 해칠 우려가 있는 고안"으로 규정하고 있다.

279) 특허 · 실용신안 심사기준 제3부 제6장 3.1.

윤리적으로 허용될 수 없으므로 공서양속에 위반되는 것으로 본다.[280]

성 보조기구에 대한 발명인 경우에 특허발명의 대상인 물건이 노골적으로 사람의 특정 성적부위 등을 적나라하게 표현하거나 묘사하는 음란한 물건에 해당하거나, 발명의 실시가 공연한 음란 행위를 필연적으로 수반할 것이 예상되거나 그에 준할 정도로 성적 도의 관념에 반하는 발명은 공서양속에 위반하는 것으로 인정한다.

발명의 실시가 사적인 공간에서 이뤄질 수 있다고 예상되는 경우에는 공서양속에 위반할 수 있다는 이유만으로 본 조를 적용해서는 아니 된다.[281]

발명의 명세서에 해당 발명에 관계되는 기구(빙고)가 순수한 오락용으로 제공되는 것을 목적으로 하고 도박행위 그 밖의 부정행위용으로 제공하는 것을 목적으로 한 것이 아니어서 발명의 내용에 비추어 해당 장치를 순수한 오락용으로 제공할 수 있는 한 결과적으로 그 장치가 부정행위의 용도로 사용될 수 있다는 이유만으로 공서양속에 위반된다고 할 수 없다.

2 공중위생을 해칠 우려가 있는 발명

발명을 실시하면 공중의 위생을 필연적으로 해치는 경우에 그 발명은 공중의 위생을 해칠 우려가 있는 발명에 해당되어 특허를 받을 수 없다.

예를 들면, 정부고시에서 인체 또는 환경에 위해성이 크다는 이유로 모든 용도로의 제조, 수입, 판매, 보관, 운반 또는 사용을 금지한 물질(이하 금지물질이라 한다)이 발명의 실시를 위해 필연적으로 제조·활용되는 발명인 경우를 들 수 있다.

한편 그 위해가 필연적이지 않거나 발명의 본래 목적에서 벗어난 실시로 인한 것인 경우에는 위 규정을 적용하지 아니한다.[282]

발명이 제조방법인 경우 그 방법 자체가 공중위생을 해칠 염려가 있는지 아닌지를 판단하여야 할 뿐만 아니라 그 제조방법의 목적생성물이 공중위생을 해칠 염려가 있는지도 고려한다. 발명의 제조방법에 의해 얻어진 물건이 학술서에서 유해하다고 되어있더라도 국내외 관련 관청(국내의 경우 식품의약품안전처)으로부터 제조 또는 사용허가를 받은 경우에는 해당 학술서의 기재만으로 공중의 위생을 해칠 우려가 없다.[283][284]

---

280) 특허·실용신안 심사기준 제3부 제6장 3.1. 식품의약품안전처 고시「건강기능식품의 기준 및 규격」의 별표 5 '건강기능식품 제조에 사용할 수 없는 원료' 목록에는 사람의 태반과 혈액을 식품에 사용할 수 없다고 규정하고 있다.

281) 특허법원 2014. 12. 4. 선고 2014허4555 판결(심리불속행 상고기각 확정).

282) 특허·실용신안 심사기준 제3부 제6장 3.2.

283) 특허·실용신안 심사기준 제3부 제6장 3.2.

역으로 특정인 한 사람이 발명품을 복용한 결과 아무런 위해가 없었다는 사실만으로 발명이 일반 공중의 위생을 해할 우려가 없다고 단정할 수도 없다.[285]

비록 지식재산권의 무역관련 측면에 관한 협정(TRIPS) 제27조 제2항에는 '회원국은 자국 영토 내에서의 발명의 상업적 이용의 금지가 사람의 생명 또는 건강의 보호 등에 필요하다고 인정되는 발명에 대해 특허대상에서 제외할 수 있고, 다만 위 상업적 이용이 자국 법령에 의해 금지되어 있다는 이유만으로 취해져서는 아니 된다'고 규정하고 있지만, 어느 출원발명이 공중의 위생을 해칠 우려가 있다고 판단되는 이상 제32조에 따라 특허를 받을 수 없다.

III. 제32조 위반에 따른 취급

제32조에 위반한 출원은 거절결정을 받게 되고(제62조 제1호) 특허결정 후에도 특허결정을 취소하고 직권으로 다시 심사하여 거절할 수 있다(제66조의3).

출원된 발명이 공중의 위생을 해칠 우려가 있는 때에는 거절결정하여야 하므로 발명이 공중의 위생을 해칠 우려가 있는지 여부는 특허절차에서 심리되어야 하고 이것이 단순히 발명의 실시단계에 있어 제품에 대한 식품위생법 등 관련제품 허가법규에서 다룰 문제는 아니다.[286]

이러한 흠을 발견하지 못하여 등록되더라도 무효사유(제133조 제1항 제1호)에 해당되어 등록무효심판의 대상이 된다. 등록무효심판은 특허권이 소멸된 후에도 청구할 수 있고(제133조 제2항), 특허를 무효로 한다는 심결이 확정된 경우에는 그 특허권은 처음부터 없었던 것으로 본다(제133조 제3항 본문).

---

284) 특허법원 2020. 8. 13. 선고 2020허1618 판결(미상고 확정)은 "① 마음가리의 뿌리는 마음가리의 잎과 달리 식품의약품안전처장의 고시에서 건강기능식품에 사용할 수 없는 원료로 지정되어 있는 점, ② 위령선은 국내 관련 데이터베이스에서 유해성을 인정하여 식품에 사용할 수 없는 것으로 되어 있고, 국내·외 학술지 및 보고서에서 인체에 유해하다고 보고하고 있는 점, ③ 이 사건 제5항 발명에는 마음가리 추출물의 함량에 대한 아무런 한정이 없는 점까지 보태어 보면, 마음가리(으아리)의 뿌리(위령선)를 포함하는 마음가리 추출물을 함유하고 있는 식품조성물은 공중의 위생을 해칠 우려가 있다."고 하였다.

285) 대법원 1991. 11. 8. 선고 91후110 판결. 대두 단백질 분말과 맥분말에 철분분말 등의 자성분말을 혼합하여 불로 원소성 건강식품을 제조하는 방법에 관한 출원발명이 공중의 위생을 해할 염려가 있다고 하여 특허될 수 없다고 하였다.

286) 대법원 1991. 11. 8. 선고 91후110 판결.

Ⅳ. 그 밖의 발명

1 동물 · 식물에 관한 발명

동물(사람을 제외한 다세포동물)에 관한 발명에 대하여 지식재산권의 무역관련 측면에 관한 협정(TRIPS) 제27조 제3항은 동물을 특허대상으로 하는지는 회원국이 자유로이 선택할 수 있도록 규정하고 있다. 우리나라를 비롯하여 미국, 유럽, 일본 등 많은 국가에서 동물을 대상으로 하는 특허를 허용하고 있다. 대표적인 것으로 미국에서 1988년에 처음으로 특허받은 발암 재조합 마우스(이른바 하버드마우스)가 있다.

우리나라도 1998. 3. 1.부터 생명공학분야 심사기준을 개정하여 동물 자체의 발명, 동물의 일부분에 관한 발명 등을 허용하였고 2000년에 처음으로 당뇨병 발생유전자 이식마우스에 관한 특허를 부여하는 등 동물을 대상으로 하는 특허를 인정하고 있다.

식물에 관한 발명에 대해 2006. 3. 3. 법률 제7871호로 개정되기 전 구 특허법은 "무성적으로 반복생식할 수 있는 변종식물을 발명한 자는 그 발명에 대하여 특허를 받을 수 있다."(제31조)라고 하여 식물발명특허의 대상을 무성적으로 번식하는 변종식물에 한정하고 있었다가, 위 구 특허법 개정으로 해당 조문을 삭제하면서 종자관련발명을 비롯한 식물에 대한 특허적격성을 일반적인 특허요건에 따라 허용한다는 입장을 취하게 되어 식물의 유 · 무성 번식방법 등에 관계없이 특허로서의 보호대상에 어떠한 제한도 없어 식물이나 그 유전자 · 세포 · 세포주, 식물의 일부분(화분, 종자 등), 식물육종방법 등에 대해서도 특허를 받을 수 있다.

식물에 관한 발명도 일반 특허발명에서 설명한 부분이 적용된다. 다만 여기서는 명세서 기재 요건과 진보성 판단에 대해서 유의할 점을 정리한다.[287)]

먼저 명세서 기재 요건과 관련하여 본다.

신규식물에 관한 발명에서 명세서는 그 발명이 속하는 기술분야에서 통상의 지식을 가진 자(통상의 기술자)가 쉽게 실시할 수 있을 정도로 명확하고 구체적으로 기재하여야 하는데, 여기서 '실시할 수 있을 정도'라는 의미는 통상의 기술자가 육종 과정의 특성을 감안하여 과학적으로 그 식물을 재현할 수 있을 정도를 의미하는 것으로 그 확률이 높을 것을 요구하는 것은 아니다.

그리고 명세서에는 기술적 과제를 해결하기 위한 제공수단 즉, 신규식물의 명칭,

---

287) 기술분야별 심사실무가이드, 제4부 식물 분야 심사실무가이드, 특허청(2023) 참조.

특성, 육종방법, 번식방법, 재배조건, 용도 등을 구체적으로 기재하여야 한다. 특히 식물의 특성은 식물 발명을 특정하는 필수적 기재이므로 공지식물과 비교되는 특성을 가급적 자세히 부위별로 나누어 기재한다.

명세서에는 발명의 효과 및 이를 증명하기 위한 실시례를 기재하여야 하는데, 신규식물 자체에 관한 발명 및 신규식물의 육종방법에 관한 발명은 특성 그 자체 또는 특성에서 자명하게 이끌어내어진 효과를 기재하며 실시례를 통해 대조 품종과 개량된 특성이 드러나도록 대비하여 효과를 뒷받침한다.

다음으로 청구범위 기재 요건과 관련하여 본다.

신규식물 자체 또는 신규식물의 일부분에 관한 발명에서는 발명의 구성을 명확하게 하기 위해 ① 식물의 명칭 및 ② 식물의 특성 또는 그 식물의 특성을 발현시키는 유전자를 기재하여야 하고, 식물 육종 및 번식 특성에 따라 발명을 특정하는데 필요한 ③ 교배 양친의 조합, ④ 육종방법, ⑤ 번식방법 등을 추가로 기재할 수 있다. 다만, 위 ① 내지 ⑤의 기재에도 불구하고 발명한 신규식물을 명확히 특정하기 어려운 경우에는 해당 식물을 쉽게 입수할 수 있는 경우를 제외하고는 ⑥ 수탁번호를 부가하여 기재한다.

여기서 '쉽게 입수할 수 있는 경우'의 의미는 시중에서 판매되고 있는 경우, 출원 전에 신용할 수 있는 보존기관에 보존되며 보존기관이 발행하는 카탈로그 등에 의하여 자유롭게 분양될 수 있다는 사실이 확인된 경우(이 경우 해당 식물체의 보존기관, 보존번호를 출원 시의 명세서에 기재한다) 및 명세서의 기재에 의하여 통상의 기술자가 쉽게 육종할 수 있는 경우를 뜻한다.

그리고 신규식물을 육종하는 방법에 관한 발명에서는, 발명의 구성을 명확하게 하기 위해 ① 변이 유발 수단, ② 육종과정의 순서를 기재하여야 하고, 육종 방법에 따라 발명의 특정에 필요 시 ③ 변이 유발 조건, ④ 육종 단계별 환경 조건, ⑤ 선발의 기준이 되는 특성을 특정할 수 있다. 단, 실질적으로 신규한 식물에 관한 발명에 관한 것이나 그 발명의 범주(카테고리)만을 방법발명으로 기재한 경우에는 위 '신규식물 자체 또는 일부분에 관한 발명'의 기재 요건을 따른다.

식물의 번식방법에 관한 발명에 있어서, 발명의 구성을 명확하게 하기 위해서는 ① 번식 수단, ② 번식과정의 순서를 기재하여야 하고, 번식방법발명의 특정에 필요 시 번식 단계별 ③ 배지 조성 등의 영양 조건, ④ 온도, 습도, 광 등 환경 조건을 추가로 특정할 수 있다. 단, 번식과정 순서의 특정만으로 번식 수단이 명확히 특정이 되는 경우에는 번식 수단을 별도로 기재할 필요는 없다.

다음으로, 식물 발명의 신규성 및 진보성은 그 신규식물이 나타내는 특성을 중심으로 판단한다.

신규식물 자체 또는 일부분에 관한 발명은 그 특성이 신규식물이 속하는 종의 공지 식물이 갖는 형질로부터 쉽게 예측할 수 없고 유리한 효과를 갖는 경우에 진보성이 부정되지 아니한다.

유사 형질을 종을 달리하여 구현한 경우에는 공지 식물과 관련한 선행문헌에 기재된 사항, 출원 시의 기술 상식을 참작하여, 종을 달리하여 해당 형질을 발현시키는 것에 대한 시도의 용이성, 종을 달리함에 있어 기술장벽을 극복하기 위한 구성적 차이, 종을 달리함으로 인해 발생한 예상치 못한 효과 등을 종합적으로 고려하여 진보성을 판단한다. 유사형질을 종을 달리하여 단순 구현한 경우 통상의 기술자가 공지된 육종수단 또는 형질전환 수단을 이용하여 쉽게 발명할 수 있으므로 일반적으로 진보성이 인정되지 않으나, 종을 달리함으로 인해 이질적이거나 현저한 효과가 있음을 인정할 만한 실험데이터를 제시한다면 진보성이 부정되지 않는 것으로 본다.

신규식물의 육종방법에 관한 발명은 출발소재의 조합, 변이 유발 수단의 특징 및 육종방법으로 육종된 식물의 특성을 중심으로 진보성을 판단한다.

식물의 번식방법에 관한 발명은 ① 출발소재의 조합, ② 번식방법의 특징 및 ③ 번식방법에 의해 생산된 식물의 특성을 중심으로 진보성을 판단한다. 위 ① 내지 ③ 중 어느 하나 이상의 차이로 인하여 현저한 효과를 발휘하는 것은 진보성이 부정되지 않는 것으로 본다.

식물에 관하여는 특허법 외에 종자보호법[288]과 식물신품종보호법[289]을 제정하여 종자의 유통 등과 식물신품종을 보호하고 있다.

2 국방상 필요한 발명

제41조는 국방상 필요한 경우에 외국에 특허출원하는 것을 금지하거나 특허출원된 발명에 대하여 특허를 하지 아니할 수 있는 등의 제한 규정을 두고 있다.

정부는 국방상 필요한 경우 외국에 특허출원하는 것을 금지하거나 발명자 · 출원인 및 대리인에게 그 특허출원의 발명을 비밀로 취급하도록 명할 수 있다. 다만, 정부의 허가를 받은 경우에는 외국에 특허출원을 할 수 있다(제41조 제1항). 이때 이에 따른 외국에의 특허출원 금지 또는 비밀취급명령을 위반한 경우에는 그 발명에 대하여 특허를 받을 수 있는 권리를 포기한 것으로 보고(제41조 제5항), 그에 따른 손실보상금의 청구권을 포기한 것으로 본다(제41조 제6항).

---

288) 종자의 생산 · 보증 및 유통, 종자산업의 육성 및 지원 등에 관한 사항을 규정한다.

289) 식물의 신품종에 대한 육성자의 권리 보호에 관한 사항을 규정한다.

정부는 특허출원된 발명이 국방상 필요한 경우에는 특허를 하지 아니할 수 있으며, 전시·사변 또는 이에 준하는 비상시에 국방상 필요한 경우에는 특허를 받을 수 있는 권리를 수용할 수 있다(제41조 제2항).

이에 따라 외국에의 특허출원 금지 또는 비밀취급에 따른 손실이 발생하는 경우나 특허하지 아니하거나 수용한 경우에 정부는 정당한 보상금을 지급하여야 한다(제41조 제3항, 제4항).

외국에의 특허출원 금지 및 비밀취급의 절차, 제41조 제2항부터 제4항까지의 규정에 따른 수용, 보상금 지급의 절차, 그 밖에 필요한 사항은 특허법 시행령 등에서 규정하고 있다(제41조 제7항, 법 시행령 제11조 내지 제16조).

특허법에 따라 특허청장이 정한 대가와 보상금액에 관하여 확정된 결정은 집행력 있는 집행권원(執行權原)과 같은 효력을 가진다. 이 경우 집행력 있는 정본은 특허청 소속 공무원이 부여한다(제125조의2).

제9절 명세서 기재요건

I. 특허출원서 기재사항과 외국어특허출원

1 특허출원서의 지위 및 기재사항(명세서 · 필요한 도면 · 요약서)

가. 특허출원서

특허출원서는 출원인이 특허청에 특허를 받겠다는 의사를 표시한 서류이다.

특허를 받으려는 자는 특허출원인의 성명 및 주소(법인인 경우에는 그 명칭 및 영업소의 소재지), 특허출원인의 대리인이 있는 경우에는 그 대리인의 성명 및 주소나 영업소의 소재지[대리인이 특허법인 · 특허법인(유한)인 경우에는 그 명칭, 사무소의 소재지 및 지정된 변리사의 성명], 발명의 명칭, 발명자의 성명 및 주소를 적은 특허출원서를 특허청장에게 제출하여야 한다(제42조 제1항).

제42조 제1항에 따라 특허출원을 하려는 자는 법 시행규칙이 정하는 별지 제14호 서식의 특허출원서에 명세서 · 요약서 및 도면, 대리인에 의하여 절차를 밟는 경우에는 그 대리권을 증명하는 서류, 기타 법령의 규정에 의한 증명서류를 첨부하여 특허청장에게 제출하여야 한다(법 시행규칙 제21조 제1항). 명세서는 법 시행규칙이 정한 별지 제15호 서식, 요약서는 별지 제16호 서식, 도면은 별지 제17호 서식에 따른다(같은 조 제2항). 특허출원서는 산업통상자원부령으로 정하는 방식에 따라 전자문서화하고(법 시행규칙 제9조의2 이하 참조), 이를 정보통신망을 이용하여 제출하거나 이동식 저장장치 등 전자적 기록매체에 수록하여 제출할 수 있고 이에 따라 제출된 전자문서는 특허법에 따라 제출된 서류와 같은 효력을 가진다(제28조의3 제1항, 제2항).

특허출원서는 특허출원의 주체 및 그 절차를 밟는 자를 명확히 하고 특허부여를 구하는 의사표시를 명확히 함과 아울러 심사의 대상을 특정하는 역할을 한다.

특허출원서에는 발명의 설명 · 청구범위를 적은 명세서와 필요한 도면[290] 및 요약서를 첨부하여야 한다(제42조 제2항).

관련하여 핵산염기 서열 또는 아미노산 서열(이하 서열이라 한다)을 포함한 특허출원을 하려는 자는 특허청장이 정하는 방법에 따라 작성한 서열목록(이하 서열목록이라 한다)을 수록한 전자파일(이하 서열목록전자파일이라 한다)을 특허청장이 정하는 방법에

---

290) 특허출원서에 도면 첨부가 임의적인데(제42조 제2항), 실용신안등록출원서에서는 도면 첨부는 필수적이다(실용신안법 제8조 제2항).

따라 작성하여 특허출원서에 첨부해야 하고(법 시행규칙 제21조의4 제1항), 이에 따라 특허출원서에 서열목록전자파일이 첨부된 경우에는 명세서의 발명의 설명에 서열목록전자파일에 수록된 서열목록을 기재한 것으로 본다(같은 조 제2항).[291)]

나. 명세서 · 발명의 설명 · 청구범위 · 도면 · 요약서

명세서는 발명의 설명과 청구범위가 기재된 것을 말한다.

발명의 설명은 그 발명이 속하는 기술분야에서 통상의 지식을 가진 사람이 그 발명을 쉽게 실시할 수 있도록 명확하고 상세하게 적어야 하고(제1호) 그 발명의 배경이 되는 기술을 적어야 한다(제2호)(제42조 제3항). 발명의 설명에는 발명의 명칭, 기술분야, 발명의 배경이 되는 기술, 해결하려는 과제 · 과제의 해결 수단 · 발명의 효과의 각 사항이 포함된 발명의 내용, 도면의 간단한 설명, 발명을 실시하기 위한 구체적인 내용, 그 밖에 그 발명이 속하는 기술분야에서 통상의 지식을 가진 자가 그 발명의 내용을 쉽게 이해하기 위하여 필요한 사항을 기재하여야 하는데(법 시행규칙 제21조 제3항). 그중 기술분야, 해결하려는 과제 · 과제의 해결 수단 · 발명의 효과의 각 사항이 포함된 발명의 내용, 도면의 간단한 설명, 그 밖에 그 발명이 속하는 기술분야에서 통상의 지식을 가진 자가 그 발명의 내용을 쉽게 이해하기 위하여 필요한 사항은 해당하는 사항이 없는 경우에는 그 사항을 생략할 수 있다(법 시행규칙 제21조 제4항).

청구범위는 특허출원자로 하여금 특허권으로서 보호를 요구하는 범위를 명확하게 하고, 일반 공중의 입장에서는 해당 특허권의 효력이 미치는 한계영역을 설정하여 주는 등 발명의 보호범위 내지 특허권의 효력이 미치는 범위를 명확하게 하기 위한 것으로 특허권의 효력이 미치는 객관적 범위(보호범위)를 확정하기 위한 기준이 된다(제97조 참조). 그러나 제42조 제2항에 따른 요약서는 기술정보로서의 용도로 사용하여야 하며, 특허발명의 보호범위를 정하는 데에는 사용할 수 없다(제43조).

청구범위는 특허권의 효력이 미치는 범위를 의미하므로 매우 중요하다.[292)]

특허권의 효력은 청구범위에 적힌 내용을 기준으로 하고 청구범위에 기술구성을 적지 아니하면 설령 발명의 설명에 그 기술구성을 기재하였더라도 그것까지는 특허권의 효력이 미치지 아니하기 때문이다. 물론 발명의 설명도 청구범위에 못지않게 중요하다. 발명의 설명은 발명의 내용을 제3자에게 정확하게 개시하고 통상의 기술자가 그

---

291) 그 밖의 서열을 포함하는 특허출원의 보정에 관하여는 법 시행규칙 제21조의4 제1항을 준용하고(법 시행규칙 제21조의4 제3항), 이에 따라 서열목록전자파일을 보정한 경우에는 제47조에 따라 명세서를 보정한 것으로 본다(같은 조 제4항).

292) 특허청구범위에 대한 상세한 내용은 「제5장 특허청구범위 해석」에서 설명한다.

발명을 쉽게 실시할 수 있도록 안내하는 역할을 하는 것 외에도 청구범위의 일부가 명료하게 표현되어 있지 않거나 그 기재에 잘못된 기재가 있더라도 발명의 설명 등을 참작하여 통상의 기술자가 명확하게 이해할 수 있고 잘못된 기재임이 명백하면 청구범위를 특정할 수 있게 하는 등 발명의 보호범위에 큰 영향을 준다.

청구범위에는 보호받으려는 사항을 적은 청구항이 하나 이상 있어야 하고, 그 청구항은 발명의 설명에 의하여 뒷받침될 것(제1호)과 발명이 명확하고 간결하게 적혀 있을 것(제2호)이라는 요건을 모두 충족하여야 한다(제42조 제4항).

청구범위에는 보호받으려는 사항을 명확히 할 수 있도록 발명을 특정하는 데 필요하다고 인정되는 구조 · 방법 · 기능 · 물질 또는 이들의 결합관계 등을 적어야 한다(제42조 제6항).

청구범위의 기재방법에 관한 대통령령이 정한 사항을 따라야 하는데(제42조 제8항), 법 시행령은 청구항 기재 방법에 대하여 아래와 같이 규정한다.

청구항을 기재할 때에는 독립청구항(이하 독립항이라 한다)을 기재하여야 하고, 그 독립항을 한정하거나 부가하여 구체화하는 종속청구항(이하 종속항이라 한다)을 기재할 수 있다.[293] 이 경우 필요한 때에는 그 종속항을 한정하거나 부가하여 구체화하는 다른 종속항을 기재할 수 있다. 청구항은 발명의 성질에 따라 적정한 수로 기재한다. 다른 청구항을 인용하는 청구항은 인용되는 항의 번호를 적되, 2 이상의 항을 인용하는 청구항은 인용되는 항의 번호를 택일적으로 기재한다. 2 이상의 항을 인용한 청구항에서 그 청구항의 인용된 항은 다시 2 이상의 항을 인용하는 방식을 사용하여서는 아니 된다. 2 이상의 항을 인용한 청구항에서 그 청구항의 인용된 항이 다시 하나의 항을 인용한 후에 그 하나의 항이 결과적으로 2 이상의 항을 인용하는 방식에 대하여도 또한 같다. 인용되는 청구항은 인용하는 청구항보다 먼저 기재하여야 한다. 각 청구항은 항마다 행을 바꾸어 기재하고, 그 기재하는 순서에 따라 아라비아숫자로 일련번호를 붙인다(법 시행규칙 제5조 제1항 내지 제8항).

도면은 발명의 실시례를 구체적으로 평면도 등의 방법으로 나타내어 명세서에 기

---

293) 발명의 내용에서 독립항을 부가하거나 한정하고 있다 하더라도 형식적으로 인용하고 있지 않다면 종속항이라 할 수 없다. 즉 법 시행령 제5조 제1항이 "독립항을 한정하거나 부가하여 구체화하는 청구항은 종속항으로 기재할 수 있다"라고 규정하고 있으나, 이는 독립항을 한정하거나 부가하여 구체화하는 청구항은 모두 인용하는 형식으로 기재하여야 한다는 규정이 아니므로 독립항을 한정하거나 부가하여 구체화하는 청구항도 독립항 형식으로 기재할 수 있다. 한편 독립항을 형식적으로는 인용하고 있다 하더라도 독립항을 한정하거나 부가하지 않는 경우(예: 청구항 O에 있어서 A의 구성 요소를 B로 치환하는 물건)에는 종속항이라고 할 수 없다. 특허 · 실용신안 심사기준, 제2부 제4장 6.1.

재된 발명의 기술구성을 더욱 쉽게 이해하도록 보조하는 기능을 하지만 (실용신안등록 출원과는 달리) 특허출원서에 반드시 첨부되어야 하는 것은 아니다.

도면만으로 발명의 설명을 대체할 수 없지만, 도면은 실시례 등을 구체적으로 보여줌으로써 발명의 구성을 더욱 쉽게 이해할 수 있도록 해주는 것으로서 도면이 첨부되어 있는 경우에는 도면 및 도면의 간단한 설명을 종합적으로 참작하여 발명의 설명이 청구범위를 뒷받침하고 있는지를 판단할 수 있다.294)

요약서는 발명의 내용을 간결하게 정리한 것이다. 요약서는 보호범위를 정할 때 사용되는 명세서와 달리 발명의 내용을 요약한 것이기 때문에 기술정보로서의 용도로 사용하여야 하고 특허발명의 보호범위를 정하는 데에는 사용할 수 없다(제43조).

다. 청구범위 제출의 유예 및 보정

출원인은 출원 당시 청구범위가 기재되지 않은 명세서(발명의 설명은 적어야 함)를 출원서에 첨부할 수 있다(제42조의2 제1항). 이를 청구범위 제출의 유예라고 한다.

청구범위의 작성 없이 신속히 출원할 수 있도록 하고 특허이용전략을 충분히 검토하여 효과적으로 청구범위를 작성할 시간적 여유를 제공함으로써 출원인의 권리보호를 도모하고자 2014. 6. 11. 법률 제12753호로 개정된 특허법에서 도입한 제도이다.

제42조의2 제1항 후단에 따라 명세서에 청구범위를 적지 않고 출원할 때에는 특허출원서에 법 시행규칙 제21조 제2항부터 제4항까지의 기재방법을 따르지 않고 발명의 설명을 적은 명세서(이하 임시 명세서라 한다)를 첨부하여 제출할 수 있다. 이 경우 임시 명세서를 전자문서로 제출하기 위해서는 특허청장이 정하여 고시하는 파일 형식을 따라야 한다(법 시행규칙 제21조 제5항). 이때 임시 명세서를 제출하는 경우에는 특허출원서에 그 취지를 기재해야 하며, 제47조에 따라 임시 명세서를 보정할 때에는 별지 제9호 서식의 보정서에 법 시행규칙 제21조 제2항부터 제4항까지의 규정에 따른 명세서, 요약서 및 필요한 도면을 첨부하여 특허청장에게 제출해야 한다(법 시행규칙 제21조 제6항).

특허출원인은 제42조의2 제1항 후단에 따라 특허출원서에 최초로 첨부한 명세서에 청구범위를 적지 아니한 경우에는 제64조 제1항 각 호의 구분에 따른 날부터 1년 2개월이 되는 날까지 명세서에 청구범위를 적는 보정을 하여야 한다. 다만, 본문에 따른 기한 이전에 제60조 제3항에 따른 출원심사 청구의 취지를 통지받은 경우에는 그 통지를 받은 날부터 3개월이 되는 날 또는 제64조 제1항 각 호의 구분에 따른 날부터

294) 대법원 2006. 10. 13. 선고 2004후776 판결.

1년 2개월이 되는 날 중 빠른 날까지 보정을 하여야 한다(제42조의2 제2항). 심사 및 제3자의 기술이용 측면에서 청구범위를 기재할 필요가 있어 제64조 제1항 각 호의 구분에 따른 날부터 1년 2개월이 되는 날까지[다만, 위 기한 이전에 제60조 제3항에 따른 출원심사 청구의 취지를 통지받은 경우에는 그 통지를 받은 날부터 3개월이 되는 날 또는 제64조 제1항 각 호의 구분에 따른 날부터 1년 2개월이 되는 날 중 빠른 날까지](이하 청구범위 제출기한이라 한다) 보정을 통해 청구범위를 기재하도록 하였다.

특허출원인이 청구범위 제출기한까지 보정을 하지 아니한 경우에는 제42조의2 제2항에 따른 기한이 되는 날의 다음 날에 해당 특허출원을 취하한 것으로 본다(제42조의2 제3항).

2 외국어특허출원

가. 의의 · 취지

명세서 및 도면을 국어가 아닌 소정의 외국어로 특허출원하는 것을 외국어특허출원이라 한다. 외국어특허출원은 2014. 6. 11. 법률 제12753호로 개정된 특허법에서 새로 도입되었다.

나. 외국어특허출원 방법

특허출원인이 명세서 및 도면(도면 중 설명부분에 한정한다. 이하 같다)을 국어가 아닌 산업통상자원부령으로 정하는 언어로 적겠다는 취지를 특허출원을 할 때 특허출원서에 적은 경우에는 그 언어로 적을 수 있다(제42조의3 제1항, 법 시행규칙 제21조의2 제1항). 여기서 산업통상자원부령으로 정하는 언어란 영어를 말하고, 명세서 및 도면을 영어로 적으려는 자는 그 취지를 별지 제14호 서식의 특허출원서에 적어야 한다(법 시행규칙 제21조의2 제1항, 제2항).

특허출원인이 특허출원서에 최초로 첨부한 명세서 및 도면을 제42조의3 제1항에 따른 언어로 적은 특허출원(이하 외국어특허출원이라 한다)을 한 경우에는 제64조 제1항 각 호[295]의 구분에 따른 날부터 1년 2개월이 되는 날까지 그 명세서 및 도면의 국어번

295) "1. 제54조 제1항에 따른 우선권 주장을 수반하는 특허출원의 경우: 그 우선권 주장의 기초가 된 출원일 2. 제55조 제1항에 따른 우선권 주장을 수반하는 특허출원의 경우: 선출원의 출원일 3. 제54조 제1항 또는 제55조 제1항에 따른 둘 이상의 우선권 주장을 수반하는 특허출원의 경우: 해당 우선권 주장의 기초가 된 출원일 중 최우선일 4. 제1호부터 제3호까지의 어느 하나에 해당하지 아니하는 특허출원의 경우: 그 특허출원일"

역문을 산업통상자원부령으로 정하는 방법에 따라 제출하여야 한다(제42조의3 제2항 본문). 외국어특허출원의 국어번역문 제출방법 등과 관련하여서는 법 시행규칙 제21조의3에서 규정하고 있다.

다만, 제42조의3 제2항 본문에 따른 기한 이전에 제60조 제3항에 따른 출원심사 청구의 취지를 통지받은 경우에는 그 통지를 받은 날부터 3개월이 되는 날 또는 제64조 제1항 각 호의 구분에 따른 날부터 1년 2개월이 되는 날 중 빠른 날까지 제출하여야 한다(제42조의3 제2항 단서). 특허출원인이 제2항에 따른 명세서의 국어번역문을 제출하지 아니한 경우에는 제2항에 따른 기한이 되는 날의 다음 날에 해당 특허출원을 취하한 것으로 본다(제42조의3 제4항).

제42조의3 제2항에 따라 국어번역문을 제출한 특허출원인은 제2항에 따른 기한 이전에 그 국어번역문을 갈음하여 새로운 국어번역문을 제출할 수 있다. 다만, 명세서 또는 도면을 보정(제5항에 따라 보정한 것으로 보는 경우는 제외한다)한 경우(제1호), 특허출원인이 출원심사의 청구를 한 경우(제2호)의 어느 하나에 해당하는 경우에는 그러하지 아니하다(제42조의3 제3항).

특허출원인이 제42조의3 제2항에 따른 국어번역문 또는 제3항 본문에 따른 새로운 국어번역문을 제출한 경우에는 외국어특허출원의 특허출원서에 최초로 첨부한 명세서 및 도면을 그 국어번역문에 따라 보정한 것으로 본다. 다만, 제3항 본문에 따라 새로운 국어번역문을 제출한 경우에는 마지막 국어번역문(이하 이 조 및 제47조 제2항 후단에서 최종 국어번역문이라 한다) 전에 제출한 국어번역문에 따라 보정한 것으로 보는 모든 보정은 처음부터 없었던 것으로 본다(제42조의3 제5항). 특허출원인은 제47조 제1항에 따라 보정을 할 수 있는 기간에 최종 국어번역문의 잘못된 번역을 산업통상자원부령으로 정하는 방법에 따라 정정할 수 있다. 이 경우 정정된 국어번역문에 관하여는 제5항을 적용하지 아니한다(제42조의3 제6항). 제42조의3 제6항에 따라 국어번역문의 잘못된 번역을 정정하려는 자는 법 시행규칙이 정하는 별지 제17호의2 서식의 국어번역문 오역정정서에 정정사항에 대한 설명서, 대리인에 의하여 특허에 관한 절차를 밟는 경우에는 그 대리권을 증명하는 서류를 첨부하여 특허청장에게 제출하고 「특허료 등의 징수규칙」 제2조 제1항 제10호의2에 따른 수수료를 납부하여야 한다(법 시행규칙 제21조의3 제3항).

위와 같은 정정에 따라 제47조 제1항 제1호 또는 제2호에 따른 기간에 정정을 하는 경우에는 마지막 정정 전에 한 모든 정정은 처음부터 없었던 것으로 본다(제42조의3 제7항).

II. 명세서에 기재할 사항(명세서 기재요건)

1 총설

특허제도는 신규성 및 진보성이 부정되지 아니한 기술을 공개한 자에게 그 대가로서 일정 기간, 일정 조건에서 특허권이라는 배타적인 권리를 부여하는 것이므로 법에 따른 특허출원서류를 제출하도록 요구한다.

특허출원서에는 발명의 설명·청구범위를 적은 명세서와 필요한 도면 및 요약서를 첨부하여야 한다.

이때 그 기술분야에서 통상의 지식을 가진 자가 해당 발명의 내용을 보고 쉽게 실시할 수 있도록 하기 위하여, 명세서 중 발명의 설명은 그 발명이 속하는 기술분야에서 통상의 지식을 가진 사람이 그 발명을 쉽게 실시할 수 있도록 명확하고 상세하게 적을 것(제42조 제3항 제1호)과 그 발명의 배경이 되는 기술을 적을 것이라는 요건을 충족하여야 하며(제42조 제3항 제2호), 발명의 설명, 도면 및 요약서의 기재방법 등에 관한 산업통상자원부령이 정한 내용을 따라야 한다(제42조 제9항, 법 시행규칙 제21조).

또한 특허권의 효력이 미치는 범위를 명확히 하여 제3자 등에 대한 법적안정성을 유지하기 위해 명세서 중 청구범위에는 보호받으려는 사항을 적은 항(청구항)이 하나 이상 있어야 하고 그 청구항은 발명의 설명에 의하여 뒷받침될 것(제42조 제4항 제1호)과 발명이 명확하고 간결하게 적혀 있을 것이라는 요건을 충족하여야 하며(제42조 제4항 제2호), 보호받으려는 사항을 명확히 할 수 있도록 발명을 특정하는 데 필요하다고 인정되는 구조·방법·기능·물질 또는 이들의 결합관계 등을 적을 것(제42조 제6항), 청구범위의 기재방법에 관한 대통령령이 정한 사항을 따를 것(제42조 제8항)[대통령령의 내용에 대해서는 「I. 특허출원서 기재사항과 외국어특허출원 1 특허출원서의 지위 및 기재사항(명세서·필요한 도면·요약서 나. 명세서·발명의 설명·청구범위·도면·요약서)」에서 설명함]을 요건으로 하고 있다.

이러한 명세서 기재요건의 어느 하나에 위반하는 경우를 강학상 명세서 기재불비(記載不備)라고 부르기도 한다.

명세서 기재불비는 법률용어는 아니나, 특허심사·심판 및 소송실무에서 제42조 제3항, 제4항 등에 규정된 명세서 기재요건을 갖추지 못한 경우를 뜻하는 용어로 널리 사용되고 있다.

실무에서 명세서 기재요건 위반(명세서 기재불비)은 제42조 제3항 및 제4항의 기재요건 위반, 즉 ① 명세서의 발명의 설명에 통상의 기술자가 쉽게 실시할 수 있도록 명확하고 상세하게 기재하지 않는 경우(제42조 제3항 제1호 위반), ② 청구범위에서 보호받으려는 사항을 적은 항(청구항)이 발명의 설명에 의하여 뒷받침되지 않는 경우(제42조 제4항 제1호 위반), ③ 청구항이 명확하고 간결하게 기재되지 아니한 경우(제42조 제4항 제2호 위반)의 세 가지가 주로 문제되고 있다.

이하 발명의 설명 · 도면 · 요약서, 청구범위에 관한 기재요건을 살펴보고 발명의 설명 및 청구범위에 관한 기재요건인 제42조 제3항 및 제4항 간 관계에 대해 설명한 다음 개별적인 발명의 유형에 따라 특징적인 명세서 기재방법, 명세서 기재요건에 위배된 경우의 취급에 대해 차례로 살펴본다.[296]

2 발명의 설명 · 도면 · 요약서에 관한 기재요건

가. 발명의 설명에 발명을 쉽게 실시할 수 있도록 명확하고 상세하게 적을 것(제42조 제3항 제1호)

1) 의의 및 관련 규정 · 취지

특허출원서에 첨부되어야 하는 명세서 중 발명의 설명은 그 발명이 속하는 기술분야에서 통상의 지식을 가진 사람이 그 발명을 쉽게 실시할 수 있도록 명확하고 상세하게 적을 것이라는 요건을 충족하여야 한다(제42조 제3항 제1호).

이러한 발명의 설명에 관한 기재요건을 실시가능요건이라 부르기도 한다.

발명의 설명에 대해 통상의 기술자가 그 발명을 쉽게 실시할 수 있도록 명확하고 상세하게 적을 것을 요구하는 이유는 제3자가 발명의 설명을 보고 발명의 내용을 쉽게 이해하고 실시하도록 하여 독점배타권인 특허권으로 보호받고자 하는 기술적 내용과 보호범위를 명확하게 하기 위함이다.

2) 내용 · 판단 기준

명세서 중 발명의 설명은 그 발명이 속하는 기술분야에서 통상의 지식을 가진 사람이 그 발명을 쉽게 실시할 수 있도록 명확하고 상세하게 적어야 한다.

가) 통상의 기술자 및 판단 기준 · 판단 방법에 대해

먼저 여기서 통상의 기술자가 발명의 진보성 판단에서 통상의 기술자와 서로 판단기준 등에서 다른지가 문제된다.

---

296) 명세서 기재요건에 관한 비교법적 고찰에 대하여 참고할 논문으로 이지영, "파라미터발명의 명세서 기재 요건", 서울대 법학석사 학위논문(2021. 8.)이 있다.

진보성 및 명세서 기재요건에 관한 실무를 종합하여 보면, 진보성 판단에 관한 통상의 기술자와 명세서 기재요건에 관련된 통상의 기술자를 다소 다른 기준으로 판단한 것처럼 볼 수 있는 사례[297][298]가 있기는 하지만 주류적인 판례는 대체로 같은 의미로 사용하고 있는 것으로 보인다.[299]

이론적으로도 진보성 판단에 관한 통상의 기술자와 명세서 기재요건에 관련된 통상의 기술자를 달리 보아야 할 합리적 근거가 없으므로 이들 통상의 기술자를 통일적으로 해석하는 것이 바람직하다고 생각한다.

다음으로, 특허등록 전 특허의 명세서 기재불비 판단 기준이 등록 후 특허권의 기재불비 판단 기준보다 더욱 엄격한지 여부가 문제되나, 발명이 특허등록 전·후로 명

297) 구 특허법(1990. 1. 13. 법률 제4207호로 개정되기 전의 것) 제8조 제3항의 명세서 기재 요건과 관련하여, 대법원 1992. 7. 28. 선고 92후49 판결은 "그 발명이 속하는 기술분야에서 통상의 지식을 가진 자가 용이하게 실시할 수 있을 정도라고 함은, 특허출원 당시의 기술수준을 기준으로 하여 그 발명과 관련된 기술분야에서 평균적인 기술능력을 가진 자이면 누구든지 특허출원된 발명의 내용을 명확하게 이해하고 이를 재현할 수 있는 정도를 일컫는 것"이라고 하고, 대법원 1995. 7. 14. 선고 94후654 판결도 "출원에 관한 발명이 속하는 기술분야에서 보통 정도의 기술적 이해력을 가진 자, 즉 평균적 기술자가 해당 발명을 명세서 기재에 기하여 출원시의 기술수준으로 보아 특수한 지식을 부가하지 않고서도 그 발명을 정확하게 이해할 수 있고 동시에 재현할 수 있는 정도의 설명이 필요하다."라고 하였다. 대법원 2004. 10. 14. 선고 2002후2839 판결은 구 특허법(2001. 2. 3. 법률 제6411호로 개정되기 전의 것) 제42조 제3항의 '발명의 상세한 설명'에 대해, "특허 출원된 발명이 속하는 기술분야에서 보통 정도의 기술적 이해력을 가진 자(이하 평균적 기술자라 한다)가 해당 발명을 명세서 기재에 의하여 출원시의 기술수준으로 보아 특수한 지식을 부가하지 않고서도 정확하게 이해할 수 있고 동시에 재현할 수 있는 정도로 기재되어야 할 것"이라고 하였다.

298) 일각에서 진보성 판단에 관한 통상의 기술자의 기술수준이 명세서 기재요건에 관련된 통상의 기술자의 기술수준보다 다소 높다고 설명하는 경우가 있다. 또한 균등론에서 소극적 요건 중 하나인 특허청구범위에 기재된 구성 중 변경된 부분에 대해 '그와 같이 변경하는 것이 그 발명이 속하는 기술분야에서 통상의 지식을 가진 자라면 누구나 용이하게 생각해 낼 수 있는 정도'에서의 통상의 기술자의 기술수준이 어느 정도인지가 문제되는데, 위와 같이 기술수준에 차이가 있다는 논자들은 위 균등론의 소극적 요건에서 말하는 통상의 기술자의 기술수준은 진보성 판단에 관한 통상의 기술자의 기술수준보다는 낮고 제42조 제3항의 명세서 기재요건에 관련된 통상의 기술자의 기술수준과 같다고 설명하기도 한다.

299) 구 특허법 제42조 제4항 제1호에 대하여 대법원 2007. 3. 15. 선고 2006후3588 판결은 "특허법 제42조 제4항 제1호의 취지는 특허출원서에 첨부된 명세서의 발명의 상세한 설명에 기재되지 않은 사항이 청구항에 기재됨으로써 출원자가 공개하지 않은 발명에 대하여 특허권이 부여되는 부당한 결과를 막기 위한 것으로서, 청구항이 발명의 상세한 설명에 의하여 뒷받침되고 있는지 여부는 특허출원 당시의 기술 수준을 기준으로 하여 그 발명이 속하는 기술분야에서 통상의 지식을 가진 사람의 입장에서 특허청구범위에 기재된 사항과 대응되는 사항이 발명의 상세한 설명에 기재되어 있는지 여부에 의하여 판단하여야 한다."라고 하였고, 위 부분에 관한 판시는 대법원 2014. 9. 4. 선고 2012후832 판결에도 그대로 이어지고 있다. 이들 판결에서 종전에 발명의 설명에 사용하였던 '평균적 기술자'라는 문구를 사용하고 있지 않다.

세서 기재요건 판단 기준에 차이가 있다고 볼 것도 아니다.300)

여기서 실시란 제2조 제3호에서 말하는 행위를 말하고 발명의 설명에 관하여 요구되는 기재의 정도는 통상의 기술자가 출원 시의 기술수준으로 보아 과도한 실험이나 특수한 지식을 부가하지 않고서도 발명의 설명에 따라 발명을 정확하게 이해할 수 있고 동시에 재현할 수 있는 정도를 말한다.301) 여기서 재현이라 함은 단순히 어떤 물건 자체를 생산하거나 사용한다는 등을 의미하는 것(형식적 재현설)이 아니라 해당 발명의 설명에 기재된 효과를 가지는 물건 자체를 생산하거나 사용하는 것 등을 의미한다(실질적 재현설). 그리고 물건을 생산하는 방법의 발명의 경우 그 발명의 '실시'란 물건을 생산하는 방법을 사용하는 등의 행위를 말하므로, 발명의 설명은 그 생산 방법을 사용할 수 있도록 명확하고 상세하게 기재하여야 한다.302)

통상의 지식을 가진 사람이 그 발명을 쉽게 실시할 수 있도록 명확하고 상세하게 적었는지를 어떤 기준으로 판단하는지 문제된다.

물건의 발명이라면 통상의 기술자가 특허출원 당시의 기술수준으로 보아 과도한 실험이나 특수한 지식을 부가하지 않고서도 발명의 설명에 기재된 사항에 따라 물건 자체를 생산하고 이를 사용할 수 있고, 구체적인 실험 등으로 증명이 되어 있지 않더라도 특허출원 당시의 기술수준으로 보아 통상의 기술자가 발명의 효과가 나타남을 충분히 예측할 수 있다는 두 가지 요건을 충족하면 명세서 기재요건을 충족한다고 볼 수 있다.303)

300) 거절결정에 관한 사안인 대법원 1996. 6. 14. 선고 95후1159 판결에서 "명세서 기재의 오류는 당해 분야에서 통상의 지식을 가진 자가 극히 용이하게 알 수 있는 것이어서 그 오기에도 불구하고 평균적 기술자라면 누구나 이 사건 발명을 정정된 내용에 따라 명확하게 이해하고 재현할 수 있는 정도에 불과한 것이라고 하더라도 이를 가리켜 명세서의 기재불비가 아니라고 할 수 없다."라고 한 것이 있는 반면에 권리범위확인 사건인 대법원 2008. 7. 10. 선고 2008후64 판결에서 "명칭을 '절첩식 게첨대 이동수단'으로 하는 이 사건 등록고안의 실용신안등록청구범위 제1항, 제3항(이하 이 사건 제1, 3항 고안이라고 한다)에 기재된 '동력전달수단'은 고안의 상세한 설명과 도면 등을 참작하여 볼 때 '동력이동수단'의 오기임이 명백하여 그 고안 자체의 보호범위를 특정할 수 있으므로, 이 사건 제1, 3항 고안의 권리범위를 부정할 수는 없다."라고 한 것이 있어 판단 기준 등이 다르거나 모순된다는 의문이 있다. 그러나 95후1159 판결은 명세서 기재 오류가 특허청구범위뿐만 아니라 발명의 설명에도 있었던 경우로서 발명의 설명을 참작할 여지가 없었던 사안이므로, 본문판결의 판시내용이 발명의 설명 등의 참작원칙에 관한 2008후64 판결 내용과 판단 기준에서 다르다거나 서로 모순된다고 볼 수 없다.

301) 대법원 2005. 11. 25. 선고 2004후3362 판결.

302) 대법원 2024. 1. 11. 선고 2020후10292 판결.

303) 대법원 2016. 5. 26. 선고 2014후2061 판결은 특허법 제42조 제3항 제1호의 기재요건을 충족하는지를 검토하면서 ① 통상의 기술자가 발명의 설명의 기재로부터 물건 자체를 생산하고 이를 사용할 수 있는지, ② (쟁점이 된) 돌출부에 의해 발휘되는 효과를 통상의 기술자가 충분

이때 발명이 속하는 기술분야와 출원 당시의 기술상식 등과 명세서와 도면 등에 나타난 발명의 내용과 특성 등을 종합하여 발명이 가지는 효과를 충분히 추론할 수 있거나 예측할 수 있는지를 판단한다.[304]

예를 들면 기계장치 등에 관한 발명에서는 특허출원의 명세서에 실시례가 기재되지 않더라도 통상의 기술자가 발명의 구성으로부터 그 작용과 효과를 명확하게 이해하고 쉽게 재현할 수 있는 경우가 많다.[305]

그러나 이른바 실험의 과학이라고 하는 화학발명의 경우에는 해당 발명의 내용과 기술수준에 따라 차이가 있을 수 있지만 예측 가능성 내지 실현 가능성이 적어 실험데이터가 제시된 실험례가 기재되지 않으면 통상의 기술자가 그 발명의 효과를 명확하게 이해하고 쉽게 재현하기 어려운 경우가 많고, 특히 약리효과의 기재가 요구되는 의약용도 발명에서는 그 출원 전에 명세서 기재의 약리효과를 나타내는 약리기전이 명확히 밝혀진 경우와 같은 특별한 사정이 있지 않은 이상 특정 물질에 그와 같은 약리효과가 있다는 것을 약리데이터 등이 나타난 시험례로 기재하거나 이에 대신할 수 있을 정도로 구체적으로 기재하여야만 비로소 발명이 완성되었다고 볼 수 있는 동시에 명세서의 기재요건을 충족하였다고 볼 수 있다.[306] 선택발명의 명세서에 그와 같은 효과가 있음을 구체적으로 확인할 수 있는 비교실험자료 또는 대비결과까지 기재하여야 하는 것은 아니라고 하더라도 통상의 기술자가 선택발명으로서의 효과를 이해할 수 있을 정도로 명확하고 충분하게 기재하여야 발명의 설명에 관한 기재요건이 구비되었다고 할 수 있다.[307]

반면에 그 발명이 이용하고 있는 어떤 기술수단이 출원 당시의 기술수준에 속하는 범용성이 있는 것으로서 그 구성을 명시하지 아니하더라도 이해할 수 있다면 굳이 그 기술수단의 내용을 기재할 필요가 없고,[308] 발명의 성격이나 기술내용 등에 따라 발명

히 예측할 수 있는지를 검토하여 통상의 기술자가 발명의 설명에 기재된 사항에 의하여 이 사건 제1항 발명에 기재된 물건을 생산·사용할 수 있고 그 효과의 발생을 충분히 예측할 수 있는 이상, 발명의 설명에서 에어포켓 현상의 원인이나 돌출부를 통하여 위 현상이 완화될 수 있는지에 대한 이론적 근거까지 구체적으로 밝히지 않았더라도 구 특허법 제42조 제3항에서 규정한 기재요건은 충족되었다고 볼 수 있다고 하였다.

304) 효과의 추론 가능성을 강조한 것으로 대법원 2018. 10. 25. 선고 2016후601 판결, 효과의 예측가능성을 강조한 것으로 대법원 2016. 5. 26. 선고 2014후2061 판결 등이 있다.

305) 대법원 2002. 8. 23. 선고 2000후3234 판결, 대법원 2002. 4. 12. 선고 99후2150 판결, 대법원 2016. 5. 26. 선고 2014후2061 판결 등 참조.

306) 대법원 2001. 11. 30. 선고 2001후65 판결 참조.

307) 대법원 2007. 9. 6. 선고 2005후3338 판결.

308) 대법원 1987. 9. 29. 선고 84후54 판결, 대법원 1992. 7. 28. 선고 92후49 판결.

의 설명에 실시례가 기재되어 있지 않다고 하더라도 통상의 기술자가 그 발명을 정확하게 이해하고 재현하는 것이 쉬운 경우도 있으므로 발명의 설명에 관한 기재요건을 충족하기 위해서 항상 실시례가 기재되어야만 하는 것도 아니다.309)

여기서 실시의 대상이 되는 발명은 청구항에 기재된 발명이다. 발명의 설명에 오류가 있더라도 그러한 오류가 청구항에 기재되어 있지 아니한 발명에 관한 것이거나 청구항에 기재된 발명의 실시를 위하여 필요한 사항 이외의 부분에 관한 것이어서 그 오류에도 불구하고 통상의 기술자가 명세서 전체의 기재 및 기술상식에 기초하여 별다른 어려움 없이 청구항에 기재된 발명을 정확하게 이해하고 재현할 수 있다면 제42조 제3항 제1호에 위배되지 않는다.310)

나) 발명을 쉽게 실시할 수 있도록 명확하고 상세하게 적지 않은 경우의 유형

발명을 쉽게 실시할 수 있도록 명확하고 상세하게 적지 않은 경우의 유형을 살펴본다.

발명을 쉽게 실시할 수 있도록 명확하고 상세하게 적지 않은 경우로서 먼저 기술구성의 내용을 명확히 파악하기 어려운 경우를 들 수 있다.

이에는 발명에서 각각의 기능을 하는 구성요소들의 구체적인 기술적 내용, 개별적인 기술구성들 사이의 배합비율, 결합방법이나 상호작용관계, 특정의 출발물질 · 온도 · 압력 · 유입 · 유출량 등 해당 발명을 실시하는 데 필요한 구체적인 반응조건과 공정, 구성요소들의 시간의 경과에 따른 작용관계 등이 제대로 기재되어 있지 않아 통상의 기술자가 출원 당시의 기술수준으로 보아 발명의 설명 외에 과도한 실험이나 특수한 지식을 부가하거나 시행착오 등을 거쳐야 해당 발명을 정확하게 이해하거나 재현할 수 있는 경우 등을 들 수 있다.

다음으로 물건을 생산하는 방법의 발명이 새롭게 창출한 물리적, 화학적, 생물학적 특성값을 이용하거나 복수의 변수 사이의 상관관계를 이용하여 발명의 구성요소를 특정한 파라미터 발명에 해당하는 경우, 파라미터의 정의나 기술적 의미, 특성값이나 변수의 측정 방법 · 측정 조건 등 파라미터의 확인 수단 등을 고려할 때 통상의 기술자가 특허출원 당시의 기술수준으로 보아 과도한 실험이나 특수한 지식을 부가하지 않고서는 발명의 설명에 기재된 사항에 의하여 파라미터로 특정된 생산 방법을 사용할 수 없다면 제42조 제3항 제1호에서 정한 기재요건을 충족하지 못한다.311)

309) 대법원 2011. 10. 13. 선고 2010후2582 판결.
310) 대법원 2012. 11. 29. 선고 2012후2586 판결.
311) 대법원 2015. 9. 24. 선고 2013후525 판결, 대법원 2021. 12. 30. 선고 2017후1298 판결.

그리고 작용효과를 알 수 없거나 충분히 예측할 수 없는 경우로서 물건의 발명에서 통상의 기술자가 특허출원 당시의 기술수준으로 보아 과도한 실험이나 특수한 지식을 부가하여야만 발명의 설명에 기재된 물건 자체를 생산·사용할 수 있고 구체적인 비교실험 등의 실험례나 실시례가 기재되어 있지 않아 발명의 설명에 기재된 효과가 나타나지 않거나 그 효과 발생을 충분히 예측할 수 없는 경우이다.

나. 발명의 설명에 발명의 배경이 되는 기술을 적을 것(제42조 제3항 제2호)

1) 의의 및 관련 규정·취지

특허출원서에 첨부되어야 하는 명세서 중 발명의 설명에 그 발명의 배경이 되는 기술을 적을 것이라는 요건을 충족하여야 한다(제42조 제3항 제2호).

이는 특허를 받으려는 발명의 기술상의 의의를 이해하고 특허청으로서도 선행기술 조사 및 심사에 이용하기 위한 취지이다.

발명의 배경이 되는 기술(배경기술)이라 함은 특허를 받으려는 발명의 기술상의 의의를 이해하는 데에 도움이 되고 선행기술 조사 및 심사에 유용하다고 평가되는 종래 기술을 말한다.[312)]

2011. 5. 24. 법률 제10716호로 개정되기 전의 구 특허법에는 특별한 명문의 규정이 없어[313)] 배경기술을 적지 않아도 명세서 기재요건에 위배되거나 그것이 특허거절이유로 되지 않았다. 위 특허법 개정에서 제42조 제3항 제2호가 신설되어 발명의 설명에 발명의 배경이 되는 기술을 기재해야 한다는 규정이 신설되고 발명의 배경이 되는 기술을 기재하지 않은 경우 거절이유에 해당하지만(제62조 제4호), 특허출원에 대한 정보제공의 대상에 해당하지 않고(제63조의2 단서) 무효사유로도 되지 않는다(제133조 제1항 제1호에 제42조 제3항 제2호는 열거하고 있지 않다).

대법원 2024. 1. 11. 선고 2020후10292 판결도 같은 법리를 설시하면서 해당 사건의 특허발명의 청구범위 제1항에 기재된 봉의 부피(Vrod), 반응기 벽의 온도(Twall), 체적 유량(Q)의 측정 방법이 명세서에 기재되어 있지 않고 통상의 기술자가 그 측정방법을 쉽게 알 수 있다고 보기 어려워 그 특허발명은 발명의 설명에서 그 발명을 쉽게 실시할 수 있도록 명확하고 상세하게 기재되었다고 볼 수 없고 명확성 원칙에도 반한다고 한 원심판단을 수긍하였다.

312) 특허·실용신안 심사기준, 제2부 제3장 4.1. 참조.

313) 위 구 특허법 시행 당시 법 시행규칙은 제21조 제2항에 따른 별지 제15호 서식에서 발명의 상세한 설명을 원칙적으로 기술분야, 배경기술, (선행기술문헌), (특허문헌), (비특허문헌), 발명의 내용, 해결하려는 과제, 과제의 해결 수단, 발명의 효과 도면의 간단한 서명, 발명을 실시하기 위한 구체적인 내용, (실시예), (산업상 이용가능성), (부호의 설명), (수탁번호), (서열목록 자유텍스트)란으로 구분하여 적도록 하고 있었다.

2) 내용 · 판단 기준

출원인은 출원서에 있는 발명의 설명의 【발명의 배경이 되는 기술】 항목에 배경기술의 구체적 설명을 기재해야 하고, 가급적 그러한 배경기술이 개시된 선행기술문헌 정보도 기재할 필요가 있다.

선행기술문헌 정보는 특허문헌의 경우 발행국, 공보명, 공개번호, 공개일 등을 기재하고, 비특허문헌의 경우 저자, 간행물명(논문명), 발행처, 발행연월일 등을 기재하며, 기본적으로 심사관이 거절이유통지 시 선행기술문헌을 인용할 때의 기재요령과 동일하다. 배경기술의 구체적 설명을 적지 않고 선행기술문헌 정보만을 기재하였더라도 그 선행기술문헌이 발명에 관한 적절한 배경기술을 개시하고 있다면 발명의 배경기술을 적은 것으로 본다. 선행기술문헌이 다수일 경우 가급적 발명에 가장 가까운 문헌에 관한 정보를 적어야 하고, 기존의 기술과 전혀 다른 신규한 발상에 의해 개발된 발명이어서 배경기술을 특별히 알 수 없는 경우에는 인접한 기술분야의 종래기술을 기재하거나 적절한 배경기술을 알 수 없다는 취지를 기재함으로써 해당 발명의 배경기술 기재를 대신할 수 있다.[314)]

발명의 배경이 되는 기술을 기재하지 않은 경우로는, 배경기술을 전혀 적지 않은 경우, 특허를 받고자 하는 발명(청구범위)에 관련한 배경기술이 아닌 것을 적은 경우, 기초적인 기술에 불과하여 발명의 배경기술을 적은 것으로 볼 수 없는 경우를 들 수 있다.[315)]

그 외에 발명의 배경이 되는 기술에 기재된 기술내용을 신규성, 진보성을 부정하는 선행기술로 볼 수 있는지에 대하여는 명세서에 배경기술로 기재되어 있다고 하여 특별한 사정이 없는 한 그 자체로 공지기술로 볼 수 없음은 「제3절 신규성 IV. 신규성 상실 사유 ② 간행물 게재 발명(제29조 제1항 제2호 전단)」, 「제6절 진보성 II. 진보성 유무 판단에 관한 일반론 ① 진보성 판단 대상 · 기준 및 방법 가. 판단 대상」에서 설명하였다.

다. 발명의 설명 · 도면 · 요약서의 기재방법에 관한 요건(제42조 제9항)

특허출원서에 첨부되어야 하는 내용 중 발명의 설명, 도면 및 요약서의 기재방법 등에 관하여 필요한 사항은 산업통상자원부령으로 정한다(제42조 제9항).

그에 따라 법 시행규칙은 특허출원서에 첨부되는 명세서는 별지 제15호 서식, 요약서는 별지 제16호 서식, 도면은 별지 제17호 서식에 따라 작성하도록 하고(법 시행규

---

314) 특허 · 실용신안 심사기준, 제2부 제3장 4.2.
315) 특허 · 실용신안 심사기준, 제2부 제3장 4.3.

칙 제21조 제2항), 발명의 설명에는 발명의 명칭, 기술분야, 발명의 배경이 되는 기술, 해결하려는 과제 · 과제의 해결 수단 · 발명의 효과의 각 사항이 포함된 발명의 내용, 도면의 간단한 설명, 발명을 실시하기 위한 구체적인 내용, 그 밖에 그 발명이 속하는 기술분야에서 통상의 지식을 가진 자가 그 발명의 내용을 쉽게 이해하기 위하여 필요한 사항을 기재하여야 하되(법 시행규칙 제21조 제3항). 그중 기술분야, 해결하려는 과제 · 과제의 해결 수단 · 발명의 효과의 각 사항이 포함된 발명의 내용, 도면의 간단한 설명, 그 밖에 그 발명이 속하는 기술분야에서 통상의 지식을 가진 자가 그 발명의 내용을 쉽게 이해하기 위하여 필요한 사항은 해당하는 사항이 없는 경우에 이를 생략할 수 있도록 정한다(법 시행규칙 제21조 제4항).

제42조의2 제1항 후단에 따라 특허출원서에 법 시행규칙 제21조 제2항부터 제4항까지의 기재방법을 따르지 않고 발명의 설명을 적은 명세서(이하 임시 명세서라 한다)를 첨부하여 제출할 수 있고, 이 경우 임시 명세서를 전자문서로 제출하기 위해서는 특허청장이 정하여 고시하는 파일 형식을 따라야 한다(법 시행규칙 제21조 제5항).

제42조 제9항의 특허출원서에 첨부되어야 하는 내용 중 발명의 설명, 도면 및 요약서의 기재방법에 위반되더라도 거절이유, 무효사유 등의 어느 하나에 해당하지는 않는다.

3 청구범위에 관한 기재요건

청구범위는 특허발명의 보호범위를 확정하는 중요한 근거가 되므로 출원인이 보호받고자 하는 내용이 어떠한 것인지를 누구나 쉽게 알 수 있도록 특정화하여 발명자의 의사와 심사관의 특허부여의사 및 그 보호의 범위를 판단하는 제3자의 해석이 일치할 수 있도록 명확히 기재되어야 한다. 청구범위 및 그 해석론에 대한 상세한 내용은 「제5장 특허청구범위 해석」에서 설명한다.

가. 청구범위가 발명의 설명에 의하여 뒷받침될 것(제42조 제4항 제1호)

1) 의의 · 규정 취지

청구범위에 보호받으려는 사항을 적은 항(청구항)이 하나 이상 있어야 하고, 그 청구항은 발명의 설명에 의하여 뒷받침될 것이라는 요건을 충족하여야 한다(제42조 제4항 제1호).

본 호의 규정 취지에 대해 실무는 공개하지 아니한 발명에 대하여 특허권이 부여되는 부당한 결과를 방지하려는 데 있는 것[316]과 발명의 내용을 제3자가 명세서만으

316) 대법원 2006. 5. 11. 선고 2004후1120 판결, 대법원 2006. 10. 13. 선고 2004후776 판결 등.

로 쉽게 알 수 있도록 공개하여 특허권으로 보호받고자 하는 기술적 내용과 범위를 명확하게 하기 위한 것이라고 보는 것[317]으로 나뉘어 있었으나, 아래 2)나)에서 보는 바와 같이 대법원 2014. 9. 4. 선고 2012후832 판결을 계기로 공개하지 아니한 발명에 대하여 특허권이 부여되는 부당한 결과를 방지하려는 데 있는 것으로 정리되었다.

2) 내용 · 판단 기준

가) 판단 기준에 관한 종전 실무의 두 가지 유형

그동안 발명의 설명에 의하여 뒷받침된다는 실무의 판단 기준에 대해, ① 출원 당시의 기술 수준을 기준으로 하여 통상의 기술자의 입장에서 청구범위에 기재된 사항과 대응되는 사항이 발명의 설명에 기재되어 있는지 여부에 따라 판단한다는 것[제1 유형, 주류적 판결][318]과 ② 출원 당시의 기술 수준을 기준으로 하여 통상의 기술자의 입장에서 청구범위와 발명의 설명의 각 내용이 (청구항 별로) 일치하여 그 명세서만으로 청구범위에 속한 과제 해결 수단(기술구성)이나 그 결합 및 발명의 효과를 일목요연하게 이해할 수 있는지 여부에 따라 판단한다는 것[제2 유형][319]이 있었다.[320]

제2 유형은 명세서만으로 청구범위에 속한 과제 해결 수단(기술구성)이나 그 결합 및 작용 효과를 일목요연하게 이해할 수 있어야 한다고 설시하고 있기는 하나 청구범위의 내용과 발명의 설명의 내용이 일치하여야 함을 전제로 하고 있는 점에서 청구범위에 기재된 사항과 대응되는 사항이 발명의 설명에 기재되어 있는지를 판단 기준으로 삼는 제1 유형과 큰 차이가 없어 그에 따른 판단결과가 서로 배치되는 것은 아니었다.

다만 제2 유형은 '청구항별로' 기술구성 등을 '일목요연'하게 이해할 수 있어야 한다는 당초 판시에서 '청구항별로'라는 표현이 빠지고 '일목요연'하게 이해할 수 있어야 한다는 판시만이 남게 되어, 마치 제42조 제3항에서 요구하는 명세서 기재 정도인 '통상의 기술자가 출원 시의 기술 수준으로 보아 특수한 지식을 부가함이 없이 명세서의 기재에 의하여 해당 발명을 정확하게 이해할 수 있는 정도'와 같은 의미로 오해될 수 있었다.

---

317) 대법원 1999. 12. 10. 선고 97후2675 판결, 대법원 2003. 8. 22. 선고 2002후2051 판결 등

318) 대법원 2006. 5. 11. 선고 2004후1120 판결, 대법원 2011. 10. 13. 선고 2010후2582 판결, 대법원 2012. 12. 27. 선고 2011후2596 판결 등.

319) 대법원 1999. 12. 10. 선고 97후2675 판결, 대법원 2000. 10. 27. 선고 98후232 판결, 대법원 2006. 11. 24. 선고 2003후2089 판결 등.

320) 이하 제1 유형과 제2 유형 판결에 관한 설명은 정택수, "특허법 제42조 제4항 제1호 기재요건의 판단 기준(2014. 9. 4. 선고 2012후832 판결: 공2014하, 2074)", 대법원판례해설(102호, 2014년 하), 법원도서관(2015), 385 이하를 참조하였다.

더욱이 제2 유형에서 '작용 효과'를 일목요연하게 이해할 수 있어야 한다는 판시는, 통상의 기술자가 발명의 과제를 해결할 수 있다고 인식할 수 있는 정도의 기재가 발명의 설명에 있어야 한다는 의미로 보는 것이 규정 취지상 타당함에도, 마치 제42조 제3항에서 요구하는 명세서 기재 정도 즉 통상의 기술자가 출원 시의 기술 수준으로 보아 과도한 실험 없이 명세서의 기재에 의하여 해당 발명을 재현할 수 있는 정도와 같은 의미로 오해될 수 있었다.

이에 따라 실무에서 다소 두 판단 기준이 동일한 것인지 아니면 제2 유형의 기준이 제1 유형의 기준보다 완화된 것인지에 대해 혼란이 발생하였다.

나) 판단 기준에 관한 실무 태도 정리

본 호 취지 및 판단 기준에 관하여 최종 정리된 법리는 아래와 같다.[321)]

> 제42조 제4항 제1호는 특허청구범위에 보호받고자 하는 사항을 기재한 청구항이 발명의 설명에 의하여 뒷받침될 것을 규정하고 있는데, 이는 특허출원서에 첨부된 명세서의 발명의 설명에 기재되지 아니한 사항이 청구항에 기재됨으로써 출원자가 공개하지 아니한 발명에 대하여 특허권이 부여되는 부당한 결과를 막으려는 데에 취지가 있다. 따라서 제42조 제4항 제1호가 정한 위와 같은 명세서 기재요건을 충족하는지 여부는, 위 규정 취지에 맞게 특허출원 당시의 기술수준을 기준으로 하여 그 발명이 속하는 기술분야에서 통상의 지식을 가진 자의 입장에서 특허청구범위에 기재된 사항과 대응되는 사항이 발명의 설명에 기재되어 있는지 여부에 의하여 판단하여야 하고, 규정 취지를 달리하는 제42조 제3항 제1호가 정한 것처럼 발명의 설명에 그 발명이 속하는 기술분야에서 통상의 지식을 가진 자가 그 발명을 쉽게 실시할 수 있도록 명확하고 상세하게 기재되어 있는지 여부에 의하여 판단하여서는 아니 된다.

결국 제42조 제4항 제1호의 명세서 기재요건을 충족하는지 여부는 위 규정 취지에 맞게 특허출원 당시의 기술수준을 기준으로 하여 그 발명이 속하는 기술분야에서 통상의 지식을 가진 자의 입장에서 청구범위에 기재된 사항과 대응되는 사항이 발명의 설명에 기재되어 있는지 여부에 의하여 판단하고 더 나아가 발명의 설명과 대비하여 청구항에 기재된 발명이 더 넓게 기재되어 있어 해당 기술분야에서 통상의 지식을 가진 사람이 발명의 설명으로부터 파악될 수 있는 범위를 벗어난 발명을 청구항에 기재

---

321) 대법원 2014. 9. 4. 선고 2012후832 판결.

한 것인지 여부를 고려한다.

설령 발명의 설명에 청구범위의 과제 해결 수단(기술구성)이 가지는 발명의 효과가 제대로 기재되어 있지 않고 그와 관련이 없는 발명의 효과가 기재되어 있더라도, 청구범위에 기재된 사항에 대응되는 사항이 발명의 설명에 나와 있는 이상 (특허발명의 진보성 유무를 판단하면서 그와 같은 사정을 고려하여 발명의 설명에 기재되어 있는 발명의 작용 및 효과를 해당 발명의 작용 및 효과로 보지 않는 것은 별론으로 하더라도) 해당 발명의 청구범위는 발명의 설명에 의하여 뒷받침된다고 볼 수 있다.[322)]

그리고 이때 청구범위와 발명의 설명의 내용이 대응되는지를 형식적으로 검토하지 않고, 그 발명과 관련된 기술분야에서 통상의 지식을 사람의 입장에서 출원 당시의 기술수준 및 명세서 기재 내용 및 첨부 도면의 내용을 전체적, 합리적으로 고려하여 청구범위에 기재된 구성이 발명의 설명에 의하여 뒷받침되어 있는지를 판단할 필요가 있다.

그 결과 특허출원 당시의 기술수준에 비추어 발명의 설명에 개시된 내용을 청구범위에 기재된 발명의 범위까지 확장 또는 일반화할 수 있다면 청구범위는 발명의 설명에 의하여 뒷받침된다고 할 수 있다.[323)]

그렇지만 청구범위 중 일부구성을 추가하거나 삭제하였음에도 그에 따라 발명의 설명을 보정하지 아니하여 발명의 설명에 있는 청구범위에 관한 설명에 추가된 기술구성이나 결합관계가 포함되어 있지 아니하다면 청구범위가 발명의 설명에 의하여 명확히 뒷받침되지 않았다고 판단된다.

참고로 특허 · 실용신안 심사기준이 청구항에 기재된 발명이 발명의 설명에 의하여 뒷받침되지 않다고 설명하는 유형은 아래와 같다.[324)]

i) 청구항에 기재된 사항과 대응되는 사항이 발명의 설명에 직접적으로 기재되어 있지 않고 암시도 되어 있지 않은 경우,[325)] ii) 발명의 설명과 청구항에 기재된 발명 상호간에 용어가 통일되어 있지 않아 양자의 대응관계가 불명료한 경우,[326)] iii) 청구항에 기재된 사항이 특정 기능을 수행하기 위한 '수단(means)' 또는 '공정(step)'으로 기재되어 있으나 이들 수단 또는 공정에 대응하는 구체적인 구성이 발명의 설명에 기재되어 있지 않은 경우, iv) 출원 당시 해당 기술분야의 기술상식에 비추어 보아 발명의 설명

---

322) 대법원 2007. 3. 15. 선고 2006후3588 판결 참조.
323) 대법원 2016. 5. 26. 선고 2014후2061 판결, 대법원 2020. 8. 27. 선고 2017후2864 판결.
324) 특허 · 실용신안 심사기준 제2부 제4장 3. 참조.
325) 특허법원 2004. 2. 6. 선고 2003허2188 판결(상고기각 확정).
326) 특허법원 2006. 11. 23. 선고 2006허1926 판결(심리불속행 상고기각 확정).

에 기재된 내용을 청구된 발명의 범위까지 확장하거나 일반화할 수 없는 경우,[327] v) 발명의 설명에는 발명의 과제를 해결하기 위하여 반드시 필요한 구성으로 설명되어 있는 사항이 청구항에 기재되어 있지 않아서 통상의 기술자가 발명의 설명으로부터 인식할 수 있는 범위를 벗어난 발명을 청구하게 되는 경우, vi) 청구범위의 기재가 발명의 설명에서 기재된 발명의 공헌도에 비추어 지나치게 넓은 경우[328] 등이다.[329]

나. 청구범위에 발명이 명확하고 간결하게 적혀 있을 것(제42조 제4항 제2호)

1) 의의 · 규정 취지

청구범위에 보호받으려는 사항을 적은 항(청구항)이 하나 이상 있어야 하고, 그 청구항은 발명이 명확하고 간결하게 적혀 있을 것이라는 요건을 충족하여야 한다(제42조 제4항 제2호).

본 호의 규정 취지는, 특허발명의 보호범위는 청구범위에 적혀 있는 사항에 의하여 정하여지는데 청구항의 기재가 불명확하거나 그 기재내용이 간결하지 않은 발명에 대하여 특허권이 부여되면 발명의 보호범위가 불명확하여 특허발명의 보호범위 등을 판단할 수 없게 되므로 이와 같은 문제를 방지하려는 데 있다.[330]

이러한 요건은 국제특허출원을 외국어로 한 출원인이 같은 제201조에 의한 국내진입단계절차를 위하여 국내에 특허발명의 명세서, 청구의 범위 등에 관한 번역문을 제출함에 있어서도 마찬가지로 적용된다.[331]

---

327) 대법원 2006. 5. 11. 선고 2004후1120 판결은 "이 사건 제1항 발명의 '콜라게나제-3 선택적 억제제'는 그 명세서에서 용어의 정의와 기준 및 확인방법이 기재되어 있으나, 이는 어떠한 화합물이 결과적으로 '콜라게나제-3 선택적 억제제'에 속하는지의 기준 및 확인방법만 제시하고 있을 뿐, 이러한 기재만으로는 사전에 그러한 화합물에 어떠한 것들이 포함되고 그에 속하는 모든 화합물들이 그와 같은 효과를 갖는지에 관하여 발명의 설명에 의하여 뒷받침된다고 볼 수 없다."라고 하였다.

328) 대법원 2004. 12. 9. 선고 2003후496 판결.

329) 대법원 2004. 12. 9. 선고 2003후496 판결.

330) 대법원 2006. 11. 24. 선고 2003후2072 판결은 "특허법 제97조의 규정에 비추어 청구항에는 명확한 기재만이 허용되는 것으로서 발명의 구성을 불명료하게 표현하는 용어는 원칙적으로 허용되지 않으며, 나아가 특허청구범위의 해석은 명세서를 참조하여 이루어지는 것에 비추어 특허청구범위에는 발명의 설명에서 정의하고 있는 용어의 정의와 다른 의미로 용어를 사용하는 등 결과적으로 청구범위를 불명료하게 만드는 것도 허용되지 않는다."라고 하였다.

331) 대법원 2007. 10. 11. 선고 2007후1442 판결은 출원발명의 청구범위에 관한 번역문을 제출하면서 '필수적으로 이루어지는(consisting essentially of)'이라고 한 것이 '그 구성요소가 필수적으로 그 청구항에 기재된 염기서열로만 이루어진다'는 의미인지, 아니면 '그 청구항에 기재된 구성요소는 필수적으로 포함되고 그 외 별도의 구성요소 추가를 허용한다'는 의미인지 불분명하다고 하였다.

2) 내용 · 판단 기준

특허발명의 보호범위는 청구범위에 적혀 있는 사항에 의하여 정하여지므로 청구항에는 명확한 기재만이 허용되고, 발명의 구성을 불명료하게 표현하는 용어는 원칙적으로 허용되지 않는다.

또한 발명이 명확하게 적혀 있는지는 그 발명이 속하는 기술분야에서 통상의 지식을 가진 사람이 발명의 설명이나 도면 등의 기재와 출원 당시의 기술상식을 고려하여 청구범위에 기재된 사항을 기준으로 하여 해당 청구범위로부터 특허를 받고자 하는 발명을 명확하게 파악할 수 있는지에 따라 개별적으로 판단하고, 단순히 청구범위에 사용된 용어만을 기준으로 하여 일률적으로 판단하여서는 안 된다.332)

다만 어느 특정한 화합물에 관한 발명의 청구항이 넓게 기재되어 있을 뿐 약학적으로 허용되는지가 불분명한 화합물을 포함하는 것이 아니라면 명확하게 기재되어 있다고 본다.333)

실무에서 청구범위 중 "X는 같거나 다르며, 추가적인 라디칼로서 수소 원자, 1 내지 20개의 탄소 원자를 갖는 기, 바람직하게는 분지 또는 비분지 알킬 또는 알콕시기, 또는 아릴기를 가지는, 산소, 황 또는 아미노기이고"라는 기재가 포함되어 있는 경우에 위 기재 중 '1 내지 20개의 탄소 원자를 갖는 기, 바람직하게는 분지 또는 비분지 알킬 또는 알콕시기' 부분이 특허법상 청구범위로서 명확하고 간결한 기재인지 여부가 문제되었다.

대법원은 ① X가 산소 또는 황인 경우 아졸 화합물의 구조상 추가적인 라디칼을 가질 수 없으므로, 위 기재 중 '1 내지 20개의 탄소 원자를 갖는 기, 바람직하게는 분지 또는 비분지 알킬 또는 알콕시기' 부분은 X가 아미노기인 경우 추가적으로 가질 수 있는 라디칼에 해당한다. 따라서 X가 산소 또는 황인 경우 아졸 화합물의 구조상 추가적인 라디칼을 가질 수 없어 위 기재 중 X의 의미가 명확하지 않다고 볼 여지가 있다. ② '1 내지 20개의 탄소 원자를 갖는 기'와 '분지 또는 비분지 알킬 또는 알콕시기'가 이중한정을 나타내는 용어인 '바람직하게는'으로 서로 연결되어 있다. 이러한 기재는 발명에 기재된 'X'가 '1 내지 20개의 탄소 원자를 갖는 기' 전체를 의미하는지, 아니면 그중에서 '분지 또는 비분지 알킬 또는 알콕시기'를 의미하는지가 반드시 명확하지는 않아 청구범위를 둘러싸고 분쟁이 발생할 소지가 있다. 이처럼 청구범위의 기재 내용이 관점에 따라 다양한 방식으로 해석될 수 있는 경우에는 청구범위로서 요구되는 명

---

332) 대법원 2017. 4. 7. 선고 2014후1563 판결.
333) 대법원 2008. 12. 24. 선고 2007후2230 판결.

확성과 간결성 요건을 충족하지 못하였다고 보아야 한다고 하였다.[334)]

참고로 청구범위에 기재된 발명이 명확하고 간결하게 기재되지 않는다고 설명하는 유형은 아래와 같다.

i) 청구범위의 기재내용이 불명확한 경우, ii) 발명을 이루는 각 구성요소가 단순히 나열되어 있을 뿐 구성요소들 간의 결합관계가 기재되지 않아 발명이 불명확한 경우, iii) 청구범위에 기재된 발명의 범주(카테고리)가 불명확하여 물건의 발명인지 방법의 발명인지 구분이 어려운 경우, iv) 동일한 내용이 중복으로 기재되어 있는 등 청구항의 기재가 너무 장황하여 보호를 받고자 하는 사항이 불명확하거나 간결하지 않은 경우, v) 청구범위에 발명의 구성을 불명확하게 하는 표현이 포함되어 있고 발명을 특정하기 어렵게 할 경우[335)][예: 필요에 따라, 특히, 예를 들어, 및/또는 등의 자구와 함께 임의 부가적 사항 또는 선택적 사항이 기재된 경우, 주로, 주성분으로, 주 공정으로, 적합한, 적량의, 많은, 높은, 대부분의, 거의, 대략, 약 등 비교의 기준이나 정도가 불명확한 표현이 사용된 경우, ...을 제외하고와 같은 부정적 표현이 사용되어 불명확해진 경우, 수치한정발명에서 ...이상이나 ...이하와 같이 상한이나 하한의 기재가 없는 수치한정이나 0을 포함하는 수치한정(0을 포함하는 성분이 필수성분이 아니라 임의성분인 경우에는 제외한다)을 한 경우,[336)] '120-200℃, 바람직하게는 150-180℃'와 같이 하나의 청구항 내에서 이중으로 수치한정을 한 경우], vi) 지시의 대상이 불명확하여 발명의 구성이 불명확한 경우, vii) 청구범위에 서로 다른 기능을 수행하는 복수의 동일한 표현의 기술용어가 있을 경우에 각각의 기능을 한정하여 기재하거나 도면에 사용된 부호에 의하여 명확하게 구별되도록 기재되어 있지 않아서 보호를 받고자 하는 발명의 구성이 불명확한 경우[337)] 등이다.

다. 발명을 특정하는 데 필요하다고 인정되는 사항 기재(제42조 제6항)

청구범위에는 보호받으려는 사항을 명확히 할 수 있도록 발명을 특정하는 데 필요하다고 인정되는 구조·방법·기능·물질 또는 이들의 결합관계 등을 적어야 한다(제42조 제6항).

---

334) 대법원 2017. 4. 7. 선고 2014후1563 판결 참조.

335) 대법원 2017. 4. 7. 선고 2014후1563 판결.

336) 다만 대법원 2000. 8. 18. 선고 97후2231 판결은 "경도 0-10 이하의 치이즈를 만들어"라고 되어 있는 내용에 대해 치이즈의 경도가 0이 되게 한다는 것은 실질적으로 불가능하나 명세서 내용으로 보아 취과급률을 20-50% 높게 함으로써 실이 치이즈에 느슨하게 감기는 정도를 나타낸 것이므로, 비록 경도가 0-10 이하로 기재되어 있다고 하더라도 경도가 10 이하라는 의미로 이해할 수 있다고 하였다.

337) 이상 내용은 특허·실용신안 심사기준 제2부 제4장 4. 참조.

본 호의 규정 취지는, 출원인이 청구범위를 작성할 때 과제를 해결하기 위한 구체적인 수단이나 기술구성보다는 그 장치의 작용이나 동작방법 등에 의하여 발명을 표현하려 할 수 있는데, 발명이 명확하게 특정될 수 있다면 출원인의 편의를 위해 그와 같은 사항을 기재할 수 있도록 하기 위한 데에 있다.

발명을 특정하는 데 필요하다고 인정되는 구조 · 방법 · 기능 · 물질 또는 이들의 결합관계 등을 적은 청구항은 기능적 표현이 기재된 발명(기능식 청구항), 제조방법이 기재된 물건의 발명(product by process claim) 등과 관련되어 있는데 이에 대하여는 「제5장 특허청구범위 해석」에서 설명한다.

4 제42조 제3항 제1호의 실시가능 및 명확성 요건, 제42조 제4항 제1호의 청구항이 발명의 설명에 의해 뒷받침될 것, 제42조 제4항 제2호의 명확성 요건 간 관계

가. 제42조 제3항 제1호에서 발명의 설명이 명확하게 기재되어야 한다는 요건과 제42조 제4항 제2호에서 청구범위가 명확하게 기재되어야 한다는 요건 간 관계

제42조 제3항 제1호의 발명의 설명이 명확하게 기재되어야 한다는 요건과 제42조 제4항 제2호에서 청구범위가 명확하게 기재되어야 한다는 요건과의 관계에 관한 저자의 견해를 설명한다.

제42조 제3항 제1호는 "발명의 설명에는 그 발명이 속하는 기술분야에서 통상의 지식을 가진 사람이 그 발명을 쉽게 실시할 수 있도록 명확하고 상세하게 적을 것이라는 요건을 충족하여야 한다."라고 규정하고 있고, 위 규정에 따른 하위법인 법 시행규칙 제21조 제3항에는 "명세서의 발명의 설명에는 다음 각 호의 사항이 포함되어야 한다. 1. 발명의 명칭, 2. 기술분야, 3. 발명의 배경이 되는 기술, 4. 다음 각 목의 사항이 포함된 발명의 내용 가. 해결하려는 과제, 나. 과제의 해결 수단, 다. 발명의 효과, 5. 도면의 간단한 설명, 6. 발명을 실시하기 위한 구체적인 내용, 7. 그 밖에 그 발명이 속하는 기술분야에서 통상의 지식을 가진 자가 그 발명의 내용을 쉽게 이해하기 위하여 필요한 사항"이라고 규정하고, 제4항에서 "제3항 제2호 · 제4호 · 제5호 및 제7호의 사항은 해당하는 사항이 없는 경우에는 그 사항을 생략할 수 있다."라고 규정한다.

제42조 제3항 제1호는 발명의 설명에서 발명의 해결 과제나 해결 수단 및 통상의 기술자가 발명의 내용을 쉽게 이해하기 위하여 필요한 여러 사항 등의 기재를 명확성 충족 요건으로 고려하도록 한 것이다.

한편 제42조 제4항 제2호는 “청구범위에는 보호받으려는 사항을 적은 항(이하 청구항이라 한다)이 하나 이상 있어야 하며, 그 청구항은 발명이 명확하고 간결하게 적혀 있을 것을 충족하여야 한다.”라고 규정한다.

이에 따라 제42조 제4항 제2호와 제42조 제3항 제1호 모두 명확할 것을 요구하고 있어 문언에서 명확한 기재를 필요로 하는 점에서 일응 공통된다.

그런데 저자는 제42조 제4항 제2호의 명확 기재 요건은 제42조 제3항 제1호의 명확 기재 요건과는 다소 차이가 있다고 본다.

제42조 제3항 제1호는 발명의 설명에서 발명의 해결 과제나 해결 수단 및 통상의 기술자가 발명의 내용을 쉽게 이해하기 위하여 필요한 여러 사항 등의 기재를 명확성 충족 요건으로 고려하도록 한 것이다.

그런데 제42조 제4항 제2호에서 청구범위가 명확하게 기재될 것을 요구하는 이유는 특허를 받았거나 받고자 하는 발명의 권리가 미치는 보호범위를 확실하게 하고 그럼으로써 제3자가 불측의 손해를 입지 않도록 하기 위함이다. 특허를 받았거나 받으려고 하는 발명의 청구범위가 명확한가 여부는 청구범위뿐 아니라 발명의 설명 및 도면을 참고하고 통상의 기술자의 출원 당시의 기술수준을 토대로 하여 청구범위가 제3자에게 불측의 손해를 입을 정도로 불명확한가 여부의 관점에서 판단하는 것으로 충분하기 때문에 그 외 발명의 해결 과제, 해결수단 등의 기재 존재 자체를 요건으로 하는 것은 아니다.

일각에서 이들 규정의 입법취지, 판단 기준 내지 요건이 서로 동일하다고 보는 견해가 있으나 이들 규정은 입법취지나 관련 규정들이 서로 달라 이들 요건이 명확한 기재를 필요로 하는 점에서 공통되더라도 그 요건 충족 여부를 완전히 동일한 기준으로 판단해서는 아니 된다.

나. 제42조 제3항 제1호의 실시가능 · 명확 · 상세 요건과 제42조 제4항 제1호의 청구항이 명세서의 발명의 설명에 의하여 뒷받침될 것이라는 요건 간 관계

제42조 제3항 제1호의 실시가능 · 명확 · 상세 요건과 제42조 제4항 제1호의 청구항이 명세서의 발명의 설명에 의하여 뒷받침될 것이라는 요건에 대하여 본다.

이에 대하여도 일각에서 이들 규정의 판단 기준 내지 요건이 동일하다고 보는 견해가 있으나, 저자는 아래에서 보는 바와 같이 두 규정은 규정취지 등이 달라서 그 판단 기준 내지 요건도 달리 보아야 한다는 입장이다.

제42조 제3항 제1호에서 실시가능 · 명확 · 상세 요건을 요구하는 직접적인 이유는 특허출원 당시의 기술수준을 기준으로 하여 그 발명과 관련된 기술분야에서 통상의 기

술을 가진 사람이면 누구든지 특허출원된 발명의 내용을 명확하게 이해하고 이를 쉽게 재현할 수 있도록 하기 위한 것이므로 요건충족 여부를 판단함에 있어서 명세서의 발명의 설명이 그와 같이 실시할 수 있을 정도로 충분히 기재되어 있는지 여부에 중점이 놓여 있다.

그런데 제42조 제4항 제1호에서 청구항이 명세서의 발명의 설명에 의하여 뒷받침될 것이라는 요건을 요구하는 직접적인 이유는 특허출원서에 첨부된 명세서의 발명의 설명에 기재되지 아니한 사항이 청구항에 기재됨으로써 출원자가 공개하지 아니한 발명에 대하여 특허권이 부여되는 부당한 결과를 막거나 발명의 설명과 비교하여 청구항에 더 넓은 권리를 가지지 못하도록 하는 데에 있으므로 그 요건충족 여부를 판단함에 있어서는 청구항이 발명의 설명에 기재된 발명의 범위를 지나치게 넘어 기재되어 있는지 여부에 중점이 놓여있다.

저자의 이러한 견해에 의하면, 대법원 2007. 3. 15. 선고 2006후3588 판결에서 "이 사건 특허발명의 발명의 설명에 특허청구범위에 기재되어 있는 구성이 가지는 발명의 작용 및 효과가 제대로 기재되어 있지 않고, 그와 관련이 없는 발명의 작용 및 효과가 기재되어 있는 사정은 인정되나, 이 사건 특허발명의 진보성 유무를 판단함에 있어서 그와 같은 사정을 고려하여 발명의 설명에 기재되어 있는 발명의 작용 및 효과를 이 사건 특허발명의 발명의 작용 및 효과로 보지 않는 것은 별론으로 하고, 그와 같은 사정이 있다는 이유로 이 사건 특허발명의 특허청구범위가 발명의 설명에 의하여 뒷받침되지 않는 것은 아니라고 할 것"이라고 한 것은 타당한 판시이다. 한편 대법원 2011. 10. 13. 선고 2010후2582 판결 등에서의 "청구항이 발명의 설명에 의하여 뒷받침되고 있는지 여부는 특허출원 당시의 기술수준을 기준으로 하여 통상의 기술자의 입장에서 특허청구범위에 기재된 사항과 대응되는 사항이 발명의 설명에 기재되어 있는지 여부에 의하여 판단하여야 한다."라는 판시 및 그에 터 잡은 판결이유는 위 규정 취지를 고려하면 너무 형식적인 것에 치우친 것이 아닌가 하는 아쉬움이 있다.

즉 청구항에 기재된 구성이 명세서의 발명의 설명에 대응하여 기재되어 있는지 여부를 판단하는 것이 청구항이 발명의 설명에 뒷받침되어 있는지 여부를 판단하는 중요한 징표 중 하나이기는 하나, 청구항에 기재된 발명과 발명의 설명에 기재된 발명을 대비하면서 단순히 형식적인 표현상의 대응관계만으로 충분하다고 하여서는 안 되고 더 나아가 명세서와 도면 등을 종합적으로 고려하여 실질적인 대응관계 여부까지 검토하여 발명의 설명과 대비하여 청구항이 더 넓게 기재되어 있어 권리범위가 지나치게 넓게 인정됨으로써 발명의 설명으로부터 파악되는 범위를 벗어난 발명으로 되는지 여부를 검토하여 결과적으로 공개하지 않은 발명에 대하여 권리가 발생하지 않도록 신중히 판단하여야 한다고 생각한다.

한편, 실무가 제42조 제4항 제1호와 제42조 제3항 제1호가 규정 취지를 서로 달리한다고 명시하였음은 앞의 「3 청구범위에 관한 기재요건가. 청구범위가 발명의 설명에 의하여 뒷받침될 것(제42조 제4항 제1호) 2) 내용 및 판단기준 나) 판단기준에 관한 실무 태도 정리」 중 대법원 2014. 9. 4. 선고 2012후832 판결 부분에서 설명하였다.

5 개별 발명에서 특징적인 명세서 기재방법

개별 발명의 속성에 따라 특유하거나 강조되는 명세서 기재방법에 대해 실무에서 주로 문제되는 발명을 중심으로 살펴본다.

가. 파라미터 발명

파라미터 발명은 물리적 · 화학적 특성 값에 대하여 해당 기술분야에서 표준적인 것이 아니거나 관용되지 않는 파라미터를 출원인이 임의로 창출하거나 이들 복수의 변수 간의 상관관계를 이용하여 연산식으로 파라미터화 한 후 발명의 구성요소 일부로 하는 발명을 말한다.[338)]

제42조 제3항 제1호와 관련하여 파라미터로 특정되는 발명이 쉽게 실시되기 위해서는 그 기술분야에서 통상의 지식을 가진 자가 발명을 구현하기 위한 구체적인 수단, 발명의 기술적 과제 및 그 해결수단 등이 명확히 이해될 수 있도록 파라미터에 관한 구체적인 기술내용을 기재하여야 한다.

파라미터 발명이 쉽게 실시되기 위해서는 i) 파라미터의 정의 또는 그 기술적 의미에 대한 설명, ii) 파라미터의 수치한정 사항이 포함된 경우, 수치범위와 수치범위를 한정한 이유, iii) 파리미터의 측정을 위한 방법, 조건, 기구에 대한 설명, iv) 파라미터를 만족하는 물건을 제조하기 위한 방법에 대한 설명, v) 파라미터를 만족하는 실시례, vi) 파라미터를 만족하지 않는 비교 예 및 vii) 파라미터와 효과와의 관계에 대한 설명 등 파라미터에 관한 구체적인 기술내용이 기재되어야 한다.[339)]

파라미터에 관한 구체적인 기술내용이 발명의 설명이나 도면에 명시적으로 기재되지 않았더라도 출원 시 기술상식을 감안할 때 명확히 이해될 수 있는 경우에는 이를 이유로 발명이 쉽게 실시될 수 없다고 판단하지 않는다.

---

338) 파라미터발명의 명세서 기재요건에 대하여 참고할 논문으로 이지영, "파라미터발명의 명세서 기재 요건", 서울대 법학석사 학위논문(2021. 8.)이 있다.
339) 특허 · 실용신안 심사기준 제2부 제4장 2.3.2.

제42조 제4항 제2호와 관련하여 파라미터 발명은 그 기재만으로는 파라미터가 나타내는 특성 값을 갖는 기술적 구성을 명확하게 파악할 수 없는 경우가 많으므로, 발명의 설명 또는 도면 및 기술상식을 참작하여 i) 파라미터의 정의 또는 그 기술적 의미를 명확히 이해할 수 있고, ii) 파라미터의 측정방법, 측정조건, 측정장치 등을 파악하여 파라미터 값을 명확히 확인할 수 있으며, iii) 해당 파라미터를 사용할 수밖에 없는 이유가 명확히 드러나고, iv) 출원시 기술수준과의 관계를 이해할 수 있는 경우 이외에는 발명이 명확하고 간결하게 기재되지 않은 것으로 본다.[340)]

법원 실무도 특허청 실무와 별반 다르지 않아, 파라미터 발명에서 명세서의 실시가능 요건의 충족 여부는, 통상의 기술자가 출원 시의 기술 수준에 비추어 파라미터의 의의 또는 기술적 의미, 파라미터의 수치한정 이유, 파라미터의 구현 및 확인 방법, 파라미터와 효과와의 상관관계 등에 관한 명세서 기재를 통해, 발명의 전체 구성과 효과를 정확하게 이해하고, 과도한 실험이나 특수한 지식을 부가하지 아니하고서도 이를 쉽게 재현할 수 있는지 등을 판단 기준으로 삼고 있다.[341)][342)]

나. 기능적 표현이 기재된 발명(기능식 청구항)

청구항에 발명의 기능이나 효과 등을 기재한 기능적 표현(means plus function)이 포함된 경우 발명이 속하는 기술분야에서 통상의 지식을 가진 자의 입장에서 발명의 설명이나 도면 등의 기재와 출원 당시의 기술상식을 고려하여 청구범위에 기재된 사항으로부터 특허를 받고자 하는 사항을 명확하게 파악할 수 있는지 여부에 따라 명세서 기재 요건 충족 여부를 판단한다.[343)]

여기서 기능적 표현에 의하더라도 발명의 구성이 전체로서 명확하게 파악할 수 있다고 인정되는 경우라고 함은, 종래의 기술적 구성만으로는 발명의 기술적 사상을 명확하게 나타내기 어려운 사정이 있어 청구항을 기능적으로 표현하는 것이 필요한 경우(컴퓨터관련 발명 등 기술분야에 따라 발명의 특성상 특허청구범위를 구체적인 구조의 기재만으로 표현하기 어려운 경우가 있다), 발명의 설명과 도면의 기재에 의하여 기능적 표현의 의미 내용을 명확하게 확정할 수 있는 경우 등을 가리킨다.

---

340) 특허 · 실용신안 심사기준 제2부 제4장 4.

341) 특허법원 2023. 2. 1. 선고 2020허7760 판결 [등록무효(특)](미상고 확정).

342) 그 밖의 파라미터 발명의 명세서 기재요건에 대하여 참고가 되는 논문으로 이지영, "파라미터(parameter) 발명의 명세서 기재요건", 특허법연구 18권, 사법발전재단(2022), 421 이하가 있다.

343) 대법원 1998. 10. 2. 선고 97후1337 판결, 대법원 2007. 9. 6. 선고 2005후1486 참조.

다. 제조방법이 기재된 물건 발명(product by process claim)

물건발명 청구항에는 물건의 구조나 특성 등으로 기재할 수 있을 뿐 아니라 ○○ 방법으로 제조된 물건 등의 형식과 같이 제조방법을 이용하여 물건에 관한 청구항을 기재할 수 있다.

물건의 발명에 관한 청구항에 제조방법에 관한 내용이 기재되어 있다고 하더라도 그러한 기재에 의하여 발명의 대상이 되는 물건의 구성이 전체로서 명확하게 기재되어 있다면 명세서 기재불비에 해당한다고 볼 수 없다.

라. 수치한정발명

수치한정발명은 구성요소의 범위를 수치로써 한정하여 표현한 발명을 말하는데, 그 특허청구범위에 한정된 수치범위 전체를 보여주는 실시례까지 요구되는 것은 아니지만, 통상의 기술자가 출원 시의 기술 수준으로 보아 과도한 실험이나 특수한 지식을 부가하지 않고서는 명세서의 기재만으로 그 수치범위 전체에 걸쳐 그 물건을 생산하거나 사용할 수 없는 경우에는, 제42조 제3항 제1호의 명세서 기재요건을 충족하지 못한다.344)

다만 수치한정이 단순히 발명의 적당한 실시 범위나 형태 등을 제시하기 위한 것으로서 그 자체에 별다른 기술적 특징이 없어 통상의 기술자가 적절히 선택하여 실시할 수 있는 정도의 단순한 수치한정에 불과하다면, 그러한 수치한정에 대한 이유나 효과의 기재가 없어도 통상의 기술자로서는 과도한 실험이나 특수한 지식의 부가 없이 그 의미를 정확하게 이해하고 이를 재현할 수 있을 것이므로, 이런 경우에는 명세서에 수치한정의 이유나 효과가 기재되어 있지 않더라도 제42조 제3항 제1호에 위배되지 않는다.345)

한편 구성요소의 범위를 수치로써 한정하여 표현한 물건의 발명에서 그 특허청구범위에 한정된 수치범위 전체를 보여주는 실시례까지 요구되는 것은 아니다. 그러나 통상의 기술자가 출원 시의 기술 수준으로 보아 과도한 실험이나 특수한 지식을 부가하지 않고서는 명세서의 기재만으로 위 수치범위 전체에 걸쳐 그 물건을 생산하거나 사용할 수 없는 경우에는, 제42조 제3항 제1호에서 정한 기재요건을 충족하지 못한다.346)

---

344) 대법원 2015. 9. 24. 선고 2013후525 판결.

345) 대법원 2011. 10. 13. 선고 2010후2582 판결. 이에 반하여 수치한정발명이 진보성을 인정받기 위하여는 원칙적으로 수치한정에 따른 질적, 양적 효과가 명세서에 기재되어 있어야 한다.

346) 대법원 2015. 9. 24. 선고 2013후518 판결.

마. 선택발명

선행 또는 공지의 발명에 구성요건이 상위개념으로 기재되어 있고 위 상위개념에 포함되는 하위개념만을 구성요건 중의 전부 또는 일부로 하는 이른바 선택발명은, 첫째, 선행발명이 선택발명을 구성하는 하위개념을 구체적으로 개시하지 않고 있으면서, 둘째, 선택발명에 포함되는 하위개념들 모두가 선행발명이 갖는 효과와 질적으로 다른 효과를 갖고 있거나, 질적인 차이가 없더라도 양적으로 현저한 차이가 있는 경우에 한하여 특허를 받을 수 있고, 선택발명의 발명의 설명에 그와 같은 효과가 있음을 구체적으로 확인할 수 있는 비교실험자료 또는 대비결과까지 기재하여야 하는 것은 아니라고 하더라도 통상의 기술자가 선택발명으로서의 효과를 이해할 수 있을 정도로 명확하고 충분하게 기재하여야 제42조 제3항 제1호의 명세서 기재요건이 구비되었다고 할 수 있다.

이때 만일 그 효과가 의심스러울 때에는 출원일 이후에 출원인이 구체적인 비교실험자료를 제출하는 등의 방법에 의하여 그 효과를 구체적으로 주장·증명한다.[347)]

관련하여 선택발명에서의 명세서 기재와 진보성 판단 기준으로서 명세서의 발명의 설명에 대한 효과 기재에 어떠한 차이가 있는지 문제된다.

이 부분은 「제4장 특허요건 제6절 진보성 III. 개별 발명에서 특유한 진보성 판단방법 6 선택발명·결정형 발명 가. 선택발명의 진보성 판단」에서 이미 설명하였기에 간추려 설명한다. 선택발명에서 명세서 기재는 상대적으로 현저한 효과가 있음을 구체적으로 기재함으로써 충분하고 반드시 정량적 기재를 필요로 하지 않으나, 진보성 판단 기준으로서의 효과 기재는 그것만으로는 부족하고 질적인 차이를 확인할 수 있는 구체적인 내용이나 양적으로 선행발명에 비해 현저한 차이가 있음을 확인할 수 있는 정량적 기재가 필요한 점에서 차이가 있다.[348)] 선택발명의 진보성의 경우에도 추후 비교실험자료 등으로 그 효과를 증명할 수 있다.[349)]

바. 화학분야 발명 · 의약용도 발명

일반적으로 기계장치 등에 관한 발명에서 특허출원의 명세서에 실시례가 기재되지 않더라도 통상의 기술자가 발명의 구성으로부터 그 작용과 효과를 명확하게 이해하고 쉽게 재현할 수 있는 경우가 많다.

그런데 그와 달리 이른바 실험의 과학이라고 하는 화학발명의 경우에는 해당 발명

347) 대법원 2003. 4. 25. 선고 2001후2740 판결, 대법원 2007. 9. 6. 선고 2005후3338 판결.
348) 선택발명의 진보성 판단에 관한 대법원 2009. 10. 15. 선고 2008후736, 743 판결 참조.
349) 대법원 2021. 4. 8. 선고 2019후10609 판결 참조.

의 내용과 기술수준에 따라 차이가 있을 수는 있지만 예측가능성 내지 실현가능성이 현저히 부족하여 실험데이터가 제시된 실험예가 기재되지 않으면 통상의 기술자가 그 발명의 효과를 명확하게 이해하고 용이하게 재현할 수 있다고 보기 어려워 완성된 발명으로 보기 어려운 경우가 많고, 특히 약리효과의 기재가 요구되는 의약용도 발명에 있어서는 그 출원 전에 명세서 기재의 약리효과를 나타내는 약리기전이 명확히 밝혀진 경우와 같은 특별한 사정이 있지 않은 이상 특정 물질에 그와 같은 약리효과가 있다는 것을 약리데이터 등이 나타난 시험례로 기재하거나 또는 이에 대신할 수 있을 정도로 구체적으로 기재하여야만 비로소 발명이 완성되었다고 볼 수 있는 동시에 제42조 제3항 제1호의 명세서의 기재요건을 충족하였다고 볼 수 있다.[350)]

참고로 종전에는 의약용도 발명에서 약리데이터 등이 나타난 시험례가 발명의 설명에 기재되어 있어야 하는지가 관련된 거의 같은 사안에서 '충분한 실험데이터가 기재되어 있지 않다고 하여도 그 명세서의 기재는 적법하다'라고 하였는데,[351)] 위 2001후65 판결에 따라 약리효과의 기재가 요구되는 의약용도 발명에 있어서는 그 출원 전에 명세서 기재의 약리효과를 나타내는 약리기전이 명확히 밝혀진 경우와 같은 특별한 사정이 있지 않은 이상 특정 물질에 그와 같은 약리효과가 있다는 것을 약리데이터 등이 나타난 시험례로 기재하거나 또는 이에 대신할 수 있을 정도로 구체적으로 기재하여야만 비로소 발명이 완성되었다고 볼 수 있는 동시에 제42조 제3항 제1호의 명세서의 기재요건을 충족하였다고 볼 수 있다는 입장으로 바뀌었고 이후에는 이러한 판시[352)]가 일관되게 내려오고 있다.

따라서 약리효과의 기재가 요구되는 의약용도 발명에서 약리데이터 등이 나타난 시험례 또는 이에 대신할 수 있을 정도의 구체적인 사항의 기재가 필요함에도 최초 명세서에 그 기재가 없었다면, 이를 보완하는 보정은 명세서에 기재된 사항의 범위를 벗어나는 것으로 되어 허용되지 아니하므로, 위와 같은 명세서의 기재요건 위반은 보정에 의하여 해소될 수 있는 명세서 기재불비 사유가 아니다.

위와 같이 변경된 판시 법리의 이론적 근거로는 의약용도 발명은 특정한 용도의 새로운 '발견'에 불과하여 원칙적으로 특허권의 부여 대상이 아니나 이러한 용도가 산업발전에 이바지하는 점을 감안하여 각국에서 정책적으로 이에 관하여 특허를 부여하

350) 대법원 2001. 11. 30. 선고 2001후65 판결.
351) 대법원 1996. 7. 30. 선고 95후1326 판결 및 대법원 1996. 10. 11. 선고 96후559 판결 등.
352) 대법원 2003. 10. 10. 선고 2002후2846 판결, 대법원 2004. 12. 23. 선고 2003후1550 판결, 대법원 2006. 2. 23. 선고 2004후2444 판결, 대법원 2007. 7. 26. 선고 2006후2523 판결, 대법원 2007. 3. 30. 선고 2005후1417 판결, 대법원 2015. 4. 23. 선고 2013후730, 2015후727(병합) 판결, 대법원 2021. 4. 29. 선고 2017후1854 판결 등.

여 보호하는 것이므로 신규성, 진보성 및 명세서 기재요건에서 일반 발명보다 엄격한 요건이 요구되는 점, 선택발명 및 수치한정발명에서의 효과는 발명의 구성이 아니고 진보성 여부 판단을 위한 고려요소에 해당함에 비하여 의약용도 발명의 경우에는 용도 자체가 발명의 구성에 해당하므로, 의약용도가 발명의 기술구성인 의약용도 발명의 명세서에 그 약리효과를 약리데이터 등이 나타난 시험례로 기재하지 않는 것은 마치 어느 물질을 특허로 출원하면서 화학구조식을 공개하지 않는 것과 마찬가지로 기재불비에 해당하고 추후 증명을 허용하면 특허출원 당시에 완성하지 않았던 발명에 대해 추후 완성을 허용하게 되어 부당한 점 등을 들 수 있다.

다만 의약용도 발명과 선택발명이 본질적으로 차이가 있다고 보기 어려움에도 명세서 기재 정도에 선택발명의 명세서 기재 요건과 큰 차이가 난다는 점은 법 논리적인 면에서 받아들이기 어려운 면이 있다는 점은 「제4장 특허요건 제3절 신규성 III. 신규성이 부정되기 위한 요건과 대비대상의 범위 ② 신규성 유무 판단에서 발명의 동일성 판단 방법 나. 발명의 유형에 따른 동일성 판단 방법 5) 의약용도 발명에서 투여방법·투여용량 및 약리기전이 신규성 유무 판단을 위한 기술구성인지 여부 가) 의약용도 발명 일반론」에서 설명하였다.

의약용도 발명에서는 특정 물질이 가지고 있는 의약 용도가 발명의 구성요건에 해당하므로, 발명의 청구범위에는 특정 물질의 의약용도를 대상 질병 또는 약효로 명확히 기재하여야 한다는 것이 원칙이고 이 점에 관한 예외를 인정하지 않았으나,353) 그 후 예외적으로 특정 물질의 의약용도가 대상 질병 또는 약효로 기재하지 않고 약리기전만으로 기재되어 있더라도 발명의 설명 등 명세서의 다른 기재나 기술상식에 의하여 의약으로서의 구체적인 용도를 명확하게 파악할 수 있는 경우에는 제42조 제4항 제2호에 정해진 청구항의 명확성 요건을 충족한다고 하여 청구항 명확성 요건을 다소 완화하는 것으로 정리되었다.354)

다만 위 2006후3564 판결의 완화 법리에도 불구하고 여전히 우리 실무는 청구항에 의약용도 표시에 있어서 의약용도를 한정하지 않은 '의약', '치료제'라는 포괄적 기재를 허용하지 않으면서 의약용도의 표시는 원칙적으로 질병의 진단, 치료, 경감, 처치 또는 예방에 해당하는 약효로써 표현할 것을 요구하고 있다.

반면에 유럽이나 미국은 제1 의약용도 발명의 경우에는 '조성물' 또는 '치료제' 형식으로, 제2 의약용도 발명의 경우에는 사용 청구항으로 기재하도록 하고 있고, 일본도 특허를 받고자 하는 발명을 불명확하게 하지 않는 한 '의약', '치료제'와 같은 일반

353) 대법원 2004. 12. 23. 선고 2003후1550 판결 등.
354) 대법원 2009. 1. 30. 선고 2006후3564 판결 등.

적인 표현으로 용도를 기재하거나 약리기전 등에 의하여 용도를 기재하는 것을 허용하고 있다.

따라서 청구항에 의약용도를 표시하는 기준이 우리나라가 외국보다 여전히 엄격하다. 위 2006후3564 판결이 기존 법리를 다소 완화한 것은 사실이지만 우리나라 의약 산업구조의 발전에 따른 고도화 또는 선진화 등의 사정변경에 따라 언젠가는 또다시 변경되어 외국 수준으로 완화될 가능성이 있다.

사. 그 밖의 발명

명세서 기재요건 관련하여, 소극적 한정(negative limitations) 발명에 대하여는 「제6절 진보성 III. 개별 발명에서 특유한 진보성 판단방법 8 소극적 한정(negative limitations) 발명」에서, 식물에 관한 발명에 대하여는 「제8절 특허를 받을 수 없는 발명 IV. 그 밖의 발명 1 동물·식물에 관한 발명」에서 설명하였다.

6 명세서 기재요건에 위배된 경우의 취급

가. 거절이유·무효사유 등

제42조 제3항 제1호, 제4항 각 호의 명세서 기재요건 위반은 특허거절이유(제62조 제4호), 특허무효사유(제133조 제1항 제1호), 2006. 3. 3. 법률 제7871호로 개정되기 전의 구 특허법에서 인정되었던 특허이의신청에 따른 특허취소사유(구 제69조 제1항 제4호, 제74조 제3항)에 해당된다.

다만, 발명의 설명에 관한 제42조 제3항 제2호(발명의 배경이 되는 기술을 적을 것), 청구범위에 관한 제42조 제8항(대통령령으로 정한 청구범위 기재 방법)의 위반은 특허거절이유가 될 뿐(제62조 제4호) 특허출원에 대한 정보제공의 대상이 되지 않고(제63조의2 단서) 특허무효사유나 위 구 특허법에 인정되었던 특허이의신청에 의한 특허취소사유에도 해당되지 않는다.

제42조 제9항의 기재사항요건 위반은 거절이유나 무효사유 등 어느 것에도 해당하지 않는다.

나. 명세서 기재요건 위배 시 특허발명의 권리범위 부정

제42조 제3항 제1호, 제4항 각 호의 명세서 기재요건 위반은 특허거절이유, 무효사유에 해당하기 때문에 그 흠이 심사절차에서 걸러지지 못하여 등록되고 무효심결이 확정되지 않더라도 특허발명의 기술적 범위를 확정할 수 없어 그 권리범위가 부정되고

이는 민사사건[355] 및 형사사건[356]에서 마찬가지이다.

특허발명의 청구범위의 일부가 불명료하게 표현되어 있거나 그 기재에 오기가 있다 하더라도, 발명의 설명과 도면 등을 참작하여 볼 때 그 기술분야에서 통상의 지식을 가진 자가 명확하게 이해할 수 있고 오기임이 명백하여 그 발명 자체의 보호범위를 특정할 수 있는 경우에는 특허발명의 권리범위를 부정할 수 없다.

그러나 특허발명의 특허청구범위 기재나 발명의 설명 기타 도면의 설명 등에 의하더라도 발명의 구성요건 일부가 추상적이거나 불분명하여 그 발명 자체의 기술적 범위를 특정할 수 없을 때에는 그 특허발명의 권리범위를 인정할 수 없다.

따라서 침해소송이나 권리범위확인 사건에서 특허발명의 청구범위 기재불비 등으로 기술적 범위를 특정할 수 없다면 침해대상발명(확인대상발명)은 특허발명과 대비할 필요도 없이 해당 특허발명의 권리범위에 속하지 않는다고 판단된다.

이때 특허발명의 기술적 범위를 특정할 수 있는지 여부는 당사자의 주장이 없더라도 법원이 직권으로 살펴 판단하여야 하는 사항이다.[357]

---

355) 명세서 기재 불명료의 경우에 관한 대법원 1983. 1. 18. 선고 82후36 판결, 대법원 2002. 6. 14. 선고 2000후235 판결, 실시불가능의 경우에 관한 대법원 2001. 12. 27. 선고 99후1973 판결 참조.

356) 대법원 2005. 10. 14. 선고 2005도1262 판결.

357) 대법원 2002. 6. 14. 선고 2000후235 판결 등.

제 5 장

특허청구범위 해석

제5장 특허청구범위 해석

제1절 청구항의 의의 · 구조(형식)

I. 청구항의 의의 · 구조(형식)

1 청구항 구조(형식) 일반론

명세서에 기재되는 청구범위는 특허발명의 보호범위를 결정하는 권리서의 역할을 하는데 청구범위에서 보호받고자 하는 사항을 기재한 내용을 청구항이라 한다.

청구항은 발명자의 권리라고 주장되는 몫(영역)이자 타인과의 관계에서 해당 발명의 효력이 미치는 한계를 명확히 하는 역할을 한다.

제42조 제4항은 청구범위에 보호받고자 하는 사항을 기재한 청구항을 하나 이상 기재할 수 있도록 하여 다항제(多項制)를 채택하고 있고, 법 시행령 제5조에서 다항제에 따른 청구범위 기재방법을 규정하고 있다.

위와 같이 법정화된 기재방식에 따르는 것 말고 출원인이 청구범위를 명확하게 할 수 있는 한 자유로이 작성할 수 있지만 특허청의 운용과 법원의 법해석 등을 통하여 실무상 통상적으로 인정되는 기재방식이 있다.

그중 가장 보편적으로 사용되고 있는 청구항 기재방식은 보호받고자 하는 사항을 기재한 청구항을 전제부(preamble), 특징부(body), 전환부(transition phrase) 및 종결부의 구조(형식)로 작성하는 것이다.

예를 들어, 어느 청구범위의 청구항이 “① LCD패널을 보호하기 위하여 그 외면에 설치되는 LCD 윈도우에 있어서, ② 두께가 ○~○㎛인 합성수지 기판과 상기 기판상에 ○~○㎛의 두께로 도포된 UV 접착제 코팅층과, 상기 접착제 코팅층 상에 접착된 두께 ○~○㎛의 강화 유리막으로 이루어지는 것을 ③ 특징으로 하는 ④ LCD 윈도우”라고 기재되어 있는 경우에 위 청구항은 ① 부분과 같이 발명의 내용을 요약하거나 그 발명 이전에 공지된 기술로서 그 발명이 출발점으로 하는 것을 밝혀 두거나, 그 발명이 속하는 기술분야 내지 사용분야를 표시하는 전제부, ② 부분과 같이 전제부 등과 결합하여 발명에 관하여 특허를 청구하는 구체적 기술구성을 나열하는 문구로 이루어져 각 기술구성이 무엇이고 구조적 또는 기능적으로 어떻게 유기적으로 결합되어 있는지를 명확히 하는 특징부, ③ 부분과 같이 특징부와 종결부를 연결하는 문구로 이루어지는 전환부(연결부), ④ 부분과 같이 청구항의 내용을 마감하는 종결부로 구성되어 있음을 알 수 있다. 실무에서는 청구항을 전제부, 전환부, 특징부 등으로 나누어 기술구성을 설명하는 것이 통상적이다.

청구범위에 대한 해석은 이하 별도의 항에서 상세히 설명하고 여기서는 청구항 중 전제부, 전환부에서의 실무상 쟁점에 대해 살펴본다.

2 청구항의 전제부에서의 실무상 쟁점

청구항에서 전제부는 젭슨 청구항(jepson claim)과 관련이 깊지만, 청구항의 전제부가 반드시 그 젭슨 청구항과 동일한 의미를 가진다고 볼 수는 없다. 참고로 젭슨 청구항은 공지 물건, 방법 또는 조성물 등으로부터 개량된 부분을 청구하는 경우에 공지기술과 대비하여 개량되거나 신규한 구성요소를 강조하기 위하여 미국에서 사용되는 형식의 청구항으로 발명의 전제부에서 "…X 장치에서(In a X)"와 같은 출원 전 공지기술을 전제로 하고 이어서 "개량점은(wherein the improvement comprises…)"과 같은 형식으로 기재된 청구항으로, 그러한 청구항을 작성했던 출원자의 이름을 따서 젭슨 청구항이라 부르고 있다.

참고로 젭슨 청구항과 관련하여 이와 다른 청구범위 기재방식으로 마쿠쉬 청구항이 있다. 마쿠쉬 청구항(marcush claim)은 화학이나 의약부문의 특허에서 넓은 청구범위를 가지기 위하여 "A, B 및 C로 이루어진 그룹으로부터 선택된 물질"과 같이 발명을 복수의 선택지로부터 선택할 수 있도록 기재한 청구항[1]을 말한다.

이하 청구항의 전제부와 관련된 실무상 쟁점을 살펴본다.

(1) 먼저, 전제부를 포함한 명세서에 종래기술로 기재된 발명이 공지기술인지가 문제된다.

청구항을 전제부와 특징부로 나누어 기재하는 방식에서, 전제부의 의미는 발명의 의도된 목적 또는 사용, 발명의 기술분야나 범주(카테고리)를 설명하거나 한정하는 경우, 발명의 기술이 적용되는 대상 물품을 설명하거나 한정하는 경우, 공지의 기술로 생각하여 권리의 보호범위에서 제외할 의도인 경우 등 여러 가지 의미로 이해될 수 있다.[2]

1) 발명의 단일성을 충족하기 위하여 마쿠쉬 형식으로 기재된 복수의 선택지는 공통의 특징(공통의 성질이나 구조)을 가지고 있어야 한다.

2) 특허법원 2007. 10. 5. 선고2007허2469 판결(심리불속행 상고기각 확정) 참조.

그중 출원인이 청구범위에 공지의 기술 부분을 전제부에 적고 새로 창작한 특유 기술 부분을 특징부로 나누어 적은 경우에 출원인이 출원과정에서 선행기술과의 관계에서 신규성 및 진보성 부정의 거절이유를 극복하기 위하여, 구성요소 중 일부를 전제부로 옮기고 전제부에 대하여는 권리의 보호범위로 주장하지 않겠다는 의사를 분명히 한 경우이거나, 특징부를 포함하지 않고 단지 전제부만으로 구성된 기술, 특히 상위 개념 또는 다양한 실시례를 포함할 수 있는 구성요소를 전제부로 돌리고, 특징부에서 해당구성요소를 더욱 한정하여 다양한 실시례 중 일부만을 선택하여 기재한 경우에는, 특징부에 해당하지 않고 전제부에만 해당하는 균등한 구성요소를 포함하는 기술의 실시에 대하여 자신의 권리를 주장하지 않겠다는 의사로 볼 여지가 있다.[3)][4)]

특허법원은, 위와 같은 의사가 있는지 여부는 출원 또는 특허된 발명에 대한 권리의 보호범위에 관한 문제일 뿐이고, 출원된 발명이 선행기술에 비하여 신규성 또는 진보성이 있는지를 판단함에 있어서 어떠한 구성요소가 출원 전에 공지된 것인지 여부는 사실관계의 문제로서 발명의 청구범위의 기재 형식에 따라 역사적 사실관계가 확정되는 것은 아니며, 권리의 보호범위로부터 제외한다는 의사가 있다고 하여 반드시 이를 공지기술로 인정한다는 취지로 볼 수 없다고 판단하고 있다.[5)]

한편 명세서에 기재된 선행기술이 해당 발명의 출원 전에 공지된 것으로 볼 수 있는지에 대하여 종전 실무는 "실용신안등록출원서에 첨부한 명세서에 종래기술을 기재하는 경우에는 출원된 고안의 출원 이전에 그 기술분야에서 알려진 기술에 비하여 출원된 고안이 신규성과 진보성이 있음을 나타내기 위한 것이라고 할 것이어서, 그 종래기술은 특별한 사정이 없는 한 출원된 고안의 신규성 또는 진보성이 부정되는지 여부를 판단함에 있어서 같은 제5조 제1항 각 호에 열거한 고안들 중 하나로 보아야 한다."라고 한 적이 있었다.[6)]

그러나 특허발명의 신규성 또는 진보성 판단과 관련하여 해당 특허발명의 구성요소가 출원 전에 공지된 것인지는 사실인정의 문제이고, 그 공지사실에 관한 증명책임은 신규성 또는 진보성이 부정된다고 주장하는 당사자에게 있다.

따라서 권리자가 자백하거나 법원에 현저한 사실로서 증명을 필요로 하지 않는 경우가 아니라면, 그 공지사실은 증거에 의하여 증명되어야 하는 것이 원칙이다.

---

3) 대법원 2002. 6. 14. 선고 2000후2712 판결 등 참조.

4) Catalina Mktg. Int'l, Inc. v. Coolsavings.com, Inc., 289 F.3d 801 (Fed. Cir. 2002)은 전제부에 청구항의 중요한 정의부분이 포함되어 있다는 내용으로 명세서에서 설명되어 있지 않은 한 일반적으로는 전제부가 발명을 한정하는 것으로 해석되지 않는다고 한다.

5) 특허법원 2007. 10. 5. 선고 2007허2469 판결(심리불속행 상고기각 확정).

6) 대법원 2005. 12. 23. 선고 2004후2031 판결.

그후 위 원칙에 따라 종전 판시는 변경되어, 청구범위의 전제부에 기재되었다는 사실만으로 전제부에 기재된 구성요소들이 공지된 것이라고 판단해서는 곤란하고, 명세서의 전체적인 기재와 출원경과를 종합적으로 고려하여 출원인이 일정한 구성요소에 대해 단순히 배경기술 또는 종래기술인 정도를 넘어서 공지기술의 취지로 청구범위의 전제부에 기재하였음을 인정할 수 있는 경우에만 별도의 증거 없이도 전제부 기재 구성요소를 출원 전 공지된 것이라고 사실상 추정하되 출원인이 실제로는 출원 당시 아직 공개되지 아니한 선출원발명이나 출원인의 회사 내부에만 알려져 있었던 기술을 착오로 공지된 것으로 잘못 기재하였음이 밝혀지는 경우와 같이 특별한 사정이 있는 때에는 추정이 번복될 수 있는 것으로 정리되었다.7)

위 '특별한 사정'에는 그 외에도 특허발명의 설명에 어느 발명이 종래기술로 기재되어 있으나 실제로 그 발명은 위 특허발명의 출원 후에 공개되거나 등록된 경우임이 밝혀진 경우 등과 같이 명세서에 종래기술로 기재되어 있더라도 공지기술이 아니라는 점이 증명되는 경우 등이 해당된다.

결국 청구항의 전제부에 기재된 구성요소가 출원 전에 공지된 것인지는 사실인정의 문제로서 청구항의 전제부에 기재되었다는 사실만으로 전제부에 기재된 구성요소들이 공지된 것이라고 판단해서는 아니된다.

(2) 다음으로, 권리의 보호범위 확정단계에서 청구범위의 전제부에 용도 내지 적용대상을 한정한 실시발명이 특허발명의 청구항의 보호범위를 한정하는 것으로 해석되는지 여부가 문제된다.

청구범위 전제부의 구성요소가 보호범위를 한정하는 것으로 해석한 실무로 '비정기적으로 운영되는 차량의 운행정보를 서비스하는 고객예약정보를 이용한 차량정보 제공서비스에 있어서'라는 전제부 기재로 인하여 '정기적으로 운영되는 차량에 대한' 실시발명은 그 보호범위에 속하지 아니한다고 판시하면서 그 논거로 청구범위는 명세서의 발명의 설명에 개시된 사항 중에서 권리로 보호받고자 하는 사항이 출원인의 의사에 의하여 자유로이 기재되는 것이고 그에 대한 보정이나 정정의 기회가 충분히 주어진다는 점 등을 들어 그와 같은 전제부 구성은 결과적으로 청구항의 보호범위를 한정하는 것으로 판단한 것이 있다.8)

---

7) 대법원 2017. 1. 19. 선고 2013후37 전원합의체 판결.

8) 특허법원 2007. 4. 26. 선고 2006허9142 판결 [권리범위확인(특)](미상고 확정). 확인대상발명은 정기적으로 운영되는 노선버스에 대한 서비스에 대한 것이었다. 법원은 "특허발명의 명세서 중 발명의 설명 가운데 발명의 구성 및 작용에는 '본 발명에서는 비정기적으로 운행되는 차량에 적용한 경우를 예시하였으나 본 발명이 정기적으로 운행되는 대중교통수단에 응용될 수 있음은 주지의 사실이다'라고 기재되어 있으나, 특허청구범위는 상세한 설명에 개시된 사항 중에

(3) 참고로 앞에서 본 전제부의 논점들과 관련하여 미국 실무를 정리하면 아래와 같다.

먼저 미국 특허청은 젭슨 청구항의 경우 전제부에 일반적으로 발명의 출발점인 선행기술이 개시되기 때문에 젭슨 청구항 형식의 청구범위의 전제부에 기재된 기술내용은 공지기술로 추정하는 경향이 있다.[9] 젭슨 청구항의 전제부에는 통상적으로 공지의 구성요소가 기재되고 있으므로 출원인이 그러한 방식의 청구항을 작성할 경우 전제부의 구성요소가 선행기술임을 인정한 것으로 추정된다는 논리이다. 그리고 젭슨 청구항의 전제부는 의도하는 사용분야를 단순히 기재한 것으로 취급하지 않고 선행기술을 기재한 것으로 보아 특허요건 판단 및 특허침해 여부 판단에서 청구범위를 한정한 것으로 취급하는 경향이 있다.[10] 다만, 위 추정은 번복될 수 있고,[11] 전제부 구성이 타인의 발명이 아닌 자신의 발명인 경우에는 젭슨 청구항 형식을 이용한 것만으로 청구항의 전제부를 공지기술로 인정하여서는 안 된다는 판례도 있다.[12]

다음으로 미국 연방항소법원은 젭슨 청구항 형식의 전제부가 아닌 일반적인 청구항 형식의 전제부에서, 기술구성의 사용분야나 고유 특성을 나타내는 경우에는 특허요건 판단 및 특허침해 여부 판단에서 전제부가 청구범위를 한정하는 요소로 간주되지 않는다는 판결이 있는 반면,[13] 청구항에 기재된 발명의 구조를 한정하는 전제부는 청구범위를 한정하는 것으로 다루어져야 한다는 판결도 있다.[14] 그 외 많은 사례가 있으

서 권리로 보호받고자하는 사항이 출원인의 의사에 의해 자유로이 기재되는 것이고 그에 대한 보정이나 정정의 기회가 충분히 주어진다는 점 등을 고려할 때, 이러한 기재만으로 이 사건 제1항 발명의 권리범위에 확인대상발명과 같이 정기적으로 운영되는 노선버스도 포함되는 것으로 볼 수 없고, 이 사건 제1항 발명은 그 문언상 비정기적으로 운영되는 차량에 대한 것만을 권리범위로 청구하고 있는 것으로 해석된다. 따라서 전제부의 위 구성은 확인대상발명의 위 대응구성과 차이가 있고 균등관계에 있다고 할 수 없다."라고 하였다. 위 전제부 구성의 차이는 확인대상발명이 특허발명의 권리범위에 해당하지 않는다고 한 여러 이유(대표적인 것이 구성요소 결여 등) 중의 하나였다.

9) In re Fout, 675 F.2d 297, 213 U.S.P.Q. 532 (C.C.P.A. 1982), 이 사건에서 법원은 전제부의 기술을 출원인은 알고 있었고 이것을 출발점으로 하여 개량발명을 한 것에 다툼이 없다는 점을 중시하여 젭슨 형식의 전제부가 선행기술이라는 점을 묵시적으로 인정하였다는 취지로 판단하였다.

10) Pentec, Inc. v. Graphic Controls Corps., 776 F.2d 309, 227 U.S.P.Q. 766 (Fed. Cir. 1985).

11) In re Ehrreich, 590 F.2d 1673, 6 U.S.P.Q.2d 2020 (Fed. Cir. 1988).

12) Reading & Bates Construction Co. v. Baker Energy Resources Corp., 748 F.2d 645, 223 U.S.P.Q. 1168 (Fed. Cir. 1984).

13) Marston v. J.C. Penny Co., 353 F.2d 976, 148 U.S.P.Q 25 (4th Cir. 1965), cert. denied, 385 U.S. 974, 151 U.S.P.Q 757 (1966).

14) Corning Glass Works v. Sumitomo Elec. U.S.A. Inc., 868 F.2d 1251, 1257, 9.U.S.P.Q.2d

나 미국 법원에서의 판단 기준은 아직 통일되어 있지 않되 다소 유연한 태도라고 할 수 있다.

미국 실무입장이 명확히 하나로 정리된 것은 아니지만 일응 "심사과정 동안 특허발명을 선행기술과 구별하기 위하여 청구항의 전제부에 명백하게 의존(clear reliance)하였다면 전제부가 특허발명을 부분적으로 정의하는 데 사용되었기 때문에 그 전제부는 청구범위를 한정하는 사항으로 된다. 그러나 그러한 의존이 없는 경우 청구범위에 구조적으로 완전한 발명이 기재되어 있어 전제부 내용을 삭제하더라도 특허발명의 구조 또는 단계들에 영향을 미치지 않는다면 전제부는 일반적으로 청구범위를 한정하지 않는다."[15]는 기준을 분석의 출발로 하여 청구항의 전제부 구성이 청구항의 보호범위를 한정하는지 여부를 사안마다 개별적으로 판단하고 있는 것으로 보인다.

3 청구항의 전환부에서의 실무상 쟁점

전환부로 사용되는 문구로 실무에서는 【A】 …을 포함하는 것을 특징으로 하는(comprising, including, having), 【B】 …으로 구성된 것을 특징으로 하는(consisting of), 【C】 본질적(실질적)으로 … 으로 이루어지는(consisting essentially of)의 3가지가 있는데 각각 다른 의미로 해석되므로 그와 같은 문구의 사용 및 해석에 주의를 요한다.

먼저 청구항에 【A】의 '…을 포함하는 것을 특징으로 하는(comprising, including, having)'의 문구가 사용되었다면 그 청구항에 명시적으로 기재된 구성요소 전부에 더하여 기재되어 있지 아니한 다른 요소를 추가하여 실시하는 경우까지도 이들 구성요소 모두를 포함하여 청구항을 작성하였음을 의미한다.[16] 이러한 전환부 문구는 보호받고자 하는 발명의 범위를 특징부에 열거된 구성요소들만으로 제한받기를 원치 않는 경우에 사용된다.

이러한 이유로 실무에서는 이러한 문구가 사용된 청구항을 개방형 청구항(open claim)이라고 부른다.

이러한 전환부 문구를 사용한 경우의 청구항의 보호범위를 예를 들어 살펴보면, 청구항에 기재된 구성요소 A, B, C를 전부 포함하고 나머지 구성요소를 포함하지 않는 A, B, C로 이루어진 침해대상물이 위 청구항의 문언상 보호범위에 속함은 당연하고,

---

1962, 1966 (Fed. Cir. 1989).

15) Catalina Mktg. Int'l v. Coolsavings.com, Inc., 289 F.3d 801, 62 U.S.P.Q.2d 1781 (Fed. Cir. 2002).

16) 대법원 2006. 11. 24. 선고 2003후2072 판결 등.

청구항에 기재된 A, B, C를 전부 포함하고 청구항에 기재되지 않은 구성요소(D와 같은)를 포함한 A, B, C, D로 이루어진 발명도 위 청구항의 문언상 보호범위에 속한다.

다음으로 청구항에 【B】의 '…으로 구성된 것을 특징으로 하는(consisting of)'의 문구가 사용된 경우에는 청구항의 특징부에 기재된 구성요소들이 발명에 필요하고도 충분한 구성요소임을 의미하기 때문에 그 이외의 다른 구성요소는 포함하지 않음을 의미한다. 예컨대, 예컨대 'A, B, C로 구성된 것을 특징으로 하는'이라는 문구가 기재된 발명에 관한 청구항은 구성요소 A, B, C에만 보호범위가 미친다. 이러한 전환부 문구는 주로 화합물, 조성물 합금 등의 청구항에서 사용되고 있다. 이러한 전환부 문구를 사용하면 보호받고자 하는 발명의 범위가 청구항의 특징부에 열거된 구성요소들만으로 제한받게 된다.

이러한 이유로 실무에서는 이러한 문구가 사용된 청구항을 폐쇄형 청구항(closed claim)이라 부른다.

이러한 전환부 문구를 사용한 경우의 청구항의 보호범위를 예를 들어 살펴보면, 청구항에 기재된 구성요소 A, B, C와 동일한 A, B, C로 구성된 침해대상물만이 위 청구항의 문언상 보호범위에 속하게 되고, A, B, C, D로 이루어진 침해대상물은 적어도 위 청구항의 문언상 보호범위에는 속하지 않는다.[17]

마지막으로, 청구항에 【C】의 '본질적(실질적)으로…으로 이루어지는(consisting essentially of)'의 문구가 사용되는 경우가 있다.

실무는 이를 앞서 본 "…을 포함하는 것을 특징으로 하는" 문구와 "…으로 구성된 것을 특징으로 하는" 문구의 중간 형태에 해당하는 것으로 보고 있다.

이러한 문구는 주로 미국에서 실무상 통용되고 있는 전환부 문구로서 청구항에 기재되지 않은 그 밖의 구성요소가 발명의 기본적인 특징에 실질적으로(materially) 영향을 주지 않는 한 이들 구성요소를 포함함을 의미한다. 다만 이에 대해서는 내용이 다소 모호하게 해석될 수 있어 우리 실무는 위 문구를 사용하는 것을 명세서 기재요건에 위반되는 것으로 보고 있다.[18]

이론적으로 볼 때 권리의 보호범위의 폭을 기준으로 보면, 【A】 …을 포함하는 것을 특징으로 하는(comprising, including, having)의 문구를 사용한 청구항의 보호범위가 가장 넓고, 【B】 …으로 구성된 것을 특징으로 하는(consisting of)의 문구를 사용한 청구

---

17) 균등침해나 이용침해 등으로 침해가 성립하는 경우가 있지만 이는 별도로 생각해 볼 문제이다.
18) 대법원 2007. 10. 11. 선고 2007후1442 판결은 명세서의 번역에 따른 청구항 중 '필수적으로 이루어지는(consisting essentially of)'라는 문구의 의미가 불명료하여 기재불비에 해당한다고 하였다.

항의 보호범위가 가장 좁으며, 【C】 (허용 여부는 별론으로 하고) 본질적(실질적)으로 … 으로 이루어지는(consisting essentially of)의 문구를 사용한 청구항의 보호범위는 그 중간이다.

II. 독립항 · 종속항의 의의

1 독립항 · 종속항의 의미 및 구별기준

청구항은 크게 독립청구항(independent claim)과 종속청구항(dependent claim)으로 구별된다. 통상 이를 줄여 독립항, 종속항이라 부른다.

독립항이란 스스로 발명의 기술구성을 모두 가지고 있는 청구항이고, 종속항은 선행하는 어느 특정 항의 모든 구성을 포함하면서 그 항을 기술적으로 한정하거나 그 항에 부가하여 구체화하는 청구항이다.[19] 종속항에서 선행하는 어느 특정 항의 구성을 포함하는 기재방법으로 선행하는 어느 특정 항의 내용을 반복하여 그대로 인용할 수 있고 "제1항에 있어서…"와 같은 방법으로 인용할 수도 있다.

독립항과 종속항의 구분은 단지 청구항의 문언이 나타내고 있는 기재형식에 따라서만 판단하여서는 안 된다. 종속항이 독립항을 한정하거나 그에 부가하고 있더라도 형식적으로 인용하고 있지 않다면 종속항이 아니고, 종속항이 독립항을 형식적으로 인용하고 있더라도 독립항을 실질적으로 한정하거나 부가하지 않고 인용하는 청구항의 일부 구성을 생략하거나 다른 구성으로 바꾼 청구항은 그 기재형식에 불구하고 독립항이다.[20]

---

19) 구 특허법 시행령(1990. 8. 28. 대통령령 제13078호로 개정되기 전의 것) 제2조의3 제1항은 구 특허법 제8조 제4항의 규정에 의한 특허청구의 범위의 기재에 있어서는 발명의 구성에 없어서는 아니되는 사항 중 보호를 받고자 하는 사항을 독립특허청구의 범위(이하 독립항이라 한다)로서 기재하고, 그 독립항을 기술적으로 한정하고 구체화하는 사항을 종속특허청구의 범위(이하 종속항이라 한다)로서 기재하며 이 경우에 필요한 때에는 그 종속항을 기술적으로 한정하고 구체화하는 종속항을 기재할 수 있다고 규정하고 있어 위 구 법 당시 종속항은 인용되는 타 청구항에 기재되어 있는 요소 자체를 보다 기술적으로 한정하고 구체화하는 청구항(이른바 내적부가)만이 이에 해당하였다. 그 후 구 특허법시행령이 1990. 8. 28. 대통령령 제13078호로 개정되면서 제5조 제1항에서 "그 독립항을 한정하거나 부가하여 구체화하는 종속청구항(이하 종속항이라 한다)으로 기재할 수 있다. 이 경우 필요한 때에는 그 종속항을 한정하거나 부가하여 구체화하는 다른 종속항을 기재할 수 있다."라고 하여 새로운 구성요소 추가(이른바 외적부가)도 종속항 기재형식으로 인정되었다.

20) 대법원 2005. 11. 10. 선고 2004후3546 판결은 "이 사건 제2항 내지 제5항 고안은 기재형식에 있어서는 '제1항에 있어서'라는 표현을 사용하여 그 기재형식에 있어서는 마치 이 사건 제1

청구범위의 각 청구항은 상호 독립되어 있기 때문에(청구항의 독립성) 독립항이든 종속항이든 청구항마다 특허요건을 구비하여야 하고 특허가 부여된 이후에는 청구항마다 권리를 행사할 수 있다. 특허권 침해사건에서 침해대상발명이 특허발명의 보호범위에 속하는지도 침해로 주장되는 청구항이 복수라면 청구항마다 침해 유무가 판단된다.

종속항은 독립항의 구성요소를 모두 포함하고 있고 거기에 새로운 기술구성을 한정하거나 그에 부가하여 구체화하고 있기 때문에 독립항의 보호범위보다 상대적으로 더 좁은 보호범위를 가지는 것이 통상적이다. 다만 청구항에 기재된 용어로부터 기술구성의 구체적 내용을 확정하기 어려워 명세서의 다른 기재 및 도면 등을 고려하여 그 용어가 표현하고자 하는 기술구성을 확정한 결과 독립항과 그 종속항의 권리범위가 동일하게 해석될 수는 있다.

법 시행령 제5조는 청구범위의 독립항 및 종속항의 기재방법에 대하여 상세히 규정하고 있다.

2 청구항 차별이론(claim differentiation)

미국 특허 실무에서는 청구범위에 기재된 어느 항이 다른 청구항과 모순되지 않도록 해석하여야 한다는 이른바 청구항 차별이론(claim differentiation)이 있는데 이를 근거로 우리 특허법에서 독립항의 청구범위를 그보다 좁은 종속항과 동등한 것으로 한정하는 해석은 피해야 한다고 주장하는 견해가 있다.

그러나 연방항소법원은, 청구항 차별이론을 내세워 '기능식 청구항으로 기재된 독립항을 명세서의 발명의 설명에 기재된 구성의 등가물로 한정하면 종속항과 보호범위가 동일하게 되므로 그와 같이 해석할 수 없다'라는 특허권자의 주장을 배척하면서, 명세서에 개시된 구성의 등가물로 보호범위를 제한하는 개정 전 미국 특허법 제112조 제6단락[21)][개정 후 특허법 제112조(f)]의 적용을 피할 수 없다고 판단하였다.[22)] 이러한

항 고안의 종속항인 양 기재되어 있으나 고안의 내용에 있어서는 이 사건 제1항 고안의 체결볼트로 체결하는 구성을 생략하고 있으므로 이를 독립항으로 보아야 한다는 상고이유의 주장은 수긍이 된다고 하였고, 대법원 2012. 7. 12. 선고 2011후934 판결은 이 사건 제2항 정정발명은 그 기재형식은 "제1항에 있어서"라는 표현을 사용하여 마치 이 사건 제1항 정정발명의 종속항인 양 기재되어 있으나 그 발명의 내용은 이 사건 제1항 정정발명의 '열융착 방식으로 맞대기 접합'하는 구성을 '초음파 접합'하는 구성으로 바꾸고 있어 이를 독립항으로 보아야 한다고 하였다.

21) "결합발명의 청구항 중의 요소는 그것을 지지하는 구조, 재료 또는 동작을 상세하게 기술함이 없이, 특정의 기능을 달성하는 수단 또는 공정으로서 표현할 수 있다. 그러한 청구항은 명세서에 기재된 대응하는 구조, 재료 또는 동작 내지 그 등가물(equivalents)을 보호하는 것으로서

사정을 고려하면 미국에서도 청구항 차별이론은 절대적인 원칙으로 간주되고 있는 것은 아니고 청구범위를 해석하기 위한 일응의 지침에 지나지 않는 것으로 여겨지고 있다고 보는 것이 타당할 것이다.

우리 실무도 독립항과 이를 한정하는 종속항 등으로 이루어진 청구항의 기술내용을 파악하면서 특별한 사정이 없는 한 광범위하게 규정된 독립항의 기술내용을 독립항보다 구체적으로 한정하고 있는 종속항의 기술구성이나 발명의 설명에 나오는 특정의 실시례로 제한하여 해석할 수는 없다고 한 사례가 있고,[23] 청구범위에 기재된 문언으로부터 기술적 구성의 구체적 내용을 알 수 없는 경우에는 발명의 설명과 도면 등을 보충하여 그 문언이 표현하고 있는 기술적 구성을 확정하여 특허발명의 권리범위를 정하여야 하고, 그 결과 독립항과 그 종속항의 권리범위가 동일하게 된다고 하여도 그러한 해석이 금지되는 것이 아니라고 하여[24] 미국의 실무태도와 별다른 차이가 없다.

해석된다."라고 규정되어 있다.

미국 실무는 여기서 'equivalents'는 명세서의 발명의 설명에 개시된 구조, 재료, 방식에 비추어 해석되는 등가물이어야 하고 등가물 해당 여부는 문언침해 단계에서 판단되는 것이며 명세서에서 명확히 연결, 관련된 구조만이 침해범위에 포함되고 기능의 동일성을 요구하므로 여기서 '등가물(equivalents)'은, 문언침해가 아닌 균등침해에서 기능의 동일성 외에 실질적으로 수행하는 기능(동일, 유사한 기능 포함), 방법, 효과, 치환의 용이성 등의 여러 제반 요소를 종합적으로 평가하여 판단하는 균등론에서 말하는 '균등(equivalents)'과는 다른 개념이다. 즉, 미국의 기능식 청구항에 관한 규정의 'equivalents'는 비본질적인 차이만이 있는 동일한 기능을 하는 대상만을 침해영역으로 끌어들이는 역할을 함과 동시에 명세서에 관련된 구조와 기능이 동일하여야 함을 인정 범위의 한계로 세워 외관상 문언침해에 해당되는 것처럼 보일 수 있는 실질적으로 다른 방법으로 실시됨을 이유로 문언침해에서 배제하도록 하는 역할(역균등론, reverse doctrine of equivalents)을 하기도 한다.

이러한 역할이 제대로 이루어질 수 있도록 Biomedino, LLC v. Waters Techs. Corp., 490 F.3d 946 (Fed. Cir. 2007), Aristocrat Technologies Australia Pty. Ltd v. International Game Technology, 521 F.3d (Fed. Cir. 2008) 등에서 청구항에 기재된 기능식 표현에 대해 명세서에 그 기능을 달성하는 수단 등에 대하여 구체적으로 기재할 의무를 엄격히 부과하고 있고 이를 제대로 기재하지 않으면 기재불비를 이유로 청구항을 무효로 판단하고 있다. 다만, Al-Site Corp. v. VSI Int'l, Inc., 174 F.3d (Fed. Cir. 1999)에서 청구항의 'fastening means'에 관하여 발명의 설명에는 'rivet'과 'button'만이 언급되어 있었고 침해주장발명은 그 'fastening means'가 'adhesive'로 이루어져 있는 경우에 연방항소법원은 이들 요소들이 서로 개정 전 미국 특허법 제112조 제6단락[개정 후 미국 특허법 제112조(f)]의 'equivalents'(등가물)에 해당된다는 1심의 배심원 판단을 수긍하였다.

22) Laitram Corp. v. Rexnord, Inc., 939 F.2d 1533, 19 U.S.P.Q.2d 1367 (Fed. Cir. 1991).

23) 대법원 2007. 9. 6. 선고 2005후1486 판결.

24) 대법원 2008. 7. 10. 선고 2008후57 판결.

제2절 청구범위해석 원칙 및 방법

I. 청구범위해석 원칙

1 청구범위해석의 의의 · 성격

특허출원서에는 발명의 설명 · 청구범위를 적은 명세서와 필요한 도면 및 요약서를 첨부하여야 한다(제42조 제2항). 발명의 설명에는 그 발명이 속하는 기술분야에서 통상의 지식을 가진 사람이 그 발명을 쉽게 실시할 수 있도록 명확하고 상세하게 적어야 하고 그 발명의 배경이 되는 기술을 적어야 한다(제42조 제3항 제1호, 제2호 참조).

발명의 보호범위는 명세서 중 청구범위에 적혀 있는 사항을 중심으로 결정된다(제97조 참조).

청구범위(claims)는 출원서 중 하나인 명세서(specification)에서 특허권의 효력이 미치는 범위를 명확하게 하기 위한 것으로 특허권의 보호범위를 확정하기 위한 기준이 된다. 특허출원에 대하여 특허청이 심사를 하거나 특허무효심판에서 특허발명의 무효 여부를 심리할 때에 주요 심사 대상은 청구범위에 기재된 발명의 과제를 해결하기 위한 수단 또는 기술구성이다.

특허침해소송에서도 실시자에 의해 실시되고 있는 제품 또는 방법이 특허권자의 특허권을 침해하는지를 확정하기 위하여 청구범위에 기재된 발명이 해결하려는 과제, 과제의 해결 수단 또는 기술구성, 발명의 효과를 특정하고 그 보호범위를 확정하여야 한다. 따라서 특허청구범위를 정확히 해석하여 그 발명이 해결하려는 과제, 과제 해결 수단 또는 기술구성, 발명의 효과와 보호범위를 확정하고, 이를 출원 전의 선행발명이나 침해대상 물건 내지 방법의 그것과 비교하는 것은 특허의 유효성을 판단하는 단계나 특허침해 여부를 판단하는 단계는 물론, 정정의 인정 여부나 특허권의 효력이 미치는 범위를 결정하는 등의 작업에서 매우 중요하다.

특허청구범위를 어떻게 해석하는가에 따라 해당 특허발명의 보호범위가 달라지고 이에 따라 특허권의 효력이 미치는 범위가 달라지므로 특허발명에서 청구범위해석은 가장 중요한 논제이다.

청구범위해석은 관련 증거자료를 검토하여 나온 기술수준 및 기술적 표현 등에 관한 사실인정을 기초로 하고, 이러한 사실인정을 통해 법적인 결론을 이끌어 내는 법률

적 판단문제이다.[25)]

2 청구범위해석의 방식

특허실무의 발전에 따라 청구범위 제도가 발생하였는데 청구범위해석 방식과 관련하여 중심한정주의(central claiming)와 주변한정주의(peripheral claiming)의 대립된 방식이 있다. 오늘날은 모든 나라가 청구범위해석 방식을 주변한정주의에 따르고 있어 두 대립된 방식에 대한 논의의 실익이 적지만 이들은 특허법에서 연혁적으로 중요한 의미가 있어 그 내용을 살펴볼 필요가 있다.

중심한정주의는 독일 등 유럽 대륙법 계통의 직권주의 성격이 강조된 청구범위해석 방식으로서 특허청구범위는 발명의 추상적인 사상을 구현한 전형적인 지침에 불과한 것이라고 보고 법원 등이 일반적 발명사상의 추출 등의 방식을 통하여 특허청구범위에 기재된 구체적인 문언뿐만 아니라 이 문언과 일반적으로 또는 실질적으로 발명사상을 같이하는 범위에까지 발명의 보호범위를 확장하는 해석방식이다.

우리나라는 1973. 2. 8. 법률 제2505호로 개정(시행일 1974. 1. 1.)되기 전의 구 특허법 시행 당시까지 청구범위해석에서 중심한정주의를 취하고 있었다. 이에 따라 실무는 특허발명의 범위는 특허청구범위에 기재된 것 뿐 아니라 발명의 설명과 도면의 간단한 설명의 기재 전체를 일체로 하여 그 발명의 성질과 목적을 밝히고 이를 참작하여 그 발명의 범위를 실질적으로 판단하여야 하고, 특허청구범위에 관한 기재에만 구애될 수 없다고 하였었다.[26)] 이러한 해석은 청구범위를 중심으로 보호범위를 정하는 주변한정주의를 취하고 있는 지금의 특허법 하에서는 더 이상 채용할 수 없다.

주변한정주의는 영미법 계통에서 발달된 청구범위해석 방식으로서 주변한정주의에 따르면 발명자가 자신의 발명을 영업비밀로 숨겨놓지 않고 공중에게 공개한 데 대한 반대급부로서 특허권이 부여되는 것으로 보기 때문에 특허발명은 출원서류에 기재되어 공개됨으로써 산업발달 내지는 공중에 기여한 범위 내에서 보호를 받게 된다. 이에 따라 출원인이 기재한 청구범위의 문언이 의미하는 내용대로 특허발명의 보호범위가 결정되어 청구범위 안에서만 발명을 보호하게 된다.

현재 각국의 실무는 주변한정주의에 따라 청구범위해석을 하고 있고 우리나라도 1973. 2. 8. 법률 제2505호로 개정된 특허법 제57조에서 "특허발명의 기술적 범위는 특허출원서에 첨부한 명세서의 특허청구의 범위의 기재내용에 의하여 정한다."라고 규

25) Markman v. Westview Instruments, Inc., 517 U.S. 370 (1996).

26) 대법원 1972. 5. 23. 선고 72후4 판결, 대법원 1973. 7. 10. 선고 72후42 판결 등.

정하고 주변한정주의를 도입하여 지금에 이르고 있다.

이에 따라 실무는 특허발명의 보호범위는 청구범위에 적혀 있는 사항에 의하여 정하여지는 것이 원칙이고, 다만 그 기재만으로 특허발명의 기술적 구성을 알 수 없거나 알 수는 있더라도 기술적 범위를 확정할 수 없는 경우에는 명세서의 다른 기재에 의한 보충 해석은 할 수 있으나, 그 경우에도 명세서의 다른 기재에 의하여 청구범위의 확장 해석은 허용되지 아니함은 물론 청구범위의 기재만으로 기술적 범위가 명백한 경우에는 명세서의 다른 기재에 의하여 청구범위의 기재를 제한 해석할 수 없음을 원칙으로 한다.[27]

이하 그동안 확립된 청구범위해석 원칙의 내용을 살펴보면 아래와 같다.

3 청구범위해석 원칙의 내용

특허청구범위를 해석하기 위한 원칙(방식)은 ① 문언해석 원칙, ② 명세서의 발명의 설명 등 참작 원칙, ③ 출원경과(prosecution history) 참작 원칙, ④ 공지기술 참작 원칙을 내용으로 한다. 구체적인 내용은 아래와 같다.

가. 문언해석 원칙

특허발명의 보호범위는 특허청구범위에 적혀 있는 사항에 의하여 정해진다(제97조). 이처럼 특허청구범위를 해석하면서 청구범위에 기재된 문언을 중심으로 해석하여야 한다는 내용을 문언해석 원칙이라고 한다.

문언해석 원칙은 특허청구범위에 기재되어 있는 사항을 없는 것으로 보아 특허발명의 보호범위를 정할 수 없고 청구범위의 구성요소를 모두 실시하고 있지 않으면 그 침해에 해당하지 않는다는 구성요소 완비의 원칙(all elements rule)에 연결된다.

특허발명 X의 청구범위가 "A+B+C"의 기술구성으로 되어있고 타인이 실시하는 Y 발명이 "A+B"의 기술구성으로 이루어진 경우에, 구성요소 완비의 원칙에 따라 Y 발명은 특허발명 X의 C 구성이 빠져 있으므로 그 보호범위에 속하지 않는다.

문언해석 원칙에 따라 명세서의 발명의 설명에 기재되어 있는 기술일지라도 청구범위에 기재 내지 내재되어 있지 않은 것은 발명의 보호범위에 속하지 않는다.

문언해석의 예로서, 특허발명의 구성요소 중 '원형 또는 다각형의 평면으로 된 돌출판'에서 '원형'은 '둥글게 그려진 모양이나 형상' 또는 '원의 일부로 이루어진 형상'을

27) 대법원 2011. 2. 10. 선고 2010후2377 판결, 대법원 2021. 1. 14. 선고 2017다231829 판결 등.

모두 포함하는 것이 아니라 적어도 전체적으로 보았을 때 단일한 '원'의 형상을 이루고 있는 것을 의미하고, '다각형'은 대부분 직선으로 이루어진 평면도형을 의미하기 때문에 두 개의 원형 일부가 겹쳐지면서 가운데가 오목한 표주박 형상으로서 대부분 곡선으로 이루어진 돌출판은 위 '원형' 또는 '다각형'의 돌출판의 보호범위에 속하지 않는다.[28)]

그리고 특허청구범위는 "A+B+C"의 기술구성으로 이루어져 있고 발명의 설명에는 "A+B+C" 이외에 "A+B" 만으로 또는 "A+B+D"으로 이루어진 기술구성으로 이루어진 기술까지 기재되어 있지만 "A+B" 만으로 또는 "A+B+D"로 이루어진 기술내용은 청구범위에 기재되어 있지 않거나 내재되어 있지도 않은 기술구성이라면 이들 기술구성은 해당 발명의 보호범위에 속하지 않는다. 이 경우 비록 특허권자가 "A+B" 또는 "A+B+D"로 이루어진 기술을 독자적으로 발명하고 이를 발명의 설명에 기재하였더라도 그 기술을 명세서의 특허청구범위에 적지 않은 이상 "A+B" 또는 "A+B+D"로 이루어진 기술은 공중영역(public domain)에 속하게 되고 그것들에 특허발명의 독점권은 생기지 않는다.

한편 청구항 자체가 특정의 청구항에 기재된 용어의 의미에 대하여 중요한 해석의 기준을 제공함은 물론, 그 용어가 청구범위의 다른 청구항에도 사용되고 있는 경우에 그 용어는 통상 특허발명 전체를 통하여 일관되어 해석되어야 하므로, 어느 청구항에 기재된 특정 용어는 다른 청구항에 기재된 같은 용어의 의미를 해석하는 데 영향을 준다.

출원자는 명세서를 작성함에 있어 자기가 선택한 용어를 자유로이 정의할 수 있고 반드시 표준적인 용법이나 사전에 제시된 의미로만 사용할 의무가 있는 것은 아니다.

다만 명세서의 발명의 설명에서 특허청구범위에 기재된 용어가 통상의 의미와는 다른 의미로 사용되고 있음을 별도로 정의하고 있는 경우가 아니라면 기재된 용어는 원칙적으로 통상의 의미, 즉 그 발명이 속하는 기술분야에서 통상의 지식을 가지는 사람이 이해하는 의미로 해석된다.

나. 발명의 설명 등 참작 원칙

청구범위해석을 위하여 명세서의 발명의 설명 또는 도면의 기재 내용 등을 참작하여야 한다는 것이 발명의 설명 등 참작 원칙이다.

특허발명의 보호범위가 청구범위에 적혀 있는 사항에 의하여 정하여진다고 하는

---

28) 대법원 2022. 9. 7. 선고 2021다280835 판결.

것(제97조)이 특허발명의 보호범위가 오로지 청구범위 기재만에 의하여 정해지는 것을 의미하는 것은 아니다. 청구범위 해석은 그 문언 자체에 의해 해석함이 원칙이나 실제로는 청구범위의 기재 자체만으로는 발명의 구성을 전부 알 수 없거나 그것을 알 수 있더라도 기술적 범위를 확정하기 어려운 경우가 많고 그러한 경우에 그 청구범위해석은 아래에서 설명하는 공지기술 등 출원 당시의 기술수준에 근거하여 발명의 설명 및 도면 등을 참고하여 종합적으로 고려할 필요가 있다.

즉, 발명의 설명 및 도면을 비롯하여 출원 당시의 기술수준 등은 청구범위해석을 제대로 하기 위해 항상 고려되어야 한다. 설령 청구항의 의미가 청구항 자체로부터 외관상 명확하다고 보이더라도 정확한 청구범위해석을 위해 청구범위뿐만 아니라 발명의 설명 및 도면 등을 참고할 필요가 있다.

발명의 설명 등을 참작한다는 것은 청구범위에 적혀 있는 문언의 의미를 정확하게 파악하려는 데 있기 때문에 청구범위에 적혀 있는 사항과 발명의 설명 또는 도면의 내용이 서로 모순되는 경우에는 청구범위의 기재 내용이 우선한다.

청구범위에 기재된 용어의 정의와 사용방법과 관련하여 출원서의 명세서에 기재되는 용어는 그것이 가지고 있는 통상의 의미로 사용하고 동시에 명세서 전체를 통하여 통일하여 사용하여야 하므로 하나의 용어가 청구범위나 발명의 설명에 다수 사용된 경우 특별한 사정이 없는 한 동일한 의미로 해석해야 한다.[29)]

다만 출원자가 어떠한 용어를 통상의 의미와는 다른 특정한 의미로 사용하려고 하는 경우에는 그 의미를 별도로 정의하여 기재할 수 있으므로, 이러한 경우에 용어의 의미가 명세서에서 따로 정의된 경우에는 그와 같이 별도로 정의된 내용에 따라 해석한다. 주의할 것은 명세서의 발명의 설명 등을 참작하여 청구범위의 보호범위를 명확히 하는 것과 그것에 기하여 청구범위의 보호범위를 확장하거나 제한하는 것과는 엄격히 구별하여야 한다는 점이다.

관련하여 청구범위해석을 위하여 명세서 등을 참고하는 것과 관련하여, 청구항에 기재된 용어를 해석함에 있어서 판단 자료를 발명의 설명 및 심사경과 등의 내부증거(intrinsic evidence)를 우선하여야 하는지 아니면 기술전문서류 내지 사전, 학술논문 및 전문가 내지 발명가 증언 등의 외부증거(extrinsic evidence)를 우선하여야 하는지가 문제된다.

미국 연방항소법원은 청구항에 기재된 용어가 그 기술분야에서 통상 및 관용적인 의미(ordinary and customary meaning)를 가지고 있다고 보지만,[30)] 나아가 그 통상 및

29) 대법원 2019. 7. 10. 선고 2017다209761 판결 참조.
30) Johnson Worldwide Assocs., Inc. v. Zebco Corp., 175 F.3d 985 (Fed. Cir. 1999).

관용적인 의미를 해석함에 있어서 어떠한 것(내부 증거 또는 외부 증거)을 우선하여야 하는지에 관한 통일된 원칙은 확립되어 있지 않았었다.

대표적인 예로 연방항소법원은 1996년의 Vitronics 사건[31]에서는 명세서 및 심사경과 등의 내부증거를 기초로 해석하여야 한다고 하였지만, 2002년의 Texas Digital 사건[32]에서는 사전이나 증인 등의 외부증거를 기초로 해석하여야 한다고 판결하였다.

구체적으로 근거를 보면, Vitronics 사건에서는 "명세서 및 심사경과는 청구범위에 관한 공적인 기록이고 제3자는 이 공적기록을 검토하여 특허발명의 범위를 확인하고 발명의 범위 이외의 것을 실시할 수 있다. 증언 등의 외부증거는 일반적으로 그리고 특히 전문가 증언은 법원이 청구항을 올바르게 이해하는 데 도움을 줄 수 있는 경우에만 사용할 수 있고, 청구항 문언을 바꾸거나 부정하기 위하여 사용할 수 없다."라고 하였다.

한편 Texas Digital 사건에서는 "특허가 발행된 시점에서 통상 입수할 수 있는 사전, 백과사전, 학술논문은 객관적인 출처이고 청구항 문언이 통상의 기술자에게 이해되는 확립된 의미에 대한 정보를 주는 가장 신뢰할 수 있는 정보원이다. 이들을 외부증거라고 위치지우는 것 자체가 잘못이다. 내부증거에 기하여 청구항의 용어를 해석함으로써 청구항 용어가 가지는 범위가 명세서 기재의 실시례에 한정될 위험성이 있으므로 외부증거에 의하여 판단하여야 한다. 다만 내부증거를 참조한 결과 통상의 의미(예를 들면 사전적 정의)와 모순되는 것이 발견되는 경우에는 사전적 정의는 부정되어야 한다. 청구범위 해석에서 청구항에 사용된 용어의 통상적 및 관용적인 의미가 무엇인가를 결정하기 전에 기술된 명세서나 출원경과를 우선 참조하는 것은 선례에 반한다."라고 하였다.

이와 같이 연방항소법원의 판단은 특허청구범위에 기재된 용어를 정의함에 있어 명세서와 출원경과의 내부증거를 중요시하는 판결과 사전, 학술논문 및 전문가의 증언인 외부증거를 중요시하는 판결로 나뉘어 있었다.

그러던 중 연방항소법원은 Phillips v. AWH Corp. 사건(전원에 의한 대법정판결)[33]에서, Texas Digital 사건에서와 같은 접근 방법(우선 사전을 참조하여 청구항 문언의 '통상의 의미'를 확정한 후에 '통상의 의미'와 다른 의미로 사용되고 있는지 여부를 검토하기 위하여 명세서를 참조한다는 원칙)을 부정하고, 명세서 및 출원경과의 내부증거를 중시하여 청구범위를 해석하는 것으로 정리하였다.[34]

---

31) Vitronics Corp. v. Conceptronics, Inc., 90 F.3d 1576 (Fed. Cir. 1996).

32) Texas Digital Systems, Inc. v. Telegenix, Inc., 415 F.3d 1303 (Fed. Cir. 2002).

33) 415 F.3d 1303, 75 U.S.P.Q.2d 1321 (Fed. Cir. 2005) (en banc).

34) 특허권자(Phillips)가 AWH 회사 등을 특허침해로 제소하였는데 피고 제품의 격벽(baffle)은 외

이러한 청구범위해석에 대한 원칙론은 우리 실무에도 적용될 수 있다.

명세서의 기술용어를 이해 내지 해석함에 있어서 사전류 등에 기재된 정의 또는 설명을 참고하는 것도 필요하지만, 그것으로만 이해 내지 해석하려고 하는 것은 타당하지 아니하고 먼저 해당 발명의 명세서 또는 도면의 기재에 의하여 사용되고 있는 기술용어의 의미 또는 내용을 이해 내지 해석하여야 한다.

특허청구범위에서 사용되고 있는 기술용어가 통상적으로 사용되는 의미와 다르고 그 취지가 명세서의 발명의 설명에 기재되어 있거나 특허청구범위에 기재되어 있는 사항이 불명확하여 이해하기 곤란하고 그것의 의미 내용이 명세서의 발명의 설명에서 명확하게 기재되어 있는 경우에는 이들 용어를 해석함에 있어서 명세서의 발명의 설명을 참작하여야 한다.

다만, 우리 실무의 내용을 전체적으로 살펴보면, 이러한 원칙은 청구범위해석을 위한 엄격한 공식을 확정한 것이라기보다는 특정의 증거가 다른 증거보다 가치가 있는지를 설명하는 것에 그친다고 본다. 따라서 특허청구범위를 해석함에 있어서 명세서가 중요시되기는 하지만 사전의 적절한 사용이 배제되는 것은 아니다. 사전은 일반적으로 이해되고 있는 용어의 의미나 배경기술내용을 이해하는 데 유익하다. 따라서 사전에 나온 정의가 특허발명의 명세서에 기재되어 있는 정의 내용과 모순되지 않는 한, 청구범위해석을 위하여 언제나 자유로이 사전이나 학술논문 등의 자료를 참조할 수 있다.[35]

청구범위에 기재된 문언으로부터 기술적 구성의 구체적 내용을 알 수 없는 경우에 발명의 설명과 도면 등을 보충하여 그 문언이 표현하고 있는 기술적 구성을 확정하여 특허발명의 권리범위를 정한 결과 독립항과 그 종속항의 권리범위가 동일하게 된다고 하여도 그러한 해석이 금지되는 것이 아니다.[36]

벽으로부터 수직으로 연장되어 있었다. 재판에서는 청구항 중의 '스틸제 외벽으로부터 내부로 연장되어 있는 스틸제 격벽'의 해석이 문제로 되었고, 쟁점은 특허발명이 '벽으로부터 수직으로 연장되어 있는 격벽'도 포함하고 있는가 여부였다. 연방항소법원은 전원에 의한 대법정판결에서 청구항 해석을 특허출원의 서류(청구항, 명세서, 출원경과)의 내부증거에 기하여 한다고 하면서, 특허발명의 격벽은 벽으로부터 수직으로 연장되어 있는 격벽도 포함한다고 해석하였다.

35) 우리와 법제가 다른 미국 실무이지만 Teva Pharmaceuticals USA, Inc. v. Sandoz, Inc., 574 U.S. 318, 135 S. Ct. 831 (2015)에서 특허청구범위 해석이 법률상의 문제라고 하면서도 연방항소법원은 특허청구범위의 해석에서 지방법원의 사실인정 판단에 명백히 잘못(clear error)이 없는 한 이를 부정해서는 안 된다는 원칙을 선언하였다. 이는 항소법원은 명백한 잘못이 없는 한 지방법원에서 인정된 사실을 부정할 수 없다고 규정한 연방민사소송규칙 제52조(a)(6)에 기초를 두고 있다.

36) 대법원 2008. 7. 10. 선고 2008후57 판결.

다. 출원경과(prosecution history) 참작 원칙

출원경과 참작 원칙은 청구범위에 기재된 용어 및 기술구성 등을 이해하기 위하여 출원으로부터 특허에 이르기까지 과정에서 출원인이 표시한 의사 또는 특허청이 표시한 견해를 참작한다는 원칙이다.

발명이 특허출원되어 특허권으로 등록될 때까지 출원인이 명세서 등을 보정하고 심사관으로부터의 거절이유통지에 대하여 의견서 등을 제출하는 경우가 있다. 출원인이 해당 발명을 어떻게 인식하고 있었는가는 이들 출원서류 등을 참작할 경우 명확하게 이해되는 경우가 많다. 그래서 특허요건 판단뿐 아니라 권리범위 속부 내지 특허침해 여부와 관련된 소송에서도 특허청에서 등록될 때까지의 출원경과 내용을 살펴보는 것이 필요한 경우가 있다.

다만 출원경과에 나타난 내용으로 청구범위를 제한하여 해석할 수 있다고 하지만, 일반인에게 공개된 명세서 내용보다도 공개되지 않은 자료를 더 우선하여 청구범위를 제한하는 것까지 허용하면 부당한 결과가 될 수 있는 점을 고려할 때 청구범위 해석단계에서 청구범위나 발명의 설명에 전혀 없는 내용을 오로지 출원경과 내용만을 들어 제한해석하거나 변경하여 해석하여서는 아니 된다.

출원경과 참작 원칙은 청구범위의 문언을 해석하기 위하여 사용되지만 침해단계에서 균등론의 적용을 제한하는 출원경과 금반언의 근거[37])로도 사용될 수 있다(특정한 과제 해결 수단 또는 기술구성에 대한 의식적 제외).

출원경과 참작 원칙은 출원과정에서의 출원인 의견 등을 청구범위 해석에서 참작한다는 것으로서 진보성 등 등록판단 단계에서 청구범위의 문언 해석에 적용되어 기술적 의의나 과제 해결 수단, 기술구성을 확정하는 등 청구범위 확장해석을 막는 역할을 하는 반면에, 출원경과 금반언의 원칙은 출원경과 참작 원칙이 특허발명의 효력범위를 정하는 단계에서 청구범위 확장해석을 막거나 균등론 영역 단계에서 균등침해 적용을 제한하는 역할을 하는 것으로[38]) 두 원칙은 적용 국면이 달라 서로 구별하는 것이 바람

---

37) 균등론과 출원경과 금반언과 관련하여 미국 대법원에서의 대표적 판결로 심사절차의 단계에서 보정이 행해진 경우에는 균등론에서 금반언이 적용된다는 추정을 받고 다만 특허권자는 보정의 목적이 특허성과 관련하여 행해지지 않았다는 점을 증명하여 그 추정을 번복할 수 있다고 한 Warner-Jenkinson Co., Inc. v. Hilton Davis Chemical Co., 520 U.S. 17, 41 U.S.P.Q.2d 1865 (1997)와 청구항을 감축하는 보정이 행해진 경우에 보정한 요소를 포기한 것으로 추정하지만 이 추정은 특허권자에 의한 반증에 의하여 번복될 수 있다고 한 Festo Corp. v. Shoketsu Kinzoku Kogyo Kabushiki Co., 535 U.S. 722, 62 U.S.P.Q.2d 1705 (2002)가 있다.

38) 대법원 2002. 6. 14. 선고 2000후2712 판결, 대법원 2003. 11. 13. 선고 2002후2259 판결, 대법원 2003. 12. 12. 선고 2002후2181 판결, 대법원 2004. 11. 26. 선고 2002후2105 판결, 대법원 2004. 11. 26. 선고 2003다1564 판결, 대법원 2006. 6. 30. 선고 2004다51771 판결,

직하다.

특허발명의 출원과정에서 어떤 구성이 청구범위에서 의식적으로 제외된 것인지 여부는 명세서뿐만 아니라 출원에서부터 특허될 때까지 특허청 심사관이 제시한 견해 및 출원인이 출원과정에서 제출한 보정서와 의견서 등에 나타난 출원인의 의도, 보정이유 등을 종합적으로 참작하여 판단한다.

따라서 출원과정에서 청구범위의 감축이 이루어졌다는 사정만으로 감축 전의 구성과 감축 후의 구성을 비교하여 그 사이에 존재하는 모든 구성이 청구범위에서 의식적으로 제외되었다고 단정할 것은 아니고, 거절이유통지에 제시된 선행기술을 회피하기 위한 의도로 그 선행기술에 나타난 구성을 배제하는 감축을 한 경우 등과 같이 보정이유를 포함하여 출원과정에 드러난 여러 사정을 종합하여 볼 때 출원인이 어떤 구성을 권리범위에서 제외하려는 의사가 존재한다고 볼 수 있을 때에 이를 인정할 수 있다.

그리고 이러한 법리는 청구범위의 감축 없이 의견서 제출 등을 통한 의견진술이 있었던 경우에도 마찬가지로 적용된다.[39]

어떤 구성을 권리범위에서 제외하려는 의사는 대부분은 출원과정 등에서 선행기술 관계에서 거절이유통지를 받고 신규성, 진보성이 부정되지 않도록 청구범위를 감축하는 보정 또는 정정을 하거나 의견서 등을 통해 청구범위의 해석에 관한 한정적 주장을 하는 경우에 나타나지만,[40] 기재불비 등 다른 문제를 해결하기 위한 경우[41] 등에도 이루어질 수 있다.[42][43]

대법원 2006. 12. 7. 선고 2005후3192 판결, 대법원 2007. 2. 23. 선고 2005도4210 판결, 대법원 2008. 4. 10. 선고 2006다35308 판결.

39) 대법원 2017. 4. 26. 선고 2014후638 판결, 대법원 2018. 8. 1. 선고 2015다244517 판결 등.

40) 출원발명에 대한 거절이유를 극복하고 특허를 받기 위하여 등의 이유로 한 보정에 관한 사례로는 대법원 2002. 6. 14. 선고 2000후2712 판결, 대법원 2002. 9. 6. 선고 2001후171 판결, 대법원 2003. 12. 12. 선고 2002후2181 판결, 대법원 2006. 6. 30. 선고 2004다51771 판결, 대법원 2006. 12. 7. 선고 2005후3192 판결, 대법원 2007. 2. 23. 선고 2005도4210 판결, 대법원 2008. 4. 10. 선고 2006다35308 판결 등이 있고, 정정에 관한 사례로는 대법원 2004. 11. 26. 선고 2002후2105 판결이 있다.

41) 대법원 2008. 4. 10. 선고 2006다35308 판결 참조. 2006다35308 판결은 "특허출원인이 특허청 심사관으로부터 기재불비 및 진보성 흠결을 이유로 한 거절이유통지를 받고서 거절결정을 피하기 위하여 원출원의 특허청구범위를 한정하는 보정을 하면서 원출원발명 중 일부를 별개의 발명으로 분할출원한 경우 위 분할출원된 발명은 특별한 사정이 없는 한 보정된 발명의 보호범위로부터 의식적으로 제외된 것이라고 보아야 할 것이다."라고 하였다.

42) 구민승, "출원경과 금반언에 의한 균등의 배제 범위", 사법 제41호(2017. 9.), 사법발전재단, 203~204에서 재인용함.

43) 균등침해 성립요건 중 '의식적으로 제외될 것이 아닐 것'이라는 요건에 대하여는 앞의 내용 및 「제6장 특허발명의 보호범위 제1절 특허발명의 보호범위 침해유형 III. 균등침해(균등론) ③ 우

출원경과 참작 원칙이 균등론에서 출원경과 금반언의 근거로 되어 그 적용을 제한하는가에 대하여 미국 연방대법원은 Warner-Jenkinson 사건[44]에서 이를 긍정하였다.

연방대법원은 위 사건에서 특허권자가 청구항 보정에 의해 한정된 구성에 관하여 보정의 목적이 특허성과 관련 없다는 것을 증명하지 못할 경우에 그 보정은 특허성에 관한 실질적인 근거(a substantial reason related to patentibility)에 터 잡아 이루어진 것으로 추정하여 균등론의 적용을 제한한다고 판단하고, 보정 이유를 다시 심리하라는 취지로 환송하였다.

그 후 연방항소법원은 Festo 사건[45]에서 ① Warner-Jenkinson 판결의 '특허성에 관한 실질적인 근거'란 청구항을 감축하는 보정이 신규성 및 비자명성과 관련하여 선행기술을 회피하기 위한 경우뿐 아니라 특허법 소정의 모든 특허요건을 충족하기 위하여 이루어진 경우에도 적용되고, ② 심사관의 거절이유에 대응하여 보정이 이루어진 경우와 자발적인 보정이 이루어진 경우를 똑같이 취급하며, ③ 특허성에 관한 실질적인 근거에 터잡아 보정이 이루어진 것으로 추정되는 법리에 따라 출원서류에 보정 이유를 설명하지 않고 있는 경우에는 해당 보정에 관한 기술구성에 대하여 균등론 적용이 완전히 배제된다[46]는 절대적인 장애사유(complete bar approach)라는 견해를 취하였다.

이에 연방대법원은 Festo 사건의 상고심에서 원심 판단 중 위 ①, ②의 점에 대하여는 동의하였으나, 그중 ③의 점에 대하여는 특허권자가 보정 이유를 기재하지 않았더라도 균등론 적용이 필연적으로 배제된다는 판단은 잘못이라고 하면서, 보정에 의해서 해당기술에 대한 균등론의 적용이 배제될 수 있지만 그것은 절대적인 원칙이 아니

리나라의 균등침해이론(균등론)의 성립요건 및 법리 발전 바. 대법원 2017. 4. 26. 선고 2014후638 판결: 청구범위에서 의식적으로 제외된 구성인지 판단하는 방법 및 적용범위」 부분에서 이미 설명하였다.

44) Warner-Jenkinson Co., Inc. v. Hilton Davis Chemical Co., 520 U.S. 12 (1997).

45) Festo Corp. v. Shoketsu Kinzoku Kogyo Kabusiki Co., 234 F.3d 558 (Fed. Cir. 2000), Festo사는 자석으로 유도되는 막대기가 없는 실린더에 관한 2개의 특허를 보유하고 있었는데 균등론에 따른 특허침해를 이유로 일본 SMC사를 상대로 제소하였다. Festo사가 보유하고 있는 자석으로 유도되는 막대기가 없는 실린더에 관한 2개의 특허는 한 방향으로만 실링 작용을 하는 2개의 실링용 링(sealing rings)과 자화성 물질(magnetizable material)로 제작된 슬리브에 관한 것이지만, 침해주장제품의 대응구성은 쌍방향으로 실링 작용을 하는 1개의 실링용 링과 자화성 물질이 아닌 알루미늄합금의 슬리브로 되어 있었고 위 실링 링이나 슬리브에 관한 내용이 출원과정이나 재심사과정에서 추가된 것이어서 위 사안에서 균등론이 적용되는지 여부 및 출원경과금반언의 원칙에 따라 균등론의 적용이 제한되는지 여부가 쟁점이었다.

46) 다만 연방항소법원은 위 판결에서 출원서류에 한정하여 거기에 특허권자가 해당기술구성에 대하여 이루어진 보정이 특허성과 관계없는 목적으로 이루어진 것이라는 기재가 있다면 균등론을 적용받을 수 있다고 하였지만 이를 증명하는 것은 사실상 불가능하여 위 판결은 실무가로부터 비판을 받았다.

고 특허권자가 보정에 의해서 해당 구성을 포기하지 않았다는 점을 증명하면 해당기술에 대하여 균등론을 적용할 수 있다는 상대적 장애사유(flexible bar approach)임을 선언하면서, 보정으로 한정한 구성을 권리범위로부터 포기하지 않았는지 여부에 대해 다시 심리하라는 취지로 환송하였다.

라. 공지기술 참작 원칙

선행기술 즉 출원 전 공지기술은 해당 기술분야에서 통상의 지식을 가진 자에게 쟁점이 되는 청구항이 어떻게 이해되는지에 대하여 알아보기 위하여 참조될 수 있는데 이를 공지기술 참작 원칙이라 한다.

특허발명의 보호범위를 확정함에 있어서는, 출원 당시의 통상의 기술자에 있어서 기술적으로 자명한 사항, 즉 통상의 기술자라면 당연히 알고 있는 기술상식이라든지 통상의 기술자가 인식하고 있는 주지관용기술을 해석의 판단자료로 활용할 수 있다.

관련하여 청구범위 해석에서 청구항의 구성요소 중 일부가 공지된 경우에 이를 제외하고 침해 여부를 판단하여야 하는지에 관한 부분이 문제가 된다.

특허발명의 구성요소 중 일부가 공지인 경우라 함은 특허발명을 구성하는 구성요소의 일부가 공지된 선행발명에 존재하는 경우를 말한다. 예컨대 구성요소 "A+B+C"로 이루어진 하나의 발명에서 구성요소 A, B, C 중 어느 하나가 공지인 경우를 「발명의 구성요소 일부 공지(내지 요소 공지)」라 하고, 이는 구성요소 A가 a1+a2로 이루어진 특허발명에서 a1이 공지인 「발명의 일부 공지(내지 부분 공지)」[47]와 구별된다.

특허발명의 구성요소 전부가 공지인 경우로서 등록된 특허발명이 그 출원 전에 국내에서 공지되었거나 공연히 실시된 발명으로서 신규성이 없는 경우에는 그에 대한 등록무효심판이 없어도 그 권리범위가 부정된다.[48]

청구항의 구성요소 중 일부가 공지된 경우에 이를 제외하고 침해 여부를 판단하여야 하는지도 문제가 된다.

권리범위 판단의 일반론으로, "어느 발명이 특허발명의 권리범위에 속하는지를 판

47) 예를 들어 특허청구항에는 '산(酸)과 반응시킨다'라고 기재되어 있는데, 염산과 반응시키는 기술이 공지된 경우, 특허청구항에 송진 또는 와셀린을 사용하는 것을 특징으로 하는 땜납용제라고 기재되어 있는데 그중 와셀린을 사용하는 기술이 공지된 경우, 화학발명에서 특허청구항에 일반식의 치환기가 X가 C_1~C_5인 화합물이 기재되어 있는데 공지된 선행발명에 동일한 일반식의 치환기 X가 C_5인 화합물이 존재하는 경우 등이다. 종래의 소위 공지기술제외설의 적용대상이 되었던 영역이다.

48) 대법원 1983. 7. 26. 선고 81후56 전원합의체 판결, 대법원 2003. 1. 10. 선고 2002도5514 판결, 대법원 2009. 9. 24. 선고 2007후2827 판결 등 참조.

단하기 위하여는 먼저 특허발명의 특허청구범위를 기준으로 그 권리범위를 확정하여야 하고, 이를 확정함에 있어서는 공지공용의 기술은 그것이 신규의 기술과 유기적으로 결합된 것이 아니면 권리범위에서 제외하여야 한다."라고 판시한 대법원 판례가 다수 있는데,[49] 실무상 일부 구성요소가 공지된 경우 이를 제외하고 침해 여부를 판단할지에 관하여 혼돈을 가져온 것은 위와 같은 대법원 판례들의 일반론 때문이었다.

이러한 일반론을 설시한 대법원 판례들은 대법원 1983. 7. 26. 선고 81후56 전원합의체 판결 등[50]의 "등록된 특허의 일부에 그 발명의 기술적 효과 발생에 유기적으로 결합된 것이 아닌 공지사유가 포함되어 있는 경우 그 공지부분에까지 권리범위가 확장되는 것은 아닌 이상"이라는 판시를 잘못 이해하고 따른 것으로 보이는데, 위 전원합의체 판결은 특허발명이 전부 공지되어 신규성이 없는 경우에 관한 사안이고, 그 판시도 특허발명에 공지사유가 포함되어 있는 경우 그 부분에까지 특허발명의 권리범위를 확장하는 것을 막기 위한 것이어서 공지된 구성요소를 제외하고 권리범위에 속하는지 여부를 판단하여야 한다는 취지로 이해하여서는 아니 된다. 다만, 특허발명의 특허청구범위가 일부 구성요소를 선택적으로 기재하고 있는 경우에는 그 선택적으로 기재되어 있는 특허발명 중 일부가 공지되어 신규성이 없을 수가 있는데, 그와 같이 신규성이 없는 특허발명의 권리범위는 인정될 수 없으므로, 공지공용의 기술을 권리범위에서 제외하는 대법원 판례들의 일반론이 이러한 경우를 판시한 것으로 볼 수도 있으나, 그 경우에도 공지되어 신규성이 없는 특허발명은 그 권리범위를 인정할 수 없어서 확인대상발명이 그 권리범위에 속하지 않는 것이지, 그 공지된 부분을 특허발명의 권리범위에서 제외하는 것은 아니므로, 권리범위에서 제외한다는 표현은 적절하지 않다.[51]

결국 특허발명의 청구항을 복수의 구성요소로 구성한 경우에는 그 각 구성요소가 유기적으로 결합한 전체로서의 기술사상을 보호하는 것이지 각 구성요소를 독립하여 보호하는 것은 아니므로, 특허발명에서 유기적으로 결합한 구성요소 중 일부가 공지되었다고 하더라도 확인대상발명이 특허발명의 권리범위에 속하는지 여부를 판단함에 있

---

49) 대법원 2001. 3. 27. 선고 2000후1016 판결, 대법원 1997. 11. 28. 선고 97후266 판결, 대법원 1997. 11. 11. 선고 96후1750 판결, 대법원 1997. 7. 22. 선고 96후1989 판결, 대법원 1996. 11. 26. 선고 95후1777 판결, 대법원 1996. 11. 26. 선고 96후870 판결, 대법원 1996. 11. 12. 선고 96다22815 판결, 대법원 1996. 2. 23. 선고 94후1176 판결, 대법원 1990. 9. 28. 선고 89후1851 판결 등.

50) 대법원 1991. 9. 24. 선고 90후2409 판결, 대법원 1990. 8. 28. 선고 89후2120 판결, 대법원 1988. 1. 19. 선고 87후68 판결, 대법원 1987. 9. 8. 선고 86후99 판결, 대법원 1986. 7. 22. 선고 85후50, 55 판결, 대법원 1984. 7. 10. 선고 81후60 판결 등도 유사한 취지이다.

51) 위 두 단락 부분은 한국특허법학회 편, "특허침해 여부 판단에서 공지된 구성요소를 제외하여야 하는지", 개정판 특허판례연구, 박영사(2012), 498~499(박정희 집필부분) 참조.

어서 그 공지된 부분을 제외하고 판단하여서는 아니 된다.[52]

II. 청구범위해석 방법: 과제의 해결 수단 또는 기술구성의 확정, 확장 · 보충 · 제한해석

'명세서의 발명의 설명 등의 참작 원칙'에서 명세서 중 발명의 설명 등을 참작하여 특허청구범위의 보호범위를 보충하여 명확히 하는 것과 그것에 기하여 청구범위의 보호범위를 확장, 제한하는 것과는 엄격히 구별하여야 한다.

청구항 문언을 적절하고 필요하게 해석하기 위하여 발명의 설명과 도면 등을 보충하여 참작하는 것은 항상 허용되지만,[53] 발명의 설명 등으로부터 청구항을 한정하거나 확장하는 것은 허용되지 않는다.[54][55] 다만, 이들의 경계선이 애매하여 실제문제에 들어가면 이를 명확히 구별하기 어려운 경우가 있다.

실무에서 청구범위를 해석함에 있어, 등록단계 판단 시와 침해단계 판단 시 청구범위 해석을 달리하여야 하는지 문제된다(이른바 청구범위해석에 관한 일원론과 이원론).

특허청구범위는 특허로부터 부여되는 배타적 권리범위를 정하는 기준이고 청구범위해석에 의하여 무효 및 침해 여부가 결정되므로 특허청구범위해석은 원칙적으로 특허의 유효성 판단 시나 권리침해 판단 시 모두 동일하게 이루어짐이 바람직하다(원칙적 일원론).

다만 심사단계 또는 등록무효 소송단계에서의 청구범위해석 문제와 권리범위 속부 내지 특허침해 여부 소송에서의 청구범위해석 문제를 완전히 동일선상에서 평가할 수 없는 점이 있음을 부정할 수 없다.

즉 거절결정에 대해 불복하여 제기된 사건이나 등록무효사건에서는 청구범위의 보정이나 정정 제도를 무의미한 것으로 하지 않도록 하기 위하여 청구범위가 공지기술을

---

52) 대법원 2006. 11. 9. 선고 2005후1127 판결 등.

53) 대법원 2001. 10. 12. 선고 99후1348 판결, 대법원 2005. 11. 25. 선고 2004후3478 판결, 대법원 2006. 12. 22. 선고 2006후2240 판결, 대법원 2007. 11. 29. 선고 2006후1902 판결, 대법원 2008. 7. 10. 선고 2008후57 판결, 대법원 2009. 10. 15. 선고 2009다19925 판결, 대법원 2011. 5. 26. 선고 2010다75839 판결.

54) 대법원 1992. 6. 23. 선고 91후1809 판결, 대법원 2003. 5. 16. 선고 2001후3262 판결.

55) 유럽특허조약(EPC) 제69조 제1항도 "유럽특허 또는 유럽특허출원에 의하여 부여되는 보호 범위는 특허청구범위의 문언에 의하여 정해진다. 다만, 명세서 및 도면이 청구범위를 해석하기 위하여 사용될 수 있다."라고 규정하고 있다. Smithkline Diagnostics, Inc. v. Helena Laboratories Corp., 859 F.2d 878 (Fed. Cir. 1998)에서 연방항소법원은 청구항은 특허의 유효성 및 침해 해석의 양면에서 동일한 의미가 주어지고 해석되어야 한다고 판단하였다.

포함하고 있는 등 등록될 수 없는 무효사유를 내포하고 있는 경우에 명세서의 발명의 설명에 언급이 없다고 하여 권리범위를 한정하여 줌으로써 일부러 특허권을 유효로 하여 줄 필요는 적을 것이다. 이러한 점은 특허청에서 이루어지는 심사단계(즉 특허 부여단계)에서 더욱 강하게 나타난다.[56] 특허청이 출원된 특허발명을 심사하는 목적은 심사과정에서 출원인에게 엄격한 책임을 부과함으로써 특허청구범위의 명확성을 촉진하기 위함이다. 특허청구범위에 공지기술을 포함하고 있거나 명세서에 기재불비가 있음에도 특허청이 공지기술을 제외시키거나 기재불비가 되지 않는 범위 내로 선해하여 발명의 과제 해결 수단 또는 기술구성을 그대로 확정하여 준다면 이는 출원인이 표시한 의사를 심사하는 측에서 임의로 내용을 변경하는 것을 허용하는 결과가 되고, 명세서에 기재불비가 있거나 특허요건을 구비하지 못한 발명이 특허되는 불합리한 결과가 발생한다.[57]

그 반면에 권리범위확인소송이나 특허침해소송에서는 특허청구범위에 다툼이 있는 경우 법원은 권리자가 발명한 것이 무엇인지, 즉 청구항의 정확한 경계를 결정하기 위한 모든 노력을 기울여야 하고 그 과정에서 명세서의 발명의 설명에 의하여 지지되

---

56) 연방항소법원은 Phillips v. AWH Corp., 415 F.3d 1303 (Fed. Cir. 2005)에서 미국 특허상표청(The Patent and Trademark Office, PTO)이 '출원심사단계'에서 청구항 언어만을 기초로 하는 것이 아니라 통상의 기술자에 의하여 해석될 수 있는 명세서의 관점에서 가장 넓은 합리적인 해석(broadest reasonable construction in light of the specification)에 기초하여 특허출원의 청구범위를 결정하고 있는 실무관행을 인정하고 있다.
연방대법원도 Cuozzo Speed Technologies, LLC v. Lee, No. 15-446, 579 U.S. ___ (2016) 등에서 특허청이 청구범위를 "broadest reasonable construction."의 기준으로 판단하는 실무를 수긍하고 있다. 비록 In re Donaldson Co., 16 F.3d 1189 (Fed. Cir. 1994)에서 기능식 청구항에 대한 개정 전 미국 특허법 제112조 제6단락[개정 후 특허법 제112조(f)]에 관하여 법원에서의 유효성 및 침해의 판단과 특허청에서의 특허성의 판단과를 구별하지 않아야 하므로 출원심사단계에서도 똑같이 적용되어야 한다는 취지로 판단한 것이 있으나, 그 전·후의 다수 판례를 검토하여 보면 법원은 기능식 청구항 이외에는 대체로 특허청이 청구범위 용어를 가장 넓게 해석하는 실무관행 자체는 문제 삼고 있지 않고 그에 따른 거절결정이 '합리적'(reasonable)인 해석에 따른 것인지 여부에 판단의 무게중심을 두는 경향에 있는 것으로 보인다. In re Zletz, 893 F.2d 319 (Fed. Cir. 1989), In re Morris, 127 F.3d 1048 (Fed. Cir. 1997), In re Am, Acad. of Sci. Tech Ctr., 367 F.3d 1359 (Fed. Cir. 2004) 등 참조.

57) 심사절차의 이러한 특성은 미국의 특허출원심사에도 나타난다. 예컨대 미국 특허청은 특허출원에 대한 비자명성(진보성에 대응) 여부를 심사하면서 'prima facie test' 이론과 'broadest reasonable interpretation' 해석이론을 적용하고 있는데 이는 침해소송이나 등록무효소송에서는 적용되지 않는다. 이러한 연유로 미국의 실무가들도 특허청의 특허를 받을 수 있는지 여부의 판단과 법원의 특허가 유효한지 여부의 판단방법 등이 서로 달라 그로 인한 차이가 실제로 구체적인 사건에서 결과적으로 서로 다른 결론이 나올 수 있다는 점을 인식하고 있다. Martin J. Adelman외 2인 공저, Patent Law in a nutshell(second edition), WEST(2012), 214~215.

지 않은 넓은 청구범위를 한정하여 해석하고 그 범위의 기술을 실시하여도 권리범위에 속하지 않거나 침해 또는 비침해로 결론을 이끌어 내는 것이, 특허청구범위가 가지고 있는 제3자에 대한 공시기능이나 공지기술수준, 출원심사과정 및 법적 안정성 등의 관점에 비추어 볼 때 필요한 경우가 있다.

특허요건 판단에서 발명의 과제 해결 수단 또는 기술구성의 실체를 확정함에 있어 특허청구범위에 기재된 문언을 중심으로 하여 판단(이 경우에도 발명의 이해를 위해 발명의 설명의 기재를 참작하여야 함은 물론이다)하는 데에 중점이 두어져 있는 반면에, 특허침해 단계에서 특허발명의 권리범위 또는 보호범위를 판단함에 있어서는 특허권자와 특허권자의 특허권을 침해하였다고 주장하는 상대방과 사이의 침해 여부를 판단함에 있어서 특허권자가 실제로 발명하여 가지는 특허권의 대상인 발명의 실질적 가치가 있는 부분에 대하여 인정되는 권리를 전제로 하고 침해자의 실시태양을 고려하여 판단하여야 함이 그 판결의 정당성 확보에 필수적이다.

저자는 청구범위 해석에서 원칙적으로 일원론의 입장을 취하고 있고 다만 예외적으로 권리범위 속부 및 침해단계에서 균등론을 인정하여 청구범위를 확장하거나 청구범위를 문언 그대로 해석하는 것이 명세서의 다른 기재에 비추어 보아 그 발명의 실질적 가치의 보호를 넘는 결론에 이르러 명백히 불합리할 때에는 출원된 기술사상의 내용, 명세서의 다른 기재, 출원인의 의사 및 제3자에 대한 법적 안정성을 두루 참작하여 특허권의 보호범위를 제한 해석할 수 있다는 견해이다.[58] 이에 따라 권리범위 내지 침해판단의 특성상 그러한 경우의 청구범위해석이 특허요건 판단 시(특히 특허 부여 판단 시)의 청구범위해석과 비교할 때 '결과만 놓고 볼 때는' 다소 차이가 날 수 있다. 여기서 저자가 '결과만 놓고 볼 때'라는 문구를 적은 이유는 그 '외견상 예외'로 보이는 상황이 침해소송의 특성에서 오는 차이일 뿐이고 본질적으로 청구범위해석론 자체의 논리 차이라고 할 수 없기 때문이다(즉 그 차이가 두 단계에서의 청구범위해석의 본질적인 차이에서 발생하는 것이라고 보기 어렵다).

한편 대법원 2012. 1. 19. 선고 2010다95390 전원합의체 판결은 특허침해소송에서 특허발명이 진보성 없음을 이유로 하는 권리남용의 항변을 인정하였는데,[59] 위 항변은 공지기술에 대하여 권리행사를 부정한다는 이른바 '공지기술제외설'[60]과 역할 내

58) 대법원 1998. 4. 10. 선고 96후1040 판결, 대법원 2009. 4. 23. 선고 2009후92 판결 등
59) 다만 대법원 2014. 3. 20. 선고 2012후4162 전원합의체 판결 [권리범위확인(실)]에 의해 특허권의 권리범위확인사건에서는 위 법리는 적용되지 않고 등록무효 여부를 심리, 판단할 수 없음에 유의한다.
60) 이른바 공지기술제외설은 실무에서, 상위개념으로 기술되어 있는 특허청구범위에 포섭된 하위개념의 일부에 공지부분이 존재하는 경우에 이를 권리범위로부터 제외하고 고려한다는 것으로

지 기능이 공통되므로, 공지기술이 포함된 청구항에 대한 침해판단에 관한 한 그 동안 권리행사를 부정하기 위하여 침해소송에서 적용하여 왔던 '공지기술제외설에 따라 특허를 유효로 인정하면서 청구항을 제한해석하는' 어정쩡한 태도를 유지할 필요는 없어졌다. 이 경우 법원은 위와 같은 권리남용 항변에 따라 정정이 이루어지지 않는 한 특허무효 여부를 판단할 수 있게 되었기 때문이다. 다만 대법원의 위 권리남용 법리에 따라 원고가 방어를 위하여 정정을 하려해도 신규사항 추가금지라는 요건 때문에 정정을 할 수 없게 되는 상황이 발생할 수 있으므로[61] 앞으로도 공지기술제외설을 전혀 무시하기는 어려운 상황이다. 이러한 문제는 기능식 청구항 등의 청구범위 해석에 있어서도 마찬가지이다.

따라서 이러한 상황변화를 인식하면서 등록무효 소송단계에서의 청구범위해석 문제와 권리범위 속부 내지 특허 침해 여부 소송에서의 청구범위해석을 일관성을 유지하면서 어떻게 조화롭게 운용하는가가 중요한 과제로 된다.[62]

한편, 청구범위 해석론과 관련하여 저자는 이전부터 일관되게, 청구범위 해석론에서 원칙적으로 일원론의 입장을 취하고 있고 구체적인 사건의 내용이나 속성 등에 따라 결론에서 다소 달리 판단될 수 있다는 견해를 취하고 있음에도 저자의 견해와는 달리 일부 논문 등에서 저자가 마치 청구범위 해석론에서 원칙적으로 이원론의 입장을 취하고 있는 것처럼 잘못 설명하고 있는 경우가 있다.[63]

이해하는 것이 일반적이다.

61) 예를 들면 대법원 2014. 2. 27. 선고 2012후3404 판결 참조.

62) 등록무효 소송단계에서의 청구범위해석 문제와 권리범위 속부 내지 특허침해 여부 소송에서의 청구범위해석에서 차이를 둘 것인지 여부가 문제되는 다른 예의 대표적인 것으로 프로덕트 바이 프로세스 청구항을 둘러싼 해석방법에 차이를 둘 것인지 인데 이 부분에 관한 대법원의 명시적인 판단이 없었다가 대법원 2015. 2. 12. 선고 2013후1726 판결 [권리범위확인]에서 대법원 2015. 1. 22. 선고 2011후927 전원합의체 판결 [등록무효(특)]에서 판시한 프로덕트 바이 프로세스 청구항(제조방법 기재 물건 청구항)에 대한 청구범위 해석법리를 특허침해 단계에서 그 특허발명의 권리범위에 속하는지 여부를 판단하면서도 마찬가지로 적용하되, 다만 이러한 해석방법에 의하여 도출되는 특허발명의 권리범위가 명세서의 전체적인 기재에 의하여 파악되는 발명의 실체에 비추어 지나치게 넓다는 등의 명백히 불합리한 사정이 있는 경우에는 그 권리범위를 특허청구범위에 기재된 제조방법의 범위 내로 한정할 수 있다고 판단하였다.

63) 저자의 의사와는 다르게 분류하여 설명하고 있는 예로는 강경태, "청구범위해석의 체계", 특별법연구 제11권 특별소송실무연구회, 사법발전재단(2014) 608~609, 손천우, "제조방법이 기재된 물건(Product by Process) 청구항의 특허침해판단에서의 해석기준", 사법 36호, 사법발전재단(2016), 240 등이 있다. 저자가 이해하기로는 위 "청구범위해석의 체계" 논문에서 청구범위 해석에서 이원론을 취하고 있다고 분류되어 있는 견해들 중 牧野利秋의 견해만이 이원론에 해당하는 것이고, 나아가 우리나라에서 그와 같은 이원론의 입장을 취하고 있는 견해는 없는 것으로 알고 있다. 즉 우리나라에서 청구범위 해석에서 위와 같은 이원론을 지지하는 분은 사실상 없다고 봐도 무방할 정도이다.

구체적인 사건에서 특허 유효 여부 판단과 특허 침해 판단에서의 청구범위 해석이 결과적으로 다소 다르게 되는 이유에는 여러 가지가 있는데 그 이유를 세심하게 살펴보지 않고 그와 같이 결과적으로 결론이 다르게 될 수 있음을 언급하고 있다는 사정만으로 곧바로 그러한 논의를 청구범위 해석에서 이른바 이원론으로 분류해 버리는 것은 매우 적절하지 않은 처사이다.

예를 들어 미국 실무는 특허 유효 여부 판단과 특허 침해 판단에서의 청구범위 해석이 원칙적으로 일치하고 예외적으로 product by process claim(제조방법 기재 물건 청구항)의 경우에는 두 단계에서의 청구범위 해석을 다르게 운용하고 있는데(그 내용에 대해서는 후술함), 이와 같이 product by process claim(제조방법 기재 물건 청구항)의 경우에 특허 유효 여부 판단과 특허 침해 판단에서의 청구범위 해석을 다르게 하고 있는 이유는 (저자가 보기에는) 실무관행에 주된 근거가 있는 것으로 보일 뿐 아니라 두 판단에서의 해석론이 다르다는 사정만으로 미국 내 어느 누구도 미국 실무가 청구범위 해석론에서 일원론이 아닌 이원론을 취하고 있다고 설명하고 있지 않다.

다시 한 번 강조하거니와 저자도 특허청구범위해석에서 원칙적으로 특허의 유효성 판단 시나 권리침해 판단 시 모두 동일하게 이루어짐이 바람직하다는 입장(원칙적 일원론)에는 변함이 없다.

III. 기능적 표현이 있는 청구항 · 제조방법 기재 물건 청구항의 청구범위해석

1 청구범위에 기능적 표현(means plus function)이 있는 경우(기능식 청구항)

가. 청구범위에 기능적 표현이 있는 청구항의 의의 · 관련 규정

청구범위 전체가 기능적 표현으로 되어 있는 경우에 과거에는 발명의 과제가 어떠한 수단과 방법, 구조로 구체적으로 달성되는지에 대한 기술적 과제 해결수단이 명확히 제시되어 있지 않는다는 이유로 청구범위를 기능적 표현으로 기재하는 것이 허용될 수 없다는 견해가 있었지만, 오늘날은 청구범위 전체가 기능적 표현으로 기재되어 특허발명의 구성이나 보호범위를 명확히 할 수 없는 사정이 없는 한 그 기재를 허용하고 있다.[64]

---

64) 대법원 1998. 10. 2. 선고 97후1337 판결, 대법원 2007. 9. 6. 선고 2005후1486 판결. 관련하여 대법원 2012. 11. 15. 선고 2011후1494 판결도 "확인대상발명의 구성이 기능, 효과, 성

특허법도 이미 2007. 1. 3. 법률 제8197호로 개정된 특허법에서 개정 전 특허법 제42조 제4항 제3호65)를 삭제하고 제42조 제6항으로 "제2항 제4호의 규정에 따른 특허청구범위를 기재할 때에는 보호받고자 하는 사항을 명확히 할 수 있도록 발명을 특정하는 데 필요하다고 인정되는 구조·방법·기능·물질 또는 이들의 결합관계 등을 기재하여야 한다."는 규정을 신설하였다.66)

청구범위에 기능적 표현이 기재되어 있다고 함은 청구항에 구조가 아닌 기능, 효과, 성질 등에 의하여 발명을 특정하는 내용이 기재되어 있음을 말한다. 다만 청구범위에 외견상 기능적 표현으로 된 용어를 사용한 것처럼 보이더라도 출원 당시 기술수준으로 보아 그 발명의 기술분야에서 통상의 지식을 가진 사람이 청구범위 기재 자체만으로 그 용어에 대한 기술구성을 명확히 이해할 수 있다면 기능적 표현이 있는 청구항에 해당하지 않는다.67)

나. 청구범위에 기능적 표현이 있는 경우(기능식 청구항)의 청구범위해석

1) 청구범위해석 원칙

청구범위 중 일부에 기능적 표현(means plus function)이 기재된 경우, 이를 강학상 기능식 청구항이라고 부르고 있는데 기능식 청구항에 대하여는 일반적인 청구항과 구별하기 위해 그것을 특수한 청구항 기재 유형으로 따로 구분하는 견해도 있지만, 실무는 아래에서 보듯이 청구범위 해석방법에서 일반적인 청구항과 별다른 구분을 하지 않는 경향이다.

■ 등록단계 및 침해단계 공통의 해석

특허출원된 발명이 제29조 제1항, 제2항에서 정한 특허요건, 즉 신규성과 진보성이 있

질 등의 이른바 기능적 표현으로 기재되어 있는 경우에는, 그 발명이 속하는 기술분야에서 통상의 지식을 가진 사람이 확인대상발명의 설명서나 도면 등의 기재와 기술상식을 고려하여 그 구성의 기술적 의미를 명확하게 파악할 수 있을 정도로 기재되어 있지 않다면, 특허발명과 서로 대비할 수 있을 만큼 확인대상발명의 구성이 구체적으로 기재된 것으로 볼 수 없다."라고 한다.

65) "④ 제2항 제4호의 규정에 의한 특허청구범위에는 보호를 받고자하는 사항을 기재한 항(이하 청구항이라 한다)이 1 또는 2 이상 있어야 하며, 그 청구항은 다음 각호에 해당하여야 한다. 1. 발명의 상세한 설명에 의하여 뒷받침될 것 2. 발명이 명확하고 간결하게 기재될 것 3. 발명의 구성에 없어서는 아니되는 사항만으로 기재될 것"

66) 제42조 제6항은 2014. 6. 11. 법률 제12753호로 개정되면서 문구가 "제2항에 따른 청구범위에는 보호받으려는 사항을 명확히 할 수 있도록 발명을 특정하는 데 필요하다고 인정되는 구조·방법·기능·물질 또는 이들의 결합관계 등을 적어야 한다."로 되었다.

67) 대법원 2009. 7. 23. 선고 2007후4977 판결.

는지를 판단할 때에는, 특허출원된 발명을 같은 조 제1항 각 호에서 정한 발명과 대비하는 전제로서 그 발명의 내용이 확정되어야 한다.

특허청구범위는 특허출원인이 특허발명으로 보호받고자 하는 사항이 기재된 것이므로, 발명의 내용 확정은 특별한 사정이 없는 한 특허청구범위에 기재된 사항에 의하여야 하고 발명의 설명이나 도면 등 명세서의 다른 기재에 의하여 특허청구범위를 제한하거나 확장하여 해석하는 것은 허용되지 않으며, 이러한 법리는 특허출원된 발명의 특허청구범위가 통상적인 구조, 방법, 물질 등이 아니라 기능, 효과, 성질 등의 이른바 기능적 표현으로 기재된 경우에도 마찬가지이다.

따라서 특허출원된 발명의 특허청구범위에 기능, 효과, 성질 등에 의하여 발명을 특정하는 기재가 포함되어 있는 경우에는 특허청구범위에 기재된 사항에 의하여 그러한 기능, 효과, 성질 등을 가지는 모든 발명을 의미하는 것으로 해석하는 것이 원칙이나, 다만, 특허청구범위에 기재된 사항은 발명의 설명이나 도면 등을 참작하여야 그 기술적 의미를 정확하게 이해할 수 있으므로, 특허청구범위에 기재된 용어가 가지는 특별한 의미가 명세서의 발명의 설명이나 도면에 정의 또는 설명이 되어 있는 등의 다른 사정이 있는 경우에는 그 용어의 일반적인 의미를 기초로 하면서도 그 용어에 의하여 표현하고자 하는 기술적 의의를 고찰한 다음 용어의 의미를 객관적, 합리적으로 해석하여 발명의 내용을 확정하여야 한다.68)

■ 침해단계에 특유한 권리범위 제한 법리

특허발명의 권리범위는 특허발명출원서에 첨부한 명세서의 특허청구범위에 기재된 사항에 의하여 정하여지고, 청구범위의 기재만으로 기술적 범위가 명백한 경우에는 원칙적으로 명세서의 다른 기재에 의하여 청구범위의 기재를 제한 해석할 수 없지만, 청구범위에 포함되는 것으로 문언적으로 해석되는 것 중 일부가 발명의 설명의 기재에 의하여 뒷받침되고 있지 않은 경우 등과 같이 청구범위를 문언 그대로 해석하는 것이 명세서의 다른 기재에 비추어 보아 명백히 불합리할 때에는, 출원된 기술사상의 내용과 명세서의 다른 기재 및 출원인의 의사와 제3자에 대한 법적 안정성을 두루 참작하여 특허발명의 권리범위를 제한 해석할 수 있다.69)

---

68) 대법원 2009. 7. 23. 선고 2007후4977 판결, 대법원 2020. 8. 27. 선고 2017후2864 판결.

69) 대법원 2009. 4. 23. 선고 2009후92 판결 [권리범위확인(실)]. 청구항에 기재된 폐축산투입수단의 구성은 '개방구(14)를 통해 폐축산을 증기드럼(10) 내부에 투입시키는 폐축산투입수단(40)'으로 한정되어 있으나, 기능적 표현으로서 그 용어 자체만으로는 기술적 구성의 구체적인 내용을 알 수 없으므로 그 고안의 상세한 설명과 도면 등을 참작하여 이를 해석하여야 한다고 설시한 다음, 발명의 설명에 ....(중간 생략)...와 같이 기재된 내용 이외의 구성에 대한 구체적

2) 실무상 청구범위 기재에 기능적 표현이 있는 경우 청구범위해석 사례

가) 기능, 효과, 성질 등을 가지는 모든 발명을 의미하는 것으로 해석하고 명세서의 발명의 설명에 기재된 기술구성으로 제한해석하지 않은 사례

이에 해당하는 사례로는 ① '결속구' 구성이 청구범위에서 어떠한 한정을 하지 않아 명세서 상의 도면에 나타난 구성에 한정되는 것이 아니라고 한 것,[70] ② 청구범위 중 '착용자의 둔부에서 탄력성을 제공하는'이라는 작용 내지 기능에 의하여 한정되어 있는 '측면부재'는 이러한 작용 내지 기능을 하는 구성을 모두 포함한다고 한 것,[71] ③ 청구범위 중 '지지부재'에 대하여 겔과 함께 접착되어 도체를 보호할 수 있는 구조가 한정되어 있지 않은 부재라고 한 것,[72] ④ 특허발명의 청구항 구성요소 5-5는 단말장치로 된 '평가자 단말기'에서 '답변 정보 중 정확한 답변을 평가하는' 반면, 선행발명 9의 대응구성은 처리 서버내의 '답변 채택부'에서 '답변 정보 중 전문가에 의한 답변, 일정 용량 이상의 답변 등 신뢰할 수 있는 답변을 채택하는' 점에서 차이가 있으나 특허발명의 명세서 중 발명의 설명에는 발명의 구성요소 5-5에 관하여 어떻게 평가자를 구성할 것인지, 어떤 답변을 정확한 답변으로 평가하는지에 관하여 구체적인 실시 구성이 전혀 기재되어 있지 아니하므로(그에 관한 구체적인 실시방법이 제9항에 별도로 기재되어 있다), 구성요소 5-5는 '평가자 단말기에 의하여 정확한 답변으로 평가될 수 있는 구성'이기만 하면 모두 이에 포함된다고 한 것,[73] ⑤ 특허청구범위 중 '알루미늄거푸집에 고정되는 바닥부'는 알루미늄거푸집에 고정되는 방식에 관하여 특허청구범위에 아무런 한정이 없고 위 고정방식을 명세서의 발명의 설명에 기재된 실시례와 같이 못이나 피스 등의 별도의 체결수단에 의하여 고정되는 것으로만 제한할 필요가 없다고 본 것,[74] ⑥ 독립항과 이를 한정하는 종속항 등 여러 항으로 이루어진 청구항의 기술내용을 파악함에 있어 특별한 사정이 없는 한 광범위하게 규정된 독립항의 기술내용을 독립항보다 구체적으로 한정하고 있는 종속항의 기술구성이나 발명의 설명에 나오는 특

인 개시는 없고, 이를 시사하는 표현도 없는바, 이러한 기재 등을 참작하여 보면, 청구범위에 기재된 '폐축산투입수단(40)'은 발명의 설명에 나와 있는 바와 같이 '폐축산을 안치하여 증기드럼(10) 내부로 슬라이딩 이송시키는 이송테이블(47) 및 이송테이블(47)을 안치하여 증기드럼(10)으로 이동시킬 수 있는 이송프레임(41)으로 이루어진 구성'인 것으로 제한하여 해석함이 상당하다고 하였다.

70) 대법원 2005. 4. 28. 선고 2004후1533 판결 [등록무효(실)].

71) 대법원 2005. 4. 15. 선고 2004후1090 판결 [등록무효(실)].

72) 대법원 2002. 6. 28. 선고 2000후2583 판결 [권리범위확인(특)].

73) 대법원 2010. 9. 9. 선고 2010후968 판결 [등록무효(특)].

74) 대법원 2011. 2. 10. 선고 2010후2032 판결 [권리범위확인(특)]. 확인대상발명의 간격유지편은 별도의 체결수단 없이 하부에 형성된 나사부에 의하여 거푸집에 고정된 것이었다.

정의 실시례로 제한하여 해석할 수 없다고 한 것[75] 등을 들 수 있다.

나) 발명의 설명과 도면 기재를 참고하여 실질적으로 그 의미 내용을 확정하거나 명세서의 발명의 설명에 기재된 기술구성으로 제한해석한 사례

이에 해당하는 사례로는 ① 청구범위에 '구동장치를 공유하기 위한 연결부'의 의미를 명세서 본문과 도면에 기재되어 있는 바와 같이 연결쇠와 연결클립으로 되는 플랜지타입이나 스크류타입, 볼트조임타입 등의 제작과 조작이 쉬운 연결요소라고 특정한 것,[76] ② 발명의 설명 등을 참조하여 특허발명의 구성요소 중 '접지선 검출수단'[77]은 수용가로 급전되는 전원선 중에서 접지된 천원선의 유무 및 어느 전원선이 접지된 전원선인가를 '자동으로' 검출하는 구성으로, '제어수단'[78] 역시 접지 전원선 판별결과에 대응하여 스위칭 수단으로 하여금 기기 내부의 접지선을 검출된 접지 전원선에 '자동으로' 연결해 주는 구성으로 제한하여 해석한 것,[79] ③ 청구항 중 '연결구들을 상호 연결하여 주도록 하는 접속구'라는 기능적 표현에 대해서 발명의 설명 등을 참조하여 '접속구'는 박스 형태로서 중앙으로 격벽이 형성되어 있고 그 내측부로는 U자형의 연결편이 형성된 구성으로서, 이 사건 제1항 발명은 이 접속구의 연결편을 통하여 연결구가 끼워짐에 따라 각 형광등 본체에 끼워진 연결구간의 접속이 이루어지거나, 접속구의 일측으로 삽입되는 제2연결구 사이로 일정한 간격을 갖는 전선을 연결하여 이 전선을 통하여 각 형광등 본체간의 전원이 연결되도록 하는 발명이라고 제한 해석한 것,[80] ④ 청구범위 중 '유체투과성 플랩'이란 용어가 소변과 설사 등 배설물에 있는 액체 및 기체를 투과하는 성질을 가진 한쪽 면이 고정된 장벽을 의미한다고 하더라도, 유체투과성 플랩은 기능적, 추상적인 표현으로, 플랩을 이루는 재질의 구성, 재질에 미치는 압력의 방향과 크기, 압력의 지속시간 등에 따라 유체투과 여부가 가변적일 뿐만 아니라

75) 대법원 2007. 9. 6. 선고 2005후1486 판결 [등록무효(특)].
76) 대법원 2001. 6. 29. 선고 98후2252 판결 [등록무효(실)].
77) 특허청구범위에는 단순한 '접지선 검출수단'이라고 기재된 것이 아니라 '수용가로 급전되는 전원선 중에서 접지된 전원선의 유무 및 어느 전원선이 접지된 전원선인가를 검출하는 접지선 검출수단'이라고 기재되어 있다.
78) 특허청구범위에는 단순한 '제어수단'이 아니라 '위 접지선 검출수단의 검출신호를 입력받아 접지 전원선을 판별하고, 그 판별결과에 대응하여 위 스위칭수단으로 하여금 기기 내부의 접지선을 검출된 접지 전원선에 연결해주도록 하는 제어수단'이라고 기재되어 있다.
79) 대법원 2003. 11. 28. 선고 2002후130 판결 [권리범위확인(특)]. 피고 장치의 접지선검출수단은 수동으로 접지선을 검출하는 것이었다.
80) 대법원 2007. 1. 12. 선고 2005후2465 판결 [권리범위확인(특)]. 확인대상발명은 위와 같은 '접속구'와 동일하거나 균등관계에 있는 구성이 결여된 채 단지 형광램프의 '연결구의 접지단자'에 '연결케이블'을 접속시켜 인접한 형광램프와 연결시키는 발명이다.

유체투과기능과 장벽기능은 서로 상반되는 기능이므로 일회용 기저귀 분야의 통상의 기술자로서는 그 용어 자체만으로는 기술적 구성의 구체적 내용을 알 수 없다. 이 사건 제1항, 제2항 및 제4항 발명 사이의 관계, 소수성 부직포에 대한 발명자의 인식과 통상의 기술자의 인식 및 '유체투과성 또는 유체불투과성'에 대한 명세서의 다른 기재 등을 종합하여 보면, 이 사건 특허발명의 설명에 개시된 플랩의 재료 중 '기초중량 23.72g/㎡ 내지 27.12g/㎡인 미세망상조직'은 이 사건 제1항 발명의 '플랩'에 대한 실시례로 개시된 것으로 보아야 하고, 이 사건 제2항 발명의 "유체투과성 플랩"에 대한 실시례로 개시된 것이라고 보기는 어렵다...(중간 생략)...발명의 설명에 그 실시례로서 '기저귀에 통상적으로 사용되는 스펀본드형 기저귀 라이너'가 개시되었을 뿐이므로 이에 상당하는 정도의 액체 및 기체투과성을 가진 플랩을 가지지 못한 원심 판시 피고들 제품은 해당 청구항 발명의 권리범위에 포함되지 않는다고 한 것,[81] ⑤ 발명의 내용 중 소켓의 구체적인 구성이 나타나 있지 않아 위 소켓의 구체적인 형태를 이해하기 위해서 그 명세서에 포함되어 있는 발명의 설명 및 도면의 내용을 참작한 것,[82] ⑥ '화일 입출력의 감시'라는 구성은 클라이언트 시스템의 구성요소(하드디스크, 인터넷 포트, 메모리 등) 중 어느 부분을 경계로 정하느냐에 따라 달라질 수 있는 상대적인 개념으로서 그 자체로는 기술적 범위를 명확히 확정할 수 없는 경우이어서 발명의 설명 등을 참작하여 '화일 입출력의 감시'를 '클라이언트 자체 내에서 파일이 실행되기 위하여 파일이 입출력 처리 루틴을 거치는 것을 가로채서(hooking) 해당 파일 정보를 얻는 행위'라고 해석한 것,[83] ⑦ 청구범위 중 '믹싱케이스의 상면에 형성되는 물방울을 제거하는 습기 및 열기 제거수단'이라는 구성은 '습기 및 열기제거수단(50)은 믹싱케이스의 상면에 등간격으로 배열되는 유공관이 구비되고, 유공관은 상부를 제외한 부분에는 믹싱케이스(10)에 형성된 물방울(습기) 및 열기를 흡입하는 흡입공(54)이 등간격으로 복수 개 형성되며, 유공관(52)의 일측에 믹싱케이스(10)에 형성된 물방울(습기) 및 열기를 강제로 흡입하는 펌프(pump)(56)가 장착된다'는 내용의 고안의 설명의 기재 및 도면을 참작하여 '믹싱케이스의 상면에 형성되는 물방울을 그로부터 강제적으로 이탈시켜 믹싱케이스 밖으로 이송하는 기술적 구성'을 의미한다고 한 것,[84] ⑧ '완충기'라는 용어는 인라인스케이트 등이 주행할 때 휠 액슬에 가하여지는 충격을 흡수한 후 이를 영구자석에 전달하지 않는 구성을 의미함이 분명하나, 완충기라는 용어는 기능적 표현으로서 그 용어

81) 대법원 2008. 2. 28. 선고 2005다77350, 77367 판결 [특허침해금지등].
82) 대법원 2004. 11. 12. 선고 2003후335 판결.
83) 대법원 2006. 10. 26. 선고 2004후2260 판결 [거절결정(특)].
84) 대법원 2008. 11. 27. 선고 2008후354 판결.

자체만으로는 기술적 구성의 구체적인 내용을 알 수 없으므로, 그 발명의 설명과 도면을 참작하여 보면, 특허발명의 설명에는 완충기의 재질에 대하여는 아무런 기재가 없고, 그 구조에 대하여는 '완충기의 원주상에 탄력성이 양호한 재질로 이루어진 완충날개들이 구비되고, 완충날개들과 영구자석의 사이에는 외부충격으로부터 완충작용을 확실하게 하기 위한 완충공간이 이루어진 구성'만이 기재 내지 도시되어 있어서, 특허발명의 완충기가 표현하고 있는 기술적 구성은 완충날개를 가진 구조나 그와 유사한 구조라고 한 것,[85] ⑨ 청구범위에 기재된 '폐축산투입수단(40)'을 명세서에 기재된 '폐축산을 안치하여 증기드럼(10) 내부로 슬라이딩 이송시키는 이송테이블(47) 및 이송테이블(47)을 안치하여 증기드럼(10)으로 이동시킬 수 있는 이송프레임(41)으로 이루어진 구성'으로 제한해석한 것,[86] ⑩ 청구범위 중 '철근을 수용지지할 수 있도록'이라는 부분은 기능적 표현이어서 그 자체만으로는 기술적 구성의 구체적인 내용을 알 수 없어 그 명세서의 설명과 도면을 참작하여 '각 앵커부에는 각 철근수용부에 각 1개의 철근을 수용지지할 수 있도록 상측연부로부터 하향절취 형성된 적어도 하나의 철근수용부가 형성되어 있는 것'으로 제한해석한 것[87] 등이 있다.

② 제조방법 기재 물건 청구항(product by process claim)의 청구범위 해석

가. 제조방법 기재 물건 청구항(product by process claim)의 의의

제조방법 기재 물건 청구항(product by process claim)이란 물건의 발명에 관한 청구항에서 물건을 특정하는 데 필요한 구성의 일부 또는 전부를 대체하는 제조방법에

---

85) 대법원 2007. 6. 14. 선고 2005후834 판결 [권리범위확인(특)].

86) 대법원 2009. 4. 23. 선고 2009후92 판결 [권리범위확인(실)]. 등록고안의 '폐축산투입수단(40)'은 '이송프레임(41)' 위에 폐축산이 안치되는 '이송테이블(47)'이 별도로 구비되어 있어 증기드럼(10) 안으로는 폐축산과 '이송테이블(47)'만이 투입되는 구조이어서 폐축산을 증기드럼(10)까지 이동시키는 운반수단의 기능도 수행할 수 있는 반면, 확인대상고안의 '사체적치대'는 증기드럼의 덮개와 일체로 결합되고 증기드럼 일측에 연결되는 구조이어서 이러한 기능을 수행할 수 없다고 하였다.

87) 대법원 2009. 9. 10. 선고 2007후4151 판결. 등록고안의 명세서의 상세한 설명에는 등록고안이 기술적 과제로 삼은 종래기술의 문제점에 관하여 "종래의 교량용 신축이음 장치에 있어서는, 교량 상판의 측방 영역으로부터 철근을 각 앵커부의 중공부 내에 삽입하여야 하므로 철근의 삽입작업이 곤란할 뿐만 아니라, 각 앵커부의 중공부 내에 삽입된 철근이 상호 이격 유지되도록 하기 위해서는 철근의 길이방향에 가로로 복수의 철근을 배치하고 각 철근의 교차영역을 철사 등을 이용하여 일일이 결속해야 하는 번거로움이 있다"고 기재되어 있고, 등록고안의 실시례인 도면에는 앵커부의 각 철근수용부에 각 1개의 철근이 수용되는 구성만이 도시되어 있다.

의하여 특정된 요소가 적어도 하나 이상 기재되어 있는 청구항을 말한다.[88]

특허청구범위에 외견상 제조방법에 관한 용어를 사용한 것처럼 보이더라도 실질적으로 물건의 구조나 형상, 상태를 구체적으로 표현한 것에 해당한다면 제조방법 기재 물건 청구항에 해당하지 않는다.[89]

나. 제조방법 기재 물건 청구항의 청구범위해석

1) 등록단계에서의 청구범위해석

대법원은 당초 제조방법 기재 물건 청구항의 청구범위해석에 대해 물건의 발명의 특허청구범위에 그 물건을 제조하는 방법이 기재되어 있다고 하더라도, 그 제조방법에 의해서만 물건을 특정할 수밖에 없는 등의 특별한 사정이 없는 이상, 해당 특허발명의 진보성 유무를 판단함에 있어서는 그 제조방법 자체는 이를 고려할 필요 없이 그 특허청구범위의 기재에 의하여 물건으로 특정되는 발명만을 그 출원 전에 공지된 발명 등과 비교하여야 한다고 하였다.[90]

그 후 대법원은 견해를 바꾸어 아래와 같이 판시하였다.

> 특허법 제2조 제3호는 발명을 '물건의 발명', '방법의 발명', '물건을 생산하는 방법의 발명'으로 구분하고 있는데, 특허청구범위가 전체적으로 물건으로 기재되어 있으면서 그 제조방법의 기재를 포함하고 있는 발명(이하 제조방법 기재 물건발명이라고 한다)의 경우 제조방법이 기재되어 있다고 하더라도 발명의 대상은 그 제조방법이 아니라 최종적으로 얻어지는 물건 자체이므로 위와 같은 발명의 유형 중 '물건의 발명'에 해당한다.
>
> 물건의 발명에 관한 특허청구범위는 발명의 대상인 물건의 구성을 특정하는 방식으로 기재되어야 하는 것이므로, 물건의 발명의 특허청구범위에 기재된 제조방법은 최종 생산물인 물건의 구조나 성질 등을 특정하는 하나의 수단으로서 그 의미를 가질 뿐이다.
>
> 따라서 제조방법 기재 물건발명의 특허요건을 판단함에 있어서 그 기술적 구성을 제조방법 자체로 한정하여 파악할 것이 아니라 제조방법의 기재를 포함하여 특허청구범

---

88) 이에 관한 자세한 내용은 윤태식, 프로덕트 바이 프로세스 청구항(Product By Process Claim)에 관한 소고, 사법논집(제45집), 법원도서관(2007), 483; 특허법 주해 I, 박영사(2010), 1181(프로덕트 바이 프로세스 청구항, 윤태식 집필부분); 윤태식, 제조방법 기재 물건 청구항의 청구범위 해석과 관련된 쟁점, 특별법연구 제11권, 사법발전재단(2014), 396~435 참조.

89) 대법원 2022. 1. 14. 선고 2019후11541 판결.

90) 대법원 2006. 6. 29. 선고 2004후3416 판결, 대법원 2009. 3. 26. 선고 2006후3250 판결 등.

위의 모든 기재에 의하여 특정되는 구조나 성질 등을 가지는 물건으로 해석하여 출원 전에 공지된 선행기술과 비교하여 신규성, 진보성 등이 있는지 여부를 살펴야 한다.

한편 생명공학 분야나 고분자, 혼합물, 금속 등의 화학 분야 등에서의 물건의 발명 중에는 어떠한 제조방법에 의하여 얻어진 물건을 구조나 성질 등으로 직접적으로 특정하는 것이 불가능하거나 곤란하여 제조방법에 의해서만 물건을 특정할 수밖에 없는 사정이 있을 수 있지만, 이러한 사정에 의하여 제조방법 기재 물건발명이라고 하더라도 그 본질이 '물건의 발명'이라는 점과 특허청구범위에 기재된 제조방법이 물건의 구조나 성질 등을 특정하는 수단에 불과하다는 점은 마찬가지이므로, 이러한 발명과 그와 같은 사정은 없지만 제조방법 기재 물건발명을 구분하여 그 기재된 제조방법의 의미를 달리 해석할 것은 아니다.

이와 달리, 제조방법이 기재된 물건발명을 그 제조방법에 의해서만 물건을 특정할 수밖에 없는 등의 특별한 사정이 있는지 여부로 나누어, 이러한 특별한 사정이 없는 경우에만 그 제조방법 자체를 고려할 필요가 없이 특허청구범위의 기재에 의하여 물건으로 특정되는 발명만을 선행기술과 대비하는 방법으로 진보성 유무를 판단해야 한다는 취지로 판시한 대법원 2006. 6. 29. 선고 2004후3416 판결, 대법원 2007. 5. 11. 선고 2007후449 판결, 대법원 2007. 9. 20. 선고 2006후1100 판결, 대법원 2008. 8. 21. 선고 2006후3472 판결, 대법원 2009. 1. 15. 선고 2007후1053 판결, 대법원 2009. 3. 26. 선고 2006후3250 판결, 대법원 2009. 9. 24. 선고 2007후4328 판결 등을 비롯한 같은 취지의 판결들은 이 판결의 견해에 배치되는 범위 내에서 모두 변경하기로 한다.[91)]

2) 침해단계에서의 청구범위해석

권리침해 단계인 제조방법 기재 물건 청구항과 관련된 권리범위확인사건이나 침해사건에서도 물건 자체를 기준으로 보호범위를 정할 것인지(동일성설, 비한정설) 아니면 제조방법을 고려하여 보호범위를 정할 것인지(한정설)에 대하여는 대법원판례가 나오지

---

91) 대법원 2015. 1. 22. 선고 2011후927 전원합의체 판결 [등록무효(특)]. 특허법원 2017. 6. 15. 선고 2016허3334 판결 [등록무효(특)] (심리불속행 상고기각 확정)은 "이 사건 제9항 정정발명은 '물건의 발명'에 해당하기는 하지만, 앞서 본 바와 같이 정정에 의하여 추가된 '제1항의 방법에 의하여 제조되는'이라는 구성, 즉 '극성용매'에 관한 구성과 '단일 용액에 의한 원스텝 함침'에 관한 구성으로 한정된 방법에 의하여 제조된 촉매 전구체는 '잔여 유기용매가 없는', 그리고 '알루미늄 입자들의 크롬 화합물 표면 적층이 없는' 결과물이 될 것이다. 따라서 위 구성들은 최종 생산물의 구조나 성질 등을 특정하기 위하여 필요한 사항에 해당하므로, 이들도 구성요소로 포함하여 공통점과 차이점을 추출하기로 한다."라고 하였다.

않아 여러 견해가 있었다.

그러다가 대법원은 제조방법 기재 물건발명에 대한 대법원 2015. 1. 22. 선고 2011후927 전원합의체 판결의 앞서 본 특허청구범위의 해석방법[92]이 특허침해소송이나 권리범위확인심판 등 특허침해 단계에서 그 특허발명의 권리범위에 속하는지 여부를 판단하면서도 마찬가지로 적용되어야 한다고 하면서도[즉 권리침해 단계에서도 원칙적으로 동일성설(비한정설)을 취함] 이러한 해석에 따라 도출되는 특허발명의 권리범위가 명세서의 전체적인 기재에 의하여 파악되는 발명의 실체에 비추어 지나치게 넓다는 등의 명백히 불합리한 사정이 있는 경우에는 그 권리범위를 특허청구범위에 기재된 제조방법의 범위 내로 한정할 수 있다고 하였다.[93] 위 법리 뒷부분은 침해단계에 특유한 권리범위 제한 법리가 더해진 것이므로 실질적으로 볼 때 제조방법 기재 물건 청구항에서의 청구범위해석 역시 등록단계나 침해단계나 동일하다는 견해를 취한 것으로 볼 수 있다.

다만 등록단계나 침해단계나 청구항에서 제조방법으로 기재된 것이라고 해석될 여지가 있는 문구가 있더라도 그것이 실질적으로 구조적인 관계를 나타내는 용어로 해석된다면 제조방법 기재 물건발명의 청구범위해석이 적용되는 것이 아니라 물건의 구성이나 특징을 명확히 하기 위해 제조방법의 구조적인 관계 여부를 검토하여 청구범위를 해석하는 것이 바람직하다.[94]

참고로 권리침해 단계에서 제조방법이 기재된 물건 청구항의 해석과 관련하여 외국 실무를 살펴본다.

독일 연방대법원은 제조방법이 기재된 물건 청구항의 보호범위는 원칙적으로 청구항에 기재된 제조 과정이나 공정에 의해 제한되지 않는다고 하면서도[95] 그 청구항에 기재된 제조방법이 최종생산물에 미치는 특별한 작용효과가 보호범위를 정함에 있어 고려되어야 한다는 입장이다.[96]

미국 연방항소법원은 동일성설(비한정설)을 취하는 판결[97]과 한정설을 취하는 판

---

92) "제조방법이 기재된 물건발명의 특허요건을 판단함에 있어서 그 기술적 구성을 제조방법 자체로 한정하여 파악할 것이 아니라 제조방법의 기재를 포함하여 특허청구범위의 모든 기재에 의하여 특정되는 구조나 성질 등을 가지는 물건으로 파악하여 출원 전에 공지된 선행기술과 비교하여 신규성, 진보성 등이 있는지 여부를 살펴야 한다."

93) 대법원 2015. 2. 12. 선고 2013후1726 판결 [권리범위확인(특)].

94) 특허법 주해 I, 박영사(2010), 1211(윤태식 집필부분).

95) Federal Supreme Court, X ZR 13/90, GRUR 1993, 651.

96) Federal Supreme Court, X ZR 188/01, GRUR 2005, 749.

97) Scripps Clinic & Research Foundation v. Gegentech, Inc., 927 F.2d 1565, 18 USPQ 1001 (Fed. Cir. 1891).

결[98]이 서로 경합하여 오다가 권리침해 단계에서는 권리부여 단계와 달리 제조방법을 고려하여 보호범위를 정하는 한정설을 취하는 것으로 입장을 정리하였고[99] 연방대법원도 연방항소법원의 그와 같은 판단을 수긍하고 있다.[100]

일본 최고재판소는 권리침해 단계에서 프로덕트 바이 프로세스 청구항의 보호범위를 동일성설(비한정설)에 따라 해석한 듯한 판결[101]이 있다.

다만 지적재산고등재판소는 청구항의 유형을 '구조 또는 특성에 의하여 물건을 직접적으로 특정하는 것이 그 출원시에 불가능하거나 곤란한 사정이 있는 경우와 그렇지 않은 경우'로 나누어 전자의 경우에는 동일성설에 따르고 후자의 경우에는 한정설에 의해 결정된다고 판단한 것이 있었으나,[102] 이에 대한 상고심에서 최고재판소는 "물건의 발명에서 특허에 관한 기술적 범위에 그 물건의 제조방법이 기재되어 있더라도 그 특허발명의 기술적 범위는 당해 제조방법에 의하여 제조된 물건과 구조, 특성 등이 동일한 물건으로 확정된다고 해석하여야 한다."고 하면서 권리침해 단계에서도 권리 부여 단계에서와 같이 동일성설(비한정설)을 취하고 있다.[103]

---

98) Atlantic Thermoplastic Co. Inc. v Faytex Corps., 970 F.2d 834, 23 USPQ2d 1481(Fed. Cir. 1992). 위 판결에는 연방대법원이 Cochrane v. Badische Anilin Soda Fabrik, 111 U.S. 293, 4. S.Ct. 455(1884) 등에서 한정설을 취한 사례가 언급되어 있다.

99) Abbot Laboratories, Astellas Pharma, Inc. v. Sandoz Inc., Sandoz Gmbh, Teva Pharmaceuticals USA, Inc. and Teva Pharmaceutical Industries, Ltd., Ranbaxy Laboratories, Ltd. and Ranbaxy, Inc., Par Pharmaceutical Companies, Inc. and Par Pharmaceutical, No. 2007-1400 (Fed. Cir. 2009) (en banc), Lupin Pharmaceuticals Inc. v. Abbot Laboratories, Astellas Pharma, Inc., No. 2007-1446 (Fed. Cir. 2009) (en banc).

100) 위 Lupin Pharmaceuticals Inc. v. Abbot Laboratories, Astellas Pharma, Inc., No. 2007-1446 (Fed. Cir. 2009) (en banc) 판결에 대해 Astellas Pharma, Inc.가 상고허가신청(Petition for a Writ of Certiorari)을 하였으나 연방대법원은 2009. 11. 18. 연방항소법원의 판단에 잘못이 없다면서 기각결정(No. 09-335)을 하였다.

101) 最高裁判所 第3小法廷 平成10(1998). 11. 10. 선고 平成10(オ)1579 판결.

102) 知的財産高等裁判所 平成24(2012). 1. 27. 선고 平成22(ネ)10043 판결.

103) 最高裁判所 第2小法廷 平成27(2015). 6. 5. 선고 平成24(受)1204 판결, 같은 날 선고 平成24(受)2658 판결. 다만 위 판결은 덧붙여 "물건의 발명에서 특허에 관한 특허청구범위에 그 물건의 제조방법이 기재되어 있는 경우에서 당해 특허청구범위의 기재가 특허법 제36조 제6항 제2호에서 말하는 '발명이 명확할 것'이라는 요건에 적합하다고 할 수 있는 것은 출원 시 당해 물건을 그 구조 또는 특성에 의하여 직접 특정하는 것이 불가능하든가 실제적이지 않다고 하는 사정이 존재할 때로 한정된다."라고 하였다. 그리고 여기서 '불가능'한 경우란 출원 시에 통상의 기술자가 발명의 대상으로 되는 물건을 그 구조·특성에 의해 특정하는 것이 주로 기술적인 관점으로부터 불가능한 경우를 말하고, '실제적이지 않다'는 경우란 출원 시에 통상의 기술자가 특정하는 작업을 하는 것이 채산적으로 실제적이지 않은 시간이나 비용이 들고 특정작업을 요구하는 것이 기술의 급속한 진전과 국제규모에서 특허취득에 격심한 경쟁의 장면에서 너무 가혹하게 되는 경우를 말한다고 하였다. 일본에서 위 판결요지는 특허청구범위의 공시기

3) 실무상 제조방법 기재 물건 청구항의 청구범위해석 사례

■ 대법원 2015. 2. 12. 선고 2013후1726 판결 [권리범위확인(특)]

이 사건 제7항 발명과 확인대상발명을 비교하여 보면, 이들 발명은 '약제학적으로 허용되는 물질이 첨가된 위장질환 치료제용 약학적 조성물'이라는 점에서는 동일하나, 그 유효성분이 이 사건 제7항 발명에서는 '자세오시딘'이라는 단일한 물건임에 반하여, 확인대상발명에서는 '유파틸린 0.80~1.3중량% 및 자세오시딘 0.25~0.6중량%를 포함하고, 혈액응고 억제작용을 나타내는 수용성 성분을 포함하지 아니하는 쑥추출물'이라는 점에서 차이가 있다.

그런데 이 사건 특허발명의 명세서에는, "본 발명자들의 실험 결과 쑥추출물은 특히 위장질환 치료에 효과가 크며, 중량기준으로 계산 시 정제된 유파틸린과 자세오시딘을 사용한 경우보다 더 강력한 위장질환 치료 효과를 나타내었다. 이는 쑥추출물 중 미지의 물질이 강력한 위장질환 치료 효과를 나타내며 유파틸린이나 자세오시딘과 상승작용을 하는 것으로 보인다."는 기재가 있는 한편, 자세오시딘을 포함하고 있는 쑥추출물을 투여한 경우에 비하여 그 쑥추출물에 함유된 것과 동일한 용량의 자세오시딘을 단독으로 투여한 경우 위병변 억제 효과가 약 11배나 감소한 실험 예가 기재되어 있기도 하고, 또한 쑥추출물은 자세오시딘이 가지고 있지 아니한 프로스타글란딘 생합성 촉진 작용을 가진다는 실험 예도 기재되어 있다. 이와 같은 명세서의 기재들에 의하면, 쑥추출물에 포함된 자세오시딘은 유파틸린 및 쑥추출물 중의 미지의 물질들과 상호작용을 하여 위장질환 치료와 관련하여 현저한 상승효과를 가지는 것으로 보인다. 따라서 확인대상발명의 경우 그 유효성분인 앞서 본 '쑥추출물'이 이 사건 제7항 발명의 유효성분인 '자세오시딘'과 동일하거나 균등하다고 할 수 없다.

■ 대법원 2015. 6. 11. 선고 2013후631 판결 [등록무효(특)]

이 사건 제1항 정정발명의 전제부 구성에는 갭 서포터의 제조방법이 기재되어 있는데, 앞서 본 법리에 비추어 볼 때 물건의 발명인 이 사건 제1항 정정발명에 있어서 그 기술적 구성이 위 제조방법 자체에 의하여 한정되지는 아니하지만 그 제조방법에 의하여 최종생산물인 갭 서포터의 구조나 성질 등이 특정된다면 이러한 구조나 성질 등은 갭 서포터의 구성으로서 고려하여야 할 것이다.

위 제조방법에 따라 갭 서포터를 제조할 경우 절단된 후의 절연판에 설치된 금속박의 폭이 절연판의 폭과 같아지게 되고, 위 절연판은 갭 서포터의 몸체가 되는 것이므

능과 제3자의 신뢰보호 사이의 균형을 위한 것으로 이해되고 있다.

로, 결국 이 사건 제1항 정정발명의 구성 2, 3에 기재된 '금속박'은 그 폭이 몸체의 폭과 같은 구성으로 한정된다.

이와 같이 제조방법까지 고려하여 특정되는 구성 2, 3의 금속박과는 달리 이에 대응되는 선행발명의 금속편은 본체부와 대비하여 그 폭에 특별한 한정이 없다는 점에서 차이가 있으나, 이는 통상의 기술자가 갭 서포터 또는 스페이서와 PCB 기판 또는 회로기판 사이의 접착강도 등을 고려하여 필요에 따라 적절하게 변경할 수 있는 사항으로서 선행발명의 대응구성으로부터 이 사건 제1항 정정발명의 위와 같은 구성을 도출하는 데 특별한 기술적 어려움이 있다고 볼 수 없고, 그로 인한 효과의 차이도 현저한 것이라고 볼 수 없다.

■ 대법원 2018. 10. 25. 선고 2017후2765 판결 [등록무효(특)]

원심은 명칭을 "두뇌 또는 인지 기능 증진용 조성물"로 하는 이 사건 특허 발명(특허등록번호 제494358호)의 청구범위 제9항(이하 '이 사건 제9항 발명'이라 하고, 나머지 청구항에 대하여도 같은 방식으로 부른다), 제10항, 제17항, 제18항 발명은 선행발명 3 및 주지관용기술에 의하여 진보성이 부정되어 그 등록이 무효로 되어야 한다고 판단하였다. 그 이유는 이 사건 제9, 10, 17, 18항 발명에서 기재하고 있는 분해방법에 의하여 생산된 실크 펩타이드는 아래와 같은 이유로 선행발명 3의 실크 피브로인과 그 구조나 성질이 다른 물건이라고 볼 수 없고, 나머지 구성들은 선행발명 3에 나타나 있거나 주지관용기술에 해당한다는 것이다.

(1) 이 사건 제9, 10, 17, 18항 발명은 모두 해당 조성물을 제조하는 분해방법을 포함하고 있으나 발명의 대상은 이러한 분해방법이 아닌 최종적으로 얻어지는 물건 자체이므로, 청구범위에 기재된 분해방법은 최종 생산물의 구조나 성질 등을 특정하는 하나의 수단으로서 의미를 가질 뿐이다.

(2) 이 사건 특허 발명의 명세서에는 각 분해방법에 따라 생성되는 펩타이드의 분자량에 대한 기재만 있을 뿐, 분해방법에 따라 펩타이드의 분자량을 제외한 구조나 성질에 어떠한 변화가 있는지에 대한 구체적인 기재가 없다.

(3) 선행발명 3에서의 실크 피브로인의 분자량 500 미만 또는 500 내지 1,000의 값은 이 사건 특허 발명에서 기재하고 있는 분해방법으로 제조된 실크 펩타이드의 분자량의 범위에 포함된다.

앞서 본 법리와 기록에 의하여 살펴보면, 원심의 판단에 제조방법이 기재된 물건발명에서의 청구범위의 해석, 진보성 판단, 선행발명의 해석에 관한 법리를 오해하여 필요한 심리를 다하지 아니하는 등으로 판결에 영향을 미친 잘못이 없다.

■ 대법원 2021. 1. 28. 선고 2020후11059 판결 [권리범위확인(특)]

이 사건 제1항 발명과 확인대상발명은 일정 비율과 크기를 한정한 폴라프레징크를 유효성분으로 포함하고 있다는 점에서는 동일하지만, 이 사건 제1항 발명은 직접타정법으로 제조됨으로써 특정되는 구조와 성질을 가진 정제인 데 반해, 확인대상발명은 습식법으로 제조됨으로써 특정되는 구조와 성질 등을 가진 정제이므로, 확인대상발명은 문언적으로 이 사건 제1항 발명의 권리범위에 속하지 않는다.

같은 이유로 확인대상발명에 이 사건 특허발명의 특유한 해결수단이 기초하고 있는 기술사상의 핵심이 포함되어 있다고 볼 수 없고, 이 사건 제1항 발명의 직접타정법과 확인대상발명의 습식법은 실질적 작용효과가 동일하다고 보기 어려우므로, 확인대상발명은 이 사건 제1항 발명과 균등관계에 있다고 볼 수 없다.

■ 대법원 2022. 1. 14. 선고 2019후11541 판결 [권리범위확인(특)]

피고들은 확인대상 발명의 설명서에 도면 3을 참조하여 확인대상발명의 3차원 입체 형상 직물을 제직하는 방법을 설명하는 내용도 부가적으로 기재하였으나, 이 부분은 이 사건 제1항 발명의 구성요소에 대응하는 부분이 아니라 확인대상발명의 이해를 돕기 위해 추가한 부연 설명에 불과하고, 확인대상발명이 그러한 부연 설명에 따른 제조방법으로 제조한 물건인지에 따라 물건발명인 이 사건 제1항 발명의 특허권 효력이 미치는지 여부가 달라지지도 않는다. 따라서 위와 같이 부가적으로 기재한 제조방법으로 제조한 물건만이 심판의 대상인 확인대상발명이 된다고 할 수는 없다.

제 6 장

특허발명의 보호범위

제6장 특허발명의 보호범위

제1절 특허발명의 보호범위 침해유형

I. 총설

제97조는 “특허발명의 보호범위는 청구범위에 적혀 있는 사항에 의하여 정하여진다.”라고 규정한다. 청구범위는 특허출원인이 특허발명으로 보호받으려는 사항을 적은 것이므로(제42조 제4항) 특허발명의 보호범위는 청구범위에 적혀 있는 사항에 의하여 정하여야 하고 발명의 설명 또는 도면 등에 따라 정할 수 없다.

특허권의 효력이 미치는 객관적 범위는 특허공보에 의해 공시되는 특허청구범위에 따라 정해지고 이로써 특허권에 의한 보호를 받고 독점적 · 배타적으로 실시할 수 있는 특허권자, 특허권에 의한 제약을 받을 수 있는 제3자 및 자유로이 이용할 수 있는 일반공중 사이의 이해관계가 조화롭게 유지된다.

제94조 제1항은 “특허권자는 업으로서 그 특허발명을 실시할 권한을 독점한다. 다만, 그 특허권에 관하여 전용실시권을 설정한 때에는 제100조 제2항의 규정에 의하여 전용실시권자가 그 특허발명을 실시할 권리를 독점하는 범위 안에서는 그러하지 아니하다.”라고 하고 제2항에서 “특허발명의 실시가 제2조 제3호 나목에 따른 방법의 사용을 청약하는 행위인 경우 특허권의 효력은 그 방법의 사용이 특허권 또는 전용실시권을 침해한다는 것을 알면서 그 방법의 사용을 청약하는 행위에만 미친다.”라고 규정한다.1)

따라서, 특허권자 또는 전용실시권자가 아닌 자가 허락 없이 업으로서 특허발명의

---

1) 2019. 12. 10. 법률 제16804호로 개정된 특허법은 제2조 제3호 나목 중 “행위”를 “행위 또는 그 방법의 사용을 청약하는 행위”로 변경하였다. 이는 개정 전 특허법이 소프트웨어 등과 같은 방법의 발명인 경우 그 방법을 사용하는 행위만을 특허를 받은 발명의 실시로 규정하고 있어 소프트웨어 등을 정보통신망을 통하여 전송하는 행위가 특허를 받은 발명의 실시에 해당하는지 불분명하여 보호하기 어려운 측면이 있어 방법의 발명인 경우에 그 방법의 사용을 청약하는 행위를 특허를 받은 발명의 실시에 포함시킨 것이다. 다만 이로 인한 소프트웨어 산업의 위축을 방지하기 위하여 제94조 제2항을 신설하여 특허를 받은 발명의 실시가 방법의 사용을 청약하는 행위인 경우 특허권의 효력은 그 방법의 사용이 특허권 또는 전용실시권을 침해한다는 것을 알면서 그 방법의 사용을 청약하는 행위에만 미치도록 하였다.

청구범위에 적힌 기술적 사항을 실시(제2조 제3호)하는 행위는 해당 특허권을 침해하는 행위가 된다.

특허발명의 보호범위 침해유형으로는 문언침해, 균등침해, 선택침해, 이용침해, 우회침해, 간접침해 등이 있다. 이하 차례로 살펴본다.

제1절에서 논의하는 특허발명의 보호범위를 침해하는 유형이란 특허발명의 청구범위에 기재된 모든 기술구성을 침해하는 유형으로 이른바 직접침해를 의미한다.

이에 대해 특허발명의 청구범위에 기재된 과제 해결 수단 또는 기술구성을 침해하지 않는 경우에도 침해로 보는 경우가 있는데 이는 이른바 간접침해라고 부른다. 간접침해에 대하여는 아래 제2절에서 설명한다.

특허발명의 보호범위가 부정되는 경우의 취급에 관하여는 각각의 해당 부분(예를 들어 신규성의 경우에는 「제4장 특허요건 제3절 신규성 V. 신규성 부정에 따른 취급 [2] 신규성 부정 시 특허를 받더라도 권리범위가 부정됨」)에서 설명하였으니 중복을 피한다.

II. 문언침해

[1] 문언침해의 의의

특허발명의 청구범위에 관한 해석은 법률적 판단사항으로서 침해소송에서 법원에 의해 해석된 청구범위를 침해대상 제품 또는 방법의 구성과 비교하게 된다.

문언침해(literal infringement)는 어느 발명이 청구범위의 문언해석에 의하여 특정된 해당 특허발명의 기술구성을 모두 문언적 의미 그대로 가지고 있는 경우를 말한다.

특허침해소송의 상대방이 제조 등을 하는 제품 또는 사용하는 방법이 특허권을 문언적으로 침해한다고 할 수 있기 위하여는 특허발명의 청구범위에 기재된 기술의 구성요소와 그 구성요소 간의 유기적 결합관계가 침해대상제품에 그대로 포함되어 있어 과제 해결 수단 내지 기술구성, 발명의 효과(작용효과)에 차이가 없어야 한다.[2]

[2] 문언침해와 역균등론

문언침해와 관련된 문제로 역균등론(reverse doctrine of equivalents)이 있다.

통상적으로 침해판단 단계에서 문언침해가 성립하지 않는다면 비로소 그 다음 단

---

2) 대법원 2019. 9. 9. 선고 2019후10081 판결 참조.

계로 균등론과 관련된 균등침해 여부 판단을 하게 된다.

그런데 균등침해 여부를 판단하기 전의 단계에서, 일응 외관상으로 문언적으로 침해하는(literally infringing) 것처럼 보이는 상황, 즉 침해대상발명의 기술의 주요 구성요소가 특허발명에 포함된 대응 구성요소와 같은 기능을 수행하고 있는 것처럼 보이지만 실제로는 그것과 '실질적으로 다른 방법으로' 작동하여 특허발명의 보호범위를 벗어난 것으로 평가됨으로써 종국적으로 특허권을 침해하지 않는다고 판단되는 경우가 있다. 이를 역균등론이라고 한다.[3] 이때 역균등론에 해당한다는 주장·증명책임은 침해자에게 있다.

이러한 역균등론은 청구항에 기능적 표현이 기재되어 있거나 외관상 너무 넓게 기재된 청구항에서 일응 문언적으로는 침해주장발명의 구성이 특허발명에 속하는 대응구성과 설령 같은 기능을 수행하고 있는 것처럼 보이더라도 발명의 설명 등을 참조한 결과 구조나 작동 방법이 달라서 특허발명의 청구범위에 포함되지 않아 특허권침해로 인정되지 않는 경우에 자주 발생한다. 이러한 역균등론에는 특허제도는 과제(기능)를 해결하기 위한 구체적인 기술적 수단을 보호하는 것이지 해결 과제(기능) 자체를 보호하는 것이 아니라는 사상이 깔려 있다.

III. 균등침해(균등론)

1 균등침해(균등론)의 의의

균등침해 또는 균등론(doctrine of equivalents)은 특허발명과 대비대상이 되는 발명이나 물건 등에 특허청구범위에 기재된 구성 중 일부 대응 부분이 변경되어 두 발명의 구성요소가 문언상으로 서로 동일하지 않더라도 균등관계(equivalent)에 있다면 특허권의 침해를 인정하거나 특허권의 권리범위에 속하는 것을 말한다.

균등침해는 문언침해와 더불어 직접침해의 대표적인 유형이다.

출원인이 발명의 구성요소를 문자의 형식으로 특허청구범위에 기재하는 것은 매우 어려울 뿐만 아니라 장래 발생할 수 있는 침해유형을 모두 예상하여 특허청구범위를 작성하는 것은 곤란하고, 제3자가 특허발명의 구성 중 비교적 경미한 부분을 변경하여 특허권 침해를 회피하고자 하는 경우가 많은 점을 고려하면 기재된 내용에 대한 문언해석의 범위를 넘어 그 기재된 내용과 등가관계에 있는 것도 일정한 요건 하에 보호범

3) Graver Tank & Mfg. Co. v. Linde Air Prods. Co., 339 U.S. 605 (1950).

위에 포함시켜 특허발명의 실질적 가치를 보호할 수 있도록 특허침해로 인정할 필요가 있다. 따라서 균등침해는 간접침해와 더불어 특허발명의 보호범위를 확장하는 논리를 뒷받침하는 대표적인 논리가 되고 있다.

균등론은 미국의 판례법으로 발전된 개념이므로 먼저 미국에서의 균등침해(균등론)에 대해 살펴본 다음 우리나라의 균등침해(균등론)를 설명한다.

2 미국에서의 균등침해(균등론)

가. 중심한정주의에서의 균등론 태동

미국에서 처음으로 균등론이 쟁점화된 것은 Winans v. Denmead 사건[4]이었다.

위 사안에서 원고(Winans)가 특허청구범위에 기재한 발명은 석탄 등을 운반하는 차량 적재함의 형상을 위쪽이 넓은 원추형으로 제작하여 석탄의 중량에 의한 부하(負荷)를 평균화시키는 것이었다. 종전의 석탄운반차량의 적재함은 바닥이 평평한 직육면체 모양으로 되어 있어서 석탄을 투하함에 따라 적재된 석탄의 중량부하가 어느 한쪽으로 쏠리는 문제가 있었는데, 이를 해결하기 위해 적재함의 형상을 원추형으로 만들어 투하된 석탄의 중량부하(重量負荷)를 원추의 꼭지점으로 모아 중량부하가 한쪽으로 쏠리지 않게 하였다. 피고(Denmead)는 원추형은 아니지만 그와 유사한 모양의 위쪽이 넓은 팔각뿔 형태의 적재함을 가진 석탄운반차량을 제조하였다. 원고가 특허청구범위에 기재한 '원추형' 형태의 적재함과 피고가 실시한 '팔각뿔' 형태의 적재함은 문언상 달라 문언침해 자체는 성립하지 않는다. 원고는 피고 차량의 형상이 원고의 청구범위에 적힌 형상과 다르더라도 석탄의 중량부하를 평균화시키는 작용에서는 다르지 않아 발명의 원리를 도용한 것이라고 주장하였다.

미국 연방대법원은 "기계에 관한 특허에서 특허의 보호범위는 특허청구범위에 기재된 형상에만 한정되는 것은 아니며, 이때 특허청구범위의 기재는 그 발명을 구체화하기 위한 모든 형상을 염두에 두고 기재된 것이라고 해석하여야 한다. 단순한 형상변경에 의하여 발명의 원리를 도용하는 것이 허용된다면 특허권은 공허한 권리로 전락한다."라고 판시하고, "발명의 형식과 실질이 불가분의 관계에 있는 경우에는 그 형식만을 보면 충분하지만, 그 실질이 각종 형식으로 모방이 가능한 경우에는 형식을 통하여 실질을 발견하는 것이 법원의 임무이다."라고 판시하여 균등침해를 인정하였다.

위 판결 선고 당시 미국은 1836년에 제정된 특허법에 따라 특허청구범위(claims)

---

4) 56 U.S. 330 (1853).

의 기재 방식에서 중심한정주의(central claiming)[5]를 취하고 있었기 때문에 당시 균등론은 중심한정주의 하에서 특허청구범위의 기재 내용을 어느 범위까지 확장해석하여 줄 것인가가 쟁점이었는데 위 판결은 이에 대한 하나의 기준이 되었다.

나. 주변한정주의에서의 균등론 발전

1) Graver Tank & Mfg. Co. v. Linde Air Products Co. 사건

미국은 1870년 특허법을 개정하여 특허청구범위의 기재방식을 중심한정주의에서 주변한정주의(peripheral claiming)로 변경하였다.[6] 당시 주변한정주의에서는 균등론이 더 이상 적용될 수 없다는 주장도 있었으나, 미국 연방대법원은 Graver Tank & Mfg. Co. v. Linde Air Products Co. 사건[7]을 통해 주변한정주의 하에서도 균등론이 적용됨을 선언하였다.

위 사안에서 전기용접에 사용되는 용제 조성물에 관한 원고(Linde Air)는 알칼리 토류 금속규산염의 조성물을 특허청구범위로 적으면서 알칼리 토류 금속으로서 칼슘(Ca)과 마그네슘(Mg)의 규산염을 사용하였고, 이에 대하여 피고(Graver Tank)는 망간(Mn)을 사용하였다. 망간은 알칼리 토류 금속에 속하지 아니하므로 문언침해는 성립하지 않는데 증거에 의하면 망간과 마그네슘은 전기용접용 용제로서 동일한 목적을 수행하여 대체될 수 있다는 사실이 이미 널리 알려져 있었다. 미국 연방대법원은 위 사안에서 문언 그대로의 모방이 아니더라도 균등영역에서의 모방을 규제하지 않는 한 특허는 공허한 권리로 전락할 것이라고 하면서 균등침해이론을 적용하여 특허침해를 인정하였다.

위 사안에서 미국 연방대법원은 균등론은 침해자의 사기(fraud)를 방지하기 위한 것에 근거가 있고, 균등론을 인정하는 기준으로서 피고 제품의 구성요소와 특허발명의 구성요소가 실질적으로 동일한 기능(function)을 동일한 방법(way)으로 수행하고 실질적으로 동일한 결과(result)를 얻고 있는 경우에 두 요소를 균등물이라고 보아야 한다

---

5) 중심한정주의에 따르면, 특허청구범위는 발명의 추상적인 사상을 구현한 전형적인 지침에 불과한 것이라고 보므로 법원이 발명사상의 추출 등의 방식을 통하여 특허청구범위에 기재된 구체적인 문언뿐만 아니라 이 문언과 일반적으로 또는 실질적으로 발명사상을 같이하는 범위에까지 발명의 보호범위를 확장해석하는 것이 허용된다.

6) 주변한정주의에 따르면 특허권이란 발명자가 자신의 발명을 영업비밀로 숨겨놓지 않고 공중에게 공개한 데 대한 반대급부로서 주어지는 것으로 보기 때문에 발명은 출원서류에 기재되어 공개됨으로써 산업발달 내지는 공중에게 일정한 기여를 한 범위 내에서 보호를 받게 된다. 이에 따라 출원인이 기재한 청구범위의 문언이 의미하는 내용대로 특허발명의 보호범위가 결정되어 그 범위 안에서만 발명을 보호하게 된다.

7) 339 U.S. 605 (1950).

는 요건을 제시하였다.[8] 실무에서 이를 'triple identity test', 'three part test' 또는 'FWR Test'라고 부른다. 또한 위 사안에서 균등론이 적용되기 위하여는 비교대상인 두 구성요소 사이에 대체성이 있다는 것을 통상의 기술자가 쉽게 알 수 있는 상태에 있어야 한다는 점도 요건이 되었는데 이를 '치환용이성' 또는 '치환자명성'이라고 한다.

2) Hilton Davis Chemical Co. v. Warner-Jenkinson Co., Inc. 사건 등

미국 실무에서 균등론에 관한 중요한 사건으로는 Hilton Davis Chemical Co. v. Warner-Jenkinson Co., Inc.에 관한 일련의 판결들이 있다.

Hilton Davis는 염료제조과정에서 불순물을 제거하기 위하여 불순물이 섞인 염료를 특정한 압력과 pH[9] 수준에서 다공성 막을 통과시킴으로써 고순도 염료제품을 반드는 방법(ultrafiltration)에 관한 특허를 받았다. Hilton Davis는 의약염료로부터 불순물을 제거하는 공정에 관한 위 특허발명의 최초 출원서의 독립항에서 용제의 pH 범위를 제한하지 않았고 종속항에서는 pH 6~8의 범위가 바람직하다고 기재하였는데 심사관으로부터 pH 9가 넘는 선행기술이 있다는 이유로 거절이유를 통지받자 출원과정에서 선행발명과의 여러 차이점 중 pH 9 이상, 바람직하게는 pH 11 내지 pH 13에서 작동하는 한외여과공정(ultrafiltration)을 개시하고 있는 부분과 구별하기 위하여 특허청구범위에 "대략 pH가 6.0에서 9.0"이라는 한정사항을 부가하였다. 특허발명에서 상한치 pH 9는 선행기술과 구별하기 위한 것이나 하한치인 pH 6으로 한정한 이유는 명확하지 않았다. 그런데 Warner-Jenkinson사는 같은 공정을 pH 5.0의 용제를 사용하고 있었기에 문언침해에는 해당하지 않았다.

연방항소법원의 환송 전 판결[10]과 연방대법원의 환송판결 후 다시 심리를 한 연방항소법원은 "비록 발명의 설명 부분에는 그 권리가 청구항에서 주어진 특정 범위를 넘어서도 미친다는 기재가 없지만 그 분야에서 통상의 지식을 가진 자라면 pH 5.0에서 수행하는 것은 이를 pH 6.0에서 수행하는 것과 실질적으로 동일한 기능을 실질적으로 동일한 방법으로 수행하여 실질적으로 동일한 결과를 가져오리라는 것은 알 수 있고

---

8) 'Performs substantially the same function in substantially the same way to obtain the same result.'

9) pH[hydrogen exponent]은 수소이온농도를 말하는데 액체의 산성도를 나타내는 지표가 된다.

10) Hilton Davis Chemical Co. v. Warner-Jenkinson Co., Inc., 62 F.3d 1512 (Fed. Cir. 1995). 연방항소법원은 균등론을 판단하면서 Graver Tank 판결에서 사용된 Triple identity test보다도 비실질적 차이 테스트(insubstantial difference test) 즉, 특허발명과 침해대상물건 사이의 차이가 실질적이지 않고 통상의 기술자의 입장에서 사소한 것인지 여부에 의해 균등여부를 판단하는 원칙을 제시하였다.

pH 2.0에서도 비록 거품은 발생하지만 작업은 할 수 있다는 점 등을 이유로 원고가 pH 농도의 하한을 6.0이라고 기재한 것은 원고 발명의 특허성과는 아무런 관련이 없어 균등론에 의한 침해가 성립한다는 배심판단을 유지하였다.11)

연방대법원은 위 환송판결인 Warner-Jenkinson Co., Inc. v. Hilton Davis Chemical Co. 사건12)에서 ① 1952년 특허법 개정에서 제112조 제6항을 신설하였으나 이것이 균등론을 묵시적으로 폐지하는 것이 아니라는 점, ② 균등론의 적용은 문언침해를 판단하는 것과 같고 의도의 증명을 필요로 하지 않는다는 점, ③ 균등론은 특허등록 시의 균등 또는 특허명세서에 개시된 균등물에 한정되는 것이 아니고 균등론 적용 여부는 침해 시를 기준으로 한다는 점, ③ 'triple identity'('FWR Test'를 의미함) 및 'insubstantial differences'(비본질적 차이)의 형식을 사용한 균등판단 기준도 문제가 있고 그 기준을 개량할 필요가 있으나 이러한 부분은 이 분야에서 전문지식을 가진 법원의 판단에 맡긴다는 점, ④ 출원경과 금반언(prosecution history estoppel)은 균등론의 적용을 제한하지만 출원과정에서 행해진 청구항의 보정(문언변경)이 그러한 금반언을 형성하는지 여부를 결정하는 데 있어서 청구항 보정의 이유에 대하여 조사할 필요가 있고 출원경과 중에 행해진 보정은 출원경과 금반언을 형성한다고 일응 추정되지만 특허권자는 그 보정의 목적이 특허성에 관련된 것이 아님을 증명하여 그 추정을 번복할 수 있다는 점, ⑤ 균등론은 전체로서의 발명에 적용하여서는 안되고 청구항의 각각의 구성요소(individual elements)에 적용하여야 하고 구성요소 별 대비(element by element rule)에 기초한 객관적인 심사에 의해 행해져야 한다는 점, ⑥ 균등의 개념은 청구항의 어떤 구성요소를 완전히 제거하는 것을 허용하지 않는다는 점 등 균등론에 관한 중요한 견해들을 제시하였다.

미국 실무는 균등론과 관련하여 구성요소 완비의 원칙은 청구항의 한정사항에 대한 균등물이 제소된 장치의 어딘가에 존재하여야 한다는 것이지 반드시 구성부분의 1:1 대응으로 존재할 것을 요구하는 것은 아니라는 입장을 취하고 있다.13)

3) Festo Corp. v. Shoketsu Kinzoku Kogyo Kabushiki Co., Ltd. 사건

미국 연방대법원은 Festo Corp. v. Shoketsu Kinzoku Kogyo Kabushiki Co.,

---

11) Hilton Davis Chemical Co. v. Warner-Jenkinson Co., Inc., 113 F.3d 1161 (Fed. Cir. 1997).

12) 520 U.S. 17 (1997).

13) Penwalt Corp. v. Durand-Wayland, Inc., 833 F.2d 931 (Fed. Cir. 1987), Corning Glass Words v. Sumtomo Electric U.S.A., 868 F.2d 1251 (Fed. Cir. 1989), Festo Corp. v. Shoketsu Kinzoku Kogyo Kabushiki Co., Ltd., 72 F.3d 857 (Fed. Cir. 1995).

Ltd.[14] 사건을 통해 Warner-Jenkinson 판결에 의해 제시된 균등론에 관한 법리를 구체화하고 균등론의 제한범위에 관한 입장을 표명하였다.

위 사안에서 연방대법원은 출원경과금반언의 원칙은 선행기술을 회피하기 위한 경우뿐만 아니라 모든 법정 특허요건을 충족시키기 위하여 행해진 특허청구범위의 보정에 적용되고, 위 원칙이 개정 전 미국 특허법 제112조의 명세서 기재불비와 관련한 보정으로 특허청구범위를 축소한 것이라면 가사 그것이 단지 보다 나은 설명을 위한 것이었다고 하더라도 적용된다고 하면서도, 다만 보정에 관한 금반언 원칙의 적용은 침해인정의 절대적 장애사유(absolute bar approach)가 아니라 상대적 장애사유(flexible bar approach)라고 보아야 한다는 이유로 전자의 입장에 선 원심판결을 파기하였다. 따라서 합리적으로 보아 보정이 특정한 균등물을 포기하려고 한 것이라고 볼 수 없는 경우에는 특허권자는 보정서에 그 분야에서 통상의 지식을 가진 자에게 그러한 균등물을 문언적으로 포함하여 특허청구범위를 작성한다는 것이 합리적으로 기대될 수 없는 것이었음을 증명하여 출원경과 금반언의 원칙이 적용되는 추정(presumption)을 번복시킬 수 있다고 하였다.

[3] 우리나라의 균등침해이론(균등론)의 성립요건 및 법리 발전

우리나라 균등론침해이론도 외국의 그것과 같이 법원에 의하여 인정되고 발전되었다. 이하 먼저 우리나라 균등침해이론의 성립에 관한 법리는 많은 변천을 거쳤는데 요약하면 아래 내용과 같고 그 과정에서 위 법리 발전에 토대가 된 여러 중요 판결을 소개하면서 아울러 관련된 개개의 요건에 대하여도 설명한다.

특허권 침해소송의 상대방이 제조 등을 하는 제품 또는 사용하는 방법(이하 침해제품 등이라고 한다)이 특허발명의 특허권을 침해한다고 하기 위해서는 특허발명의 특허청구범위에 기재된 각 구성요소와 그 구성요소 간의 유기적 결합관계가 침해제품 등에 그대로 포함되어 있어야 하는데, 이를 구성요소 완비의 원칙(all elements rule)이라 한다.

침해제품 등에 특허발명의 특허청구범위에 기재된 구성 중 변경된 부분이 있는 경우에도, ① 특허발명과 과제 해결원리가 동일하고, ② 특허발명에서와 실질적으로 동일한 작용효과를 나타내며, ③ 그와 같이 변경하는 것이 그 발명이 속하는 기술분야에서 통상의 지식을 가진 사람이라면 누구나 쉽게 생각해 낼 수 있는 정도라면, ④ 침해제품

14) 535 U.S. 722 (2002).

등이 해당 특허발명의 출원 시에 이미 공지된 기술이거나 그로부터 통상의 기술자가 용이하게 도출해 낼 수 있는 것이 아니고, ⑤ 해당 특허발명의 출원절차를 통하여 침해제품 등의 변경된 구성요소가 특허청구의 범위로부터 의식적으로 제외되는 등[15]의 특별한 사정이 없는 한 침해제품 등은 특허발명의 특허청구범위에 기재된 구성과 균등한 것으로서 여전히 특허발명의 특허권을 침해한다.[16]

이와 같은 균등침해의 요건 중 위 ①, ②, ③ 요건은 적극적 요건으로 특허권자가 주장, 증명하여야 하고, 그중 위 ④, ⑤ 요건은 소극적 요건으로 침해제품 등의 실시자가 주장, 증명하여야 한다.[17]

가. 대법원 2000. 7. 28. 선고 97후2200 판결: 균등침해 법리 최초 판시

균등침해의 요건을 최초로 언급한 판결은 대법원 2000. 7. 28. 선고 97후2200 판결이다.

대법원 2000. 7. 28. 선고 97후2200 판결은 균등침해의 요건으로, 확인대상발명이 특허발명과, 출발물질 및 목적물질은 동일하고 다만 반응물질에 있어 특허발명의 구성요소를 다른 요소로 치환한 경우라고 하더라도, ① 양 발명의 기술적 사상 내지 과제의 해결원리가 공통하거나 동일하고, ② 확인대상발명의 치환된 구성요소가 특허발명의 구성요소와 실질적으로 동일한 작용효과를 나타내며, ③ 또 그와 같이 치환하는 것 자체가 그 발명이 속하는 기술분야에서 통상의 지식을 가진 자이면 당연히 용이하게 도출해 낼 수 있는 정도로 자명한 경우에는, ④ 확인대상발명이 해당 특허발명의 출원 시에 이미 공지된 기술이거나 그로부터 통상의 기술자가 용이하게 도출해 낼 수 있는 것이 아니고, 나아가 ⑤ 해당 특허발명의 출원절차를 통하여 확인대상발명의 치환된 구성요소가 특허청구의 범위로부터 의식적으로 제외되는 등의 특단의 사정이 없는 한, 확인대상발명의 치환된 구성요소는 특허발명의 그것과 균등물로 보아야 한다고 하였다.

---

15) 균등침해 성립요건 중 '의식적으로 제외될 것이 아닐 것'이라는 요건에 대하여는 「제5장 특허청구범위 해석 제2절 청구범위해석 원칙 및 방법」 부분에서도 설명하여 이곳에서는 중복하여 적지 않는다.

16) 대법원 2014. 7. 24. 선고 2012후1132 판결, 대법원 2019. 1. 31. 선고 2018다267252 판결 등 참조.

17) 대법원 2007. 2. 8. 선고 2005후1240 판결. 균등론의 적용을 배제하기 위한 요건(의식적 제외, 공지기술로부터 용이 발명)에 대한 주장·증명책임이 확인대상발명을 실시하는 자에게 있다고 하였다.

나. 대법원 2001. 6. 15. 선고 98후836 판결: 균등침해 법리 내용 일부 수정

대법원 2001. 6. 15. 선고 98후836 판결은 확인대상발명이 특허발명의 권리범위에 속한다고 할 수 있기 위하여는 특허발명의 각 구성요소와 구성요소 간의 유기적 결합관계가 확인대상발명에 그대로 포함되어 있어야 하고, 다만 확인대상발명에서 구성요소의 치환 내지 변경이 있더라도, ① 양 발명에서 과제의 해결원리가 동일하며, ② 그러한 치환에 의하더라도 특허발명에서와 같은 목적을 달성할 수 있고 실질적으로 동일한 작용효과를 나타내며, ③ 그와 같이 치환하는 것을 그 발명이 속하는 기술분야에서 통상의 지식을 가진 자가 용이하게 생각해 낼 수 있을 정도로 자명하다면, ④ 확인대상발명이 특허발명의 출원 시에 이미 공지된 기술 내지 공지기술로부터 그 발명이 속하는 기술분야에서 통상의 지식을 가진 자가 용이하게 발명할 수 있었던 기술에 해당하거나, 특허발명의 출원절차를 통하여 확인대상발명의 치환된 구성요소가 특허청구범위로부터 의식적으로 제외된 것에 해당하는 등의 특별한 사정이 없는 한, 확인대상발명의 치환된 구성요소는 특허발명의 대응되는 구성요소와 균등관계에 있는 것으로 보아 확인대상발명은 여전히 특허발명의 권리범위에 속한다고 하였다.

대법원 2001. 6. 15. 선고 98후836 판결은 대법원 2000. 7. 28. 선고 97후2200 판결의 균등론 요건 중 일부 내용을 수정한 것으로 구체적으로 보면 종전의 '치환'이라는 용어를 '치환 내지 변경'으로 바꾸고,[18] 종전의 ① 요건인 '기술적 사상 내지 과제의 해결원리가 공통되거나 동일할 것'을 '과제의 해결원리가 동일할 것'으로 바꾸고, 종전의 ② 요건인 치환가능성 요건에서 종전의 '치환된 구성요소가 특허발명의 구성요소와 실질적으로 동일한 작용효과를 나타내며'라는 문구가 '그러한 치환에 의하더라도 특허발명에서와 같은 목적을 달성할 수 있고 실질적으로 동일한 작용효과를 나타내며'라고 바뀌면서 '같은 목적을 달성할 것'이라는 부분을 추가하였으며, 종전의 ③ 요건에서 97후2200 판결에서 언급된 '당연히'를 삭제하였다.

위 ② 요건에서 종전에는 치환된 구성요소가 특허발명의 구성요소와 대비하여 치환가능성을 판단하고 있는데 '구성요소'라는 문언이 삭제됨으로써 치환된 구성요소를 포함한 특허발명의 전체 구성을 확인대상발명의 전체와 대비하여 판단하여야 하는가라는 의문이 생긴다.

그러나 확인대상발명에서 치환된 구성요소를 제외한 나머지 구성은 특허발명의 구성과 사실상 동일할 것이므로 치환된 구성요소가 특허발명의 대응 구성요소와 그 작용

18) 대법원 2014. 5. 29. 선고 2012후498 판결 등도 같은 용어를 사용하면서 구성요소의 치환 내지 변경의 용이성의 근거로 해당 기술이 그 기술분야에서 관용적으로 채택되는 수단에 불과하다는 점을 들고 있다.

효과에 차이가 있다면 치환된 구성요소를 포함한 확인대상발명의 목적 및 작용효과도 특허발명과 다르게 되고, 치환된 구성요소가 특허발명의 대응 구성요소와 그 작용효과에 차이가 없다면 치환된 구성요소를 포함한 확인대상발명의 목적 및 작용효과도 특허발명과 동일하게 된다.

따라서 위 ② 요건의 문구변경에도 불구하고 대비를 변경된 구성요소만을 대상으로 하든 변경된 구성요소를 포함한 발명 전체를 대상으로 하든 결론에는 영향이 없을 것이다. 다만 균등론 판단에서 중요한 것이 변경된 부분에 관한 구성요소 대 구성요소를 대비하는 것(element by element rule)에 있음을 잊어서는 아니 된다.

다. 대법원 2009. 6. 25. 선고 2007후3806 판결: 과제 해결원리의 동일성 판단 방법

대법원 2009. 6. 25. 선고 2007후3806 판결은 균등침해 요건 중 ① 요건인 과제해결원리의 동일성의 의미와 판단 방법을 구체적으로 제시하였다.[19]

대법원은 "확인대상발명에서 특허발명의 특허청구범위에 기재된 구성 중 치환 내지 변경된 부분이 있는 경우에도, 양 발명에서 과제의 해결원리가 동일하고, 그러한 치환에 의하더라도 특허발명에서와 같은 목적을 달성할 수 있고 실질적으로 동일한 작용효과를 나타내며, 그와 같이 치환하는 것이 그 발명이 속하는 기술분야에서 통상의 지식을 가진 자(이하 통상의 기술자라 한다)라면 누구나 용이하게 생각해 낼 수 있는 정도로 자명하다면, 확인대상발명이 특허발명의 출원 시 이미 공지된 기술과 동일한 기술 또는 통상의 기술자가 공지기술로부터 용이하게 발명할 수 있었던 기술에 해당하거나, 특허발명의 출원절차를 통하여 확인대상발명의 치환된 구성이 특허청구범위로부터 의식적으로 제외된 것에 해당하는 등의 특별한 사정이 없는 한, 확인대상발명은 전체적으로 특허발명의 특허청구범위에 기재된 구성과 균등한 것으로서 여전히 특허발명의 권리범위에 속한다고 보아야 할 것이나(대법원 2000. 7. 28. 선고 97후2200 판결, 대법원 2005. 2. 25. 선고 2004다29194 판결 등 참조), 다만, 여기서 말하는 양 발명에서 과제의 해결원리가 동일하다는 것은 확인대상발명에서 치환된 구성이 특허발명의 비본질적인 부분이어서 확인대상발명이 특허발명의 특징적 구성을 가지는 것을 의미하고, 특허발명의 특징적 구성을 파악함에 있어서는 특허청구범위에 기재된 구성의 일부를 형식적으로 추출할 것이 아니라 명세서의 발명의 설명의 기재와 출원 당시의 공지기술 등을 참작하여 선행기술과 대비하여 볼 때 특허발명에 특유한 해결수단이 기초하고 있는 과

19) 위 판결에 대한 판례해설은 한동수, "균등침해의 요건 중 '양 발명에서 과제의 해결원리가 동일한 것'의 의미와 판단 방법", 대법원판례해설 80호, 법원도서관(2009 상반기), 628 이하 참조.

제의 해결원리가 무엇인가를 실질적으로 탐구하여 판단하여야 한다."라고 하였다.

라. 대법원 2012. 6. 14. 선고 2012후443 판결: 과제해결원리의 동일성 의미 등 균등침해 법리 재정리

대법원 2012. 6. 14. 선고 2012후443 판결은 균등침해 요건 중 ① 요건인 과제해결원리의 동일성 의미 등 균등침해 요건을 다시 정리하였다.

대법원은, "특허발명의 특허청구범위에 기재된 구성 중 일부가 상대방이 실시하고 있는 확인대상발명에서 치환 내지 변경된 경우에도, 그 과제의 해결원리가 동일하고 그 치환에도 불구하고 달성하려는 목적과 작용효과가 동일하며, 그와 같이 치환하는 것이 해당 기술분야에서 통상의 지식을 가진 사람(이하 통상의 기술자라 한다)이면 누구나 용이하게 생각해 낼 수 있는 정도로 자명하다면, 특별히 그 확인대상발명이 통상의 기술자가 공지기술로부터 용이하게 발명할 수 있었던 기술에 해당하거나 위 치환된 구성이 해당 특허발명의 특허청구범위에서 의식적으로 제외된 것이라는 등의 사정이 없는 한, 그 확인대상발명은 특허발명의 구성과 실질적으로 동일한 것으로서 그 치환에도 불구하고 여전히 해당 특허발명의 권리범위에 속한다고 할 것이다. 여기에서 과제의 해결원리가 동일하다는 것은 치환된 구성이 특허발명의 본질적인 부분이 아니어서 치환에도 불구하고 특허발명의 특징적 구성이 계쟁 확인대상발명에 그대로 존재하는 것을 의미한다. 그리고 특허발명의 특징적 구성을 파악함에 있어서는 특허청구범위에 기재된 구성의 일부를 형식적으로 추출할 것이 아니라 명세서에 기재된 발명의 설명과 출원 당시의 공지기술 등을 참작하여 선행기술과 대비하여 볼 때 특허발명의 특유한 해결수단이 기초하고 있는 과제의 해결원리가 무엇인가를 실질적으로 탐구하여 판단하여야 한다."라고 하였다.

위 판결은 기존 판결(2007후3806)에 사용되던 '전체적으로'라는 용어가 전체로서의 발명 개념을 사용하는 것으로 오해를 받아 실무상 혼란이 발생하는 것을 막기 위해 이러한 용어를 더 이상 사용하지 않고 대비대상으로 각 구성요소와 그 구성요소 간의 유기적 결합관계를 강조함으로써 균등침해에 해당되는지를 판단할 때 전체로서(as a whole)의 발명이 아닌 개별적인 구성요소(on an element by element)를 대비하여 판단하는 것임을 명확히 하였다.

또한 종전의 대법원 2009. 6. 25. 선고 2007후3806 판결에서 "과제의 해결원리가 동일하다는 것은 확인대상발명에서 치환된 구성이 특허발명의 비본질적인 부분이어서 확인대상발명이 특허발명의 특징적 구성을 가지는 것을 의미하고"라는 판시내용이, '양 발명의 기술적 사상 내지 과제의 해결원리'가 '치환된 부분이 발명의 중요하지 않는 비본질적 부분'이라는 내용을 말하는 것으로 오해하거나 그렇지 않더라도 '과제의 해결원리가 동일하다는 것'과 '치환된 구성이 비본질적 부분이어서 특징적 구성을 가지는 것'의 관계를 필요충분조건(일치)으로 파악할 염려가 있어 이를 정리하여 대법원 2012. 6. 14. 선고 2012후443 판결에서는 "과제의 해결원리가 동일하다는 것은 치환된 구성이 특허발명의 본질적인 부분이 아니어서 치환에도 불구하고 특허발명의 특징적 구성이 계쟁 확인대상발명에 그대로 존재하는 것을 의미한다."라고 하여 과제의 해결원리가 동일하다는 의미를 더욱 명확하게 정리하였다.

결국 '과제의 해결원리가 동일하다는 것'과 '치환된 구성이 비본질적 부분이어서 특징적 구성을 가지는 것'이 필요충분조건(일치)이 아니라 후자가 전자의 동일성을 증명하는 충분조건이 된다고 보아야 한다.[20]

한편 위 판결(및 대법원 2009. 6. 25. 선고 2007후3806 판결)에서 언급된 '특징적 구성'의 의미에 대하여는 ① 청구범위에 기재된 특정 구성요소 또는 그 구성요소의 결합으로 파악하고 발명의 기술적 과제 내지 목적과는 구분되는 것으로서 특허발명의 명세서의 발명의 설명에 기재된 종래기술이나 선행기술 등과 대비하여 특허발명이 객관적으로 가지고 있는 신규하고 진보성이 부정되지 않은 과제 해결 수단으로 풀이할 수 있는 특허발명에 있는 특유한 해결수단으로 보는 견해,[21] ② 청구범위에 기재되어 발명을 특정하는 구성보다 상위개념인 추상적인 구성으로 파악하여 변경된 구성을 포섭하는 공통된 과제의 해결원리로서 상위개념에 해당하는 특징적인 구성이 명세서 기재, 선행기술 등에 의해 도출할 수 있는 경우에는 비록 구체적인 구성이 다르더라도 특징적 구성에 해당할 수 있다고 보는 견해[22]가 있다.

어느 견해든 여기서 특징적 구성을 해당 구성요소의 기술적 특징이 들어 있는 부분이 아니라 발명을 특정하는 구성, 청구범위에 기재된 구성 자체로 오해하여서는 아니 된다는 점을 전제로 하고 있음을 유의하여야 한다.[23]

마. 대법원 2014. 7. 24. 선고 2012후1132 판결: 과제의 해결원리 동일 판단 방법 및 치환 용이성 내용 수정

대법원 2014. 7. 24. 선고 2012후1132 판결은 균등침해 요건 중 ① 요건인 과제

20) 정택수, "균등침해의 적극요건", 사법 30호(2014. 12.), 사법발전재단, 371.
21) 한동수, "균등침해에서 과제해결원리의 동일성 요건", 특별법 연구 11권, 대법원 특별소송실무연구회(2014), 492.
22) 김동준, "균등침해 판단에 있어서 과제해결원리의 동일성", 특허소송연구 6집, 특허법원(2014), 434.
23) 정택수, "균등침해의 적극요건", 사법 30호(2014. 12.), 사법발전재단, 375.

의 해결원리에 대한 동일 여부 판단 방법 등을 다시 정리하였다.

대법원은, "특허발명과 대비되는 확인대상발명이 특허발명의 권리범위에 속한다고 할 수 있기 위해서는 특허발명의 특허청구범위에 기재된 각 구성요소와 그 구성요소 간의 유기적 결합관계가 확인대상발명에 그대로 포함되어 있어야 한다. 한편 확인대상발명에서 특허발명의 특허청구범위에 기재된 구성 중 변경된 부분이 있는 경우에도, 양 발명에서 과제의 해결원리가 동일하고, 그러한 변경에 의하더라도 특허발명에서와 실질적으로 동일한 작용효과를 나타내며, 그와 같이 변경하는 것이 그 발명이 속하는 기술분야에서 통상의 지식을 가진 자(이하 통상의 기술자라고 한다)라면 누구나 용이하게 생각해 낼 수 있는 정도라면, 특별한 사정이 없는 한 확인대상발명은 특허발명의 특허청구범위에 기재된 구성과 균등한 것으로서 여전히 특허발명의 권리범위에 속한다고 보아야 한다. 그리고 여기서 '양 발명에서 과제의 해결원리가 동일'한지 여부를 가릴 때에는 특허청구범위에 기재된 구성의 일부를 형식적으로 추출할 것이 아니라, 명세서의 발명의 설명의 기재와 출원 당시의 공지기술 등을 참작하여 선행기술과 대비하여 볼 때 특허발명에 특유한 해결수단이 기초하고 있는 기술사상의 핵심이 무엇인가를 실질적으로 탐구하여 판단하여야 한다(대법원 2009. 6. 25. 선고 2007후3806 판결 등 참조)"라고 하였다.24)

기존 판결에 사용되던 '발명에서 과제의 해결원리'의 의미에 대하여 사용한 '비본질적 부분', '특징적 구성'이라는 용어를 사용함이 없이 발명에서 과제의 해결원리를 '발명에 특유한 해결수단이 기초하고 있는 기술사상의 핵심'이라고 설명함으로써 기존 판결에 사용되어 오던 본질적 부분 내지 비본질적 부분이라는 용어로 인해 발생한 실무상 혼란25)을 없애고 있다.

---

24) 위 판결에 대한 판례해설은 정택수, "균등침해의 적극요건", 사법 30호(2014. 12.), 사법발전재단, 353 이하 참조.

25) 대법원 2009. 6. 25. 선고 2007후3806 판결의 균등론 법리는 치환된 대상이 비본질적 부분이거나 또는 치환으로도 특징적 구성에 변경이 없다면 과제해결원리가 동일하다고 볼 수 있다는 구조로 이해하여 본질적 부분 또는 특징적 구성의 동일성이 과제해결원리의 동일성을 증명하는 충분조건이 된다는 점을 설시한 것으로 파악할 필요가 있었다. 그러나 이러한 판시 내용에 대해 대응관계를 고려하기 이전에 먼저 특허발명의 구성을 본질적인 부분과 비본질적인 부분으로 나눈 다음 본질적인 부분이 침해대상발명에서 변경되었는지 여부를 파악하여야 하는 것으로 오해하거나 '특징적 구성'이 선행기술과 대비하여 볼 때 특허발명에서 파악되는 특유한 해결수단(즉, 특허발명에서 해당 구성요소의 기술적 특징이 들어있는 구성)이 아니라 발명을 특정하는 구성 즉 특허청구범위에 기재된 구성 자체라고 오해하는 경우가 있었고, 더 나아가 특정한 구성요소를 비본질적 부분으로 인정하면 침해제품의 대응구성이 특허발명과 동일한 기술사상이 아닌 경우에도 균등이 성립하는 결과가 될 수 있고, 또한 청구범위의 모든 구성요소가 중요하고 필수적인 것이라는 명제에 기초하여 거의 모든 구성요소들을 본질적 부분으로 보

그 외 기존판결의 '치환 내지 변경'이라는 용어를 '변경'이라는 용어로 다시 정리하였는데 이는 구성요소의 대응관계와 균등 여부가 문제되는 영역을 모두 포괄하여 특허발명의 특유한 해결수단이 기초하고 있는 기술사상의 핵심이 침해제품에 존재하는지를 검토하고 과제해결원리가 동일한지 여부를 판단하기 위하여는 구성의 변경이라는 표현이 더 적절한 용어라고 판단한 것으로 보인다.

다만 위에서 말하는 구성의 변경에는 구성요소 완비의 원칙(all elements rule, all limitations rule)[26]상 구성의 생략은 포함되지 않는다.[27]

그리고 위 판결은 97후2200판결에서 언급된 '목적의 동일성'이라는 부분을 삭제하였는데 원래 발명의 목적은 발명의 작용효과를 발명자의 주관적 의도로 표현한 것에 불과하고 발명의 목적이 2007. 1. 3. 법률 제8197호로 개정된 특허법에서 '발명의 상세한 설명'에 기재되어야 하는 사항으로부터 제외된 것을 고려한 것으로 보인다.

마지막으로 위 판결은 종전 법리 중 "그와 같이 치환하는 것이 그 발명이 속하는 기술분야에서 통상의 지식을 가진 자라면 누구나 용이하게 생각해 낼 수 있는 정도로 자명하다면,"이라는 문언 중 '자명'이라는 용어를 사용하지 않았다.

이는 자명이라는 용어 자체의 불명확성 탓에 기인하기는 하지만 그 외에도 용이하게 생각해 낼 수 있을 정도로 자명하다는 문언이 마치 통상의 기술자에게 구성변경의 자명성을 용이하게 생각해 낼 수 있는 정도의 것보다 상위개념이고 용이하게 생각해 낼 수 있을 정도의 자명성이 있어야 충족될 수 있는 것처럼 이해될 우려가 있어 이를 의도적으로 피한 것으로 보인다.[28] 여기서 말하는 '기술사상의 핵심'은 특허발명의 구성에 기초를 두고 파악해야 하고 발명의 구성을 떠난 추상적인 기술사상을 의미하는 것이 아니다.

한편 위에서 통상의 지식을 가진 자가 용이하게 생각해 낼 수 있을 정도에 대하여는 그 정도가 진보성에서의 쉽게 발명할 수 있다는 정도보다는 낮은 기술수준으로 이해하고 이로써 균등영역 밖에 있지만 그렇다고 하여 별개의 발명으로 성립되지 않는

게 되면 균등을 인정하는 범위가 부당하게 축소된다는 의문이 제기되었다. 그러나 위 판결의 법리는 특허청구범위의 구성을 본질적인 부분과 비본질적인 부분으로 나눈 다음 본질적인 부분이 변경되었는지를 판단하기보다는 구성의 변경으로 차이가 있는 부분을 먼저 파악한 다음 그것이 본질적인 차이인지를 판단하는 구도를 의도한 것이라고 보아야 한다.

26) 구성요소 완비의 원칙(all elements rule, all limitations rule)이란 복수의 구성요소를 가지는 특허발명의 경우에 제3자의 실시태양이 특허청구범위에 기재된 구성요소 전부를 실시하는 경우에만 특허침해로 본다는 이론이다. 이에 대해서는 후술하는 생략침해에서 상세히 설명한다.

27) 대법원 2020. 7. 23. 선고 2019도9547 판결 참조.

28) 위 판결에 대한 더욱 상세한 판례해설은 정택수, "균등침해의 적극요건", 사법 30호(2014. 12.), 사법발전재단, 368 이하 참조.

이른바 회색영역이 공중 영역으로 존재할 수 있다는 견해가 다수설이다.

바. 대법원 2017. 4. 26. 선고 2014후638 판결: 청구범위에서 의식적으로 제외된 구성인지 판단하는 방법 및 적용범위

대법원 2002. 9. 6. 선고 2001후171 판결 등은 균등침해의 성립요건 중 ⑤ 요건인, 해당 특허발명의 출원절차를 통하여 확인대상발명의 치환된 구성요소가 특허청구의 범위로부터 의식적으로 제외된 구성이 아닐 것이라는 요건과 관련하여, 확인대상발명이 특허발명의 출원·등록과정 등에서 특허발명의 특허청구범위로부터 의식적으로 제외된 것에 해당하는지 여부는 명세서뿐만 아니라 출원에서부터 특허될 때까지 특허청 심사관이 제시한 견해 및 특허출원인이 제출한 보정서와 의견서 등에 나타난 특허출원인의 의도 등을 참작하여 판단하여야 한다고 하였다.

대법원 2017. 4. 26. 선고 2014후638 판결은 "특허발명의 출원과정에서 어떤 구성이 청구범위에서 의식적으로 제외된 것인지 여부는 명세서뿐만 아니라 출원에서부터 특허될 때까지 특허청 심사관이 제시한 견해 및 출원인이 출원과정에서 제출한 보정서와 의견서 등에 나타난 출원인의 의도, 보정이유 등을 참작하여 판단하여야 한다(대법원 2002. 9. 6. 선고 2001후171 판결 참조). 따라서 출원과정에서 청구범위의 감축이 이루어졌다는 사정만으로 감축 전의 구성과 감축 후의 구성을 비교하여 그 사이에 존재하는 모든 구성이 청구범위에서 의식적으로 제외되었다고 단정할 것은 아니고, 거절이유통지에 제시된 선행기술을 회피하기 위한 의도로 그 선행기술에 나타난 구성을 배제하는 감축을 한 경우 등과 같이 보정이유를 포함하여 출원과정에 드러난 여러 사정을 종합하여 볼 때 출원인이 어떤 구성을 권리범위에서 제외하려는 의사가 존재한다고 볼 수 있을 때에 이를 인정할 수 있다. 그리고 이러한 법리는 청구범위의 감축 없이 의견서 제출 등을 통한 의견진술이 있었던 경우에도 마찬가지로 적용된다."라고 하였다.

어떤 구성을 권리범위에서 제외하려는 의사는, 출원과정 등에서 선행기술 관계에서 거절이유통지를 받고 신규성이나 진보성이 부정되지 않도록 청구범위를 감축하는 보정 또는 정정을 하거나 의견서 등을 통해 청구범위의 해석에 관한 한정적 주장을 하는 경우에 주로 나타나지만,[29] 명세서 기재불비 등 그 외 다른 문제를 해결하기 위한

29) 출원발명에 대한 거절이유를 극복하고 특허를 받기 위하여 등의 이유로 한 보정에 관한 사례로는 대법원 2002. 6. 14. 선고 2000후2712 판결, 대법원 2002. 9. 6. 선고 2001후171 판결, 대법원 2003. 12. 12. 선고 2002후2181 판결, 대법원 2006. 6. 30. 선고 2004다51771 판결, 대법원 2006. 12. 7. 선고 2005후3192 판결, 대법원 2007. 2. 23. 선고 2005도4210 판결, 대법원 2008. 4. 10. 선고 2006다35308 판결 등이 있고, 정정에 관한 사례로는 대법원 2004. 11. 26. 선고 2002후2105 판결이 있다.

경우[30] 등에도 이루어질 수 있다.[31]

위 판결에서 대법원은 출원경과 금반언에 의한 균등의 배제 범위에 관하여 미국 실무태도와 같이 상대적 장애사유(flexible bar approach)의 입장에 있음을 명확히 하면서 청구범위에 감축이 없는 경우에도 출원경과 금반언이 적용될 수 있다고 하였다.

균등침해의 소극적 요건인 의식적으로 제외된 구성이어서 균등관계에 있지 않다는 점에 대하여는 확인대상발명을 실시하는 자가 주장 · 증명한다.[32]

사. 대법원 2019. 1. 31. 선고 2017후424 판결 및 대법원 2019. 1. 31. 선고 2018다267252 판결

1) 대법원 2019. 1. 31. 선고 2017후424 판결: 과제해결 원리의 폭 결정 원칙

대법원 2019. 1. 31. 선고 2017후424 판결은 "확인대상발명과 특허발명의 '과제해결원리가 동일'한지를 가릴 때에는 특허청구범위에 기재된 구성의 일부를 형식적으로 추출할 것이 아니라, 명세서에 적힌 발명의 설명의 기재와 출원 당시의 공지기술 등을 참작하여 선행기술과 대비하여 볼 때 특허발명에 특유한 해결수단이 기초하고 있는 기술사상의 핵심이 무엇인가를 실질적으로 탐구하여 판단하여야 한다(대법원 2014. 7. 24. 선고 2012후1132 판결 참조). 특허법이 보호하려는 특허발명의 실질적 가치는 선행기술에서 해결되지 않았던 기술과제를 특허발명이 해결하여 기술발전에 기여하였다는 데에 있으므로, 확인대상발명의 변경된 구성요소가 특허발명의 대응되는 구성요소와 균등한지를 판단할 때에도 특허발명에 특유한 과제 해결원리를 고려하는 것이다. 그리고 특허발명의 과제 해결원리를 파악할 때 발명의 설명의 기재뿐만 아니라 출원 당시의 공지기술 등까지 참작하는 것은 전체 선행기술과의 관계에서 특허발명이 기술발전에 기여한 정도에 따라 특허발명의 실질적 가치를 객관적으로 파악하여 그에 합당한 보호를 하기 위한 것이다. 따라서 이러한 선행기술을 참작하여 특허발명이 기술발전에 기여한 정도에 따라 특허발명의 과제 해결원리를 얼마나 넓게 또는 좁게 파악할지 결정하여야 한다. 다만, 발명의 설명에 기재되지 않은 공지기술을 근거로 발명의 설명에

---

30) 대법원 2008. 4. 10. 선고 2006다35308 판결 참조. 2006다35308 판결은 "특허출원인이 특허청 심사관으로부터 기재불비 및 진보성 흠결을 이유로 한 거절이유통지를 받고서 거절결정을 피하기 위하여 원출원의 특허청구범위를 한정하는 보정을 하면서 원출원발명 중 일부를 별개의 발명으로 분할출원한 경우 위 분할출원된 발명은 특별한 사정이 없는 한 보정된 발명의 보호범위로부터 의식적으로 제외된 것이라고 보아야 할 것이다."라고 하였다.

31) 구민승, "출원경과 금반언에 의한 균등의 배제 범위", 사법 제41호(2017. 9.), 사법발전재단, 203~204 참조.

32) 대법원 2007. 2. 8. 선고 2005후1240 판결.

서 파악되는 기술사상의 핵심을 제외한 채 다른 기술사상을 기술사상의 핵심으로 대체하여서는 안 된다. 발명의 설명을 신뢰한 제3자가 발명의 설명에서 파악되는 기술사상의 핵심을 이용하지 않았음에도 위와 같이 대체된 기술사상의 핵심을 이용하였다는 이유로 과제 해결원리가 같다고 판단하게 되면 제3자에게 예측할 수 없는 손해를 끼칠 수 있기 때문이다."라고 하였다.

이어 위 판결은 "발명의 설명의 기재를 통하여 파악되는 이 사건 제1항 발명에 특유한 해결수단이 기초하고 있는 기술사상의 핵심은 '절단된 각각의 적층 김들이 하강하면서 가이드케이스의 하부에 고정 배치되는 격자형 부품의 외측 경사면을 따라 서로 사이가 벌어지도록 유도'하는 데에 있다. 원심판시 선출원고안은 이 사건 특허발명의 출원 당시에 공지된 기술이 아니고, 그 밖에 위와 같은 기술사상의 핵심이 이 사건 특허발명의 출원 당시에 공지되었다고 볼 만한 사정은 보이지 않는다. 확인대상발명도 경사면을 구비한 '격자형 박스' 구성에 의해 '절단된 각각의 적층 김들이 하강하면서 격자형 박스의 외측 경사면을 따라 서로 사이가 벌어지도록 유도'하고 있다. 따라서 확인대상발명은 위와 같은 각 구성의 차이에도 불구하고 기술사상의 핵심에서 이 사건 제1항 발명과 같으므로 과제 해결원리가 동일하다."라고 하였다.[33)]

2) 대법원 2019. 1. 31. 선고 2018다267252 판결: 작용효과 실질적 동일 판단 방법

대법원 2019. 1. 31. 선고 2018다267252 판결은 균등침해의 성립요건 중 ② 요건인 두 발명의 작용효과가 실질적으로 동일한지 여부를 판단하는 방법에 대해 설시하였다.

대법원 2019. 1. 31. 선고 2018다267252 판결은 "작용효과가 실질적으로 동일한

33) 같은 논리를 전개하면서 대법원 2020. 4. 29. 선고 2016후2546 판결은 특허발명의 명세서의 기재와 출원 당시 공지기술 등을 종합하여 보면, 특허발명에 특유한 해결수단이 기초하고 있는 기술사상의 핵심은 '슬라이더를 전후방향으로 작동시키는 방식으로 걸림을 해제하여 간단한 구조의 롤방충망 잠금장치를 구현'하는 데에 있는데 확인대상발명은 특허발명의 출원 전 공지기술인 버튼부재의 힌지축을 이용한 회전 누름식 잠금장치에 관한 것이어서 특허발명과 같은 과제해결원리를 채택하지 않고 있어 확인대상발명이 특허발명의 권리범위에 속하지 않는다고 한 원심판단을 수긍하였다. 한편 대법원 2022. 1. 14. 선고 2021후10589 판결은 축전지 극판 컨베이어시스템의 극판집속체 이송장치라는 명칭의 특허발명의 기술사상의 핵심이 특허발명의 출원 당시에 공지되지 않았고, 확인대상발명에 특허발명의 기술사상의 핵심이 그대로 구현되어 있다. 양 발명은 과제의 해결원리가 동일하고, 유압실린더의 배치 방식 등의 차이에도 불구하고 실질적으로 동일한 작용효과를 나타내며, 유압실린더의 배치 방식 등의 변경은 통상의 기술자라면 누구나 용이하게 생각해 낼 수 있는 정도에 불과하므로 균등관계에 있다고 보아, 확인대상발명이 특허발명의 권리범위에 속한다고 한 원심판단을 수긍하였다.

지 여부는 선행기술에서 해결되지 않았던 기술과제로서 특허발명이 해결한 과제를 침해제품 등도 해결하는지를 중심으로 판단하여야 한다. 따라서 발명의 설명의 기재와 출원 당시의 공지기술 등을 참작하여 파악되는 특허발명에 특유한 해결수단이 기초하고 있는 기술사상의 핵심이 침해제품 등에서도 구현되어 있다면 작용효과가 실질적으로 동일하다고 보는 것이 원칙이다. 그러나 위와 같은 기술사상의 핵심이 특허발명의 출원 당시에 이미 공지되었거나 그와 다름없는 것에 불과한 경우에는 이러한 기술사상의 핵심이 특허발명에 특유하다고 볼 수 없고, 특허발명이 선행기술에서 해결되지 않았던 기술과제를 해결하였다고 말할 수도 없다. 이러한 때에는 특허발명의 기술사상의 핵심이 침해제품 등에서 구현되어 있는지를 가지고 작용효과가 실질적으로 동일한지 여부를 판단할 수 없고, 균등 여부가 문제되는 구성요소의 개별적 기능이나 역할 등을 비교하여 판단하여야 한다...(중간 생략)...발명의 설명에서 파악되는 '상 · 하부 양방향에서 가압하여 단조효과를 향상시킨다'는 기술사상은 이 사건 제1항 발명의 출원 당시에 공지된 을 제7호증에 나타나 있다. 위 '상 · 하부 양방향에서 가압하여 단조효과를 향상시킨다'는 기술사상이 특허발명에 특유하다고 볼 수 없고, 이 사건 제1항 발명이 선행기술에서 해결되지 않았던 기술과제를 해결하였다고 말할 수도 없으므로, 작용효과가 실질적으로 동일한지 여부는 위 기술사상을 구현하는지를 기준으로 삼을 수는 없고, 이 사건 제1항 발명의 '보온용 전기 가열장치'와 피고 제품의 '가스 가열장치'의 개별적인 기능이나 역할 등을 비교하여 결정하여야 한다. 위 두 구성은 금형의 온도를 조절하는 기능이나 착탈 여부 등에서 차이가 나므로 그 실질적 작용효과가 동일하다고 볼 수 없다."라고 하였다.

즉 위 판결은 균등침해의 요건 중 작용효과가 실질적으로 동일한지 여부에 대해 특허발명에 특유한 해결수단이 기초하고 있는 기술사상의 핵심이 그 출원 전에 공지되어 있지 않다면 확인대상발명에 그 기술사상의 핵심이 구현되어 있는지를 검토하여 판단하고, 만일 특허발명에 특유한 해결수단이 기초하고 있는 기술사상의 핵심이 그 출원 전에 이미 공지되어 있다면 확인대상발명에 그 기술사상의 핵심이 구현되어 있는지가 아니라 균등 여부가 문제되는 구성요소의 개별적 기능이나 역할 등을 비교하여 판단하여야 한다는 논증방법을 정립하였다.

이러한 논증방법에 따라 대법원 2021. 3. 11. 선고 2019다237302 판결도 "이 사건 특허발명의 발명의 설명에는 이 사건 제1항 발명과 관련하여, '손잡이를 한 손으로 파지한 상태에서 로터리식 작동부를 엄지 손가락만을 이용하여 조작할 수 있으므로, 조작성과 사용상의 편의성을 향상시킬 수 있다. 또한, 슬라이딩부의 이동을 제어하는 핀 부재가 손잡이의 상면 측에 형성되어 있고, 손잡이가 조리용기에 결합된 상태에서 그 핀 부재의 상면이 로터리식 회전부에 형성된 반구형 돌출부에 의해 가려져 있게 되므로, 손잡이를 조리용기에 결합한 상태에서, 사용자의 부주의 등으로 인하여 핀 부재를 가압하는 일이 전혀 없게 되고, 이에 따라 종래에 빈번하게 발생되었던 안전사고를 예방한다'라고 기재되어 있다. 그러나 위와 같이 발명의 설명에서 파악되는 '로터리식 작동부를 조작하여 슬라이딩판을 전·후방으로 이동시키는 기술사상'과 '상면으로 형성된 버튼을 통해 누름부재 또는 핀 부재를 상·하 유동시켜 슬라이딩판의 전·후방 이동을 제어하며, 실수에 의한 버튼 가압을 방지하는 기술사상'은 이 사건 제1항 발명의 출원 당시에 공지된 공개특허공보...(기재 생략)... 등에 나타나 있다. 그렇다면 위와 같은 기술사상이 이 사건 제1항 발명에 특유하다고 볼 수 없고, 이 사건 제1항 발명이 선행기술에서 해결되지 않았던 기술과제를 해결하였다고 말할 수도 없으므로, 작용효과가 실질적으로 동일한지 여부는 위 기술사상을 구현하는지를 기준으로 삼을 수는 없고, 차이점 1, 2의 각 대응 구성요소들의 개별적인 기능이나 역할 등을 비교하여 결정하여야 한다. 먼저 차이점 2에 관하여 보면, 이 사건 제1항 발명은 '상·하부 부재 및 슬라이딩판을 관통하여 설치된 핀 부재'로 인해 로터리식 작동부를 회전시키더라도 핀 부재가 해제되지 않는 한 손잡이가 조리용기에서 분리되지 않는 반면, 제2 피고 실시제품은 걸림편이 슬라이딩편으로부터 상부로 경사지게 절곡되어 일체로 형성되어 있기 때문에 손잡이를 부착할 때의 반대 방향으로 레버를 회전시키는 것만으로도 레버와 호형 견인로드로 연결되어 있는 슬라이드편이 전진하여 걸림편이 상부부재 내면에 형성된 스토퍼에 걸림으로써 손잡이와 조리용구가 약간 분리되었다가, 이 상태에서 레버 중앙에 설치된 버튼을 눌러 직접 걸림편을 누르면 걸림편이 스토퍼에서 해제되며 완전 분리 상태에 이른다는 점에서 작용효과에 차이가 있다. 또한, 이 사건 제1항 발명의 핀 부재가 별도의 탄성부재인 제2 탄성 스프링에 의해 지지되어 상·하 유동하는 반면, 제2 피고 실시제품의 걸림편은 그 자체가 탄성을 가지는데, 선행발명 1에 나사 결합에 의해 록킹판과 일체화되어 자체 탄성력에 의해 걸림·해제 동작을 수행하는 탄동걸림편의 구성이 개시되어 있더라도, 핀 부재를 걸림편으로 변경할 경우, 이 사건 제1항 발명의 버튼과 슬라이드편의 상대적인 이동관계뿐만 아니라 연결 구성들의 배열 관계를 대폭적으로 변경하여야 하고, 이 사건 제1항 발명에는 핀 부재를 걸림편으로 변경할 암시와 동기가 제시되어 있지도 않다. 이러한 점에서 이 사건 제1항 발명의 '상·하부 부재 및 슬라이딩판을 관통하여 설치된 핀 부재와 제2 탄성 스프링'의 구성을 제2 피고 실시제품의 '걸림편'으로 쉽게 변경할 수 있다고 보기 어렵다. 따라서 제2 피고 실시제품은 이 사건 제1항 발명의 '상·하부 부재와 슬라이딩판을 관통하여 설치된 핀 부재 및 제2 탄성 스프링'과 균등한 요소를 포함하고 있지 않으므로 이 사건 제1항 발명을 침해한다고 할 수 없다."라고 하였다.

4 균등침해 판단 기준 시

침해소송에서 균등론 적용에 따른 침해판단 시에 대하여 ① 특허발명의 출원 시를 기준으로 하는 견해와 ② 확인대상발명(침해대상발명)의 침해행위 시를 기준으로 하는 두 견해의 대립이 있다.

발명의 보호범위는 어디까지나 특허출원 시의 발명에 대한 주관적 인식의 범위를 넘어설 수 없고 명세서의 기재 내용은 발명자의 인식을 표명한 것이어서 발명의 보호범위는 발명자가 스스로 자신의 발명이라고 인식한 범위에 한정되고 발명자가 특허출원 시에 구체적으로 인식하지 못했던 사항은 특허발명의 보호범위에서 제외되어야 한다는 입장(발명자 인식한도론)은 균등침해 판단 기준 시를 특허발명의 출원 시로 보는 논리와 연결되어 있다.

반면에 발명자가 명세서에 개시된 기술 외에 특허발명의 출원 시에 구체적으로 인식하지 못하였다고 하더라도 특허발명의 보호범위는 발명자 또는 출원자가 아닌 그 기술분야에 속하는 통상의 기술자가 출원 당시에 어느 범위의 기술사상까지를 인식할 수 있었을 것인가에 따라 결정되어야 한다는 입장(통상의 기술자 인식한도론)은 균등침해 판단 기준 시를 침해행위 시로 보는 논리와 연결[34]되어 있다.

청구항 용어의 의미와 실시가능요건에서의 허용 가능한 보호범위가 특허출원일을 기준으로 결정되어야 하는 것이고 보호범위와 관련된 균등론 적용 여부에 관한 판단 기준 시도 그것들과 달리 볼 이유가 없어 균등론 판단 기준 시점도 특허발명의 출원 시를 기준으로 하여야 한다는 주장은 논리적인 면에서 일관되는 장점이 있다. 다만 우리나라 다수 견해는 침해사건에서의 판단 기준 시를 침해행위 시로 보고 있는데 몇 분의 견해[35]를 제외하면 대부분 특별한 논리적인 근거를 내세우고 있다기보다는 아래에서 보는 미국, 일본의 실무에 영향을 받고 있는 듯하다.[36][37]

---

34) 특허출원 후에 비로소 장치가 발명되었더라도 만일 통상의 기술자가 그 기술을 출원 시에 알고 있었다면 그것을 균등물로 생각하였으리라고 인정할 수 있고 이러한 경우라면 출원 후 진보된 기술에 의해 비로소 생산된 장치라도 균등침해가 될 수 있다는 논리가 성립할 수 있다.

35) 박성수, "특허청구범위의 해석에 관한 소고", 사법논집(39), 법원도서관(2001), 613 등.

36) 정택수, "균등침해의 적극요건", 사법 30호, 사법발전재단(2014. 12.), 384.

37) 다만 다수설에 의하더라도 심결의 취소소송에서 심결의 위법성은 심결 당시의 법령과 사실상태를 기준으로 판단하므로(대법원 2004. 11. 12. 선고 2003후1420 판결 등), 권리범위확인사건에서는 심결 시를 기준으로 판단하고 있다.

미국 실무는 청구범위에 기재된 용어의 의미는 출원한 때를 기준으로 해석하여야 하지만,[38] 침해 가능성이 있는 구성을 특허출원 시에 알고 있었던 것만으로 한정한다면 새로운 형태의 침해에 대하여 발명을 보호할 수 없게 된다는 이유 등으로 균등론에서의 침해 여부는 침해행위 시를 기준으로 판단하여야 하고, 따라서 균등론에서의 균등물에는 출원 시에 예상하지 못하였으나 출원 후 기술발전에 따라 새로 개발된 균등물(after-arising equivalents)이 포함되어야 한다는 입장이다.[39] 다만 개정 전 미국 특허법 제112조 제6단락[개정 후 미국 특허법 제112조(f)]의 기능식 청구항에서의 'equivalents'(등가물)에 대하여 또다시 출원 후의 새로운 기술대상을 균등침해의 'equivalents'(균등물)로 인정할 것인지에 대하여는 소극적인 태도이다.[40]

일본 실무도 균등론의 판단 기준 시점에 대해 미국과 같이 침해행위 시로 보고 있다.[41] 미국과 일본의 법원이 균등론 적용시점을 침해행위 시로 보는 것은 논리적인 이

38) 이에 따라 기능식 청구항에 관한 개정 전 미국 특허법 제112조 제6단락[개정 후 미국 특허법 제112조(f)]의 'equivalents'(등가물)의 해석에 있어서 'equivalents'를 용어의 의미에 대한 해석 문제로 보고 'literal scope'(문언해석범위)에 대한 청구항의 해석 법리를 그대로 적용하여(따라서 이는 법률문제가 아닌 사실인정 문제로 본다) 특허를 출원한 때를 기준으로 하고 출원 후에 새로 개발된 제품은 포함시키지 않는다. Al-Site Corp. v. VSI Int'l, Inc., 174 F.3d 1308, 1321 n. 2 (Fed. Cir. 1999), Frank's Casing Crew v. Weatherfor Intern, 389 F.3d 1370 (Fed. Cir. 2004) 등 참조. 참고로 미국에서 균등물의 'equivalents'와 기능식 청구항의 등가물의 'equivalents'은 동일한 개념이 아니라 서로 적용영역과 판단 방법 등이 다름을 유의한다. 이에 대하여는 「제5장 특허청구범위 해석 제1절 청구항의 의의 · 구조(형식) II. 독립항 · 종속항의 의의 2 청구항 차별이론(claim differentiation)」 부분 참조.

39) Hughes Aircraft Co. v. United States, 717 F.2d 1351 (Fed. Cir. 1983), Hilton Davis Chemical Co. v. Warner-Jenkinson Co., Inc., 62 F.3d 1512 (Fed. Cir. 1995) (en banc), 520 U.S. 17, 117 S. Ct. 1040 (1997), Sage Prods., Inc. v. Devon Indus., Inc., 126 F.3d 1420 (Fed. Cir. 1997), Chiuminatta Concrete Concepts, Inc. v. Cardinal Industries, Inc., 145 F.3d 1303 (Fed. Cir. 1998) 등 참조. 다만 학계에서 Donald S. Chisum은 실무의 태도에 비판적이고 특허 출원 시를 주장하고 있다.

40) Martin J. Adelman외 2인 공저, Patent Law in a nutshell(second edition), WEST(2012), 388 등에서 보듯이, 위 저자들은 균등론의 판단 기준시점을 침해행위 시로 보는 실무의 태도를 지지하고 있으나 기능식 청구항에서의 'equivalents'(등가물)에 대하여 출원 후의 새로운 기술대상을 균등침해의 'equivalents'(균등물)로 인정할 것인지에 대하여는 소극적이다.

41) 最高裁判所 1998(平成10). 2. 24. 선고 平成6(オ)1083 판결(知的財産權關係民事 · 行政判例集 52권 1호 113)(볼스플라인 사건). 균등론의 요건에 대하여 판단한 사례로 요지는 '특허청구범위에 기재된 구성 중에 침해대상제품 등과 다른 부분이 있는 경우에도, ① 위 부분이 특허발명의 본질적인 부분이 아니고, ② 위 부분을 대상제품 등에 있는 것과 치환하여도 특허발명의 목적을 달할 수 있어 동일한 작용효과를 낳으며, ③ 위와 같이 치환하는 것이 해당 발명이 속하는 기술분야에 있어 통상의 지식을 가진 자가 대상제품 등의 제조 등의 시점에 있어 용이하게 생각해 낼 수 있고, ④ 대상제품 등이 특허발명의 특허출원 시에 있어서 공지기술과 동일하거나 또는 통상의 기술자가 공지기술로부터 출원 시에 용이하게 생각해 낼 수 있는 것이 아니며, 또

유보다는 특허권자를 보호하기 위한 정책적인 이유 때문인 것으로 보인다.

이러한 외국 실무가 우리 실무에도 영향을 주고 있는데 우리 실무의 태도를 정리하면 아래와 같다.42)

균등론에서 구성변경의 용이성을 판단하는 기준 시에 관하여, 특허의 보호범위가 청구범위에 적혀 있는 사항에 의하여 정하여짐에도(제97조) 위와 같이 청구범위의 구성요소와 침해대상제품 등의 대응구성이 문언적으로 동일하지는 않더라도 서로 균등한 관계에 있는 것으로 평가되는 경우 이를 보호범위에 속하는 것으로 보아 침해를 인정하는 것은, 출원인이 청구범위를 기재하는 데에는 문언상 한계가 있기 마련인데 사소한 변경을 통한 특허 침해 회피 시도를 방치하면 특허권을 실질적으로 보호할 수 없게 되기 때문이라는 균등침해 인정의 취지를 고려하면, 특허발명의 출원 이후 침해 시까지 사이에 공지된 자료라도 구성 변경의 용이성 판단에 이를 참작할 수 있으므로 구성변경의 용이성은 '침해 시'를 기준으로 판단한다.

다만 심결의 취소소송에서 심결의 위법성은 심결 당시의 법령과 사실상태를 기준으로 판단하므로 권리범위확인심판에서는 확인대상발명에 특허발명의 청구범위에 기재된 구성 중 변경된 부분이 있는 경우 '심결 시'를 기준으로 하여 특허발명의 출원 이후 공지된 자료까지 참작하여 그와 같은 변경이 통상의 기술자라면 누구나 쉽게 생각해 낼 수 있는 정도인지를 판단한다.

5 과제 해결원리를 판단하는 자료 우선 순위

대법원은 과제 해결원리를 판단하기 위한 특허발명의 특징적 구성을 파악함에 있어서 특허청구범위에 기재된 구성의 일부를 형식적으로 추출할 것이 아니라 명세서의 발명의 설명의 기재와 출원 당시의 공지기술 등을 참작하여 실질적으로 탐구하여 판단하여야 한다고 판시하고 있으나,43) 실제로 사안에 들어가 보면 과제 해결원리를 판단하기 위한 자료 적격 우선 순위가 문제로 되어 이를 추출하여 판단함이 쉽지 않다.

이와 관련하여 과제해결 원리를 판단하는 자료로서 ① 명세서의 발명의 설명에 기재된 기술내용을 중심으로 판단하여야 한다는 견해(명세서 기준설), ② 명세서의 발명의

---

⑤ 대상제품 등이 특허발명의 특허출원절차에 있어 특허청구범위로부터 의식적으로 제외된 것에 해당하는 등의 특단의 사정이 없는 때에는, 위 대상제품 등은 특허청구범위에 기재된 구성과 균등한 것으로서 특허발명의 기술적 범위에 속한다고 보는 것이 상당하다'는 것이었다.

42) 대법원 2023. 2. 2. 선고 2022후10210 판결.

43) 대법원 2009. 6. 25. 선고 2007후3806 판결 등.

설명에 기재된 기술내용보다 출원 시의 선행기술 내용을 중심으로 판단하여야 한다는 견해(선행기술 기준설)로 나뉠 수 있다.

대법원은 그 동안 명세서의 발명의 설명과 출원 당시의 공지기술 등을 참작하도록 하고 있을 뿐 나아가 발명의 설명에서 과제해결원리로 내세우는 기술구성이 사실은 출원 전 공지기술에 불과한 경우와 같이 그 내용이 서로 상충하는 경우에 어느 부분에 더 중점을 두어야 하는지에 대하여 명확한 언급이 없었다.

대법원 2009. 6. 25. 선고 2007후3806 판결의 사안을 구체적으로 검토하여 보면 '명세서 기준설'에 가까운 태도를 취한 것으로 보였으나 명확한 설시가 없었다.

대법원 2019. 1. 31. 선고 2017후424 판결은 "발명의 설명에 기재되지 않은 공지기술을 근거로 발명의 설명에서 파악되는 기술사상의 핵심을 제외한 채 다른 기술사상을 기술사상의 핵심으로 대체하여서는 안 된다. 발명의 설명을 신뢰한 제3자가 발명의 설명에서 파악되는 기술사상의 핵심을 이용하지 않았음에도 위와 같이 대체된 기술사상의 핵심을 이용하였다는 이유로 과제 해결원리가 같다고 판단하게 되면 제3자에게 예측할 수 없는 손해를 끼칠 수 있기 때문이다."라고 하여 발명의 설명에서 과제해결원리로 내세우는 기술구성이 출원 전 공지기술에 불과한 경우에도 일단 발명의 설명에 기재된 내용을 기준으로 기술사상의 핵심을 결정한다고 하였는데 이는 앞서 본 명세서 기준설에 매우 가깝다.

다만 만일 출원자가 명세서에 내세운 기술사상의 핵심이 실제로는 특허발명의 출원 당시에 이미 공지되었거나 그와 다름없는 것에 불과하다는 사실이 증거에 의하여 증명된 경우에는 앞에서 본 바와 같이, 두 발명의 작용효과가 실질적으로 동일한지 여부에 대해 특허발명의 기술사상의 핵심이 확인대상발명에서 구현되어 있는지를 가지고 판단할 수 없고, 균등 여부가 문제되는 구성요소의 개별적 기능이나 역할 등을 비교하여 판단하게 된다.

Ⅳ. 이용침해 · 동일 저촉침해

1 이용침해

가. 의의 및 관련 규정

제98조는 "특허권자 · 전용실시권자 또는 통상실시권자는 특허발명이 그 특허발명의 특허출원일 전에 출원된 타인의 특허발명 · 등록실용신안 또는 등록디자인이나 그 디자인과 유사한 디자인을 이용하거나 특허권이 그 특허발명의 특허출원일 전에 출원

된 타인의 디자인권 또는 상표권과 저촉되는 경우에는 그 특허권자 · 실용신안권자 · 디자인권자 또는 상표권자의 허락을 받지 아니하고는 자기의 특허발명을 업으로서 실시할 수 없다."라고 규정하고 있다.

그중 전단의 특허 부분만 떼어보면 "특허권자는 특허발명이 그 특허발명의 특허출원일 전에 출원된 타인의 특허발명을 이용하는 경우에는 그 (선출원된) 특허권자의 동의를 얻지 아니하고는 자기의 특허발명을 업으로서 실시할 수 없다."로서 선출원된 특허권자의 동의 없이 후출원된 특허발명을 이용하는 것이 선출원된 특허권을 침해함을 규정하고 있다.

이용침해는 어느 발명(dependent invention, 이하 실시발명이라 함)이 선행 특허발명(principal invention)의 권리범위에 기재된 구성요소와 구성요소들 사이의 유기적 결합관계를 그대로 포함하고 이를 그대로 이용하되 실시발명 내에서 선행 특허발명이 발명으로서 일체성을 유지하는 경우를 말한다.

한편 일각에서 이용침해의 대상이 되는 발명의 범위와 관련하여 다수의 견해는 제138조에서 통상실시권 허락의 심판을 청구할 수 있는 대상으로 타인의 선행 특허발명을 이용하는 경우만을 열거하고 있지만 선행 특허발명의 구성요소들을 그대로 이용하지 않아도 후행 특허발명을 실시하는 과정에서 반드시 선행 특허발명의 실시를 수반하게 되거나 그것을 침해하게 되는 경우에도 후행 특허발명을 실시할 수 있도록 할 필요가 있어[44] 이러한 경우도 제138조가 원용하는 제98조의 특허발명을 이용하는 경우(즉 이용발명의 개념)에 포함시키자는 견해가 있다.

제138조가 통상실시권 허락의 심판을 청구할 수 있는 경우로 제98조 전단에서 후행 특허발명의 이용만을 열거하고 있고 후단에서 후행 특허발명의 저촉에 대해서는 언급하고 있지 않기 때문에, 선행 특허발명의 구성요소들을 그대로 가지고 있지는 않지만 후행 특허발명을 실시하는 과정에서 반드시 선행 특허발명의 실시를 수반하게 되거나 침해하는 것으로 보게 되는 경우까지를 이용관계(이용침해)에 포함시켜 통상실시권 허락의 심판을 통해 이를 실시할 수 있도록 하자는 취지는 구체적 타당성 면에서 충분히 이해가 된다. 그런데 이용침해란 본래 특허발명의 보호범위 침해유형의 하나로서 기술적 구성요소들을 그대로 가지고 있는 직접침해를 전제로 한 용어이어서 기술적 구성요소들을 그대로 가지고 있지 않은 경우까지 이용침해로 포섭하기에는 논리적으로

---

44) 예를 들어 선행 특허발명이 화학물질의 용도발명이고 후행 특허발명이 그 화학물질의 제조방법 물건발명인데 그 제조방법을 통해 제조된 물질의 용도가 오로지 선행 특허발명의 용도뿐인 경우에 후행 특허발명의 실시는 선행 특허발명에 대해 간접침해가 되므로 이때에도 통상실시권의 허락심판 제도를 통해 후행 특허발명을 실시할 수 있도록 할 필요가 있다는 주장이다.

볼 때 다소 꺼리게 되는 면이 있다.

사견이지만 입법적으로 해결하는 것은 별론으로 하고, '선행 특허발명의 기술적 구성요소들을 그대로 가지고 있지 않지만 그 특허발명을 실시하는 과정에서 반드시 선행 특허발명의 실시를 수반하게 되거나 침해하는 것으로 보게 되는 경우'는 이용발명(침해)에 해당하지 않는 것으로 보되, 그 대신 앞서 본 경우에 후행 특허발명에 대해 제98조 후단의 저촉부분 규정을 유추적용하여 제138조의 통상실시권 허락의 심판청구를 인정하여 주는 것이 낫지 않을까 생각한다.

나. 적용요건

실무가 인정하고 있는 이용침해는 실시발명이 선행 특허발명의 기술적 구성요소들을 모두 그대로 가지고 있으면서 새로운 기술적 구성요소를 부가하는 것으로서 실시발명이 선행 특허발명의 권리범위에 기재된 구성요소와 구성요소들 사이의 유기적 결합관계를 그대로 포함하고 이를 그대로 이용하되, 실시 발명 내에서 선행 특허발명이 발명으로서 일체성을 유지하는 경우이다.[45] 즉 실무는 이용침해는 발명의 이용관계가 성립하는 경우에 한하여 인정되고 있다.

이하 실무에 따른 이용침해의 요건을 설명한다.

1) 실시발명이 선행 특허발명의 기술적 구성요소들을 그대로 가지고 있을 것

실시발명이 선행 특허발명의 기술적 구성요소들을 그대로 가지고 있으면서도 실시발명 내에서 선행 특허발명이 발명으로서 일체성을 유지하고 있어야 하는 두 요건을 갖추어야 이용침해에 해당한다.

실시발명이 선행 특허발명의 기술적 구성요소들을 그대로 가지고 있다고 함은 발명이 선행 특허발명과 동일한 발명뿐만 아니라 균등한 발명을 이용하는 경우를 포함한다..[46] 결국 실시발명이 선행 특허발명의 기술적 구성요소들을 그대로 가지고 있는지 여부는 앞서 본 문언침해와 균등침해 내용과 중복이 되므로 이곳에서 따로 설명하지 아니한다.

---

45) 대법원 2001. 8. 21. 선고 98후522 판결, 대법원 2019. 10. 17. 선고 2019다222782, 2019다222799(병합) 판결, 대법원 2020. 5. 28. 선고 2017후2291 판결 등. 대법원 2019. 10. 17. 선고 2019다222782, 2019다222799(병합) 판결과 위 판시법리를 대비하면 "후 발명이 선 특허발명의 요지를 전부 포함하고 이를 그대로 이용하되"를 "확인대상발명이 특허발명의 권리범위에 기재된 구성요소와 구성요소들 사이의 유기적 결합관계를 그대로 포함하고 이를 그대로 이용하되,"로 바뀌었음에 유의한다.

46) 대법원 2001. 8. 21. 선고 98후522 판결, 대법원 2001. 9. 7. 선고 2001후393 판결.

2) 실시발명 내에서 특허발명이 발명으로서 일체성을 유지하고 있을 것

다음으로 실시발명 내에서 선행 특허발명이 발명으로서 일체성을 유지하고 있다고 함은 예를 들어 특허발명에서 실시발명이 선행 특허발명에다가 제3의 구성요소를 부가하여 실시하고 있더라도 그로 인해 목적물건의 구조가 변경되는 등의 특별한 사정이 없는 한 발명의 기술적 구성요소 등의 일체성이 유지되고 있음을 말한다.

발명의 일체성이 유지되고 있는지와 관련하여서는 기술적 구성요소 외에 부가되는 구성요소의 속성과 그것이 나머지 구성요소와 결합되었을 때 발명에 미치는 영향, 부가되는 구성요소로 인한 작용효과의 예측 가능성 등을 종합적으로 고려할 필요가 있다.

실시발명이 선행 특허발명의 기술적 구성요소들을 그대로 가지고 있는지의 의미에 관한 이해를 높이는 데 도움이 되는 실무 예를 소개한다.

실무는 종전에는, 화학물질의 제조과정에서 두 제조방법이 그 출발물질과 반응물질, 생성물질에서 동일하다 하더라도 촉매를 사용한 제조방법은 그 기술적 구성요소의 면이나 생성물질의 수율, 순도, 반응시간, 반응조건, 반응용매 등의 작용효과면에서도 상당한 차이가 있으므로 촉매를 사용하지 않은 제조방법과는 상이한 발명이라는 이유로 촉매를 사용하는 발명이 촉매에 관하여 언급이 없었던 특허발명의 이용발명에 해당하지 않는다고 본 적이 있었다.[47]

그러나 그 후 견해를 바꾸어 화학반응에서 촉매라 함은 반응에 관여하여 반응속도 내지 수율 등에 영향을 줄 뿐 반응 후에는 그대로 남아 있고 목적물질의 화학적 구조에는 기여를 하지 아니하는 것임을 고려할 때, 화학물질 제조방법의 발명에서 촉매를 부가함에 의하여 그 제조방법발명의 기술적 구성의 일체성, 즉 출발물질에 반응물질을 가하여 특정한 목적물질을 생성하는 일련의 유기적 결합관계의 일체성이 상실된다고 볼 수 없어 촉매의 부가로 인하여 그 수율에 현저한 상승을 가져오는 경우라 하더라도, 달리 특별한 사정이 없는 한 선행 특허발명의 기술적 구성요소를 그대로 포함하는 이용발명에 해당한다고 하였다.[48]

한편, 실무 중에 오리나무 추출물과 마가목 추출물을 포함한 34가지의 물질을 혼합하여 제조된 숙취 해소용 액상추출차인 피고제품이, 오리나무 추출물과 마가목 추출물을 혼합하는 것을 기술구성으로 하는 '숙취해소용 천연차 및 그 제조방법'이라는 특허발명에 대하여 이용침해가 성립하는지가 문제된 사안에서, 피고제품에 각 9%씩 포함되어 있는 오리나무 추출물과 마가목 추출물은 전체 조성물에서 차지하는 비중이 크

---

47) 대법원 1985. 4. 9. 선고 83후85 판결, 대법원 1992. 10. 27. 선고 92다8330 판결 등.
48) 대법원 2001. 8. 21. 선고 98후522 판결.

지 않고, 위 2가지 물질이 피고제품에 추가되어 있는 다른 32가지의 물질과 어떠한 상대적 화학반응을 하는지 여부를 알 수 있는 자료가 없으며, 설령 피고 실시제품이 특허발명과 같은 숙취해소 효과가 있다고 하더라도, 상대적 비중이 낮은 오리나무 추출물과 마가목 추출물이 다른 물질의 감쇄작용에 의하여 숙취해소 효과를 상실하고 추가된 다른 물질의 작용에 의하여 그러한 효과가 발현되었을 가능성을 배제할 수 없어 피고제품에 포함된 2가지 추출물이 특허발명이 가지는 숙취해소 효과를 그대로 지니고 있어 발명으로서의 일체성을 유지하고 있다고 볼 수 없다는 사례가 있다.49)

이와 같은 화학분야 등의 발명이나 조성물 발명 등의 경우에는 기계, 장치 발명의 경우와 달리 새로운 성분이 추가되었음에도 기존 발명과 기능과 효과에서 변화가 없고 추가된 성분으로 인한 효과만이 추가로 인정되는 경우와 같이 추가된 물질이 기존 물질의 본질적인 성질에 영향을 미치지 않았음이 확인되어야 발명의 일체성이 유지되고 있다고 할 수 있다.

한편 제98조는 선행 특허발명을 이용하는 발명이 등록된 특허(특허발명)임을 전제로 규정되어 있지만 이용하는 발명이 반드시 등록된 특허에만 한정되는 것은 아니다.

그리고 실시발명이 선행 특허발명의 기술적 구성요소를 그대로 가지고 있는 것 외에 추가된 기술적 구성요소로 인해 전체적으로 진보성이 있는지 여부는 이용침해의 성립에 아무런 영향이 없다.

[2] 등록된 특허 간 권리범위확인심판의 가부에 관한 실무 태도 정리

특허권의 권리범위확인은 등록된 특허권을 중심으로 어떠한 확인대상발명이 적극적으로 등록 특허발명의 권리범위에 속한다거나 소극적으로 이에 속하지 아니함을 확인하는 것이다.

후출원에 의하여 등록된 발명을 확인대상발명으로 하여 선출원에 의한 등록발명의 권리범위에 속한다는 확인을 구하는 적극적 권리범위확인심판은 후 등록된 권리에 대한 무효심판의 확정 전에 그 권리의 효력을 부정하는 결과가 되므로 원칙적으로 허용되지 아니한다. 이러한 법리는 후등록 특허발명의 신규성 인정 여하에 따라 그 적용 여부가 달라지는 것은 아니다. 다만, 예외적으로 두 발명이 제98조에서 규정하는 이용관계에 있어 확인대상발명의 등록의 효력을 부정하지 않고 권리범위의 확인을 구할 수 있는 경우에는 권리 대 권리 간의 적극적 권리범위확인심판의 청구가 허용된다.50)

---

49) 대법원 2011. 12. 8. 선고 2011다69206 판결.

50) 대법원 2002. 6. 28. 선고 99후2433 판결, 대법원 2016. 4. 28. 선고 2013후2965 판결, 대법

이와 같이 선등록 특허권자가 후등록 특허권자를 상대로 제기하는 적극적 권리범위확인심판은 등록무효절차 이외에서 등록된 권리의 효력을 부인하는 결과가 되어 부적법하나, 후등록 특허권자가 선등록 특허권자를 상대로 제기하는 소극적 권리범위확인심판은 후등록 특허권자 스스로가 자신의 등록된 권리의 효력이 부인되는 위험을 감수하면서 타인의 등록된 권리의 범위에 속하는지 여부에 대한 판단을 구하는 것이어서 허용된다.51)

3 동일 저촉침해

가. 의의

제98조 전단은 특허발명이 선출원된 특허발명을 이용하여 특허받은 경우에 선출원 특허권자의 동의를 얻지 않고는 실시할 수 없다고 규정하고 있고 나아가 후단에서 특허권자 등은 특허권이 그 특허발명의 특허출원일 전에 출원된 타인의 디자인권 또는 상표권과 저촉되는 경우에는 그 디자인권자 또는 상표권자의 허락을 받지 아니하고는 자기의 특허발명을 업으로서 실시할 수 없다고 규정하고 있지만, 그 외에 후출원 특허발명이 중복특허 등으로 선출원 특허발명과 청구범위가 동일한 경우의 후출원 특허발명 실시로 선출원 특허발명과 저촉되는 경우에 대하여는 아무런 규정이 없다.

후출원 특허발명이 중복특허 등으로 선출원 특허발명과 청구범위가 동일한 경우에 후출원 특허권이 선출원 특허권에 저촉되어 그것을 침해하는 경우를 이른바 동일 저촉침해라고 부른다.

나. 동일 저촉침해 인정에 관한 견해 대립 및 실무 태도

후출원 특허발명이 중복특허 등으로 선출원 특허발명과 청구범위가 동일한 경우에 후출원 특허권이 선출원 특허권을 침해하는 저촉침해 자체를 인정할 것인지에 대하여 견해가 나뉘어 있었다.

즉 선출원된 특허발명과 청구범위가 동일한 후출원 특허발명이 선출원된 특허발명의 특허권자의 동의 없이 이를 실시하는 경우에 선출원주의가 적용되는 결과 후출원 특허발명의 실시는 선출원된 특허발명의 침해가 된다는 견해(긍정설)와 제98조에 아무런 규정이 없어 후출원 특허발명에 대한 등록무효심판 절차를 통해 최종적으로 문제를 해결하고 후출원 발명에 대한 등록무효가 확정되기 전까지 그 실시는 선출원 특허발명

원 2016. 4. 28. 선고 2015후161 판결.

51) 대법원 1985. 4. 23. 선고 84후19 판결, 대법원 2007. 10. 11. 선고 2007후2766 판결.

을 침해하지 않는 것으로 보아야 한다는 견해(부정설) 등이 있었다.

그런데 이에 대하여 대법원판례의 변경으로 법리가 정리되었기에 이를 설명한다.

먼저 상표권에 관한 형사사건에서 상표권자가 상표등록출원일 전에 출원 · 등록된 타인의 선출원 등록상표와 동일 · 유사한 상표를 등록받아(이하 그와 같이 등록받은 상표를 후출원 등록상표라고 한다) 선출원 등록상표권자의 동의 없이 이를 선출원 등록상표의 지정상품과 동일 · 유사한 상품에 사용한 경우에 선출원 등록상표와 유사한 후출원 등록상표의 사용이 선출원 상표권에 대한 침해에 해당하는지 여부 및 형사사건에서 그 침해죄 성부 시기가 쟁점인 사안에서, 당초 대법원은, 후출원 등록상표를 무효로 하는 심결이 확정될 때까지는 후출원 상표권자가 자신의 상표권 실시행위로서 선출원 등록상표와 동일 · 유사한 상표를 그 지정상품과 동일 · 유사한 상표에 사용하는 것은 선출원 상표권에 대한 침해가 되지 않고, 후출원 등록상표에 의한 선출원 등록상표의 침해는 후출원 등록상표가 적법한 절차에 따라 등록무효심결이 확정되었음에도 불구하고 그 후 후출원 상표권자가 선출원 등록상표와 동일 · 유사한 상표를 그 지정상품이 동일 · 유사한 상품에 사용한 때에 성립한다는 입장이었다가,[52] 그후 상표권자가 상표등록출원일 전에 출원 · 등록된 타인의 선출원 등록상표와 동일 · 유사한 후출원 등록상표를 선출원 상표권자의 동의 없이 선출원 등록상표의 지정상품과 동일 · 유사한 상품에 사용하였다면 후출원 등록상표의 적극적 효력이 제한되어 후출원 등록상표에 대한 등록무효심결의 확정 여부와 상관없이 선출원 상표권에 대한 침해가 성립한다고 하였다.[53]

판례 변경된 위 판결은 상표에 관한 민사사건이지만 판결이유에서 위 판시 취지와 배치되는 대법원 1986. 7. 8. 선고 86도277 판결,[54] 대법원 1999. 2. 23. 선고 98다54434, 54441(병합) 판결의 관련 판시를 변경하고 있어 상표에 관한 민사 및 형사사건에 모두 적용된다.

그리고 상표권에 관한 이러한 논리는 선출원주의가 적용되는 특허권, 실용신안권 및 디자인권에 대하여도 마찬가지로 적용된다.[55]

---

52) 대법원 1986. 7. 8. 선고 86도277 판결, 대법원 1999. 2. 23. 선고 98다54434, 54441(병합) 판결.

53) 대법원 2021. 3. 18. 선고 2018다253444 전원합의체 판결.

54) 해당 판결의 요지는 후출원등록상표에 의한 선출원등록상표의 침해는 후출원등록상표가 적법한 절차에 따라 등록무효의 심결이 확정되었음에도 불구하고 그 후 후출원등록상표권자가 선출원등록상표와 동일 또는 유사한 상표를 그 지정상품이 동일 또는 유사한 상품에 사용한 때 성립한다는 것이었다.

55) 대법원 2021. 3. 18. 선고 2018다253444 전원합의체 판결은 "특허권과 실용신안권, 디자인권의 경우 선발명, 선창작을 통해 산업에 기여한 대가로 이를 보호 · 장려하고자 하는 제도라는 점에서 상표권과 보호 취지는 달리하나, 모두 등록된 지식재산권으로서 상표권과 유사하게 취

따라서 위 전원합의체 판결에 따라, 특허권자라고 하더라도 그 출원일 전에 먼저 출원하여 등록된 타인의 선출원 특허발명과 청구범위가 동일한 후출원 특허발명을 선출원 특허권자의 동의 없이 실시하였다면 후출원 특허발명의 적극적 효력이 제한되어 후출원 특허발명에 대한 등록무효심결의 확정 여부와 상관없이 후출원 특허권은 선출원 특허권을 침해한다.

V. 선택침해

선택발명이란 선행발명 또는 공지의 기술에 구성요건이 상위개념으로 기재되어 있고 그 상위개념에 포함되는 하위개념만으로 구성된 발명을 말한다.

선택발명에 특허권을 부여하는 이유는 선행발명 또는 공지의 기술을 기재한 선행문헌에 구체적으로 개시되어 있지 않은 유익한 발명에 특허권을 부여함으로써 산업의 발달과 공익의 증진을 도모하고자 함에 있다.

선행 또는 공지의 발명에 구성요건이 상위개념으로 기재되어 있고 위 상위개념에 포함되는 하위개념만을 구성요건 중의 전부 또는 일부로 하는 이른바 선택발명은 선행발명이 선택발명을 구성하는 하위개념을 구체적으로 개시하지 아니하고, 선택발명에 포함되는 하위개념들 모두가 선행발명이 갖는 효과와 질적으로 다른 효과를 갖고 있거나, 질적인 차이가 없더라도 양적으로 현저한 차이가 있는 경우에 한하여 선택발명으로서 특허를 받을 수 있다.[56]

선택침해는 선택발명과 관련하여 성립되는 침해형태로 문제는 선택발명의 경우 그 실시행위가 선행 특허발명을 침해하는 것인지에 있다. 이에 대해 여러 견해가 있으나 후행발명이 선행 특허발명에 대해 신규성과 진보성이 부정되지 않아 특허를 받거나 받을 수 있을 것으로(즉 선택 특허발명으로) 인정된다면 선행 특허발명의 권리범위에 속하지 않아 침해가 되지 않는다고 봄이 옳다.[57]

급·보호되고 있고, 각 법률의 규정, 체계, 취지로부터 상표법과 같이 저촉되는 지식재산권 상호간에 선출원 또는 선발생 권리가 우선한다는 기본원리가 도출된다는 점에서 위와 같은 법리가 그대로 적용된다."라고 하였다.

56) 대법원 2002. 12. 26. 선고 2001후2375 판결 등.

57) 대법원 1991. 11. 12. 선고 90후960 판결은 확인대상발명에 있어서 특허발명에 비하여 제조공정, 반응온도, 아실화수율 등에 차이가 있다면 이는 확인대상발명이 특허발명에 존재하지 않는 현저히 향상된 작용효과를 드러내고 있어 확인대상발명과 특허발명이 서로 다른 발명이라고 한 원심판단을 수긍할 수 있다고 하였다. 다만 선택발명이 선행발명의 이용관계가 성립할 수 있는지에 대하여 東京高等裁判所 1963(昭和38). 10. 31. 선고 昭和34(行ナ)13 판결은 이를 긍정할 수 있다는 취지로 판단하였다.

그리고 이러한 논리는 선택발명과 유사한 속성을 가지는 수치한정발명, 용도발명 등에도 적용될 수 있다.

Ⅵ. 우회침해

우회발명이란 특허발명의 기술적 사상과 핵심적인 구성을 전부 사용하면서 그 보호범위를 벗어나기 위하여 기술적 구성을 달리하거나 무용의 물질이나 공정을 부가하는 등 일부러 필요없는 우회의 기술구성을 가지고 있을 뿐 발명으로서는 같은 결과를 얻는 관계에 있는 발명을 말한다.[58] 우회발명은 주로 화학발명에서 문제된다.

우회침해는 우회발명에 의한 침해를 인정할 경우에 인정되는 침해유형이다. 특허침해를 피하기 위하여 기술적인 필요성이 없음에도 일부러 의미 없거나 필요성이 없는 다른 공정을 부가, 우회하여 동일한 물건을 제조하는 경우에 특허침해를 인정할 것인지 여부가 문제인데 실무는 우회발명의 경우 특허침해를 인정하고 있다.[59]

우회침해는 독립된 특허침해의 유형으로 분류하고 있지만 그 속성상 이용침해나 균등침해의 유형에 해당할 수도 있다.

---

58) 대법원 1997. 11. 14. 선고 96후2135 판결은 "특허발명은 종래에 건식분쇄를 거쳐 가열하여 수화반응시키는 2단계의 공정을 단순화시켜 습식분쇄를 하면서 동시에 수화반응이 일어나도록 하였으며, 더욱이 습식분쇄시의 반응열과 분쇄열을 이용함으로써 별도의 가열이나 가열장치가 필요 없도록 한 것인데, 확인대상발명의 방법에 있어서도 습식분쇄 방식을 채택하여 분쇄를 하고, 뒤이어서 수화반응을 시키는 2단계 공정을 채택하고 있는바, 습식분쇄를 할 때에 나오는 열을 이용하여 바로 수화반응을 시킬 수 있음에도 불구하고 공정을 필요 이상으로 나누고 또한 가열을 위한 스팀을 사용함으로써 시간과 비용이 더 소요되게 한다는 것은 사회통념상 있을 수 없다고 하겠다(선행발명에서는 건식분쇄 방식을 채택하므로 분쇄열을 수화반응에 이용할 수가 없고, 따라서 가열을 하면서 수화반응을 시켜야 한다). 그런데도 심판청구인은 확인대상발명의 방법에서 그러한 복잡한 공정을 채택하는 합리적인 이유나 그 작용효과상의 진보성이 있다는 주장·증명을 하지 않고 있으므로, 확인대상발명의 방법은 특허발명의 핵심적인 기술을 전부 사용하여 달성되거나 특허발명과 본질적으로 일치하는 수단이고 그 작용효과가 실질적으로 동일한 것인데도 무용한 공정을 추가함으로써 특허발명의 권리를 회피하기 위한 것이라고 볼 여지가 충분하다."라고 하였다.

59) 위 96후2135 판결 외에 대법원 2000. 7. 4. 선고 97후2194 판결은 확인대상발명의 출발물질, 반응물질 및 목적물질이 특허발명과 동일하고, 그 제조방법도 기술적 사상과 핵심적인 구성에 있어서 특허발명과 동일하며, 부가공정을 거치는 차이가 있으나 그 부가공정이 주지된 관용기술에 의하여 용이하게 부가할 수 있는 공정에 불과하고 그 작용효과도 주지된 관용기술을 부가함으로 인한 효과 이상으로 우월하거나 현저하게 향상되었다고 보기 어렵다는 이유로 확인대상발명이 특허발명과 상이한 발명이라고 볼 수 없다고 하였다.

VII. 생략침해 · 불완전이용침해

특허발명의 보호범위는 청구범위에 적혀 있는 사항에 의하여 정하여야 하고 발명의 설명 또는 도면 등에 의하여 정할 수 없다. 청구범위에 적혀 있는 사항은 모두 필수 구성요소로 보아야 하고 그중 어느 구성요소 하나라도 이를 무시할 수 없다. 따라서 특허발명과 대비대상이 되는 물건 또는 방법이 청구범위에 적혀 있는 구성요소들 중 일부만을 갖추고 있고 나머지 구성요소를 갖추고 있지 않은 경우에는 그 대상물건 등은 특허발명의 보호범위에 속하지 아니함이 원칙이다.

그런데 그중 어느 발명이 특허발명의 기술구성 중 일부 구성요소(통상 청구범위에서 비교적 중요도가 낮은 구성임)를 생략하면서 특허발명의 작용효과보다 열악하거나 동일한 효과를 가지는 것을 생략발명이라고 하는데 생략침해는 생략발명에 의한 침해를 말한다. 그리고 불완전이용침해는 생략발명에다가 일정한 기술적 구성요소를 부가한 경우의 침해를 말한다.

이에 대하여 특허법원은 생략발명 및 불완전이용발명의 법리 자체를 인정할 수 없다는 입장[60]과 생략발명이나 불완전이용발명의 법리를 인정할 수 있다는 입장[61]으로 나뉘어져 있다.

생략침해 등을 인정할 것인가에 대하여 대법원은 명시적인 언급이 없고 1990년대에 이를 인정하는 것처럼 보이는 판시가 있었으나,[62] 그 후로는 구성요소 완비 원칙(all

60) 특허법원 1999. 12. 16. 선고 98허3019 판결(대법원 2002. 5. 14. 선고 2000후20 판결, 상고기각), 특허법원 1999. 6. 3. 선고 98허8632 판결(미상고 확정), 특허법원 2000. 9. 1. 선고 2000허860 판결(대법원 2001. 10. 23. 선고 2000후2835 판결로 상고기각 확정됨).

61) 특허법원 1998. 11. 26. 선고 98허1747 판결(미상고 확정), 특허법원 1998. 12. 18. 선고 98허5312 판결(미상고 확정), 특허법원 2004. 9. 23. 선고 2004허1236 판결(상고장 각하 확정) 등이 있다.

62) 대법원 1997. 4. 11. 선고 96후146 판결은 「원심이 심판청구인인 실시하는 ㈎호 발명을 '요철표면의 도형 및 문자의 마킹(marking)방법'에 관한 이 사건 특허발명(특허번호 제51068호)과 대비하여…(기재 생략)…접착방법의 구성에 있어서 ㈎호 발명에서 이 사건 특허발명과 같은 직물에 관한 구성을 포함하고 있지 아니한 차이가 있다고 하더라도 이로 인한 작용효과가 동일하거나 적어도 예측하는 효과 이상의 작용효과가 있다고 볼 수 없고 위 발명이 속하는 기술분야에서 통상의 지식을 가진 자가 용이하게 위와 같은 구성요소를 제외할 수 있는 것이어서 전체적으로 양 발명은 동일성이 있다고 보아 결국 ㈎호 발명은 이 사건 특허발명의 권리범위에 속한다고 판단한 것은 정당하고…」라고 하고, 대법원 1998. 1. 23. 선고 97후2330 판결은 「기록에 의하여 이 사건 등록고안과 확인대상고안을 대비하여 보면, 양 고안은 모두 '상부의 일측면에는 공기 배출용 배출구가 형성된 보충수통과, 보충수통의 내부에는 물의 양에 따라 상하로 작동되는 부구를 설치하고, 부구의 상하운동에 따라 개폐밸브가 작동하여 보충수가 보충수통으로 공급되도록 하는 부구 및 보충수 유입장치와, 보충수통으로 공급된 물은 관로의 공기

elements rule, all limitations rule)[63]이 강조되고 있어[64] 원칙적으로는 생략침해나 불완전이용침해를 인정하지 않는다는 입장으로 정리되었다고 이해된다.[65]

가 빠져나가는 통로와 동일한 통로인 보충수유입 및 공기배출관을 통하여 관로로 유입되도록 하는 장치'로 구성된 기술이라는 점에서 실질적으로 그 차이가 없고, 다만 확인대상고안과 등록고안은 부구의 중앙이 관통되거나 상부에 연장배출관이 형성되지 않는 단순한 통형상의 부구인 점, 그리고 보충수공급 및 공기배출관 또한 보충수통 내부로 돌출고정되지 아니한 구성이라는 점 등에서 약간의 차이가 있을 뿐인데, 이러한 차이는 보일러 전체의 순환계통에서 급수와 공기배출이라는 목적을 달성하기 위하여 해당 기술분야에서 통상의 지식을 가진 자가 극히 용이하게 일부 구성을 생략하거나 설계변경을 통하여 도달할 수 있는 정도에 불과한 것이어서, 결국 확인대상고안은 등록고안의 권리범위에 속한다고 할 것이다.」라고 하였다.

63) 구성요소 완비의 원칙(all elements rule, all limitations rule)이란 복수의 구성요소를 가지는 특허발명의 경우에 제3자의 실시태양이 특허청구범위에 기재된 구성요소 전부를 실시하는 경우에만 특허침해로 본다는 이론이다.
Fay v. Cordesmaa, 109 U.S. 408(1883)에서 연방대법원은 "특허청구범위에 기재된 개별적인 구성요소는 발명자에 의하여 필요한 요소로서 특정된 것이므로 법원이 그러한 구성요소 중 일부를 필요없는 것이라고 판단하여서는 아니된다."라고 하였고, Hall-Mammoth Incubator Co. v. Teabout, 215 F.109(1914)에서도 "특허청구범위에 기재된 구성요소의 어느 것이 기능상 불필요한 것이라고 인정되더라도, 침해판단을 함에 있어서 그 요소를 가지지 않은 실시태양은 특허침해를 구성하지 아니한다."라고 하였다. 그 외에도 같은 취지로 판단하고 있는 것으로 McClain v. Ortmayer, 141 US 419 (1891), Harvey v. G.E., 267 F. 564 (1920), Engelhard Indus., Inc. v. Research Instrumental Corp., 324 F.2d 347 (9th Cir. 1963), American Hoist & Derrick Co. v. Maitowac Co., 603 F.2d 629 (7th Cir. 1979) 등이 있다.

64) 대법원 2000. 11. 14. 선고 98후2351 판결, 2001. 6. 1. 선고 98후2856 판결, 대법원 2001. 9. 7. 선고 99후1584 판결, 대법원 2001. 12. 24. 선고 99다31513 판결, 대법원 2005. 7. 22. 선고 2003후1734 판결, 대법원 2005. 9. 30. 선고 2004후3553 판결, 대법원 2017. 9. 26. 선고 2014다27425 판결, 대법원 2020. 7. 23. 선고 2019도9547 판결 등 참조. 대법원 2001. 8. 21. 선고 99후2372 판결도 같은 취지에서 특허발명의 청구항이 일정한 범위의 수치로 한정한 것을 구성요소의 하나로 하고 있는 경우에는 그 범위 밖의 수치가 균등한 구성요소에 해당한다는 등의 특별한 사정이 없는 한 특허발명의 청구항에서 한정한 범위 밖의 수치를 구성요소로 하는 확인대상발명은 원칙적으로 특허발명의 권리범위에 속하지 아니한다고 하였다.

65) 대법원 2020. 7. 23. 선고 2019도9547 판결은 피고인이 생산·판매한 공소사실 기재 발가락 교정기(이하 피고인 실시제품이라고 한다)는, 바닥부와 교정돌기, 연결부, 지압부를 포함한다는 점에서는 이 사건 등록고안과 공통되나, 이 사건 등록고안의 구성요소인 '자가발전하여 발광하는 발광부', '바닥부에 포함된 열선과 전달부', '압전소자와 박막전지를 통해 전원을 공급받아 발광하는 엘이디(LED)', '교정돌기의 상측면에 형성되는 로고부와 향기발산층'은 포함하고 있지 않아 피고인 실시제품은 이 사건 등록고안의 구성요소들 중의 일부만을 갖추고 나머지 구성요소를 결여하여 이 사건 등록고안의 권리범위에 속하지 않고, 따라서 이 사건 등록고안에 대한 침해가 인정되지 않는다고 하면서 그럼에도 원심은 피고인 실시제품에서 위와 같이 결여된 구성요소들은 이 사건 등록고안의 부차적인 사항에 불과하고, 이 사건 등록고안의 주요하거나 본질적인 사항에 대한 과제 해결원리와 작용효과가 동일한 이상 이용관계가 부정되지 않는다고 하여 이 사건 등록고안에 대한 침해를 인정한 데에 등록고안의 권리범위에 관한 법리를 오해하여 판결에 영향을 미친 잘못이 있다고 하였다.

생략침해나 불완전이용침해는 여러 기술구성 중 일부가 생략된 것이고 균등침해는 일부 구성요소가 변경된 것인데 구성요소 변경에는 구성요소 생략이 포함되지 않는다.

즉 특허발명의 청구범위가 복수의 구성요소로 되어 있는 경우에는 그 각 구성요소가 유기적으로 결합된 전체로서의 기술사상이 보호되는 것이지, 각 구성요소가 독립하여 보호되는 것은 아니므로, 실시행위자가 생산 등을 하는 물건 또는 사용하는 방법이 특허발명의 청구범위에 기재된 필수적 구성요소들 중의 일부만을 갖추고 있고 나머지 구성요소가 결여된 경우에는 원칙적으로 그 제품은 특허발명의 권리범위에 속하지 않는다. 특허발명의 청구범위에 기재된 구성요소는 모두 그 특허발명의 구성에 없어서는 안 되는 필수적 구성요소로 보아야 하므로, 구성요소 중 일부를 권리행사의 단계에서 특허발명에서 비교적 중요하지 않은 사항이라고 하여 무시하는 것은 사실상 청구범위의 확장적 변경을 사후에 인정하는 것이 되어 허용될 수 없다.66)

한편 외견상 일부 기술적 구성요소의 생략이 있는 것처럼 보이더라도 그 생략된 기술적 구성요소의 기능, 방식 및 효과를 다른 기술적 구성요소에서 실질적으로 동일하게 수행하고 있는 경우에는 기술적 구성요소의 변경으로 볼 수 있어 균등론이 적용될 수는 있다.

---

66) 대법원 2005. 9. 30. 선고 2004후3553 판결, 대법원 2020. 7. 23. 선고 2019도9547 판결 등 참조.

제2절 침해로 보는 행위(간접침해, 제127조)

1 침해로 보는 행위(간접침해)의 의의 · 성격 · 규정 취지

제127조(침해로 보는 행위)는 "다음 각 호의 구분에 따른 행위를 업으로서 하는 경우에는 특허권 또는 전용실시권을 침해한 것으로 본다. 1. 특허가 물건의 발명인 경우: 그 물건의 생산에만 사용하는 물건을 생산 · 양도 · 대여 또는 수입하거나 그 물건의 양도 또는 대여의 청약을 하는 행위, 2. 특허가 방법의 발명인 경우: 그 방법의 실시에만 사용하는 물건을 생산 · 양도 · 대여 또는 수입하거나 그 물건의 양도 또는 대여의 청약을 하는 행위"라고 규정하여 특허발명의 실시에 관여하는 일정한 행위를 침해로 보고 있다.

발명의 모든 구성요소를 가진 물건이나 모든 공정단계를 직접 실시하여 특허권을 침해하는 것을 직접침해라 한다. 앞에서 본 바와 같이 특허발명이 복수의 구성요소로 이루어진 경우에 그중 일부의 구성요소만을 제조, 판매하는 것은 구성요소 완비 원칙상 직접침해에 해당하지 않는다.

그러나 특허발명의 청구범위에 적혀 있는 사항 중 일부 구성만을 사용하고 있는 경우에 직접침해에 해당하지 않더라도 장차 남은 구성요소가 추가되어 특허권이 침해될 개연성이 큼에도 불구하고 이를 그대로 놓아둔다면 특허권자로서는 자신의 특허권이 침해될 때 이를 제대로 막을 수 없어 특허권이 가지는 독점 · 배타적 효력은 크게 떨어질 수밖에 없다.

본 조는 발명의 모든 구성요소를 가진 물건이나 공정단계를 실시한 것이 아니고 그중 일부의 물건이나 공정단계에 있는 행위를 하였더라도 장차 발명의 모든 구성요소를 가진 물건이나 모든 공정단계를 실시하게 될 개연성과 밀접성이 큰 경우에 특허권 침해에 대한 권리 구제의 실효성을 높이기 위하여 일정한 요건 아래 이를 특허권 침해로 간주한다. 발명의 모든 구성요소를 실시하지 않은 행위를 특허권 침해로 간주한다는 뜻에서 이를 직접침해에 대응하여 간접침해 또는 간주(의제)침해라고 부른다.

간접침해는 자기 또는 제3자가 직접침해에 위법하게 관여하는 형태를 특허권 침해로 간주하는 것으로 그 법적 성격은 직접침해에 대한 교사 또는 방조에 해당한다. 특허발명에 대한 직접침해행위를 교사 또는 방조한 자는 특허발명의 모든 구성요소를 실시한 것은 아니므로 직접침해를 한 것으로 볼 수 없지만, 불법행위책임에서 교사자나 방조자는 그 공동행위자로 보므로(민법 제760조 제3항) 직접침해자와 공동으로 손해를 배상할 책임이 있다. 그런데 이러한 관계는 손해배상책임에 한하므로 손해가 발생하기 전에 그 행위를 일반적으로 금지시키거나[67] 특허권을 실질적으로 보호하기 위해 특허권 침해에 대한 고의·과실이 없더라도 법이 일정한 행위를 침해로 간주하여 그러한 행위에도 특허권의 효력을 미치도록 한 것이다.

우리 특허법이 인정하는 간접침해는 주관적 요건과 상관없이 직접침해의 앞 단계에서 특허발명의 실시와 밀접한 관련이 있는 물건을 매개로 하는 일정한 행위(전용물적 간접침해)를 규제하고 있다. 이와 같이 간접침해는 특허권의 효력 자체에서 필연적으로 도출되는 것이 아니라 특허권의 교사 또는 방조 이론에 기초를 둔 것으로 특허권을 실질적으로 보호하기 위하여 별도의 법리와 규정에 따라 인정된 것이다.

2 간접침해의 성부와 관련된 논점(종속설, 독립설 간 관계)

특허법은 간접침해의 성립에 특허발명의 실시를 요구하고 있을 뿐 특허발명의 실시로 직접침해가 발생할 것을 명시적으로 규정하고 있지 않다.

특허발명을 실시하는 모든 행위가 항상 특허침해로 되는 것은 아니라 실시할 권한 없이 업으로서 특허발명을 실시하는 행위가 특허침해로 된다. 이에 간접침해가 성립하기 위해서 논리필연적으로 특허권의 직접침해[68]가 이루어져야 하는지 아니면 특허권의 직접침해가 이루어지는지와 상관없이 간접침해 자체로 독립하여 성립하는지 문제된다.

간접침해의 성부와 관련하여 특허권의 직접침해의 존재를 전제로 하는 종속설[69]

---

67) 불법행위에 기초하여 일반적인 금지청구가 받아들여지지는 않으나 구체적 개별적 사실관계 하에서 불법행위에 기초한 금지청구가 인정될 수 있다. 대법원 2010. 8. 25. 자 2008마1541 결정은 경쟁자가 상당한 노력과 투자에 의하여 구축한 성과물을 상도덕이나 공정한 경쟁질서에 반하여 자신의 영업을 위하여 무단으로 이용함으로써 경쟁자의 노력과 투자에 편승하여 부당하게 이익을 얻고 경쟁자의 법률상 보호할 가치가 있는 이익을 침해하는 행위는 부정한 경쟁행위로서 민법상 불법행위에 해당하고, 위와 같은 무단이용 상태가 계속되어 금전배상을 명하는 것만으로는 피해자 구제의 실효성을 기대하기 어렵고 무단이용의 금지로 인하여 보호되는 피해자의 이익과 그로 인한 가해자의 불이익을 비교·교량할 때 피해자의 이익이 더 큰 경우에는 그 행위의 금지 또는 예방을 청구할 수 있다고 하였다.

68) 침해대상발명이 특허발명의 청구범위에 적혀 있는 기술구성 전부를 갖추고 있는 경우를 직접침해라고 한다.

69) 미국 실무가 취하고 있다. Aro Mfg. Co. v. Convertible Top Replacement Co., 365 U.S. 336 (1961), Joy Technology, Inc. v. Flakt, Inc., 6 F3.d 770 (Fed. Cir. 1993), Limelight Networks, Inc. v. Akamai Technologies, Inc., 572 U.S. 915, 134 S. Ct. 2111 (2014) 등 참조.

과 직접침해의 존재를 전제로 하지 아니하는 독립설[70]이 대립하고 있다.

종속설에 의하면 실시권을 가지는 자, 단순히 연구를 위하여 실시하는 자 및 비영업자에게 부품을 제공하는 행위, 외국에서 조립하기 위하여 부품을 수출하는 행위 등은 특허권의 직접침해가 존재하지 않기 때문에 간접침해를 인정하지 않게 되고, 독립설은 그 반대로 해석하게 된다.

그러나 어떤 견해를 취하더라도 불합리한 점이 있어 그 실시행위의 목적, 실시행위 태양을 특허법의 목적에 비추어 평가하고 직접침해와 동일한 이익 상황이 발생하는가를 구체적 사건에 따라 개별적으로 판단하여야 한다.

이러한 측면에서 보면 개인적인 실시행위의 경우에는 설령 직접침해가 인정되지 않더라도 특허권자가 특허발명이 사적으로 실시되는 데 따른 시장기회를 누릴 수 있도록 하여야 한다는 취지에서 독립설을 따르고, 시험 · 연구행위에 대하여는 연구 기술발전을 촉진시키고 특허권 제한 규정을 둔 법 규정의 취지가 몰각되지 않게 하도록 종속설을 따르며, 외국에서의 실시행위에 대하여도 속지주의를 관철하기 위하여 종속설을 따른다.

대법원이 간접침해 성부에 직접침해가 성립할 것이 그 요건인가에 관한 부정설(독립설)과 긍정설(종속설)에 대해 직접 언급한 판결은 없다. 다만 대법원 1996. 11. 27. 자 96마365 결정의 판시대로[71] 레이저 프린터에 소모품인 카트리지를 장착하는 것이 간접침해에 해당된다고 본다면 이는 부정설(독립설)을 전제로 한 것으로 볼 여지가 있다.

---

70) 독일 실무가 취하고 있다. BGH, Urt. v10.10. 2000-X ZR 156/97, GRUR 2001, 228 "Luftheizgerät".

71) 대법원 1996. 11. 27. 자 96마365 결정은 "레이저 프린터에 있어서 인쇄되는 종이를 기준으로 할 때 레이저 프린터 자체의 수명은 약 300,000장이나, 그중 토너 카트리지는 약 3,000장, 감광드럼은 약 15,000장, 현상기는 약 50,000장의 수명을 가지고 있어 그 이후에는 새로운 것으로 교체해 주어야 하는바, 본건 특허발명에서는 위 감광드럼유니트, 토너박스(토너 카트리지), 현상유니트를 별도로 구성하여 각각의 물품이 수명을 다한 경우에 그 부분만을 교환하여 사용함으로써 레이저 프린터를 경제적으로 효율적으로 사용할 수 있도록 하면서도 사용자가 그 교환이나 취급을 용이하게 하도록 구성한 것이고, 피신청인이 제조 · 판매하는 이 사건 토너 카트리지는 본건 발명에만 사용되는 물건으로서 다른 용도로는 사용되지 아니하는 사실을 알 수 있는바, 따라서 본건 특허발명의 목적에 비추어 보면 위 토너 카트리지는 그 모양과 형태가 현상유니트와 감광드럼유니트와의 결합 방법 등에 있어서 중요한 요소가 되므로 본건 특허발명의 본질적인 구성요소라 할 것이고, 다른 용도로는 사용되지도 아니하며, 일반적으로 널리 쉽게 구입할 수도 없는 물품일 뿐만 아니라, 본건 레이저프린터의 구입 시에 위 토너 카트리지의 교체가 예정되어 있었고, 특허권자인 신청인 측에서 그러한 토너 카트리지를 따로 제조 · 판매하고 있으므로, 결국 위 토너 카트리지는 본건 특허 물건의 생산에만 사용하는 물건에 해당한다."라고 하였다.

3 간접침해의 요건

제127조는 특허 물건의 생산에만 사용하는 물건을 생산 · 양도 · 대여 또는 수입하거나 그 물건의 양도 또는 대여의 청약을 하는 행위, 특허 방법의 실시에만 사용하는 물건을 생산 · 양도 · 대여 또는 수입하거나 그 물건의 양도 또는 대여의 청약을 하는 행위를 업으로 하는 경우에 한하여 특허권 또는 전용실시권을 침해한 것으로 본다고 규정한다.

가. '업으로', '생산 · 양도 · 대여 또는 수입하거나 그 물건의 양도 또는 대여의 청약을 하는 행위'의 의미

'업으로'의 의미, 물건의 생산에만 사용하는 생산 · 양도 · 대여 또는 수입하거나 그 물건의 양도 또는 대여의 청약을 하는 행위에서 '생산, 양도, 대여, 수입, 양도 또는 대여의 청약' 등 실시 개념의 의미에 대하여는 「제2장 특허법의 보호대상 제4절 실시의 개념」의 해당 부분에서 이미 설명하였다.

나. 특허물건의 생산 또는 방법의 실시에만 사용하는 물건의 의미

1) 특허발명의 실시

물건의 발명에서 실시란 그 물건을 생산 · 사용 · 양도 · 대여 또는 수입하거나 그 물건의 양도 또는 대여의 청약(양도 또는 대여를 위한 전시를 포함한다. 이하 같다)을 하는 행위를 말하고, 방법의 발명에서 실시란 그 방법을 사용하는 행위 또는 그 방법의 사용을 청약하는 행위를 말한다(제2조 제3호 가목, 나목).

간접침해에서 문제되는 특허발명의 실시는 물건의 발명인 경우에는 물건의 생산에만, 방법의 발명인 경우에는 방법의 실시에만 한정된다. 이러한 문언에 따라 다른 실시태양, 즉 물건의 발명인 경우 물건의 사용, 양도, 대여, 수입, 양도 또는 대여의 청약을 하는 행위는 제외되고, 물건을 생산하는 발명인 경우 그 방법에 의하여 생산한 물건의 사용, 양도, 대여, 수입, 양도 또는 대여의 청약을 하는 행위는 제외된다(제2조 제3호 가목, 다목 참조).

2) 특허물건의 생산 또는 방법의 실시에만 사용하는 물건의 의미

간접침해가 성립할 수 있는 물건은 특허발명에서 물건의 생산 또는 방법의 실시에만 사용하는 물건이어야 한다.

가) 물건의 생산의 의미

여기서 말하는 '생산'이란 발명의 구성요소 일부를 결여한 물건을 사용하여 발명의 모든 구성요소를 가진 물건을 새로 만들어낼 수 있게 하는 모든 행위를 의미하는 개념으로서, 공업적 생산에 한하지 아니하고 가공·조립 등의 행위도 포함하는 넓은 의미이다.72)

특허권의 속지주의 원칙상 물건의 발명에 관한 특허권자가 그 물건에 대하여 가지는 독점적인 생산·사용·양도·대여 또는 수입 등의 특허실시에 관한 권리는 특허권이 등록된 국가의 영역 내에서만 그 효력이 미치는 점을 고려하면, 제127조 제1호의 '그 물건의 생산에만 사용하는 물건'에서 말하는 '생산'이란 국내에서의 생산을 의미한다. 따라서 이러한 생산이 국외에서 일어나는 경우에는 그 전 단계의 행위가 국내에서 이루어지더라도 간접침해가 성립할 수 없다.73)

여기서 특허품이 국내에서 생산되었다고 하려면 어느 정도로 완성될 필요가 있는지가 문제된다.

속지주의 원칙과 관련하여, 국내에서 특허발명의 실시를 위한 부품 또는 구성 전부가 생산되거나 대부분의 생산단계를 마쳐 주요 구성을 모두 갖춘 반제품이 생산되고, 이것이 하나의 주체에게 수출되어 마지막 단계의 가공·조립이 이루어질 것이 예정되어 있으며, 그와 같은 가공·조립이 극히 사소하거나 간단하여 위와 같은 부품 전체의 생산 또는 반제품의 생산만으로도 특허발명의 각 구성요소가 유기적으로 결합한 일체로서 가지는 작용효과를 구현할 수 있는 상태에 이르렀다면, 예외적으로 국내에서 특허발명의 실시 제품이 생산된 것과 같이 보는 것이 특허권의 실질적 보호에 부합한다. 따라서 이러한 경우에는 특허발명을 구성하는 각 개별 제품을 생산한 것만으로도 국내에서 특허발명의 각 구성요소가 유기적으로 결합한 일체로서 가지는 작용효과를 구현할 수 있는 상태가 갖추어진 것으로서 그 침해가 인정된다.74)

---

72) 대법원 2009. 9. 10. 선고 2007후3356 판결, 대법원 2015. 7. 23. 선고 2014다42110 판결 등 참조. 한편 서울고등법원 2017. 1. 24. 자 2016라20312 결정(가처분이의신청취하 확정)은 제127조의 물건의 생산에는 그 물건이 국내에서 실제로 생산된 경우뿐만 아니라 장래에 생산될 개연성이 큰 경우도 포함된다고 한다.

73) 대법원 2015. 7. 23. 선고 2014다42110 판결. 피고가 국내에서 생산하여 수출한 반제품이 국외에서 완성품으로 생산되었으므로 제127조 제1호에 정한 간접침해 제품에 해당하지 아니한다고 하였다. 미국 특허법은 당초 미국 외에서의 특허권 침해에 대하여 규율하지 않았다가 1984년 특허법을 개정하여 미국으로부터 특허부품을 제공받아 해외에서 부품을 조립하는 행위를 특허침해로 간주한다고 규정하여 이를 입법적으로 해결하고 있다.

74) 대법원 2019. 10. 17. 선고 2019다222782, 2019다222799(병합) 판결. 피고 1 등이 카테터와 허브, 봉합사, 봉합사 지지체의 개별 제품을 생산한 것만으로도 국내에서 특허발명의 각 구성

참고로 여기서의 생산이라는 용어는 특허소진론과도 밀접한 관련이 있다. 특허품을 판매하면 특허권 소진이 일어나지만, 특허권자가 양도한 특허제품에 대하여 가공을 하거나 부품 교환으로 인해 해당 특허품과 동일성을 상실할 정도로 새로 제조되었다고 평가된다면 특허권 소진은 적용되지 않는다.

이에 따라 특허권에 관한 제품을 수리하거나 부품을 교환하는 행위가 새로운 생산 등에 해당하여 특허권 침해로 되는지 여부가 소송에서 다투어지는 경우가 많다. 소모로 인한 통상의 기간 내에 특허권이 구현되어 있지 않은 부품을 이용하여 교환하거나 제품을 수리(repair)하는 경우에는 소진론이 적용되고 단순한 수리를 넘어 새로운 생산(reconstruction)에 해당하는 경우 소진론이 적용되지 않는다는 데 이론이 없으나 문제는 단순한 수리와 새로운 생산을 구별하는 기준이 명확하지 않다는 점이다. 수리인지 새로운 생산인지에 관한 주요 판단 기준으로 수리 외 나머지 제품의 효용성, 교체되는 부품이 전체 제품에서 차지하는 비중, 역할, 사용기간 및 교환의 용이성, 교체되는 부품으로 인해 원제품에 새로운 물리적 성질이나 기능 등이 생기거나 기존의 그것들의 물리적 성질이나 기능이 변경되는지 여부 등을 들 수 있을 것이다.

한편 특허권 소진에 관한 국내·외 이론과 실무에 대하여는 「제8장 특허권의 설정등록·존속기간·효력 제2절 특허권의 효력 IV. 특허권 소진·진정상품의 병행수입에 관한 문제」에서 설명한다.75)

나) 방법의 실시의 의미

방법의 발명에서 실시란 그 방법을 사용하는 행위 또는 그 방법의 사용을 청약하는 행위를 말한다(제2조 제3호 나목). 그중 사용은 발명의 목적을 달성할 수 있도록 해당 발명을 이용하는 것을 말하고, 청약이란 일방 당사자가 다른 당사자에게 일정한 계약의 내용을 체결할 것을 제의 내지 신청하는 것을 말한다.

다) '에만'의 의미 및 그 주장·증명책임

간접침해가 성립할 수 있는 대상물은 특허발명에 관계된 물건의 생산 또는 방법의

요소가 유기적으로 결합한 일체로서 가지는 작용효과를 구현할 수 있는 상태가 갖추어진 것으로서 그 침해가 인정된다고 보는 것이 타당함에도 봉합사 단부에 봉합사 지지체를 형성하려면 추가적인 가공·조립 등을 거쳐야 한다는 이유만으로 특허발명에 대한 침해를 부정한 원심판단에 잘못이 있다고 하였다.

75) 특허권 소진은 특허권 침해를 이유로 한 일반 민사소송 및 형사사건에서 유효한 항변으로 인정되고 권리범위확인사건에서는 그 속성상 유효한 항변이 되지 않는다. 대법원 2010. 12. 9. 선고 2010후289 판결 참조.

실시에만 사용하는 것이어야 하고 그것 외의 다른 용도로 쓰여서는 아니 된다.

여기서 특허 물건의 생산'에만' 사용하는 물건에 해당하기 위해서는 사회통념상 통용되고 승인될 수 있는 경제적, 상업적 내지 실용적인 다른 용도가 없어야 하고, 이와 달리 단순히 특허 물건 이외의 물건에 사용될 이론적, 실험적 또는 일시적인 사용가능성이 있는 정도에 불과한 경우에는 간접침해의 성립을 부정할 만한 다른 용도가 있다고 할 수 없다.[76] 이러한 논리는 방법의 실시'에만' 사용하는 물건에도 그대로 적용된다.

특허발명의 대상이거나 그와 관련된 물건을 사용함에 따라 마모되거나 소진되어 자주 교체해 주어야 하는 소모부품일지라도, 특허발명의 본질적인 구성요소에 해당하고 다른 용도로는 사용되지 아니하며 일반적으로 널리 쉽게 구할 수 없는 물품으로서 해당 발명에 관한 물건의 구입 시에 이미 그러한 교체가 예정되어 있었고 특허권자 측에 의하여 그러한 부품이 따로 제조·판매되고 있다면, 그러한 물건은 특허권에 대한 이른바 간접침해에서 말하는 특허 물건의 생산'에만' 사용하는 물건에 해당한다.[77]

---

76) 대법원 2001. 1. 30. 선고 98후2580 판결, 대법원 2009. 9. 10. 선고 2007후3356 판결 참조.

77) 대법원 2001. 1. 30. 선고 98후2580 판결. 확인대상발명의 감광드럼카트리지는 전체적으로 특허발명을 채택한 레이저 프린터에 꼭 맞는 구성을 취하고 있고, 확인대상발명의 감광드럼카트리지는 전량 특허발명을 채택한 레이저 프린터에만 사용되고 있으며, 특허발명을 채택하지 아니한 레이저 프린터 중 확인대상발명의 감광드럼카트리지를 사용할 수 있는 것은 없는 사실, 레이저 프린터에 있어서 인쇄되는 종이를 기준으로 할 때 레이저 프린터 자체의 수명은 약 300,000장이나, 그중 토너카트리지는 약 3,000장, 감광드럼은 약 15,000장, 현상기는 약 50,000장의 수명을 가지고 있어 그 이후에는 새로운 것으로 교체해 주어야 하고, 특허발명을 실시하고 있는 피고는 특허발명을 채택한 레이저 프린터에 사용되는 각 부품을 별도로 생산하여 판매하고 있는 사실을 인정한 다음, 위 감광드럼카트리지는, 특허발명의 본질적인 구성요소이고, 다른 용도로는 사용되지도 아니하며, 일반적으로 널리 쉽게 구입할 수도 없는 물품일 뿐만 아니라, 레이저 프린터의 구입 시에 그 교체가 예정되어 있었고, 특허권자인 피고 측에서 그러한 감광드럼카트리지를 따로 제조·판매하고 있으므로, 결국 확인대상발명의 감광드럼카트리지는 이 사건 특허발명의 물건의 생산에만 사용하는 물건에 해당하며, 원고의 주장과 같이 확인대상발명의 기술사상을 채택하되 설계변경에 의하여 확인대상발명과 다른 제품을 만드는 경우에 그것이 특허발명의 실시물건 이외의 물건에 사용될 가능성이 있다는 것만으로는 확인대상발명이 특허발명의 권리범위를 벗어날 수는 없다고 한 원심판단이 정당하다고 하였다.

대법원 2002. 11. 8. 선고 2000다27602 판결은 일면에 접착제가 도포되어 롤에 감겨 있는 합성수지필름이 특허발명에 있어 증명서의 피복재로 없어서는 안될 소모품으로서 열융착시 증명서와 접합되는 물건이라는 점만 알 수 있을 뿐, 나아가 위 합성수지 접착필름이 오로지 특허발명의 증명서 자동피복장치의 생산에만 사용되는 물건이라고 인정할 만한 자료를 찾아볼 수 없고, 오히려 특허발명의 출원 전에 반포된 일본국 실용신안공보 소61-26036호(을 제18호증)를 보면 위 합성수지 접착필름은 이미 해당 특허발명의 출원 전에 공지된 것임을 알 수 있는바, 사정이 이와 같다면 위 합성수지 접착필름은 특허발명의 증명서 자동피복장치의 생산에만 사물건의 생산 또는 방법의 실시에만 사용하는 물건에 해당한다는 점은 특허권자가 그에 대한 주장 · 증명책임을 부담한다.[78]

4 간접침해 적용의 한계

한편 방법의 발명에 관한 특허권자로부터 허락을 받은 실시권자가 제3자에게 그 방법의 실시에만 사용하는 물건(이하 전용품이라고 한다)의 제작을 의뢰하여 그로부터 전용품을 공급받아 방법의 발명을 실시하는 경우에서 그러한 제3자의 전용품의 생산 · 양도 등의 행위를 특허권의 간접침해로 인정하면, 실시권자의 실시권에 부당한 제약을 가하게 되고, 특허권이 부당하게 확장되는 결과를 초래하므로 그러한 제3자에 의한 전용품의 생산 · 양도 등의 행위는 특허권의 간접침해에 해당하지 않는다.[79]

간접침해의 간접침해(예를 들어 간접침해에만 사용하는 물건을 생산하는 행위 등)가 성립하는지 여부에 대하여 다툼이 있으나, 이를 인정하게 되면 해당 거래와 연결된 모든 행위를 침해라고 주장할 수 있게 되므로 인정하여 주기 어렵다고 본다.

용되는 물건이라고 보기 어렵다 할 것이므로, 피고가 이를 제작 · 판매하는 행위가 특허발명의 간접침해에 해당한다고 볼 수 없다고 하였다.

대법원 2009. 9. 10. 선고 2007후3356 판결은 확인대상발명은 특허발명과 대비하여 볼 때, 특허 구성 중 대형유동채널 및 균일한 고체 중합체 시트와 동일한 구성을 가지면서 소형유동채널이 결여되어 있고 마이크로 홀이 부가되어 있는 점에서 차이가 있으나, 확인대상발명의 물건을 공급받은 사람이 연마패드를 사용하여 화학적 기계적 평탄화(chemical mechanical planarization. 통상 'CMP'로 약칭된다) 공정을 수행하는 때에는 다수의 다이아몬드입자가 부착된 컨디셔너로 연마패드의 표면을 압착하여 문지르는 브레이크 인(break-in) 및 컨디셔닝(conditioning) 공정(이하 컨디셔닝 공정이라 약칭한다)이 필수적으로 부가되고, 이러한 컨디셔닝 공정을 수행하는 경우에 확인대상발명의 연마패드에는 특허발명의 소형유동채널의 수치범위 내에 있는 폭과 길이 및 밀도를 가지고서 연마슬러리를 이동시키는 통로로 작용함으로써 특허발명의 소형유동채널과 동일한 구조와 기능을 하는 원심 판시 줄무늬 홈이 반드시 형성된다. 그러므로 확인대상발명의 물건은 특허발명의 물건의 생산에만 사용되는 것이어서 원고가 업으로서 확인대상발명의 물건을 생산 · 판매한 행위는 특허권에 대한 간접침해에 해당되고, 그 외에 컨디셔닝이 연마패드의 표면에 미치는 영향 내지 변화의 유무와 정도는 컨디셔너의 종류, 연마패드의 경도, 사용하는 슬러리의 종류 및 슬러리에 포함된 연마입자의 종류, 컨디셔너에 의하여 연마패드에 가하여지는 압력의 정도 등 여러 가지 요소에 따라 달라질 수 있다는 점, 확인대상발명이 마이크로 홀이라는 기술수단에 의하여 특허발명보다 더 우수한 작용효과를 기대할 수 있어 진보된 발명일 수 있다는 점 등의 사정은 그러한 결론에 영향이 없다고 한 원심판단이 정당하다고 하였다.

78) 대법원 2001. 1. 30. 선고 98후2580 판결, 대법원 2002. 11. 8. 선고 2000다27602 판결.

79) 대법원 2019. 2. 28. 선고 2017다290095 판결.

5 간접침해에 대한 구제 조치

간접침해의 요건이 갖추어지면 해당 특허권 또는 전용실시권을 침해하는 것으로 보므로 특허권자 또는 전용실시권자는 간접침해를 한 행위자를 상대로 권리침해에 대한 금지 또는 예방청구를 할 수 있고(제126조), 이때 간접침해자의 고의·과실은 금지 등 청구의 행사 요건이 아니다.

고의나 과실로 특허권 또는 전용실시권을 침해함으로써 특허권자 또는 전용실시권자의 업무상 신용을 떨어뜨린 자에 대해서는 특허권자 또는 전용실시권자의 청구에 의하여 손해배상을 갈음하여 또는 손해배상과 함께 특허권자 또는 전용실시권자의 업무상 신용회복을 위하여 필요한 조치를 명할 수 있다(제131조).

손해배상과 관련하여, 간접침해도 특허법이 인정하는 침해행위의 하나이고 침해자가 통상의 기술자로서 침해행위를 하지 않도록 조사, 확인할 의무가 있으므로 제130조의 과실 추정 규정이 적용되고, 물건을 생산하는 방법의 발명에 관하여 침해 증명의 어려움을 경감시키기 위한 제129조의 생산방법 추정 규정, 침해자가 간접침해로 되는 부품을 판매하고 침해자로부터 부품을 매수한 제3자가 이를 이용하여 완성품을 제조하여 판매할 경우 특허권자가 매출 감소 등의 손해를 입을 수 있어서 제128조의 손해배상 규정이 그대로 적용된다.

간접침해를 이유로 한 권리범위확인심판청구가 허용되는지에 대해 다툼이 있으나, 실무는 그러한 권리범위확인심판청구가 묵시적으로 허용됨을 전제로 특허발명에 의해 채택된 레이저 프린터에 사용되는 소모부품인 확인대상발명의 감광드럼카트리지가 특허발명의 물건의 생산에만 사용하는 물건에 해당하여 확인대상발명이 특허발명의 권리범위를 벗어날 수 없다고 판단한 적이 있고,[80] 나아가 제127조에 해당되는 경우에 특허권자 또는 이해관계인이 특허발명의 생산 또는 특허방법의 실시에만 사용하는 물건과 대비되는 물건을 심판청구의 대상이 되는 발명으로 특정하여 특허권의 보호범위에 속하는지 여부의 확인을 구할 수 있다고 명시적으로 설시한 사례도 있다.[81]

간접침해행위에 대하여 특허권 등 침해의 민사책임을 부과하는 외에 제225조(침해죄) 제1항에 의한 형사처벌까지 가능한가가 문제된다.

확장해석을 금하는 죄형법정주의의 원칙 및 특허권 등 침해의 미수범에 대한 처벌 규정이 없어 특허권 등 직접침해의 미수범은 처벌되지 아니함에도 특허권 등 직접침해의 예비단계 행위에 불과한 간접침해행위를 위 벌칙 조항에 의하여 특허권 등 직접침

---

80) 대법원 2001. 1. 30. 선고 98후2580 판결.
81) 대법원 2005. 7. 15. 선고 2003후1109 판결 참조.

해의 기수범과 같은 벌칙에 의하여 처벌할 때 초래되는 형벌의 불균형성 등에 비추어 볼 때, 제127조의 규정은 특허권자 등을 보호하기 위하여 특허권 등의 간접침해자에게도 민사책임을 부과시킴으로써 특허권자 등을 보호하기 위한 취지의 정책적 규정일 뿐 이를 특허권 등의 침해행위를 처벌하는 형벌법규의 구성요건으로까지 규정한 취지는 아니므로 간접침해행위를 제225조의 규정에 따라 처벌할 수는 없다.[82]

82) 일본 실무는 간접침해 규정(일본 특허법 제101조)의 각 호 행위가 일본 특허법 제196조의 특허권 침해죄로 처벌할 수 있는 것으로 해석하고 있었는데[東京高等裁判所 1983(昭和58). 11. 7. 선고 昭和56(う)1596 판결], 이에 대하여 반대의 견해가 나오자 2006년 특허법 개정 시에 제196조에서 '침해한 자(제101조의 규정에 의하여 특허권 또는 전용실시권을 침해하는 행위로 보는 행위를 한 자를 제외한다)'라는 문구를 넣어 제196조의 침해행위가 직접침해에 한정되는 것으로 하고 간접침해에 대하여는 별도의 규정(제196조의2)을 신설하여 더 낮은 형으로 처벌하는 것으로 입법으로 해결하였다.

제3절 생산방법의 추정(제129조)

I. 의의 · 규정 취지

제129조는 "물건을 생산하는 방법의 발명에 관하여 특허가 된 경우에 그 물건과 동일한 물건은 그 특허된 방법에 의하여 생산된 것으로 추정한다. 다만, 그 물건이 특허출원 전에 국내에서 공지되었거나 공연히 실시된 물건(제1호), 특허출원 전에 국내 또는 국외에서 반포된 간행물에 게재되었거나 전기통신회선을 통하여 공중이 이용할 수 있는 물건(제2호)의 어느 하나에 해당하는 경우에는 그러하지 아니하다."라고 규정하여 생산방법의 추정에 관한 규정을 두고 있다.

물건을 생산하는 방법의 발명은 그 방법을 사용하는 행위 또는 그 방법의 사용을 청약하는 행위 외에 그 방법에 의하여 생산한 물건을 사용 · 양도 · 대여 또는 수입하거나 그 물건의 양도 또는 대여의 청약을 하는 행위에까지 특허권의 효력이 미친다(제2조 제3호 나목, 다목 참조).

특허권 침해나 금지청구의 대상이 방법의 발명인 경우에 특허권자는 다른 사람에 의해 생산된 물건이 특허받은 방법에 따라 생산되었다는 사실을 주장 · 증명하여야 하는데 제조공정 등은 행위자의 관리 감독 아래 실시되고 있어 실제 실시방법을 구체적으로 특정하여 주장하고 증명하는 것은 매우 어렵다. 본 조는 물건의 생산방법에 관한 특허에서 침해방법에 관한 특허권자의 주장 · 증명책임을 덜어주고 일정한 조건 하에 물건을 생산하는 방법의 발명에 따라 생산된 물건과 동일한 물건을 그 특허된 방법에 따라 생산된 것으로 법률상 추정하여 증명책임을 전환하여 줌으로써 특허권자의 주장 · 증명부담을 덜어주기 위한 데에 취지가 있다.

II. 적용 요건

물건을 생산하는 방법의 발명이라 함은 화학물질 등 새로운 물질을 생성시키는 제법이나 특정 물건을 제조 · 생산하는 데 유용한 공정 등에 관한 발명을 포함하여 원료나 재료 등의 출발물질 · 물건에 어떠한 수단을 강구하여 그 화학적, 물리적 성질 · 형상 등을 변화시켜 새로운 물질 · 물건을 얻는 것을 의미한다. 이때 물건을 생산하는 방법의 발명인지 아니면 단순한 방법의 발명인지는 해당 특허발명의 청구범위에 적혀 있

는 사항을 기준으로 판단한다.[83)]

그리고 여기서 물건은 제129조에 따라 특허출원 전에 국내에서 공지되었거나 공연히 실시된 물건 또는 특허출원 전에 국내 또는 국외에서 반포된 간행물에 게재된 것이어서는 안 되므로(제129조 단서) 동일한 물건이 위 규정에 따라 생산방법의 추정을 받으려면 그 출원 전에 공개되지 아니한 신규한 물건이어야 한다.[84)]

이때 공지되었는지 등은 해당 특허방법의 출원 시를 기준으로 하고 조약에 의한 우선권 주장이 수반된 특허출원의 경우에는 제54조에 따라 우선권 주장의 기초일인 제1국에의 특허출원일이 기준이 된다.

그리고 특허방법에 의하여 생산된 물건과 실시자에 의해 생산한 물건이 동일하여야 하는데 이 경우의 동일이라 함은 거래사회의 통념을 기준으로 그 물건이 본질적으로 갖추어야 할 중요한 형상, 특질을 가지고 있는지 등을 종합적으로 검토하여 판단한다(다수설).

III. 효력

본 조의 요건을 충족한다면 물건을 생산하는 방법의 발명에 관하여 특허가 된 경우에 그 물건과 동일한 물건은 그 특허된 방법에 의하여 생산된 것으로 추정한다.

이러한 생산방법의 추정은 법률상 추정이므로 이러한 추정을 번복하려면 특허된 생산방법의 권리범위에 속하지 아니하는 다른 생산방법을 제시하여야 할 뿐만 아니라 그 생산방법이 특허권 침해가 문제되는 물건을 생산하는 데에 현실적으로 사용되고 있다는 점까지 증명되어야 한다.[85)]

이때 제129조의 추정을 번복하기 위한 요건으로 위 규정의 취지를 증명의 곤란성을 구제하기 위한 조항으로 해석하여 실시행위자가 특허방법과는 다른 생산방법을 사용하고 있음을 주장, 증명하는 것으로 충분하다는 견해[86)]와 위 규정에서 실시행위자가 자기의 생산방법을 사용하고 있음을 주장, 증명하는 것 외에 그 생산방법이 특허발명의 권리범위에 속하지 않는 것까지 주장, 증명하여야 한다는 견해가 있다.

두 견해의 차이는 주장·증명책임의 대상이나 내용이 달라질 수 있다는 점이다. 즉, 추정번복을 위해 실시행위자가 특허된 방법과는 다른 생산방법을 사용하고 있음을

---

83) 서울고등법원 2005. 9. 6. 선고 2004나91917 판결(심리불속행 상고기각 확정).
84) 대법원 2005. 10. 27. 선고 2003다37792 판결.
85) 서울고등법원 2007. 1. 17. 선고 2005나107130 판결(미상고 확정).
86) 특허법 주해 II, 박영사(2010), 300(김기영 집필부분).

주장, 증명하는 것으로 충분하다는 견해에 따르면 그러한 주장에 대해 다시 특허권자가 그 침해주장의 방법이 균등 등에 해당한다는 사실을 주장·증명할 필요가 있다고 보게 되는 반면에, 추정번복을 위해 실시행위자가 특허된 방법과는 다른 생산방법을 사용하고 있음을 주장, 증명하는 것 외에 그 방법이 특허발명의 권리범위에 속하지 않는 것까지 주장, 증명되어야 한다는 견해에 따르면 실시행위자가 그 침해주장의 방법이 특허된 방법과 균등 등에도 해당하지 않는다는 사실을 주장·증명할 필요가 있다고 보게 된다.

생각건대 물건을 생산하는 방법의 발명에 관하여 특허가 된 경우에 그 물건과 동일한 물건은 그 특허된 방법에 의하여 생산된 것으로 추정된다는 문언에 비추어 보면 특허발명의 권리범위에 속하지 않는 것(비침해사실)까지 주장, 증명되어야 한다고 본다.

한편 만일 제129조 단서에 의하여 물건을 생산하는 방법의 발명에 따라 생산되는 물건이 특허출원 전에 국내에서 공지되었거나 공연히 실시된 물건이나 특허출원 전에 국내 또는 국외에서 반포된 간행물에 게재되었거나 전기통신회선을 통하여 공중이 이용할 수 있는 물건에 해당한다면 본 조가 적용될 수 없으므로 이러한 경우에는 특허권의 침해를 주장하는 자로서는 실시행위자가 특허발명의 생산방법을 사용하여 해당 물건을 생산하였다는 점을 주장·증명하여야 한다.

제4절 복수주체에 의한 특허침해

I. 문제의 소재

소프트웨어 관련 발명(영업방법발명 포함)은 복수의 주체가 네트워크 등의 시스템 내지 인터넷사이트를 통해 특허발명의 기술적 구성요소 중 일부를 개별적으로 병행하여 실시함으로써 전체적으로 볼 때 특허발명을 실시하는 형태로 이루어지는 경우가 많다.

단독의 행위 주체가 특허발명의 기술적 구성요소 전부를 충족한 실시행위를 업으로 하는 경우를 침해행위로 본다는 원칙만을 전제로 한다면 위와 같은 경우에는 특허권 침해행위를 하는 단독의 실시행위자가 없는 것이 되어 위와 같은 복수의 실시행위에 대해 직접침해를 인정할 수 없게 된다.

그러나 실무에서는 특히 복수의 독립된 침해행위가 서로 연결되어 있는 경우에 복수 내지 그중 일부 실시행위자에 대해 직접침해를 인정할 필요성을 인정하고 있다.

특히 소프트웨어 관련 발명 등에는 발명의 전체 기술시스템에 비추어 볼 때 다른 발명과 달리 복수의 행위자가 특허발명의 실시에 쉽게 관여할 수 있다는 특징이 있기 때문이다. 즉 소프트웨어 관련 발명에는 독립된 복수주체가 특허발명의 기술적 구성요소를 각각 일부씩 나누어 실시할 수 있는 특징이 있다. 이러한 경우는 물건 발명 외에 영업방법발명에서도 문제되고 있다.

이하 일본, 미국 및 국내 실무 등의 현황을 살펴본다.

II. 외국 및 국내 실무 등의 현황

[1] 미국 실무

BMC Resources v. Paymenttech 사건,[87] Muniauction, Inc. v. Thomson Corp. 사건[88]에서는 복수주체들이 방법발명을 실시하고 있는 경우에 그중 1인이 전체과정을 '통제 내지 지시'(control or direction)하여 모든 단계를 관리하고 있을 때에는 직접침해를 인정할 수 있다고 하였고,[89] 영업발명의 직접침해자 판단 기준에 대하여 Ntp, Inc.

87) 498 F.3d 1380 (Fed. Cir. 2008).
88) 532 F.3d 1318 (Fed. Cir. 2008).
89) 어느 주체가 제3자와 약정하여 그로 하여금 청구항의 나머지 요소를 수행하도록 한 경우에 제어관계(control)가 인정된다고 하였다.

v. Research In Motion, Ltd. 사건[90]은 '통제'(control)와 '수익적 사용'(benificiary use) 여부를 기준으로 직접침해 여부를 판단하고 있으며, 이러한 법리는 Centillion Data System, LLC v. Qwest Communications International, Inc. 사건[91]에서도 그대로 인용되고 있다.

한편 콘텐츠 전송 네트워크(Content Delivery Networks, CDN)를 통한 인터넷 트래픽 관련 방법특허로서 청구항의 방법 요소 중 대부분의 단계는 Limelight 회사에 의해 수행되고, "tagging", "serving" 단계는 사용자(소비자)에 의해 수행된 경우에, Limelight 회사가 위 "tagging", "serving" 요소들을 사용자로 하여금 수행하도록 유도하여 특허를 침해하였는지에 관한 일련의 판결들이 있다.

연방항소법원은 Akamai Techs, Inc. v Limelight Networks Inc. 판결[92]에서 Limelight 회사가 해당 방법 청구항의 모든 단계를 수행하지 않았고 다른 단계를 수행한 소비자들의 행위에 대해 Limelight 회사에 책임이 있다고 볼 증거가 없다는 이유로 특허법 제207조(a)의 유도침해를 인정하지 않았다. 그리고 연방항소법원은 그와 유사한 사안으로, 헬스케어 제공자와 환자 사이의 전자적 대화방법에 관한 특허가 Epic 회사가 아닌 헬스케어 제공자와 환자에 의하여 수행되고 있는 경우에 유도침해를 인정할 것인가에 관한 McKesson Technologies Inc. v. Epic Systems Corp. 판결[93]에서도 위 논리를 그대로 유지하였다.

그런데 연방항소법원은 Akamai Technologies, Inc, Akamai Technologies Inc., The Massachusetts Institute Of Technology v. Limelight Networks, Inc, and McKesson Technologies, Inc v Epic Systems Corp. 전원합의체 판결[94]에서 McKesson Technologies Inc. v. Epic Systems Corp. 원 판결[95]에서의 유도침해 요건을 그대로 인용하여, 침해자가 특허권의 존재를 인식하고 방법발명의 청구항에 기재된 각 공정의 실시를 유도하여 그와 같은 각 공정이 실제로 실시되어 직접침해의 결과가 발생할 것을 필요로 한다고 하면서도, 나아가 위와 같은 특허침해행위의 실시가 단일 주체에 의해 이루어질 것을 요구하지 않는다고 하였다(이른바 '직접침해'와 '직접침해책임'의 개념을 구별함).[96]

---

90) 418 F.3d 1282 (Fed. Cir. 2005).
91) 631 F.3d. 1279 (Fed. Cir. 2011).
92) 629 F.3d 1311, 1314 (Fed Cir 2010).
93) 2011 WL 2173401 (Fed. Cir. 2011).
94) 2012 WL 3764695, 692 F.3d 1301 (en banc) (Fed. Cir. 2012. 8. 31.)
95) 2011 WL 2173401 (Fed. Cir. 2011).
96) 미국 특허법 제271(b)조의 유도침해 조항의 '적극적으로 침해를 유도한다'고 하기 위하여는 침

이에 대해 연방대법원은 그 상고심 판결[97]에서 특허의 직접침해가 인정되기 위해서는 한 개인 또는 기업이 방법 특허(method patent)에 기재된 모든 단계를 수행해야 하며, 직접 침해가 발생하지 않은 경우에는 특허법 제271조(1)(b)의 유도침해(induced infringement)가 성립할 수 없고, 한 개인 또는 기업이 방법 특허에 기재된 단계 중 어느 하나라도 직접 수행하지 않고 제3자로 하여금 수행하도록 지시한 경우에 유도침해에 의한 특허침해가 인정되지 않는다고 하면서 연방항소법원의 판결을 파기환송하였다.

환송 후 연방항소법원은 피고가 소비자로 하여금 일부 단계(step)를 실시하도록 유도하였더라도, 전체 단계를 단일 주체(single entity)가 실시한 것이 아닐 뿐 아니라 피고와 제3자인 소비자 간에 "contractual arrangements, principal-agent relationships, or joint enterprises"의 관계[98]도 존재하지 않아 직접침해를 인정할 수 없어 유도침해가 성립하지 않는다고 판단하였다.[99]

그런데 위 판결 선고 이후 연방항소법원은 전원합의체(en banc)로 다시 심리하여 특허법 제271조(a)의 직접침해는 청구항 기재 단계가 단일 주체에 의하여 수행되거나 그에게 책임을 지울 수 있는 경우에 성립하는 것이고 제3자의 수행에 의하여 그 주체가 책임을 부담하는 요건으로 i) 그 주체가 제3자의 수행을 지시하거나 제어(관리)하는 경우[100]와 ii) 행위자들이 joint enterprise를 구성하는 경우라고 하였고, 청구항의 일

해를 유도하는 행위 외에 그러한 행위를 유도하는 '의도'가 증명되어야 하는데[DSU Medical Corp. v. JMS Co. Ltd., 471 F.3d 1293 (Fed. Cir. 2006)], 미국 연방대법원은 Global-Tech Appliances, Inc. v. SEB S.A., 563 U.S. 754, 131 S. Ct. 2060 (2011) 판결에서 그 '의도'는 단순히 직접침해를 적극적으로 유인하는 것만으로는 충분하지 않고 유인된 실시행위자의 행위가 특허권 침해로 되는 위험성을 실제로 인식하고 있을 정도의 것임(미필적 고의)을 필요로 한다고 보고 있다.

97) Limelight Networks Inc. v. Akamai Technologies Inc., et al.(No. 12-786), 572 US 915, 134 S. Ct. 2111, 2119, 2120 (2014).

98) 피고와 소비자 간에 계약관계가 있었음은 인정되나, 계약을 통해 소비자가 피고의 agent가 됐다고 볼 수 없고 피고의 서비스에 대하여 소비자가 독립적으로 자신의 이익에 따라 판단하였으며 소비자가 특허청구항의 요소인 단계의 수행여부에 대해 인식하지 못하였다는 점 등을 근거로 직접침해를 인정하지 않았다.

99) Akamai Technologies Inc. v. Limelight Networks Inc., 786 F.3d 899 (Fed. Cir. 2015).

100) 구체적으로 agent를 통하거나 나머지 단계를 수행하기 위한 계약이 있는 경우(BMC Resources v. Paymenttech), 침해주체가 청구항 기재 단계요소의 수행에 영향을 미치거나 단계요소의 수행으로 이익을 받는 경우[Metro-Goldwyn-Mayer Studios Inc. v. Grokster, Ltd., 545 U.S. 913, 930 (2005)]에 제3자의 행위가 직접침해로 인정될 수 있는 단일 행위자의 책임으로 될 수 있고, 행위자들이 joint enterprise를 형성한 경우(명시적·묵시적 약정, 그룹에 의해 수행되는 공통의 목적, 금전적 이해관계에 관한 공동의식, 사업체의 운영방향·관리에 대한 동등한 권리를 인정자료로 보고 있다)에 각각의 행위자가 다른 행위자의 행위에 대해 단

부가 소비자에 의해 실시되더라도 Limelight 회사가 소비자의 단계 수행행위에 영향을 주고 소비자의 실시 방식, 타이밍 등에 대한 정보제공에 따라 수행하도록 하는 등 실질적인 영향을 주고 이러한 Limelight 회사의 행위는 나머지 단계에 대한 소비자의 수행을 지시하거나 제어한 것으로 Limelight 회사에 직접침해가 인정된다고 함으로써 특허법 제271조(a)에 따른 유도침해를 인정하였다.[101)]

2 일본 실무

앞서 본 이론적인 문제에 대하여, 일본에서는 ① 특허법은 공동침해를 예상하여 제정된 것이 아니어서 기술구성 중 일부만 실시하고 있는 경우에는 직접침해책임을 부정하는 견해, ② 시스템 내지 각 사이트 간의 정보처리의 일체성과 더불어 각 사이트의 운영주체 간의 공동의사가 모두 존재하고 있는 경우에 한하여,[102)] 또는 공동의사 여부와 관계없이 특허권자의 특허발명을 실시하고 있는 시스템 전체의 구조 내지 협동에 대하여 복수 주체의 행위를 일체로 파악하여 서로 공동으로 실시한 것으로 보아, 이러한 경우에는 침해책임을 물을 수 있다는 견해, ③ 공동의사가 없거나 객관적으로 행위공동성이 인정되지 않은 경우로서 실시자 자신이 실시하고 있지 않은 공정이 있더라도 그 공정에 대하여 제3자(구입자)를 도구로 이용하여 그것을 실시한 것으로 인정함으로써 실시자 자신이 전체공정을 실시한 것과 동일시할 수 있는 경우에는 침해를 인정할 수 있다는 견해(이른바 도구이론),[103)] ④ 복수인에게 연대책임을 묻는 근거를 공동의 비난가능성으로서의 관련 공동성에서 찾는 이상 특허품이 제조업자 등과 같이 독립된 침해행위가 종적으로 연결되어 있는 경우에는 침해의 고의가 일시에 또는 순차적으로 연결된 주관적 공동이 존재하는 때에 한하여 공동불법행위가 성립한다는 견해,[104)] ⑤ 앞서 본 바와 같은 기술시스템의 특유 속성을 검토하여, 기술구현이 복수주체에 의하여 행해지는 것이 불가피한 경우에는 기술구성의 충족여부 단계에서는 실시자들의 각 행

일 행위자로서의 책임을 진다고 하면서 최초 판결에서 제시된 principal-agent relationships, contractual arrangements, joint enterprise에 한정되는 것이 아니라고 강조하고 있다.

101) Akamai Technologies Inc., The Massachusetts Institute Of Technology v. Limlight Networks, Inc., No 2009-1372, 1380, 1416, 1417 (Fed. Cir. 2015).

102) 수인이 공정을 분담하여 공동으로 전체공정을 실시하는 경우나 실시자가 일부 공정을 제3자에게 주문하고 제3자가 자신이 실시하고 있는 공정이 실시자의 나머지 공정과 결합하여 전체공정이 실시된다는 점을 알거나 서로 각자의 행위를 이용하고 있는 경우에는 실시자와 제3자가 공동으로 전체공정을 실시하는 것과 같게 볼 수 있다고 본다.

103) 東京地方裁判所 2001(平成13). 9. 20. 선고 平成12(ワ)20503 판결.

104) 조영선, 개정판 특허법, 박영사(2009), 452~453.

위(내지 그 행위를 합한 경우)가 발명의 기술구성을 모두 충족하는지 여부를 따지고 금지청구나 손해배상 결정여부 단계에서는 해당 기술시스템을 지배관리하고 있는 자(예컨대 기술시스템을 기획, 구성하고 통제하면서 이익을 얻는 자)를 실시행위자로 판단하거나,[105] 단순한 최종공정 수행자가 클라이언트(고객)인 경우에는 이를 실시행위자의 고려 대상에서 배제하여 그 전 단계까지의 실시행위자를 전체 공정의 실질적 실시행위자로 보자는[106] 견해 등 다양한 의견이 있다.

3 국내 실무

대법원판결로는, 피고가 자신이 직접 CD제작을 기획하거나 음반기획사 등 고객으로부터 의뢰를 받아 CD를 제작 · 판매하여야 할 필요가 있는 경우에 CD에 담길 노래 · 연주 등 음원이 담긴 마스터테이프 등을 주식회사 ○○○○○ 등 음반제작업체들에게 건네주면서 CD제작에 필요한 스탬퍼를 제작하도록 하고, 그들로부터 이 사건 특허발명을 실시하는 단계를 거쳐 만들어진 스탬퍼를 공급받아 CD를 제작 · 판매한 사안에서, 피고가 주식회사 ○○○○○ 등에게 스탬퍼를 제작하게 한 경위나 제반 사정 등에 비추어 보면, 주식회사 ○○○○○ 등 음반제작업체들이 스탬퍼를 제작하기 위하여 이 사건 특허발명을 실시하는 것은 피고가 이 사건 특허발명을 실시하는 것으로 평가하여야 할 것이고, 설사 그렇지 않다고 하더라도 피고는 주식회사 ○○○○○ 등 음반제작업체들의 스탬퍼 제작행위를 교사한 자로서 그들과 함께 공동불법행위자로서의 책임을 부담할 것이라고 한 원심의 판단을 수긍한 것이 있다.[107]

---

105) 東京地方裁判所 2007(平成19). 12. 14. 선고 平成16(ワ)25576 판결.

106) 知的財産高等裁判所 2010(平成22). 3. 24. 선고 平成20(ネ)10085 판결, 다만 이 사안은 문제된 특허발명이 인터넷 액세스에 관한 발명이 아니라 인터넷 액세스를 제공하는 방법발명임을 전제로, 서비스 이용자는 피고(침해주장 서비스업체)에 의해 제공되는 액세스 방법에 따라 목적하는 정보페이지에 접근한 것에 불과하다고 보아 침해주체를 (서비스 이용자가 아닌) 서비스 제공자로 파악한 것으로 보인다.
위 판결에 대해 권택수, "복수주체에 의한 실시와 특허권 침해", 법학평론 제6권(2016. 4.), 서울대학교 출판문화원, 103은 "위 판결은 특허발명이 예정하고 있는 실시주체를 특허청구범위의 해석을 통하여(실시행위를 규범적으로 해석한 것이 아니다) 복수주체(사용자 및 서비스사업자)가 아닌, 서비스사업자만을 주체로 상정하고 있다고 판단하고, 타인의 행위를 이용한 직접침해의 성립 여부를 논할 필요 없이 서비스사업자에게 특허침해책임을 인정한 사례라고 하겠다.", "단수주체로 기재되어 있는 것으로 보이는 클레임에 대하여 복수주체의 침해를 인정하는 이른바 공동직접침해이론과는 달리, 이 판결은 오히려 복수주체에 의한 행위로 기재되어 있는 클레임에 대하여 단수주체에 의한 행위로 판단한 것이다."라고 한다.

107) 대법원 2006. 4. 27. 선고 2003다15006 판결, 원심은 서울고등법원 2003. 2. 10. 선고 2001

그리고 "원고가 2001. 3.경 원심 판시 이 사건 수출기계설비를 중국에 설치하였고, 소외인1이 2001. 10.경까지 원고 측이 운영하는 제조업체에서 설계업무 등을 담당하면서 이 사건 수출기계설비의 설치에 관여하였다. 방화문 제조 등으로 평소 서로 거래관계에 있던 피고들은 2005. 6.경 중국에서 방화문 제작·판매업을 하기로 하고 시장조사를 하던 중 사업성 있는 유럽형 방화문을 제작할 수 있는 이 사건 수출기계설비를 알게 되었고, 같은 무렵부터 피고들은 이 사건 수출기계설비와 동일한 설비를 제작할 수 있는 국내 업체를 물색하다가, 위와 같은 설계업무 등의 경험이 있는 소외인1을 알게 되어 그에게 설비 제작을 의뢰하기로 하였고, 소외인1은 2005. 9.경 피고 ○○○과 만난 자리에서 이 사건 수출기계설비에 관하여 이미 특허가 등록되었을 수 있다는 취지로 말하였다. 피고들은 소외인2로부터 자금을 지원받기로 한 다음 2006. 1. 23. 피고들과 소외인2를 도급인으로 하고, 소외인1의 형 소외인3을 수급인으로 한 원심 판시 이 사건 도급계약의 계약서를 작성하였는데, 그 주된 내용은 2006. 4. 20.까지 완성된 이 사건 기계를 인도받기로 하는 것이었다. 소외인1은 이 사건 수출기계설비와 동일한 설계도면을 사용하여 2006. 6.경 이 사건 기계를 완성한 다음 그 무렵 피고들에게 인도하였고, 피고들은 2006. 7.경 이 사건 기계를 중국에 수출하여 설치하였다."는 사실관계에서 "피고들은 소외인1로 하여금 이 사건 기계를 제작하게 하여 이를 생산함으로써 이 사건 제4항 발명을 업으로서 실시하여 원고의 특허권을 침해하였다"라고 판시한 것이 있다.[108]

또한 서울고등법원 판결로는, "① 신청인은 이동통신사와 SMS MO 서비스에 관한 계약을 체결하고 위 서비스를 실시하고 있는데, 이동통신사에 제출하는 문자중계서비스번호이용신청서에는, 피신청인과 같은 MO 서비스 운영자를 SMS MO 서비스 제공자(Service Provider)로 지칭하고 있고 , MO 서비스 운영자가 자신이 운영하는 MO서버에 부여할 특정수신번호를 이동통신사에 신청하여 부여받도록 되어 있으며, 아울러 서비스 시나리오, 공지 방안, 예상 트래픽 및 매출, 기대효과 등에 관한 기안자료를 이동통신사에 제출하도록 되어 있는 점 , ② 위 이용신청서 별첨 시행 세칙에는 서비스 주체 혼돈 방지를 위하여 직접적인 협찬 및 이동통신사와 협의된 것을 제외하고 이동통신사 로고 표기 금지 및 지원, 협찬 동의 표기를 금지한다고 되어 있는 점 , ③ SMS MO 서비스의 수익구조를 보면, 이동통신사는 위 서비스 이용자에 대하여 기본 통화료에 추가로 건당 100원 내지 200원 정도의 이용료를 부과·징수하고, 피신청인은 매월

나42518 판결 [손해배상(기)]이다.

108) 대법원 2014. 9. 4. 선고 2012다113414 판결. 원심판결은 서울고등법원 2012. 11. 21. 선고 2012나14441 판결 [손해배상(기)]이다.

이동통신사로부터 과금대행 수수료를 공제한 나머지 대부분의 SMS MO 서비스 이용료를 수령하여 그중 방송사 등 제휴 고객사에게 일부 수익을 배분하고 나머지를 피신청인의 수익으로 취하고 있는 점 등에 비추어 보면, 피신청인은 SMS MO 서비스를 주도적으로 기획, 구성하여 이동통신사, 방송사 등과 협력 하에 위 서비스를 제공하면서 그에 따른 경제적 이익을 향유하고, 위 서비스 사업의 성패에 관한 위험부담을 지고 있으며, 이에 비하여 이동통신사는 SMS MO 서비스 이용자와 피신청인 사이에 데이터 전달 역할과 위 이용자에 대한 과금 대행 역할을 수행할 뿐이고, 방송사는 단지 위 서비스의 협력자에 불과하다 할 것이므로, 결국 확인대상발명을 실시하고 있는 주체는 피신청인이라 할 것이다."라고 본 것이 있다.[109)]

그리고 "특허 청구항을 복수의 구성요소로 구성한 경우에는 그 각 구성요소가 유기적으로 결합한 전체로서의 기술사상을 보호하는 것이지 각 구성요소를 독립하여 보호하는 것은 아니므로, 원칙적으로 단일 주체가 모든 구성요소가 유기적으로 결합한 전체로서의 특허발명을 실시하여야 그 특허발명에 관한 특허권을 침해한 것으로 된다[이른바 구성요소 완비의 원칙(all elements rule)]. 다만, 복수 주체가 단일한 특허발명의 일부 구성요소를 분담하여 실시하는 경우라고 하더라도 아래와 같은 두 가지 경우에는 특허침해가 성립한 것으로 볼 수 있다. 첫째, 복수 주체 중 어느 한 단일 주체가 다른 주체의 실시를 지배·관리하고 그 다른 주체의 실시로 인하여 영업상의 이익을 얻는 경우이다. 이 경우에는 다른 주체의 실시를 지배·관리하면서 영업상의 이익을 얻는 어느 한 단일 주체가 특허침해를 한 것으로 보아야 한다. 둘째, 복수 주체가 각각 다른 주체의 실시행위를 인식하고 이를 이용할 의사, 즉 서로 다른 주체의 실시행위를 이용하여 공동으로 특허발명을 실시할 의사를 가지고, 서로 나누어서 특허발명의 전체 구성요소를 실시하는 경우이다. 이 경우에는 이들 복수 주체가 공동으로 특허침해를 한 것으로 보아야 한다."라고 한 것이 있다.[110)]

109) 서울고등법원 2006. 7. 10. 자 2005라726 결정 [특허권 침해금지가처분] (미재항고 확정).
110) 서울고등법원 2017. 1. 24. 자 2016라20312 결정(가처분이의신청취하 확정).

제 7 장

특허에 관한 출원·심사·결정

제7장 특허에 관한 출원 · 심사 · 결정

제1절 특허출원절차

I. 총설

본 장에서는 특허가 출원되고 특허에 관한 결정을 받기까지의 주요 절차 및 출원절차에 관련된 중요한 제도를 설명한다.

특허출원 · 심사 · 결정 등에 관한 개략적인 내용을 표로 정리하고 주요 항목 외에 출원공개까지의 일반적인 사항을 개괄적으로 설명하면 아래와 같다.1)

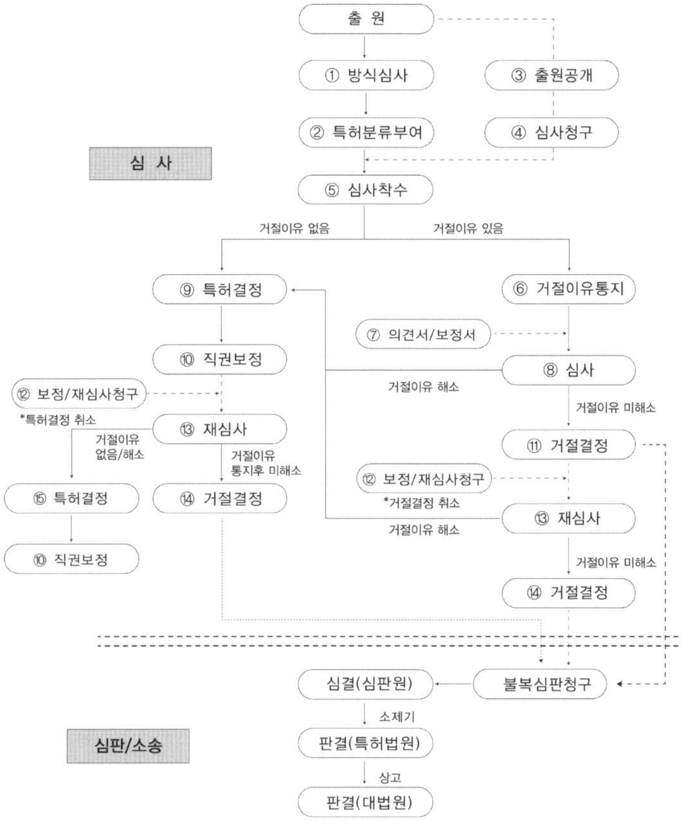

1) 표는 특허 · 실용신안 심사기준, 제5부 제1장 1.에 나와 있는 것을 인용하였다.

특허를 받고자 하는 자는 제42조에 따라 필요한 사항을 기재한 특허출원서를 특허청장에게 제출하여야 한다.

명세서 및 필요한 도면이 첨부된 특허출원서가 특허청장에게 도달한 날(시)부터 특허출원의 효력이 발생하는 것이 원칙인데 이 경우 명세서에 청구범위를 적지 아니할 수 있으나, 발명의 설명은 적어야 한다(제42조의2 제1항).

특허출원인이 제42조의2 제1항 후단에 따라 특허출원서에 최초로 첨부한 명세서에 청구범위를 적지 아니한 경우에는 제64조 제1항 각 호의 구분에 따른 날부터 1년 2개월이 되는 날까지 명세서에 청구범위를 적는 보정을 하여야 한다. 다만, 위 기한 이전에 제60조 제3항에 따른 출원심사 청구의 취지를 통지받은 경우에는 그 통지를 받은 날부터 3개월이 되는 날 또는 제64조 제1항 각 호의 구분에 따른 날부터 1년 2개월이 되는 날 중 빠른 날까지 보정을 하여야 한다(제42조의2 제2항). 특허출원인이 위 제2항에 따른 보정을 하지 아니한 경우에는 제2항에 따른 기한이 되는 날의 다음 날에 해당 특허출원을 취하한 것으로 본다(제42조의2 제3항).

특허출원인이 명세서 및 도면(도면 중 설명부분에 한정한다. 이하 제2항 및 제5항에서 같다)을 국어가 아닌 산업통상자원부령으로 정하는 언어(영어)로 적겠다는 취지를 특허출원을 할 때의 특허출원서에 적은 경우에는 그 언어로 적을 수 있으나(제42조의3 제1항, 법 시행규칙 제21조의2 제1항),[2] 특허출원인이 특허출원서에 최초로 첨부한 명세서 및 도면을 위 언어로 적은 특허출원(이하 외국어특허출원이라 한다)을 한 경우에는 제64조 제1항 각 호의 구분에 따른 날부터 1년 2개월이 되는 날까지 그 명세서 및 도면의 국어번역문을 산업통상자원부령으로 정하는 방법[3]에 따라 제출하여야 한다(같은 조 제2항). 다만, 본문에 따른 기한 이전에 제60조 제3항에 따른 출원심사 청구의 취지를 통지받은 경우에는 그 통지를 받은 날부터 3개월이 되는 날 또는 제64조 제1항 각 호의 구분에 따른 날부터 1년 2개월이 되는 날 중 빠른 날까지 제출하여야 한다(같은 조 제2항 단서). 위 제2항에 따라 국어번역문을 제출한 특허출원인은 제2항에 따른 기한 이전에 그 국어번역문을 갈음하여 새로운 국어번역문을 제출할 수 있다. 다만, 명세서 또는

2) 먼저 출원한 자에게 특허권을 부여하는 현행 선출원제도 하에서는 빠른 출원일 확보가 무엇보다 중요하므로, 발명의 내용을 국어가 아닌 산업통상자원부령으로 정하는 외국어로 적어 특허출원서에 첨부하여 제출하더라도 특허출원일을 인정받을 수 있도록 함으로써 출원인의 편의를 도모하기 위하여 2014. 6. 11. 법률 제12753호로 개정된 특허법(시행일 2015. 1. 1.)에서 제42조의3이 신설되었다.

3) 새로운 국어번역문을 제출하려는 경우에는 별지 제13호 서식의 서류제출서에 법 제42조의3 제1항에 따라 제출한 명세서 및 도면의 새로운 국어번역문, 대리인에 의하여 절차를 밟는 경우에는 그 대리권을 증명하는 서류를 첨부하여 특허청장에게 제출하여야 한다(법 시행규칙 제21조의3 제2항).

도면을 보정(제5항에 따라 보정한 것으로 보는 경우는 제외한다)한 경우, 특허출원인이 출원심사의 청구를 한 경우의 어느 하나에 해당하는 경우에는 그러하지 아니하다(같은 조 제3항). 특허출원인이 위 제2항에 따른 명세서의 국어번역문을 제출하지 아니한 경우에는 위 제2항에 따른 기한이 되는 날의 다음 날에 해당 특허출원을 취하한 것으로 본다(같은 조 제4항). 특허출원인이 위 제2항에 따른 국어번역문 또는 위 제3항 본문에 따른 새로운 국어번역문을 제출한 경우에는 외국어특허출원의 특허출원서에 최초로 첨부한 명세서 및 도면을 그 국어번역문에 따라 보정한 것으로 본다. 다만, 위 제3항 본문에 따라 새로운 국어번역문을 제출한 경우에는 마지막 국어번역문(이하 이 조 및 제47조 제2항 후단에서 최종 국어번역문이라 한다) 전에 제출한 국어번역문에 따라 보정한 것으로 보는 모든 보정은 처음부터 없었던 것으로 본다(같은 조 제5항). 특허출원인은 제47조 제1항에 따라 보정을 할 수 있는 기간에 최종 국어번역문의 잘못된 번역을 산업통상자원부령으로 정하는 방법에 따라 정정할 수 있다. 이 경우 정정된 국어번역문에 관하여는 위 제5항을 적용하지 아니한다(같은 조 제6항). 위와 같은 정정에 따라 제47조 제1항 제1호 또는 제2호에 따른 기간에 정정을 하는 경우에는 마지막 정정 전에 한 모든 정정은 처음부터 없었던 것으로 본다(같은 조 제7항).

특허에 관한 절차를 밟는 자는 특허청장 또는 특허심판원장에게 제출하는 특허출원서, 기타 서류를 산업통상자원부령으로 정하는 방식에 따라 전자문서화하고,[4] 이를 정보통신망을 이용하여 제출하거나[5] 플로피디스크 또는 광디스크 등 전자적 기록매체에 수록하여 제출할 수 있고 이와 같이 제출된 전자문서는 특허법에 따라 제출된 서류와 같은 효력을 가진다(제28조의3 제1항, 제2항). 이에 따라 정보통신망을 이용하여 제출된 전자문서는 그 문서의 제출인이 정보통신망을 통하여 접수번호를 확인할 수 있는 때에 특허청 또는 특허심판원에서 사용하는 접수용 전산정보처리조직의 파일에 기록된 내용으로 접수된 것으로 본다(제28조의3 제3항).

전자문서로 특허에 관한 절차를 밟으려는 자는 미리 특허청장 또는 특허심판원장에게 전자문서 이용신고를 하여야 하며, 특허청장 또는 특허심판원장에게 제출하는 전자문서에 제출인을 알아볼 수 있도록 전자서명을 하여야 하고(제28조의4 제1항), 제28조의3에 따라 제출된 전자문서는 제1항에 따른 전자서명을 한 자가 제출한 것으로 본다(제28조의4 제2항). 전자문서 이용신고 절차, 전자서명 방법 등에 관하여 필요한 사항은 산업통상자원부령으로 정한다(제28조의4 제2항, 법 시행규칙 제9조의3).

---

4) 법 시행규칙 제9조의2 이하 참조.

5) 특허에 관한 절차를 밟는 자로서 전자문서로 서류를 제출하는 자는 첨부서류를 전자적 이미지로 작성하여 제출할 수 있다(법 시행규칙 제3조의2 제1항).

이에 대응하여 특허청장 · 특허심판원장 · 심판장 · 심판관 또는 심사관은 제28조의4 제1항에 따라 전자문서 이용신고를 한 자에게 서류의 통지 및 송달(이하 통지 등이라 한다)을 하려는 경우에는 정보통신망을 이용하여 통지 등을 할 수 있고, 이에 따라 정보통신망을 이용하여 한 서류의 통지 등은 서면으로 한 것과 같은 효력을 가진다(제28조의5 제1항, 제2항). 위 제1항에 따른 서류의 통지 등은 그 통지 등을 받을 자가 자신이 사용하는 전산정보처리조직을 통하여 그 서류를 확인한 때에 특허청 또는 특허심판원에서 사용하는 발송용 전산정보처리조직의 파일에 기록된 내용으로 도달한 것으로 본다(제28조의5 제3항).

특허청장 또는 특허심판원장은 법 제42조 · 제90조 · 제92조의3 · 제132조의4 · 제140조 또는 제140조의2에 따른 특허출원, 특허권의 존속기간의 연장등록출원, 특허취소신청 또는 심판에 관한 서류 · 견본이나 그 밖의 물건이 법 시행규칙 제11조 제1항 제1호부터 제21호까지의 어느 하나에 해당하는 경우에는 법령에 특별한 규정이 있는 경우를 제외하고는 적법한 서류 · 견본이나 그 밖의 물건으로 보지 아니한다(법 시행규칙 제11조).

특허출원은 하나의 발명마다 하나의 특허출원으로 하되 하나의 총괄적 발명의 개념을 형성하는 일 군의 발명에 대하여 하나의 특허출원으로 할 수 있다(제45조 제1항).[6)]

이때 총괄적 발명의 개념을 형성하는 일 군의 발명은 청구된 발명 간에 기술적 상호관련성이 있고, 청구된 발명들이 동일하거나 상응하는 기술적 특징을 가지고 있으며 이 경우 기술적 특징은 발명 전체로 보아 선행기술에 비하여 개선된 것이어야 한다는 요건을 충족하여야 한다(제45조 제2항, 법 시행령 제6조).

출원서류가 수리되면 특허출원번호가 부여되고 그 출원번호는 특허출원인에게 통지된다. 출원일은 특허요건의 판단 기준, 선출원 지위의 기준, 심사청구기간의 기산일, 출원공개기간의 기산일 및 특허권의 존속기간의 기산일의 판단 기준일이 된다.

특허청장 또는 특허심판원장은 특허에 관한 절차가 제3조 제1항 또는 제6조를 위반한 경우(제1호), 특허법 또는 특허법에 따른 명령으로 정하는 방식을 위반한 경우(제2호), 제82조에 따라 내야 할 수수료를 내지 아니한 경우(제3호)의 어느 하나에 해당하는 경우에는 기간을 정하여 보정을 명하여야 한다. 이 경우 보정명령을 받은 자는 그 기간에 그 보정명령에 대한 의견서를 특허청장 또는 특허심판원장에게 제출할 수 있다(제46조).

제46조는 보정명령을 받은 자는 그 기간에 그 보정명령에 대한 의견서를 특허청장

6) 이에 대한 상세한 내용은 특허 · 실용신안 심사기준 제2부 제5장 3.~5. 참조.

등에게 제출할 수 있다고 규정하면서, 보정명령에 대한 의견서나 그 제출에 관하여는 특정한 방식을 요구하지 않고 있다.

한편 법 시행규칙 제13조 제1호는 제46조에 따라 보정을 하려는 자는 법 시행규칙 별지 제9호 서식의 보정서에 보정 내용을 증명하는 서류를 첨부하여 특허청장 등에게 제출하도록 규정하고 있으나, 이는 행정청의 편의를 위한 규정으로 보정 내용을 증명하는 서류의 제출은 엄격한 형식을 요하지 아니하는 서면행위라고 해석되고, 이러한 경우 행정청으로서는 그 서면을 가능한 한 제출자의 이익이 되도록 처리할 필요가 있다. 따라서 제46조에 따른 특허청장 등의 보정명령을 받은 사람으로부터 특허청장 등에게 보정 내용을 증명하는 서류가 제출되었을 때에는 그 표제 등의 여하를 불문하고 이를 위 보정명령에 대한 의견서 제출로 보아야 한다.[7]

이와 같이 특허청은 특허출원서류가 법령에 정한 방식에 따라 기재되어 있는지를 심사하여 절차상 불비가 있는 경우에는 보정을 명하여야 하고 출원인도 자발적으로 특허청구범위 등의 명세서 및 도면 등의 기재내용에 대하여 보충이나 정정을 할 수 있다.

심사관이 특허결정의 등본을 송달(발송)하기 전까지 출원인은 특허출원에 첨부한 명세서 또는 도면을 보정할 수 있으나, 제63조 제1항에 따른 거절이유통지를 받은 후의 명세서 및 도면에 대한 보정은 그 범위 및 시기에 제47조의 제한이 있다.

제47조 제1항에 따른 명세서 또는 도면의 보정은 특허출원서에 최초로 첨부한 명세서 또는 도면에 기재된 사항의 범위에서 하여야 한다. 이 경우, 외국어특허출원에 대한 보정은 최종 국어번역문(제42조의3 제6항 전단에 따른 정정이 있는 경우에는 정정된 국어번역문을 말한다) 또는 특허출원서에 최초로 첨부한 도면(도면 중 설명부분은 제외한다)에 기재된 사항의 범위에서도 하여야 한다(제47조 제2항).

제47조 제1항 제2호 및 제3호에 따른 보정 중 청구범위에 대한 보정은 i) 청구항을 한정 또는 삭제하거나 청구항에 부가하여 청구범위를 감축하는 경우(제1호), ii) 잘못 기재된 사항을 정정하는 경우(제2호), iii) 분명하지 아니하게 기재된 사항을 명확하게 하는 경우(제3호), iv) 제2항에 따른 범위를 벗어난 보정에 대하여 그 보정 전 청구범위로 되돌아가거나 되돌아가면서 청구범위를 제1호부터 제3호까지의 규정에 따라 보정하는 경우의 어느 하나에 해당하는 경우(제4호)에만 할 수 있다(제47조 제3항).

제47조 제1항 제1호 또는 제2호에 따른 기간에 보정을 하는 경우에는 각각의 보정절차에서 마지막 보정 전에 한 모든 보정은 취하된 것으로 본다(제47조 제4항). 외국어특허출원인 경우에는 제1항 본문에도 불구하고 제42조의3 제2항에 따라 국어번역문

7) 대법원 1995. 11. 7. 선고 94누10061 판결, 대법원 2000. 6. 9. 선고 98두2621 판결, 대법원 2023. 7. 13. 선고 2021두63099(특허출원 무효처분 취소) 등 참조.

을 제출한 경우에만 명세서 또는 도면을 보정할 수 있다(제47조 제5항).

심사관은 제47조 제1항 제2호 및 제3호에 따른 보정이 같은 조 제2항 또는 제3항을 위반하거나 그 보정(같은 조 제3항 제1호 및 제4호에 따른 보정 중 청구항을 삭제하는 보정은 제외한다)에 따라 새로운 거절이유가 발생한 것으로 인정하면 결정으로 그 보정을 각하하여야 한다. 다만, i) 제66조의2에 따른 직권보정을 하는 경우: 그 직권보정 전에 한 보정, ii) 제66조의3에 따른 직권 재심사를 하는 경우: 취소된 특허결정 전에 한 보정, iii) 제67조의2에 따른 재심사의 청구가 있는 경우 그 청구 전에 한 보정의 어느 하나에 해당하는 보정인 경우에는 그러하지 아니하다(제51조 제1항). 위 각하결정은 이유를 붙인 서면으로 하여야 한다(제51조 제2항).

위 각하결정에 대해서는 불복할 수 없으나, 제132조의17에 따른 특허거절결정에 대한 심판에서 그 각하결정(제67조의2에 따른 재심사의 청구가 있는 경우 그 청구 전에 한 각하결정은 제외한다)에 대하여 다투는 경우에는 그러하지 아니하다(제51조 제3항).

특허청장은 법이 규정한 소정의 사유[8] 구분에 따른 날부터 1년 6개월이 지난 후 또는 그 전이라도 특허출원인이 신청한 경우에는 산업통상자원부령(법 시행규칙 제44조)으로 정하는 바에 따라 그 특허출원에 관하여 특허공보에 게재하여 출원공개를 하여야 한다(제64조 제1항). 위 제1항에도 불구하고 소정의 사유[9]의 어느 하나에 해당하는 경우에는 출원공개를 하지 아니한다(제64조 제2항).

제41조 제1항에 따라 비밀취급된 특허출원의 발명에 대해서는 그 발명의 비밀취급이 해제될 때까지 그 특허출원의 출원공개를 보류하여야 하며, 그 발명의 비밀취급이 해제된 경우에는 지체 없이 제1항에 따라 출원공개를 하여야 한다. 다만, 그 특허출원이 설정등록된 경우에는 출원공개를 하지 아니한다(제64조 제3항).

특허출원공개에 관하여 출원인의 성명·주소 및 출원번호 등 특허공보에 게재할 사항은 대통령령으로 정하도록 되어 있는데(제64조 제4항), 이에 대해서는 법 시행령 제19조 제3항에서 공개특허공보에 게재할 사항을 정하고 있다.

---

8) "1. 제54조 제1항에 따른 우선권 주장을 수반하는 특허출원의 경우: 그 우선권 주장의 기초가 된 출원일, 2. 제55조 제 1항에 따른 우선권 주장을 수반하는 특허출원의 경우: 선출원의 출원일, 3. 제54조 제1항 또는 제55조 제1항에 따른 둘 이상의 우선권 주장을 수반하는 특허출원의 경우: 해당 우선권 주장의 기초가 된 출원일 중 최우선일, 4. 제1호부터 제3호까지의 어느 하나에 해당하지 아니하는 특허출원의 경우: 그 특허출원일"

9) "1. 명세서에 청구범위를 적지 아니한 경우, 2. 제42조의3 제2항에 따른 국어번역문을 제출하지 아니한 경우(외국어특허출원의 경우로 한정한다), 3. 제87조 제3항에 따라 등록공고를 한 특허의 경우"

II. 특허출원서의 제출(효력) · 방식심사 · 특허분류부여

1 특허출원서의 제출

특허출원 절차는 특허출원서의 제출로 시작된다. 특허출원서는 특허를 받을 수 있는 권리를 가진 자가 특허청장에게 법령에서 정한 서류를 제출함으로써 특허를 부여해 달라는 의사표시가 담긴 문서(또는 전자문서)이다.

특허를 받으려는 자는 특허출원인의 성명 및 주소(법인인 경우에는 그 명칭 및 영업소의 소재지), 특허출원인의 대리인이 있는 경우에는 그 대리인의 성명 및 주소나 영업소의 소재지[대리인이 특허법인 · 특허법인(유한)인 경우에는 그 명칭, 사무소의 소재지 및 지정된 변리사의 성명], 발명의 명칭, 발명자의 성명 및 주소를 기재한 특허출원서를 특허청장에게 제출하고 특허출원서에 발명의 설명 · 청구범위를 적은 명세서와 필요한 도면 및 요약서를 첨부한다(제42조 제1항, 제2항).

특허에 관한 절차를 밟는 자 중 산업통상자원부령으로 정하는 자[10]는 특허청장 또는 특허심판원장에게 자신의 고유번호(특허고객번호를 말한다)의 부여를 신청하여야 한다(제28조의2 제1항, 법 시행규칙 제9조 제2항 이하 참조). 특허청장 또는 특허심판원장은 제1항에 따른 신청을 받으면 신청인에게 고유번호를 부여하고, 그 사실을 알려야 한다(제28조의2 제2항). 특허청장 또는 특허심판원장은 특허에 관한 절차를 밟는 자가 위 제1항에 따라 고유번호를 신청하지 아니하면 그에게 직권으로 고유번호를 부여하고, 그 사실을 알려야 한다(제28조의2 제3항). 위 제2항 또는 제3항에 따라 고유번호를 부여받은 자가 특허에 관한 절차를 밟는 경우에는 산업통상자원부령(법 시행규칙 제2조)으로 정하는 서류에 자신의 고유번호를 적어야 한다. 이 경우 특허법 또는 특허법에 따른 명령에도 불구하고 그 서류에 주소(법인인 경우에는 영업소의 소재지를 말한다)를 적지 아니할 수 있다(제28조의2 제4항). 특허에 관한 절차를 밟는 자의 대리인에 관하여는 위 제1항부터 제4항까지의 규정을 준용한다(제28조의2 제5항). 이에 관한 고유번호의 부여 신청, 고유번호의 부여 및 통지, 그 밖에 고유번호에 관하여 필요한 사항은 산업통상자원부령으로 정한다(제28조의2 제6항, 법 시행규칙 제9조 참조).

법령에 따라 특허에 관한 절차를 밟기 위하여 특허청 또는 특허심판원에 제출하는

---

10) 출원인, 특허를 받을 수 있는 권리의 승계인, 심사청구인, 정정청구인, 우선심사신청인, 특허출원에 대한 정보제공인, 재심사청구인, 심판청구인 · 심판피청구인 및 심판참가인, 특허취소신청인 · 특허취소신청참가인, 특허권자, 전용실시권자 또는 통상실시권자, 질권자이다(법 시행규칙 제9조 제1항).

서류는 법령에 특별한 규정이 있는 경우를 제외하고는 1건마다 작성하여야 하고, 제출인의 성명(법인의 경우에는 명칭) 및 제28조의2에 따른 고유번호(이하 특허고객번호라 한다)를 기재하고 서명 또는 날인(전자문서의 경우에는 전자서명법 제2조 제2호에 따른 전자서명을 말한다)해야 한다. 다만, 특허고객번호가 없는 경우에는 제출인의 성명 및 주소(법인인 경우에는 그 명칭 및 영업소의 소재지)를 기재하고 서명 또는 날인해야 한다(법 시행규칙 제2조).

특허에 관한 절차를 밟는 자는 특허청장 또는 특허심판원장에게 제출하는 특허출원서, 기타 서류를 산업통상자원부령(법 시행규칙 제9조의4)으로 정하는 방식에 따라 전자문서화하고 이를 정보통신망을 이용하여 제출하거나 플로피디스크 또는 광디스크 등 전자적 기록매체에 수록하여 제출할 수 있고 이와 같이 제출된 전자문서는 특허법에 따라 제출된 서류와 같은 효력을 가진다(제28조의3 제1항, 제2항).

이에 따라 정보통신망을 이용하여 제출된 전자문서는 그 문서의 제출인이 정보통신망을 통하여 접수번호를 확인할 수 있는 때에 특허청 또는 특허심판원에서 사용하는 접수용 전산정보처리조직의 파일에 기록된 내용으로 접수된 것으로 본다(제28조의3 제3항). 전자문서로 제출할 수 있는 서류의 종류 · 제출방법, 그 밖에 전자문서에 의한 서류의 제출에 필요한 사항은 산업통상자원부령으로 정한다(제28조의3 제4항).[11]

전자문서로 특허에 관한 절차를 밟으려는 자는 미리 특허청장 또는 특허심판원장에게 전자문서 이용신고를 하여야 하며, 특허청장 또는 특허심판원장에게 제출하는 전자문서에 제출인을 알아볼 수 있도록 전자서명을 하여야 한다(제28조의4 제1항).

제28조의3에 따라 제출된 전자문서는 위 제1항에 따른 전자서명을 한 자가 제출한 것으로 본다(제28조의4 제2항). 위 제1항에 따른 전자문서 이용신고 절차, 전자서명 방법 등에 관하여 필요한 사항은 산업통상자원부령으로 정한다(제28조의4 제3항, 법 시행규칙 제9조의3부터 제9조의8까지 참조).

특허청장 · 특허심판원장 · 심판장 · 심판관 또는 심사관은 제28조의4 제1항에 따라 전자문서 이용신고를 한 자에게 서류의 통지 및 송달(이하 통지 등이라 한다)을 하려는

---

11) 법 시행규칙 제3조의2 제1항은 특허에 관한 절차를 밟는 자로서 전자문서로 서류를 제출하는 자는 첨부서류를 전자적 이미지로 작성하여 제출할 수 있다고 규정하고 법 시행규칙 제9조의2는 특허법 제28조의3 제4항에 따라 특허청장 또는 특허심판원장에게 전자문서로 제출할 수 없는 서류는 전자문서 첨부서류 등 물건제출서, 정정발급신청서, 특허협력조약 제2조(vii)에 따른 국제출원의 사용어가 일본어인 국제출원 관련서류(서류원본을 포함하여 제출하는 별지 제35호 서식 및 별지 제51호 서식을 포함한다), 특허법 제214조 제1항에 따른 결정신청서와 법 시행령 제11조에 따른 분류기준에 해당하는 국방관련 특허출원(다만, 법 시행령 제12조 제4항에 따라 보안유지요청의 해제통지를 받거나 법 시행령 제13조에 따라 비밀에서의 해제통지를 받은 경우에는 제외)이고, 그 외에는 전자문서로 제출할 수 있다고 규정한다.

경우에는 정보통신망을 이용하여 통지 등을 할 수 있고, 이에 따라 정보통신망을 이용하여 한 서류의 통지 등은 서면으로 한 것과 같은 효력을 가진다(제28조의5 제1항, 제2항). 이에 따른 서류의 통지 등은 그 통지 등을 받을 자가 자신이 사용하는 전산정보처리조직을 통하여 그 서류를 확인한 때에 특허청 또는 특허심판원에서 사용하는 발송용 전산정보처리조직의 파일에 기록된 내용으로 도달한 것으로 본다(제28조의5 제3항).

2 특허출원서의 제출 효과

가. 방식심사

출원서류가 접수되면 제일 먼저 방식심사가 이루어진다. 방식심사는 특허청장의 명의로 방식심사 담당부서(출원과, 국제출원과 등)가 하는 것을 원칙으로 하되 방식심사에 따른 흠결 사항이 실체심사와 밀접한 관련이 있어 서류를 접수한 부서에서 처리하기에 부적절한 경우(공지예외 주장 관련 등)에는 심사관이 방식심사를 한다.

방식심사는 출원절차에 관한 서류가 특허법령이 정한 방식에 따라 적법하게 작성되었는지 여부인 형식적 요건을 심사한다.

그중 법 시행규칙 제11조 제1항 각 호에 따른 방식위반 사유(이를 반려사유라 부른다)는 법령에서 정한 특허 여부를 결정하기 위한 요건을 갖추지 못하여 그 법적 효과를 인정할 수 없는 흠이 있거나 보정으로도 그 흠을 보완할 수 없는 사항 등에 해당하여 특허청장은 소정의 절차에 따라 출원인에게 출원서류를 반려한다(법 시행규칙 제11조 제2항 내지 제4항).

특허청장이 법 시행규칙 제11조 제1항 각 호에 따른 방식위반을 이유로 출원서류를 반려하는 행위의 법적성질은 불수리처분(불복은 일반 행정심판 또는 행정소송으로 한다)이고 이때에는 출원 자체가 없었던 것으로 된다.

따라서 불수리처분 된 출원은 선출원의 지위를 가질 수 없고 조약에 의한 우선권의 기초가 될 수 없다.

또한 특허청장은 출원서류를 방식심사한 결과 절차상의 하자가 있는 경우에는 출원인에게 그 흠을 보완할 수 있도록 기간을 정하여 절차의 보정을 명할 수 있다.

즉 특허청은 출원인, 신청인 또는 청구인 등이 행한 특허에 관한 절차에 대하여 미성년자 등의 행위능력 또는 대리권의 범위에 흠이 있는지(제1호), 특허법 또는 특허법에 의한 명령이 정하는 방식에 적합한지(제2호), 제82조에 따라 내야 할 수수료를 내었는지(제3호)를 심사하여 흠이 있는 경우에 보정을 명한다(제46조).

지정된 기간 내에 보정서를 제출하여 절차상의 흠을 보완한 경우에는 최초 출원서류를 제출한 날로 소급하여 출원서류가 제출된 것으로 본다.

이러한 출원절차의 보정에 따른 지정된 기간에 보정하지 아니한 경우에 특허청장은 특허에 관한 절차를 무효로 할 수 있되 보정명령을 받은 자의 청구에 따라 지정된 기간을 지키지 못한 것이 보정명령을 받은 자가 정당한 사유에 의한 것으로 인정될 때에는 그 무효처분을 취소할 수 있다(제16조).

나. 특허분류의 부여

방식심사가 끝나면 출원발명에 대한 특허분류 부여작업이 진행된다. 특허청장은 출원인이 특허출원할 때 필요하거나 특허출원을 심사(국제출원에 대한 국제조사 및 국제예비심사를 포함한다)할 때에 필요하다고 인정하면 전문기관에 미생물의 기탁 · 분양, 선행기술의 조사, 특허분류의 부여, 그 밖에 대통령령으로 정하는 업무를 의뢰할 수 있고(제58조 제1항, 법 시행령 제8조의3), 이에 따라 특허청장이 의뢰하는 업무를 수행하려는 자는 특허청장에게 전문기관의 등록을 하여야 한다(제58조 제2항).[12)]

특허청장은 위 업무를 효과적으로 수행하기 위하여 필요하다고 인정하는 경우에는 대통령령으로 정하는 전담기관으로 하여금 전문기관 업무에 대한 관리 및 평가에 관한 업무를 대행하게 할 수 있다(제58조 제3항). 제58조 제3항에서 “대통령령으로 정하는 전담기관”이란 같은 조 제2항에 따른 전문기관 업무에 대한 관리 및 평가 업무의 수행에 필요한 전문인력 · 전담조직 및 보안체계를 갖추었다고 특허청장이 인정하는 기관 또는 단체를 말한다(법 시행령 제8조의5).

특허출원의 심사에 필요하다고 인정하는 경우에는 관계 행정기관, 해당 기술분야의 전문기관 또는 특허에 관한 지식과 경험이 풍부한 사람에게 협조를 요청하거나 의견을 들을 수 있다. 이 경우 특허청장은 예산의 범위에서 수당 또는 비용을 지급할 수 있다(제58조 제4항). 제58조 제2항에 따른 전문기관의 등록기준, 선행기술의 조사 또는 특허분류의 부여 등의 의뢰에 필요한 사항은 대통령령으로 정한다(제58조 제5항).

이에 관한 하위 법령으로 법 시행령 제8조의2 등과 「선행기술조사 전문기관 지정 및 운영과 선행기술조사 사업 관리 등에 관한 고시」(특허청 고시 제2017-10호)가 있다.

---

12) 선행기술의 조사 또는 특허분류의 부여에 관한 전문기관으로 등록하려는 자는 별지 제60호 서식의 조사 · 분류 전문기관 등록(변경등록) 신청서에 소정의 서류를 첨부하고, 미생물 기탁 및 분양에 관한 전문기관으로 등록하려는 자는 별지 제61호 서식의 미생물 기탁 및 분양에 관한 전문기관 등록(변경등록) 신청서에 소정의 서류를 첨부하여 특허청장에게 제출하여야 하고(법 시행규칙 제62조의2 제1항, 제2항), 신청을 받은 특허청장은 전자정부법 제36조 제1항에 따른 행정정보의 공동이용을 통하여 법인 등기사항증명서(법인인 경우만 해당한다)를 확인하여야 한다(법 시행규칙 제62조의2 제3항).

특허청장은 제58조 제2항에 따른 전문기관이 거짓이나 그 밖의 부정한 방법으로 등록을 한 경우(제1호)에는 전문기관의 등록을 취소하여야 하며, 제58조 제5항에 따른 등록기준에 맞지 아니하게 된 경우(제2호) 또는 전문기관의 임직원이 특허출원 중인 발명(국제출원 중인 발명을 포함한다)에 관하여 직무상 알게 된 비밀을 누설하거나 도용한 경우(제3호)에는 그 등록을 취소하거나 6개월 이내의 기간을 정하여 업무의 전부 또는 일부의 정지를 명할 수 있다(제58조의2 제1항).

특허청장은 위 제1항에 따라 전문기관의 등록을 취소하거나 업무정지를 명하려면 청문을 하여야 한다(제58조의2 제2항). 제58조의2 제1항에 따른 처분의 세부 기준과 절차 등에 관하여 필요한 사항은 산업통상자원부령[13)]으로 정한다(제58조의2 제3항).

다. 출원서류 수리의 효과

출원서류가 법 시행규칙 제11조 제1항 각 호에 해당하여 반려되는 등의 특별한 사정이 없고 수리되었다면 출원일은 출원서류가 특허청장에 도달한 날, 즉 일반 문서인 경우에 특허청장에게 도달한 날이거나(제28조 제1항) 우편물의 통신일부인으로 표시된 날이 분명한 경우에는 표시된 날, 우편물의 통신일부인으로 표시된 날이 분명하지 아니한 경우에는 우체국에 제출한 날을 우편물 수령증에 의하여 증명한 날(제28조 제2항), 전자문서인 경우 정보통신망을 통해 제출한 날(제28조의3 참조)로 확정되고[14)] 특허출원번호가 부여되며 그 출원번호는 출원인에게 통지된다.

특허출원일은 제29조의 신규성, 진보성 등의 특허요건 판단 기준, 제36조의 선출원 지위의 기준일, 제59조의 심사청구기간(3년)의 기산일, 제64조의 출원공개기간(1년 6월)의 기산일 및 제88조의 특허권의 존속기간(설정등록한 날부터 발생하여 특허출원일 후 20년이 되는 날까지)의 기산일에 대한 판단 기준이 된다.

---

13) 법 시행규칙 제36조의3에서 전문기관의 등록취소 및 업무정지의 기준을 별표로 규정하여 놓고 있다.

14) 그 외에 우편물의 지연, 우편물의 망실(亡失) 및 우편업무의 중단으로 인한 서류제출에 필요한 사항은 산업통상자원부령으로 정하는데(제28조 제3항), 이에 대하여는 법 시행규칙 제86조부터 제89조까지에서 국제출원 서류에 관하여 우편의 지연, 우편물의 망실, 기간 미준수 구제 등에 대해 규정하고 있다.

III. 출원공개 · 심사청구 · 우선심사청구

1 출원공개

가. 의의 · 규정 취지

제64조는 특허청장은 제64조 제1항 각 호의 구분에 따른 날부터 1년 6개월이 지난 후 또는 그 전이라도 특허출원인이 신청한 경우에는 산업통상자원부령(법 시행규칙 제44조)으로 정하는 바에 따라 그 특허출원에 관하여 특허공보에 게재하여 출원 내용을 공개하도록 하였다. 이와 같이 특허출원에 관하여 특허공보에 게재하여 출원 내용을 공개하는 것을 출원공개라고 한다.

결국 출원인의 신청이 없는 한 특허출원일로부터 일정한 날로부터 1년 6개월의 기간이 지나면 특허출원의 심사 유무에 관계없이 출원 내용을 공개하도록 하여 같은 기술에 대한 중복연구와 이중투자를 막고 기술수준의 향상에 이바지하기 위해 출원공개 제도를 채택하고 있다.

나. 출원공개 내용(시기 · 대상)

1) 출원공개 시기

특허청장은 출원일부터 1년 6개월이 지난 후 또는 그 전이라도 특허출원인이 신청한 경우에는 산업통상자원부령으로 정하는 바에 따라 그 특허출원에 관하여 특허공보에 게재하여 출원공개를 하여야 한다(제64조 제1항 각 호 외의 부분, 법 시행규칙 제44조).

여기서 '출원일'은 통상의 특허출원일로서 출원 후 분할출원, 분리출원이나 변경출원이 되더라도 원 출원일이 기준이 된다. 다만 i) 제54조 제1항의 규정에 의한 우선권 주장(조약우선권 주장)을 수반하는 특허출원에서는 그 우선권 주장의 기초가 된 출원일(제1호), ii) 제55조 제1항의 규정에 의한 우선권 주장(국내우선권 주장)을 수반하는 특허출원에서는 선출원의 출원일(제2호), iii) 제54조 제1항 또는 제55조 제1항의 규정에 의한 둘 이상의 우선권 주장을 수반하는 특허출원에서는 해당 우선권 주장의 기초가 된 출원일 중 최우선일(제3호), iv) 제1호부터 제3호까지의 어느 하나에 해당하지 아니하는 특허출원의 경우: 그 특허출원일(제4호)을 말한다(제64조 제1항).

특허출원일부터 1년 6개월이 경과하기 전에 특허출원의 공개를 신청하려는 자는 조기공개신청서를 특허청장에게 제출하여야 한다. 다만, 특허출원과 동시에 공개를 신청하려는 경우(청구범위가 기재된 명세서가 첨부된 경우만 해당한다)에는 출원서에 그 취지를 기재함으로써 신청서의 제출을 갈음할 수 있다(법 시행규칙 제44조 제1항). 외국어특허출원 또는 국제특허출원의 경우에는 제42조의3 제2항 또는 제201조 제1항에 따라 국어번역문을 제출한 후가 아니면 조기공개의 신청을 할 수 없다(법 시행규칙 제44조 제2항). 특허에 관한 절차를 밟는 자가 법 시행규칙 제44조 제1항의 규정에 의한 조기공개의 신청을 취하하고자 하는 경우에는 조기공개신청서를 제출한 날부터 10일 이내에 별지 제12호 서식의 취하서를 제출하여야 한다(법 시행규칙 제44조 제3항). 대리인이 법 시행규칙 제44조 제1항 내지 제3항의 규정에 의한 절차를 밟고자 하는 경우에는 그 대리권을 증명하는 서류를 첨부하여야 한다(법 시행규칙 제44조 제4항).

공동출원의 경우라도 출원공개 신청은 대표자를 선정하여 특허청에 신고하는 등의 특별한 사정이 없는 한 각자가 전원을 대표하여 할 수 있다(제11조 참조).

2) 출원공개 대상

출원공개의 대상은 출원일로부터 1년 6개월이 지난 시점을 기준으로 특허청에 계속 중인 특허출원이다.

한편 특허출원서류 중 i) 명세서에 청구범위를 적지 아니한 경우(제1호), ii) 외국어특허출원에 관한 규정(제42조의3 제2항)에 따른 국어번역문을 제출하지 아니한 경우(외국어특허출원의 경우로 한정한다)(제2호), iii) 특허권 설정등록에 따른 등록공고(제87조 제3항)를 한 특허의 경우 중 어느 하나에 해당하는 경우(제3호)에는 출원공개를 하지 아니한다(제64조 제2항).

국방상 필요한 발명 등에 관한 규정(제41조 제1항)에 따라 비밀취급된 특허출원의 발명에 대해서는 그 발명의 비밀취급이 해제될 때까지 그 특허출원의 출원공개를 보류하여야 하고, 그 발명의 비밀취급이 해제된 경우에는 지체 없이 제64조 제1항에 따라 출원공개를 하여야 한다. 다만, 그 특허출원이 설정등록된 경우에는 출원공개를 하지 아니한다(제64조 제3항).

출원공개에 관하여 출원인의 성명·주소 및 출원번호 등 특허공보에 게재할 사항은 법 시행령 제19조 제3항에서 규정한다(제64조 제4항).

다. 출원공개 효과

출원이 공개되면 특허출원에 관한 증명, 서류의 등본 또는 초본의 발급, 특허원부 및 서류의 열람 또는 복사가 필요한 자는 특허청장에게 서류의 열람 등의 허가를 신청할 수 있고(제216조 제1항), 특허청장은 위 신청이 있더라도 i) 출원공개 또는 설정등록되지 아니한 특허출원(제55조 제1항에 따른 우선권 주장을 수반하는 특허출원이 출원공개 또는 설정등록된 경우에는 그 선출원은 제외한다)에 관한 서류(제1호), 출원공개 또는 설정등록되지 아니한 특허출원의 제132조의17에 따른 특허거절결정에 대한 심판에 관한 서류(제2호), 공공의 질서 또는 선량한 풍속에 어긋나거나 공중의 위생을 해칠 우려가 있는 서류(제3호)의 어느 하나에 해당하는 서류를 비밀로 유지할 필요가 있다고 인정하는 경우에는 그 서류의 열람 또는 복사를 허가하지 아니할 수 있다(제216조 제2항).

출원공개로써 특허출원에 관하여 누구든지 그 특허출원이 거절이유에 해당하여 특허될 수 없다는 취지의 정보를 증거와 함께 특허청장에게 제공할 수 있게 되므로(다만 제42조 제3항 제2호, 같은 조 제8항 및 제45조에 따른 요건을 갖추지 아니한 경우에는 그러하지 아니하다. 제63조의2), 일반 공중이 심사에 참고할 의견이나 자료를 특허청에 제공할 수 있어 특허청으로서도 더욱 충실한 심사를 할 수 있게 된다.

출원이 공개되고 소정의 요건을 갖춘 출원발명에 대하여는 확대된 선출원의 지위를 취득하고(제29조 제3항), 출원공개 후 특허출원인이 아닌 자가 업(業)으로서 특허출원된 발명을 실시하고 있다고 인정되는 경우, 긴급하게 처리할 필요가 있는 경우, 재난의 예방 · 대응 · 복구 등에 필요하다고 인정되는 경우에는 특허청장은 해당 특허출원에 대해서 심사관에게 다른 특허출원에 우선하여 심사하게 할 수 있다(제61조 제1호 내지 제3호, 법 시행령 제9조 참조).

출원이 공개되었더라도 아직 특허결정을 받지 않은 상태라 특허권과 동일한 대우를 해 줄 수 없다. 따라서 공개된 출원내용을 알게 된 일반 공중에 의해 모방제품이 출시되더라도 출원인이 그 모방제품 출시자를 상대로 금지청구를 할 수 없지만, 개량된 기술을 출원하여 공개한 출원인에게 무작정 손해를 감수하도록 내버려 두는 것은 너무 불합리하다. 이에 특허법은 출원공개 후 타인이 무단으로 출원발명을 실시하였을 때 일정한 요건 아래 출원인에게 보상금청구권이라는 특별한 권리를 인정하고 있다.

특허출원인은 출원공개가 있은 후 그 특허출원된 발명을 업으로서 실시한 자에게 특허출원된 발명임을 서면으로 경고할 수 있고(제65조 제1항), 이러한 경고를 받거나 출원공개된 발명임을 알고 그 특허출원된 발명을 업으로 실시한 자에게 그 경고를 받거나 출원공개된 발명임을 알았을 때부터 특허권의 설정등록을 할 때까지의 기간 동안 그 특허발명의 실시에 대하여 합리적으로 받을 수 있는 금액에 상당하는 보상금의 지급을 청구할 수 있다(제65조 제2항).

2019. 1. 8. 법률 제16208호로 개정된 특허법에서 종전의 '통상적으로 받을 수 있는 금액'이 '합리적으로 받을 수 있는 금액'으로 변경되었다.

종전의 '통상적으로 받을 수 있는 금액'이란 통상의 실시료 상당액을 의미하는 것으로 해석되었는데 이는 시장의 기준보다 낮게 산정되어 적정한 보상금 산정이 되지 않는다는 지적이 있어 이를 합리적으로 받을 수 있는 금액으로 기준을 변경하여 보상금을 시장의 현실에 부합하게 산정할 수 있도록 한 것이다.

제65조 제2항에 따른 청구권은 해당 특허출원에 대한 특허권이 설정등록된 후에만 행사할 수 있다(제65조 제3항). 이 경우에 제127조(침해로 보는 행위) · 제129조(생산방법의 추정) · 제132조(자료의 제출) 및 민법 제760조(공동불법행위자의 책임) · 제766조(손해배상청구권의 소멸시효)를 준용하고 이 경우 민법 제766조 제1항 중 “피해자나 그 법정대리인이 그 손해 및 가해자를 안 날”은 “해당 특허권의 설정등록일”로 본다(제65조 제5항). 따라서 보상금청구권은 해당 특허권의 설정등록일부터 3년간 행사하지 아니하거나 타인이 실시한 날부터 10년간 이를 행사하지 아니하면 시효로 인하여 소멸한다(제65조 제5항, 민법 제766조 제1항, 제2항). 위 청구권의 행사는 특허권의 행사에 영향을 미치지 아니하므로(제65조 제4항). 설령 보상금이 지급되더라도 특허발명을 침해한 물건을 계속 실시하면 특허권 침해행위로 된다.

특허출원인의 경고 후에 보정이 이루어진 경우에는 그 보정이 출원서에 최초로 첨부한 명세서 또는 도면에 기재한 사항의 범위 내이고 보정 전의 특허청구의 범위를 감축하는 것이어서 제3자가 실시하고 있는 물품이 보정의 전후를 통하여 특허발명의 보호범위에 속하는지 여부의 기준에 따라 달라진다. 특허출원된 발명을 실시하였는지 여부는 설정등록시점을 기준으로 해당 발명의 청구범위에 적힌 기술적 사항을 실시하고 있는지를 판단한다. 해당 출원이 특허등록되더라도 그것에 대항할 수 있는 지위를 가지는 자(예를 들면 직무발명의 경우 사용자, 선사용자 등)에 대해서는 보상금을 청구할 수 없다.

출원공개 후 i) 특허출원이 포기 · 무효 또는 취하된 경우(제1호), ii) 특허출원에 대하여 제62조에 따른 특허거절결정이 확정된 경우(제2호), iii) 제132조의13 제1항에 따른 특허취소결정이 확정된 경우(제3호), iv) 제133조에 따른 특허를 무효로 한다는 심결(같은 조 제1항 제4호에 따른 경우는 제외한다)이 확정된 경우(제4호)의 어느 하나에 해당하는 경우에는 제65조 제2항에 따른 청구권은 처음부터 발생하지 아니한 것으로 본다(제65조 제6항).

라. 국제특허출원의 특례

국제특허출원의 출원공개에 관하여 제64조 제1항을 적용하는 경우에는 “다음 각 호의 구분에 따른 날부터 1년 6개월이 지난 후”는 “국내서면제출기간(제201조 제1항 각 호 외의 부분 단서에 따라 국어번역문의 제출기간을 연장해 달라는 취지를 적은 서면이 제출된 경우에는 연장된 국어번역문 제출 기간을 말한다. 이하 이 항에서 같다)이 지난 후(국내서면제출기간에 출원인이 출원심사의 청구를 한 국제특허출원으로서 특허협력조약 제21조에 따라 국제공개된 경우에는 우선일부터 1년 6개월이 되는 날 또는 출원심사의 청구일 중 늦은 날이 지난 후)"로 본다(제207조 제1항). 이에 불구하고 국어로 출원한 국제특허출원에 관하여 위와 같은 출원공개 전에 이미 특허협력조약 제21조에 따라 국제공개가 된 경우에는 그 국제공개가 된 때에 출원공개가 된 것으로 본다(제207조 제2항).

국제특허출원의 출원인은 국제특허출원에 관하여 출원공개(국어로 출원한 국제특허출원인 경우 특허협력조약 제21조에 따른 국제공개를 말한다. 이하 이 조에서 같다)가 있은 후 국제특허출원된 발명을 업으로 실시한 자에게 국제특허출원된 발명인 것을 서면으로 경고할 수 있다(제207조 제3항).

국제특허출원의 출원인은 이에 따른 경고를 받거나 출원공개된 발명임을 알고도 그 국제특허출원된 발명을 업으로서 실시한 자에게 그 경고를 받거나 출원공개된 발명임을 안 때부터 특허권의 설정등록 시까지의 기간 동안 그 특허발명의 실시에 대하여 합리적으로 받을 수 있는 금액에 상당하는 보상금의 지급을 청구할 수 있다. 다만, 그 청구권은 해당 특허출원이 특허권의 설정등록된 후에만 행사할 수 있다(제207조 제4항).

2 출원심사청구

가. 의의 · 취지

1980. 12. 31. 법률 제3325호로 개정되기 전의 특허법은 모든 출원에 대해 일률적으로 방식심사와 실체심사를 거쳐 특허결정여부를 판단하였는데 이러한 절차로 인해 심사가 지연되게 되자 위 특허법 개정으로 출원공개 제도와 함께 심사처리의 신속을 기하기 위하여 심사청구가 있는 출원에 대하여만 심사를 하도록 하는 출원심사청구 제도를 도입하여 지금에 이르고 있다.

나. 출원심사청구의 내용(주체 · 시기 · 절차)

특허청장은 심사관에게 특허출원을 심사하게 하는데(제57조), 심사관은 특허출원에 대하여 심사청구가 있을 때에만 심사한다(제59조 제1항).

출원에 대하여 심사를 청구하기 위해서는 해당 출원절차가 특허청에 계속 중이어야 한다. 따라서 출원이 무효, 취하 또는 포기된 때에는 심사청구를 할 수 없다.

심사청구는 누구든지 할 수 있다(제59조 제2항 각 호 외의 부분 본문). 다만, 미성년자 등 행위 무능력자가 심사청구를 하는 경우에는 법정대리인에 의하여 절차를 밟아야 한다.

심사청구기간은 출원일로부터 3년 이내[15]이다(제59조 제2항 각 호 외의 부분 본문).

---

15) 2016. 2. 29. 법률 제14035호로 특허법이 개정되기 전까지의 심사청구기간은 특허출원일부터

다만 특허출원인은 명세서에 청구범위를 적지 아니한 경우(제1호), 제42조의3 제2항에 따른 국어번역문을 제출하지 아니한 경우(외국어특허출원의 경우로 한정한다)(제2호)에는 출원심사의 청구를 할 수 없다(제59조 제2항 단서).

제34조(무권리자의 특허출원과 정당한 권리자의 보호) 및 제35조(무권리자의 특허와 정당한 권리자의 보호)에 따른 정당한 권리자의 특허출원, 분할출원, 분리출원 또는 변경출원에 관하여는 위 3년의 기간이 지난 후에도 정당한 권리자가 특허출원을 한 날, 분할출원을 한 날, 분리출원을 한 날 또는 변경출원을 한 날부터 각각 30일 이내에 출원심사의 청구를 할 수 있다(제59조 제3항). 출원심사의 청구는 취하할 수 없고, 출원심사의 청구를 할 수 있는 기간에 출원심사의 청구가 없으면 그 특허출원은 취하한 것으로 본다(제59조 제4, 5항).

출원심사의 청구를 하려는 자는 청구인의 성명 및 주소(법인인 경우에는 그 명칭 및 영업소의 소재지), 출원심사의 청구대상이 되는 특허출원의 표시의 사항을 적은 출원심사청구서를 특허청장에게 제출하여야 한다(제60조 제1항).

다. 출원심사청구의 효과

특허청장은 출원공개 전에 출원심사의 청구가 있으면 출원공개 시에, 출원공개 후에 출원심사의 청구가 있으면 지체 없이 그 취지를 특허공보에 게재하여야 한다(제60조 제2항). 특허청장은 특허출원인이 아닌 자로부터 출원심사의 청구가 있으면 그 취지를 특허출원인에게 알려야 한다(제60조 제3항).

특허출원에 대한 심사는 제59조 제1항에 따른 출원심사 청구순위에 따르되, 심사청구된 특허출원을 제52조에 따라 분할출원하여 심사청구한 경우, 심사청구된 특허출원을 제52조의2에 따라 분리출원하여 심사청구한 경우 또는 심사청구된 실용신안등록출원을 제53조에 따라 특허출원으로 변경출원하여 심사청구한 경우에는 원출원의 심사청구 순위에 따라 심사한다(법 시행규칙 제38조 제1항, 제2항).

심사관은 심사에 착수하여 출원절차가 제46조의 방식에 위반되지는 않는지, 제62조 각 호의 어느 하나에 해당하여 거절되어야 하는지 등을 심사한다. 출원절차가 방식에 위반된 경우에는 보정요구를 별도로 하여 하자를 치유할 수 있는 기회를 주어야 한다.

'5년 이내'였다.

라. 국제특허출원의 특례(출원심사청구시기의 제한)

국제특허출원에 관하여는 제59조 제2항에도 불구하고 i) 국제특허출원의 출원인은 제201조 제1항에 따라 국어번역문을 제출하고(국어로 출원된 국제특허출원의 경우는 제외한다) 제82조 제1항에 따른 수수료를 낸 후(제1호), ii) 국제특허출원의 출원인이 아닌 자는 국내서면제출기간(제201조 제1항 각 호 외의 부분 단서에 따라 국어번역문의 제출기간을 연장하여 달라는 취지를 적은 서면이 제출된 경우에는 연장된 국어번역문 제출 기간을 말한다)이 지난 후(제2호)의 어느 하나에 해당하는 때에만 출원심사의 청구를 할 수 있다(제210조).

3 우선심사청구 제도

가. 의의 · 취지

특허출원의 심사는 출원심사의 청구순위에 따라 하는 것이 원칙이나 출원공개 후 특허출원인이 아닌 자가 업으로서 특허출원된 발명을 실시하고 있다고 인정되거나 국가 산업발전이나 공익상 긴급처리가 필요하다고 인정되는 출원에 대해서까지 예외 없이 이러한 원칙을 적용하다 보면 국익 및 발명의 적절한 보호가 저해될 수 있다. 이러한 경우에 심사를 신속히 하기 위해 1980. 12. 31. 법률 제3325호로 개정된 특허법에서 우선심사청구 제도를 도입하여 출원심사의 청구순위에 따른 심사순위와 관계없이 심사할 수 있도록 하였다.

나. 우선심사청구의 내용(주체 · 대상 · 시기 · 절차)

우선심사청구는 누구든지 할 수 있다. 다만 국가 또는 지방자치단체의 직무에 관한 특허출원에 대하여는 국가 또는 지방자치단체만이 우선심사신청을 할 수 있다.

우선심사는 심사청구가 되어 있는 출원을 대상으로 하므로 우선심사 신청인은 우선심사 신청 전 또는 우선심사 신청과 동시에 심사청구를 하여야 하고 우선심사를 신청한 발명이 청구범위에 기재되어 있어야 한다.

우선심사청구를 할 수 있는 출원은 i) 제64조에 따른 출원공개 후 특허출원인이 아닌 자가 업(業)으로서 특허출원된 발명을 실시하고 있다고 인정되는 경우(제1호), ii) 법 시행령 제9조 제1항에서 정하는 특허출원으로서 긴급하게 처리할 필요가 있다고 인정되는 경우(제2호), iii) 법 시행령 제9조 제2항에서 정하는 특허출원으로서 재난의 예방 · 대응 · 복구 등에 필요하다고 인정되는 경우(제3호)의 어느 하나에 해당하는 특허출원 등이다(제61조, 법 시행령 제9조)(실용신안등록출원의 경우에는 실용신안법 시행령 제5조).

특허출원에 대해 우선심사를 받고자 하는 자는 법 시행규칙 제22호 서식의 우선심사신청서에 우선심사신청 설명서, 대리인에 의하여 절차를 밟는 경우에는 그 대리권을 증명하는 서류를 특허청장에게 제출해야 한다(법 시행규칙 제39조).

우선심사신청이 있는 때에는 특허청장이 우선심사여부를 결정하여야 하고 우선심사결정에 필요한 사항은 특허청장이 정한다(법 시행령 제10조).

Ⅳ. 실체 심사 및 특허 여부 결정

1 심사청구에 따른 심사 진행

심사관은 우선심사청구가 있지 않는 한 원칙적으로 출원심사의 청구 순위에 따라 실체 심사에 착수하여 출원발명이 제62조 각 호의 어느 하나에 해당하여 거절되어야 하는지 등을 심사한다.

출원절차가 방식에 위반된 경우에는 앞에서 본 바와 같이 보정요구를 별도로 하여 흠을 치유할 수 있는 기회를 주어야 한다.

심사관은 제54조에 따른 우선권 주장을 수반한 특허출원의 심사에 필요한 경우에는 기간을 정하여 그 우선권 주장의 기초가 되는 출원을 한 국가의 심사결과에 대한 자료(그 심사결과가 없는 경우에는 그 취지를 적은 의견서를 말한다)를 산업통상자원부령으로 정하는 방법에 따라 제출할 것을 특허출원인에게 명할 수 있다(제63조의3, 법 시행규칙 제46조 참조).

특허출원인이 출원심사의 청구를 한 경우로서 출원심사의 청구일부터 24개월이 지난 후에 특허출원에 대한 심사를 받으려면 출원심사의 청구일부터 9개월 이내에 심사를 받으려는 시점(출원일부터 5년 이내에 한정하며, 이하 유예희망시점이라 한다)을 적은 별지 제22호의2 서식의 심사유예신청서를 특허청장에게 제출할 수 있다(법 시행규칙 제40조의3 제1항 본문). 다만 법 시행규칙 제37조 제1항 단서에 따라 특허출원과 동시에 심사청구를 하면서 심사유예신청도 같이 하는 경우에는 별지 제14호 서식의 특허출원서(제1호)에, 심사청구와 동시에 심사유예신청을 하는 경우(제1호의 경우는 제외한다)(제2호)에는 별지 제22호 서식의 심사청구서에, 각각 그 취지 및 유예희망시점을 적음으로써 그 신청서를 갈음할 수 있다(같은 항 단서).

심사관은 이러한 심사유예신청이 있으면 유예희망시점까지 특허출원에 대한 심사를 유예할 수 있다. 다만, 특허출원이 분할출원, 분리출원, 변경출원 또는 정당한 권리자의 출원인 경우(제1호), 특허출원에 대하여 우선심사결정을 한 경우(제2호), 특허출원심사의 유예신청이 있기 전에 이미 거절이유를 통지하거나 특허결정서를 통지한 경우(제3호)에는 그러하지 아니하다(법 시행규칙 제40조의3 제3항).

특허출원의 심사에 필요한 때에는 심결이 확정될 때까지 또는 소송절차가 완결될 때까지 그 심사절차를 중지할 수 있고(제78조 제1항), 법원은 소송에 필요한 경우에는 특허출원에 대한 특허여부결정이 확정될 때까지 그 소송절차를 중지할 수 있다(제78조 제2항). 제78조 제1항 및 제2항에 따른 중지에 대해서는 불복할 수 없다(제78조 제3항).

특허등록출원의 심사에 관하여는 제148조(심판관의 제척) 제1호부터 제5호까지 및 제7호를 준용한다(제68조).

2 거절이유통지, 의견서 등의 제출

가. 거절이유통지

1) 특허출원에서의 거절이유통지

특허출원에 관하여 누구든지 그 특허출원이 제62조의 거절이유에 해당하여 특허될 수 없다는 취지의 정보를 증거와 함께 특허청장에게 제공할 수 있다. 다만, 제42조 제3항 제2호(발명의 배경이 되는 기술을 적을 것), 같은 조 제8항(대통령령으로 정한 청구범위의 기재방법에 관하여 필요한 사항, 법 시행령 제5조) 및 제45조(하나의 특허출원의 범위)에 따른 요건을 갖추지 아니한 경우에는 그러하지 아니하다(제63조의2).

심사관은 출원특허가 제62조 제1호 내지 제7호[16]의 어느 하나의 거절이유에 해당한다고 판단되어 특허거절결정을 하려면 특허출원인에게 거절이유를 통지하고, 기간을 정하여 의견서를 제출할 수 있는 기회를 주어야 한다. 다만, 제51조 제1항에 따라 각하결정을 하려는 경우에는 그러하지 아니하다(제63조 제1항).

심사관은 청구범위에 둘 이상의 청구항이 있는 특허출원에 대하여 위 거절이유를 통지할 때에는 그 통지서에 거절되는 청구항을 명확히 밝히고, 그 청구항에 관한 거절이유를 구체적으로 적어야 한다(제63조 제2항). 이는 출원발명에 대하여 등록을 허용할 것인가에 대한 판단에는 고도의 전문지식을 요하고, 심사관이라 하여 그와 같은 지식

16) "1. 제25조 · 제29조 · 제32조 · 제36조 제1항부터 제3항까지 또는 제44조에 따라 특허를 받을 수 없는 경우 2. 제33조 제1항 본문에 따른 특허를 받을 수 있는 권리를 가지지 아니하거나 같은 항 단서에 따라 특허를 받을 수 없는 경우 3. 조약을 위반한 경우 4. 제42조 제3항 · 제4항 · 제8항 또는 제45조에 따른 요건을 갖추지 아니한 경우 5. 제47조 제2항에 따른 범위를 벗어난 보정인 경우 6. 제52조 제1항에 따른 범위를 벗어난 분할출원 또는 제52조의2 제1항에 따른 범위를 벗어나는 분리출원인 경우 7. 제53조 제1항에 따른 범위를 벗어난 변경출원인 경우"

을 두루 갖출 수는 없으므로 이로 인한 과오를 예방하고, 또 출원인에게 설명하여 선출원주의 제도에서 야기되기 쉬운 과오를 보정할 기회도 주지 않고 곧바로 거절결정함은 출원인에게 지나치게 가혹하다는 데 있으므로, 그 거절이유통지서가 어느 정도 추상적이거나 개괄적으로 기재되어 있다고 하더라도 그 발명이 속하는 기술분야에서 통상의 지식을 가진 자가 전체적으로 그 취지를 이해할 수 있을 정도로 기재하면 충분하다.[17)]

청구항은 독립항이든 종속항이든 상호 독립되어 있어 각 청구항마다 특허요건을 구비하여야 하고, 심사도 청구항별로 행해지는 것이므로 거절이유를 통지함에 있어서는 거절의 대상으로 되는 청구항을 구체적으로 특정하여야 한다.

2) 거절결정, 거절결정불복심판 및 거절결정불복심판 청구기각 심결의 취소소송에서의 거절이유 상호간, 이들 거절이유와 거절이유통지 간 관계

거절결정, 거절결정불복심판 및 거절결정불복심판 청구기각 심결의 취소소송을 종합하여 거절이유통지와 관련된 실무를 상세히 설명한다.

거절결정에서의 거절이유는 적어도 그 주지(主旨)에서 거절이유통지서에 기재된 이유와 부합하여야 하고, 심판에서도 그 거절결정의 이유와 다른 거절이유를 발견한 경우에는 거절이유의 통지를 하여 의견서 제출의 기회를 주어야 한다.[18)]

예컨대 거절결정 시의 신규성이 부정된다는 거절이유와 심판 시 진보성이 부정되어 특허받을 수 없다는 이유나 그 역으로 거절결정 시 진보성 부정의 거절이유와 심판 시 신규성이 부정되어 특허받을 수 없다는 이유 모두 새로운 거절이유에 해당하고,[19)] 반포된 간행물에 기재된 발명을 근거로 진보성을 부인한 거절결정의 거절이유와 출원발명의 명세서 기재내용을 근거로 진보성을 부인한 심결이유는 그 주지에서 부합하지 않는다.[20)]

특허출원에 대한 심사 단계에서 거절결정을 하려면 그에 앞서 출원인에게 거절이유를 통지하여 의견제출의 기회를 주어야 하고, 거절결정에 대한 특허심판원의 심판절차에서 그와 다른 사유로 거절결정이 정당하다고 하려면 먼저 그 사유에 대해 의견제

---

17) 대법원 1997. 4. 11. 선고 96후1217 판결, 대법원 2008. 12. 24. 선고 2007후265 판결 등.
18) 대법원 2007. 7. 26. 선고 2006후1766 판결은 거절결정의 이유와 심결의 이유는 세부적인 표현내용에서 일치한다고는 할 수 없지만, 양자는 모두 발명을 이루는 구성요소가 불분명하여 구 특허법 제42조 제4항 제2호에 위반된다고 하는 주된 취지에서 서로 부합하여 심결의 이유가 원고에게 별도의 의견서를 제출할 수 있는 기회를 주어야 하는 새로운 거절이유로 된다고 할 수 없다고 하였다.
19) 대법원 2002. 11. 26. 선고 2000후1177 판결.
20) 대법원 2003. 10. 10. 선고 2001후2757 판결.

출의 기회를 주어야만 이를 심결의 이유로 할 수 있다(제62조, 제63조, 제170조 참조). 위와 같은 절차적 권리를 보장하는 특허법의 규정은 강행규정이므로 의견제출의 기회를 부여한 바 없는 새로운 거절이유를 들어서 거절결정이 결과에 있어 정당하다는 이유로 거절결정불복심판청구를 기각한 심결은 위법하다.

같은 취지에서 거절결정불복심판 청구기각 심결의 취소소송절차에서도 특허청장은 심사 또는 심판 단계에서 의견제출의 기회를 부여한 바 없는 새로운 거절이유를 주장할 수 없다. 다만 거절결정불복심판 청구기각 심결의 취소소송절차에서 특허청장이 비로소 주장하는 사유라고 하더라도 심사 또는 심판 단계에서 의견제출의 기회를 부여한 거절이유와 주요한 취지가 부합하여 이미 통지된 거절이유를 보충하는 데 지나지 아니하는 것이면 이를 심결의 당부를 판단하는 근거로 할 수 있다.[21)]

즉 출원발명에 대한 거절결정불복심판청구 후 재심사과정에서 특허청 심사관이 특허출원인에게 출원발명이 선행발명과 대비하여 진보성이 없다는 취지의 의견제출통지를 하였다면, 심사관의 거절결정에 대한 불복심판청구를 기각하는 심결에서 선행발명에 관하여 판단되지 않았다 하더라도 특허청장은 위 심결에 대한 소송절차에서 위 심결의 결론을 정당하게 하는 사유로서 선행발명에 관하여 주장할 수 있다.

거절이유에 포함되었는지 여부는 출원인에게 실질적으로 의견서 제출 및 보정의 기회를 부여하였다고 볼 수 있을 정도로 그 취지와 이유가 거절이유통지서에 명시되었는지의 관점에서 판단한다.[22)]

거절결정불복심판 또는 그에 대한 심결취소소송에서 특허출원 심사 또는 심판 단계에서 통지한 거절이유에 기재된 주선행발명을 다른 선행발명으로 변경하는 경우에는 일반적으로 출원발명과의 공통점 및 차이점의 인정과 그러한 차이점을 극복하여 출원발명을 쉽게 발명할 수 있는지에 대한 판단 내용이 달라지므로, 출원인에게 이에 대해 실질적으로 의견제출의 기회가 주어졌다고 볼 수 있는 등의 특별한 사정이 없는 한 이미 통지된 거절이유와 주요한 취지가 부합하지 아니하는 새로운 거절이유에 해당한다.[23)]

특히 이미 통지된 거절이유가 선행발명에 의하여 출원발명의 진보성이 부정된다는 취지인 경우에, 위 선행발명을 보충하여 특허출원 당시 그 기술분야에 널리 알려진 주

---

21) 대법원 2003. 2. 26. 선고 2001후1617 판결, 대법원 2003. 10. 10. 선고 2001후2757 판결, 대법원 2006. 10. 26. 선고 2004후2260 판결, 대법원 2013. 9. 26. 선고 2013후1054 판결 등 참조.

22) 대법원 2011. 9. 8. 선고 2009후2371 판결 등 참조.

23) 대법원 2019. 10. 31. 선고 2015후2341 판결.

지관용기술의 존재를 증명하기 위한 자료는 새로운 공지기술에 관한 것에 해당하지 아니하므로, 심결취소소송의 법원이 이를 진보성을 부정하는 판단의 근거로 채택하였다고 하더라도 이미 통지된 거절이유와 주요한 취지가 부합하지 아니하는 새로운 거절이유를 판결의 기초로 삼은 것이라고 할 수 없다.24)

정정심판청구를 기각하는 이유가 선행발명에 의하여 발명의 진보성이 부정된다는 취지라면 특허청장이 심결취소소송절차에 이르러 비로소 제출한 자료들은, 선행발명을 보충하여 출원 당시 해당 발명과 동일한 기술분야에 널리 알려진 주지관용기술을 증명하기 위한 것이거나, 정정의견제출 통지서에 기재된 선행발명의 기재를 보충 또는 뒷받침하는 것에 불과한 경우라고 인정될 때 판단의 근거로 삼을 수 있다.25)

한편 특허거절결정의 이유 중에 심사관이 통지하지 아니한 거절이유가 일부 포함되어 있다 하더라도, 특허거절결정에 대한 심판청구를 기각하는 심결이유가 심사관이 통지하지 아니한 거절이유를 들어 특허거절결정을 유지하는 경우가 아니라면 그와 같은 사유만으로 심결을 위법하다고 할 수 없다.26)

그리고 제51조 제1항에서 보정에 따라 새로운 거절이유가 발생한 것으로 인정되면 결정으로 그 보정을 각하하도록 하면서도 괄호 안에서 그 대상에서 제외하고 있는 '청구항을 삭제하는 보정'에는 단순히 '청구항을 삭제하는 보정을 하면서 그 삭제된 청구항을 인용하던 종속항에서 인용번호를 그대로 둠으로써 제42조 제3항, 제4항에서 정한 명세서 기재요건을 충족하지 않은 기재불비가 발생한 경우'뿐만 아니라, '청구항을 삭제하는 보정을 하면서 그 삭제한 청구항을 직·간접적으로 인용하던 종속항에서 그 인용번호를 잘못 변경함으로써 위와 같은 기재불비가 발생한 경우'에도, 이에 대해 거절이유를 통지하여 보정의 기회를 다시 부여하더라도 또 다른 보정의 반복에 의하여 심사관의 새로운 심사에 따른 업무량 가중 및 심사절차 지연의 문제가 생길 염려가 없음은 마찬가지이어서, 이들 경우 모두가 위 규정에서 말하는 '청구항을 삭제하는 보정에 따라 새로운 거절이유가 발생한 경우'에 포함되므로 이러한 경우에 심사관이 거절이유를 통지하여 출원인에게 보정의 기회를 부여하지 아니하고 곧바로 보정각하결정을 한 것은 위법하다.27)

24) 대법원 2011. 10. 13. 선고 2009후4322 판결, 대법원 2013. 2. 15. 선고 2012후1439 판결 등 참조.

25) 대법원 2019. 7. 25. 선고 2018후12004 판결.

26) 대법원 1994. 2. 8. 선고 93후1582 판결, 대법원 2009. 12. 10. 선고 2007후3820 판결, 대법원 2010. 4. 29. 선고 2009후4285 판결 등.

27) 대법원 2014. 7. 10. 선고 2013후2101 판결, 대법원 2018. 6. 28. 선고 2014후553 판결, 대법원 2018. 7. 12. 선고 2015후2259 판결.

나. 의견서 등의 제출

1) 의견서 제출

거절이유 등 통지, 직권보정 사항, 심판사건, 이의신청, 취소신청사건, 분할출원, 우선권 주장출원, 자진보정 또는 기타절차에 관한 의견서를 제출하려는 자는 별지 제24호 서식 의견서에 의견내용을 증명하는 서류(제66조의2 제3항, 제141조 제5항에 따라 의견서를 제출하는 경우는 제외한다), 대리인에 의하여 절차를 밟는 경우에는 그 대리권을 증명하는 서류를 첨부하여 특허청장 · 특허심판원장 또는 심판장에게 제출하여야 한다(법 시행규칙 제41조).

2) 명세서 또는 도면의 보정서 제출 및 보정 시기 등의 제한

출원인은 제66조에 따른 특허결정의 등본을 송달하기 전까지 특허출원서에 첨부한 명세서 또는 도면을 보정할 수 있다.

다만 제63조 제1항에 따른 거절이유통지를 받은 후에는 i) 거절이유통지(거절이유통지에 대한 보정에 따라 발생한 거절이유에 대한 거절이유통지는 제외한다)를 최초로 받거나 아래 제2호의 거절이유통지가 아닌 거절이유통지를 받은 경우: 해당 거절이유통지에 따른 의견서 제출기간(제1호), ii) 거절이유통지(제66조의3 제2항에 따른 통지를 한 경우에는 그 통지 전의 거절이유통지는 제외한다)에 대한 보정에 따라 발생한 거절이유에 대하여 거절이유통지를 받은 경우: 해당 거절이유통지에 따른 의견서 제출기간(제2호), iii) 제67조의2에 따른 재심사를 청구하는 경우: 청구할 때(제3호)의 구분에 따른 기간에만 보정할 수 있다(제47조 제1항).

제47조 제1항에 따른 명세서 또는 도면의 보정은 특허출원서에 최초로 첨부한 명세서 또는 도면에 기재된 사항의 범위에서 하여야 한다. 이 경우, 외국어특허출원에 대한 보정은 최종 국어번역문(제42조의3 제6항 전단에 따른 정정이 있는 경우에는 정정된 국어번역문을 말한다) 또는 특허출원서에 최초로 첨부한 도면(도면 중 설명부분은 제외한다)에 기재된 사항의 범위에서도 하여야 한다(제47조 제2항).

제47조 제1항 제2호 및 제3호에 따른 보정 중 청구범위에 대한 보정은 i) 청구항을 한정 또는 삭제하거나 청구항에 부가하여 청구범위를 감축하는 경우(제1호), ii) 잘못 기재된 사항을 정정하는 경우(제2호), iii) 분명하지 아니하게 기재된 사항을 명확하게 하는 경우(제3호), iv) 제47조 제2항에 따른 범위를 벗어난 보정에 대하여 그 보정 전 청구범위로 되돌아가거나 되돌아가면서 청구범위를 제1호부터 제3호까지의 규정에 따라 보정하는 경우(제4호)의 어느 하나에 해당하는 경우에만 할 수 있다(제47조 제3항).

제47조 제1항 제1호 또는 제2호에 따른 기간에 보정을 하는 경우에는 각각의 보

정절차에서 마지막 보정 전에 한 모든 보정은 취하된 것으로 본다(제47조 제4항).

외국어특허출원인 경우에는 제47조 제1항 본문에도 불구하고 제42조의3 제2항에 따라 국어번역문을 제출한 경우에만 명세서 또는 도면을 보정할 수 있다(제47조 제5항).

3 특허결정, 특허결정 시 직권보정, 특허결정 후 직권 재심사

가. 특허결정

출원인이 의견서를 제출한 경우 제출된 의견서를 반영하여 거절이유가 유지될 수 있는지 여부를 다시 심사한다. 만약, 의견서 제출기간 이내에 보정서도 같이 제출한 경우에는 해당 보정서에 의한 보정사항을 반영하여 심사한다.

심사관은 특허출원심사의 청구 후 출원인이 특허출원일부터 6개월 이내에 법 시행규칙 별지 제22호의2 서식의 결정 보류신청서를 특허청장에게 제출하는 경우에는 특허출원일부터 12개월이 경과하기 전까지 특허여부결정을 보류할 수 있다(법 시행규칙 제40조의2 제1항). 다만 특허출원이 분할출원, 분리출원 또는 변경출원인 경우, 특허출원에 대하여 우선심사결정을 한 경우, 특허여부결정의 보류신청이 있기 전에 이미 특허거절결정서 또는 특허결정서를 통지한 경우에는 보류신청이 있어도 특허여부결정을 보류할 수 없다(법 시행규칙 제40조의2 제2항).

심사관은 특허출원에 대하여 거절이유를 발견할 수 없는 때에는 특허결정을 하여야 한다(제66조).

특허결정은 서면으로 하여야 하고 그 이유를 붙여야 하며 특허청장은 특허결정이 있는 경우에는 그 결정의 등본을 특허출원인에게 송달하여야 한다(제67조).

특허출원인은 특허를 부여하는 결정에 대해 불복할 수 없고, 특허결정은 그 결정의 등본이 출원인에게 송달된 때에 확정된다.

특허결정으로 인하여 출원된 발명에 대하여 특허권이 부여되는 효과가 발생하는 것으로 보이더라도 특허권은 설정등록에 의하여 발생한다(제87조 제1항).

특허결정이 특허권의 권리귀속에 어떠한 영향을 미치는지에 대하여는 ① 특허결정은 출원인 명의에 대하여 등록명의만을 부여할 뿐 특허권의 권리귀속 여부에 대하여는 어떠한 법률적 효과도 발생하지 않는다는 견해, ② 특허결정에 의해 권리가 잠정적으로 출원인에게 원시적으로 귀속하는 것으로 보되 그 후 특허를 받을 권리, 설정등록 등에 의하여 최종적으로 특허권이 본래 귀속되어야 할 자에게 귀속한다는 견해 등이 있다.

특허결정은 실질적으로는 특허권 설정의 행정처분이고 설정등록은 특허결정의 효력발생요건에 해당한다. 따라서 특허발명이 무효라고 하는 경우에도 실체적으로는 특허결정의 행정처분에 무효원인이 존재하는 것을 말하고 설정등록 자체에 무효원인이 존재하는 경우를 말하는 것은 아니다.

나. 특허결정 시 직권보정

심사관은 제66조에 따른 특허결정을 할 때에 특허출원서에 첨부된 명세서, 도면 또는 요약서에 적힌 사항이 명백히 잘못된 경우에는 직권으로 보정(이하 직권보정이라 한다)할 수 있다. 이 경우 직권보정은 제47조 제2항에 따른 범위에서 하여야 한다(제66조의2 제1항). 심사관이 직권보정을 하려면 제67조 제2항에 따른 특허결정의 등본 송달과 함께 그 직권보정 사항을 특허출원인에게 알려야 한다. 위 제1항에 따라 심사관이 직권보정을 하려면 제67조 제2항에 따른 특허결정의 등본 송달과 함께 그 직권보정 사항을 특허출원인에게 알려야 한다(제66조의2 제2항).

특허출원인은 직권보정 사항의 전부 또는 일부를 받아들일 수 없으면 제79조 제1항에 따라 특허료를 낼 때까지 그 직권보정 사항에 대한 의견서를 특허청장에게 제출하여야 한다(제66조의2 제3항).

특허출원인이 위 의견서를 제출한 경우 해당 직권보정 사항의 전부 또는 일부는 처음부터 없었던 것으로 본다. 이 경우 그 특허결정도 함께 취소된 것으로 본다. 다만, 특허출원서에 첨부된 요약서에 관한 직권보정 사항의 전부 또는 일부만 처음부터 없었던 것으로 보는 경우에는 그러하지 아니하다(제66조의2 제4항).

직권보정이 제47조 제2항에 따른 범위를 벗어나거나 명백히 잘못되지 아니한 사항을 직권보정한 경우 그 직권보정은 처음부터 없었던 것으로 본다(제66조의2 제6항).

다. 특허결정 후 직권 재심사

심사관은 특허결정된 특허출원에 관하여 명백한 거절이유를 발견한 경우에는 직권으로 특허결정을 취소하고, 그 특허출원을 다시 심사(이하 직권 재심사라 한다)할 수 있다(제66조의3 제1항 본문).[28] 다만, 거절이유가 제42조 제3항 제2호, 같은 조 제8항 및 제45조에 따른 요건에 관한 것인 경우(제1호), 그 특허결정에 따라 특허권이 설정등록된 경우(제2호), 그 특허출원이 취하되거나 포기된 경우(제3호)의 어느 하나에 해당하는 경우에는 그러하지 아니하다(제66조의3 제1항 단서). 이에 따라 심사관이 직권 재심사를 하려면 특허결정을 취소한다는 사실을 특허출원인에게 통지하여야 한다(제66조의3

28) 특허결정 이후 직권 재심사에 관한 규정은 2016. 2. 29. 법률 제14035호로 개정된 특허법에서 신설된 것으로 위 규정의 시행일은 2017. 3. 1.이다.

제2항).

특허출원인이 위 통지를 받기 전에 그 특허출원이 위 제1항 제2호 또는 제3호에 해당하게 된 경우에는 특허결정의 취소는 처음부터 없었던 것으로 본다(제66조의3 제3항).

4 거절결정, 재심사청구, 특허출원의 회복

가. 거절결정

심사관은 의견서 및 보정사항을 반영하여 다시 심사한 후에도 의견제출통지서에서 지적된 거절이유가 해소되지 않았다고 인정하는 경우에는 거절결정을 한다(제62조). 거절이유가 통지되어 의견제출의 기회가 부여되었던 청구항 중 하나라도 거절이유가 해소되지 않으면 그 출원발명의 출원이 전부 거절된다.

나. 재심사청구

특허출원인은 그 특허출원에 관하여 특허거절결정등본을 송달받은 날부터 30일(제15조 제1항에 따라 제132조의17에 따른 기간이 연장된 경우 그 연장된 기간을 말한다) 이내에 그 특허출원의 명세서 또는 도면을 보정하여 해당 특허출원에 관한 재심사(이하 재심사라 한다)를 청구할 수 있다. 다만, 재심사를 청구할 때에 이미 재심사에 따른 특허거절결정이 있거나 제132조의17에 따른 특허거절결정 등에 관한 심판청구가 있는 경우에는 그러하지 아니하다(제67조의2 제1항). 이때 특허출원인은 재심사의 청구와 함께 의견서를 제출할 수 있다(제67조의2 제2항). 재심사가 청구된 경우 그 특허출원에 대하여 종전에 이루어진 특허거절결정은 취소된 것으로 본다. 다만, 재심사의 청구절차가 제16조 제1항에 따라 무효로 된 경우에는 그러하지 아니하다(제67조의2 제3항). 위 재심사의 청구는 취하할 수 없다(제67조의2 제4항). 재심사청구가 있는 경우 그 전에 했던 거절결정은 취소된 것으로 보므로 통상의 출원심사와 같이 보정서를 반영하여 다시 심사한다.

심사관은 보정서를 반영하여 재심사한 후에 거절결정 당시에 지적된 거절이유가 해소되면 특허결정을 하여야 하고 그 거절이유가 해소되지 않았다면 다시 거절결정을 한다.

다. 특허출원의 회복

특허출원인이 정당한 사유[29]로 i) 제59조 제2항 또는 제3항에 따라 출원심사의 청

29) 2021. 10. 19. 법률 제18505호로 개정되기 전 특허법은 "책임질 수 없는 사유"로 되어 있었으

구를 할 수 있는 기간(제1호), ii) 제67조의2 제1항에 따라 재심사의 청구를 할 수 있는 기간(제2호)의 어느 하나에 해당하는 기간을 지키지 못하여 특허출원이 취하되거나 특허거절결정이 확정된 것으로 인정되는 경우에는 그 사유가 소멸한 날부터 2개월 이내에 출원심사의 청구 또는 재심사의 청구를 할 수 있다(특허출원의 회복, 제67조의3 제1항 본문). 다만, 그 기간의 만료일부터 1년이 지난 때에는 그러하지 아니하다(제67조의3 제1항 단서).

제67조의3 제1항에 따른 출원심사의 청구 또는 재심사의 청구가 있는 경우에는 제59조 제5항에도 불구하고 그 특허출원은 취하되지 아니한 것으로 보거나 특허거절결정이 확정되지 아니한 것으로 본다(제67조의3 제2항).

나 위 개정 특허법에서 “정당한 사유”로 요건을 완화하였다.

제2절 특허출원과 관련된 주요 내용

I. 기간 · 절차에 관한 규정(제14조 내지 제24조)

1 특허법상 기간에 관한 규정

기간이란 어느 시점에서 다른 시점까지의 계속된 시간을 말하는 것으로 시간의 경과에서 특정 시점을 말하는 기일과는 용어상 구분된다.

기간에 대하여는 민법 제1편 제6장 제155조부터 제161조까지에서 이미 규정하고 있고 이러한 규정은 모든 법률관계에 공통적으로 적용되는 것인데 그 외에 특허법 제14조 이하에서는 특허법 또는 특허법에 따른 명령에 의한 기간의 계산에 대하여 규정하고 있다. 즉 제14조는 민법의 기간 규정에 대한 특칙으로서 민법 제155조에서 말하는 '법령에 다른 정한 바'에 따른 규정이다.

기간에는 ① 법정기간(특허법 또는 특허법에 따른 명령에 정해진 기간)[30]과 지정기간(특허청장, 특허심판원장, 심판장 또는 심사관이 특허법 또는 특허법에 따른 명령에 근거하여 개별적인 사정에 따라 정하는 기간),[31] ② 불변기간(법률에서 불변기간인 취지를 명확하게 규정하고 있는 기간)[32]과 통상기간(불변기간이 아닌 것) 등이 있다.

특허법 또는 특허법에 따른 명령에 의한 기간의 계산에 대해 기간의 첫날은 계산

---

30) 절차의 무효처분 취소청구기간(제16조), 정당한 권리자의 출원일 소급 인정기간(제34조, 제35조), 공지 등이 되지 아니하는 발명으로 보는 경우의 기간(제30조), 명세서 또는 도면의 보정기간(제47조), 분할출원기간(제52조), 분리출원기간(제52조), 변경출원기간(제53조), 우선권 주장 관련 기간(제54조 내지 56조), 심사청구기간(제59조), 출원공개 시기(제64조), 특허권존속기간 연장등록출원기간(제90조), 특허거절결정 등에 대한 심판청구기간(제132조의17), 공시송달 효력발생시기(제219조), 재심사청구기간(제67조의2) 등이다.

31) 특허청장 또는 특허심판원장이 특허에 관한 절차에 관하여 기간을 정하여 보정을 명하는 경우(제46조), 특허청장이 동일한 발명, 동일한 특허를 받을 수 있는 권리에 대한 협의를 명하는 경우(제36조, 제38조), 특허청장 또는 심사관이 당사자에게 서류 등의 제출을 명하는 경우(제222조), 심사관이 거절이유 통지 시 의견서 제출 기회를 주는 경우(제63조), 우선권 주장의 기초가 되는 출원을 한 국가의 심사결과에 대한 자료의 제출을 요구하는 경우(제63조의3) 등이다.

32) 대법원 2008. 9. 11. 선고 2007후4649 판결은 구 특허법 제186조 제4항이 심결취소소송의 제소기간은 불변기간으로 한다고 규정하고 있는 점에 비추어 제소기간의 연장을 위한 부가기간의 지정은 제소기간 내에 이루어져야만 효력이 있고, 단순히 부가기간지정신청이 제소기간 내에 있었다는 점만으로는 불변기간인 제소기간이 당연히 연장되는 것이라고 할 수 없다고 하였다.

에 넣지 아니하되 그 기간이 오전 0시부터 시작하는 때에는 계산에 넣고(제1호), 기간을 월 또는 연(年)으로 정한 경우[33]에는 역(曆)[34]에 따라 계산하며(제2호), 월 또는 연의 처음부터 기간을 기산하지 아니하는 경우에는 마지막의 월 또는 연에서 그 기산일에 해당하는 날의 전날로 기간이 만료하는 것으로 하지만, 월 또는 연으로 정한 경우에 마지막 월에 해당 일이 없으면 그 월의 마지막 날로 기간이 만료하고(제3호), 특허에 관한 절차에 있어서 기간의 마지막 날이 공휴일(근로자의 날 제정에 관한 법률에 따른 근로자의 날 및 토요일을 포함한다)에 해당하면 기간은 그 다음 날로 만료한다(제4호)(이상 제14조).

특허청장 또는 특허심판원장은 청구에 따라 또는 직권으로 제132조의17(특허거절결정 등에 대한 심판)에 따른 심판의 청구기간을 30일 이내에서 한 차례만 연장할 수 있다. 다만, 도서, 벽지 등 교통이 불편한 지역에 있는 자의 경우에는 산업통상자원부령으로 정하는 바에 따라 그 횟수 및 기간을 추가로 연장할 수 있다(제15조 제1항, 법정기간의 연장에 관한 규정이다).[35][36]

특허청장 · 특허심판원장 · 심판장 또는 제57조(심사관에 의한 심사) 제1항에 따른 심사관(이하 심사관이라 한다)은 특허법에 따라 특허에 관한 절차를 밟을 기간을 정한 경우에는 청구에 따라 그 기간을 단축 또는 연장하거나 직권으로 그 기간을 연장할 수 있다. 이 경우 특허청장 등은 그 절차의 이해관계인의 이익이 부당하게 침해되지 아니하도록 단축 또는 연장 여부를 결정하여야 한다(제15조 제2항, 지정기간의 단축과 연장에 관한 규정이다).[37] 심판장은 특허법에 따라 특허에 관한 절차를 밟을 기일을 정한 경우에는 청구에 따라 또는 직권으로 그 기일을 변경할 수 있다(제15조 제3항).[38]

2 특허법상 절차에 관한 규정

가. 절차의 무효와 절차의 추후보완

1) 특허청장 또는 특허심판원장은 제46조에 따른 보정명령을 받은 자가 지정된 기간에 그 보정을 하지 아니하면 특허에 관한 절차를 무효로 할 수 있다. 다만, 제82조

33) 주(周)에 대하여는 특별한 규정이 없지만 민법 제160조 제1항에 의해 역에 따르게 된다.
34) 여기서의 역은 태양력을 의미한다. 대법원 1948. 3. 4. 선고 4280민상238 판결 참조.
35) 제15조 제1항 단서에 따라 특허청장 또는 특허심판원장이 추가로 연장할 수 있는 횟수는 1회로 하고, 그 기간은 30일 이내로 한다(법 시행규칙 제16조 제4항).
36) 법정기간은 제132조의17의 규정에 의한 심판의 청구기간에 한하여 연장할 수 있다. 반면에 지정기간은 연장 대상에 제한이 없다.
37) 반면에 법정기간은 단축할 수 없다.
38) 그 외에 실체심사와 관련된 지정기간의 연장과 승인에 대하여는 특허 · 실용신안심사사무취급규정 제23조 등의 규정 참조.

제2항에 따른 심사청구료를 내지 아니하여 보정명령을 받은 자가 지정된 기간에 그 심사청구료를 내지 아니하면 특허출원서에 첨부한 명세서에 관한 보정을 무효로 할 수 있다(제16조 제1항).

특허청장 또는 특허심판원장은 이러한 무효처분을 하는 데 재량권을 가지지만 일단 무효처분이 내려지면 특허에 관한 절차가 무효로 되므로 그 절차의 본래 효과가 발생하지 않는다. 무효처분을 할 때에는 그 이유를 적고 절차를 밟은 자에게 통지하여야 한다.[39] 무효처분통지서에는 행정심판 또는 행정소송을 제기할 수 있다는 안내문을 부기한다.

특허청장 또는 특허심판원장은 제16조 제1항에 따라 특허에 관한 절차가 무효로 된 경우로서 지정된 기간을 지키지 못한 것이 정당한 사유에 의한 것으로 인정될 때에는 그 사유가 소멸한 날부터 2개월 이내에 보정명령을 받은 자의 청구에 따라 그 무효처분을 취소할 수 있다. 다만, 지정된 기간의 만료일부터 1년이 지났을 때에는 그러하지 아니하다(제16조 제2항).

2021. 10. 19. 법률 제18505호로 개정되기 전의 특허법은 "보정명령을 받은 자가 책임질 수 없는 사유"라고 되어 있었는데 당시 위 문구는 천재·지변 기타 불가피한 사유보다 넓은 개념으로서 일반인이 보통의 주의를 다하여도 피할 수 없는 사유, 즉 그 기간을 지키지 못한 데 일반적으로 하여야 할 주의의무를 다하였음에도 불구하고 그 기간을 지킬 수 없었던 사유를 말한다고 해석되었다.[40] 그에 따라 여행이나 지방출장, 질병치료를 위한 출타 등으로 인하여 기간을 지키지 못한 경우에는 당사자 본인에게 책임질 수 없는 사유에 해당하지 아니하였다.[41]

그 후 위 개정 특허법에서 "정당한 사유"라고 바꾸어 그 요건이 완화되었다.

여기서 정당한 사유란 일반인이 상당한 주의를 다하여도 피할 수 없는 사유로서 천재·지변 기타 불가피한 사유가 해당됨은 물론이고, 심사 실무에서 무효처분의 서류를 당사자가 아닌 자에게 송달한 경우를 포함한다. 또한, 응급상황의 질병으로 입원하여 심사청구 기간을 경과하거나, 특허료 자동납부 시스템 오류 등이 발생하여 출원무효가 된 경우가 있을 수 있다. 다만, 공시송달 사실을 몰랐다는 이유는 특별한 사유가

39) 예를 들면, 제3자가 심사청구한 출원으로서 보정에 의해 청구항이 증가하여 출원인에게 심사청구료를 추가로 납부하도록 보정을 요구하였음에도 출원인이 그 심사청구료를 납부하지 아니한 때에는 명세서에 관한 해당 보정절차를 무효로 한다.

40) 대법원 2004. 3. 12. 선고 2004다2083 판결, 대법원 2007. 10. 26. 2007다37219 판결 등 참조.

41) 개정 전 특허법상의 보정명령을 받은 자가 책임질 수 없는 사유에 관한 실무에 대하여는 디자인보호법 주해, 박영사(2015), 175~241(윤태식 집필부분) 내용 참조.

없는 한 정당한 사유에 포함되지 않는다.[42)]

여기서 말하는 '당사자'에는 당사자 본인뿐만 아니라 그 소송대리인 및 대리인의 보조인도 포함된다.[43)] 따라서 소송대리인이 있는 경우에 예컨대, 소송대리인이 판결정본의 송달을 받고도 당사자에게 그 사실을 알려 주지 아니하여 기간을 지키지 못한 경우처럼 그 책임이 소송대리인에게 있는 이상 본인에게 과실이 없다 하더라도 추후보완은 허용되지 않는다.[44)] 그 대리인의 보조인에게 과실이 있는 경우에도 같다.[45)]

특허청장 또는 특허심판원장은 제16조 제1항 본문 · 단서에 따른 무효처분 또는 같은 조 제2항 본문에 따른 무효처분의 취소처분을 할 때에는 그 보정명령을 받은 자에게 처분통지서를 송달하여야 한다(제16조 제3항).

절차의 무효처분을 받은 자는 제16조 제2항의 요건을 갖추어 그 무효처분의 취소청구를 할 수 있고,[46)] 그 처분이 무효임을 들어 일반적인 행정처분의 불복방법으로서 행정심판의 청구나 행정소송을 제기할 수 있다(제224조의2 참조).

2) 특허에 관한 절차를 밟은 자가 책임질 수 없는 사유로 인하여 제132조의17(특허거절결정 등에 대한 심판)에 따른 심판의 청구기간 또는 제180조(재심청구의 기간) 제1항에 따른 재심의 청구기간을 지킬 수 없을 때에는 그 사유가 소멸한 날부터 2개월[47)] 이내에 지키지 못한 절차를 추후 보완할 수 있다. 다만, 그 기간의 만료일부터 1년이 지났을 때에는 그러하지 아니하다(제17조). 여기서 책임질 수 없는 사유는 2021. 10. 19. 법률 제18505호로 개정되기 전의 특허법 제16조 제2항의 '책임질 수 없는 사유'와 같은 내용이다.

특허에 관한 절차를 밟은 자에는 그 본인뿐 아니라 대리인 및 대리인의 보조인도 포함된다. 특허에 관한 절차를 밟은 자가 책임질 수 없는 사유로 그 추후보완기간을 준수하지 못할 경우 이에 대한 추후보완을 다시 인정할 수 없다.

그 추후보완 사유가 이유 없는 때에는 추후보완을 한 심판청구는 심판청구기간이 지난 부적법한 것으로서 그 흠을 보정할 수 없을 때에 해당하므로 심결로써 이를 각하할 수 있다(제142조).

---

42) 특허 · 실용신안 심사기준 제1부 제4장 4.
43) 대법원 1999. 6. 11. 선고 99다9622 판결.
44) 대법원 1984. 6. 14. 선고 84다카744 판결.
45) 대법원 1999. 6. 11. 선고 99다9622 판결.
46) 무효처분을 취소받고자 하는 경우에는 특허법시행규칙 별지 제10호 서식에 의한 기간경과구제신청서에 해태사유를 증명할 수 있는 서류, 대리인이 있는 경우 그 대리권을 증명하는 서류를 첨부하여 특허청장에게 제출하여야 한다(법 시행규칙 제17조).
47) 종전에는 해당 기간이 14일이었으나 당사자의 권리구제를 위해 2016. 2. 29. 법률 제14035호로 개정된 특허법에서 그 기간이 2개월로 연장되었다.

나. 절차의 효력의 승계, 절차의 속행 · 중단 · 중지, 중단된 절차의 속행

1) 승계 전 밟은 절차의 효력

특허권 또는 특허에 관한 권리에 관하여 밟은 절차의 효력은 그 특허권 또는 특허에 관한 권리의 승계인에게 미친다(제18조). 이는 특허에 관하여 이미 밟은 절차와 관련하여 권리관계에 변동이 있는 경우에 그때마다 동일한 절차를 반복하는 업무처리상의 불편을 피하려는 행정상의 편의와 절차의 신속한 진행을 도모하기 위한 규정이다.

여기서 특허에 관한 권리는 특허를 받을 수 있는 권리, 특허실시권(특허권자가 사용할 수 있는 권리와 전용실시권자 또는 통상실시권자가 그 특허발명을 실시할 수 있는 권리), 특허권 · 전용실시권 또는 통상실시권을 목적으로 하는 질권 등을 의미한다.

그리고 "특허권 또는 특허에 관한 권리에 관하여 밟은 절차"란 ① 당사자 또는 출원인 등(피승계인)이 특허청에 대하여 밟은 절차, ② 특허청이 당사자 또는 출원인 등(피승계인)에게 취한 제반절차(예컨대 특허청이 특허권 등의 승계 이전에 양도인에게 행한 절차), ③ 제3자가 당사자 또는 출원인 등(피승계인)에 대하여 밟은 절차 등을 포함하는 포괄적인 개념이다. 승계에는 어떤 권리주체에 귀속되고 있던 법률상의 권리의무의 일체가 그대로 이전하는 일반승계(상속 또는 법인의 합병 등)와 특정의 권리가 이전되는 특정승계(특허권에 관한 권리이전 등)를 모두 포함한다.

승계가 있는 경우 절차를 처음부터 다시 밟는 것이 아니라 이미 행한 절차는 유효하게 되므로 이미 밟은 절차는 다시 밟을 필요가 없다.

2) 승계 후 절차 진행에 관한 문제(당사자적격 문제)

특허청장 또는 심판장은 특허에 관한 절차가 특허청 또는 특허심판원에 계속(係屬) 중에 특허권 또는 특허에 관한 권리가 이전되면 그 특허권 또는 특허에 관한 권리의 승계인에 대하여 그 절차를 속행하게 할 수 있다(제19조). 제18조는 승계 전에 밟은 절차의 효력에 관하여 규정한 것인 데 비해, 제19조는 승계 후의 절차 진행에 관하여 규정한 것인 점에서 구별된다.

실무상 승계와 관련하여 누가 당사자로 인정받을 수 있는지와 관련된 당사자 적격 문제가 논쟁으로 되는 경우가 있다.[48] 당사자 적격이 문제되는 당사자 승계는 특허출원이 가) 심판이 제기되기 전에 승계되는 경우, 나) 심판 제기 후 심결 전 승계되는 경우, 다) 심결 후 소 제기 전에 승계되는 경우, 라) 소 제기 후 승계되는 경우 등으로 나누어 살펴볼 필요가 있다.

---

48) 이 부분에 관한 상세한 내용은 특허법 주해 I, 박영사(2010), 211~232(윤태식 집필부분)에 나와 있다. 여기서는 위 부분의 내용을 참고하여 재인용하되 주요 내용만을 간추려 기술한다.

가) 특허출원이 심판 제기 전에 승계되는 경우

심판이 제기되기 전에 특허출원이 승계되는 경우에는 특허출원의 상속, 그 밖의 일반승계의 경우를 제외하고는 특허출원인변경신고를 하지 아니하면 그 효력이 발생하지 않는다(제38조 제4항). 따라서 위와 같은 신고 절차를 취하여야 특허청 등으로부터 특허출원에 관한 권리자로 인정받을 수 있다. 특정승계인이 심결취소의 소를 먼저 제기하였다면 그 취소의 소 제기기간 내에 특허출원인변경신고를 마쳐야 한다.[49)]

나) 특허출원이 심결 전 승계된 경우 및 다) 심결 후 소 제기 전에 승계되는 경우

특허출원이 심결 전이나 심결 후 소 제기 전에 승계되는 경우는 아래와 같다.

먼저 일반승계의 경우를 본다.

심판절차 중에 상속, 법인의 합병 등에 의해 피상속인이나 합병 전의 법인의 권리의무 일체를 승계하는 일반승계가 이루어진 때에는 심판절차는 중단되고, 다만 절차를 밟을 것을 위임받은 대리인이 있는 경우에는 중단되지 않는다(제20조[50)]). 이러한 경우에는 당사자의 수계신청 등에 의해 수계한 당사자가 청구인 또는 피청구인으로 된다. 그리고 일반승계사유가 발생하여도 절차를 밟을 것을 위임받은 대리인이 있는 경우에는 절차가 중단되지 않으나, 심판절차의 대리인이 심결취소소송의 대리권에 대한 위임까지 받고 있지 않은 경우 그 심결의 등본이 송달됨과 동시에 소송절차 중단의 효과가 발생하게 된다. 피고로 되어야 할 측에 일반승계가 있었음에도 원고가 사망사실을 모르고 피고로 표시하여 소를 제기하였을 경우에는 사실상 피고는 사망자의 상속인이고 다만 그 표시를 잘못한 것에 불과하므로,[51)] 당사자표시변경신청을 하여 상속인을 피고로 할 수 있다.

특허사건에서의 소송대리권에 관하여 특허법원 2006. 4. 13. 선고 2006허978 판결(상고취하 확정)에서는, "심판절차에서의 대리인의 대리권은 다른 사정이 없는 한 특허심판원이 심결을 하고 그 심결에 대하여 취소소송을 제기할 때까지 존속하는바, 심결취소소송에서 심결을 취소하는 판결이 확정됨에 따라 특허심판원이 심판사건을 다시

49) 대법원 2017. 11. 23. 선고 2015후321 판결.

50) 상고이유서 제출기간이 지난 후에 소송절차수계신청인이 원고로부터 이 사건 등록상표에 관한 권리를 전부 이전등록받아 소송절차수계신청을 한 경우에 상고심의 소송절차가 이와 같은 단계에 이르러 변론 없이 판결을 선고할 때에는 양수인인 소송절차수계신청인으로 하여금 소송절차를 수계하도록 할 필요가 없다고 판단한 것으로 대법원 2017. 3. 16. 선고 2014후1327 판결 [등록무효(상)]이 있고, 일반 민사사건에서의 대법원 2006. 8. 24. 선고 2004다20807 판결 [손해배상(기)]도 같은 취지이다.

51) 대법원 1983. 12. 27. 선고 82다146 판결.

심리하게 되는 경우 아직 심결이 없는 상태이므로 종전 심판절차에서의 대리인의 대리권은 다시 부활하고, 당사자가 심결취소소송에서 다른 소송대리인을 선임하였다고 하여 달라지는 것은 아니다. 따라서 심결의 취소에 따라 다시 진행된 심판절차에서 종전 심판절차에서의 대리인에게 한 송달은 당사자에게 한 송달과 마찬가지의 효력이 있다."고 판단한 바 있다.[52)]

특허청장 또는 심판관은 결정 또는 심결의 등본을 송달한 후에 중단된 절차에 관한 수계신청에 대해서는 수계하게 할 것인지를 결정하여야 하고(제22조 제4항), 심판장이 수계를 허용하는 결정을 한 경우에는 그 결정에 표시된 자가 당사자 적격을 갖게 된다.

또한, 심결취소소송은 행정소송법 제8조에 의하여 행정소송법과 민사소송법이 적용 및 준용되는바, 민사소송법 제260조 및 행정소송법 제14조에 원고가 피고를 잘못 지정한 때에는 법원은 원고의 신청에 의하여 피고를 경정할 수 있는 규정이 마련되었으므로 이들 요건에 맞추어 피고를 경정할 수도 있다.

다음으로 특정승계의 경우를 본다.

심결 등에 대한 소에 있어서 원고적격을 가지는 자는 특허취소신청, 심판 및 재심사건의 당사자, 참가인, 그 사건에 참가신청을 하였으나 그 신청이 거부된 자로 한정되어 있다(제186조 제2항). 그리고 심결 등에 대한 소에서의 피고적격에 대하여도 법률상 성격이 항고소송이라는 점을 생각하면 원칙적으로 특허청장이지만 특허무효심판, 특허권존속기간연장등록무효심판, 권리범위확인심판, 정정무효심판, 통상실시권허여심판의 심결취소소송 이러한 심판의 확정심결에 대한 재심의 심결취소소송에 한하여 그 심판 또는 재심의 청구인이나 피청구인이 피고적격을 가지는 것으로 규정되어 있다(제187조).[53)]

---

52) 심급대리와 소송대리인의 권한에 관하여는 대법원 1996. 2. 9. 선고 94다61649 판결, 대법원 1997. 10. 10. 선고 96다35484 판결, 대법원 1992. 11. 5. 자 91마342 결정이 참고가 된다. 그 외 소송절차가 중단된 상태에서 수계절차를 거치지 않은 채 상소권한이 없는 제1심 소송대리인에 의하여 제기된 항소가 부적법하다고 판단한 것으로는 대법원 2003. 5. 27. 선고 2002다69211 판결이 있다.

53) 심결 등에 대한 소에서의 피고적격에 관한 규정(제187조)은 입법정책적인 이유에서 비롯된 것인데 이러한 입법정책적인 이유로 인해 실무에서는 특허소송에서 당사자계 심판의 심결을 취소하는 판결문에 기재된 피고는 본래 피고로 되어야 할 특허청장을 대신하여 소송을 수행하는 것에 지나지 않아서, 심결을 취소하는 판결이 확정된 경우에도 그 판결은 행정청인 특허청(특허심판원)에 대하여 효력이 발생하는 것이고(제189조 제3항, 행정소송법 제30조 제2항), 판결문에 기재된 피고에게 특별한 효력이 생기는 것이 아니라고 본다. 이에 따르면 심결취소소송의 경우 심결을 취소한 판결은 심결을 확정한다는 것 이상의 의미가 없고 심결을 취소하는 판결은 특허청에 대한 것이 되며, 판결문에 기재된 피고는 특허청을 위한 소송담당자에 지나지

심판이 계속되고 있는 중 특허권의 명의변경신고가 된 경우에 이후의 절차를 종전의 당사자(양도인)에게 그대로 수행시키고 심판의 효력을 권리의 승계인에게 미치게 할 것인지, 그렇지 않으면 승계인에게 인계시켜 수행하게 할 것인지는 입법정책상의 문제라고 할 수 있다.

이와 관련하여 특허법은 특허에 관한 절차가 특허청 또는 특허심판원에 계속 중에 특허권 또는 특허를 받을 수 있는 권리 등의 승계가 이루어진 경우 그 권리의 승계인이 스스로 참가신청을 하지 아니하여도 특허청장 또는 심판장은 직권으로 승계인에 대하여 그 절차를 속행하게 할 수 있도록 규정하되(제19조), 이 때 특허청장 또는 심판장은 당사자에게 그 취지를 서면으로 통지하도록 하고 있고(법 시행규칙 제18조), 특허권 등에 관하여 밟은 절차의 효력은 그 특허권 등의 승계인에게 미친다고 규정하고 있는데(제18조) 이들 규정은 행정상의 편의를 꾀하기 위한 규정으로서 그 규정의 성격을 둘러싸고 학설이 나뉘고 그 해석 여하에 따라 당사자 적격[54] 특히 원고적격의 처리방식이 달라진다.

이에 대하여는 ① 피승계인설(제19조의 취지를 기본적으로 특허청장 또는 심판장이 그 재량으로 권리의 승계인에게 인계시킬 것인지 여부를 결정할 수 있다고 정한 것이라는 입장에서 승계 후에는 승계인에 대하여 절차를 속행하여도 되고, 혹은 구 권리자에 대하여 속행하여도 지장이 없다는 취지로 해석하는 견해), ② 승계인설(권리의 승계인에게 속행명령을 하는 것이 심판장의 의무에 속함을 전제로 심판장이 직권으로 승계인에 대하여 절차를 속행할 것을 결정하고 당사자에게 그 취지를 통지함으로써 당사자의 지위를 취득하게 되고 심판절차 중의 권리승계인은 스스로 적극적으로 참여하지 않아도 심판장이 직권으로 속행명령을 할 것이라는 기대를 가질 수 있는 지위에 있으므로 승계인에게 심결취소소송의 원고적격을 인정할 수 있다는 견해), ③ 피승계인 및 승계인설(원칙적으로 피승계인에게 원고적격을 인정하되 승계인에 원고

않아서 실체상의 권리의무관계에 관하여 어떠한 의무도 부담하지 않는다.

54) 실무상 견해의 대립은 원고적격에서 주로 일어나고 있고, 그중 심결 전 승계의 경우 피고적격은 어느 입장에 의하더라도 종전의 권리자가 당사자로 표시되어 있는 이상 양도인(구 권리자)을 피고로 하여 특허소송을 제기하여야 한다고 본다.
한편 과거에 대법원 2007. 4. 26. 선고 2005후2861 판결도 특허취소결정에 대한 심판청구 시 누락된 특허권의 공유자를 추가하는 보정이 허용되는 시간적 한계는 심판청구기간 도과 전까지라고 하면서 특허권의 공유자 중 일부만이 심판청구를 제기한 경우 그 심판의 계속 중 나머지 공유자를 심판청구인으로 추가하는 보정은 요지의 변경으로서 허용할 수 없음이 원칙이나, 심판청구기간이 도과되기 전이라면 나머지 공유자를 추가하는 보정을 허용할 수 있다고 하였었다. 그런데 2009. 1. 30. 법률 제9381호로 개정된 특허법제140조 제2항에서 같은 조 제1항 제1호에 따른 심판청구서의 당사자 중 특허권자의 기재를 바로잡기 위하여 보정(추가하는 것을 포함한다)하는 경우에는 심판청구의 요지를 변경하는 것으로 보지 않고 허용하도록 규정하고 있으므로 위 판시 법리는 심판에 대하여는 더 이상 효력이 없다.

적격이 없다고 하면 종전의 권리자가 양도가 끝난 특허권 등에 더는 관심을 갖지 않고 취소소송을 제기하지 않을 수 있고 이 경우 승계인은 심결에 대한 불복신청수단이 없어지게 되어 가혹하다는 점과 승계인은 제18조에 의해 피승계인을 당사자로 하는 심결의 효력을 승계하고 있기 때문에 심판절차의 당사자 지위도 승계하고 있다고 보아야 한다는 이유로 권리이전등록을 마친 승계인도 원고적격이 있다고 보아야 한다는 견해)이 있다.

이에 관한 특허법원의 실무는 아직 확립되어 있지 않다. 특허법원에서는 심판청구 기각심결을 받은 원고가 구 권리자인 심결의 피청구인과 특정승계인에 대하여 각각 별소를 제기한 사안에서 특허법원은 특정승계인에 대한 소를 취하시키고 구 권리자에 대한 소에 특정승계인을 참가시킨 사례[55]가 있으나, 한편으로는 심판절차 진행 중의 특정승계인이 당사자로서 단독으로 심결취소소송을 제기한 경우에도 이를 인정[56]하고 있다.

이에 관하여 대법원도 아직까지 명확한 입장을 표명하고 있지 않다. 원고적격에 관하여 보면, 대법원 1967. 6. 27. 선고 67후1 판결에서 "등록무효심판 계속 중 피심판청구인의 등록권리가 제3자에게 이전되었다고 하더라도 특허법이나 민사소송법상 사건 계속 중 그 등록권리의 특별승계가 있는 경우 승계인으로 하여금 당사자의 지위를 당연히 승계하도록 하는 규정이 없으므로, 계쟁 권리에 대한 처분금지가처분에 관한 규정이 없는 위와 같은 특허사건의 피심판청구인은 계쟁중인 등록권리를 타인에게 양도함으로써 심판청구인으로 하여금 속수무책으로 패배케 하는 불합리한 결과에 이르게 하는 사례가 없지 않을 것인즉, 이러한 결과를 막기 위하여 특허사건의 특이성과 당사자 쌍방과 권리승계인의 권리관계를 공평히 교량하고, 구 특허법 제32조(현행 특허법 제19조와 유사하다)의 취지를 감안하여 당사자로서의 지위에는 아무런 영향이 없다."라고 한 적이 있으나 위 판례는 소송구조가 아닌 구 특허법 하의 특허청 심판소에서의 속심구조에서 나온 판례로서, 특허심판원과 특허법원의 심급관계를 엄격히 구분하여 별개독립의 단계로 이해되고 있고, 민사소송법은 기본적으로 소송승계주의를 채택하고 있는 현행 특허법 하에서도 과연 그러한 해석이 유지될 수 있을지 의문을 가질 수 있다.

그리고 대법원 2001. 6. 29. 선고 99후1546 판결에서 판결이유에는 명시적으로 나와 있지 않으나, 특허심판원의 심결 후 심결취소소송의 소제기 직전에 특허발명의 특허권이 원고에서 그가 대표이사로 있는 회사로 이전등록되었는데도 불구하고 원고가

---

55) 특허법원 2001. 2. 23. 선고 2000허5957 판결(미상고 확정).

56) 특허법원 2003. 8. 21. 선고 2002허7346 판결(상고기각 확정)로서 세 번째 견해(피승계인 및 승계인설)에 가깝다.

당사자가 되어 소를 제기하고 그 변론종결 시까지 특허권의 양수인인 위 회사가 승계참가 등의 절차를 취하지 않아 원심판결이 원고 명의로 선고되고 상고도 원고를 상대로 제기된 사안이었는데, 대법원은 원고에게 당사자적격 및 심결취소의 이익을 긍정함을 전제로 상고를 기각하였는데, 이는 묵시적으로 피승계인에게도 원고적격을 인정하는 견해를 취하였다고 해석될 여지가 있다.

그리고 피고적격에 관하여 보면 대법원 2003. 5. 27. 선고 2001후2054 판결의 판결이유에는 명시적인 판단이 없으나, 위 사건은 원심의 변론종결일까지는 피고가 제3자에게 특허권을 이전하였음을 진술하거나 특허권 이전 후의 특허등록원부를 제출하지 않은 채 자신이 특허권자임을 전제로 계속 소송수행을 하여 왔고, 원심법원도 그 전에 발행된 특허등록원부의 내용만을 믿고 재판을 진행한 결과 양도인인 피고를 당사자로 하는 판결을 하였지만, 실제로는 특허심판원의 심결일 이전에 이미 피고로부터 제3자에게 특허권이 이전되어 있었던 사안이었는데, 이에 대하여 피고가 상고이유에서 당사자적격이 없음을 들어 다투었으나 원고가 심결문의 피청구인인 양도인을 피고로 삼아 소를 제기한 것이 적법함을 전제로 피고의 상고를 기각하고 있다.

또한 대법원 2009. 6. 25. 자 2009후948 판결(심리불속행 상고기각)은 특허발명에 대한 공유지분 양수인에 대한 이전등록이 '심결 후 소제기 전'에 마쳐졌으나 원고가 양도인을 피고로 삼아 심결취소소송을 제기한 사건에서 대법원은 소제기 당시 심결의 피심판청구인 중 1인으로 기재된 양도인에게 피고적격이 있었다고 본 데에 위법이 없음을 전제로, 본안에 나아가 판단한 원심판결을 수긍하고 상고를 기각하였다. 이는 묵시적으로 피승계인에게도 피고적격을 인정하는 견해를 취하였다고 해석될 여지가 있다.

라) 특허출원이 소 제기 후에 승계되는 경우

먼저 일반승계의 경우에, 상속인 등에게 이해관계가 인정되지 아니한다면 소를 각하하여야 한다는 견해[57]와 무효심판청구인의 지위는 승계가 없기 때문에 소송종료선언을 하는 것으로 충분하다는 견해[58]가 있으나, 원고가 심결취소소송의 소장을 법원에 제출한 후 사망했더라도 이해관계가 곧바로 소멸한다고 보기는 어려우므로 소송절차의 중단사유로 되고(민사소송법 제233조, 제234조), 소송절차 수계신청에 의해 소송절차가 속행된다고 봄이 타당하다. 특허등록무효의 심판청구인이 피고로 되어 있는 심결취소

57) 특허소송실무, 법원행정처(1998), 51.

58) 이상경, 지적재산권소송법, 육법사(1998), 61면, 그 논거로 이혼소송의 계속 중 당사자 일방이 사망하면 소송이 종료되는 것으로 보아야 한다는 대법원 1994. 10. 28. 선고 94므246, 94므253 판결 등을 근거로 들고 있다.

소송에서 피고가 사망한 경우에도 상속인 등 소송을 속행하여야 할 자에게 소송절차를 수계하도록 한다.

다음으로 소제기 후에 특정승계가 있는 때는, 양수인의 독립당사자참가 또는 양도인 또는 상대방에 의한 소송인수의 신청에 의해 소송에 참가할 수 있고(민사소송법 제79조, 제82조), 이 경우 양도인은 상대방의 승낙을 얻어 소송에서 탈퇴할 수 있다(민사소송법 제80조, 제82조).

다. 절차의 중단

1) 절차의 중단 사유 등

절차의 중단은 특허청이나 절차를 밟는 자의 의사에 관계없이 당사자의 사망 등과 같은 법률에 규정된 사유에 의하여 당연히 발생한다. 다만, 절차를 밟을 것을 위임받은 대리인이 있는 경우에는 그러하지 아니하다(제19조).

특허에 관한 절차가 중단되는 사유로는 ① 당사자가 사망한 경우, ② 당사자인 법인이 합병에 따라 소멸한 경우, ③ 당사자가 절차를 밟을 능력을 상실한 경우, ④ 당사자의 법정대리인이 사망하거나 그 대리권을 상실한 경우, ⑤ 당사자의 신탁에 의한 수탁자의 임무가 끝난 경우, ⑥ 제11조 제1항 각 호 외의 부분 단서에 따른 대표자가 사망하거나 그 자격을 상실한 경우, ⑦ 파산관재인 등 일정한 자격에 따라 자기 이름으로 남을 위하여 당사자가 된 자가 그 자격을 잃거나 사망한 경우이다(제20조 제1호부터 제7호까지).

2) 중단된 절차의 수계

제20조에 따라 특허청 또는 특허심판원에 계속 중인 절차가 중단된 경우에는 아래 내용에 따른 자가 그 절차를 수계(受繼)하여야 한다(제21조).

제20조 제1호의 경우: 사망한 당사자의 상속인·상속재산관리인 또는 법률에 따라 절차를 속행할 자. 다만, 상속인은 상속을 포기할 수 있을 때까지 그 절차를 수계하지 못한다.

제20조 제2호의 경우: 합병에 따라 설립되거나 합병 후 존속하는 법인

제20조 제3호 및 제4호의 경우: 절차를 밟을 능력을 회복한 당사자 또는 법정대리인이 된 자

제20조 제5호의 경우: 새로운 수탁자

제20조 제6호의 경우: 새로운 대표자 또는 각 당사자

제20조 제7호의 경우: 같은 자격을 가진 자

3) 수계신청

제20조에 따라 중단된 절차에 관한 수계신청은 제21조 각 호의 어느 하나에 해당하는 자가 할 수 있다. 이 경우 그 상대방은 특허청장 또는 제143조에 따른 심판관(이하 심판관이라 한다)에게 제21조 각 호의 어느 하나에 해당하는 자에 대하여 수계신청할 것을 명하도록 요청할 수 있다(제22조 제1항).

특허청장 또는 심판장은 제20조에 따라 중단된 절차에 관한 수계신청이 있으면 그 사실을 상대방에게 알려야 한다(제22조 제2항).

특허청장 또는 심판관은 제20조에 따라 중단된 절차에 관한 수계신청에 대하여 직권으로 조사하여 이유 없다고 인정하면 결정으로 기각하여야 한다(제22조 제3항). 특허청장 또는 심판관은 결정 또는 심결의 등본을 송달한 후에 중단된 절차에 관한 수계신청에 대해서는 수계하게 할 것인지를 결정하여야 한다(제22조 제4항). 특허청장 또는 심판관은 제21조 각 호의 어느 하나에 해당하는 자가 중단된 절차를 수계하지 아니하면 직권으로 기간을 정하여 수계를 명하여야 하고(제22조 제5항), 위 기간에 수계가 없는 경우에는 그 기간이 끝나는 날의 다음 날에 수계가 있는 것으로 본다(제22조 제6항).

특허청장 또는 심판장은 위 수계가 있는 것으로 본 경우에는 그 사실을 당사자에게 알려야 한다(제22조 제7항).

4) 중단의 효과

특허에 관한 절차가 중단된 경우에는 그 기간의 진행은 정지되고, 그 절차의 수계통지를 하였을 때부터 다시 모든 기간이 진행된다(제24조).

라. 절차의 중지

1) 절차의 중지 사유 등

특허청장 또는 심판관이 천재지변이나 그 밖의 불가피한 사유로 그 직무를 수행할 수 없을 때에는 특허청 또는 특허심판원에 계속 중인 절차는 그 사유가 없어질 때까지 중지된다(제23조 제1항).

당사자에게 일정하지 아니한 기간 동안 특허청 또는 특허심판원에 계속 중인 절차를 속행할 수 없는 장애사유가 생긴 경우에는 특허청장 또는 심판관은 결정으로 장애사유가 해소될 때까지 그 절차의 중지를 명할 수 있고(제23조 제3항), 특허청장 또는 심판관은 위 결정을 취소할 수 있다(제23조 제3항).

제23조 제1항 또는 제2항에 따른 중지나 제3항에 따른 취소를 하였을 때에는 특허청장 또는 심판장은 그 사실을 각각 당사자에게 알려야 한다(제23조 제4항).

2) 중지의 효과

특허에 관한 절차가 중지된 경우에는 그 기간의 진행은 정지되고, 그 절차를 속행하였을 때부터 다시 모든 기간이 진행된다(제24조).

II. 분할출원(제52조)

1 의의 · 취지

분할출원이란 둘 이상의 발명을 포함하는 특허출원(이하 원출원이라 한다)의 출원서에 최초로 첨부된 명세서 또는 도면에 기재된 사항의 범위 내에서 하나 이상의 새로운 특허출원으로 나누는 것을 말한다.

특허출원이 제45조(하나의 특허출원의 범위)에 관한 요건을 충족하지 않는 발명을 포함하는 경우에는 특허받을 수 없으므로 출원일을 소급 받으면서도 거절이유를 해소할 수 있도록 할 필요가 있고, 기술공개의 대가로 일정기간 독점권을 부여하는 특허제도의 취지에서 출원 당시 청구범위에 기재되어 있지 않았으나 발명의 설명 또는 도면에는 기재되어 있는 다른 발명에 대해서 특허를 받을 수 있게 하도록 분할출원 제도가 필요하다.

2 요건

분할출원은 원출원(분리출원이 아니어야 한다, 제52조의2 제4항 참조)의 출원인이 할 수 있는데, 형식적 요건으로 ① 원출원이 분할출원한 당시에 특허청 등에 계속 중일 것,[59] ② 원출원의 출원인과 분할출원의 출원인이 분할출원 당시 동일할 것,[60] ③ 분할출원서가 i) 제47조 제1항에 따라 보정을 할 수 있는 기간 내, ii) 특허거절결정등본

---

59) 따라서 원출원이 무효, 취하 또는 포기되거나 거절결정이 확정된 때에는 분할출원할 수 없다. 실무상 원출원이 취하 또는 포기 등으로 절차가 종료하는 날에 분할출원된 경우에는 그 분할출원은 원출원이 특허청에 계속 중일 때 출원된 것으로 취급되고 있다.

60) 공동출원의 경우에도 원출원과 분할출원의 각 출원인 전원이 일치하여야 한다. 특허거절결정 당시 원출원의 출원인(승계인 포함)과 분할출원인이 동일인임을 인정받기 위해서는 ① 출원인의 주소 또는 영업소가 일치될 것, ② 출원인의 성명 또는 명칭이 일치될 것, ③ 출원인의 인장이 일치될 것이 필요하다. 특허 · 실용신안 심사기준 제6부 제5장 3.1. 참조. 분할출원 당시 분할출원인과 원출원인이 동일인이면 되고 분할출원 이후에는 원출원과 분할출원의 출원인이 달라져도 문제가 되지 않는다.

을 송달받은 날부터 3개월[61](제15조 제1항에 따라 제132조의17에 따른 기간이 연장된 경우 그 연장된 기간을 말한다) 이내의 기간, iii) 제66조에 따른 특허결정 또는 제176조 제1항에 따른 특허거절결정 취소심결(특허등록을 결정한 심결에 한정하되, 재심심결을 포함한다)의 등본을 송달받은 날부터 3개월 이내의 기간(다만 제79조에 따른 설정등록을 받으려는 날이 3개월보다 짧은 경우에는 그 날까지의 기간)[62]의 어느 하나에 해당하는 기간에 제출될 것, 다만 그 특허출원이 외국어특허출원인 경우에는 그 특허출원에 대한 제42조의3 제2항에 따른 국어번역문이 제출될 것(제52조 제1항),[63] ④ 분할출원서에 그 취지 및 원출원을 표시할 것(제52조 제3항)이라는 요건을 갖추어야 한다.[64]

분할출원은 실체적 요건으로 ⑤ 원출원에 둘 이상의 발명이 포함되어 있고 원출원의 출원서에 최초로 첨부된 명세서 및 도면에 기재된 발명의 일부를 분할출원으로 할 것(제52조 제1항), ⑥ 분할출원의 명세서 및 도면에 포함된 발명은 모두 원출원서에 최초로 첨부된 명세서 및 도면에 포함될 것(분할출원에 기재된 발명이 원출원에 기재되어 있는지 여부는 '최초' 출원명세서 및 도면을 기준으로 하되 그 출원명세서에 명시적으로 기재되어 있거나 기재되어 있지는 않지만 출원 시의 기술상식으로 볼 때 그 발명이 속하는 기술분야에서 통상의 지식을 가진 사람이면 명시적으로 기재되어 있는 내용 자체로부터 그와 같은 기재가 있는 것과 마찬가지라고 명확하게 이해할 수 있는 사항이어야 한다)이라는 요건을 갖추어야 한다.

3 절차

법에 분할출원을 할 수 있는 자를 특허출원인으로 규정하고 있으므로 분할출원을 할 수 있는 권리를 가진 자는 원출원을 한 자 또는 그 승계인(특허출원인)이다. 공동출

61) 2021. 10. 19. 법률 제18505호로 개정되기 전 특허법은 30일이었으나 위 개정으로 3개월로 연장하였다.

62) 위 세 번째 사항은 2015. 1. 28. 법률 제13096호로 개정된 특허법에서 신설되었다. 개정 전 특허법에 의하면 특허결정 이후에 분할출원을 할 수 없어 자신의 발명임에도 특허결정 이후 변화된 시장 환경에 맞추어 추가적으로 권리화를 하지 못하는 문제점이 있어 이를 구제하기 위하여 마련되었다. 위 개정 특허법 부칙에 따라 이 신설 조항은 개정된 특허법이 시행된(2015. 7. 29.) 후 제66조에 따른 특허결정 또는 제176조 제1항에 따른 특허거절결정 취소심결(특허등록을 결정한 심결에 한정하되, 재심심결을 포함한다)의 등본을 송달받은 특허출원부터 적용한다.

63) 그 동안의 특허법 개정으로 분할출원을 할 수 있는 시기는 출원일에 따라 다르다. 이를 정리한 내용은 특허 · 실용신안 심사기준 제6부 제1장 3.2 참조.

64) 분할출원 후 분할출원서의 원출원의 표시가 오기임이 명백한 경우가 아니라면 원출원을 변경하는 보정은 허용되지 않는다.

원의 경우에는 원출원과 분할출원의 출원인 전원이 모두 일치하여야 한다.

분할출원을 하려는 때에는 법 시행규칙 제29조 규정의 별지 제14호 서식의 분할출원서에 명세서 등 각 호의 서류를 첨부하여 출원하여야 한다.

분할출원은 특허출원의 일부에 대해 별개로 새로운 특허출원을 하는 것이므로 둘 이상의 발명에 중 하나의 발명에 대하여 새로운 출원서를 제출하여야 하고 아울러 출연료 납부, 위임장, 우선권증명서의 제출 등 출원에 따른 모든 절차를 새로 밟아야 한다.

출원인은 분할출원에 따른 특허출원서 등 출원에 필요한 모든 서류를 새로 제출하여야 함이 원칙이나 소정의 증명서 내용이 원출원서에 제출된 증명서의 내용과 동일한 경우에 사본을 제출할 수 있고 해당 서식의 첨부서류란에 그 취지를 명기함으로써 그 증명서류를 갈음할 수 있는 등 서류 원용에 관한 특칙이 있다(법 시행규칙 제10조).

분할출원이 외국어특허출원인 경우에는 특허출원인은 제42조의3(외국어특허출원 등) 제2항에 따른 국어번역문 또는 제42조의3 제3항 본문에 따른 새로운 국어번역문을 같은 조 제2항에 따른 기한이 지난 후에도 분할출원을 한 날부터 30일이 되는 날까지는 제출할 수 있다. 다만, 제42조의3 제3항 각 호의 어느 하나에 해당하는 경우에는 새로운 국어번역문을 제출할 수 없다(제52조 제7항).

특허출원서에 최초로 첨부한 명세서에 청구범위를 적지 아니한 분할출원에 관하여는 제42조의2 제2항에 따른 기한이 지난 후에도 분할출원을 한 날부터 30일이 되는 날까지는 명세서에 청구범위를 적는 보정을 할 수 있다(제52조 제8항).

4 효과

분할출원이 있는 경우 그 분할출원은 특허출원한 때에 출원한 것으로 본다. 다만, 그 분할출원에 대하여 i) 분할출원이 제29조 제3항(확대된 선출원)에 따른 다른 특허출원 또는 실용신안법 제4조 제4항에 따른 특허출원에 해당하여 제29조 제3항 또는 실용신안법 제4조 제4항을 적용하는 경우,[65] ii) 제30조 제2항(공지 등이 되지 아니한 발명

65) 분할출원의 경우 통상 분할되기 전의 원출원의 명세서에 포함되어 있으므로 원출원이 소외 확대된 선출원의 지위를 가지게 되면 굳이 이에 포함되는 분할출원까지 이 지위를 부여할 필요가 없을 뿐만 아니라 혹시라도 분할출원 시 원출원에 기재되어 있지 아니한 새로운 사항이 분할출원의 발명의 설명에 추가되는 경우에 이러한 새로운 사항이 원출원일과 분할출원일 사이에 출원된 제3자의 청구범위에 기재된 발명과 동일한 경우가 있을 수 있는데 이때 분할출원의 출원일 소급을 인정하면 제3자의 출원은 후에 추가된 분할출원의 발명의 설명에 기재된 사항에 의하여 특허를 받지 못하게 되는 경우가 발생할 우려가 있기 때문이다. 특허법 주해 I, 박영

으로 보는 경우)을 적용하는 경우, iii) 제54조 제3항(조약에 의한 우선권 주장)을 적용하는 경우, iv) 제55조 제2항(특허출원 등을 기초로 한 우선권 주장)을 적용하는 경우[66]에는 해당 분할출원을 한 때에 출원한 것으로 본다(제52조 제2항 참조).

한편 분할출원의 청구범위에 기재된 발명이 원출원의 청구범위에 기재된 발명과 동일한 경우[67]에는 동일한 발명에 대해 같은 날에 둘 이상의 출원이 있는 문제가 발생하게 되므로 이러한 경우 분할출원은 인정하되 제36조 제2항에 따라 협의가 필요하게 된다.

분할출원에 대하여 특허법이 분할출원의 기간, 분할출원의 방법 이외에 별도의 절차규정을 두고 있지 아니하므로 분할출원에 대하여도 통상의 출원과 같이 심사관이 특허결정 혹은 거절결정을 하게 되고, 분할출원이 인정되지 아니하여 거절결정된 출원인은 통상의 거절결정의 경우와 같이 이에 대하여 불복하여 분할의 적법성과 발명의 신규성 등 해당 출원발명의 특허성을 다툴 수 있다.

심사관이 한 분할출원 불인정 통지는 출원인의 구체적인 공법상의 권리의무관계나 법률상의 이익에 직접적, 현실적인 변동을 생기게 하는 것이 아니므로 항고소송의 대상이 되는 행정처분이 아니다.[68] 심사결과 원출원과 분할출원에 대하여 각각 특허결정이 이루어졌다면, 출원인은 특허결정의 대상인 발명에 대해 특허결정의 취소를 구할 법률상 이익이 없다.[69]

분할출원에 대하여 공지예외 주장 또는 우선권 주장을 하고자 할 때에는 분할출원서에 그 취지를 기재하고 그 주장에 필요한 증명서류를 분할출원일부터 규정된 날까지(공지예외 주장 출원의 경우는 변경출원일부터 30일 이내, 우선권 주장출원의 경우는 최우선일부터 1년 4개월 또는 그 기간이 지난 후에도 분할출원일부터 3월 이내) 제출하여야 한다(제52조 제2항, 제30조 제2항, 제52조 제6항, 제54조 제5항).

사(2010), 652(김동준 집필부분).

66) 공지예외 주장 또는 우선권 주장이 있었던 경우 분할출원도 그 이익을 향유할 수 있지만 분할출원은 원출원과는 별개의 출원이므로 이들 규정 적용 시 원출원일을 기준으로 하게 되면 기간이 이미 지나 이러한 이익을 누릴 수 없게 되기 때문에 이때의 분할출원의 출원시점을 실제로 출원절차를 밟은 때로 보기 위함이다. 특허법 주해 I, 박영사(2010), 652(김동준 집필부분).

67) 두 발명의 동일 여부는 제36조에서 설명한 동일성 판단 방법과 같다. 대법원 2004. 3. 12. 선고 2002후2778 판결은 "원출원 중 일부 발명이 실시례 등의 상세한 설명에 기재된 것으로서 원출원 발명과 다른 하나의 발명으로 볼 수 있는 경우에는 그 일부를 분할출원할 수 있으며, 이 경우 그 동일성 여부의 판단은 특허청구범위에 기재된 양 발명의 기술적 구성이 동일한가 여부에 의하여 판단하되 그 효과도 참작하여야 할 것인바, 기술적 구성에 차이가 있더라도 그 차이가 주지 관용기술의 부가, 삭제, 변경 등으로 새로운 효과의 발생이 없는 정도에 불과하다면 양 발명은 서로 동일하다."라고 하였다.

68) 대법원 1996. 4. 9. 선고 95누13098 판결.

69) 대법원 2006. 10. 26. 선고 2004두14274 판결.

2021. 10. 19. 법률 제18505호로 특허법이 개정되기 전까지는 원출원이 우선권을 주장한 특허출원인 경우에 분할출원 시의 특허출원서에 '우선권 주장의 취지 및 선출원의 표시'가 기재되지 아니한 경우에는 분할출원에 대해 제55조에 따른 우선권 주장의 효력을 인정받을 수 없었다.70)

이에 따른 출원인의 불이익을 구제하기 위해 2021. 10. 19. 법률 제18505호로 개정된 특허법에서는 보호규정을 신설하였다. 이에 따라 분할의 기초가 된 특허출원이 제54조(조약에 의한 우선권 주장) 또는 제55조(특허출원 등을 기초로 한 우선권 주장)에 따라 우선권을 주장한 특허출원인 경우에는 제1항에 따라 분할출원을 한 때에 그 분할출원에 대해서도 우선권 주장을 한 것으로 보고, 분할의 기초가 된 특허출원에 대하여 제54조 제4항에 따라 제출된 서류 또는 서면이 있는 경우에는 분할출원에 대해서도 해당 서류 또는 서면이 제출된 것으로 본다(제52조 제4항). 제52조 제4항에 따라 우선권을 주장한 것으로 보는 분할출원에 관하여는 제54조 제7항 또는 제55조 제7항에 따른 기한[최우선일(조약에 의한 우선권 주장의 경우) 또는 최선출원일(특허출원 등을 기초로 한 우선권 주장의 경우)]이 지난 후에도 분할출원을 한 날부터 30일 이내에 그 우선권 주장의 전부 또는 일부를 취하할 수 있다(제52조 제5항).

제52조 제4항에 따라 원출원 시 우선권 주장을 하지 않았다면 분할출원 시 이와 같은 주장을 하는 것은 인정되지 않는다.

분할출원의 경우에 제54조에 따른 우선권을 주장하는 자는 제54조 제4항에 따른 서류(최초로 출원한 국가의 정부가 인증하는 서류로서 특허출원의 연월일을 적은 서면, 발명의 명세서 및 도면의 등본)를 제54조 제5항에 따른 기간이 지난 후에도 분할출원을 한 날부터 3개월 이내에 특허청장에게 제출할 수 있다(제52조 제6항).

관련하여 원출원 시에 공지예외 주장을 하지 않은 경우 분할출원에서 공지예외 주장을 하여 원출원일을 기준으로 한 공지예외의 효과를 인정받을 수 있는지가 문제된다.

이에 대한 쟁점이 문제된 사안에서 대법원은 공지예외 및 분할출원 관련 규정의 문언과 내용, 각 제도의 취지 등을 고려하여 원출원에서 공지예외 주장을 하지 않았더라도 분할출원에서 적법한 절차를 준수하여 공지예외 주장을 하였다면, 원출원이 자기 공지일로부터 12개월 이내에 이루어진 이상 공지예외의 효과를 인정받을 수 있다고 하였다.71)

분할출원의 경우에 제55조 제1항에 따른 우선권 주장의 기초가 된 선출원은 그 출원일부터 1년 3개월이 지난 때에 취하된 것으로 보므로(제56조 제1항) 원출원이 제56

70) 대법원 2019. 2. 21. 선고 2017후2819 판결.
71) 대법원 2022. 8. 31. 선고 2020후11479 판결.

조 제1항에 따라 그 출원일로부터 1년 3개월이 도과하여 취하간주된 이후에 원출원에 기초하여 한 분할출원은 허용되지 않는다.72)

심사청구는 출원일부터 3년 이내에 할 수 있음이 원칙이나 분할출원에 관하여는 3년이 지나더라도 분할출원을 한 날부터 30일 이내에 출원심사의 청구를 할 수 있다(제59조 제3항).

복수의 원출원을 기초로 하나의 분할출원을 할 수 없다. 그러나 둘 이상의 선출원을 하나의 국내우선권 주장출원으로 한 후 분할출원을 할 수 있다.73)

제52조 제1항에 따른 범위를 벗어난 분할출원인 경우 특허거절이유에 해당한다(제62조 제6호).

5 분할출원을 기초로 한 분할출원의 허부

원출원(A출원)을 기초로 분할출원(B출원)을 하고 다시 분할출원(B출원)을 기초로 분할출원(C출원)하는 것은 허용된다. 이는 특허법상 금지되어 있지 않고, 실질적으로 출원인이 분할출원 절차를 취할 필요성이 인정되는 경우(시기의 제한 때문에 A출원으로부터 분할출원을 할 수는 없으나 B출원으로부터 분할출원하는 것이 가능한 경우 등)가 있기 때문이다.

재분할출원(C출원)이 분할출원(B출원)에 대하여 분할요건을 충족하고 또한, 분할출원(B출원)이 원출원(A출원)에 대하여도 분할요건을 충족하며 동시에 재분할출원(C출원)이 원출원(A출원)에 대한 객체적 요건을 만족시키는 경우 재분할출원(C출원)은 원출원(A출원)의 출원일에 출원한 것으로 본다. 즉, 최후 분할출원인 재분할출원(C출원)이 원출원(A출원)의 출원일을 소급받기 위해서는 원출원(A출원)의 출원서에 최초로 첨부된 명세서 및 도면에 기재된 사항의 범위 내에서 분할해야 한다.74)

III. 분리출원(제52조의2)

1 의의 · 취지

2021. 10. 19. 법률 제18505호로 개정되기 전 특허법에서 분할출원은 특허거절

72) 대법원 2007. 3. 29. 선고 2005후2168 판결.
73) 특허 · 실용신안 심사기준 제6부 제1장 6.2.
74) 특허 · 실용신안 심사기준, 제5부 제3장 4.4.

결정이 있는 경우 그 결정 등본을 송달받은 날부터 일정한 기간까지만(거절결정불복심판 청구기간 내에서만) 할 수 있어 출원인은 특허거절결정의 심판을 청구하면서 청구가 기각되는 경우를 대비하여 출원하지 않아도 되는 분할출원을 하여 추가 비용을 지출하게 되고, 특허등록을 결정한 특허거절결정 취소심결에 한하여 분할출원이 인정되었기에 그 심판청구가 기각되면 청구범위에 기재된 발명 중 등록될 수 있는 발명이 있어도 구제를 받기 어렵다는 문제점이 있었다.

이에 위 개정 특허법은 특허거절결정의 심판청구가 기각된 후 특허법원에 소 제기할 수 있는 기간에 심사관이 특허거절결정의 대상으로 삼지 않았던 청구항에 기재된 발명을 분리하여 출원할 수 있도록 분리출원제도를 도입하고, 분리출원은 분리출원일로부터 30일 이내에 출원심사의 청구를 할 수 있도록 하는 한편, 분리출원의 범위를 위반한 경우에는 특허거절결정 또는 무효심판의 대상이 되고, 등록지연에 따른 특허권의 존속기간의 연장 기산일을 분리출원일로 하는 규정을 신설하였다. 다만 분리출원이 분할출원을 할 수 없는 상황에서 이를 구제하기 위해 권리획득의 기회를 추가로 부여하기 위해 제한적으로 인정된 것임을 명확히 하기 위해 분리출원은 새로운 분리출원, 분할출원 또는 실용신안법 제10조에 따른 변경출원의 기초가 될 수 없음(제52조의2 제4항)을 명시하였다.

2 요건

제52조의2 제1항은 "특허거절결정을 받은 자는...분리할 수 있다"고 규정하고 있으므로, 분리출원을 할 수 있는 권리를 가진 자는 특허거절결정 당시 원출원의 출원인 또는 그 승계인이다.

분리출원제도는 분할출원과 시기와 대상 등이 다를 뿐이어서 분리된 특허출원(이하 분리출원이라 한다)에 관하여는 제52조 제2항부터 제5항까지의 규정을 준용하고 이 경우 "분할"은 "분리"로, "분할출원"은 "분리출원"으로 본다(제52조의2 제2항).

분리출원은 형식적 요건으로 ① 원출원이 분리출원한 당시에 특허청 등에 계속 중일 것,[75] ② 원출원의 출원인과 분리출원의 출원인이 분리출원 당시 동일할 것,[76] ③

75) 따라서 원출원이 무효, 취하 또는 포기되거나 거절결정이 확정된 때에는 분리출원할 수 없다. 실무상 원출원이 취하 또는 포기 등으로 절차가 종료하는 날에 분리출원된 경우에는 그 분리출원은 원출원이 특허청 등에 계속 중일 때 출원된 것으로 취급되고 있다. 제52조의2 제4항에 비추어 원출원은 분리출원이 아니어야 한다.

76) 공동출원의 경우에도 원출원과 분리출원의 각 출원인 전원이 일치하여야 한다. 특허거절결정 당시 원출원의 출원인(승계인 포함)과 분리출원인이 동일인임을 인정받기 위해서는 ① 출원인

분리출원서를 원출원에 대한 거절결정불복심판청구가 기각된 경우 기각심결의 등본을 송달받은 날부터 30일(심결에 대한 소를 제기할 수 있는 기간에 대해 심판장이 부가기간을 정한 경우에는 그 기간) 이내에 제출할 것 ④ 분리출원서에 그 취지 및 원출원을 표시할 것(제52조의2 제2항, 제52조 제3항)이라는 요건을 충족하여야 한다.[77)]

분리출원은 실체적 요건으로 ⑤ 원출원에 둘 이상의 발명이 포함되어 있고 원출원의 출원서에 최초로 첨부된 명세서 및 도면에 기재된 발명의 일부를 분리출원으로 할 것, ⑥ 분리출원의 명세서 및 도면에 포함된 발명은 모두 원출원서에 최초로 첨부된 명세서 및 도면에 포함될 것(분리출원에 기재된 발명이 원출원에 기재되어 있는지 여부는 '최초' 출원명세서 및 도면을 기준으로 하되 그 출원명세서에 명시적으로 기재되어 있거나 기재되어 있지는 않지만 출원 시의 기술상식으로 볼 때 그 발명이 속하는 기술분야에서 통상의 지식을 가진 사람이면 명시적으로 기재되어 있는 내용 자체로부터 그와 같은 기재가 있는 것과 마찬가지라고 명확하게 이해할 수 있는 사항이어야 한다), ⑦ 분리출원의 새로운 특허출원의 청구범위에는 i) 그 심판청구의 대상이 되는 특허거절결정에서 거절되지 아니한 청구항(제1호), ii) 거절된 청구항에서 그 특허거절결정의 기초가 된 선택적 기재사항을 삭제한 청구항(제2호), iii) 제1호 또는 제2호에 따른 청구항을 제47조(특허출원의 보정) 제3항 각 호(같은 항 제4호는 제외한다)의 어느 하나에 해당하도록 적은 청구항(제3호), iv) 제1호부터 제3호까지 중 어느 하나의 청구항에서 그 특허출원의 출원서에 최초로 첨부된 명세서 또는 도면에 기재된 사항의 범위를 벗어난 부분을 삭제한 청구항(제4호)의 어느 하나에 해당하는 청구항만을 적을 것(제52조의2 제1항 후문)을 충족하여야 한다.

분리출원을 하는 경우에는 제42조의2 제1항 후단 또는 제42조의3 제1항에도 불구하고 특허출원서에 최초로 첨부한 명세서에 청구범위를 적지 아니하거나 명세서 및 도면(도면 중 설명부분에 한정한다)을 국어가 아닌 언어로 적을 수 없다(제52조의2 제3항).

분리출원은 새로운 분리출원, 분할출원 또는 실용신안법 제10조에 따른 변경출원의 기초가 될 수 없다(제52조의2 제4항).

3 절차

분리출원의 절차를 취할 때에는 법 시행규칙의 별지 제14호 서식의 특허출원서에

의 주소 또는 영업소가 일치될 것, ② 출원인의 성명 또는 명칭이 일치될 것, ③ 출원인의 인장이 일치될 것이 필요하다. 특허 · 실용신안 심사기준 제6부 제5장 3.1.

77) 분할출원 후 분할출원서의 원출원의 표시가 오기임이 명백한 경우가 아니라면 원출원을 변경하는 보정은 허용되지 않는다.

명세서 · 요약서 및 도면, 대리인에 의하여 절차를 밟는 경우에는 그 대리권을 증명하는 서류, 그 밖의 법령에 따른 증명서류를 첨부하여 특허청장에게 제출해야 한다(법 시행규칙 제29조의2 제1항). 법 시행규칙 제29조의2 제1항 제1호의 명세서는 별지 제15호 서식, 요약서는 별지 제16호 서식, 도면은 별지 제17호 서식에 따른다(법 시행규칙 제29조의2 제2항). 이때 그 특허출원서에는 분리출원의 취지와 분리의 기초가 된 원출원의 표시를 하여야 한다(제52조의2 제2항, 제52조 제3항).

분리출원에 대하여 우선권 주장을 하고자 할 때는 국내우선권 주장출원인 경우에는 분리출원서에 그 취지와 선출원의 표시를 해야 하고, 조약우선권 주장출원인 경우에는 분리출원서에 그 취지, 최초로 출원한 국가명 및 출원의 연월일을 적고 필요한 증명서류를 규정된 날까지(최우선일부터 1년 4개월 또는 그 기간이 지난 후에도 분리출원일부터 3개월 이내) 제출하여야 한다(제52조의2 제2항, 제52조 제2항, 제6항).

분리출원은 청구범위 제출 유예제도를 활용할 수 없고, 그에 따라 분리출원은 임시 명세서 제도도 활용할 수 없다(제52조의2 제3항, 법 시행규칙 제21조 제5항).

또한 분리출원은 외국어출원제도를 활용할 수 없으므로, 분리출원의 명세서(도면의 설명 포함)는 국어로 작성해서 제출해야 한다(제52조의2 제3항).

4 효과

분리출원이 있는 경우 그 분리출원은 원출원을 출원한 때에 출원한 것으로 본다. 다만, 그 분리출원에 대하여 i) 분리출원이 제29조 제3항(확대된 선출원)에 따른 다른 특허출원 또는 실용신안법 제4조 제4항에 따른 특허출원에 해당하여 제29조 제3항 또는 실용신안법 제4조 제4항을 적용하는 경우, ii) 제30조 제2항(공지 등이 되지 아니한 발명으로 보는 경우)을 적용하는 경우, iii) 제54조 제3항(조약에 의한 우선권 주장)을 적용하는 경우, iv) 제55조 제2항(특허출원 등을 기초로 한 우선권 주장)을 적용하는 경우에는 해당 분리출원을 한 때에 출원한 것으로 본다(제52조의2 제2항, 제52조 제2항).

위 사항을 포함하여 분리출원의 효력에 관하여는 분할출원에 관한 제52조 제2항부터 제5항까지의 규정을 준용하기 때문에(제52조의2 제2항), 분리출원의 효과는 분할출원의 효과와 동일하므로 이에 대해서는 앞의 분할출원의 효력 내용을 참고한다.

심사청구는 출원일부터 3년 이내에 할 수 있음이 원칙이나 분리출원에 관하여는 3년이 지나더라도 분리출원을 한 날부터 30일 이내에 출원심사의 청구를 할 수 있다(제59조 제3항).

제52조의2 제1항에 따른 범위를 벗어나는 분리출원인 경우 특허거절이유에 해당

한다(제62조 제6호).

Ⅳ. 변경출원(제53조)

1 의의 · 취지

특허법에서 변경출원이란 실용신안등록출원(원출원)을 한 자가 실용신안등록출원을 소정의 요건에 따라 특허출원으로 변경하는 것을 말한다.

출원인이 선출원주의에 따라 출원을 서두르거나 제도에 대한 오해, 진보성 판단의 곤란성 등으로 출원 형식(특허, 실용신안등록)을 잘못 선택한 경우에 다시 출원하도록 한다면 출원인은 당초 출원일을 유지할 수 없게 되고 추가비용이 발생하는 불이익을 입는다.

특허법은 출원인이 선출원주의하에서 출원 형식을 잘못 선택하여 출원한 경우에 출원일을 그대로 유지한 채 원출원의 형식을 다른 형식으로 변경할 수 있도록 변경출원제도를 인정되고 있다.

한편, 특허출원을 한 자가 특허출원을 실용신안등록출원으로 변경하는 것에 대하여는 실용신안법 제10조(변경출원)에서 규정하고 있고 그 내용은 특허법의 해당 규정과 별다른 차이가 없다.

2 요건

변경출원은 원출원(분리출원이 아니어야 한다, 제52조의2 제4항 참조)을 한 자가 할 수 있는데, 형식적 요건으로 ① 변경 전의 특허출원이 변경출원한 당시에 특허청에 계속 중일 것,[78] ② 변경 전 원출원인과 변경출원의 출원인이 출원의 변경 당시에 동일할 것,[79] ③ 변경출원서가 실용신안등록출원일 또는 특허출원일부터 설정등록되기 전으로 최초의 거절결정등본을 송달받은 날부터 3개월 이내(실용신안법 제3조에 따라 준용되는 특허법 제15조 제1항에 따라 제132조의17에 따른 기간이 연장된 경우에는 그 연장된 기간을

78) 실무상 변경 전의 출원이 취하 또는 포기 등으로 절차가 종료하는 날에 변경출원된 경우에는 그 변경출원은 변경 전의 출원이 특허청에 계속 중일 때 출원된 것으로 취급되고 있다.

79) 공동출원의 경우에도 원출원과 변경출원의 각 출원인 전원이 일치하여야 한다. 특허거절결정 당시 원출원의 출원인(승계인 포함)과 분리출원인이 동일인임을 인정받기 위해서는 ① 출원인의 주소 또는 영업소가 일치될 것, ② 출원인의 성명 또는 명칭이 일치될 것, ③ 출원인의 인장이 일치될 것이 필요하다.

말한다)에 제출되고(제53조 제1항 제1호) 그 실용신안등록출원이 실용신안법 제8조의3 제2항에 따른 외국어실용신안등록출원인 경우이거나, 그 특허출원이 특허법 제42조의3 제2항에 따른 외국어특허출원인 경우로서 각각 변경하여 출원할 때 같은 항에 따른 국어번역문이 제출될 것(제53조 제1항 제2호의 반대 해석), ④ 변경출원서에 그 취지 및 변경출원의 기초가 된 실용신안등록출원의 표시를 하여야 할 것(제53조 제2항)의 요건을 갖추어야 한다.[80)]

변경출원은 실체적 요건으로 ⑤ 변경출원의 명세서 및 도면에 기재된 사항이 변경 전 출원서에 최초로 첨부된 명세서 및 도면에 포함되어 있어야 한다(제53조 제1항 각 호 외의 부분 본문. 변경출원에 기재된 사항이 변경 전 출원에 기재되어 있는지 여부는 '최초' 출원 명세서 및 도면을 기준으로 하되 그 출원명세서에 명시적으로 기재되어 있거나 기재되어 있지는 않지만 출원 시의 기술상식으로 볼 때 그 발명이 속하는 기술분야에서 통상의 지식을 가진 사람이면 명시적으로 기재되어 있는 내용 자체로부터 그와 같은 기재가 있는 것과 마찬가지라고 명확하게 이해할 수 있는 사항이어야 한다)는 요건을 갖추어야 한다.

분할출원을 원출원으로 하여 출원의 변경을 할 수 있다. 다만, 특허출원의 일부를 실용신안등록출원으로 변경출원하는 등 출원의 분할과 출원의 변경이 하나의 절차에 의해서 이루어지는 경우에는 적법한 변경출원으로 인정하지 않는다. 출원의 일부를 다른 출원형식으로 변경하고자 하는 경우에는 일단 동일한 출원형식으로 출원의 분할을 하고 그 분할출원을 변경 전 출원으로 하여 다시 변경출원하여야 한다.

복수의 원출원을 기초로 하나의 변경출원을 할 수 없다. 그러나 둘 이상의 선출원을 하나의 국내우선권 주장출원으로 한 후 변경출원할 수 있다.[81)]

실용신안법 제34조 제1항에 따라 국제출원일에 출원된 실용신안등록출원으로 보는 국제출원을 기초로 하여 특허출원으로 변경출원을 하는 경우에는 제53조 제1항에도 불구하고 실용신안법 제17조 제1항에 따른 수수료를 내고 같은 제35조 제1항에 따른 국어번역문(국어로 출원된 국제실용신안등록출원의 경우는 제외한다)을 제출한 후(실용신안법 제40조 제4항에 따라 국제출원일로 인정할 수 있었던 날에 출원된 것으로 보는 국제출원을 기초로 하는 경우에는 같은 항에 따른 결정이 있은 후)에만 변경출원을 할 수 있다(제209조).

---

80) 변경출원 시에 원출원을 표시하지 않거나 잘못 표시한 경우에는 그 출원은 적법한 변경출원으로 인정되지 않고, 명백히 잘못된 기재를 제외하고는 변경출원 후에 원출원의 표시를 보정하여 원출원을 바꾸는 보정도 인정되지 않는다.

81) 특허 · 실용신안 심사기준 제6부 제2장 6.2.

3 절차

변경출원을 하려는 자는 변경출원을 할 때 특허출원서에 그 취지 및 변경출원의 기초가 된 실용신안등록출원의 표시를 하여야 한다(법 제53조 제3항).[82)]

변경출원을 하고자 하는 경우에는 법 시행규칙의 별지 제14호 서식의 특허출원서에 명세서 · 요약서 및 도면, 대리인에 의하여 절차를 밟는 경우에는 그 대리권을 증명하는 서류, 그 밖의 법령에 따른 증명서류를 첨부하여 특허청장에게 제출해야 한다(법 시행규칙 제30조 제1항). 법 시행규칙 제30조 제1항 제1호의 명세서는 별지 제15호 서식, 요약서는 별지 제16호 서식, 도면은 별지 제17호 서식에 따른다(법 시행규칙 제30조 제2항).

출원인은 변경출원에 따른 특허출원서 등 출원에 필요한 모든 서류를 새로 제출하여야 함이 원칙이나 소정의 증명서 내용이 원출원서에 제출된 증명서의 내용과 동일한 경우에 사본을 제출할 수 있고 해당 서식의 첨부서류란에 그 취지를 명기함으로써 그 증명서류를 갈음할 수 있는 등 서류 원용에 관한 특칙이 있다(법 시행규칙 제10조).

특허출원인은 변경출원이 외국어특허출원인 경우에는 제42조의3 제2항에 따른 국어번역문 또는 같은 조 제3항 본문에 따른 새로운 국어번역문을 같은 조 제2항에 따른 기한이 지난 후에도 변경출원을 한 날부터 30일이 되는 날까지는 제출할 수 있다. 다만, 제42조의3 제3항 각 호의 어느 하나에 해당하는 경우에는 새로운 국어번역문을 제출할 수 없다(제53조 제7항).

특허출원인은 특허출원서에 최초로 첨부한 명세서에 청구범위를 적지 아니한 변경출원의 경우 제42조의2 제2항에 따른 기한이 지난 후에도 변경출원을 한 날부터 30일이 되는 날까지 명세서에 청구범위를 적는 보정을 할 수 있다(제53조 제8항).

4 효과

변경출원이 있는 경우에 그 변경출원은 실용신안등록출원을 한 때에 특허출원한 것으로 본다. 다만, 그 변경출원이 i) 제29조 제3항(확대된 선출원)에 따른 다른 특허출원 또는 실용신안법 제4조 제4항에 따른 특허출원에 해당하여 제29조 제3항 또는 실용신안법 제4조 제4항을 적용하는 경우(제1호), ii) 제30조 제2항(공지 등이 되지 아니한 발명으로 보는 경우)을 적용하는 경우(제2호), iii) 제54조 제3항(조약에 의한 우선권 주장)을

82) 국내에 주소 또는 영업소가 있는 자로부터 특허에 관한 절차를 밟을 것을 위임받은 대리인은 특별히 권한을 위임받아야 변경출원을 할 수 있다(제6조).

적용하는 경우(제3호), iv) 제55조 제2항(특허출원 등을 기초로 한 우선권 주장)을 적용하는 경우(제4호)의 어느 하나에 해당하는 경우에는 해당 변경출원을 한 때에 출원한 것으로 본다(제53조 제2항 참조). 그 이유에 대해서는 앞의 분할출원에서 설명한 바와 같다.

변경출원에 대하여 공지예외 주장 또는 우선권 주장을 하고자 할 때에는 변경출원서에 그 취지를 기재하고 그 주장에 필요한 증명서류를 변경출원일부터 규정된 날까지(공지예외 주장 출원의 경우는 변경출원일부터 30일 이내, 우선권 주장출원의 경우는 최우선일부터 1년 4개월 또는 그 기간이 지난 후에도 변경출원일부터 3월 이내) 제출하여야 한다(제52조 제2항, 제30조 제2항, 제52조 제6항, 제54조 제5항).

원출원 시 우선권 주장을 하지 않은 경우에 변경출원 시 이와 같은 주장을 하는 것은 인정되지 않는다. 그러나 공지예외 주장의 경우에는 제30조 제3항에 따라서 공지예외 주장을 보완할 수 있다는 점을 고려하여 원출원 시 공지예외 주장을 하지 않았더라도 변경출원 시 이와 같은 주장을 하는 것은 허용된다.[83)]

한편, 원출원에서 공지예외 주장 또는 우선권 주장의 취지만을 기재하고 그 증명서류를 법정기간 내 제출하지 않았으나 변경출원서에 공지예외 주장 및 우선권 주장의 취지를 기재하고 변경출원일부터 규정된 날까지 해당 증명서류를 제출한 경우에는 그 공지예외 주장 또는 우선권 주장은 적법한 것으로 본다(원출원의 해당 공지예외 주장절차 또는 우선권 주장절차가 그 변경출원 전에 무효로 된 경우는 제외한다).

변경출원의 경우에 제54조에 따른 우선권을 주장하는 자는 같은 조 제4항에 따른 서류를 같은 조 제5항에 따른 기간이 지난 후에도 변경출원을 한 날부터 3개월 이내에 특허청장에게 제출할 수 있다(제53조 제6항).

심사청구는 출원일부터 3년 이내에 할 수 있음이 원칙이나 변경출원에 관하여는 3년이 지나더라도 변경출원을 한 날부터 30일 이내에 출원심사의 청구를 할 수 있다(제59조 제3항).

변경출원이 있는 경우에는 그 실용신안등록출원은 취하된 것으로 본다(제53조 제4항). 변경출원이 있어 원출원이 취하 간주된 이후에는 변경출원이 반려되는 경우를 제외하고는 변경출원이 무효, 취하, 포기되거나 거절결정이 확정되더라도 원출원의 출원상태가 다시 계속되지 않는다.

복수의 원출원을 기초로 하나의 변경출원을 할 수 없다. 그러나 둘 이상의 선출원을 하나의 국내우선권 주장출원으로 한 후 변경출원을 할 수 있다.[84)]

83) 분할출원에 관한 대법원 2022. 8. 31. 선고 2020후11479 판결 참조.
84) 특허·실용신안 심사기준 제6부 제2장 6.2.

5 변경출원을 기초로 한 변경출원의 허부

변경출원을 기초로 한 변경출원도 앞의 「5 분할출원을 기초로 한 분할출원의 허부」에서 본 요건이 그대로 적용된다.

V. 조약에 의한 우선권 주장(제54조), 특허출원 등을 기초로 한 우선권 주장(제55조 · 제56조), 국제출원절차(제192조 이하)

1 조약에 의한 우선권 주장

제54조(조약에 의한 우선권 주장) 제1항은 "조약에 따라 다음 각 호의 어느 하나에 해당하는 경우에는 제29조 및 제36조를 적용할 때에 그 당사국에 출원한 날을 대한민국에 특허출원한 날로 본다. 1. 대한민국 국민에게 특허출원에 대한 우선권을 인정하는 당사국의 국민이 그 당사국 또는 다른 당사국에 특허출원한 후 동일한 발명을 대한민국에 특허출원하여 우선권을 주장하는 경우, 2. 대한민국 국민에게 특허출원에 대한 우선권을 인정하는 당사국에 대한민국 국민이 특허출원한 후 동일한 발명을 대한민국에 특허출원하여 우선권을 주장하는 경우"라고 하여 공업소유권보호를 위한 파리 협약(약칭하여 파리조약으로 부르고 있다) 등에 따른 조약에 의한 우선권 주장 제도를 규정하고 있다.

조약에 의한 우선권 주장이란 조약 당사국의 어느 국가에 특허출원을 한 자가 그 출원발명과 동일한 발명을 1년 이내에 다른 당사국에 특허출원하여 우선권을 주장하는 경우에 후행 특허출원을 최초 당사국에 특허출원한 날에 출원한 것과 동일하게 취급하는 것을 말한다.

여기서 당사국이란 조약에 의하여 우리나라 국민에게 특허출원에 대한 우선권을 인정하는 국가를 말하고 이에 관한 주장을 우선권 주장이라 한다.

조약에 의하여 우리나라 국민에게 특허출원에 대한 우선권을 인정하는 국가(당사국) 국민이 그 당사국 또는 다른 당사국에 출원한 후 우선권 주장의 기초가 되는 최초의 출원일(우선일)부터 1년 이내에 우리나라에 특허출원한 경우에 한하여 우선일에 출원한 것 같이 취급함으로써 복수국에서 특허권을 쉽게 받을 수 있도록 하기 위한 취지이다(제54조 제2항 참조). 또한 기술개발이 지속적으로 이루어지는 점을 감안하여 이러한 우선권 주장 제도를 통해 발명자의 누적된 성과를 여러 나라에서 특허권으로 보호받을 수 있도록 하기 위함이다.

우선권을 주장하기 위해서는 ① 당사국에 대한 최초 출원이 있을 것,[85] ② 우선권을 주장하려는 자가 최초의 출원자 또는 그 승계인일 것, ③ 우선권을 주장하려는 출원이 최초의 출원과 동일할 것, ④ 우선권 주장이 최초의 출원일부터 1년 이내에 이루어질 것이라는 요건을 충족하여야 한다.

우선권을 주장하려는 자[86]는 우선권 주장의 기초가 되는 최초의 출원일부터 1년 이내에 특허출원하여야 하고 특허출원을 할 때 특허출원서에 그 취지, 최초로 출원한 국가명 및 출원의 연월일을 적어야 한다(제54조 제2항, 제3항).

위와 같이 우선권을 주장한 자는 제54조 제4항 제1호의 서류(최초로 출원한 국가의 정부가 인증하는 서류로서 특허출원의 연월일을 적은 서면, 발명의 명세서 및 도면의 등본) 또는 제2호의 서면(최초로 출원한 국가의 특허출원의 출원번호 및 그 밖에 출원을 확인할 수 있는 정보 등 산업통상자원부령으로 정하는 사항[87]을 적은 서면)을 특허청장에게 제출하여야 한다. 다만, 제2호의 서면은 산업통상자원부령으로 정하는 국가[88]의 경우만 해당한다(제54조 제4항). 위 제1호의 서류 또는 제2호의 서면은, 조약 당사국에 최초로 출원한 출원일(제1호), 그 특허출원이 제55조 제1항에 따른 우선권 주장을 수반하는 경우에는 그 우선권 주장의 기초가 되는 출원의 출원일(제2호), 그 특허출원이 조약에 기한 우선권 주장을 수반하는 경우에는 그 우선권 주장의 기초가 되는 출원의 출원일(제3호) 중 최우선일(最優先日)부터 1년 4개월 이내에 제출하여야 하고(제54조 제5항), 우선권을 주장한 자가 위 기간에 제4항에 따른 서류를 제출하지 아니한 경우에는 그 우선권 주장은 효력을 상실한다(제54조 제6항). 우선권 주장의 기초가 되는 제1국의 출원은 최우선

85) 출원일자가 확정되었다면 (국내우선권 주장과 달리) 조약우선권 주장 이전에 취하 · 무효 등이 되어도 상관없다.

86) 공업소유권의 보호를 위한 파리 협약 제3조에 의하여 우리나라 국민에게 특허출원에 대한 우선권을 인정하는 나라의 국민 외에 당사국에 거소 또는 영업소를 가지는 비당사국 국민(무국적자 포함)과 대한민국 국민 및 그 승계인(선 · 후 출원의 출원 시 당사국 국민이어야 함)이 해당된다. 승계인은 특허를 받을 수 있는 권리뿐만 아니라 우선권을 주장할 수 있는 지위까지 승계하여야 한다.

87) 이는 최초로 출원한 국가에서 부여한, 해당 전자적 접근 서비스에 접근하기 위하여 필요한 고유번호(접근코드)를 말한다(법 시행규칙 제25조 제6항).

88) 제54조 제4항 각 호 외의 부분 단서 중 "산업통상자원부령이 정하는 국가"란 특허청과 외국의 특허업무를 담당하는 행정기관간에 우선권증명서류를 전자적 매체에 의하여 교환할 수 있는 체제가 구축된 국가로서 특허청장이 고시하는 국가를 말하고(법 시행규칙 제25조 제2항), 이에 따른 고시는 「특허 · 실용신안 우선권증명서류의 전자적 교환에 관한 고시」(특허청고시 제2020-15호)이다.

의 정규적 출원이어야 하고, 그 출원이 적법한 것이 아니거나 최우선의 출원이 아닌 때[89]에는 우선권 주장을 할 수 없다.[90]

우선권 주장을 한 자 중 제54조 제2항의 요건을 갖춘 자는 제5항에 따른 최우선일부터 1년 4개월 이내에 해당 우선권 주장을 보정하거나 추가할 수 있다(제54조 제7항).

우선권 인정을 위하여는 최초 출원과 제2국 출원 간 발명이 동일하여야 한다(제54조 제1항 각 호 부분).

발명의 동일성은 두 출원발명의 청구범위에 기재된 발명이 동일할 것을 요구하는 것은 아니며, 우선권 주장 출원의 청구항에 기재된 발명이 제1국 출원의 명세서 또는 도면 등으로부터 파악되는 발명과 동일하면 된다. 특허청 실무는 우선권 주장 출원의 청구항에 기재된 발명이 제1국 출원의 최초의 명세서 및 도면에 기재된 발명과 동일한지 여부는 제29조(확대된 선출원) 제3항을 적용할 때의 동일성 판단 기준을 적용한다.[91]

그 외에 특허청 실무는 i) 제1국 출원 내용의 일부에 대하여 우선권 주장 출원을 하는 경우, ii) 제1국 출원을 분할하여 둘 이상의 우선권 주장 출원을 하는 경우, iii) 둘 이상의 제1국 출원에 대하여 하나의 우선권 주장 출원을 하는 경우에도 제1국 출원과 우선권 주장 출원에 기재된 발명은 동일한 것으로 인정한다.[92]

우선권의 인정과 불인정은 발명별로 판단하므로 우선권 주장 출원에 우선권의 기초가 되는 제1국 출원에 포함되어 있지 않은 발명을 포함하는 경우에도 제1국 출원에 포함된 발명에 대해서는 우선권이 인정된다.[93]

우선권 증명서류 중 일부 도면이 복사 상태의 불량으로 그 내용을 판독하기 어려운 관계로 이를 확대한 것을 법정기간이 지난 후에 제출한 것은 새로운 우선권 증명서류를 제출한 것이 아니라 이미 적법하게 제출한 우선권 증명서류를 보완하는 추가증거를 제출하는 것으로서 허용된다.[94]

조약에 의한 우선권이 인정되면 제2국에서의 특허요건으로서 신규성, 진보성, 확대된 선출원, 선출원 여부를 판단하면서 제1국에 출원한 날을 제2국에 출원한 날로 본다(출원일의 소급효과, 제54조 제1항). 그 외에 제64조 제1항 각 호(출원공개의 1년 6개월의 기산일), 제96조 제1항 제3호(특허출원을 한 때부터 국내에 있는 물건), 제103조(선사용권), 제129조(생산방법의 추정) 등의 적용에서도 제1국 출원일을 기준으로 한다.

---

89) 예외적으로 「공업소유권의 보호를 위한 파리 협약」 제4조C.4. 참조
90) 특허법 주해 I, 박영사(2010), 692(홍정표 집필부분).
91) 특허 · 실용신안 심사기준 제6부 제3장 7.4.
92) 특허 · 실용신안 심사기준 제6부 제3장 7.4.
93) 특허 · 실용신안 심사기준 제6부 제3장 7.4.
94) 대법원 2002. 9. 6. 선고 2000후2248 판결.

한편 그 외의 존속기간, 출원심사의 청구기간 등의 경우에는 우선권 주장의 기초가 된 출원일이 아니라 실제 우선권 주장을 수반하는 출원의 출원일이 기준이 된다. 예를 들어 제30조의 공지예외 주장에 관한 규정을 적용함에 있어 공지가 있은 후 12개월 이내에 우리나라에 우선권 주장 출원을 하지 않았다면 비록 제1국 출원일부터 1년 내에 우선권 주장 출원을 하였더라도 자신이 공지한 발명에 의하여 신규성 또는 진보성이 상실될 수 있다.[95)]

특허요건 적용의 기준일이 우선권 주장일로 소급하는 발명은, 조약에 의한 우선권 주장을 수반하는 특허출원된 발명 가운데 조약에 의한 우선권 주장의 기초가 된 특허출원서에 최초로 첨부된 명세서 또는 도면(이하 '우선권 주장의 기초가 된 선출원의 최초 명세서 등'이라고 한다)에 기재된 사항의 범위 안에 있는 것으로 한정되고 여기서 '우선권 주장의 기초가 된 선출원의 최초 명세서 등에 기재된 사항'이란, 우선권 주장의 기초가 된 선출원의 최초 명세서 등에 명시적으로 기재되어 있는 사항이거나 명시적인 기재가 없더라도 그 발명이 속하는 기술분야에서 통상의 지식을 가진 사람이라면 우선권 주장일 당시의 기술상식에 비추어 보아 우선권 주장을 수반하는 특허출원된 발명이 선출원의 최초 명세서 등에 기재되어 있는 것과 마찬가지라고 이해할 수 있는 사항이다.[96)]

특허출원인이 둘 이상의 출원에 대하여 각각 우선권을 주장하는 것(복합우선, 둘 이상의 출원일에 대해 특허요건의 기준일이 각각 제1국 출원일로 소급한다)도 허용된다.

'우선권 주장의 기초가 된 선출원의 최초 명세서 등에 기재된 사항'이 아닌 발명에 대해 우선권 주장이 이루어질 수 없다. 다만 선출원의 최초 명세서 또는 도면에 기재된 발명이 후출원의 청구범위에 기재되거나 발명의 단일성 범위 내에서 후에 개량 발명에 대한 청구범위가 추가되는 경우가 있는데, 이와 같이 하나 또는 둘 이상의 우선권 주장을 수반하는 출원으로서 그 우선권의 기초가 된 출원에 포함되지 않은 구성을 포함하는 것(부분우선, 제2국 출원 당시 새로 추가된 내용은 특허요건의 기준일이 제1국 출원일로 소급하지 않고 제2국에 출원한 출원일이 그 기준이 된다)은 허용된다. 이때 특허의 신규성, 진보성, 선출원, 확대된 선출원 등의 특허적격 유무는 개량발명으로서 추가된 청구항별로 판단된다.

---

95) 특허·실용신안 심사기준 제6부 제3장 5.

96) 대법원 2021. 2. 25. 선고 2019후10265 판결. 국내 우선권 제도와 관련한 대법원 2015. 1. 15. 선고 2012후2999 판결의 판시 법리를 그대로 원용하고 있다. 대법원은 우선권 제도에서의 동일성 판단 기준과 관련하여 실질적 동일 기준이 아닌 신규사항 추가금지 기준을 채택한 것으로, 보정에서의 신규사항 추가금지에 관한 대법원 2007. 2. 8. 선고 2005후3130 판결, 같은 취지의 법리를 국제특허출원 무효사유 특례의 해석에 적용한 대법원 2014. 4. 30. 선고 2011후767 판결과 같은 취지이다

특허협력조약에 따라 국제출원일이 인정된 국제출원으로서 특허를 받기 위하여 대한민국을 지정국으로 지정한 국제출원은 그 국제출원일에 출원된 특허출원으로 보므로 이러한 특허출원으로 보는 국제출원(국제특허출원)에 관하여는 제42조의2(특허출원일 등), 제42조의3(외국어특허출원 등) 및 제54조(조약에 의한 우선권 주장)를 적용하지 아니한다(제199조 제1항, 제2항).

그러나 파리 협약(조약)에 의한 우선권 주장을 하는 경우나 국내우선권 주장을 하는 경우에는 앞서 본 특허출원으로 보는 국제출원(국제특허출원)을 우선권 주장의 기초로 할 수 있다.

2 특허출원 등을 기초로 한 우선권 주장(국내우선권 주장)

제55조(특허출원 등을 기초로 한 우선권 주장) 제1항은 "특허를 받으려는 자는 자신이 특허나 실용신안등록을 받을 수 있는 권리를 가진 특허출원 또는 실용신안등록출원으로 먼저 한 출원(이하 '선출원'이라 한다)의 출원서에 최초로 첨부된 명세서 또는 도면에 기재된 발명을 기초로 그 특허출원한 발명에 관하여 우선권을 주장할 수 있다. 다만 다음 각 호의 어느 하나에 해당하는 경우에는 그러하지 아니하다. 1. 그 특허출원이 선출원의 출원일부터 1년이 지난 후에 출원된 경우, 2. 선출원이 제52조 제2항(실용신안법 제11조에 따라 준용되는 경우를 포함한다)에 따른 분할출원 또는 제52조의2 제2항(실용신안법 제11조에 따라 준용되는 경우를 포함한다)에 따른 분리출원이거나 제53조 제2항 또는 실용신안법 제10조 제2항에 따른 변경출원인 경우, 3. 그 특허출원을 할 때에 선출원이 포기 · 무효 또는 취하된 경우, 4. 그 특허출원을 할 때에 선출원이 설정등록되었거나 특허거절결정, 실용신안등록거절결정 또는 거절한다는 취지의 심결이 확정된 경우."라고 하여 특허출원 등을 기초로 한 우선권 주장제도(국내우선권 주장제도)를 규정하고 있다.

이는 자신의 원출원에 의하여 후출원의 신규성 등이 부정되지 않도록 함으로써 기본적인 발명을 선출원한 후 개량발명을 보충하고 포괄적으로 1년 이내에 출원케 하여 특허권을 쉽게 받을 수 있도록 마련된 제도이다. 결국 「공업소유권의 보호를 위한 파리 협약」에 따른 우선권 제도에 상응되는 제도를 국내출원에 도입한 것이다. 국내우선권 주장제도는 신규사항 추가 보정으로 거절되는 것을 보완하기 위한 역할을 한다.[97]

---

97) 이는 미국의 일부계속출원(continuation-in-part application, CIP) 제도와 유사하다. 이는 이미 출원을 신청해 놓은 상황에서 같은 출원인이 이미 출원한 내용의 일부 또는 전부를 기재하고,

국내 우선권을 주장하기 위하여는 ① 우선권 주장을 하는 출원이 선출원의 출원일부터 1년 이내에 출원될 것, ② 선출원이 분할출원, 분리출원, 변경출원이 아닐 것, ③ 우선권 주장 출원 당시 선출원이 포기, 무효 또는 취하되지 않을 것, ④ 우선권 주장 출원 당시 선출원이 설정등록되었거나 특허거절결정, 실용신안등록거절결정 또는 거절한다는 취지의 심결이 확정되지 않을 것(제55조 제1항 각 호 부분), ⑤ 국내 우선권을 주장하려는 자가 선출원인과 동일할 것, ⑥ 특허출원을 할 때 특허출원서에 그 취지와 선출원의 표시를 하여야 할 것(제55조 제2항)의 요건을 충족하여야 한다.

여기서 우선권을 주장하려는 자란 국내우선권 주장의 기초가 되는 선출원의 출원인과 동일하거나 그 승계인으로서 우선권 주장을 수반하는 후출원의 특허를 받을 수 있는 권리를 가진 자를 말하고 후출원의 출원인이 후출원 시에 '특허를 받을 수 있는 권리'를 승계하였다면 우선권 주장을 할 수 있고 후출원 시에 선출원에 대하여 특허출원인변경신고를 마쳐야만 하는 것은 아니다.[98]

조약에 의한 우선권 주장과 달리 국내우선권 주장에서는 특허를 받을 수 있는 권리의 승계를 증명하는 것으로 족하고 우선권 증명서류의 제출은 필요하지 않다.

국내 우선권을 주장할 수 있는 출원은 특허출원 및 실용신안등록출원에 한정된다.

우선권 주장을 수반하는 특허출원된 발명 중 해당 우선권 주장의 기초가 된 선출원의 출원서에 최초로 첨부된 명세서 또는 도면에 기재된 발명과 같은 발명에 관하여 제29조 제1항 · 제2항(신규성 · 진보성), 같은 조 제3항 본문, 같은 조 제4항 본문(확대된

공개되지 않은 사항을 추가하는 출원을 의미한다. 일부계속출원 중 선출원과 공통된 사항에 대하여는 선출원의 출원일과 동일한 출원일을 인정받는다.

98) 대법원 2019. 10. 17. 선고 2016두58543 판결 및 같은 날 선고 2017후1274 판결은 "발명을 한 자 또는 그 승계인은 특허법에서 정하는 바에 의하여 특허를 받을 수 있는 권리를 갖고(특허법 제33조 제1항 본문), 특허를 받을 수 있는 권리는 이전할 수 있으므로(특허법 제37조 제1항), 후출원의 출원인이 후출원 시에 '특허를 받을 수 있는 권리'를 승계하였다면 우선권 주장을 할 수 있고, 후출원 시에 선출원에 대하여 특허출원인변경신고를 마쳐야만 하는 것은 아니다. 특허출원 후 특허를 받을 수 있는 권리의 승계는 상속 기타 일반승계의 경우를 제외하고는 특허출원인변경신고를 하지 아니하면 그 효력이 발생하지 아니한다고 규정한 특허법 제38조 제4항은 특허에 관한 절차에서 참여자와 특허를 등록받을 자를 쉽게 확정함으로써 출원심사의 편의성 및 신속성을 추구하고자 하는 규정으로 우선권 주장에 관한 절차에 적용된다고 볼 수 없다. 따라서 후출원의 출원인이 선출원의 출원인과 다르더라도 특허를 받을 수 있는 권리를 승계받았다면 우선권 주장을 할 수 있다고 보아야 한다."라고 하면서 "이 사건 선출원들의 출원인과 이 사건 후출원들의 출원인이 동일하지 아니하므로, 이 사건 각 권리이전계약서 등에 따라 ○○○이 우선권을 주장할 수 있는 권리를 정당하게 승계받았는지 여부를 확인할 필요가 있다. 이를 확인하지 아니한 채 국내 특허출원을 기초로 우선권을 주장한 PCT 국제출원에서 후출원 당시에 특허출원인변경신고를 마치지 않았다는 사정만으로 선출원의 출원인과 후출원의 출원인이 다르다고 보아 우선권 주장을 무효로 보아서는 안 될 것이다."라고 하였다.

선출원), 제30조 제1항(공지 등이 되지 아니한 발명으로 보는 경우), 제36조 제1항부터 제3항까지(선출원), 제96조(특허권의 효력이 미치지 아니하는 범위) 제1항 제3호, 제98조(타인의 특허발명 등과의 관계), 제103조(선사용에 의한 통상실시권), 제105조(디자인권의 존속기간 만료 후의 통상실시권) 제1항 · 제2항, 제129조(생산방법의 추정) 및 제136조(정정심판) 제5항(제132조의3 제3항 또는 제133조의2 제4항에 따라 준용되는 경우를 포함한다), 실용신안법 제7조(선출원) 제3항 · 제4항 및 제25조(타인의 등록실용신안 등과의 관계), 디자인보호법 제95조(타인의 등록디자인 등과의 관계) 및 제103조(디자인권 등의 존속기간 만료 후의 통상실시권) 제3항을 적용할 때에는 그 특허출원은 그 선출원을 한 때에 특허출원한 것으로 본다(제55조 제3항).

그런데 이와 같은 국내 우선권 제도에 의하여 실제 특허출원일보다 앞서 우선권 주장일에 특허출원된 것으로 보아 그 특허요건을 심사함으로써 우선권 주장일과 우선권 주장을 수반하는 특허출원일 사이에 특허출원을 한 자 등 제3자의 이익을 침해하는 결과가 일어날 수 있음은, 제47조 제1항의 규정에 따른 명세서 또는 도면의 보정이 받아들여져 그 효과가 출원 시로 소급함으로써 제3자의 이익을 침해하게 되는 결과가 일어나는 경우와 별다른 차이가 없어서 이러한 보정의 경우와 같은 관점에서, 우선권 주장일에 특허출원된 것으로 보아 특허요건을 심사하는 발명의 범위를 제한할 필요가 있다.

이에 따라 제55조 제3항에 따라 특허요건 적용의 기준일이 우선권 주장일로 소급하는 발명은 제47조 제2항과 마찬가지로 우선권 주장을 수반하는 특허출원된 발명 가운데 우선권 주장의 기초가 된 선출원의 최초 명세서 등에 기재된 사항의 범위 안에 있는 것으로 한정된다.

그리고 여기서 '우선권 주장의 기초가 된 선출원의 최초 명세서 등에 기재된 사항'이란, 우선권 주장의 기초가 된 선출원의 최초 명세서 등에 명시적으로 기재되어 있는 사항이거나 또는 명시적인 기재가 없더라도 그 발명이 속하는 기술분야에서 통상의 지식을 가진 사람이라면 우선권 주장일 당시의 기술상식에 비추어 보아 우선권 주장을 수반하는 특허출원된 발명이 선출원의 최초 명세서 등에 기재되어 있는 것과 마찬가지라고 이해할 수 있는 사항이어야 한다.[99]

그 외에 위 [1] 조약에 의한 우선권에서 설명한 바와 같이 조약에 의한 우선권 제도에서 인정되는 복합우선, 부분우선 제도도 국내우선권 주장제도에 그대로 적용된다.

여기서도 조약에 의한 우선권 주장에서 본 바와 같이 발명의 동일성은 두 출원발

---

99) 대법원 2015. 1. 15. 선고 2012후2999 판결.

명의 청구범위에 기재된 발명이 동일할 것을 요구하는 것은 아니며, 우선권 주장 출원의 청구항에 기재된 발명이 선출원의 명세서 또는 도면 등으로부터 파악되는 발명과 동일하면 된다.

우선권 주장을 수반하는 특허출원의 출원서에 최초로 첨부된 명세서 또는 도면에 기재된 발명 중 해당 우선권 주장의 기초가 된 선출원의 출원서에 최초로 첨부된 명세서 또는 도면에 기재된 발명과 같은 발명은 그 특허출원이 출원공개되거나 특허가 등록공고되었을 때에 해당 우선권 주장의 기초가 된 선출원에 관하여 출원공개가 된 것으로 보고 확대된 선출원에 관한 규정인 제29조 제3항 본문, 같은 조 제4항 본문 또는 실용신안법 제4조 제3항 본문 · 제4항 본문을 적용한다(제55조 제4항).

이는 국내우선권 주장출원의 선출원이 제56조의 규정에 의해서 출원일부터 1년 3월이 지난 때에 취하된 것으로 보게 됨에 따라 선출원의 명세서에 기재된 내용과 동일한 내용의 후출원이 있을 경우 후출원에 대해 선출원의 내용을 근거로 확대된 선출원의 규정인 제29조 제3항을 적용하기 위한 규정이다.[100] 제55조 제4항을 적용할 때 선출원이 제55조 제6항 소정[101]의 어느 하나에 해당하더라도 제29조 제7항을 적용하지 아니한다(제55조 제6항).

선출원이 제55조 제5항 소정[102]의 어느 하나에 해당하면 그 선출원의 출원서에 최초로 첨부된 명세서 또는 도면에 기재된 발명 중 그 선출원에 관하여 우선권 주장의 기초가 된 출원의 출원서에 최초로 첨부된 명세서 또는 도면에 기재된 발명에 대해서는 제55조 제3항과 제4항을 적용하지 아니한다(제55조 제5항).

선출원이 공업소유권의 보호를 위한 파리 협약에 의한 우선권 또는 국내우선권 주장을 수반하는 경우에 그 우선권 주장의 기초로 된 출원에 기재되어 있던 발명에 대해 누적하여 후출원에서 국내 우선권의 효력을 인정하는 것은 결과적으로 1년이라는 우선기간의 연장효과를 가져오는 것이기 때문에 허용되지 아니하고, 선출원에 새로 추가된 사항에 대해서만 국내우선권 주장의 효과가 인정된다(우선권 주장을 수반하는 선출원에 대한 중복 소급효의 불인정).[103]

법 소정의 요건을 갖추어 우선권 주장을 한 자는 선출원일(선출원이 둘 이상인 경우에는 최선출원일을 말한다)부터 1년 4개월 이내에 그 우선권 주장을 보정하거나 추가할

---

100) 특허법 주해 I, 박영사(2010), 702(홍정표 집필부분).

101) "1. 선출원이 제201조 제4항에 따라 취하한 것으로 보는 국제특허출원인 경우, 2. 선출원이 실용신안법 제35조 제4항에 따라 취하한 것으로 보는 국제실용신안등록출원인 경우"

102) "1. 선출원이 제1항에 따른 우선권 주장을 수반하는 출원인 경우, 2. 선출원이 「공업소유권의 보호를 위한 파리 협약」 제4조D(1)에 따른 우선권 주장을 수반하는 출원인 경우"

103) 특허법 주해 I, 박영사(2010), 701(홍정표 집필부분).

수 있다(제55조 제7항). 제1항에 따른 우선권 주장의 기초가 된 선출원은 제79조에 따른 설정등록을 받을 수 없다. 다만, 해당 선출원을 기초로 한 우선권 주장이 취하된 경우에는 그러하지 아니하다(제55조 제8항).

우선권 주장의 기초가 된 선출원은 그 출원일부터 1년 3개월이 지난 때에 취하된 것으로 본다.[104] 다만, 그 선출원이 포기, 무효 또는 취하된 경우(제1호), 특허 여부의 결정, 실용신안등록 여부의 결정 또는 거절한다는 취지의 심결이 확정된 경우(제2호), 해당 선출원을 기초로 한 우선권 주장이 취하된 경우(제3호)의 어느 하나에 해당하는 경우에는 최우선일부터 1년 3월이 지나더라도 취하된 것으로 보지 않는다(제56조 제1항).

우선권 주장을 수반하는 특허출원의 출원인은 선출원의 출원일부터 1년 3개월이 지난 후에는 그 우선권 주장을 취하할 수 없고(제56조 제2항), 우선권 주장을 수반하는 특허출원이 선출원의 출원일부터 1년 3개월 이내에 취하된 때에는 그 우선권 주장도 동시에 취하된 것으로 본다(제56조 제3항).

제63조 본문에 의하면, 심사관은 제62조의 규정에 의하여 특허거절결정을 하고자 할 때에는 그 특허출원인에게 거절이유를 통지하고 기간을 정하여 의견서를 제출할 수 있는 기회를 주어야 한다고 규정하고 있는데, 출원발명에 대하여 우선권 주장의 불인정으로 인하여 거절이유가 생긴 경우에는 우선권 주장의 불인정은 거절이유의 일부를 구성하는 것이므로, 우선권 주장이 인정되지 아니한다는 취지 및 그 이유가 포함된 거절이유를 통지하지 않은 채 우선권 주장의 불인정으로 인하여 생긴 거절이유를 들어 특허거절결정을 하는 것은 위 제63조 본문에 위반되어 위법하다. 그리고 거절이유 통지에 위와 같은 우선권 주장 불인정에 관한 이유가 포함되어 있었는지 여부는 출원인에게 실질적으로 의견서 제출 및 보정의 기회를 부여하였다고 볼 수 있을 정도로 그 취지와 이유가 명시되었는지의 관점에서 판단한다.[105]

국제특허출원에 관하여는 제55조 제2항 및 제56조 제2항을 적용하지 아니한다(제202조 제1항).

이와 같이 규정한 취지는 국내우선권 주장을 수반한 국제특허출원에 관하여는 특허협력조약 제8조(1), 특허협력조약규칙 제4조1(b), 제4조10 등에서 공업소유권의 보호를 위한 파리 협약의 당사국에서 또는 같은 조약의 당사국에 대하여 행하여진 선출원

104) 대법원 2007. 3. 29. 선고 2005후2168 판결은 원출원이 제56조 제1항에 따라 그 출원일로부터 1년 3개월이 도과하여 취하간주된 이후에 원출원에 기초하여 분할출원한 출원발명은 적법하지 않다고 하였다.

105) 대법원 2011. 9. 8. 선고 2009후2371 판결.

에 의한 우선권 주장을 수반하는 절차에 관하여 규정하고 있어서, 특허협력조약에서 정하고 있는 절차에 따라 우선권 주장을 하면 국내에서 별도로 우선권 주장의 취지 및 선출원의 표시를 할 필요 없이 제55조 제1항의 국내우선권 주장을 한 것으로 보기 위함이다.

한편 특허협력조약에 따라 우리나라를 지정국으로 하고 국내출원을 기초로 한 우선권 주장을 수반하는 국제특허출원을 한 경우에는 특허협력조약 제8조(2)(b)에 따르면 그 이후의 우선권 주장의 조건 및 효과는 해당 지정국의 국내법령이 정하는 바에 따르도록 되어 있어, 제56조 제1항에 따라 제55조 제1항의 규정에 의한 우선권 주장의 기초가 된 선출원은 그 출원일로부터 1년 3개월이 경과한 때에 취하된 것으로 본다.

국내우선권 주장을 수반한 국제특허출원서 제출 시에는 특허법이 적용되지 않고 특허협력조약이 적용되어 특허협력조약에서 정하고 있는 우선권 주장의 절차 이외에 국내에서 별도로 우선권 주장의 취지 및 선출원의 표시를 할 필요가 없으므로, 대리인이 국내에서 우선권 주장을 하기 위해서는 특별수권을 얻어야 한다는 제6조가 적용될 여지가 없고, 국제특허출원서 제출 시에 적용되는 국제특허출원 절차를 규정한 특허협력조약규칙 제90조3(a)에서는 대리인에 의한 행위는 출원인에 의한 행위로서의 효과를 가진다고 규정하고 있어서 대리인에게 별도의 특별수권이 필요한 것은 아니다.106)

3 국제특허출원 절차

특허법 제10장은 특허협력조약에 따른 국제출원에 관한 규정을 두고 있다. 특허법 제10장 제1절은 제192조 내지 제198조의2에서 국제출원절차를, 제2절은 제199조 내지 제214조에서 국제특허출원에 관한 특례에 관한 규정을 두고 있다.

특허협력조약(Patent Cooperation Treaty)에 의한 국제특허출원은 출원인이 수리관청에 하나의 국제출원서류를 제출하면서 다수의 체약국(contracting states)을 지정하면, 지정된 모든 체약국에서 국제출원일에 직접 출원한 것과 같은 효과를 인정하여 주고, 국제조사기관(International Searching Authority)에 의한 국제조사를 받을 수 있는 제도이다.

특허협력조약에 따른 국제출원 규정은 국제출원방식을 통일하여 중복출원을 막고 출원인 및 각국 특허청의 노력을 경감시키기 위한 목적으로 마련되었다. 특허협력조약에 기한 국제출원으로 인하여 국제단계에서 통일된 절차가 이루어지게 된다.

---

106) 특허법원 2005. 7. 15. 선고 2004허8671 판결(상고기각 확정).

특허협력조약에 대하여는 「제14장 특허에 관한 국제적 측면 제2절 특허에 관한 국제조약과 국제출원 II. 특허협력조약(Patent Cooperation Treaty, PCT) 및 그에 따른 국제출원절차」에서 상세히 설명하고, 여기서는 주요 규정만을 설명한다.

국제출원을 하려는 자는 산업통상자원부령으로 정하는 언어로 작성한 법이 정한 사항을 적은 출원서와 발명의 설명 · 청구범위 · 필요한 도면 및 요약서를 특허청장에게 제출하여야 한다(제193조 제1항, 제2항). 특허청장은 제194조 제1항 각 호에 해당하는 경우가 아닌 한 국제출원이 특허청에 도달한 날을 특허협력조약 제11조의 국제출원일(이하 국제출원일이라 한다)로 인정하여야 한다(제194조 제1항).

특허청장은 국제출원이 제194조 제1항 각 호의 어느 하나에 해당하는 경우에는 기간을 정하여 서면으로 절차를 보완할 것을 명하여야 하고, 국제출원이 도면에 관하여 적고 있으나 그 출원에 도면이 포함되어 있지 아니하면 그 취지를 출원인에게 통지하여야 한다(제194조 제2항, 제3항).

특허청장은 이에 따른 절차의 보완명령을 받은 자가 지정된 기간에 보완을 한 경우에는 그 보완에 관계되는 서면의 도달일을, 위 통지를 받은 자가 산업통상자원부령으로 정하는 기간에 도면을 제출한 경우에는 그 도면의 도달일을 국제출원일로 인정하여야 한다. 다만, 제194조 제3항에 따른 통지를 받은 자가 산업통상자원부령으로 정하는 기간에 도면을 제출하지 아니한 경우에는 그 도면에 관한 기재는 없는 것으로 본다(제194조 제4항).

한편 발명의 설명 또는 청구범위의 일부가 누락(제194조 제1항 제3호에 해당하는 경우는 제외한다)되어 있거나 잘못 제출된 경우, 도면의 전부 또는 일부가 누락되어 있거나 잘못 제출된 경우에 2개월 이내에 이를 정정하는 의견서를 제출하면 해당 서류 접수일을 제194조 제1항 각 호 외의 부분 본문에 따른 국제출원일로 인정한다(다만, 해당 접수일이 제194조 제4항에 따라 국제출원일로 인정되는 날보다 앞서는 경우에는 제외)(법 시행규칙 제99조의2).

특허청장은 국제출원이 발명의 명칭이 적혀 있지 아니하거나, 요약서가 제출되지 아니하거나, 제3조 또는 제197조 제3항을 위반하거나, 산업통상자원부령으로 정하는 방식을 위반한 경우의 어느 하나에 해당하는 경우에는 기간을 정하여 보정을 명하여야 하고(제195조), 이러한 보정명령을 받은 자가 지정된 기간에 보정을 하지 아니한 경우를 비롯하여 제196조 제1항에 기재된 사유에 해당하는 국제출원은 취하된 것으로 본다(제196조).

대한민국은 1984. 5. 10. 특허협력조약에 가입하였고, 특허청은 1999. 12. 1.부터 특허협력조약 제2조 제14호의 세계지식재산권기구(World Intellectual Property Organiza tion, WIPO) 국제사무국과 체결하는 협정에 따라 국제출원에 대한 국제조사기관으로서의 업무를 수행해오고 있다(제198조의2 제1항 참조).

특허협력조약에 따라 국제출원일이 인정된 국제출원으로서 특허를 받기 위하여 대한민국을 지정국으로 지정한 국제출원은 그 국제출원일에 출원된 특허출원으로 본다(제199조 제1항).

국제특허출원을 외국어로 출원한 경우에는 특허협력조약 제2조의 우선일로부터 2년 7월 이내에 국어 번역문이 제출되어야 한다(제201조).

이때 외국에서 국제특허출원을 한 후 제59조 제2항에 따라 국내에 그 특허출원에 관하여 출원심사청구를 할 수 있는 기간(5년[107])의 기산일은 (특허청에 번역문을 제출한 날이 아니고) 국제특허를 출원한 날이다.[108] 그리고 국제특허출원을 하면서 공업소유권의 보호를 위한 파리 협약의 당사국에서 행하여진 선출원에 의한 우선권을 주장하였다면 구 특허법 제201조 제1항 본문의 우선일은 국제특허출원의 제출일이 아니라 우선권을 주장한 선출원의 제출일이 된다.[109]

제55조 제4항을 적용할 때 우선권 주장을 수반하는 특허출원이 국제특허출원인 경우에는 같은 항 중 "특허출원의 출원서에 최초로 첨부된 명세서 또는 도면"은 "국제출원일까지 제출된 발명의 설명, 청구범위 또는 도면"으로, "출원공개되거나"는 "출원공개 또는 특허협력조약 제21조에 따라 국제공개되거나"로 본다. 다만, 그 국제특허출원이 제201조 제4항에 따라 취하한 것으로 보는 경우에는 제55조 제4항을 적용하지 아니한다(제202조 제2항).

국제특허출원의 출원공개에 관하여 제64조 제1항을 적용하는 경우에는 "다음 각 호의 구분에 따른 날부터 1년 6개월이 지난 후"는 "국내서면제출기간(제201조 제1항 각 호 외의 부분 단서에 따라 국어번역문의 제출기간을 연장해 달라는 취지를 적은 서면이 제출된 경우에는 연장된 국어번역문 제출 기간을 말한다. 이하 이 항에서 같다)이 지난 후(국내서면제출기간에 출원인이 출원심사의 청구를 한 국제특허출원으로서 특허협력조약 제21조에 따라 국제공개된 경우에는 우선일부터 1년 6개월이 되는 날 또는 출원심사의 청구일 중 늦은 날이 지난 후)"로 본다(제207조 제1항, 그 외 제2항 이하에서 출원공개시기 및 효과에 관한 특례를 규

107) 2016. 2. 29. 법률 제14035호로 개정된 특허법(시행일 2017. 3. 1.)에서는 특허출원심사를 청구할 수 있는 기간을 5년에서 3년으로 단축하였다.

108) 대법원 1996. 6. 16. 선고 95누3336 판결.

109) 대법원 2017. 4. 28. 선고 2014두42490 판결. 이어서 "우선일은 일률적으로 정하여질 필요가 있다. 따라서 국제특허 출원인의 우선권 주장에 명백한 오류가 없다면 그 주장하는 날을 우선일로 보아 이를 기준으로 특허협력조약 및 구 특허법에서 정한 절차를 진행하여야 하며, 그 우선권 주장의 실체적 효력 유무에 따라 달리 볼 것은 아니다."라고 하였다.

정하고 있다).

한편 국제출원의 출원서에 명백한 잘못이 있음을 이유로 하는 정정신청에 대한 특허청장의 거부사실의 통지는 국제출원에 대한 국제조사기관으로서의 지위에서 한 것으로 볼 수 있다. 국제출원에서 국제조사기관의 지위에서 한 특허청장의 행위가 항고소송의 대상이 될 수 있는지는, 출원인의 권리의무에 직접적으로 영향을 미칠 가능성이 있는지 여부, 다른 권리구제수단이 마련되어 있는지 여부와 함께 특허협력조약의 취지 및 국제출원에서 국제조사절차가 갖는 의미와 역할 등을 종합적으로 고려하여 결정하여야 한다.110)

Ⅵ. 출원보정

1 의의 · 취지와 취급(효력)

출원절차에서 명세서 또는 도면의 보정제도는 같은 발명에 대하여 먼저 출원한 자만이 특허를 받을 수 있는 선출원주의하에서 서둘러 출원하면서 발생하는 명세서 작성의 불완전성을 해소하여 출원인의 권리를 보호하는 방안을 마련하기 위해 도입된 제도이다.

특허출원의 보정에는 절차능력이나 대리권의 흠결, 수수료의 미납 및 기타 방식위반 사항에 대한 보정인 절차적인 보정(제46조)과 출원발명의 특허요건에 관련된 실체적인 보정(제47조, 제66조의2, 제67조의2, 제42조의2, 제42조의 3)이 있으나 실무에서 보정이라 함은 주로 제47조에 관한 실체적인 보정을 의미하므로 이하 이 부분을 중심으로 설명한다.

실체적인 보정은 특허출원서에 첨부된 명세서 또는 도면에 관하여 이루어진다. 정해진 요건을 충족한 명세서 또는 도면의 보정이 인정되면 그 효과는 출원 시까지 소급한다.

다만, 보정으로 인해 심사결과가 무위로 돌아가고 심사가 늦어질 우려가 있어서 심사의 원활한 진행을 위해 거절이유를 통지한 후에는 보정시기를 엄격히 제한하여 심

---

110) 대법원 2018. 9. 13. 선고 2016두45745 판결, 원고가 신청한 정정내용이 특허협력조약 규칙 91.1(c)에서 규정하는 명백한 잘못의 정정사유에 해당하지 않는다는 취지로 그 정정신청을 허가하지 않는다는 통지를 하자, 원고는 위 통지의 취소를 구하는 소를 제기한 사안에서 특허청장(피고)이 특허협력조약(PCT)에 따라 국제출원에 대한 국제조사기관으로서 한 정정신청불허결정의 통지는 항고소송의 대상이 된다고 볼 수 없다고 하였다.

사처리 지연을 방지하고 있다. 또한, 명세서 등의 보정으로 당초 명세서 등에 기재되어 있지 않던 발명이 추가되는 경우 그 내용이 원래 출원일로 소급하여 효과가 발생한다면 선출원주의에 반하게 되고 제3자에게 불측의 손해를 줄 우려가 있어 이러한 일이 일어나지 않도록 보정의 범위를 엄격히 제한하고 있다.[111)]

심사관은 제47조 제1항 제2호 및 제3호에 따른 보정이 같은 조 제2항 또는 제3항을 위반하거나 그 보정(같은 조 제3항 제1호 및 제4호에 따른 보정 중 청구항을 삭제하는 보정은 제외한다)에 따라 새로운 거절이유가 발생한 것으로 인정하면 결정으로 그 보정을 각하하여야 한다(제51조 제1항). 다만, 제66조의2에 따른 직권보정을 하는 경우에 그 직권보정 전에 한 보정이거나, 제66조의3에 따른 직권 재심사를 하는 경우에 취소된 특허결정 전에 한 보정이거나, 제67조의2에 따른 재심사의 청구가 있는 경우에 그 청구 전에 한 보정인 경우에는 그러하지 아니하다(제51조 제1항 단서).

위 보정각하결정은 서면으로 하여야 하며, 그 이유를 붙여야 한다(제51조 제2항). 보정각하결정에 대해서는 불복할 수 없다. 다만, 제132조의17에 따른 특허거절결정에 대한 심판에서 그 각하결정(제66조의3에 따른 직권 재심사를 하는 경우 취소된 특허결정 전에 한 각하결정과 제67조의2에 따른 재심사의 청구가 있는 경우 그 청구 전에 한 각하결정은 제외한다)에 대하여 다투는 경우에는 그러하지 아니하다(제51조 제3항).[112)]

2 (실체적인) 보정의 요건 및 기간

가. 절차적 요건

명세서 또는 도면을 보정할 수 있는 자는 보정할 당시의 그 출원의 출원인(승계인 포함)이다. 출원인이 복수인 경우 출원인 각자가 보정할 수 있다. 제66조의2의 규정에 따른 보정은 심사관이 직권으로 보정할 수 있다.

명세서 등을 보정하기 위해서는 보정의 대상이 되는 출원이 특허청에 계속 중이어야 한다. 따라서 출원이 무효, 취하 또는 포기되거나 설정등록되거나 거절결정이 확정

111) 특허 · 실용신안 심사기준 제4부 제1장 2.

112) 대법원 2007. 6. 1. 선고 2007후609 판결은 “특허출원인이 거절결정에 대하여 불복심판을 청구하면서 명세서 등에 대한 보정서를 제출하고 거기에서 보정의 적법성에 관하여도 이미 주장한 이상, 그러한 당사자의 의사는 보정된 명세서대로의 특허출원에 등록거절사유가 있는지 여부에 관한 판단을 구하는 것이므로, 비록 특허출원인이 심사전치절차에서의 보정각하결정에 대하여, 거절결정 불복심판절차에서 별도로 이를 다툰다는 취지의 서면을 제출하지 아니하였다 하더라도 그 심결이 있을 때까지 달리 보정의사를 철회하였다고 볼 만한 특별한 사정이 없는 한, 보정의 적법성에 대한 판단도 함께 구하는 것으로 보아 특허법 제51조 제3항 단서의 ‘다투는 경우’에 해당된다고 해석함이 합리적이다.”라고 하였다.

된 경우에는 더 이상 보정할 수 없다.

특허출원인은 특허결정의 등본을 송달하기 전까지 특허출원서에 첨부한 명세서 또는 도면을 언제라도 보정할 수 있다. 다만 제63조 제1항에 따른 거절이유통지를 받은 후에는 제47조 제1항 각 호[113]의 구분에 따른 기간(제3호의 경우에는 그 때)에만 보정할 수 있다.

나. 실체적 요건

명세서 등을 보정할 수 있는 범위는 제47조 제2항, 제3항에 의한 보정기간에 따라 다르다.

심사가 착수되기 전으로 자진보정할 수 있는 기간이나 최초거절이유통지에 대한 의견서 제출기간 이내에 하는 보정은 명세서 또는 도면의 보정은 특허출원서에 최초로 첨부한 명세서 또는 도면에 기재된 사항의 범위에서 하여야 한다. 즉 이 경우에는 신규사항을 추가하는 것만이 금지되는데 그친다.

그리고 외국어특허출원에 대한 보정은 최종 국어번역문(제42조의3 제6항 전단에 따른 정정이 있는 경우에는 정정된 국어번역문을 말한다) 또는 특허출원서에 최초로 첨부한 도면(도면 중 설명부분은 제외한다)에 기재된 사항의 범위에서도 하여야 한다(제47조 제2항).

그러나 최후거절이유통지에 대한 의견서 제출기간 이내의 보정 및 재심사를 청구하면서 하는 보정의 경우에는 위 신규사항의 추가금지 외에, 청구항을 한정 또는 삭제하거나 청구항에 부가하여 청구범위를 감축하는 경우(제1호), 잘못 기재된 사항의 정정(제2호), 분명하지 아니하게 기재된 사항을 명확하게 하는 경우(제3호), 제47조 제2항에 따른 범위를 벗어난 보정에 대하여 그 보정 전 청구범위로 되돌아가거나 되돌아가면서 청구범위를 제1호부터 제3호까지의 규정에 따라 보정하는 경우(제4호)와 같이 보정의 범위가 더욱 제한된다(제47조 제3항).

실체적 요건을 만족하지 않은 보정에 대한 취급도 보정기간에 따라 달리 정해진다.[114]

---

113) "1. 거절이유통지(거절이유통지에 대한 보정에 따라 발생한 거절이유에 대한 거절이유통지는 제외한다)를 최초로 받거나 제2호의 거절이유통지가 아닌 거절이유통지를 받은 경우: 해당 거절이유통지에 따른 의견서 제출기간, 2. 거절이유통지(제66조의3 제2항에 따른 통지를 한 경우에는 그 통지 전의 거절이유통지는 제외한다)에 대한 보정에 따라 발생한 거절이유에 대하여 거절이유통지를 받은 경우: 해당 거절이유통지에 따른 의견서 제출기간, 3. 제67조의2에 따른 재심사를 청구하는 경우: 청구할 때"

114) 아래 도표는 특허 · 실용신안 심사기준 제4부 제1장 3.2에서 재인용.

보정기간	보정의 범위		부적법한 보정의 취급
	발명의 설명, 도면	특허청구범위	
① 특허결정의 등본 송달 전 ② 최초거절이유통지에 따른 의견서 제출기간 이내	신규사항 추가금지		심사 중: 거절이유 등록 후: 무효사유
① 최후거절이유통지에 따른 의견서 제출기간 이내 ② 재심사를 청구할 때	신규사항 추가금지	신규사항 추가금지 + 청구범위 감축요건 등 추가	심사 중: 보정각하 등록 후: 무효사유(다만, 특허법 제47조 제3항 요건은 제외)

다. 보정기간

제47조 제1항은 자진보정기간, 거절이유통지(제66조의3 제2항에 따른 통지를 한 경우에는 그 통지 전의 거절이유통지는 제외한다)에 따른 의견서 제출기간, 재심사청구를 할 때의 보정기간을 아래와 같이 각각 정해 놓고 있다.

자진보정기간은 제47조 제1항에 따른 보정기간 중 특허결정의 등본을 송달하기 전까지이다(제47조 제1항 각 호외의 부분 본문).

여기서 '특허결정의 등본을 송달하기 전까지'에서 특허결정의 등본을 송달한 때는 심사관이 특허결정의 등본을 발송한 때이므로 심사관이 특허결정등본을 발송한 이후라면 출원인이 특허결정등본을 받지 않은 상태에서 보정서를 제출하였더라도 그 보정은 인정되지 않는다.[115)]

거절이유통지(거절이유통지에 대한 보정에 따라 발생한 거절이유에 대한 거절이유통지는 제외한다)를 최초로 받거나 제47조 제1항 제2호의 거절이유통지(최후거절이유통지)가 아닌 거절이유통지를 받은 경우는 해당 거절이유통지에 따른 의견서 제출기간(원칙적으로 2개월, 법 시행규칙 제16조 제1항)까지 보정서를 제출할 수 있다(제47조 제1항 제1호).

거절이유통지(제66조의3 제2항에 따른 통지를 한 경우에는 그 통지 전의 거절이유통지는 제외한다)에 대한 보정에 따라 발생한 거절이유에 대하여 거절이유통지를 받은 경우는 해당 거절이유통지에 따른 의견서 제출기간(원칙적으로 2개월, 법 시행규칙 제16조 제1항)까지 보정서를 제출할 수 있다(제47조 제1항 제2호). 다만 이 기간 중의 보정은 보정할 수 있는 범위가 더 제한된다.

115) 특허 · 실용신안 심사기준 제4부 제1장 4.

특허출원인은 그 특허출원에 관하여 특허결정의 등본을 송달받은 날부터 제79조에 따른 설정등록을 받기 전까지의 기간 또는 특허거절결정등본을 송달받은 날부터 3개월(제15조 제1항에 따라 제132조의17에 따른 기간이 연장된 경우 그 연장된 기간을 말한다) 이내에 그 특허출원의 명세서 또는 도면을 보정하여 해당 특허출원에 관한 재심사를 청구할 수 있는데(제67조의2 제1항 각 호 외의 부분 본문) 이에 따라 재심사를 청구하는 경우에는 재심사 청구를 할 때 보정서를 제출할 수 있다(제47조 제1항 제3호).

다만 재심사를 청구할 때에 이미 재심사에 따른 특허여부의 결정이 있는 경우(제1호), 제132조의17에 따른 심판청구가 있는 경우(제176조 제1항에 따라 특허거절결정이 취소된 경우는 제외한다)(제2호), 그 특허출원이 분리출원인 경우(제3호)의 어느 하나에 해당하는 경우에는 재심사를 청구할 수 없으므로(제67조의2 제1항 각 호 외의 부분 단서) 이 경우에는 보정도 할 수 없다.

3 보정의 범위와 관련한 일반 사항

가. 자진보정 및 최초거절이유통지에 대응한 보정

제47조 제2항은 "제1항에 따른 명세서 또는 도면의 보정은 특허출원서에 최초로 첨부된 명세서 또는 도면에 기재된 사항의 범위 안에서 하여야 한다. 이 경우, 외국어특허출원에 대한 보정은 최종 국어번역문(제42조의3 제6항 전단에 따른 정정이 있는 경우에는 정정된 국어번역문을 말한다) 또는 특허출원서에 최초로 첨부한 도면(도면 중 설명부분은 제외한다)에 기재된 사항의 범위에서도 하여야 한다."고 규정하고 있어 제47조 제1항 각 호 외의 부분 본문 및 같은 항 제1호에 따른 보정에서 신규사항 추가가 금지된다. 이 기간에 하는 명세서 또는 도면의 보정에 관하여 신규사항 추가금지 외의 보정범위 제한은 없다.

여기서 신규사항이란 출원서에 최초로 첨부된 명세서 또는 도면에 기재된 사항의 범위를 벗어나는 사항을 말한다. 명세서 또는 도면을 보정한 사항이 신규사항을 추가한 것인지는 보정된 명세서 또는 도면에 기재된 사항(판단대상)이 최초 명세서 등에 기재된 사항(비교대상)의 범위 안에 있는지로 판단하여 결정한다.

따라서 명세서 등의 보정에 의해 추가된 사항이 신규사항인지를 판단하기 위한 비교대상은 출원서에 최초로 첨부된 명세서 또는 도면이다. 출원서에 최초로 첨부된 명세서 또는 도면(이하 최초 명세서 등이라 한다)에 기재된 사항이란 출원서와 함께 제출된[116]

116) 우선권 주장의 기초가 된 제1국 출원 또는 선출원은 특허출원서에 최초로 첨부된 명세서 또는 도면에 해당되지 않으므로 신규사항의 추가 여부 판단의 기초로 사용할 수 없다

최초 명세서 등에 명시적으로 기재되어 있는 사항이거나, 명시적인 기재가 없더라도 통상의 기술자라면 출원 시의 기술상식에 비추어 최초 명세서 등에 기재되어 있는 것과 마찬가지라고 이해할 수 있는 사항을 말한다.[117)]

여기서 '기재된 사항의 범위 안'이란 출원서에 최초로 첨부된 명세서 또는 도면에 기재된 사항의 범위 안에서 외형상의 완전 동일을 말하는 것은 아니고, 통상의 기술자가 최초 명세서 등의 기재로 보아 자명한 사항도 기재된 사항의 범위 안으로 간주한다. 여기서 자명한 사항이란 그 사항자체를 직접적으로 표현하는 기재는 없으나 통상의 기술자가 최초 명세서 등의 기재 내용으로 보아 기재되어 있었던 것으로 인정할 수 있는 사항을 말한다.

통상의 기술자라면 출원 시의 기술상식에 비추어 최초 명세서 등에 기재되어 있는 것과 마찬가지라고 이해할 수 있는 사항은 명세서 또는 도면에 명시되어 있지 않을 뿐이지 객관적으로 볼 때 최초 명세서 등에 이미 반영되어 있는 내용이다. 이는 특허출원인이 출원 당시 인식하고 있었지만 굳이 명세서 또는 도면에 기재할 필요가 없다고 생각한 내용이라고 할 수도 있다.[118)]

분할출원, 분리출원이나 변경출원의 경우에 있어서 '특허출원서에 최초로 첨부된 명세서 또는 도면에 기재된 사항'은 분할출원, 분리출원을 한 날 또는 변경출원을 한 날에 해당 분할출원서나 변경출원서에 첨부된 명세서 또는 도면에 기재된 사항을 말하며, 분할출원, 분리출원이나 변경출원의 기초가 된 원출원의 명세서 또는 도면에 기재된 사항이 아니다.

나. 최후거절이유통지에 대응하거나 재심사청구 시 하는 보정

최후거절이유통지에 대응한 보정 또는 재심사를 청구하면서 하는 보정은 제47조 제2항의 신규사항 추가금지 요건 이외에 같은 조 제3항의 요건, 즉 보정 중 청구범위에 대한 보정은 청구항을 한정 또는 삭제하거나 청구항에 부가하여 청구범위를 감축하는 경우(제1호), 잘못 기재된 사항을 정정하는 경우(제2호), 분명하지 아니하게 기재된 사항을 명확하게 하는 경우(제3호), 제47조 제2항에 따른 범위를 벗어난 보정에 대하여 그 보정 전 청구범위로 되돌아가거나 되돌아가면서 청구범위를 제47조 제3항 제1호부터 제3호까지의 규정에 따라 보정하는 경우(제4호)의 어느 하나에 해당하여야 한다(제47조 제2항).

청구항을 한정하여 청구범위를 감축하는 경우는 청구항에 기재된 발명의 범위를

117) 대법원 2007. 2. 8. 선고 2005후3130 판결.
118) 특허법 주해 I, 박영사(2010), 610(이명규 집필부분).

그 범위 안에서 제한하는 것으로서 수치범위의 축소, 상위개념에서 하위개념 기재로의 변경, 택일적으로 기재된 요소의 삭제, 다수항을 인용하는 청구항에서 인용항의 수를 줄이는 것 등이 있다.

청구항을 삭제하여 청구범위를 감축하는 경우는 청구범위가 2개 이상의 청구항으로 되어 있는 경우에 일부 청구항을 삭제하여 청구항의 개수를 감축하는 것을 말한다. 이에는 단순히 청구항을 삭제하는 경우, 독립항을 삭제하고 종속항을 남겨두는 경우, 다수항을 인용하는 청구항에서 인용항의 수를 감소하는 경우 등이 있다.

청구항에 부가하여 청구범위를 감축하는 것이란 발명의 설명 또는 청구범위에 기재되어 있던 새로운 기술적 사항을 직렬적으로 부가하여 발명의 범위가 축소되는 것을 말한다.

잘못된 기재를 정정하는 경우란 정정 전의 기재내용과 정정 후의 기재 내용이 동일함을 객관적으로 인정할 수 있는 경우로서, 청구범위 기재가 잘못된 기재인 것이 명세서의 기재 내용으로 보아 자명한 것으로 인정되거나, 주지의 사항 또는 경험칙으로 보아 명확한 경우에 그 잘못된 기재를 정확한 내용의 자구나 어구로 고치는 것을 말한다.

분명하지 아니하게 기재된 사항이라 함은 문리상 그 자체 의미가 분명하지 않은 기재로 청구항의 기재 그 자체가 문언상 의미가 불명료한 것, 청구항 자체의 기재 내용이 다른 기재와의 관계에 있어서 불합리한 것 또는 청구항 자체의 기재는 명료하지만 청구항에 기재한 발명이 기술적으로 정확하게 특정되지 않고 불명료한 것 등을 말한다.

제47조 제2항에 따른 범위를 벗어난 보정에 대하여 그 보정 전 청구범위로 되돌아가거나 되돌아가면서 청구범위를 제47조 제3항 제1호부터 제3호까지의 규정에 따라 보정하는 경우라 함은 신규사항 추가를 이유로 최후 의견제출 통지를 받은 출원인이 이를 해소하고자 원출원 또는 원출원의 일부로 돌아가는 보정을 하는 경우를 말한다.

다. 특허출원서의 보정기간 경과 후에 특허출원의 일부 취하 허용 여부

특허출원의 일부 취하는 취하하고자 하는 부분을 제외한 나머지 부분만으로 특허출원을 감축하여 그 효과를 특허출원 시에 소급시킴으로써 감축된 부분만을 특허출원으로 삼고자 하는 것인데, 특허법에는 이와 같은 목적을 달성하기 위한 절차로 특허출원서에 첨부된 명세서와 도면의 보정이라는 제도 및 그 보정의 시기와 범위를 제한하는 규정을 두고 있을 뿐 특허결정이 되기 전에 특허출원의 일부를 취하할 수 있다고 규정해 놓은 바 없고, 특허법에 정해진 보정기간 경과 후에도 특허출원의 일부 취하를 허용하는 것은 특허출원의 보정에 엄격한 시기적 제한을 두고 있는 특허법의 취지에도 반하므로 특허출원인이 출원의 일부 취하라는 이름의 서류를 제출하였다고 하더라도 보정과 같은 목적을 달성하고자 하는 것이라면 특허법상 보정과 마찬가지로 보아야 한다.

따라서 특허청장은 특허법상의 보정기간 경과 후에 출원취하서라는 이름으로 제출된 서류는 출원인에게 이를 반려하여야 하고, 그렇지 않더라도 보정기간 경과 후에 제출된 출원취하서는 보정기간이 경과한 후 제출된 보정서와 마찬가지이므로 보정으로서의 효과가 생기지 아니한다.[119]

라. 하나의 특허출원보정 단계에서 여러 차례에 걸쳐 서로 다른 내용의 보정서가 제출된 경우 심사의 대상이 되는 보정서

하나의 근거규정에 의하여 보정이 허용되는 하나의 단계에서 출원인이 여러 차례에 걸쳐 서로 다른 내용의 보정서를 제출한 경우에는, 각각의 보정취지 내지 보정내용에 비추어 뒤에 제출된 보정서가 앞에 제출된 보정서를 보충하는 것으로 보이는 등의 특별한 사정이 없는 한, 순차로 새로운 보정서가 제출됨으로써 종전의 보정서는 철회되고 새로운 보정서만이 유효하게 남는 것이므로, 특허청으로서는 보정기간 등의 절차적 요건을 준수한 보정서 중에서 최후의 것만을 심사한다.[120]

4 보정의 범위에 관한 입법 경위 및 설명

참고로 보정의 범위에 관한 특허법 관련 규정의 개정 내용을 설명한다.

가. 2001. 2. 3. 법률 제6411호로 개정되기 전까지의 보정 범위(내용제한 요건): 요지변경

구 특허법(1997. 4. 10. 법률 제5329호로 개정된 것)에서 출원공고제도가 폐지되어 출원공개제도를 채택하고 등록 후 이의신청제도를 도입하기 전의 구 특허법에서는 출원공고결정등본의 송달 전과 후로 나누어 보정의 범위를 달리 규정하고(구 특허법 제47조,[121]

---

119) 대법원 2003. 3. 25. 선고 2001후1044 판결.

120) 특허법원 2007. 7. 11. 선고 2006허9197 판결(심리불속행 상고기각 확정).

121) "① 특허출원인은 특허출원서에 최초로 첨부된 명세서 또는 도면의 요지를 변경하지 아니하는 범위 안에서 제2항 및 제50조의 경우를 제외하고는 다음 각 호의 1에 해당하는 날부터 1년 3월 이내에 특허출원서에 첨부된 명세서 또는 도면을 보정할 수 있다. 1. 특허출원일 2. 제54조 제1항의 규정에 의한 우선권 주장을 수반하는 특허출원에 있어서는 그 우선권 주장의 기초가 된 출원일 3. 제55조 제1항의 규정에 의한 우선권 주장을 수반하는 특허출원에 있어서는 동항

제50조[122])),[123]) 제48조에서 "출원공고결정등본의 송달 전에 특허출원서에 최초로 첨부된 명세서 또는 도면에 기재된 사항의 범위 안에서 특허청구범위를 증가 · 감소 또는 변경하는 보정은 그 요지를 변경하지 아니하는 것으로 본다."라고 규정하고 있었다.

그 후 출원공고제도가 폐지된 구 특허법(1997. 4. 10. 법률 제5329호로 개정된 것) 제48조에서 "특허사정등본의 송달 전에 특허출원서에 최초로 첨부된 명세서 또는 도면에 기재된 사항의 범위 안에서 특허청구범위를 증가 · 감소 또는 변경하는 보정은 그 요지를 변경하지 아니하는 것으로 본다."라고 규정하였다가[124]) 위 제48조는 구 특허법(2001. 2. 3. 법률 제6411호로 개정된 것)에서 완전히 삭제되었다.

구 특허법(2001. 2. 3. 법률 제6411호로 개정되기 전의 것) 시행 당시 실무에서는 '명세서 또는 도면의 요지'의 의미를 '명세서 또는 도면에 기재된 발명의 구성에 관한 기술적 사항'을 의미하는 것으로 해석하고 있었고 여기서 요지의 변경이라 함은 최초 출

에서 규정하는 선출원의 출원일 4. 제54조 제1항 또는 제55조 제1항의 규정에 의한 2 이상의 우선권 주장을 수반하는 특허출원에 있어서는 해당 우선권 주장의 기초가 된 출원일 중 최선일 ② 특허출원인은 제1항 각호의 1에 해당하는 날부터 1년 3월을 경과한 후 출원공고결정등본의 송달 전에 다음 각 호의 1에 해당하는 경우에는 그 요지를 변경하지 아니하는 범위 안에서 특허출원서에 첨부된 명세서 또는 도면을 보정할 수 있다. 1. 제59조의 규정에 의한 출원심사의 청구와 동시에 보정하는 경우 2. 제60조 제3항의 규정에 의한 통지를 받은 날부터 3월 이내에 보정하는 경우 3. 제63조의 규정에 의한 의견서제출기간 내에 보정하는 경우 4. 제132조의3의 규정에 의한 거절사정에 대한 심판의 청구일부터 30일 이내에 보정하는 경우"

122) "① 특허출원인은 출원공고결정등본의 송달 후에 다음 각 호의 1에 해당하는 경우에는 특허출원서에 첨부된 명세서 또는 도면을 보정할 수 있다. 다만, 그 보정은 제136조 제1항 각호의 1에 해당하는 경우에 한한다. 1. 제63조의 규정에 의한 거절이유의 통지를 받고 그 거절이유에 관하여 의견서제출기간 내에 보정하는 경우 2. 제70조의 규정에 의한 특허이의신청이 있는 때 그 특허이의신청이유에 관하여 제72조 제1항의 규정에 의한 답변서제출기간 내에 보정하는 경우 3. 제62조의 규정에 의한 거절사정을 받고 제132조의3의 규정에 의한 거절사정에 대한 심판을 청구한 때에 그 사정의 이유에 관하여 심판청구일부터 30일 이내에 보정하는 경우 ② 제136조 제2항의 규정은 제1항 단서의 경우에 이를 준용한다."

123) 구 특허법(1997. 4. 10. 법률 제5329호로 개정되기 전의 것)에서 출원공고가 있는 때에는 출원공고일부터 업으로서 그 특허출원된 발명을 실시할 권리를 독점하는 임시보호의 권리를 부여하고 있었다(제68조). 위 구 특허법에서는 출원공고가 발명의 최초의 공개시기이면서 독점권이 개시되는 시기의 기준이 되는 역할을 하였다.

124) 그 외 출원보정의 시기 등 제한과 관련하여, 구 특허법에서는 출원일 등으로부터 1년 3개월 이내에는 특허출원서에 최초로 첨부된 명세서 또는 도면의 요지를 변경하지 아니하는 범위 안에서 특허출원서에 첨부된 명세서 또는 도면을 보정할 수 있고(구 특허법 제47조 제1항), 출원일 등으로부터 1년 3개월 경과 후 특허사정등본 송달 전에는 출원인이 심사청구와 동시에 하는 경우 등에 한하여, 명세서 또는 도면의 요지를 변경하지 아니하는 범위 안에서 명세서 또는 도면을 보정할 수 있었다(구 특허법 제47조 제2항).

원명세서 또는 도면에 기재된 사항의 범위를 벗어나 특허청구범위를 증가·감소 또는 변경하는 것을 말하고,[125] '최초 명세서 등에 기재된 사항'이란 최초 명세서 등에 명시적으로 기재된 사항이거나 또는 명시적인 기재가 없더라도 그 발명이 속하는 기술분야에서 통상의 지식을 가진 자라면 출원 시의 기술상식에 비추어 보아 보정된 사항이 최초 명세서 등에 기재되어 있었다고 인정할 수 있을 정도로 자명한 사항이라야 하고, 이와 같은 '최초 명세서 등에 기재된 사항'의 범위를 벗어나는 보정은 요지의 변경에 해당한다고 판단되었다.[126]

국제출원에서는 "특허출원서에 최초로 첨부된 명세서 또는 도면에 기재된 사항"은 "국제출원일에 제출한 국제출원의 명세서 청구의 범위 또는 도면(도면 중의 설명부분에 한한다)과 그 출원번역문에 다 같이 기재된 사항 또는 국제출원일에 제출한 국제출원의 도면(도면 중의 설명부분은 제외한다)에 기재된 사항"으로 한다(구 특허법 제208조 제3항).

당초 명세서 등에 기재된 사항에 의하여 판단한 결과 자명한 사항이란 그 사항 자체를 직접적으로 표현하는 기재는 없으나 당초 명세서 등에 기재되어 있는 기술내용을 출원 시에 있어서 그 발명이 속하는 기술분야에서 통상의 지식을 가진 자가 객관적으로 판단하면 그 사항 자체가 기재되어 있었던 것으로 인정할 수 있는 사항을 말한다.

당시 명세서의 요지변경 여부에 대한 판단은 명세서 등의 보정에 의하여 특허청구범위에 기재한 기술적 사항이 당초의 명세서 등에 기재한 기술적 사항의 범위를 일탈하여 변경된 것인지, 특허청구범위가 보정되지 않은 경우에도 발명의 설명 또는 도면을 보정한 결과 그 보정사항이 보정 전의 명세서에 기재된 사항으로 보아 그 발명이 속하는 기술분야에서 통상의 지식을 가진 자에게 자명하지 않은 사항이고 그 보정에 의하여 목적, 구성 효과의 관점에서 검토하여 발명의 구성에 관한 기술적 사항이 실질적으로 변경하는지 여부에 따라 판단하였다.

이 부분이 구 특허법에서의 요지변경과 그 후 개정된 특허법(2001. 2. 3. 법률 제6411호로 개정된 것) 하에서의 신규사항추가금지에 대한 판단 기준에서 차이가 있다.

구 특허법에서는 명세서 또는 도면에 대한 보정에서 새로운 사항이 추가되더라도

---

125) 대법원 2002. 9. 27. 선고 2000후2781 판결.

126) 대법원 2007. 6. 28. 선고 2006후2455 판결, 대법원 2003. 2. 28. 선고 2001후638, 645 판결. 구 특허법 규정 하에서 최초의 특허출원서에 대한 보정이 있는 경우 보정이 요지를 변경하는 것인 때에는 결정으로 그 보정을 각하하여야 하고, 보정각하결정에 불복이 있는 때에는 그 결정등본을 송달 받은 날로부터 30일 이내에 심판을 청구하여 다툴 수 있을 뿐 보정각하결정이 확정된 경우에 그 특허출원의 거절사정에 대한 불복심판에서는 더 이상 보정각하결정의 당부에 관하여 다툴 수 없었다[다만 2001. 2. 3. 법률 제6411호로 개정된 구 특허법에서 보정각하결정에 대한 심판제도(제132조의4)가 폐지되었다].

특허청구범위에 실질적으로 영향을 미치지 않는 경우에는 요지변경이 아닌 것으로 보아 이를 인정하였으나 개정된 특허법에서는 새로운 사항의 추가가 당초 명세서 또는 도면에 기재된 사항의 범위를 벗어난 경우에는 이를 허용하지 않는다.

나. 2001. 2. 3. 법률 제6411호로 개정 후 2009. 1. 30. 법률 제9381호로 개정되기 전의 보정 범위[127](내용제한 요건): 신규사항

위 특허법 개정으로 특허출원 보정범위에 관하여 종래의 요지변경에 관한 제48조가 삭제되고 제47조 제2항의 "제1항(특허출원의 보정)의 규정에 의한 명세서 또는 도면의 보정은 특허출원서에 최초로 첨부된 명세서 또는 도면에 기재된 사항의 범위 안에서 이를 할 수 있다."라는 신규사항 추가금지에 관한 규정이 신설되었고, 이에 위반된 경우 거절사유 및 특허취소사유 · 특허무효사유로 되었다.

과거 요지변경 제도에서는 청구범위를 실질적으로 변경시키지 않은 사항으로 통상의 기술자에게 자명한 정도라면 요지변경이 아니라고 해석되어 발명의 설명에 이를 추가할 수 있었으나 신규사항 추가금지 제도에서는 청구범위를 실질적으로 변경시키지 아니하여야 함은 물론, 발명의 설명도 보정 전후로 최초 명세서에 기재되어 있거나 기재되어 있는 것과 마찬가지라고 이해할 수 있는 사항 범위 내에서 허용되므로 보정의

---

127) 그 외 출원보정의 시적 제한과 관련하여 출원으로부터 1년 3개월 이내라는 시기적 제한을 폐지한 2001. 2. 3. 개정된 구 특허법(2009. 1. 30. 법률 제9381호로 개정되기 전의 것, 이하 구 특허법이라 한다)은 ① 특허출원인이 거절이유의 통지를 받지 아니한 동안에는 심사관이 특허결정의 등본을 송달하기 전까지 명세서 또는 도면을 보정할 수 있고(구 특허법 제47조 제1항 본문), ② 거절이유의 통지를 최초로 받거나 제2호의 거절이유가 아닌 거절이유통지를 받은 경우(제1호) 및 제1호의 거절이유통지에 대한 보정에 의하여 발생한 거절이유에 대하여 거절이유통지를 받은 경우(제2호)에는 각 해당거절이유통지에 의한 의견서 제출기간 이내에 한하여 보정할 수 있으며(구 특허법 제47조 제1항 단서), ③ 특허출원에 대하여 거절결정이 내려지고, 그 거절결정에 불복하여 심판청구를 하는 경우에는 그 심판의 청구일부터 30일 이내에 한하여 보정할 수 있다(구 특허법 제47조 제1항 단서 제3호).
그리고 최후의 거절이유통지를 받거나 거절결정에 대한 불복심판을 청구한 경우의 특허청구범위에 대한 보정은 특허청구범위의 감축, 잘못된 기재의 정정 또는 분명하지 아니한 기재를 명확하게 하는 경우에 한하여 할 수 있고, 분명하지 아니한 기재를 명확하게 하는 경우에는 심사관이 거절이유통지에 의하여 지적한 경우에 한하여 할 수 있다(구 특허법 제47조 제3항).
최후의 거절이유통지 또는 거절결정에 대한 불복심판 청구 후에 하는 경우의 보정은 명세서 또는 도면의 보정이 특허청구범위를 실질적으로 확장하거나 변경하지 아니하여야 하고, 보정 후 특허청구범위에 기재된 사항이 특허출원을 한 때에 특허를 받을 수 있어야 한다(구 특허법 제47조 제4항). 그리고 2009. 1. 30. 법률 제9381호로 개정된 특허법에서는 대부분 위와 같으나, 특허거절결정에 대한 재심사청구 시에 명세서 등의 보정을 할 수 있도록 하고 특허거절결정에 대한 심판으로서 다툴 수 있도록 개정하면서 위 ③항의 보정각하불복심판청구 제도를 폐지하였다.

허용범위가 상대적으로 좁아졌다고 할 수 있다. 예를 들어 명세서에는 '탄성체'만이 기재되고 도면에는 '용수철' 이외에는 도시되어 있지 않은 경우에 탄성체를 용수철로 변경하는 보정은 허용되나 '고무'로 변경하는 보정은 허용되기 어렵다.

위 개정법 제47조 제2항의 "명세서 또는 도면의 보정은 특허출원서에 최초로 첨부된 명세서 또는 도면에 기재된 사항의 범위 안에서 이를 할 수 있다."는 규정에서 최초로 첨부된 명세서 또는 도면(이하 최초 명세서 등이라 한다)에 기재된 사항이란 최초 명세서 등에 명시적으로 기재되어 있는 사항이거나 또는 명시적인 기재가 없더라도 그 발명이 속하는 기술분야에서 통상의 지식을 가진 자(이하 '통상의 기술자'라 한다)라면 출원시의 기술상식에 비추어 보아 보정된 사항이 최초 명세서 등에 기재되어 있는 것과 마찬가지라고 이해할 수 있는 사항이어야 한다고 판단되었다.128)

그리고 구 특허법(2009. 1. 30. 법률 제9381호로 개정되기 전의 것, 이하 같다) 제47조 제4항 제1호에 의하면, 특허거절결정에 대한 불복심판을 청구하면서 하는 명세서 또는 도면의 보정은 특허청구범위를 실질적으로 확장하거나 변경하지 아니할 것을 요건으로 한다고 규정하고 있는데, 여기서 말하는 특허청구범위를 실질적으로 확장하거나 변경하는 경우에 해당하는지 여부를 판단할 때에는 특허청구범위의 형식적인 기재만을 가지고 대비할 것이 아니라 발명의 설명을 포함한 명세서 전체의 내용과 관련하여 보정 전후 특허청구범위 전체를 실질적으로 대비하여 판단하고, 보정 전의 청구항에 구성요소를 부가함으로써 형식적으로는 특허청구범위가 보정 전후에 달라졌다 하더라도 보정 전의 다른 청구항에 기재된 구성으로서 발명의 설명에도 자세히 기재되어 있던 구성을 보정 후의 청구항에 단순히 부가하여 감축한 것에 지나지 않는 보정의 경우에는, 후출원인이나 제3자에게 예상하지 못한 손해를 입힐 염려가 있거나 심사관이 선행기술을 새로 조사해야 하는 부담이 발생하여 심사의 신속한 진행이 현저히 저해되는 등의 특별한 사정이 없는 한, 보정 전후 발명의 목적이나 기술적 사상이 변경된 것이 아니어서 위 조항이 규정한 특허청구범위의 실질적인 변경에 해당하지 않는다고 해석되었다.129)

---

128) 대법원 2007. 2. 8. 선고 2005후3130 판결.

129) 대법원 2009. 9. 10. 선고 2007후2674 판결 등. 보정제도에서 실질적 변경 금지를 요구한 구 특허법(2009. 1. 30. 법률 제9381호로 개정되기 전의 것) 제47조 제4항은 외국에서는 거의 채택하지 않고 있던 제한규정으로 실무가들로부터 비판을 받아 그 후 삭제되었으나 같은 규정이 정정제도에서는 그대로 남아 있다(일본 등에서도 정정에서 실질적 변경 금지를 요건으로 하고 있듯이 정정에서의 같은 요건은 보정과는 달리 일반적으로 받아들여지고 있다). 이러한 입법상의 문제점 등 때문에 법원은 법 규정면에서 보정과 정정에서의 실질적 변경 금지 규정이 같은 내용임에도 법 운용면에서는 출원자를 보호하기 위하여 보정에서의 실질적 변경 범위를 정정에서의 실질적 변경 범위보다 다소 넓게 보는 경향이 있었고 본문판결도 이러한 실무 경향을 반영하고 있다. 이 점을 염두에 두고 실무에서의 정정의 실질적 변경 법리를 더하여 검

또한 보정 전의 청구항에 구성요소를 부가함으로써 형식적으로는 특허청구범위가 보정 전후에 달라졌더라도, 보정 전의 다른 청구항에 기재된 구성으로서 발명의 설명에도 자세히 기재되어 있던 구성을 보정 후의 청구항에 단순히 부가하여 감축한 것에 지나지 않는 보정의 경우에는, 후출원인이나 제3자에게 예상하지 못한 손해를 입힐 염려가 있거나 심사관이 선행기술을 새로 조사해야 하는 부담이 발생하여 심사의 신속한 진행이 현저히 저해되는 등의 특별한 사정이 없는 한, 보정 전후 발명의 목적이나 기술적 사상이 변경된 것이 아니어서 위 조항이 규정한 특허청구범위의 실질적인 변경에 해당하지 않는다고 해석되었다.[130)]

한편 구 특허법(2009. 1. 30. 법률 제9381호로 개정되기 전의 것) 제173조, 제174조 제1항, 제51조 제1항, 제47조 제1항 제3호, 제4항 제2호에 의하면, 특허거절결정에 대하여 불복심판을 청구하면서 하는 명세서 또는 도면의 보정은 '보정 후 특허청구범위에 기재된 사항이 특허출원을 한 때에 특허를 받을 수 있을 것'이라는 요건을 충족하여야 하고, 특허청 심사관은 심사전치절차에서 그 보정이 위 요건을 충족하지 못하는 때에는 결정으로 보정을 각하하여야 했다.

구 특허법 제47조 제4항 제2호의 취지는, 특허청 심사관이 위 요건을 충족하지 못한 보정에 대하여는 바로 보정각하결정을 할 수 있도록 하여 보정으로 새로이 발생되는 거절이유 등에 대하여 거절이유 통지와 또 다른 보정이 반복되는 것을 배제함으로써 심사절차의 신속한 진행을 도모하기 위한 것이었다. 따라서 구 특허법 제47조 제4항 제2호는 특허출원인의 절차적 이익을 보장하려는 구 특허법 제63조의 거절이유통지 제도의 취지상 보정 이전부터 이미 특허청구범위에 기재되어 있었던 사항으로서 특허출원인이 그에 대한 거절이유를 통지받지 못한 경우에는 적용되지 않고, 보정된 청구항이 통지된 거절이유를 여전히 해소하지 못한 경우와 통지된 거절이유는 해소하였으나 보정으로 인하여 새로운 거절이유가 발생한 경우에 적용되었다.[131)]

다. 2009. 1. 30. 법률 제9381호로 개정된 후의 보정 범위

위와 같이 개정된 구 특허법에서 특허거절결정에 대한 재심사청구제도를 신설함에

토하면, 위 판결의 사안[보정 전 청구항에는 A+B, A+C만이 있었을 뿐 청구항 A+B+C는 존재하지 않았고 발명의 설명에는 A+B+C가 기재되어 있었던 사안에서 보정 전 청구항을 보정 후 A+B+C로 하는 것이 실질적 변경에 해당하지 않는다고 판단]이 정정에서도 그대로 적용되어 실질적 변경에 해당되지 않는다고 볼 수 있는지 단정하기는 어렵다.

130) 대법원 2010. 4. 15. 선고 2008후5007 판결, 대법원 2011. 7. 28. 선고 2010후1305 판결 등.

131) 대법원 2011. 9. 29. 선고 2009후2678 판결 등. 보정 시 독립특허요건에 관한 구 특허법 제47조 제4항은 2009. 1. 30. 법률 제9381호로 개정된 특허법에서 삭제되었다.

따라(제42조 제5항, 제67조의2) 보정의 시기와 범위에 관한 규정 등이 일부 달라졌고, 구 법 제47조 제4항(일정 요건 하의 특허청구범위의 보정요건 중 명세서 또는 도면의 보정은 특허청구범위를 실질적으로 확장하거나 변경하지 아니하여야 한다는 부분과 보정후 특허청구범위에 기재된 사항이 특허출원을 한 때에 특허를 받을 수 있어야 한다는 독립특허요건 부분)이 삭제되고, 구 법 제173조의 심사전치제도가 폐지되었다. 보정에서 특허요건의 충족을 요구하는 규정을 폐지함으로 인한 심사의 번잡을 피하기 위하여 보정으로 인하여 새로운 거절이유가 발생하는 경우에도 보정각하를 할 수 있도록 하였다(제51조 제1항).

라. 2014. 6. 11. 법률 제12753호 및 2016. 2. 29. 법률 제14035호로 개정된 후의 보정 범위 등

2014. 6. 11. 법률 제12753호로 개정된 구 특허법에서 제47조가 전문개정되었으나 실질적으로는 외국어특허출원 제도를 인정함에 따른 관련 규정이 정비되었을 뿐이다. 즉 제47조 제2항 후문과 제5항의 내용을 새로 규정하였고 개정 전 제42조 제5항을 삭제하고 이를 제42조의2로 규정하였으며 나머지 내용은 종전과 같아서 위 개정부분에 한하여 보정 범위가 다소 달라졌다.

2016. 2. 29. 법률 제14035호로 개정된 특허법에서 특허결정 이후 직권 재심사 규정(제66조의3)을 신설함에 따라 제47조 제1항 제2호가 "거절이유통지(제66조의3 제2항에 따른 통지를 한 경우에는 그 통지 전의 거절이유통지는 제외한다)에 대한 보정에 따라 발생한 거절이유에 대하여 거절이유통지를 받은 경우: 해당 거절이유통지에 따른 의견서 제출기간"으로 변경되었고 나머지 내용은 변경이 없다.

5 국제특허출원의 특례

가. 국제단계에서의 보정

1) 국제조사보고서를 받은 후의 보정

국제특허출원의 출원인은 특허협력조약 제19조(1)에 따라 국제조사보고서를 받은 후에 국제특허출원의 청구범위에 관하여 보정을 한 경우 기준일까지(기준일이 출원심사의 청구일인 경우 출원심사의 청구를 한 때까지를 말한다. 이하 이 조 및 제205조에서 같다) 외국어로 출원한 국제특허출원인 경우에는 그 보정서의 국어번역문(제1호), 국어로 출원한 국제특허출원인 경우에는 그 보정서의 사본(제2호)의 서류를 특허청장에게 제출하여야 한다(제204조 제1항).

이에 따라 보정서의 국어번역문 또는 사본이 제출되었을 때에는 그 보정서의 국어번역문 또는 사본에 따라 제47조 제1항에 따른 청구범위가 보정된 것으로 본다. 다만, 특허협력조약 제20조에 따라 기준일까지 그 보정서(국어로 출원한 국제특허출원인 경우에 한정한다)가 특허청에 송달된 경우에는 그 보정서에 따라 보정된 것으로 본다(제204조 제2항).

국제특허출원의 출원인은 특허협력조약 제19조(1)에 따른 설명서를 국제사무국에 제출한 경우 외국어로 출원한 국제특허출원인 경우에는 그 설명서의 국어번역문(제1호), 국어로 출원한 국제특허출원인 경우에는 그 설명서의 사본(제2호)의 서류를 기준일까지 특허청장에게 제출하여야 한다(제204조 제3항).

국제특허출원의 출원인이 기준일까지 제204조 제1항 또는 제3항에 따른 절차를 밟지 아니하면 특허협력조약 제19조(1)에 따른 보정서 또는 설명서는 제출되지 아니한 것으로 본다. 다만, 국어로 출원한 국제특허출원인 경우에 특허협력조약 제20조에 따라 기준일까지 그 보정서 또는 그 설명서가 특허청에 송달된 경우에는 그러하지 아니하다(제204조 제4항).

국제특허출원을 외국어로 출원한 출원인은 특허협력조약 제2조(xi)의 우선일(이하 우선일이라 한다)부터 2년 7개월(이하 국내서면제출기간이라 한다) 이내에 국제출원일까지 제출한 발명의 설명, 청구범위 및 도면(도면 중 설명부분에 한정한다)의 국어번역문(제1호), 국제특허출원의 요약서의 국어번역문(제2호)의 서류를 특허청장에게 제출하여야 한다. 다만, 국어번역문의 제출기간을 연장하여 달라는 취지를 제203조 제1항에 따른 서면에 적어 국내서면제출기간 만료일 전 1개월부터 그 만료일까지 제출한 경우(그 서면을 제출하기 전에 국어번역문을 제출한 경우는 제외한다)에는 국내서면제출기간 만료일부터 1개월이 되는 날까지 국어번역문을 제출할 수 있다(제201조 제1항). 제201조 제1항에도 불구하고 국제특허출원을 외국어로 출원한 출원인이 특허협력조약 제19조(1)에 따라 청구범위에 관한 보정을 한 경우에는 국제출원일까지 제출한 청구범위에 대한 국어번역문을 보정 후의 청구범위에 대한 국어번역문으로 대체하여 제출할 수 있다(제201조 제2항). 제201조 제2항에 따라 보정 후의 청구범위에 대한 국어번역문을 제출하는 경우에는 제204조 제1항 및 제2항을 적용하지 아니한다(제201조 제8항).

2) 국제예비심사보고서 작성 전의 보정

국제특허출원의 출원인은 특허협력조약 제34조(2)(b)에 따라 국제특허출원의 발명의 설명, 청구범위 및 도면에 대하여 보정을 한 경우 기준일까지 외국어로 작성된 보정서인 경우에는 그 보정서의 국어번역문(제1호), 국어로 작성된 보정서인 경우에는 그 보정서의 사본(제2호)의 서류를 특허청장에게 제출하여야 한다(제205조 제1항).

제205조 제1항에 따라 보정서의 국어번역문 또는 사본이 제출되었을 때에는 그 보정서의 국어번역문 또는 사본에 따라 제47조 제1항에 따른 명세서 및 도면이 보정된 것으로 본다. 다만, 특허협력조약 제36조⑶(a)에 따라 기준일까지 그 보정서(국어로 작성된 보정서의 경우만 해당한다)가 특허청에 송달된 경우에는 그 보정서에 따라 보정된 것으로 본다(제205조 제2항). 국제특허출원의 출원인이 기준일까지 제1항에 따른 절차를 밟지 아니하면 특허협력조약 제34조⑵(b)에 따른 보정서는 제출되지 아니한 것으로 본다. 다만, 특허협력조약 제36조⑶(a)에 따라 기준일까지 그 보정서(국어로 작성된 보정서의 경우만 해당한다)가 특허청에 송달된 경우에는 그러하지 아니하다(제205조 제3항).

나. 국내단계에서의 보정

국제특허출원에 관하여는 제82조 제1항에 따른 수수료를 낼 것(제1호), 제201조 제1항에 따른 국어번역문을 제출할 것(다만, 국어로 출원된 국제특허출원인 경우는 그러하지 아니하다)(제2호), 기준일(기준일이 출원심사의 청구일인 경우 출원심사를 청구한 때를 말한다)이 지날 것(제3호)의 요건을 모두 갖추지 아니하면 제47조 제1항에도 불구하고 보정(제204조 제2항 및 제205조 제2항에 따른 보정은 제외한다)을 할 수 없다(제208조 제1항).

외국어로 출원된 국제특허출원의 보정할 수 있는 범위에 관하여 제47조 제2항 전단을 적용할 때에는 "특허출원서에 최초로 첨부한 명세서 또는 도면"은 "국제출원일까지 제출한 발명의 설명, 청구범위 또는 도면"으로 본다(제208조 제3항).

외국어로 출원된 국제특허출원의 보정할 수 있는 범위에 관하여 제47조 제2항 후단을 적용할 때에는 "외국어특허출원"은 "외국어로 출원된 국제특허출원"으로, "최종 국어번역문(제42조의3 제6항 전단에 따른 정정이 있는 경우에는 정정된 국어번역문을 말한다) 또는 특허출원서에 최초로 첨부한 도면(도면 중 설명부분은 제외한다)"은 "제201조 제5항에 따른 최종 국어번역문(제201조 제6항 전단에 따른 정정이 있는 경우에는 정정된 국어번역문을 말한다) 또는 국제출원일까지 제출한 도면(도면 중 설명부분은 제외한다)"으로 본다(제208조 제4항).

제 8 장

특허권의 설정등록 · 존속기간 · 효력

제8장 특허권의 설정등록 · 존속기간 · 효력

제1절 설정등록 · 존속기간

I. 설정등록

1 특허료 · 수수료 및 설정등록

가. 특허료 · 수수료

1) 특허료의 납부

심사관이 특허출원에 대하여 특허결정을 하고 특허권의 설정등록을 받으려는 자는 특허료를 납부하거나 면제받는 경우에 해당하여야 한다. 둘 이상의 청구항이 있는 특허출원에 대한 특허결정을 받은 자가 특허료를 낼 때에는 청구항별로 이를 포기할 수 있다(제215조의2, 법 시행규칙 제19조의2 참조).

특허권의 설정등록을 받으려는 자는 설정등록을 받으려는 날(이하 설정등록일이라 한다)부터 3년분의 특허료를 내야 하고, 특허권자는 그 다음 해부터의 특허료를 해당 권리의 설정등록일에 해당하는 날을 기준으로 매년 1년분씩 내야 하는데(제79조 제1항), 특허권자는 그 다음 해부터의 특허료는 그 납부연도 순서에 따라 수년분 또는 모든 연도분을 함께 낼 수도 있다(제79조 제2항).

위 특허료, 그 납부방법 및 납부기간, 그 밖에 필요한 사항은 산업통상자원부령으로 정하는데(제79조 제3항), 「특허료 등의 징수규칙」에 특허료 및 수수료의 부과금액과 납부방법 등이 구체적으로 규정되어 있다(이하 같다).

이해관계인은 특허료를 내야 할 자의 의사와 관계없이 특허료를 낼 수 있다(제80조 제1항). 이해관계인이 이에 따라 특허료를 낸 경우에는 내야 할 자가 현재 이익을 얻는 한도에서 그 비용의 상환을 청구할 수 있다(제80조 제2항).

특허권의 설정등록을 받으려는 자 또는 특허권자는 제79조 제3항에 따른 납부기간이 지난 후에도 6개월 이내(이하 추가납부기간이라 한다)에 특허료를 추가로 낼 수 있다(제81조 제1항). 이에 따라 특허료를 추가로 낼 때에는 내야 할 특허료의 2배의 범위에서 산업통상자원부령으로 정하는 금액을 납부하여야 한다(제81조 제2항, 특허료 등의 징수규칙 제8조 제8항).

추가납부기간에 특허료를 내지 아니한 경우(추가납부기간이 끝나더라도 제81조의2 제2항에 따른 보전기간이 끝나지 아니한 경우에는 그 보전기간에 보전하지 아니한 경우를 말한다)에는 특허권의 설정등록을 받으려는 자의 특허출원은 포기한 것으로 보며, 특허권자의 특허권은 제79조 제1항 또는 제2항에 따라 낸 특허료에 해당되는 기간이 끝나는 날의 다음 날로 소급하여 소멸된 것으로 본다(제81조 제3항).

특허청장은 특허권의 설정등록을 받으려는 자 또는 특허권자가 제79조 제3항 또는 제81조 제1항에 따른 기간에 특허료의 일부를 내지 아니한 경우에는 특허료의 보전(補塡)을 명하여야 하고(제81조의2 제1항), 이에 따라 보전명령을 받은 자는 그 보전명령을 받은 날부터 1개월 이내(이하 보전기간이라 한다)에 특허료를 보전할 수 있으며(제81조의2 제2항), 이에 따라 특허료를 보전하는 자는 내지 아니한 금액의 2배의 범위에서 산업통상자원부령으로 정한 금액을 내야 한다(제81조의2 제3항, 특허료 등의 징수규칙 제8조 제9항).

특허권의 설정등록을 받으려는 자 또는 특허권자가 정당한 사유로 추가납부기간에 특허료를 내지 아니하였거나 보전기간에 보전하지 아니한 경우에는 그 사유가 소멸한 날부터 2개월 이내에 그 특허료를 내거나 보전할 수 있다. 다만, 추가납부기간의 만료일 또는 보전기간의 만료일 중 늦은 날부터 1년이 지난 때에는 그러하지 아니하다(제81조의3 제1항). 이에 따라 특허료를 내거나 보전한 자는 제81조 제3항에도 불구하고 그 특허출원을 포기하지 아니한 것으로 보며, 그 특허권은 계속하여 존속하고 있던 것으로 본다(제81조의3 제2항).

추가납부기간에 특허료를 내지 아니하였거나 보전기간에 보전하지 아니하여 특허발명의 특허권이 소멸한 경우 그 특허권자는 추가납부기간 또는 보전기간 만료일부터 3개월 이내에 제79조에 따른 특허료의 2배를 내고, 그 소멸한 권리의 회복을 신청할 수 있다. 이 경우 그 특허권은 계속하여 존속하고 있던 것으로 본다(제81조의3 제3항).

제81조의2 제2항 또는 제3항에 따른 특허출원 또는 특허권의 효력은 추가납부기간 또는 보전기간이 지난 날부터 특허료를 내거나 보전한 날까지의 기간(이하 이 조에서 효력제한기간이라 한다) 중에 타인이 특허출원된 발명 또는 특허발명을 실시한 행위에 대해서는 그 효력이 미치지 아니한다(제81조의3 제4항).

효력제한기간 중 국내에서 선의로 제81조의3 제2항 또는 제3항에 따른 특허출원된 발명 또는 특허발명을 업으로 실시하거나 이를 준비하고 있는 자는 그 실시하거나 준비하고 있는 발명 및 사업목적의 범위에서 그 특허출원된 발명 또는 특허발명에 대한 특허권에 대하여 통상실시권을 가진다(제81조의3 제5항). 이에 따라 통상실시권을 가진 자는 특허권자 또는 전용실시권자에게 상당한 대가를 지급하여야 한다(제81조의3 제5항). 제81조의3 제1항 본문에 따른 납부나 보전 또는 제3항 전단에 따른 신청에 필요한 사항은 산업통상자원부령으로 정한다(제81조의3 제6항, 특허료 등의 징수규칙 제8조 제10항).

2) 수수료의 납부

특허에 관한 절차를 밟는 자는 수수료를 내야 한다(제82조 제1항). 특허출원인이 아닌 자가 출원심사의 청구를 한 후 그 특허출원서에 첨부한 명세서를 보정하여 청구범위에 적은 청구항의 수가 증가한 경우에는 그 증가한 청구항에 관하여 내야 할 심사청구료는 특허출원인이 내야 한다(제82조 제2항).

수수료, 그 납부방법 및 납부기간, 그 밖에 필요한 사항은 산업통상자원부령으로 정하는데(제82조 제2항), 이에 대해서는 특허료 등의 징수규칙 제2조 등의 규정이 있다.

3) 특허료 · 수수료의 면제 · 감면

특허청장은 i) 국가에 속하는 특허출원 또는 특허권에 관한 수수료 또는 특허료, ii) 제133조 제1항, 제134조 제1항 · 제2항 또는 제137조 제1항에 따른 심사관의 무효심판청구에 대한 수수료의 어느 하나에 해당하는 특허료 및 수수료는 제79조 및 제82조에도 불구하고 면제한다(제83조 제1항).

특허청장은 i) 「국민기초생활 보장법」에 따른 의료급여 수급자(제1호), ii) 「재난 및 안전관리 기본법」 제36조에 따른 재난사태 또는 같은 법 제60조에 따른 특별재난지역으로 선포된 지역에 거주하거나 주된 사무소를 두고 있는 자 중 산업통상자원부령으로 정하는 요건을 갖춘 자(제2호), iii) 그 밖에 산업통상자원부령으로 정하는 자(제3호)의 어느 하나에 해당하는 자가 한 특허출원 또는 그 특허출원하여 받은 특허권에 대해서는 제79조 및 제82조에도 불구하고 산업통상자원부령으로 정하는 특허료 및 수수료를 감면할 수 있다(제83조 제2항). 이에 따라 특허료 및 수수료를 감면받으려는 자는 산업통상자원부령으로 정하는 서류를 특허청장에게 제출하여야 한다(제83조 제3항, 특허료 등의 징수규칙 제7조, 제13조).

특허청장은 위 특허료 및 수수료 감면을 거짓이나 그 밖의 부정한 방법으로 받은 자에 대하여는 산업통상자원부령으로 정하는 바에 따라 감면받은 특허료 및 수수료의 2배액을 징수할 수 있다. 이 경우 그 출원인 또는 특허권자가 하는 특허출원 또는 그 특허출원하여 받은 특허권에 대해서는 산업통상자원부령으로 정하는 기간 동안 제2항을 적용하지 아니한다(제83조 제4항, 특허료 등의 징수규칙 제13조의2).

4) 특허료 등의 반환

납부된 특허료 및 수수료는 아래 (1)부터 (11)까지의 어느 하나에 해당하는 경우에만 납부한 자의 청구에 의하여 반환한다(제84조 제1항).[1)]

(1) 잘못 납부된 특허료 및 수수료

(2) 제132조의13 제1항에 따른 특허취소결정이나 특허를 무효로 한다는 심결이 확정된 해의 다음 해부터의 특허료 해당분

(3) 특허권의 존속기간의 연장등록을 무효로 한다는 심결이 확정된 해의 다음 해부터의 특허료 해

(4) 특허출원(분할출원, 분리출원, 변경출원 및 제61조에 따른 우선심사의 신청을 한 특허출원은 제외한다) 후 1개월 이내에 그 특허출원을 취하하거나 포기한 경우에 이미 낸 수수료 중 특허출원료 및 특허출원의 우선권 주장 신청료

(5) 출원심사의 청구를 한 이후 다음 각 목 중 어느 하나가 있기 전까지 특허출원을 취하(제53조 제4항 또는 제56조 제1항 본문에 따라 취하된 것으로 보는 경우를 포함한다. 이하 이 조에서 같다)하거나 포기한 경우 이미 낸 심사청구료

(가) 제36조 제6항에 따른 협의 결과 신고 명령(동일인에 의한 특허출원에 한정한다)

(나) 삭제

(다) 제63조에 따른 거절이유통지

(라) 제67조 제2항에 따른 특허결정의 등본 송달

(5의2) 출원심사의 청구를 한 이후 다음의 어느 하나에 해당하는 기간 내에 특허출원을 취하하거나 포기한 경우 이미 낸 심사청구료의 3분의 1에 해당하는 금액

(가) (5)(가)에 따른 신고 명령 후 신고기간 만료 전까지

(나) (5)(다)에 따른 거절이유통지(제47조 제1항 제1호에 해당하는 경우로 한정한다) 후 의견서 제출기간 만료 전까지

(6) 특허권을 포기한 해의 다음 해부터의 특허료 해당분

(7) 제176조 제1항에 따라 특허거절결정 또는 특허권의 존속기간의 연장등록거절결정이 취소된 경우(제184조에 따라 재심의 절차에서 준용되는 경우를 포함하되, 심판 또는 재심 중 제170조 제1항에 따라 준용되는 제47조 제1항 제1호 또는 제2호에 따른 보정이 있는 경우는 제외한다)에 이미 낸 수수료 중 심판청구료(재심의 경우에는 재심청구료를 말한다.

1) 2016. 3. 29. 법률 제14112호로 개정된 특허법 제84조 제1항은 제6호부터 제11호를 신설하여 특허권을 포기하거나 특허거절결정이 취소된 경우 등에 특허료 또는 심판청구료 등을 반환하도록 하고 2021. 8. 17. 법률 제18409호로 개정된 특허법에서 종전의 제1항 제5호 나목을 삭제하고 새로 제5호의2를 신설하였다.

이하 이 조에서 같다)

(8) 심판청구가 제141조 제2항에 따라 결정으로 각하되고 그 결정이 확정된 경우(제184조에 따라 재심의 절차에서 준용되는 경우를 포함한다)에 이미 낸 심판청구료의 2분의 1에 해당하는 금액

(9) 심리의 종결을 통지받기 전까지 제155조 제1항에 따른 참가신청을 취하한 경우(제184조에 따라 재심의 절차에서 준용되는 경우를 포함한다)에 이미 낸 수수료 중 참가신청료의 2분의 1에 해당하는 금액

(10) 제155조 제1항에 따른 참가신청이 결정으로 거부된 경우(제184조에 따라 재심의 절차에서 준용되는 경우를 포함한다)에 이미 낸 수수료 중 참가신청료의 2분의 1에 해당하는 금액

(11) 심리의 종결을 통지받기 전까지 심판청구를 취하한 경우(제184조에 따라 재심의 절차에서 준용되는 경우를 포함한다)에 이미 낸 수수료 중 심판청구료의 2분의 1에 해당하는 금액

특허청장 또는 특허심판원장은 납부된 특허료 및 수수료가 위 (1)부터 (11)까지의 어느 하나에 해당하는 경우에는 그 사실을 납부한 자에게 통지하여야 한다(제84조 제2항). 위 특허료 및 수수료의 반환청구는 위 통지를 받은 날부터 5년이 지나면 할 수 없다(제84조 제3항).

나. 설정등록

심사관이 특허출원에 대하여 특허결정을 하고 특허권의 설정등록을 받으려는 자(통상 특허출원에 대한 등록결정을 받은 자)가 소정의 특허료를 납부(추가납부, 보전 포함)하거나 면제받는 경우에 해당하면 특허청장은 특허청에 비치하는 특허원부에 법에 정한 소정사항을 기재하여 등록하게 되는데(제85조) 이러한 특허권의 설정등록을 통하여 특허권이 발생한다(제87조 제1항, 제2항).

다만 특허원부에 등록된 특허를 신뢰하고 거래한 자에게 권리의 취득을 인정하는 공신력은 인정되지 않는다.

특허청장은 제87조 제2항에 따라 등록한 경우에는 특허권자의 성명 및 주소 등 소정의 사항[2]을 특허공보에 게재하여 등록공고를 하여야 한다(제87조 제3항, 법 시행령 제

2) "1. 특허권자의 성명 및 주소(법인인 경우에는 그 명칭 및 영업소의 소재지를 말한다) 2. 특허출원번호 및 출원연월일 3. 발명자의 성명 및 주소 4. 특허출원서에 첨부된 요약서 5. 특허번호 및 설정등록연월일 6. 등록공고연월일 7. 제63조 제1항 각 호 외의 부분 본문에 따라 통지한 거절이유에 선행기술에 관한 정보(선행기술이 적혀 있는 간행물의 명칭과 그 밖에 선행기

19조 제2항).

비밀취급이 필요한 특허발명에 대해서는 그 발명의 비밀취급이 해제될 때까지 그 특허의 등록공고를 보류하여야 하며, 그 발명의 비밀취급이 해제된 경우에는 지체 없이 위 제3항에 따라 등록공고를 하여야 한다(제87조 제4항).

특허권이 설정등록되면 제65조 제2항에 의한 보상금 청구권을 행사할 수 있다(제65조 제3항).

특허청장은 특허권의 설정등록을 한 경우에는 산업통상자원부령으로 정하는 바에 따라 특허권자에게 특허증을 발급(전자문서에 의한 발급 포함)하여야 한다(제86조 제1항, 법 시행규칙 제50조). 특허청장은 특허증이 특허원부나 그 밖의 서류와 맞지 아니하면 신청에 따라 또는 직권으로 특허증을 회수하여 정정발급하거나 새로운 특허증을 발급하여야 하고(제86조 제2항), 특허청장은 특허발명의 명세서 또는 도면의 정정을 인정한다는 취지의 결정 또는 심결이 확정된 경우나 제99조의2 제2항에 따라 특허권이 이전등록된 경우에는 그 결정, 심결 또는 이전등록에 따른 새로운 특허증을 발급하여야 한다(제86조 제3항).

특허권이 불법 또는 착오로 소멸등록된 경우 특허권자는 이해상대방을 상대로 그의 신청에 의하여 불법 또는 착오로 말소된 특허권 등록의 회복을 청구할 수 있는 외에, 특허권이 특허청장의 직권에 의하여 불법 또는 착오로 소멸등록된 경우에 특허청장에 대하여 그 소멸등록된 특허권의 회복등록을 신청할 권리가 있다. 이때 특허권자가 한 소멸등록된 특허권의 회복신청을 특허청이 거부하였다면 이는 항고소송의 대상이 되는 행정처분에 해당한다.[3)]

이러한 회복등록은 부적법하게 말소된 등록을 회복하여 처음부터 그러한 말소가 없었던 것과 같은 효력을 보유하도록 하는 것이어서 부적법 소멸이나 회복등록을 이유로 특허권의 존속기간이 정지되거나 연장되는 것이 아니며 존속기간에는 아무런 영향이 없다.[4)]

술에 관한 정보의 소재지를 말한다)가 포함된 경우 그 정보 8. 그 밖에 대통령령으로 정하는 사항[1. 분류기호2. 제30조에 따른 공지 등이 되지 아니한 발명으로 보는 발명에 관한 사항 3. 특허출원서에 첨부된 명세서 및 도면(제87조 제2항에 따른 설정등록 시에 첨부된 명세서 및 도면을 말한다) 4. 분할출원 또는 변경출원에 관한 사항 5. 우선권 주장에 관한 사항 6. 출원공개번호 및 공개연월일 7. 제66조의2에 따른 직권보정에 관한 사항 8. 제132조의3, 제133조의2, 제136조 또는 제137조에 따라 정정된 내용 9. 그 밖에 특허청장이 필요하다고 인정하는 사항]"

3) 실용신안권에 관한 대법원 2002. 11. 22. 선고 2000두9229 판결 참조.

4) 대법원 2014. 1. 16. 선고 2013후2309 판결 참조.

2 특허권의 이전청구에 따른 등록

가. 관련 규정

특허가 제133조 제1항 제2호 본문[제33조(특허를 받을 수 있는 자) 제1항 본문에 따른 특허를 받을 수 있는 권리를 가지지 아니하거나 제44조(공동출원)를 위반한 경우]에 해당하는 경우에 특허를 받을 수 있는 권리를 가진 자는 법원에 해당 특허권의 이전(특허를 받을 수 있는 권리가 공유인 경우에는 그 지분의 이전을 말한다)을 청구할 수 있다(제99조의2 제1항).

위 청구에 기초하여 특허권이 이전등록된 경우에 해당 특허권, 제65조 제2항에 따른 보상금 지급 청구권, 제207조 제4항[5]에 따른 보상금 지급 청구권은 그 특허권이 설정등록된 날부터 이전등록을 받은 자에게 있는 것으로 본다(제99조의2 제2항).[6]

특허권이 공유인 경우에는 각 공유자는 다른 공유자 모두의 동의를 받아야만 그 지분을 양도할 수 있지만(제99조 제2항), 예외적으로 제99조의2 제1항의 청구에 따라 공유인 특허권의 지분을 이전하는 경우에는 제99조 제2항에도 불구하고 다른 공유자의 동의를 받지 아니하더라도 그 지분을 이전할 수 있다(제99조의2 제3항).

무권리자 출원과 공동출원 위반의 경우에 등록무효심판의 청구인 적격은 특허를 받을 수 있는 자에게만 있다(제133조 제1항 각 호 외의 부분 전문의 괄호 부분). 해당 특허권이 정당한 권리자에게 이전된 후는 이미 그 흠은 치유되었기 때문에 특허의 무효사유가 되지 않는 것으로 하였다(제133조 제1항 제2호 단서[7]).

한편, 제99조의2에 따른 특허권의 이전등록에는 앞에서 본 바와 같은 소급효가 있기 때문에 이전할 당시에 이미 기존의 권리관계에 따라 형성된 선의의 이해관계인을 보호할 필요가 있다.

이전등록된 특허의 원(原)특허권자 또는 이전등록된 특허권에 대하여 이전등록 당시에 이미 전용실시권이나 통상실시권 또는 그 전용실시권에 대한 통상실시권을 취득하고 등록을 받은 자(다만, 제118조 제2항에 따른 통상실시권을 취득한 자는 등록을 필요로

---

5) "국제특허출원의 출원인은 제3항에 따른 경고를 받거나 출원공개된 발명임을 알고도 그 국제특허출원된 발명을 업으로서 실시한 자에게 그 경고를 받거나 출원공개된 발명임을 안 때부터 특허권의 설정등록 시까지의 기간 동안 그 특허발명의 실시에 대하여 합리적으로 받을 수 있는 금액에 상당하는 보상금의 지급을 청구할 수 있다. 다만, 그 청구권은 해당 특허출원이 특허권의 설정등록된 후에만 행사할 수 있다."

6) 2016. 2. 29. 법률 제14035호로 개정된 특허법의 부칙 제8조에는 제99조의2의 개정규정은 이 법 시행(2017. 3. 1.) 이후 등록된 무권리자의 특허권부터 적용한다고 규정한다.

7) 2016. 2. 29. 법률 제14035호로 개정된 특허법에서 제133조 제1항 각 호 외의 부분 전문의 괄호 부분 및 제2호 단서 부분이 추가되었다.

하지 아니한다)가 제99조의2 제2항에 따른 특허권의 이전등록이 있기 전에 해당 특허가 제133조 제1항 제2호 본문에 해당하는 것을 알지 못하고 국내에서 해당 발명의 실시사업을 하거나 이를 준비하고 있는 경우에는 그 실시하거나 준비를 하고 있는 발명 및 사업목적의 범위에서 그 특허권에 대하여 통상실시권을 가진다(제103조의2 제1항). 이에 따라 통상실시권을 가진 자는 이전등록된 특허권자에게 상당한 대가를 지급하여야 한다(제103조의2 제2항).

나. 관련 쟁점

1) 앞에서 본 바와 같이 제133조 제1항 제2호의 무효사유에 대해서는 등록무효심판을 청구할 수 있는 자가 '특허를 받을 수 있는 자'만으로 한정되었는데 침해소송에서 원고에 의해 주장되는 특허권에 대해 상대방(피고)이 무권리자 출원임을 이유로 한 무효 항변을 주장할 수 있는지가 문제된다.

무효심결이 확정되면 특허권은 소급하여 소멸되지만 그와 달리 침해소송에서는 무효 항변이 인정되더라도 당사자 사이에서만 효력이 있고 특허권이 소멸되는 것은 아니어서 정당한 권리자가 가지는 권리를 해하는 것이 아니기 때문에 침해소송에서 특허권자에 의해 주장되는 특허권에 대해 그 상대방이 무권리자 출원임을 이유로 한 무효 항변을 할 수 있다고 본다. 다만 해당 특허권이 정당한 권리자에게 이전된 후에는 더 이상 무권리자 출원이라는 점을 특허의 무효사유로 주장할 수 없기 때문에 해당 특허권이 정당한 권리자에게 이전된 후에는 침해소송에서도 무권리자 출원에 기초한 무효 항변은 할 수 없다고 본다.

2) 제99조의2에 따라 청구항 별로 이전등록을 할 수 있는지가 문제된다.

제99조의2에 따라 청구항 별로 이전등록을 할 수 있다고 인정하는 명문의 규정이 없고, 제215조(둘 이상의 청구항이 있는 특허 또는 특허권에 관한 특칙)는 둘 이상의 청구항이 있는 특허 또는 특허권에 대하여 청구항마다 특허가 되거나 특허권이 있는 것으로 보는 조문에 제99조의2가 포함되어 있지 않아 현행법상으로는 인정하여 주기 어렵다고 본다.[8)]

II. 존속기간

특허권은 설정등록에 의하여 발생하고, 그 존속기간은 특허권의 설정등록이 있는

8) 다만 입법론 상으로는 긍정하는 것이 바람직하다고 생각한다.

날부터 특허출원일 후 20년이 되는 날까지이다(제87조, 제88조). 실용신안권 역시 설정등록에 의하여 발생하고 그 존속기간은 실용신안권의 설정등록을 한 날부터 실용신안등록출원일 후 10년이 되는 날까지이다(실용신안법 제21조, 제22조).[9]

특허권의 존속기간이 경과한 후에는 특허권자가 소멸된 특허발명에 터 잡아 제126조에 따른 특허침해금지 및 특허침해제품의 폐기 등의 권리를 주장할 수 없다.

III. 존속기간의 연장

특허권 존속기간 연장 제도에는 허가 등에 따른 특허권 존속기간의 연장과 등록지연에 따른 존속기간 연장이 있다.

1 허가 등에 따른 특허권 존속기간의 연장

가. 의의 및 취지

특허권의 존속기간 연장제도는, 특허권의 존속기간 중 특허발명을 실시하기 위하여 법령이 규정하는 허가 등을 받아야 하고 이에 필요한 시험 등으로 인하여 장기간이 소요되는 발명에 대하여 5년의 범위 내에서 특허발명을 실시하지 못한 기간만큼 해당 특허권의 존속기간을 1회만 연장시켜주는 제도이다.

의약품과 농약 등 일부 분야에서는 특허발명을 실시하기 위하여 다른 법령에 의한 허가나 등록을 받아야 하고, 허가나 등록을 받기 위하여 소요되는 기간에는 그 발명을 독점적으로 실시할 수 없기 때문에 다른 특허권과의 형평성 문제가 발생한다. 이에 특허법은 제89조부터 제92조까지 유효하게 등록된 특허권에 대하여 허가 등에 따른 존속기간의 연장제도를 두고 있다.[10]

---

9) 상표권은 설정등록에 의하여 발생하고 존속기간은 상표권의 설정등록이 있는 날부터 10년이고 상표권의 존속기간갱신등록신청에 따라 10년씩 갱신할 수 있다(상표법 제42조).
구 디자인보호법에서 디자인권은 디자인권의 설정등록이 있는 날부터 15년간 존속하는 것으로 규정되었다가(제40조 제1항 본문), 2013. 5. 28. 법률 제11848호로 전부개정된 디자인보호법은 디자인보호법 제90조 제1항에 따라 설정등록한 날부터 발생하여 디자인등록출원일 후 20년이 되는 날까지 존속한다고 규정하고 있다(디자인보호법 제91조 제1항 본문). 디자인보호법 제91조의 개정규정은 위 전부개정된 디자인보호법 시행(시행일 2014. 7. 1.) 후 출원되어 디자인등록된 디자인권부터 적용한다(부칙 제10조).

10) 1986. 12. 31. 법률 제3891호로 개정된 구 특허법에서 처음 도입된 특허권 존속기간 연장제도는 특허권 존속기간 연장등록 신청제도였다가 1990. 1. 13. 법률 제4207호로 개정(시행일 1990. 9. 1.)된 구 특허법에서 연장등록 출원제도로 변경되었다. 따라서 1990. 9. 1. 이전에

나. 내용

특허발명을 실시하기 위하여 다른 법령에 따라 허가를 받거나 등록 등을 하여야 하고, 그 허가 또는 등록 등(이하 허가 등이라 한다)을 위하여 필요한 유효성 · 안전성 등의 시험으로 인하여 장기간이 소요되는 대통령령으로 정하는 발명인 경우에는 제88조 제1항에도 불구하고 그 실시할 수 없었던 기간에 대하여 5년의 기간까지 그 특허권의 존속기간을 한 차례만 연장할 수 있다(제89조 제1항). 이때 허가 등을 받은 자에게 책임 있는 사유로 소요된 기간은 제1항의 "실시할 수 없었던 기간"에 포함되지 아니한다(제89조 제2항).

1) 연장등록의 대상 및 시기

특허권존속기간 연장등록출원의 대상이 되는 특허발명은 제89조 제1항에 따라 법 시행령 제7조 각 호의 1에서 규정하는 발명이다.

법 시행령 제7조는 "특허법 제89조에서 '대통령령이 정하는 발명'이란 다음 각 호의 어느 하나에 해당하는 발명을 말한다. 1. 특허발명을 실시하기 위하여 약사법 제31조 제2항 · 제3항 또는 제42조 제1항에 따라 품목허가를 받은 의약품[신물질(약효를 나타내는 활성부분의 화학구조가 새로운 물질을 말한다. 이하 이 조에서 같다)을 유효성분으로 하여 제조한 의약품으로서 최초로 품목허가를 받은 의약품으로 한정한다]의 발명 2. 특허발명을 실시하기 위하여 농약관리법 제8조 제1항, 제16조 제1항 또는 제17조 제1항에 따라 등록한 농약 또는 원제(신물질을 유효성분으로 하여 제조한 농약 또는 원제로서 최초로 등록한 농약 또는 원제로 한정한다)의 발명"으로 규정하고 있다.

따라서 위 규정 외에 다른 법 규정에 따른 허가나 등록으로 장기간 발명을 실시할 수 없었던 경우에는 연장등록출원의 대상이 되지 않는다.

연장대상 판단에서 ① 하나의 특허에 포함된 복수의 유효성분에 대하여 복수의 허가가 있는 경우에는 복수의 허가 중에서 하나를 선택하여 1회에 한해 존속기간 연장을 할 수 있고, ② 동일 유효성분에 대하여 복수의 허가가 있는 경우 최초의 허가에 한해 존속기간의 연장을 할 수 있으며, ③ 하나의 허가에 대하여 복수의 특허가 관련된 경우 허가와 관련된 특허 각각에 대하여 존속기간 연장할 수 있다.[11)]

허가 등에 따른 특허권존속기간 연장등록출원은 대상이 되는 특허발명의 특허권이

출원되어 설정등록된 특허권의 존속기간 연장에 관하여는 특허권존속기간연장신청제도 관련 규정이 적용된다.

11) 허가 등에 따른 특허권 존속기간의 연장제도 운용에 관한 규정 제3조, 특허 · 실용신안 심사기준 제7부 제1장 3.4.

존속되는 경우에만 할 수 있다. 따라서 그 특허권이 무효 또는 취소되거나 특허료를 납부하지 않아 소멸한 경우에는 특허권존속기간연장등록출원이 인정되지 않는다. 그 특허권에 대하여 무효심판이 계속 중인 경우에는 연장등록출원을 할 수 있다.[12]

2) 연장받을 수 있는 기간

특허권의 존속기간을 연장받을 수 있는 기간은 그 특허발명을 실시할 수 없었던 기간으로서 5년의 기간 내로 한정된다. 특허발명의 실시를 위한 허가나 등록에 5년 이상이 소요된 경우라도 특허권의 존속기간을 5년 이상 연장할 수는 없다

연장이 인정되는 기간은 실시할 수 없었던 기간만큼 인정되는데, 실시할 수 없었던 기간은 특허권자가 특허발명을 실시할 의사 및 능력이 있었음에도 불구하고 실시할 수 없었던 기간으로, 구체적으로 허가나 등록 등을 위해 필요한 시험을 개시한 날 또는 특허권의 설정등록일 중 나중인 날로부터 허가의 효력이 도달하거나 등록 등을 한 날의 전일까지라고 할 수 있다.[13]

「허가 등에 따른 특허권 존속기간의 연장제도 운용에 관한 규정」 제4조는 제89조 제1항 규정의 "'그 실시할 수 없었던 기간'이라 함은 특허권 설정 등록일 이후의 기간으로서 ① 의약품(동물용 의약품은 제외한다)의 품목허가를 받기 위하여 식품의약품안전청장의 승인을 얻어 실시한 임상시험기간과 식품의약품안전청에서 소요된 허가신청 관련서류의 검토기간을 합산한 기간, ② 동물용 의약품의 품목허가를 받기 위하여 국립수의과학검역원장으로부터 승인을 얻어 실시한 임상시험기간과 국립수의과학검역원에서 소요된 허가신청 관련서류의 검토기간을 합산한 기간, ③ 농약 또는 농약원제를 등록하기 위하여 농약관리법시행령이 정하는 시험연구기관에서 실시한 약효나 약해 등의 시험기간과 농촌진흥청에서 소요된 등록 신청 관련서류의 검토기간을 합산한 기간의 1에 해당하는 기간을 말한다. 다만, 해당 관청의 허가 또는 등록 신청 관련서류의 검토기간 중 특허권자 또는 신청인의 책임 있는 사유로 인하여 소요된 기간은 '그 실시할 수 없었던 기간'에 포함하지 아니한다."고 규정한다.

특허발명을 실시할 수 없는 기간을 산정할 때에는 특허권 설정등록일 이후의 기간만을 고려하되, 해당 관청의 허가 또는 등록 신청 관련서류의 검토 기간 중 허가 등을

12) 특허 · 실용신안 심사기준 제7부 제1장 3.3.

13) 특허법원 2017. 3. 16. 선고 2016허21 판결(상고기각 확정)은 "구 특허법 제89조의 '실시할 수 없었던 기간'의 시기(始期)는 특허권자 등이 약사법 등에 의한 허가 등을 받는 데 필요한 활성 · 안전성 등의 시험을 개시한 날 또는 특허권의 설정등록일 중 늦은 날이 되고, 그 종기는 약사법 등에 의한 허가 등의 처분이 그 신청인에게 도달함으로써 그 처분의 효력이 발생한 날까지라고 할 것이다."라고 하였다.

받은 자의 책임 있는 사유로 소요된 기간은 제외한다.

특허권 존속기간의 연장등록을 받는 데에 필요한 허가 등을 신청할 수 있는 자의 범위에는 특허권자 외에 전용실시권자 및 통상실시권자가 포함되므로, 위 규정의 '특허권자에게 책임 있는 사유'를 판단할 경우에도 위 허가 등을 신청한 전용실시권자와 통상실시권자에 관한 사유가 포함된다.[14)]

여기서 '책임 있는 사유로 인하여 소요된 기간'이라 함은 특허권자의 귀책사유로 말미암아 약사법 등의 허가 등이 실제로 지연된 기간, 즉 특허권자의 귀책사유와 약사법 등에 의한 허가 등의 지연 사이에 상당인과관계가 인정되는 기간을 의미하고, '특허권자에게 책임 있는 사유로 인하여 소요된 기간'을 판단함에 있어서는 식품의약품안전청 등의 심사·허가 절차 및 구조 등 현실의 주어진 여건하에서 특허권자 등이 사회통념상 일반적으로 요구되는 정도의 주의의무를 게을리하여 허가가 얼마만큼 지연되었는지를 판단한다.[15)]

다. 연장등록출원

1) 연장등록출원인 및 출원 시기

허가 등에 따른 특허권 존속기간의 연장등록출원의 출원인은 특허권자에 한하여 인정되고, 특허권이 공유인 경우에는 공유자 전원이 공동으로 특허권 존속기간의 연장등록출원을 하여야 한다(제90조 제3항, 제91조 제4호).

허가 등에 따른 특허권 존속기간의 연장등록출원은 제89조의 규정에 의한 허가 등을 받은 날부터 3월 이내에 출원하여야 한다. 다만, 제88조에서 규정하는 특허권 존속기간의 만료 전 6월 이후에는 할 수 없다(제90조 제2항).

---

14) 대법원 2017. 11. 29. 선고 2017후882, 899(병합) 판결(특허법원 2017. 3. 16. 선고 2016허21호 사건의 상고심 판결임)은 "식품의약품안전처 내 어느 심사부서에서 보완요구가 이루어지고 그 결과 보완자료를 제출할 때까지 그 보완요구 사항에 대한 심사가 진행되지 못하였다 하더라도, 그 동안 식품의약품안전처의 다른 심사부서에서 그 의약품의 제조판매·수입품목 허가를 위한 심사 등의 절차가 계속 진행되고 있었던 경우에는 다른 특별한 사정이 없는 한 그 기간 역시 허가를 위하여 소요된 기간으로 볼 수 있으므로, 이를 가지고 허가 등을 받은 자의 귀책사유로 인하여 허가 등의 절차가 지연된 기간이라고 단정할 수 없다."라고 하였다. 같은 날 선고된 2017후844, 851(병합), 868(병합), 875(병합) 판결도 같은 취지이다. 다만 특허법원 2017. 11. 29. 선고 2016허5521 판결(미상고 확정)은 식품의약품안전처 내 각 부서에서 진행되던 여러 심사가 중단된 기간 중 '의약품 제조 및 품질관리기준(GMP)과 그 GMP 협의회신일 사이의 기간'은 그로 인해 모든 부서에서 심사가 중단되었다고 할 것이어서 특허권자 등의 귀책사유와 허가 등의 지연 사이에 상당인과관계가 인정된다고 판단하였다.

15) 특허법원 2017. 3. 16. 선고 2016허21 판결(상고기각 확정).

2) 출원서의 제출

제89조 제1항에 따라 특허권의 존속기간의 연장등록출원을 하려는 자(이하 이 조 및 제91조에서 연장등록출원인이라 한다)는 연장등록출원인의 성명 및 주소(법인인 경우에는 그 명칭 및 영업소의 소재지)(제1호), 연장등록출원인의 대리인이 있는 경우에는 그 대리인의 성명 및 주소나 영업소의 소재지[대리인이 특허법인 · 특허법인(유한)인 경우에는 그 명칭, 사무소의 소재지 및 지정된 변리사의 성명](제2호), 연장대상특허권의 특허번호 및 연장대상청구범위의 표시(제3호), 연장신청의 기간(제4호), 제89조 제1항에 따른 허가 등의 내용(제5호), 산업통상자원부령(법 시행규칙 제54조)으로 정하는 연장이유(이를 증명할 수 있는 자료를 첨부하여야 한다)(제6호)을 적은 특허권의 존속기간의 연장등록출원서를 특허청장에게 제출하여야 한다(제90조 제1항).

3) 연장등록출원의 효과

제90조 제1항에 따른 특허권의 존속기간의 연장등록출원이 있으면 그 존속기간은 연장된 것으로 본다. 다만, 그 출원에 관하여 제91조의 연장등록거절결정이 확정된 경우에는 그러하지 아니하다(제90조 제4항). 또한 연장등록출원 후 연장등록거절결정되기 이전에 출원을 취하하거나, 무효 또는 반려된 경우에도 처음부터 특허권의 존속기간이 연장되지 않았던 것으로 본다.

특허청장은 제90조 제1항에 따른 특허권의 존속기간의 연장등록출원이 있으면 제90조 제1항 각 호의 사항을 특허공보에 게재하여야 한다(제90조 제5항).

연장등록출원인은 특허청장이 연장등록여부결정등본을 송달하기 전까지 연장등록출원서에 적혀 있는 사항 중 제1항 제3호부터 제6호까지의 사항(제3호 중 연장대상특허권의 특허번호는 제외한다)에 대하여 보정할 수 있다. 이는 연장등록출원한 때에 주장한 연장등록내용은 실질적으로 변경되더라도 무방하나 특허번호의 변경을 허용할 경우 특허권 존속기간의 연장등록대상이 변경되기 때문에 허용하지 않는다는 취지이다.[16] 다만, 제93조에 따라 준용되는 거절이유통지를 받은 후에는 해당 거절이유통지에 따른 의견서 제출기간에만 보정할 수 있다(제90조 제6항).

4) 심사 · 결정 · 등록 등

특허권의 존속기간의 연장등록출원의 심사에 관하여는 제57조(심사관에 의한 심사) 제1항, 제63조(거절이유통지), 제67조(특허여부결정의 방식), 제148조(심판관의 제척) 제1

16) 특허 · 실용신안 심사기준 제7부 제1장 6.4.4. 연장등록출원서에 기재한 특허번호가 다른 서류 등에 비추어 명백히 잘못 기재한 것이 명백한 경우에는 보정이 허용된다고 한다.

호부터 제5호까지 및 같은 조 제7호를 준용한다(제93조).

심사관은 제90조에 따른 특허권의 존속기간의 연장등록출원이, i) 그 특허발명의 실시가 제89조 제1항에 따른 허가 등을 받을 필요가 있는 것으로 인정되지 아니하는 경우(제1호), ii) 그 특허권자 또는 그 특허권의 전용실시권이나 등록된 통상실시권을 가진 자가 제89조 제1항에 따른 허가 등을 받지 아니한 경우(제2호), iii) 연장신청의 기간이 제89조에 따라 인정되는 그 특허발명을 실시할 수 없었던 기간을 초과하는 경우(제3호), iv) 연장등록출원인이 해당 특허권자가 아닌 경우(제4호), v) 제90조 제3항을 위반하여 연장등록출원을 한 경우(제5호)의 어느 하나에 해당하는 경우에는 그 출원에 대하여 연장등록거절결정을 하여야 한다(제91조).

심사관은 제90조에 따른 특허권의 존속기간의 연장등록출원에 대하여 제91조 각 호의 어느 하나에 해당하는 사유를 발견할 수 없을 때에는 연장등록결정을 하여야 한다(제92조 제1항).

특허청장은 위 연장등록결정을 한 경우에는 특허권의 존속기간의 연장을 특허원부에 등록하여야 한다(제92조 제2항). 위 등록을 한 경우에는 특허권자의 성명 및 주소(법인인 경우에는 그 명칭 및 영업소의 소재지), 특허번호, 연장등록의 연월일, 연장기간, 제89조 제1항에 따른 허가 등의 내용을 특허공보에 게재하여야 한다(제92조 제3항).

허가 등에 따른 특허권 존속기간의 연장등록출원이 제91조 각 호 중 하나에 해당된다는 이유로 연장등록거절결정을 받은 자가 그 연장등록거절결정에 불복이 있는 때는 그 연장등록거절결정등본을 송달 받은 날로부터 30일 이내에 연장등록거절결정불복심판을 청구할 수 있다(제132조의17). 허가 등에 따른 특허권 존속기간의 연장등록출원으로 연장등록결정되어 연장된 특허권이 제134조 제1항 각 호(제91조의 거절사유 위반에 해당함)의 어느 하나에 해당하는 경우에는 무효심판을 청구할 수 있다(제134조 제1항).

라. 관련 문제

1) 제91조 제1호에서 규정하는 '그 특허발명의 실시가 제89조 제1항에 따른 허가 등을 받을 필요가 있는 것'으로 인정되기 위한 요건에 관한 해석 문제

허가 등에 따른 특허권의 존속기간의 연장등록거절결정 사유로 제91조 제1호에서 '그 특허발명의 실시가 제89조 제1항에 따른 허가 등을 받을 필요가 있는 것으로 인정되지 아니하는 경우'를 열거하고 있고, 제89조 제1항은 '특허발명을 실시하기 위하여 다른 법령에 따라 허가를 받거나 등록 등을 하여야 하고, 그 허가 또는 등록 등(이하 허가 등이라 한다)을 위하여 필요한 유효성 · 안전성 등의 시험으로 인하여 장기간이 소요되는 대통령령으로 정하는 발명인 경우에는 제88조 제1항에도 불구하고 그 실시할 수 없었던 기간에 대하여 5년의 기간까지 그 특허권의 존속기간을 한 차례만 연장할 수 있다.'라고 규정하고 있어 위 연장등록결정을 받기 위하여는 특허발명의 실시가 제89조 제1항에 따른 허가 등을 받을 필요가 있다고 인정되어야 한다.

그런데 '그 특허발명의 실시가 제89조 제1항에 따른 허가 등을 받을 필요가 있는 것'에 관한 요건에 대해 국내외 실무 입장이 일치하지 않아 이를 검토할 필요가 있다.

특허청은 제91조 제1항에서 말하는 특허발명의 실시가 제89조 제1항에 따른 허가 등을 받을 필요가 있다고 인정되기 위해서는 ① 제89조 제1항에 따른 허가를 받은 물질을 제조 · 생산 등의 실시를 위하여 허가가 필요하여야 하고, ② 특허 받은 물질과 허가 받은 물질의 구성이 동일하여야 하고,[17] ③ 특허를 받은 물질과 허가를 받은 물질의 용도가 동일하여야 할 것을 요구하고 있다.[18]

「허가 등에 따른 특허권 존속기간의 연장제도 운영에 관한 규정」 제7조 제1항은 "심사관은 연장등록출원이 심사국에 이관된 날부터 4월 이내에 규정 제6조 제1항 제4호의 연장대상 특허청구범위와 제89조 제1항의 규정에 의한 허가 또는 등록받은 사항을 다음 각 호의 1과 같이 비교하여 그 특허발명의 실시에 필수적으로 허가 또는 등록을 받을 필요성이 있는지 여부를 판단한다. 1. 물질의 발명인 경우 허가 또는 등록받은 유효성분과 특허청구의 범위에 기재된 사항(제6조 제1항 제4호의 규정에 따라 예시된 특정화합물)을 비교하여 판단한다. 또한, 허가 또는 등록받은 유효성분이 특허청구의 범위에 명기되어 있지 않아도 해당유효성분이 특허청구의 범위에 상위개념으로 기재되어 있으면 무방하다. 2. 제법발명인 경우에는 그 제법으로 얻어진 물건(물질, 조성물)과 허가 또는 등록 받은 물건을 비교하여 판단한다. 3. 용도발명인 경우에는 허가 또는 등록된 용도와 특허청구의 범위에 기재된 용도를 비교하여 판단한다. 4. 조성물의 발명인 경우에는 허가 또는 등록된 조성물(복수의 유효성분의 조성물, 제형, 담체조성물)과 특허청구의

---

17) 특허 · 실용신안 심사기준 제7부 제1장 6.4.2는 "특허권존속기간연장등록출원의 대상이 되는 특허발명은 해당 특허발명을 실시하기 위하여 약사법 등의 허가가 필요한 발명이므로 허가를 받은 물질이 특허권존속기간의 연장을 받고자 하는 청구항에 기재된 물질과 동일하여야 한다."라고 되어 있다.

18) 특허 · 실용신안 심사기준 제7부 제1장 6.4.2는 "특허권존속기간연장등록출원의 대상이 되는 특허발명은 그 특허발명을 실시하기 위하여 약사법 등의 허가가 필요한 발명인 바, 여기서 특허발명의 실시는 특허를 받은 발명의 용도에 해당하는 실시를 의미한다. 따라서 특허를 받은 물질이 용도발명인 경우에는 허가를 받은 물질의 용도와 특허된 청구항에 기재된 물질의 용도가 상이한 경우에는 비록 허가를 받은 물질과 특허된 물질이 같다고 하더라도 특허권의 연장은 허용되지 않는다. 다만, 허가를 받은 물질의 용도가 특허를 받은 물질의 용도에 포함 되는 경우에는 용도가 일치하는 것으로 취급한다."라고 되어 있다.

범위에 기재된 조성물을 비교하여 판단한다."라고 규정한다.

한편 약사법 등 안전성의 확보 등을 목적으로 하는 법률은 최종 생성물의 제조, 판매 등을 규제하는 것이고 그 제조과정에서 합성되는 중간체의 제조, 판매 등은 규제하지 아니하므로 중간체 등의 실시에는 허가 등을 받을 필요가 있다고 인정되지 아니한다. 따라서 중간체에 관한 특허권이나 최종생성물의 제조에 사용되는 촉매 및 제조장치에 관한 특허권에 대하여 최종 생성물의 허가를 근거로 특허권 존속기간의 연장등록출원을 하는 경우에는 제91조 제1항 제1호를 이유로 거절된다.[19]

우리 실무는, 제91조 제1호의 '특허발명의 실시' 여부 판단 기준을 (처분의 대상으로 된 의약품 그 자체의 제조 판매 등의 행위로 파악하는 것이 아니라) 처분의 대상으로 된 의약품의 허가를 받은 사항(승인서)에 기재된 특허발명의 특허청구범위의 기술 구성에 해당하는 사항에 의해 특정되는 의약품의 제조, 판매 등의 행위라고 파악하므로, 여기서 말하는 특허발명의 실시라 함은 구체적인 의약품의 제조판매 등의 허가사항의 전체적인 내용이 아니라 의약품에 대해 허가받은 사항 중 유효성분 또는 용도와 특허발명의 특허청구범위에 기재된 기술 구성이 서로 중복되어 있는지 여부를 기준으로 판단한다(제1설).

이러한 견해에 따른다면 예컨대 '새로운 제형'에 대해 추가로 허가를 받아도 그것이 이전에 허가된 제품과 유효성분에서 동일하면 존속기간 연장은 허용되지 않는다.

미국이나 유럽의 실무도 우리 실무 태도와 유사한 입장인 것으로 보인다.

미국은 의약품[20] 허가를 위한 유효성 · 안전성 실험으로 인해 특허발명을 실시할 수 없었던 경우에는 신약의 유효성분(active ingredient)에 대해서만[21] 1회에 한해 5년간 존속기간의 연장을 허용하고 있다. 그리고 두 가지의 유효성분으로 구성된 복합제 의약품의 경우에는 그 복합제제의 유효성분 중 1가지 유효성분만을 대상으로 하여야 하고 각각의 유효성분 중 어느 하나라도 의약품으로서 허가를 받은 적이 없어야 한다는 입장을 취하고 있다.[22] 유럽연합국가의 실무는 우리의 특허권 존속기간 연장제도와는 다르지만 추가보호증명서(Supplementary Protection Certificate, 이하 SPC라고 줄여 적

19) 특허 · 실용신안 심사기준 제7부 제1장 6.4.2.

20) 미국 특허법 제156조(f)(2)는 의약제품(drug product)이란 (A), (B)에 열거한 유효성분을 말하고, 그것에는 유효성분 단일체 또는 기타 유효성분과의 조합에서 유효성분의 염 또는 에스테르가 포함된다고 정의하고 있다.

21) Fisons PLC v. Quigg, 876 F.2d 101 (Fed. Cir. 1989)은 특허권 존속기간 연장은 특정한 유효성분에 대하여 최초로 허가된 상업적 판매 또는 사용인 경우에만 제한적으로 인정된다고 하면서 대상 특허는 이미 공지된 유효성분의 새로운 용도와 투여형태에 관한 것이라는 이유로 존속기간 연장출원을 거절하였다.

22) Arnold Partnership v. Dudas, 362 F.3d 1338 (Fed. Cir. 2004).

는다) 제도를 통해 동일한 목적을 달성하고 있다. SPC를 수여받기 위해서는 해당 제품(product[23])이 유효한 기본 특허에 의하여 보호되고 있고, 실제로 판매되는 의약품(medicinal product)이 유효한 판매허가를 받고 해당 제품(product)이 이전에 SPC를 받은 사실이 없어야 하며 위 판매허가가 최초의 판매허가일 것이라는 요건을 충족하여야 한다.[24] 공지의 물질에 대해서는 새로운 제형(제재)의 변화가 있거나[25] 새로운 용도를 개발하더라도 이를 기초로 SPC를 수여받을 수는 없는 것으로 하고 있다.[26]

그런데 일본의 실무는 다소 변화가 있다. 일본 특허청 및 법원은 종전에는 앞에서 본 우리 실무와 유사하게 운용하여 왔는데, 일본 법원은 대비대상에 대해 허가받은 의약품의 기술구성, 즉 유효성분을 의미하는 것으로 보는 입장을 더 이상 유지하지 않고 있다.

그 근거에 대해 일본 법원은 일본「의약품의료기기 등 법」제14조 제2항 제3호 등의 규정에서 의약품의 제조판매의 승인을 받을 수 있는 것은 그 심사사항인 의약품의 명칭, 성분, 분량, 용법, 용량, 효능, 효과, 부작용 기타 품질, 유효성 및 안전성에 관한 사항이라고 기재되어 있어 연장등록출원 대상의 의약품을 이러한 승인에 따라 특정되는 의약품을 의미한다고 보고 있다.[27]

이러한 규정에 비추어, 만일 연장대상 특허청구범위와 제89조 제1항(이해 편의상 일본 특허법 조문에 대응되는 우리나라 특허법 조문을 기재함, 이하 같다)의 규정에 의한 허가 또는 등록받은 사항 등을 비교하여 그 특허발명의 실시에 필수적으로 허가 또는 등록을 받을 필요성이 있는지 여부를 판단하는 과정에서 (이전의 실무 입장이던) 특허청구범위의 기술구성과 의약품의 '유효성분 또는 용도'를 기준으로 판단하지 않고, 나아가 그 외의 성분, 용법, 용량 등도 포함하여 상호간 실질적 동일 여부를 판단하여, 선행처분의 대상으로 된 의약품이 연장등록출원에 관한 특허권의 청구범위의 보호범위에 속

23) 유럽연합 규정 제1768/92호 제1조 (a), (b)에서 product는 실제로 판매되는 의약품(medicinal product)의 유효성분(active ingredient)을 말한다고 정의되어 있다.

24) 유럽연합 규정 제1768/92호 제3조 참조.

25) 유럽사법재판소 Case C-431/04-Massachusetts Institute of Technology (2006. 5. 4.).

26) 유럽사법재판소 Case C-202/05-Yissum (2007. 4. 17.).

27) 일본의 본문 법률과 유사한 우리 규정으로는「한약(생약)제제 등의 품목허가 · 신고에 관한 규정」(식품의약품안전처 고시 제2016-112호 2016. 10. 10. 개정) 제9조 제1항이 유사한 것으로 생각되는데, 위 조항은 품목허가 사항에 관하여, 제품명, 분류번호 및 분류(전문 또는 일반의약품), 원료약품 및 그 분량, 성상, 제조방법(주성분의 제조소와 모든 제조공정의 소재지를 기재한다), 효능 · 효과, 용법 · 용량, 사용상의 주의사항, 포장단위, 저장방법 및 사용(유효)기간, 기준 및 시험방법, 제조업자 중 제조판매품목허가증 · 신고증을 보유한 자, 위탁제조판매업자 및 위탁제조판매업자로부터 수탁을 받아 제조하는 제조업자, 수입자(제조원을 포함한다), 허가조건을 명시하고 있다.

하지 않는 경우에는 설령 선행처분에 따른 의약품의 유효성분과 용도가 연장등록출원의 대상이 되는 의약품의 유효성분과 용도가 같더라도, 또한 나아가 선행처분에 따른 의약품이 연장등록출원에 관한 특허권의 청구항의 보호범위에 속하고 선행처분에 따른 의약품의 유효성분과 용도가 같더라도 용법, 용량, 제형 등에서 차별적인 효력이 인정될 경우에는, 모두 제91조 제1호에 해당하지 않는다고 볼 여지가 있어, 유효성분 내지 용도가 동일하다는 사정만으로는 곧바로 연장등록 출원이 거절되지 않는다고 본다(제2설).[28]

이러한 견해에 따르면, 선행처분의 대상으로 된 의약품의 제조판매가 연장등록출원 이유처분의 대상으로 된 의약품의 제조판매를 포함하고 있는지 여부에 대해, 선행처분과 출원이유처분의 심사사항을 대비할 때 특허청구범위의 기술구성을 유효성분 또는 용도만으로 비교하는 것이 아니라 연장등록출원에 관한 특허발명의 종류와 대상에 비추어 의약품으로서 실질적 동일성에 직접 관련되어 있는 심사사항도 포함시켜 서로 비교한다.[29] 이 견해는 아래에서 보는, 선행의약품에 대하여 처분이 존재함을 전제로 존속기간이 연장된 특허권의 효력이 어느 범위까지 미치는가라는 점은 제91조 제1호의 '특허발명의 실시가 제89조 제1항에 따른 허가 등을 받을 필요가 있는지' 여부를 판단하는 점과는 직접적인 관련이 없다는 취지이다. 이러한 견해에 따른다면 (우리나라, 미국, 유럽 등과는 달리) 일본에서는 '새로운 제형'에 대하여 추가로 허가를 받은 경우에 그것이 당초 허가받은 제품과 유효성분이 동일하여도 그것에 대한 존속기간 연장이 허용될 수 있게 된다.

2) 존속기간이 연장된 특허권의 효력이 미치는 범위와 관련된 문제

다음의 쟁점사항으로는, 존속기간이 연장된 특허권의 효력이 미치는 범위와 관련된 것인데 이 또한 국내외 실무가 서로 일치하지 않아 이를 살펴본다.

제95조는 "허가 등에 따른 존속기간이 연장된 경우의 특허권의 효력은 그 연장등록의 이유가 된 허가 등의 대상물건(그 허가 등에 있어 물건에 대하여 특정의 용도가 정하여져 있는 경우에는 그 용도에 사용되는 물건)에 관한 그 특허발명의 실시 행위에만 미친다."고 규정하고 있다.

---

28) 最高裁判所 2011(平成23). 4. 28. 선고 平成21(行ヒ)326 판결, 知的財産高等裁判所 2014(平成26). 5. 30. 선고 平成25(行ケ)10195 판결 참조. 위 참조 판결들 전의 일본 특허청 실무는 판단대상을 의약품에 관한 특허발명의 특허청구범위의 기술구성과 의약품의 '유효성분 또는 용도'를 비교하는 것으로 판단하고 있었는데 위 판결들에서 보는 일본 법원의 입장은 일본 특허청의 견해와도 다른 다소 독특한 해석이다.

29) 最高裁判所 2015(平成27). 11. 17. 선고 平成26(行ヒ)356 판결.

이는, 존속기간 연장제도는 실시의 의사를 가지고 있지만 금지해제의 처분(제조, 판매 등의 허가)을 받아야 하는 것 때문에 실시할 수 없었던 기간을 회복하여 주는 것이 목적이므로[30] 연장된 특허권의 효력은 특허권의 모든 범위에 미치게 할 필요는 없고, 연장등록의 이유가 된 허가 등의 대상물건의 실시에만 미치는 것으로 한다는 데에 그 취지가 있다.

먼저 제95조에서의 '연장등록의 이유가 된 허가 등의 대상물건'과 관련한 우리 실무를 본다.

종전에 특허법원은 "구 특허법 제95조의 '연장등록의 이유가 된 허가 등의 대상물건'은 원고가 약사법 제26조 제1항에 의한 의약품제조 품목허가를 받기 위해 필요한 활성 · 안전성 등의 시험을 실시하였던 올메사탄 메독소밀로 보는 것이 타당하다"라고 한 적이 있었다.[31]

그리고 특허법원은 "존속기간이 연장된 특허권의 효력은 위 제조 · 수입품목 허가사항에 의하여 특정된 의약품뿐만 아니라 실질적으로 동일한 품목으로 취급되어 하나의 제조 · 수입품목 허가를 받을 수 있도록 규정된 의약품 또는 이미 의약품 제조 · 수입품목 허가를 받은 의약품과 실질적으로 동일하여 별도로 의약품 제조 · 수입품목 허가를 받을 필요가 없는 의약품 등에도 미친다고 보아야 할 것이다...(중간 생략)...위 「의약품 등의 안전성 · 유효성 심사에 관한 규정」 제2조 제1항 제2호, 별표 2 등에 의하면, 염류가 변경된 새로운 효능군의 의약품, 염류가 변경되어 유효성분이 새로 조성된 의약품은 안전성 · 유효성심사 대상인 자료제출의약품에 해당하여 제조 · 수입품목 허가대상으로 규정되어 있을 뿐, 새로운 염을 유효성분으로 함유한 의약품이 다른 염을 유효성분으로 함유한 의약품과 실질적으로 동일한 품목으로 취급되어 하나의 제조 · 수입품목 허가를 받을 수 있는 것이라거나 이미 의약품 제조 · 수입품목 허가를 받은 의약품과 실질적으로 동일하여 별도로 의약품 제조 · 수입품목 허가를 받을 필요가 없는 것 등에 해당한다는 취지의 규정은 전혀 찾아볼 수 없다. 그러므로 '솔리페나신 푸마르산염' 또는 '솔리페나신 타르타르산염'을 주성분으로 하는 확인대상발명들은 원고가 이 사건 특허발명을 실시하기 위하여 받은 수입품목허가의 대상물건인 '솔리페나신 숙신산염'을 주성분으로 하는 의약품과 별도의 제조 · 판매품목허가를 받아야 하는 의약품에 해당하므로, '솔리페나신 숙신산염'을 주성분으로 하는 의약품에 대한 수입품목허가를 이유로 존속기간이 연장된 이 사건 특허발명의 특허권 효력은 그 대상물건에 관한 특허발명의 실시행위와는 무관한 확인대상발명들에는 미치지 아니한다고 할 것이다."

30) 中山信弘, 特許法 第3版, 弘文堂(2016), 559.
31) 특허법원 2013. 9. 5. 선고 2013허2828 판결(미상고 확정).

라고 한 적이 있었다.[32)]

그러나 이러한 원심판단에 대하여, 대법원은 아래와 같이 '존속기간이 연장된 의약품 특허권의 효력이 미치는 범위는 특허발명을 실시하기 위하여 약사법에 따라 품목허가를 받은 의약품과 특정 질병에 대한 치료효과를 나타낼 것으로 기대되는 특정한 유효성분, 치료효과 및 용도가 동일한지 여부를 중심으로 판단해야 한다'고 판시하면서 원심판결을 파기하고 사건을 특허법원에 환송하였다.[33)]

> 존속기간이 연장된 특허권의 효력에 대해 구 특허법 제95조는 '그 연장등록의 이유가 된 허가 등의 대상물건(그 허가 등에 있어 물건이 특정의 용도가 정하여져 있는 경우에 있어서는 그 용도에 사용되는 물건)에 관한 그 특허발명의 실시 외의 행위에는 미치지 아니한다'라고 규정하고 있다.
> 특허법은 이와 같이 존속기간이 연장된 특허권의 효력이 미치는 범위를 규정하면서 청구범위를 기준으로 하지 않고 '그 연장등록의 이유가 된 허가 등의 대상물건에 관한 특허발명의 실시'로 규정하고 있을 뿐, 허가 등의 대상 '품목'의 실시로 제한하지는 않았다. 이러한 법령의 규정과 제도의 취지 등에 비추어 보면, 존속기간이 연장된 의약품 특허권의 효력이 미치는 범위는 특허발명을 실시하기 위하여 약사법에 따라 품목허가를 받은 의약품과 특정 질병에 대한 치료효과를 나타낼 것으로 기대되는 특정한 유효성분, 치료효과 및 용도가 동일한지 여부를 중심으로 판단해야 한다.
> 특허권자가 약사법에 따라 품목허가를 받은 의약품과 특허침해소송에서 상대방이 생산 등을 한 의약품(이하 침해제품이라 한다)이 약학적으로 허용 가능한 염 등에서 차이가 있더라도 발명이 속하는 기술분야에서 통상의 지식을 가진 사람이라면 쉽게 이를 선택할 수 있는 정도에 불과하고, 인체에 흡수되는 유효성분의 약리작용에 의해 나타나는 치료효과나 용도가 실질적으로 동일하다면 존속기간이 연장된 특허권의 효력이 침해제품에 미치는 것으로 보아야 한다(위 밑줄 저자).

위 대법원판결 후에는 특허법원도 같은 쟁점에 대해 대법원판결의 취지에 따라 판단하고 있다.[34)]

32) 특허법원 2017. 6. 2. 선고 2016허8636, 9189 (병합) 판결 [권리범위확인(특)](상고되어 2017후1632로 계속 중 대상 특허발명이 존속기간 만료로 소멸하여 파기 자판, 소각하 판결 선고됨), 특허법원 2017. 6. 30. 선고 2016나1929 판결 [특허권 침해금지 등](상고되어 2017다245798 판결로 원심판결이 파기환송됨).
33) 대법원 2019. 1. 17. 선고 2017다245798 판결.
34) 특허법원 2019. 12. 20. 선고 2018허4058 판결(미상고 확정) 등.

다음으로, 제95조가 규정하는 '대상물건'의 구체적인 의미 및 그와 관련한 국내외 실무를 설명한다.

먼저 여기서의 '대상물건'을 특허발명의 실시 대상이 되는 물건인 의약품 또는 농약의 유효성분 내지 용도를 의미한다는 견해(제1설)가 있다.

위 유효성분에는 허가를 받은 의약품의 특정한 유효성분인 화합물의 특정 염의 형태뿐 아니라 위 화합물의 약학적으로 허용 가능한 염도 포함한다.[35] 제95조의 법문상 대상물건에 추가 승인된 용도나 제3자가 받은 승인에 관한 용도는 포함되지 않는다고 해석한다. 그리고 위 용도 역시 허가를 받은 유효성분의 기능이나 효과를 의미하므로 그것이 동일하면 용법 · 용량, 제법 등이 다른 실시의 형태에 대하여도 연장된 특허권의 효력이 미친다고 본다.

이러한 내용이 우리 실무가 취하고 있는 태도이고 미국, 유럽 연합 국가의 실무도 아래에서 보는 바와 같이 별다른 차이가 없다.

미국은 특허법 제156조(b),(f)에 따라 존속기간이 연장된 특허권의 권리범위는 기본으로 되는 특허와 동일한 보호범위를 가지고 승인된 제품으로 제한되지만 용도에 대하여는 그 후 새로 승인받은 용도도 포함된다. 연장등록의 대상으로 되는 제품은 승인된 제품의 유효성분(acticve ingredient)이라고 해석되고 있으므로 연장등록된 특허의 보호범위는 주요 유효성분뿐만 아니라 그 염, 에스테르를 포함한 것에도 미친다.

유럽연합국가에서 실시되는 특허권존속기간의 연장등록제도에 상응하는 SPC는 기본특허의 보호범위 내에서 판매 승인된 제품(Product)의 의약 또는 농약으로서의 사용(용도)을 보호하고 있다. SPC에 의해 보호되는 용도는 최초의 판매승인에 기재된 용도뿐만 아니라 SPC기간 중에 기본으로 된 특허에서 새로 승인된 용도도 포함된다.

SPC가 단일의 유효성분(A)으로 부여되어 있는 경우에, 단일의 유효성분(A)에 대해 기본으로 되는 특허가 유효성분(A+B)의 조합에서 활성성분A의 사용에 대해 보호를 미치는 것과 같이, 유효성분(A)를 포함하는 유효성분(A+B)의 조합에 대하여도 보호를 미치고,[36] 물질특허에 대해 연장된 특허권의 효력은 의약품 허가를 받은 특정한 유효성분 그 자체뿐 아니라 기본 특허에 의해 보호되는 어떠한 염 및 에스테르에도 미치며,[37] 동물용 의약품의 허가를 받았다면 인간용 의약품 허가를 최초의 허가로 하여 SPC를 받을 수는 없다.[38]

---

35) 특허법 주해 I, 박영사(2010) 1074 (강춘원 집필부분) 참조.
36) 유럽사법재판소 Case C-574/11-Novartis (2012. 2 9.).
37) 유럽사법재판소 Case C-392/97-Farmitalia (1999. 9. 16.).
38) 유럽사법재판소 Case C-31/03-Pharmacia Italia (2004. 10. 19.).

그런데 일본 특허청 및 법원은 종전에는 여기서의 "처분의 대상이 되는 물건"을 종전에 의약품의 경우 유효성분 또는 용도로 보는 제1설을 취해 오다가 그중 일본 법원은 유효성분 또는 용도 이외의 성분, 분량, 용법, 용량 등까지도 포함하여 결정하는 것으로 태도를 바꾸었다[39](제2설). 즉, 의약품을 대상으로 하는 특허발명의 경우 존속기간이 연장된 특허권은 의약품의 성분(유효성분에 한하지 않는다), 효능, 효과 및 용법, 용량에 따라 특정된 해당 특허발명의 실시범위에 효력이 미친다고 본다. 의약품의 용법이나 용량에도 진보성이 인정되어 등록되는 특허발명이 증가하고 있는 현실을 고려할 때 위 대상물건에 유효성분 내지 용도 이외의 성분, 분량, 용법, 용량 등을 포함하여 해석할 필요성이 있음을 근거로 한다.

이 견해는 종전의 실무이었던 제1설보다는 그 범위를 좁히는 것인데, 이와 같이 그 기술적(보호) 범위를 엄격하게 해석할 경우의 부작용 문제, 즉, 대상물건을 의약품 또는 농약 그 자체라고 보게 되어 다른 염이나 제형만을 단순 변경한 의약품들을 제조 판매하는 것을 막을 수 없게 되는 불합리한 상황이 나타난다는 비판이 나오자, 일본 知的財産高等裁判所는 이러한 요소들에 대해 미치는 범위가 동일 범위에까지 효력이 미친다는 견해[40]를 내놓았고 이러한 견해를 발전시켜 존속기간이 연장된 특허권에 관한 특허발명의 효력은, 정령 처분으로 정해진 성분, 용법, 용량, 효능 및 효과에 의해 특정된 의약품뿐만 아니라, 그것과 의약품으로서 실질적으로 동일한 것에 미친다고 하였는데[41] 이는 우리나라, 미국 및 유럽 간 실무의 일치된 견해와는 전혀 다른 논리이다.

---

39) 知的財産高等裁判所 2009(平成21). 5. 29. 선고 平成18(行ケ)10311 판결, 知的財産高等裁判所 2014(平成26). 5. 30. 선고 平成25(行ケ)10195 판결 참조. 후자의 판결은 最高裁判所 2015(平成27). 11. 17. 선고 平成26(行ヒ)356 판결에서 지지되었다. 위 판결 이전의 종전의 주류적인 실무(특허청, 법원 포함)는 '처분의 대상이 되는 물'을 의약품의 유효성분이라고 보고 있었다.

40) 知的財産高等裁判所 2014(平成26). 5. 30. 선고 平成25(行ケ)10195 판결 참조.

41) 知的財産高等裁判所 2017(平成29). 1. 20. 선고 2016(ネ)10046 대합의 판결. 판결에서 실질적으로 동일하다고 평가할 수 있는 유형으로 "① 의약품의 유효성분만을 특징으로 하는 특허발명에 관한 연장등록된 특허발명에서 유효성분이 아닌 성분에 관하여 대상제품이 정령처분신청 시에 주지 · 관용기술에 기하여 일부 다른 성분을 부가, 전환 등을 한 경우, ② 공지의 유효성분에 관한 의약품의 안정성 내지 제형 등에 관한 특허발명에서 대상제품이 정령처분신청 시에 주지 · 관용기술에 기하여 일부 다른 성분을 부가, 전환 등을 하는 경우로 특허발명의 내용에 비추어 양자 간에 그 기술적 특징 및 작용효과의 동일성이 있다고 인정되는 때, ③ 정령처분에서 특정된 분량 내지 용법, 용량에 관하여, 수량적으로 의미가 없는 정도의 차이 밖에 없는 경우, ④ 정령처분에서 특정된 분량은 다르지만 용업, 용량을 함께 보면 동일하다고 인정되는 경우로 이들 차이는 위에서 말한 근소한 차이 또는 전체적으로 보아 형식적인 차이에 해당하여 대상제품은 의약품으로서 정령처분의 대상으로 된 물과 실질 동일한 것에 해당된다고 하여야 한다(특히, 위 ①, ③ 및 ④는 양자 간에 특허발명의 기술적 특징 및 작용효과의 동일성이 사실상 추인되는 유형이다)."라고 하였다.

3) 법 시행령 제7조 제1호의 '약효를 나타내는 활성부분'과 '유효성분'의 의미 및 이들 간의 관계

법 시행령 제7조는 "특허법 제89조에서 '대통령령이 정하는 발명'이란 다음 각 호의 어느 하나에 해당하는 발명을 말한다. 1. 특허발명을 실시하기 위하여 약사법 제31조 제2항 · 제3항 또는 제42조 제1항에 따라 품목허가를 받은 의약품[신물질(약효를 나타내는 활성부분의 화학구조가 새로운 물질을 말한다. 이하 이 조에서 같다)[42]을 유효성분으로 하여 제조한 의약품으로서 최초로 품목허가를 받은 의약품으로 한정한다]의 발명 2. 특허발명을 실시하기 위하여 농약관리법 제8조 제1항, 제16조 제1항 또는 제17조 제1항에 따라 등록한 농약 또는 원제(신물질을 유효성분으로 하여 제조한 농약 또는 원제로서 최초로 등록한 농약 또는 원제로 한정한다)의 발명"으로 규정하고 있다.

법 시행령 제7조 제1호는 약효를 나타내는 활성부분의 화학구조가 새로운 물질인 신물질을 유효성분으로 하는 의약품의 발명을 유효성 · 안전성 등의 시험으로 인하여 장기간이 소요되는 발명으로서 특허권의 존속기간 연장 대상이 되는 발명으로 규정하고 있다. 위 조항은 약사법상 품목허가를 받은 의약품의 '유효성분'이 신물질일 것을 요구하고, 그 신물질을 약효를 나타내는 활성부분의 화학구조가 새로운 물질로 정의하여, 문언상 '약효를 나타내는 활성부분'과 '유효성분'을 구분하는 규정형식을 취하면서 화학구조가 신물질일 것을 요구하는 대상을 '유효성분'이 아닌 '약효를 나타내는 활성부분'으로 명시하고 있다.[43]

따라서 위 조항에 규정된 '약효를 나타내는 활성부분'과 '유효성분'과의 관계를 살펴볼 필요가 있다.

약리학적으로 활성은 약물이 인체 내 세포 등에 작용하여 생체기능에 변화를 일으키는 성질을 말하고, 앞서 보았듯이 법 시행령 제7조 제1호에서 말하는 약효는 특정 질환명 또는 증상명을 기준으로 하는 의약품 품목허가 대상으로서의 효능 · 효과를 의미하므로, '약효를 나타내는 활성부분'은 인체 내 세포 등에 작용하여 의약품 품목허가상의 효능 · 효과를 발현하는 부분을 뜻한다.

---

42) 특허법원 2017. 12. 21. 선고 2016허9011, 9028, 9035 판결(미상고 확정)은 '약효를 나타내는 활성부분의 화학구조가 새로운 물질'인 신물질은 구 약사법 상의 신약으로 보기 보다는 의약품의 성분 중 내재된 약리작용에 의하여(약리기전이 밝혀지지 않은 경우도 있다) 특정 질병에 대한 치료효과를 나타내는 부분의 화학구조가 새로운 물질이고, 위임조항에서의 의약품은 기존에 허가된 의약품의 치료효과와 상이한 치료효과를 갖는 동시에 '기존에 허가된 의약품과 비교하여 위와 같은 치료효과를 나타내는 부분의 화학구조가 새로운 물질'을 유효성분으로 하여 제조한 것으로서 최초로 품목허가를 받은 의약품으로 해석한 사례가 있다.

43) 대법원 2024. 7. 24. 선고 2021후11070 판결 참조.

한편 「의약품의 품목허가 · 신고 · 심사 규정」 제2조 제1호는 "유효성분은 내재된 약리작용에 의하여 그 의약품의 효능 · 효과를 직접 또는 간접적으로 발현한다고 기대되는 물질 또는 물질군으로 주성분을 말한다."라고 규정하고 있는데 '유효성분'은 분자 단위로 파악되므로, '약효를 나타내는 활성부분'에 해당하지 않는 부분이 '약효를 나타내는 활성부분'에 결합되어 의약품의 효능 · 효과의 정도에 영향을 미치는 경우에도 그 결합물 전체가 유효성분의 개념에 포함될 수는 있다. 그런데 법 시행령 제7조 제1호의 규정형식과 내용이 '유효성분'과 '약효를 나타내는 활성부분'을 준별하고 있는 이상, 그 자체로는 활성을 가지지 않는 부분이 '약효를 나타내는 활성부분'에 결합되어 의약품의 효능 · 효과의 정도에 영향을 미치더라도, 그 결합물 전체를 법 시행령 제7조 제1호에서 말하는 '약효를 나타내는 활성부분'이라고 볼 수는 없다.44)

대법원은 '기허가 의약품의 유효성분이자 약효를 나타내는 활성부분인 인터페론베타-1a에 폴리에틸렌글리콜을 결합하여 페길화함으로써 기허가 의약품과 동일한 효능 · 효과인 재발성 다발성 경화증의 치료효과를 가지면서도 인터페론베타-1a의 혈액 중 평균체류시간 및 반감기를 증가시킨 의약품의 발명이 허가 등에 따른 특허권의 존속기간의 연장 대상 발명에 해당하는지'가 문제된 사건에서 앞서 본 바와 같은 법리를 설시한 다음에 "이 사건 의약품의 유효성분은 페그인터페론베타-1a이다. 이 사건 의약품의 유효성분 중 체내 활성을 가지면서 내재된 약리작용에 의하여 재발성 다발성 경화증의 치료효과를 나타내는 부분은 인터페론베타-1a이고, 인터페론베타-1a에 결합된 폴리에틸렌글리콜 부분은 체내 활성이나 위와 같은 치료효과를 가지지 않으면서 인터페론베타-1a 부분이 혈액 중에 오래 체류하도록 하거나 인터페론베타-1a의 단백질 수용체에 대한 결합력을 낮추는 등으로 인터페론베타-1a의 활성 정도에 영향을 미치는 부분에 불과하다. 따라서 이 사건 의약품의 유효성분 중 '약효를 나타내는 활성부분'은 인터페론베타-1a이고, 폴리에틸렌글리콜 부분이 '약효를 나타내는 활성부분'인 인터페론베타-1a에 결합되어 페그인터페론베타-1a를 구성하고 있다고 하더라도 그 결합물 전체인 페그인터페론베타-1a를 법 시행령 제7조에서 말하는 '약효를 나타내는 활성부분'이라고 볼 수는 없다. 인터페론베타-1a를 이 사건 의약품의 페그인터페론베타-1a로 페길화하는 과정에서 인터페론베타-1a의 입체적 화학 구조에 변화가 유발된 것이 직접적으로 확인된다거나, 재발성 다발성 경화증의 치료와 관련된 활성 차이가 인터페론베타-1a의 입체적 화학 구조의 변화를 수반하지 않고는 나타날 수 없는 정도에 이른다고 보이지 않으므로 이 사건 의약품에서 '약효를 나타내는 활성부분'인 인터페론베타

44) 대법원 2024. 7. 24. 선고 2021후11070 판결 참조.

-1a 부분은 기허가 의약품에서 '약효를 나타내는 활성부분'인 인터페론베타-1a와 입체적 화학구조가 동일하다."라고 하여 위 의약품에서 '약효를 나타내는 활성부분'을 페그인터페론베타-1a로 파악하여 해당 발명의 청구항이 법 시행령 제7조가 정하는 존속기간이 연장될 수 있는 발명에 해당한다고 판단한 원심판결을 파기 · 환송하였다.[45]

결국 대법원의 판시를 간단히 요약하자면 대상판결에서 문제가 된 의약품은 「유효성분(페그인터페론베타-1a) ⊇ 약효를 나타내는 활성부분(인터페론베타-1a) + 약효를 나타내는 활성부분이 아닌 부분(폴리에틸렌글리콜)」으로 설명할 수 있다. 대상판결에서 의약품의 유효성분인 페그인터페론베타-1a가 법 시행령 제7조 제1호의 '약효를 나타내는 활성부분'에 해당하는지가 쟁점이었는데 원심은 이를 긍정한 반면에, 대법원은 관련 법리 설명 후 해당 의약품의 '유효성분'은 페그인터페론베타-1a이고 '약효를 나타내는 활성부분'은 유효성분 중 폴리에틸렌글리콜과 결합되는 '인터페론베타-1a'이라고 구분하여 판단하였다.

2 등록지연에 따른 존속기간의 연장

가. 의의 및 취지

등록지연에 따른 존속기간 연장 제도는, 특허권이 일정한 기준일(특허출원일로부터 4년이 되는 날 또는 심사청구일로부터 3년이 되는 날 중 더 늦은 날, 연장기준일이라고도 한다)보다 늦게 설정등록되는 경우에는 그 지연 기간만큼 특허권의 존속기간을 연장해주는 제도이다.

특허권의 존속기간은 특허권의 설정등록이 있는 날부터 특허출원일 후 20년이 되는 날까지로 한정되므로 심사처리의 지연 등으로 특허권의 설정등록이 늦어지면 특허권의 존속기간이 그만큼 짧아지는 문제가 발생한다.

등록지연에 따른 존속기간 연장 제도는 「대한민국과 미합중국간의 자유무역협정」에 따라 도입되었고 2011. 12. 2. 법률 제11117호로 개정된 구 특허법에서 제92조의2부터 제92조의5로 신설되었다.[46] 다만 제도의 취지상 설정등록이 지연된 기간 중에서 특허청의 심사처리지연 때문이 아니라 출원인으로 인하여 지연된 기간은 연장해 주

45) 대법원 2024. 7. 24. 선고 2021후11070 판결 참조. 이는 법 시행령 제7조의 문언해석과 관련하여 기허가 의약품의 유효성분을 페길화(PEGylation)함으로써 기허가 의약품 유효성분의 혈액 중 평균체류시간 및 반감기를 증가시킨 의약품 발명에 대해 존속기간 연장등록이 허가될 것인지에 대하여 법리 등을 구체적으로 설시한 최초의 사안이다.

46) 「대한민국과 미합중국 간의 자유무역협정 및 대한민국과 미합중국 간의 자유무역협정에 관한 서한교환」이 발효되는 날인 2012. 3. 15.이후의 특허출원에 대해 적용된다. 부칙 제1조 참조.

는 기간 산정에서 제외된다.

허가 등에 따른 존속기간 연장이 특허권에만 인정되는 데 비해 등록지연에 따른 존속기간 연장은 특허권과 실용신안권에 모두 인정된다.

나. 내용

특허출원에 대하여 특허출원일부터 4년과 출원심사 청구일부터 3년 중 늦은 날(이하 '연장기준일'이라 한다)보다 지연되어 특허권의 설정등록이 이루어지는 경우에는 제88조 제1항에도 불구하고 그 지연된 기간만큼 해당 특허권의 존속기간을 연장할 수 있다(제92조의2 제1항).

제92조의2 제1항의 규정을 적용함에 있어서 출원인으로 인하여 지연된 기간은 제1항에 따른 특허권의 존속기간의 연장에서 제외된다. 다만, 출원인으로 인하여 지연된 기간이 겹치는 경우에는 특허권의 존속기간의 연장에서 제외되는 기간은 출원인으로 인하여 실제 지연된 기간을 초과하여서는 아니 된다(제92조의2 제2항).

1) 연장대상이 되는 특허

등록지연에 따른 특허권의 존속기간 연장의 대상이 되기 위해서는 특허권의 설정등록일이 연장기준일(특허출원일부터 4년과 출원심사 청구일부터 3년 중 늦은 날)보다 더 늦어야 한다(제92조의2 제1항).

2) 연장받을 수 있는 기간

연장받을 수 있는 기간은 제92조의2 제4항이 정한 '특허출원일'로 보는 날로부터 4년이 되는 날 또는 심사청구일로부터 3년이 되는 날 중 늦은 날을 '기준일'(연장기준일)로 하여 설정등록일까지 소요된 기간(일수)에서 법 시행령 제7조의2 제1항 각 호에 해당하는 기간으로서 출원인으로 인하여 지연된 기간(일수)을 제외한 기간이다.

제92조의2 제1항의 특허출원일의 날에 대하여는 아래와 같이 제92조의2 제4항 제1호부터 제6호까지 규정하고 있다.

제92조의2 제1항에 따라 특허출원일부터 4년을 기산할 때에는 제34조, 제35조, 제52조 제2항, 제52조의2 제2항, 제53조 제2항, 제199조 제1항 및 제214조 제4항에도 불구하고 i) 제34조 또는 제35조에 따른 정당한 권리자의 특허출원의 경우에는 정당한 권리자가 출원을 한 날(제1호), ii) 제52조에 따른 분할출원의 경우에는 분할출원을 한 날(제2호), iii) 제52조의2에 따른 분리출원의 경우에는 분리출원을 한 날(제2호의2), iv) 제53조에 따른 변경출원의 경우에는 변경출원을 한 날(제3호), v) 제199조 제1

항에 따라 특허출원으로 보는 국제출원의 경우에는 제203조 제1항 각 호의 사항을 기재한 서면을 제출한 날(제4호), vi) 제214조에 따라 특허출원으로 보는 국제출원의 경우에는 국제출원의 출원인이 제214조 제1항에 따라 결정을 신청한 날(제5호), vii) 제1호부터 제5호까지의 규정 중 어느 하나에 해당되지 아니하는 특허출원에 대하여는 그 특허출원일(제6호)에 해당하는 날을 특허출원일로 본다(제92조의2 제4항).

즉, 분할출원, 분리출원, 변경출원 및 정당한 권리자의 출원은 출원일 자체가 원출원일 또는 무권리자의 출원일로 소급되고 국제특허출원은 국제출원일이 출원일이 되지만, 등록지연에 따른 특허권의 존속기간 연장에 있어서 '특허출원일로부터 4년이 되는 날'을 정할 때에는 실제로 분할출원을 한 날, 분리출원을 한 날, 변경출원을 한 날, 정당한 권리자 출원을 한 날 및 국제특허출원에서 국내서면제출기간에 서면을 제출한 날, 국제출원을 특허출원으로 하는 결정을 신청한 날을 각각 '특허출원일'로 본다는 것이다.

분할출원 등이나 국제특허출원에 있어서 원출원일부터 실제로 분할출원 등을 한 날까지의 기간 또는 국제출원일부터 국내단계에 진입한 날까지의 기간은 출원인의 사정이나 선택에 따른 것이어서, 출원인으로 인하여 지연된 기간을 연장에서 제외하는 취지와 마찬가지로 소급되지 않은 출원일에 따라 '특허출원일로부터 4년이 되는 날'을 계산한다는 취지이다.

또한 출원인으로 인하여 지연된 기간은 연장의 기간 계산에서 제외되므로 실질적인 연장의 기간은 '연장기준일로부터 설정등록일까지의 기간으로부터 출원인으로 인하여 지연된 기간(합산된 각 지연기산임)을 공제한 기간'이 되고 이렇게 계산한 기간이 0보다 큰 경우에만 존속기간의 대상이 된다. 출원인으로 인하여 지연된 기간이 겹치는 경우에는 특허권 존속기간의 연장에서 제외되는 기간은 출원인으로 인하여 실제 지연된 기간을 초과하여서는 아니 된다.

3) 출원인으로 인하여 지연된 기간의 의미

'출원인으로 인하여 지연'되었다는 것은 절차가 지연된 원인이 출원인에게 있는 것을 말하며, 이는 반드시 그러한 지연이 발생한 책임을 출원인에게 물을 수 있는 경우만을 의미하는 것은 아니라 출원인이 심사에 필요한 서류를 적시에 제출하거나 거절이유를 해소하기 위해 보정하는 등 출원인의 적극적인 노력이 있었다면 지연되지 않았을 기간이 출원인의 합리적인 노력 미비로 인해 지연되는 경우까지 포함한다.[47]

47) 특허 · 실용신안 심사기준 제7부 제1장 3.2.

등록지연에 따른 존속기간의 연장에 있어서는 설정등록일이 연장기준일보다 늦더라도 출원인으로 인하여 지연된 기간에 따라 연장대상 여부와 연장할 수 있는 기간이 달라지므로, 여기서는 출원인으로 인하여 지연된 기간을 정확하게 파악하여 산정하는 것이 중요하다.

출원인으로 인하여 지연된 기간에 관한 사항은 대통령령으로 정하는데(제92조의2 제3항) 법 시행령에 아래와 같은 규정이 있다.

법 시행령 제7조의2에서는 특허청 또는 특허심판원에 계속 중인 특허에 관한 절차(제1항 제1호), 심결 · 결정 · 판결에 대한 소송절차(제1항 제2호), 행정심판 · 행정소송 절차(제1항 제3호), 그 밖에 특허청 또는 특허심판원에 계속 중인 특허에 관한 절차, 제186조 제1항 또는 제8항에 따른 심결 · 결정 · 판결에 대한 소송절차 또는 제224조의2 제2항에 따른 처분의 불복에 대한 행정심판 · 행정소송의 절차(제1항 제4호)에서 각각 생길 수 있는 출원인으로 인한 절차지연의 유형과 지연기간을 총 44개 항목으로 나누어 열거하고 있다. 또한 같은 조 제1항 제4호에서 위임한 법 시행규칙 제54조의5에서도 절차지연의 유형과 지연기간을 총 8개 항목으로 열거하고 있다.

법 시행령 제7조의2 제1항에서 규정하고 있는 지연기간 중 하나에 해당되더라도, 해당 건의 구체적인 사정을 고려하였을 때에 그러한 지연이 출원인으로 인한 것이 아니라고 객관적으로 인정되는 경우에는 제92조의2 제2항 및 제3항에서 말하는 '출원인으로 인하여 지연된 기간'으로 보지 아니한다(법 시행령 제7조의2 제2항).

법 시행령 제7조의2 제2항에 따라 같은 조 제1항에 따른 출원인으로 인하여 지연된 기간에서 제외되는 경우는 i) 출원의 심사청구 전에 발생하여 등록지연에 영향을 미치지 않은 경우로서 예를 들면 제46조에 따른 보정명령이 있었더라도 이러한 보정명령과 그에 따른 후속절차가 심사청구 전에 완료되어서 등록지연에 영향을 미치지 않은 경우, 국내우선권주장의 선출원에 대하여 그 우선권주장이 취하되었으나 선출원에 대하여 심사청구되지 않았던 경우 등이고, ii) 보정명령이나 통지가 특허청 등의 착오에 의한 것인 경우로서 예를 들면 보정명령이나 의견제출통지 후에 방식사항에 대한 보정이나 명세서등의 보정없이도 방식흠결이나 거절이유가 해소된 것으로 인정된 경우 등이며, iii) 천재지변 등 출원인 이외의 원인으로 지연된 경우를 들 수 있다.[48]

4) 연장등록 신청기간의 산정 방법의 예

연장등록 신청기간의 산정 방법의 예를 들면 아래와 같다.[49]

48) 특허 · 실용신안 심사기준 제7부 제1장 3.4.
49) 특허 · 실용신안 심사기준 제7부 제1장 5.4.2에서 재인용.

일자	내역
2013. 1. 1.	특허출원
2015. 1. 1.	심사청구
2016. 10. 1.	의견제출통지서 발송
2016. 12. 1.	기간연장신청(2개월)
2017. 2 .1.	보정서 및 의견서 제출
2017. 8. 1.	특허거절결정 등본 송달
2017. 9. 1.	법정기간 연장 신청
2017. 10. 1	재심사 청구
2017. 11. 1.	특허거절결정 등본 송달
2017. 12. 1.	거절결정불복심판청구
2018. 8. 1.	거절결정불복심판청구 인용 심결
2018. 10. 1.	특허거절결정 등본 송달
2019. 1. 1.	특허로 납부(특허권 설정등록)

특허출원일로부터 4년이 되는 날(2017. 1. 1.)보다 출원심사를 청구한 날로부터 3년이 되는 날(2018. 1. 1.)이 더 늦으므로 지연된 기간 계산의 기준일은 2018. 1. 1.이 되고, 그 기준일로부터 특허료를 납부하여 설정등록이 있는 날(2019. 1. 1.)까지의 기간은 365일이다. 한편, 심사관의 거절이유통지로 인한 의견제출기간(123일, 2016. 10. 1. ~ 2017. 2. 1.), 재심사 청구로 인한 지연기간(61일, 2017. 8. 1. ~ 2017. 10. 1.) 및 특허결정의 등본을 송달받은 날 후 특허료를 납부하여 설정등록이 있는 날까지의 지연기간(92일, 2018. 10. 1. ~ 2019. 1. 1.)은 출원인으로 인하여 지연된 기간(123+61+92=276일)이다. 따라서 연장등록 가능한 기간은 총 지연기간(365일)에서 출원인으로 인하여 지연된 기간(276일)을 제외한 89일이다.

다. 연장등록출원

1) 연장등록출원인 및 출원 시기

등록지연에 따른 특허권 존속기간의 연장등록출원의 출원인은 특허권자에 한하여 인정되고 특허권이 공유인 경우에는 공유자 전원이 공동으로 특허권 존속기간의 연장등록출원을 하여야 한다(제92조의2 제3항, 제92조의4 제2호).

등록지연에 따른 특허권 존속기간의 연장등록출원은 특허권의 설정등록일부터 3

개월 이내에 출원하여야 한다(제92조의3 제2항).

2) 출원서의 제출

등록지연에 따른 특허권의 존속기간의 연장등록출원을 하려는 자(이하 이 조 및 제92조의4에서 연장등록출원인이라 한다)는 연장등록출원인의 성명 및 주소(법인인 경우에는 그 명칭 및 영업소의 소재지)(제1호), 연장등록출원인의 대리인이 있는 경우에는 그 대리인의 성명 및 주소나 영업소의 소재지[대리인이 특허법인 · 특허법인(유한)인 경우에는 그 명칭, 사무소의 소재지 및 지정된 변리사의 성명](제2호), 연장 대상 특허권의 특허번호(제3호), 연장신청의 기간(제4호), 산업통상자원부령(법 시행규칙 제54조의3)이 정하는 연장이유(이를 증명할 수 있는 자료를 첨부하여야 한다)(제5호)의 사항을 적은 특허권의 존속기간의 연장등록출원서를 특허청장에게 제출하여야 한다(제92조의3 제1항).

3) 심사 · 결정 · 등록 등

특허권의 존속기간의 연장등록출원의 심사에 관하여는 제57조(심사관에 의한 심사) 제1항, 제63조(거절이유통지), 제67조(특허여부결정의 방식), 제148조(심판관의 제척) 제1호부터 제5호까지 및 같은 조 제7호를 준용한다(제93조).

연장등록출원인은 심사관이 특허권의 존속기간의 연장등록 여부결정 전까지 연장등록출원서에 기재된 사항 중 제92조의3 제1항 제4호 및 제5호의 사항에 대하여 보정할 수 있다. 그 취지는 허가지연에 따른 특허권의 존속기간의 연장등록출원에서 설명한 것과 같다. 다만, 제93조에 따라 준용되는 거절이유통지를 받은 후에는 해당 거절이유통지에 따른 의견서 제출기간에만 보정할 수 있다(제92조의3 제4항).

심사관은 제92조의3에 따른 특허권의 존속기간의 연장등록출원이, i) 연장신청의 기간이 제92조의2에 따라 인정되는 연장의 기간을 초과한 경우(제1호), ii) 연장등록출원인이 해당 특허권자가 아닌 경우(제2호), iii) 제92조의3 제3항을 위반하여 연장등록출원을 한 경우(제3호)의 어느 하나에 해당하는 경우에는 그 출원에 대하여 연장등록거절결정을 하여야 한다(제92조의4).

심사관은 제92조의3에 따른 특허권의 존속기간의 연장등록출원에 대하여 제92조의4 각 호의 어느 하나에 해당하는 사유를 발견할 수 없는 경우에는 연장등록결정을 하여야 한다(제92조의5 제1항).

특허청장은 위 연장등록결정이 있으면 특허권의 존속기간의 연장을 특허원부에 등록하여야 한다(제92조의5 제2항). 위 등록이 있으면 특허권자의 성명 및 주소(법인인 경우에는 그 명칭 및 영업소의 소재지), 특허번호, 연장등록 연월일, 연장 기간의 사항을 특허공보에 게재하여야 한다(제92조의5 제3항).

등록지연에 따른 특허권 존속기간의 연장등록출원이 제92조의4 각 호 중 하나에 해당된다는 이유로 연장등록거절결정을 받은 자가 그 연장등록거절결정에 불복이 있는 때는 그 연장등록거절결정등본을 송달 받은 날로부터 30일 이내에 연장등록거절결정불복심판을 청구할 수 있다(제132조의17). 등록지연에 따른 특허권 존속기간의 연장등록출원으로 연장등록결정되어 연장된 특허권이 제134조 제2항 각 호(제92조의4의 거절사유 위반에 해당함)의 어느 하나에 해당하는 경우에는 무효심판을 청구할 수 있다(제134조 제1항).

제2절 특허권의 효력

I. 등록에 따른 효력 및 특허의 보호범위

특허법은 특허권 및 전용실시권과 이를 목적으로 하는 질권에 관하여 등록을 권리의 득실변경의 효력발생요건으로 규정하고 있다.

i) 특허권의 이전(상속이나 그 밖의 일반승계에 의한 경우는 제외한다), 포기에 의한 소멸 또는 처분의 제한, ii) 전용실시권의 설정 · 이전(상속이나 그 밖의 일반승계에 의한 경우는 제외한다) · 변경 · 소멸(혼동에 의한 경우는 제외한다) 또는 처분의 제한, iii) 특허권 또는 전용실시권을 목적으로 하는 질권의 설정 · 이전(상속이나 그 밖의 일반승계에 의한 경우는 제외한다) · 변경 · 소멸(혼동에 의한 경우는 제외한다) 또는 처분의 제한은 등록하여야만 효력이 발생한다(제101조 제1항).

위 각 사항에서 특허권 · 전용실시권 및 질권의 상속이나 그 밖의 일반승계의 경우에는 지체 없이 그 취지를 특허청장에게 신고하여야 한다(제101조 제2항).

반면에 통상실시권을 등록한 경우에는 그 등록 후에 특허권 또는 전용실시권을 취득한 자에 대해서도 그 효력이 발생하고(제118조 제1항), 제81조의3(특허료의 추가납부 또는 보전에 의한 특허출원과 특허권의 회복 등) 제5항, 제103조(선사용에 의한 통상실시권), 제103조의2(특허권의 이전청구에 따른 이전등록 전의 실시에 의한 통상실시권), 제104조(무효심판청구 등록 전의 실시에 의한 통상실시권), 제105조(디자인권의 존속기간 만료 후의 통상실시권), 제122조(질권행사 등으로 인한 특허권의 이전에 따른 통상실시권), 제182조(재심에 의하여 회복한 특허권에 대한 선사용자의 통상실시권), 제183조(재심에 의하여 통상실시권을 상실한 원권리자의 통상실시권) 및 발명진흥법 제10조 제1항에 따른 통상실시권은 등록이 없더라도 그 효력이 발생하지만(제118조 제1항), 통상실시권의 이전 · 변경 · 소멸 또는 처분의 제한, 통상실시권을 목적으로 하는 질권의 설정 · 이전 · 변경 · 소멸 또는 처분의 제한은 이를 등록하여야만 제3자에게 대항할 수 있다(제118조 제3항).

II. 특허발명의 효력 내용

특허권자는 업으로서 특허발명을 실시할 권리를 독점한다. 다만, 그 특허권에 관하여 전용실시권을 설정하였을 때에는 제100조 제2항에 따라 전용실시권자가 그 특허발명을 실시할 권리를 독점하는 범위에서는 그러하지 아니하다(제94조 제1항).

특허발명의 실시가 제2조 제3호 나목에 따른 방법의 사용을 청약하는 행위인 경우 특허권의 효력은 그 방법의 사용이 특허권 또는 전용실시권을 침해한다는 것을 알면서 그 방법의 사용을 청약하는 행위에만 미친다(제94조 제2항).

제94조 제2항은 2019. 12. 10. 법률 제16804호로 개정된 특허법에서 신설된 조항이다. 위 개정되기 전의 특허법에서는 소프트웨어 등과 같은 방법의 발명인 경우 그 방법을 사용하는 행위만을 특허를 받은 발명의 실시로 규정하고 있어 소프트웨어 등을 정보통신망을 통하여 전송하는 행위가 특허를 받은 발명의 실시에 해당하는지 불분명하여 보호하기 어려운 측면이 있던 것을 개선하여 방법의 발명인 경우에 그 방법의 사용을 청약하는 행위를 특허를 받은 발명의 실시에 포함되도록 하되, 이로 인한 소프트웨어 산업의 위축을 방지하기 위하여 특허를 받은 발명의 실시가 방법의 사용을 청약하는 행위인 경우 특허권의 효력은 그 방법의 사용이 특허권 또는 전용실시권을 침해한다는 것을 알면서 그 방법의 사용을 청약하는 행위에만 미치도록 한 것이다.

특허발명을 실시하기 위하여 다른 법령에 따른 허가를 받거나 등록 등(이하 허가 등이라 한다)을 받아야 하는 경우가 있는데 이러한 허가 등에 따른 특허권의 존속기간의 연장등록출원에 따라 특허권의 존속기간이 연장된 특허권의 효력은 그 연장등록의 이유가 된 허가 등의 대상물건(그 허가 등에 있어 물건에 대하여 특정의 용도가 정하여져 있는 경우에는 그 용도에 사용되는 물건)에 관한 그 특허발명의 실시행위에만 미친다(제95조).

특허권의 효력과 관련하여 특허권의 본질이 금지권(배타권)인지 독점권(전용권)인지에 대해 다툼이 있다. 발명자가 자신의 발명을 실시하는 것은 자신이 가지는 권리라 할 것이므로 자신의 발명을 실시할 권리를 특허권의 이름으로 국가에서 새삼스레 보장해 줄 필요가 없다는 점에서 특허권의 본질은 금지권이라 할 것이지만, 특허법에서 금지권 외에 독점권에 대하여 별도의 규정을 두고 있는 점(제94조), 특허권의 독점적 실시가 전용실시권이나 통상실시권의 설정과 같은 적극적인 형태로도 이루어지는 점 등의 특허법 규정들에 비추어 보면 독점권이 금지권에 따른 부수적인 효과라는 소극적인 의미를 벗어나 그 자체로서 적극적인 의미를 가지고 있다고 판단된다.

III. 업으로서의 실시

제94조 제1항 본문은 “특허권자는 업으로서 그 특허발명을 실시할 권리를 독점한다.” 라고 규정하고 있다.

여기서 ‘업’이란 영업 행위 내지 경제활동의 일환으로서 하는 행위를 말하고, ‘실시’라 함은 제2조 제3호에서 ① 물건의 발명인 경우에는 그 물건을 생산 · 사용 · 양도 · 대여 또는 수입하거나 그 물건의 양도 또는 대여의 청약(양도 또는 대여를 위한 전시를 포함한다. 이하 같다)을 하는 행위, ② 방법의 발명인 경우에는 그 방법을 사용하는 행위 또는 그 방법의 사용을 청약하는 행위, ③ 물건을 생산하는 방법의 발명인 경우에는 위 ②의 행위 외에 그 방법에 의하여 생산한 물건을 사용 · 양도 · 대여 또는 수입하거나 그 물건의 양도 또는 대여의 청약을 하는 행위라고 규정하고 있다. 실시 개념에 대하여는 「제2장 특허법의 보호대상 제4절 실시의 개념」의 해당 부분에서 이미 설명하였다.

여기서의 실시는 전부실시를 말하고 행위별로 권리가 인정되므로 위 각 실시행위마다 침해가 성립한다(실시행위의 독립성).

Ⅳ. 특허권 소진[50] · 진정상품의 병행수입에 관한 문제

1 특허권 소진의 의의

특허권 소진(patent exhaustion, first sale doctrine)은 특허권자 또는 특허권자로부터 허락을 받은 실시권자가 특허권이 구현된 제품을 시장에 유통시킨 경우[51]에는 더 이상 특허권의 효력은 해당 특허제품의 사용, 양도 등(제2조 제3호의 '가'목에서 정해진 사용, 양도, 대여, 수입 또는 양도, 대여의 청약을 말한다)에 미치지 않고, 특허권자가 해당 특허제품에 관해서 특허권을 행사하는 것은 허용되지 않는다는 이론이다.

특허권의 소진을 인정하더라도 이는 해당 특허제품(물건)에 관한 특허권의 효력을 제한하는 것이므로 특허권의 효력 중 생산에 관하여는 애초부터 소진의 문제가 아니다. 특허제품을 적법하게 구입한 사람이라도 특허제품을 구성하는 부품이나 시장에서 새로 구입한 제3자에 의해 제조된 부품 등을 이용하여 별개의 제품을 생산하였다고 평

---

50) 참고가 되는 논문으로 김동준, "특허권의 소진에 관한 미국 판례 동향", 특허소송연구(4집), 특허법원(2008); 박태일, "특허권소진에 관한 연구 (국내외 사례의 유형별 검토를 중심으로)", 정보법학회 가을세미나 발표자료(2009); 김동준, "GM종자와 관련한 특허권 소진의 문제", Law & Technology (제7권 제2호), 서울대학교 기술과법센터(2011); 우성엽, "최초판매원칙/소진원칙에 관한 소고", Law & Technology (제7권 제4호), 서울대학교 기술과법센터(2011); 설민수, "특허권 소진 법리의 역사적 전개와 한국에서의 적용", 사법논집(제55집), 법원도서관(2012); 맹정환, "특허권 소진 이론에 관한 연구", 서울대학교 법학박사학위논문, 서울대학교 대학원(2014. 2.) 등이 있다.

51) 유통의 대표적인 사례인 판매가 이루어진 경우를 예로 들어, 최초 판매가 무조건으로 이루어진 경우에 주요 국가의 모든 나라가 특허권의 소진을 인정하고 있다. 다만 특허권자가 최초 판매 시에 실시권자나 구매자에게 일정한 조건이나 제한을 부과하는 경우에도 특허권의 소진이 인정되는지에 대하여는 각국마다 의견이 일치되고 있지 않다. 이에 대한 상세는 후술한다.

가된다면 이러한 경우에는 이미 해당 특허제품이 아니어서 그 제품에는 특허권의 효력이 미친다.

통상 특허권의 소진이라 함은 특허권자 등의 유통이, 특허권이 등록되어 있는 같은 국가 내에서 이루어지는 경우의 특허권 소진(national exhaustion)을 의미하지만, 관련 문제로서 국제 소진(international exhaustion)에 관한 문제, 예컨대 국외에서 특허권자 등에 의해 적법하게 생산, 판매된 특허제품을 특허권이 등록된 우리나라로 수입한 경우에 그와 같이 수입된 특허제품이 우리나라의 특허권을 침해하는 것인지 여부가 병행수입의 허용 여부와 함께 논의되고 있다(특허권 소진 중 특허권 소진에 대하여 설명하고 국제 소진에 대하여는 후술한다).

2 특허권 소진의 인정 근거

저작권법 제20조,[52] 반도체집적회로의 배치설계에 관한 법률 제9조 제2항,[53] 식물신품종 보호법 제58조[54]에는 권리의 소진에 관한 규정이 있는데 특허법에는 이에 관하여 규정되어 있지 않다. 그러나 특허권 소진은, 적용 범위를 둘러싸고 다소 이견이 있으나 미국, 독일, 일본 등 여러 나라에서 모두 인정되고 있는 이론이고, 우리나라에서도 특허권의 소진 그 자체를 인정하는 데에는 학설, 실무의 견해가 일치되어 있다.

통상 특허권 소진의 주요 인정 근거로는 특허제품이 이전될 때마다 특허권자의 허락을 받아야 한다면 특허제품의 자유로운 유통 및 거래안전이 저해되고, 특허권자는 특허제품을 이전할 때 이득을 확보하게 되므로 이중의 이득을 인정해 줄 필요가 없다는 점을 들고 있다. 다만, 법정실시권에 의하여 판매되는 특허제품의 경우에는 특허권

52) "저작자는 저작물의 원본이나 그 복제물을 배포할 권리를 가진다. 다만, 저작물의 원본이나 그 복제물이 해당 저작재산권자의 허락을 받아 판매 등의 방법으로 거래에 제공된 경우에는 그러하지 아니하다."

53) "제8조에 따른 배치설계권의 효력은 적법하게 제조된 반도체집적회로 등을 인도받은 자가 그 반도체집적회로 등에 대하여 영리를 목적으로 제2조 제4호 다목에 규정된 행위를 하는 경우에는 미치지 아니한다."

54) "품종보호권·전용실시권 또는 통상실시권을 가진 자에 의하여 국내에서 판매되거나 유통된 보호품종의 종자, 그 수확물 및 그 수확물로부터 직접 제조된 산물에 대하여는 다음 각 호의 어느 하나에 해당하는 행위를 제외하고는 제56조에 따른 품종보호권의 효력이 미치지 아니한다. 1. 판매되거나 유통된 보호품종의 종자, 그 수확물 및 그 수확물로부터 직접 제조된 산물을 이용하여 보호품종의 종자를 증식하는 행위, 2. 증식을 목적으로 보호품종의 종자, 그 수확물 및 그 수확물로부터 직접 제조된 산물을 수출하는 행위"

자의 이득확보가 없더라도 법정실시권 제도의 존재이유를 들어 소진론이 적용된다는 견해가 있다.[55)]

3 특허권 소진의 적용 범위

특허권 소진은 이와 같이 특허법 실무에서 일반적으로 받아들여지고 있는 이론이기는 하지만 구체적인 사안으로 들어가면 그 적용 범위를 간단히 결정하기가 쉽지 않다. 이하 미국 등의 실무에서 문제되고 있는 부분을 발명의 종류 등에 따라 나누어 설명하고 우리 실무의 태도를 설명하기로 한다.

가. 물건의 발명

1) 특허권의 소진은 물건의 발명에서부터 인정되었는데, 먼저 특허권 소진에 관하여 이하 세 부분으로 나누어 미국 등의 주요 사례들을 소개한다.

Adams v. Burke 사건[56)]은 특허권자가 특허제품인 관 뚜껑에 관하여 제조 · 판매할 수 있는 지역을 제한한 실시권을 설정한 다음 원고(Adams)에게 특허권을 양도하고 피고(Burke)는 위 실시권자로부터 관 뚜껑을 구입한 후 위 실시권계약상의 제조 · 판매 지역이 아닌 곳에서 영업행위를 한 것이 원고의 특허권을 침해하는 것인지 여부가 문제된 사안이다. 미국 연방대법원은 특허권의 소진을 인정하면서 그 근거로 실시권자에 의한 특허제품의 판매가 실시권계약상의 대상지역 내에서 이루어졌으므로 실시권자의 판매는 권한을 부여받은 것이고, 특허권자가 판매를 통해 그 제품에 구현된 특허발명의 사용에 대한 대가를 이미 받았다는 점을 들었다.

그리고 Keeler v. Standard Folding Bed Co. 사건[57)]은 특허권자가 침대 제조에 관한 특허권을 매사추세츠 주와 미시간 주로 지역을 나누어 각각 실시권을 설정하여 제조, 판매하도록 하였는데 피고(Keeler)가 미시간 주의 실시권자로부터 침대를 구입하여 매사추세츠 주에서 판매하자 매사추세츠 주의 실시권자인 원고(Standard Folding Bed Co.)가 특허권 침해를 주장한 사안이다. 미국 연방대법원은 앞서 본 바와 같이 피고의 판매행위가 권한을 부여받은 행위라고 인정하고, 특허제품을 그 판매권한이 있는 자로부터 구입한 구매자는 그 제품에 대하여 시간 또는 장소에 제한 없는 절대적 재산권을 보유하게 된다는 이유 등으로 특허권의 소진을 인정하였다.

---

55) 東京高等裁判所 1995(平成7). 2. 22. 선고 平成4(ネ)4898 판결.
56) 84 U.S. 453 (1873).
57) 157 U.S. 659 (1895).

그 후 부품의 판매로 인해 완성품에 대하여 가지는 특허권이 소진하는지 여부도 문제되었다.

특허권이 일부 구현된 부품을 판매할 당시에는 특허권이 침해되지 아니하고 그 후 유통 단계에서 특허권의 나머지 일부가 실시되어 침해가 되는 경우에 일부 구현된 부품의 판매로 인하여 완성품에 대하여 가지는 특허권이 소진되는지가 문제된 사안인, United States v. Univis Lens Co. 사건[58]에서 특허권자(Univis Lens Co.)가 물건발명의 본질적 특징을 구현한 렌즈반제품[59]을 판매하고 그 양수인에 의해 나머지 가공이 이루어짐으로써 비로소 특허발명의 실시가 이루어지는 경우, 미가공 렌즈(부품)는 연마가공 및 광택 작업을 거쳐 소비자의 사용에 적합하도록 완성된 최종 렌즈로 사용하는 것 외에 다른 비침해적 용도가 없고(no reasonable non-infringing use), 렌즈반제품(부품)에는 최종 렌즈가 가지는 특허발명의 본질적 특징을 모두 가지고 있어(embodiment of essential feature) 특허권(물건발명, 방법발명 포함)이 소진한다고 하였다.

특허권자가 부품과 완성품에 대한 특허권을 가지고 있고 그 부품이 완성품의 일부를 구성하고 있는 경우에 특허권이 전부 구현된 부품(마이크로프로세서)을 구입하고 이를 이용하여 완성품(마이크로프로세서 등이 저장된 기억장치)을 제조, 판매하는 행위가 완성품에 관한 또 다른 특허권을 침해하는지 여부가 문제된 사안인, Cyrix Corp. v. Intel Corp. 사건[60]에서 피고(Cyrix Corp.)에 의해 판매된 원고(Intel Corp.)의 청구항 1 발명의 물품인 마이크로프로세서는 그 자체로 완성된 부품이나 작동을 위해 외부기억장치와 결합되어야 하고 최종 완성품은 아니고 위 마이크로프로세서가 청구항 2, 6의 외부기억장치에 결합되는 것 외에 다른 용도가 없다는 점이 인정되어 위 United States v. Univis Lens Co. 판결 법리에 따라 특허권 소진이 인정되었다.[61]

Quanta Computer, Inc. v. LG Electronics, Inc. 사건[62]은 원고(LG Electronics, Inc.)가 소외 회사(Intel Corp.)에게 원고 특허를 사용하여 마이크로프로세서, 칩셋 등을 제조, 판매하는 것을 허락하였고(그 라이선스 계약에는 소외 회사의 부품을 구입한 고객이 그 부품을 소외 회사 이외의 부품과 조립하여 제품을 제조한 경우 그 완성품에 대하여는 라이선

58) 316 U.S. 241 (1942), 연방정부가 특허권자의 가격통제정책이 셔먼법(Sherman Act) 위반이라고 하여 제소한 사건이다.

59) 안경의 다중초점렌즈로 사용하기 위한 렌즈반제품이었다.

60) 846 F.Supp. 522 (E.D. Tex. 1994), affirmed by 42 F.3d 1411 (Fed. Cir. 1994).

61) 1심법원은, Cyrix의 청구 항1 발명인 마이크로프로세서는 그 자체로 완성된 부품이기는 하지만 작동을 위해 외부기억장치와 결합되어야 하고 최종완성품은 아니라는 점에서 Univis 사건의 렌즈반제품(lens blanks)과 마찬가지이므로 Univis에서 판시한 특허권 소진의 법리가 그대로 적용된다."라고 하였다.

62) 553 U.S. 617 (2008).

스가 미치지 않는다고 규정되어 있었음[63]), 피고(Quanta Computer, Inc.)가 소외 회사로부터 위 라이선스 계약에 따라 제조된 마이크로프로세서와 칩셋을 제3자로부터 구입한 부품과 함께 조립한 컴퓨터를 제조, 판매하자, 원고가 완성품 특허 등의 침해[64])를 주장한 사안이다.

연방대법원은 앞서 본 United States v. Univis Lens Co. 사건 법리를 원용하여 그 자체로는 특허를 실시하지 않는 부품의 판매로 완성품 특허권이 소진되기 위해서는 ① 해당 부품에 특허를 실시하는 용도 이외의 다른 합리적인 용도(no reasonable use)가 없을 것, ② 해당 부품이 특허발명의 본질적 특징(essential feature)을 구비할 것이라는 요건을 충족하여야 하는데,[65]) 소외 회사가 판매한 마이크로프로세서와 칩셋은 다른 컴퓨터시스템과 조립되는 것 이외에 합리적인 사용방법이 없고, 조립이 필요한 메모리 및 버스는 범용 부품으로 마이크로프로세서와 칩셋을 작동시키기 위한 것에 지나지 않고, 소외 회사의 부품은 이러한 메모리 및 버스를 조립한 경우에만 작동하도록 설계되어 있어 위 요건들을 충족함을 인정하여 특허를 실시하지 않은 부품만의 판매에 의하여도 완성품 특허가 소진된다고 판단하였다.

다음으로, 미국에서 특허권자가 실시권설정 계약에 의해 특허권 소진을 배제할 수 있는지 여부, 특허권자가 특허권이 구현된 제품을 판매할 때에 일정한 조건을 부가하여 특허권 소진을 배제할 수 있는지 여부에 관하여 여러 사건들이 있다.

미국에서 특허권의 소진은 특허권자 등이 특허제품을 조건 없이(unconditional) 양도한 후에는 구입자의 특허제품에 대한 사용을 통제할 권리가 소진됨을 원칙으로 하므로[66]) 판매 후의 사용 및 재판매에 관한 제한 조건(post-sale limits on use and resale)이 있는 경우에 구매자가 이를 위반하거나 그러한 제한 조건이 있음을 알고 구입하여 그 조건에 위반하여 사용하는 경우에는 특허권 소진이 부정되고 특허권 침해를 인정하는 경향이 있었는데 나중에 보는 바와 같이 Impression Products, Inc. v. Lexmark International, Inc. 사건[67])에서 연방대법원은, 특허권 소진은 특허권의 범위에 대한 제

63) 원고와 소외 회사는 별도계약(Master Agreement)으로 소외 회사가 자기 고객에 대하여 그와 같은 취지를 서면으로 통지하는 것에 합의하였으며, 소외 회사는 실제로 그러한 취지의 통지를 하였다.

64) 소외 회사(Intel corp.)로부터 판매된 마이크로프로세서 및 칩셋이 컴퓨터 시스템 안에서 메모리나 버스들과 결합되기 이전까지는 그 자체로 원고의 특허권을 구현하였다고 할 수 없거나 실제로는 전혀 기능하지 못하였다.

65) 아래에서 보는 바와 같이 이러한 논리는 방법발명의 소진 여부 판단에도 그대로 적용되고 있다.

66) Braun Med., Inc. v. Abbott Labs, Inc., 124 F.3d 1419, 1426 (Fed. Cir. 1997), Quanta Computer, Inc. v. LG Electronics, Inc., 553 U.S. 617 (2008).

67) No. 15-1189, 2017WL2322830, 581 U.S. ___ (2017).

한(a limit on the scope of the patentee's right)에 관한 원칙으로서, 특허권자의 특허 제품 판매 시에는 획일적이고 예외 없이(uniform and automatic) 적용된다고 하였다. 다만 물품을 판매하는 경우와 실시권(라이선스)의 부여에 따른 판매의 경우를 나누어 판단하여 먼저, 특허권자가 특허권이 구현된 물품을 판매하는 경우에는 해당 물품의 실시에 관하여 어떠한 제한을 부과하였는지와 상관없이 특허권은 획일적이고 예외 없이 소진된다고 하였다. 한편, 실시권 부여의 경우에는 실시권 부여는 제품의 소유권을 이전하는 판매와 다르다고 하면서 실시권자의 실시허락 조건 준수 여부 등의 사정에 따라 결론을 달리한다고 보았다. 즉, 예를 들어, 특허권자가 제조업자에게 실시권을 부여하면서 특허 물품을 비상업적 이용을 위한 판매로 제한한 경우에, 실시권자가 실시허락 조건에 위반하여 제품을 판매한 경우에는 특허권자가 실시권자를 상대로 특허침해소송을 제기할 수 있고, 실시권자의 실시허락 약정 위반을 알면서 특허 물품을 구매한 자에게도 최초 판매 원칙이 적용되지 않으므로 특허권자는 특허침해소송을 제기할 수 있으나, 실시권자가 실시허락 조건을 준수하면서 추가로, 예를 들어 구매자와 사이에 특허 물품을 비상업적으로 이용하지 않겠다고 약정하고 특허 물품을 판매한 경우에는, 이를 특허권자의 물품 판매와 동일하게 취급하여 실시권자로부터 특허 물품을 구매한 자가 후에 실시권자에 의해 추가된 약정에 위반하여 특허 물품을 상업적으로 이용하더라도 특허권자는 실시권자나 구매자에 대하여 특허침해소송을 제기할 수 없다[68]고 하였다.[69]

다만 위 연방대법원 판결 이전의 연방항소법원 등의 판례 경향을 살펴본다.

General Talking Pictures Corp. v. Western Electric Co. 사건[70]은 진공관 증폭기의 특허권을 보유한 특허풀(patent pool)로부터 가정용으로 한정하여 실시허락을 받은 소외 회사가 피고(General Talking Pictures Corp.)에게 위 진공관 증폭기를 판매할 당시 피고가 그 제품의 사용분야 제한(field of use restriction) 사실을 인식하고 있는 상태였고, 피고도 이를 알고 구입한 다음에 위 증폭기를 상업용으로 사용하자 상업용 분야의 실시권자인 원고(Western Electric Co.)가 피고를 상대로 특허권 침해를 주장한 사안이다. 미국 연방대법원은 특허권자는 특허권의 남용이 아닌 합리적인 범위 내의 조건을 가하여 실시를 허락할 수 있고 그와 같은 가정용으로 한정하는 사용분야 제한이 그

68) Motion Picture Patents Co. v. Universal Film Mfg. Co., 243 U.S. 502, 506-507, 516 (1917) 참조.

69) 이는 뒤에서 보는 바와 같이 연방항소법원의 Mallinckrodt, Inc. v. Medipart, Inc. 976 F.2d 700 (Fed. Cir 1992) 판결의 판단 법리를 배척한 것이다.

70) 305 U.S. 124 (1938).

범위 내의 조건에 해당하므로 실시권자가 그러한 제한을 위반하여 상업용 목적으로 사용되리라는 것을 알고 있는 상태에서 구매자에게 판매한 경우에 이는 실시허락을 부여받지 않은 상태에서 판매된 것과 같다고 보아 특허권 침해가 성립한다고 하였다.

Mallinckrodt, Inc. v. Medipart, Inc. 사건[71)]은 환자용 흡입기(inhaler device)의 특허권자인 원고(Mallinckrodt, Inc.)가 위 흡입기의 제품 등에 한번만 사용하도록(single-use only) 표시하여 판매하였으나 피고(Medipart, Inc.)가 사용이 끝난 흡입기를 구입하여 소독하고 필터 등을 새로 부착하여 병원에 판매하자 원고가 특허권 침해를 주장한 사안이다. 연방항소법원은 특허제품의 판매에 부가된 제한이 특허권남용이나 독점금지법 위반에 해당하여 위법인 경우[72)]를 제외하고는 계약 당사자들이 판매 조건을 자유롭게 정할 수 있고 이를 위반한 경우에 특허권 침해가 성립한다고 하여 특허권 소진을 인정하지 않았다.

B. Braun Medical, Inc. v. Abbott Laboratories and NP Medical, Inc. 사건[73)]은 정맥주사장치에 사용되는 밸브의 특허권자인 원고(B. Braun Medical, Inc.)가 일부 제품에만 사용하는 조건으로 피고(Abbott Laboratories)에게 위 밸브를 판매하였으나 위 피고가 다른 피고(NP Medical, Inc.)로부터 대체 밸브를 구입하여 사용하자 원고가 특허권 침해를 주장한 사안이다. 연방항소법원은 판매 당시 합의된 명시적 조건이 독점금지법, 특허법, 계약법 혹은 다른 법에 위반되거나 권리남용으로 인정되는 경우에는 그 효력을 인정할 수 없지만 해당 사안에 있어서와 같은 사용분야 제한 조건은 일반적으로 위법하지 않아 특허권 침해가 성립한다고 하여 특허권 소진을 인정하지 않았다. 앞에서 본 Quanta 판결에서 연방대법원은 종전과 마찬가지로 특허가 소진하기 위해서는 조건 없는 적법한 판매인 것이 필요하다고 하고, 원고와 소외 회사 사이에 체결된 라이선스 계약은 마이크로프로세서와 칩셋을 소외 회사 이외의 부품과 조립하는 것을 의도하고 있는 자에게 판매하는 것을 제한하고 있지 않고, 소외 회사에 대하여 광범위한 제품의 제조, 사용, 판매 권한을 주고 있으며, 피고를 포함한 소외 회사의 고객에게 라이선스 계약의 범위에 대하여 통지를 하는 취지의 당사자 간의 합의가 있었지만, 그것은 라이선스 계약이 아닌 별개의 계약서(Master Agreement)에 기재되어 있을 뿐이므로 이것에

71) 976 F.2d 700 (Fed. Cir 1992).

72) 예를 들면 Bauer & Cie. v. O'Donnell, 229 U.S. 1 (1913), Straus v. Victor Talking Machine Co., 243 U.S. 490 (1917), Boston Store of Chicago v. American Graphophone Co., 246 U.S. 8 (1918)에서 언급된 재판매가격 유지조건(resaleprice-maintenance conditions, price-fixing)이고, Motion Picture Patents Co. v. Universal Film Mfg. Co., 243 U.S. 502 (1917)에서 언급된 끼워팔기(tying arrangement, tie-ins) 등이다.

73) 124 F.3d 1419 (Fed. Cir. 1997).

위반하는 것은 라이선스 계약에 위반하는 것으로는 볼 수 없어 조건 없는 적법한 판매가 있었다고 한 다음 특허권 소진을 인정하였다.

Quanta 판결이 조건부판매에 의해 권리소진의 적용을 배제할 수 있다는 근거로 인용되어 온 연방항소법원의 Mallinckrodt 판결 법리에 대해 어떠한 영향을 주는지에 대하여 논란이 있었으나[74] Lexmark International, Inc. v. Impression Products, Inc. 사건[75]에서 연방항소법원은 Mallinckrodt 판결 법리가 여전히 유효하다고 하였다.[76]

위 Lexmark 사건은 원고(Lexmark International, Inc.)가 프린터 토너 카트리지에 대한 특허권자로서 위 카트리지에 대해 구매 후 재사용·재판매 제한이 없는 정가 판매용 제품과 재사용·재판매를 금지하는 할인 판매용 카트리지로 나눠 국내·외에 판매하면서 정가 판매용과 달리 할인 판매용 카트리지는 토너를 다시 채워 사용할 수 없도록 이를 감지하는 마이크로칩을 설치하여 판매하였는데 여러 회사가 이미 사용된 할인 판매용 카트리지의 마이크로칩을 교체한 뒤 토너를 다시 채워서 피고(Impression Products, Inc.)에게 판매했고 피고가 이를 공급받아 국내에서 판매하자 원고가 피고 및 관련 업체에 대해 특허권 침해를 주장한 사안이다. 위 사건에서 쟁점은, 원고가 미국 내에서 판매한 할인 판매용 카트리지를 피고가 미국 내에서 재사용·재판매한 행위에 특허권 소진이 인정되는지 여부 및 원고가 미국 외에서 판매한 할인 및 정가 판매용 카트리지를 피고가 미국 내에서 재사용·재판매한 행위에 특허권 소진이 인정되는지 여부였다. 피고는 Quanta 판결에 의해 Mallinckrodt 판결 법리가 폐기되어야 하고 특허권자에 의해 특허제품이 판매되면 자동적으로 특허권이 소진된다고 주장하였으나, 연방항소법원은 해당 사안은 Mallinckrodt 판결의 사안과 같이 특허권자가 명시적인 재사용 및 재판매에 제한을 둔 사건이고 Quanta 판결은 이에 관한 어떠한 조건도 붙어 있지 않은 사안 등의 면에서 서로 다르다고 하면서 Mallinckrodt 판결 법리를 인용하여 특허권 침해를 인정하였다.

---

74) Quanta 판결 이전까지 미국 실무는 특허실시계약이나 특허제품 판매계약에서 지역 제한, 기간 제한, 사용 분야 제한과 같은 제한 조건을 부과한 경우에 후속 구매자에 대한 판매나 사용이 이러한 제한 조건에 위반하지 않을 것을 조건으로 소진되고 이를 위반한 경우에는 특허권 침해로 보는 태도를 취하는 것으로 이해되고 있었다.
Quanta 판결에서 Mallinckrodt 판결에 대하여 아무런 언급이 없었기에 종전에 미국에서 조건부판매에 의해 권리소진의 적용을 배제할 수 있다는 근거로 인용되어온 연방항소법원의 Mallinckrodt 판결 법리가 Quanta 판결 이후에도 여전히 유효한가에 대해서는 폐기설, 제한 적용설 등의 여러 견해가 있었다. 이에 대한 내용은 김동준, "GM종자와 관련한 특허권 소진의 문제", Law & Technology (제7권 제2호), 서울대학교 기술과법센터(2011), 79 참조.

75) Nos. 14-1617, 14-1619 (Fed. Cir. Feb. 12. 2016).

76) 상고심에서 대법원이 연방항소법원의 판단을 배척하였음은 앞에서 설명하였다.

그러나 전술한 바와 같이, 위 상고심인 Impression Products, Inc. v. Lexmark International, Inc. 사건[77]에서 연방대법원은, 특허권자가 판매 조건 등을 부가하여 일부 권한의 양도를 제한한 경우에는 구매자에게 특허법상의 배타적 권리를 주장할 수 있다고 판단한 연방항소법원의 판단을 배척하면서 특허권 소진은 제품 판매에 따른 권한에 관한 추정(a presumption about the authority that comes along with a sale)이 아니라, 특허권의 범위에 대한 제한(a limit on the scope of the patentee's right)에 관한 원칙으로서, 특허권자의 특허 제품 판매 시에는 획일적이고 예외 없이(uniform and automatic) 적용된다고 하였다. 그리고 연방항소법원은, 특허권 소진을 일률적으로 적용하게 되면 실시권자가 실시권 허락 조건을 위반하여 판매한 경우에는 최초 판매 원칙이 적용되지 않는다고 본 기존의 연방 대법원 판결[78]과 양립하지 않는 결과가 된다고 추론하였으나, 이에 대하여도 연방대법원은 앞서 본 바와 같이 실시권 부여는 제품의 소유권을 이전하는 판매와 다르다고 하면서 실시권자의 실시허락 조건 준수 여부 등의 사정에 따라 결론을 달리한다고 하면서 연방항소법원의 견해에 동의하지 않았다.

한편 일본에서 특허권 소진은 정책적 이유로부터 특허권의 효력을 획정하는 것이므로 그 효력을 특허권자의 의사로 변경할 수 없다거나 특허권자의 의사와는 관계없이 특허권자에 의한 특허제품의 양도행위에 의해 무조건으로 발생하는 것이라고 보아야 한다는 이유로,[79] 특허권자가 물건 발명에서 상대방과의 계약 등에 의하여 자신이 양도한 특허제품에 대한 소진론이 적용되지 않는다는 제한약정을 하더라도 특허권 소진이 부정되지 않는다는 입장이 주류이다.

참고로 상표권의 소진과 관련하여, 대법원은 "상표권자 또는 그의 동의를 얻은 자가 국내에서 등록상표가 표시된 상품을 양도한 경우에는 해당 상품에 대한 상표권은 그 목적을 달성한 것으로서 소진되고, 그로써 상표권의 효력은 해당 상품을 사용, 양도 또는 대여한 행위 등에는 미치지 않는다(대법원 2003. 4. 11. 선고 2002도3445 판결 참조). 한편, 지정상품, 존속기간, 지역 등 통상사용권의 범위는 통상사용권계약에 따라 부여되는 것이므로 이를 넘는 통상사용권자의 상표 사용행위는 상표권자의 동의를 받지 않은 것으로 볼 수 있다. 하지만 통상사용권자가 계약상 부수적인 조건을 위반하여 상품을 양도한 경우까지 일률적으로 상표권자의 동의를 받지 않은 양도행위로서 권리 소진의 원칙이 배제된다고 볼 수는 없고, 계약의 구체적인 내용, 상표의 주된 기능인

---

77) No. 15-1189, 2017WL2322830, 581 U.S. ___ (2017).
78) General Talking Pictures Corp. v. Western Elec. Co., 304 U.S. 175 (1938).
79) 中山信弘, 特許法(第三版), 弘文堂(2016), 412, 東京高等裁判所 2001(平成13). 11. 29. 선고 平成13(ネ)959 판결, 東京地方裁判所 2001(平成13). 11. 30. 선고 平成13(ワ)6000 판결.

상표의 상품출처표시 및 품질보증 기능의 훼손 여부, 상표권자가 상품 판매로 보상을 받았음에도 추가적인 유통을 금지할 이익과 상품을 구입한 수요자 보호의 필요성 등을 종합하여 상표권의 소진 여부 및 상표권이 침해되었는지 여부를 판단하여야 한다."라고 하였다.[80)]

2) 물건발명에 관한 특허권 소진론은 실무상 특허권에 관한 제품을 수리하거나 부품을 교환하는 행위가 특허권 침해에 해당하는지 여부가 다투어지는 경우가 많다.[81)] 소모로 인한 통상의 기간 내에 특허권이 구현되어 있지 않은 부품을 이용하여 교환하거나 제품을 수리(repair)하는 경우에는 소진론이 적용되고 단순한 수리를 넘어 새로운 생산(reconstruction)에 해당하는 경우 소진론이 적용되지 않는다는 데 이론이 없으나 문제는 단순한 수리와 새로운 생산을 구별하는 기준이 명확하지 않다는 점이다.[82)] 주요 판단 기준으로 수리 외 나머지 제품의 효용성, 교체되는 부품이 전체 제품에서 차지

---

80) 대법원 2020. 1. 30. 선고 2018도14446 판결.

81) 특허권자가 우리나라에서 양도한 특허제품에 대하여 가공이 되거나 부품이 교환됨으로써 해당 특허제품과 동일성을 상실할 정도로 새로이 제조되었다고 인정될 수 있다면 소진론은 적용되지 않는다. 특허소진론 인정 여부의 쟁점 중 이론적으로 문제가 되는 부분은 '특허제품에 가공이 이루어지거나 부품이 교환된 것은 아니지만 제품 본래의 내구기간을 경과하여 그 효용을 다한 후 재생되는 경우' 소진론의 적용 여부이다.

82) 대법원 1999. 12. 7. 선고 99도2079 판결은 "피고인의 범퍼 재생과정이 위와 같이 내용기간 내에 있는 재생 가능한 범퍼를 수거한 후 이를 세척하고, 흠집제거 및 도색작업 등을 거쳐 의장등록된 원래의 범퍼와 동일한 형상과 색채를 갖춘 범퍼로 복원하는 정도에 그쳤다면 이는 등록된 의장에 관한 물품을 새로 생산하는 행위에 해당하지 아니하므로 그 의장권을 침해하였다고 볼 수 없다."라고 한다.

이 부분과 관련하여 미국 연방대법원의 판결로는 Keeler v. Standard Folding-Bed Co., 157 U.S. 659, 664 (1895), Aro Mfg. Co. v. Convertible Top replacement Co., 365 U.S. 336 (1961)이 있고 Aro 판결은 일부 소모품의 교환은 원칙적으로 특허침해에 해당하지 않는다고 하였다. 미국 연방항소법원의 판결로는 Jazz Photo Corp. v. U.S. International Trade Commission, 264 F.3d 1094, 1106 (Fed. Cir. 2001)에서 "구입하는 소모제품을 사용할 권리에는 사용에 적합하도록 유지할 권리도 포함되어 있다. …(중간 생략)…남아있는 부품이 어느 정도 유용성을 가지고 있는가 또 원제품의 유용성을 달성하기 위하여 교체되는 부품의 성질과 역할을 검토하여야 한다."라고 한 것이 있다. 한편 Bowman v. Monsanto Co. 569 U.S. __ , 133 S. Ct. 1761 (2013)에서 미국 연방대법원은 대두를 구입하여 수확한 후 종자로 사용하여 다시 수확하는 경우에는 이를 복제품의 제조로 보아 특허권 소진론이 적용되지 않는다고 하였다.

일본 最高裁判所는 2007(平成19). 11. 8. 선고 平成18(受)826 판결에서 "특허제품의 새로운 생산에 해당하는가에 대하여 해당 특허제품의 속성, 특허발명의 내용, 가공 및 부재 교환의 태양 외에 거래 실정 등도 종합 고려하여 판단하는 것이 상당하고, 해당 특허제품의 속성으로서는 제품 기능, 구조 및 재질, 용도, 내구기간, 사용태양이, 가공 및 부재 교환의 태양으로서는 가공 등이 된 때의 해당 특허제품 상태, 가공 내용 및 정도, 교환된 부재의 내용기간, 해당부재의 특허제품에서의 기술적 기능 및 경제적 가치가 고려의 대상으로 되어야 한다."라고 하였다.

하는 비중, 역할, 사용기간 및 교환의 용이성, 교체되는 부품으로 인해 원제품에 새로운 물리적 성질이나 기능 등이 생기거나 기존의 그것들의 물리적 성질이나 기능이 변경되는지 여부 등을 들 수 있을 것이다. 특허제품의 상태를 바꾸어 이용하는 경우에도 특허권에 해당하는 부분이 적법하게 판매된 이상 특허권이 소진된다는 견해[83]와 거래안전을 목적으로 하는 소진론의 적용범위를 넘는 경우에 해당된다면 특허권이 소진되지 않는다고 보는 견해도 있다.

나. 방법의 발명

특허권 소진이 물건 발명에 원칙적으로 적용됨은 이론이 없으나, 방법발명에도 그대로 적용되는지에 대하여는 다툼이 있다. 이에 대하여는 여러 견해가 있다.

물건의 발명에 관한 특허권 소진론이 방법의 발명에 그대로 적용될 수 없더라도 물건을 생산하는 방법의 발명에 관하여 그 방법으로 생산된 물건이 물건의 발명의 대상으로도 되어 있고 물건을 생산하는 방법발명이 물건 발명과 별도의 기술적 사상을 포함하고 있는 것이 아닌 경우에 물건의 발명에 관한 특허권이 소진한다면 물건을 생산하는 방법발명에 관한 특허권도 소진된다는 견해가 있고,[84] 한편 단순 방법발명에 대하여는 특허권자 등이 방법발명의 사용에만 사용하는 물건을 양도한 경우에 그 물건을 사용한 해당 방법의 사용에 대한 특허권은 소진되지만 예를 들어 복수 공정으로부터 이루어지는 방법발명에서 극히 일부 공정에만 사용되는 물건이 양도된 경우에도 소진론을 그대로 적용하는 것은 특허권의 보호에 소홀하게 될 여지가 있어 이러한 경우는 전 공정을 실시하는 물건이 제공된 경우에만 소진론이 적용되는 것으로 보는 견해도 있다.

미국은 Ethyl Gasoline Corp. v. United States 사건,[85] United States v. Univis Lens Co. 사건[86]등에서는 물건 발명이 구현된 제품의 판매에 의해 그 방법발명의 특허 소진을 인정하는 입장을 취하고 있었던 반면에, Bandag, Inc. v. Al Bolser's Tire Stores, Inc. 사건,[87] Glass Equipment Dev., Inc. v. Beston, Inc. 사건[88]등에서는 방법발명의 특허 소진을 부정하는 입장을 취하고 있어 다툼이 있었다.

그 후 위 Quanta Computer, Inc. v. LG Electronics, Inc. 사건에서 원고가 가지

83) 東京地方裁判所 2001(平成13). 11. 30. 선고 平成13(ワ)6000 판결.
84) 知的財産高等裁判所 2006(平成18). 1. 31. 선고 平成17(ネ)10021 판결.
85) 309 U.S. 436 (1940).
86) 316 U.S. 241 (1942).
87) 750 F.2d 903 (Fed. Cir. 1984).
88) 174 F.3d 1337 (Fed. Cir. 1999).

고 있는 특허들 중 데이터 및 데이터트래픽의 처리 방법에 관한 특허가 마이크로프로세서 및 칩셋의 판매로 소진되는지가 문제되었는데, 미국 연방대법원은 방법발명이 물건 발명과 같은 방식으로 판매되는 것은 아니지만, 방법발명에 대한 소진을 인정하지 않는 경우에 방법발명의 형태로 청구범위를 작성하는 것에 의해 소진을 배제할 수 있어 특허권 소진을 무의미하게 만들 수 있음을 들어 방법발명에서도 특허권 소진이 인정된다고 하였고, 방법발명이 어떤 제품에 실질적으로 구현되어 있다고 볼 수 있는 경우에는 그 제품의 판매로 해당 방법발명이 소진된다는 입장을 명확히 하면서 방법발명이 실질적으로 구현되었다고 하기 위해서는 ① 해당 물건에 방법발명을 실시하는 용도 이외의 다른 합리적인 비침해 용도가 없을 것, ② 해당 부품이 방법발명의 본질적 특징(essential features)을 구비할 것[89]이라는 요건을 충족하여야 한다고 하는데, 소외 회사의 마이크로프로세서 및 칩셋이 원고의 방법발명을 실시하는 것 외에 다른 용도가 없고 방법발명의 본질적인 특징을 구비하고 있다고 인정하여 방법발명의 소진을 인정하였다.

미국 연방대법원은 위 Quanta Computer, Inc. v. LG Elecs., Inc. 사건에서 물건을 생산하는 방법의 특허에 대해 그 제조방법이 구현된 제품의 판매에 의해서 소진된다고 하고 있다. 이때 특허권 소진이 되기 위해 상품에 어느 정도까지 방법발명의 특허가 구현되어야 하는지의 요건에 대하여, 해당 상품이 해당 특허를 실시하는 용도 이외의 다른 합리적인 용도를 갖지 않고 해당 상품이 해당 특허발명의 본질적 특징을 구현하는 요소로 되어야 한다고 하였다.

방법발명의 특허권 소진에 관한 우리 실무 태도를 정리한다.

먼저 특허권 소진에 관한 주장을 특허권의 권리범위확인심판 또는 특허권 침해소송에서 주장할 수 있는지에 대하여 살펴보면, 특허권의 적극적 권리범위확인심판은 특허발명의 보호범위를 기초로 하여 심판청구인이 그 청구에서 심판의 대상으로 삼은 발명(이하 확인대상발명이라 한다)에 대하여 특허권의 효력이 미치는가를 확인하는 권리확정을 목적으로 한 것이므로, 설령 확인대상발명의 실시와 관련된 특정한 물건과의 관계에서 특허권이 소진되었다 하더라도 그와 같은 사정은 특허권 침해소송에서 항변으로 주장함은 별론으로 하고 확인대상발명이 특허권의 권리범위에 속한다는 확인을 구하는 것과는 아무런 관련이 없어 허용되지 않는다.[90]

---

89) 특허된 방법발명의 진보성을 인정하는 핵심적인 요소를 담고 있는 경우로 이해된다.

90) 대법원 2010. 12. 9. 선고 2010후289 판결. 판결이유에는 "방법의 발명인 이 사건 제1, 2항 발명의 실시에만 사용되는 것으로서 이 사건 특허권의 공유자 중 1인이던 소외 1의 소유였던 사료제조설비(이하 이 사건 설비라 한다)가 소외 2를 거쳐 피고에게 양도된 이상 원고들의 이

그리고 특허권 소진이 물건의 특허 또는 제조방법의 특허에 있어서 특허대상이 된 물건 또는 특허방법에 의하여 생산된 물건이 특허권자에 의하여 적법하게 판매 · 배포되었을 경우 그 권리가 소진되어 해당 물건에 특허권의 효력이 미치지 않는 것이고, 그 외 '단순 방법의 특허'에 있어서 특허의 사용을 위하여 필요한 물건이 '특허권자 이외의 자'에 의하여 판매된 경우에는 적용될 여지가 없다고 한 사례[91]가 있고, 방법발명의 경우에는 물건의 발명과 달리 일반적으로 그 발명의 특허권은 일반적으로 소진되지 않지만 특허권자가 방법의 특허권과 동시에 그 방법을 실시하기 위한 장치에 관해서도 특허권을 가지고, 그 방법은 다른 장치에 의해서도 사용할 수 있는 경우에는 특허권자가 그 특허장치를 양도한 이상 그 방법의 특허권도 소진한다[92]고 한 사례가 있으나 특허권 소진이 방법발명에도 적용되는지에 대하여는 일반적으로 언급한 사례는 없었다.

그러다가 특허법원 2009. 12. 18. 선고 2008허13299 판결(상고기각 확정)은 "물건의 발명 또는 물건을 생산하는 방법의 발명에 대한 특허권자 또는 그 특허권자로부터 허락을 받은 실시권자가 우리나라에서 특허물건 또는 특허방법에 의해 생산한 물건을 양도한 경우에는 해당 물건에 관해서는 특허권이 이미 그 목적을 달성하였으므로 소진된다 할 것이고, 방법의 발명에 대한 특허권자가 우리나라에서 그 방법의 실시에만 사용하는 물건을 양도한 경우에도, 양수인 및 그 전득자(轉得者)는 위 물건을 이용하여 특허 대상 방법을 사용할 수 있는 것을 전제로 특허권자 및 양수인으로부터 물건을 양수하는 것이라는 점, 따라서 이 물건을 이용하여 그 방법의 발명을 실시할 때 특허권자의 허락을 요한다고 한다면 시장에서의 상품의 자유로운 유통이 저해될 것이라는 점, 그리고 특허권자는 제127조 제2호의 규정에 의해 이러한 물건을 양도할 권리를 사실상 독점하고 있는 이상 장래의 양수인 또는 전득자에 의한 특허의 실시 대가를 포함하여 물건의 양도가액을 결정하는 것이 가능하므로 특허발명을 공개한 대가를 확보할 수 있는 기회가 충분히 보장되어 있다고 볼 수 있는 점을 고려할 때, 양수인 또는 전득자가 그 물건을 이용하여 해당 방법발명을 실시하는 것과 관련하여서는 특허권이 소진된다고 해야 할 것이며, 위에서 본 특허권 소진의 근거에 비추어 볼 때 물건의 양도가 계약

사건 제1, 2항 발명에 대한 특허권은 피고가 이 사건 설비를 사용하여 확인대상발명을 실시하는 것과 관련해서는 이미 소진되었으므로, 원고들이 이러한 소진된 특허권을 근거로 하여 이 사건 권리범위확인심판 청구를 하는 것은 확인의 이익이 없어 부적법하다는 피고의 주장에 대하여, 원심은 그 판시와 같은 이유로 피고가 이 사건 설비를 이용하여 확인대상발명을 실시하는 것과 관련하여 원고들의 이 사건 제1, 2항 발명에 대한 특허권이 소진되지 않았다고 판단하여 피고의 위 주장을 배척하였다."라는 내용이 있다.

91) 서울고등법원 2000. 5. 2. 선고 99나59391 판결(심리불속행 상고기각 확정). 사안에서 판매한 주체는 특허권자와 기술사용계약을 체결한 실시권자이었다.

92) 서울중앙지법 2008. 1. 31. 선고 2006가합58313 판결(항소장 각하 확정).

에 의한 경우뿐만 아니라 경매절차에 의한 경우에도 특별한 사정이 없는 한 특허권 소진의 법리는 적용된다."[93]라고 하였다.

그 후 방법발명에도 특허권 소진이 적용되는지에 대하여 대법원은 아래와 같이 설시하였다.[94]

> 물건을 생산하는 방법의 발명을 포함한 방법의 발명(이하 통틀어 방법발명이라 한다)에 대한 특허권자 등이 우리나라에서 그 특허방법의 사용에 쓰이는 물건을 적법하게 양도한 경우로서 그 물건이 방법발명을 실질적으로 구현한 것이라면, 방법발명의 특허권은 이미 목적을 달성하여 소진되었으므로, 양수인 등이 그 물건을 이용하여 방법발명을 실시하는 행위에 대하여 특허권의 효력이 미치지 않는다. 어떤 물건이 방법발명을 실질적으로 구현한 것인지 여부는 사회통념상 인정되는 그 물건의 본래 용도가 방법발명의 실시뿐이고 다른 용도는 없는지 여부, 그 물건에 방법발명의 특유한 해결수단이 기초하고 있는 기술사상의 핵심에 해당하는 구성요소가 모두 포함되었는지 여부, 그 물건을 통해서 이루어지는 공정이 방법발명의 전체 공정에서 차지하는 비중 등 위의 각 요소들을 종합적으로 고려하여 사안에 따라 구체적 · 개별적으로 판단하여야 한다. 사회통념상 인정되는 물건의 본래 용도가 방법발명의 실시뿐이고 다른 용도는 없다고 하기 위해서는, 그 물건에 사회통념상 통용되고 승인될 수 있는 경제적, 상업적 또는 실용적인 다른 용도가 없어야 한다. 이와 달리 단순히 특허방법 이외의 다른 방법에 사용될 이론적, 실험적 또는 일시적 사용가능성이 있는 정도에 불과한 경우에는 그 용도는 사회통념상 인정되는 그 물건의 본래 용도라고 보기 어렵다.

---

93) 특허법원 2009. 12. 18. 선고 2008허13299 판결(상고기각 확정). 한편 위 판결이유에서 특허법원은 방법의 발명에 대한 특허권이 공유인 경우에 우리나라에서 그 방법의 실시에만 사용되는 물건이 양도되었다고 하더라도, 그 물건이 공유자 중 일부의 소유이고 그 소유자가 아닌 다른 공유자가 그 물건의 양도에 대해서 동의를 한 바가 없다면, 양수인 또는 전득자가 그 물건을 이용하여 해당 방법발명을 실시하는 것과 관련하여서 특허권이 소진되지 않는다고 하였다. 그런데 그 상고심인 대법원 2010. 12. 9. 선고 2010후289 판결은 피고의 상고를 기각하였지만 판결 이유 중 위 원심 판단 부분에 대하여는 "피고가 이 사건 설비를 이용하여 확인대상발명을 실시하는 것과 관련하여 원고들의 이 사건 제1, 2항 발명에 대한 특허권이 소진되었는지 여부는 확인대상발명이 그 권리범위에 속한다는 확인을 구하는 것과는 아무런 관련이 없어, 원고들의 이 사건 제1, 2항 발명에 대한 특허권이 소진되지 않았다는 원심판단의 당부는 판결결과에 영향을 미칠 수 없는 것이므로, 이에 관한 상고이유의 주장은 더 나아가 살펴 볼 필요 없이 받아들일 수 없다."라고 하였다. 따라서 대법원이 상고기각 판결을 하였다는 사정만으로 이 부분에 대한 원심 판단까지 수긍하였다고 단정해서는 안 되고 이 부분 당부에 대하여는 나아가 판단하지 않은 것으로 보아야 한다.

94) 대법원 2019. 1. 31. 선고 2017다289903 판결.

4 국제 소진의 인정 여부

일반적으로 특허권 소진이라 함은 국내의 특허권 소진(the national exhaustion theory)을 의미하는 경우가 많지만 국제 소진(the international exhaustion theory, foreign sale exhaustion)을 인정할 것인지, 즉 국내 특허권자가 외국에서 특허에 관한 물품을 양도 등으로 이전한 경우에도 위 이론을 그대로 적용할 수 있는지에 대하여는 여러 나라에서 견해의 대립을 보이고 있는데[95) 다수설은 국제 소진의 인정 여부는 논리의 문제라기보다 그 나라 경제상황 및 정책의 문제로 보고 있다.

국제 소진의 인정 여부는 진정상품의 병행수입 허용 여부와 밀접한 관계가 있다.

진정물품의 병행수입(parallel importation of genuine goods, gray market) 문제는 국내 특허권자 또는 그 특허권자로부터 허락을 받은 실시권자가 외국에서 양도한 국내 특허권에 관한 물품을 제3자가 특허권자 등의 허락을 받지 않고 다시 우리나라로 수입하는 행위를 허용할 것인가이다.[96)]

미국은 특허법 쪽에서 Boesch v. Graff 사건[97)]이 국제 소진을 인정하지 않고 병행수입(parallel imports)을 금지한 판결로 이해되고 있고, Jazz Photo Corp. v. International Trade Commission 사건[98)]에서 특허권자가 특허품을 미국 외 판매만 허용한 경우 이는 해당 특허품의 미국 내 판매 허용과 구별되므로 국외에서 판매된 특허 물품을 특허권자의 동의 없이 미국 내로 수입하여 판매하는 행위는 특허권 침해행위라고 하였다.[99)]

저작권법 쪽에서 연방대법원은 최초판매의 원칙이 '미국'에서 제조되어 해외로 수출된 후 다시 미국으로 역(逆)수입된 경우에 적용된다고 판시하여 병행수입(parallel importation)을 인정한 Quality King Distributors., Inc. v. L'anza Research Int'l, Inc. 사건[100)]이 있고, 나아가 Kirtsaeng v. John Wiley & Sons, Inc. 사건[101)]에서는 미국 내에서 제조된 것이 아닌 '해외'에서 제작되어 미국으로 수입되는 병행수입품에도 최초판매의 원칙이 적용되는지 여부에 관하여 견해가 나뉘어 있었던 것을 이를 적용하는 것

95) 견해 대립의 쟁점은 지식재산권의 속지주의원칙 내지 지재권독립의 원칙과의 조화에 있다.
96) 병행수입은 주로 국내 외 제품 간 가격차이로 인하여 발생한다.
97) 133 U.S. 657. 10 S. 378, 1. Ed, 787 (1890).
98) 264 F.3d 1094 (Fed. Cir. 2001).
99) 해외판매는 특허권자에게 특허에 대한 정당한 보상을 보장하지 않고 미국 국내 시장에서 특허로부터 이익을 회수할 기회가 있었을 경우에야 특허권 소진이 인정된다는 취지였다.
100) 523 U.S. 135 (1998).
101) 568 U.S. __ 133 S. Ct. 1351 (2013).

으로 결정하여 국제 소진을 인정하였다.[102] 연방항소법원은 Lexmark International, Inc. v. Impression Products, Inc. 사건[103]에서 Kirtsaeng 판결에 의해 Jazz Photo 법리가 변경되어야 하는지 여부를 심리하면서 미국 저작권법이 저작권의 적용범위를 미국 내로 한정하지 않는 명시 규정을 둔 것과 달리 미국 특허법에는 그러한 규정이 없다는 점을 들어 Jazz Photo 법리를 변경하지 않는 것으로 결정하고, 피고가 해외에서 정가로 판매된 토너 카트리지를 앞서 본 바와 같이 바꾸어 미국 내에서 재판매한 행위에 특허권 소진을 적용하지 않고 특허권 침해를 인정하였다.

그러나 이는 특허법 등과 저작권법 간에 대상 물품의 미국 내 역수입행위를 서로 다르게 취급하는 것이 되어 미국 실무에서 혼란이 발생하였다.

그 후 위 Lexmark 사건의 상고심인 Impression Products, Inc. v. Lexmark International, Inc. 사건[104]에서 (연방항소법원이) Jazz Photo 법리 적용 주장을 인용하여 미국 특허법은 미국에서만 적용되고 특허등록이 되지 않은 국가에서 판매를 통하여 특허실시허락에 대한 대가를 취득할 기회가 없었으므로 특허권 국제 소진이 적용되지 않는다는 이유로 특허권 침해를 인정한 원심 판단을 배척하고, 연방대법원은 특허권 소진은 특허권자가 스스로 일정한 대가를 받고 특허 물품에 대한 소유권을 포기함으로써 인정되는 것이고 특허권자가 어느 정도의 대가를 받을 수 있는지에 대한 기대와는 무관하며, 저작물의 해외 판매에 대하여도 최초 판매 원칙을 적용한 위 Kirtsaeng 판결을 그대로 원용하면서 저작권 소진과 특허권 소진을 달리 취급할 이유가 없다고 하여 결국 국제 소진을 인정하였다.[105]

일본 실무에서도 특허권에 관하여 국제 소진은 인정되지 아니하는 취지로 보이는데 최고재판소는 병행수입과 관련하여 특허권 소진과 달리 '묵시의 허락이론'에 따라 일본 특허권자가 외국에서 특허제품을 양도할 경우에 일본에서 특허권행사의 권리를 유보하는 약정을 하였거나 제품에 이러한 약정 내용을 명확히 표시한 경우에는 특허권자가 양수인이나 전득자에 대하여도 일본의 특허권을 행사할 수 있다고 하였다[106](그

102) 주된 논거는 미국 저작권법(17 U.S.C.) 제109조 (a)항에 지역적 제한을 두고 있지 않는 점, 지역적 제한을 인정하면 도서관의 경우 해외에서 출판된 서적들을 유통시키기 위해 매번 저작권자의 허가를 받도록 하여야 하는데 이는 과학과 유용한 예술의 진흥이라는 저작권법의 목적을 달성할 수 없게 한다는 점 등을 들고 있다.

103) Nos. 14-1617, 14-1619 (Fed. Cir. Feb. 12. 2016).

104) No. 15-1189, 2017WL2322830, 581 U.S. ___ (2017).

105) 연방대법원은 판결문에서 '특허권자가 명시적으로 유보하지 않는 한 외국에서의 판매에 대해 특허권 소진이 적용된다'는 절충적인 견해도 배척하였다.

106) 最高裁判所 1997(平成9). 7. 1. 선고 平成7(オ)1988 판결.

이전까지 일본 하급심은 상표권에서와 마찬가지로 국제 소진을 인정하고 있었다[107]).

국제 소진에 관한 우리 실무를 살펴본다.

1심에서 이른바 특허권의 국제 소진을 인정한 것이 있으나[108] 오래 전에 선고된 것인데다가 그 외에는 선례가 없어 우리 법원이 취하고 있는 정확한 태도를 판단하기 어렵다.

상표법의 경우에 대법원은 일정한 요건 하에 진정상품의 병행수입을 인정하고 있다.[109]

저작권법에서 국제 소진 인정 여부와 관련하여 다수의 견해는 저작권법 제20조의 "저작자는 저작물의 원본이나 그 복제물을 배포할 권리를 가진다. 다만, 저작물의 원본이나 그 복제물이 해당 저작재산권자의 허락을 받아 판매 등의 방법으로 거래에 제공된 경우에는 그러하지 아니하다."라는 규정 내용을 들어 국제 소진을 인정한다. 대법원도 외국에서 저작재산권자의 허락을 받아 판매 등의 방법으로 거래에 제공되었던 저작물의 원본이나 그 복제물을 국내로 다시 수입하여 배포하는 경우에도 특별한 사정이 없는 한 저작권법 제20조 단서에서 정한 효과가 인정될 수 있다고 하여 진정상품의 병행수입을 인정하고 있다.[110]

한편 관세법 제235조에 의하면 특허권을 포함한 지식재산권을 침해하는 물품은 관세청장의 통관보류조치나 유치조치[111]에 따라 상당한 기간 동안 국내반입이 금지된

---

107) 大阪地方裁判所 1970(昭和45). 2. 27. 선고 昭和43(ワ)7003 판결에서 병행수입을 허용하였고, 東京地方裁判所 1984(昭和59). 12. 7. 선고 昭和54(ワ)8489 판결에서 품질이 정규수입품과 다소 다르지만 그것이 허용된 범위 내의 차이라는 이유로 병행수입을 허용한 예가 있다.

108) 서울지방법원 동부지원 1981. 7. 30. 선고 81가합466 판결(항소취하 확정).

109) 대법원 2002. 9. 24. 선고 99다42322 판결, 대법원 2005. 6. 9. 선고 2002다61965 판결, 대법원 2010. 5. 27. 선고 2010도790 판결 참조.

110) 대법원 2023. 12. 7. 선고 2020도17863 판결. 다만 수입한 제품은 외국 내에서 판매 등의 방법으로 거래에 제공되지 않고 곧바로 국내로 수입되어 피고인에게 소유권이나 처분권이 이전되었으므로, 위 제품은 외국에서 거래에 제공된 경우가 아니라 국내에서 거래에 제공된 경우에 해당한다고 하면서 이러한 경우 저작권자의 배포권 소진 여부에 관하여는 저작권법 제20조 단서를 적용하여 판단하여야 한다고 하였다.

111) 통관보류나 유치는 ① 수출입신고된 물품 등 관세법 제235조 제3항 각 호 소정의 물품이 같은 조 제2항에 따라 신고된 같은 조 제1항 각 호 소정의 지식재산권을 침해하였다고 인정되는 경우 세관장으로부터 그 통보를 받은 지식재산권자가 세관장에게 담보를 제공하고 해당 물품의 통관보류나 유치를 요청하거나(같은 조 제3항), ② 같은 조 제2항에 따라 신고되지 아니한 위 지식재산권을 보호받으려는 자가 세관장에게 담보를 제공하고 해당 물품의 통관보류나 유치를 요청하거나(같은 조 제4항), ③ 해당 물품이 위 지식재산권을 침해하였음이 명백하여 세관장이 대통령령으로 정하는 바에 따라 직권으로 해당 물품의 통관을 보류하거나 유치한 경우(같은 조 제7항)로 구분된다. 세관장은 통관보류 등을 요청한 자가 통관보류사실을 통지받은 후 10일 이내에 법원에의 제소사실을 증명하였을 때에 통관보류를 계속할 수 있고(관세법 시

다. 다만 대법원은 '지적재산권 보호를 위한 수출입통관 사무처리(2008. 2. 26. 전부개정된 관세청고시 제2008-10호)'는 행정청 나름의 기준을 설정한 것으로서 특허권 등 지식재산권 침해 여부나 병행수입의 허용 여부에 관한 법원의 사법적 판단을 기속한다고 볼 수는 없고, 지식재산권 침해 여부에 관한 실체법적인 판단 기준을 설정함에 있어서 참고할 수 있는 사항일 뿐이라고 보고 있다.[112)]

행령 제239조 제3항), 한편 수출입신고 등을 한 자는 위조상표가 부착된 물품 등 관세법 제235조 제5항 각 호 소정의 물품을 제외하고는 담보를 제공하고 통관보류 또는 유치해제를 요청할 수 있는데(관세법 제235조 제5항 단서), 이 때 수출입신고 등을 한 자는 해당 물품이 지식재산권을 침해하지 아니하였음을 소명하는 자료를 제출하여야 하고, 세관장은 요청일부터 15일 이내에 통관보류 등의 해제 허용 여부를 결정하여야 한다(관세법 시행령 제240조).

112) 대법원 2010. 5. 27. 선고 2010도790 판결.

제3절 특허권의 효력 제한

I. 총설

특허권도 여러 재산권 중 하나로서 다른 재산권과 같이 그 권리의 성질상, 국민경제상 또는 공공의 복리 등의 제한을 받는다.

특허권의 효력 제한으로는 특허권의 효력이 제한되는 경우와 특허권의 행사가 제한되는 경우로 나눌 수 있고 그중 특허권의 효력 제한의 주요 유형으로는 ① 특허권의 독점적 효력이 제한되는 경우, ② 특허권의 금지적 효력이 제한되는(미치지 아니하는) 경우, ③ 그 밖의 특허권의 효력이 제한되는 경우가 있다.

특허권의 효력이 제한되는 경우 중 ③ 그 밖의 특허권의 효력이 제한되는 경우에는 권리남용의 항변, 실효의 항변, 특허권 소진,[113] 특허발명이 구현된 진정물품의 병행 수입으로 인한 위법성 조각 항변 등이 있을 수 있는데 이에 대하여는 해당 부분에서 이미 설명하였다.[114]

아래에서는 항을 달리하여 특허권의 효력이 제한되는 경우 중 ① 특허권의 독점적 효력이 제한되는 경우, ② 특허권의 금지적 효력이 제한되는(미치지 아니하는) 경우와 특허권의 행사가 제한되는 경우를 설명한다.

II. 특허권의 효력이 제한되는 경우

1 독점적 효력이 제한되는 경우

가. 이용 · 저촉관계에 의한 독점적 효력 제한

이 부분은 「제6장 특허발명의 보호범위 제1절 특허발명의 보호범위 침해유형 IV. 이용침해 · 동일 저촉침해」에서 이미 설명하였으니 중복을 피한다.

---

113) 대법원 2012. 3. 15. 선고 2011후3872 판결은 "상표권이 소진되었다는 주장은 상표권 침해소송에서 항변으로 주장함은 별론으로 하더라도 확인대상표장이 상표권의 권리범위에 속하는지 여부의 확인을 구하는 권리범위확인심판 및 그 심결취소소송에서 상표권 소진 여부까지 심리 판단할 필요는 없다"라고 한다.

114) 「제1장 특허법과 다른 지식재산권법 등 간 관계 제3절 특허법과 민법 간 관계 I. 특허권자의 특허권행사와 권리남용」, 「제8장 제2절 특허권의 효력 특허권 소진 · 진정상품의 병행수입에 관한 문제」 부분 참조.

나. 전용실시권 설정에 의한 독점적 효력 제한

특허권자는 업으로서 특허발명을 실시할 권리를 독점하지만, 그 특허권에 관하여 전용실시권을 설정하였을 때에는 제100조 제2항에 따라 전용실시권자가 그 특허발명을 실시할 권리를 독점하는 범위에서는 그러하지 아니하다(제94조 제1항).

다. 공유자 간 특약이 있는 경우의 독점적 효력 제한

특허권이 공유인 경우에는 각 공유자는 계약으로 특별히 약정한 경우를 제외하고는 다른 공유자의 동의를 받지 아니하고 그 특허발명을 자신이 (단독으로) 실시할 수 있으므로(제99조 제3항), 공유자 간 특약이 있는 경우에는 그 특허발명을 실시하는 데에 제한이 있게 된다.

2 특허권의 금지적 효력이 제한되는(미치지 않는) 경우

특허법에서 규정하는 특허권의 금지적 효력이 미치지 아니하는 경우에 해당하는 주요 내용은 아래와 같다.

가. 특허료의 추가납부 또는 보전에 의한 특허출원과 디자인권의 회복 등의 경우

특허권자가 정당한 사유로 추가납부기간에 특허료를 내지 아니하였거나 보전기간에 보전하지 아니한 경우에는 그 사유가 소멸한 날부터 2개월 이내에 그 특허료를 내거나 보전할 수 있는데(다만, 추가납부기간의 만료일 또는 보전기간의 만료일 중 늦은 날부터 1년이 지난 때에는 그러하지 아니함), 이에 따른 특허료 추가납부 또는 보전에 의한 특허출원이 이루어진 경우(제81조의3 제2항)와 추가납부기간에 특허료를 내지 아니하였거나 보전기간에 보전하지 아니하여 소멸한 특허권에 대해 추가납부기간 또는 보전기간 만료일부터 3개월 이내에 제79조에 따른 특허료의 2배를 내고, 그 소멸한 권리의 회복을 신청할 수 있는데 이에 따른 특허료의 추가납부 또는 보전에 의하여 소멸한 권리의 회복을 신청함으로써 특허권이 계속 존속하고 있던 것으로 보게 되는 경우(제81조의3 제3항)의 특허출원 또는 특허권의 효력은 추가납부기간 또는 보전기간이 지난 날부터 특허료를 내거나 보전한 날까지의 기간(이하 이 조에서 효력제한기간이라 한다) 중에 타인이 특허출원된 발명 또는 특허발명을 실시한 행위에 대해서는 그 효력이 미치지 아니한다(제81조의3 제4항).

나. 특허법에서 특허권의 효력이 미치지 아니한다고 규정한 경우

특허법에서 특허권의 효력이 미치지 아니하는 경우로는 제96조가 있다.

제96조에서 특허권의 효력이 미치지 아니하는 범위에 대하여, ① 연구 또는 시험(「약사법」에 따른 의약품의 품목허가 · 품목신고 및 「농약관리법」에 따른 농약의 등록을 위한 연구 또는 시험을 포함한다)을 하기 위한 특허발명의 실시,[115] ② 국내를 통과하는데 불과한 선박 · 항공기 · 차량 또는 이에 사용되는 기계 · 기구 · 장치, 그 밖의 물건, ③ 특허출원을 한 때부터 국내에 있는 물건에 대하여는 특허권의 효력이 미치지 않고, 둘 이상의 의약(사람의 질병의 진단 · 경감 · 치료 · 처치 또는 예방을 위하여 사용되는 물건을 말한다. 이하 같다)이 혼합되어 제조되는 의약의 발명 또는 둘 이상의 의약을 혼합하여 의약을 제조하는 방법의 발명에 관한 특허권의 효력은 「약사법」에 의한 조제행위와 그 조제에 의한 의약에도 특허권의 효력이 미치지 아니한다고 규정하고 있다. 이는 산업발전과 공익을 증진하기 위함이다.

다. 통상실시권자 · 약정에 따른 질권자의 실시행위의 경우

통상실시권이 설정된 경우에는 특허권자의 특허발명에 대한 실시권은 제한되지 않지만, 통상실시권자는 그 설정행위로 정한 범위 안에서 그 특허발명을 업으로서 실시할 수 있는 권리를 가지므로(제102조 제2항) 특허권자의 금지적 효력은 통상실시권자에게 미치지 않는다.

그리고 특허권 · 전용실시권 또는 통상실시권을 목적으로 하는 질권을 설정하였을

---

115) 서울지방법원 남부지원 2001. 6. 14. 선고 2001카합1074 판결(미항고 확정)은 제3자가 특허권의 존속기간 만료 후에 특허발명농약품과 유효성분 등을 동일하게 만든 농약품을 제조, 판매할 목적으로 농약관리법 제8조 소정의 제조품목등록을 위하여 특허권의 존속기간 중에 특허발명의 기술적 범위에 속하는 화학물질 또는 의약품을 생산하고 그것을 사용하여 위 등록신청서에 첨부할 시험성적서를 얻기에 필요한 시험을 의뢰하는 것은 위 특허법 제96조 제1항 제1호에서 규정하고 있는 '연구 또는 시험을 하기 위한 특허발명'에 해당하여 특허권의 침해가 되지 않는다고 하였다.

특허법원 2008. 12. 30. 선고 2008허4936 판결(미상고 확정)은 "원고가 제네릭 의약품을 제조하기 위하여 이 사건 특허발명의 존속기간 만료 전에 이 사건 제1항 발명 등과 동일한 성분의 확인대상발명에 대해 품목신고 신청을 하고, 비교용출시험을 하면서 시험약을 생산한 행위는 특허법 제96조 제1항 제1호에 규정된 '연구 또는 시험을 하기 위하여 특허발명을 실시하는 경우'에 해당하여 특허권의 효력이 미치지 않고, 비교용출시험 후 남은 시험약을 보관하는 행위는 그 연장으로서 비교용출시험을 위하여 시험약을 생산한 행위와 마찬가지로 특허권의 효력이 미치지 않는 행위라 할 것이고, 달리 이러한 보관행위가 특허법 제2조 소정의 실시라고 볼 수 없어 이러한 원고의 행위는 이 사건 제1항 발명 등을 침해하지 않음이 명백하다."라고 하였다.

때에는 질권자는 계약으로 특별히 정한 경우를 제외하고는 해당 특허발명을 실시할 수 없다(제121조). 만일 질권자가 특허권자와 사이에 특허발명을 실시할 수 있는 특약을 체결한 경우에는 질권자가 특허발명을 실시할 수 있기 때문에 특허권권자의 금지적 효력이 질권자에게 미치지 않는다.

라. 재심에 의하여 회복한 특허권의 효력이 미치지 아니하는 경우

재심에 의하여 회복한 특허권의 효력이 미치지 아니하는 경우로, i) 무효가 된 특허권(존속기간이 연장된 특허권을 포함한다)이 재심에 의하여 회복된 경우(제1호), ii) 특허권의 권리범위에 속하지 아니한다는 심결이 확정된 후 재심에 의하여 그 심결과 상반되는 심결이 확정된 경우(제2호), iii) 거절한다는 취지의 심결이 있었던 특허출원 또는 특허권의 존속기간의 연장등록출원이 재심에 의하여 특허권의 설정등록 또는 특허권의 존속기간의 연장등록이 된 경우(제3호), iv) 취소된 특허권이 재심에 의하여 회복된 경우(제4호)의 어느 하나에 해당하는 경우에 특허권의 효력은 해당 특허취소결정 또는 심결이 확정된 후 재심청구 등록 전에 선의로 수입 또는 국내에서 생산하거나 취득한 물품에는 미치지 아니한다(제181조 제1항).

그리고 위 제1호부터 제4호에 해당하는 경우의 특허권의 효력은, i) 해당 특허취소결정 또는 심결이 확정된 후 재심청구 등록 전에 한 해당 발명의 선의의 실시(제1호), ii) 특허가 물건의 발명인 경우에는 그 물건의 생산에만 사용하는 물건을 해당 특허취소결정 또는 심결이 확정된 후 재심청구 등록 전에 선의로 생산·양도·대여 또는 수입하거나 양도 또는 대여의 청약을 하는 행위(제2호), iii) 특허가 방법의 발명인 경우에는 그 방법의 실시에만 사용하는 물건을 해당 특허취소결정 또는 심결이 확정된 후 재심청구 등록 전에 선의로 생산·양도·대여 또는 수입하거나 양도 또는 대여를 청약하는 행위(제3호)의 어느 하나의 행위에 미치지 아니한다(제181조 제2항).

이들 규정은 선의의 제3자를 보호하기 위한 취지이다.

마. 법정실시권·강제실시권에 의한 제한

이들 내용은 항을 바꾸어 자세히 설명한다.

III. 법정실시권 · 강제실시권에 의한 제한

1 총설

법정실시권 제도는 국민경제상 필요하거나 특허권자와 제3자의 이익 조정이 필요한 경우에 특허권자의 의사에 관계없이 법률의 규정에 의하여 제3자에게 통상실시권을 인정하는 것으로 법정사유에 해당하면 행정처분 없이 법률 규정에 의해 실시권이 인정된다.

이에는 ① 선사용에 의한 통상실시권(제103조), ② 특허권의 이전청구에 따른 이전등록 전의 실시에 의한 통상실시권(제103조의2), ③ 무효심판청구등록(예고등록) 전의 실시에 의한 통상실시권[이른바 중용권(中用權), 제104조], ④ 디자인권의 존속기간만료 후의 통상실시권(제105조), ⑤ 질권행사 등으로 인한 특허권의 이전에 따른 통상실시권(제122조), ⑥ 재심에 의하여 회복한 특허권에 대한 선사용자의 통상실시권[이른바 후용권(後用權), 제182조], 재심에 의하여 통상실시권을 상실한 원권리자의 통상실시권(제183조), ⑦ 특허료 추가납부기간 또는 보전기간이 지난 날부터 특허료를 내거나 보전한 날까지의 기간(특허권의 효력제한기간) 중 실시에 의한 통상실시권(제81조의3 제5항), ⑧ 직무발명에 있어서 사용자 등의 통상실시권(발명진흥법 제10조) 등이 있다.

제81조의3 제5항, 제103조부터 제105조까지, 제122조, 제182조, 제183조 및 발명진흥법 제10조 제1항에 따른 통상실시권은 등록이 없더라도 특허권 또는 전용실시권을 취득한 자에 대해서도 그 효력(대항력)이 발생한다(제118조 제2항).

강제실시권 제도는 특허발명을 실시하여야 할 공익적인 필요가 있는 경우 특허권자의 의사에 관계없이 특허청장의 결정(행정처분) 또는 특허청의 심판을 거쳐 제3자로 하여금 이를 실시하게 하고 특허권자에게 실시료에 해당하는 대가를 지급하도록 하는 제도이다.

강제실시권에는 ① 정부가 특허발명이 국가 비상사태, 극도의 긴급상황 또는 공공의 이익을 위하여 비상업적으로 실시할 필요가 있다고 인정하는 경우(제106조의2), ② 통상실시권 설정의 재정(제107조), ③ 타인의 특허발명 등과의 관계(이용 · 저촉의 경우)(제98조)에 관련된 통상실시권 허락의 심판(제138조) 등이 있다.

특허법에 따라 특허청장이 정한 대가와 보상금액에 관하여 확정된 결정은 집행력 있는 집행권원(執行權原)과 같은 효력을 가진다. 이 경우 집행력 있는 정본은 특허청 소속 공무원이 부여한다(제125조의2).

이하 법정실시권과 강제실시권 중 일부 내용을 설명한다(나머지는 해당 부분 참조).

[2] 선사용에 의한 통상실시권(제103조)

가. 의의

선사용에 의한 통상실시권은 특허출원 시에 그 특허출원된 발명의 내용을 알지 못하고 그 발명을 하거나 그 발명을 한 자로부터 알게 되어 국내에서 그 발명의 실시사업을 하거나 그 사업의 준비를 하고 있는 자(이하 선사용자라 한다)가 그 실시 또는 준비를 하고 있는 발명 및 사업의 목적 범위 안에서 그 발명에 대하여 주어지는 통상실시권을 말한다. 획일적인 선출원등록 주의에 따라 폐해를 줄이기 위해 특허권자와 그 출원 전 선사용자 사이의 공평 등을 고려하여 법정실시권의 하나로 규정하게 되었다.

특허법상 선사용에 의한 통상실시권은 문언상으로는 통상실시권의 하나로 규정되어 있으나 실질적으로는 특허권이 미치는 효력을 제한하는 역할을 하고 있다.[116]

나. 요건

1) 객관적 요건

객관적 요건으로 특허출원 시에 특허출원된 발명의 실시사업을 하거나 그 사업의 준비를 하고 있어야 할 것이 필요하다.

실시사업이라 하기 위해서는 사업자에게 계속의 의사가 있고 그 발명의 실시가 인정될 만한 정도의 것이 필요하다.

사업의 준비 역시 그 사업의 준비가 객관적으로 인정될 수 있어야 한다. 따라서 사업의 준비라고 하기 위해서는 적어도 대상 발명이 단지 시험이나 연구가 이루어지고 있는 정도가 아닌 완성될 정도가 되어야 하고, 해당 발명을 실시할 의사가 있고 실시할 수 있을 만큼의 객관적 사정이 있어야 하며 구체적인 기준은 기술분야나 해당 기술의 특성 등에 따라 개별적으로 고찰하여야 한다.

---

116) 참고로 대법원 2020. 4. 9. 선고 2019다294824 판결은 구 종자산업법(2012. 6. 1. 법률 제11458호로 전부 개정되기 전의 것) 제13조의2 제1항 제3호가 알려진 품종에 관한 신규성의 예외를 규정하면서도 그 출원공개일 전 실시행위자 또는 준비를 하고 있는 자를 보호하기 위하여 제3항, 제4항의 이해관계조정 규정을 둔 취지 등을 고려하면, 알려진 품종의 품종보호 출원공개일 전에 그 보호품종의 종자를 증식한 경우에는 출원공개일 후에 위와 같이 증식된 종자에 관하여 보호품종의 실시행위에 해당하는 양도 또는 양도의 청약을 하더라도 이에 대하여 알려진 품종의 품종보호권의 효력이 미치지 않고, 피고가 관련 법규에 따른 종자업 등록 및 종자 수입, 판매에 대한 신고를 하지 않았다고 하더라도 그 실시행위가 사법상 무효로 된다거나 보호가치가 없다고 할 수 없어 피고의 법정 통상실시권이 성립한다고 판단하였다.

2) 주관적 요건

주관적 요건으로 그 특허출원된 발명의 내용을 알지 못하고 그 발명을 하거나 그 발명을 한 자로부터 알게 될 것이 필요하다.

이때 특허출원된 발명과 선사용자의 발명이 동일한 기원의 발명(이중발명)일 것이 필요한지에 대해 적극설,117) 소극설118) 등으로 견해가 나뉜다.

이에 대해 실무는 본 규정의 취지와 그 문언의 내용 등에 비추어 볼 때, 특별한 사정이 없는 한 위 규정에 따라 선사용에 의한 통상실시권을 취득할 수 있는 선사용자는 특허출원된 발명과는 기원을 달리하는 별개의 발명자이거나 이러한 별개의 발명자로부터 발명의 내용을 알게 된 자를 의미한다고 보고 있다(적극설).119)

실무 입장에 따르면 무권리자 특허출원인 경우의 실시 발명자, 출원권을 양도하였지만 약정에 따라 실시하고 있는 발명자, 자기가 한 발명이 공지된 것을 알지 못하고 양도하여 등록되었지만 그와 같은 공지에 따라 공지(등록)된 기술을 실시하고 있는 실시자 등은 모두 선사용에 따른 통상실시권의 주장을 할 수 없게 된다. 이러한 문제는 등록무효 심판이나 권리남용 항변, 출원인 명의변경 내지 특허권의 이전청구에 따른 이전등록 등의 제도를 이용하여 구제받을 수 있다.

다. 인정 범위 등

선사용자는 실시 또는 준비를 하고 있는 발명 및 사업의 목적 범위 안에서 통상실시권을 가진다.

선사용자가 발명의 실시 형식을 변경하여 실시하는 것이 허용되는지에 대해 실시 또는 사업의 준비를 하고 있는 실시 형식에 한정된다는 견해(실시형식 한정설)가 있다.

그러나 발명의 실시 모습을 보면 특허출원된 발명을 그대로 실시하는 것이 아니라 조금씩 그 형식을 바꾸어 실시하는 것이 통상이므로 선사용자가 실제로 국내에서 실시 또는 사업의 준비를 하고 있는 실시 형식에 한정되지 않고 그 실시 형식에 구현되어 있는 발명과 동일성이 인정되는 범위 내의 실시 형식도 포함된다는 견해가 타당하다(동

---

117) 특허법 주해 I, 박영사(2010), 1259(이회기 집필부분)은 선사용되는 발명의 과도한 보호를 방지하기 위하여 특허출원한 발명자로부터 발명을 지득한 경우는 제외되는 것으로 해석함이 일반적이라고 한다.

118) 中山信弘, 特許法(第3版), 弘文堂(2016), 538은 발명이 같은 계통인지 다른 계통인지라는 점에 따라 선사용권의 성립에 대해 차별을 둘 실질적인 이유가 없기 때문에 동일 계통의 발명에 대하여도 선사용권의 성립을 인정하여야 한다는 견해이다.

119) 식물신품종 보호법에 관한 대법원 2015. 6. 11. 선고 2014다79488 판결 참조.

일범위 형식설).[120]

실시는 생산 외에도 사용, 양도, 수입 등도 해당하므로 그 각각에 대해 선사용권이 성립할 수 있다. 다만 사업의 목적 범위 안에서 통상실시권을 가지므로 생산의 실시 형태에서 다른 실시형태로의 전환은 인정되나 사용, 양도, 수입 등에서 생산으로의 전환은 허용될 수 없다.

선사용자는 자신이 해당 발명을 직접 실시할 수 있지만 사업설비를 가지는 제3자에게 주문하여 선사용권자만을 위하여 물품을 제조하도록 하고 이를 인도받아 판매하는 것도 할 수 있다.

다른 통상실시권과 마찬가지로 선사용에 의한 통상실시권도 일반승계, 실시사업과 함께 이전하는 경우 이외에는 특허권자(전용실시권자로부터 통상실시권을 허락받은 경우에는 특허권자 및 전용실시권자)의 동의가 있어야 이전할 수 있다(제102조 제5항).

선사용에 의한 통상실시권은 법정실시권으로 특허권자, 전용실시권자가 변동되어도 언제나 그 효력이 있고(제118조 제1항), 선사용에 의한 통상실시권의 성립에 관하여 어떠한 대항요건도 필요하지 않다(제118조 제2항).

선사용에 의한 통상실시권에 대하여 이전등록을 하지 않으면 제3자에게 대항할 수 없는지에 대하여 허락에 의한 통상실시권을 대상으로 한 제118조 제3항은 법정실시권인 선사용에 의한 통상실시권의 이전에는 적용되지 않아 선사용에 의한 통상실시권도 이전 시 등록을 하지 않으면 제3자에게 대항할 수 없다는 견해가 있다.[121]

3 무효심판청구등록 전의 실시에 의한 통상실시권[이른바 중용권(中用權), 제104조]

가. 의의

무효심판청구등록 전의 실시에 의한 통상실시권은 특허 또는 실용신안등록에 대한 무효심판청구의 등록 전에 자기의 특허발명 또는 등록실용신안이 무효사유에 해당되는 것을 알지 못하고 국내에서 그 발명 또는 고안의 실시사업을 하거나 그 사업의 준비를 하고 있는 자가 있는 자가 그 실시 또는 준비를 하고 있는 발명 및 사업의 목적 범위 안에서 그 발명에 대하여 주어지는 통상실시권을 말한다.

선사용에 의한 통상실시권은 특허권이 성립되지 않은 때에 실시 또는 그 실시의 준비를 하고 있는 자를 구제하기 위하여 당사자의 공평이라는 관점에서 규정된 것으로

120) 특허법 주해 I, 박영사(2010), 1260(이회기 집필부분).
121) 특허법 주해 I, 박영사(2010), 1261(이회기 집필부분).

무상으로 되어 있는 반면에, 무효심판청구등록 전의 실시에 의한 통상실시권은 특허권이 이미 성립되어 있고 논리적으로는 실시할 수 없는 것임에도 특허청의 처분을 신뢰한 이를 구제하여 기존 설비를 제거하지 않도록 한다는 경제적인 관점에서 규정한 것으로 상당한 대가를 지급하여야 하는 것으로 되어 있다.

나. 요건

무효심판청구등록 전의 실시에 의한 통상실시권이 인정되기 위하여는, ① 특허 또는 실용신안등록에 대한 무효심판청구의 등록 전에, ② 자기의 특허발명 또는 등록실용신안이 무효사유에 해당되는 것을 알지 못하고, ③ 국내에서 그 발명 또는 고안의 실시사업을 하거나 그 사업의 준비를 하고 있을 것이 필요하다.

여기서 무효심판청구의 등록이란 등록원부에 등재되는 예고등록을 말하고 자신의 특허 등에 무효사유가 있다는 것을 알고 있었던 경우는 인정되지 않지만 그러한 사유가 있다는 것을 알지 못한 것에 과실이 있어도 무방하다. 실시 등의 내용에 대하여는 선사용에 의한 통상실시권의 그것들과 같다.

다. 인정되는 자 및 인정 범위 등

제104조 제1항은 무효심판청구등록 전의 실시에 의한 통상실시권이 인정되는 자로, i) 동일한 발명에 대한 둘 이상의 특허 중 그 하나의 특허를 무효로 한 경우 그 무효로 된 특허의 원특허권자(제1호), ii) 특허발명과 등록실용신안이 동일하여 그 실용신안등록을 무효로 한 경우 그 무효로 된 실용신안등록의 원(原)실용신안권자(제2호), iii) 특허를 무효로 하고 동일한 발명에 관하여 정당한 권리자에게 특허를 한 경우 그 무효로 된 특허의 원특허권자(제3호), iv) 실용신안등록을 무효로 하고 그 고안과 동일한 발명에 관하여 정당한 권리자에게 특허를 한 경우 그 무효로 된 실용신안의 원실용신안권자(제4호), v) 제1호부터 제4호까지의 경우에 있어서 그 무효로 된 특허권 또는 실용신안권에 대하여 무효심판청구 등록 당시에 이미 전용실시권이나 통상실시권 또는 그 전용실시권에 대한 통상실시권을 취득하고 등록을 받은 자(다만, 제118조 제2항에 따른 통상실시권을 취득한 자는 등록을 필요로 하지 아니한다)(제5호)를 열거하고 있다.

제104조 제1항에 따라 통상실시권을 가진 자는 특허권자 또는 전용실시권자에게 상당한 대가를 지급하여야 한다(제104조 제2항).

[4] 디자인권의 존속기간 만료 후의 통상실시권(제105조)

제105조의 디자인권의 존속기간 만료 후의 통상실시권은 디자인권이 특허권과 저촉되고 디자인권의 존속기간이 만료되는 경우에 디자인권자를 보호하기 위한 규정이다.

디자인권의 존속기간이 만료된 후에 그 디자인권과 저촉되는 특허권이 존속하고 있는 경우 그 디자인의 실시를 계속할 수 없다고 하면 디자인권자는 그 설비를 제거하여야 매우 불합리한 결과를 가져오게 되므로, 디자인권의 존속기간이 만료된 후 법정의 통상실시권을 부여하고자 하는 취지이다.[122)]

원디자인권자의 통상실시권을 인정하기 위하여는 디자인권이 정상적인 디자인권 존속기간 만료에 의해 소멸되어야 한다. 그 이외의 무효심결확정, 포기, 등록료불납 등의 사유로 디자인권이 소멸한 경우에는 통상실시권이 인정되지 않는다.

본 조에 의한 통상실시권은 디자인권자의 경우는 (선사용권과 달리 실시하고 있거나 실시를 준비해 온 사업의 범위 내에서 한정되는 것이 아니라) 그 디자인권의 범위 전부에서 발생하지만(제105조 제1항), 그 디자인권의 존속기간 만료 당시 존재하는 그 디자인권에 대한 전용실시권 또는 그 디자인권이나 그 디자인권에 대한 전용실시권에 대하여 디자인보호법 제104조 제1항에 따라 효력이 발생한 통상실시권의 경우는 원(原)권리의 범위 즉, 전용실시권 또는 통상실시권의 범위 내에서 그 특허권에 대하여 통상실시권을 가지거나 그 디자인권의 존속기간 만료 당시 존재하는 그 특허권의 전용실시권에 대하여 통상실시권을 가진다(제105조 제2항).

이때 위 제2항에 따라 통상실시권을 가진 자는 특허권자 또는 전용실시권자에게 상당한 대가를 지급하여야 한다(제105조 제3항).

[5] 질권행사 등으로 인한 특허권의 이전에 따른 통상실시권(제122조)

제122조는 특허권자(공유인 특허권을 분할청구한 경우에는 분할청구를 한 공유자를 제외한 나머지 공유자를 말한다)가 특허권을 목적으로 하는 질권설정 또는 공유인 특허권의 분할청구 이전에 그 특허발명을 실시하고 있는 경우에, 그 특허권이 경매 등에 의하여 이전된 경우에 특허권자에게 인정되는 통상실시권에 대하여 규정한다.

본 조는 특허권자가 투입한 설비 등에 대한 경제적인 손실, 그 실시이익을 고려하

---

122) 특허법 조문해설, 특허청(2007), 260.

여 일정한 요건 하에 통상실시권을 인정해 주되, 특허권을 이전받은 자에게 상당한 대가를 지급하도록 함으로써 이해관계를 조절하고 있다. 본 조에 따른 통상실시권은 기존의 특허권자가 질권 설정 이전에 실시하던 범위 내에서 인정된다.[123)]

6 특허권의 수용에 따른 강제실시권(제106조, 제106조의2)

정부는 특허발명이 전시, 사변 또는 이에 준하는 비상시에 국방상 필요한 경우에는 특허권을 수용할 수 있다(제106조 제1항). 국가 비상사태 등에 의한 실시권은 결정서 등본이 송달된 때 그 효력이 발생한다.

특허권이 수용되는 경우에는 그 특허발명에 관한 특허권 외의 권리는 소멸된다(제106조 제2항). 정부는 제106조 제1항에 따라 특허권을 수용하는 경우에는 특허권자, 전용실시권자 또는 통상실시권자에 대하여 정당한 보상금을 지급하여야 한다(제106조 제3항). 이때 보상금의 산정은 특허권의 존속기간 중의 실시료 추정총액, 이에 따라 보상금을 정할 수 없는 경우에는 유사 특허권의 매매실례가격을 기준으로 한다(특허권의 수용 · 실시 등에 관한 규정 제5조의2).

특허권의 수용 및 보상금의 지급에 필요한 사항은 대통령령으로 정한다(제106조 제4항). 하위법령으로 「특허권의 수용 · 실시 등에 관한 규정」, 「특허권의 수용 · 실시 등을 위한 보상금액 또는 대가의 액 산정기준 고시」 등이 있다.

제41조는 국방상 필요한 발명에 대하여 외국에 출원을 금지하거나 그 발명을 비밀로 취급하도록 명할 수 있고, 정부가 특허를 하지 아니할 수 있으며, 특허받을 수 있는 권리를 수용할 수 있도록 규정하고 있다. 제41조는 정부가 특허출원을 한 발명에 제한을 가하는 경우이고, 제106조는 이미 출원된 발명이 등록된 특허권에 제한을 부과하는 경우이다.

정부는 특허발명이 국가 비상사태, 극도의 긴급상황 또는 공공의 이익을 위하여 비상업적(非商業的)으로 실시할 필요가 있다고 인정하는 경우에는 그 특허발명을 실시하거나 정부 외의 자에게 실시하게 할 수 있다(제106조의2 제1항).

정부 또는 위 제106조의2 제1항에 따른 정부 외의 자는 타인의 특허권이 존재한다는 사실을 알았거나 알 수 있을 때에는 위 제1항에 따른 실시 사실을 특허권자, 전용실시권자 또는 통상실시권자에게 신속하게 알려야 한다(제106조의2 제2항).

정부 또는 위 제1항에 따른 정부 외의 자는 제1항에 따라 특허발명을 실시하는 경

---

123) 특허법 주해 I, 박영사(2010), 1332~1333(심준보 집필부분).

우에는 특허권자, 전용실시권자 또는 통상실시권자에게 정당한 보상금을 지급하여야 한다(제106조의2 제3항).

제106조의2 제3항에 따른 보상금 산정은 「보상금액 또는 대가의 액 = 총판매예정수량 × 제품의 판매단가 × 점유율 × 기본율」의 계산식에 따르는데, 이때 총판매예정수량은 실시기간 중 매 연도별 판매예정수량을 합한 것이고, 제품의 판매단가는 실시기간 중 매 연도별 공장도가격의 평균이고, 점유율은 단위제품을 생산하는 데에 해당 특허권이 이용되는 비율이며, 기본율은 3퍼센트(다만, 해당 특허권의 실용적 가치 및 산업상 이용성 등을 고려하여 2퍼센트 이상 4퍼센트 이하로 할 수 있다)로 한다. 이에 따라 보상금액이나 대가의 액을 정할 수 없는 경우에는 특허청장이 따로 정하여 고시하는 기준(「특허권의 수용·실시 등을 위한 보상금액 또는 대가의 액 산정기준 고시」)에 따라 정한다. 규정에 따른 보상금액이나 대가의 액은 실시기간 내의 총액으로 하되 전용실시권을 설정하거나 통상실시권을 허락하는 경우 총판매예정수량을 미리 예측할 수 없는 때에는 「제품단위당 보상금액 또는 대가의 액 = 제품의 판매단가 × 점유율 × 기본율」의 계산식에 따라 제품단위당 보상금액이나 대가의 액을 정할 수 있다(특허권의 수용·실시 등에 관한 규정 제5조의2).

특허발명의 실시 및 보상금의 지급에 필요한 사항은 대통령령인 「특허권의 수용·실시 등에 관한 규정」 제5조의2 제2항에서 규정하고 있다(제106조의2 제4항).

제106조의2에 따른 통상실시권에 대하여 질권을 설정할 수 있는지에 대하여 별도의 규정은 없으나 공익이나 국방상 필요에 따라 인정되는 강제실시권의 취지를 고려하면 강제실시권에 의하여 수익행위를 하는 것은 허용하기 어렵기 때문에 질권을 설정할 수 없다고 본다.

7 통상실시권 설정의 재정(제107조)

특허발명을 실시하려는 자는 특허발명이, i) 특허발명이 천재지변이나 그 밖의 불가항력 또는 대통령령으로 정하는 정당한 이유[124] 없이 계속하여 3년 이상 국내에서

124) "1. 특허권자가 심신장애로 인한 활동불능으로 그 특허발명을 실시하지 못한 경우. 다만, 의료기관의 장이 증명한 경우에 한한다. 2. 특허발명의 실시에 있어서 정부기관이나 타인의 허가·인가·동의 또는 승낙을 필요로 할 경우에 그 허가·인가·동의 또는 승낙을 받지 못함으로 인하여 그 특허발명을 실시하지 못한 경우 3. 특허발명의 실시가 법령에 의하여 금지 또는 제한되어 그 특허발명을 실시하지 못한 경우 4. 특허발명의 실시에 필요한 원료 또는 시설이 국내에 없거나 수입이 금지되어 그 특허발명을 실시하지 못한 경우 5. 특허발명의 실시에 따른 물건의 수요가 없거나 그 수요가 적어 이를 영업적 규모로 실시할 수 없어 그 특허발명을 실

실시되고 있지 아니한 경우(제1호), ii) 특허발명이 정당한 이유 없이 계속하여 3년 이상 국내에서 상당한 영업적 규모로 실시되고 있지 아니하거나 적당한 정도와 조건으로 국내수요를 충족시키지 못한 경우(제2호), iii) 특허발명의 실시가 공공의 이익을 위하여 특히 필요한 경우(제3호), iv) 사법적 절차 또는 행정적 절차에 의하여 불공정거래행위로 판정된 사항을 바로잡기 위하여 특허발명을 실시할 필요가 있는 경우(제4호), v) 자국민 다수의 보건을 위협하는 질병을 치료하기 위하여 의약품(의약품 생산에 필요한 유효성분, 의약품 사용에 필요한 진단키트를 포함한다)을 수입하려는 국가(이하 이 조에서 수입국이라 한다)에 그 의약품을 수출할 수 있도록 특허발명을 실시할 필요가 있는 경우(제5호)의 어느 하나에 해당하고, 그 특허발명의 특허권자 또는 전용실시권자와 합리적인 조건으로 통상실시권 허락에 관한 협의(이하 이 조에서 협의라 한다)를 하였으나 합의가 이루어지지 아니하는 경우 또는 협의를 할 수 없는 경우에는 특허청장에게 통상실시권 설정에 관한 재정(裁定)(이하 재정이라 한다)을 청구할 수 있다. 다만, 공공의 이익을 위하여 비상업적으로 실시하려는 경우와 위 제4호에 해당하는 경우에는 협의 없이도 재정을 청구할 수 있다(제107조 제1항).

다만, 특허출원일부터 4년이 지나지 아니한 특허발명에 관하여는 위 제107조 제1항 제1호 및 제2호를 적용하지 아니한다(제107조 제2항).

제107조 제1항 제3호의 규정에 따라 다수인의 보건을 위협하는 질병을 치료하기 위하여 특허발명에 대한 강제적인 실시를 통하여 생산된 의약품을 수입하고자 재정을 청구하는 경우에는 i) 국내에 그 의약품의 생산시설이 없거나 부족할 것, ii) 전시 · 사변 또는 이에 준하는 비상시이거나, 「재난 및 안전관리기본법」 제36조의 규정에 따른 재난사태가 선포된 때일 것의 각 요건을 모두 갖추어야 한다(특허권의 수용 · 실시 등에 관한 규정 제2조의2).

반도체 기술에 대해서는 제107조 제1항 제3호(공공의 이익을 위하여 비상업적으로 실시하는 경우만 해당한다) 또는 제4호의 경우에만 재정을 청구할 수 있다(제107조 제6항).

제107조 제1항 제5호에 따른 의약품은 i) 특허된 의약품, ii) 특허된 제조방법으로 생산된 의약품, iii) 의약품 생산에 필요한 특허된 유효성분, iv) 의약품 사용에 필요한 특허된 진단키트의 어느 하나에 해당하는 것으로 한다(제107조 제8항).

특허청장은 재정을 하는 경우 청구별로 통상실시권 설정의 필요성을 검토하여야 하고(제107조 제3항), 제107조 제1항 제1호부터 제3호까지 또는 제5호에 따른 재정을

시하지 못한 경우"를 말한다. 특허권 설정의 등록이 된 후 계속하여 3년 이상 또는 통상실시권이 허여된 후 계속하여 2년 이상 그 특허발명의 실시에 착수하지 아니한 때에는 이를 특허발명의 불실시로 본다, 특허권의 수용 · 실시 등에 관한 규정 제6조.

하는 경우 재정을 받는 자에게 i) 제107조 제1항 제1호부터 제3호까지의 규정에 따른 재정의 경우에는 통상실시권을 국내수요충족을 위한 공급을 주목적으로 실시할 것, ii) 제107조 제1항 제5호에 따른 재정의 경우에는 생산된 의약품 전량을 수입국에 수출할 것의 조건을 붙여야 한다(제107조 제4항).

특허청장은 재정을 하는 경우 상당한 대가가 지급될 수 있도록 하여야 한다. 이때 제107조 제1항 제4호 또는 제5호에 따른 재정을 하는 경우에는 제1항 제4호에 따른 재정의 경우에는 불공정거래행위를 바로잡기 위한 취지와 제1항 제5호에 따른 재정의 경우에는 그 특허발명을 실시함으로써 발생하는 수입국에서의 경제적 가치를 대가 결정에 고려할 수 있다(제107조 제5항). 제107조 제5항에 따른 대가의 산정은 앞에서 본 제106조의2 제3항에 따른 보상금 산정의 방법과 같다(특허권의 수용 · 실시 등에 관한 규정 제5조의2).

수입국은 세계무역기구회원국 중 세계무역기구에 i) 수입국이 필요로 하는 의약품의 명칭과 수량(제1호), ii) 국제연합총회의 결의에 따른 최빈개발도상국이 아닌 경우 해당 의약품의 생산을 위한 제조능력이 없거나 부족하다는 수입국의 확인(제2호), iii) 수입국에서 해당 의약품이 특허된 경우 강제적인 실시를 허락하였거나 허락할 의사가 있다는 그 국가의 확인(제3호)에 관한 사항들을 통지한 국가 또는 세계무역기구회원국이 아닌 국가 중 대통령령으로 정하는 국가로서 위 사항들을 대한민국정부에 통지한 국가의 경우만 해당한다(제107조 제7항). 여기서 "세계무역기구회원국이 아닌 국가 중 대통령령이 정하는 국가"라 함은 국제연합총회 결의에 따른 최빈개발도상국을 말한다(특허권의 수용 · 실시 등에 관한 규정 제2조의3).

재정을 청구하는 자가 제출하여야 하는 서류, 그 밖에 재정에 관하여 필요한 사항은 대통령령으로 정한다(제107조 제8항). 이에 대하여는 특허권의 수용 · 실시 등에 관한 규정 제3조 이하에서 규정하고 있다.

8 통상실시권 허락의 심판(제138조)

타인의 특허발명 등과의 관계(이용 · 저촉의 경우)(제98조)에 대하여는 「제6장 특허발명의 보호범위 제1절 특허발명의 보호범위 침해유형 IV. 이용침해 · 동일 저촉침해」에서, 통상실시권 허락의 심판(제138조)에 대하여는 「제12장 특허심판 · 심결 제7절 통상실시권허락심판(제138조)」 부분에서 설명한다.

IV. 특허권의 행사가 제한되는 경우

특허권의 효력이 제한되는 경우가 아니라 아래와 같이 특허권의 행사가 제한되는 경우가 있다.

1 특허권 등의 이전의 경우

전용실시권자는, 전용실시권을 실시사업과 함께 이전하는 경우, 상속이나 그 밖의 일반승계의 경우를 제외하고는 특허권자의 동의를 받아야만 전용실시권을 이전할 수 있다(제100조 제3항).

전용실시권자는 특허권자의 동의를 받아야만 그 전용실시권을 목적으로 하는 질권을 설정하거나 통상실시권을 허락할 수 있다(제100조 제4항).

제107조(통상실시권 설정의 재정)에 따른 통상실시권은 실시사업과 함께 이전하는 경우에만 이전할 수 있다(제102조 제3항). 제106조의2가 규정하는 정보 등에 의한 특허발명의 실시에 따른 통상실시권에 대하여는 명시적인 규정은 없으나, 공익이나 국방상 필요에 따라 인정되는 강제실시권의 취지를 고려하면 실시사업과 함께 이전하는 경우에만 이전할 수 있다고 해석된다.

제138조(통상실시권 허락의 심판), 실용신안법 제32조 또는 디자인보호법 제123조에 따른 통상실시권은 그 통상실시권자의 해당 특허권 · 실용신안권 또는 디자인권과 함께 이전되고, 해당 특허권 · 실용신안권 또는 디자인권이 소멸되면 함께 소멸된다(제102조 제4항).

제102조 제3항 및 제4항에 따른 통상실시권 외의 통상실시권은 실시사업과 함께 이전하는 경우 또는 상속이나 그 밖의 일반승계의 경우를 제외하고는 특허권자(전용실시권에 관한 통상실시권의 경우에는 특허권자 및 전용실시권자)의 동의를 받아야만 이전할 수 있다(제102조 제5항).

2 특허권이 공유인 경우

특허권이 공유인 경우에는 각 공유자는 다른 공유자 모두의 동의를 받아야만 그 지분을 양도하거나 그 지분을 목적으로 하는 질권을 설정할 수 있고(제99조 제2항) 그 특허권에 대하여 전용실시권을 설정하거나 통상실시권을 허락할 수 있다(제99조 제4항). 위 규정은 전용실시권의 경우에 관하여도 준용한다(제100조 제5항).

3 특허권 · 실시권 포기의 경우

특허권자는 디자인권을 포기할 수 있으나 예외적으로 전용실시권자 · 질권자 및 제100조 제4항(전용실시권자의 통상실시권 설정) · 제102조 제1항(디자인권자의 통상실시권 설정) 또는 발명진흥법 제10조 제1항에 따른 통상실시권자의 동의를 받지 아니하면 특허권을 포기할 수 없다(제119조 제1항).

전용실시권자는 질권자 및 제100조 제4항에 따른 통상실시권자의 동의를 받지 아니하면 전용실시권을 포기할 수 없다(제106조 제2항).

통상실시권자는 질권자의 동의를 받아야만 통상실시권을 포기할 수 있다(제119조 제3항).

제 9 장

특허권의 이전 · 이용 · 소멸

제9장 특허권의 이전 · 이용 · 소멸

제1절 총설

특허권자는 특허권의 전부 및 그중 지분 일부를 타인에게 이전할 수 있고 특허권을 담보로 제공할 수 있으며 스스로 특허권의 실시 여부를 선택하여 다른 사람에게 특허권을 실시할 수 있게 하는 등 다른 재산권과 같이 특허권이 가지는 재산적 기능을 이용할 수 있다.

한편 특허법은 선사용에 의한 통상실시권(제103조), 무효심판청구등록 전의 실시에 의한 통상실시권(제104조), 디자인권의 존속기간 만료 후의 통상실시권(제105조), 질권행사 등으로 인한 특허권의 이전에 따른 통상실시권(제122조) 등을 마련하여 일정한 경우에 제3자의 특허발명 실시를 보호하는 제도를 마련하고 있다. 이들 규정의 내용에 대하여는 「제8장 특허권의 설정등록 · 존속기간 · 효력 제3절 특허권의 효력 제한」에서 설명하였다.

본 장에서는 특허권의 이전, 특허권에 관한 실시권 설정, 특허권 등에 관한 담보권 설정, 특허권의 소멸에 대하여 차례로 설명한다.

제2절 특허권의 이전

I. 특허권의 이전

1 의의

특허권의 이전이라 함은 특허권이 내용의 동일성을 유지하면서 양도 또는 그 밖의 사유로 주체가 변경되는 것을 말한다.

2 특허권 이전의 유형

특허권의 이전에는 발생 원인에 따라 개별이전(특정승계)과 포괄이전(일반승계)으로, 이전의 범위에 따라 전부이전과 일부이전으로 구분된다.

가. 개별이전과 포괄이전

1) 개별이전(특정승계)

개별이전은 개개인의 권리를 특정한 원인에 따라 개별적으로 취득하는 것으로 특정승계이다. 특허권의 특정승계는 어느 특허권이 특정한 원인에 따라 개별적으로 이전하는 것으로 매매, 증여 등의 계약을 통해 이루어지는 경우가 대부분이지만 그 외에도 설정된 질권이나 공장재단의 구성요소로서(공장 및 광업재단 저당법 제13조 제1항 제6호, 제23조, 제53조 제6호, 제54조) 재단저당의 담보권 실행 기타 강제집행을 통해서도 이루어진다. 특허권을 포함한 영업일체를 양도하는 것도 일반승계에 해당하지 않고 특정승계에 해당한다.

양도 등의 특정승계의 경우에는 당사자 사이에 이전을 위한 유효한 법률행위가 있다는 사실만으로 이전의 효력이 생기는 것은 아니고 등록을 하여야만 그 효력이 발생한다(제101조 제1항 제1호).[1] 한편 특허권을 이전하기로 하는 내용의 약정을 체결하였으나 그 약정에 따른 특허권이전등록을 하지 않고 등록명의인 표시(명칭)변경등록만을 한 경우에는 원칙적으로 어떠한 권리변동도 발생하지 않으므로 특허권 이전의 효력이 발생한다거나 실체관계에 부합된다고 할 수 없다. 그리고 특허권자에 대하여 특허권에

---

1) 이전등록 자체에 공신력이 인정되는 것은 아니므로 이전에 관한 합의 없이 위조된 양도 서류에 의하여 이전등록된 경우에 그 등록은 무효로서 이전의 효력이 발생하지 아니한다.

관한 이전약정에 기하여 이전등록을 청구할 권리를 가지는 사람이 이미 그 특허발명을 실제로 실시하고 있다는 것만으로 특허권이전등록청구권의 소멸시효 진행에 아무런 영향을 주지 못한다.[2)]

2) 포괄이전(일반승계)

포괄이전은 단일한 원인에 따라 모든 권리와 의무 전체를 일괄적으로 이전하는 것으로 일반승계이다. 특허권의 포괄이전은 특정한 특허권이 개별적으로 이전하는 것이 아니라 법률상 원인에 의해 특허권자인 지위가 교체됨으로써 특허권의 주체가 변경된다. 포괄이전의 법률상 원인은 상속, 합병, 포괄 유증 등이다.

포괄이전의 경우에는 이전등록과 상관없이 그 이전의 법률상 원인사실이 발생한 시점에서 당연히 특허권 이전의 효과가 발생한다. 이는 그 사실 발생 시점에서 피상속인이나 종전 회사가 권리능력을 상실하기 때문에 권리의 공백 상태가 발생하는 것을 방지하기 위함이다. 다만 절차적으로 상속인 또는 신설회사는 지체 없이 그 취지를 특허청장에게 신고하여야 한다(제96조 제2항). 상속의 경우에 3년 이내에 상속인이 그 특허권의 이전등록을 하지 아니한 경우에는 특허권자가 사망한 날부터 3년이 되는 날의 다음 날에 특허권이 소멸된다(제106조 제1항).

나. 전부이전과 일부이전

특허권의 전부이전은 특허권을 온전히 그대로 이전하는 것이고, 특허권의 일부이전은 특허권의 지분 중 일부만을 이전하는 것이다.

3 특허권 이전의 효과

특허권 이전은 그 권리의 동일성을 유지하면서 그 주체만 변경되는 것이므로 이전되더라도 특허권에 관한 무효사유나 취소사유가 그대로 승계인에게 이전된다. 특허권자가 특허권에 관하여 밟은 절차의 효력은 그 특허권의 승계인에게 미치고(제18조) 특허청장이나 심판장은 승계인에게 특허에 관한 절차가 특허청 또는 특허심판원에 계속(係屬) 중일 때 특허권이 이전되면 그 특허권의 승계인에 대하여 그 절차를 속행(續行)하게 할 수 있다(제19조).

제65조에 따른 손실보상청구권은, 제65조 제1항에 따른 경고를 받거나 제64조에

---

2) 대법원 2013. 5. 9. 선고 2011다71964 판결.

따라 출원공개된 발명임을 알고 그 특허출원된 발명을 업으로 실시한 자에게 그 경고를 받거나 출원공개된 발명임을 알았을 때부터 특허권의 설정등록을 할 때까지의 기간에 발생한 해당 특허발명의 실시에 대하여 합리적으로 받을 수 있는 금액에 상당하는 보상금의 지급을 청구할 수 있는 것으로서 위 청구권은 그 특허출원된 발명에 대한 특허권이 설정등록된 후에만 행사할 수 있고 위 청구권의 행사는 특허권의 행사에 영향을 미치지 아니한다(제65조 제2항, 제4항). 따라서 특허권이 이전되더라도 그에 부수하여 위 손실보상청구권까지 함께 이전되지 않는다.

특허권이 이전되는 경우에 전용실시권, 등록한 통상실시권, 질권 등의 부수적인 권리의 효력에도 영향을 미치지 않는다.

II. 특허권의 공유

1 특허권의 공유의 의의 · 성립 · 성질

가. 특허권의 공유의 의의 및 성립

특허권의 공유란 하나의 특허권을 2인 이상이 공동으로 소유하는 것을 말한다.

특허권의 공유는 공동발명자가 공동하여 특허를 출원하는 등의 사유로 처음부터 2인 이상이 공동하여 출원하여 등록받은 경우와 같이 원시적인 사유로 발생하는 외에 단독으로 특허를 등록받은 후 특허권 중 일부 지분이 승계되거나 복수의 피상속인에게 재산상속되는 경우와 같이 후발적인 사유로도 성립한다.

나. 특허권의 공유의 성질

특허권도 다른 재산권과 마찬가지로 공유할 수 있고 그 성질은 무체물이기 때문에 특허권 공유의 성질은 준(準)공유이고 특허권의 공유에도 특허법의 다른 규정이나 그 본질에 반하지 아니하는 범위 내에서 민법의 공유에 관한 규정이 준용된다.

다만 특허권이 무체재산권이라는 특수성에 따라 특허권이 공유인 경우에 각 공유자는 다른 공유자 모두의 동의를 받아야만 그 지분을 양도하거나 그 지분을 목적으로 하는 질권을 설정할 수 있고(제99조 제2항) 또한 그 특허권에 대하여 전용실시권을 설정하거나 통상실시권을 허락할 수 있는(제99조 제3항) 등 그 권리의 행사에 일정한 제약을 받아 그 범위에서는 합유와 유사한 성질을 가진다.

2 특허권의 공유의 내용

특허권 공유는 앞서 본 바와 같은 일정한 제약을 받아 그 범위에서 합유와 유사한 성질을 가지지만, 이러한 제약은 특허권이 무체재산권인 특수성에서 유래한 것으로 특허권의 공유자들이 반드시 공동목적이나 동업관계를 기초로 조합체를 형성하여 특허권을 소유한다고 볼 수 없고 특허법에 특허권의 공유를 합유관계로 본다는 명문의 규정이 없어 특허권의 공유에도 특허법의 다른 규정이나 그 본질에 반하지 아니하는 범위 내에서 민법의 공유 규정이 적용된다.3)

특허권의 공유관계에도 민법상 공유물분할청구에 관한 규정이 적용될 수 있으나, 특허권은 특허 실시에 대한 독점권으로서 그 대상은 형체가 없을 뿐만 아니라 각 공유자에게 특허권을 부여하는 방식의 현물분할을 인정하면 하나의 특허권이 사실상 내용이 동일한 복수의 특허권으로 증가하는 부당한 결과를 초래하게 되므로, 특허권의 성질상 그러한 현물분할은 허용되지 아니하고 경매에 의한 대금 분할 및 그에 준하는 방법으로 한다.4)

한편, 민법상 공유물의 이용은 각 공유자 지분의 과반수로 결정되지만(민법 제265조), 특허권의 경우에는 그 객체가 무형이므로 각 공유자는 각자 지분의 많고 적음이나 다른 공유자의 동의 유무에 관계없이 성질상 자유롭게 특허발명을 실시할 수 있고 그 실시에 공유지분에 따른 제한이 없다. 따라서 특허법도 각 공유자는 계약으로 특별히 약정한 경우를 제외하고는 다른 공유자의 동의를 얻지 아니하고 그 특허발명을 자신이 실시할 수 있다고 규정한다(제99조 제3항).

특허권을 침해한 제3자에 대하여 각 공유자가 단독으로 권리를 행사할 수 있는지가 문제된다.

손해배상청구(민법 제750조)나 부당이득반환청구(민법 제741조)에 대하여 단독으로 특허권 전체에 대하여 권리를 행사할 수는 없으나 자신의 공유지분에 대하여는 권리를 행사할 수 있고, 금지청구(제126조)는 보존행위 내지 불가분채권이라는 속성에 기하여 단독으로 특허권 전체에 대하여 권리를 행사할 수 있으며, 신용회복청구(제131조)도 공유지분권에 기하여 단독으로 특허권 전체에 대하여 권리를 행사할 수 있다.

특허권의 공유지분이 강제집행의 대상으로 될 수 있는지에 대하여 본다.

이에 대하여는 견해가 나뉘지만, 특허권은 독립하여 재산적 가치가 있고 이전할

---

3) 대법원 2004. 12. 9. 선고 2002후567 판결.

4) 대법원 2014. 8. 20. 선고 2013다41578 판결 참조, 이미 상표권의 공유에 관하여 같은 취지의 대법원 2004. 12. 9. 선고 2002후567 판결이 있었다.

수 있는 등 금전으로 평가할 수 있어 채권 만족을 얻을 수 있는 이상 '부동산집행의 대상이 되지 아니하는 재산 중 유체동산과 채권, 유체물의 인도나 권리이전청구권을 제외한 그 밖의 재산권'에 대한 강제집행 규정(민사집행법 제251조)이 적용된다.

다음으로 다른 공유자의 동의 없이 압류할 수 있는지에 대하여 본다.

이에 대해 특허권의 공유지분이 재산권인 이상 압류대상이 되므로 다른 공유자의 동의 없이 압류할 수 있고 다만 양도 등의 현금화절차에서는 다른 공유자의 동의를 얻을 필요가 있다는 견해가 있다.

그러나 특허법에서 공유지분의 자유로운 양도 등을 금지하는 것은 다른 공유자의 이익을 보호하려는 데 목적이 있어 각 공유자의 공유지분은 다른 공유자의 동의를 얻지 않는 한 압류의 대상이 될 수 없으므로 압류를 신청할 때에 공유자의 동의서(인감증명서 또는 본인서명사실확인서 첨부)를 함께 제출하여야 하고,[5] 현금화절차에서 공유지분을 양도함에 있어서도 다른 공유자의 동의가 필요하므로 그 권리의 양도를 전제로 하는 양도명령이나 매각명령을 신청할 때에 공유자의 동의서(인감증명서 또는 본인서명사실확인서 첨부)를 제출하여야 한다.[6]

특허를 받을 수 있는 권리가 집행의 대상이 되는지에 대하여도 견해가 대립되나, 압류의 공시방법이 없는 점과 발명의 공개 등이 문제되더라도 집행적격 자체를 부정할 것은 아니다.

특허를 받을 수 있는 권리가 공유인 경우에는 각 공유자는 다른 공유자 모두의 동의를 받아야만 그 지분을 양도할 수 있으므로(제37조 제3항), 앞서 본 바와 같은 논리가 적용된다.

3 특허권의 공유와 심판, 심결취소소송 등의 제기권자 및 그 법률관계

제139조 제3항에 따라 특허권 또는 특허를 받을 수 있는 권리의 공유자가 그 공유인 권리에 관하여 심판을 청구하는 때에는 공유자 전원이 공동으로 청구하여야 하므로 공유자 중 일부만이 거절결정에 대하여 불복심판을 청구하는 것은 부적법하여 각하된다.

관련하여 종전에는 불복심판청구기간이 도과하기 전이라면 나머지 공유자를 추가하는 심판청구서를 제출하여 보정할 수 있지만, 다른 공유자의 불복심판청구기간이 이

5) 대법원 2012. 4. 16. 자 2011마2412 결정 [특허권압류명령] 참조.
6) 특허법 제100조 제3항의 전용실시권의 이전이나 제102조 제5항의 통상실시권의 이전에서 특허권자의 동의가 필요한 경우도 같다.

미 도과하였다면 더는 보정할 수 없고 불복기간이 이미 도과한 공유자가 그 공유지분을 포기하더라도 그 포기의 효력은 등록말소일부터 장래를 향하여 발생할 뿐이므로 이로 인해 부적법한 심판청구의 흠이 치유되지 않는 것이 실무의 태도였다.[7)]

한편 위와 같은 이유로 각하된 심결에 대해 심결취소소송을 제기할 수 있는 자는 심결을 받은 공유자 중 1인에 한정되는지 아니면 다른 공유자도 심결의 당사자와 공동으로 될 수 있는지에 대하여, 거절결정에 대한 심판청구를 하지 않은 공유자 중 1인은 심결취소소송을 제기할 수 있는 자를 한정하고 있는 제186조 제2항의 '당사자, 참가인, 해당 특허취소신청의 심리, 심판 또는 재심에 참가신청을 하였으나 신청이 거부된 자'에 해당하지 않아 원고적격이 인정되지 않는다는 견해도 있고,[8)] 심판청구를 하지 않은 공유자 중 1인이 심결의 당사자와 공동으로 심결취소소송을 제기한 경우에 굳이 원고적격을 배제하는 것보다는 당사자에 준하여 원고적격을 인정하여 소송을 수행케 하는 것이 낫다는 견해도 있었다.

그런데 2009. 1. 30. 법률 제9381호로 개정된 특허법 제140조 제2항 제1호에서 "제1항 제1호에 따른 당사자 중 특허권자의 기재를 바로잡기 위하여 보정(추가하는 것을 포함한다)하는 경우"에는 요지변경에 해당하지 아니하는 것으로 규정하여 이제는 나머지 공유자를 추가하는 등의 보정을 허용하게 되었다.

제139조 제1항 또는 제3항에 따른 청구인이나 제2항에 따른 피청구인 중 1인에게 심판절차의 중단 또는 중지의 원인이 있으면 모두에게 그 효력이 발생한다(제139조 제4항).

다음으로 특허권의 공유자가 그 특허권의 효력에 관한 심판에서 패소한 경우에 제기할 심결취소소송이 고유필수적 공동소송인지 아니면 유사필수적 공동소송인지가 문제된다.

특허권이 공유인 경우 공유자 전원에게 심결이 합일적으로 확정되어야 할 필요에서 제139조 제2항은 공유인 특허권의 특허권자에 대하여 심판을 청구할 때에는 공유자 모두를 피청구인으로 하여야 한다고 규정하여 고유필수적 공동심판의 규정에 따르고 있으나, 그 심결취소소송절차에 대하여는 아무런 규정을 두고 있지 아니하여 견해의 대립이 있다.

그러나 심결취소소송절차에 있어서도 공유자들 사이에 합일확정의 요청은 필요한데, 이러한 합일확정의 요청은 특허권의 공유자의 1인이 단독으로 심결취소소송을 제기한 경우라도 그 소송에서 승소할 경우에는 그 취소판결의 효력은 행정소송법 제29조

---

7) 대법원 2007. 4. 26. 선고 2005후2861 판결.
8) 특허법원 1999. 7. 15. 선고 99허4705 판결(미상고 확정).

제1항에 의해 다른 공유자에게도 미쳐 특허심판원에서 공유자 전원과의 관계에서 심판절차가 재개됨으로써 충족되고, 그 소송에서 패소하더라도 이미 심판절차에서 패소한 다른 공유자의 권리에 영향을 미치지 아니하므로, 어느 경우에도 합일확정의 요청에 반한다거나 다른 공유자의 권리를 해하지 아니하는 반면, 오히려 그 심결취소소송을 공유자 전원이 제기하여야만 한다면 합일확정의 요청은 이룰지언정, 특허권의 공유자의 1인이라도 소재불명이나 파산 등으로 소의 제기에 협력할 수 없거나 또는 이해관계가 달라 의도적으로 협력하지 않는 경우에는 나머지 공유자들은 출소기간의 만료와 동시에 그 권리행사에 장애를 받거나 그 권리가 소멸되어 버려 그 의사에 기하지 않고 재산권이 침해되는 부당한 결과에 이르게 된다.

따라서 특허권의 공유자가 그 특허권의 효력에 관한 심판에서 패소한 경우에 제기할 심결취소소송은 공유자 전원이 공동으로 제기하여야만 하는 고유필수적 공동소송이라고 할 수 없고, 공유자의 1인이라도 해당 특허등록을 무효로 하거나 권리행사를 제한 · 방해하는 심결이 있는 때에는 그 권리의 소멸을 방지하거나 그 권리행사방해배제를 위하여 단독으로 그 심결의 취소를 구할 수 있고, 공유자 1인에 의한 심결취소소송의 제기를 인정하더라도 위에서 본 바와 같이 다른 공유자의 이익을 해한다거나 합일확정의 요청에 반하는 사태가 생긴다고 할 수 없다.[9]

결국 특허에 관한 권리범위확인심판에서 패소한 특허권의 공유자들은 특허권의 권리행사를 방해하는 위 심결의 확정을 배제하기 위하여 보존행위로서 단독으로 심결취소소송을 제기할 수 있고,[10] 심결에서 패소한 특허권의 공유자가 제기하는 심결취소소송은 공유자간에 유사필수적 공동소송이 된다.

유사필수적 공동소송 관계가 있게 되는 경우에 제소기간 등 소송요건은 심결취소소송을 제기한 특허권의 공유자 각자를 기준으로 판단한다. 공유자 중 심결취소소송을 제기하지 아니한 다른 공유자는 제소기간이 지난 경우에 심결취소소송을 제기할 수 없고 소송 도중에 당사자로 추가될 수 없을 뿐 아니라 당사자의 변경을 가져오는 당사자 추가신청도 허용되지 아니하며,[11] 심결취소소송의 판결이 확정될 때까지 다른 공유자에 대한 심결이 확정되지 않고 심결취소소송의 인용판결이 확정되어 심판절차가 다시 진행되면 심결취소소송을 제기하지 아니한 다른 공유자도 심판청구인의 지위를 유지하

9) 대법원 2004. 12. 9. 선고 2002후567 판결. 등록특허에 관한 권리범위확인심판에서 패소한 특허권의 공유자들은 등록특허권의 권리행사를 방해하는 위 심결의 확정을 배제하기 위하여 보존행위로서 심결취소소송을 제기할 수 있다고 하였다.

10) 대법원 2004. 12. 9. 선고 2002후567 판결.

11) 대법원 1993. 9. 28. 선고 93다32095 판결은 필요적 공동소송이 아닌 사건에서 소송도중에 피고를 추가하는 것은 그 경위가 어떻든 간에 허용될 수 없다고 한다.

게 된다.

이러한 법리가 당사자계 사건 외에 결정계 사건에도 적용될 수 있을까.

이에 대해 다툼이 있으나, 결정계 심결취소소송에서도 합일확정이 요구되고 두 사건의 원고적격에 차이를 둘 합리적인 근거는 없으므로 공유자가 결정계 사건의 심판에서 패소한 경우에 제기할 심결취소소송에 대해서도 공유자 1인에게 원고적격을 인정하는 것이 옳다.[12)]

한편, 그 역으로 특허권 공유자 전원을 피심판청구인으로 한 심판청구에서 청구기각심결이 내려진 경우에 그 심결취소소송은 공유자 전원을 상대로 하여야 하는 고유필수적 공동소송에 해당한다.

동일한 특허권에 관하여 2인 이상의 자가 공동으로 특허무효심판을 청구하는 경우 그 심판은 청구인들 사이에 합일확정을 필요로 하는 유사필수적 공동심판에 해당하지만,[13)] 공유 특허권자가 아닌 자가 특허권의 공유자 중 1인에 대하여만 명의신탁해지를 원인으로 지분이전등록 또는 지분말소등록을 구하는 소송은 공유자 전원을 상대로 제기하여야 하는 고유필수적 공동소송이 아니다.[14)]

---

12) 특허법원 2017. 1. 26. 선고 2016허4160 판결(미상고 확정)은 "특허발명의 공동출원인이 특허거절결정에 대한 취소심판청구에서 패소한 경우 제기하는 심결취소소송은 심판청구인인 공동 출원인 전원이 공동으로 제기하여야 하는 공유필수적 공동소송이라고 할 수 없으므로, 특허거절결정에 대한 심판에서 패소한 원고는 단독으로 심결의 취소를 구하는 소송을 제기할 수 있다."라고 하였다.

13) 대법원 2009. 5. 28. 선고 2007후1510 판결. 대법원은 피고와 소외 주식회사가 당초 공동으로 이 사건 특허발명의 무효심판을 청구한 이상 피고와 소외 주식회사는 유사필수적 공동심판관계에 있다고 할 것이므로, 비록 위 심판사건에서 패소한 원고가 공동심판청구인 중 피고만을 상대로 심결취소소송을 제기하였다 하더라도 그 심결은 피고와 소외 주식회사에 대하여 모두 확정이 차단된다고 할 것이며, 이 경우 소외 주식회사에 대한 제소기간의 도과로 심결 중 소외 주식회사의 심판청구에 대한 부분만이 그대로 분리 확정되었다고 할 수 없다고 하였다. 이에 반대하는 견해로 이기택, 유사필수적 공동소송에 있어 소송당사자 아닌 자에 대한 판결효력, 법률신문 3950호(2011.07), 법률신문사 13-12.

14) 특허법원 2017. 2. 7. 선고 2016나1486 판결(미상고 확정)은 그 근거로 "특허법 제99조 제2항은 특허권이 공유인 경우 각 공유자는 다른 공유자 모두의 동의를 받아 그 지분을 양도할 수 있다고 하고 있을 뿐이고, 특허권 공유자 중 1인에 대해 제기한 명의신탁 해지를 원인으로 한 지분이전등록 또는 말소등록청구소송에서 청구가 받아들여지더라도 그 지분의 이전등록 또는 말소등록을 위해서는 여전히 나머지 공유자들의 동의가 필요하므로, 공유지분의 처분에 제한을 둔 특허법 제99조 제2항의 취지가 몰각되지 않는다. 이러한 경우 나머지 공유자들이 그 지분 이전이나 말소에 대해 동의해야 할 의무도 없으므로, 공유자 중 1인에 대한 지분이전등록 또는 말소등록청구와 나머지 공유자들에 대한 동의의 의사표시의 청구가 반드시 합일 확정되어야 할 필요가 있는 것도 아니다."라고 한다.

4 특허권의 공유의 일부지분에 대한 무효심판청구 가부

특허권의 공유자 중 일부가 다른 공유자의 지분에 대한 무효심판을 청구할 수 있는지가 문제된다.

특허등록결정이라는 처분은 하나의 특허출원에 대하여 하나의 특허권을 부여하는 단일한 행정행위이므로, 설령 그러한 특허결정에 따라 수인을 공유자로 하는 특허등록이 이루어졌다고 하더라도, 그 특허등록결정이라는 처분 자체에 대한 무효를 청구하는 제도인 특허등록무효심판에서 그 공유자 지분에 따라 특허를 분할하여 특허권의 공유자 중 일부가 다른 공유자의 지분에 대해 무효심판을 청구하는 것은 허용되지 않는다.[15]

5 특허권 일부 지분에 대한 처분금지 가처분등록 경료 후 특허권 전부가 제3자에게 이전되고 가처분권자가 본안소송에서 승소한 경우 법률관계[16]

특허권의 공유지분에 대한 처분금지 가처분과 관련된 법률관계에 대하여 본다.

가. 특허권의 일부 공유지분에 대하여만 이전청구권 보전을 위한 가처분등록이 경료된 후 특허권이 전부 제3자에게 이전된 상태에서 가처분권자인 지분 양수인이 본안소송에서 승소하여 그 지분에 대한 이전등록이 경료된 경우, 가처분등록되지 않은 다른 지분의 이전도 무효로 되는지(소극)

특허권의 일부 공유지분의 이전청구권을 보전하기 위한 처분금지가처분결정에 기하여 가처분등록이 경료된 후 특허권이 전부 타에 이전된 경우에서, 가처분권자인 그 지분의 양수인이 본안소송에서 승소하여 그 지분에 대한 이전등록이 이루어졌다면, 위 가처분등록 이후의 특허권 이전은 양수인 앞으로 이전등록된 지분의 범위 내에서만 무효가 되고 가처분등록되지 않은 다른 지분의 이전은 무효가 되지 않는다.

15) 대법원 2015. 1. 15. 선고 2012후2432 판결 참조.
16) 대법원 1999. 3. 26. 선고 97다41295 판결의 사안을 쟁점 별로 검토한 것이다.

나. 특허권의 일부 지분을 양수하기로 한 자가 그 지분의 이전등록 이전에 동의권의 보전을 위한 가처분이나 다른 지분에 대한 처분금지가처분을 구할 수 있는지(소극)

특허권을 공유하는 경우에 각 공유자는 다른 공유자 모두의 동의를 받아야만 그 지분을 양도하거나[17] 그 지분을 목적으로 하는 질권을 설정할 수 있고(제99조 제2항) 또한 그 특허권에 대하여 전용실시권을 설정하거나 통상실시권을 허락할 수 있는(제99조 제3항) 등 특허권의 공유관계가 합유에 준하는 성질을 가졌다고 하더라도, 특허권의 일부 지분을 양수하기로 한 자는 그 지분의 이전등록이 있기까지는 특허권의 공유자로서 양수의 목적이 되지 아니한 다른 지분의 양도에 대하여 동의권을 행사할 수 없는 것이므로, 다른 지분의 처분을 저지할 수 있는 특약이 존재하는 등의 특별한 사정이 있는 경우가 아니라면, 양수의 목적이 된 지분의 이전등록 이전에 그러한 동의권의 보전을 위한 가처분이나 다른 지분에 대한 처분금지의 가처분을 구하는 것은 허용되지 않는다.

다. 특허권의 일부 지분에 대하여만 처분금지 가처분등록이 경료된 후 제3자 앞으로 해당 특허권에 대한 전용실시권이 설정된 상태에서 가처분권자가 본안소송에서 승소하여 그 일부 지분에 관하여 이전등록이 경료된 경우, 그 전용실시권의 설정은 전부 무효로 되는지(적극)

특허권의 공유자의 한 사람이 다른 공유자의 동의를 얻어 전용실시권을 설정하는 경우에도 그 전용실시권의 설정은 특허권의 일부 지분에 국한된 처분이 아니라 특허권 자체에 대한 처분행위에 해당하고, 전용실시권의 성질상 특허권의 일부 지분에 대한 전용실시권의 설정은 허용할 수 없으므로, 특허권의 일부 지분에 대하여만 처분행위를 금하는 가처분등록이 경료된 후 제3자 앞으로 해당 특허권에 대한 전용실시권이 설정된 경우에 가처분권자가 본안소송에서 승소하여 그 앞으로 위 일부 지분에 관한 이전등록이 이루어졌다면 그 전용실시권의 설정은 그 전부가 위 가처분의 취지에 반하는

17) 특허권은 독립하여 재산적 가치가 있고 이전할 수 있는 등 금전으로 평가할 수 있어 채권 만족을 얻을 수 있는 이상 '부동산집행의 대상이 되지 아니하는 재산 중 유체동산과 채권, 유체물의 인도나 권리이전청구권을 제외한 그 밖의 재산권'에 대한 강제집행 규정(민사집행법 제251조)이 적용된다. 다만 특허권의 공유지분에 관한 압류 및 강제매각과 관련하여 각 공유자의 공유지분은 다른 공유자의 동의를 받지 아니하면 그 지분을 이전할 수 없다는 특허법 제99조 제2항에 따르면 각 공유자의 공유지분은 다른 공유자의 동의를 받지 않는 한 압류의 대상이 될 수 없으므로 특허권의 공유지분에 대하여 압류를 신청하기 위하여 공유자의 동의서(인감증명서 또는 본인서명사실확인서 포함)를 함께 제출하여야 한다. 특허법 제100조 제3항, 제102조 제5항에서 특허권자의 동의가 필요한 경우도 이와 같다.

것으로서 무효가 되고, 이는 전용실시권 설정 당시 가처분권자가 그 설정에 대하여 동의를 할 지위에 있지 아니하였다고 하더라도 마찬가지이다.

6 특허권의 공유자로부터 일부 지분만을 양수한 자가 양도인을 상대로 특허권 '전부'의 이전등록절차의 이행을 구할 수 있는지(소극), 이때 양도인에게 다른 공유자의 동의를 받을 것을 조건으로 특허권 전부의 이전등록절차의 이행을 구할 수 있는지(소극)

제99조 제2항 전문은 "특허권이 공유인 경우에는 각 공유자는 다른 공유자 모두의 동의를 받아야만 그 지분을 양도할 수 있다."라고 규정하고 있다.

이는 특허권의 공유자로서는 특별히 약정한 경우를 제외하고는 다른 공유자의 동의를 얻지 않고 특허권을 지분과 상관없이 자유로이 실시할 수 있어 특허권 공유자의 입장에서는 다른 공유자가 누구인지에 따라 자신이 가진 특허권의 지분의 가치가 크게 영향을 받게 된다는 점에서 특허권의 양도에 대하여 다른 공유자의 동의를 요구하는 취지이다.

따라서 특허권의 공유자로부터 일부 지분만을 양수한 자는 양도인을 상대로 특허권 중 양도인의 지분에 관하여만 약정 등을 원인으로 한 이전등록절차를 구할 수 있을 뿐이고, 특허권의 공유자가 다른 공유자의 동의를 얻지 않고 지분을 양도하는 행위는 효력이 없어 양도인을 상대로 특허권 전부에 대해 이전등록절차의 이행을 구하는 것이 허용될 수 없음은 물론 나아가 그에게 다른 공유자의 동의를 받을 것을 조건으로 특허권 전부의 이전등록절차의 이행을 구할 수도 없다.

제3절 특허권에 관한 실시권 설정 · 허락

I. 총설

특허권자는 업으로서 특허발명을 실시할 권리를 독점하므로 자신이 실시할 수 있지만 특허발명에 대한 투자비용 회수 등의 이유로 제3자에게 특허발명의 이용을 허락하고 그 제3자가 특허발명을 실시하도록 할 수도 있다. 이러한 권리가 실시권이다.

실시권은 특허권자와 상대방의 약정에 따라 발생하는 것이 대부분이지만 그 외에도 산업정책상 등의 필요에서 특허권자의 의사와 관계없이 발생하는 경우가 있다. 실시권에는 실시권의 권한에 따라 크게 전용실시권과 통상실시권으로 구분된다.

II. 전용실시권

1 의의 · 법적 성격

전용실시권(exclusive license)이란 특허권자와 설정행위로 정한 범위에서 특허발명을 독점적으로 실시할 수 있는 권리를 말한다(제100조). 전용실시권은 특허권자와의 설정계약 및 등록에 따라 발생하며 (통상실시권과는 달리) 법률 내지 통상실시권 설정 재정을 통해 인정되는 경우는 없다.

전용실시권의 설정, 이전(상속이나 그 밖의 일반승계에 의한 경우는 제외한다), 변경, 소멸(혼동에 의한 경우는 제외한다) 또는 처분의 제한은 등록에 의하여 효력이 발생한다(제101조 제1항 제2호).

전용실시권이 등록되면 특허권자라도 그 범위 내에서는 실시할 수 없고 만약 특허권자가 전용실시권을 설정한 범위 내에서 업으로 실시하면 전용실시권을 침해하는 것이 되어 전용실시권자가 특허권자를 상대로 금지청구나 손해배상청구를 할 수 있다.

전용실시권자는 특허권자로부터 설정을 받은 범위 안에서 업으로서 그 특허발명을 실시할 권리를 독점하여 그 설정 범위 내에서 타인에 대해 금지청구나 손해배상청구를 하는 등 사실상 특허권자에 가까운 지위를 가지므로 전용실시권은 일종의 물권적인 성격을 가진다.

특허청장은 특허권자 또는 전용실시권자에게 특허발명의 실시 여부 및 그 규모 등에 관하여 보고하게 할 수 있다(제125조).

2 설정 · 이전 등의 금지 및 제한

전용실시권은 특허권자만이 설정할 수 있지만, 특허권자가 특허권에 관하여 전용실시권을 설정하였을 때에는 전용실시권자가 그 특허발명을 실시할 권리를 독점하는 범위에서는 특허권자가 타인에게 전용실시권을 중복하여 설정할 수 없다(제94조 제1항 단서).

전용실시권이 공유인 경우에는, 각 공유자는 다른 공유자 모두의 동의를 받아야만 그 지분을 양도하거나 그 전용실시권을 목적으로 하는 질권을 설정할 수 있고, 각 공유자는 계약으로 특별히 약정한 경우를 제외하고는 다른 공유자의 동의를 받지 아니하고 그 특허발명을 자신이 실시할 수 있으며, 각 공유자는 다른 공유자 모두의 동의를 받아야만 통상실시권을 허락할 수 있다(제100조 제5항, 제99조 제2항 내지 제4항).

그러나 제100조 제4항의 취지상 전용실시권자가 설정범위에서 다시 전용실시권을 설정할 수는 없다.

전용실시권이 설정되면 전용실시권자가 그 설정행위로 정한 범위에서 특허발명을 독점적으로 실시할 수 있기 때문에 특허권자는 달리 약정이 없는 한 전용실시권이 미치는 범위에서는 특허발명을 실시할 수 없고 전용실시권을 중복하여 설정하거나 통상실시권을 설정할 수 없다.

전용실시권자는 실시사업과 함께 이전하는 경우 또는 상속이나 그 밖의 일반승계의 경우를 제외하고는 특허권자의 동의를 받아야만 그 전용실시권을 이전할 수 있다(제100조 제3항). 전용실시권자는 특허권자의 동의를 받아야만 그 전용실시권을 목적으로 하는 질권을 설정하거나 통상실시권을 허락할 수 있다(제100조 제4항).[18]

특허권자는 전용실시권자 등의 동의를 받아야만 특허권을 포기할 수 있고, 전용실시권자는 질권자 또는 통상실시권자의 동의를 받아야만 전용실시권을 포기할 수 있다(제119조 제1항, 제2항).

그 외 전용실시권은 특허권의 존재와 범위를 전제로 하여 그 범위를 넘을 수 없으므로 특허권의 효력이 제한되는 경우(예컨대 제98조 등)에 해당 전용실시권의 효력도 제한된다.

---

18) 한편 채권자대위에서 피보전권리인 채권자의 채무자에 대한 채권은 제3채무자에게까지 대항할 수 있는 것임을 요하지 아니하므로(대법원 2003. 4. 11. 선고 2003다1250 판결 등), 전용실시권 승계에 특허권자의 동의가 없어 특허권자에게 대항할 수 없더라도 전용실시권 승계 약정에 기한 채권은 채권자대위의 피보전권리 대상이 될 수 있다.

3 내용

가. 전용실시권자의 지위

전용실시권의 설정은 등록에 의하여 효력이 발생하므로(제101조 제1항 제2호). 전용실시권자로서 특허발명을 독점적으로 실시할 수 있기 위하여는 전용실시권 등록을 하여야 한다.

전용실시권자는 그 설정행위로 정한 범위에서 특허발명을 독점적으로 실시할 수 있는 권리를 가진다. 이는 채권적 권리가 아니라 물권적 권리이므로 설정받은 범위에서 특허권자가 누리는 것과 동일한 보호를 받는다. 전용실시권 침해행위에 대하여도 특허권 침해와 동일한 법정형으로 규정되어 있다(제225조 제1항).

전용실시권자는 그 설정행위로 정한 범위에서 특허발명을 독점적으로 실시할 수 있는 권리를 가지므로 제3자나 특허권자에 의한 전용실시권의 침해가 있는 경우에 직접 자기의 이름으로 전용실시권자의 권리인 침해의 금지 · 예방청구권, 손해배상청구권, 신용회복청구권 등을 행사할 수 있다. 다만 설정행위에서 정하는 전용실시권의 범위는 특허발명을 업으로 실시할 수 있는 모든 범위에 미칠 수도 있고 일정한 범위(예를 들면 기간, 지역, 실시, 적용 대상, 수량 등) 내로 제한될 수도 있다.

전용실시권의 대상이 되는 기간, 지역, 실시 태양, 적용 대상, 수량 등에 관한 것으로 전용실시권자라도 그 설정받은 범위를 넘어 특허발명을 실시하면 특허권자에 대한 특허권 침해가 성립한다.

전용실시권자가 특허권자의 동의 없이 체결한 통상실시권 허락계약의 효력에 대하여 여러 견해가 있을 수 있으나, 저자는 특허권자의 동의를 필요로 하는 규정상(제100조 제4항) 특허권자와의 관계에서는 효력이 없고, 전용실시권자는 통상실시권을 허락하여 준 상대방에게 특허권자의 동의를 얻어 통상실시권을 유효한 것으로 하도록 할 계약상 의무를 부담한다고 본다.

나. 전용실시권을 설정한 특허권자의 지위

특허권자라 하더라도 특별한 약정이 없는 한[19] 전용실시권이 미치는 범위에서 특허발명을 실시할 수 없고 제3자에게 중복하여 전용실시권을 설정하거나 통상실시권을 설정할 수 없으며 이를 위반할 경우 전용실시권을 침해하는 행위가 된다.

---

19) 전용실시권을 설정한 특허권자가 특허발명을 실시하려면 전용실시권자로부터 실시에 관한 승낙을 받아야 하고 그러한 승낙에 따라 특허권자는 전용실시권자로부터 통상실시권을 설정받은 것으로 취급된다.

독점규제 및 공정거래에 관한 법률을 위반하지 않는 한 특허권자는 설정계약에서 전용실시권의 기간, 지역, 수량, 실시 태양 등의 범위와 내용을 제한할 수 있지만 이러한 사항은 등록하여야 효력이 발생한다.

전용실시권을 설정한 경우에 특허권자는 그 설정범위 내에서 특허발명을 실시할 수 없고 전용실시권자가 특허발명을 실시할 권리를 독점하므로 특허권자가 전용실시권자에 대해 특허실시금지를 구할 수 없다.

한편 특허권자가 특허권 전부에 대하여 전용실시권을 설정한 경우에 특허권자가 전용실시자를 위해 제3자에게 금지권을 행사할 수 있는지 문제된다.

이에 대해 전용실시권이 설정된 경우에는 그 범위 내에서 특허권 실시에 관한 권한이 없는 특허권자는 금지권을 행사할 수 없다는 견해(소극설)가 있지만, 특허권자가 전용실시권을 설정하더라도 전용실시권자에게 특허권을 실시하게 할 수 있는 권리가 있고 특허권자에게 제3자가 전용실시권자의 전용실시권을 침해하여 그로 인하여 발생하는 손해를 방지하는 데에 법률상 이익이 있으므로 전용실시권이 침해된 경우에 특허권자가 단독으로 전용실시권자를 위해 제3자에게 침해금지를 청구할 수 있다(적극설).

즉 특허권에 관하여 전용실시권이 설정된 경우 이로 인하여 특허권자의 특허 실시가 제한되지만, 제3자가 그 특허발명을 정당한 법적 권한 없이 실시하고 있다면 특허권자가 특허권에 기하여 제3자의 특허 실시에 대한 금지를 청구할 수 있는 권리까지 상실하는 것은 아니고, 이러한 경우에 제3자의 특허무단실시행위는 형사적으로도 해당 특허발명에 대한 전용실시권을 침해하는 특허법위반죄가 성립함은 물론 특허권자의 특허권을 침해하는 특허법위반죄도 함께 성립한다.[20]

다음 관련하여 전용실시권이 설정된 경우 (전용실시권자가 아닌) 특허권자가 특허발명을 권한 없이 실시하고 있는 제3자를 상대로 손해배상청구를 할 수 있는지에 대하여도 견해가 나뉜다.

전용실시권이 설정되면 특허권자로서는 특허권을 실시할 권한을 상실하여 특허권 침해행위로 인하여 어떤 손해를 입었다고 볼 수 없어 전용실시권을 설정한 특허권자가 특허발명을 권한 없이 실시하고 있는 제3자에 대해 손해배상청구를 할 수 없음이 원칙이다. 그러나 예컨대 특허권자와 전용실시권자 사이에 실시료가 판매 수량의 일정비율로 정해지고 침해로 인해 전용실시권자가 판매한 수량이 감소하였다는 특별한 사정이 주장, 증명되면 전용실시권을 설정한 특허권자가 제3자의 특허침해행위로 받은 손해를 청구할 수 있다.[21] 다만 위와 같은 손해는 성질상 특별손해의 성격을 가지게 되므로

20) 대법원 2006. 9. 8. 선고 2006도1580 판결.
21) 서울지방법원 1991. 5. 8. 선고 90가합92251 판결(1991. 6. 8. 확정) 참조.

특허권자에 의해 침해행위자가 그와 같은 내용의 실시료 약정 내용 등을 알았거나 알 수 있었음이 주장 · 증명되어야 한다.

한편 특허권이 양도된 경우에 양도 전의 특허권자와 전용실시권자 사이의 법률관계가 특허권을 양수한 자와 전용실시권자 사이에 그대로 승계되는지에 대하여 여러 논의가 있으나, 전용실시권 설정 범위, 실시료 액수, 지불 방법이나 시기 등이 등록되어 있으면 동일한 조건으로 특허권을 양수한 자에 이전되고 그 밖에 일반적으로 특허권의 전용실시권 설정에 따라 설정자가 당연히 부담하는 의무에 대하여는 등록이 없더라도 특허권을 양수한 자에게 이전하는 반면에, 전용실시권 설정에 기한 것이 아닌 개별적인 계약에 따라 부과된 특정한 의무는 특허권을 양도한 자와 전용실시권자의 특수한 관계 하에서 정해진 것이고 등록할 사항도 아니어서 당연히는 특허권을 양수한 자에게 이전하지 않는다(다수설).[22]

4 소멸

전용실시권을 포기하였을 경우에는 그때부터 소멸된다(제120조).

전용실시권은 설정행위로 정해진 존속(실시)기간의 만료, 전용실시권 설정계약의 해제 또는 해지, 특허권의 소멸(존속기간 만료 등), 특허권의 포기(다만 제119조 제1항에 따라 전용실시권자의 동의가 필요함), 전용실시권의 포기(다만 제119조 제2항에 따라 질권자 또는 통상실시권자의 동의가 필요함), 상속인의 부존재(제124조), 권리의 혼동(민법 제191조 제1항)으로 소멸한다.

전용실시권의 소멸(혼동에 의한 경우는 제외한다)은 등록하여야만 효력이 발생한다(제101조 제1항 제2호).

III. 통상실시권

1 의의 · 법적 성격 · 발생원인

통상실시권(non-exclusive license)은 특허법에 따라 또는 특허권자 또는 전용실시권자와 설정행위에서 정한 범위에서 특허발명을 실시할 수 있는 권리를 허락받아 이를 실시할 수 있다(제102조 제2항).

---

22) 특허법 주해 II, 박영사(2018), 151(이해완 집필부분).

통상실시권은 계약과 같은 당사자 간 명시적인 합의에 따라 성립되는 것이 통상이나 당사자가 회사와 대표이사 개인인 경우[23]나 특허권자와 대리점 계약을 체결한 자인 경우[24]에 묵시적으로 성립될 수도 있다. 통상실시권자가 통상실시권 설정계약에 따라 실시하는 특허발명은 특허권자에 의해 등록되어 있어야 하나, 실제로 실시하려는 특허발명 그대로가 등록되어 있어야 함은 계약에 달리 해석할 수 있는 등의 특별한 사정이 없는 한 통상실시권 설정계약의 유효성에 영향을 주지 않는다.[25]

특허권자가 통상실시권 설정계약을 체결하면서 통상실시권자에게, 특허권자가 통상실시권자를 제외한 제3자에게 실시권을 부여하지 않겠다는 취지의 약정을 하는 경우가 있는데 이와 같은 실시권을 '독점적 통상실시권'이라 한다. 그리고 특허권자가 통상실시권 설정계약을 체결하면서 통상실시권자에게 위와 같은 약정과 함께 특허권자 자신도 해당 특허를 실시하지 않겠다는 취지의 특약을 하는 경우가 있는데 이를 '완전독점적 통상실시권'이라 한다.

통상실시권은 특허권자나 그 전용실시권자와의 설정계약에서 정한 범위 내에서 특허발명을 실시할 수 있는 권리이므로 그 법적 성격은 배타성이 없는 채권적인 권리에 불과하다.

통상실시권 설정등록을 하지 않아도 그 설정의 효력이 발생하나, 통상실시권의 이전 · 변경 · 소멸 또는 처분의 제한, 통상실시권을 목적으로 하는 질권의 설정 · 이전 · 변경 · 소멸 또는 처분의 제한은 이를 등록하여야만 제3자에게 대항할 수 있다(제118조 제3항). 여기서 등록하지 아니하면 제3자에게 대항할 수 없다고 할 때의 제3자란 통상실시권 설정 후 특허권의 양수인이나 전용실시권을 설정받은 자 등과 같이 해당 통상실시권의 설정에 관하여 통상실시권자의 지위와 양립할 수 없는 법률상 지위를 취득한 경우 등 통상실시권의 설정에 관한 등록의 흠결을 주장함에 정당한 이익을 가지는 제3자에 한하고, 통상실시권을 침해한 사람은 여기서 말하는 제3자에 해당하지 않는다.[26]

---

23) 묵시적 성립을 인정한 사안으로 대법원 2012. 7. 12. 선고 2012후740 판결[1인 주주인 소외 2가 대표이사이던 소외 회사가 묵시적으로 전 특허권자인 소외 1(소외 2의 처)로부터 특허발명의 실시허락을 받았다고 인정한 사안], 특허법원 2010. 5. 12. 선고 2009허9082 판결(회사가 그 대표이사로부터 묵시적으로 특허발명의 실시허락을 받았다고 인정한 사안, 심리불속행 상고기각 확정) 등이 있다.

24) 특허법원 2004. 2. 6. 선고 2003허6081 판결(대리점계약에서 계약 종료 후에는 등록특허를 실시할 수 없다고 규정하고 있는 내용을 근거로 통상실시권을 인정한 사안, 상고기각 확정).

25) 상표권에 관한 대법원 2021. 10. 14. 선고 2019다270132(본소), 2019다270149(반소) 판결 참조.

26) 특허법원 2018. 8. 24. 선고 2017나2004, 2011(병합) 판결(미상고 확정), 특허법원 2018. 8. 24. 선고 2017나2004, 2011(병합) 판결(미상고 확정). 저작권에 관하여 선고된 대법원 2006.

통상실시권을 등록한 경우에는 그 등록 후에 특허권 또는 전용실시권을 취득한 자에 대해서도 그 효력이 발생한다(제118조 제1항).

한편 제81조의3(특허료의 추가납부 또는 보전에 의한 특허출원과 특허권의 회복 등) 제5항, 제103조(선사용에 의한 통상실시권), 제104조(무효심판청구 등록 전의 실시에 의한 통상실시권), 제105조(디자인권의 존속기간 만료 후의 통상실시권), 제122조(질권행사 등으로 인한 특허권의 이전에 따른 통상실시권), 제182조(재심에 의하여 회복한 특허권에 대한 선사용자의 통상실시권), 제183조(재심에 의하여 통상실시권을 상실한 원권리자의 통상실시권) 및 발명진흥법 제10조 제1항에 따른 통상실시권은 등록이 없더라도 등록에 따른 효력이 발생한다(제118조 제2항).

통상실시권은 당사자 사이에 약정으로 발생하는 것이 대부분이지만 특허법에서 법정실시권, 강제실시권을 인정한다. 이에 대해서는 「제8장 특허권의 설정등록 · 존속기간 · 효력 제3절 특허권의 효력 제한 III. 법정실시권 · 강제실시권에 의한 제한」에서 설명하였다.

특허청장은 특허권자 또는 통상실시권자에게 특허발명의 실시 여부 및 그 규모 등에 관하여 보고하게 할 수 있다(제125조).

2 설정의 금지 및 제한

통상실시권이 공유인 경우에는, 각 공유자는 다른 공유자 모두의 동의를 받아야만 그 지분을 양도하거나 그 지분을 목적으로 하는 질권을 설정할 수 있고, 각 공유자는 계약으로 특별히 약정한 경우를 제외하고는 다른 공유자의 동의를 받지 아니하고 그 특허발명을 자신이 실시할 수 있다(제102조 제7항, 제99조 제2항 및 제3항).

통상실시권은 채권에 불과하기 때문에 특허권자가 통상실시권을 허락하였더라도 달리 약정이 없는 한 통상실시권이 미치는 범위에서 특허발명을 실시할 수 있고 전용실시권을 설정하거나 별도의 다른 통상실시권을 허락할 수 있다.

제107조의 통상실시권 설정의 재정에 따른 통상실시권은 실시사업과 함께 이전하는 경우에만 이전할 수 있다(제102조 제3항). 제138조, 실용신안법 제32조 또는 디자인보호법 제123조의 각 통상실시권 허락의 심판에 따른 통상실시권은 그 통상실시권자의 해당 특허권 · 실용신안권 또는 디자인권과 함께 이전되고, 해당 특허권 · 실용신안권 또는 디자인권이 소멸되면 함께 소멸된다(제102조 제4항).

---

7. 13. 선고 2004다10756 판결 참조.

위 제102조 제3항 및 제4항에 따른 통상실시권 외의 통상실시권은 실시사업과 함께 이전하는 경우 또는 상속이나 그 밖의 일반승계의 경우를 제외하고는 특허권자(전용실시권에 관한 통상실시권의 경우에는 특허권자 및 전용실시권자)의 동의를 받아야만 이전할 수 있다(제102조 제5항).

전용실시권자는 특허권자의 동의를 받아야만 통상실시권을 허락할 수 있다(제100조 제4항).

특허권자는 제100조 제4항에 따른 통상실시권자, 제102조 제1항에 따른 통상실시권자, 발명진흥법 제10조 제1항에 따른 통상실시권자[27]의 동의를 받아야만 특허권을 포기할 수 있고, 전용실시권자는 제100조 제4항에 따른 통상실시권자의 동의를 받아야만 전용실시권을 포기할 수 있다(제119조 제1항, 제2항).

위 제102조 제3항 및 제4항에 따른 통상실시권 외의 통상실시권은 특허권자(전용실시권에 관한 통상실시권의 경우에는 특허권자 및 전용실시권자)의 동의를 받지 아니하면 그 통상실시권을 목적으로 하는 질권을 설정할 수 없고(제102조 제6항), 통상실시권자는 질권자의 동의를 받아야만 통상실시권을 포기할 수 있다(제119조 제3항).

그 외 통상실시권은 특허권의 존재와 범위를 전제로 하여 그 범위를 넘을 수 없으므로 특허권의 효력이 제한되는 경우(예컨대 제98조 등)에 해당 통상실시권의 효력도 제한된다.

통상실시권을 포기하였을 경우에는 그때부터 소멸되나(제120조), 이를 등록하여야만 제3에게 대항할 수 있다(제118조 제3항).

3 내용

가. 통상실시권자의 지위

통상실시권자는 특허법에 따라 또는 설정행위로 정한 범위 내에서 특허발명을 업으로서 실시할 수 있는 권리를 가진다(제102조 제2항).

설정행위에서 정하는 통상실시권의 범위는 전용실시권의 대상이 되는 기간, 지역, 수량, 실시 태양, 적용 대상 등이다.

통상실시권은 특허권자 또는 특허권자의 동의를 얻은 전용실시권자만이 설정하여 줄 수 있을 뿐이고 특허권자 또는 전용실시권자의 동의 없이 통상실시권자가 다시 제3

27) 대법원 2015. 1. 15. 선고 2012다4763 판결은 국내에서 맺어진 근로계약에 따라 완성된 직무발명에 기초하여 외국에서 등록되는 특허권 등에 관하여도 사용자가 통상실시권을 가진다고 하였다.

자에게 통상실시권을 설정하여 줄 수 없다.[28]

통상실시권은 등록을 하지 않아도 그 효력이 발생하나, 통상실시권의 설정 · 이전 · 변경 · 소멸 또는 처분의 제한, 통상실시권을 목적으로 하는 질권의 설정 · 이전 · 변경 · 소멸 또는 처분의 제한에 해당하는 사항을 등록하여야만 제3자에게 대항할 수 있다(제118조 제3항). 여기서 등록하지 아니하면 제3자에게 대항할 수 없다고 할 때의 제3자란 통상실시권 설정 후 특허권의 양수인이나 전용실시권을 설정받은 자 등과 같이 해당 통상실시권의 설정에 관하여 통상실시권자의 지위와 양립할 수 없는 법률상 지위를 취득한 경우 등 통상실시권의 설정에 관한 등록의 흠결을 주장함에 정당한 이익을 가지는 제3자에 한하고, 통상실시권을 침해한 사람은 여기서 말하는 제3자에 해당하지 않는다.[29]

전용실시권자로부터 통상실시권을 부여받은 통상실시권자가 전용실시권자로부터 특허 실시에 관한 권한을 부여받지 않은 채 제3자에게 그 실시권을 부여하여 제3자가 위 통상실시권자에게 특허 실시료를 지급하고 영업하다가 전용실시권자로부터 손해배상청구소송을 제기당하였다면 통상실시권자가 전용실시권자로부터 특허 실시에 관한 권한을 부여받았다는 사정이 없는 한 자신의 의무이행이 불능상태에 빠지게 되므로, 이러한 경우 위 제3자로서는 통상실시권자와 체결한 약정을 해제하고 그 원상회복으로서 통상실시권자에게 지급한 특허 실시료의 반환을 구할 수 있다.[30]

나. 통상실시권자의 침해금지청구 및 손해배상청구의 가부에 관한 문제

비독점적 통상실시권자는 특허권을 배타적, 독점적으로 실시할 수 없고 단순히 특허권자에 대하여 자신이 그 특허권을 실시하는 것을 용인하여 줄 것을 요구할 수 있는 채권적 권리를 가질 뿐이므로 직접 다른 통상실시권자나 침해자를 상대로 금지청구나 손해배상청구를 할 수 없다.[31]

독점적 통상실시권자도 채권적인 성질을 가지는 점에서 비독점적 통상실시권자와 차이가 없으므로 직접 다른 통상실시권자나 침해자를 상대로 금지청구를 할 수 없지만 이때 독점적 통상실시권자가 특허권자의 금지청구권을 대위행사할 수 있는지에 대하여

---

28) 대법원 2006. 5. 12. 선고 2004후2529 판결, 대법원 2012. 4. 12. 선고 2012후177 판결, 대법원 2013. 2. 14. 선고 2010다91985 판결 참조.

29) 특허법원 2018. 8. 24. 선고 2017나2004, 2011(병합) 판결(미상고 확정), 특허법원 2018. 8. 24. 선고 2017나2004, 2011(병합) 판결(미상고 확정). 저작권에 관하여 선고된 대법원 2006. 7. 13. 선고 2004다10756 판결 참조.

30) 대법원 2013. 2. 14. 선고 2010다91985 판결.

31) 부산지방법원 2001. 11. 16. 선고 2000가합19444 판결(미항소 확정).

는 독점적 통상실시권의 성격을 어떻게 보느냐에 따라 다르다.

이에 대해서는 ① 독점적 통상실시권은 특허권자가 제3자에게 실시권을 허락하지 않는 것을 약정하고 있는 점을 제외하면 일반의 통상실시권과 본질적인 차이가 없어 특허권자는 독점적 통상실시권자에 대하여 제3자에게 실시권을 허락하지 않는다는 의무를 부담하는 데 불과하므로 특허권자가 침해행위를 방치하더라도 그로 인하여 실시권의 목적이 방해받지 않는다는 이유로 원칙적으로 대위행사를 부정하는 견해(부정설), ② 독점적 통상실시권은 일반의 통상실시권과 달리 특허권자가 제3자와의 관계에서 실시권자의 특허권실시 독점을 인정하는 권리이므로 제3자의 침해행위를 방치하면 실시권자는 제3자와의 관계에서 특허권실시를 독점할 수 없고 실시권의 목적을 달성할 수 없어 원칙적으로 특허권실시를 독점시켜 줄 권리 또는 계약 등에 의해 인정되는 침해배제를 청구할 수 있는 권리를 피보전채권으로 하여 금지청구권의 대위를 인정하되 예외적으로 특허권자가 약정에 반하여 제3자에게 또다시 실시권을 부여한 경우에는 대위청구를 할 수 없다는 견해(긍정설) 등이 있다.

대법원은 저작권법상의 독점적 이용허락과 관련하여 "저작권법은 특허법이 전용실시권제도를 둔 것과는 달리 침해정지청구권을 행사할 수 있는 이용권을 부여하는 제도를 마련하고 있지 아니하여, 이용허락계약의 당사자들이 독점적인 이용을 허락하는 계약을 체결한 경우라도 그 이용권자가 독자적으로 저작권법상의 침해정지청구권을 행사할 수는 없다."라고 한 것이 있는데 위 내용 중 '저작권법은 특허법이 전용실시권제도를 둔 것과는 달리 침해정지청구권을 행사할 수 있는 이용권을 부여하는 제도를 마련하고 있지 아니하여…'라고 판시함으로써 저작권법과는 달리, 전용실시권 제도를 둔 특허법에서는 독점적 통상실시권자에게 침해금지청구의 대위행사를 인정하지 않겠다는 문언으로 이해될 여지가 있다.

독점적 통상실시권의 경우에 관해서 학설로서도 부정설이 다수설이지만 1심 판결 중에 원칙적으로 인정되지 않는다고 하면서 예외적으로 채권자대위권을 인정한 사례[32]가 있다.

---

32) 서울중앙지방법원 2005. 5. 19. 선고 2004가합56061(본소), 2004가합78573(반소) 판결(미항소 확정)은 "서비스표의 통상실시권은 서비스표권자에 대하여 통상실시권자의 서비스표 이용을 수인할 것을 요구하는 채권적 권리에 불과하므로, 제3자에 의하여 서비스표가 무단으로 실시되는 경우에도, 제3자의 서비스표권 침해행위에 대하여 직접 그 실시금지를 청구할 수 없고, 또한 일반적으로 통상실시권자가 자신의 서비스표 실시권을 행사하기 위하여 제3자에 의한 서비스표 실시를 반드시 금지시켜야만 하는 법률관계가 성립한다고 볼 수 없어 채권자대위권의 행사 요건인 채권자의 특정채권을 보전하기 위하여 채무자의 제3채무자에 대한 특정채권을 행사하여야만 하는 견련관계가 인정되는 경우에 해당한다고 볼 수도 없으므로, 서비스표권자를 대위하여 침해행위를 한 제3자에게 그 실시금지를 구할 수도 없으나, 위와 같은 경우라 하더

다음으로 독점적 통상실시권자가 직접 침해자를 상대로 손해배상청구를 할 수 있는지에 대하여, 실무는 이를 긍정한 사례가 있는데 그 논리로서 독점적 통상실시권자가 그 독점적 지위에 기하여 시장에서 이익을 얻고 있는 경우에 그 이익은 법적으로 보호할 가치가 있다거나 그 독점적 통상실시권자에 대한 적극적 채권침해를 이유로 침해자에 대하여 고유의 손해배상청구가 인정된다는 점을 들고 있다.33)

한편 독점적 통상실시권의 경우에 특허권자의 손해배상청구권을 대위행사할 수 있는지에 대하여도 이를 긍정하는 견해와 부정하는 견해가 있으나 결국 채권자 대위행사 요건의 충족 여부에 따라 결정될 문제로 보인다.34)

라도 예외적으로 채권자가 보전하려는 권리와 대위하여 행사하려는 채무자의 권리가 서로 밀접하게 관련되어 있고 채권자가 채무자의 권리를 대위하여 행사하지 않으면 자기 채권의 완전한 만족을 얻을 수 없게 될 위험이 있어서 자기 채권의 현실적 이행을 유효 · 적절하게 확보하기 위해서는 채무자의 권리를 대위하여 행사하는 것이 필요한 경우에는, 채권자대위권의 행사가 채무자의 자유로운 재산관리행위에 대한 부당한 간섭이 된다는 등의 특별한 사정이 없는 한, 채권자는 채무자의 권리를 대위하여 행사할 수 있다."라고 하였다.

33) 대법원 2006. 9. 8. 선고 2004다55230 판결은 "원심이…원고가 ○○써비스와의 독점판매계약을 통하여 보수용 유리에 관한 독점적 판매권을 취득하였고, 피고 유리생산업자들은 부품거래계약에 의하여 피고 ○○자동차를 통하여 ○○써비스에게만 보수용 유리를 공급하게 되어 있어, 결국 피고 유리생산업자들에 의하여 제조되는 ○○자동차 보수용 유리는 원고에게 공급되어 원고를 통하여서만 전국에 판매할 수 있도록 계약체계가 형성되어 있고, 피고 유리생산업자들은 이러한 계약체계의 한 당사자로서 이러한 사정을 잘 알고 있었음에도 원고의 고소 및 소 제기 등에 불만을 품고 독점판매권을 가진 원고를 보수용 유리의 유통망에서 배제하기 위하여 피고 ○○자동차에 대한 보수용 유리의 공급을 중단하였는바, 피고 유리생산업자들의 위와 같은 행위는 앞서 본 판단 기준에 비추어 볼 때 거래의 공정성과 건전성을 해하는 위법한 행위로 평가되므로, 피고 유리생산업자들은 이로 인하여 원고가 입은 손해를 배상할 책임이 있다고 판단하는…"내용이 정당하다고 하였다.

또한, 대법원 2011. 6. 9. 선고 2009다52304, 52311 판결은 "원심이 그 판시와 같은 여러 사정을 종합하여 피고가 원고 ○○○이 이 사건 제2 이용허락계약에 기하여 원고 ◇◇◇에 대하여 가지는 채권을 해한다는 사정을 알면서 △△△온라인시스템의 소스코드를 이용했다고 단정할 수 없어 채권침해의 위법성이 인정된다고 보기 어렵다는 이유로 원고 ○○○의 손해배상청구를 받아들이지 아니한 것은 정당하고, 거기에 상고이유로 주장하는 제3자의 채권 침해에 관한 법리오해 등의 위법이 없다."라고 하였는데 위 제2 이용허락계약에서 채권적 권리인 독점, 배타적인 영업권이 인정되고 있던 사안이었다.

34) 소극적인 견해는 독점적 통상실시권자가 특허권자의 손해배상청구권을 대위하여 행사함은 특정채권의 보전을 위한 채권자대위권행사를 허용하는 유형에 부합한다고 보기 어렵고, 대법원 2001. 5. 8. 선고 99다38699 판결이 들고 있는 채권자의 채무자 권리 대위행사 요건을 충족하기 어려움을 이유로 한다. 특허법 주해 II, 박영사(2018), 167(이해완 집필부분). 다만 후자의 이유와 관련하여 그 대위행사 요건을 충족한다는 이유로 채권자대위권을 인정한 사례로 서울중앙지방법원 2005. 5. 19. 선고 2004가합56061(본소), 2004가합78573(반소) 판결(미항소 확정)이 있다.

다. 통상실시권을 설정한 특허권자 또는 전용실시권자의 지위

통상실시권은 전용실시권과 달리 채권적인 권리이므로 특허권자 또는 전용실시권자는 통상실시권 설정 후라도 스스로 실시할 수 있고 같은 내용의 통상실시권을 다른 이에게 설정할 수 있으며 특허권자가 전용실시권을 설정할 수도 있다.

통상실시권을 설정한 특허권자 또는 전용실시권자는, 통상실시권자가 설정행위로 정한 범위에서 특허발명의 실시를 용인할 의무가 있고, 통상실시권 설정 후 특허권자가 타인에게 전용실시권을 설정해 줌으로써 등록되어 있지 아니한 통상실시권자가 전용실시권의 금지적 효력에 따라 특허발명을 실시할 수 없게 된다면 특허권자에게 채무불이행에 따른 손해배상 등을 청구할 수 있다.

통상실시권이 설정된 경우에는 특별한 사정이 없는 한 특허권자가 특허발명의 실시에 아무런 제한이 없으므로 제3자에게 금지권을 행사할 수 있다.

특허권자는 통상실시권자를 위해 특허권을 침해한 자에 대해 특허실시 금지나 손해배상청구를 할 수 있는데, 더 나아가 특허권자가 독점적 통상실시권자를 위해 제3자의 침해를 배제할 의무(침해금지청구를 하여야 할 의무)가 있는지에 대하여, 독점적 통상실시권도 통상실시권의 일종인 이상 실시계약만으로 특허권자의 방해배제의무가 당연히 인정된다고 보기 어렵고 실시계약에서 특허권자의 방해배제의무에 관한 특약이 있어야 인정된다는 견해,[35] 독점적 통상실시권자는 제3자가 특허권자로부터 허락을 받아 중복적으로 실시함으로써 자신과 경쟁하는 사태는 물론이고 제3자가 무단으로 등록특허를 실시하여 자신과 경쟁하는 사태 역시 배제되기를 희망하는 것이 당연하므로 특허권자가 제3자의 침해를 배제할 의무를 진다는 견해[36]가 있다.

4 소멸

통상실시권은 설정행위로 정해진 존속(실시)기간의 만료, 통상실시권 설정계약의 해제 또는 해지, 특허권의 소멸(존속기간 만료 및 제106조 등, 다만 제119조 제1항에 따라 제100조 제4항 · 제102조 제1항 · 발명진흥법 제10조 제1항에 따른 각 통상실시권자의 동의가 필요함), 통상실시권의 포기(다만 제조 제3항에 따라 질권자의 동의가 필요함), 상속인의 부존재(제124조 제1항), 권리의 혼동(민법 제191조 제1항)으로 소멸한다.

통상실시권의 소멸은 등록하여야만 제3자에게 대항할 수 있다(제118조 제3항).

---

35) 권택수, "통상실시권의 효력과 관련한 몇 가지 문제(특히 금지청구권 및 손해배상청구권의 행사 등과 관련하여)", 특허법원 개원 10주년 기념논문집[특허소송연구 특별호(2008)], 484.
36) 특허법 주해 II, 박영사(2018), 163(이해완 집필부분).

Ⅳ. 관련 문제

[1] 특허권자가 특허 실시권 설정등록 후 행정소송으로 등록처분의 취소를 청구할 수 있는지(소극)

특허청장이 특허에 관한 실시권 설정등록을 거부한 처분에 대하여 특허법에 달리 특별한 불복절차가 마련되어 있지 아니하므로 원칙적으로 행정소송절차를 통하여 그 거부처분의 취소를 청구할 수 있다.

그런데 특허청장이 일단 등록신청을 수리하여 실시권 설정등록을 마친 경우에는, 설사 등록신청절차에 하자가 있어 「특허권 등의 등록령」 제29조 제1항 제2호 내지 제8호의 어느 하나에 해당하는 등록신청 등의 반려사유가 있더라도(제1호에 해당하는 사유가 있어 등록이 당연히 그리고 절대적으로 무효임이 그 등록 자체에 의하여 명백한 경우는 별론으로 하고), 특허권자가 민사소송절차를 통하여 실시권자를 상대로 위와 같은 사유를 들어 특허 실시권 설정등록 말소등록절차의 이행을 청구할 수 있을 뿐, 행정소송절차를 통하여 특허청장을 상대로 그 등록처분의 취소를 청구할 수는 없다.[37)]

[2] 특허 실시권 설정계약 체결 이후 계약 대상인 특허가 무효로 확정된 경우, 특허권자가 실시권자로부터 이미 지급받은 특허 실시료 중 특허 실시계약이 유효하게 존재하는 기간에 상응하는 부분을 부당이득으로 반환할 의무가 있는지 여부(원칙적 소극)

특허발명 실시계약이 체결된 이후에 계약 대상인 특허가 무효로 확정되면 특허권은 제133조 제3항의 규정(같은 조 제1항 제4호의 경우 제외)에 따라 처음부터 없었던 것으로 간주된다. 그러나 특허발명 실시계약에 의하여 특허권자는 실시권자의 특허발명 실시에 대하여 특허권 침해로 인한 손해배상이나 금지 등을 청구할 수 없게 될 뿐만 아니라 특허가 무효로 확정되기 이전에 존재하는 특허권의 독점적 · 배타적 효력에 의하여 제3자의 특허발명 실시가 금지되는 점에 비추어 보면, 특허발명 실시계약의 목적이 된 특허발명의 실시가 불가능한 경우가 아닌 한 특허무효의 소급효에도 불구하고 그와 같은 특허를 대상으로 하여 체결된 특허발명 실시계약이 계약 체결 당시부터 원시적으로 이행불능 상태에 있었다고 볼 수는 없고, 다만 특허무효가 확정되면 그때부

---

37) 대법원 1991. 8. 13. 선고 90누9414 판결 참조.

터 특허발명 실시계약은 이행불능 상태에 빠지게 된다고 보아야 한다.

따라서 특허 실시계약 체결 이후에 등록특허가 무효로 확정되었더라도 특허 실시계약이 원시적으로 이행불능 상태에 있었다거나 그 밖에 특허 실시계약 자체에 별도의 무효사유가 없는 한 특허권자가 특허 실시계약에 따라 실시권자로부터 이미 지급받은 특허 실시료 중 특허 실시계약이 유효하게 존재하는 기간에 상응하는 부분은 실시권자에게 부당이득으로 반환할 의무가 없다.[38)]

3 특허 실시권 설정계약 체결 이후 계약 대상인 특허가 무효로 확정된 경우, 착오를 이유로 특허 실시권 설정계약을 취소할 수 있는지 여부 (원칙적 소극)

특허는 성질상 특허등록이 되더라도 무효로 될 가능성이 내재되어 있다는 점을 고려하면 특허 실시계약 체결 이후에 계약 대상인 특허의 무효가 확정되었더라도 특허의 유효성이 계약 체결의 동기로 표시되었고 그것이 법률행위 내용의 중요부분에 해당하는 등의 사정이 없는 한, 착오를 이유로 특허 실시계약을 취소할 수 없다.[39)]

38) 대법원 2014. 11. 13. 선고 2012다42666, 42673 판결 참조.
39) 대법원 2014. 11. 13. 선고 2012다42666, 42673 판결 참조.

제4절 담보권 설정

특허권도 재산권의 일종이므로 질권의 대상이 되고 기업 설비 등과 함께 저당권의 목적이 되기도 하며 양도담보의 대상이 되기도 한다. 이러한 담보권 설정은 실시권제도와 함께 특허권의 재산적 가치를 구현하고 이용을 촉진하는 역할을 한다.

I. 질권

1 의의 · 설정의 제한

질권이란 담보 제공된 동산 내지 재산권을 채무의 변제를 받을 때까지 유치함으로써 채무의 변제를 간접적으로 강제하는 동시에, 변제가 없으면 그 담보 제공된 동산 내지 재산권으로부터 우선적으로 변제를 받는 것을 말한다(민법 제329조, 민법 제345조 참조). 특허권 및 그 전용실시권, 통상실시권은 양도성이 있는 재산권이고 환가성이 있으므로 권리질권 설정의 대상이 될 수 있다.

특허권자, 전용실시권자 또는 통상실시권자는 특허권, 전용실시권 또는 통상실시권을 목적으로 하는 질권을 설정할 수 있으나(제121조 참조), 아래와 같은 제한이 있다.

특허권이 공유인 경우에는 각 공유자는 다른 공유자 모두의 동의를 받아야만 그 지분을 목적으로 하는 질권을 설정할 수 있다(제99조 제2항).

전용실시권자는 특허권자의 동의를 받아야만 그 전용실시권을 목적으로 하는 질권을 설정할 수 있고(제100조 제4항), 제102조 제3항 및 제4항에 따른 통상실시권 외의 통상실시권은 특허권자(전용실시권에 관한 통상실시권의 경우에는 특허권자 및 전용실시권자를 말한다)의 동의를 받아야만 그 통상사용권을 목적으로 하는 질권을 설정할 수 있다(제102조 제6항).

특허권을 목적으로 하는 권리질권의 설정은 법률에 다른 규정이 없으면 그 권리의 양도에 관한 방법에 의하여야 한다(민법 제346조).

질권은 특허권 전체의 재산적 가치를 환가함에 대비한 것이므로 특허권 일부에 대해 질권을 설정하는 것은 허용되지 않는다.

특허로 설정되기 전의 특허등록출원 단계에서 인정되는 특허를 받을 수 있는 권리는 질권의 목적으로 할 수 없다(제37조 제2항).

특허권 또는 전용실시권을 목적으로 하는 질권의 설정 · 이전(상속이나 그 밖의 일반

승계에 의한 경우는 제외한다) · 변경 · 소멸(혼동에 의한 경우는 제외한다) 또는 처분의 제한에 관한 사항은 등록하여야만 효력이 발생하고(제101조 제1항 제3호), 통상실시권을 목적으로 하는 질권의 설정 · 이전 · 변경 · 소멸 또는 처분의 제한은 이를 등록하여야만 제3자에게 대항할 수 있다(제118조 제3항).

2 내용

특허권 · 전용실시권 또는 통상실시권을 목적으로 하는 질권이 설정되는 경우 그 질권으로 담보되는 채권의 범위는 설정계약에서 정한 바에 따른다. 법적 성질이 민법상 권리질권에 해당하므로 피담보채권의 범위는 다른 약정이 없다면 원본, 이자, 위약금, 질권실행의 비용, 채무불이행으로 인한 손해배상 등에 미친다(민법 제355조, 민법 제334조 본문). 담보물권의 공통적인 성질인 불가분성에 따라 피담보채권의 전부가 변제되지 않는 한 특허권 · 전용실시권 또는 통상실시권을 목적으로 하는 질권의 효력은 그 특허권 · 전용실시권 또는 통상실시권 전체에 대해 존속한다.

특허권 · 전용실시권 또는 통상실시권을 목적으로 하는 질권을 설정하였을 때에는 질권자는 계약으로 특별히 정한 경우를 제외하고는 해당 특허발명을 실시할 수 없다(제121조).

특허권 · 전용실시권 또는 통상실시권을 목적으로 하는 질권은 민사집행법 제251조가 정하는 그 밖의 재산권을 목적으로 하는 담보권에 해당하므로 그 질권의 실행도 그 밖의 재산권을 목적으로 하는 강제집행에 준하여 민사집행법 제241조(특별한 현금화 방법)가 적용된다.

민법상의 저당권과 마찬가지로 질권에 대한 물상대위가 인정되어 질권은 특허법에 따른 보상금이나 특허발명의 실시에 대하여 받을 대가나 물건에 대해서도 행사할 수 있다. 다만, 그 지급 또는 인도 전에 그 대가나 물건을 압류하여야 한다(제123조). 압류의 시기를 제한하는 이유는 실시료 등을 채무자(특허권자 등 질권의 목적물의 소유자)가 받은 후에는 채무자의 재산과 혼동되어 구별할 수 없게 되므로 질권 실행이 어렵게 되고 다른 채권자의 이익을 해할 우려도 있기 때문이다.

질권자가 금전이나 물건의 인도청구권을 압류하기 전에 담보목적물 소유자가 인도청구권에 기하여 금전 등을 수령한 경우 질권자는 더는 물상대위권을 행사할 수 없다.[40]

---

40) 대법원 2015. 9. 10. 선고 2013다216273 판결 참조.

이때 압류를 반드시 질권자가 하여야 하는지와 관련하여 다툼의 여지가 있으나, 이미 제3자가 압류하여 금전 또는 물건이 특정된 이상 담보권자가 스스로 이를 압류하지 않고서도 배당요구를 하는 방법으로 물상대위권을 행사하여 일반 채권자보다 우선변제를 받을 수 있고,[41] 나아가 이때 그 행사방법 및 효력에 대해, 민사집행법 제273조[42]에 따라 담보권의 존재를 증명하는 서류를 집행법원에 제출하여 채권압류 및 전부명령을 신청하거나 민사집행법 제247조 제1항[43]에 따라 배당요구를 하는 방법에 의하여야 하고 이는 늦어도 민사집행법 제247조 제1항 각 호 소정의 배당요구의 종기까지 하여야 하며 그 이후에는 물상대위권자로서의 우선변제권을 행사할 수 없다.[44]

다음으로 이와 관련하여 물상대위권을 행사하지 않은 담보권자의 부당이득반환청구가 인정될 것인지가 문제이다.

물상대위권을 행사하지 아니한 담보권자가 할 수 있는 부당이득반환청구 중 담보목적물 소유자를 상대로 한 부당이득반환청구는 인정되고,[45] 그중 대위목적채권에 관한 배당절차에서 배당받은 일반채권자들을 상대로 한 부당이득반환청구는 부정되며,[46] 나머지 청구 중 대위목적채권의 양수인 또는 전부채권자를 상대로 하여 부당이득반환청구를 하는 경우에 관하여 부당이득반환청구를 인정하는 견해가 있으나 아직까지 우리나라에서는 판례가 없는 듯하다. 관련하여 민사집행법상으로는 배당받을 권리 있는 채권자가 자신이 배당받을 몫을 받지 못하고 그로 인해 권리 없는 다른 채권자가 그

41) 대법원 2003. 3. 28. 선고 2002다13539 판결, 대법원 2010. 10. 28. 선고 2010다46756 판결 등.

42) ① 채권, 그 밖의 재산권을 목적으로 하는 담보권의 실행은 담보권의 존재를 증명하는 서류(권리의 이전에 관하여 등기나 등록을 필요로 하는 경우에는 그 등기사항증명서 또는 등록원부의 등본)가 제출된 때에 개시한다. ② 민법 제342조에 따라 담보권설정자가 받을 금전, 그 밖의 물건에 대하여 권리를 행사하는 경우에도 제1항과 같다. ③ 제1항과 제2항의 권리실행절차에는 제2편 제2장 제4절 제3관의 규정을 준용한다.

43) ① 민법·상법, 그 밖의 법률에 의하여 우선변제청구권이 있는 채권자와 집행력 있는 정본을 가진 채권자는 다음 각 호의 시기까지 법원에 배당요구를 할 수 있다.
1. 제3채무자가 제248조 제4항에 따른 공탁의 신고를 한 때
2. 채권자가 제236조에 따른 추심의 신고를 한 때
3. 집행관이 현금화한 금전을 법원에 제출한 때

44) 실무는 압류 또는 배당요구와 같은 물상대위권을 행사하지 아니한 경우에 담보권의 효력이 당연히 대위목적채권에 미친다거나 담보권자가 대위목적채권에 관하여 채권질권자에 유사한 우선적 지위를 가진다고 할 수 없다고 본다. 대법원 1998. 9. 22. 선고 98다12812 판결, 대법원 2000. 5. 26. 선고 98다22062 판결, 대법원 2003. 3. 28. 선고 2002다13539 판결, 대법원 2010. 10. 28. 선고 2010다46756 판결 등 참조.

45) 대법원 1975. 4. 8. 선고 73다29 판결, 대법원 2009. 5. 14. 선고 2008다17656 판결.

46) 대법원 1999. 5. 14. 선고 98다62688 판결, 대법원 2002. 10. 11. 선고 2002다33137 판결.

몫을 배당받은 경우, 배당이의 여부 또는 배당표의 확정 여부와 관계없이 배당받을 수 있었던 채권자가 배당금을 수령한 다른 채권자를 상대로 부당이득반환 청구를 할 수 있다.[47]

특허권자는 질권자의 동의를 받아야만 특허권을 포기할 수 있고(제119조 제1항 제2호), 전용실시권자는 질권자 또는 제100조 제4항에 따른 통상실시권자의 동의를 받아야만 전용실시권을 포기할 수 있으며(제119조 제2항), 통상실시권자는 질권자의 동의를 받아야만 통상실시권을 포기할 수 있다(제119조 제3항).

특허권자(공유인 특허권을 분할청구한 경우에는 분할청구를 한 공유자를 제외한 나머지 공유자를 말한다)는 특허권을 목적으로 하는 질권설정 또는 공유인 특허권의 분할청구 이전에 그 특허발명을 실시하고 있는 경우에는 그 특허권이 경매 등에 의하여 이전되더라도 그 특허발명에 대하여 통상실시권을 가진다. 이 경우 특허권자는 경매 등에 의하여 특허권을 이전받은 자에게 상당한 대가를 지급하여야 한다(제122조).

3 소멸

질권은 질권자가 포기하거나, 채권의 변제, 질권의 행사, 설정계약의 해제, 특허권 · 전용실시권 또는 통상실시권의 소멸 등으로 소멸한다.

질권의 포기에는 소급효가 인정되지 않아 장래를 향해서만 그 효력이 있다.

특허권 또는 전용실시권을 목적으로 하는 질권의 경우 소멸(혼동에 의한 경우는 제외한다)은 그 등록을 하여야만 효력이 발생하므로(제101조 제1항 제3호), 특허권 또는 전용실시권을 목적으로 하는 질권의 포기는 포기에 따른 등록말소를 한 때부터 효력이 발생한다. 반면에 통상실시권을 목적으로 하는 질권의 소멸은 등록과 관계없이 효력이 발생하지만 이를 등록하여야만 제3자에게 대항할 수 있다(제118조 제3항).

II. 저당권

저당권은 채무자 또는 제3자(물상보증인)가 채무의 담보로 제공한 부동산 기타의 목적물의 점유를 이전하지 아니하고 채무변제가 없는 경우에 채무의 담보로 제공한 부동산에 대하여 다른 채권자보다 자기채권의 우선변제를 받는 담보물권이다(민법 제356조).

---

47) 대법원 2019. 7. 18. 선고 2014다206983 전원합의체 판결(종전 법리가 유지되었다).

특허권에 대해 단독으로 저당권이 설정될 수 없으나 기업의 설비 기타의 재산을 일괄해서 저당권의 목적으로 하는 제도인 공장재단 또는 광업 재단 등의 재단저당 제도 하에서는 특허권도 다른 지식재산권과 함께 재단의 구성부분으로서 그 전부 또는 일부가 저당권의 대상이 될 수 있다(공장 및 광업재단 저당법 제13조 제1항 제6호, 제23조, 제53조 제6호, 제54조).

III. 양도담보

양도담보란 채권담보의 목적으로 물건의 소유권 또는 기타의 재산권을 채권자에게 이전하고 채무자가 변제하지 않는 경우에 채권자가 그 목적물로부터 우선변제를 받으나, 채무자가 변제하는 경우에는 대상물을 설정자인 소유자에게 반환하는 방법에 의한 담보물권을 말한다.

특허권의 양도담보는 특허권자가 채권을 담보하기 위하여 특허권을 양도하는 형식으로 이루어진다.

양도담보의 발현 형태는 다양하지만, 대표적인 형태는 특허권자가 담보권자에게 특허권을 이전등록하면서 특허발명을 계속 실시하기 위하여 담보권자로부터 전용실시권 등의 사용권 설정을 받는 경우이거나 특허권자가 담보권자에게 특허권을 이전등록하지는 않고 채권담보만을 위하여 특허권을 양도하면서 실시할 수 있는 권리를 유보하는 합의를 하는 경우이다.

양도담보에 관한 내용은 민법상의 일반 양도담보의 내용과 같다.

특허권을 채권자 앞으로 채권담보 목적으로 이전등록하는 경우에 원칙적으로 채권자와 이전등록 명의인이 동일인이 되어야 하지만, 채권자 아닌 제3자를 등록명의인으로 하는 데 대하여 채권자, 채무자 및 제3자 사이에 합의가 있고 나아가 제3자에게 그 채권이 실질적으로 귀속되었다고 볼 수 있는 특별한 사정이 있거나, 거래 경위에 비추어 제3자 명의의 특허권 이전등록이 한낱 명목에 그치는 것이 아니라 그 제3자도 채무자로부터 유효하게 채권을 변제받을 수 있고 채무자도 채권자나 등록명의인인 제3자 중 누구에게든 채무를 유효하게 변제할 수 있는 관계 즉, 채권자와 제3자가 불가분적 채권자의 관계에 있다고 볼 수 있는 경우에는, 그 제3자 앞으로 한 채권담보 목적의 특허권 이전등록도 유효하다.[48]

---

48) 디자인권에 관한 대법원 2008. 5. 15. 선고 2007다55811, 55828 판결 참조.

제5절 특허권의 소멸

I. 의의

특허권의 소멸이라 함은 설정등록에 따라 유효하게 발생한 특허권이 일정한 사실의 발생으로 그 효력을 상실함을 말한다.

특허권의 소멸은 소멸원인이 소멸의 효과가 장래에 향하여 발생하는 경우와 소멸의 효과가 소급하는 경우로 나눌 수 있다.

II. 소멸효과가 장래에 향하여 발생하는 경우

1 존속기간 만료

특허권은 설정등록에 의하여 발생하므로 그 존속기간이 지나면 소멸하지만 사적 재산권의 하나인 특성상 사적 재산권과 같은 원인으로 소멸한다.

특허권의 존속기간은 제87조 제1항에 따라 특허권을 설정등록한 날부터 특허출원일 후 20년이 되는 날까지이다(제88조 제1항).

정당한 권리자의 특허출원이 제34조 또는 제35조에 따라 특허된 경우에는 특허권의 존속기간은 무권리자의 특허출원일의 다음 날부터 기산한다(제88조 제2항).

허가 등이나 등록지연에 따른 특허권의 존속기간의 연장에 대하여는 「제8장 특허권의 설정등록 · 존속기간 · 효력 제1절 설정등록 · 존속기간 III. 존속기간의 연장」에서 설명하였다.

2 특허권의 포기

가. 의의

특허권의 포기란 특허권자가 자기의 특허권의 전부 또는 일부를 소멸시키는 일방적인 단독행위를 말한다.

특허권은 재산권의 일종이므로 포기할 수 있다. 국내에 주소 또는 영업소가 있는 자로부터 특허에 관한 절차를 밟을 것을 위임받은 대리인은 특허권의 포기에 대해 특별히 권한을 위임받아야만 특허권을 포기할 수 있다(제6조 제2호).

특허권의 포기는 특허발명에 무효원인이 있을 경우나 사업상의 필요나 특허료 부담 경감 등의 필요가 있을 때 이용된다.

나. 제한

특허권자의 포기로 인해 이해관계인에게 손해가 발생할 염려가 있으므로 특허권자는 전용실시권자, 질권자, 그리고 전용실시권자가 특허권자의 동의를 받아 전용실시권자로부터 통상실시권을 허락받은(제100조 제4항에 따른) 통상실시권자, 특허권자로부터 통상실시권을 허락받은(제102조 제1항에 따른) 통상실시권자, 직무발명(발명진흥법 제10조 제1항)에 따른 통상실시권자 모두의 동의를 받아야만 특허권을 포기할 수 있다(제119조 제1항).

전용실시권자는 질권자 또는 제100조 제4항에 따른 통상실시권자의 동의를 받아야만 전용실시권을 포기할 수 있고, 통상실시권자는 질권자의 동의를 받아야만 통상실시권을 포기할 수 있다(제119조 제2항, 제3항).

제119조에 위반된 경우에 절대적으로 무효가 되는 것이 아니라 각 항에 정한 이해관계인에게 대항하지 못하는 상대적인 무효이고, 이해관계인의 동의 없이 특허권 등의 포기로 인한 말소등록이 되었다고 하더라도 위 이해관계인은 위 말소등록의 회복을 구할 수 있다(특허권 등의 등록령 제27조 참조).

다. 내용

특허권이 공유인 경우에 공유자 중 일부는 다른 공유자의 동의 없이 자신의 지분을 포기할 수 있다.

특허권의 설정 및 소멸은 직권등록사항이나 포기에 따른 소멸은 제외되므로(특허권 등의 등록령 제14조 제1항 제1호), 등록명의인인 특허권자가 특허청장에 대하여 포기에 따른 특허권말소등록신청에 이해관계가 있는 제3자의 승낙서나 그에 대항할 수 있는 재판의 등본을 첨부하여 말소등록을 하여야 한다(특허권 등의 등록령 제7조 제2항, 제20조, 제43조).

특허권 · 전용실시권 · 통상실시권의 포기가 있는 때에는 특허권 · 전용실시권 · 통상실시권은 그때부터 소멸된다(제120조).

특허권의 포기는 특허권을 장래에 향하여 소멸시키는 것을 목적으로 하는 상대방 없는 단독행위이지만 그 포기에 따른 등록말소를 하여야만 그때부터 특허권 포기의 효력이 발생한다(제120조, 제101조 제1항 제1호). 전용실시권의 소멸(혼동에 의한 경우는 제외한다)도 등록말소를 하여야만 그때부터 포기의 효력이 발생하나(제101조 제1항 제2호),

통상실시권의 포기는 이를 등록하지 아니하더라도 효력이 생기고 다만 등록은 제3자에 대한 대항요건에 불과하다(제118조 제3항).

즉 포기의 효력발생시기에 대해, 특허권과 전용실시권의 포기는 포기를 원인으로 말소등록이 된 때이고, 통상실시권의 포기는 상대방인 특허권자나 전용실시권자에게 포기의 의사표시가 도달한 때이다.

특허권의 포기는 장래에 향하여 효력이 발생하고 소급효가 인정되지 않으므로 특허권의 포기가 있더라도 포기 전의 권리와 관련된 법률관계에는 영향이 없다.

따라서 특허권의 포기가 있더라도 포기 전의 특허권 효력 여부를 다투기 위해 무효심판청구 등을 제기할 수 있다.[49] 다만 특허출원의 선후관계를 정하는 선출원을 따질 경우에 특허출원이 포기된 때에는 출원 시에 소급하여 출원이 없었던 것으로 본다(제36조 제4항).

재심대상사건이 대법원에 계속 중 특허권이 일부 포기를 원인으로 일부 말소등록되었더라도 특허권의 일부 포기에 소급효가 없어 그에 대한 특허권이 소급적으로 변경되는 것은 아니므로, 그 포기가 있더라도 재심대상판결에는 민사소송법 제451조 제1항 제8호(판결의 기초가 된 민사나 형사의 판결, 그 밖의 재판 또는 행정처분이 다른 재판이나 행정처분에 따라 바뀐 때)에 해당되는 재심사유가 없다.[50]

3 상속인의 부존재

특허권의 상속이 개시된 때 상속인이 없는 경우에는 그 특허권은 소멸된다(제124조).

4 청산절차 진행 중인 법인의 이전등록 불이행

청산절차가 진행 중인 법인의 특허권은 법인의 청산종결등기일(청산종결등기가 되었더라도 청산사무가 사실상 끝나지 아니한 경우에는 청산사무가 사실상 끝난 날과 청산종결등기일부터 6개월이 지난 날 중 빠른 날로 한다. 이하 이 항에서 같다)까지 그 특허권의 이전등록을 하지 아니한 경우에는 청산종결등기일의 다음 날에 소멸된다(제124조 제2항).

특허권의 소멸원인 중 포기에 의한 소멸의 경우에만 이를 등록하지 아니하면 그 효력이 발생하지 아니하여(제101조 제1항 제1호) 특허원부에 특허권자인 법인에 대한 청산종결등기가 되었음을 이유로 특허권의 말소등록이 이루어졌다고 해도 이는 특허권

---

49) 대법원 1990. 9. 11. 선고 89후1769 판결.
50) 대법원 2010. 7. 22. 선고 2010재후19 판결 참조.

이 소멸하였음을 확인하는 사실적 · 확인적 행위에 지나지 않고 그 말소등록으로 비로소 특허권 소멸의 효력이 발생하는 것이 아니다. 따라서, 위와 같은 특허권 말소등록은 국민의 권리의무에 직접적으로 영향을 미치는 행위라고 할 수 없어서 특허권자인 법인에 대한 청산종결등기가 되었음을 이유로 한 특허권 말소등록행위는 항고소송의 대상이 될 수 없다.[51)]

III. 소멸효과가 소급하는 경우

[1] 추가납부기간 또는 보전기간 내의 특허료 불납

특허권의 설정등록을 받으려는 자 또는 특허권자는 제79조 제3항에 따른 특허료 납부기간이 지난 후에도 6개월 이내(이하 추가납부기간이라 한다)에 특허료를 추가로 낼 수 있는데, 위 추가납부기간에 특허료를 내지 아니한 경우(추가납부기간이 끝나더라도 제81조의2 제2항에 따른 보전기간이 끝나지 아니한 경우에는 그 보전기간에 보전하지 아니한 경우를 말한다)에는 특허권의 설정등록을 받으려는 자의 특허출원은 포기한 것으로 보며, 특허권자의 특허권은 제79조 제1항 또는 제2항에 따라 낸 특허료에 해당되는 기간이 끝나는 날의 다음 날로 소급하여 소멸된 것으로 본다(제81조 제1항, 제3항).

[2] 특허취소결정의 확정

누구든지 특허권의 설정등록일부터 등록공고일 후 6개월이 되는 날까지 그 특허가, 제29조(같은 조 제1항 제1호에 해당하는 경우와 같은 호에 해당하는 발명에 의하여 쉽게 발명할 수 있는 경우는 제외한다)에 위반된 경우(제1호), 제36조 제1항부터 제3항까지의 규정에 위반된 경우(제2호)의 어느 하나에 해당하는 경우에는 특허심판원장에게 특허취소신청을 할 수 있다. 이 경우 청구범위의 청구항이 둘 이상인 경우에는 청구항마다 특허취소신청을 할 수 있다(제132조의2 제1항).

---

51) 대법원 2015. 10. 29. 선고 2014두2362 판결. 또한 위 판결은 "상표법 제39조 제3항의 위임에 따른 특허권 등의 등록령(이하 등록령이라 한다) 제27조는 '말소한 등록의 회복을 신청하는 경우에 등록에 대한 이해관계가 있는 제3자가 있을 때에는 신청서에 그 승낙서나 그에 대항할 수 있는 재판의 등본을 첨부하여야 한다'고 규정하고 있는데, 상표권 설정등록이 말소된 경우에도 등록령 제27조에 따른 회복등록의 신청이 가능하고, 회복신청이 거부된 경우에는 그 거부처분에 대한 항고소송이 가능하다(대법원 2002. 11. 22. 선고 2000두9229 판결 등 참조)." 라고 한다.

심판관 합의체는 특허취소신청이 이유 있다고 인정되는 때에는 그 특허를 취소한다는 취지의 결정(이하 특허취소결정이라 한다)을 하여야 하는데(제132조의13 제1항), 특허취소결정이 확정된 때에는 그 특허권은 처음부터 없었던 것으로 본다(제132조의13 제3항).

3 특허무효심결 등의 확정

가. 특허무효심결의 확정

이해관계인(제133조 제1항 제2호 본문의 경우에는 특허를 받을 수 있는 권리를 가진 자만 해당한다) 또는 심사관은 특허가, i) 제25조, 제29조, 제32조, 제36조 제1항부터 제3항까지, 제42조 제3항 제1호 또는 같은 조 제4항을 위반한 경우(제1호), ii) 제33조 제1항 본문에 따른 특허를 받을 수 있는 권리를 가지지 아니하거나 제44조를 위반한 경우. 다만, 제99조의2 제2항에 따라 이전등록된 경우에는 제외한다(제2호), iii) 제33조 제1항 단서에 따라 특허를 받을 수 없는 경우(제3호), iv) 특허된 후 그 특허권자가 제25조에 따라 특허권을 누릴 수 없는 자로 되거나 그 특허가 조약을 위반한 경우(제4호), v) 조약을 위반하여 특허를 받을 수 없는 경우(제5호), vi) 제47조 제2항 전단에 따른 범위를 벗어난 보정인 경우(제6호), vii) 제52조 제1항에 따른 범위를 벗어난 분할출원 또는 제52조의2 제1항 각 호 외의 부분 전단에 따른 범위를 벗어난 분리출원인 경우(제7호), viii) 제53조 제1항에 따른 범위를 벗어난 변경출원인 경우(제8호)의 어느 하나에 해당하는 경우에는 무효심판을 청구할 수 있다(제133조 제1항).

이 경우 청구범위의 청구항이 둘 이상인 경우에는 청구항마다 청구할 수 있고(제133조 제1항 각 호 외의 부분 후문), 특허권이 소멸된 후에도 청구할 수 있다(제133조 제2항).

특허를 무효로 한다는 심결이 확정된 경우에는 그 특허권은 처음부터 없었던 것으로 본다. 다만, 제133조 제1항 제4호에 따라 특허를 무효로 한다는 심결이 확정된 경우에는 특허권은 그 특허가 같은 호에 해당하게 된 때부터 없었던 것으로 본다(제133조 제3항).

나. 특허권 존속기간의 연장등록의 무효심판

이해관계인 또는 심사관은 제92조(허가 등에 따른 특허권의 존속기간의 연장등록결정)에 따른 특허권의 존속기간의 연장등록이, i) 특허발명을 실시하기 위하여 제89조에 따른 특허발명을 실시하기 위하여 다른 법령에 따라 허가를 받거나 등록 등(이하 허가 등이라 한다)을 받을 필요가 없는 출원에 대하여 연장등록이 된 경우(제1호), ii) 특허권자 또는 그 특허권의 전용실시권 또는 등록된 통상실시권을 가진 자가 제89조에 따른 허가 등을 받지 아니한 출원에 대하여 연장등록이 된 경우(제2호), iii) 연장등록에 따라 연장된 기간이 그 특허발명을 실시할 수 없었던 기간을 초과하는 경우(제3호), iv) 해당 특허권자가 아닌 자의 출원에 대하여 연장등록이 된 경우(제4호), v) 제90조 제3항을 위반한 출원에 대하여 연장등록이 된 경우(제5호)의 어느 하나에 해당하는 경우에는 무효심판을 청구할 수 있다(제134조 제1항).

그리고 이해관계인 또는 심사관은 제92조의5(등록지연에 따른 특허권의 존속기간의 연장등록결정 등)에 따른 특허권의 존속기간의 연장등록이, i) 연장등록에 따라 연장된 기간이 제92조의2에 따라 인정되는 연장의 기간을 초과한 경우(제1호), ii) 해당 특허권자가 아닌 자의 출원에 대하여 연장등록이 된 경우(제2호), iii) 제92조의3 제3항을 위반한 출원에 대하여 연장등록이 된 경우(제3호)의 어느 하나에 해당하면 무효심판을 청구할 수 있다(제134조 제2항).

제134조 제1항 및 제2항에 따른 심판 청구에 관하여는 제133조 제2항 및 제4항을 준용한다(제134조 제3항).

연장등록을 무효로 한다는 심결이 확정된 경우에는 그 연장등록에 따른 존속기간의 연장은 처음부터 없었던 것으로 본다. 다만, i) 연장등록이 제134조 제1항 제3호에 해당하여 무효로 된 경우에는 그 특허발명을 실시할 수 없었던 기간을 초과하여 연장된 기간(제1호), ii) 연장등록이 위 제1호에 해당하여 무효로 된 경우에는 제92조의2에 따라 인정되는 연장의 기간을 초과하여 연장된 기간(제2호)의 어느 하나에 해당하는 경우에는 해당 기간에 대해서만 연장이 없었던 것으로 본다(제134조 제4항).

Ⅳ. 소멸의 효과

특허권이 소멸하면 그 이후에는 기존의 특허발명은 공공영역에 있게 되므로 누구든지 특별한 사정이 없는 한 소멸한 특허발명의 청구범위에 속하는 기술을 자유로이 실시할 수 있다.

제10장

특허민사소송

제1절 총설
제2절 침해금지청구(가처분 포함, 제126조)
제3절 손해배상청구(제128조)
제4절 부당이득·준사무관리에 의한 반환청구
제5절 신용회복청구(제131조)
제6절 보상금 및 대가에 관한 불복의 소(제190조, 제191조)
제7절 비밀유지명령제도(제224조의3 내지 5)

제10장 특허민사소송

제1절 총설

I. 특허소송의 의미 및 범위

특허소송은 특허권 또는 특허출원과 관련된 분쟁을 해결하기 위한 모든 소송을 말한다.

이러한 특허소송에는 ① 민사소송으로서 ㉮ 실시대상발명이 특허권자로부터 권한을 부여받음이 없이 실시되고 그 발명이 특허권의 보호범위에 속하는지 여부 및 그로 인한 손해배상의무 등이 있는지 여부를 판단하는 특허권 침해소송 및 실시권허락과 관련된 소송으로 손해배상청구소송, 침해행위의 금지 · 예방청구소송, 침해행위로 조성한 물건의 폐기 · 침해행위에 제공된 설비의 제거 · 기타 침해의 예방에 필요한 행위의 청구소송,[1] 신용회복조치청구소송, 부당이득반환청구소송, 보상금청구소송,[2] 통상실시권 설정 및 통상실시권 허락에서 대가에 관한 불복의 소[3] 등[4]이 있고,[5] ㉯ 특허권이 누

---

1) 특허법 제126조에 따른 금지청구를 구하는 경우와 대법원 2010. 8. 25. 자 2008마1541 결정에 따라 민법상 불법행위를 원인으로 금지청구를 구할 수도 있다. 다만 제126조에 따른 위 폐기청구는 금지청구의 실효성을 확보하기 위한 청구로서 독립하여 청구할 수 없고 금지 또는 예방청구 시 함께하여 청구할 수 있도록 규정되어 있다.

2) 출원공개 후 경고를 받거나 출원공개된 발명임을 알았을 때부터 특허권의 설정등록을 할 때까지 발생한 특허발명의 실시에 관한 업무상 손실에 상당하는 보상금청구소송(제65조)이다.

3) 통상실시권 설정의 재정 및 통상실시권 허락 시 대가에 관한 불복의 소(제107조 · 제110조 제2항, 제138조 제4항, 제190조)이다. 위 제190조에 따른 소송에서의 피고 적격은 제110조 제2항 제2호 및 제138조 제4항에 따른 대가에 대해서 통상실시권자 · 전용실시권자 · 특허권자 · 실용신안권자 또는 디자인권자이다(제191조 제3호). 이를 통상의 민사소송이 아닌 형식적 당사자소송으로 분류하는 견해도 있다, 특허법 주해 II, 박영사(2010), 896(최성준 집필부분).

4) 예를 들면 특허권에 관한 부당가처분을 원인으로 한 손해배상청구소송, 특허권의 실시료 청구소송, 특허권 양도대금 청구소송 등을 들 수 있다.

5) 이 중 특허권 침해행위의 금지 또는 예방을 구하는 소송은 실무상 무체재산권에 관한 소송 중 금전의 지급이나 물건의 인도를 목적으로 하지 아니하는 소로서 소가를 산출할 수 없는 소송으로 보아 소가를 1억원으로 한다. 「민사소송 등 인지법」 제2조 제4항, 「민사소송 등 인지규칙」 제18조, 제18조의2 단서 참조.
한편 여러 개의 금지청구가 병합된 경우에 소가에 대하여는 지식재산권 침해금지청구의 소송

구에게 귀속되어야 하는지 여부 및 직무발명에 관한 보상금청구와 관련한 문제를 판단하는 특허권 귀속관계소송으로 특허를 받을 수 있는 권리에 관한 확인청구소송, 무권리자 출원 및 공유지분이전에 관한 출원인 명의변경절차 이행청구소송, 특허권이전등록청구소송,[6)][7)] 직무발명에 관한 보상금청구소송 등이 있으며, ② 행정소송의 일종으로 특허심판원의 심결에 대한 소(특허청장을 심판피청구인으로서 하는 결정계 심결취소소송,[8)] 특허권자 또는 이해관계인을 피고로 하는 당사자계 심결취소소송[9)])와 심판청구서나 재심청구서 각하결정에 대한 소 등이 있고,[10)] 일반 행정소송에 해당하는 것으로 서류 등의 반려(법 시행규칙 제11조), 기간연장 불허가(제15조), 절차 무효(제16조 제1항), 특허권의 수용(제106조), 통상실시권 설정의 재정(제107조), 서류 열람 등 신청의 불허가(제216조), 국방상 필요한 발명에 대해 특허를 하지 아니하는 경우나 특허권 수용·정부 등에 의한 특허발명의 실시와 관련한 보상금(제41조 제3항, 제4항, 제106조 제3항, 제106조의2 제3항)에 관하여 심결·결정 또는 재정을 받은 자가 그 보상금에 불복할 때에 제기하는

물을 어떻게 파악할 것인가와 관련되는데, 일반적으로 지식재산권 침해금지청구에서 소송물은 청구 근거가 되는 원고의 권리별로, 금지대상이 되는 피고의 침해행위 태양별로 성립한다고 보고 있어, 여러 개의 지식재산권의 개수와 침해행위의 개수를 기준으로 하여 그 병합형태가 단순병합인 경우에는 이를 합산하고, 병합형태가 선택적 병합 또는 예비적 병합인 경우와 같이 1개의 소송으로써 주장하는 수개의 청구의 경제적 이익이 같거나 중복되는 경우에는 그중 가장 다액인 청구의 가액을 소가로 한다. 「민사소송 등 인지규칙」 제19조 내지 제22조 참조.

6) 여기의 특허권 등록에 관한 소송으로 특허권의 이전·변경·포기에 의한 소멸, 전용실시권·통상실시권과 이를 목적으로 하는 질권의 설정·이전·변경·소멸, 특허권 및 실시권의 처분제한에 관한 의사의 진술을 명하는 판결을 구하는 청구로서, 이전등록절차나 이전등록말소등록절차의 이행 또는 인수, 전용실시권·질권의 설정·이전·변경, 말소등록절차의 이행 또는 인수를 구하는 소송 등이 있다. 2016. 2. 29. 법률 제14035호로 개정된 특허법 제99조의2 제1항에서는 특허가 제133조 제1항 제2호 본문에 해당하는 경우에 특허를 받을 수 있는 권리를 가진 자는 법원에 해당 특허권의 이전(특허를 받을 수 있는 권리가 공유인 경우에는 그 지분의 이전을 말한다)을 청구할 수 있다고 규정하고 있다.

7) 통상 이전등록 등에 관한 청구는 부동산등기에 관한 의사의 진술을 구하는 소송과 유사하여 그와 같은 사건의 유형에 준하여 결정되는데 예를 들면 "피고는 원고에게 별지 목록 특허권에 관하여 2023. 9. 9. 계약을 원인으로 한 이전등록절차를 이행하라"와 같다.

8) 특허거절결정 또는 특허권의 존속기간의 연장등록거절결정에 대한 심결(제132조의17), 정정심판에 대한 심결(제136조) 및 특허취소에 대한 결정(제132조의13)에 대한 각 불복의 소 등이 있다.

9) 특허의 무효심판(제133조), 존속기간 연장등록의 무효심판(제134조), 권리범위확인심판(제135조), 정정의 무효심판(제137조), 통상실시권 허락의 심판(제138조)의 각 심결에 대한 불복의 소 등이 있다.

10) 특허법원의 전속관할에 속하는 소송의 소가는 재산권상의 소로서 그 소가를 산출할 수 없는 것으로 보아 소가를 1억원으로 한다. 「민사소송 등 인지법」 제2조 제4항, 「민사소송 등 인지규칙」 제17조의2, 제18조의2 단서 참조.

보상금에 관한 불복의 소(제190조, 제191조),[11] ④ 형사소송으로 특허법에서 정한 특허법위반죄[12] 등과 기타 일반 형사상 특허 관련 범죄 등으로 분류된다.

II. 특허권에 관한 민사소송의 재판 관할

1 사물관할

특허권에 관한 민사소송의 사물관할에 대해 대표적인 예로 손해배상청구소송 등 금전지급청구소송과 침해금지청구소송, 특허권을 비롯한 지식재산권 이전등록에 관한 소송 등에 대해 설명한다.

가. 손해배상청구소송 등 금전지급청구소송

손해배상청구소송 등 금전지급청구소송은 소가가 5억원을 초과하는 경우에는 지방법원 및 지방법원 지원의 합의부의 관할에 속하고, 소가가 5억원 이하인 경우에는 단독판사의 관할에 속하며, 지식재산권에 관한 소송도 마찬가지이다(민사 및 가사소송의 사물관할에 관한 규칙 제2조). 다만 서울중앙지방법원은 지식재산권에 관한 소송의 경우에 소가가 5억원 이하인 사건이더라도 재정합의 절차를 통해 지식재산권 전담합의부에서 사건을 처리하고 있다. 고등법원은 소송목적의 값이 소제기 당시 또는 청구취지 확장(변론의 병합 포함) 당시 2억원을 초과한 민사소송사건, 위 사건을 본안으로 하는 민사신청사건 및 이에 부수하는 신청사건(가압류, 다툼의 대상에 관한 가처분 신청사건 및 이에 부수하는 신청사건은 제외)에 대한 지방법원 단독판사의 제1심 판결·결정·명령에 대한

11) 정부는 국방상 필요한 경우 외국에 특허출원하는 것을 금지하거나 발명자·출원인 및 대리인에게 그 특허출원의 발명을 비밀로 취급하도록 명할 수 있고 외국에의 특허출원 금지 또는 비밀취급에 따른 손실에 대해서는 정부는 정당한 보상금을 지급하여야 하는데 이와 관련한 보상금에 관한 불복의 소(제41조), 정부는 특허발명이 전시, 사변 또는 이에 준하는 비상시에 국방상 필요한 경우에는 특허권을 수용할 수 있고, 정부는 이에 따라 특허권을 수용하는 경우에는 특허권자, 전용실시권자 또는 통상실시권자에 대하여 정당한 보상금을 지급하여야 하는데 이에 관련한 보상금에 관한 불복의 소(제106조, 제190조)이다. 한편 위 제190조에 따른 소송에서의 피고 적격은, i) 제41조 제3항 및 제4항에 따른 보상금에 대해서는 보상금을 지급하여야 하는 중앙행정기관의 장 또는 출원인, ii) 제106조 제3항 및 제106조의2 제3항에 따른 보상금에 대해서는 보상금을 지급하여야 하는 중앙행정기관의 장, 특허권자, 전용실시권자 또는 통상실시권자이다(제191조 제1호, 제2호). 이는 형식적 당사자소송으로 볼 수 있는데, 이를 민사소송의 한 형태로 분류하는 견해도 있다, 윤선희, 특허법(제7판), 법문사(2023), 973.

12) 침해죄(제225조), 비밀누설죄 등(제226조), 위증죄(제227조), 허위표시의 죄(제228조), 사해행위의 죄(제229조), 비밀유지명령 위반죄(제229조의2) 등이 있다.

항소 또는 항고사건을 심판한다(민사 및 가사소송의 사물관할에 관한 규칙 제3조, 다만 같은 규칙 제2조 각 호에 해당하는 사건은 제외, 제3조).

나. 침해금지청구소송, 지식재산권 이전등록 · 등록말소 등에 관한 소송

민사소송 등 인지법은 재산권에 관한 소로서 그 소송목적의 값을 계산할 수 없는 것과 비재산권을 목적으로 하는 소의 소가는 대법원규칙으로 정하도록 하고 있다(제2조 제4항). 민사소송 등 인지규칙에 따르면 무체재산권에 관한 소 중 금전의 지급이나 물건의 인도를 목적으로 하지 아니하는 소는 소가를 산출할 수 없는 소송으로 보고 재산권상의 소로서 그 소가를 산출할 수 없는 것과 비재산권을 목적으로 하는 소송의 소가는 5천만원으로 하되, 제15조 제1항 내지 제3항, 제15조의2, 제17조의2, 제18조에 정한 소송의 소가는 1억원으로 한다(민사소송 등 인지규칙 제18조, 제18조의2 단서 참조). 이에 따라 특허법원의 전속관할에 속하는 소송의 소가는 재산권상의 소로서 그 소가를 산출할 수 없는 것으로 보아 그 소가를 1억원으로 한다(민사소송 등 인지규칙 제17조의2).

민사 및 가사소송의 사물관할에 관한 규칙 제2조에 의하면 민사소송 등 인지법 제2조 제4항에 해당하는 민사사건은 지방법원 및 지방법원 지원의 합의부가 심판하도록 규정하고 있으므로, 지식재산권 침해금지청구소송, 지식재산권의 이전 · 등록말소 등에 관한 소송은 지방법원 및 지방법원 지원의 합의부 관할에 속한다.

2 토지관할

특허권 침해금지가처분은 등록을 하는 곳을 관할하는 지방법원이나 본안의 관할법원이 관할한다(민사집행규칙 제216조, 제213조).

먼저 '등록을 하는 곳을 관할하는 지방법원'과 관련하여 특허등록을 관할하는 곳은 특허청이므로(제85조 제1항) 대전지방법원에 금지가처분을 제기할 수 있다.

그리고 '본안의 관할법원'과 관련하여 2015. 12. 1. 법률 제13521호로 개정된 민사소송법 제24조 제2항, 제3항에 정한 본안의 관할법원에 관한 특칙에 따라 「지식재산권 중 특허권, 실용신안권, 디자인권, 상표권, 품종보호권의 지식재산권에 관한 소」에 대하여 민사소송법 제2조 내지 제23조 규정에 따른 관할법원 소재지를 관할하는 고등법원이 있는 곳의 지방법원(다만 서울고등법원이 있는 곳의 지방법원은 서울중앙지방법원으로 한정)의 전속관할로 하고,[13] 그 지방법원이 서울중앙지방법원이 아닌 경우 서울

13) 2014. 3. 18. 법률 제12419호로 개정되어 2019. 3. 1. 시행된 "각급 법원의 설치와 관할구역에 관한 법률" 제4조에 의하여 2019. 3. 1. 수원고등법원이 설치되었고, 수원고등법원이 있는

중앙지방법원에도 소를 제기할 수 있다.

한편 「특허권, 실용신안권, 디자인권, 상표권, 품종보호권을 제외한 나머지 지식재산권에 관한 소」는 민사소송법 제2조 내지 제23조의 재판적 규정에 따라 피고의 보통재판적(제2조), 의무이행지의 특별재판적(제8조), 불법행위지의 특별재판적(제18조), 등기·등록지의 특별재판적(제21조)[14]이 있는 곳의 관할법원에 소를 제기할 수 있고, 이에 더하여 본안의 관할법원에 관한 특칙으로서 2015. 12. 1. 법률 제13521호로 개정된 민사소송법 제24조 제1항에 따라 위 각 관할법원 소재지를 관할하는 고등법원이 있는 곳의 지방법원(다만 서울고등법원이 있는 곳의 지방법원은 서울중앙지방법원으로 한정)에도 소를 제기할 수 있다.[15]

3 특허법원의 전속관할 및 심판권

특허법원은 특허취소결정 또는 심결에 대한 소 및 특허취소신청서·심판청구서·재심청구서의 각하결정에 대한 소를 전속으로 관할한다(제186조 제1항).

2015. 12. 1. 법률 제13522호로 개정된 법원조직법 제28조의4(심판권) 제1호에 따라 특허법 제186조 제1항, 실용신안법 제33조, 디자인보호법 제166조 제1항 및 상표법 제162조에서 정하는 제1심 사건을, 제2호는 특허법원이 특허권, 실용신안권, 디자인권, 상표권, 품종보호권의 지식재산권에 관한 민사사건의 항소사건을, 제3호는 다른 법률에 따라 특허법원의 권한에 속하는 사건을 심판한다.[16] 법원조직법 제28조(심판권), 제32조(합의부의 심판권) 제2항은 이러한 특허법원의 권한에 속하는 사건을 고등법원 및 지방법원 합의부의 심판대상에서 제외한다고 규정하고 있다. 법원조직법 제28

곳의 지방법원은 수원지방법원이므로 수원지방법원도, 2019. 3. 1.부터는 '특허권, 실용신안권, 디자인권, 상표권, 품종보호권의 지식재산권에 관한 소'에 대하여 민사소송법 제2조 내지 제23조의 규정에 따른 관할법원의 소재지가 수원고등법원 관할구역에 속하는 경우에 전속관할권을 가진다.

14) 지식재산권의 등록에 관한 소송, 상호등기 말소청구소송, 도메인이름 이전등록청구소송이나 도메인이름 등록말소청구소송 등이 이에 해당한다.

15) 2015. 12. 1. 법률 제13521호로 개정된 민사소송법 제24조는 시행일인 2016. 1. 1. 이후 최초로 소장이 접수된 사건부터 적용된다.

16) 위 개정 법원조직법에서 신설된 제28조의4 제2호 규정은 부칙(2015. 12. 1.) 제1조, 제2조에 따라 그 시행일인 2016. 1. 1. 전에 소송 계속 중인 특허권, 실용신안권, 디자인권, 상표권, 품종보호권의 지식재산권에 관한 민사사건에 대하여 위 시행일 이후에 1심 판결이 선고된 경우에도 적용된다. 이를 알지 못하고 특허법원이 아닌 그대로 일반 항소심 법원에서 절차를 진행한다면 전속관할 위반에 해당하여 파기하고 특허법원에 이송하게 된다, 대법원 2020. 2. 27. 선고 2019다284186 판결, 대법원 2023. 12. 28. 선고 2023다277260 판결 참조.

조의4 제3호에 따라 식물신품종보호법 제103조 제1항은 품종보호심판위원회의 품종보호에 관한 심결에 대한 소와 심판청구서 또는 재심청구서의 보정각하결정에 대한 소는 특허법원의 전속관할로 하고, 농수산물 품질관리법 제54조 제1항은 지리적표시심판위원회의 심결에 대한 소송은 특허법원의 전속관할로 한다.

특허권, 실용신안권, 디자인권, 상표권, 품종보호권의 지식재산권에 관한 소의 관할에 대하여 위와 같은 별도의 규정을 둔 취지는 통상적으로 그 심리・판단에 전문적인 지식이나 기술 등에 대한 이해가 필요하므로, 심리에 적합한 체계와 숙련된 경험을 갖춘 전문 재판부에 사건을 집중시킴으로써 충실한 심리와 신속한 재판뿐만 아니라 지식재산권의 적정한 보호에 이바지하려는 데 있다.17)

4 민사소송법 제24조 제2항의 '특허권, 실용신안권, 디자인권, 상표권, 품종보호권의 지식재산권에 관한 소'의 대상 범위 및 실무 경향

민사소송법은 「지식재산권 중 특허권, 실용신안권, 디자인권, 상표권, 품종보호권의 지식재산권에 관한 소」에 대하여 제2조 내지 제23조 규정에 따른 관할법원 소재지를 관할하는 고등법원이 있는 곳의 지방법원(서울고등법원이 있는 곳의 지방법원은 서울중앙지방법원으로 한정)의 전속관할로 규정하고, 그 지방법원이 서울중앙지방법원이 아닌 경우 서울중앙지방법원에도 소를 제기할 수 있다고 규정한다(제24조 제2항, 제3항).

이에 대해 민사소송법 제24조 제2항이 「특허권, 실용신안권, 디자인권, 상표권, 품종보호권의 지식재산권에 관한 소」라고 포괄적으로 규정하여 그 범위를 어디까지로 볼 것인지가 문제된다.

특허권, 실용신안권, 디자인권, 상표권, 품종보호권의 지식재산권에 관한 민사사건인지 아닌지에 따라 1심 재판관할법원이 서울고등법원이 있는 곳의 지방법원 또는 서울중앙지방법원만에 있는지 등 및 그 항소심 법원이 서울고등법원 또는 특허법원인지 등이 결정되므로 이는 매우 중요한 문제임에도 그 범위 등이 명확하지 않다.

---

17) 대법원 2019. 4. 10. 자 2017마6337 결정. 위 결정은 갑 연구소가 구 민・군겸용기술사업촉진법에서 정한 민・군겸용기술개발사업의 하나로 을 주식회사와 후・박막공정을 이용한 저 자가방전 초소형 전지 개발을 위한 민・군겸용기술개발과제 협약(응용연구단계)을 체결한 후, 을 회사를 상대로 위 협약에 기한 특허권 지분의 귀속의무 불이행을 원인으로 하는 손해배상을 구한 사안에서, 위 소송에 대한 심리・판단은 특허권 등의 지식재산권에 관한 전문적인 지식이나 기술에 대한 이해가 필요한 소송으로 민사소송법 제24조 제2항이 규정하는 특허권 등의 지식재산권에 관한 소로 보아야 하므로, 2015. 12. 1. 법률 제13522호로 개정된 법원조직법 시행일 전에 소가 제기되어 시행일 이후에 제1심판결이 선고된 위 사건에 대한 항소사건은 특허법원의 전속관할에 속한다고 하였다.

민사소송법 제24조 제2항의 「특허권, 실용신안권, 디자인권, 상표권, 품종보호권의 지식재산권에 관한 소」의 관할에 대하여 별도의 규정을 둔 입법취지가 통상적으로 그 심리 · 판단에 전문적인 지식이나 기술 등에 대한 이해가 필요하여 해당 사건의 심리에 적합한 체계와 숙련된 경험을 갖춘 전문 재판부에 사건을 집중시킴으로써 충실한 심리와 신속한 재판뿐만 아니라 지식재산권의 적정한 보호에 이바지할 수 있도록 하려는 데에 있음을 고려하면,[18] 어떠한 소송이 전속관할 규정이 적용되는 민사소송법 제24조 제2항의 「특허권, 실용신안권, 상표권, 디자인권, 품종보호권의 지식재산권에 관한 소」에 해당하는지는 해당 사건에 나타난 청구취지, 청구원인 및 공격방어방법을 기준으로 해당 사건의 심리 · 판단에 전문적인 지식이나 기술 등에 대한 이해가 필요하거나 통상의 민사사건과는 다른 노하우나 경험의 축적이 필요하여 그 심리에 적합한 체계와 숙련된 경험을 갖춘 전문 재판부에 의해 판단되어야 하는지, 관할법원에 따라 당사자에게 발생할 소송 수행상의 부담이 어느 정도인지 등을 객관적, 종합적으로 고려하여 판단할 필요가 있다.

예를 들면 전용실시권 위반에 따른 손해배상청구 사건에서 전용실시권의 설정을 받은 사람이 약정대로 실시 제품을 제조, 판매하였는지가 쟁점으로 되는 경우에는 실제로 제조 · 판매된 제품이 특허발명의 실시 제품이라고 평가할 수 있는 것인지가 중요한 사실로 되고, 그 판단을 위해서는 특허발명의 내용 외에 실제로 제조 · 판매된 제품의 구조나 성능 등을 이해할 수 있는 전문기술적 지식이 필요하며 원활한 심리를 위해 특허권 등의 지식재산권 침해소송 특유의 노하우나 경험의 축적이 있는 것이 바람직하여 이러한 유형의 소는 「특허권, 실용신안권, 디자인권, 상표권, 품종보호권의 지식재산권에 관한 소」에 해당한다.

한편 일응 외관상 「특허권, 실용신안권, 디자인권, 상표권, 품종보호권의 지식재산권에 관한 소」에 해당하는 것처럼 보이더라도 실제로는 구체적인 사건의 내용에 따라 심리판단하기 위하여 전문적인 지식이나 기술 등의 이해가 필요하지 아니할 수 있으므로 이에 대한 신중한 검토 없이 민사소송법 제24조 제2항의 「특허권, 실용신안권, 디자인권, 상표권, 품종보호권의 지식재산권에 관한 소」에 해당한다고 쉽게 단정하여서는 아니 된다.

한편 법원의 관할은 소를 제기한 때를 표준으로 정하므로(민사소송법 제33조) 소 제기의 시점에서 이를 판단하여야 한다.

결국 구체적이고 개별적인 사안의 내용에 따라 달라질 수 있지만, 민사소송법 제

---

18) 대법원 2019. 4. 10. 자 2017마6337 결정.

24조 제2항의 「특허권, 실용신안권, 디자인권, 상표권, 품종보호권의 지식재산권에 관한 소」에는 특허권, 실용신안권, 디자인권, 상표권, 품종보호권의 지식재산권 침해를 이유로 한 금지 · 폐기 · 신용회복 등 청구나 손해배상 청구소송만이 아니라 특허권, 실용신안권, 디자인권, 상표권, 품종보호권의 실시(사용)계약에 기초한 실시(사용)료 지급 청구소송, 특허권, 실용신안권, 디자인권, 상표권, 품종보호권의 이전 · 말소등록청구소송, 전용 · 통상실시권(사용권) 등의 설정 유무, 귀속 등에 관한 소송, 직무발명 · 고안 · 디자인 · 상표에 대한 보상금 청구소송 등이 포함될 수 있다.[19)]

그 외에 문제가 될 수 있는 사건 유형에 대해, 실무 중에는 특허권이나 상표권의 양도계약이 사해행위에 해당한다고 주장하면서 위 양도계약의 취소와 함께 원상회복으로 특허권이나 상표권이전등록의 말소를 구하는 소를 제기한 사안에서 특허권, 상표권의 양도계약에 관한 사해행위취소 및 원상회복을 구하는 소의 경우에 채권자의 피보전채권 존재 여부, 채무자와 수익자 사이의 상표권 양도계약이 사해행위에 해당하는지 여부 및 채무자에게 사해의사가 있었는지 여부 등이 쟁점인데 이러한 사안은 그 심리 · 판단에 전문적인 지식이나 기술 등에 대한 이해가 필요하다거나 통상의 민사사건과는 다른 노하우나 경험의 축적이 필요한 사안이라고 보기 어려워 민사소송법 제24조

19) 특허권에 관한 통상실시권 말소등록과 통상실시권 설정계약 위반에 따른 손해배상을 구하는 사안에 관한 서울고등법원 2016. 5. 24. 자 2016나2016427 결정(이송결정, 미항고 확정)은 "이 사건은 원고의 특허권에 관한 통상실시권 설정계약상의 계약기간 만료 또는 통상실시권 설정계약 위반에 따른 해지로 인한 통상실시권 말소등록과 통상실시권 설정계약 위반에 따른 손해배상을 구하는 소송으로서, 특허권 등의 지식재산권과 밀접하게 관련되어 통상적으로 그 심리판단에 전문기술적 지식이 필요하게 될 가능성이 있다고 할 수 있는 유형의 소에 해당한다고 봄이 타당하므로(더군다나 원고는 예비적 청구로서 피고가 특허발명의 실시 제품을 중국업체에 판매하여 통상실시권 설정계약을 위반하였다고 주장하고 있으므로 피고가 특허발명을 실시하여 제품을 생산 · 판매하였는지에 관하여 전문기술적 지식이 필요하게 될 가능성이 높다)"라고 하였다.

그리고 대법원 2024. 3. 28. 선고 2023다309549 판결은, 원고가 피고를 상대로 주위적으로 피고가 고려대학교 산학협력단으로부터 지급받은 원심 표시 순번 1 내지 3 특허발명(이하 이 사건 특허발명이라 한다)에 관한 직무발명보상금 중 원고 지분에 해당하는 금액의 보관금 반환을 청구하고, 예비적으로 같은 금액의 부당이득반환을 청구하는 사안인데, 그 청구원인의 당부를 판단하기 위해서는 원고가 이 사건 특허발명의 공동발명자에 해당하는지 여부와 원고의 기여율 등을 심리 · 판단할 필요가 있고, 이를 위해서는 먼저 이 사건 특허발명의 기술내용을 확정하고, 원고가 그 발명의 기술적 과제를 해결하기 위한 구체적인 착상을 새롭게 제시 · 부가 · 보완하거나, 실험 등을 통하여 새로운 착상을 구체화하거나, 발명의 목적 및 효과를 달성하기 위한 구체적인 수단과 방법의 제공 또는 구체적인 조언 · 지도를 통하여 발명을 가능하게 하였는지 등을 종합적으로 살펴보아야 한다고 하면서 이 사건의 심리 · 판단에는 특허권 등의 지식재산권에 관한 전문적인 지식이나 기술에 대한 이해가 필요하므로, 이 사건 소는 민사소송법 제24조 제2항이 규정하는 특허권 등의 지식재산권에 관한 소라고 하여 원심을 파기환송하였다.

제2항에서 규정하고 있는 「특허권, 실용신안권, 디자인권, 상표권, 품종보호권에 관한 지식재산권에 관한 소」에 해당하지 않는다고 한 사례[20]가 있고, 특허권에 관한 전용실시권 설정계약이 사해행위에 해당한다고 주장하면서 위 설정계약의 취소와 전용실시권 설정등록의 말소를 구하는 소의 경우에 위와 같은 맥락에서 서울고등법원이 항소심으로서 재판을 진행한 사례[21] 등이 있다.

반면에 실무 중에는 특허권 지분 양도계약 등이 사해행위에 해당한다고 주장하면서 위 양도계약의 취소와 함께 원상회복으로 권리지분의 전부이전등록절차의 이행을 구하는 소의 경우 민사소송법 제24조 제2항에서 규정하는 「특허권, 실용신안권, 디자인권, 상표권, 품종보호권에 관한 지식재산권에 관한 소」에 해당함을 전제로 특허법원이 항소심으로서 재판을 진행한 것이 있고,[22] 특허권 지분 양수도 계약의 해제 · 무효 · 취소에 따른 대금반환을 청구하는 소,[23] 특허권 양도계약과 관련하여 그 계약의 해제 및 손해배상을 구하거나 피고의 기망행위로 인하여 그 계약의 취소 및 손해배상을 청구하는 소,[24] 특허권 등 지식재산권의 공동실시 및 그 대가 지급에 관한 협약 및 갱신협약에 대하여 당사자들이 서로 상대방이 협약을 위반하였다고 주장하면서 위약금 지급, 손해배상 및 상표권의 이전등록절차 이행(본소) 또는 위약금 지급 및 이 사건 특허권 등의 지분포기절차 이행(반소)을 구하는 소[25]에서 해당 사건의 심리판단에 고도의 전문 · 기술적 지식을 필요로 하거나 심리의 원활한 진행을 위해서는 통상의 민사사건과는 다른 노하우나 경험의 축적이 필요하다고 보아 이들 사건을 민사소송법 제24조 제2항에서 규정하는 「특허권, 실용신안권, 디자인권, 상표권, 품종보호권의 지식재산권에 관한 소」에 해당한다고 본 사례가 있다.

5 국제사건의 관할

특허법원이 심판권을 가지는 사건 및 민사소송법 제24조 제2항 및 제3항에 따른

---

20) 특허권에 관하여 수원고등법원 2020. 6. 11. 선고 2019나16877 판결(전속관할 위반에 관한 본안전 항변 배척, 심리불속행 상고기각 확정), 상표권에 관하여 서울고등법원 2020. 7. 7. 자 2020라20582 결정(이송결정에 대한 즉시항고 인용, 미재항고 확정).

21) 서울고등법원 2020. 6. 25. 선고 2019나2042502 판결(심리불속행 상고기각 확정).

22) 특허법원 2019. 4. 11. 선고 2018나1190 판결(미상고 확정).

23) 서울고등법원 2016. 6. 21. 자 2016나2013305 결정(특허법원으로 이송결정, 미항고 확정).

24) 서울고등법원 2018. 4. 19. 선고 2017나2068760 판결(수원지방법원이 선고한 제1심 판결을 취소하고 서울중앙지방법원으로 이송, 확정).

25) 서울고등법원(춘천) 2020. 5. 27. 선고 2020나396(본소), 2020나402(반소)(춘천지방법원 원주지원이 선고한 제1심 판결을 취소하고 서울중앙지방법원으로 이송, 확정).

소의 제1심 사건을 담당하는 법원은 당사자의 동의를 받아 당사자가 법정에서 외국어로 변론하는 것을 허가할 수 있다(법원조직법 제62조의2 제1항 전단).

특허법원장 및 민사소송법 제24조 제2항에서 정한 지방법원의 장은 위 허가가 있는 사건(이하 국제사건이라 한다)을 특정한 재판부(이하 국제재판부라 한다)로 하여금 전담하게 할 수 있다(법원조직법 제62조의2 제2항). 제1항에 따른 허가의 절차, 국제사건에서 허용되는 외국어의 범위, 그 밖에 국제사건의 재판 및 국제재판부의 운영에 필요한 사항에 대해 법원조직법 제62조의2 제3항의 위임에 따라 국제재판부의 설치 및 운영에 관한 규칙에서 이를 규정하고 있다.

III. 특허침해 내지 권리범위 속부 판단을 위한 논리적 구조

통상 특허권 침해 내지 특허권의 권리범위 속부와 관련된 소송에서 어느 물품이 특허권자의 특허를 침해하였거나 그 특허권의 권리범위에 속한다고 하기 위하여는 크게 두 단계의 논리적 구조(프로세스)를 거친다.

즉, 먼저 침해되었거나 권리범위에 속하는지에 대해 특정된 특허청구항의 범위와 의미를 결정하여야 하고(특허청구항의 청구범위 해석문제), 다음으로 그와 같은 방법에 의해 적절히 해석된 특허청구항의 기술적 구성요소들을 실시된 물품의 기술적 구성요소들과 서로 대비하여 특허청구항의 문언적 구성요소나 그와 균등한 구성요소 등이 침해되었는지 또는 권리범위에 속하는지 여부가 다투어지는 물품에 그러한 구성요소들이 존재하는지 여부(특허청구항 침해 판단문제)라는 두 단계의 논리적 과정을 거쳐 판단된다.

그중 특허청구항의 청구범위 해석문제는 「제5장 특허청구범위 해석」 부분에서 설명하고, 특허청구항 침해(권리범위 속부) 판단문제 중 실시된 물품에 특허청구항의 문언적 구성요소나 그와 균등한 구성요소 등이 존재하는지 여부는 「제6장 특허발명의 보호범위」 부분에서 설명하며 이하 나머지 침해(권리범위 속부) 판단과 관련하여 본 장에서 특허민사소송을 설명하고 다음으로 「제11장 특허형사소송(벌칙 포함)」, 「제12장 특허심판·심결」, 「제13장 심결 등 취소소송」 부분에서 차례로 상세히 설명한다.

그리고 본 장 특허민사소송에서는 침해금지청구(가처분 포함)(제2절), 손해배상청구(제3절), 부당이득·준사무관리에 의한 반환청구(제4절), 신용회복청구(제5절), 보상금 또는 대가에 관한 불복의 소(제6절),[26] 비밀유지명령제도(제7절)의 순서로 설명한다.

---

26) 그중 보상금에 관한 불복의 소는 민사소송이 아닌 형식적 당사자소송에 해당한다고 볼 수 있으나 편의상 이 곳에서 설명하기로 한다.

제2절 침해금지청구(가처분[27] 포함, 제126조)

I. 일반 사항

특허권은 특허발명을 실시할 권리를 독점하는 권리이다(제94조 제1항).

특허권이 침해된 경우 특허권자 또는 전용실시권자는 자기의 권리를 침해한 자 또는 침해할 우려가 있는 자에 대하여 그 침해의 금지 또는 예방을 청구할 수 있다(제126조 제1항).[28]

그리고 특허가 물건의 발명인 경우에 그 물건의 생산에만 사용하는 물건을 생산·양도·대여 또는 수입하거나 그 물건의 양도 또는 대여의 청약을 하는 행위, 특허가 방법의 발명인 경우에 그 방법의 실시에만 사용하는 물건을 생산·양도·대여 또는 수입하거나 그 물건의 양도 또는 대여의 청약을 하는 행위를 업으로서 하는 경우에 특허권 또는 전용실시권을 침해한 것으로 보므로(제127조) 이러한 경우에도 특허권자 또는 전용실시권자는 침해의 금지 또는 예방을 청구할 수 있다.

통상의 특허침해금지청구는 ① 원고가 특허권 또는 전용실시권자이고 특허권이 존속하고 있을 것,[29] ② 피고의 실시행위가 있을 것(제2조 제3호, 제127조의 행위 포함), ③ 피고의 실시행위가 특허권을 침해하고[30] 이러한 침해행위가 계속 또는 반복될 우려가 있는 경우에 인정된다. 피고에게 실시행위에 대한 고의나 과실이 있는지 여부는 침해금지청구에 영향을 주지 않는다.

금지청구의 내용이 되는 행위유형은 침해자가 물건(제품)을 생산·사용·양도·대여 또는 수입하거나 그 물건의 양도 또는 대여의 청약(양도 또는 대여를 위한 전시를 포함

---

27) 민사집행법상 가처분은 현상이 바뀌면 당사자가 권리를 실행하지 못하거나 이를 실행하는 것이 매우 곤란할 염려가 있을 경우에 하거나(다툼의 대상에 관한 가처분, 민사집행법 제300조 제1항) 다툼이 있는 권리관계에 대하여 임시의 지위를 정하기 위하여 필요한 경우(임시 지위를 정하기 위한 가처분, 민사집행법 제300조 제2항)에 하게 된다. 전자의 경우는 이전등록청구권이나 말소등록청구권 등을 피보전권리로 하게 되고, 후자의 경우는 침해금지청구권 등을 피보전권리로 하게 된다. 지식재산권법 실무에서 주로 논의되는 부분은 후자의 가처분이다.

28) 저작권법 제123조는 침해의 금지가 아니라 침해의 정지라는 문언을 사용하고 있다.

29) 대법원 2009. 10. 15. 선고 2007다45876 판결은 특허권의 존속기간이 경과한 후에는 특허권자가 소멸된 특허발명에 터잡아 특허법 제126조에 따른 특허침해금지 및 특허침해제품의 폐기를 주장할 수 없다고 하였다.

30) 침해가 위법하여야 하나, 통상 침해의 사실이 있으면 위법성이 추정되므로 피고가 위법성조각사유를 주장·증명한다. 그 외 피고는 항변으로 특허권의 효력이 제한되는 사유를 주장·증명한다. 이 부분에 대하여는 「제8장 특허권의 설정등록·존속기간·효력 제2절 특허권의 효력 제한」 참조.

함)을 하는 행위의 금지 또는 침해자가 사용하는 방법(제조공정)의 사용 금지 내지 침해자가 사용하는 방법에 의하여 생산한 물건을 사용·양도·대여 또는 수입하거나 그 물건의 양도 또는 대여의 청약(양도 또는 대여를 위한 전시를 포함함)을 하는 행위의 금지 등의 부작위를 명하는 것이 원칙이다.

금지를 구하는 침해자의 침해행위는 침해자의 실제 침해행태를 구체적·개별적·사실적으로 기재하는 방법으로 특정되어야 한다.[31]

침해대상이 물건의 발명인 경우에 특허권 침해금지가처분의 기재방법으로 "채무자는 별지 1 목록 기재 및 표시 제품을 생산, 사용, 양도, 대여, 수출 또는 수입하거나 양도 또는 대여를 위한 청약(양도 또는 대여를 위한 전시를 포함한다)을 하여서는 아니 된다. 채무자는 채무자의 본점, 지점, 사무소, 공장, 창고 영업소, 매장에 보관 중인 위 제품 및 반제품(위의 완성품의 구조를 구비하고 있는 것으로 아직 완성에 이르지 않은 제품)에 대한 점유를 풀고, 이를 채권자가 위임하는 집행관으로 하여금 보관하게 하여야 한다. 집행관은 채무자가 위 제품과 그 반제품을 보관하고 있던 장소에서 이를 보관하는 경우 그 보관의 취지를 보관장소에 적당한 방법으로 공시하여야 한다."라고 기재할 수 있다. 침해부분이 전체 물품의 일부인 경우에는 "집행관은 채무자의 신청이 있으면, 위 제품 중 별지 목록 기재 및 표시 ○○부분 이외의 부분품을 분리하는 것을 허용하고, 그 분리된 부분품에 대한 점유를 풀어야 한다."라는 문구를 기재할 수 있다.

특허권 침해금지청구의 경우에 "피고는 별지 목록 기재 제품을 생산·사용·양도·대여 또는 수입하거나 피고 제품을 양도 또는 대여의 청약, 양도 또는 대여를 위한 전시를 하여서는 아니 된다."라는 정도로 기재하면 된다.

침해대상이 방법발명의 경우에 "피고는 별지 기재의 방법을 사용하여서는 아니 된다."라고 기재한다.

침해대상이 물건을 생산하는 방법발명의 경우에는 "피고는 원고에 대하여 별지 기재 방법에 의하여 생산한 물건의 사용, 양도 또는 수입 또는 양도 등의 신청을 하여서는 아니 된다."로 기재한다.

물건을 생산하는 방법발명의 경우 집행단계에서의 원고의 증명편의를 위해 "피고는 원고에 대하여 별지 기재 물건의 사용·양도·대여 또는 수입하거나 그 물건의 양도 또는 대여의 청약(양도 또는 대여를 위한 전시를 포함함)을 하여서는 아니 된다."라고 기재할 수 있다는 견해도 있으나, 물건을 생산하는 방법발명의 경우에 위와 같은 기재

31) 금지 대상의 특정을 위하여 문서제출명령, 전문심리위원 참여, 현장검증 등을 이용할 수 있지만 그 대상이 영업비밀의 공개를 강요하게 되거나 기술탐지의 수단으로 악용될 수 있어 신중하게 운용될 필요가 있다.

형식을 인정하면 생산방법을 한정하지 않는 물건의 판매행위 등의 금지를 인정하게 되고 이는 특허권자에게 부여된 금지청구권의 범위를 넘게 되어 허용되지 않는다고 봄이 타당하다.

이 경우에 소장(신청서)의 청구(신청)취지나 판결의 주문에 '권리범위에 속하는', '침해하는', '실시' 등의 법률용어나 동일, 균등, 기타, 등,[32] 일체 등의 추상적 용어를 사용하는 것은 피해야 한다.

특허권자 또는 전용실시권자가 침해금지청구를 할 때에는 침해행위를 조성한 물건(예: 침해품, 물건을 생산하는 방법의 발명인 경우에는 침해행위로 생긴 물건을 포함한다)의 폐기, 침해행위에 제공된 설비(예: 침해물건을 제조하기 위하여 사용한 금형 등)의 제거,[33] 그 밖에 침해의 예방에 필요한 행위(예: 담보의 제공)를 청구할 수 있다(제126조 제2항).

위 폐기 등 청구권은 금지청구권에 부수하는 권리로서 특별한 사정이 없는 한 금지청구권과 독립하여 행사할 수 없다. 침해행위를 조성한 물품의 폐기와 침해행위에 제공된 설비의 제거는 변론과정에서 그 현존 여부와 소유권이나 처분권한의 유무를 밝힌 다음에 명하여야 한다.[34] 위 폐기, 설비의 제거 등을 명하는 것은 상대방에게 치명적인 불이익이 될 수 있기 때문에 구체적인 사안에 따라 위 폐기 등 청구권을 인정하지 않을 경우에 특허권자 등이 입을 불이익과 그것을 인정할 경우에 상대방측이 입을 불이익을 형량하여 신중하게 그 인정여부 및 인정 범위를 결정할 필요가 있다. 침해의 예방에 필요한 행위에는 부작위에 대한 보증으로서 담보를 제공하게 하거나 공탁을 하거나 점유의 인도를 청구하는 등의 행위가 포함된다.

'폐기'와 관련하여 실무상 청구취지에는 완제품 외에 반제품의 폐기도 함께 기재되는 것이 통상이다.

통상 실무는 '반제품'의 개념을 대상 물품이 시장에서 유통할 가치가 있다는 기준에서 볼 때 완성되지 않았다는 의미일 뿐이고 적어도 특허발명의 구성요소를 모두 충족하고 있는 상태라는 의미로 보고 있는데 이러한 경우 반제품은 제126조 제2항의 '침해행위를 조성하는 물건'으로서 폐기의 대상에 포함된다. 법원에서 판결 주문에 반제품에 대한 금지청구를 인정할 경우에 용어에 대한 혼선을 피하기 위해 '반제품(위의 완성품의 구조를 구비하고 있는 것으로 아직 완성에 이르지 않은 물건)'이라는 문구를 기재함이

32) 이는 보관 장소를 특정하는 경우에도 마찬가지로 '그 밖의 장소'와 같이 명확하지 않은 표현을 사용하는 것은 부적절하다.

33) 다만 그 제조설비가 특허권 침해행위에만 사용되지 아니하고 다른 제품을 생산하는 데에도 사용되는 경우에는 폐기(금지소송의 경우) 내지 점유해제(금지가처분의 경우)를 명하여서는 아니된다.

34) 대법원 1996. 12. 23. 선고 96다16605 판결 [영업비밀침해금지등] 참조.

바람직하다.

이러한 부작위의무이행은 간접강제 등에 의하고,35) 결과물의 폐기, 제거 등의 독립된 처분이 아니라 부수적인 처분으로 작위의무이행이므로 채무자의 비용으로 제3자의 대체집행에 의하여 담보된다.

금지청구의 부대청구로서 작위를 청구하는 경우에 그에 드는 비용을 누가 부담할 것인가가 문제인데, 불법행위에 기한 침해와 달리 고의·과실을 요하지 않는 침해행위에 있어서까지 침해자에게 비용을 부담하게 하는 것은 가혹한 것이 아닌가 하는 의문은 있지만 소유권에 기한 방해배제청구와 마찬가지로 침해자에게 부담하게 한다는 견해가 유력하다.

특허권 또는 전용실시권 침해소송에서 특허권자 또는 전용실시권자가 주장하는 침해행위의 구체적 행위태양을 부인하는 당사자는 자기의 구체적 행위태양을 제시하여야 한다(제126조의2 제1항). 법원은 당사자가 제126조의2 제1항에도 불구하고 자기의 구체적 행위태양을 제시할 수 없는 정당한 이유가 있다고 주장하는 경우에는 그 주장의

---

35) 대법원 1996. 4. 12. 선고 93다40614 판결 [허위비방광고행위금지등·손해배상(기)등]은 비광광고로 인한 인격권침해사건에서 "부작위채무를 명하는 판결의 실효성 있는 집행을 보장하기 위하여는 부작위채무에 관한 소송절차의 변론종결 당시에서 보아 채무명의가 성립하더라도 채무자가 이를 단기간 내에 위반할 개연성이 있고, 또한 그 판결절차에서 민사소송법 제693조에 의하여 명할 적정한 배상액을 산정할 수 있는 경우에는 위의 부작위채무에 관한 판결절차에서도 위 법조에 의하여 장차 채무자가 그 채무를 불이행할 경우에 일정한 배상을 할 것을 명할 수 있다"라고 하였다.

한편 서울고등법원 2011. 7. 20. 선고 2010나97688 판결 [저작권 등 침해정지 및 예방](상고취하 확정)은 본안재판절차와 강제집행절차는 준별되는 절차로서 각각의 절차를 규율하는 법률도 별도의 단행법으로 되어 있고, 만일 위와 같은 공백기간을 없애야 할 필요성이라는 관점에서 본다면, 예를 들어 금전지급을 명하는 본안판결에서 부동산이나 채권의 압류명령 등도 함께 할 수 있다는 결론에 이르게 될 것이나, 이렇게 하여서는 양 절차의 구별은 무너지게 되고 여러 문제점들이 발생한다는 이유로 간접강제를 할 수 없다고 한 적이 있다.

그러나 대법원 2014. 5. 29. 선고 2011다31225 판결 [방송방해금지등]은 "부작위채무에 관한 집행권원 성립을 위한 판결절차에서 장차 채무자가 그 채무를 불이행할 경우에 대비하여 간접강제를 하는 것은 부작위채무에 관한 소송절차의 변론종결 당시에서 보아 부작위채무를 명하는 집행권원이 성립하더라도 채무자가 이를 단기간 내에 위반할 개연성이 있고, 또한 그 판결절차에서 민사집행법 제261조에 의하여 명할 적정한 배상액을 산정할 수 있는 경우라야 한다."라고 하여 부작위채무에 관한 판결절차에서 간접강제를 명하기 위한 요건을 밝히고 있다.

한편 대법원 2012. 3. 29. 선고 2009다92883 판결 [골프회원권분양예약무효확인등]은 "당사자 사이에 일정한 행위를 하지 않기로 하는 부작위 약정을 체결하였는데 채무자가 이러한 의무를 위반한 경우, 채권자는 채무자를 상대로 부작위의무의 이행을 소구할 수 있고, 부작위를 명하는 확정판결을 받아 이를 집행권원으로 하여 대체집행 또는 간접강제 결정을 받는 등으로 부작위의무 위반 상태를 중지시키거나 그 위반 결과를 제거할 수 있다."라고 한다. 이러한 견해는 대법원 2021. 7. 22. 선고 2020다248124 전원합의체 판결에서도 유지되고 있다.

당부를 판단하기 위하여 그 당사자에게 자료의 제출을 명할 수 있다. 다만, 그 자료의 소지자가 그 자료의 제출을 거절할 정당한 이유가 있으면 그러하지 아니하다(제126조의2 제2항). 제126조의2 제2항에 따른 자료제출명령에 관하여는 제132조 제2항 및 제3항을 준용한다. 이 경우 제132조 제3항 중 "침해의 증명 또는 손해액의 산정에 반드시 필요한 때"를 "구체적 행위태양을 제시할 수 없는 정당한 이유의 유무 판단에 반드시 필요한 때"로 한다(제126조의2 제3항). 당사자가 정당한 이유 없이 자기의 구체적 행위태양을 제시하지 않는 경우에는 법원은 특허권자 또는 전용실시권자가 주장하는 침해행위의 구체적 행위태양을 진실한 것으로 인정할 수 있다(제126조의2 제4항).[36)]

상대방의 실시행위가 특허법에서 정한 침해행위에는 해당하지 않지만 민법상의 불법행위에 해당하는 경우에 금지 및 손해배상청구를 인정할 것인가의 문제가 있었으나 대법원 2010. 8. 25. 자 2008마1541 결정 및 대법원 2012. 3. 29. 선고 2010다20044 판결에서 이를 인정하게 되었음은 「제1장 특허법과 다른 지식재산권법 등 간 관계 제3절 특허법과 민법 간 관계 II. 위법한 침해행위에 대한 금지청구 및 손해배상청구의 인정 여부」 등에서 본 바와 같다.

한편 침해금지 판단 기준 시에 관하여, 침해금지청구에서 특허권이 침해되거나 침해될 우려가 있는지 유무는 사실심의 구두변론종결 시를 기준으로 판단하지만, 손해배상청구를 인정할 것인지 여부는 침해행위 시를 기준으로 판단한다.[37)] 다만 특허권에 기한 침해금지 사건이 상고심에 계속 중인 상태에서 그 특허를 무효로 한다는 심결이 확정된 때에는 특허권은 처음부터 없었던 것으로 보아야 하므로(제133조 제3항 본문), 그 특허권이 유효하게 존재하는 것을 전제로 하는 특허권 침해금지청구는 나머지 점에 관하여 판단할 필요 없이 이유 없다.[38)]

특허권 침해금지청구소송에서 침해행위가 행하여지는 피고의 보통재판적 소재지 이외에 불법행위지의 특별재판적을 인정할 수 있는지 여부가 문제된다.

이에 대하여는 침해금지청구는 침해자의 고의·과실을 요하지 아니하는 등 불법행위와 성격이 다르므로 인정하지 않는 견해(소극설)가 있고,[39)] 반면에 민사소송법 제18

---

36) 제126조의2는 2019. 1. 8. 법률 제16208호로 개정된 특허법에서 신설되었다.

37) 대법원 2008. 11. 13. 선고 2006다22722 판결, 대법원 2009. 6. 25. 선고 2009다22037 판결, 대법원 2011. 12. 22. 선고 2011다9822 판결, 대법원 2013. 6. 27. 선고 2011다97065 판결 등 참조.

38) 대법원 2008. 4. 11. 선고 2006다46124 판결, 대법원 2010. 10. 14. 선고 2007다45814 판결.

39) 특허법원지적재산소송실무연구회, 지식재산소송실무(제4판), 박영사(2019), 158(진현섭 집필부분)은 우리 실무는 대체로 소극적으로 해석하고 있다고 한다.

조에 '불법행위에 관한 소'라고 규정되어 있지 '불법행위로 인한 손해배상의 소'라고 규정되어 있지 아니한 점, 토지관할은 당사자의 이해의 조정을 위한 일단의 기준을 정한 것으로서 침해금지 등을 구하는 소에서 불법행위지인 피고의 침해행위 장소나 원고의 손해발생지에 대하여 특별재판적을 인정하여도 응소하는 피고에게 특별한 불이익이 없는 점 등을 이유로 인정하는 견해(적극설)도 있다.[40]

특허권 침해행위를 이유로 법인의 대표이사 등 개인이 법인과 함께 금지청구의 대상이 될 수 있는지에 대해 다툼이 있으나, 회사의 대표이사 등의 개인은 회사와 별개의 주체로서 독립적인 특허권 침해행위를 하였다는 특별한 사정이 없는 한 특허권 침해행위를 한 회사 외에 대표이사 등 개인은 원칙적으로 금지청구의 대상이 될 수 없다.[41]

한편 청구취지에 금지기간이 기재되지 않는 등의 이유로 판결에서 금지기간이 설정되지 않은 경우 이를 영구적인 금지를 인정하는 것으로 해석할 것인지가 문제된다.

사안에 따라 법원이 금지기간을 구체적으로 설정하기 어려운 사건이 있을 수 있고, 이러한 경우 법원이 무리하게 금지기간을 설정하는 것 보다는 금지기간 설정을 유보하여 두고 판결이 선고된 이후의 사정변경에 따라 금지를 구할 이익이 소멸되었다는 이유로 당사자로 하여금 그 집행력의 배제를 구하기 위하여 청구이의의 소 등을 제기하도록 하는 방법이 필요하다는 견해가 있다. 만일 이러한 견해에 따른다면, 판결 주문에 금지기간을 특정하지 않는 경우 그 금지명령은 주문의 문언상 영구적 금지명령으로 해석될 수밖에 없고, 그와 같은 금지명령의 집행력을 배제하기 위하여 청구권의 소멸 등을 이유로 한 청구이의의 소 등을 제기하여야 하며, 청구이의의 소 등을 통하여 집행력

---

40) 일본 最高裁判所 2004(平成16). 4. 8. 자 平成15(許)44 결정은 일본 부정경쟁방지법 제3조 제1항에 기하여 부정경쟁에 의한 금지를 구하는 소 및 금지청구권의 부존재확인을 구하는 소는 모두 일본 민사소송법 제5조 제9호 소정의 '불법행위에 관한 소'에 해당한다고 판단하고 있다.

41) 반면에 손해배상청구의 대상은 회사 외에 대표이사 등의 개인도 대상이 될 수 있다. 즉 특허권 침해행위를 이유로 법인에 대하여 손해배상을 청구하는 근거는 민법 제35조 제1항에 기하여 이사 기타 대표자가 그 직무에 관하여 침해행위를 한 경우, 상법 제389조 제3항, 상법 제210조에 기하여 회사를 대표하는 사원이 그 업무집행으로 인하여 타인에게 손해를 가한 경우(대법원 2007. 5. 31. 선고 2005다55473 판결 등), 민법 제756조 제1항에 기하여 그 피용자가 사무집행에 관하여 침해행위를 한 경우 등인데 이들 경우에 그 행위자도 법인과 함께 공동피고로 하여 손해배상청구의 대상이 된다.
대법원 2003. 3. 11. 선고 2000다48272 판결은 피고 Y는 피고회사를 설립하고 그 대표이사가 되어 실질적으로 피고회사를 운영하여 오면서 피고회사가 소외 A로부터 (나)호 고안의 지관가공장치를 매수하여 사용하는데 이를 결정하고 실행하게 한 자이므로, 이 사건 실용신안권의 침해행위에 대하여 과실이 있는 한 이 사건 손해배상책임을 면할 수 없다고 하면서 피고 Y가 피고회사와 공동불법행위자로서 손해배상책임이 있다고 인정한 원심판단이 정당하다고 하였다.

을 배제하기 전까지 그 금지명령이 계속 효력이 있다는 것이 그 전제로 된다.

이에 대해 법원은 사건을 심리한 결과 인정하는 당사자 사이의 법률관계를, 특히 기판력과 집행력의 범위에 의문이 없도록 명확하게 나타내야 하므로, 변론종결 시에 이미 그 법률관계의 종기(終期)가 확정되어 있다면 법률관계와 집행력의 시적 한계를 의미하는 그 종기도 함께 표시하여야 하는데 특허권 등과 같이 법률로 그 존속기간이 정해져 있는 권리를 근거로 부작위명령을 구하는 사건에 있어서 그러한 권리의 존속기간은 원고가 주장하는 권리에 대하여 해당 법률을 적용함으로써 얻어지는 결론일 뿐이므로 심리 결과 그 법률관계의 확정적인 종기가 밝혀진다면 반드시 주문에 이를 표시하여야 한다는 견해가 있다.[42]

변리사법 제8조는 "변리사는 특허, 실용신안, 디자인 또는 상표에 관한 사항의 소송대리인이 될 수 있다"라고 규정하는데 변리사에게 허용되는 소송대리의 범위는 특허심판원의 심결에 대한 심결취소소송으로 한정되고, 현행법상 특허 등의 침해를 청구원인으로 하는 침해금지청구 또는 손해배상청구 등과 같은 민사사건에서 변리사의 소송대리는 허용되지 아니한다.[43]

가압류·가처분 등 보전처분은 법원의 재판에 따라 집행되지만, 이는 실체법상 청구권이 있는지 여부를 본안소송에 맡기고 단지 소명에 따라 채권자의 책임 아래 하는 것이므로, 보전처분의 집행 후 집행채권자가 본안소송에서 패소 확정되었다면 보전처분의 집행으로 인하여 채무자가 입은 손해에 대하여는 특별한 반증이 없는 한 집행채권자에게 고의 또는 과실이 있다고 추정되고,[44] 따라서 집행채권자는 보전처분의 부당한 집행으로 인한 손해에 대하여 채무자에게 이를 배상할 책임이 있다. 채권자가 가압류신청에서 진정한 채권액보다 지나치게 과다한 가액을 주장하여 그 가액대로 가압류결정이 된 후 본안소송에서 피보전권리가 없는 것으로 확인된 부분의 범위 내에서는 채권자의 고의·과실이 추정된다. 다만 불법행위에 따른 손해배상액을 산정할 때에 손해부담의 공평을 기하기 위하여 가해자의 책임을 제한할 수 있으므로, 보전처분과 본안소송에서 판단이 달라진 경위와 대상, 해당 판단 요소들의 사실적·법률적 성격, 판단의 난이도, 당사자의 인식과 검토 여부 등 관여 정도를 비롯한 여러 사정에 비추어

---

42) 서울고등법원 2012. 7. 25. 선고 2011나70802 판결 [저작권침해금지 등](상고기각 확정), 서울고등법원 2012. 10. 24. 선고 2011나96415 판결 [음반판매금지 등](미상고 확정) 참고, 금지기간을 설정하지 않고 나중에 청구이의의 소로 그 집행력을 배제하려는 입장에 대하여, 금지청구에서 청구이의의 사유로 집행력을 배제할 수 있다고 하더라도 당초의 수소법원과 청구이의 사건의 관할법원이 견해를 달리하는 경우에 해결책이 없게 됨을 지적하고 있다.

43) 대법원 2012. 10. 25. 선고 2010다108104 판결 [상표권침해금지등].

44) 대법원 2007. 4. 26. 선고 2005다31033 판결.

채권자에게 가압류 집행으로 인하여 채무자가 입은 손해의 전부를 배상하게 하는 것이 공평의 이념에 반하는 것으로 평가된다면 채권자의 손해배상책임을 제한할 수 있다.[45)]

그밖에 관련 본안소송에서 부정경쟁방지법 제14조의2 제5항의 적용에 따라 상당한 손해액이 인정되었다거나 영업비밀 침해로 인한 손해배상액의 산정에 있어 상당인과관계나 기여율의 판단이 어렵다는 사정만으로 채권자인 피고의 고의 또는 과실의 추정이 번복된다고 보기는 어렵고, 다만 보전처분과 본안소송에서 판단의 차이가 생긴 대상, 판단에 참작하는 요소들의 성격, 판단의 난이도와 판단이 달라진 경위, 관련 소송의 경과, 쌍방 당사자들의 관여 정도 등 여러 사정을 종합적으로 고려하여 피고의 책임을 60%로 제한한 원심 판단을 수긍한 것이 있다.[46)]

특허에 관하여 가처분 집행 후 본안소송에서 패소확정된 경우에 채권자의 고의·과실의 추정이 번복되는 경우는 그 사례를 찾아보기 어렵다.[47)] 다만 상표에 관한 사안에서 위에서 말하는 특별한 반증에 해당한다고 인정되어 매우 예외적으로 채권자의 고의·과실의 추정이 번복된 사례가 있기는 하다.[48)]

---

45) 대법원 2023. 6. 1. 선고 2020다242935 판결, 위 판결에 대한 해설로 이현경, "부당한 가압류에 의한 손해배상책임에서의 고의·과실 추정의 번복 및 책임제한", 대법원판례해설 제135호, 법원도서관(2023), 369 이하가 있다.

46) 대법원 2023. 6. 1. 선고 2020다242935 판결.

47) 대법원 2002. 9. 24. 선고 2000다46184 판결 등.

48) 대법원 2000. 11. 28. 선고 2000다33058 판결. 이 부분 쟁점과 관련한 판시 부분은 "피고가 원고를 상대로 유사상표 사용금지 등의 가처분을 신청한 경위, 그 가처분신청에 따라 법원이 가처분결정을 한 경위, 피고가 그 가처분집행을 한 경위, 그 본안소송이 진행된 경위 및 결과 등에 관한 사실과 그 밖에 기록에 나타난 모든 사정을 종합하여 보면, 위 가처분사건의 3회에 걸친 심문절차에서, 피고는 원고가 사용하는 원심 판시 상표가 피고의 원심 판시 각 등록상표와 유사한 것으로서 원고는 피고의 각 상표권을 침해하고 있다는 등의 주장을 하고, 원고는 피고의 위 각 등록상표는 상표법 제6조 제1항 제3호 소정의 이른바 기술적(記述的) 상표로서 무효이므로 원고가 사용하는 상표가 피고의 각 상표권을 침해하는 것이 아니라는 등의 주장을 하면서, 각자 그 소명자료를 충분히 제출하여, 위 가처분법원은 이러한 주장·소명 아래 위 가처분결정을 한 것이며, 피고가 그 본안소송에서 패소한 이유는, 원고의 위 상표 중 다툼이 되었던 부분은 피고의 위 각 등록상표의 지정상품인 커피류 제품에 사용할 경우 상품의 품질과 가공방법을 보통으로 사용하는 방법으로 표시한 것이 되므로 상표법 제51조 제2호에 의하여 피고의 위 각 등록상표의 효력은 원고의 위 상표에는 미치지 아니한다는 원고의 주장이 항소심과 상고심에서 받아들여졌기 때문이고, 그 제1심에서는 원고의 위 주장이 배척되어 피고 승소판결이 선고되기도 하였음을 알 수 있는바, 그렇다면 이 사건에 있어서는 일반적인 경우와는 달리 이러한 특별한 사정이 있어 피고가 원고를 상대로 위 가처분을 신청할 피보전권리가 없음을 알았거나 과실로 그러한 권리가 있다고 믿고 그 가처분을 신청하여 집행에까지 이르른 것으로 볼 수는 없다."이다.

II. 침해금지 가처분에서 피보전권리 및 보전의 필요성

1 일반 사항

먼저, 통상의 가처분에서 피보전권리는 권리관계가 현존하고 그것에 다툼이 있는 경우에 인정되므로, 특허권 관련 가처분 사건에서도 침해주장자가 특허권자의 특허를 침해하는 행위를 하면 특허권에 대한 다툼이 있는 것으로 되어 피보전권리가 인정되게 된다.

법리적인 관점에서 볼 때에는 피보전권리 존부에 대한 판단 기준이 원칙적으로 침해소송에서의 청구 존부와 같은 기준에 의하여 판단되어야 하지만 실무는 만족적 가처분의 특성상 특허권자 측에 신청원인 등에 대한 소명의 정도를 높이고 침해주장자의 항변에 대한 소명 정도를 낮추는 경향이 있어 결과적으로 본안소송에서 침해금지나 손해배상이 인정되는 경우라도 가처분이 기각되는 경우가 있을 수 있다.

다음으로, 특허권 관련 가처분사건에서 보전의 필요성 여부도 원칙적으로는 일반적인 가처분의 인용 여부에 따른 당사자 쌍방의 이해득실관계(특허권자 측 및 침해주장자가 입게 될 손해, 침해주장자가 침해행위를 알게 된 시점 및 고의성 여부, 침해주장자의 사업 규모 내지 현황 및 특허권의 실시 정도 여부), 특허권자 측이 본안소송에서 승소 가능성이 있는지 여부, 공공복리에 미칠 영향 기타 제반 사정을 고려하여 합목적적으로 판단한다.[49] 특허권 침해금지가처분은 특허권 침해금지라는 부작위의무를 발생시키는 만족적 가처분으로 그 부작위의무는 막대한 비용을 투입한 가처분 채무자의 특허권의 사용행위 자체를 금지하는 것으로 인해 그 사업 자체에 치명적인 손해가 발생하게 될 수 있어 여러 요소들을 종합적으로 고려하여 보전의 필요성 유무를 신중하게 결정하여야 하고 이러한 점 때문에 특허권 관련 가처분 사건이 통상의 일반 가처분사건에서보다 상대적으로 높은 보전의 필요성이 요구되는 경향이 있다.

관련하여 특허권자가 그 출원일 전에 출원·등록된 타인의 선출원특허와 이용관계에 있거나 저촉관계에 있는 특허를 등록받아(이하 후출원특허라고 한다) 선출원특허권자의 동의 없이 사용하였다면 후출원특허의 적극적 효력이 제한되어 후출원특허에 대한 등록무효심결의 확정 여부와 상관없이 선출원특허에 대한 침해가 성립한다.[50]

미국의 실무를 보면 종래에는 특허 유효성 및 특허침해행위의 존재가 인정되면 법원이 원칙적으로 금지명령을 허용하여야 하고 특별한 사정도 없이 이것을 받아들이지

49) 대법원 2007. 7. 2. 자 2005마944 결정 참조.
50) 대법원 2021. 3. 18. 선고 2018다253444 전원합의체 판결 참조.

않으면 재량권을 남용한 것이라고 이해되어 왔으나, 미국 연방대법원이 선고한 eBay Inc. v. MercExchange L.L.C. 사건[51]에서 종래 견해에 따른 원심의 가처분인용을 파기하면서 형평법상의 요건(회복할 수 없는 손해가 발생할 것, 커먼로 상의 구제수단으로는 손해 전보가 충분하지 않을 것, 당사자 쌍방이 입을 불이익의 균형을 고려할 것, 금지명령에 의하여 공익을 해치지 않을 것)에 대하여 치밀한 심리를 한 후 결정할 것을 요구하고 있고, 연방항소법원은 Robert Bosch LLC v. Pylon Mfg. Corp. 사건[52]에 이르러 원고가 승소 개연성을 증명하면 원고에게 회복할 수 없는 손해가 발생하는 것으로 추정하는 기존의 원칙(presumption of irreparable harm)을 포기하기에 이르렀다.[53]

독일 연방대법원은 열교환기 판결[54]에서 특허침해가 인정되면 곧바로 금지명령을 승인하여 오던 그 동안의 실무관행에서 벗어나 예외적으로 비례성을 고려하여 일정한 요건 하에 침해금지명령이 제한될 수 있음을 밝혔고 이는 독일 특허법 제139조의 개정[55]으로 이어졌다.

[2] 표준필수특허에 기초한 침해금지가처분의 허용 여부 등

이 부분 내용은 「제1장 특허법과 다른 지식재산권법 등 간 관계 제3절 특허법과 민법 간 관계 I. 특허권자의 특허권행사와 권리남용 [2] 민법 제2조에 근거한 권리남용 나. 표준필수특허에 기초한 특허권행사와 민법 제2조의 권리남용 간 관계」에서 설명하였다.

---

51) 547 U.S. 388, 391 (2006),

52) 659 F.3d 1142 (Fed. Cir. 2011).

53) 이러한 경향에 따라 연방항소법원도 2012. 10. 12. 선고한 Apple Inc. v. Samsung Electronics Co., Ltd. (No. 2012-1507) 사건에서 회복할 수 없는 손해가 발생한다는 점이 증명되기 위하여는 금지명령이 없으면 특허권자가 회복할 수 없는 손해를 입는다는 점과 주장된 손해가 주장된 침해와 충분하고도 강한 인과관계가 있다는 점이 모두 특허권자에 의해 증명되어야 한다고 하였다.

54) X ZR 114/13(BGH, 2016. 10. 5.).

55) 독일 특허법 제139조 제1항은 "본 법 제9조 내지 제13조를 위반하여 특허발명을 실시하는 자가 침해행위를 반복할 우려가 있는 경우, 피해자는 이에 대한 중지를 청구할 수 있다. 위반행위가 처음 있는 경우에도 청구가능하다. 다만, 개별 사건에서의 특수한 상황과 신의성실원칙에 따라 배타적 권리라는 이유만으로는 정당화될 수 없는 지나치게 가혹하거나 부당한 피해가 가해자 또는 제3자에게 발생되는 경우에 청구권은 배제된다. 이 경우 적절한 금전보상이 피해자에게 제공되어야 한다(나머지 생략)."라고 한다.

제3절 손해배상청구(제128조)

I. 일반 사항

특허권도 재산권의 일종이므로 특허권 침해행위가 있는 경우 특허권자 등은 불법행위에 기한 손해배상청구를 할 수 있다(민법 제750조[56]).

민법상 불법행위에 기하여 손해배상청구를 인정받기 위하여 권리자는 침해자의 고의·과실, 행위의 위법성(침해행위),[57] 책임능력, 손해(손해 발생 및 손해액, 위법한 침해행위와 손해 발생 간 인과관계)의 존재를 모두 주장, 증명하여야 한다.[58]

제128조 제1항은 "특허권자 또는 전용실시권자는 고의 또는 과실로 자기의 특허권 또는 전용실시권을 침해한 자에 대하여 침해로 인하여 입은 손해의 배상을 청구할 수 있다."라고 규정하고, 민법이 적용될 경우 증명의 어려움 등을 구제하기 위해 제128조 제2항 이하에서 손해액 등의 추정 등을 규정하고 있는데 이에 기하여 손해배상청구가 인정되기 위하여도 ① 원고가 특허권 등의 권리자[59]일 것[60], ② 상대방의 실시행위가 있을 것, ③ 피고의 실시행위가 원고의 특허권을 침해하여 위법할 것,[61] ④ 침해자의 고의 또는 과실, ⑤ 침해자의 책임능력, ⑥ 손해라는 요건이 충족되어야 하는데, 이때 ⑥ 손해에는 구체적으로 ㉮ 손해의 발생, ㉯ 특허권 침해행위와 손해 발생과의 인과

---

56) "고의 또는 과실로 인한 위법행위로 타인에게 손해를 가한 자는 그 손해를 배상할 책임이 있다."

57) 특허권자나 전용사용권자가 정당하게 유통시킨 상품을 재판매하거나(권리소진의 원칙, 병행수입 등) 판매할 목적으로 특허를 실시하는 행위 등은 위법성이 조각된다.

58) 이 경우 통상 손해액의 계산방법으로 "매출감소액(감소한 판매수량 × 특허권자 제품의 가격) × 특허권자의 이익률"로 하거나 "감소한 판매수량(침해가 없었더라면 판매할 수 있었을 판매량 - 실제 판매량) × 특허권자제품의 단위수량당 이익액"이 된다.

59) 손해배상을 청구할 수 있는 자는 특허권자 및 전용실시권자이다. 특허권이 공유인 경우에 각 공유자는 다른 공유자의 동의 없이도 자기의 지분에 관한 손해배상을 청구할 수 있다.

60) 특허권자와 실시권자 간, 특허권자와 실시권자·실시권자의 동업자간의 침해 성부에 관하여는 상표권에 관한 대법원 2013. 11. 28. 선고 2011다73793 판결 참조.

61) 침해가 위법하여야 하나, 통상 침해의 사실이 있으면 위법성이 추정되므로 피고가 위법성조각사유를 주장·증명한다. 예컨대 특허권자나 전용사용권자가 정당하게 유통시킨 상품을 재판매하거나(권리소진의 원칙, 병행수입 등) 승낙을 받아 실시하는 행위에는 위법성이 없다. 위법성과 관련하여 대법원 2001. 10. 12. 선고 2000다53342 판결은 특허권자가 특허권 침해 여부가 불명확한 제품의 제조자를 상대로 손해 예방을 위한 법적 구제절차는 취하지 아니한 채, 사회단체나 언론을 통하여 불이익을 줄 수 있음을 암시하면서 위 제품의 구매자로 하여금 구매계약을 해제하도록 강요하고 기왕에 설치되어 있던 제품을 철거하게 하였다면 이는 정당한 권리행사의 범위를 벗어난 행위로서 위법하다고 하였다.

관계, ㉰ 손해액이라는 구체적인 요건이 있고 이들 요건도 충족되어야 한다.[62]

다만 특허권 침해의 경우에는 일반 불법행위에 비해 침해자의 고의·과실이나 손해액 및 침해행위와 손해 발생 간 인과관계의 증명이 어려워 특허법은 과실의 추정(제130조), 생산방법의 추정(제129조)의 규정[이에 대하여는 「제6장 특허발명의 보호범위 제3절 생산방법의 추정(제129조)」 부분 참조]과 손해액의 산정 내지 침해행위와 손해 발생 사이의 인과관계에 관하여 특칙(제128조 제2항 이하)을 두고 있다.

손해배상청구에 있어서는 침해금지 등의 청구와 달리 (민법상의 불법행위 책임과 마찬가지로) 침해자의 고의 또는 과실을 필요로 하며 그 증명책임은 청구자가 부담하는 것이 원칙이다. 그러나 타인의 특허권 또는 전용실시권을 침해한 자는 그 침해행위에 대하여 과실이 있는 것으로 추정한다(제130조).

제128조 제2항부터 제7항은 불법행위에 기한 손해배상청구에 있어서 손해에 관한 피해자의 주장·증명책임을 경감하는 취지의 규정이고, 손해의 발생이 없는 것이 분명한 경우까지 침해자에게 손해배상의무를 인정하는 취지는 아니므로 특허권의 침해행위에도 불구하고 특허권자에게 손해의 발생이 없다는 점이 밝혀지면 침해자는 그 손해배상책임을 면할 수 있고,[63] 위와 같이 특허권자에게 손해의 발생이 인정되지 아니하는 경우에는 민법 제750조에 기한 손해배상청구권 역시 인정될 수 없다.[64] 다만, 위와 같은 손해의 발생에 관한 주장·증명의 정도는 경업관계 등으로 인하여 손해 발생의 염려 또는 개연성이 있음을 주장·증명하는 것으로 충분하다.[65]

손해배상액의 산정에 있어 손익상계가 허용되기 위해서는 손해배상책임의 원인이 되는 행위로 인하여 피해자가 새로운 이득을 얻었고, 그 이득과 손해배상책임의 원인인 행위 사이에 상당인과관계가 있어야 한다.[66]

---

62) 대법원 1997. 9. 12. 선고 96다43119 판결.

63) 대법원 1997. 9. 12. 선고 96다43119 판결, 대법원 2002. 10. 11. 선고 2002다33175 판결, 대법원 2004. 7. 22. 선고 2003다62910 판결, 대법원 2006. 10. 12. 선고 2006다1831 판결 등 참조.

64) 대법원 2004. 7. 22. 선고 2003다62910 판결, 대법원 2008. 11. 13. 선고 2006다22722 판결 등 참조.

65) 대법원 1997. 9. 12. 선고 96다43119 판결, 대법원 2006. 10. 12. 선고 2006다1831 판결.

66) 대법원 2013. 2. 14. 선고 2010다91985 판결은 "피고가 전용사용권자인 두루케이 등으로부터 원고의 상표 사용에 대한 승낙을 받아 줄 의무를 이행하지 아니한 상태에서 원고가 이 사건 업무협약 체결에 의하여 상표 사용권을 취득하였다고 믿고 제조한 상품에 이 사건 상표를 부착한 후 다수 거래처에 납품하여 그 납품대금을 수령하는 이익을 얻은 사실이 있다 하더라도, 그 이득은 이 사건 상표에 화체된 신용 및 고객흡인력과 원고의 노력 및 비용이 투입된 상품의 제조·납품행위로 인하여 생긴 것일 뿐 이 사건 상표의 적법한 사용권을 원고에게 부여한 바 없는 이 사건 업무협약과 상당인과관계가 있다고 볼 수 없으므로, 그 납품대금 상당의 이득을 피

법원은 고의 또는 과실로 특허권 또는 전용실시권을 침해함으로써 특허권자 또는 전용실시권자의 업무상 신용을 떨어뜨린 자에 대해서는 특허권자 또는 전용실시권자의 청구에 의하여 손해배상을 갈음하여 또는 손해배상과 함께 특허권자 또는 전용실시권자의 업무상 신용회복을 위하여 필요한 조치를 명할 수 있다(제131조). 특허권 침해에 대한 손해배상청구에 있어서는 그 성질에 반하지 않는 한 불법행위에 관한 민법의 제 규정이 보충적으로 적용된다(청구권경합설).

따라서 특허권 침해에 의해 정신적 고통을 받은 손해를 입은 때에는 민법 일반규정과 법리에 따라 위자료를 청구할 수 있지만, 재산적 손해의 배상만으로는 회복할 수 없는 정신적 손해가 증명되어야 하기 때문에 단순히 특허권 침해행위가 이루어졌다는 사정만으로 곧바로 위자료 청구가 인정되는 것은 아니다.[67]

이러한 논리는 특허권자가 사람이 아닌 법인인 경우에도 적용된다. 실무는 일정 요건 하에 법인이 입은 무형의 손해에 대한 배상청구를 인정한다. 민법 제751조 제1항은 불법행위로 인한 재산 이외의 손해에 대한 배상책임을 규정하고 있고, 재산 이외의 손해는 정신상의 고통만을 의미하는 것이 아니라 그 외에 수량적으로 산정할 수 없으나 사회통념상 금전평가가 가능한 무형의 손해도 포함된다고 할 것이므로, 법인의 명예나 신용을 훼손한 자는 그 법인에게 재산 이외의 손해에 대하여도 배상할 책임이 있으며,[68] 법인의 명예나 신용을 훼손하는 행위에는 법인의 목적사업 수행에 영향을 미

고가 원고에게 배상하여야 할 손해액에서 공제할 수 없다."라고 하였다.

67) 대법원 1996. 11. 26. 선고 96다31574 판결은 피고는 타인의 영업비밀을 사용하여 자신의 상품으로 판매하였고 달리 원고의 영업이나 상품의 신용을 실추하게 한 것은 아니므로 영업매출액 감소만으로 위자료 청구를 인정함은 잘못이라고 하였다. 대법원 2003. 7. 25. 선고 2003다22912 판결은 "일반적으로 타인의 불법행위로 인하여 재산권이 침해된 경우에는 특별한 사정이 없는 한 그 재산적 손해의 배상에 의하여 정신적 고통도 회복된다고 보아야 할 것이고 재산적 손해의 배상만으로는 회복할 수 없는 정신적 손해가 있다면 그 위자료를 인정할 수 있다."라고 하고, 대법원 2007. 12. 13. 선고 2007다18959 판결은 "손해의 발생이 인정되는데도 증명곤란 등의 이유로 그 손해액의 확정이 불가능하여 그 배상을 받을 수 없는 경우에 이러한 사정을 위자료의 증액사유로 참작할 수는 있다고 할 것이나, 이러한 위자료의 보완적 기능은 재산적 손해의 발생이 인정되는데도 손해액의 확정이 불가능하여 그 손해 전보를 받을 수 없게 됨으로써 피해회복이 충분히 이루어지지 않는 경우에 이를 참작하여 위자료액을 증액함으로써 손해 전보의 불균형을 어느 정도 보완하고자 하는 것이므로, 함부로 그 보완적 기능을 확장하여 재산상 손해액의 확정이 가능함에도 불구하고 편의한 방법으로 위자료의 명목 아래 사실상 재산적 손해의 전보를 꾀하는 것과 같은 일은 허용될 수 없다"라고 하며, 대법원 2014. 1. 16. 선고 2011다108057 판결은 "위자료는 불법행위에 따른 피해자의 정신적 고통을 위자하는 금액에 한정되어야 하므로 발생한 재산상 손해의 확정이 가능한 경우에 위자료의 명목 아래 재산상 손해의 전보를 꾀하는 일은 허용될 수 없고), 재산상 손해의 발생에 대한 증명이 부족한 경우에는 더욱 그러하다"라고 한다.

68) 대법원 1960. 1. 14. 선고 4290민상824 판결, 대법원 2005. 11. 10. 선고 2005다37710 판

칠 정도로 법인의 사회적 평가를 저하시키는 일체의 행위가 포함되므로,[69] 이에는 구체적인 사실을 적시하거나 의견을 표명하는 행위 등뿐만이 아니라, 고급 이미지의 의류로서 명성과 신용을 얻고 있는 타인의 의류와 유사한 디자인의 의류를 제조하여 이를 저가로 유통시키는 방법 등으로 타인인 법인의 신용을 훼손하는 행위도 포함된다.[70]

한편 손해액 산정에 필요한 자료 제출과 관련하여, 법원은 특허권 또는 전용실시권 침해소송에서 당사자의 신청에 의하여 상대방 당사자에게 해당 침해의 증명 또는 침해로 인한 손해액의 산정에 필요한 자료의 제출을 명할 수 있되,[71] 그 자료의 소지자가 그 자료의 제출을 거절할 정당한 이유가 있으면 그러하지 아니하다(제132조 제1항).[72][73] 법원은 자료의 소지자가 제132조 제1항에 따른 제출을 거부할 정당한 이유가 있다고 주장하는 경우에는 그 주장의 당부를 판단하기 위하여 자료의 제시를 명할

결, 대법원 2008. 10. 9. 선고 2006다53146 판결 등 참조.

69) 대법원 1965. 11. 30. 선고 65다1707 판결, 대법원 1996. 6. 28. 선고 96다12696 판결, 대법원 2008. 10. 9. 선고 2006다53146 판결 등 참조.

70) 대법원 2008. 10. 9. 선고 2006다53146 판결. 그 외 관련하여 대법원 1988. 6. 14. 선고 87다카1450 판결, 대법원 2005. 11. 10. 선고 2005다37710 판결 등 참조.

71) 대법원 2005. 7. 11. 자 2005마259 결정은 법원이 자료제출명령을 발함에 있어서는 먼저 그 문서의 존재와 소지가 증명되어야 하고 그 증명책임은 원칙적으로 신청인에게 있다고 한다. 대법원 2009. 4. 28. 자 2009무12 결정도 문서제출신청의 허가 여부에 관한 재판을 할 때에는 그때까지의 소송경과와 문서제출신청의 내용에 비추어 신청 자체로 받아들일 수 없는 경우가 아닌 한 상대방에게 문서제출신청서를 송달하는 등 문서제출신청이 있음을 알림으로써 그에 관한 의견을 진술할 기회를 부여하고, 그 결과에 따라 해당문서의 존재와 소지 여부, 해당문서가 서증으로 필요한지 여부, 문서제출신청의 상대방이 민사소송법 제344조에 따라 문서제출의무를 부담하는지 여부 등을 심리한 후, 그 허가 여부를 판단하여야 한다고 하면서 문서제출신청 후 이를 상대방에게 송달하는 등 문서제출신청에 대한 의견을 진술할 기회를 부여하는데 필요한 조치를 취하지 않은 채 문서제출명령의 요건에 관하여 별다른 심리도 없이 문서제출신청 바로 다음날 한 문서제출명령은 위법하다고 하였다.

72) 2016. 3. 29. 법률 제14112호로 개정되기 전 특허법 제132조는 "법원은 특허권 또는 전용실시권의 침해에 관한 소송에서 당사자의 신청에 의하여 해당 침해행위로 인한 손해를 계산하는데 필요한 서류를 제출하도록 다른 당사자에게 명할 수 있다. 다만, 그 서류의 소지자가 그 서류의 제출을 거절할 정당한 이유가 있으면 그러하지 아니한다."라고만 규정하고 있었는데 위 개정 특허법에서 제132조가 본문 내용과 같이 개정되었다.

73) 2016. 3. 29. 법률 제14112호로 개정된 특허법 제132조는 침해소송에서 법원의 증거제출 명령대상 범위를 서류에서 자료로 확대하고 침해의 증명에 필요한 자료도 포함하며, 증거제출명령에 불응한 경우 해당 자료의 기재에 의하여 증명하고자 하는 사실에 관한 주장을 진실한 것으로 인정할 수 있도록 하는 등의 개정이 이루어졌다. 대법원 2010. 7. 14. 자 2009마2195 결정에 의하면 민사소송법 제344조 제1항 제1항 제1호, 제374조를 신청 근거 규정으로 한 제출명령신청에서 서류가 아닌 동영상 파일 등과 사진은 문서제출명령의 대상이 되지 않았는데, 특허침해소송에서는 전자적 형태의 자료, 도면 등의 자료를 증거로 확보하는 것이 필요하여 그 대상을 서류에서 자료로 확대한 것이다.

수 있다. 이 경우 법원은 그 자료를 다른 사람이 보게 하여서는 아니 된다(제132조 제2항). 제132조 제1항에 따라 제출되어야 할 자료가 영업비밀(부정경쟁방지 및 영업비밀보호에 관한 법률 제2조 제2호에 따른 영업비밀을 말한다)에 해당하나 침해의 증명 또는 손해액의 산정에 반드시 필요한 때에는 제132조 제1항 단서에 따른 정당한 이유로 보지 아니한다. 이 경우 법원은 제출명령의 목적 내에서 열람할 수 있는 범위 또는 열람할 수 있는 사람을 지정하여야 한다(제132조 제3항). 당사자가 정당한 이유 없이 자료제출명령에 따르지 아니한 때에는 법원은 자료의 기재에 대한 상대방의 주장을 진실한 것으로 인정할 수 있다(제132조 제4항). 제132조 제4항에 해당하는 경우 자료의 제출을 신청한 당사자가 자료의 기재에 관하여 구체적으로 주장하기에 현저히 곤란한 사정이 있고 자료로 증명할 사실을 다른 증거로 증명하는 것을 기대하기도 어려운 때에는 법원은 그 당사자가 자료의 기재에 의하여 증명하고자 하는 사실에 관한 주장을 진실한 것으로 인정할 수 있다(제132조 제5항). 또한 특허권 또는 전용실시권 침해소송에서 법원이 침해로 인한 손해액의 산정을 위하여 감정을 명한 때에는 당사자는 감정인에게 감정에 필요한 사항을 설명하여야 한다(제128조의2).[74)]

이러한 규정들은 손해액의 증명을 덜어주기 위한 규정으로 권리자는 본 규정에 의하여 침해자의 장부 등에 의한 판매수량, 이익액 등을 증명할 수 있다. 손해액을 증명하기 위한 주요 자료로는 판매수량 및 판매원가에 관한 문서, 원가계산에 관한 문서, 이익액에 관한 문서 등이다. 본 규정은 민사소송법 제344조부터 제351조까지의 문서제출명령에 따른 문서제출의무를 보충하는 특칙으로서 본 규정에 의한 문서제출신청방식(민사소송법 제345조), 문서를 특정하기 위한 문서목록의 제출(민사소송법 제346조), 제출신청의 허가여부에 대한 재판 및 불복신청(민사소송법 제347조, 제348조), 문서를 제출하지 아니하는 경우의 효과 및 제재, 문서사용을 방해한 경우의 효과(민사소송법 제349조, 제350조, 제351조)에 대하여는 민사소송법의 규정이 적용된다. 다만 제132조 제5항은 민사소송법 제349조의 문서제출거부에 따른 효력[75)]보다도 더 강력한 효력을 주

---

74) 다만 제128조의2, 제132조 및 제224조의3의 개정규정은 이 법 시행(2016. 6. 30.) 후 최초로 제기되는 소송부터 적용한다. 2016. 3. 29. 법률 제14112호로 개정된 특허법 부칙 제8조.

75) 민사소송법 제349조는 "당사자가 제347조 제1항 · 제2항 및 제4항의 규정에 의한 명령에 따르지 아니한 때에는 법원은 문서의 기재에 대한 상대방의 주장을 진실한 것으로 인정할 수 있다."라고 규정한다. 이와 관련하여, 대법원 2007. 9. 21. 선고 2006다9446 판결은 "당사자가 법원으로부터 문서제출명령을 받았음에도 불구하고 그 명령에 따르지 아니한 때에는 법원은 상대방의 그 문서에 관한 주장 즉, 문서의 성질, 내용, 성립의 진정 등에 관한 주장을 진실한 것으로 인정할 수 있음은 별론으로 하고, 그 문서들에 의하여 증명하려고 하는 상대방의 주장사실이 바로 증명되었다고 볼 수는 없으며, 그 주장사실의 인정 여부는 법원의 자유심증에 의하는 것이다."라고 하였다.

고 있다.

서류의 소지자가 그 서류의 제출을 거절할 정당한 이유는 해당 문서가 영업비밀과 관련이 있는 경우에 주로 문제된다. 침해행위가 인정된 이상 손해액 계산을 위하여 해당 서류들이 필요하기 때문에 그것이 영업비밀이더라도 침해행위에 의하여 얻은 이익을 계산하기 위하여 필요한 사항이 기재된 문서와 일체를 이루고 있는 이상 영업비밀이라는 이유만으로 본 규정의 문서제출의무를 부정할 수 없지만 제출을 명하는 문서에 사업활동에 유효한 기술상 또는 영업상의 정보가 담겨 있고 피고가 이를 구체적으로 특정하여 영업비밀이라고 인정될 경우에는 본래의 목적인 손해계산을 방해하지 아니하는 한도 내에서 해당 부분을 보호하여 줄 필요가 있다.

변리사법 제8조는 "변리사는 특허, 실용신안, 디자인 또는 상표에 관한 사항의 소송대리인이 될 수 있다"라고 규정하는데 변리사에게 허용되는 소송대리의 범위는 특허심판원의 심결에 대한 심결취소소송으로 한정되고, 현행법상 특허 등의 침해를 청구원인으로 하는 침해금지청구 또는 손해배상청구 등과 같은 민사사건에서 변리사의 소송대리는 허용되지 아니한다.76)

II. 침해자의 양도수량에 특허권자의 이익률을 곱함(제128조 제2항)

1 내용

제128조 제2항은 "특허권 또는 전용실시권을 침해한 자가 그 침해행위를 하게 한 물건을 양도(판매 또는 무상제공)하였을 때에는 침해한 자의 물건의 양도수량(특허권자 또는 전용실시권자가 그 침해행위 외의 사유로 판매할 수 없었던 사정이 있는 경우에는 그 침해행위 외의 사유로 판매할 수 없었던 수량을 뺀 수량) 중 특허권자 또는 전용실시권자가 생산할 수 있었던 물건의 수량에서 실제 판매한 물건의 수량을 뺀 수량을 넘지 않는 수량에 특허권자 또는 전용실시권자가 그 침해행위가 없었다면 판매할 수 있었던 물건의 단위수량당 이익액을 곱한 금액(제1호), 그 물건의 양도수량 중 특허권자 또는 전용실시권자가 생산할 수 있었던 물건의 수량에서 실제 판매한 물건의 수량을 뺀 수량을 넘는 수량 또는 그 침해행위 외의 사유로 판매할 수 없었던 수량이 있는 경우 이들 수량(특허권자 또는 전용실시권자가 그 특허권자의 특허권에 대한 전용실시권의 설정, 통상실시권의

76) 대법원 2012. 10. 25. 선고 2010다108104 판결 [상표권침해금지등].

허락 또는 그 전용실시권자의 전용실시권에 대한 통상실시권의 허락을 할 수 있었다고 인정되지 않는 경우에는 해당 수량을 뺀 수량)에 대해서는 특허발명의 실시에 대하여 합리적으로 받을 수 있는 금액(제2호)의 합계액을 특허권자 또는 전용실시권자가 입은 손해액으로 할 수 있다."라고 규정한다.

본 항은 앞서 본 손해배상청구가 인정되기 위한 「⑥ 손해 ㉮ 손해의 발생, ㉯ 특허권 침해행위와 손해와의 인과관계, ㉰ 손해액」에서 ㉯, ㉰에 대한 특례를 규정한 것이다. 따라서 본 항 적용의 전제로서 손해를 입은 권리자가 스스로 동종의 영업 또는 물건판매 등을 하고 있다는 사실을 주장·증명할 필요가 있다. 관련하여 제128조 제2항에서 손해의 발생에 관한 주장·증명의 정도에 있어서 경업관계 등으로 인하여 손해 발생의 염려 내지 개연성이 있음을 주장·증명하는 것으로 충분하고, 권리자의 특허발명 실시 유무는 제128조 제2항의 적용의 적극적 요건은 아니다.[77)]

특허권 침해자의 양도수량이 특허권자 또는 전용실시권자가 그 물건을 생산할 수 있는 능력을 초과하는 경우 그 초과부분에 대하여서까지 특허권자 또는 전용실시권자가 판매할 수 있었다고 보는 것은 적절하지 아니하므로, 제128조 제2항 제1호에 의한 손해액은 그 물건의 양도수량(특허권자 또는 전용실시권자가 그 침해행위 외의 사유로 판매할 수 없었던 사정이 있는 경우에는 그 침해행위 외의 사유로 판매할 수 없었던 수량을 뺀 수량) 중 특허권자 또는 전용실시권자가 생산할 수 있는 물건의 수량에서 실제 판매한 물건의 수량을 뺀 수량을 넘지 않는 수량에 특허권자 또는 전용실시권자가 그 침해행위가 없었다면 판매할 수 있었던 물건의 단위수량당 이익액을 곱한 금액을 한도로 한다.

여기서 생산 능력은 원칙적으로 권리자의 침해 당시의 생산능력 뿐만 아니라 장래 및 잠재적인 생산능력을 포함하는데[78)] 그 생산능력에 대한 주장·증명책임은 권리자에게 있다. 여기서 단위수량당 이익액은 (침해기간에서) 침해가 없었다면 특허권자가 판매할 수 있었을 것으로 보이는 특허권자 물건의 단위당 판매가액에서 그 증가되는 물건의 판매를 위하여 추가로 지출하였을 것으로 보이는 제품 단위당 비용을 공제한 금액(한계이익)을 말한다.[79)][80)]

---

77) 대법원 2006. 10. 12. 선고 2006다1831 판결, 서울고등법원 2009. 2. 3. 선고 2008나17757 판결(상고기각 확정) 등 참조.

78) 통상실시권자는 특허권자와는 독립된 법적, 경제적 주체이므로 통상실시권자의 생산능력을 특허권자의 생산능력에 포함하여서는 아니 되지만, 특허권자가 스스로 하청을 주어 생산하게 한 경우에는 여기서의 특허권자의 생산능력에 포함된다. 특허법 주해 II, 박영사(2010), 203(박성수 집필부분).

79) 대법원 2006. 10. 13. 선고 2005다36830 판결 참조. 위 판결에는 '원고가 이 사건 등록의장의 대상 물품인 천정흡음판을 제조·판매하면서 구매자로부터 천정흡음판의 설치공사까지도 수급받는 것이 일반적이었다고 하더라도 천정흡음판의 설치공사대금을 가리켜 천정흡음판의 판

또한, 침해자의 탁월한 영업능력, 대체품의 존재, 침해물건에 특허기술 외에 디자인 요소, 수요자의 다른 구매 동기 등의 특허권 침해자의 양도수량 전부를 특허권자 또는 전용실시권자가 판매할 수 없다는 사정은 인과관계를 부정하는 요소로서 그에 상당한 수량은 손해액에서 공제되어야 하므로, 제128조 제2항 제2호는 같은 항 제1호의 양도수량에 대해, 특허권자 또는 전용실시권자가 해당 침해행위 외의 사유로 판매할 수 없었던 사정이 있는 때에는 해당 침해행위 외의 사유로 판매할 수 없었던 수량을 뺀 수량으로 규정하고 있다.

침해행위 외의 사유로 판매할 수 없었던 수량에 대한 주장 · 증명책임은 침해자에게 있다. 특허권자 또는 전용실시권자는 일응 침해자의 양도수량과 자신의 물건 단위수량당 이익액만을 주장 · 증명하면 되고, 침해자가 손해배상액의 감액을 위하여 위와 같은 사정으로 인하여 특허권자가 판매할 수 없었던 수량에 대해 주장과 증명을 하여야 한다.81)

[2] 관련 문제

(1) 당초 구 법(2020. 6. 9. 법률 제17422호로 개정되기 전의 것) 제128조 제3항 단서가 적용되어 침해제품의 양도수량 중 권리자가 판매할 수 없다고 인정된 수량에 대하여 같은 조 제5항의 실시료 상당액을 손해로 청구할 수 있는지 문제가 되었는데 구 법 당시 아래와 같이 견해가 나뉘어 있었다.

제1설(적극설)은 제128조 제3항 단서에 의해 공제된 수량의 물건도 허락을 받지 않은 실시품인 점에 변함이 없고 같은 조 제5항은 최소한도의 법정손해액을 규정한 것이므로 위 제3항 단서에 의해 공제된 수량에 대해서도 위 제5항을 적용하여 배상액을 산정하는 것이 타당하고, 인과관계가 전혀 인정되지 않은 경우에 위 제5항을 인정하는 것이라면 인과관계가 일부 인정되지 않아 위 제3항 단서에 의해 배척된 경우에도 인정되지 않은 부분에 대하여 위 제5항의 배상을 부정할 이유가 없다는 이유로 위 제3항 단서에 의해 인정되지 않은 부분에 대해 위 제5항을 적용할 수 있다고 본다.82) 미국

매가액이라고는 할 수 없다'라는 내용이 있는데 이는 '상품의 판매에 연관된 용역의 제공 문제'와 관련이 있다.

80) 본 조 내용에 대해 참고가 되는 것으로 이주환, "특허침해로 인한 일실이익과 합리적인 실시료의 혼합산정 방법 -특허법 제128조 제2항 개정과 관련하여-", 선진상사법률연구 제92호(2020. 10.), 법무부, 105 이하가 있다.

81) 대법원 2006. 10. 13. 선고 2005다36830 판결 참조.

82) 특허법 주해 II, 박영사(2010), 259~260(박성수 집필부분).

연방항소법원은 Status Indus, Inc. v. Mor-Flo Indus, Inc. 사건[83]에서 특허권자가 일실이익의 산정에 포함되지 않는 침해매출에 대해서는 합리적인 실시료(로열티)에 따른 인정액을 받을 수 있다고 보고, 손해배상액이 증명될 수 있는 범위 내에서 실제 손해로서의 일실이익과 나머지에 대한 합리적인 실시료(로열티)로 분리될 수 있다고 하였다.[84]

반면에 제2설(소극설)은 제128조 제3항 전문은 특허권 침해에 해당하는 생산능력이 있었음을 전제로 일실이익을 산정하는 것인 반면에 같은 조 제5항은 특허발명의 실시에 대하여 합리적으로 받을 수 있는 금액에 상당하는 실시료 상당액을 손해로 하는 것이므로 각각 전제를 달리하는 별개의 손해산정방법이라고 하여야 하고, 같은 조 제3항 단서에 따른 공제 후의 수량을 기준으로 한 위 제3항에 의하여 산출된 금액이 권리자의 전체 일실이익이 되므로, 특허권자에 의해 판매할 수 없었던 수량 만큼에 대해서까지 위 제5항에 의해 실시료 상당액을 청구할 수 있다고 한다면 특허권자가 침해행위에 대한 손해배상으로서 본래 청구할 수 있는 일실이익의 범위를 넘어 손해를 전보받는 것을 인정하는 것이 되어 부당하다는 이유로 이러한 경우에 인정되지 않은 부분에 대해 위 제5항을 적용할 수 없다고 본다.

2020. 6. 9. 법률 제14722호로 개정된 특허법에서 위 제1설의 취지에 따라 제128조 제2항을 개정하고 종전의 제3항을 삭제하여 그 물건의 양도수량 중 특허권자 또는 전용실시권자가 생산할 수 있었던 물건의 수량에서 실제 판매한 물건의 수량을 뺀 수량을 넘는 수량 또는 그 침해행위 외의 사유로 판매할 수 없었던 수량이 있는 경우 이들 수량(특허권자 또는 전용실시권자가 그 특허권자의 특허권에 대한 전용실시권의 설정, 통상실시권의 허락 또는 그 전용실시권자의 전용실시권에 대한 통상실시권의 허락을 할 수 있었다고 인정되지 않는 경우에는 해당 수량을 뺀 수량)에 대해서는 특허발명의 실시에 대하여 합리적으로 받을 수 있는 금액도 그 손해액으로 할 수 있다고 규정하였다(제128조 제2항 제2호).

제128조 제2항은 같은 조 제4항에서와 같이 '손해액으로 추정한다'라고 하지 않고 '손해액으로 할 수 있다'라고 규정하고 있다.

제128조 제4항은 손해액에 대해 법률상의 사실추정을 하여 권리자의 증명 곤란을 구제하면서도 침해자측으로 하여금 추정의 기초로 된 사실을 반증을 들어 번복시키는

83) 883 F.2d 1573, 1577 (Fed. Cir. 1989).

84) 다만, 위 사안은 특허권자가 일실이익의 산정에 포함시켰으나 인과관계 부정 등으로 인해 인정되지 않은 부분에 대해 추가로 실시료 상당액을 청구할 수 있는지에 관하여 직접적으로 판단한 것은 아닌 것으로 보인다.

데 성공하면 추정규정 자체가 적용되지 않게 하기 위하여 설정된 것으로 그것으로써 두 당사자의 균형을 꾀하고 있고, 제128조 제2항 제1호는 권리자가 일정한 사실을 증명한 때에는 일응 그것을 권리자의 손해로 하고 감액사유는 원칙적으로 침해자 측으로 하여금 증명하도록 하여 침해자가 그 증명에 성공한 경우에 한하여 손해액을 감액시키는 방법으로 양 당사자의 균형을 꾀하고 있다.85) 손해의 주장 · 증명방법으로서 제128조 제2항과 제4항은 선택적 관계에 있다고 생각된다.86)

그리고 원고가 손해배상청구소송에서 제128조 제2항에 따른 손해액을 주장하였다면 법원으로서는 먼저 원고에 의해 주장된 그 규정에 기하여 손해액을 인정할 수 있는지부터 심리하여야 하고 제128조 제7항에 기하여 손해액을 인정하고자 하는 경우에도 위 제2항에 기한 손해액에 관한 심리 후에 그 손해액의 증명이 극히 곤란하다는 점이 인정되어야 한다.87)

(2) 본 항의 규정 중 '그 침해행위가 없었다면 판매할 수 있었을 물건'이 특허권의 실시품(특허권이 구현된 물건)으로 한정되는가라는 문제가 있다.

이에 대해 제1설(비한정설)은 제128조 제2항을 종전의 일실이익개념을 전제로 하면서 그 증명을 쉽게 하도록 하는 전제에서 두어진 규정으로 보고 위 '그 침해행위가 없었다면 판매할 수 있었을 물건'에 대해 침해품과 기능 등에서 대체가능성이 있는 물건으로 특허권자가 판매할 능력이 있는 것을 말하고, 대체가능성이란 완전한 대체성은 필요하지 않고 조금이라도 침해품의 수요를 끌어올릴 수 있다면 그 요건을 충족한다고 본다.88)

---

85) 따라서 제128조 제2, 3항의 성격을 이와 같이 이해하면 결과적으로는 추정규정설에 가까운 결론이 되지만 앞서 본 바와 같이 양 규정의 논리적인 접근이 서로 다른 점을 고려하면 추정규정 또는 간주규정 중 어느 것이냐를 굳이 선택할 필요는 없다고 생각한다.

86) 참고로 선택적 병합 관계에 있는 소의 항소심에서의 심리범위와 관련하여, 대법원 2014. 5. 29. 선고 2013다96868 판결은 "병합의 형태가 선택적 병합인지 예비적 병합인지 여부는 당사자의 의사가 아닌 병합청구의 성질을 기준으로 판단하여야 하고, 항소심에서의 심판 범위도 그러한 병합청구의 성질을 기준으로 결정하여야 한다. 따라서 실질적으로 선택적 병합 관계에 있는 두 청구에 관하여 당사자가 주위적 · 예비적으로 순위를 붙여 청구하였고, 그에 대하여 제1심법원이 주위적 청구를 기각하고 예비적 청구만을 인용하는 판결을 선고하여 피고만이 항소를 제기한 경우에도, 항소심으로서는 두 청구 모두를 심판의 대상으로 삼아 판단하여야 한다."라고 하였다.

87) 대법원 2014. 5. 29. 선고 2013다208098 판결 참조.

88) 대법원 2006. 10. 12. 선고 2006다1831 판결이 "손해의 발생에 관한 주장 · 증명의 정도에 있어서는 경업관계 등으로 인하여 손해 발생의 염려 내지 개연성이 있음을 주장 · 증명하는 것으로 충분하다"라고 하였는데 이 부분 설시 내용이 침해자의 이익을 특허권이 구현된 물품을 제조하여 판매하는 이익에만 적용된다고 한정하여 해석할 근거가 없다는 논리와 연결되고 있다. 특허법 주해 II, 박영사(2010), 172(박성수 집필부분). 한편 서울고등법원 2009. 2. 3. 선고

반면에 제2설(한정설)은 제128조 제2항을 배타적 독점권이라는 특허권의 본질에 기해 침해품과 권리자 제품이 시장에서 보완관계에 있는 것으로 간주하는 전제에서 두어진 규정으로 보고, 위 '판매할 수 있었을 물건'이란 해당 특허권이 구현된 실시품으로 한정되어 침해품과 시장에서 배타적인 관계에 있는 물건이어야 한다고 해석한다.

이 문제에 대해 다수의 견해는 제1설을 취하고 있다. 관련하여 미국 실무도 제1설과 같은 취지이다.89)

(3) 다음으로 법문에는 '양도'만을 규정하고 있는데 대여 등에 대하여도 본 항을 적용할 수 있는지의 문제가 있다.

그러나 본 항에서 양도를 명시한 것은 그것이 침해의 대표적인 행위이기 때문에 그와 같이 규정된 것으로 생각할 수 있고 제2조 제3호에서 물건의 발명 및 물건을 생산하는 방법의 발명인 경우에 특허발명의 실시 개념이 양도와 대여 등의 상위개념으로 되어 있는 점을 고려하면 양도 이외에 대여 등의 행위에 대하여도 본 항을 준용 내지 유추적용하여 손해액을 산정할 수 있다고 본다.

(4) 제128조 제2항에 따라 손해액을 산정하는 경우, 침해자가 제128조 제4항이나 제5항에 의해 산정된 손해액으로 감액할 것을 주장하여 다투는 것은 허용되지 않는다.90)

(5) 특허발명의 실시부분이 침해품의 일부에 관계된 경우의 손해액을 어떻게 산정하는가의 문제가 있다.

특허발명의 실시부분이 침해품의 일부에 관계된 경우의 침해액 산정방법으로는 ① 특허발명의 실시부분이 침해품의 일부에 관계된 경우 제128조 제2항 제1호에서는 침해품의 양도수량에 특허권자의 단위 수량당 이익액을 곱한 액에다가 침해품 전체 대비 특허발명의 실시 정도의 가치(기여율)를 반영시켜 손해액을 산정하거나, 제128조 제4항에서는 침해자의 이익액에 침해품 전체 대비 특허발명 실시 정도의 가치(기여율)를 반영시켜 손해액을 산정하는 방법으로 하는 견해, ② 특허발명의 실시부분이 침해품의 일부에 관계되더라도 그 특허발명의 실시부분이 침해품에서 차지하는 비중이 높거나

2008나17757 판결(상고기각 확정)에서 권리자의 특허발명 실시는 특허법 제128조 제2항(현행 제3항)을 적용하기 위한 적극적 요건이 아니라고 판단하였으나 실제 사안은 특허발명이 실시되고 있었기 때문에 위 판단이 위 사안의 결론에 영향을 미친 것은 아니었다.

89) Rite-Hite Corp. v. Kelley Co., 56 F.3d 1538 (Fed. Cir. 1995) (en banc), 실무에서 이 판결은 특허권자가 인과관계를 증명할 수 있는 한, 침해장치와 경쟁하는 비특허품(또는 소송에서의 특허 이외의 다른 특허의 권리범위에 속하는 제품)의 매출손실에 관한 일실이익을 회복할 수 있다고 판단하여 손해를 확장한 사례로 이해되고 있다.

90) 대법원 2009. 8. 20. 선고 2007다12975 판결 참조.

수요자의 구매 욕구를 불러일으키는 경우에는 침해품의 전체 수량을 기준으로 손해액을 산정하여야 하고, 제128조 제2항 제1호에서 그 특허발명의 실시부분이 침해품에서 차지하는 비중이 낮거나 그 이외의 요소로 인해 침해품이 수요자의 구매 욕구를 불러일으키는 경우에는 '특허권자가 침해행위 외의 사유로 판매할 수 없었던 수량'에 대해 제128조 제2항 제2호를 유추적용하거나, 일단 침해품의 판매이익 전체를 권리자의 손해액으로 추정하되 침해자로 하여금 실시부분이 침해자 이익 발생에 기여한 기여율을 주장, 증명하도록 하여 그것이 인정될 경우에 그 한도에서 추정 일부를 복멸시키자는 견해가 있을 수 있다.

(6) 복수의 특허권을 근거로 한 침해소송이 병합된 경우에 손해액을 어떻게 산정하는가도 문제이다.

이에 대하여는 ① 각각의 특허권의 기술이나 적용 영역이 서로 중첩된다면(예를 들면 하나의 제품에서 같은 부품이나 기능에 적용되는 경우) 그 특허권 침해로 인한 손해도 서로 중첩되어 발생하므로 각각의 손해에 대한 배상을 구하는 청구(및 금지청구)는 선택적 병합관계[91]에 해당하나, ② 각각의 특허권의 기술 및 적용 영역이 서로 다르다면(예를 들면 하나의 제품에서 서로 다른 부품이나 기능에 적용되는 경우) 그 특허권 침해로 인한 손해도 별개로 발생하여 그 각각의 손해에 대한 배상을 구하는 청구(및 금지청구)는 상호 논리적 관련성이 없는 단순병합관계에 해당하므로 그에 관한 손해배상의무의 존부와 범위를 각 청구별로 판단하되,[92] 그 침해제품에서 각 특허발명이 기여한 기여율을 고

---

91) 하나의 특허권 중 여러 청구항을 근거로 한 침해소송에서의 각 청구는 선택적 병합된 것으로 본다. 대법원 2015. 7. 23. 선고 2014다42110 판결 등 참조.

92) 대법원 2013. 7. 26. 선고 2012다13392 판결은 "이 사건 제1특허 제1, 9, 10, 11항 발명은 반도체 패키지 생산공정 중 '반도체 스트립을 반도체 패키지로 절단하고, 절단된 반도체 패키지를 세척·건조·비전검사하는 공정'에 적용되는 발명이고, 이 사건 제2특허 제1, 3, 4항 발명은 그 이후의 공정인 '반도체 패키지를 적재 테이블에 안치시키는 공정'에 적용되는 발명으로서, 그 기술 내용 및 적용 영역이 달라 그 특허권 침해로 인한 손해도 별개로 발생한다고 할 것이므로, 그 각각의 손해에 대한 배상을 구하는 청구는 상호 논리적 관련성이 없는 단순병합관계에 해당하여 그에 관한 손해배상의무의 존부와 범위를 별도로 판단하여야 한다."라고 하였다.

단순병합청구와 관련하여, 논리적으로 전혀 관계가 없어 순수하게 단순병합으로 구하여야 할 수개의 청구를 선택적 또는 예비적 청구로 병합하여 청구하는 것은 부적법하여 허용되지 않는다. 따라서 원고가 그와 같은 형태로 소를 제기한 경우 제1심법원이 본안에 관하여 심리·판단하기 위해서는 소송지휘권을 적절히 행사하여 이를 단순병합 청구로 보정하게 하는 등의 조치를 취하여야 하는바, 법원이 이러한 조치를 취함이 없이 본안판결을 하면서 그중 하나의 청구에 대하여만 심리·판단하여 이를 인용하고 나머지 청구에 대한 심리·판단을 모두 생략하는 내용의 판결을 하였다 하더라도 그로 인하여 청구의 병합 형태가 선택적 또는 예비적 병합 관계로 바뀔 수는 없으므로, 이러한 판결에 대하여 피고만이 항소한 경우 제1심법원이 심리·판

려하여 손해배상액을 산정한다.

이와 관련하여 기여율 산정을 해당 제품에 적용된 전체기술의 가치 중 대상 특허발명의 가치의 비율로 정하여야 한다는 견해가 있다.93)

대법원은 기여율 산정과 관련하여, 저작권 사건에서 물건의 일부가 저작재산권의 침해에 관계된 경우에 침해자가 그 물건을 제작·판매함으로써 얻은 이익 전체를 침해행위에 의한 이익이라고 할 수는 없고, 침해자가 그 물건을 제작·판매함으로써 얻은 전체 이익에 대한 당해 저작재산권의 침해행위에 관계된 부분의 기여율(기여도)을 산정하여 그에 따라 침해행위에 의한 이익액을 산출하여야 할 것이고, 그러한 기여율은 침해자가 얻은 전체 이익에 대한 저작재산권의 침해에 관계된 부분의 불가결성, 중요성, 가격비율, 양적 비율 등을 참작하여 종합적으로 평가할 수밖에 없다고 한 것94)이 있고, 영업비밀 사건에서, 물건의 일부가 영업비밀 침해에 관계된 경우, 침해자가 물건을 제작·판매함으로써 얻은 전체 이익에 대한 영업비밀의 기여율은 전체 물건에서 영업비밀의 침해에 관계된 부분이 필수적 구성인지 여부, 기술적·경제적 가치, 전체 구성 내지 가격에서 차지하는 비율 등을 종합적으로 고려하여 정해야 한다고 한 것95)이 있다.

(7) 특허권자가 독점적 통상실시권을 설정한 경우 독점적 통상실시권자에게 제128조 제2항을 유추적용할 수 있는지 여부에 대하여는 다툼이 있다.96)

단하여 인용한 청구만이 항소심으로 이심될 뿐, 나머지 심리·판단하지 않은 청구는 여전히 제1심에 남아 있게 된다. 대법원 2008. 12. 11. 선고 2005다51495 판결 등 참조.

대법원 2015. 6. 11. 선고 2014다232913 판결은 "주위적 피고에 대한 예비적 청구와 예비적 피고에 대한 청구가 서로 법률상 양립할 수 있는 관계에 있으면 양 청구를 병합하여 통상의 공동소송으로 보아 심리·판단할 수 있다(대법원 2009. 3. 26. 선고 2006다47677 판결 참조). 이러한 법리는 원고가 주위적 피고에 대하여 실질적으로 선택적 병합 관계에 있는 두 청구를 주위적·예비적으로 순위를 붙여 청구한 경우에도 그대로 적용된다."라고 하였다.

대법원 2007. 6. 26. 자 2007마515 결정은, "민사소송법 제70조 제1항에 있어서 '법률상 양립할 수 없다'는 것은, 동일한 사실관계에 대한 법률적인 평가를 달리하여 두 청구 중 어느 한 쪽에 대한 법률효과가 인정되면 다른 쪽에 대한 법률효과가 부정됨으로써 두 청구가 모두 인용될 수는 없는 관계에 있는 경우나, 당사자들 사이의 사실관계 여하에 의하여 또는 청구원인을 구성하는 택일적 사실인정에 의하여 어느 일방의 법률효과를 긍정하거나 부정하고 이로써 다른 일방의 법률효과를 부정하거나 긍정하는 반대의 결과가 되는 경우로서, 두 청구들 사이에서 한 쪽 청구에 대한 판단 이유가 다른 쪽 청구에 대한 판단 이유에 영향을 주어 각 청구에 대한 판단 과정이 필연적으로 상호 결합되어 있는 관계를 의미하며, 실체법적으로 서로 양립할 수 없는 경우뿐 아니라 소송법상으로 서로 양립할 수 없는 경우를 포함한다."라고 하였다.

93) 정차호·정여단, "특허권 침해에 대한 손해배상액 산정을 위한 특허발명의 기여도(apportionment ratio) 산정방법", 성균관법학 제34권 제3호, 성균관대학교 법학연구원(2022), 312~317.

94) 대법원 2004. 6. 11. 선고 2002다18244 판결.

95) 대법원 2019. 9. 10. 선고 2017다34981 판결.

96) 서울중앙지방법원 2004. 2. 13. 선고 2002가합30683 판결(항소취하 확정)은 완전독점적 통상

III. 침해자의 이익액을 특허권자의 손해액으로 추정(제128조 제4항)

제128조 제4항은 제128조 제1항에 따라 손해배상을 청구하는 경우 특허권 또는 전용실시권을 침해한 자가 그 침해행위로 인하여 얻은 이익액을 증명하면 그 이익액을 특허권자 또는 전용실시권자가 입은 손해액으로 추정하는 것으로 손해액 증명을 쉽게 하기 위한 규정이다. 즉 본 항은 민법 제750조 기한 손해배상청구에 대한 특례규정으로 특허권 침해행위와 상당인과관계가 있는 손해액(A 사실)의 증명 대신에 그것보다 증명이 쉬운 침해행위자가 얻은 이익액(B 사실)을 증명하는 것에 의해 A 사실이 증명된 것으로 추정하는 법률상의 사실추정 규정이다.

본 항의 규정은 앞서 본 손해배상청구가 인정되기 위한 「⑥ 손해 ㉮ 손해의 발생, ㉯ 특허권 침해행위와 손해와의 인과관계, ㉰ 손해액」에서 ㉯, ㉰에 대한 특례[97)][98)]를 규정한 것이다.[99)] 따라서 본 항 적용의 전제로서 권리자는 자신이 업으로서 특허권을 실시하고 있었는데 그 특허권에 대한 침해행위로 인해 실제로 영업상의 손해를 입게 되었다는 사실을 주장·증명할 필요가 있다.

침해자가 얻은 이익이 침해자의 특별한 노력 또는 재능에 의하여 확대된 경우에도 일응 손해액으로 추정되지만 특허권자 등이 실제로 입은 손해를 초과하는 것을 침해자가 증명한 경우[100)]나 침해자가 얻은 이익 중 일부 또는 전부가 침해행위가 아닌 다른 요소에 의해 발생되었음을 증명한 경우[101)]에는 위 추정이 전부 또는 일부 복멸되

실시권은 물권적 효력이 아닌 채권적 효력만을 가진다는 점을 제외하고는 전용실시권과 그 효력의 내용이 동일하고 완전독점적 통상실시권의 침해는 제3자의 채권침해에 해당한다는 이유로 손해액 계산에서 구 특허법 제128조의 규정을 유추적용하였다.

97) 대법원 1992. 2. 25. 선고 91다23776 판결, "구 상표법 제37조 제2항에 의하면 상표권자가 상표권침해자에 대하여 손해배상을 청구하는 경우 그 자가 침해행위에 의하여 이익을 받았을 때에는 그 이익의 액은 상표권자가 받은 손해액으로 추정되므로 상표권자는 상표권을 침해한 자가 취득한 이익을 증명하면 되고 그 밖에 침해행위와 손해의 발생 간의 인과관계에 대하여는 이를 증명할 필요 없이 손해배상을 청구할 수 있다."

98) 손해액=침해자의 이익액이다.

99) ㉮ 손해의 발생까지 추정되는지에 대하여 다툼이 있으나 대법원 2008. 3. 27. 선고 2005다75002 판결의 취지는 침해자가 손해의 발생이 없다는 것을 주장·증명하여야 한다는 취지로 보면 손해의 발생까지는 추정되지 않는다는 입장으로 보인다.

100) 대법원 2008. 3. 27. 선고 2005다75002 판결, 대법원 1997. 9. 12. 선고 96다43119 판결.

101) 예를 들면 침해자의 침해품의 일부만이 침해에 해당하는 경우, 침해품이 복수의 권리를 침해하는 경우, 침해자의 이익 중 일부가 침해자의 자본, 영업능력, 선전광고, 상품의 품질, 다른 상표, 디자인, 캐릭터 등의 여러 요인에 의하여 발생된 경우, 특허권을 침해하지 않으면서 특허권자의 물건과 시장에서 경합하는 경합제품의 존재 등이다. 그 외 제128조 제2항에서의 '특

어[102] 청구액이 감면되는 경우가 있을 것이고 반대로 권리자가 실제로 입은 손해가 침해자가 받은 이익을 초과하고 이를 증명한다면 실제 입은 손해액의 배상을 청구할 수 있다. 본 조항은 특허권자에게 손해가 발생한 경우에 그 손해액을 평가하는 방법을 정한 것에 불과하여 침해행위에도 불구하고 특허권자에게 손해가 없는 경우에는 적용될 여지가 없으며,[103] 다만 손해의 발생에 관한 주장·증명의 정도에 있어서는 경업관계 등으로 인하여 손해 발생의 염려 내지 개연성이 있음을 주장·증명하는 것으로 충분하다.[104]

본 항의 '이익'의 개념에 대해, 종래에는 판매액과 구입액(제조원가)의 차액이라는 견해(조이익설), 총매출액에서 제조원가, 판매원가 등의 직접비와 판매비, 관리비 등의 간접비를 공제한 금액이라는 견해(순이익설[105])가 있었다.

일반적으로 민법상 일실이익으로 보는 것이 순이익이므로 후자라고 해석되나 이렇게 되면 계산이 복잡하게 되어 손해액의 증명을 용이하게 하려고 한 법의 취지에 어긋난다. 그러므로 기본적으로 순이익설에 의거하여 권리자가 순이익액을 증명하기 위해 경비 등의 액을 주장·증명하여야 하지만 그것이 용이하지 않은 경우에는 권리자가 조이익(粗利益)액을 증명한 때에 침해자가 감액요소를 주장·증명하지 않으면 조이익을 가지고 권리자의 손해액으로 인정할 수 있다는 입장이 유력하였다. 그런데 그 후 순이익설에 대해 침해자의 판매액으로부터 제조원가나 인건비, 판매비 등의 변동비를 넘어서 피침해자가 새로이 추가 지출할 필요가 없는 부동산 임료 등의 고정비용까지 공제

허권자의 생산능력', '침해행위 외의 사유로 판매할 수 없었던 사정'도 추정복멸 사유에 포함된다.

102) 추정의 복멸을 위해 침해자가 내세우는 증거는 반증이 아니라 본증으로서 법관을 확신시킬 정도여야 한다.

103) 특허권자가 스스로 실시하고 있는지 여부는 손해발생의 필요충분 요건이 아니다. 서울고등법원 2009. 2. 3. 선고 2008나17757 판결(상고기각 확정)은 "권리자의 특허발명 실시는 특허법 제128조 제2항의 적용의 적극적 요건은 아니라고 할 것이다. 이 사건에서 보건대, 원고는 1985년경 소외 ○○○과 대리점 계약을 체결하여 국내에서 이 사건 특허발명을 이용한 제품을 국내에 판매한 이래, 1990년경부터 2003년경까지는 소외 △△무역을 통하여, 2004년경부터는 소외 주식회사 □□을 통하여 이 사건 특허발명을 이용한 제품을 판매하였음은 앞에서 본 바와 같은바, 경업관계에 있는 피고가 이 사건 특허발명을 침해하는 제품을 제조·판매함으로 인하여 손해를 입을 염려 내지 개연성이 있다고 추단되므로, 피고의 위 주장도 이유 없다."라고 하였다. 일본 知的財産高等裁判所 大合議 2013(平成25). 2. 1. 선고 平成24(ネ)10015 판결은 외국에 있는 원고가 총대리인을 통해 일본으로 수입판매를 하고 있고 피고가 침해품을 중국으로부터 일본으로 수입판매하고 있지만 원고가 일본 내에서는 제조, 판매를 하고 있지 않은 사안에서 권리자가 실시하지 않고 있더라도 일본 특허법 제102조 제2항이 적용될 수 있다고 하였다.

104) 대법원 2006. 10. 12. 선고 2006다1831 판결.

105) 정차호·장태미, 특허법의 손해배상론, 동방문화사(2016), 75는 순이익설이라는 용어 대신에 회계학에서의 영업이익이라는 용어를 사용하는 것이 적절하다고 한다.

대상으로 하는 것은 의문이라는 전제에서, 피침해자가 N개의 제품을 판매하고 있고 침해행위가 없으면 M개까지 판매할 수 있었다고 할 경우에 판매액으로부터 피침해자(또는 침해자)가 N+M개까지의 제품의 제조에 필요한 비용(한계비용)만을 공제하여야 한다는 견해(한계이익설)가 나오게 되었다. 한계이익설에 의하면 피침해자가 새로운 침해품 생산을 위해 추가 투자나 종업원의 추가 고용 등을 요하지 않고 종전 그대로의 상태에서 제조, 판매할 수 있는 수량 범위 내에서라면 권리자의 일식이익은 침해품의 판매액으로부터 재료가격이나 포장비용 등의 판매를 위한 변동비용만을 공제한 액수라고 보게 되므로, 예를 들어 피침해자(또는 침해자)에 의해 지출된 침해물품의 제조를 위한 금형비용 등 개발비용, 판매액의 다과에 상관없이 발생하는 판매비, 인건비 등 일반관리비, 설비 등의 감가상각비 등은 공제하지 않는 것으로 보게 된다. 대법원도 "상표권자 혹은 전용사용권자로서는 침해자가 상표권 침해행위로 인하여 얻은 수익에서 상표권 침해로 인하여 추가로 들어간 비용을 공제한 금액…을 손해액으로 삼아…청구할 수 있다."[106]라고 하여 한계이익설을 취한 듯한 사례가 있다.

제128조 제4항에 의한 손해액 산정과 관련하여 실무 태도는 다소 유연한 편인데, 침해자의 매출총액에 침해자의 영업이익률을 곱하여 계산한 금액을 손해배상액으로 인정한 경우,[107] 침해자의 매출총이익×침해제품 관련 매출액/매출총액 - 매출에 따라 발생하는 비용(판매 및 일반관리비 - 고정비용)×침해제품 관련 매출액/매출총액으로 계산한 금액을 손해배상액으로 인정한 경우,[108] 침해자의 판매액에 제품이 속하는 업종의 국세청 발표 표준소득률 중 일반률을 곱한 금액을 손해배상액으로 인정한 경우,[109] 침해제품에 대한 판매가격 합계액에다가 국세청 발표 표준소득률[=(1 - 국세청 고시 단순경비율)]을 속한 금액을 곱한 액수를 손해배상액으로 인정한 경우,[110] 침해제품 매출총액 - 침해제품 관련 주요 경비(매입비용 + 임차료 + 인건비) - (침해제품 매출액×기준경비율)로 계산한 금액을 손해배상액으로 인정한 경우,[111] 순매출액에서 제조원가와 판매관리비를 공제한 영업이익에 상각한 연구개발비 중 1/2을 공제한 액을 피고의 이익액으로 산정한 경우[112] 등이 있다.[113]

---

106) 대법원 2008. 3. 27. 선고 2005다75002 판결.
107) 서울중앙지방법원 2009. 10. 7. 선고 2007가합33960 판결(항소심 조정성립).
108) 서울중앙지방법원 2004. 2. 13. 선고 2002가합30683 판결(항소취하 확정).
109) 서울고등법원 2005. 3. 16. 선고 2004나53922 판결(미상고 확정).
110) 수원지방법원 2012. 5. 24. 선고 2010가합17614 판결(항소기각 · 상고기각 확정).
111) 서울고등법원 2005. 12. 7. 선고 2003나38858 판결(상고기각 확정).
112) 서울중앙지방법원 2004. 5. 21. 선고 2002가합71707 판결(항소심 강제조정 종국).
113) 기준경비율제도는 필요경비 중에서 주요경비는 납세자가 수취한 증빙서류에 의해 인정하고 나머지 비용은 국세청이 고시한 기준경비율만큼 인정하는 제도이다. 산정방식은 이익(소득금

Ⅳ. 실시료 상당액의 손해액 규정(제128조 제5항, 제6항)

제128조 제5항은 특허권 등이 고의 또는 과실에 의하여 침해된 것이 명백한 경우에 침해에 의하여 손해가 발생한 것으로 보고 그 특허권의 실시에 대하여 합리적으로 받을 수 있는 금액에 상당하는 금액을 배상받을 수 있는 것으로 하는 규정으로서, 손해가 발생하였다고 인정됨을 전제로 손해액에 대한 증명책임을 감경하는 규정(추정규정설, 소수설)이므로 특허권자는 손해발생에 관하여 구체적으로 증명할 필요가 없고 권리침해의 사실과 통상 받을 수 있는 금액을 주장·증명하면 족하다.[114] 반대로 침해자는 손해발생이 없었음을 주장·증명하여 손해배상 책임을 면할 수 있다.[115]

이에 대해 제128조 제5항을 손해액뿐 아니라 손해가 발생한 것으로 의제 또는 간주하는 것으로 보는 간주규정설(다수설)이 있다. 이에 따르면 손해액 뿐 아니라 손해가 발생한 것으로 간주하므로 침해행위자가 권리자에게 손해의 발생이 없었음을 항변사유로 주장하는 데 소극적이다.

특허권의 실시에 대하여 합리적[116]으로 받을 수 있는 이익에 상당하는 금액이란 통상실시권을 설정할 경우 거래통념상 받을 수 있는 실시료에 상당하고, 현실적으로 통상실시권이 설정되어 있지 않을 경우는 만약 그 특허권에 대해서 침해 시 통상실시권이 설정되어 있다면 받을 수 있는 실시료에 상당한 액이다. 따라서 전용실시권을 설정하는 경우에 받을 수 있는 실시료보다는 소액이다. 그리고 실시료 상당액을 산정하는 기준 시점은 변론종결 시이다.[117]

액)=매출액(수입금액)-주요경비(증빙서류에 의한 매입비용+임차료+인건비)-(수입금액×기준경비율)이다. 정차호·장태미, 특허법의 손해배상론, 동방문화사(2016), 79 이하 참조.

114) 대법원 2002. 10. 11. 선고 2002다33175 판결.

115) 일본 最高裁判所 1997(平成9). 3. 11. 선고 平成6(オ)1102 판결은 “상표권은 상표의 출처식별 기능을 통하여 상표권자의 업무상의 신용을 보호함과 동시에 상품의 유통 질서를 유지하는 것에 의해 일반수요자의 보호를 도모하는 것에 그 본질이 있고, 특허권이나 실용신안권 등과 같이 그 자체가 재산적 가치를 갖는 것은 아니다. 따라서 등록상표에 유사한 표장을 제3자가 그 제조 판매한 상품에 상표로서 부착하여 사용한 경우라도 해당등록상표에 고객 흡인력이 전혀 인정되지 않고, 등록상표에 유사한 표장을 사용한 것이 제3자의 상품의 매상에 전혀 기여하지 아니한 것이 분명한 경우에는 얻을 수 있는 이익으로서의 사용료 상당액의 손해도 생기지 아니하는 것이라고 해야 할 것이다.”라고 한다.

116) 2019. 1. 8. 법률 제16208호로 개정되기 전의 특허법에서는 “통상적으로 받을 수 있는 이익”이라고 되어 있었으나 이를 “합리적으로 받을 수 있는 이익”으로 완화하였다.

117) 구 법의 ‘통상적으로 받을 수 있는 이익’에 관한 대법원 2006. 4. 27. 선고 2003다15006 판결은 “특허법 제128조 제3항에 의하여 특허발명의 실시에 대하여 통상 받을 수 있는 금액에 상당하는 액을 결정함에 있어서는, 특허발명의 객관적인 기술적 가치, 해당 특허발명에 대한 제3자와의 실시계약 내용, 해당 침해자와의 과거의 실시계약 내용, 해당 기술분야에서 같은 종

제128조 제6항은 실손해배상 원칙을 확인하는 주의적 규정으로 위 조항이 없더라도 권리자는 민법이나 제128조 제2항 등의 다른 규정에 의한 손해배상청구를 할 수 있다.

V. 손해액 증명 극히 곤란시 상당한 손해액 인정(제128조 제7항)

법원은 특허권 또는 전용실시권의 침해에 관한 소송에서 손해가 발생된 것은 인정되나 그 손해액을 증명하기 위하여 필요한 사실을 증명하는 것이 해당 사실의 성질상 극히 곤란한 경우에는 제128조 제2항부터 제6항까지의 규정에도 불구하고 변론 전체의 취지와 증거조사의 결과에 기초하여 상당한 손해액을 인정할 수 있다(제128조 제7항).

대상이 무체재산권이고 침해자 측의 영업활동을 통하여 발생한 손해의 범위나 손해액을 증명하기 위한 자료가 침해자의 영역에 있기 때문에 손해액의 증명이 매우 곤란함을 덜어주기 위하여 손해가 발생됨을 전제로 손해액을 쉽게 인정할 수 있도록 규정된 조항이다. 따라서 본 규정이 적용되기 위하여는 우선적으로 손해의 발생사실이 증명되어야 한다.

'손해액을 증명하기 위하여 필요한 사실을 증명하는 것이 해당 사실의 성질상 극히 곤란한 경우'란 침해행위에 따른 손해액을 증명할 수 있는 계산자료의 존재가 인정됨에도 권리자측에서 그 해당 사실을 증명하는 것이 사실의 성질상 극히 곤란한 경우를 말하고 여기서 사실은 직접사실 뿐 아니라 간접사실에 대하여도 포함된다. 구체적으로 침해물건의 양도수량, 판매단가, 제조원가, 판매경비, 이익률, 기여율, 침해행위로 인해 권리자가 어쩔 수 없이 판매가를 인하하게 된 경우 그 손해액 등이다. 상당한 손해액을 인정하면서 각각의 계산요소에 대한 증명도가 다소 경감될 수 있지만 그와 같은 인정을 뒷받침할 만한 합리적인 이유가 있어야 한다.

류의 특허발명이 얻을 수 있는 실시료, 특허발명의 잔여 보호기간, 특허권자의 특허발명 이용형태, 특허발명과 유사한 대체기술의 존재 여부, 침해자가 특허침해로 얻은 이익 등 변론종결시까지 변론과정에서 나타난 여러 가지 사정을 모두 고려하여 객관적, 합리적인 금액으로 결정하여야 하고, 특히 해당 특허발명에 대하여 특허권자가 제3자와 사이에 특허권 실시계약을 맺고 실시료를 받은 바 있다면 그 계약 내용을 침해자에게도 유추적용하는 것이 현저하게 불합리하다는 특별한 사정이 없는 한 그 실시계약에서 정한 실시료를 참작하여 위 금액을 산정하여야 하며, 그 유추적용이 현저하게 불합리하다는 사정에 대한 증명책임은 그러한 사정을 주장하는 자에게 있다."라고 한다.

Ⅵ. 증액손해배상액 인정(제128조 제8항, 제9항)

2019. 1. 8. 법률 제16208호로 개정된 특허법은 증액손해배상제도와 관련된 제128조 제8항, 제9항을 신설하여 특허권 또는 전용실시권 침해행위가 고의적인 것으로 인정되는 경우에는 손해로 인정된 금액의 3배를 넘지 아니하는 범위에서 배상액을 인정할 수 있도록 하되, 침해행위가 고의적인지 여부를 판단할 때에는 침해자의 우월적 지위 여부, 고의의 정도, 침해행위의 기간 및 횟수, 침해행위로 인하여 침해자가 얻은 경제적 이득의 정도 등을 고려하도록 하여 특허권 또는 전용실시권 침해에 따른 피해구제를 강화하였다.

그 후 2024. 2. 20. 법률 제20322호로 개정된 특허법은 제128조 제8항 중 '3배'를 '5배'로 상향하였다.[118)]

법원은 타인의 특허권 또는 전용실시권을 침해한 행위가 고의적인 것으로 인정되는 경우에는 제128조 제1항에도 불구하고 제2항부터 제7항까지의 규정에 따라 손해로 인정된 금액의 5배를 넘지 아니하는 범위에서 배상액을 정할 수 있다(제128조 제8항).

여기서 고의란 일정한 결과가 발생하리라는 것을 알면서 감히 이를 행하는 심리상태로써 객관적으로 위법이라고 평가되는 일정한 결과의 발생이라는 사실의 인식만 있으면 되고 그 외에 그것이 위법한 것으로 평가된다는 것까지 인식하는 것(위법성 인식)을 필요로 하는 것은 아니다.[119)]

이때 제128조 제8항에 따른 배상액을 판단할 때에는 ① 침해행위를 한 자의 우월적 지위 여부, ② 고의 또는 손해 발생의 우려를 인식한 정도, ③ 침해행위로 인하여 특허권자 및 전용실시권자가 입은 피해규모, ④ 침해행위로 인하여 침해한 자가 얻은 경제적 이익, ⑤ 침해행위의 기간·횟수 등, ⑥ 침해행위에 따른 벌금, ⑦ 침해행위를 한 자의 재산상태, ⑧ 침해행위를 한 자의 피해구제 노력의 정도를 고려하여야 한다(제128조 제9항).[120)]

---

118) 제128조 제8항의 개정규정은 위 개정법 시행(2024. 8. 21.) 이후 발생하는 위반행위부터 적용한다(부칙 제2조).

119) 대법원 2002. 7. 12. 선고 2001다46440 판결.

120) 미국 특허법 제284조는 "손해배상액을 배심에 의한 평결 또는 법원의 결정에 따른 액의 3배까지 증액할 수 있다"고 규정하고 있다. 참고로 미국 특허법 제284조의 적용요건과 관련하여 In re Seagate Technology, LLC, 497 F.3d 1360 (Fed. Cir. 2007) (en banc)에서 고의침해에 대한 negligence-유형의 "duty of due care" 기준을 폐기하고 "objective recklessness" (객관적 무모성) 기준을 세웠었다. 즉, 위 규정을 적용하기 위한 첫째 요건(the first step)으로 "objective recklessness—is reviewed de novo", 두 번째 요건(the second step)으로 "subjective knowledge—for substantial evidence"의 기준을 설정하여 피고의 행위가 타인의 유효한

Ⅶ. 과실의 추정(제130조)

타인의 특허권 또는 전용실시권을 침해한 자는 그 침해행위에 대하여 과실이 있는 것으로 추정한다(제130조).

손해배상청구에 있어서는 침해금지 등의 청구와 달리 민법상의 불법행위 책임과 마찬가지로 침해자의 고의 또는 과실을 요건으로 하고 그 증명책임은 청구자가 부담하는 것이 원칙이다. 그러나 침해자의 특허권 등 침해에 대한 고의·과실을 증명하는 것이 쉽지 않아 권리자 보호를 위하여 제130조에 과실 추정 규정을 두고 있다.

제130조 본문의 취지는 그 취지는 특허발명의 내용은 특허공보 또는 특허등록원부 등에 의해 공시되어 일반 공중에게 널리 알려져 있을 수 있고, 또 업으로서 기술을 실시하는 사업자에게 해당 기술분야에서 특허권의 침해에 대한 주의의무를 부과하는 것이 정당하다는 데 있다.[121)]

제130조와 같은 규정은, '넓은 의미에서의 법률상의 추정' 개념으로 파악하는 견해가 다수이나, 엄격히 보자면 일정한 사실이 존재하는 때에는 일정한 권리 또는 법률요건요소의 존재가 추정되는 경우인 '본래 의미의 법률상의 추정' 개념에 포섭되는 것은 아니어서, 법률요건 외의 사실을 전제사실로 하지 않고 직접 일정한 법률요건요소의 존재를 추정한다고 규정하고 있는 경우인 '이른바 잠정 진실' 내지 '전제 없는 추정' 개념에 해당한다.

법 논리로 보면 '이른바 잠정진실' 내지 '전제 없는 추정'의 경우에 법률이 일정한 법률요건요소의 존재를 추정하고 있기 때문에 그러한 법률요건요소의 인정을 다투는 상대방에게 법률요건요소의 부존재에 대한 증명책임을 부담시킴으로써 사실상 증명책

특허를 침해할 가능성이 객관적으로 높음에도 불구하고 피고가 그 행위를 하였다는 것과 피고가 행위 시에 그 특허침해의 가능성이 높음을 알았거나 적어도 알 수 있었다는 점을 모두 명백하고 설득력 있는 증거(clear and convincing evidence)로 증명하여야 한다고 하였다(실무에서 'two-part Seagate test'라 불리고 있음).

그러나 미국 연방대법원은 Halo Electronics, Inc. v. Pulse Electronics, Inc., et al. and Stryker Corp., et al. v. Zimmer, Inc., et al. Docket Nos. 14-1513 and 14-1520, 579 U.S. ___ (2016) 사건에서 연방항소법원에 의해 설정된 위 판단 요건 중 객관적 요건을 폐기하고 행위자의 주관적 인식내용에 의해 보통의 특허침해를 넘는 악의적인 침해행위가 있었는가를 판단하도록 하고, 원고가 미국 특허법 제284조의 요건을 증명할 때 명백하고 설득력 있는 증거(clear and convincing evidence)에 의하도록 하던 것을 침해행위의 증명에 일반적으로 적용하는 개연성 높은 증거(preponderance of the evidence)로 하도록 증명책임의 증명 정도를 다소 낮추었고, 위 규정은 재량 규정이므로 연방항소법원은 1심 법원의 판단에 재량권의 남용이 있었는가 만을 심리하면 된다고 하였다.

121) 대법원 2003. 3. 11. 선고 2000다48272 판결, 대법원 2006. 4. 27. 선고 2003다15006 판결.

임을 전환한 것과 같은 효력이 발생한다. 이와 같이 이러한 규정의 존재 여부는 증명책임에 큰 영향을 주기 때문에 엄격히 인정해야 한다.[122)]

특허권 침해에서 과실로 침해품을 제조, 판매하는 경우는 생각하기 어려우므로 제130조가 추정하는 과실은 구체적 행위 그 자체에 대한 주의의무라기보다는 일정한 사실(특허권의 존재)을 알지 못한 것 또는 일정한 판단(특허권의 보호범위에 속함)을 하지 못한 것을 비난하는 것으로서 악의의 추정과 유사한 면이 있다.[123)]

침해자가 위 과실 추정 규정에도 불구하고 타인의 특허발명을 허락 없이 실시한 자에게 과실이 없다고 하기 위해서는 특허권의 존재를 알지 못하였다는 점을 정당화할 수 있는 사정이 있다거나 자신이 실시하는 실시품이 특허권의 권리범위에 속하지 않는다고 믿은 점을 정당화할 수 있는 사정이 있다는 것을 주장·증명하여야 하는데,[124)] 실제로 그와 같은 점들을 주장·증명하여 과실 추정이 뒤집어진 사례는 거의 없는 것으로 보인다.[125)][126)]

---

122) 이는 상표권 침해행위에 과실이 있는 것으로 추정되는지와 관련이 있는 문제이다. 대법원 2013. 7. 25. 선고 2013다21666 판결은 "타인의 특허권, 실용신안권, 디자인권을 침해한 자는 그 침해행위에 대하여 과실이 있는 것으로 추정되는데도(특허법 제130조, 실용신안법 제30조, 디자인보호법 제65조 제1항 본문) 상표권을 침해한 자에 대하여만 이와 달리 보아야 할 합리적인 이유가 없으므로, 타인의 상표권을 침해한 자는 그 침해행위에 대하여 과실이 있는 것으로 추정된다."고 한다. 그러나 본문에서 설명한 바와 같은 과실 추정 규정의 법적 성격을 고려할 때 상표법에 과실 추정 규정이 없음에도 마치 그러한 규정이 있는 것으로 보아 특허법 등에 규정한 내용과 똑같은 해석을 하는 것은 논리적 면에서 바람직하지 않고 입법적으로 해결할 필요가 있다고 생각한다.

123) 특허법 주해 II, 박영사(2010), 306(박성수 집필부분).

124) 대법원 2006. 4. 27. 선고 2003다15006 판결.

125) 대법원 2003. 3. 11. 선고 2000다48272 판결, 대법원 2006. 4. 27. 선고 2003다15006 판결, 대법원 2009. 1. 30. 선고 2007다65245 판결 등 참조.

126) 대법원 2019. 10. 17. 선고 2019다222782, 2019다222799(병합) 판결은 "원심은 간접침해자인 피고 □□□□□이 카테터 등 관련 의료기기 제작을 전문으로 하는 업체로서 단순히 피고 △△△의 요구에 따라 이 사건 카테터를 제작한 것으로 보이고, 원고의 특허를 알고 있었다거나 이 사건 카테터 등을 피고 △△△ 이외의 일반에게 판매하였다고 볼 자료가 없다는 이유로 피고 □□□□□의 과실 추정이 번복되었다고 보아 위 피고에 대한 손해배상청구를 기각하였다. 그러나 위에서 본 법리에 비추어 보면, 원심이 든 이유만으로는 피고 □□□□□이 원고의 특허권의 존재를 알지 못하였다는 점을 정당화할 수 있는 사정이나 이 사건 카테터가 이 사건 특허발명의 생산에만 사용된다는 점을 몰랐다는 것을 정당화할 수 있는 사정이 주장·증명되었다고 보기 어렵고, 기록상 이를 인정할 자료가 없다."라고 하여 과실추정이 번복되었다고 본 원심을 파기하고 있다.

제4절 부당이득 · 준사무관리에 의한 반환청구

특허권 침해자가 얻은 이익을 반환시키기 위하여 앞서 본 불법행위에 기한 손해배상청구 외에 부당이득반환청구(민법 제741조 이하)를 행사하는 방법이 있다.

통설은 앞서 본 손해배상청구권 외에 부당이득반환청구권도 인정하고 있고 이들 청구권은 서로 양립할 수 있으며 이때 청구권자는 어느 권리도 선택하여 주장할 수 있다고 본다. 다만 부당이득반환청구권과 불법행위에 기한 손해배상청구권의 성립요건을 비교하면 부당이득반환청구권은 고의 · 과실이 필요하지 않고 소멸시효기간이 불법행위에 기한 손해배상청구권에 비하여 길다는 점에서 불법행위에 기한 손해배상청구권에 비해 이점이 있지만, 부당이득반환청구의 경우는 불법행위에 기한 손해배상청구에 비해 상대적으로 이익과 손실 간의 인과관계를 증명하기 어렵다는 단점이 있다. 게다가 부당이득의 이익액 및 손실액 산정에 제128조의 손해추정 규정을 유추할 수 없다고 보는 것이 다수의 견해이다. 이러한 사정으로 인해 부당이득반환청구권은, 불법행위에 기한 손해배상청구권이 단기소멸시효완성으로 행사할 수 없게 되거나 이득과 손실 간의 인과관계의 존재 및 그 증명이 상대적으로 쉽게 인정되는 실시료 상당액을 구하는 소송에서 이용될 수 있다.

민법상 사무관리(제734조)[127]가 적용되는 경우에는 침해자의 이익 전부를 청구할 수 있고 피침해자가 손해를 입었다는 사실도 증명할 필요가 없다. 사무관리가 적용되는 경우로는 예컨대 회사의 대표자였던 자가 회사에 의해 실시되는 특허를 단독으로 출원하여 등록받았다가 사직한 경우라든가, 특허를 사용하는 회사로부터 라이선스를 얻은 자가 단독으로 출원하여 등록받아 사용하다가 라이선스 계약이 종료한 경우 회사의 특허권이전등록청구에 응할 의무가 있는지가 쟁점인 사안에서, 만약 이들 간에 이전등록에 관한 명시적, 묵시적 약정이 전혀 없고 그 외 특별한 사정이 없다면 사무관리의 성립 여하에 따라 회사에 대하여 특허권이전등록의무가 긍정될 수 있다.

다음으로 특허권 침해자가 얻은 이익을 반환시키기 위하여 준사무관리(準事務管理, 不眞正事務管理)를 인정할 것인가의 문제가 있다.

타인을 위하여 사무관리를 한 이는 타인으로부터 부탁을 받고 한 위임의 경우에 준하여 사무처리에서 취득한 것을 본인에게 인도하여야 한다(민법 제734조 이하). 그러

127) 대법원 2014. 12. 11. 선고 2012다15602 판결은 "사무관리가 성립하기 위하여는 우선 사무가 타인의 사무이고 타인을 위하여 사무를 처리하는 의사, 즉 관리의 사실상 이익을 타인에게 귀속시키려는 의사가 있어야 하며, 나아가 사무의 처리가 본인에게 불리하거나 본인의 의사에 반한다는 것이 명백하지 아니할 것을 요한다."라고 한다.

나 타인을 위하는 것이 아니라 자기를 위하여 타인의 특허권을 함부로 사용한 경우에는 타인을 위하여 한다는 사무관리의 요건이 없게 된다. 그런데 이러한 경우 사무관리라면 이득의 전부를 반환하는 데 비해 무단 사용하였음에도 전부를 반환하지 아니하게 된다면 서로 형평에 반하는 결과가 생기는 것이 아닌가라는 의문이 생긴다. 따라서 이 경우에도 사무관리에 준하여 사무관리의 경우와 마찬가지로 전부반환의 효과를 인정하자는 관점에서 준사무관리를 인정하여야 한다는 견해가 나오게 된다.

준사무관리를 인정할 것인가에 대하여 ① 우리 민법에는 독일 민법에서 인정하는 준사무관리 규정(제687조 제2항[128])이 없고, ② 타인의 사무임을 알면서 이것을 자기의 사무로서 함부로 관리하고 그 타인에게 손해를 가할 경우에는 불법행위가 성립되고, 또한 그로 인해 이익을 얻으면 부당이득이 성립되므로 타인을 보호하기 위하여 불법행위 내지 부당이득의 이론으로 충분하다는 등의 이유로 준사무관리 인정에 대해 소극적으로 보는 견해가 다수이다.

다만 타인의 특허권에 대해 자기를 위하여 비용을 지출하여 그 재산적 가치를 증가시킨 자는 부당이득반환 유형론에 따른 부당이득 유형 중 '이른바 비용부당이득'이 발생하였음을 주장하여 해당 권리자에게 부당이득반환을 청구할 여지는 있다.

128) "타인의 사무에 관하여 권한이 있음을 알면서 그것을 자기의 사무로서 관리하는 자가 있는 때에는, 그 사무의 본인은 사무관리 규정에서 생기는 청구권을 주장할 수 있다."

제5절 신용회복청구(제131조)

법원은 고의 또는 과실로 특허권 또는 전용실시권을 침해함으로써 특허권자 또는 전용실시권자의 업무상 신용을 떨어뜨린 자에 대해서 특허권자 또는 전용실시권자의 청구에 의하여 손해배상을 갈음하여 또는 손해배상과 함께 특허권자 또는 전용실시권자의 업무상 신용회복을 위하여 필요한 조치를 명할 수 있다(제131조).

제131조에 정한 신용회복을 위해 필요한 조치를 명하기 위하여는 고의 또는 과실에 의한 특허권 또는 전용실시권의 침해행위가 있었다는 것 외에 그와 같은 행위에 의하여 특허권자 또는 전용실시권자나 업무상 신용을 떨어뜨렸음이 인정되어야 한다. 제130조의 침해자의 과실 추정이 여기에도 적용된다.

특허권의 침해가 인정된다는 사실만으로 곧바로 업무상 신용이 떨어졌다고 볼 수 없고 침해자가 판매한 물건이 조악하거나 터무니없이 저가로 판매하여 거래계에서 특허권자 측이 제조 · 판매하는 물건에 대한 영업상 신용이 손상되었다는 등의 특별한 사정이 있어야 업무상 신용을 떨어뜨렸음이 인정될 수 있다.

신용회복을 위한 필요한 조치는 특허권자 또는 전용실시권자의 청구에 의하여 법원이 명한다.[129] 신용회복을 위하여 필요한 조치는 손해배상을 갈음하거나 그와 병행하여 청구할 수 있고 이때 신용회복에 필요한 조치를 금전배상과 함께 명할 것인지 아니면 둘 중 하나만 명할 것인지는 특허권자 등의 청구 내에서 법원이 판단하게 된다. 법원은 신용회복에 필요한 범위 내에서 적절한 조치를 정할 수 있으나 청구 내용을 넘는 수준의 조치를 명할 수는 없다.

신용회복은 손해배상을 갈음하거나 그와 병행하여 청구할 수 있다. 신용회복을 위하여 필요한 조치로는 주장의 철회, 판결의 공시, 객관적인 침해사실(판결의 주요 내용 등) 게재 등이 있다.[130] 신용회복에 필요한 조치 중 하나인 신문 등에 사과문을 게재하

---

129) 신용회복을 위한 조치가 일종의 비송사건에 해당하는 재판에 해당한다고 보는 견해가 있다. 이는 당사자의 신청범위를 벗어나지 아니하는 한 법원이 피해자의 신용회복을 위하여 적절한 조치를 명할 수 있음을 뒷받침하기 위한 논거이다. 사건의 성질에 따라 비송사건절차법상의 비송사건으로 처리할 수 있어 신용회복을 위한 조치가 성질상 비송사건에 해당한다는 주장은 이해할 수 있다. 다만 비송사건절차법에서 심문은 공개하지 아니한다(제13조 본문)라고 규정하여 비공개주의를 취하고 있는데 신용회복을 위한 조치에 관한 심리를 비공개로 진행하면 재판공개의 원칙에 반할 우려가 있으므로 법원으로서는 가능하면 원고에게 신청취지를 석명하여 내용을 변경하도록 한 다음에 신청취지에 맞추어 결정하는 것이 바람직할 것이다.

130) 종전에는 명예회복을 위하여 필요한 조치로 사죄광고가 허용되었으나, 헌법재판소 1991. 4. 1. 선고 89헌마160 전원재판부 결정은 민법 제764조의 "명예회복에 적당한 처분"에 사죄광고를 포함시키는 것은 헌법 제19조(양심의 자유)에 위반되는 동시에 헌법상 보장되는 인격권의

는 것은 헌법에 보장된 양심의 자유에 반하는 것으로 위헌의 소지가 있어 어렵지만,[131] 신문 등에 침해가 있었다는 객관적 사실(판결의 주요 내용 등)을 게재하는 것은 가능하다.

법 제131조에 의한 신용회복청구를 인정할 것인지의 판단은 손해배상청구를 인정할 것인지와 같이 침해행위 당시를 기준으로 한다.

침해에 해당된다고 하였기에 이후 사죄광고는 허용되지 않고 있다. 위 결정이유에서 헌법재판소는 "민법 제764조의 적용에 있어서도 사죄광고를 구하는 판결이 아니고도 ① 가해자의 비용으로 그가 패소한 민사손해배상판결의 신문·잡지 등에 게재, ② 형사명예훼손죄의 유죄판결의 신문·잡지 등에 게재, ③ 명예훼손기사의 취소광고 등의 방법을 상정할 수 있다."라고 한다.

131) 헌법재판소 1991. 4. 1. 선고 89헌마160 전원재판부 결정 참조.

제6절 보상금 및 대가에 관한 불복의 소(제190조, 제191조)

I. 의의

특허권의 수용 및 국방상·공익상 필요에 의한 강제실시의 결정, 통상실시권 설정의 재정 및 통상실시권허락심판의 심결에 따라 특허권의 수용 등이 이루어지는데 이때 그에 대한 보상금이나 대가도 함께 정하도록 되어 있다(제41조 제3항, 제4항, 제106조 제3항, 제106조의2 제3항, 제110조 제2항 제2호, 제138조 제4항 참조).

특허권자 등이 특허청장의 특허권에 관한 수용결정이나 재정에 대해 행정심판법에 따라 불복하거나 특허심판원의 통상실시권허락심판의 심결에 불복할 때 특허법원에 심결취소의 소를 제기하여 그 결정이나 재정 또는 심결의 당부와 더불어 그 보상금이나 대가에 대하여도 다툴 수 있으나, 특허법은 제190조와 제191조를 두어 보상금이나 대가만에 대해 불복할 때 이를 행정심판법에 의한 불복을 제기하거나 특허법원에 심결취소의 소를 제기하여 그 결정, 재정, 심결의 당부를 다툴 수 없고 법원에 소를 제기하여 그 금액의 증감만을 다툴 수 있도록 하였다.

II. 법적 성질

보상금 또는 대가에 관한 불복의 소의 법적 성질에 대해서는 여러 견해가 있다.

먼저, 특허발명의 불실시나 특허권의 수용, 강제실시에 다른 보상금 및 이용·저촉관계로 인한 통상실시권 설정에 따른 대가의 증감을 다투는 소송에서 당사자가 직접 다투는 것은 보상금, 대가이고 그 전제로서 결정, 재정, 심결의 효력이 소송의 대상이 되는 것이므로 보상금, 대가에 관한 불복의 소는 모두 형식적 당사자소송에 해당한다는 견해가 있다.[132)]

한편, 위 보상금 및 위 대가에 대한 불복소송은 특허청장 등의 결정, 재정 또는 심결에 대하여 불복하는 소송으로서 행정처분을 다투는 소송이기는 하지만, 특허사건에 부수되는 소송이고 또한 보상금의 취소나 변경 또는 금액의 증감은 반드시 위법한 처분만을 대상으로 하지 않고 부당한 처분도 대상으로 하고 있어 위법한 처분만을 대상으로 하는 행정소송에서의 항고소송과 다르며, 피고적격에서도 특허청장을 피고로 하지 않고 사건의 한쪽 당사자만을 피고로 하여 소를 제기하도록 되어 있어 순수하게 사

132) 특허법 주해 II, 박영사(2010), 897(최성준 집필부분).

인(私人)간에 다투도록 되어 있는 점 등으로 볼 때 보상금 또는 대가에 관한 불복의 소는 민사소송에 해당한다는 견해가 있다.133)

다음으로 위 보상금에 관한 소송은 형식적 당사자소송에 해당하고, 위 대가에 관한 소송은 민사소송에 해당한다는 견해가 있다.134)

이러한 법적 성질의 논의 실익은 보상금 또는 대가에 관한 불복의 소에 적용되는 법령 및 관할법원에 있다.

보상금 또는 대가에 관한 불복의 소를 형식적 당사자소송이라고 한다면 본 조 및 제191조의 특별규정이 적용되는 것 외에 행정소송법(제14조 내지 제17조, 제22조, 제25조, 제26조, 제30조 제1항, 제32조, 제33조, 제39조부터 제43조까지)이 준용되고(행정소송법 제44조 제1항), 행정소송법에 특별한 규정이 없는 사항에 대하여는 법원조직법과 민사소송법 및 민사집행법의 규정이 준용되며(행정소송법 제8조), 보상금 또는 대가를 지급할 중앙행정기관의 장을 상대로 제기하는 1심의 관할법원은 서울행정법원이고(행정소송법 제9조 제2항), 보상금 또는 대가를 지급할 출원인, 특허권자, 전용실시권자, 통상실시권자, 실용신안권자, 디자인권자를 상대로 제기하는 1심의 관할법원은 피고의 소재를 관할하는 행정법원(행정법원이 없으면 지방법원 행정부)이다(행정소송법 제9조 제2항).

보상금 또는 대가에 관한 불복의 소를 민사소송이라고 본다면 그 관할법원은 제191조가 정하는 피고를 기준으로 민사소송법 제2조(보통재판적), 제24조(지식재산권 등에 관한 특별재판적) 등에 따라 정하는 것으로 보게 된다.

III. 소송의 대상

아래에서 보는 바와 같이, 특허청장이나 특허심판원의 결정, 재정, 심결 전체에 대하여 불복하는 것이 아니라 단지 보상금이나 대가의 액수에 대하여만 불복하는 경우에는 보상금 또는 대가를 지급하거나 수령할 당사자 간의 문제여서 보상금 또는 대가를 지급받을 당사자가 법원에 소송을 제기하여 그 금액을 조정받을 수 있다.

만일 결정이나 재정, 심결 전체에 대하여 불복하는 경우에는 그것들에 대한 행정소송에서 함께 다툴 수 있을 것이다.135)

---

133) 윤선희, 특허법(제7판), 박영사(2023), 972~973.

134) 이시윤 · 이상정, “특허법원의 신설과 특허심판구조의 개편”, 사법행정(1996. 2.), 12., 특허소송실무, 법원행정처(1998), 4에서 재인용함.

135) 특허법 주해 II, 박영사(2010), 895(최성준 집필부분).

보상금 또는 대가에 불복이 있는 경우에 소를 제기할 수 있으므로 그 보상금 또는 대가의 액수 증감뿐만 아니라 대가의 지급방법 또는 시기의 변경도 부수적으로 구할 수 있다. 이를 심리하는 법원은 보상금 또는 대가에 관한 결정·재정 또는 심결에서 정한 보상금 또는 대가의 적정 여부만을 판단하여 금액을 정하게 되고, 이러한 판단이 특허발명의 수용결정이나 실시권 자체의 발생 등에 대하여 영향을 주지는 않는다.

1 보상금

가. 국방상 필요에 의한 외국 출원 금지 및 비밀취급에 따른 보상금

정부는 국방상 필요한 경우 외국에 특허출원하는 것을 금지하거나 발명자·출원인 및 대리인에게 그 특허출원의 발명을 비밀로 취급하도록 명할 수 있는데(41조 제1항 본문), 이에 따라 외국에의 특허출원 금지 또는 비밀취급에 따른 손실에 대해서는 정부는 정당한 보상금을 지급하여야 한다(제41조 제3항).

특허출원인은 제41조 제3항의 규정에 의하여 외국에의 특허출원이 금지됨에 따른 손실 또는 비밀로 취급됨에 따른 손실에 대한 보상금을 방위사업청장에게 청구할 수 있고(법 시행령 제14조 제1항), 방위사업청장은 특허출원인으로부터 제41조 제1항에 따른 보상금청구를 받은 경우에는 보상액을 결정하여 지급하여야 하며, 필요한 경우에는 특허청장과 협의할 수 있다(법 시행령 제14조 제2항).

나. 출원발명의 비특허, 특허받을 수 있는 권리의 수용에 따른 보상금

정부는 특허출원된 발명이 국방상 필요한 경우에는 특허를 하지 아니할 수 있으며, 전시·사변 또는 이에 준하는 비상시에 국방상 필요한 경우에는 특허를 받을 수 있는 권리를 수용할 수 있는데(제41조 제2항), 이에 따라 특허하지 아니하거나 수용한 경우에는 정부는 정당한 보상금을 지급하여야 한다(제41조 제4항).

보상금의 결정에 대하여는「특허권의 수용·실시 등에 관한 규정」,「특허권의 수용·실시 등을 위한 보상금액 또는 대가의 액 산정기준 고시」에 따른다.

다. 특허권의 수용

정부는 특허발명이 전시, 사변 또는 이에 준하는 비상시에 국방상 필요한 경우에는 특허권을 수용할 수 있고, 특허권이 수용되는 경우에는 그 특허발명에 관한 특허권 외의 권리는 소멸된다(제106조 제1항, 제2항).

정부는 제106조 제1항에 따라 특허권을 수용하는 경우에는 특허권자, 전용실시권자 또는 통상실시권자에 대하여 정당한 보상금을 지급하여야 한다(제106조 제3항).

보상금의 결정에 대하여는 「특허권의 수용 · 실시 등에 관한 규정」, 「특허권의 수용 · 실시 등을 위한 보상금액 또는 대가의 액 산정기준 고시」에 따른다.

라. 특허권의 강제실시

정부는 특허발명이 국가 비상사태, 극도의 긴급상황 또는 공공의 이익을 위하여 비상업적(非商業的)으로 실시할 필요가 있다고 인정하는 경우에는 그 특허발명을 실시하거나 정부 외의 자에게 실시하게 할 수 있다(제106조의2 제1항).

정부 또는 제106조의2 제1항에 따른 정부 외의 자는 타인의 특허권이 존재한다는 사실을 알았거나 알 수 있을 때에는 제106조의2 제1항에 따른 실시 사실을 특허권자, 전용실시권자 또는 통상실시권자에게 신속하게 알려야 한다(제106조의2 제2항).

정부 또는 제1항에 따른 정부 외의 자는 제106조의2 제1항에 따라 특허발명을 실시하는 경우에는 특허권자, 전용실시권자 또는 통상실시권자에게 정당한 보상금을 지급하여야 한다(제106조의2 제3항).

보상금의 결정에 대하여는 「특허권의 수용 · 실시 등에 관한 규정」, 「특허권의 수용 · 실시 등을 위한 보상금액 또는 대가의 액 산정기준 고시」에 따른다.

2 대가

가. 통상실시권 설정의 재정에 따른 대가

특허발명을 실시하려는 자는 특허발명이 i) 특허발명이 천재지변이나 그 밖의 불가항력 또는 대통령령으로 정하는 정당한 이유 없이 계속하여 3년 이상 국내에서 실시되고 있지 아니한 경우(제1호), ii) 특허발명이 정당한 이유 없이 계속하여 3년 이상 국내에서 상당한 영업적 규모로 실시되고 있지 아니하거나 적당한 정도와 조건으로 국내수요를 충족시키지 못한 경우(제2호), iii) 특허발명의 실시가 공공의 이익을 위하여 특히 필요한 경우(제3호), iv) 사법적 절차 또는 행정적 절차에 의하여 불공정거래행위로 판정된 사항을 바로잡기 위하여 특허발명을 실시할 필요가 있는 경우(제4호), v) 자국민 다수의 보건을 위협하는 질병을 치료하기 위하여 의약품(의약품 생산에 필요한 유효성분, 의약품 사용에 필요한 진단키트를 포함한다)을 수입하려는 국가(이하 이 조에서 수입국이라 한다)에 그 의약품을 수출할 수 있도록 특허발명을 실시할 필요가 있는 경우(제5호)의 어느 하나에 해당하고, 그 특허발명의 특허권자 또는 전용실시권자와 합리적인 조건으로 통상실시권 허락에 관한 협의(이하 이 조에서 협의라 한다)를 하였으나 합의가 이루어지지 아니하는 경우 또는 협의를 할 수 없는 경우에는 특허청장에게 통상실시권 설정에 관한 재정(裁定)(이하 재정이라 한다)을 청구할 수 있다. 다만, 공공의 이익을 위하여 비상업적으로 실시하려는 경우와 위 제4호에 해당하는 경우에는 협의 없이도 재정을 청구할 수 있다(제107조 제1항). 특허청장은 재정을 하는 경우 상당한 대가가 지급될 수 있도록 하여야 하고(제107조 제4항 전문), 재정서에는 대가와 그 지급방법 및 지급시기를 구체적으로 적어야 한다(제110조 제2항 제2호).

특허청장은 재정을 한 경우에는 당사자 및 그 특허에 관하여 등록을 한 권리를 가지는 자에게 재정서등본을 송달하여야 하고(제111조 제1항), 이에 따라 당사자에게 재정서등본이 송달되었을 때에는 재정서에 적혀 있는 바에 따라 당사자 사이에 협의가 이루어진 것으로 본다(제111조 제2항). 재정을 받은 자는 재정서에 적혀 있는 제110조 제2항 제3호의 사항에 관하여 변경이 필요하면 그 원인을 증명하는 서류를 첨부하여 특허청장에게 변경청구를 할 수 있다(제111조의2 제1항). 특허청장은 제1항에 따른 청구가 이유있다고 인정되면 재정서에 적혀 있는 사항을 변경할 수 있다. 이 경우 이해관계인의 의견을 들어야 한다(제111조의2 제2항). 제111조의 제2항의 경우에 관하여는 제111조를 준용한다(제111조의2 제3항).

재정에 대하여 행정심판법에 따라 행정심판을 제기하거나 행정소송법에 따라 취소소송을 제기하는 경우에는 그 재정으로 정한 대가는 불복이유로 할 수 없고(제115조), 제110조 제2항 제2호에 따른 대가에 대하여 재정을 받은 자가 그 대가에 불복할 때에는 법원에 소송을 제기할 수 있다(제190조 제1항).

나. 통상실시권허락심판의 심결에 따른 대가

특허권자, 전용실시권자 또는 통상실시권자는 해당 특허발명이 제98조에 해당하여 실시의 허락을 받으려는 경우에 그 타인이 정당한 이유 없이 허락하지 아니하거나 그 타인의 허락을 받을 수 없을 때에는 자기의 특허발명의 실시에 필요한 범위에서 통상실시권 허락의 심판을 청구할 수 있다(제138조 제1항).

제138조 제1항에 따른 심판에 따라 통상실시권을 허락한 자가 그 통상실시권을 허락받은 자의 특허발명을 실시할 필요가 있는 경우 그 통상실시권을 허락받은 자가 실시를 허락하지 아니하거나 실시의 허락을 받을 수 없을 때에는 통상실시권을 허락받아 실시하려는 특허발명의 범위에서 통상실시권 허락의 심판을 청구할 수 있다(제138조 제3항).

제138조 제1항 및 제3항에 따라 통상실시권을 허락받은 자는 특허권자, 실용신안권자, 디자인권자 또는 그 전용실시권자에게 대가를 지급하여야 한다(제138조 제4항 본문).

Ⅳ. 당사자적격

[1] 원고적격

보상금 또는 대가에 관한 불복의 소에서 원고적격은 앞에서 본 보상금 또는 대가에 대하여 결정, 재정, 심결을 받은 자이다.

[2] 피고적격

보상금 또는 대가에 관한 불복의 소에서 피고적격에 대해서는 제191조가 규정하고 있다.

제41조 제3항 및 제4항에 따른 보상금에 대해서는 보상금을 지급하여야 하는 중앙행정기관의 장 또는 출원인이고, 제106조 제3항 및 제106조의2 제3항에 따른 보상금에 대해서는 보상금을 지급하여야 하는 중앙행정기관의 장, 특허권자, 전용실시권자 또는 통상실시권자이며, 제110조 제2항 제2호 및 제138조 제4항에 따른 대가에 대해서는 통상실시권자 · 전용실시권자 · 특허권자 · 실용신안권자 또는 디자인권자이다.

Ⅴ. 제소 및 제소기간

특허발명의 불실시나 특허권의 수용, 강제실시 및 이용 · 저촉관계로 인한 통상실시권 설정에 따른 보상금(제41조 제3항 · 제4항, 제106조 제3항, 제106조의2 제3항) 및 대가(제110조 제2항 제2호 및 제138조 제4항)에 대하여 심결 · 결정 또는 재정을 받은 자가 그 보상금 또는 대가에 불복할 때에는 법원에 소송을 제기할 수 있다(제190조 제1항, 제186조 제1항).

보상금 또는 대가에 관한 불복의 소는 심결 · 결정 또는 재정의 등본을 송달받은 날부터 30일 이내에 제기하여야 한다(제190조 제2항). 위 기간은 불변기간이다(제190조 제3항). 부가기간에 대하여는 아무런 규정이 없으나 이에 대해서 민사소송법 제172조 제2항을 유추 적용하여 보상금 또는 대가에 관한 결정 · 재정 또는 심결을 한 특허청장 · 방위산업청장 또는 심판관이 부가기간을 정할 수 있다는 견해가 있다.[136]

---

136) 특허법 주해 II, 박영사(2010), 898(최성준 집필부분).

제7절 비밀유지명령제도(제224조의3 내지 5)

Ⅰ. 비밀유지명령의 의의

재판의 심리와 판결은 공개되어야 한다는 공개재판주의에 입각한 소송구조 때문에 소송이 진행되는 영업비밀이 당사자는 물론 일반인에게까지 공개될 위험이 있다.

이때 영업비밀이 소송과정에서 추가로 침해되는 것을 방지하기 위하여 법원이 취할 수 있는 조치가 문제된다. 우리나라에서 국가의 안전보장, 안녕질서 또는 선량한 풍속을 해칠 우려가 있는 경우에는 재판의 심리를 공개하지 않을 수 있으나(법원조직법 제57조), 영업비밀 관련 소송에 위 규정을 적용하기에는 다소 무리가 따른다.

소송절차를 통하여 영업비밀이 추가로 공개되는 것을 방지하기 위해서는 증거조사나 기일진행 절차에서 제3자에게 영업비밀이 공개되지 않도록 하여야 한다.

그동안 실무는 특허권 또는 전용실시권의 침해에 관한 소송에서 영업비밀이 추가로 공개되는 것을 방지하기 위해서 청구취지 및 판결 주문에 영업비밀을 그 특정 및 집행에 지장이 없을 정도로만 개괄적으로 기재하는 것을 허용하고, 증거조사 등에서 제3자에게 영업비밀이 공개되지 않도록 하는 등의 방법으로 운용하였다.

다만 민사소송에서 소송 당사자뿐 아니라 이해관계를 소명한 제3자도 재판기록을 열람할 수 있어(재판예규 제913호 재판기록열람복사예규 제4조 제1항 제4호) 당사자가 법원에만 제출하고 이해관계인에게는 공개하고 싶지 않은 문서의 열람복사 등은 어떻게 할 것인지 문제였으나, 2002. 1. 26. 법률 제6626호로 개정된 민사소송법 제163조에서 영업비밀 등의 보호를 위하여 소송기록의 열람 등의 제한규정을 신설하였고 그중 민사소송법 제163조 제1항 제2호는 소송기록 중에 당사자가 가지는 영업비밀(부정경쟁방지법 제2조 제2호에 규정된 영업비밀을 말한다)이 적혀 있는 때에 해당한다는 소명이 있는 경우 법원은 당사자의 신청에 따라 결정으로 열람 등을 신청할 수 있는 자를 당사자로 한정할 수 있도록 규정하였다.[137)]

특히 미확정 상태의 소송기록에 관하여는 당사자나 이해관계를 소명한 제3자만이 열람할 수 있는데(민사소송법 제162조 제1항), 제3자가 민사소송법 제352조에 따라 미확정 상태의 소송기록을 대상으로 한 문서송부촉탁 신청을 하여 법원에 의해 채택된다면 민사소송법 제353조의2에 따라 제한 없이 미확정 상태의 소송기록을 열람할 수 있게

---

137) 열람 등 제한결정이 있은 소송기록에 대하여 이해관계를 소명한 제3자로부터 열람·복사 신청이 있는 경우의 처리방법에 대하여는 '비밀보호를 위한 열람 등의 제한 예규' 제6조 참조.

되므로 이를 막기 위해 당사자는 제3자에 대해 소송기록의 열람 등의 제한신청을 할 필요가 있다.[138)]

그리고 위 규정에 따라 소송기록 중 비밀이 적혀 있는 부분에 대한 제3자의 열람·복사, 정본·등본·초본의 교부의 제한 또는 제한결정의 취소에 관하여 필요한 사항을 규정하기 위하여 '비밀보호를 위한 비밀 기재부분의 열람 등의 제한 예규'(재일 2004-2)를 신설하였다.

그 외에 민사소송법에는 비밀보호제도와 관련하여 증언거부권(제315조 제1항), 문서제출의 거부(제344조 제1항 3호 다목), 문서제출신청 심리절차에서의 비밀심리(제347조 제4항) 등의 제도가 마련되어 있다.

그러나 이들 규정은 제3자가 아닌 상대방 당사자가 영업비밀을 소송과정 중에 지득하여 타인에게 공개하는 데에 대하여는 별다른 대책이 될 수 없었다. 상대방 당사자가 열람 등에 의하여 알게 된 영업비밀을 제3자에게 누설한 때에 민법 제750조의 불법행위를 주장하고 손해배상을 하도록 하여 간접적으로 소송기록 열람제한의 실효성을 담보할 수 있고, 영업비밀을 제3자에게 누설하는 행위는 부정경쟁방지법상의 영업비밀 침해행위에 해당하여 그 비밀을 보유한 당사자가 같은 법에 의하여 손해배상청구나 금지청구를 할 수 있기는 하지만 영업비밀을 충분히 보호할 수 있기 위하여는 그러한 누설행위 등을 사전에 막을 수 있는 제도적 장치가 필요하다는 견해가 대두되었고, 이러한 견해와 아울러 입법론적으로 미국, 일본 등이 채택하고 있는 것과 같이 해당 영업비밀을 알게 된 자에게 소송 수행 외의 목적으로 영업비밀을 사용하는 행위 등을 하지 아니할 것을 명할 수 있는 비밀유지명령 제도를 도입하여야 한다는 의견이 제기되어 왔다.

그리하여 2011. 12. 2. 법률 제11117호로 개정된 특허법에서 본 조와 같은 비밀유지명령제도가 신설되었다.

비밀유지명령 제도는 특허권 또는 전용실시권의 침해에 관한 소송절차에서 제출하는 준비서면이나 조사되는 증거에 영업비밀이 포함되어 있는 경우 이를 알게 된 소송당사자 등에게 소송수행의 목적을 넘어서 해당 영업비밀을 이용하거나 제3자에게 공개하지 말 것을 명하는 법원의 명령이다.

한편 2024. 2. 6. 법률 제20197호로 개정된 발명진흥법에서도 자료제출명령 및 비밀유지명령 제도(제55조의8부터 제55조의11까지)가 도입되었다.

---

138) 대법원 2020. 1. 9. 자 2019마6016 결정 참조.

II. 비밀유지명령의 적용범위

1 특허권 또는 전용실시권의 침해에 관한 소송

제224조의3에 따라 비밀유지명령을 청구하기 위하여는 먼저 영업비밀 보유자의 영업비밀이 침해되거나 침해될 우려가 있어야 한다. 여기서 영업비밀은 부정경쟁방지법 제2조 제2호에 따른 영업비밀을 말한다.

비밀유지명령은 기본사건(특허권 또는 전용실시권의 침해에 관한 소송)의 계속(係屬)을 전제로 하여 행해지는 부수된 별개의 신청사건이므로 기본사건이 계속하기 전의 단계에서는 신청할 수 없고, 기본사건이 계속된 후 그 수소법원이 심리·판단하여 결정한다.

여기서 특허권 또는 전용실시권의 침해에 관한 소송이라 함은 특허권 또는 전용실시권이 침해되거나 침해될 우려가 있는 자가 그 침해금지를 청구하는 소송이나 그에 따른 손해배상청구, 신용회복청구를 제기한 소송뿐 아니라 금지청구권부존재확인소송 등도 포함된다. 다만 법문상 통상실시권(독점적 통상실시권 포함)의 침해에 기한 손해배상청구소송은 포함되지 않고 해당 침해소송에서 주장된 상대방 취득의 영업비밀이 제224조의3 제1항 단서의 방법으로 이미 취득하고 있는 경우에는 특허권자 등의 손해배상청구소송이라도 위 침해에 관한 소송에 해당되지 않는다.

법문에는 특허권 또는 전용실시권의 침해에 관한 '소송'이라고 규정되어 있어 본안소송 외에 가처분 등의 보전절차도 포함되는지 여부에 대해 다툼이 있다.

이에 대하여는 본 조 위반에 따라 형사벌이 과해지도록 규정되어 있어 엄격하게 해석하여야 하므로 보전절차까지 확장하여 해석하기 어렵다는 이유로 본안소송에 한정되어야 한다는 견해도 있으나, 제128조 제7항의 '특허권 또는 전용실시권의 침해에 관한 소송'에 보전절차도 포함하여 해석되고 있고,139) 입법취지상 보전절차에서도 본안소송과 같이 비밀유지명령 제도를 이용할 필요가 있어 본안소송 외에 보전절차까지 포함된다고 해석한다.140)

소송계속(係屬)은 소장부본이 피고에게 송달된 때에 발생하는데141) 법문상 소송계속 후가 요건으로 되어 있지 않으므로 이론상으로 소 제기 후라면 비밀유지명령을 신청할 수 있다고 할 것이나, 소장부본이 송달되기 이전에는 상대방 당사자의 청구원인

---

139) 대법원 2011. 5. 13. 자 2010마1157 결정 참조.

140) 일본 最高裁判所 2009(平成21). 1. 27. 자 平成20(許)36 결정도 적극설을 취하고 있다.

141) 대법원 1994. 11. 25. 선고 94다12517, 94다12524 판결 등 참조.

에 대한 검토 등이 이루어지기 전이어서 비밀유지명령을 받을 자를 누구로 특정할 것인지 정할 수 없기 때문에 답변서 등으로 피고의 주장을 검토한 후에 비밀유지명령이 신청되는 것이 통상이다.

법문에 '소송에서'라고 규정되어 있어 소송이 종결되고 판결이 확정된 경우에는 더 이상 비밀유지명령을 신청할 수 없다고 볼 여지가 있다. 만일 해당 소송이 종결될 때까지 비밀유지명령 결정이 없었다고 본다면 새로이 비밀유지명령을 신청할 수는 없겠지만 소송이 종결될 때까지 비밀유지명령 결정이 있었다면 판결확정 후에도 상대방 측으로부터 소송기록의 열람 등 청구가 있는 경우에 대상자를 추가하는 비밀유지명령을 신청할 수 있도록 하는 것이 입법취지에 부합할 것이므로 이러한 경우에는 판결이 확정되어도 적어도 소송기록의 보존기간까지 이를 신청할 수 있도록 하는 것이 바람직하다.

2 비밀유지명령의 신청인과 상대방

비밀유지명령은 영업비밀을 보유하는 당사자만이 신청할 수 있다. 영업비밀의 보유자에는 영업비밀을 창작하여 보유하는 본래의 보유자 및 영업비밀을 창작하지 않았더라도 영업비밀을 정당하게 보유하고 있는 자도 포함된다.

특허권 또는 전용실시권의 침해에 관한 소송에서 일방 당사자가 보유한 영업비밀에 대하여, 법원은 영업비밀을 보유한 당사자가 법 소정의 사항(영업비밀 기재 대상 자료 및 필요성)에 대하여 소명하고 제224조의3 제1항 단서에 해당하지 아니하는 경우로서, 그 당사자의 서면신청에 따라 결정으로 법원이 다른 당사자(법인인 경우에는 그 대표자), 당사자를 위하여 소송을 대리하는 자, 그 밖에 해당 소송으로 인하여 영업비밀을 알게 된 자에게 그 영업비밀을 해당 소송의 계속적인 수행 외의 목적으로 사용하거나 그 영업비밀에 관계된 제224조의3 제1항에 따른 명령을 받은 자 외의 자에게 공개하지 아니할 것을 명하는 비밀유지명령을 내릴 수 있도록 하고 이를 위반할 경우 형사벌을 부과할 수 있도록 하였다(제224조의3, 제229조의2).

III. 비밀유지명령의 요건

1 이미 제출하였거나 제출하여야 할 준비서면, 이미 조사하였거나 조사하여야 할 증거 또는 제132조 제3항에 따라 제출하였거나 제출하여야 할 자료에 영업비밀이 포함되어 있을 것(제1항 제1호)

영업비밀이란 부정경쟁방지법 제2조 제2호에 따른 영업비밀을 말한다. 즉 영업비밀이란 공공연히 알려져 있지 아니하고 독립된 경제적 가치를 가지는 것으로서, 상당한 노력에 의하여 비밀로 유지된 생산방법, 판매방법, 그 밖에 영업활동에 유용한 기술상 또는 경영상의 정보를 말한다.

영업비밀이 포함되어 있는 대상은 '이미 제출하였거나 제출하여야 할 준비서면, 이미 조사하였거나 조사하여야 할 증거 또는 제132조 제3항에 따라 제출하였거나 제출하여야 할 자료'이다.

여기서 준비서면은 당사자가 변론 또는 변론준비기일에서 진술하고자 하는 사항을 기일 전에 미리 적어 법원에 제출하는 서면이다. 준비서면인지 여부는 그 내용에 의하여 정해지는 것이고 서면의 표제에 따르는 것은 아니다. 피고가 제출하는 답변서는 최초로 제출하는 준비서면이므로 여기서의 준비서면에 포함되지만 원고가 제출한 소장은 준비서면에 포함되지 않으므로 소장에 기재된 영업비밀을 대상으로 하여 비밀유지명령을 신청할 수 없다. 소장이 이론적으로 준비서면에 포함되지 않는다고 단정할 수 없다고 하더라도 본 조 제1항 단서의 문언으로부터 알 수 있듯이 비밀유지명령 신청 이전에 그 비밀을 취득한 자는 비밀유지명령의 피신청인으로부터 제외되는데 소장이 법원에 제출된 후에는 상대방이 그 비밀을 이미 취득하였거나 취득하였다고 볼 여지가 있어 비밀유지명령의 대상 등이 될 수 있는지를 판단하기 어렵기 때문이다.

여기서 증거는 문맥상 증거방법을 의미하는데 증거방법이란 법원이 사실의 존부를 확정하기 위하여 조사하는 대상이 되는 유형물로서 물적증거, 인적증거를 포함한다.

제출하여야 할 준비서면이나 조사하여야 할 증거에 있는 영업비밀은 비밀유지명령의 대상이 된다. 한편 이미 제출한 준비서면이나 이미 조사한 증거는 그 문언상으로 보면 마치 준비서면을 받아보고 비로소 비밀유지명령을 신청할 수도 있다고 이해될 여지가 있지만, 이들 문구는 일정한 영업비밀에 대해 비밀유지명령이 이미 결정되어 있는 경우에 상대방을 더 추가할 경우에만 적용되는 문구라고 해석된다.[142)]

142) 디자인보호법 주해, 박영사(2015), 1235(설범식 집필부분).

그와 같이 보는 근거로, 미리 비밀유지명령을 신청함이 없이 비밀유지의무를 부담하고 있지 않은 상대방 측에게 영업비밀이 기재된 준비서면과 증거를 제출한 경우에는 그로써 공지성 내지 비밀관리성이 상실되고 그렇다면 그 내용이 더 이상 영업비밀이 아니게 되어 비밀유지명령의 대상이 될 수 없는 점, 영업비밀이 포함된 준비서면이나 증거가 이미 제출되었거나 조사되었어도 그 영업비밀을 대상으로 하여 비밀유지명령이 발령되고 해당 부분의 소송기록에 대한 열람 등의 제한결정이 되어 있다면 그 영업비밀은 비밀관리성 및 비공지성을 상실하지 않고 비밀유지명령의 대상이 될 수 있는 점 등을 들 수 있다.

2016. 3. 29. 법률 제14112호로 개정된 특허법 제132조에서 법원이 당사자에게 손해액의 산정을 위한 자료를 제출할 것을 명령하여 제출되어야 할 자료가 영업비밀에 해당하더라도 침해의 증명 또는 손해액의 산정에 반드시 필요한 때에는 제1항 단서에 따른 자료제출을 거부할 수 있는 정당한 이유로 보지 아니하게 되었으므로 위 개정법에서 이에 따라 제출된 자료를 비밀유지명령의 대상에 포함시켰다.

2 영업비밀이 그 소송 수행 외의 목적으로 사용되거나 공개되면 당사자의 영업에 지장을 줄 우려가 있어 이를 방지하기 위하여 영업비밀의 사용 또는 공개를 제한할 필요가 있을 것(제1항 제2호)

3 영업비밀이 제224조의3 제1항 단서에 해당하지 않을 것

제224조의3 제1항 단서는 비밀유지명령 신청 시점까지 다른 당사자(법인인 경우에는 그 대표자), 당사자를 위하여 소송을 대리하는 자, 그 밖에 그 소송으로 인하여 영업비밀을 알게 된 자가 제224조의3 제1항 제1호에 규정된 준비서면의 열람이나 증거조사 외의 방법으로 그 영업비밀을 이미 취득하고 있는 경우에는 비밀유지명령을 낼 수 없다는 취지로 규정하고 있으므로, 비밀유지명령의 소극적 요건으로서 영업비밀이 제224조의3 제1항 단서에 해당하지 않아야 비밀유지명령의 대상이 된다.

제224조의3 제1항의 규정에 따른 비밀유지명령은 소송절차에서 공개된 영업비밀의 보호를 목적으로 하는 것인데, 소송절차와 관계없이 다른 당사자 등이 이미 취득하고 있는 영업비밀은 위와 같은 목적과는 아무런 관련이 없으므로, 예컨대 영업비밀 침해소송에서 자기의 영업비밀을 다른 당사자 등이 부정하게 취득하여 사용하고 있다고 주장하면서 그 영업비밀에 대하여 한 비밀유지명령 신청이나[143] 영업비밀 침해소송이

143) 대법원 2015. 1. 16. 자 2014마1688 결정 참조.

이루어지기 전에 수사기관에 이미 영업비밀이 제출되어 기록의 일부로 된 경우에 비밀유지명령은 받아들일 수 없다.

이에 대하여는 비밀유지명령 신청사건의 심리 단계에서 비밀유지명령을 받은 자가 그 영업비밀을 준비서면의 열람이나 증거조사 외의 방법으로 이미 취득하고 있는지를 알 수 없고 그 여부를 판단할 수 있는 심리방법도 없어서 본 사항이 비밀유지명령 신청의 요건이 아니라, 비밀유지명령을 받은 자가 그 취소를 신청할 때 소명해야 하는 요건으로 보아야 한다는 견해가 있다.[144)]

Ⅳ. 비밀유지명령의 신청 시기 · 방법

1 비밀유지명령의 신청시기와 종기

비밀유지명령을 신청할 수 있는 시기와 그 시적 한계에 대하여는 앞에서 이미 서술하였다.

2 비밀유지명령 신청서의 기재사항

비밀유지명령의 신청은 i) 비밀유지명령을 받을 자, ii) 비밀유지명령의 대상이 될 영업비밀을 특정하기에 충분한 사실, iii) 제1항 각 호의 사유에 해당하는 사실에 관한 사항을 적은 서면으로 하여야 한다(제224조의3 제2항).

가. 비밀유지명령을 받을 자(제2항 제1호)

여기서 비밀유지명령을 받을 자는 기본사건의 "다른 당사자(법인인 경우에는 그 대표자), 당사자를 위하여 소송을 대리하는 자, 그 밖에 소송으로 인하여 영업비밀을 알게 된 자"이다.

당사자가 법인인 경우에는 대표자가 비밀유지명령을 받을 자로 될 수 있고 법인 자신은 비밀유지명령의 대상자가 될 수 없다. 그리고 소송참가가 있는 경우 참가인도 당사자에 포함되고 비밀유지명령의 대상자가 될 수 있다고 해석된다. 그 외에 보조참가인의 경우에도 비밀유지명령의 대상자가 될 수 있는지 여부에 대하여는 견해가 나뉘어 있다.

---

144) 디자인보호법 주해, 박영사(2015), 1236(설범식 집필부분).

즉 민사소송법 제163조 제1항이 규정하는 비밀보호를 위한 열람 등의 제한 결정이 있는 경우에도 열람 등을 신청할 수 있는 '당사자'에 보조참가인도 포함된다고 해석하여 소송기록에 포함된 영업비밀을 취득하지 못하도록 보조참가인을 대상자로 하는 비밀유지명령의 신청을 인정할 필요가 있다는 견해(적극설)와 민사소송법 제163조 제1항의 '당사자'에 보조참가인이 포함되지 않는다고 해석하면 보조참가인은 열람의 제한이 이루어지고 있는 소송기록의 열람 등의 청구를 할 신청할 수 없고 그 열람 등을 통해 비밀정보를 알 수 없으므로 보조참가인을 대상자로 하는 비밀유지명령의 신청을 인정할 필요가 없다는 견해(소극설)가 있다.[145)]

여기서 당사자를 위하여 소송을 대리하는 자는 기본사건인 특허권 등 침해소송 당사자의 소송대리인으로서 법정대리인 및 임의대리인을 말하고, 그 밖에 그 소송으로 인하여 영업비밀을 알게 된 자라 함은 당사자나 당사자의 소송대리인은 아니나 그 소송으로 인하여 영업비밀을 알게 되는 자(당사자의 사용인, 피고용인 등)를 말한다.

한편 만일 기본사건에서 전혀 다른 2개 이상의 영업비밀이 있는 경우에 이론상으로는 2개 이상의 영업비밀에 대하여 각각의 관여자를 상대로 비밀유지명령을 신청할 수 있겠으나, 그와 같이 서로 다른 각각의 관여자에 대하여 비밀유지명령을 받은 경우 나중에 각각의 관여자에 의한 제224조의5에 의한 기록열람 등의 청구가 있는 경우에 법원의 비밀유지명령 신청인에 대한 통지제도가 제대로 작동하지 않을 우려가 있으므로, 이와 같이 2개 이상의 다른 종류의 영업비밀에 대하여 비밀유지명령을 신청하는 경우에는 되도록 비밀유지명령을 받을 자를 같은 자들로 특정할 필요가 있다.

나. 비밀유지명령의 대상이 될 영업비밀을 특정하기에 충분한 사실(제2항 제2호)

신청서에 영업비밀을 자세히 기재할 것을 요구하면 비밀유지명령이 발령되기도 전에 영업비밀의 내용이 알려질 위험이 있으므로 비밀유지명령 신청서에는 그 대상인 영업비밀을 특정하기에 충분한 사실을 기재하면 된다. 실무는 준비서면이나 서증의 쪽수와 행을 명시하는 방법으로 특정하고 있다.

신청서에 영업비밀의 구체적인 내용을 기재하지 않고 대략 어떤 내용이라는 점을 설명하거나 제출 예정인 준비서면이나 증거를 특정한 다음에 해당 준비서면이나 증거에서의 기재 위치를 특정하여 인용할 수도 있다.

당사자가 준비서면이나 증거에서 영업비밀임을 구체적으로 특정하였더라도 비밀유지명령의 대상은 그 문서에 기재된 내용 자체에 한정되는 것이 아니라 그와 같이 기

---

145) 디자인보호법 주해, 박영사(2015), 1237(설범식 집필부분) 참조.

재된 영업비밀의 내용이므로 같은 영업비밀이 다른 준비서면이나 증거에 기재되어 있는 경우에 그 내용에 대하여도 비밀유지의무가 있다.

다. 본 조 제1항 각 호의 사유에 해당하는 사실(제2항 제3호)

본 조 제1항 각 호의 사유는, 이미 제출하였거나 제출하여야 할 준비서면 또는 이미 조사하였거나 조사하여야 할 증거 또는 제132조 제3항에 따라 제출하였거나 제출하였어야 할 자료에 영업비밀이 포함되어 있다는 것(제1항 제1호)과 영업비밀이 해당 소송 수행 외의 목적으로 사용되거나 공개되면 당사자의 영업에 지장을 줄 우려가 있어 이를 방지하기 위하여 영업비밀의 사용 또는 공개를 제한할 필요가 있다는 것(제1항 제2호)인데 이 사유에 해당하는 사실에 관한 사항을 서면(신청서)에 기재하여야 한다.

V. 비밀유지명령의 심리 · 결정 · 효력

1 비밀유지명령의 심리

신청서가 접수되면 법원은 비밀유지명령신청서 부본을 피신청인(비밀유지명령을 받을 자)에게 송달하여야 하는데 법문에 비밀유지명령 신청사건의 심리절차에 대하여 특별히 규정한 것이 없으므로 일반 신청사건과 마찬가지로 심리하면 된다. 서면심사, 변론 또는 심문을 통하여 비밀유지명령 발령의 요건을 심리하게 된다.

주장 · 소명책임은, 제224조의3 제1항 제1호, 제2호 부분은 신청인에게, 제224조의3 제1항 각 호 외의 부분 단서 부분은 상대방에게 있다. 당초 비밀유지명령의 발령 단계에서 비밀유지명령의 요건을 갖추지 못하였음을 이유로 한 취소신청 시에도 원칙적으로 같다.

다만 비밀유지명령 결정 후에 상대방이 영업비밀성의 상실 등 사정변경을 이유로 비밀유지명령의 취소를 신청한 때에는 영업비밀성이 상실되었다는 사정 등에 대한 소명책임은 취소신청인(상대방)에게 있다.

영업비밀 해당성에 대한 소명의 방법은 부정경쟁방지법 상의 영업비밀 사건에서의 청구원인의 증명방법과 같으나 신청사건에서는 증명이 아닌 소명으로 족하기 때문에 영업비밀 해당성이 다소 유연하게 인정하게 된다.

2 비밀유지명령의 결정 등

법원은 영업비밀에 대하여 제224조의3 제1항 제1호, 제2호(비밀유지명령의 요건)의 사유를 심리하여 비밀유지명령을 결정한 경우에는 결정서를 비밀유지명령을 받은 자에게 송달하여야 하고, 위 비밀유지명령은 그 결정서가 비밀유지명령을 받은 자에게 송달된 때부터 효력이 발생한다(제224조의3 제3, 4항).

이때 결정서에 영업비밀 기재문서를 첨부하여야 할 것인지에 대하여 여러 견해가 있으나, 신청서에 비밀유지명령의 대상이 될 영업비밀을 특정하기에 충분한 사실을 기재하면 되므로 그 이상의 내용이 구체적으로 담겨 있는 영업비밀 기재문서를 굳이 첨부할 필요는 없다고 본다. 기각 또는 각하결정서에도 마찬가지이다.

비밀유지명령의 신청을 기각 또는 각하한 재판에 대하여는 즉시항고를 할 수 있다(제224조의3 제5항).

3 비밀유지명령 결정의 효력

비밀유지명령이 결정된 경우에는 비밀유지명령 신청이 기각 또는 각하된 경우와 달리 즉시항고를 할 수 있다는 규정을 두고 있지 않기 때문에 그 결정서가 상대방에게 송달된 때부터 효력이 발생한다(제224조의3 제4항). 비밀유지명령의 효력은 그 비밀유지명령이 취소될 때까지 존속하는데, 비밀유지명령을 취소하는 재판은 확정되어야 효력이 발생한다(제224조의4 제4항).

비밀유지명령의 결정서가 송달되어 비밀유지명령의 효력이 발생하면 비밀유지명령을 받은 자는 그 영업비밀을 해당 소송의 계속적인 수행 외의 목적으로 사용하거나 그 영업비밀에 관계된 비밀유지명령을 받은 자 외의 자에게 공개하여서는 안 되는 의무를 진다(제224조의3 제1항 본문).

비밀유지명령의 상대방이 사망한 경우에 비밀유지명령의 일신전속적 성질로 인해 그 재산상속인에게 비밀유지명령이 승계된다고 보기 어렵다. 비밀유지명령의 상대방이 해당 영업비밀과 관련된 사업을 양도한 경우에도 비밀유지명령을 받은 자에 대한 명령의 효력이 사업의 양수인에게 당연히 승계되지 않는다.[146] 비밀유지명령을 받은 종업원 등이 전직하거나 퇴직할 경우, 비밀유지명령을 받은 소송대리인이 기본사건에 관하여 사임하는 경우에도 그 효력은 유지된다.

---

146) 디자인보호법 주해, 박영사(2015), 1236(설범식 집필부분).

한편 비밀유지명령을 신청한 자가 사망하거나 그 신청회사가 파산한 경우에 그러한 사유만으로 비밀유지명령이 당연히 소멸한다고 보기 어려워 특별한 사정이 없는 한 이러한 경우에는 비밀유지명령 취소신청권이 재산상속인이나 영업양도 등으로 인해 영업비밀의 보유자인 지위를 승계한 자에게 있다고 해석된다.

비밀유지명령의 신청인은 기본사건에서 영업비밀 기재문서를 제출할 때 소송기록의 열람제한을 함께 신청할 필요가 있다. 비밀유지명령은 그 대상자에게 비밀유지의무를 부과하는 것이어서 제3자의 소송기록 열람 등을 제한하는 효력은 없기 때문이다. 따라서 비밀유지명령을 신청하고자 하는 당사자는 소송기록에 대해 민사소송법 제163조 제1항 제2호에 따라 영업비밀보호를 위한 열람 등의 제한신청을 하여 당사자 이외의 자에 대한 소송기록 열람 등의 제한조치를 해 두어야 할 뿐 아니라 비밀유지명령 신청의 대상자로 당사자 본인도 포함시켜 두는 것이 바람직하다.

비밀유지명령을 위반한 자는 민법상의 불법행위책임을 질 수 있고(민법 제750조) 영업비밀 침해행위로서 침해금지의 대상이 되거나 손해배상책임을 질 수 있다(부정경쟁방지 및 영업비밀보호에 관한 법률 제10조, 제11조).

비밀유지명령을 위반한 자는 형사벌로 5년 이하의 징역 또는 5천만원 이하의 벌금에 처해지는데 이 비밀유지명령위반죄는 친고죄이다(제229조의2 제2항).

Ⅵ. 비밀유지명령의 취소(제224조의4)

1 의의

비밀유지명령의 신청을 기각 또는 각하한 재판에 대하여 즉시항고할 수 있는 반면에 비밀유지명령의 신청에 따라 비밀유지명령이 발령되면 이에 대하여는 즉시항고할 수 없어 비밀유지명령 결정서가 비밀유지명령을 받은 자에게 송달된 때부터 그 효력이 확정적으로 발생한다. 그리고 비밀유지명령의 효력에 따라 비밀유지명령을 받은 이는 해당 영업비밀을 그 소송의 계속적인 수행 외의 목적으로 사용하거나 비밀유지명령을 받은 자 외의 자에게 공개하지 아니할 의무가 있다.

따라서 이러한 경우에 비밀유지명령을 받은 이는 비밀유지명령이 확정될 당시에 이미 그 발령 요건을 갖추지 못하였거나 비밀유지명령이 확정된 후에 사후적으로 그 요건이 충족되지 않게 되거나 그 필요성이 없게 된 경우에 비밀유지명령의 취소를 신청할 수 있도록 할 필요가 있다.

2 비밀유지명령 취소의 신청권자 및 상대방

가. 신청권자

비밀유지명령의 취소를 신청할 수 있는 당사자는 “비밀유지명령을 신청한 자 또는 비밀유지명령을 받은 자”이다(제224의4 제1항).

비밀유지명령을 받은 자는 앞에서 본 바와 같은 영업비밀에 대한 비밀유지의무를 가지게 되고 비밀유지명령의 결정에 대하여 다툴 수 없기 때문에 비밀유지명령을 받은 자로 하여금 그 결정의 취소를 신청할 수 있도록 할 필요가 있다.

비밀유지명령을 받은 자는 비밀유지명령의 발령 요건이 결정 당시 충족되지 않았음을 주장, 소명하는 등의 방법으로 비밀유지명령의 취소를 신청할 수 있다.

또한 비밀유지명령의 신청인도 비밀유지명령의 취소를 신청할 수 있도록 규정되어 있는데 이는 비밀유지명령이 확정된 후에도 당사자 사이에 합의가 진행되어 더 이상 비밀유지명령이 필요하지 않게 된 경우가 있을 수 있음을 예상하여 규정한 것이다.

나. 상대방

비밀유지명령을 신청한 이가 취소신청을 하는 경우에 취소신청의 상대방은 비밀유지명령을 받은 사람 전부 또는 일부이다.

비밀유지명령을 받은 자가 취소신청을 하는 경우에 취소신청의 상대방은 비밀유지명령을 신청한 사람이다.

3 비밀유지명령의 취소 요건

앞에서 본 바와 같이 비밀유지명령을 받은 이는 비밀유지명령이 결정될 당시에 이미 그 요건을 갖추지 못하였거나 비밀유지명령이 확정된 후에도 사후적으로 비밀유지명령의 요건이 결여되었음이 밝혀지거나 그 필요성이 없어진 경우에 비밀유지명령의 취소를 신청할 수 있다.

비밀유지명령의 취소신청은 비밀유지명령이 결정될 당시에 제224조의3 제1항에 규정된 비밀유지명령의 요건을 충족하지 못한 경우 및 비밀유지명령이 확정된 이후에 그 필요성이 없게 되는 사정이 발생한 경우에 할 수 있다.

비밀유지명령 취소신청은 비밀유지명령이 확정되어 그 효력이 존속하는 동안에 할 수 있다. 비밀유지명령 취소 요건에 대한 주장 · 소명책임은 제224조의3 제1항 각 호 외의 부분 단서의 존재에 대하여는 비밀유지명령의 취소를 신청한 자에게 있고, 위 제

1항 각 호의 요건충족 여부에 대하여는 비밀유지명령을 받은 자로부터의 취소신청의 경우에 비밀유지명령의 신청인에게 소명책임이 있지만 비밀유지명령의 결정 후에 사정변경사유(예컨대 결정 후 영업비밀성 상실)가 발생한 경우에는 비밀유지명령의 취소를 신청한 자에게 그 사정변경사유의 발생사실에 대한 주장 · 소명책임이 있다.

4 비밀유지명령의 취소신청 절차 · 심리

비밀유지명령의 취소신청은 소송기록을 보관하고 있는 법원에 한다(제224조의4 제1항). 여기서 소송기록은 비밀유지명령 신청사건의 기록을 의미하는 것이 아니라 기본사건인 특허권 또는 전용실시권의 침해에 관한 소송기록을 말한다. 소송기록이 보존기간 만료로 폐기되어 이를 보관하고 있는 법원이 없는 경우에는 비밀유지명령을 한 법원에 신청한다(제224조의4 제1항 괄호).

비밀유지명령을 받은 사람이 그 명령을 받지 아니한 변호사를 비밀유지명령 취소신청 사건의 대리인으로 선임할 수 있는지 여부에 대하여, 그 영업비밀을 공개하지 않고 비밀유지명령 취소신청 사건을 진행하는 것은 현실적으로 불가능한 점 등을 들어 비밀유지명령을 받지 아니한 변호사에게 그 취소신청 사건을 위임할 수 없다는 소극설과 변호사에게 직업상 비밀유지의무가 부과되어 있어 비밀유지명령을 받은 변호사인지 여부를 불문하고 취소신청 사건에 관한 상담과 소송위임이 가능하다는 적극설이 있다.[147)]

5 비밀유지명령의 취소결정 등

비밀유지명령 취소결정의 결정서에는 비밀유지명령 신청사건에 관하여 한 법원의 비밀유지명령을 취소한다는 뜻과 함께 비밀유지명령을 받은 사람 중 일부에 대하여 취소하거나 대상 영업비밀 중 일부 영업비밀에 대하여만 취소하는 경우에 그 부분도 특정하여 기재한다.

법원은 비밀유지명령의 취소신청에 대한 재판이 있는 경우에는 그 결정서를 취소신청을 한 자 및 상대방에게 송달하여야 한다(제224조의4 제2항). 비밀유지명령의 취소신청에 대한 재판에 대하여는 즉시항고를 할 수 있다(제224조의4 제3항).

비밀유지명령을 취소하는 재판은 즉시항고기간을 경과하는 등으로 확정되어야 그

---

147) 디자인보호법 주해, 박영사(2015), 1252(설범식 집필부분).

효력이 발생한다(제224조의4 제4항).

법원은 비밀유지명령을 받은 사람 중 일부만 취소신청을 하거나 비밀유지명령의 신청인이 일부의 명령상대방에 대하여만 취소신청을 하여 그 취소결정이 이루어진 경우에는 즉시 나머지 비밀유지명령을 받은 자에게도 취소재판을 한 사실을 알려야 한다(제224조의4 제5항).

Ⅶ. 소송기록 열람 등의 청구 통지(제224조의5)

[1] 의의

비밀유지명령의 신청인이 민사소송법 제163조에 따라 소송기록의 열람 등의 제한신청을 하더라도 당사자가 재판기록 열람 등의 신청권자로서 그의 대리인이나 사용인 등에 의한 재판기록의 열람 등의 신청절차를 진행할 수 있고 이러한 경우에 당사자 이외에 제3자도 그 영업비밀을 알게 될 수 있으므로 기본사건인 부정경쟁행위 등 침해소송의 상대방 당사자 측이 하는 열람 등의 청구에 대하여 제대로 영업비밀을 유지할 수 없게 되는 한계가 있다.

즉, 상대방 당사자가 소송기록의 열람 등의 청구를 하였으나, 해당 소송에서 비밀유지명령을 받지 아니한 자가 그 청구절차를 밟았을 때에는 민사소송법상 그 열람 등의 제한을 할 수 없고, 그 당사자의 사용인, 대리인 등은 영업비밀 기재 문서의 열람 등을 통하여 비밀유지명령에 기한 의무 없이 그 명령의 대상이 된 영업비밀을 취득할 수 있다.

이에 따라 본 조는 비밀유지명령에 대한 결정이 있어도 제3자가 열람 등을 하게 되어 공지되면 영업비밀성을 상실하게 되어 비밀유지명령도 유지될 수 없게 되므로 비밀유지명령의 신청인에게 소송기록의 열람 등의 청구사실을 통지하여 비밀유지명령을 받을 자를 추가할 수 있도록 기회를 부여하고 그로써 비밀유지명령에 대한 실효성을 높이기 위하여 마련한 규정이다.

또한, 기본사건을 진행하면서 이미 비밀유지명령을 받은 상대방에 있어서도 비밀유지명령을 받은 자를 교체하고 싶은데 비밀유지명령의 신청자가 비밀유지명령을 받을 자의 교체를 위한 신청에 협조하지 않는 경우에 본 조에 따라 소송기록의 열람 등을 청구하여 비밀유지명령 신청자로 하여금 비밀유지명령의 추가 신청을 하도록 유인하기 위하여 마련한 규정이기도 하다.

2 소송기록 열람 등의 청구 통지

비밀유지명령이 내려진 소송(모든 비밀유지명령이 취소된 소송은 제외)에 관한 소송기록에 대하여 민사소송법 제163조 제1항의 결정이 있고, 당사자가 위 민사소송법 제163조 제1항에서 규정하는 비밀 기재 부분의 열람 등의 청구를 하였으나 그 청구절차를 해당 소송에서 비밀유지명령을 받지 아니한 자가 밟았을 때에는 법원사무관 등은 민사소송법 제163조 제1항의 신청을 한 당사자(그 열람 등의 청구를 한 자는 제외)에게 그 청구 직후에 그 열람 등의 청구가 있었다는 사실을 알려야 한다(제224조의5 제1항).

민사소송법 제163조 제1항의 비밀보호를 위한 소송기록의 열람 등의 제한 결정이 있는 경우에도 당사자에 의한 열람 등의 신청은 제한되지 않고, 법문에는 당사자가 그 열람 등의 신청 절차를 하게 되어 있으나 실제로는 당사자 본인뿐 아니라 그 대리인, 사용자가 신청 절차를 하는 경우도 많은데 당사자 본인 이외의 대리인 등이 신청절차를 밟게 되면 이들은 소송기록 중 영업비밀 기재 부분의 열람 등을 통하여 영업비밀을 취득할 수 있다.

이때 열람 등의 신청절차를 하는 당사자 본인이나 그 대리인, 사용자가 비밀유지명령을 이미 받고 있는 사람이라면 이미 영업비밀을 알고 있고 비밀유지명령에 따른 의무를 부담하고 있기 때문에 열람을 하도록 하여도 별다른 문제가 생기지 않을 것이다. 하지만 열람 등의 신청절차를 밟은 자가 비밀유지명령을 받은 사람이 아닌 경우에는 이들은 소송기록 중 영업비밀 기재부분의 열람 등을 통하여 비밀유지명령에 기한 의무를 부담함이 없이 영업비밀을 취득하게 되어 비밀유지명령의 효력을 담보할 수 없게 된다.

이러한 이유로 본 조 제1항에서 법원사무관 등이 비밀유지명령의 신청인으로 하여금 소송기록의 열람 등의 청구절차를 밟은 자를 비밀유지명령을 받을 자로 추가하는 비밀유지명령 신청을 할 것인지를 결정할 수 있도록 그 청구가 있었다는 사실을 통지하도록 하였다.

3 소송기록 열람 등의 청구 통지의 효과

가. 소송기록 열람 등의 잠정적 정지

법원사무관 등은 제224조의5 제1항에 따라 민사소송법 제163조 제1항의 신청을 한 당사자에게 위 법 조항의 비밀 기재 부분의 열람 등의 청구가 있었다는 사실을 통지하는 경우에 그 열람 등의 청구가 있었던 날부터 2주일이 지날 때까지(그 청구절차를 행한 자에 대한 비밀유지명령신청이 그 기간 내에 행하여진 경우에는 그 신청에 대한 재판이 확정되는 시점까지) 그 청구절차를 행한 자에게 제1항의 비밀 기재 부분의 열람 등을 하게 하여서는 아니 된다(제224조의5 제2항).

이러한 열람 등의 잠정적 정지 규정(제224조의5 제2항)은 같은 조 제1항의 열람 등의 청구를 한 자에게 제1항의 비밀 기재 부분의 열람 등을 하게 하는 것에 대하여 민사소송법 제163조 제1항의 신청을 한 당사자 모두의 동의가 있는 경우에는 적용되지 아니한다(제224조의5 제3항).

나. 비밀유지명령의 추가 신청 기회 부여

민사소송법 제163조 제1항의 신청을 한 당사자가 법원사무관 등으로부터 본 조 제1항이 정한 사유로 그 열람 등의 청구가 있었다는 사실을 통지받은 경우에, 비밀유지명령 신청인은 그 열람 등의 청구절차를 밟은 자를 '비밀유지명령을 받은 자'로 하는 비밀유지명령을 추가로 신청할 것인지 여부를 검토하고, 그 필요가 있다고 판단할 경우에는 열람 등의 청구가 있었던 날부터 2주일 이내에 비밀유지명령을 신청할 수 있다.

비밀유지명령의 추가 신청에 의하여 비밀유지명령을 받을 자로 되어야 할 사람은 민사소송법 제163조 제1항에 따라 소송기록의 열람 등의 청구절차를 밟은 사람 중 해당 소송에서 비밀유지명령을 받지 아니한 사람이다.

제11장

특허형사소송(벌칙 포함)

제11장 특허형사소송(벌칙 포함)

제1절 총설

특허법의 벌칙 규정은 일반 형법에 대한 특별 형벌법규에 해당하는 것으로 형법 제8조의 규정에 따라 특허법에 특별한 규정이 없는 한 형법총칙의 규정들이 그대로 적용된다.

특허법 제12장에서 규정하는 벌칙의 유형에는 ① 특허권 또는 전용실시권의 침해행위(제225조 제1항), ② 특허청 직원 · 특허심판원 직원 또는 그 직에 있던 자의 비밀누설 등 행위(제226조), ③ 증인 · 감정인 또는 통역인이 특허심판원에 대하여 거짓으로 진술 · 감정 또는 통역을 하는 행위(제227조 제1항), ④ 제224조에서 정하고 있는 허위표시의 금지 규정에 위반하는 행위(제228조), ⑤ 거짓이나 그 밖의 부정한 행위로 특허, 특허권의 존속기간의 연장등록 또는 심결을 받는 행위(제229조), ⑥ 국내외에서 정당한 사유 없이 제224조의3(비밀유지명령) 제1항에 따른 비밀유지명령을 위반하는 행위(제229조의2) 등이 포함된다.

제2절 일반 사항

특허권 침해 일반론에 대하여는 「제6장 특허발명의 보호범위」 등에서 설명하였다.

실무에서 주로 문제가 되는 대상은 형법에서 고의(제13조), 법률의 착오(제16조), 정당행위(제20조)이고, 특허법에서는 특허권 침해죄(제225조 제1항) 등이다.

이하 이 부분 관련하여 실무상 쟁점이 되는 부분을 중심으로 설명한다.

1 고의 · 법률의 착오

가. 침해의 고의

특허법이 정한 벌칙의 해당 각 죄가 성립하기 위해서는 형법상 일반 범죄성립요건과 같이 고의가 있어야 하므로 만일 고의가 없다면 비록 특허권 침해행위 등을 알지 못한 데에 과실이 있더라도 민사책임을 지는 것은 별론으로 하더라도 특허법이 정한 벌칙과 관련된 각 죄가 성립하지 아니한다.

예를 들어 침해죄가 성립하려면 침해자에게 침해에 대한 고의(범의)가 있다는 점이 증명되어야 하는데, 여기서 고의는 행위자가 타인의 특허발명이라는 점을 인식하고 그 보호범위에 속하는 발명을 실시한다는 의사가 있으면 충분하고, 나아가 부정한 이익을 취득할 목적 그 밖에 권리침해 의사를 필요로 하지 않는다. 이때 고의의 내용은 앞서 본 특허권을 실시한다는 객관적 사실에 대한 확정적 또는 미필적 인식으로 충분하다.

특허권의 지분을 양도하는 경우에 이를 등록하여야만 효력이 발생하고, 특허권이 공유인 경우에 공유자는 다른 공유자의 동의 없이 그 특허권에 대하여 전용실시권이나 통상실시권을 허락할 수 없더라도 특허권의 지분을 사실상 양수한 자가 등록을 하지 아니한 채 스스로 그 특허권을 실시하거나 특허권 등록 명의자의 묵시적인 동의하에 제3자에게 그 전용실시권 또는 통상실시권을 허락함으로써 제3자가 그 특허권을 실시하는 경우라면 그 사법상의 효력 유무와 관계없이 사실상의 공유자 또는 제3자에게 특허권 침해의 범의는 인정되지 않는다.[1)]

관련하여 특허출원일 전에 출원 · 등록된 타인의 선출원 특허발명과 그 보호범위에 속하는 특허발명을 등록받아(이하 후출원 특허발명이라고 한다) 선출원 특허발명을 침해하는 경우에 후출원 특허발명이 등록무효로 확정될 때까지 후출원 특허발명의 적극적 효력이 제한되는지(즉 후출원 특허발명의 효력이 제한되어 선출원 특허권의 침해가 성립하는

---

1) 대법원 1984. 12. 26. 선고 82도1799 판결.

지) 문제가 된다.

당초 실무는, 상표권이 문제된 사안에서 후출원 등록상표가 적법한 절차에 따라 등록무효심결이 확정되기 전에는 후출원 등록상표권자가 선출원 등록상표와 동일·유사한 상표를 그 지정상표가 동일·유사한 상표에 사용하더라도 후출원 등록상표의 적극적 효력이 제한된다고 보기 어려워 선출원 등록상표권의 침해가 성립하지 않고, 후출원 등록상표에 대한 등록무효심결이 확정되었음에도 불구하고 그 후 후출원 등록상표권자가 선출원 등록상표와 동일·유사한 상표를 그 지정상표가 동일·유사한 상표에 사용한 때에 비로소 선출원 등록상표권의 침해가 성립한다는 견해에 서 있었다.[2]

그러나 대법원은, 상표권자가 상표등록출원일 전에 출원·등록된 타인의 선출원 등록상표와 동일·유사한 상표를 등록받아 이러한 후출원 등록상표를 선출원 등록상표권자의 동의 없이 선출원 등록상표의 지정상품과 동일·유사한 상품에 사용하였다면 후출원 등록상표의 적극적 효력이 제한되어 후출원 등록상표에 대한 등록무효심결의 확정 여부와 상관없이 선출원 등록상표권에 대한 침해가 성립한다고 하여 견해를 바꾸어 정리하였고 이러한 법리는 특허권, 실용신안권 및 디자인권의 경우에도 그대로 적용된다.[3]

나. 법률의 착오

타인의 특허발명의 실시가 특허법상 허용되는 행위인지에 관한 믿음은 벌칙의 성립에 영향이 없고 법령해석의 문제로서 법률의 착오 규정(형법 제16조)에 관련된다.

형법 제16조가 "자기의 행위가 법령에 의하여 죄가 되지 아니하는 것으로 오인한 행위는 그 오인에 정당한 이유가 있는 때에 한하여 벌하지 아니한다."고 규정하고 있는 것은, 일반적으로 범죄가 되는 경우이지만 자기의 특수한 경우에는 법령에 의하여 허용된 행위로서 죄가 되지 아니한다고 그릇 인식하고 그와 같이 그릇 인식함에 정당한 이유가 있는 경우에는 벌하지 아니한다는 취지이고, 어떠한 행위가 정당한 행위로서 위법성이 조각되는 것인지는 구체적인 경우에 따라 합목적적, 합리적으로 가려져야 하는데, 정당한 행위로서 위법성이 조각되려면, i) 그 행위의 동기나 목적의 정당성, ii) 행위의 수단이나 방법의 상당성, iii) 보호이익과 침해이익과의 법익균형성, iv) 긴급성, v) 그 행위 외에 다른 수단이나 방법이 없다는 보충성 등의 요건을 갖추어야 한다.[4]

---

2) 대법원 1986. 7. 8. 선고 86도277 판결, 대법원 1999. 2. 23. 선고 98다54434, 54441(병합) 판결.
3) 대법원 2021. 3. 18. 선고 2018다253444 전원합의체 판결.
4) 대법원 1998. 10. 13. 선고 97도3337 판결.

실무는 특허권을 비롯한 지식재산권 침해에서 법률의 착오를 엄히 판단한다.

고의와 위법성 인식의 관계에 대하여, 단순한 법률의 부지는 범죄의 성립에 영향이 없다.

상표권에 관한 사안이나, 침해자가 변리사로부터 자신의 행위가 고소인의 상표권을 침해하지 않는다는 취지의 회답과 감정결과를 통보받고, 자신의 행위에 대하여 3회에 걸쳐서 검사의 무혐의처분이 내려졌다가 최종적으로 고소인의 재항고를 받아들인 대검찰청의 재기수사명령에 따라 공소가 제기되었으며, 침해자가 관련 대법원의 판례들을 잘못 이해함으로써 자신의 행위는 죄가 되지 않는다고 확신하고, 특허청도 침해자의 상표출원을 받아들여서 이를 등록하여 주기까지 하였다는 등의 사정들만으로는 자신의 행위가 상표권을 침해하는 것이 아니라고 믿은 데에 정당한 이유가 있다고 볼 수 없다는 사례가 있고,[5] 디자인권에 사안으로 피고인이 피해자로부터 침해에 관한 경고장을 받은 후 변리사로부터 해당 낚시찌가 등록디자인권을 침해하지 않는다는 취지의 답변을 받았고, 소외인이 피고인에게 위 낚시찌를 판매한 행위에 대하여 검찰에서 일시적으로 혐의 없음의 불기소처분을 받았으며, 소외인이 자신이 제조하는 낚시찌에 대하여 특허청에 디자인등록출원을 하여 디자인등록을 받았다는 등의 사유들만으로는 피고인이 자기의 행위가 디자인권을 침해하는 것이 아니라고 믿은 데에 정당한 이유가 있다고 할 수 없다고 한 사례가 있다.[6]

다만, 법률의 착오와 관련하여 정당한 이유가 있다고 인정되는 경우는 매우 드문데 이에 대해서는 오래 전 디자인권에 관한 사안이 있어 이를 소개한다.

대법원은, "피고인은 소아용 의류 및 양말 등을 제조 판매하는 공소외 1 주식회사의 대표이사로서 1974. 말경 외국상사들로부터 발가락 삽입부가 5개로 형성된 양말을 주문받아 1975. 1월부터 이를 생산하던 중 이 사건 피해자인 공소외 2로부터 1975. 2. 24.경 발가락 삽입부가 5개로 형성된 양말은 동인의 의장권을 침해한다 하여 그 제조의 중지요청을 받고 그 즉시 변리사 공소외 3에게 문의하였던바, 양자의 의장이 색채와 모양에 있어 큰 차이가 있으므로 동일 유사하다고 할 수 없다는 회답을 받고, 또 같은 해 3. 11.에는 위 공소외 3에게 감정을 의뢰하여 위 양자의 의장은 발가락 삽입부 5개가 형성되어 있는 외에는 형상, 색채 혹은 그 조합이 각기 다르고 위 발가락 5개의 양말은 위 의장등록이 된 후에도 공소외 4 명의로 의장등록된 바 있으니 발가락 삽

5) 대법원 1995. 6. 16. 선고 94도1793 판결. 그 외 대법원 1995. 7. 28. 선고 95도702 판결, 대법원 1998. 10. 13. 선고 97도3337 판결 모두 법률의 착오와 관련하여 정당한 이유가 있다는 주장을 받아들이지 아니하였다.

6) 대법원 2009. 7. 23. 선고 2007도8804 판결.

입부가 위 공소외 2의 등록의장의 지배적 요소라고 할 수 없으므로 양자는 결국 동일 또는 유사하다고 할 수 없다는 전문적인 감정을 받았고, 이에 따라 같은 해 3. 12. 피고인 스스로 자신이 제조하는 양말에 대하여 의장등록출원을 한 결과 같은 해 12. 22. 특허국으로부터 등록사정까지 받게 되었으며, 한편 위 공소외 4가 위 공소외 2를 상대로 본건 등록의장의 권리범위확인심판청구를 한 결과, 그 1심과 항소심에서 이 사건 등록의장과 위 등록의장은 피차 양말의 선단부에 발가락이 삽입되는 5개의 삽입부를 형성하는 점이 닮았으나, 이 같은 종류 물품에 삽입부를 형성한다는 것은 보통으로 이루어지는 형상에 속하는 것이어서 별로 사람들의 주의를 끌거나 미감을 일으킬 만한 의장적 특징이 될 수 없고 양자를 전체적으로 비교할 때 빛깔의 배합, 무늬, 모양 등에 있어서 현저한 차이가 있어 서로 오인, 혼동될 염려가 없다는 이유로 청구인 승소의 심결이 있었다가 상고심(대법원 77후9)에서 비로소 이 사건 등록의장의 지배적 요소는 발가락 삽입부가 5개로 형성된 점이라는 이유로 1977. 5. 10. 원심결을 파기환송하는 판결이 있었다는 것이다. 사실이 이와 같다면 특허나 의장권 관계의 법률에 관하여는 전혀 문외한인 피고인으로서는 위 대법원판결이 있을 때까지는 자신이 제조하는 양말이 위 공소외 2의 의장권을 침해하는 것이 아니라고 믿을 수밖에 없었다고 할 것이니, 위 양말을 제조 판매하는 행위가 법령에 의하여 죄가 되지 않는다고 오인함에 있어서 정당한 이유가 있는 경우에 해당한다."라고 하였다.7)

[2] 고소·반의사불벌죄 및 공소사실의 특정

가. 고소

고소는 고소인이 일정한 범죄사실을 수사기관에 신고하여 범인의 처벌을 구하는 의사표시이다. 고소한 범죄사실은 특정되어야 하나 그 특정의 정도는 고소인의 의사가 구체적으로 어떤 범죄사실을 지정하여 범인의 처벌을 구하고 있는 것인가를 확정할 수만 있으면 되고, 고소인 자신이 직접 범행의 일시, 장소와 방법 등까지 구체적으로 상세히 지적하여 그 범죄사실을 특정할 필요는 없다.8)

고소불가분의 원칙상 공범 중 일부에 대하여만 처벌을 구하고 나머지에 대하여는 처벌을 원하지 않는 내용의 고소는 적법한 고소라고 할 수 없고, 공범 중 1인에 대한 고소취소는 고소인의 의사와 상관없이 다른 공범에 대하여도 효력이 있다.

특허법상 침해죄의 고소권자는 특허권자 또는 전용실시권자이다. 특허권이 양도된

7) 대법원 1982. 1. 19. 선고 81도646 판결.
8) 대법원 1999. 3. 26. 선고 97도1769 판결.

경우 양도 이전의 침해가 양도 이후까지 계속되는 경우라면 양도 이전에 이루어진 침해에 대해 특허권의 이전등록을 마친 양수인은 그 이전등록 이전에 발생한 침해에 대하여도 피해자인 지위를 승계하므로 고소권자가 될 수 있다. 그리고 양도 이전의 침해로 인한 범죄사실만을 고소하는 경우라도 특허권을 이전등록받은 승계인은 그 이전등록 이전에 발생한 침해에 대하여도 피해자인 지위를 승계하므로 양도인뿐만 아니라 양수인도 고소권자가 될 수 있다.[9)]

나. 친고죄에서 반의사불벌죄로 변경

어느 특정 범죄에 대한 처벌을 당사자의 의사에만 따르도록 하여 친고죄로 할 것인지는 입법정책의 문제이다.

2020. 10. 20. 법률 제17536호로 개정되기 전의 특허법 제225조(침해죄) 제2항에서 제1항의 죄는 고소가 있어야 논할 수 있다고 하여 친고죄로 규정하고 있었다가 위 개정 특허법에서 제2항을 "제1항의 죄는 피해자의 명시적인 의사에 반하여 공소를 제기할 수 없다."라고 하여 반의사불벌죄(反意思不罰罪)로 변경하였다.[10)] 실용신안법과 디자인보호법도 침해죄를 친고죄로 규정하고 있었다가 2022. 6. 10. 법률 제18890호와 같은 날 법률 제18886호로 개정되면서 반의사불벌죄로 모두 변경되었다(실용신안법 제45조 제2항, 디자인보호법 제220조 제2항).

다만 저작권법에서 침해죄는 고소가 있어야 공소를 제기할 수 있다고 규정하고 있어 친고죄이다(저작권법 제140조).

상표법에서 침해죄(제230조)는 상표권자에게 재산적 손해를 끼칠 뿐 아니라 상품출처 혼동·품질의 오인 등을 발생하게 하여 거래사회의 경업질서를 혼란케 하는 경우가 많아서 공익 보호를 위하여 고소가 있어야 공소를 제기할 수 있다는 규정도 없고(비친고죄), 피해자의 명시적인 의사에 반하여 공소를 제기할 수 없다는 규정도 없다(비반의사불벌죄). 부정경쟁방지법이 부정경쟁행위에 대하여 비친고죄, 비반의사불벌죄로 규정

---

9) 대법원 1995. 9. 26. 선고 94도2196 판결 참조.

10) 위와 같이 변경한 취지는, 피해자가 범인을 알게 된 날로부터 6개월을 경과한 후에는 고소하지 못하도록 고소기간이 제한되어 있어 특허권자 또는 전용실시권자가 위 제한된 고소기간이 도과한 후에야 침해사실을 알게 되어 고소를 할 수 없게 되거나 특허권 침해가 불분명하더라도 고소기간이 도과하기 전 고소를 남발하는 문제 등이 발생할 수 있으며, 수사기관이 침해사실을 인지하여도 특허권자 또는 전용실시권자의 고소 의사를 확인하기 전에는 적극적으로 수사를 진행하기 어려운 측면이 있음을 고려하여 침해죄를 친고죄가 아니라 고소 없이 수사 개시와 진행을 할 수 있되, 피해자가 기소를 원하지 않는다는 의사를 확실히 표명할 때에는 기소를 하지 않는 반의사불벌죄(反意思不罰罪)로 변경함으로써 특허권자와 전용실시권자의 권리 보호를 강화하려한 데에 있다. 법제처 개정이유 참조.

하고 있는 것(제18조)도 같은 취지이다.

한편 특허법, 실용신안법에서 비밀유지명령위반죄는 친고죄인데(특허법 제229조의2 제2항, 실용신안법 제49조의2 제2항), 다른 지식재산권법의 비밀유지명령위반죄도 모두 친고죄로 되어 있다(디자인보호법 제224조 제2항, 상표법 제231조 제2항, 부정경쟁방지 및 영업비밀보호에 관한 법률 제18조의4 제2항, 저작권법 제140조).

다. 공소사실의 특정

형사소송법 제254조 제4항이 "공소사실의 기재는 범죄의 시일, 장소와 방법을 명시하여 사실을 특정할 수 있도록 하여야 한다."라고 규정한 취지는, 법원에 대하여 심판의 대상을 한정함으로써 심판의 능률과 신속을 꾀함과 동시에 피고인에게 방어의 범위를 특정하여 그 방어권 행사를 쉽게 해 주기 위한 데에 있다. 따라서 공소사실은 해당 범죄의 구성요건 해당사실을 다른 사실과 구별할 수 있을 정도로 기재한다.

피고인이 생산 등을 하는 물건 또는 사용하는 방법(이하 침해제품 등이라고 한다)이 특허발명의 특허권을 침해하였는지가 문제로 되는 특허법위반 사건에서 다른 사실과 식별할 수 있도록 범죄 구성요건에 해당하는 구체적 사실을 기재하였다고 하기 위해서는, 침해의 대상과 관련하여 특허등록번호를 기재하는 방법 등에 의하여 침해의 대상이 된 특허발명을 특정할 수 있어야 하고, 침해제품 등의 제품명, 제품번호 등을 기재하거나 설명서 및 도면(사진) 등을 이용하여 침해제품 등의 구성을 기재하는 방법 등에 의하여 침해제품 등을 다른 것과 구별할 수 있을 정도로 특정할 수 있어야 한다.[11] 이때 특정의 정도는 사안에 따라 다르지만 설령 공소사실에 침해제품 등이 상세하게 기재되어 있지 않다고 하더라도, 다른 제품 등과 구별될 수 있고, 그와 함께 기재된 공소사실의 다른 사항에 의하여 침해제품 등이 어떠한 것인지를 알 수 있으며 피고인의 방어권 행사에도 지장이 없다면 그 공소제기의 효력에 영향이 없다.[12]

특허발명의 실시란 ① 물건의 발명인 경우, 그 물건을 생산·사용·양도·대여 또는 수입하거나 그 물건의 양도 또는 대여의 청약을 하는 행위를 말하고, ② 방법의 발

---

11) 대법원 2016. 5. 26. 선고 2015도17674 판결 참조. 위 판결에서 대법원은 공소사실에 "피고인은 2013. 1.경 ○○목재에서, 피해자 공소외 주식회사가 대한민국 특허청에 (특허등록번호 생략)로 등록한 '팔레타이저용 조립형 포장박스'와 그 구성요소가 동일하고, 위 특허의 권리범위에 속하는 포장박스를 제작, 생산 및 판매함으로써 피해자 회사의 특허권을 침해하였다."라고만 기재하고 있어서, 피고인이 제작, 생산 및 판매하였다는 침해제품인 포장박스가 어떠한 것인지 명확하게 적시되어 있지 아니하여 이를 특정할 수 없고, 그와 함께 기재된 공소사실의 다른 사항을 고려하더라도 마찬가지여서 공소사실이 특정되었다고 할 수 없다고 하였다.

12) 영업비밀에 관한 공소사실 특정과 관련하여 선고한 대법원 2008. 7. 10. 선고 2006도8278 판결 참조.

명인 경우, 그 방법을 사용하는 행위를 말하며, ③ 물건을 생산하는 방법의 발명인 경우, 그 방법을 사용하는 행위 외에 그 방법에 의하여 생산된 물건을 생산·사용·양도·대여 또는 수입하거나 그 물건의 양도 또는 대여의 청약을 하는 행위를 말하므로(제2조 제3호) 공소사실에서 침해의 형태가 이들 중 어느 것에 해당하는지 여부도 구체적으로 특정되어야 한다.

특허발명의 실시행위에 관한 청구취지 등의 올바른 기재 방법에 대하여는 「제10장 특허민사소송 제2절 침해금지청구(가처분 포함, 제126조) I. 일반 사항」 내용에서 설명하였다.

공소장이나 공소장변경신청서의 공소사실 일부인 범죄일람표를 종이문서 아닌 CD로 제출하는 것은 허용되지 않는다.[13)]

3 침해행위의 방조

특허권 침해행위의 방조에도 형법상 방조의 법리가 그대로 적용된다. 형법상 방조행위는 정범의 실행행위를 쉽게 하는 직·간접의 모든 행위로서 정범의 특허권 침해행위 중에 이를 방조하는 경우는 물론, 특허권 침해행위에 착수하기 전에 장래의 특허권 침해행위를 예상하고 이를 쉽게 해 주는 경우도 포함하며 정범의 특허권 침해행위가 실행되는 일시, 장소, 객체 등을 구체적으로 인식할 필요가 없고 정범이 누구인지 확정적으로 인식할 필요도 없다.[14)]

형법상 부작위범이 인정되기 위해서는 형법이 금지하고 있는 법익침해의 결과발생을 방지할 법적인 작위의무를 지고 있는 자가 그 의무를 이행함으로써 결과발생을 쉽게 방지할 수 있었음에도 불구하고 그 결과의 발생을 용인하고 이를 방관한 채 그 의무를 이행하지 아니한 경우에, 그 부작위가 작위에 의한 법익침해와 동등한 형법적 가치가 있는 것이어서 그 범죄의 실행행위로 평가될 만한 것이라면, 작위에 의한 실행행위와 동일하게 부작위범으로 처벌할 수 있다.[15)]

---

13) 대법원 2016. 12. 15. 선고 2015도3682 판결.

14) 대법원 2013. 9. 26. 선고 2011도14322 판결, 대법원 2013. 9. 26. 선고 2011도11478 판결 참조.

15) 대법원 1992. 2. 11. 선고 91도2951 판결, 대법원 1996. 9. 6. 선고 95도2551 판결, 대법원 1997. 3. 14. 선고 96도1639 판결 등 참조.

4 죄수 관계 등

가. 죄수 관계

특허권 침해행위는 특허권자가 같더라도 특허등록번호별로 침해되는 법익이 다르다면 각각의 특허권에 대한 침해행위는 원칙적으로 각 별개의 죄를 구성하여 실체적 경합의 관계에 있다.

단일하고도 계속된 범의 아래 하나의 특허발명에 대한 침해행위가 일정 기간 반복하여 행하여진 경우에는 포괄하여 하나의 범죄가 성립하고,[16] 다수의 특허발명에 대하여 특허권 침해행위가 계속하여 행하여진 경우에는 각 특허발명 1개마다 포괄하여 1개의 범죄가 성립하므로, 특별한 사정이 없는 한 특허권자가 동일하다는 이유로 특허발명을 달리하는 다수의 특허권 침해행위를 포괄하여 하나의 죄가 성립하는 것은 아니다.[17] 하나의 실시행위로 다수의 특허발명을 동시에 침해하였다면 각각의 특허법위반죄는 상상적 경합의 관계에 있다.[18]

특허권에 관하여 전용실시권이 설정된 경우 그 전용실시권을 침해하는 특허법위반죄(전용실시권침해죄)가 성립하고 특허권자의 특허권을 침해하는 특허법위반죄(특허권 침해죄)도 성립한다.[19]

---

16) 저작권법위반에 관한 사안으로 대법원 2013. 8. 23. 선고 2011도1957 판결 참조. 대법원 2008. 2. 14. 선고 2007도9659 판결은 피고인은 2000. 12.경부터 2005. 2.경까지 고소인의 실용신안권을 침해하여 출석부를 제작·판매하기는 하였으나 실제 출석부를 제작·판매한 기간은 매 해 12.경부터 그 다음해 2.경까지 약 3개월간이었으며, 나머지 기간 중에는 그러한 행위를 하지 않았음을 알 수 있는바, 위와 같이 출석부 제작·판매행위가 매년 중단되었다가 재개되고 그 실제 제작·판매기간도 1년 중 3개월 정도에 불과한 점 등에 비추어 보면, 비록 피고인이 출석부 제작·판매라는 동종의 행위를 반복하였다 하더라도 1년 중 매 3개월간의 출석부 제작·판매행위마다 실용신안법 위반의 범의는 갱신되었다고 봄이 상당하고, 따라서 매 3개월간의 출석부 제작·판매행위는 각각이 실체적 경합범에 해당한다고 하였다.

17) 대법원 2011. 7. 14. 선고 2009도10759 판결.

18) 대법원 2020. 11. 12. 선고 2019도11688 판결은 공소사실 중 제1 등록상표의 침해로 인한 상표법위반죄와 제2 등록상표의 침해로 인한 상표법위반죄는 각각 포괄일죄의 관계에 있고, 피고인은 하나의 유사상표 사용행위로 제1 등록상표와 제2 등록상표를 동시에 침해하였으므로 이들 포괄일죄 상호간에는 형법 제40조의 상상적 경합범 관계에 있다고 하였다. 위 판결에 대한 해설로 김기수, "하나의 유사상표 사용행위로 수 개의 등록상표를 동시에 침해한 경우의 죄수관계", 대법원판례해설 제126호, 법원도서관(2021), 458 이하가 있다.

19) 대법원 2006. 9. 8. 선고 2006도1580 판결. 상표권에 관하여 전용사용권이 설정된 경우 이로 인하여 상표권자의 상표 사용권이 제한받게 되지만, 제3자가 그 상표를 정당한 법적 권한 없이 사용하는 경우에는 그 상표권자가 그 상표권에 기하여 제3자의 상표 사용에 대한 금지를 청구할 수 있는 권리까지 상실하는 것은 아님을 근거로 한다.

나. 그 밖의 관련 문제

1) 피고인이 피해자 명의의 양도증서 등 명의변경 서류를 위조하여 특허청 공무원에게 제출함으로써 피고인 명의로 해당 특허의 출원자 명의를 변경하였다고 하더라도 위 피해자의 해당 특허를 받을 수 있는 권리에 관한 처분행위가 있었다고 할 수 없을 뿐만 아니라 특허청 공무원에게 해당 특허를 받을 수 있는 권리의 처분권한도 없으므로, 위 행위는 사기죄를 구성하지 않는다.[20]

2) 피해자 회사의 대표이사 등이 그 직무발명을 특허출원할 당시 같은 회사에 근무하던 피고인이 임의로 특허출원서의 발명자란에 피고인의 성명을 추가 기재하여 공동발명자로 등재되게 하였더라도, 발명자에 해당하는지 여부는 특허출원서의 발명자란의 기재 여부와 관계없이 실질적으로 정해지는 것이어서 그로 인해 피해자 회사의 특허권 자체나 그와 관련된 권리관계에 어떠한 영향을 미친다고 볼 수 없고 따라서 그로 인하여 피해자 회사에 재산상 손해가 발생하였다거나 재산상 손해발생의 위험이 초래되었다고 볼 수 없으므로 업무상 배임죄는 성립하지 않는다.[21] 참고로 특허법에는 특허출원서에 발명자의 기재가 잘못되어 있고 그것이 그대로 등록되었더라도 그것은 특허거절사유나 특허무효사유로 규정되어 있지 않다. 다만 특허출원에 대해서뿐만 아니라 이미 등록된 특허에 대해서도 법 시행규칙 제28조[22]가 정하는 바에 따라 출원자나 특허권자에 의한 발명자의 보정 또는 정정은 인정하고 있다.

3) 피고인이 특허권을 침해하였다는 소명이 있다는 이유로 한 가처분집행에 따른 봉인 또는 압류 기타 강제처분의 표시를 손상한 이상 나중에 그 본안소송에서 위 특허발명이 무효로 되어 피보전권리의 부존재가 확정되었더라도 피고인에 대한 공무상표시무효죄(형법 제140조 제1항)가 성립함에 영향이 없다.[23]

가처분은 가처분 채무자에 대한 부작위 명령을 집행하는 것으로 그 가처분의 채무자로 되지 아니한 제3자가 가처분상의 부작위 명령을 위반한 행위는 그 가처분집행 표시의 효용을 해한 것으로 볼 수 없어 공무상표시무효죄가 성립하지 않는다.[24]

---

20) 대법원 2007. 11. 16. 선고 2007도3475 판결.

21) 대법원 2011. 12. 13. 선고 2011도10525 판결

22) 법 시행규칙 제28조 제1항은 "특허출원인이 착오로 인하여 특허출원서에 발명자 중 일부의 발명자의 기재를 누락하거나 잘못 적은 때에는 그 특허출원의 특허여부결정 전까지 추가 또는 정정할 수 있다. 다만, 발명자의 기재가 누락(특허출원서에 적은 발명자의 누락에 한정한다) 또는 잘못 적은 것임이 명백한 경우에는 특허여부결정 후에도 추가 또는 정정할 수 있다."라고 규정한다.

23) 특허권에 관한 대법원 2007. 3. 15. 선고 2007도312 판결 참조.

24) 대법원 2007. 11. 16. 선고 2007도5539 판결. 온천수 사용금지 가처분결정이 있기 전부터 온천이용허가권자인 가처분 채무자로부터 이를 양수하고 임대차계약의 형식을 빌어 온천수를 이

집행관이 부작위를 명하는 가처분 발령사실을 고시하였을 뿐 구체적인 집행행위를 하지 않은 상태에서 채무자가 부작위명령을 위반한 경우에 공무상표시무효죄가 성립하지 않는다.[25)]

4) 타인의 특허권을 침해하였다는 행위가 그 등록을 무효로 한다는 심결이 확정되기 전에 이루어졌다고 하더라도, 그 후 특허등록을 무효로 한다는 심결이 확정되었다면 특허권은 처음부터 존재하지 아니하였던 것으로 되므로 위 무효심결확정 전의 특허권 실시행위는 특허권 침해행위에 해당하지 않는다.[26)] 공유인 특허발명에 대해 특허심판원의 무효심결이 내려진 후 확정되기 전에 공유자 중 1인인 피고인이 '○가 생산·판매한 제품은 위 특허권을 침해한 제품이다'라는 사실을 인터넷을 통하여 적시하고, 또한 ○의 거래처들에 같은 내용의 내용증명을 발송하였다는 내용으로 기소된 사안에서, 피고인에게 위와 같이 적시된 사실이 '허위'라는 인식이 있었다고 보기 어렵다고 한 사례가 있다.[27)]

대법원은 어느 특허발명이 신규성 등이 없어 무효심판에 의하여 무효로 될 것임이 명백한 경우에 특허침해소송 등을 담당하는 법원이 그 전제로서 해당 특허의 신규성 등 결여라는 무효사유를 심리판단 할 수 있다고 하였고 이를 특허권 침해금지가처분사건, 손해배상청구 등의 침해사건(다만 권리범위확인사건에는 적용되지 않음) 외에 침해여부가 문제되는 형사사건[28)]에도 그대로 적용하고 있다.[29)]

5) 제231조 제1항은 "제225조 제1항에 해당하는 침해행위를 조성한 물건 또는 그 침해행위로부터 생긴 물건은 몰수하거나 피해자의 청구에 따라 그 물건을 피해자에게

용하여 온 제3자가 위 금지명령을 위반하여 계속 온천수를 사용한 경우, 위 제3자가 위 가처분 사건 당사자 사이의 권리관계 내용을 잘 알고 있었다거나 그가 실질적으로는 가처분 채무자와 같은 당사자 위치에 있었다는 등의 사정이 있다 하여도 위 위반행위가 공무상표시무효죄를 구성하지 않는다고 하였다.

25) 대법원 2008. 12. 24. 선고 2006도1819 판결.

26) 대법원 1996. 5. 16. 선고 93도839 전원합의체 판결. 위 판결에서 상표등록을 무효로 한다는 심결이 확정된 경우에도 상표등록 이후 등록무효심결이 확정되기까지 사이에 이루어진 행위는 상표권침해행위에 해당된다는 취지로 판시한 대법원 1991. 1. 29. 선고 90도2636 판결을 폐기하였다. 그 후 대법원 2006. 2. 23. 선고 2005도476 판결, 대법원 2006. 3. 10 선고 2005도3951 판결도 같은 취지로 판시하고 있다.

27) 대법원 2010. 10. 28. 선고 2009도4949 판결.

28) 대법원 2004. 2. 27. 선고 2003도6283 판결, 대법원 2004. 6. 11. 선고 2002도3151 판결 등 참조.

29) 특허침해소송 등에서 해당 특허의 무효사유에 대하여 심리판단 할 수 있는지 여부에 대한 대법원판례 동향에 대한 상세한 내용은 윤태식, 특허법 -특허 소송 실무와 이론-, 진원사(2017), 205~210 참조.

교부할 것을 선고하여야 한다."라고 규정한다.

이때 특허권 침해로 인한 범죄수익에 대한 추징 여부가 법원의 재량에 속하는지가 문제되는데, 실무는 특허권 침해로 인한 범죄 수익에 관한 추징은 임의적인 것으로 법원의 재량에 맡겨져 있다고 보고 있다.[30)]

6) 특허권의 소진·진정상품의 병행수입에 관한 문제와 특허권 침해와의 문제에 대하여는「제8장 특허권의 설정등록·존속기간·효력 제2절 특허권의 효력 IV. 특허권 소진·진정상품의 병행수입에 관한 문제」에서 설명하였다.

---

30) 부산지방법원 2009. 6. 11. 선고 2009노552 판결(미상고 확정) 등.

제3절 유형별 쟁점 사항

I. 특허권 또는 전용실시권의 침해(제225조, 침해죄)

특허권 침해죄가 성립하려면 특허권의 효력이 유효해야 하고 그 밖에 형사적인 일반 요건으로 ① 실시제품의 기술구성이 특허권의 보호범위에 속할 것, ② 실시행위가 위법할 것, ③ 실시자에게 책임능력 있을 것, ④ 침해행위에 고의가 있을 것 등이 필요하다.

특허권 또는 전용실시권을 침해한 자는 7년 이하의 징역 또는 1억원 이하의 벌금에 처한다(제225조 제1항). 특허권 침해 일반론에 대하여는 「제6장 특허발명의 보호범위」 등에서 설명하였다.

제98조 제1항은 "다음 각 호에 해당하는 사항은 등록하지 아니하면 그 효력이 발생하지 아니한다."라고 하면서, 그중 제2호에서 "전용실시권의 설정・이전(상속 기타 일반승계에 의한 경우를 제외한다)・변경・소멸(혼동에 의한 경우를 제외한다) 또는 처분의 제한"을 규정하고 있다. 따라서 설정계약으로 전용실시권의 범위에 관하여 특별한 제한을 두고도 이를 등록하지 않으면 그 효력이 발생하지 않으므로, 전용실시권자가 등록되어 있지 않은 제한을 넘어 해당 특허발명을 실시하더라도, 특허권자에게 채무불이행 책임을 지게 됨은 별론으로 하고 특허권 침해가 성립하는 것은 아니다.[31]

특허권 침해와 관련하여 제127조의 행위(간접침해행위)에 대하여도 특허권 침해죄가 적용되는지가 문제된다.

관련하여 대법원은 "구 특허법(1990. 1. 13. 법률 제4207호로 개정되기 전의 것) 제64조 소정의 침해로 보는 행위(강학상의 간접침해행위)에 대하여 특허권 침해의 민사책임을 부과하는 외에 같은 제158조 제1항 제1호에 의한 형사처벌까지 가능한가가 문제될 수 있는데, 확장해석을 금하는 죄형법정주의의 원칙이나, 특허권 침해의 미수범에 대한 처벌규정이 없어 특허권 직접침해의 미수범은 처벌되지 아니함에도 특허권 직접침해의 예비단계행위에 불과한 간접침해행위를 특허권 직접침해의 기수범과 같은 벌칙에 의하여 처벌할 때 초래되는 형벌의 불균형성 등에 비추어 볼 때, 제64조의 규정은 특허권자 등을 보호하기 위하여 특허권의 간접침해자에게도 민사책임을 부과시키는 정책적 규정일 뿐 이를 특허권 침해행위를 처벌하는 형벌법규의 구성요건으로서까지 규정한 취지는 아니다."라고 한 것이 있다.[32]

31) 대법원 2013. 1. 24. 선고 2011도4645 판결.
32) 대법원 1993. 2. 23. 선고 92도3350 판결. 다만 상표권침해에 대한 상표법 제108조 제2호 내지 제4호 적용 여부에 대하여 실무는 견해가 나뉘어 있다.

II. 특허표시 및 특허출원표시(제223조) 및 허위표시의 금지 (제224조, 제228조)

[1] 특허표시 및 특허출원 표시

특허권자, 전용실시권자 또는 통상실시권자는 물건의 특허발명의 경우에는 그 물건에 '특허'는 문자와 그 특허번호를 표시할 수 있고, 물건을 생산하는 방법의 특허발명의 경우에는 그 방법에 따라 생산된 물건에 '방법특허'라는 문자와 그 특허번호를 표시할 수 있다(제223조 제1항).

특허출원의 표시는, 물건의 특허출원의 경우에는 그 물건에 '특허출원(심사중)'이라는 문자와 그 출원번호를 표시하고, 물건을 생산하는 방법의 특허출원의 경우에는 그 방법에 따라 생산된 물건에 '방법특허출원(심사중)'이라는 문자와 그 출원번호를 표시할 수 있다(제223조 제2항).

이때 제223조 제1항 또는 제2항에 따른 특허표시 또는 특허출원표시를 할 수 없는 물건의 경우에는 그 물건의 용기 또는 포장에 특허표시 또는 특허출원표시를 할 수 있다(제223조 제3항). 그 밖에 특허표시 또는 특허출원표시에 필요한 사항은 산업통상자원부령으로 정한다(제223조 제4항).

제223조 제1항 및 제2항에 따라 특허표시 또는 특허출원의 표시를 하는 경우 특허번호 또는 특허출원번호를 게재한 인터넷주소를 표시함으로써 특허번호 또는 특허출원번호의 표시를 갈음할 수 있다(법 시행규칙 제121조 제1항). 이에 따른 인터넷주소의 표시방법과 그 밖의 특허표시 또는 특허출원표시의 구체적인 방법은 특허청장이 정하여 고시한다(법 시행규칙 제121조 제2항).

특허라는 문자를 영문자(예컨대 PATENT, PAT 등)나 한문(예컨대 特許)으로 표시한 것을 제223조에 규정된 '특허'라는 문자의 표시로 볼 수 있을지가 문제된다.

법 시행규칙 제121조가 '특허'라는 문구를 사용하도록 규정하고 있는 점에 비추어 제223조, 법 시행규칙 제121조에 규정된 특허표시로 보기 어렵다는 견해가 있지만,[33] 영문자 표시 등이 상품거래에서 널리 사용되고 있는 실정과 PATENT, PAT 등이 제223조에 규정된 '특허'와 동일한 의미를 가지는 문자인 점에 비추어 제223조, 법 시행규칙 제121조에 규정된 특허표시로 볼 수 있다.

특허청도 '특허', '방법특허'에 해당하는 용어의 영문(약어) 또는 한문을 표시하는 것

33) 특허법 주해 II, 박영사(2010), 1130.

도 허용하고 있다[지식재산권 표시 지침(특허청 고시 제2023-19호) 제3조 제2항].

특허출원 중인 경우 "특허출원(심사 중)" 또는 "특허출원", "특허심사 중"이라는 표현 중에 하나를 택일하여 표시할 수 있다[지식재산권 표시 지침(특허청 고시 제2023-19호) 제3조 제3항]. 법 시행규칙 제121조 제1항에 따른 인터넷표시는 바코드, QR코드 등 전자적 표시를 포함하되 인터넷표시는 특허등록이나 출원사항 및 관련 번호를 확인할 수 있어야 한다[지식재산권 표시 지침(특허청 고시 제2023-19호) 제3조 제4항].

특허권에 관한 권리가 소멸된 이후에는 물건 및 그 물건의 포장·용기, 광고·간판·표찰에 특허권 표시를 해서는 안 된다. 특허권에 관한 권리가 소멸되기 이전에 특허권 표시가 되어 권리가 소멸된 이후에도 유통되고 있는 물건 및 그 물건의 포장·용기에는 권리가 소멸된 사실을 알 수 있는 표시를 해야 하지만, 특허권에 관한 권리의 존속기간을 특허권 표시와 병기하거나 인터넷표시를 통해 쉽게 확인할 수 있는 경우에는 별도로 권리소멸표시를 하지 않을 수 있다[지식재산권 표시 지침(특허청 고시 제2023-19호) 제6조].

2 허위표시의 금지

가. 법 규정

제224조는 "누구든지, i) 특허된 것이 아닌 물건, 특허출원 중이 아닌 물건, 특허된 것이 아닌 방법이나 특허출원 중이 아닌 방법에 의하여 생산한 물건 또는 그 물건의 용기나 포장에 특허표시 또는 특허출원표시를 하거나 이와 혼동하기 쉬운 표시를 하는 행위(제1호), ii) 제1호의 표시를 한 것을 양도·대여 또는 전시하는 행위(제2호), iii) 제1호의 물건을 생산·사용·양도 또는 대여하기 위하여 광고·간판 또는 표찰에 그 물건이 특허나 특허출원된 것 또는 특허된 방법이나 특허출원 중인 방법에 따라 생산한 것으로 표시하거나 이와 혼동하기 쉬운 표시를 하는 행위(제3호), iv) 특허된 것이 아닌 방법이나 특허출원 중이 아닌 방법을 사용·양도 또는 대여하기 위하여 광고·간판 또는 표찰에 그 방법이 특허 또는 특허출원된 것으로 표시하거나 이와 혼동하기 쉬운 표시를 하는 행위(제4호)의 어느 하나에 해당하는 행위를 하여서는 아니 된다."라고 규정한다.

나. 규정 취지

본 조의 취지는 특허발명이나 특허출원으로 인한 거래상의 유리함과 그에 관한 공중의 신뢰를 악용하여 공중을 오인시키는 행위를 처벌함으로써 거래의 안전을 보호하려는 데에 있다.

다. 내용

본 조에서 허위 여부의 판단 기준은 '표시한 사람이 권리자인지 여부'가 아니라 '표시된 내용이 허위인지 여부'이다.

따라서 제223조에 따라 특허표시를 할 수 있는 자가 아닌 자(침해자 포함)가 한 특허표시라도 대상물건이 진정한 특허에 관한 물건인 이상 본 조에서의 허위표시에 해당한다고 보기 어렵다.[34)]

특허된 것 등으로 표시한 물건의 기술구성이 청구범위에 기재된 발명의 구성과 일부 상이한 경우에 본 조에 위반되는지가 문제된다.

앞에서 본 규정 취지에 비추어 볼 때, 특허된 것 등으로 표시한 물건의 기술적 구성이 청구범위에 기재된 발명의 구성을 일부 변경한 것이라고 하더라도, 그러한 변경이 해당 기술분야에서 통상의 지식을 가진 사람이 보통 채용하는 정도로 기술적 구성을 부가·삭제·변경한 것에 지나지 아니하고 그로 인하여 발명의 효과에 특별한 차이가 생기지도 아니하는 등 공중을 오인시킬 정도에 이르지 아니한 경우에는, 위 물건에 특허된 것 등으로 표시를 하는 행위가 위 규정에서 금지하는 표시행위에 해당한다고 볼 수 없다.[35)]

위 법리에 따른다면 여기서의 발명의 동일성은 선출원 등에서의 통상의 발명의 동일성과 다소 달라서 그 판단 기준으로 공중을 오인시킬 정도인지 여부가 쟁점이 된다.

그리고 본 조에서 특허표시 또는 특허출원표시에서 허위 여부의 주요 판단 기준은 '특허' 또는 '특허출원' 부분이고 특허번호의 유무나 특허번호의 정확 여부 등은 주요 판단 기준이 아니다.

따라서 특허받지 않은 제조방법을 사용한 것이 아니라 피해자가 보유한 특허의 제조방법을 사용하여 제조하되 다만 포장지에 그에 맞는 특허번호가 아닌 다른 특허번호의 제조방법을 표시한 경우에는 본 조에서의 허위표시에 해당하지 않는다.[36)]

---

34) 대법원 1983. 7. 26. 선고 83도1411 판결 [특허법위반] 참조.

35) 대법원 2015. 8. 13. 선고 2013도10265 판결 참조.

36) 대법원 1983. 7. 26. 선고 83도1411 판결 [특허법위반] 참조, 위 판결은 "피고인은 특허된 것이 아닌 제조방법을 사용한 것이 아니라 피해자가 보유한 특허 제4221호의 제조방법을 사용하여 제조하였고 다만 포장지에 위 특허가 아닌 특허 제5814호의 제조방법에 의한 것처럼 표시하였다는 것이므로, 위 판시 행위는 위 피해자의 특허권을 침해하는 행위로써 특허법 제158조 제1항 제1호에 해당함은 모르되 특허된 것이 아닌 방법을 사용하는 경우에 관한 특허법 제160조 제5호에는 해당한다고 볼 수 없음..."이라고 하였다.

그러나 특허권 소멸 후 본 조에 해당하는 특허표시를 하는 것은 행위 시점에 특허권이 존재하지 않기 때문에 본 조 제1호의 금지되는 행위에 해당한다. 마찬가지로 특허권 존속기간 중 정당하게 특허표시가 된 물건이라도 특허권이 소멸한 후에 양도, 대여, 전시하는 행위는 본 조 제2호의 금지되는 행위에 해당한다.

'특허'라는 문자 대신 'PATENT' 등으로 표시한 경우에 영문자 등의 표시가 실제 거래계에서 '특허'와 동일한 의미를 갖는 것으로 통용되기도 하므로 '특허'라는 문자의 표시로 볼 수 있고 'PATENT' 등으로 표시되었지만 해당 제품이 특허 또는 특허출원된 것이 아니라면 제224조 제3호의 '이와 혼동하기 쉬운 표시'에 해당할 여지가 있다.

본 죄가 성립하기 위하여는 고소가 필요하지 않고(비친고죄) 어느 누구에게 구체적인 손해를 끼치는 것도 필요하지 않다.[37)]

III. 비밀누설죄(제226조)

특허청 또는 특허심판원 소속 직원이거나 직원이었던 사람이 특허출원 중인 발명(국제출원 중인 발명을 포함한다)에 관하여 직무상 알게 된 비밀을 누설하거나 도용한 경우에는 5년 이하의 징역 또는 5천만원 이하의 벌금에 처한다(제226조 제1항).

전문심리위원 또는 전문심리위원이었던 자가 그 직무수행 중에 알게 된 다른 사람의 비밀을 누설하는 경우에는 2년 이하의 징역이나 금고 또는 1천만원 이하의 벌금에 처한다(제226조 제2항).

IV. 위증죄(제227조)

특허법에 따라 선서한 증인, 감정인 또는 통역인이 특허심판원에 대하여 거짓으로 진술·감정 또는 통역을 한 경우에는 5년 이하의 징역 또는 5천만원 이하의 벌금에 처한다(제227조 제1항).

본 조 제1항에 따른 죄를 범한 자가 그 사건의 특허취소신청에 대한 결정 또는 심결이 확정되기 전에 자수한 경우에는 그 형을 감경 또는 면제할 수 있다(제227조 제2항).

---

37) 대법원 1977. 9. 13. 선고 77도2260 제2부판결.

Ⅴ. 거짓행위의 죄(제229조)

거짓이나 그 밖의 부정한 행위로 특허, 특허권의 존속기간의 연장등록, 특허취소신청에 대한 결정 또는 심결을 받은 자는 3년 이하의 징역 또는 3천만원 이하의 벌금에 처한다(제229조).

여기서 '거짓이나 그 밖의 부정한 행위로 특허, 특허권의 존속기간의 연장등록, 특허취소신청에 대한 결정 또는 심결을 받은 자'란 정상적인 절차에 따라서는 특허, 특허권의 존속기간 연장등록, 특허취소신청에 대한 결정 또는 심결을 받을 수 없는 경우임에도 위계 기타 사회통념상 부정이라고 인정되는 행위를 하여 특허, 특허권의 존속기간 연장등록, 특허취소신청에 대한 결정 또는 심결을 받는 자를 말한다. 따라서 여기의 거짓행위는 거짓자료를 제출하여 심사관 등을 기망하여 착오에 빠지게 하는 일체의 행위를 말한다.

예를 들면 타인의 시험성적서를 마치 자신의 것인 양 특허청에 제출하는 등으로 타인이 특허를 받을 수 있는 권리를 자신이 발명한 것처럼 꾸며 특허를 받은 경우에 본 조에 해당한다.[38] 그러나 특허출원을 위임받은 자가 위임의 취지에 위배하여 자신의 명의로 특허출원한 경우와 같이 특허, 특허권의 존속기간의 연장등록, 특허취소신청에 대한 결정 또는 심결을 받을 권한이 없음에도 권한이 있는 것처럼 가장하였다는 사실만으로는 '거짓이나 그 밖의 부정한 행위'가 있었다고 볼 수 없고,[39] 특허출원 전에 국내에서 공지되었거나 공연히 실시된 발명 또는 특허출원 전에 국내 또는 국외에서 반포된 간행물에 기재된 발명으로서 특허를 받을 수 없는 발명임에도 불구하고 특허출원을 하여 특허를 받았다거나, 또는 그 특허출원 시 이를 특허관청에 알리거나 나아가 그에 관한 자료를 제출하지 않은 채 특허출원을 하여 특허를 받았다고 하더라도, 이것만으로 위계 기타 사회통념상 부정이라고 인정되는 행위로써 특허를 받았다고 볼 수는 없다.[40]

Ⅵ. 비밀유지명령위반죄(제229조의2)

국내외에서 정당한 사유 없이 제224조의3 제1항에 따른 비밀유지명령을 위반한 자는 5년 이하의 징역 또는 5천만원 이하의 벌금에 처한다(제229조의2 제1항).

---

38) 대법원 1983. 12. 27. 선고 82도3238 판결.
39) 대법원 2010. 9. 9. 선고 2010도2985 판결.
40) 대법원 2004. 2. 27. 선고 2003도6283 판결.

본 조 제1항의 죄는 비밀유지명령을 신청한 자의 고소가 없으면 공소를 제기할 수 없다(제229조의2 제2항).

Ⅶ. 양벌규정(제230조) · 몰수 등(제231조) · 과태료(제232조)

1 양벌규정

법인의 대표자나 법인 또는 개인의 대리인, 사용인, 그 밖의 종업원이 그 법인 또는 개인의 업무에 관하여 제225조 제1항, 제228조 또는 제229조의 어느 하나에 해당하는 위반행위를 하면 그 행위자를 벌하는 외에 그 법인에는 제225조 제1항을 위반한 경우에는 3억원 이하의 벌금형을(제1호), 제228조 또는 제229조를 위반한 경우에는 6천만원 이하의 벌금형(제2호)을 과(科)하고 그 개인에게는 해당 조문의 벌금형을 과(科)한다. 다만, 법인 또는 개인이 그 위반행위를 방지하기 위하여 해당 업무에 관하여 상당한 주의와 감독을 게을리하지 아니한 경우에는 그러하지 아니하다(제230조).

여기의 '법인 또는 개인'은 단지 형식상의 사업주가 아니라 자기의 계산으로 사업을 경영하는 실질적인 사업주를 말하고, 구체적인 사안에서 법인이 상당한 주의 또는 관리 감독 의무를 게을리하였는지는 해당 위반행위와 관련된 모든 사정 즉, 해당 법률의 입법 취지, 처벌조항 위반으로 예상되는 법익 침해의 정도, 그 위반행위에 관하여 양벌규정을 마련한 취지 등은 물론 위반행위의 구체적인 모습과 그로 인하여 실제 야기된 피해 또는 결과의 정도, 법인의 영업 규모 및 행위자에 대한 감독 가능성 또는 구체적인 지휘 감독 관계, 법인이 위반행위 방지를 위하여 실제 행한 조치 등을 전체적으로 종합하여 판단한다.[41]

제230조의 양벌규정은 직접 위법행위를 한 자 이외에 단서의 면책조항에 해당하지 않는 한 그 업무의 주체 등을 처벌하게 되어 있는 규정으로서 해당 위법행위와 별개의 범죄를 규정한 것이라고 할 수 없으므로, 친고죄의 경우에서도 행위자의 범죄에 대한 고소가 있으면 충분하고, 나아가 양벌규정에 따라 처벌받는 자에 대하여 별도의 고소를 요한다고 할 수는 없다.

41) 대법원 2010. 7. 8. 선고 2009도6968 판결 참조.

2 몰수 등

제225조 제1항에 해당하는 특허권 또는 전용실시권의 침해행위를 조성한 물건 또는 그 침해행위로 인하여 생긴 물건은 몰수하거나 피해자의 청구에 따라 그 물건을 피해자에게 교부할 것을 선고하여야 한다(제231조 제1항).

피해자는 제231조 제1항에 따른 물건을 받은 경우에는 그 물건의 가액을 초과하는 손해액에 대해서만 배상을 청구할 수 있다(제231조 제2항).

상표법에 관한 사안이나, 범죄수익은닉의 규제 및 처벌 등에 관한 법률 제8조 내지 제10조의 규정에 의한 범죄수익 등의 몰수·추징은 부정한 이익을 박탈하여 이를 보유하지 못하게 하는 데 목적이 있는 것이므로, 위 법률에 의한 몰수·추징이 적용되는 상표법 제230조의 상표권침해행위 범행을 수인이 공동으로 하고 이로 인하여 이익을 얻은 경우에는 각자가 분배받은 금원, 즉 실질적으로 귀속된 이익금만을 개별적으로 몰수·추징하여야 하지만, 그 분배받은 금원을 확정할 수 없을 때에는 이를 평등하게 분할한 금원을 몰수·추징한 사례가 있다.42)

또한 범죄수익을 얻기 위해 범인이 지출한 비용은 그것이 범죄수익으로부터 지출되었다고 하더라도 이는 범죄수익을 소비하는 방법에 지나지 아니하므로, 추징할 범죄수익에서 공제할 것이 아니다.43)

몰수·추징의 대상이 되는지나 추징액의 인정 등은 범죄요건사실에 관한 것이 아니어서 엄격한 증명은 필요 없지만 역시 증거에 따라 인정되어야 하고, 그 대상이 되는 범죄수익을 특정할 수 없는 경우에는 추징할 수 없다.44)

3 과태료

민사소송법 제299조 제2항 및 제367조에 따라 선서를 한 자로서 특허심판원에 대하여 거짓 진술을 한 자(제1호), 특허심판원으로부터 증거조사 또는 증거보전에 관하여 서류나 그 밖의 물건 제출 또는 제시의 명령을 받은 자로서 정당한 이유 없이 그 명령에 따르지 아니한 자(제2호), 특허심판원으로부터 증인, 감정인·통역인으로 소환된 자로서 정당한 이유 없이 소환에 따르지 아니하거나 선서·진술·증언·감정 또는 통역을 거부한 자(제3호)의 어느 하나에 해당하는 자에게는 50만원 이하의 과태료를 부과한

42) 대법원 2010. 1. 28. 선고 2009도13912 판결, 대법원 2015. 8. 19. 선고 2013도5808 판결.
43) 대법원 2009. 2. 12. 선고 2008도11789 판결, 대법원 2015. 8. 19. 선고 2013도5808 판결.
44) 대법원 2008. 6. 26. 선고 2008도1392 판결 등 참조.

다(제232조 제1항).

제232조 제1항에 따른 과태료는 대통령령으로 정하는 바에 따라 특허청장이 부과·징수하는데(제232조 제2항), 이에 따른 과태료의 부과기준은 법 시행령 제20조의 별표에서 정하고 있다.

제12장

특허심판 · 심결

제1절 특허심판에 관한 일반 사항
제2절 심판절차 일반
제3절 특허거절결정 등에 대한 심판(제132조의17) · 특허취소신청에 대한 결정(제132조의2)
제4절 정정심판(제136조)
제5절 특허 · 특허권 존속기간 연장등록의 무효심판(제133조, 제134조)
제6절 권리범위확인심판(제135조)
제7절 통상실시권허락심판(제138조)
제8절 확정심결에 대한 재심(제178조, 제179조 등)

제12장 특허심판 · 심결

제1절 특허심판에 관한 일반 사항

I. 특허심판의 의의 · 성질 · 종류

[1] 특허심판의 의의 · 성질

특허청은 특허심판을 특허 · 실용신안 · 디자인 · 상표의 각 출원에 대하여 심사관이 행한 처분 또는 그 처분에 의해 등록된 권리의 효력의 유효 여부 등에 관한 분쟁을 해결하기 위하여 특허심판원의 심판합의체에 의하여 행해지는 특별행정심판제도로 설명하지만,[1)]이 책의 속성상 여기서 특허심판이란 특허에 관한 심판만을 말한다.

특허에 관한 심판인 특허심판은 특허출원에 대하여 심사관이 행한 처분 또는 그 처분에 의해 등록된 특허권의 효력 유무 등에 관한 분쟁을 해결하기 위하여 특허심판원의 심판합의체에 따라 행해지는 특별행정쟁송심판 중 하나이다.

특허심판원은 특허 · 실용신안에 관한 취소신청, 특허 · 실용신안 · 디자인 · 상표에 관한 심판과 재심 및 이에 관한 조사 · 연구 사무를 관장하게 하기 위한 곳으로 특허청장 소속이다(제132조의16 제1항).

특허심판원에 원장과 심판관을 두고, 특허심판원의 조직과 정원 및 운영에 필요한 사항은 대통령령으로 정한다(같은 조 제2항, 제4항). 이에 대한 하위법령으로 법 시행령과 「특허청과 그 소속기관 직제 시행규칙」이 있다.

특허심판은 형식적으로는 행정심판으로서 행정행위(행정처분)의 성질을 가지고, 특허법원의 전속관할로 되어 있는 심결취소소송에 심급으로 연결되지 않지만 특허법원 및 대법원으로 이어지는 심결취소소송의 전단계로서 민사소송법상의 재판절차규정을 대부분 준용하고 있다는 점에서 실질적으로 준(準)사법적 행정행위로서의 성질을 가지고 있다.

---

1) 심판편람(제13판), 특허심판원(2021)(이하 심판편람이라 한다), 3.

2 특허심판의 종류

특허심판에는 결정계 심판, 당사자계 심판 및 그 밖의 심판이 있다.

심판은 청구인과 피청구인이 서로 대립하는 구조를 취하는지에 따라 결정계 심판과 당사자계 심판으로 나뉜다.

결정계 심판은 심판당사자로서 청구인과 피청구인이 대립구조를 취하지 않고 청구인만이 존재하는 심판이다. 결정계 심판은 특허청의 결정 등에 불복하여 제기하므로 당사자가 서로 대립하는 구조의 사건이 아니다. 결정계 심판에는 참가제도가 인정되지 않고 심판비용은 청구인이 부담한다.

결정계 심판에는 특허(실용신안등록)거절결정에 대한 심판(제132조의17, 실용신안법 제33조), 특허권(실용신안권)의 존속기간의 연장등록거절결정에 대한 심판(제132조의17, 실용신안법 제33조), 정정심판(제136조, 실용신안법 제33조) 등이 있고 위 결정계 심판과는 다소 다르나 결정계 심판과 유사한 유형에 속하는 것으로 특허권(실용신안권)의 설정등록일로부터 등록공고일 후 6개월이 되는 날까지 그 특허(실용신안등록)가 취소이유에 해당하는 경우에 특허심판원장에게 신청하는 특허취소신청(제132조의2, 실용신안법 제30조의2)[2]이 있다.[3]

당사자계 심판은 통상의 경우 이해관계인 등이 특허권자 등의 권리자를 상대로 제기하므로(다만 적극적 권리범위확인심판의 경우 특허권자 등의 권리자가 확인대상발명을 실시하는 자를 상대로 제기함) 당사자가 서로 대립하는 구조의 사건이다. 당사자계 심판에는 특허(실용신안등록)무효심판(제133조, 실용신안법 제31조), 특허권(실용신안권)의 존속기간의 연장등록 무효심판(제134조, 실용신안법 제31조의2), 정정무효심판(제136조, 실용신안법 제33조), 권리범위확인심판(제135조, 실용신안법 제33조), 통상실시권허락심판(제138조,

---

2) 특허(실용신안등록)취소신청은 특허거절결정에 대한 심판 등의 기존의 결정계 심판의 속성과 일치하지는 않는다. 즉 특허(실용신안등록)취소신청은 등록 취소 여부를 결정하는 점과 불복 시 취소의 소를 권리자가 특허청을 상대로 제기하는 점(제187조 참조)에서 당사자계 심판과 달라 결정계 심판에 유사한 유형에 속하기는 하나 취소신청인이 제기하여 개시되는 절차라는 점, 권리자의 참가(보조참가)가 인정되는 점, 취소결정에 대해서는 불복할 수 있으나 기각결정에 대해서는 불복할 수 없는 점 등에서 특허거절결정에 대한 심판 등의 기존 결정계 심판과 다른 점이 있다.

3) 종전의 구 특허법에서 결정계 심판으로 보정각하결정에 대한 심판과 특허취소결정에 대한 심판이 있었다. 구 특허법에 있던 보정각하결정에 대한 심판제도(제132조의4)는 2001. 2. 3. 법률 제6411호로 개정된 구 특허법에서 심사절차의 신속을 위해 특허거절결정 불복심판절차에서 보정의 적법 여부를 다투도록 함에 따라 폐지되었고, 취소결정에 대한 심판제도(제132조의3)는 2006. 3. 3. 법률 제7871호로 개정된 특허법에서 특허이의신청제도를 특허무효심판제도로 통합함에 따라 폐지되었다.

실용신안법 제32조)이 있다. 이들 심판에 대해서는 심결이 내려진다.

특허법에서 결정계 및 당사자계 심판 외에 특허심판원장에게 그 원인을 적은 서면 등을 제출하는 제척 · 기피심판(제152조), 심판장에게 참가신청서를 제출하는 참가허부 심판(제156조), 심판청구 전에는 특허심판원장에게 하고 심판청구 후에는 그 사건의 심판장에게 증거보전신청을 하는 증거보전심판(제157조, 민사소송법 제375조 내지 제84조 참조) 등이 있다.

결정계 및 당사자계 심판에서는 심결이 내려지고 해당 심결에 대하여 불복할 수 있다. 다만 특허취소신청의 경우에는 취소결정 및 심판장의 각하결정에 대해서 불복할 수 있고 기각결정 및 합의체의 각하결정에 대해서는 불복할 수 없다. 이들 외에 그 밖의 심판에서는 결정이 내려지고 해당 결정에 대하여 불복할 수 없다.

특허법이 심판절차에 관하여 특별한 규정을 두고 있지 않은 사항에 관한 특허청의 처분(제15조의 기간연장 불허가, 제16조의 절차의 무효처분, 법 규칙 제25조의 부적법한 서류의 반려처분 등)에 대하여는 행정심판법이나 행정소송법에 따라 불복할 수 있다.[4)]

심판청구는 심결이 확정될 때까지 취하할 수 있다. 다만, 답변서가 제출된 후에는 상대방의 동의를 받아야 한다(제161조 제1항).

둘 이상의 청구항에 관하여 제133조 제1항의 무효심판 또는 제135조의 권리범위 확인심판을 청구하였을 때에는 청구항마다 취하할 수 있다(제161조 제2항). 이에 따라 취하하면 그 심판청구 또는 그 청구항에 대한 심판청구는 처음부터 없었던 것으로 본다(제161조 제3항).

II. 특허심판의 심판물

민사소송에서 소송의 객체를 소송물이라 하고 이때 소송물은 실체법상의 권리 또는 법률관계의 주장이다(실무). 민사소송의 소송물 이론을 특허심판에 적용한다면 심판의 대상을 심판물이라 할 수 있다. 심판물의 개념은 심판절차에서 청구변경인지 공격방법 변경인지, 동일심판이 중복으로 제기된 것인지, 제160조에 기한 심리 · 심결의 병합분리 대상, 심결의 효력범위, 심결취소소송의 소송물을 결정하는 기준 등을 결정하는

4) 상표법에 관한 대법원 2015. 10. 29. 선고 2014두2362 판결은 상표원부에 상표권자인 법인에 대한 청산종결등기가 되었음을 이유로 상표권의 말소등록이 이루어졌다고 해도 이는 상표권이 소멸하였음을 확인하는 사실적 · 확인적 행위에 지나지 않고 그 말소등록으로 비로소 상표권 소멸의 효력이 발생하는 것이 아니고 이러한 상표권의 말소등록은 국민의 권리의무에 직접적으로 영향을 미치는 행위가 아니어서 행정소송의 대상이 되지 않는다고 하였다. 이러한 판시 법리는 특허법에도 그대로 적용된다.

데 도움이 된다.

심판에 대한 불복절차인 심결취소소송의 소송물은 심결의 실체적, 절차적 위법 여부이므로 심결의 실질적 판단의 위법뿐 아니라 심판절차에서의 절차상 위법 등 위법성 일반이 소송물이고, 개개의 위법사유는 공격방어방법에 불과하다.[5)]

심판을 청구하는 자는 심판청구서를 특허심판원장에 제출하여야 하는데, 심판청구서에는 청구의 취지 및 그 이유 등을 기재하여야 한다(제140조 제1항, 제140조의2 제1항). 그런데 청구의 취지는 요지를 변경하지 않는 범위 내에서만 보정할 수 있으나 청구의 이유는 별다른 제한 없이 보정할 수 있는 점(제140조 제2항, 제140조의2 제2항), 당사자가 신청하지 아니한 청구의 취지에 대해서는 직권심리할 수 없으나 당사자가 신청하지 아니한 이유에 대해서는 직권심리할 수 있는 점(제159조 제2항), 심판청구는 상대방의 동의를 얻어 심결이 확정될 때까지 취하할 수 있는데 2 이상의 청구항에 대하여 무효심판 또는 권리범위확인심판을 청구한 때에는 청구항마다 취하할 수 있는 점(제161조 제2항) 등에 비추어 볼 때, 무효심판 등에서 심판물은 심판청구의 취지만으로 특정되고 심판청구의 이유에 기재된 개개의 무효나 취소사유는 공격방법에 불과하다.

특허무효심판의 경우 특허청구범위의 청구항이 둘 이상인 경우 청구항마다 무효심판을 청구할 수 있고(제133조 제1항), 둘 이상의 청구항에 대하여 무효심판을 청구한 때에는 청구항마다 취하할 수 있으므로(제161조 제2항) 청구항마다 별개의 심판물로 보아야 하고, 권리범위확인심판의 경우에도 같은 규정이 있으므로 마찬가지이다(제135조 제2항, 제161조 제2항).[6)] 그러나 거절결정불복심판에 관하여는 별도의 규정이 없을 뿐 아니라 특허청구범위 중 일부의 항에 거절이유가 있는 경우에는 전부를 거절하여야 한다는 판례[7)]의 태도에 비추어 보면, 출원발명 전체가 하나의 심판물이 되는 것이지 청구항마다 별개의 심판물이 된다고 할 수 없다.

---

5) 대법원 2004. 7. 22. 선고 2004후356 판결 등 참고.

6) 특허법 제215조(둘 이상의 청구항이 있는 특허 또는 특허권에 관한 특칙)는 "둘 이상의 청구항이 있는 특허 또는 특허권에 관하여 제65조 제6항, 제84조 제1항 제2호 · 제6호, 제85조 제1항 제1호(소멸의 경우만 해당한다), 제101조 제1항 제1호, 제104조 제1항 제1호 · 제3호 · 5호, 제119조 제1항, 제132조의13 제3항, 제133조 제2항 · 제3항, 제136조 제7항, 제139조 제1항, 제181조, 제182조 또는 실용신안법 제26조 제1항 제2호 · 제4호 · 제5호를 적용할 때에는 청구항마다 특허가 되거나 특허권이 있는 것으로 본다."라고 규정하고 있다.

7) 대법원 2001. 12. 24. 선고 99후2181 판결 등 참조.

서를 심판부에 제출하지 않는 이상 심판청구취하로 인하여 사건이 종료되지는 않지만, 당사자 간에 심판을 취하하기로 하는 합의를 함으로써 특별한 사정이 없는 한 심판을 계속 유지할 법률상의 이익이 소멸되고 이는 등록무효를 청구할 이해관계인의 지위가 상실되는 것으로 볼 수 있다.[19]

한편 이해관계의 사전포기 합의를 허용할 것인가의 문제가 있다. 사적자치의 원칙을 중요시한다면 이를 허용할 여지가 있겠지만 당사자들의 합의에 따라 특허권자의 위법행위를 조장할 우려가 있어 사안에 따라 이해관계의 사전포기 합의의 효력을 인정하기 어려운 경우도 있을 것이다.

이들 심판(소극적 권리범위확인심판 포함)의 피청구인은 특허권 등의 권리자이되, 적극적 권리범위확인심판의 경우는 확인대상발명을 실시하고 있는 자이다.

이해관계인의 지위에 있는지를 판단하는 기준시점은 원칙적으로 심결 시이다.[20]

따라서 무효심판청구 당시 이해관계가 있는 당사자라 하더라도 심판 계속 중에 당

---

19) 대법원 1989. 9. 12. 선고 88후1281 판결, 대법원 1997. 9. 5. 선고 96후1743 판결.

20) 대법원 1990. 10. 23. 선고 89후2151 판결, 대법원 2000. 1. 21. 선고 99후2198 판결, 대법원 2009. 9. 10. 선고 2007후4625 판결. 다만 대법원 2001. 6. 29. 선고 99후1331 판결은 무효심판 계속 중 합의와 관련하여 "원고와 피고 사이의 합의서에는 원고가 의장등록 제품을 제작한 것에 대하여 사과하고, 추후 의장등록 제품을 제작하지 않겠으며, 기존 의장등록 제품을 폐기하겠다는 내용만 포함되어 있을 뿐 이 사건 무효심판청구사건의 처리에 관하여는 아무런 기재가 없음을 알 수 있고, 여기에 위 합의의 내용과 합의에 이르기까지의 경위 등을 종합하여 보면, 위 합의는 원고가 자신이 제작하였던 물품이 피고의 이 사건 등록의장권의 권리범위에 속한다는 사실을 인정한 것일 뿐 이 사건 등록의장권의 효력에 대하여도 무효심판절차를 통하여 일체 다투지 않겠다는 취지까지 포함된 것으로 보기 어렵고, 비록 피고가 위 합의 당시 이 사건 무효심판의 청구사실을 몰랐다고 하더라도 그러한 사정만으로 위 합의의 내용에 무효심판청구의 취하도 포함된 것으로 보기 부족하며, 나아가 의장등록의 무효심판은 원래 등록되지 않았어야 할 의장을 무효화시키기 위한 것으로서 무효로 되어야 할 등록의장에 의하여 일반 수요자나 거래자가 부당한 피해를 보는 일이 없도록 하는 공익적 성격을 지닌 것이라는 점까지 고려하여 보면, 무효심판 계속 중에 그 심판에 관하여 다투지 않겠다는 명시적 약정도 없고, 무효심판까지 포함하여 합의하였다고 볼만한 특별한 사정이 있다고도 보이지 않는 이 사건에 있어서 원고와 피고 사이의 위와 같은 합의만으로는 이 사건 무효심판을 유지할 이해관계가 소멸하였다고 단정할 수 없다."라고 하였다.
대법원 2000. 11. 28. 선고 2000후754 판결은 특허권자가 침해자로부터 특허품목인 '발열조성체'를 생산 및 판매하지 않기로 하는 내용의 각서를 받고 형사고소를 취하한 경우에 그와 같은 각서를 작성하여 준 사실만으로는 특허발명의 적법성을 인정하여 특허발명의 등록무효를 구하는 심판청구권을 포기하는 등 특허발명의 효력을 법적으로 다투지 아니하기로 한 것으로 볼 수 없으므로, 피고가 무효심판을 청구할 이해관계인으로서의 지위를 상실하였다고 할 수 없다고 하였다. 대법원 2002. 4. 12. 선고 99후2846 판결도 등록고안의 침해가 되는 물건에 대하여 생산하지 않을 것을 약속한 서약서를 제출하였더라도 그 후의 사정을 고려하여 무효심판의 청구권까지 포기한 것으로 볼 수 없다고 하였다.

사자 간에 다투지 아니하기로 하는 합의가 있으면 이해관계인의 지위는 상실된다.[21)][22)] 역으로 심판청구 시에는 이해관계가 없었으나 심결 시까지 사이에 특허권에 의한 대항을 받아 이해관계가 발생한 경우에 심판청구는 적법하다.

2) 결정계 심판

당사자계 심판과 동일하게 결정계 심판을 청구하려는 자는 특허심판원장에게 제140조의2 제1항에서 정한 사항을 적은 심판청구서를 제출하여야 한다.

결정계 심판인 특허(실용신안등록)거절결정에 대한 심판(제132조의17, 실용신안법 제33조),[23)] 특허권(실용신안권)의 존속기간의 연장등록거절결정에 대한 심판(제132조의17, 실용신안법 제33조), 정정심판(제136조, 실용신안법 제33조) 등[24)]의 경우에는 거절결정을 받은 자 또는 그 승계인, 즉 출원인만이 심판청구를 할 수 있다.

결정계 심판은 당사자 대립구조가 아니어서 피심판청구인이 존재하지 않는다.

결정계 심판과는 다소 다르나 결정계 심판과 유사한 유형에 속하는 것으로 특허취소신청(제132조의2, 실용신안법 제30조의2)은 취소신청인이 특허심판원장에게 제132조의4 제1항에서 정한 사항을 적은 특허취소신청서를 제출하여야 한다.

특허취소신청에 대해서는 합의체가 심결이 아니라 결정을 하게 되므로 결정계 심판에 해당하지 않아서 특허취소신청 및 그에 대한 결정에 대하여는 본 장의 「제3절 특허거절결정 등에 대한 심판(제132조의17) · 특허취소신청에 대한 결정(제132조의2) II. 특허취소신청에 대한 결정(제132조의2 이하)」에서 별도로 설명한다.

---

21) 대법원 1990. 10. 23. 선고 89후2151 판결.

22) 대법원 2004. 7. 22. 선고 2002후1157 판결은 "원고와 피고는 2000. 10. 20. 특허심판원 2000당874 등록무효심판사건 및 특허심판원 2000당875 권리범위확인심판사건에 있어서 그 각 심결에 대한 취소소송의 제기를 포기하기로 하는 내용의 합의를 한 사실은 인정할 수 있으나, 위와 같은 합의 내용은 당시 계속 중인 심판사건을 더 이상 진행하지 않기로 한 것으로 해석될 뿐 원고가 향후 이 사건 등록의장의 효력에 관하여 일체 이의를 제기하거나 무효심판을 청구하지 않기로 합의한 것이라고는 해석되지 아니하므로, 그 합의로 인하여 원고가 이 사건 등록의장권에 대한 무효심판을 청구할 수 있는 이해관계가 소멸된 것이라고 할 수는 없다"는 취지의 원심판단을 수긍하였다.

23) 1999. 6. 30. 이전 및 2006. 10. 1. 이후의 실용신안등록출원에 한한다.

24) 결정계 심판으로 구 특허법에서 특허취소결정에 대한 심판과 보정각하결정에 대한 심판이 있었다. 구 특허법에 있던 특허이의신청에 따른 특허취소결정에 대한 심판제도(제132조의3)는 2006. 3. 3. 법률 제7871호로 개정된 특허법에서 특허이의신청제도를 특허무효심판제도로 통합함에 따라 폐지되었고, 구 특허법에 있던 보정각하결정에 대한 심판제도(제132조의4)는 2001. 2. 3. 법률 제6411호로 개정된 구 특허법에서 심사절차의 신속을 위해 폐지되면서 특허거절결정 불복심판절차에서 보정의 적법 여부를 다투도록 하였다.

나. 심판청구서 기재사항

1) 심판 유형에 따른 심판청구서 기재사항 일반

심판청구서의 기재사항은 법에 정해져 있는데 당사자계 심판, 결정계 심판에 따라 다소 차이가 있다.

특허무효심판 등의 당사자계 심판을 청구하려는 자는 ① 당사자의 성명 및 주소(법인인 경우에는 그 명칭 및 영업소의 소재지), ② 대리인이 있는 경우에는 그 대리인의 성명 및 주소나 영업소의 소재지[대리인이 특허법인·특허법인(유한)인 경우에는 그 명칭, 사무소의 소재지 및 지정된 변리사의 성명], ③ 심판사건의 표시, ④ 청구의 취지 및 그 이유를 적은 심판청구서를 심판원장에게 제출하여야 한다(제140조 제1항 제1호 내지 제4호).

제135조 제1항·제2항에 따른 권리범위확인심판을 청구할 때에는 특허발명과 대비할 수 있는 설명서 및 필요한 도면을 첨부하여야 한다(제140조 제3항).

제138조 제1항에 따른 통상실시권허락심판의 심판청구서에는 제140조 제1항 제1호 내지 제4호 외에 ⑤ 실시하려는 자기의 특허의 번호 및 명칭, ⑥ 실시되어야 할 타인의 특허발명·등록실용신안 또는 등록디자인의 번호·명칭 및 특허나 등록 연월일, ⑦ 특허발명·등록실용신안 또는 등록디자인의 통상실시권의 범위·기간 및 대가를 추가로 적어야 한다(제140조 제4항 제1호 내지 제3호).

한편 특허거절결정 등에 대해 불복하는 결정계 심판을 청구하려는 자는 ① 청구인의 성명 및 주소(법인인 경우에는 그 명칭 및 영업소의 소재지를 말한다), ② 청구인의 대리인이 있는 경우에는 그 대리인의 성명 및 주소나 영업소의 소재지[대리인이 특허법인·특허법인(유한)인 경우에는 그 명칭, 사무소의 소재지 및 지정된 변리사의 성명], ③ 출원일 및 출원번호, ④ 발명의 명칭, ⑤ 특허거절결정일, ⑥ 심판사건의 표시, ⑦ 청구의 취지 및 그 이유를 적은 심판청구서를 심판원장에게 제출하여야 한다(제140조의2 제1항 제1호 내지 제7호).

그리고 제136조 제1항에 따른 정정심판을 청구할 때에는 심판청구서에 정정한 명세서 또는 도면을 첨부하여야 한다(제140조 제5항).

2) 심판청구서 기재 주요 사항

심판청구서에 기재할 사항에서 당사자는 심판청구인 및 피심판청구인을 말하고, 심판사건의 표시는 심판사건의 종류와 연도별 일련번호를 말한다.

청구의 취지란 심판청구인이 특허청에 어떠한 심결을 구하는가를 특정하여 요구하는 것으로 심판을 통하여 구하는 권리보호의 형식과 법률효과를 기재한 심판의 결론 부분을 말하며, 청구의 이유란 청구의 취지를 이유 있게 하는 심판청구인의 주장사실과 이를 증명하기 위하여 제출한 증거를 말한다.

청구인의 대리인은 법정대리인 및 임의대리인을 말한다. 심판원장은 산업통상자원부령(특허심판원 국선대리인의 선임 및 운영에 관한 규칙 제2조)으로 정하는 요건을 갖춘 심판 당사자의 신청에 따라 대리인(이하 국선대리인이라 한다)을 선임하여 줄 수 있다. 다만, 심판청구가 이유 없음이 명백하거나 권리의 남용이라고 인정되는 경우에는 그러하지 아니하다(제139조의2 제1항). 국선대리인이 선임된 당사자에 대하여 심판절차와 관련된 수수료를 감면할 수 있다(제139조의2 제2항). 국선대리인의 신청절차 및 수수료 감면 등 국선대리인 운영에 필요한 사항은 산업통상자원부령으로 정한다(제139조의2 제3항). 이와 관련하여 「특허심판원 국선대리인의 선임 및 운영에 관한 규칙」이 시행되고 있다.

다. 무효심판청구에 관한 제척기간 규정의 삭제

과거 특허무효심판에 대하여는 심판청구에 관한 제척기간(권리 설정등록일로부터 5년을 경과한 후에는 심판청구를 할 수 없음)이 있었다.

특허무효심판청구에서 외국에서 반포된 간행물에 관한 제척기간에 대한 규정(구 특허법 제98조)은 1990. 1. 13. 법률 제4207호(시행일 1990. 9. 1.)로 개정된 특허법에서 삭제되었다. 실용신안등록무효심판청구에서 외국에서 반포된 간행물에 관한 제척기간에 대한 규정(구 실용신안법 제26조) 역시 1990. 1. 13. 법률 제4209호(시행일 1990. 9. 1.)로 개정된 실용신안법에서 삭제되었다.

각 위 법 시행 전에 한 특허출원, 실용신안등록출원에 의하여 권리설정된 특허, 실용신안등록에 관한 심판 · 항고심판 · 재심 및 소송은 종전의 규정에 의한다(1990. 1. 13. 개정된 특허법 및 실용신안법의 각 부칙 제4조).

[2] 심판청구서의 보정과 요지변경

제출된 심판청구서는 원칙적으로 요지를 변경하지 않는 한 보정할 수 있다(제140조 제2항 각 호 외의 부분 본문).

심판청구서의 요지란 심판의 당사자와 심판의 대상물을 의미하므로 심판청구사건의 당사자, 심판사건의 표시, 청구의 취지 부분과 동일성이 유지되는 범위 내를 말한다.

심판청구서의 요지변경이란 심판청구 사건의 당사자, 심판사건의 표시, 청구의 취지 부분의 동일성을 벗어나는 범위로 변경하는 것을 말한다.

심판청구 사건의 당사자, 심판사건의 표시, 청구의 취지 부분의 변경이 심판청구서 전체의 취지를 살펴보아 등록된 권리를 중심으로 그 동일성을 해하게 된다면 심판절차가 지연되고 피청구인의 방어권 행사를 어렵게 할 수 있으므로 이러한 경우 심판청구서의 요지변경에 해당되어 허용되지 않는다.[25)]

당사자계 심판에서 ① 당사자 중 특허권자의 기재를 바로잡기 위하여 보정(특허권자를 추가하는 것을 포함하되, 청구인이 특허권자인 경우에는 추가되는 특허권자의 동의가 있는 경우로 한정한다)하는 경우, ② 청구의 이유를 보정하는 경우, ③ 권리범위확인심판에서 심판청구서의 확인대상발명(청구인이 주장하는 피청구인의 발명을 말한다)의 설명서 또는 도면에 대하여 피청구인이 자신이 실제로 실시하고 있는 발명과 비교하여 다르다고 주장하는 경우에 청구인이 피청구인의 실시 발명과 동일하게 하기 위하여 심판청구서의 확인대상발명의 설명서 또는 도면을 보정하는 경우에는 요지를 변경할 수 있다(제140조 제2항).

결정계 심판에서도 ① 청구인의 기재를 바로잡기 위하여 보정(청구인을 추가하는 것을 포함하되, 그 청구인의 동의가 있는 경우로 한정한다)하는 경우, ② 청구의 이유를 보정하는 경우에는 요지를 변경할 수 있다(제140조의2 제2항).

당사자의 경우 결정계 심판에서 청구인(공동출원인, 공동권리자) 정정, 추가 또는 당사자계 심판에서 권리자 정정, 추가는 허용하나, 권리자에 해당하지 않는 청구인 및 적극적 권리범위확인심판의 피청구인 등의 보정의 경우에는 당사자의 동일성이 인정되는 경우에만 허용한다.

사건의 표시에서도 특허번호의 단순 오기 정정으로 심판청구 대상의 동일성을 유지하는 경우에만 변경을 허용한다.

청구의 취지라 함은 심판청구인이 특허청에 어떠한 심결을 구하는가를 특정하여

---

25) 당초 대법원 1991. 5. 28. 선고 90후854 판결은 “심판청구인들의 본래의 청구취지가 탁주용기, 즉 용기병과 마개의 제조를 내용으로 하는 고안전체의 권리범위확인을 구하는 것인데 이에 피심판청구인이 용기병만을 제조하였다는 전제하에 위 고안 중의 일부인 용기병이 등록실용신안의 권리범위에 속한다는 청구취지를 예비적으로 추가하는 것은 청구자체를 변경하는 것이 되어 부적법하다.”라고 하였다. 그런데 이러한 실무에 대해 심판처리 지연, 심판제도의 비효율적 운영을 지적받게 되자 2007. 1. 3. 법률 제8197호로 개정된 구 특허법 제140조 제2항에서, 원칙적으로 심판청구서의 보정은 그 요지를 변경할 수 없으나 청구의 이유를 보정하는 경우, 특허권자 또는 전용실시권자가 청구인으로서 청구한 권리범위확인심판에서 심판청구서의 확인대상발명(청구인이 주장하는 피청구인의 발명을 말한다)의 설명서 및 도면에 대하여 피청구인이 자신이 실제로 실시하고 있는 발명과 비교하여 다르다고 주장하는 경우에 청구인이 피청구인의 실시 발명과 동일하게 하기 위하여 심판청구서의 확인대상발명의 설명서 및 도면을 보정하는 경우에는 허용하도록 바꾸었고, 2009. 1. 30. 법률 제9381호로 개정된 구 특허법 제140조 제2항에서 심판청구서의 당사자 중 특허권자의 기재를 바로잡기 위하여 보정(추가하는 것을 포함한다)하는 경우를 신설하였다.

요구하는 것을 말하므로 이를 변경하게 되면 청구자체를 변경하는 것이 되어 허용될 수 없다.

심판청구서의 보정이 금지되는 요지변경에 해당하는지는 심판청구서의 전체 내용에 비추어 보정으로 인하여 심판청구서의 내용이 실질적으로 변경되어 제3자에게 예상할 수 없는 불이익을 줄 염려가 있는지를 기준으로 판단한다.

예를 들어 심판청구서의 청구의 취지의 명백한 오기를 청구의 이유와 일치하도록 보정하여 심판청구서의 청구취지에 어떤 실질적 변경을 초래하는 것이 아닌 경우,[26] 특허무효심판청구의 대상이 된 특허발명이 정정심판의 결과에 따라 정정되어 이를 반영하여 정정 후의 특허발명을 심판청구 대상으로 변경하는 경우, 여러 청구항 중 일부 청구항에 대한 청구를 취하하는 경우(다만 피청구인 답변이 있는 경우에 일부취하에 피청구인의 동의가 필요함), 보정의 정도가 청구인의 발명에 관하여 심판청구서에 첨부된 도면 및 설명서에 표현된 구조의 불명확한 부분을 구체화한 것이거나 처음부터 당연히 있어야 할 구성부분을 부가한 것에 지나지 아니하여 심판청구의 전체적 취지에 비추어 볼 때 그 발명의 동일성이 유지된다고 인정되는 경우에는 금지되는 요지의 변경에 해당하지 않으나,[27] 무효심판의 대상이 되는 특정 청구항 발명을 다른 청구항 발명 등으로 변경(추가 포함)하는 경우, 정정무효심판청구를 특허무효심판청구로 바꾸거나 특허무효심판을 권리범위확인심판으로 변경하는 보정은 모두 요지변경에 해당한다.

[3] 공동심판청구

공동심판이란 하나의 심판사건에 적어도 심판청구인 또는 피심판청구인이 둘 이상인 심판을 말한다.

동일한 특허권에 관하여 특허의 무효심판, 특허권 존속기간의 연장등록의 무효심판 또는 정정의 무효심판이나 권리범위확인심판을 청구하는 자가 2인 이상이면 모두가 공동으로 심판을 청구할 수 있다(제139조 제1항).

특허권 또는 특허를 받을 수 있는 권리의 공유자가 그 공유인 권리에 관하여 심판을 청구할 때에는 공유자 모두가 공동으로 청구하여야 한다(제139조 제3항).

이때 출원 시 특허청에 대해 공동출원에 대한 대표자 선정의 의사표시가 있었더라도 심판청구를 할 때에 대표자 선정서를 다시 제출할 필요가 있다.

공유인 특허권의 특허권자에 대하여 심판을 청구할 때에는 공유자 모두를 피청구

---

26) 대법원 1987. 1. 20. 선고 85후119 판결.

27) 대법원 2012. 5. 24. 선고 2012후344 판결, 대법원 2014. 2. 13. 선고 2012후610 판결.

인으로 하여야 한다(제139조 제2항).

제139조 제1항 또는 제3항에 따른 청구인이나 제2항에 따른 피청구인 중 1인에게 심판절차의 중단 또는 중지의 원인이 있을 경우에는 모두에게 그 효력이 발생한다(제139조 제4항).

관련하여 특허권의 공유와 심판 사이의 관계에 대하여는 「제9장 특허권의 이전·이용·소멸 제2절 특허권의 이전 II. 특허권의 공유 ③ 특허권의 공유와 심판, 심결취소소송 등의 ④ 특허권의 공유의 일부지분에 대한 무효심판청구 가부」에서 이미 설명하였으므로 중복을 피한다.

④ 참가[당사자계 심판, 특허취소신청(권리자)에 한함]

심판절차에서 참가란 이해관계가 있는 제3자가 자기의 법률상 이익을 위하여 그 심판의 한쪽 당사자를 돕기 위하여 심판계속 중(심리종결이 통지되기 전까지) 심판의 대상물에 대해 참가하여 심판절차를 수행하는 것을 말한다(제155조, 제132조의9, 실용신안법 제33조).

특허법은 심판단계에서는 당사자계 사건에서만 인정하고 그 외에 특허취소신청절차에서 참가를 인정한다.

심판절차에서 참가가 인정되는 것은 특허무효심판 등 당사자계 심판과 이들 심판의 확정심결에 대한 재심과 특허취소신청절차(권리자 측의 참가만 인정)이고, 제171조에서 거절결정에 대한 심판에는 참가에 관한 규정(제155조, 제156조)을 적용하지 않는 것으로 규정하고 있어 (특허취소신청절차를 제외한) 결정계 심판에서는 참가가 허용되지 아니한다. 다만 이때에도 특허출원에 관하여 누구든지 그 특허출원이 거절이유에 해당하여 특허될 수 없다는 취지의 정보를 증거와 함께 특허청장에게 제공(제3자 정보 제공)할 수 있다(제170조, 제63조의2).

참고로 (특허취소신청을 제외한) 결정계 사건은 심판단계에서는 참가할 수 없지만(제154조 참조) 심결취소소송에서는 특허법상의 참가규정이 적용되지 아니하고 민사소송법상의 참가제도에 관한 규정이 적용되므로 소송결과에 이해관계가 있는 제3자가 참가할 수 있다.

특허법에서 당사자계 심판의 참가에 대해 당사자참가와 보조참가를 규정하고 있다.

심판절차의 참가에는 제139조 제1항에 따라 심판을 청구할 수 있는 자가 심리 종결 때까지 참가하는 공동소송참가에 유사한 참가와 심판을 청구할 수 있는 당사자가 아니더라도 심판의 결과에 대하여 이해관계를 가진 자가 심리 종결 때까지 당사자의 어느 한쪽을 보조하기 위하여 그 심판에 참가하는 공동소송적 보조참가에 유사한 참가가 있다(제155조 제1항, 제3항).[28)]

당사자참가를 하기 위하여 참가인은 공동심판의 청구인이 될 수 있는 자, 즉 당사자적격을 가지는 자이어야 한다. 당사자 참가인은 당사자 적격이 있는 자이므로 그 지위, 권한은 다른 청구인의 지위, 권한과 같다. 특허청 실무는 당사자참가에서 참가인이 당사자적격을 가지되 공동으로 심판을 청구하는 대신 청구인으로 참가하는 점을 들어 청구 취지의 범위 내에서 피참가인의 행위와 모순되는 심판절차를 하는 것을 허용한다.[29)]

제139조(공동심판의 청구 등) 제1항에 따라 심판을 청구할 수 있는 자는 심리가 종결될 때까지 그 심판에 참가할 수 있다(제155조 제1항, 당사자참가). 이에 따른 참가인은 피참가인이 그 심판의 청구를 취하한 후에도 심판절차를 속행할 수 있고(제155조 제2항) 단독으로 불복할 수 있다.

한편, 특허취소신청에서 특허법은 특허권에 관하여 권리를 가진 자 또는 이해관계를 가진 자는 특허취소신청에 대한 결정이 있을 때까지 특허권자를 보조하기 위하여 그 심리에 참가할 수 있다(제132조의9 제1항)고 규정하므로 권리자 측에 한하여 보조참가가 허용되고 당사자참가는 허용되지 않으며 참가에 관하여는 심판에 관한 제155조 제4항 · 제5항 및 제156조를 준용한다(제132조의9 제2항).

심판의 결과에 대하여 이해관계를 가진 자는 심리가 종결될 때까지 당사자의 어느 한쪽을 보조하기 위하여 그 심판에 참가할 수 있고(제155조 제3항, 보조참가), 이에 따른 참가인은 모든 심판절차를 밟을 수 있다(제155조 제4항). 심결의 대세적 효력 등을 이유로 참가인이 피참가인의 행위와 저촉되는 행위도 허용된다. 이 경우 참가는 당사자 일방을 보조하기 위하여 참가한 것이므로 그 당사자가 심판을 취하한 때에는 당사자참가와 달리 그 심판을 속행할 수 없다.

심판사건에서 한쪽 당사자를 보조하기 위하여 보조참가를 하려면 심판의 결과에 대하여 이해관계가 있어야 한다.

여기서 심판의 결과란 심결의 결론인 주문에 나타난 판단을 말하고 심결의 이유에만 나타난 사실 판단은 포함하지 아니한다. 또한 여기서 이해관계란 사실상 · 경제상 또는 감정상의 이해관계가 아니라 법률상의 이해관계를 말하는 것으로, 그 심판의 효

28) 대법원 2013. 3. 28. 선고 2011후3094 판결은 공동소송적 보조참가는 그 성질상 필수적 공동소송 중에서는 이른바 유사필수적 공동소송에 준하는데, 유사필수적 공동소송에서는 원고들 중 일부가 소를 취하하는 경우에 다른 공동소송인의 동의를 받을 필요가 없다고 한다.

29) 심판편람 제5편 제6장 제4절 2.

력을 받는 경우 또는 적어도 그 심결을 전제로 하여 보조참가를 하려는 자의 법률상 지위가 결정되는 관계에 있는 것을 말한다.[30] 참가인이 이해관계가 있는지는 참가허부를 결정하는 시점을 기준으로 판단한다.

제155조 제1항 또는 제3항에 따른 참가인에게 심판절차의 중단 또는 중지의 원인이 있으면 그 중단 또는 중지는 피참가인에 대해서도 그 효력이 발생한다(제155조 제5항).

심판에 참가하려는 자는 참가신청서를 심판장에게 제출하여야 하고(제156조 제1항), 심판장은 참가신청을 받은 경우에는 참가신청서 부본을 당사자와 다른 참가인에게 송달하고 기간을 정하여 의견서를 제출할 수 있는 기회를 주어야 한다(제156조 제2항). 참가신청이 있는 경우에는 심판에 의하여 그 참가 여부를 결정하여야 하고, 이 결정은 서면으로 하여야 하며, 그 이유를 붙여야 한다(제156조 제3항, 제4항). 참가 여부 결정에 대해서는 불복할 수 없다(제156조 제5항). 이는 사건 처리가 지연되는 것을 막기 위함으로 참가신청이 거부된 자는 참가여부의 결정 자체에 관하여는 불복할 수 없으나 해당 심판의 심결에 대해 특허법원에 소를 제기할 수 있다.

참가는 참가 불허가 결정이 있는 때, 심결이 확정된 때, 참가신청이 취하된 때에 종료된다. 보조참가의 경우에는 피참가인이 심판청구를 취하한 경우에도 참가가 종료된다.

참가에 따른 심결의 효력은 참가인에게도 미친다.

II. 심리

1 본안전심리

가. 방식심리

심판원장(심판정책과)이 심판청구서를 수리한 때에는 심판부에 사건을 이관하거나 심판청구서가 법령에서 요구하는 형식적인 방식을 위반하였는지를 심리한다. 이를 방식심리라 부른다.

---

30) 대법원 1997. 3. 25. 선고 96후313, 320 판결은 상표관리인이란 재외자를 대리하는 포괄적인 대리권을 가지는 자로서 형식상은 임의대리인이지만 실질적으로는 법정대리인과 같은 기능을 하는 관계로 당사자 본인에 준하여 취급된다고 볼 수 있으므로, 재외자의 등록상표에 대한 상표등록무효심판에서 그 등록상표의 상표관리인이라는 사정만으로는 해당 소송의 결과에 제3자로서 법률상의 이해관계가 있다고 할 수 없어 그 재외자를 위한 보조참가를 할 수 없다고 한다.

심판원장은 심판번호를 부여하고 합의체를 구성할 심판관을 지정한 후 심판부에 사건을 이관한다.

심판원장이 심판합의체를 지정하기 이전 단계에서 심판청구서가 방식에 위반되었음을 이유로 심판원장이 보정을 명할 수 있다. 심판원장은 제46조에 따른 보정명령을 받은 자가 지정된 기간에 그 보정을 하지 아니하면 특허에 관한 절차를 무효로 할 수 있다. 다만, 제82조 제2항에 따른 심사청구료를 내지 아니하여 보정명령을 받은 자가 지정된 기간에 그 심사청구료를 내지 아니하면 특허출원서에 첨부한 명세서에 관한 보정을 무효로 할 수 있다(제16조 제1항). 심판원장이 이에 따라 특허에 관한 절차를 무효로 하였더라도 지정된 기간을 지키지 못한 것이 정당한 사유[31]에 의한 것으로 인정될 때에는 그 사유가 소멸한 날부터 2개월 이내에 보정명령을 받은 자의 청구에 의하여 그 무효처분을 취소할 수 있다. 다만, 지정된 기간의 만료일부터 1년이 지났을 경우에는 그러하지 아니하다(제16조 제2항).

심판원장은 제16조 제1항 본문 · 단서에 따른 무효처분 또는 제2항 본문에 따른 무효처분의 취소처분을 할 때에는 그 보정명령을 받은 자에게 처분통지서를 송달하여야 한다(제16조 제3항).

지정된 합의체의 심판장은 심판청구서 및 심판에 관한 절차가 법령에서 요구하는 형식적인 방식을 위반하였는지를 심리한다.

방식심리의 대상은 행위능력이나 대리권 유무에 관한 사항, 법령에서 정한 방식에 위반된 사항, 수수료의 납부 유무에 관한 사항 등이다.

즉, 심판장은 심판청구서가 제140조 제1항 및 제3항부터 제5항까지 또는 제140조의2 제1항을 위반하거나(제1호), 심판에 관한 절차가 제3조 제1항 또는 제6조를 위반한 경우(제2호 가목), 제82조에 따라 내야 할 수수료를 내지 아니한 경우(제2호 나목), 특허법 또는 특허법에 따른 명령으로 정하는 방식을 위반한 경우(제2호 다목)의 어느 하나에 해당하는 경우에는 기간을 정하여 그 보정을 명하여야 한다(제141조 제1항 본문). 이에 따른 보정명령을 받은 자가 지정된 기간에 보정을 하지 아니하거나 보정한 사항이 제140조 제2항 또는 제140조의2 제2항을 위반한 경우에 심판장은 심판청구서 또는 해당 절차와 관련된 청구 등을 결정으로 각하하여야 하며(제141조 제2항), 이 결정은 서면으로 하여야 하고 그 이유를 붙여야 한다(제141조 제3항).

다만 심판장은 보정할 사항이 경미하고 명확한 경우에는 직권으로 보정할 수 있다(제141조 제1항 단서). 심판장은 제141조 제1항 단서에 따라 직권보정을 하려면 그 직

---

31) 2021. 10. 19. 법률 제18505호로 개정된 특허법에서 종전의 '책임질 수 없는 사유'가 '정당한 사유'로 변경되었다.

권보정 사항을 청구인에게 통지하여야 하고(제141조 제4항), 청구인은 제141조 제1항 단서에 따른 직권보정 사항을 받아들일 수 없으면 직권보정 사항의 통지를 받은 날부터 7일 이내에 그 직권보정 사항에 대한 의견서를 심판장에게 제출하여야 한다(제141조 제5항). 청구인이 제141조 제5항에 따라 의견서를 제출한 경우에는 해당 직권보정 사항은 처음부터 없었던 것으로 보고(제141조 제6항), 제141조 제1항 단서에 따른 직권보정이 명백히 잘못된 경우에도 그 직권보정은 처음부터 없었던 것으로 본다(제141조 제7항).[32)]

심판장은 심판이 청구된 사실을 특허권에 관한 등록권리를 가지는 자에게 통지한다.

심판청구서 이외의 제출서류가 본질적인 요건을 갖추지 못하여 법적 효과를 인정할 수 없는 흠결이 있고 보정으로 그 흠결을 치유할 수 없는 경우에는 해당 서류를 반려하는 것이 원칙이다.

나. 적법성심리

심판합의체는 심판청구요건 등 심판청구 자체의 적법성 여부를 심리한다. 이를 적법성심리라 부른다.

심판청구가 부적법해지는 경우를 정리하면, ① 특허심판사항이 아닌 심판청구, ② 실존하지 않는 자를 당사자로 하는 심판청구, ③ 당사자능력이 없는 자의 심판청구, ④ 당사자적격이 없는 자의 심판청구, 즉 공유자 중의 일부만을 심판의 당사자로 하거나 이해관계 없는 자가 한 심판청구, ⑤ 일사부재리에 위반된 경우, ⑥ 특허심판원에 이미 계속 중인 사건에 대한 동일한 심판청구(민사소송법 제259조 준용), ⑦ 심판을 청구할 때에는 적법한 심판청구였으나 심판청구 후 대상출원이 취하·포기 등으로 심판대상물이 소멸한 경우,[33)] ⑧ 심판청구기간 경과 후의 심판청구, ⑨ 심결확정 전에 재심청구되거나, 재심사유가 아닌 것을 이유로 재심청구한 경우, ⑩ 제척·기피 결정에 대한 불복, ⑪ 기타 부적법한 심판청구로 그 흠결을 보정할 수 없는 경우 등이다.

당사자계 심판에서 심판장은 청구서 부본을 피청구인에게 송달하고 기간을 정하여

---

32) 심판청구 보정 사항이 경미하고 명확한 경우에 심판장이 직권으로 보정할 수 있도록 하는 규정 등은 2023. 9. 14. 법률 제19714호로 개정된 특허법에서 신설(시행일 2024. 3. 15.)되었다.

33) 대법원 1989. 9. 12. 선고 88후1281 판결, 대법원 1997. 9. 5. 선고 96후1743 판결은 당사자 간에 심판청구를 취하하기로 한다는 내용의 합의가 이루어졌다면 그 취하서를 심판부에 제출하지 않는 이상 심판청구취하로 인하여 사건이 종료되지는 아니하나 당사자 간에 심판을 취하하기로 하는 합의를 함으로써 특별한 사정이 없는 한 심판을 계속 유지할 법률상의 이익이 없고 이는 합의 당사자의 지위를 승계한 피심판청구인에 대하여도 같다고 하였다. 심결취소소송을 제기한 이후에 소를 취하하기로 하는 합의가 이루어진 경우에도 소송을 계속 유지할 법률상의 이익이 소멸되는 것은 마찬가지이다.

답변서를 제출할 수 있는 기회를 주어야 하고 피청구인으로부터 제출된 답변서를 수리한 때에는 그 부본을 청구인에게 송달하여야 한다(제147조 제1항, 제2항). 심판장은 심판에 관하여 당사자를 심문할 수 있다(제147조 제3항).

부적법한 심판청구로서 그 흠을 보정할 수 없을 때에는 피청구인에게 답변서 제출의 기회를 주지 아니하고 심결로써 그 청구를 각하할 수 있다(제142조).

심판은 심판청구의 이익이 있어야 한다. 실질적인 법률분쟁을 전제로 심판절차가 이루어지므로 분쟁이 법률관계에 관한 사항이 아니거나 심판청구의 장애사유가 있는 경우나 심결을 받아도 분쟁 해결과 무관한 경우에는 심판청구로 다툴 실익이 없다. 이는 심결취소의 소를 제기하는 때도 마찬가지이다.

현행 특허법 하에서는 특허심판원의 심결과 법원의 심결취소소송 사이에 소송법상 심급의 연결이 없다. 따라서 심판을 청구할 이익과 심결취소소송을 제기할 이익은 구별되므로 심판청구의 이익이 흠결된 경우에는 심판청구가 각하되어야 하고, 심결취소소송의 이익이 흠결된 경우에는 소가 각하되어야 한다.

심판에서 심판청구의 이익은 대체로 특허권의 소멸 등에 직접적이고 현실적인 이해관계가 있는지, 즉 이해관계인의 지위에 있는지와 연결되어 있다. 이해관계인에 해당하는지나 확인의 이익 유무는 직권조사사항이므로 당사자의 주장 여부에 관계없이 특허심판원이 직권으로 판단한다.

당사자 간에 심판청구를 취하하기로 한다는 내용의 합의가 이루어졌다면 그 취하서를 심판부에 제출하지 않는 이상 심판청구취하로 인하여 사건이 종료되지는 아니하나 당사자 간에 심판을 취하하기로 하는 합의를 함으로써 특별한 사정이 없는 한 심판을 계속 유지할 법률상의 이익이 소멸된다.[34)]

---

34) 대법원 1989. 9. 12. 선고 88후1281 판결, 대법원 1997. 9. 5. 선고 96후1743 판결. 한편 기망에 의하여 심판청구 취하서를 제출하게 되었다는 주장에 관하여, 대법원 1970. 6. 30. 선고 70후7 판결은 "민법상의 법률행위에 관한 규정은 민사소송법상의 소송행위에는 특별한 규정 기타 특별한 사정이 없는 한 적용될 수 없다고 볼 것이요 민사소송에 있어 소 또는 항소를 취하하는 소송행위가 정당한 당사자에 의하여 이루어진 것이 사실인 이상에는 그 소 또는 항소를 취하함에 있어서 타인으로부터 기망을 당하였다던가 또는 법률행위의 내용의 중요한 부분에 착오가 있다하여 민법 제109조 또는 제110조에 의하여 위 소송행위를 취하할 수는 없는 것이라 함이 본원의 판례(대법원 1964. 9. 15. 선고 64다92 판결)이므로 민사소송법의 규정을 준용하는 이 사건 항고심판청구의 취하에 있어 소론과 같이 ○○○○○공업주식회사 대표이사(상대방인 피심판청구인 회사의 대표이사도 아니다)의 기망에 의하여 취하서가 제출되었다하여 심판청구인에 의하여 이루어진 취하를 취소할 수 없다 할 것이고 또 ○○○○○공업주식회사 대표이사의 소론과 같은 기망으로 항고심판을 취하하게 한 행위가 형사상 벌할 사기죄를 구성한다고도 보기 어려운 것이니 원심결에 법령해석과 적용의 위법 있다 할 수 없다."라고 판시하였다.

또한 특허권의 권리범위확인심판의 청구는 현존하는 특허권의 범위를 확정하려는 데에 그 목적이 있으므로, 일단 적법하게 발생한 특허권이라 할지라도 그 특허권이 소멸된 이후에는 그에 대한 권리범위확인을 구할 이익은 없어진다.[35]

특허권의 존속기간이 경과한 후라도 존속기간 동안의 특허권 침해에 따른 손해배상 문제가 남아 있는 등의 사정이 있기 때문에 무효심결을 구할 이익이 인정된다.[36]

심판청구 이익을 판단하는 기준시점은 원칙적으로 심결 시이다.

따라서 무효심판청구 당시 이해관계가 있는 당사자라 하더라도 심판 계속 중에 당사자 간에 다투지 아니하기로 하는 합의가 있으면 이해관계는 소멸되어 심판청구 이익도 없어진다.[37] 그러나 예를 들어 권리범위확인심결에 대한 심결취소소송이 상고심에 계속 중에 그와 별도의 절차에서 특허를 무효로 하는 심결이 확정된 경우에는 그 특허권은 처음부터 없었던 것으로 보게 되어 권리범위확인심판을 청구할 이익이 사라지고 그와 함께 소의 이익도 소멸하므로 이러한 경우에는 예외적으로 상고심 종결 시가 판단 기준 시이다.[38]

2 본안심리

가. 구술심리와 서면심리

심판은 구술심리 또는 서면심리로 한다. 다만, 당사자가 구술심리를 신청하였을 때에는 서면심리만으로 결정할 수 있다고 인정되는 경우 외에는 구술심리를 하여야 한다(제154조 제1항). 구술심리는 공개하여야 하되, 공공의 질서 또는 선량한 풍속을 어지럽힐 우려가 있는 경우에는 그러하지 아니하다(제154조 제3항).

심판장은 구술심리에 따라 심판을 할 경우에는 그 기일 및 장소를 정하고 그 취지를 적은 서면을 당사자 및 참가인에게 송달하여야 한다. 다만, 해당 사건의 이전 심리에 출석한 당사자 및 참가인에게 알렸을 때에는 그러하지 아니하다(제154조 제4항).

심판장은 구술심리에 따라 심판을 할 경우에 구술심리 중 심판정 내의 질서를 유지하고(제154조 제9항), 심판원장이 지정한 직원에게 기일마다 심리의 요지와 그 밖에 필요한 사항을 적은 조서를 작성하게 하여야 하며(제154조 제5항), 이에 따른 조서에는 심판의 심판장 및 조서를 작성한 직원이 기명날인하여야 한다(제154조 제6항). 이 조서

35) 대법원 1970. 3. 10. 선고 68후21 판결, 대법원 2006. 2. 9. 선고 2003후2690 판결.
36) 대법원 1980. 9. 9. 선고 79후96 판결.
37) 대법원 1990. 10. 23. 선고 89후2151 판결.
38) 대법원 2006. 2. 10. 선고 2004후103 판결, 대법원 2010. 7. 22. 선고 2010후982 판결.

에 관하여는 민사소송법 제153조, 제154조 및 제156조부터 제160조까지의 규정을 준용한다(제154조 제7항).

심판장은 산업에 미치는 영향 등을 고려하여 사건 심리에 필요하다고 인정되는 경우 공공단체, 그 밖의 참고인에게 심판사건에 관한 의견서를 제출하게 할 수 있고(제154조의3 제1항), 국가기관과 지방자치단체는 공익과 관련된 사항에 관하여 특허심판원에 심판사건에 관한 의견서를 제출할 수 있다(제154조의3 제2항).

심판장은 제154조의3 제1항 또는 제2항에 따라 참고인이 제출한 의견서에 대하여 당사자에게 구술 또는 서면에 의한 의견진술의 기회를 주어야 한다(제154조의3 제3항). 제154조의3 제1항 또는 제2항에 따른 참고인의 선정 및 비용, 준수사항 등 참고인 의견서 제출에 필요한 사항은 산업통상자원부령[39]으로 정한다(제154조의3 제4항).[40]

심판에 관하여는 민사소송법 제143조, 제259조, 제299조 및 제367조를 준용하고(제154조 제8항), 심판절차에서의 주장이나 증거의 제출에 관하여는 민사소송법 제146조(적시제출주의), 제147조(제출기한의 제한) 및 제149조(실기한 공격 · 방어방법의 각하)를 준용한다(제158조의2).

나. 직권심리

심판에 따른 심결은 특허권이라는 대세적인 성격의 권리에 대해 효력이 있어 심판절차의 진행을 당사자에게 맡기는 당사자주의가 아니라 심판절차의 진행을 심판관에게 인정하는 직권주의가 적용되고 있다.[41]

직권심리는 심판절차의 진행에 관한 주도권을 당사자가 아닌 심판관에게 인정하여 당사자 또는 참가인이 법정기간 또는 지정기간에 절차를 밟지 아니하거나 제154조 제4항에 따른 기일에 출석하지 아니하여도 심판장이 심판을 진행할 수 있는(제158조 관련) 직권진행주의와 심리에서 당사자의 주장사실에 구속되지 아니하고 필요한 사실을 직권으로 증거조사나 증거보전을 할 수 있도록 하고(제157조 제1항), 당사자 또는 참가인이 신청하지 아니한 이유에 대해서도 심리할 수 있고 이 경우 당사자 및 참가인에게

---

39) 법 시행규칙 제64조의2부터 제64조의4까지의 규정이다.

40) 제154조의3은 2023. 9. 14. 법률 제19714호로 개정된 특허법에서 신설되었고 시행일은 2024. 3. 15.이되 위 개정법 시행 당시 특허심판원에 계속 중인 심판사건에 대해서도 적용된다(부칙 제2조).

41) 대법원 2007. 7. 26. 선고 2005후2571 판결은 일방 당사자의 대리인으로 특허법인이 선임되고 상대방의 대리인인 변리사가 그 특허법인의 구성원 내지 소속변리사인 경우 이는 구 변리사법 제7조("변리사는 상대방의 대리인으로서 취급한 사건에 대하여는 그 업무를 행하지 못한다.")에 위반되는 행위이지만 심판절차에는 직권심리주의가 적용되어 심판대리행위에 관한 절차상의 잘못이 심결을 취소하여야 할 중대한 잘못은 아니라고 하였다.

기간을 정하여 그 이유에 대하여 의견을 진술할 수 있는 기회를 주도록 하는(제159조 제1항) 직권탐지주의를 그 내용으로 한다.

심판관이 직권으로 심리할 수 있는 것은 심판청구의 이유 및 증거 등에 관한 것으로 한정되고 심판관은 청구인이 신청하지 아니한 청구의 취지에 대해서는 심리할 수 없다(제159조 제2항).

직권진행주의에 따라 심판장은 당사자 또는 참가인이 법정기간 또는 지정기간 내에 절차를 밟지 아니하거나 제154조 제4항에 따른 기일에 출석하지 아니하여도 심판을 진행할 수 있다(제158조).

직권탐지주의에 따라 심판관은 당사자 또는 참가인이 신청하지 아니한 이유에 대해서도 심리할 수 있다.[42] 이 경우 당사자와 참가인에게 기간을 정하여 그 이유에 대하여 의견을 진술할 수 있는 기회를 주어야 한다(제159조 제1항).[43]

제159조 제1항의 규정은 심판의 적정을 기하여 심판제도의 신용을 유지하기 위하여 준수하지 않으면 안 된다는 공익상의 요구에 기인하는 이른바 강행규정이므로, 특허심판원이 직권으로 심리한 이유에 대하여 당사자 또는 참가인에게 의견진술의 기회를 주지 않은 채 이루어진 심결은 원칙적으로 위법하여 유지될 수 없지만, 형식적으로는 이러한 의견진술의 기회가 주어지지 아니하였어도 실질적으로는 이러한 기회가 주어졌다고 볼 수 있을 만한 특별한 사정이 있는 경우에는 심판절차에서의 직권심리에 관한 절차위반의 위법이 없다고 본다.[44]

한편 직권주의에 따라 심판절차에서 주장·증거 제출이 지연되고 분쟁이 장기화되는 불편이 발생할 수 있어 주장·증거의 제출 시기를 제한하는 등 민사소송법의 적시제출주의 관련 규정들을 준용하는 규정을 두었다(제158조의2).

심판관은 당사자, 참가인 또는 이해관계인의 신청에 의하여 또는 직권으로 증거조사나 증거보전을 할 수 있고(제157조 제1항), 이러한 경우 증거조사 및 증거보전에 관하여는 민사소송법 중 증거조사 및 증거보전에 관한 규정을 준용한다. 다만, 심판관은 과

---

42) 대법원 1993. 1. 19. 선고 92후599 판결은 이 규정은 공익적인 견지에서 필요한 경우에 당사자가 주장하지 아니한 사실에 관하여도 직권으로 심리하여 판단할 수 있다는 것이지, 심판관이 이를 적극적으로 탐지할 의무가 있다는 취지는 아니며, 더욱이 당사자가 심판으로 청구하지 아니한 사항에 관하여는 판단할 수 없다고 한다.

43) 대법원 2006. 2. 9. 선고 2003후1994 판결은 특허법 제159조 제1항과 관련하여, "특허취소결정에 대한 심판에서 당사자가 신청하지 아니한 이유에 대하여 심리하는 경우에 해당하여 당사자에게 의견을 진술할 기회를 주어야 하는지의 여부는 특허이의신청인의 신청이유 및 제시 증거, 이에 대한 특허권자의 답변내용, 특허취소결정의 이유, 심판청구인의 청구이유 및 제시 증거, 심사 또는 심판에서의 당사자의 주장내용 등을 종합하여 판단하여야 한다."라고 하였다.

44) 대법원 2006. 6. 27. 선고 2004후387 판결.

태료를 결정하거나 구인(拘引)을 명하거나 보증금을 공탁하게 하지 못한다(제157조 제2항). 여기서 신청에 의하여 또는 직권으로 증거조사를 할 수 있다는 것은 심판의 필요에 따라 당사자의 신청이 없는 경우라도 직권으로 증거조사를 할 수 있음을 규정한 것일 뿐, 모든 경우에 반드시 직권에 의하여 증거조사를 하여야 한다는 취지는 아니다.

이때 증거보전 신청은 심판청구 전에는 심판원장에게 하고, 심판계속 중에는 그 사건의 심판장에게 하여야 한다(제157조 제3항). 심판원장은 심판청구 전에 증거보전 신청이 있으면 그 신청에 관여할 심판관을 지정한다(제157조 제4항).

심판장은 직권으로 증거조사나 증거보전을 하였을 때에는 그 결과를 당사자, 참가인 또는 이해관계인에게 송달하고 기간을 정하여 의견서를 제출할 수 있는 기회를 주어야 한다(제157조 제5항). 직권주의로 인해 당사자의 일방이 상대방의 주장을 인정하였다고 하여 그것만으로 심결에 영향을 주는 것은 아니다.

심판장은 심판에서 필요하면 직권 또는 당사자의 신청에 따라 그 심판사건과 관련되는 특허취소신청에 대한 결정 또는 다른 심판의 심결이 확정되거나 소송절차가 완결될 때까지 그 절차를 중지할 수 있다(제164조 제1항).

이는 임의규정이고 소송절차중지의 결정을 할 것인지는 법원이 합리적인 재량에 따라 직권으로 정하는 것으로서 그 소송절차를 중지한다는 결정에 대하여는 당사자가 항고(또는 재항고)로 불복할 수 없다.[45)]

심판원장은 특허권 또는 전용실시권의 침해에 관한 소에 대응하여 그 특허권에 관한 무효심판 등이 청구된 경우에는 그 취지를 그 소가 제기된 법원에 통보하여야 한다. 그 심판청구서의 각하결정, 심결 또는 청구의 취하가 있는 경우에도 또한 같다(제164조 제4항).

심판장은 직권에 따른 결정으로 전문심리위원을 지정하여 심판절차에 참여하게 할 수 있다(제154조의2 제1항).

이에 따라 심판장이 전문심리위원을 심판절차에 참여시키는 경우 당사자의 의견을 들어 각 사건마다 1명 이상의 전문심리위원을 지정하여야 하고(제154조의2 제2항), 전문심리위원에 관하여는 민사소송법 제164조의2(전문심리위원의 참여) 제2항부터 제4항까지 및 제164조의3(전문심리위원 참여결정의 취소)을 준용한다. 이 경우 "법원"은 "심판장"으로 본다(제154조의2 제5항). 전문심리위원의 제척 및 기피에 관하여는 제148조부터 제152조까지의 규정을 준용한다. 이 경우 "심판관"은 "전문심리위원"으로 본다(제154조의2 제6항).

45) 대법원 1992. 1. 15. 자 91마612 결정.

다. 심사규정의 특허거절결정에 대한 심판에 관한 준용 규정 및 특허거절결정에 대한 심판의 특칙

특허거절결정에 대한 심판에 직권탐지주의가 적용되어 심판관은 심사단계에서 거론되지 아니한 이유를 비롯하여 심판단계에서 등록의 가부에 대해서까지 스스로 판단하여 등록결정을 할 수도 있어 심사관련 규정이 특허거절결정에 대한 심판에 준용된다.

특허거절결정에 대한 심판에 관하여는 제47조(특허출원의 보정) 제1항 제1호, 제2호 및 제4호, 제51조(보정각하), 제63조(거절이유통지), 제63조의2(특허출원에 대한 정보제공), 제66조(특허결정)를 준용한다. 이 경우 제51조 제1항 본문 중 "제47조 제1항 제2호 및 제3호에 따른 보정"은 "제47조 제1항 제2호에 따른 보정(제132조의17의 특허거절결정에 대한 심판청구 전에 한 것은 제외한다)"으로, 제63조의2 본문 중 "특허청장"은 "특허심판원장"으로 본다(제170조 제1항). 제170조 제1항에 따라 준용되는 제63조는 특허거절결정의 이유와 다른 거절이유를 발견한 경우에만 적용한다(제170조 제2항).

특허거절결정 또는 특허권의 존속기간의 연장등록거절결정에 대한 심판에는 제147조(답변서 제출 등) 제1항·제2항, 제155조(참가) 및 제156조(참가의 신청 및 결정)를 적용하지 아니한다.

라. 심리의 병합과 분리

심판관 합의체는 당사자 양쪽 또는 어느 한쪽이 같은 둘 이상의 심판에 대하여 심리 또는 심결을 병합하거나 분리할 수 있다(제160조).

심리병합이란 둘 이상의 심판사건을 동일한 심판절차에서 심리하는 것을 말하고 심리분리는 둘 이상의 심판사건을 동일한 심판절차에 의해 심리하기 위하여 병합한 것을 분리하는 것을 말한다.[46)]

동일한 권리에 대하여 다수의 무효심판이 제기되거나 동일한 증거조사가 필요한 경우에 심리병합을 하면 절차를 효율적으로 진행할 수 있고 저촉되는 심결을 피할 수 있으며, 일단 심리병합을 하였으나 동일한 절차로 심판할 필요가 적고 심리가 지연되는 경우에 심리를 분리할 필요가 있다.

심리를 병합한 심판사건은 동시에 동일한 심결문으로 병합된 수만큼의 사건을 심결하게 되고, 심리를 분리한 심판사건은 별개의 독립된 심리절차로 진행하고 심결도 별개로 된다.

심리병합 사건의 심결에 불복한 경우에 불복이 있는 당사자가 그 심결에 대하여

46) 심판편람 제7편 제2장 2.는 "심리분리가 가능한 경우는 심리를 병합한 경우로 한정된다."라고 한다.

상고를 제기하면 위 심결에 병합된 사건 모두에 대하여 상고의 효력이 모두 발생한다. 즉 병합된 각개의 사건을 풀어 각 사건마다 따로 상고할 수 없어 병합된 하나의 심결에 대하여 수 개의 상고가 있으면 그중 후에 접수된 상고장은 중복된 상고로서 부적법하고, 만일 수 개의 상고장이 동시에 접수된 경우에는 그 여러 상고장을 하나의 상고로 보아 그 이유에 기재된 각 불복사유가 상고심의 심판대상으로 된다.[47]

마. 우선심판[48]

심판은 청구일 순으로 심리하는 것을 원칙으로 하나, 긴급히 처리하여야 할 필요가 있다고 인정되는 경우에는 다른 사건에 우선하여 심판할 수 있다(심판사무취급규정 제31조 제1항).

통상 우선심판결정일부터 4개월 이내의 심판처리가 이루어지되 해당 심판사건이 성숙되지 아니하여 그 기간 내에 처리할 수 없는 경우에는 최종의견서 접수일로부터 2.5개월 내에 처리한다.

직권에 의한 우선심판 대상은 심결취소소송에서 취소된 사건, 심사관이 무효심판을 청구한 사건, 종전에 거절결정불복심판이 있었던 출원에 대하여 취소심결 후 다시 청구된 거절결정불복심판사건, 우선심사한 출원에 대한 거절결정불복심판, 특허출원일(실용신안등록출원일)부터 3년 6개월과 출원심사 청구일부터 2년 6개월 중 늦은 날을 경과(다만 법 시행령 제7조의2 및 법 규칙 제54조의5에 따른 출원으로 지연된 기간은 제외한다)한 거절결정불복심판사건으로서 특허분류가 A61K 또는 C07K에 해당하는 사건[다만 A61K 6(치과용제제) 및 A61K 8(화장품 제제)는 제외한다]이다.

또한 신청에 의한 우선심판 대상은 지식재산권 분쟁으로 사회적인 관심을 불러일으키는 사건, 국제간 지식재산권 분쟁 사건, 국민경제상 긴급한 처리가 필요한 사건 및 군수품 등 전쟁수행에 필요한 심판사건, 발명(고안)의 명칭만 정정하는 정정심판, 침해분쟁의 사전 또는 예방단계에 활용하기 위하여 경고장 등으로 소명한 권리범위확인심판, 무효심판 또는 취소심판, 약사법 제50조의2 또는 제50조의3에 따라 특허목록에 등재된 특허권(일부 청구항만 등재된 경우에는 등재된 청구항에 한정한다)에 대한 심판사건(다만 약사법 제32조 또는 제42조에 따른 재심사기간의 만료일이 우선심판 신청일부터 1년 이후인 의약품과 관련된 특허권에 대한 심판사건은 제외), 소재 · 부품 · 장비산업 경쟁력강화를 위한 특별조치법에 제13조에 따른 특화선도기업, 제14조에 따른 전문기업, 제15조에 따른 강소기업 및 창업기업으로 선정 또는 확인받은 기업이 당사자인 권리범위확인

---

47) 대법원 1985. 7. 23. 선고 85후2, 3, 7 판결.
48) 심판편람 제7편 제4장 참조.

심판 또는 무효심판 등이다.

바. 신속심판[49)]

당사자계 심판 중 침해소송 관련 사건과 신속심판신청서가 제출된 사건 등은 우선심판 사건보다 신속하게 심판할 수 있다. 다만 우선심판의 절차가 이미 진행된 사건은 우선심판 처리절차에 따라 심판한다(심판사무취급규정 제31조의2).

당사자계 사건 중 침해소송 관련사건 신속심판신청서가 제출된 사건에 대하여는 답변서 제출기간 만료일(정정청구가 있는 경우는 정정청구에 대한 무효심판청구인의 의견서 제출기간 만료일)로부터 1개월 이내에 구술심리를 개최하고, 구술심리 개최일(구술심리를 속행하는 경우에는 최후 구술심리 개최일)부터 14일 이내에 심결한다. 당사자가 심판사건과 관련된 모든 주장 및 증거를 구술심리 기일까지 제출한다면, 구술심리를 개최할 필요가 없다고 인정되는 사건은 신속심판결정일 또는 새로운 증거(주장)가 제출된 경우 양 당사자의 의견서 제출기간 만료일 중 늦은 날부터 2.5개월 또는 최초 답변서 제출일로부터 1.5개월 이내에 심결한다.

직권에 의한 신속심판 대상은 제164조 제3항, 실용신안법 제33조에 따라 법원이 통보한 침해소송사건 또는 무역위원회가 통보한 불공정무역행위조사사건과 관련된 사건으로서 심리종결되지 아니한 권리범위확인심판, 무효심판, 취소심판, 정정심판(다만, 법원 등에서의 관련 사건과 당사자가 동일하지 않은 권리범위확인심판, 2심까지 침해소송이 종결된 사건과 관련된 심판은 제외), 검찰에 입건된 사건과 관련된 심판으로서 심판장이 필요하다고 인정한 사건, 특허법원이 무효심판의 심결취소소송에 대한 변론을 종결하기 전에 권리자가 해당 소송대상 등록권리에 대하여 최초로 청구한 정정심판으로서 심판장이 필요하다고 인정한 사건이다.

또한 신청에 의한 신속심판 대상은 지식재산권 침해분쟁으로 법원에 계류 중이거나(침해금지가처분신청 포함) 경찰 또는 검찰에 입건된 사건과 관련된 권리범위확인심판, 무효심판, 정정심판, 취소심판(다만, 법원 등에서의 관련 사건과 당사자가 동일하지 않은 권리범위확인심판, 2심까지 침해소송이 종결된 사건과 관련된 심판은 제외), 당사자 일방이 상대방의 동의를 얻어 답변서 제출기간 내에 신청한 사건, 특허법원이 무효심판의 심결취소소송에 대한 변론을 종결하기 전에 권리자가 해당 소송대상 등록권리에 대하여 청구한 최초의 정정심판 또는 새로운 무효증거(무효사유) 제출에 대응하여 청구한 정정심판, 제33조 제1항 본문의 규정에 따른 무권리자 특허라는 이유에 의해서만 청구된 무

---

49) 심판편람 제7편 제5장 참조.

효심판사건 등이다.

사. 조정위원회 회부

심판장은 심판사건을 합리적으로 해결하기 위하여 필요하다고 인정되면 당사자의 동의를 받아 해당 심판사건의 절차를 중지하고 결정으로 해당 사건을 조정위원회에 회부할 수 있다(제164조의2 제1항). 심판장은 제1항에 따라 조정위원회에 회부한 때에는 해당 심판사건의 기록을 조정위원회에 송부하여야 한다(제164조의2 제2항).

심판장은 조정위원회의 조정절차가 조정 불성립으로 종료되면 제1항에 따른 중지결정을 취소하고 심판을 재개하며, 조정이 성립된 경우에는 해당 심판청구는 취하된 것으로 본다(제164조의2 제3항).

3 심판관에 관한 규정

심판원장은 심판청구가 있으면 심판관에게 심판하게 한다(제143조 제1항). 심판관의 자격은 법 시행령 제16조(심판관 등의 자격)에서 규정하고 있다(제143조 제2항). 심판관은 직무상 독립하여 심판한다(제143조 제3항).

심판원장은 각 심판사건에 대하여 제146조에 따른 합의체(이하 심판관 합의체라 한다)를 구성할 심판관을 지정하여야 한다(제144조 제1항). 심판원장은 심판관 중 심판에 관여하는 데에 지장이 있는 사람이 있으면 다른 심판관에게 심판을 하게 할 수 있다(제144조 제2항). 심판원장은 제144조 제1항에 따라 지정된 심판관 중에서 1명을 심판장으로 지정하여야 하고(제145조 제1항), 심판장은 그 심판사건에 관한 사무를 총괄한다(제145조 제2항).

심판관 합의체는 3명 또는 5명의 심판관으로 구성되고 심판관 합의체의 합의는 과반수로 결정하며 심판의 합의는 공개하지 아니한다(제146조 제1항 내지 제3항).

심판장은 심판이 청구되면 청구서 부본을 피청구인에게 송달하고 기간을 정하여 답변서를 제출할 수 있는 기회를 주어야 하며, 심판장은 답변서를 수리하였을 경우에는 그 부본을 청구인에게 송달하여야 한다(제147조 제1항, 제2항). 심판장은 심판에 관하여 당사자를 심문할 수 있다(제147조 제3항).

심판의 공정성을 보장하기 위하여 심판관을 직무집행에서 배제하는 제도로는 제척, 기피, 회피가 있다.

제척은 제척신청에 관계없이 일정한 원인으로 법률상 당연히 직무의 집행에서 제외되는 것이고, 기피는 당사자 등으로부터 그 직무집행의 배제신청이 있는 경우에 기피결정이 내려지면 직무집행에서 물러나는 것이며, 회피는 심판관이 자진하여 직무집행에서 사퇴하는 것인 점에서 서로 차이가 있다.

심판관은 심판관 또는 그 배우자이거나 배우자이었던 사람이 사건의 당사자, 참가인 또는 특허취소신청인인 경우(제1호), 심판관이 사건의 당사자, 참가인 또는 특허취소신청인의 친족이거나 친족이었던 경우(제2호), 심판관이 사건의 당사자, 참가인 또는 특허취소신청인의 법정대리인이거나 법정대리인이었던 경우(제3호), 심판관이 사건에 대한 증인, 감정인이거나 감정인이었던 경우(제4호), 심판관이 사건의 당사자, 참가인 또는 특허취소신청인의 대리인이거나 대리인이었던 경우(제5호), 심판관이 사건에 대하여 심사관 또는 심판관으로서 특허여부 결정 또는 심결에 관여한 경우(제6호), 심판관이 사건에 관하여 직접 이해관계를 가진 경우(제7호)의 어느 하나에 해당하는 경우에는 그 심판에서 제척된다(제148조).

위 제6호에서 '사건'이라 함은 계속 중인 해당 사건을 말하고,[50] '특허여부결정에 관여한 경우'라 함은 예컨대 특허거절결정 자체에 직접 관여한 것을 말하고 거절이유를 명시한 거절이유의 통지를 하는 데 관여한 경우는 해당하지 않는다.[51] 그리고 여기서 '관여'라 함은 최종 심리나 심결의 합의에 관여하는 것을 말하고 최종 심리 전의 절차 또는 증거조사, 기일지정과 같은 소송지휘 절차에 관여한 경우는 포함되지 않는다.[52] 파기환송 전의 거절결정에 관여한 심사관이 환송 후의 거절결정에 관여하였다면 제척사유에 해당한다.[53]

심판사건의 당사자 또는 참가인은 이러한 제척의 원인이 있음을 이유로 제척신청을 할 수 있으나(제149조), 제척사유가 있으면 해당 심판관은 직무집행에서 당연히 배제되는 것이므로 제척신청에 따른 제척결정이 있더라도 이는 확인적이고 선언적인 것에 불과하다.

심판관에게 공정한 심판을 기대하기 어려운 사정이 있으면 당사자 또는 참가인은 기피신청을 할 수 있다(제150조 제1항). 여기서 공정한 심판을 기대하기 어려운 사정이 있다고 함은 당사자가 불공정한 심판이 될지도 모른다고 추측할 만한 주관적인 사정이 있는 때를 말하는 것이 아니고, 통상인의 판단으로서 심판관과 사건과의 관계로 보아 불공정한 심판을 할 것이라는 의혹을 갖는 것이 합리적이라고 인정될 만한 객관적인 사정이 있는 때를 말한다.

50) 대법원 1992. 3. 31. 선고 91후1632 판결.
51) 대법원 1980. 9. 30. 선고 78후3 판결.
52) 대법원 1997. 6. 13. 선고 96다56115 판결 참조.
53) 대법원 1982. 6. 22. 선고 81후30 판결.

당사자 또는 참가인은 사건에 대하여 심판관에게 서면 또는 구두로 진술을 한 후에는 기피신청을 할 수 없다. 다만, 기피의 원인이 있는 것을 알지 못한 경우 또는 기피의 원인이 그 후에 발생한 경우에는 그러하지 아니하다(제150조 제2항).

제척 또는 기피신청을 하려는 자는 그 원인을 적은 서면을 심판원장에게 제출하여야 한다. 다만, 구술심리를 할 경우에는 구술로 할 수 있다(제151조 제1항, 법 시행규칙 제61조). 제척 또는 기피의 원인은 신청한 날부터 3일 이내에 소명하여야 한다(제151조 제2항).

제척 또는 기피신청이 있으면 심판으로 결정하여야 하는데 제척 또는 기피신청의 대상이 된 심판관은 그 제척 또는 기피에 대한 심판에 관여할 수 없다. 다만, 의견을 진술할 수 있다(제152조 제1항, 제2항). 제척 또는 기피신청에 따른 결정은 서면으로 하여야 하며, 그 이유를 붙여야 하고 이 결정에는 불복할 수 없다(제152조 제3항, 제4항).

제척 또는 기피신청이 있으면 그 신청에 대한 결정이 있을 때까지 심판절차를 중지하여야 한다. 다만, 긴급한 경우에는 그러하지 아니하다(제153조).

심판관이 제148조 또는 제150조에 해당하는 경우에는 특허심판원장의 허가를 받아 해당 사건에 대한 심판을 회피할 수 있다(제153조의2).

[4] 그 밖의 심판절차에 관한 일반 사항

그 밖에 심판절차에 관한 일반 사항에 관하여는 「제7장 특허에 관한 출원 · 심사 · 결정 제2절 특허출원과 관련된 주요 내용 I. 기간 · 절차에 관한 규정(제14조 내지 제24조)」에서 이미 설명하였다.

III. 심판의 종료

[1] 심판청구의 취하

심판청구의 취하란 심판청구인이 청구한 심판의 전부 또는 일부를 철회하는 의사표시이다.

심판청구는 심결이 확정될 때까지 취하할 수 있다(제161조 제1항 본문). 피심판청구인의 답변서가 제출되기 전에 취하서가 심판원에 제출되었다면 취하서 접수 시에 취하의 효력이 발생하나 그 취하서 제출 전에 상대방으로부터 답변서가 제출된 경우에는 상대방의 동의를 받아야 한다(제161조 제1항 단서).

민법상의 법률행위에 관한 규정은 민사소송법상의 소송행위에는 특별한 규정이나 사정이 없는 한 적용될 수 없어 심판청구를 취하하는 행위가 정당한 당사자에 의하여 이루어진 이상 타인으로부터 기망을 당하여 취하하게 되었다거나 법률행위 내용의 중요한 부분에 착오가 있어 취하하게 되었다는 사정만으로 위 취하행위가 무효라거나 그 취하행위를 취소할 수는 없다.[54)]

심판대상의 일부취하는 심판대상의 일부를 청구인의 의사에 따라 철회하는 것을 말한다.

특허(실용신안등록) 청구범위에 기재된 둘 이상의 청구항에 관한 무효심판 및 권리범위확인심판청구는 청구항마다 취하할 수 있다(제161조 제2항, 실용신안법 제33조). 그러나 특허(실용신안등록) 청구범위에 하나의 청구항으로 기재되어 있는 것의 일부(예를 들면 청구항 제1항에 발명 A 또는 발명 B로 기재되어 있는 경우에 발명 A만)에 대하여는 취하할 수 없다.

거절결정 또는 취소결정에 대한 심판, 보정각하결정에 대한 심판, 정정심판, 정정의 무효심판에 대하여는 관련 규정이 없으므로 심판청구의 일부를 취하할 수 없다. 다만 둘 이상의 정정사항에 대하여 하나의 정정심판이 청구되어 있는 경우에 그중 일부 사항을 삭제하는 것은 인정된다.

제161조 제1항 또는 제2항에 따라 심판청구가 취하되었을 경우에는 그 심판청구 또는 그 청구항에 대한 심판청구는 처음부터 없었던 것으로 본다(제161조 제3항). 따라서 청구인은 심판청구를 취하한 후 같은 내용에 대하여 다시 심판을 청구할 수 있다.

한편, 심판청구를 포기할 수 있는지가 문제되는데, 심판에서는 민사소송법 제220조와 같은 청구의 포기에 관한 규정이 없고 직권심리주의를 채택하고 있으며 당사자의 자유로운 처분은 허용되지 아니하여 심판청구의 포기는 인정되지 않는다. 따라서 심판청구를 포기하더라도 심판은 종료되지 아니한다.

2 심결

심결이란 심판사건을 해결하기 위하여 심판관 합의체가 하는 종국적인 판단이다.

심판장은 사건이 심결을 할 정도로 성숙하였을 때에는 심리의 종결을 당사자와 참가인에게 알려야 하고(제162조 제3항),[55)] 심판장은 필요하다고 인정하면 심리 종결을

---

54) 대법원 1970. 6. 30. 선고 70후7 판결, 대법원 1980. 5. 27. 선고 76다1828 판결, 대법원 1997. 6. 27. 선고 97다6124 판결 참조.

55) 대법원 1995. 2. 24. 선고 93후1841 판결은 “구 특허법 제121조 제5항의 심리종결 통지규정

통지한 후에도 당사자 또는 참가인의 신청에 의하여 또는 직권으로 심리를 재개할 수 있다(제162조 제4항).

심결은 위 심리종결통지를 한 날부터 20일 이내에 한다(제162조 제5항).

심판은 특별한 규정이 있는 경우를 제외하고는 심결로써 종결한다(제162조 제1항).

결국 심판은 심판청구서의 각하결정, 심판청구의 취하, 출원의 포기 · 취하 · 변경에 의한 심판의 종료, 그 밖에 심판절차의 중지 및 심리재개 사유가 발생한 경우를 제외하고는 심결로 종료된다.

심결의 유형에는 부적법한 심판청구로서 그 흠결을 보정할 수 없는 때에 피청구인에게 답변서 제출기회를 주지 아니하고 심결로 심판청구서를 각하하는 심결각하,56) 본안을 심리한 결과 청구의 취지를 받아들일 수 없는 경우에 심판청구의 취지를 배척하는 기각심결 및 심판청구의 취지를 받아들이는 인용심결이 있다.

심결은 심판의 번호, 당사자와 참가인의 성명 및 주소(법인인 경우에는 그 명칭 및 영업소의 소재지), 당사자 및 참가인의 대리인이 있는 경우에는 그 대리인의 성명 및 주소나 영업소의 소재지[대리인이 특허법인 · 특허법인(유한)인 경우에는 그 명칭, 사무소의 소재지 및 지정된 변리사의 성명], 심판사건의 표시, 심결의 주문(主文, 제138조에 따른 심판의 경우에는 통상실시권의 범위 · 기간 및 대가를 포함한다), 심결의 이유(청구의 취지와 그 이유의 요지를 포함한다), 심결 연월일을 적은 서면으로 하여야 하며, 심결을 한 심판관은 그 서면에 기명날인하여야 한다(제162조 제2항 제1호 내지 제7호).

심판장은 심결 또는 결정이 있으면 그 등본을 당사자, 참가인 및 심판에 참가신청을 하였으나 그 신청이 거부된 자에게 송달하여야 한다(제162조 제6항).

당사자가 심결에 대하여 불복하고자 하는 경우에는 심결등본송달일부터 30일 이내에 특허법원에 그 심결 취소의 소를 제기하여야 한다(제186조 제1항, 제3항). 위 기간은 불변기간이다(제186조 제4항).

심결은 실질적으로는 일종의 행정처분이기에 특허발명이 무효라고 하는 경우에도 실체적으로는 심결의 행정처분에 무효원인이 존재하는 것을 말하고 심결 자체에 무효원인이 존재하는 경우를 말하는 것은 아니다.

은 당사자에게 자료의 추가제출이나 심리재개 신청의 기회를 주려는 취지가 아니고 심결을 할 수도 있는 정도로 사건이 성숙하였다고 인정되는 경우에는 그 심리종결을 당사자에게 통지하고 지체없이 심결을 하도록 하기 위한 훈시적 규정에 불과하다 할 것이므로, 원심이 이 사건 심리종결을 1993. 10. 28. 자로 하고 종결통지서와 심결정본을 동시에 1993. 10. 30. 자로 송달하였다 하여 이를 위법이라 할 수 없다."라고 한다.

56) 심결각하와 관련하여 심결의 유형은 아니지만, 보정명령을 받은 자가 지정된 기간 이내에 보정을 하지 아니한 경우에 심판장이 결정으로 심판청구서를 각하하는 결정각하가 있다.

심결이 있으면 해당 심결에 그 심결의 위법 · 부당한 사유를 이유로 법에 정한 기간 내에 특허법원에 심결취소소송을 제기하는 불복절차를 통해서만 그 심결의 취소 · 변경을 구할 수 있는 형식적 확정력이 생긴다.

심결이 확정되어 취소할 수 없게 되면, 즉 형식적 확정력이 생기면 그 심결의 내용에 대해 더는 다툴 수 없게 되는 실질적 확정력이 발생하고, 심결에서 취소의 기본이 된 이유는 그 사건에 대하여 심사관을 기속하는 기속력이 발생한다.

확정된 심결은 심판의 당사자 및 참가인뿐만 아니라 일반 공중에게도 인정되는 대세적 효력을 가진다.

심결이 확정되면 누구든지 같은 사실 및 같은 증거에 의하여 다시 심판을 청구할 수 없는 일사부재리의 효력이 발생한다(다만 확정된 심결이 각하심결인 경우에는 적용 제외, 결정계 사건에의 적용 여부는 후술한다)(제163조).

만일 특허권자가 아닌 제3자를 상대로 하여 제기된 특허무효심판에서 이를 인용하는 심결이 내려지더라도, 이러한 심결은 특허권자에게 효력이 미치지 아니하므로, 특허청장은 이러한 심결을 이유로 특허권의 소멸등록을 하여서는 아니되고, 설령 이에 위배되어 소멸등록이 이루어졌다고 하더라도 특허권자는 「특허권 등의 등록령」 제27조의 절차에 따라 그 회복을 신청할 수 있다.[57]

3 일사부재리

가. 의의

제163조는 "이 법에 따른 심판의 심결이 확정되었을 때에는 그 사건에 대해서는 누구든지 동일 사실 및 동일 증거에 의하여 다시 심판을 청구할 수 없다. 다만, 확정된 심결이 각하심결인 경우에는 그러하지 아니하다."라고 규정하고 있다.

확정된 심결에 대해 일사부재리의 효력을 인정하는 근거는 서로 모순 · 저촉되는 심결이 발생하는 것을 방지하여 확정된 심결의 신뢰성과 권위를 유지하도록 하고, 심판절차의 경제성을 꾀함으로써 동일심판에 대해 상대방이 다시 심판에 응하여야 하는 번거로움을 면하도록 한다는 데 있다.

나. 내용

제163조에서 "다시 심판을 청구할 수 없다"는 부분에서 말하는 '심판'은 확정된 심

57) 상표권에 관한 대법원 2014. 1. 16. 선고 2013후2309 판결 참조.

결과 청구취지가 동일한 심판, 즉 청구취지의 대상이 되어 있는 권리가 동일하고 종류가 동일한 심판을 의미한다. 등록무효심판청구 전에 같은 출원발명에 대한 거절결정불복심판청구가 인용되어 위 거절결정을 취소하고 특허청 심사국으로 환송하는 심결이 확정되었다고 하더라도 위 심결은 심판의 종류나 청구취지가 달라 그 일사부재리 효력이 위 등록무효심판청구에 미치지 않는다. 심결은 그 자체로 확정될 수 있는 외에 심결취소소송을 거쳐 확정될 수도 있어서 어느 심판청구가 일사부재리에 해당하는지 여부를 판단할 때에는 심결과 심결을 확정시킨 판결의 내용을 함께 고려하여 판단한다.

제163조에서 '동일 사실'은 해당 특허권과의 관계에서 확정이 요구되는 구체적 사실 내지 같은 특허권에 대하여 동일한 원인을 이유로 하는 특정한 사실이 동일한 것을 말한다.

따라서 특허무효심판에서 무효 효과를 발생시키는 사유로서 제29조 제1항의 공지, 공연실시 및 반포간행물 기재는 동일한 신규성 상실이라는 원인을 이유로 하므로 위 사유는 모두 동일사실에 해당하고 반면에 무효의 효과를 발생시키는 사유라도 신규성 상실, 진보성 결여, 산업상 이용가능성의 결여, 청구범위의 기재요건, 발명의 설명의 기재요건 등의 상호관계에서는 각각 다른 별개의 사실이 된다.

특허발명에 관한 권리범위확인심판에서 확정이 요구되는 구체적인 사실은 적극적 권리범위확인심판에서의 그것과 소극적 권리범위확인심판에서의 그것을 달리 볼 것이 아니므로 소극적 권리범위확인심판의 심결이 확정된 때에는 그 일사부재리의 효력이 적극적 권리범위확인심판 청구사건에 그대로 미치고,[58] 이는 그 역의 경우에도 마찬가지이다.[59]

여기서 '동일 증거'란 증거 내용의 동일성을 말하여 증거자체가 다르더라도 내용이 실질적으로 동일한 경우에는 동일 증거라고 해석된다.

그런데 '동일 증거'의 법적 의미에 대하여 견해 대립이 있다. 동일 증거의 의미에 대하여, 확정 심결의 증거와 같은 증거뿐만 아니라 확정 심결의 증거에 확정 심결을 번복할 수 있을 정도로 유력하지 아니한 증거가 부가된 경우도 포함하는 견해(중요증거설)와 확정 심결의 증거와 내용이 실질적으로 동일한 경우에 한하여 일사부재리 효력이 미친다고 보는 견해(동일증거설) 등이 있다.

실무는 중요증거설을 따르고 있다. 이에 따르면 동일 증거에는 전에 확정된 심결의 증거와 같은 증거뿐만이 아니라 그 심결을 번복할 수 있을 정도로 유력하지 아니한 증거도 포함하고 확정된 심결의 결론을 번복할 만한 유력한 증거가 추가 제출된 경우

58) 대법원 2012. 5. 24. 선고 2012후757 판결 참조.
59) 대법원 2006. 5. 26. 선고 2003후427 판결.

에야 일사부재리 원칙에 저촉되지 않는다.[60]

중요증거설에 따르면 새로운 심판청구에서 확정된 심결의 증거에 추가하여 증거를 제출한 경우 이 증거가 동일 증거에 해당하는지 여부는 그 추가된 증거가 확정심결에 제출되었던 증거와 함께 평가하여 확정 심결의 결론을 번복할 수 있을 정도로 유력한지에 따라 결정되므로 동일 증거인지 여부를 판단하기 위해 본안 심리까지 진행하여야 하는 점에서 이론적 문제가 있고, 이러한 문제 때문에 본안 심리에 나아가지 않고 판단하도록 하는 동일증거설이 제기되고 있다. 중요증거설의 위와 같은 이론적 문제에도 불구하고 실무는 그것을 채택하고 있는데[61] 그 배경에는 실질적으로 동일한 사건에 관한 반복된 분쟁해결을 신속히 종결하여 상대방이 심판에 응하여야 하는 번거로움과 심결의 모순·저촉을 피하도록 하기 위한 태도가 강하게 깔려 있다.

즉, 특허나 실용신안의 등록무효심판청구에 관하여 종전에 확정된 심결이 있더라도 종전 심판에서 청구원인이 된 무효사유 외에 다른 무효사유가 추가된 경우에는 새로운 심판청구는 그 자체로 동일사실에 따른 것이 아니어서 일응 일사부재리의 원칙에 위배되지 않는다고 볼 수 있지만, 모순·저촉되는 복수의 심결이 발생하는 것을 방지하고자 하는 일사부재리 제도의 취지를 고려하면 위와 같은 경우에도 종전에 확정된 심결에서 판단이 이루어진 청구원인과 공통되는 부분에 대해서는 일사부재리의 원칙 위배 여부의 관점에서 그 확정된 심결을 번복할 수 있을 정도로 유력한 증거가 새로 제출되었는지를 따져 종전 심결에서와 다른 결론을 내릴 것인지를 판단한다.

이러한 증거내용의 동일성 여부를 판단함에 있어서는 확정된 심결의 이유에서 거론되었던 증거에 한하여 그 동일성 여부를 대비한다. 확정된 심결의 심판절차에서 제출되었던 증거이더라도 그 하나의 증거 안에 기술내용을 달리하는 다수의 발명이 게재되어 있고, 종전 심판절차에서 그중 어느 하나만이 선행발명으로 인용되어 심결의 이유 중에 그것만이 거론되어 판단이 이루어진 경우, 그 심결이 확정된 후 그 증거를 다시 제출하면서 그 증거 안에 게재되어 있는 다른 발명을 선행발명으로 인용하고 그것이 단독으로 혹은 종전 확정심결의 이유에서 거론된 발명과 결합하여 확정된 심결을 번복할 수 있을 정도의 유력한 증명력을 지닌 경우에는 이러한 증거에 따라 후행 심판청구를 판단한 결과 종전 확정심결과 그 결론이 달라졌더라도 그 결론이 확정된 심결의 기본이 된 이유와 실질적으로 저촉된다고 할 수 없기 때문에, 위의 증거(같은 증거 내에 있는 다른 선행발명)는 동일 증거에 해당하지 않는다.

---

60) 대법원 1989. 5. 23. 선고 88후73 판결, 대법원 2005. 3. 11. 선고 2004후42 판결, 대법원 2013. 9. 13. 선고 2012후1057 판결, 대법원 2017. 1. 19. 선고 2013후37 판결 참조.

61) 대법원 2005. 3. 11. 선고 2004후42 판결, 대법원 2013. 9. 13. 선고 2012후1057 판결.

동일 사실에 따른 동일 심판에 대해 종전에 확정된 심결의 증거에 대한 해석을 달리하는 등으로 그 심결의 기본이 된 이유와 실질적으로 저촉되는 판단을 하는 것은 제163조가 정한 일사부재리 원칙의 취지에 비추어 허용되지 아니하지만, 종전에 확정된 심결의 증거를 그 심결에서 판단하지 아니하였던 사항에 관한 증거로 들어 판단하거나 그 증거의 선행기술을 확정된 심결의 결론을 번복할 만한 유력한 증거의 선행기술에 추가적, 보충적으로 결합하여 판단하는 경우 등과 같이 후행 심판청구에 대한 판단 내용이 확정된 심결의 기본이 된 이유와 실질적으로 저촉된다고 할 수 없는 경우에는 확정된 심결과 그 결론이 결과적으로 달라졌다고 하더라도 일사부재리 원칙에 위배되지 않는다.

다. 적용범위

일사부재리 효력이 미치는 객관적 범위는 동일 사실 및 동일 증거이고, 그 인적 범위는 확정된 심결의 당사자나 그 승계인뿐만 아니라 모든 사람에 미치므로(대세적 효력) 누구라도 일사부재리의 효력에 반하는 심판청구를 할 수 없다.

여기서 다시 심판을 청구할 수 없다고 할 때의 심판은 청구의 취지 대상으로 되어 있는 권리가 같고 종류가 동일한 심판을 말한다. 청구인의 동일 여부는 동일한 심판인지와는 무관하다.

일사부재리 효력이 미치는 '동일 증거'의 범위에 관하여 실무가 채택하고 있는 중요증거설(확정 심결의 증거와 같은 증거뿐만 아니라 확정 심결의 증거에 확정 심결을 번복할 수 있을 정도로 유력하지 아니한 증거가 부가된 경우도 포함하여 일사부재리의 효력이 미친다고 보는 견해)과 동일증거설(확정 심결의 증거와 내용이 실질적으로 동일한 경우에 한하여 일사부재리의 효력이 미친다고 보는 견해) 등이 있다. 관련 내용 및 실무가 중요증거설을 취하고 있음은 앞에서 이미 설명하였다.

일사부재리 효력이 미치는 시적범위 내지 판단시점과 관련하여, 하나의 특허권에 대하여 전후로 동일 사실 및 동일 증거에 의거하여 두 건의 동일한 심판청구가 있고 그 일방의 사건에 대하여만 심결이 되어 그 심결이 확정된 경우, 다른 심판청구를 일사부재리 원칙에 위배됨을 이유로 각하할 수 있는가에 대하여 청구 시를 기준으로 하여 각하할 수 없다고 하는 견해(청구 시설)와 심결 시를 기준으로 하여 각하하여야 한다는 견해(심결 시설)로 나뉘어 있었다.

실무는 일사부재리의 원칙에 해당하는지를 종전에는 심판청구 시가 아니라 그 심결 시를 기준으로 판단하여 왔다가,[62] 그 후 일사부재리의 원칙에 따라 심판청구가 부

62) 대법원 2000. 6. 23. 선고 97후3661 판결, 대법원 2006. 5. 26. 선고 2003후427 판결 등.

적법하게 되는지를 판단하는 기준시점은 심판청구를 제기하던 당시이고 심판청구 후에 비로소 동일 사실 및 동일 증거에 의한 다른 심판의 심결이 확정된 경우에는 해당 심판청구를 일사부재리의 원칙에 따라 부적법하다고 할 수 없다는 취지로 판시하여 시적 범위 내지 판단 기준 시를 심결 시에서 청구 시로 변경하였다.63)

일사부재리 원칙의 적용범위에 관련하여 다툼이 있다.

법이 확정된 심결이 각하심결인 경우에 적용하지 않는다는 것 외에 제한규정을 두고 있지 않음을 근거로 일사부재리 원칙은 심판사건의 종류에 관계없이 모든 인용심결 및 기각심결에 적용되고, 다만 그중 결정계 심판은 청구인적격이 한정되어 있고 결정 등본을 송달받은 날부터 3개월 내에 심판을 청구하여야 하는 등의 제약이 있어 일사부재리 원칙이 결정계 심판에 실제로 적용되는 경우가 거의 없다는 견해가 있다.64)

그러나 일사부재리 원칙은 심판의 심결이 확정등록 되는 때에 한하여 적용되는 것으로 그 성질상 특허무효심판이나 권리범위확인심판 등 등록원부상 등록을 필요로 하는 당사자계 심판에만 적용되고 등록원부상 등록을 필요로 하지 않는 결정계 심판에는 적용되지 않는다.65)

---

63) 대법원 2012. 1. 19. 선고 2009후2234 전원합의체 판결 참조. 대법원은 판단 기준 시를 청구 시로 변경하는 주된 논거로 "종래의 대법원판례에 따르면, 동일 특허에 대하여 동일 사실 및 동일 증거에 의한 복수의 심판청구가 각각 있은 경우에 어느 심판의 심결(이를 '제1차 심결'이라고 한다)에 대한 심결취소소송이 계속되는 동안 다른 심판의 심결이 확정 등록된다면, 법원이 해당 심판에 대한 심결취소의 청구가 이유 있다고 하여 제1차 심결을 취소하더라도 특허심판원이 그 심판청구에 대하여 특허법 제189조 제1항 및 제2항에 의하여 다시 심결을 하는 때에는 일사부재리의 원칙에 의하여 그 심판청구를 각하할 수밖에 없다. 그러나 이는 관련 확정 심결의 등록이라는 우연한 사정에 의하여 심판청구인이 자신의 고유한 이익을 위하여 진행하던 절차가 소급적으로 부적법하게 되는 것으로 헌법상 보장된 국민의 재판청구권을 과도하게 침해할 우려가 있고, 그 심판에 대한 특허심판원의 심결을 취소한 법원의 판결을 무의미하게 하는 불합리가 발생하게 된다. 나아가 구 특허법 제163조는 일사부재리의 효력이 미치는 인적 범위에 관하여 '누구든지'라고 정하고 있어서 확정 등록된 심결의 당사자나 그 승계인 이외의 사람이라도 동일사실 및 동일증거에 의하여 동일 심판을 청구할 수 없으므로, 함부로 그 적용의 범위를 넓히는 것은 위와 같이 국민의 재판청구권의 행사를 제한하는 결과가 될 것이다. 그런데 구 특허법 제163조는 '그 심판을 청구할 수 없다'라고 규정하고 있어서, 위 규정의 문언에 따르면 심판의 심결이 확정 등록된 후에는 앞선 심판청구와 동일 사실 및 동일 증거에 기초하여 새로운 심판을 청구하는 것이 허용되지 않는다고 해석될 뿐이다. 그러함에도 이를 넘어서 심판청구를 제기하던 당시에 다른 심판의 심결이 확정 등록되지 아니하였는데 그 심판청구에 관한 심결을 할 때에 다른 심판의 심결이 확정 등록된 경우에까지 그 심판청구가 일사부재리의 원칙에 의하여 소급적으로 부적법하게 될 수 있다고 하는 것은 합리적인 해석이라고 할 수 없다."라고 하였다.

64) 특허법 주해 II, 박영사(2010), 373(최정열 집필부분), 637(박정희 집필부분) 및 상표법 주해 II, 박영사(2019), 305(설범식 집필부분).

65) 상표권에 관한 대법원 1986. 9. 9. 선고 85후12 판결. 위 판결은 "구 상표법 제51조에 의하여

일사부재리 원칙은 확정된 심결이 각하심결인 경우에는 적용되지 아니한다(제163조 단서). 위 단서 규정은 새로 제출된 증거가 선행 확정 심결을 번복할 수 있을 만큼 유력한 증거인지에 관한 심리 · 판단이 이루어진 후 선행 확정 심결과 동일 증거에 의한 심판청구라는 이유로 각하된 심결인 경우에도 동일하게 적용된다.[66]

라. 일사부재리와 중복심판금지의 관계

일사부재리는 중복심판금지와 구별된다.

특허심판원에 계속 중인 심판(이하 전심판이라 한다)에 대하여 동일한 당사자가 동일한 심판을 다시 청구한 경우(이하 후심판이라 한다)가 중복심판청구에 해당한다(제154조 제8항).

중복심판청구에 해당하기 위하여는 당사자와 청구(심판물, 심판청구의 취지로 결정되고 심판청구의 이유에 기재된 개개의 무효나 취소사유는 공격방법에 불과함)가 동일하고 전심판의 계속 중(이는 전심판에서 내려진 심결이 확정되지 아니한 경우를 의미함[67])에 후심판을 제기하였을 것이라는 요건이 충족되어야 한다.

특허심판에서 중복심판청구 금지는 심판청구의 적법요건으로 후심판의 '심결 시'를 기준으로 한 전심판의 심판계속 여부에 따라 후심판의 적법 여부를 판단한다. 따라서 중복심판청구의 경우는 전심판이 후심판의 심결 시까지 취하 · 각하 등에 따라 전심판의 심판계속이 소멸되면 후심판은 중복제소금지에 위반되지 않는다.

대법원은 제163조의 일사부재리의 원칙에 따라 심판청구가 부적법하게 되는지 여부를 판단하는 기준 시점은 심판청구를 제기하던 당시라 하는데,[68] 이는 선행 심결의 확정을 판단하는 기준시점이 쟁점이 된 사안에서 특허법상 일사부재리 원칙의 대세효로 인한 제3자의 권리 제한을 최소화하기 위하여 부득이하게 일사부재리 원칙의 요건 중 선행 심결의 확정과 관련해서만 기준시점을 심결 시에서 심판청구 시로 변경한 것이다.

이에 반하여 중복심판청구 금지는 동일 당사자에 의한 심판청구권 남용을 방지함

준용되는 특허법 제147조 소정의 일사부재리의 원칙이 적용되는 경우는 상표원부상 등록사항인 상표등록의 취소 · 무효 또는 그 권리범위의 확인에 관한 확정심결이나 판결 등에 한하여 인정되는 것이고 상표원부에 등록할 수 없는 거절사정에 대한 불복, 항고심판청구사건에 대한 파기환송의 심결이나 상표등록이의신청에 대한 결정은 이에 해당하지 아니한다."라고 한다. 문삼섭, 상표법, 세창출판사(2002), 736~737도 같은 취지이다.

66) 대법원 2021. 6. 3. 선고 2021후10077 판결 참조.

67) 특허법원 2014. 7. 10. 선고 2013허9805 판결(미상고 확정).

68) 대법원 2012. 1. 19. 선고 2009후2234 전원합의체 판결.

으로써 심결의 모순·저촉을 방지하고 심판절차의 경제를 꾀하기 위한 것이어서, 일사부재리 원칙과 일부 취지를 같이하지만 요건 및 적용범위에 차이가 있으므로, 후심판이 중복심판청구에 해당하는지 여부까지 위 전원합의체 판결을 들어 후심판 청구 시를 기준으로 판단할 것은 아니다.69)

중복제소인지 여부는 직권조사사항이므로 이에 해당하면 피고의 항변을 기다릴 필요 없이 판결로써 후소를 부적법 각하한다.

Ⅳ. 심판비용에 관한 규정

특허무효심판, 특허권 존속기간연장등록무효심판, 권리범위확인심판, 정정무효심판의 심판비용 부담에 관하여는 심판이 심결에 의하여 종결될 경우에는 그 심결로써 정하고, 심판이 심결에 의하지 아니하고 종결될 경우에는 결정으로써 정하여야 한다(제165조 제1항).

이에 따른 심판비용에 관하여는 민사소송법 제98조부터 제103조까지, 제107조 제1항·제2항, 제108조, 제111조, 제112조 및 제116조를 준용한다(제165조 제2항).

결정계 사건인 특허거절결정, 특허권의 존속기간의 연장등록거절결정에 불복하여 제기된 심판, 정정심판, 통상실시권허락심판의 심판비용은 청구인이 부담한다(제165조 제3항). 이에 따라 청구인이 부담하는 비용에 관하여는 민사소송법 제102조를 준용한다(제165조 제4항).

심판비용의 금액은 심결 또는 결정이 확정된 후 당사자의 청구에 의하여 특허심판원장이 결정한다(제165조 제5항).

심판비용의 범위·금액·납부 및 심판에서 절차상의 행위를 하기 위하여 필요한 비용의 지급에 관하여는 그 성질에 반하지 아니하는 범위에서 민사소송비용법 중 해당 규정의 예에 따른다(제165조 제6항).

심판의 대리를 한 변리사에게 당사자가 지급하였거나 지급할 보수는 특허청장이 정하는 금액의 범위에서 심판비용으로 본다. 이 경우 여러 명의 변리사가 심판의 대리를 한 경우라도 1명의 변리사가 심판대리를 한 것으로 본다(제165조 제7항).

특허법에 따라 특허심판원장이 정한 심판비용액 또는 심판관이 정한 대가에 관하여 확정된 결정은 집행력 있는 집행권원(執行權原)과 같은 효력을 가진다. 이 경우 집행력 있는 정본은 특허심판원 소속 공무원이 부여한다(제166조).

---

69) 대법원 2020. 4. 29. 선고 2016후2317 판결 참조.

Ⅴ. 기타: 심판에 관한 서류 등의 반출 및 감정 등의 금지

특허출원 · 심사 · 특허취소신청 · 심판 · 재심에 관한 서류 또는 특허원부는 i) 제58조 제1항, 제3항 또는 제4항에 따른 선행기술의 조사 등을 위하여 특허출원 또는 심사에 관한 서류를 반출하는 경우(제1호), ii) 제164조의2 제2항에 따른 조정을 위하여 특허출원 · 심사 · 특허취소신청 · 심판 · 재심에 관한 서류 또는 특허원부를 반출하는 경우(제1호의2), iii)「산업재산 정보의 관리 및 활용 촉진에 관한 법률」 제12조 제1항에 따른 산업재산문서 전자화업무의 위탁을 위하여 특허출원 · 심사 · 특허취소신청 · 심판 · 재심에 관한 서류 또는 특허원부를 반출하는 경우(제2호), iv) 전자정부법 제32조 제2항에 따른 온라인 원격근무를 위하여 특허출원 · 심사 · 특허취소신청 · 심판 · 재심에 관한 서류 또는 특허원부를 반출하는 경우(제3호), iv) 외국 특허청 또는 국제기구와의 업무협약을 이행하기 위하여 특허출원 또는 심사에 관한 서류를 반출하는 경우의 어느 하나에 해당하는 경우(제4호)의 어느 하나에 해당하는 경우에만 외부로 반출할 수 있다(제217조 제1항).

특허출원 · 심사 · 특허취소신청 · 심판 또는 재심으로 계속 중인 사건의 내용이나 특허여부결정 · 심결 또는 결정의 내용에 관하여는 감정 · 증언하거나 질의에 응답할 수 없다(제217조 제2항).

제217조 제1항 제4호에 따른 반출 요건 · 절차, 서류의 종류 등에 필요한 사항은 산업통상자원부령으로 정하는데(제217조 제2항), 이에 대하여는 법 시행규칙 제120조의2에서 규정하고 있다.

제3절 특허거절결정 등에 대한 심판(제132조의17) · 특허취소신청에 대한 결정(제132조의2)

I. 특허거절결정 등에 대한 심판(제132조의17)

1 의의

특허거절결정 등에 대한 심판이라 함은 특허출원에 대해 제62조 각 호의 거절이유에 해당함을 근거로 특허거절결정을 한 경우, 허가 등에 따른 특허권의 존속기간의 연장등록출원이 제91조 각 호의 거절이유에 해당함을 근거로 연장등록거절결정을 한 경우에 각각 거절결정을 받은 자 및 그 승계인이 그 거절결정등본을 송달받은 날부터 3개월 이내에 불복하여 심판을 청구할 수 있는 제도이다(제132조의17).

심사관이 특허출원, 허가 등에 따른 특허권의 존속기간의 연장등록출원을 심사하고 해당 등록요건을 충족하지 않는다고 판단한 경우에 거절이유를 통지하고 의견서를 제출할 기회를 부여하였음에도 여전히 거절이유가 해소되지 않는다면 거절결정을 하고 출원인에게 거절결정등본을 송달한다.

참고로 2001. 2. 3. 법률 제6411호로 개정법에 따라 특허출원에 대한 보정각하결정에 대한 심판 제도가 폐지되고 심사단계에서 행해진 보정각하결정에 대한 불복은 거절결정에 대한 심판의 청구에서 다투도록 되었다. 그리고 특허심사기간 단축을 위하여 종전에 특허결정 전에 하던 출원공고제도를 폐지하면서 출원공고기간 중에 하도록 하였던 이의신청제도를 1997. 4. 10. 법률 제5329호로 개정된 법에서 특허등록 후에 하도록 하고 이의신청이 성립되어 해당 특허 등을 취소결정한 경우 이에 대한 등록취소결정 불복심판을 청구할 수 있도록 하였으나, 위 이의신청제도 역시 2007. 1. 3. 법률 제8197호로 개정된 법에서 폐지되었다.

2 심사와 거절결정에 대한 심판의 관계

제172조에서 심사에서 밟은 특허에 관한 절차는 특허거절결정 또는 특허권의 존속기간의 연장등록거절결정에 대한 심판에서도 그 효력이 있다고 규정한 것은 거절결정에 대한 심판이 심사와 속심(續審)의 관계에 있음을 나타낸다.

거절결정에 대한 심판이 심사의 속심에 따른 재심사이므로 거절결정에 이르는 모든 심사절차가 심판에서도 유효한 것으로 하여 심판의 심리가 진행된다. 따라서 심사과정에서 제출된 모든 증거자료가 심판의 판단 근거로 활용될 수 있고 심판청구 이후에 청구인이 새로 주장한 사실이나 제출한 자료도 활용될 수 있다. 그리고 심판절차에서 새로 발생한 거절이유에 대하여도 심사과정에서와 같이 의견제출통지 등의 절차를 거쳐야 하고 나아가 심판절차에서 특허결정을 직접 할 수도 있다.

3 심판청구

가. 청구인 · 청구기간

거절결정 불복심판의 청구인은 특허출원이나 특허권의 존속기간의 연장등록출원을 하였다가 거절결정을 받은 자 또는 그 승계인[특허출원의 경우에는 해당 특허출원인의 상속 등 일반 승계인 및 출원인변경신고를 한 특정승계인(제38조 제5항)]이다.

특허권 또는 특허를 받을 수 있는 권리의 공유자가 그 공유인 권리에 관하여 심판을 청구할 때에는 공유자 모두가 공동으로 청구하여야 하고(제139조 제3항), 공동으로 청구되지 않은 심판청구는 부적법한 것으로 심결로 각하된다(제142조).

나. 심판청구서 기재사항

제132조의17 규정에 따라 거절결정에 대한 심판을 청구하려는 자는 제140조의2 제1항의 사항을 기재한 심판청구서를 특허심판원장에게 제출하여야 한다(제140조의2 제1항). 심판청구서에 기재할 사항 등에 대하여는 본 장 「제2절 심판절차 일반 I. 심판청구서 제출 1 당사자 및 청구방식 나. 심판청구서 기재사항」 등에서 설명하였다.

4 심리

가. 심리대상이 되는 명세서 또는 도면

2009. 1. 30. 법률 제9381호로 개정된 특허법에서 심사전치주의를 도입함에 따라 그 시행일인 2009. 7. 1.부터의 출원에 대하여는 심판청구 후 30일 이내가 아니라 심판청구 전에 재심사청구를 통해 보정을 하게 되고 그 후 심판청구가 이루어지므로, 재심사청구를 거친다면 재심사단계에서 보정각하 결정이 있었는지, 그에 대해 심판청구인이 불복의사가 있는지에 따라 심판의 심리 대상이 되는 명세서 또는 도면이 달라진다.

재심사과정에서 보정이 승인된 경우에는 재심사청구절차에서 제출된 보정명세서 등을 기초로 하여 거절결정의 당부를 심리하고, 재심사 보정이 각하된 경우에 청구인이 보정각하를 다투지 않거나 보정각하를 다투더라도 보정각하결정이 적법하면 보정 전 명세서 및 도면으로 거절결정의 적부에 대해 심리하고 보정각하결정이 부적법하면 해당 보정각하결정을 취소한 것을 전제로 보정 후 명세서 및 도면을 심리 대상으로 하여 거절결정의 당부를 심리한다.

심판에서 거절이유를 통지할 때는 보정각하결정의 적법성 판단과 관련하여 어떤 명세서에 기초하여 거절이유통지를 통지하는지를 의견제출통지에 명시한다.

나. 특허거절이유, 허가 등에 따른 특허권의 존속기간의 연장등록출원 거절이유

1) 거절결정에 대한 불복심판의 심리대상

거절결정된 특허에 대한 심판은 거절결정 불복에 따른 주장의 당부를 판단하여 출원 그 자체를 재심사하는 것이므로(이에 관한 한 속심의 성격을 가진다), 출원에 관한 거절결정에 대한 불복심판의 심리대상은 제62조 각 호의 거절이유에 해당함을 근거로 특허를 거절하여야 할 사유가 있는지, 특허권의 존속기간의 연장등록출원이 제91조 각 호의 거절이유에 해당함을 근거로 연장등록을 거절하여야 할 사유가 있는지 여부이고 심사 또는 심판의 과정에서 받은 거절이유통지의 당부가 아니다.

2) 특허거절결정의 거절이유

가) 제25조(외국인의 권리능력) · 제29조(특허요건) · 제32조(특허를 받을 수 없는 발명) · 제36조(선출원) 제1항부터 제3항까지 또는 제44조에 따라 특허를 받을 수 없는 경우

나) 제33조(특허를 받을 수 있는 자) 제1항 본문에 따른 특허를 받을 수 있는 권리를 가지지 아니하거나 같은 항 단서에 따라 특허를 받을 수 없는 경우

다) 조약을 위반한 경우

라) 제42조(특허출원) 제3항 · 제4항 · 제8항 또는 제45조(하나의 특허출원의 범위)에 따른 요건을 갖추지 아니한 경우

마) 제47조(특허출원의 보정) 제2항에 따른 범위를 벗어난 보정인 경우

바) 제52조(분할출원) 제1항에 따른 범위를 벗어난 분할출원 또는 제52조의2(분리출원) 제1항에 따른 범위를 벗어나는 분리출원인 경우

사) 제53조(변경출원) 제1항에 따른 범위를 벗어난 변경출원인 경우

3) 허가 등에 따른 특허권의 존속기간의 연장등록출원의 거절이유

가) 그 특허발명의 실시가 제89조 제1항에 따른 허가 등을 받을 필요가 있는 것으로

인정되지 아니하는 경우

나) 그 특허권자 또는 그 특허권의 전용실시권이나 등록된 통상실시권을 가진 자가 제89조 제1항에 따른 허가 등을 받지 아니한 경우

다) 연장신청의 기간이 제89조에 따라 인정되는 그 특허발명을 실시할 수 없었던 기간을 초과하는 경우

라) 연장등록출원인이 해당 특허권자가 아닌 경우

마) 제90조 제3항을 위반하여 연장등록출원을 한 경우

다. 심판절차에서의 거절이유통지 및 보정

심판절차의 속성상 출원심사 규정이 심판에 적용되고(제170조[70]), 일부는 배제되기도 한다(제171조[71]).

심판에서 심리 결과 거절결정에 기재된 거절이유가 옳지는 않지만 거절결정에 기재된 다른 거절이유로써 출원이 거절되어야 하는 경우는 거절결정과 결론이 같으므로 거절결정을 취소하지 않고 심판청구를 기각하는 심결을 한다.

특허거절결정에 대한 심판에 관하여는 제47조 제1항 제1호와 제4항, 제51조, 제63조, 제63조의2 및 제66조를 준용하므로(제170조 제1항 전문), 특허거절결정의 이유와 다른 거절이유를 발견한 경우에 심판관은 해당 거절이유를 통지하고 상당한 기간을 정하여 의견서를 제출할 수 있는 기회를 주어야 한다.

또한 심사단계에서 최후거절이유통지에 대하여 한 보정이 보정할 수 있는 범위를 벗어난 것이 심판단계에서 발견된 경우 해당 보정을 각하하지 않지만 해당 보정이 신규사항을 추가한 경우에는 심판관은 거절이유를 통지한다.

심판관이 통지한 거절이유 중 출원 당초부터 있던 거절이유로서 최초거절이유로 지적되어야 할 것을 포함하는 거절이유는 원칙적으로 제47조 제1항 제1호에서 규정한 최초거절이유에 해당한다. 최초거절이유통지에 대한 보정에 따라 발생한 새로운 거절

---

70) "특허법 제170조(심사규정의 특허거절결정에 대한 심판에 관한 준용) ① 특허거절결정에 대한 심판에 관하여는 제47조 제1항 제1호 · 제2호, 같은 조 제4항, 제51조, 제63조, 제63조의2 및 제66조를 준용한다. 이 경우 제51조 제1항 본문 중 "제47조 제1항 제2호 및 제3호에 따른 보정"은 "제47조 제1항 제2호에 따른 보정(제132조의17의 특허거절결정에 대한 심판청구 전에 한 것은 제외한다)"으로, 제63조의2 본문 중 "특허청장"은 "특허심판원장"으로 본다. ② 제1항에 따라 준용되는 제63조는 특허거절결정의 이유와 다른 거절이유를 발견한 경우에만 적용한다."

71) "특허법 제171조(특허거절결정에 대한 심판의 특칙) 특허거절결정 또는 특허권의 존속기간의 연장등록거절결정에 대한 심판에는 제147조(답변서 제출 등) 제1항 · 제2항, 제155조(참가) 및 제156조(참가의 신청 및 적용)를 적용하지 아니한다."

이유에 대하여 통지하는 것은 제47조 제1항 제2호에서 규정하는 최후거절이유통지에 해당한다.

이때 어디까지가 새로운 거절이유에 해당하는지가 문제되는데 통상 주된 취지에서 거절결정의 이유와 부합하는지 여부를 판단 기준으로 한다.

최초거절이유통지인지 최후거절이유통지인지에 의해 보정할 수 있는 범위 및 보정이 부적법한 경우의 취급(제47조 제1항 참조)이 다르기 때문에 거절이유통지를 하는 경우에는 그것이 최초인지 최후인지를 구분할 수 있도록 해야 한다.[72)]

특허출원의 거절결정에 대한 심판에서는 거절결정의 이유와 다른 거절이유로 인한 의견제출통지가 있을 때 심판청구인은 심판청구서에 첨부된 명세서 또는 도면에 대해서 보정할 수 있다(제170조 제2항).

심판단계에서 통지한 거절이유통지가, 제47조 제1항 제1호의 최초거절이유통지에 해당하는 경우는 출원 당초의 명세서 또는 도면 외국어서면 출원의 경우에는 번역문에 신규사항을 추가하지 않는 범위에서 보정할 수 있고(제47조 제2항 참조), 제47조 제1항 제2호의 최후거절이유통지에 해당하는 경우는 제47조 제2항, 제3항의 범위 내에서 보정할 수 있다.[73)]

심사단계에서 행한 최후거절이유통지에 대한 보정이 보정할 수 있는 범위에 위반되는 것이 심판단계에서 명확하게 된 경우라도 심사단계에서 이미 행해진 보정은 이를 각하하지 아니한다(제170조 제1항 후문).

거절결정에 대한 심판은 심사에 대한 속심의 성격을 가지므로 심판단계에서도 심사와 마찬가지로 의견제출통지, 등록결정 등을 직접 할 수 있다. 심사단계에서 미리 거절이유를 통지한 사유라고 하더라도 그 사유를 거절결정에서 거절이유로 삼지 않았다면 해당 사유는 거절결정에 대한 심판절차에서는 거절결정의 이유와 다른 거절이유에 해당한다.

따라서 심판단계에서 심판청구인이 위 사유에 대해 실질적으로 의견서 제출 및 보정의 기회를 부여받았다고 볼만한 특별한 사정이 없는 한 이를 심결의 이유로 하기 위해서는 제170조, 제63조에 따라 다시 그 사유에 대해 거절이유를 통지하여야 한다.[74)]

---

72) 심판편람 제21편 제8장 제1절 1.

73) 2009. 1. 30. 법률 제9381호에 따라 개정된 특허법에서 그 전의 특허법 제47조 제4항이 삭제됨에 따라 2009. 7. 1. 이후 보정부터는 위 제47조 제4항(실질적 변경 및 독립특허요건 등)이 적용되지 않는다.

74) 이는 거절이유를 미리 통지함으로써 그에 대한 의견서 제출 및 보정의 기회를 부여하여 출원인 또는 심판청구인의 절차적 권리를 보호하고 심사 및 심판의 적정을 기하여 심사 및 심판 제도의 신용을 유지하기 위한 공익상의 요구에 따른 강행규정이다. 대법원 2020. 11. 12. 선고

출원발명과 대비되는 선행발명 등이 다른 경우, 그 거절이유의 대상이 되는 청구항이 다른 경우, 서로 다른 법조문을 적용하거나 새로운 증거를 채택하는 경우에는 원칙적으로 새로운 거절이유에 해당하지만, 동일한 법조문 내에서 거절이유의 구체적인 내용에서 한정되는 등 실질적으로 의견제출기회가 부여되어 보정의 기회를 부여하였다고 볼 만큼 주된 취지에서 부합하는 거절사유라면 새로운 거절사유로 보기 어렵다.75)

그리고 심사과정에서의 의견제출통지에는 명시되었지만 거절결정에 명시되지 아니하다면 심판단계에서 별도의 의견제출통지 절차를 거쳐야 한다.

심사관이 출원인에게 거절이유를 통지하여 의견서를 제출할 기회를 주지 않고 거절결정을 하는 것은 제63조 제1항 각 호 외의 부분 본문에 위반되어 위법한 것이 원칙이나, 거절결정의 이유 중에 심사관이 통지하지 아니한 거절이유가 일부 포함되어 있더라도 거절결정에 대한 심판청구를 기각하는 심결이유가 심사관이 통지하지 아니한 거절이유를 들어 거절결정을 유지하는 경우가 아니라면 그와 같은 사유만으로 심결이 위법해지는 것은 아니다.76)

다만 참고로 심판단계가 아닌 거절결정 불복심판청구를 기각하는 심결의 취소소송에서는 거절결정의 이유와 다른 새로운 거절이유에 해당하지 않는 한 심결에서 판단되지 아니한 것이라도 심결의 결론을 정당하게 하는 사유로 주장 · 증명할 수 있으므로 심판에서 거절결정에 명시된 복수의 거절이유 중 하나의 이유만을 판단하여 거절결정을 유지하였더라도 심결취소소송에서 나머지 거절이유 모두를 심리하여 심결의 적법성 여부를 판단한다.77)

2017후1779 판결 참조.

75) 특허법원 2004. 6. 25. 선고 2003허5569 판결(미상고 확정)은 선행발명의 설명에 기재되어 있는 선행문헌은 그 선행문헌의 내용이 선행발명의 명세서 전반에 나타나 있거나 그 선행문헌의 기재내용이 주지 · 관용기술이 아닌 이상 새로운 거절이유가 되어 거절결정사건에서는 제출이 허용되지 않고 위 선행특허를 이유로 진보성을 부정하는 것은 거절결정과 다른 새로운 거절이유를 제시하는 것으로 되어 허용될 수 없다고 하였다. 특허법원 2007. 8. 16. 선고 2006허8057 판결(미상고 확정)은 원고가 설사 선행발명의 패밀리 공보를 인지하고 있었다 하더라도 심판절차에서 그 패밀리 공보가 특허법 제29조 제1항의 소정의 간행물에 해당하는 것으로 보고 원고에게 의견서 제출의 기회를 주었거나 실질적으로 의견서 제출의 기회를 준 것과 같은 사정이 있어 거절이유와 동일한 사유로 심결하였다고 볼 만한 사정이 있지 아니하는 한 선행발명2의 반포일을 그 패밀리 공보의 반포일로 소급하거나 패밀리 공보를 선행발명2로 대체하여 특허법 제29조 제1항 각 호의 간행물에 해당하는 것으로 의제할 수 없다고 하였다.

76) 대법원 2009. 12. 10. 선고 2007후3820 판결, 대법원 2010. 4. 29. 선고 2009후4285 판결.

77) 대법원 2005. 5. 12. 선고 2003후1192 판결 참조.

라. 거절결정의 불가분성

특허출원에 있어 특허청구범위가 여러 개의 청구항으로 되어 있는 경우 그 하나의 항이라도 거절이유가 있는 때에는 그 출원은 전부가 거절된다(거절결정의 불가분성).78)

마. 기타

그 밖에 심리방식 등 일반 사항에 대하여는 본 장 「제2절 심판절차 일반 II. 심리」에서, 심리대상 및 심판청구서의 요지변경의 범위 등은 본 장 「제2절 심판절차 일반 I. 심판청구서 제출 [2] 심판청구서의 보정과 요지변경」 및 「제7장 특허에 관한 출원 · 심사 · 결정 제1절 특허출원절차 VI. 출원보정」에서 설명하였다.

심판청구에 따른 효과로서 거절결정에 대한 심판이 청구되면 그 거절결정은 확정되지 아니하고 해당 출원은 계속된다.

[5] 심판의 종료

심판은 원칙적으로 심결로써 종결하나(제150조 제1항), 그 밖에도 심판청구서의 각하결정(제141조), 부적법한 심판청구로서 그 흠을 보정할 수 없을 때의 각하심결(제142조), 심판청구의 취하(제161조) 및 심판청구에 관련된 해당 출원이 취하 또는 포기된 경우에도 심판이 종결된다. 이에 대하여는 본 장 「제2절 심판절차 일반 II. 심리」에서 설명하였다.

거절결정에 대한 심판청구가 이유 있다고 인정하는 경우에는 심결로써 특허거절결정 또는 특허권의 존속기간의 연장등록거절결정을 취소하여야 한다(제176조 제1항). 심판에서 특허거절결정 또는 특허권의 존속기간의 연장등록거절결정을 취소하는 경우에 심사에 부칠 것이라는 심결을 할 수 있는데(제176조 제2항), 심사에 부칠 것이라는 의미는 특허청 심사국에 환송하는 것을 말한다.79) 민사소송법에는 필수적 환송에 관한 규정을 두고 있으나(제418조), 특허법에는 모두 심판관의 자유재량에 맡겨져 있다. 자판(自判)하면 심사와 심판이라고 하는 심급을 두고 있는 실질적 의의가 상실되는 경우80)

---

78) 대법원 2010. 12. 10. 선고 2007후3820 판결 등.

79) 심판편람 제21편 제9장 5.에 따르면 주문 기재 형식은, 인용하는 경우는 "원결정을 취소하고, 이 사건 출원을 특허청 심사관에게 보내어 다시 심사에 부친다."이고 기각하는 경우는 "이 사건 심판청구를 기각한다."이고, 자판하는 경우의 주문 기재는 "원결정을 취소하고, 이 사건 출원을 특허결정한다."이다.

80) 심판편람 제21편 제9장 3.가.는 그 예로서 발명에 대한 실질적 판단이 심사에서 행하여지지 아니하였거나 형식적 이유로서 거절된 경우, 인용례의 표시에 잘못이 있고 올바른 인용례가

나 자판하면 위법이 되는 경우[81]에는 특허청 심사국에 환송한다.

심판의 심결이 확정되면 그 심결 내용에 따른 실질적인 효력이 발생한다.

거절결정에 대한 심판에서 거절결정을 취소하는 심결이 있어 해당 사건이 특허청 심사관에게 보내어 다시 심사에 부치도록 한 경우에 해당 사건은 특허청 심사국으로 환송되어 다시 심사하게 되고 심결에서 취소의 기본이 된 이유는 그 사건에 대하여 심사관을 기속(羈束)한다(제176조 제3항). 따라서 심사관은 원래의 거절결정과 동일한 이유로 거절결정을 할 수 없고 다른 거절이유를 발견하지 못할 경우에는 특허결정을 하여야 한다.

특허심판청구를 기각하는 심결에 대해 출원인 또는 그 승계인은 심결의 등본을 송달받은 날부터 30일 이내에 특허법원에 심결의 취소를 구하는 소송을 제기할 수 있다(제186조 제1항, 제3항).

거절결정에 대한 심판에서 확정된 심결에 대해 일사부재리 원칙이 적용되는지에 대하여는 본 장 「제2절 심판절차 일반 III. 심판의 종료 3 일사부재리」에서 설명하였다.

II. 특허취소신청에 대한 결정(제132조의2 이하)

1 의의

제132조의2 내지 제132조의15는 누구든지 특허권의 설정등록일부터 등록공고일 후 6개월이 되는 날까지 그 특허가 선행기술정보에 기초한 특허취소이유인 제132조의 2 제1항에 정한 취소사유의 어느 하나에 해당하는 경우에 특허심판원장에게 특허취소신청을 할 수 있도록 하여 특허취소신청 제도를 인정하고 있다.

실용신안법도 누구든지 실용신안권의 설정등록일부터 등록공고일 후 6개월이 되는 날까지 그 실용신안등록이 실용신안법 제30조의2 제1항 각 호의 어느 하나에 해당하는 경우에는 특허심판원장에게 실용신안등록취소신청을 할 수 있다고 하여 취소신청 제도를 인정하고 있고 실용신안법 제30조의3은 실용신안등록취소신청의 심리 · 결정 등에 관하여 특허법 제132조의3부터 제132조의15까지의 규정을 준용하도록 하고 있다. 아래에서는 특허취소신청을 중심으로 설명한다.

특허취소신청제도는 특허등록 후 6개월 내에 공중에게 특허의 재검토를 요구하는

불명인 경우를 들고 있다.

81) 심판편람 제21편 제9장 3.나.는 그 예로서 의견 진술의 기회를 주지 않고 거절결정을 한 경우(제170조 제1항, 제63조)를 들고 있다.

기회를 부여하고 제3자의 취소신청이 있는 경우 등록된 특허를 신속히 재검토하여 흠이 있는 특허를 조기에 시정, 검증함으로써 권리의 안정성을 꾀하는 것을 목적으로 2016. 2. 29. 법률 제14035호로 개정된 법(시행일 2017. 3. 1.)에서 신설되어 위 개정법 시행 이후 설정등록된 특허권부터 적용된다(부칙 제10조).

2 무효심판제도와의 비교[82)]

	특허취소신청	무효심판
제도 취지	특허권의 조기 안정화	당사자간의 분쟁해결
절차	결정계 유사 절차(취소신청인이 제기하나 이후 특허청과 특허권자 등 권리자)	당사자계 절차(심판청구인과 특허권자 등 권리자)
청구인 적격	누구나	이해관계인 또는 심사관
신청 또는 청구기간	설정등록일부터 등록공고일 후 6개월 까지(권리 소멸후에는 불가함)	설정등록 후 언제나(권리 소멸 후에도 가능함)
취하	청구항 별로 가능함 결정등본이 송달되기 전까지(취소 이유 통지 후에는 불가함)	청구항 별로 가능함 심결이 확정되기 전(답변서 제출 후에는 상대방의 동의가 필요함)
취소이유 또는 무효사유	제29조(신규성, 진보성, 확대된 선출원), 제36조(선출원)	제133조 제1항(신규성, 진보성, 기재불비, 모인출원, 공동출원 위반, 권리향유위반, 조약 위반 등)
심리방식	서면심리	서면심리 및 구술심리
복수 사건의 심리	(원칙) 병합 심리	(원칙) 사건별 심리
결정 · 심결	취소결정, 기각 또는 각하	무효, 기각 또는 각하
불복 소제기	취소결정, 심판장의 신청서 각하결정에 대해서는 특허청장을 피고로 특허법원에 불복의 소 제기(다만 기각결정, 합의체의 각하결정에 대해서는 불복 불가)	청구인 및 피청구인 모두 상대방을 피고로 하여 특허법원에 불복의 소 제기

82) 심판편람 제24편 제1장 1.의 도표 내용을 인용하였다.

3 특허취소신청의 대상과 취소이유

가. 특허취소신청의 대상

특허취소신청제도가 2016. 2. 29. 법률 제14035호로 개정된 법(시행일 2017. 3. 1.)에서 신설되었기에 취소신청의 대상이 되는 것은 2017. 3. 1. 이후 설정등록된 특허발명이다. 특허발명의 청구항이 둘 이상인 경우에는 청구항마다 취소신청을 할 수 있으나(제132조의2 제1항 각 호 외의 부분 후문), 소멸된 특허에 대하여도 무효심판을 제기할 수 있는 것과 달리 소멸된 특허권에 대해서는 특허취소신청을 할 수 없다.

나. 특허취소신청의 취소이유

특허취소신청의 이유는 제29조의 신규성, 진보성, 확대된 선출원[같은 조 제1항 제1호에 해당하는 경우(공지 · 공연)와 같은 호에 해당하는 발명에 의하여 쉽게 발명할 수 있는 경우는 제외한다]에 위반된 경우(제1호)이거나 제36조(선출원) 제1항부터 제3항까지의 규정에 위반된 경우(제2호)에 위반된 경우에 한정된다(제132조의2 제1항).

제29조의 산업상 이용가능성 위반 여부가 포함되는지가 문제될 수 있으나 특허취소신청의 심리 대상은 선행기술 정보에 기초한 특허취소이유를 포함하고 있어야 하는데 산업상 이용가능성은 선행기술 정보에 기초한 특허취소이유가 아니므로 심리대상에서 제외된다.[83)]

특허공보에 게재되고 제87조 제3항 제7호[제63조 제1항 각 호 외의 부분 본문에 따라 통지한 거절이유에 선행기술에 관한 정보(선행기술이 적혀 있는 간행물의 명칭과 그 밖에 선행기술에 관한 정보의 소재지를 말한다)가 포함된 경우 그 정보]에 따른 선행기술에 기초한 이유로는 특허취소신청을 할 수 없다(제132조의2 제2항). 그러나 다른 선행기술과 결합하여 진보성을 부정하는 근거로는 사용할 수 있다.

4 특허취소신청인 등 및 특허취소신청서

가. 신청인 · 신청기간

특허취소신청은 누구나 할 수 있다. 구체적으로 자연인, 법인 및 법인이 아닌 사단 또는 재단으로서 대표자 또는 관리인이 정해져 있어야 하고 제132조의4의 규정에 비추어 익명으로는 취소신청을 할 수 없다.

---

83) 심판편람 제24편 제2장 제2절.

나. 특허취소신청서 기재 · 제출

특허취소신청을 하려는 자는 ① 신청인의 성명 및 주소(법인인 경우에는 그 명칭 및 영업소의 소재지), ② 대리인이 있는 경우에는 그 대리인의 성명 및 주소나 영업소의 소재지[대리인이 특허법인 · 특허법인(유한)인 경우에는 그 명칭, 사무소의 소재지 및 지정된 변리사의 성명], ③ 특허취소신청의 대상이 되는 특허의 표시, ④ 특허취소신청의 이유 및 증거[84]의 표시의 사항을 적은 특허취소신청서를 특허심판원장에게 제출하여야 한다(제132조의4 제1항 제1호 내지 제4호).

특허취소신청서의 보정은 그 요지를 변경할 수 없다(제132조의4 제2항 본문). 다만 특허취소신청을 할 수 있는 정해진 기간(등록공고일 후 6개월)까지 또는 취소이유의 통지가 있는 경우 중 빠른 때까지 하는 보정의 경우에는 이유 및 증거의 추가 변경이 인정된다(제132조의4 제2항 단서).

심판장은 특허취소신청이 있으면 그 신청서의 부본을 특허권자에게 송달하여야 하고. 그 특허취소신청 사실을 해당 특허권의 전용실시권자나 그 밖에 그 특허에 관하여 등록을 한 권리를 가지는 자에게 알려야 한다(제132조의4 제3항, 제4항).

그 밖에 취소신청서 기재에 대하여는 본 장 「제2절 심판절차 일반 I. 심판청구서 제출 1 당사자 및 청구방식 나. 심판청구서 기재사항 2) 심판청구서 기재 주요 사항」을 참고한다.

다. 특허취소신청서 등의 보정 · 각하

당사자는 특허취소신청의 보정을 언제든지 할 수 있지만 그 요지를 변경할 수 없다(제132조의4 제2항 본문). 다만 제132조의2 제1항에 따른 기간(그 기간 중 제132조의13 제2항에 따른 통지가 있는 경우에는 통지한 때까지로 한정한다)에 신청서 기재사항 중 특허취소신청의 이유 및 증거의 표시를 보정하는 것은 요지변경으로 보지 아니한다(제132조의4 제2항 단서).

그 밖에 특허취소신청의 보정과 요지변경의 일반적인 내용에 대하여는 「제2절 심판절차 일반 I. 심판청구서 제출 2 심판청구서의 보정과 요지변경」에서 설명하였다.

제132조의7 제1항에 따른 합의체는 부적법한 특허취소신청으로서 그 흠을 보정할 수 없을 때에는 제132조의4 제3항에도 불구하고 특허권자에게 특허취소신청서의 부본을 송달하지 아니하고(제132조의6 제1항), 결정으로 그 특허취소신청을 각하할 수 있고, 이에 따라 심판관 합의체가 내린 각하결정에 대해서는 불복할 수 없다(제132조의6

84) 제132조의2의 규정을 고려하면 특허취소신청의 증거 방법은 문서에 한정된다.

제2항).

특허취소신청이 있은 후 특허권이 무효심결 등으로 소급하여 소멸한 경우에도 그 흠을 보정할 수 없으므로 합의체가 결정으로 각하한다. 다만 특허취소신청이 있은 후 권리소멸사유 발생시점부터 권리가 소멸하는 이유(예를 들면 권리 포기, 외국인의 권리능력 등)로 특허권이 소멸하는 경우에는 취소결정의 소급효에 의해 권리의 설정등록 시부터 권리소멸 시까지의 특허권의 효력을 없앨 수 있는 실익이 있으므로 특허취소신청을 각하하지 않고 심리를 진행하여 취소신청에 대한 결정을 한다.

심판장은 특허취소신청서가 ① 제132조의4 제1항(같은 항 제4호는 제외한다)을 위반한 경우, ② 특허취소신청에 관한 절차가 제3조 제1항 또는 제6조를 위반한 경우, 특허법 또는 특허법에 따른 명령으로 정하는 방식을 위반한 경우, 제82조에 따라 내야 할 수수료를 내지 아니한 경우의 어느 하나에 해당하는 경우에는 기간을 정하여 그 보정을 명하여야 한다(제132조의5 제1항).

심판장은 이에 따른 보정명령을 받은 자가 지정된 기간에 보정을 하지 아니하거나 보정한 사항이 제132조의4 제2항을 위반한 경우에는 특허취소신청서 또는 해당 절차와 관련된 청구 또는 신청 등을 결정으로 각하하여야 한다(제132조의5 제2항). 이에 따른 각하결정은 서면으로 하여야 하며, 그 이유를 붙여야 한다(제132조의5 제3항). 심판장이 한 특허취소신청서의 각하결정에 대하여 불복이 있을 때는 특허법원에 소송을 제기할 수 있다(제186조 제1항).

심판관 합의체는 특허취소신청이 제132조의2 제1항 각 호의 특허취소이유 중 어느 하나에 해당하지 아니하거나 같은 조 제2항을 위반한 것으로 인정되는 경우에는 결정으로 그 특허취소신청을 기각하여야 한다(제132조의13 제4항). 이에 따른 기각결정에 대해서는 불복할 수 없다(제132조의13 제5항).

5 심리(참가 등 포함)

특허취소신청은 심리의 공평성, 독립성 및 정확성을 충분히 담보하기 위하여 3명 또는 5명의 심판관으로 구성되는 합의체가 심리하여 결정한다(제132조의7). 합의체 및 이를 구성하는 심판관에 관하여는 제143조(심판관), 제144조(심판관의 지정), 제145조(심판장), 제146조(심판의 합의체) 제2항 · 제3항, 제148조(심판관의 제척), 제149조(제척신청), 제150조(심판관의 기피), 제151조(제척 또는 기피의 소명), 제152조(제척 또는 기피 신청에 관한 결정), 제153조(심판절차의 중지) 및 제153조의2(심판관의 회피)를 준용한다. 이 경우 제148조 제6호 중 "심결"은 "특허취소결정"으로 본다(제132조의7 제2항).

특허취소신청에 관한 심리는 서면으로 한다(제132조의8 제1항).[85] 이에 따라 특허취소신청에 대한 심리는 특허취소신청인이 제출한 취소이유 및 증거에 대해 특허권자가 답변하는 것이 아니라 심판장이 통지한 취소이유에 대해 특허권자가 의견서 등을 제출하는 방법으로 진행된다.

공유인 특허권의 특허권자 중 1인에게 특허취소신청절차의 중단 또는 중지의 원인이 있으면 모두에게 그 효력이 발생한다(제132조의8 제2항).

특허권에 관하여 권리를 가진 자 또는 이해관계를 가진 자는 특허취소신청에 대한 결정이 있을 때까지 특허권자를 보조하기 위하여 그 심리에 참가할 수 있으므로(제132조의9 제1항), 권리자 측의 보조참가만 허용되고 당사자참가는 허용되지 않으며, 참가에 관하여는 심판에 관한 제155조(참가) 제4항 · 제5항 및 제156조(참가의 신청 및 결정)를 준용한다(제132조의9 제2항).

심판관은 특허취소신청에 관하여 특허취소신청인, 특허권자 또는 참가인이 제출하지 아니한 이유에 대해서도 심리할 수 있어(제132조의10 제1항[86]) 특허취소신청 이유에서 신규성 적용이 주장된 경우에도 심판관은 진보성에 대해 판단할 수 있다. 또한 신청인이 제출하지 않은 증거도 채택할 수는 있으나 특허취소신청기간이 지난 후에 제출된 증거자료는 특별한 사정이 없는 한 심리에 반영하지 않는다.[87]

심판관은 특허취소신청에 관하여 특허취소신청인이 신청하지 아니한 청구항에 대해서는 심리할 수 없다(제132조의10 제2항).

심판관 합의체는 하나의 특허권에 관한 둘 이상의 특허취소신청에 대해서는 특별한 사정이 있는 경우를 제외하고는 그 심리를 병합하여 결정하여야 한다(제132조의11 제1항). 심판관 합의체는 특허취소신청의 심리에 필요하다고 인정하는 경우에는 위 제1항에 따라 병합된 심리를 분리할 수 있다(제132조의11 제2항).

특허취소신청의 취하는 제132조의14 제2항에 따라 결정등본이 송달되기 전까지만 할 수 있다. 다만 제132조의13 제2항에 따라 특허권자 및 참가인에게 취소이유가

---

85) 통상의 심판이 구술심리 또는 서면심리로 하는 것과 다르다. 다만 취소신청인의 신청에 따라 또는 심판관 직권으로 특허취소신청 이유와 관련하여 취소신청인과 면담을 개최할 수 있고 특허권자에게 취소이유가 통지된 때에는 특허권자의 신청에 따라 또는 심판관 직원으로 특허권자와 기술설명회를 개최할 수 있다, 심판편람 제24편 제7장 3.

86) 통상의 심판에서는 당사자 또는 참가인이 신청하지 아니한 이유에 대해서도 심리할 수 있으나 이 경우 당사자 및 참가인에게 기간을 정하여 그 이유에 대하여 의견을 진술할 수 있는 기회를 주어야 하는데(제159조), 제132조의10 제1항에서 이러한 의견진술기회 부여에 관한 규정은 없고 심판장이 특허취소결정을 하려는 때에 특허권자 및 참가인에게 특허의 취소이유를 통지하고 기간을 정하여 의견서를 제출할 기회를 주도록 되어 있다(제132조의13 제2항).

87) 심판편람 제24편 제7장 제1절 2.나.

통지된 후에는 취하할 수 없다(제132조의12 제1항). 결정등본의 송달 후에도 취하할 수 있도록 하면 특허의 하자 여부에 대한 판단결과를 활용하지 못하게 되고 흠이 있는 특허권을 방치하는 결과를 가져와 공익적인 관점에서 바람직하지 않기 때문이다.[88]

둘 이상의 청구항에 관하여 특허취소신청이 있는 경우에는 대한 청구항마다 취하할 수 있고(제132조의12 제2항), 위 제1항 또는 제2항에 따른 취하가 있으면 그 특허취소신청 또는 그 청구항에 대한 특허취소신청은 처음부터 없었던 것으로 본다(제132조의12 제3항).

특허취소신청의 심리에 관하여는 제147조(답변서 제출 등) 제3항, 제157조(증거조사 및 증거보전), 제158조(심판의 진행), 제164조(소송과의 관계)를 준용한다(제132조의15).[89]

심판관 합의체는 특허취소신청이 제132조의2 제1항 각 호의 특허취소이유 중 어느 하나에 해당하지 아니하거나 같은 조 제2항을 위반한 것으로 인정되는 경우에는 "특허 제OO호의 청구범위 제1항 및 제2항에 대한 취소신청을 기각한다."와 같이 결정으로 그 특허취소신청을 기각하여야 한다(제132조의13 제4항). 이에 따른 기각결정에 대해서는 불복할 수 없다(제132조의13 제5항). 역으로 특허취소신청이 제132조의2 제1항 각 호의 특허취소이유 중 어느 하나에 해당하거나 같은 조 제2항을 위반하지 않은 것으로 인정되는 경우에는 "특허 제OO호를 취소한다."와 같이 특허취소신청을 인용한다.

취소결정이 특허법원에 의해 취소된 사건에 대해서는 통상의 취소확정판결에 따른 심판과 마찬가지로 다시 취소신청사건번호를 부여하여 심리한다. 특허법원의 판단근거가 된 이유와 다른 이유로 특허를 취소해야 한다고 판단될 때는 다시 취소이유를 통지한다. 취소해야 할 이유를 구성하지 못할 때는 취소신청을 기각하는 결정을 한다.[90]

6 특허취소신청에서의 정정청구

가. 정정할 수 있는 범위 · 청구방식 등

특허취소신청절차가 진행 중인 특허에 대한 특허권자는 ① 청구범위를 감축하는 경우, ② 잘못 기재된 사항을 정정하는 경우, ③ 분명하지 아니하게 기재된 사항을 명확하게 하는 경우의 어느 하나에 해당하는 경우에만 제132조의13 제2항에 따라 지정된 기간에 특허발명의 명세서 또는 도면에 대하여 정정청구를 할 수 있다(제132조의3

88) 심판편람 제24편 제5장 제2절.
89) 이들 내용에 대하여는 본 장 「제2절 심판절차 일반 II. 심리」의 해당 조문 설명 부분 참조.
90) 심판편람 제24편 제7장 제1절 6.

제1항).

특허청구범위에 대한 정정의 경우에 정정요건을 충족하는지의 여부는 각각의 정정사항마다(복수의 청구항인 경우에는 해당 정정사항이 포함되는 청구항마다) 정정요건(제136조 제1항, 제3항, 제4항)의 적법성을 판단한다.

다만 특허취소신청된 청구항에 대해서는 독립특허요건(정정한 후의 발명이 특허 출원시 특허를 받을 수 있을 것, 제136조 제5항)을 판단하지 않고(제132조의3 제6항), 다른 정정요건에 적합하면 정정을 인정한 다음 심리한다. 한편 특허취소신청이 제기되지 않은 청구항에 대한 정정에 대해서는 다른 정정요건과 함께 독립특허요건을 판단한다.

위 정정청구에 관하여는 제136조(정정심판) 제3항부터 제6항까지, 제8항, 제10항부터 제13항까지, 제139조(공동심판의 청구 등) 제3항 및 제140조(심판청구방식) 제1항 · 제2항 · 제5항을 준용한다. 이 경우 제136조 제11항 중 "제162조 제3항에 따른 심리의 종결이 통지되기 전(같은 조 제4항에 따라 심리가 재개된 경우에는 그 후 다시 같은 조 제3항에 따른 심리의 종결이 통지되기 전)"는 "제132조의13 제2항 또는 제136조 제6항에 따라 지정된 기간에"로 본다(제132조의3 제3항).

이에 따라 정정청구가 정정요건에 적합하지 않을 때는 정정불인정이유를 통지한다(제132조의3 제3항, 제136조 제6항). 특허권자는 정정불인정이유 통지에 대응하여 정정청구서에 첨부된 정정명세서 또는 도면에 대해 보정할 수 있다(제132조의3 제3항, 제136조 제10항).

정정을 인정하는 취지의 특허취소신청에 대한 결정이 확정되었을 때에는 정정명세서 등에 의해 특허출원, 출원공개, 특허결정 또는 심결 및 특허권의 설정등록이 된 것으로 본다(제132조의3 제3항, 제136조 제10항). 정정청구서는 사건이 심판원에 계속 중인 때에 보정할 수 있으나, 정정청구서에 첨부한 정정 명세서 또는 도면에 대한 보정은 취소이유통지에 대한 의견서 제출기간, 정정불인정이유 통지에 대한 의견서 제출기간에만 할 수 있다(제132조의3 제3항, 제136조 제11항).

특허발명의 명세서 또는 도면의 정정을 인정한다는 취지의 결정 또는 심결이 확정된 경우에 특허청장은 결정에 따른 새로운 특허증을 발급하여야 한다(제86조 제3항 제1호).

나. 정정청구의 취하

여러 차례의 정정청구를 하였을 때에는 해당 특허취소신청절차에서 그 정정청구 전에 한 정정청구는 취하된 것으로 본다(제132조의3 제2항).

정정청구의 취하는 제132조의3 제1항에 따라 정정을 청구할 수 있도록 지정된 기간과 그 기간의 만료일부터 1개월 이내의 기간, 제3항에서 준용하는 제136조 제6항에 따라 지정된 기간의 어느 하나에 해당하는 기간에만 취하할 수 있다(제132조의3 제4항).

7 특허취소신청에 대한 결정

취소신청된 모든 청구항에 대해서 청구항마다 특허를 취소 또는 기각을 결정한다.

심판관 합의체는 특허취소신청이 이유 있다고 인정되는 때에는 그 특허를 취소한다는 취지의 결정(이하 특허취소결정이라 한다)을 하여야 한다(제132조의13 제1항).

심판장은 특허취소결정을 하려는 때에는 특허권자 및 참가인에게 특허의 취소이유를 통지하고 기간을 정하여 의견서를 제출할 기회를 주어야 한다(제132조의13 제2항).

특허취소신청에서 정정청구가 있는 경우에 정정청구를 인정할 때는 인정하는 취지를 결정의 주문으로 기재함과 동시에 결정이유에서 그 이유를 기재하고, 정정청구를 인정하지 않을 때는 인정하지 않는 취지를 주문에는 기재하지 않고, 결정이유에 인정하지 않는 취지 및 그 이유를 기재한다.

심판관 합의체는 특허취소신청이 제132조의2 제1항 각 호의 어느 하나에 해당하지 아니하거나 같은 조 제2항을 위반한 것으로 인정되는 경우에는 결정으로 그 특허취소신청을 기각하여야 한다(제132조의13 제4항). 이에 따른 기각결정에 대해서는 불복할 수 없다(제132조의13 제5항).

특허취소신청에 대한 결정은 ① 특허취소신청사건의 번호, ② 특허취소신청인, 특허권자 및 참가인의 성명 및 주소(법인인 경우에는 그 명칭 및 영업소의 소재지), 대리인이 있는 경우에는 그 대리인의 성명 및 주소나 영업소의 소재지[대리인이 특허법인 · 특허법인(유한)인 경우에는 그 명칭, 사무소의 소재지 및 지정된 변리사의 성명], 결정에 관련된 특허의 표시, 결정의 결론 및 이유, 결정연월일의 사항을 적은 서면으로 하여야 하며, 결정을 한 심판관은 그 서면에 기명날인하여야 한다(제132조의14 제1항).

특허취소신청의 결정에 관하여는 제165조(심판비용) 제3항부터 제6항까지 및 제166조(심판비용액 또는 개가에 대한 집행권원)를 준용한다(제132조의15).

심판장은 특허취소신청에 대한 결정이 있는 때에는 그 결정의 등본을 특허취소신청인, 특허권자, 참가인 및 그 특허취소신청에 대한 심리에 참가를 신청하였으나 그 신청이 거부된 자에게 송달하여야 한다(제132조의14 제2항).

특허취소결정이 확정된 때에는 그 특허권은 처음부터 없었던 것으로 본다(제132조의13 제3항). 특허발명의 실시에 대한 보상금지급청구권도 같다(제65조 제6항).

특허취소신청에 있어서는 무효심판의 심결에 대한 일사부재리의 규정과 같은 규정은 마련되지 않아 일사부재리 효과는 발생하지 않는다. 또한 특허취소신청과 무효심판과의 사이에 있어서도 일사부재리 효과는 발생하지 않는다.

취소 결정, 심판장의 특허취소신청서 각하결정에 대해서는 특허권자 참가인 또는 참가신청이 거부된 자는 특허법원에 소송을 제기할 수 있고, 기각결정 및 합의체의 특허취소신청의 각하 결정에 대해서는 불복의 소를 제기할 수 없다.

확정된 취소 결정에 대해 당사자는 재심을 청구할 수 있다(제178조 제1항). 취소된 특허권이 재심에 의하여 회복된 특허권의 효력과 관련하여 제181조(재심에 의하여 회복한 특허권의 효력 제한), 제182조(재심에 의하여 회복한 특허권에 대한 선사용자의 통상실시권)가 규정되어 있다.

제4절 정정심판(제136조)

I. 정정심판의 의의 · 취지 · 성격

정정심판이란 특허권이 설정등록된 후 특허청구범위가 너무 광범위하게 기재되어 있거나 명세서 또는 도면에 잘못된 기재 또는 분명하지 아니하게 기재된 경우 이를 정정하기 위해 특허권자가 제기하는 심판을 말한다. 명세서에 기재된 위와 같은 하자를 방치해 둠으로써 특허권이 무효로 될 우려가 있는 경우에 대비하여 특허권자를 보호함과 아울러 제3자가 예측하지 못했던 불이익을 입게 되어 법적 안정성을 해치지 않도록 하기 위한 것이다.

2001. 2. 3. 법률 제6411호로 개정된 구 특허법에서 정정청구공고제도 및 정정이의신청제도를 폐지하여 2001. 7. 1. 이후에 출원되어 등록된 특허에 대하여는 무효심판이 청구되어 심판원에 계속 중인 때에는 정정심판을 청구할 수 없고 이의신청 또는 무효심판에서 정정청구를 하여야 하되, 무효심판의 심결에 대한 취소소송이 제기된 후에는 원칙적으로 정정심판을 청구할 수 있다.

2016. 2. 29. 법률 제14035호로 개정된 특허법(시행일 2017. 3. 1.)에서 특허취소신청 제도가 신설되어 특허취소신청이 특허심판원에 계속 중인 때부터 그 결정이 확정될 때까지의 기간에는 정정심판을 청구할 수 없도록 하였다(아울러 해당 특허에 대하여 특허무효심판의 심결 또는 정정무효심판의 심결에 대한 소가 특허법원에 계속 중인 경우에는 특허법원에서 변론이 종결된 날까지 정정심판청구는 가능, 제136조 제2항 제1호).

특허법은 등록 전에는 보정절차를 통하여(제47조), 등록 후에는 정정절차를 통하여(제132조의3, 제133조의2, 제136조, 제137조 제3항) 일정 내용을 바꿀 수 있도록 하되 제3자와의 이해관계를 조정하기 위하여 그 범위와 한계를 엄격히 제한하고 있다. 본 조의 정정심판에 관한 규정은 특허무효심판절차에서의 정정청구(제133조의2), 정정무효심판절차에서의 정정청구(제137조 제3항) 및 실용신안법상 등록고안의 정정에도 준용된다(실용신안법 제33조).

정정심판은 특허권자가 특허청장을 피신청인으로 하여 심판을 청구한다는 점에서 결정계 심판에 속한다.

II. 심판청구

1 청구인 · 피청구인

정정심판 청구인은 청구 당시 등록원부상의 특허권자이다(제136조 제1항). 다만 특허권에 대한 권리가 양도되고 특허권이 소멸된 후 정정심판을 청구하는 경우에는 특허권 소멸 당시의 특허권자만 정정심판을 청구할 수 있고 권리 양도 이전의 구 특허권자는 정정심판을 청구할 수 없다.

특허권이 공유인 경우에는 공유자 전원이 공동으로 청구하여야 한다(제139조 제3항). 전용실시권자, 질권자 또는 제100조 제4항, 제102조 제1항 및 발명진흥법 제10조 제1항에 따른 통상실시권자가 있는 경우에는 이들의 동의를 받아야만 정정심판을 청구할 수 있다(제136조 제8항).

정정심판의 피청구인은 특허청장이다.

2 청구시기

정정심판청구는 등록된 특허를 정정하는 것이므로 특허권의 설정등록 후에 할 수 있다.

특허취소신청이 특허심판원에 계속 중인 때부터 그 결정이 확정될 때까지의 기간 중에는 정정심판을 할 수 없다. 다만 특허무효심판의 심결 또는 정정의 무효심판의 심결에 대한 소가 특허법원에 계속 중인 경우에는 특허법원에서 변론이 종결(변론 없이 한 판결의 경우에는 판결의 선고를 말한다)된 날까지 정정심판을 청구할 수 있다(제136조 제2항 제1호). 그리고 특허의 무효심판이 특허심판원에 계속되고 있는 경우에는 정정심판을 할 수 없고(제136조 제2항 제2호), 그 무효심판 절차에서 정정청구를 하여야 한다.

여기서 특허심판원에 계속 중인 경우라 함은 특허무효심판(정정의 무효심판, 특허취소신청 포함)의 청구서 부본이 특허권자에게 송달된 때부터 심결된 때까지를 말한다.

정정심판청구는 특허권이 소멸된 후에도 할 수 있지만, 특허취소결정이 확정되거나 특허를 무효(제133조 제1항 제4호에 의한 무효는 제외)로 한다는 심결이 확정된 후에는 청구할 수 없다(제136조 제7항). 특허취소결정이 확정되거나 위 제133조 제1항 제4호를 제외한 무효사유에 근거한 특허무효심결이 확정되었을 때에는 특허권은 처음부터 존재하지 아니한 것으로 보므로(제133조 제3항), 무효로 된 특허의 정정을 구하는 심판은 그 정정의 대상이 없어지게 되어 그 정정을 구할 이익이 없기 때문이다.

3 심판청구대상

정정심판청구는 특허발명의 명세서 및 도면에 대하여 할 수 있다(제136조 제1항). 여기서 특허발명의 명세서와 도면은 특허권설정등록 시의 것을 말하는데 해당 정정심판의 심결 전에 다른 정정심판 또는 정정청구의 확정심결이 있을 때에는 그 정정된 명세서와 도면이 기준이 된다.

특허권자가 특허발명의 명세서 또는 도면에 대하여 정정을 청구할 수 있는 범위는 제136조 제1항, 제3항 내지 제5항에 규정되어 있다.

4 심판청구서 기재사항 등 절차

심판청구서에 기재할 사항은 본 장 「제2절 심판절차 일반 I. 심판청구서 제출 1 당사자 및 청구방식 나. 심판청구서 기재사항」에서 설명하였다.

심판관은 정정심판청구가, 제136조 제1항 각 호의 어느 하나에 해당하지 아니한 경우(제1호), 제136조 제3항에 따른 범위를 벗어난 경우(제2호), 제136조 제4항 또는 제5항을 위반한 경우(제3호)의 어느 하나에 해당한다고 인정하는 경우에는 청구인에게 그 이유를 통지하고, 기간을 정하여 의견서를 제출할 수 있는 기회를 주어야 한다(제136조 제6항).

이러한 의견서 제출 기회를 부여하도록 함은 정정청구에 대한 심사의 적정을 기하고 심사제도의 신용을 유지하기 위한 공익상의 요구에 기인하는 이른바 강행규정이므로 심사관 합의체가 정정 후의 청구항에 특허무효사유가 있다는 이유로 정정심판절차에서 특허권자에게 의견서 제출 기회를 부여한 바 없다면 이는 위법하고, 그 후 불복심판절차에서 특허권자가 정정 후의 특허청구범위에 특허무효사유가 없다는 취지의 주장을 하였다고 하더라도 정정심판절차에서의 위 위법상태가 제거되지 않는다.

정정심판에는 제147조(답변서 제출 등) 제1항 · 제2항, 제155조(참가) 및 제156조(참가의 신청 및 결정)를 적용하지 아니한다(제136조 제9항).

청구인은 제162조 제3항에 따른 심리의 종결이 통지되기 전(같은 조 제4항에 따라 심리가 재개된 경우에는 그 후 다시 같은 조 제3항에 따른 심리의 종결이 통지되기 전)에 제140조 제5항에 따른 심판청구서에 첨부된 정정한 명세서 또는 도면에 대하여 보정할 수 있다(제136조 제11항). 위와 같은 정정명세서 또는 도면에 관한 보정은 정정청구취지의 요지를 변경하지 않는 범위 내에서만 허용되고, 이는 제133조의2 제4항에 의하여 특허무효심판 절차에서의 정정청구에도 그대로 준용된다.

그런데 이러한 정정명세서 또는 도면의 보정제도는 등록된 특허발명에 대한 정정의 개념을 제대로 이해하지 못한 특허권자가 명세서나 도면의 일부분만을 잘못 정정하였음에도 불구하고 정정청구 전체가 인정되지 않게 되는 것을 방지하기 위하여 도입된 제도로서, 실질적으로 새로운 정정청구에 해당하는 정정명세서 또는 도면의 보정을 허용하게 되면 정정청구의 기간을 제한한 특허법의 취지를 몰각시키는 결과가 되고, 정정청구가 받아들여질 때까지 정정명세서 또는 도면의 보정서 제출이 무한히 반복되어 행정상의 낭비와 심판절차의 지연이 초래될 우려가 있는 점을 고려할 때, 정정명세서 또는 도면에 관한 보정은 당초의 정정사항을 삭제하거나 정정청구의 내용이 실질적으로 동일하게 되는 범위 내에서 경미한 하자를 고치는 정도에서만 정정청구취지의 요지를 변경하지 않는 것으로서 허용된다고 보아야 한다.[91]

5 정정심판청구의 허용 범위

가. 특허청구범위 감축, 잘못된 기재의 정정 또는 분명하지 않은 기재를 명확하게 하는 것일 것

1) 특허청구범위를 감축하는 경우

특허청구범위의 감축은 특허청구범위의 각 청구항마다 그 내용, 범위, 성질 등을 감축하는 것이다. 특허청구범위의 감축은 특허청구범위의 내용이 공지기술을 포함하고 있어서 특허가 무효로 되거나 취소될 위험이 있는 경우에 청구항의 기재사항을 한정하는 경우 등에 인정된다. 구체적으로 정정이 허용되는 경우로는 택일적 기재의 삭제, 구성요소의 직렬적 부가(A+B에서 A+B+C로 되는 경우, 다만 실질적 변경 가능성이 있음), 상위개념으로부터 하위개념으로의 변경, 청구항 삭제 등이다.

2) 잘못된 기재를 정정하는 경우

잘못된 기재의 정정이란 명세서 또는 도면에 기재된 내용 중 착오 등으로 명확하지 않게 기재된 것을 명세서 또는 도면에 기재된 내용 본래의 의미를 나타내도록 내용의 자구, 어구를 바르게 고치는 것으로, 명세서와 도면 전체의 기재와 해당 기술분야의 기술상식 등에 비추어 보아 명백히 잘못 기재된 것을 본래의 올바른 기재로 고치는 것

---

91) 대법원 2007. 10. 25. 선고 2005후2526 판결, 대법원 2013. 2. 28. 선고 2011후3643 판결(정정청구에서 삭제되지 않고 남아 있던 화합물 일부를 추가로 삭제하는 내용으로 정정명세서를 보정한 것은 정정청구취지의 요지를 변경하는 보정에 해당하여 부적법하다고 한 사례) 참조.

을 말한다. 예컨대, 청구항 중의 기재가 그 자체로서 혹은 특허명세서 중의 다른 기재와 관련하여 잘못된 기재임이 명백하고 특허명세서의 기재로부터 그 의미가 정정하고자 하는 내용으로 직접적이고 명확하게 나타나는 경우에 있어 그 잘못된 기재를 바르게 기재하는 정정을 말한다.[92)]

다만 이러한 정정은 다른 정정사항과 달리 최초 출원 명세서 등에 기재된 사항 범위 내에서만 할 수 있다.

3) 분명하지 아니한 기재를 명확하게 하는 경우

분명하지 아니한 기재를 명확하게 하는 것은 명세서 또는 도면의 기재내용 자체의 의미가 분명하지 아니한 경우 혹은 특허명세서 또는 도면의 다른 기재와 불일치되어 분명하지 아니한 기재 등 명세서 및 도면에 생기는 기재상의 불비를 정정하여 그 본래의 의미를 명확하게 하는 것을 말한다.

이와 달리 청구범위에 기재되어 있지 아니한 사항이 발명의 설명에 포함되어 있다고 하여 발명의 설명과 청구범위가 일치하지 아니하거나 모순이 있는 경우라고 보기도 어려워 이를 발명의 설명에서 삭제하는 것은 '분명하지 아니한 기재를 명확하게 하는 경우'에 해당하지 않는다.[93)]

나. 특허발명의 명세서 또는 도면에 기재된 사항의 범위 내일 것(신규사항 추가 금지)

2001. 7. 1. 이후 출원된 특허 및 실용신안에 대해 위 3가지 사항과 관련된 정정

---

92) 대법원 2008. 4. 10. 선고 2006후572 판결은 원심 판시 정정사항 ①, ②는 이 사건 특허발명(특허번호 제398506호) 특허청구범위 제1항의 화학식 1 중 측쇄에 히드록시기(-OH) 또는 알킬에테르기(-O-$C_{1\sim12}$ 알킬)의 치환기를 갖는 화합물을 알킬에스테르기(-OCO-$C_{5\sim7}$ 알킬)의 치환기를 갖는 화합물로 정정한 것으로 명세서의 다른 기재에 비추어 볼 때 잘못된 기재를 정정하는 경우에 해당하지만, 정정 전의 특허청구범위에 기재된 에테르 결합으로 된 화학식 1은 그 자체로 분명한 화합물로서 명세서의 다른 기재를 참작하지 않으면 이해할 수 없는 성질의 것이 아니고 정정 후의 에스테르 결합으로 된 화합물과는 그 구조 및 화학적 성질이 전혀 상이하므로, 위 정정은 특허청구범위를 실질적으로 변경하는 경우에 해당한다고 하였다.
한편, 대법원 2009. 5. 28. 선고 2009후498 판결은 명칭이 "CMOS 공정만을 사용하여 설계된 반도체 신호처리장치를 갖는 적외선 리모콘 수신기"인 특허발명의 설명 중 도 9, 11과 관련된 설명 부분에서 비교기를 외피신호 검출회로의 한 부분으로 기재한 부분이 히스테리시스 비교기의 오기임을 통상의 기술자가 쉽게 알 수 있으므로, 이 부분을 히스테리시스 비교기에 대한 예인 것으로 바꾼 제2정정은 특허청구범위가 실질적으로 확장되거나 변경되는 경우에 해당하지 않는다고 하였다.

93) 대법원 2016. 11. 25. 선고 2014후2184 판결 참조.

심판에 의한 명세서 또는 도면의 정정은 특허발명의 명세서 또는 도면에 기재된 사항의 범위 내에서 이를 할 수 있다(제136조 제3항 본문). 다만, 제136조 제1항 제2호에 따라 잘못된 기재를 정정하는 경우에는 출원서에 최초로 첨부된 명세서 또는 도면에 기재된 사항의 범위에서 할 수 있다(제136조 제3항 단서).

여기서 최초로 첨부된 명세서 또는 도면에 기재된 사항이란 최초로 첨부된 명세서 또는 도면에 명시적으로 기재되어 있는 사항이거나 또는 명시적인 기재가 없더라도 그 발명이 속하는 기술분야에서 통상의 지식을 가진 사람이라면 출원 시의 기술상식에 비추어 보아 보정된 사항이 최초로 첨부된 명세서 또는 도면에 기재되어 있는 것과 마찬가지라고 이해할 수 있는 사항을 말한다.[94]

특허발명이 달성하는 효과, 이론, 실험데이터 등을 추가하는 것이거나 상위개념을 하위개념으로 정정하여 특허청구범위를 실질적으로 변경하지 않았다고 하더라도 그것이 특허발명의 명세서 또는 도면에 기재된 사항의 범위 내가 아니면 인정되지 않는다.

다. 실질적으로 특허청구범위를 확장하거나 변경하는 것이 아닐 것

제136조 제1항에 따른 명세서 또는 도면의 정정은 청구범위를 실질적으로 확장하거나 변경할 수 없다(제136조 제4항).

여기서 실질적으로 특허청구범위를 확장하거나 변경한다고 함은 특허청구범위의 기재를 정정하거나 발명의 설명 또는 도면을 정정함으로써 정정 전의 특허청구범위 전체와 대비하여 볼 때 특허청구범위를 확장하거나 변경하는 것이다.

여기서 특허청구범위의 확장에 해당하는 경우로는 구성요건의 삭제, 청구항의 추가, 실시례의 추가 등이 있고 특허청구범위의 변경에 해당하는 경우로는 카테고리의 변경, 대상의 변경, 명세서의 요지변경 등이 있다. 이때 특허청구범위의 기재에 변경이 없더라도 명세서의 발명의 설명이나 도면을 보정함으로써 특허청구범위에 기재된 기술적 내용이 실질적으로 변경될 수 있다.

실질적 확장 또는 변경인지 여부는 특허청구범위 자체의 형식적인 기재만이 아니라 발명의 설명을 포함하여 명세서 전체 내용과 관련하여 실질적으로 대비하여야 하므로,[95] 청구범위, 발명의 설명 및 도면 등 명세서 전체 내용을 기초로 하여 청구범위의 실질적인 내용을 파악한 후 이렇게 파악된 정정 전후의 청구범위를 대비하여 정정 후 청구범위의 내용이 정정 전 청구범위의 내용에 실질적으로 포함되어 있었는지를 판단한다.[96]

---

94) 대법원 2007. 2. 8. 선고 2005후3130 판결 참조.
95) 대법원 1989. 3. 28. 선고 87후63 판결, 대법원 2001. 12. 11. 선고 99후2815 판결 등 참조.
96) 대법원 2002. 10. 25. 선고 2002후543 판결은 정정으로 추가한 구성이 등록고안의 명세서나

예를 들어 발명의 명세서의 전체 기재 내용에 따르면, '히터코일(Ra)' 부분은 '전류에 의해 열을 발생시키는 고저항의 도선을 코일 형상으로 제작한 구조체'를 의미하는 것으로 볼 수밖에 없는데, 위 '히터코일(Ra)' 부분을 '히터에 공급되는 전원을 단속하는 릴레이를 구동하기 위하여 저저항의 도선을 철심에 코일 형상으로 감아 제작한 구조체'를 의미하는 '히터릴레이코일(Ra)' 또는 그 상위개념에 해당하는 '코일(Ra)'로 정정하는 것은 전혀 새로운 구성 및 효과를 갖게 하므로 청구범위의 실질적 변경에 해당한다.[97)]

그러나 특허청구범위의 정정이 특허청구범위의 감축에 해당되고, 기술적 해결 과제(목적)나 효과에 어떠한 변경이 있다고 할 수 없으며, 발명의 설명 및 도면에 기재되어 있는 내용을 그대로 반영한 것이어서 제3자에게 예기치 못한 손해를 끼칠 염려가 없는 경우에는 특허청구범위의 실질적인 변경에 해당되지 아니한다.[98)]

정정 전의 명세서 또는 도면의 기재에 따라서는 실시할 수 없던 발명이 정정 전의 명세서 또는 도면에 기재되지 않았던 신규의 기술방법을 기재함으로써 비로소 실시할 수 있게 되는 경우라면 특허청구범위를 확장, 변경하는 요지의 변경에 해당하여 그와 같은 정정은 허용될 수 없으나, 종전의 명세서 또는 도면에 신규의 기술방법을 기재하는 것이 아니라 단지 종래의 공지된 기술방법을 기재함에 불과하고, 특허발명도 이와 같은 기술방법에 의한 것임을 전제로 하고 있음이 명백한 경우는 불완전한 발명의 명세서 또는 도면의 잘못된 기재의 정정 또는 분명하지 아니한 기재를 명확하게 하는 경우에 해당하고, 이로 인하여 특허청구범위를 확장변경하는 요지의 변경을 가져오는 것은 아니다.[99)]

특허청구범위의 감축에 있어서는 정정이 특허청구범위에 기재된 발명의 구체적인 목적 범위 내에서 이루어진 감축으로 판단될 때에는 특허청구범위의 변경으로 보지 아니한다. 구 특허법 시행 당시에 감축 후 특허청구범위에 기재된 발명의 목적, 효과가

도면에 없는 새로운 사항으로 그 구성, 작용효과가 정정 전 청구범위의 그것들과 달라 해당 청구범위를 실질적으로 변경하는 것이라고 하였다.

한편 대법원 2010. 4. 29. 선고 2008후1081 판결은 명칭을 "면포걸레 청소기"로 하는 특허발명에 대한 특허무효심판절차에서 위 특허발명의 특허청구범위 제1항에 대하여 정정청구한 사안에서, 위 특허발명의 특허청구범위 제1항에 대한 원심 판시 제2 정정사항은 정정 전 위 특허발명의 명세서 중 발명의 설명과 도면에 있는 기술구성을 그대로 반영한 것일 뿐 정정 전의 명세서에 없던 새로운 구성을 특허청구범위에 추가한 것이라고 할 수 없으며, 또한 위와 같은 구성의 추가로 새로운 목적과 작용효과가 발생하였다고 할 수 없고, 제3자에게 예상하지 못한 손해를 입힐 염려가 있다고 볼 수도 없으므로, 위 제2 정정사항은 특허청구범위를 실질적으로 확장하거나 변경한 경우에 해당되지 아니한다고 하였다.

97) 대법원 2007. 6. 1. 선고 2006후2301 판결.
98) 대법원 2019. 2. 28. 선고 2016후403 판결.
99) 대법원 1986. 1. 21. 선고 85후67 판결 참조.

감축 전의 특허청구범위에 기재된 발명에 내재하거나, 그 전제로서 포함되거나, 구체적인 목적 범위 내에서 연장선상에 있는 경우는 특허청구범위의 변경으로 보지 아니하였다.[100] 다만 2007. 1. 3. 법률 제8197호로 개정된 특허법에서 종래 발명의 상세한 설명에 발명의 목적, 구성, 효과를 기재하도록 규정한 구 특허법 제42조 제3항을 폐지하고 '그 발명을 쉽게 실시할 수 있도록 산업자원부령이 정하는 기재방법에 따라 명확하고 상세히' 기재하도록 내용을 바꾸었으므로 이후에 출원된 특허에 대한 정정에 있어서 구체적인 목적 내의 감축 여부를 고려하는 실무는 더 이상 유지되기 어렵다.[101]

특허청구범위의 부가에는 청구범위에 기재된 상위개념의 구성요소를 보다 구체적인 하위개념의 구성요소로 한정하는 내적 부가와 청구범위에 포함되어 있지 않던 개념의 구성요소를 새로 한정하거나 부가하는 외적 부가가 있는데 이때에도 청구범위에 기재된 기술적 내용이 실질적으로 변경되었는지 여부를 따져야 한다.

제3자의 권리를 침해할 우려가 없는 범위 내에서의 특허청구범위의 감축이나, 잘못된 기재를 정정하고 기재상의 불비를 해소하여 바르게 하는 오류의 정정,[102] 특허발명의 정정이 발명의 설명에 있던 것을 추가하여 명확하게 한 것이라면 특허청구범위를 실질적으로 변경하는 것이 아니어서 그 정정청구는 허용된다.

실질적 변경 여부를 판단함에 있어서는, 청구항 대 청구항을 대비하는 것이 아니라 청구항 전체로써 판단한다.[103] 정정 전 청구항의 실질적 변경 여부는, 정정 후 특허청구범위에서 가장 근접한 청구항을 찾고 이 청구항을 기준으로 추가되거나 변경된 내용이 실질적으로 변경된 것인지를 판단한다.

---

100) 대법원 2017. 3. 22. 선고 2016후342 판결은 정정 후의 특허청구범위에 의하더라도 발명의 목적이나 효과에 어떠한 변경이 없고 발명의 설명 및 도면에 기재되어 있는 내용을 그대로 반영한 것이어서 정정 전의 특허청구범위를 신뢰한 제3자에게 예기치 못한 손해를 줄 염려가 없다면 그 정정청구는 특허청구범위를 실질적으로 확장하거나 변경하는 것에 해당하지 아니한다고 하였다.

101) 특허법 주해 II, 박영사(2010), 482(설범식 집필 부분). 대법원 2018. 4. 12. 선고 2016후830 판결은 명칭이 '교체용 신축이음 누수방지 장치'인 특허발명의 청구범위 제1항의 '고정홈'을 '내측으로 상향경사가 상부에 형성된 고정홈'으로 감축 정정한 사안에서 특허발명의 명세서 중 발명의 설명에 '교량의 모든 누수를 완벽히 방지'하는 효과가 있다고 기재되어 있고, 도면 에 '내측으로 상향경사가 상부에 형성된 고정홈'의 형상이 그려져 있음을 이유로, 위 정정이 특허청구범위를 실질적으로 변경한 경우에 해당되지 아니한다고 하였다.

102) 이와 같은 오류의 정정에는 특허청구의 범위에 관한 기재 자체가 명료하지 아니한 경우 그 의미를 명확하게 하던가 기재상의 불비를 해소하는 것과 발명의 설명과 특허청구의 범위가 일치하지 아니하거나 모순이 있는 경우 이를 통일하여 모순이 없게 하는 것도 포함된다. 대법원 1989. 3. 28. 선고 87후63 판결.

103) 대법원 2004. 12. 24. 선고 2002후413 판결 참조.

특허청구범위는 각 항이 상호 독립되어 있는 이상 그 독립항은 그대로 두고, 그 독립항을 기술적으로 한정하고 구체화하는 종속항만을 추가하는 것은 실질적으로 권리범위를 확장하거나 변경하는 것이어서 그와 같은 정정심판청구는 허용될 수 없다.[104]

라. 정정 후 특허청구범위는 출원시 특허받을 수 있는 것(독립특허요건 구비)

특허청구범위의 감축 및 잘못된 기재의 정정은 정정 후에 있어서 특허청구범위에 기재되어 있는 사항에 의하여 구성되는 발명이 특허출원하였을 때에 특허를 받을 수 있는 것(이를 실무에서 독립특허요건이라 부른다)이어야 한다(제136조 제5항).

이는 당초 특허결정을 받을 당시와 마찬가지로 정정 후에도 특허요건을 충족하여야 한다는 뜻이다. 따라서 정정 후의 특허청구범위에 따른 발명이 제62조의 규정에 의해 특허를 받을 수 없을 때에는 그 정정은 제136조 제5항의 규정에 위반된다.

한편, 특허청구범위에 기재된 둘 이상의 청구항에 관련된 특허에 대하여 그중 일부가 무효로 된 것(제133조 제1항 후문)에 대하여는 그 나머지 부분에 대하여 정정심판을 청구할 수 있다.

한편 정정심판과는 달리, 2006. 3. 3. 법률 제7871호로 개정된 구 특허법 제133조의2 제4항(현행 제6항)에 따라 그 법 시행일인 2006. 10. 1. 이후에 출원되어 등록된 특허에 관하여 청구된 특허무효심판에서 무효심판이 청구된 청구항에 대한 '정정청구'의 경우에는 독립특허요건이 적용되지 않고, 특허취소신청절차에서 특허발명의 명세서 또는 도면에 대한 '정정청구'의 경우에도 독립특허요건이 적용되지 않음(제132조의3 제5항)에 주의한다.

마. 정정의 가분성에 관한 문제

정정심판에서 정정을 일체로 허용할 수 있을지(정정의 가분성 여부)와 관련하여 일체설과 가분설의 견해 대립이 있는데 이에 대하여는 뒤의 「제5절 특허 · 특허권 존속기간 연장등록의 무효심판(제133조, 제134조) Ⅰ. 특허에 대한 무효심판 [5] 무효심판에서의 정정청구(제133조의2) 라. 정정청구의 효력 3) 정정의 가분성에 관한 문제 제기」에서 자세히 설명한다.

104) 대법원 2005. 9. 30. 선고 2004후2451 판결.

III. 정정심결의 효과

특허발명의 명세서 또는 도면에 대한 정정을 한다는 심결이 있는 경우 특허심판원장은 그 내용을 특허청장에게 알려야 한다(제136조 제12항). 특허청장은 위 통보가 있으면 이를 특허공보에 게재하여야 하고(제136조 제13항), 그 심결에 따라 새로운 특허증을 교부하여야 한다(제86조 제3항).

정정심판청구를 인용하는 심결은 그 등본이 심판청구인에게 송달됨으로써 확정되고 불복이 허용되지 아니한다. 특허발명의 명세서 또는 도면에 대하여 정정을 한다는 심결이 확정되었을 때에는 그 정정 후의 명세서 또는 도면에 따라 특허출원, 출원공개, 특허결정 또는 심결 및 특허권의 설정등록이 된 것으로 본다(제136조 제10항).

정정심판청구를 기각하는 심결에 불복하는 경우에는 심결등본송달일부터 30일 내에 특허법원에 심결취소의 소를 제기하여 다툴 수 있다(제186조 제3항).

제5절 특허 · 특허권 존속기간 연장등록의 무효심판(제133조, 제134조)

I. 특허의 무효심판(제133조)

1 의의 · 취지 · 성격

특허무효심판제도는 특허등록이 제133조 제1항에 규정된 무효사유에 해당한 경우에 이를 특허심판원의 심판관 합의체가 유효하게 성립한 특허권을 처음부터 또는 그 사유 발생 시부터 소급하여 소멸시키는 제도이다.

특허무효심판은 심사관의 심사착오 등으로 인하여 발생한 중요한 흠이 있는 권리를 처음부터 또는 그 사유 발생 당시까지 소급하여 소멸시킴으로써 그 권리의 대항을 받거나 받을 염려가 있는 제3자를 보호하여 건전한 거래질서 확립을 꾀하는 등 부실한 권리의 존속에 따른 폐해를 방지하려는 데 그 취지가 있다.

특허무효심판은 특허권에 무효사유가 존재함을 단지 확인만 하는 것이 아니라 그 무효사유를 근거로 특허권의 효력을 처음부터 또는 그 사유 발생 시부터 소급하여 소멸시키는 것이므로 기존의 법률관계에서 새로운 법률관계를 형성시킨다는 측면에서 형성적 성격을 가지는 행정처분이다(통설).105)

2 심판청구

가. 청구인 · 피청구인

특허무효심판을 청구할 수 있는 자는 이해관계인(다만 무효사유가 제33조 제1항 본문에 따른 특허를 받을 수 있는 권리를 가지지 아니하거나 제44조의 공동출원 규정을 위반한 경우에는 특허를 받을 수 있는 권리를 가진 자만 해당한다) 또는 심사관이다.

동일한 특허권에 관하여 청구하는 자가 2인 이상 있을 때에는 그 전원이 공동으로 심판을 청구할 수 있다(제139조 제1항).

한편 특허처분은 하나의 특허출원에 대하여 하나의 특허권을 부여하는 단일한 행정행위이므로, 설령 그러한 특허처분에 의하여 수인을 공유자로 하는 특허등록이 이루

105) 특허무효심판제도에 관한 과거 법률의 개정사항 및 제도 변경에 따른 법률적용대상에 대한 정리내용은 심판편람 제15편, 제1장 2. 및 3. 참조.

어졌다고 하더라도, 그 특허처분 자체에 대한 무효를 청구하는 제도인 특허무효심판에서 그 공유자 지분에 따라 특허를 분할하여 일부 지분만의 무효심판을 청구하는 것은 허용할 수 없다.106)

무효심판의 피청구인은 특허등록원부에 특허권자 등의 권리자로 등록된 자, 신탁법에 의하여 신탁재산에 속하는 특허권이 신탁의 등록이 된 경우의 수탁자이다. 특허권 소멸 후에 무효심판을 청구할 경우에는 소멸 시의 특허권자이다. 따라서 특허권을 양도받았으나 아직 그 이전등록을 마치지 아니한 양수인은 특허권자라고 할 수 없고 그 경우에는 특허등록원부에 등록권리자로 남아있는 양도인이 여전히 특허권자이다.

공유인 특허권의 특허권자에 대하여 심판을 청구하는 때에는 공유자 모두를 피청구인으로 하여야 한다(제139조 제2항).

법인이 아닌 사단 또는 재단으로서 대표자나 관리인이 정하여져 있는 경우에는 그 사단 또는 재단의 이름으로 심판의 청구인 · 피청구인이 될 수 있다(제4조).

심판의 결과에 대하여 이해관계를 가진 자는 심리가 종결될 때까지 당사자의 어느 한쪽을 보조하기 위하여 그 심판에 참가할 수 있다(제155조 제3항).

이해관계 유무에 관한 판단 기준 시는 심결 시이다. 이해관계인의 의의, 범위에 대하여는 본 장 「제2절 심판절차 일반 I. 심판청구서 제출 ① 당사자 및 청구방식 가. 심판청구인과 피심판청구인」에서 설명하였다.

관련하여 특허권자로부터 실시권을 허락받은 실시권자가 해당 특허에 대해 무효심판을 구할 이해관계가 있는지가 문제된다.

종전에는 특허권자로부터 특허실시를 허락받은 실시권자는 특허권자로부터 권리의 대항을 받거나 받을 염려가 없어 무효심판을 청구할 수 있는 이해관계인에 해당하지 않는다고 한 견해107)와 실시허락조건에 판매액에 비례한 대가의 지급조건이 있는 경우에는 이해관계가 있다거나 등록권리에 관한 실시권을 부여받았다는 사실만으로써 심판청구인이 그 등록권리가 무효임을 심판하라고 청구할 수 있는 이해관계가 있다고 한 견해108)로 나뉘어 있었다.

결국 대법원은 특별한 사정이 없는 한 특허권의 실시권자가 특허권자로부터 권리의 대항을 받거나 받을 염려가 없다는 이유만으로 무효심판을 청구할 수 있는 이해관계가 소멸되지 않는다는 취지로 입장을 정리하였다.109)

---

106) 대법원 2015. 1. 15. 선고 2012후2432 판결.
107) 대법원 1977. 3. 22. 선고 76후7 판결. 대법원 1983. 12. 27. 선고 82후58 판결 참조.
108) 대법원 1984. 5. 29. 선고 82후30 판결, 대법원 1980. 3. 25. 선고 79후78 판결.
109) 대법원 2019. 2. 21. 선고 2017후2819 전원합의체 판결 참조.

심판청구인이 이해관계가 있는지는 직권조사사항이고 심판을 청구할 이해관계가 없다고 판단되면 부적법한 심판청구이므로 심결로써 그 청구를 각하한다(제141조).

심판청구인이 이해관계를 갖지 않아 심판청구가 허용될 수 없다면, 설령 보조참가인이 독립하여 특허무효심판을 청구할 수 있는 이해관계를 가진 자이더라도 심판청구인의 심판청구는 여전히 부적법하다.

심판청구서 제출 후에 특허권의 이전이 있음을 알게 된 경우에는 심판청구서의 특허권자의 기재를 바로잡기 위하여 보정(특허권자를 추가하는 것을 포함하되, 청구인이 특허권자인 경우에는 추가되는 특허권자의 동의가 있는 경우로 한정한다)할 수 있다(제140조 제2항 제1호).

관련하여 심판이 제기된 후 특허권의 양도 등으로 당사자의 지위가 양도된 경우에 누구에게 심판절차를 속행하게 할 것인지 등 심판절차의 승계 문제에 대하여는 「제7장 특허에 관한 출원 · 심사 · 결정 제2절 특허출원에 관련된 주요 내용 I. 기간 · 절차에 관한 규정(제14조 내지 제24조)」에서 설명하였다.

특허권의 공유와 심판 사이의 관계에 대하여는 「제9장 특허권의 이전 · 이용 · 소멸 제2절 특허권의 이전 II. 특허권의 공유 ③ 특허권의 공유와 심판, 심결취소소송 등의 ④ 특허권의 공유의 일부지분에 대한 무효심판청구 가부」에서 설명하였다.

나. 청구기간 · 제척기간(규정 삭제)

특허무효심판은 심판청구의 이익이 있는 한 언제라도 청구할 수 있음이 원칙이다.

특허무효심판은 특허권이 소멸된 후에도 청구할 수 있다(제133조 제2항). 다만 특허를 무효로 한다는 심결이 확정된 경우에는 그 특허권은 처음부터 없었던 것으로 보므로(제133조 제3항 본문), 심결에 의하여 특허가 무효로 된 때에는 청구할 수 없다.

특허권이 존속기간 만료 등으로 소멸된 경우에는 소급효가 없어 존속기간 중의 특허권 침해행위에 대해 소멸되기 전의 특허실시에 따른 손해배상 등의 부담이 여전히 남는다. 이러한 경우에 특허가 무효심판에 따라 무효로 되면 소급효로 인해 손해배상의 부담까지 소급적으로 없앨 수 있기 때문에 특허권이 소멸된 후에도 심판청구를 할 수 있도록 하였다.

특허의 무효심판에서 외국에서 반포된 간행물에 관한 제척기간(설정등록일로부터 5년)에 대한 규정(구 특허법 제98조)은 1990. 1. 13. 법률 제4207호로 개정된 특허법에서 삭제되었다.

다. 심판청구서 기재사항

심판청구서에 기재할 사항은 본 장 「제2절 심판절차 일반 I. 심판청구서 제출 ① 당사자 및 청구방식 나. 심판청구서 기재사항」에서 설명하였다.

③ 심판청구 대상범위 · 무효사유

가. 심판청구 대상범위

무효심판의 청구대상은 행정처분으로 등록된 특허이다. 특허는 청구항이 2 이상인 때에는 청구항마다 무효심판을 청구할 수 있고 특허권이 소멸된 후에도 무효심판을 청구할 수 있다.

나. 무효사유 및 그 판단시점

1) 무효사유

특허법은 특허가 아래의 제133조 제1항 제1호 내지 제8호의 어느 하나에 해당하는 경우에는 무효심판청구를 할 수 있다고 하여 무효사유를 제한적으로 열거하고 있다.

무효사유는 흠의 발생시기에 따라 원시적 무효사유(제133조 제1항 제1호 내지 제3호, 제5호 내지 제8호)와 후발적 무효사유(제133조 제1항 제4호)로 나뉜다.

1. 제25조(외국인의 권리능력), 제29조(특허요건), 제32조(특허를 받을 수 없는 발명), 제36조(선출원) 제1항부터 제3항까지, 제42조(특허출원) 제3항 제1호 또는 같은 조 제4항을 위반한 경우
2. 제33조(특허를 받을 수 있는 자) 제1항 본문에 따른 특허를 받을 수 있는 권리를 가지지 아니하거나 제44조(공동출원)를 위반한 경우. 다만, 제99조의2(특허권의 이전청구) 제2항에 따라 이전등록된 경우에는 제외한다.
3. 제33조(특허를 받을 수 있는 자) 제1항 단서에 따라 특허를 받을 수 없는 경우
4. 특허된 후 그 특허권자가 제25조(외국인의 권리능력)에 따라 특허권을 누릴 수 없는 자로 되거나 그 특허가 조약을 위반한 경우
5. 조약을 위반하여 특허를 받을 수 없는 경우
6. 제47조(특허출원의 보정) 제2항 전단에 따른 범위를 벗어난 보정인 경우
7. 제52조(분할출원) 제1항에 따른 범위를 벗어난 분할출원 또는 제52조의2(분리출원) 제1항 각 호 외의 부분 전단에 따른 범위를 벗어난 분리출원인 경우
8. 제53조(변경출원) 제1항에 따른 범위를 벗어난 변경출원인 경우

무효사유와 거절사유를 비교하면 두 사유는 대체로 일치하지만 완전히 동일하지는 않다.

즉, 특허청구범위의 기재방법을 정한 제42조 제5항, 1발명 1특허의 원칙을 규정한 제45조는 거절사유로 규정되어 있지만 특허무효사유로는 규정되어 있지 않다.

이들 사유는 절차적인 것으로 그 위법 정도가 무효로 할 정도로 중하지는 않기 때문으로 보인다.

2) 무효사유 판단시점

무효사유에 대한 판단시점은 청구항마다 개별적으로 판단한다.

해당 특허에 관한 등록요건 중 원시적 무효사유의 판단시점은 통상 출원 시를 기준으로 판단한다.[110)]

다만 제133조 제1항 제4호와 같이 특허된 후 그 특허권자가 제25조(외국인의 권리능력)에 따라 특허권을 누릴 수 없는 자로 되거나 그 특허가 조약을 위반한 경우와 같은 후발적 무효사유에 해당하는 것을 이유로 하는 무효심판의 경우에는 해당 사유의 발생 시를 기준으로 판단한다.

이에 대해 원시적 무효사유 중 신규성, 진보성이 없거나 선출원이 있었다는 등의 사유는 출원 시를 기준으로 하고 그 외의 사유는 출원인 보호의 견지에서 특허결정 시를 기준으로 하여 판단하여야 한다는 견해도 있다.[111)]

4 심리

심판장은 특허무효심판이 청구된 경우에는 그 취지를 해당 특허권의 전용실시권자와 그 밖에 특허에 관하여 등록을 한 권리를 가지는 자에게 알려야 한다(제133조 제4항).

심리방식, 심판청구의 이익에 대하여는 본 장 「제2절 심판절차 일반 II. 심리」에서 설명하였다.

---

110) 대법원 1997. 3. 25. 선고 96후658 판결은 명세서 기재 요건으로서 기탁의 필요성 여부에 관하여 미생물의 기탁은 출원명세서의 기재를 보완하고자 하는 것이어서 그 미생물들이 공지의 균주이거나 그 발명이 속하는 기술분야에서 통상의 지식을 가진 자가 용이하게 얻을 수 있는 것인지 여부는 명세서 제출 당시인 출원 시를 기준으로 한다고 하였다.

111) 특허법 주해 II, 박영사(2010), 392(최정열 집필부분). 디자인보호법 주해, 866(최종선 집필부분)도 같은 취지이다.

5 무효심판에서의 정정청구(제133조의2)

가. 의의 및 성격

2001. 2. 3. 법률 제6411호로 개정된 특허법은 특허무효심판이 특허심판원에 계속 중인 기간에는 독립적인 정정심판을 청구할 수 없도록 하고 특허무효심판 내에서 정해진 기간과 범위 내에서 정정청구를 허용하여 특허무효심판절차에서 심리의 신속을 도모하고자 하였다.

이는 사실상 무효심판에 정정심판을 끌어들인 것으로 정정심판에 관한 대부분의 규정이 준용되고 있다. 따라서 무효심판에서의 정정청구는 결정계 심판청구로서의 성격을 가진다.

나. 무효심판에서 정정청구를 할 수 있는 자와 그 가능시기

무효심판에서 정정청구를 할 수 있는 자는 무효심판의 피청구인인 특허권자이다.

특허권이 공유인 경우에는 공유자 모두가 특허무효심판의 피청구인이 되고(제139조 제2항), 특허권의 공유자가 그 공유인 권리에 관하여 심판을 청구할 때에는 공유자 모두가 공동으로 청구하여야 한다(제133조의2 제4항. 제139조 제3항).

무효심판에서의 정정청구는 결정계 심판청구로서의 성격을 가지므로 무효심판을 청구한 청구인은 정정청구에서 당사자의 지위에 있는 것은 아니지만 정정청구에 밀접한 이해관계를 가지기 때문에 심판장은 무효심판에서 정정청구가 있을 때에는 그 청구서의 부본을 무효심판의 청구인에게 송달하여야 한다(제133조의2 제3항).

특허무효심판의 피청구인은 i) 제147조(답변서 제출 등) 제1항 또는 ii) 제159조(직권심리) 제1항 후단에 따라 지정된 기간(즉, 무효심판청구서 부본의 송달에 따른 답변서 제출기간 또는 직권에 의해 이루어진 무효의견제출통지에 대한 의견서 제출기간)에 정정청구를 할 수 있다. 또한 iii) 심판장은 제147조 제1항에 따라 지정된 기간(무효심판청구서 부본의 송달에 따른 답변서 제출기간) 후에도 무효심판의 청구인이 증거를 제출하거나 새로운 무효사유를 주장함으로 인하여 정정청구를 허용할 필요가 있다고 인정하는 경우에 기간을 정하여 정정청구를 하게 할 수 있다(제133조의2 제1항).

무효심판절차에서 복수의 정정청구를 하였을 때에는 해당 무효심판절차에서 그 정정청구 전에 한 정정청구는 취하된 것으로 본다(제133조의2 제2항).

한편, 무효심판에서의 정정청구의 취하는 제133조 제1항에 따라 정정을 청구할 수 있도록 지정된 기간과 그 기간의 만료일부터 1개월 이내의 기간(제1호), 제133조 제4항에서 준용하는 제136조 제6항에 따라 지정된 기간(제2호)의 어느 하나에 해당하는 기간에만 할 수 있다(제133조 제5항).

다. 무효심판에서 정정청구로 정정할 수 있는 범위 · 요건

제136조(정정심판) 제1항 각 호[청구범위를 감축하는 경우(제1호), 잘못 기재된 사항을 정정하는 경우(제2호), 분명하지 아니하게 기재된 사항을 명확하게 하는 경우(제3호)]의 어느 하나에 해당하는 경우에 특허발명의 명세서 또는 도면에 대하여 정정청구를 할 수 있다(제133조의2 제1항 전문).

무효심판에서의 정정청구에는 심판청구방식에 관한 제140조 제1항(심판청구서에 기재하여야 할 사항 등), 제2항(요지 변경 등), 제5항(청구서에 명세서 또는 도면 첨부)이 준용된다(제133조의2 제4항).

명세서 또는 도면의 정정은 특허발명의 명세서 또는 도면에 기재된 사항의 범위에서 할 수 있다. 다만, 제136조 제1항 제2호에 따라 잘못된 기재를 정정하는 경우에는 출원서에 최초로 첨부된 명세서 또는 도면에 기재된 사항의 범위에서 할 수 있다(제133조의2 제4항, 제136조 제3항). 여기서 최초로 첨부된 명세서 또는 도면에 기재된 사항이란 최초로 첨부된 명세서 또는 도면에 명시적으로 기재되어 있는 사항이거나 또는 명시적인 기재가 없더라도 그 발명이 속하는 기술분야에서 통상의 지식을 가진 사람이라면 출원 시의 기술상식에 비추어 보아 보정된 사항이 최초로 첨부된 명세서 또는 도면에 기재되어 있는 것과 마찬가지라고 이해할 수 있는 사항을 말한다.[112]

한편 명세서 또는 도면의 정정은 청구범위를 실질적으로 확장하거나 변경할 수 없다(제133조의2 제4항, 제136조 제4항). 이에 따른 정정 중 제136조 제1항 제1호(청구범위를 감축하는 경우) 또는 제2호(잘못 기재된 사항을 정정하는 경우)에 해당하는 정정은 정정 후의 청구범위에 적혀 있는 사항이 특허출원을 하였을 때에 특허를 받을 수 있는 것(이를 실무에서 독립특허요건이라 부르고 있다)이어야 한다(제133조의2 제4항, 제136조 제5항). 다만 특허무효심판이 청구된 청구항을 정정하는 경우에는 제136조 제5항을 준용하지 아니한다(제133조의2 제6항).

결국 정리하면 특허무효심판에서의 정정청구가 i) 분명하지 아니하게 기재된 사항을 명확하게 하는 경우(제136조 제1항 제3호) 및 ii) (정정심판과는 달리) 특허무효심판이 청구된 청구항을 정정하는 경우에는 정정 후의 청구범위에 적혀 있는 사항이 특허출원을 하였을 때에 특허를 받을 수 있는 것(이를 실무에서 독립특허요건이라 부르고 있다)이어야 한다는 요건은 필요하지 않다.

112) 대법원 2007. 2. 8. 선고 2005후3130 판결 참조.

심판관은 정정청구가 청구범위를 감축하는 경우, 잘못 기재된 사항을 정정하는 경우, 분명하지 아니하게 기재된 사항을 명확하게 하는 경우의 어느 하나에 해당하지 아니하는 경우(제1호), 제136조 제3항(제1항에 따른 명세서 또는 도면의 정정은 특허발명의 명세서 또는 도면에 기재된 사항의 범위에서 할 수 있다. 다만, 제1항 제2호에 따라 잘못된 기재를 정정하는 경우에는 출원서에 최초로 첨부된 명세서 또는 도면에 기재된 사항의 범위에서 할 수 있다)에 따른 범위를 벗어난 경우(제2호), 제4항(제1항에 따른 명세서 또는 도면의 정정은 청구범위를 실질적으로 확장하거나 변경할 수 없다) 또는 제5항(제1항에 따른 정정 중 같은 항 제1호 또는 제2호에 해당하는 정정은 정정 후의 청구범위에 적혀 있는 사항이 특허출원을 하였을 때에 특허를 받을 수 있는 것이어야 한다)을 위반한 경우(제3호)의 어느 하나에 해당한다고 인정하는 경우에는 청구인에게 그 이유를 통지하고, 기간을 정하여 의견서를 제출할 수 있는 기회를 주어야 한다(제133조의 2 제4항, 제136조 제6항). 의견서 제출 기회를 부여하게 한 위 규정은 정정청구에 대한 심판의 적정을 기하고 심판제도의 신용을 유지하기 위한 공익상의 요구에 기인하는 이른바 강행규정이다.

따라서 정정청구의 적법 여부를 판단하는 특허무효심판이나 그 심결취소소송에서 정정의견제출통지서에 기재된 사유와 다른 별개의 사유가 아니고 주된 취지에 있어서 정정의견제출통지서에 기재된 사유와 실질적으로 동일한 사유로 정정청구를 받아들이지 않는 심결을 하거나 그 심결에 대한 취소청구를 기각하는 것은 허용되지만, 정정의견제출통지서를 통하여 특허권자에게 의견서 제출 기회를 부여한 바 없는 별개의 사유를 들어 정정청구를 받아들이지 않는 심결을 하거나 그 심결에 대한 취소청구를 기각하는 것은 위법하다.[113)]

의견서 제출 기회를 부여받은 정정청구인은 제133조의2 제1항 또는 제136조 제6항에 따라 지정된 기간에 제140조 제5항에 따른 심판청구서에 첨부된 정정한 명세서 또는 도면에 대하여 보정할 수 있다(제133조의 2 제4항, 제136조 제11항). 정정청구에서 정정사항의 보정은 정정심판청구보정과 같이 정정사항의 삭제 및 경미한 하자의 보정 등이 인정되는 데 불과하고 새로운 정정사항을 추가하거나 정정사항을 변경하는 것은 청구서의 요지를 변경하는 것으로 취급하여 채택하지 아니한다.

특허권자는 전용실시권자, 질권자와 제100조 제4항 · 제102조 제1항 및 발명진흥법 제10조 제1항에 따른 통상실시권을 갖는 자의 동의를 받아야만 정정을 청구할 수 있다. 다만, 특허권자가 정정을 청구하기 위하여 동의를 받아야 하는 자가 무효심판을 청구한 경우에는 그러하지 아니하다(제133조의 2 제4항, 제136조 제8항).

---

113) 대법원 2007. 4. 27. 선고 2006후2660 판결, 대법원 2012. 7. 12. 선고 2011후934 판결등 참조.

청구인은 제133조의2 제1항 또는 제136조 제6항에 따라 지정된 기간에 제140조 제5항에 따른 심판청구서에 첨부된 정정한 명세서 또는 도면에 대하여 보정할 수 있다(제133조의 2 제4항, 제136조 제11항).

라. 정정청구의 효력

1) 일반론

특허무효심판에서 정정청구를 받아들이는 경우에는 주문에서 정정을 인정한다는 내용을 기재하지만 정정청구를 받아들이지 아니하는 경우에는 주문에서 정정을 인정하지 아니한다는 내용을 기재하지는 아니하고(무효심결에 대한 심결취소소송에서 정정 불인정 부분을 다툴 수 있기 때문에) 이유 중에서 그 취지를 기재한다.

특허발명의 명세서 또는 도면에 대하여 정정청구에 의한 정정을 인정한다는 취지의 무효심판의 심결이 확정된 때에는 그 정정 후의 명세서 또는 도면에 따라 특허출원, 출원공개, 특허결정 또는 심결 및 특허권의 설정등록이 된 것으로 본다(제133조의 2 제4항, 제136조 제10항).

특허발명의 명세서 또는 도면에 대한 정정을 한다는 심결이 있는 경우 특허심판원장은 그 내용을 특허청장에게 알려야 한다(제133조의 2 제4항, 제136조 제12항). 특허청장은 위 통보가 있으면 이를 특허공보에 게재하여야 한다(제133조의 2 제4항, 제136조 제13항).

특허무효심판에서의 정정청구가 있는 경우 이는 정정심판이 무효심판절차에 편면적으로 결합된 형태이므로 그 불복의 소의 이익이 있는지는 어디까지나 특허무효심판의 심결이 기준이 되고 정정청구의 인정 여부가 기준으로 되는 것은 아니다.

정정의 확정은 무효심판의 심결이 확정됨과 동시에 확정되고, 특허무효심판절차에서의 정정청구는 특별한 사정이 없는 한 불가분의 관계에 있어 일체로서 정정의 허용 여부를 판단한다.[114)]

무효심판에서의 정정청구에 따른 정정을 인정하는 심결이 확정된 경우 해당 정정의 가부판단에 대해서 일사부재리(제163조)를 적용한다. 따라서 무효심판의 심결에서 채택된 동일 사실 및 동일 증거를 근거로 무효심판절차에서의 정정이 부적법하다는 이유로 정정무효심판(제137조)을 청구하는 경우에는 일사부재리의 법리를 적용하여 그 심판청구가 심결로 각하된다.

다만 무효심판에서의 정정청구에 따른 정정을 인정하는 심결 확정 이후의 정정무

---

114) 대법원 2008. 6. 26. 선고 2006후2912 판결, 대법원 2009. 1. 15. 선고 2007후1053 판결.

효심판에도 일사부재리가 적용되는지에 대하여는, 무효심판에서의 정정청구에 대한 심리와 정정무효심판의 심리가 실질적으로 같음을 이유로 긍정하는 견해와 무효심판과 정정무효심판은 심판의 종류가 다르고 정정 확정 전후 청구범위가 달라서 동일한 절차로 보기 어렵다는 이유로 부정하는 견해115)가 있다.

2) 무효심판절차에서 정정청구가 있는 경우 정정의 확정시기와 관련된 문제 제기

한편 무효심판절차에서 정정청구가 있는 경우 정정의 확정시기와 관련하여 대법원은 특허무효심판절차에서 정정청구가 있는 경우 정정의 인정 여부에 관하여 독립된 정정심판청구의 경우와는 달리 정정만이 따로 확정되는 것이 아니라 무효심판 심결이 확정되는 때에 함께 확정되고, 아울러 정정의 허용 여부도 일체로 판단하여야 한다는 입장이다.

이에 따르면 명세서 내용의 일관성이 유지되는 장점이 있기는 하지만 정정 허부가 무효심판 심결이 확정될 때까지 확정되지 않아 권리범위가 장기간 불안정하게 되고 특허권자가 여러 청구항에 대해 정정청구를 하는 경우에 불이익을 안게 되는 단점이 있다.

그런데 일본은 개정 특허법(2011년 법률 제63호, 2012. 4. 1. 시행)에서 정정심판, 무효심판의 어느 경우라도 원칙적으로 청구항마다 정정 허부가 판단되고 (정정이 무효심판 심결 이 확정될 때 확정되는 것이 아니라) 청구항마다 개별적으로 확정되는 것으로 제도를 바꾸었다.

상황이 이러하다면 '특허무효심판절차에서 정정청구가 있는 경우에 정정만이 따로 확정되지 않는다'는 명제는 적어도 반드시 논리 필연적으로 귀결되는 것이 아님을 알 수 있다. 개인적으로는 정정의 허부 및 확정을 청구항마다 결정하는 것이 권리관계를 조속히 확정시키고 청구범위를 다항제로 정한 취지에 부합한다고 생각한다. 정정의 허부와 확정 여부를 청구항마다 개별적으로 결정할 경우 하나의 발명의 설명에 청구항마

115) 심판편람 제15편 제8장 제2절 17.에서 무효심판절차 중에 청구된 정정을 인정하는 심결이 확정된 경우 그 이후 청구된 정정무효심판에 대해 특허심판원은 일사부재리를 인정하지 아니하고 기각한 심결을 한 바 있는데 이에 대해 대법원도 일사부재리를 인정하지 않은 채 정정이 특허청구범위를 실질적으로 변경한 경우에 해당하지 않는다고 판단하였다(대법원 2019. 2. 28. 선고 2016후403 판결)는데 일사부재리 해당 여부는 직권사항으로 이에 대한 대법원의 최종 판단이 직접 설시되었다고 보기 어렵다고 한다. 즉, 위 대법원 판결은 심판종류(무효심판, 정정무효심판)가 다르고, 정정 확정 전후 청구범위가 다르기 때문에 '무효심판 내의 정정청구의 확정과 그 이후의 정정무효심판은 동일한 절차가 아니므로 일사부재리가 적용되지 않는다'는 전제하에 이루어진 것이므로, 앞으로 이와 관련된 다양한 측면의 논의와 법리 검토가 필요하다고 한다.

다 다른 용어 정의가 존재할 수 있어 복잡한 문제가 발생할 수 있지만, 이러한 문제가 다항제로서의 원칙까지 포기할 정도의 것이라고 보기는 어렵고 그와 같은 문제는 적절한 공시방법을 찾아냄으로써 극복할 수 있을 것이다. 이러한 부분 확정 공시제도에 대하여 아직까지 특허청 실무는 이런저런 이유로 소극적이지만 정정 허부 및 확정을 통한 조속한 권리관계 확정이라는 관점에서 본다면 특허권자나 이해관계인의 편의나 이익을 위해 재고할 필요가 있다. 정정의 허부와 확정 여부를 청구항마다 개별적으로 결정하는 문제에 대해 이론적으로나 실무적인 면에서 전향적으로 검토할 필요가 있다.

3) 정정의 가분성에 관한 문제 제기

특허무효심판에서의 정정청구와 정정심판에서의 정정에 대한 정정 허용을 일체로서 하여야 하는지(정정의 가분성 여부)와 관련하여 일체설과 가분설의 견해 대립이 있다.

우리나라 실무는 일체설을 취하여 복수의 사항에 대하여 정정심판의 경우에 일부의 정정은 허용되지 않는다는 입장인데, 그 근거로는 정정은 불가분적인 하나의 청구라는 점[116] 또는 복수항에 걸친 정정을 구하였다고 하더라도 이는 일체로서 정정을 구하는 취지라고 해석된다는 점[117]을 들고 있고 정정청구도 같은 논리이다.

반면에 일본의 실무는 일체설을 취하다가 가분설로 견해를 바꾸었다.[118] 가분설은

---

116) 대법원 2009. 1. 15. 선고 2007후1053 판결, 특허법원 2001. 4. 13. 선고 2000허4855 판결(미상고 확정).

117) 특허법원 2000. 7. 21. 선고 99허2174 판결(상고취하 확정).

118) 最高裁判所 2008(平成20). 7. 10. 선고 平成19(行ヒ)318 판결, 특허이의신청사건에서 신청이 행해지고 있는 청구항에 관한 특허청구범위의 감축을 목적으로 하는 정정청구는 청구항마다 신청할 수 있는 특허이의에 대한 방어수단으로서 성질을 가지고 있어 청구항 별로 정정청구를 할 수 있다고 하면서도, 방론으로 정정심판청구는 일종의 신규출원으로서의 실질을 가지고 있어 복수의 청구항에 대하여 정정을 구하는 정정심판청구는 복수의 청구항에 관한 특허출원의 절차와 동일하게 그 전체를 일체불가분의 것으로 취급하여야 한다고 하였다. 이에 대해 실무와 학계에서는 정정심판은 무효이유를 방어하기 위한 대항수단으로 청구되는 경우가 많고 그러한 의미에서 정정청구의 경우와 공통점이 있어 정정심판청구에 대한 최고재판소 판시부분은 이의신청에서의 정정청구 부분의 그것과 비교할 때 논리가 일관되지 못하다는 비판과 함께 적어도 특허청구범위의 감축을 목적으로 하는 정정심판의 경우에는 위 정정청구의 경우와 똑같이 청구항 별로 정정청구를 허용하여야 한다는 견해가 나오게 된다. 한편, 知的財産高等裁判所 2008(平成20). 11. 27. 선고 平成20(行ケ)10093 판결은 특허무효심판사건에서의 정정청구에서도 위 특허이의신청사건에서의 정정청구의 법리를 그대로 적용하여 무효심판청구의 대상으로 되어 있지 않은 청구항에 대한 정정청구가 허용되지 않더라도 무효심판청구의 대상으로 되어 있는 청구항에 대한 정정청구까지 인정할 수 없는 것은 아니라고 하고 있다.
이러한 판결 등으로 인해 다소 혼란이 발생하자 일본은 2011년에 특허법을 개정하여 둘 이상의 청구범위에 대해 정정심판을 청구하는 경우에는 청구항마다 정정심판에 따른 정정청구를 할 수 있도록 하되 해당 청구항 중에 일군의 청구항이 있는 경우에는 해당 일군의 청구항마다

특허무효심판에서의 정정청구는 청구항 별로 할 수 있는 무효심판에 대한 피청구인의 방어수단의 성격을 가지는 점, 당사자가 외관상 여러 항에 걸치는 정정을 구하고 있으나 그중 일부라도 정정을 구하는 의사를 명확히 표시하여 일부 청구항이라도 정정받기를 원하고 있는 경우에는 일부에 대한 정정을 허가하여야 한다는 점을 근거로 한다.

다항제의 도입 취지에 비추어 본다면 정정을 반드시 일체로서만 허용하여야 할 논리적 필연성은 없고 이는 정책적인 운용의 문제로 보이는데 사견으로는 앞에서 본 바와 같이 정정의 가분성을 긍정적으로 검토할 필요가 있다고 본다.[119]

참고로 일본은 변경된 실무를 수용하여 2011년 특허법을 개정하면서 앞에서 본 바와 같이 정정심판, 무효심판에서 특허권자가 원칙적으로 청구항마다 정정청구할 수 있도록 하고(다만 '일군의 청구항'[120]에 대한 정정은 제외), 이에 따라 심결도 원칙적으로 청구항마다 허부 결정을 하여 개별적으로 확정하는 것으로 하되(다만 특허권자는 인용관계를 해소하는 정정에 의해 일군의 청구항 관계를 해소시킬 수 있음,[121] 일군의 청구항마다 청구하는 경우에도 일군의 청구항 마다 확정됨),[122] 청구항마다 또는 일군의 청구항마다 정정청구를 하거나 정정심판청구를 하는 경우에 그 청구의 취하는 모든 청구에 대해 이루어져야 하는 제한을 두고[123], 정정한 명세서 등의 범위에 기재된 사항 등을 특허공보에 게재하는 것(정정을 허용하는 결정 및 확정심결이 있는 경우에 한함)[124]을 내용으로 한 개정이 이루어졌다.

6 심판의 종료

심판은 원칙적으로 심결로써 종결하나(제162조 제1항), 그 밖에도 심판청구서의 각하결정(제141조 제2항), 보정할 수 없는 심판청구의 부적법에 의한 각하심결(제142조),

---

해당 청구를 하여야 한다고 규정하였다(일본 특허법 제126조 제3항). 또한 둘 이상의 청구범위에 대해 정정을 구하는 경우에는 청구항마다 정정청구를 할 수 있도록 하되 해당 청구항 중에 일군의 청구항이 있는 경우에는 해당 일군의 청구항마다 해당 청구를 하여야 하는 것으로 규정하여(일본 특허법 제134조의2 제2항) 논란을 입법적으로 해결하였다.

119) 정택수, "정정청구를 수반한 특허무효심판과 그 취소소송의 구조", 특허소송연구(제6집), 특허법원(2013), 509~521은 정정의 허용 여부가 개별 청구항마다 판단되고 확정될 수 있다는 정정청구의 가분성을 긍정하는 입장이다.

120) 여기서 '일군의 청구항'이란 하나의 청구항 기재를 다른 청구항이 인용하는 관계에 있는 청구항을 의미한다.

121) 일본 특허법 제126조 제1항 제4호.

122) 일본 특허법 제167조의2.

123) 일본 특허법 제134조의2 제7항, 제155조 제4항.

124) 일본 특허법 제193조 제2항 제8호

심판청구의 취하(제161조) 등에 의해서도 심판이 종결된다. 이에 대하여는 본 장 「제2절 심판절차 일반 II. 심리」에서 설명하였다.

특허에 대한 무효심판청구가 이유 없다고 인정하는 경우에는 기각심결을 하고,[125] 무효심판청구가 이유 있다고 인정하는 경우에는 인용심결을 한다.[126]

무효심결에 불복하는 경우에는 심결등본송달일부터 30일 내에 특허법원에 심결취소의 소를 제기하여 다툴 수 있다(제186조 제3항).

심판의 심결이 확정되면 그 심결의 내용에 따른 실질적인 효력이 발생하고 심판기관에 대한 기속력이 발생하며, 그 사건에 대해서는 누구든지 같은 사실 및 같은 증거에 의하여 다시 심판을 청구할 수 없다. 다만, 확정된 심결이 각하심결인 경우에는 그러하지 아니하다(제163조).

특허를 무효로 한다는 심결이 확정된 경우에는 그 특허권은 처음부터 없었던 것으로 본다(제133조 제3항 본문). 특허의 일부 무효의 심결이 확정된 때에는 해당하는 발명에 관한 특허만이 무효로 된다. 무효심결의 확정효과로 특허권의 설정등록은 처음부터 없었던 것으로 보므로 특허권자는 무효심결이 확정되면 특허권을 행사할 수 없고 그 특허권에 부수되는 실시권이나 질권도 소멸하며 이미 특허권을 행사하여 상대방에게 손해를 입힌 경우에는 그에 대한 책임을 진다. 그리고 무효심결이 확정되면 특허는 선출원 발명(비교대상발명)으로서의 지위가 소급적으로 상실되고[127] 특허권의 설정등록을 전제로 하는 손실보상청구권도 발생하지 아니한다.

다만, 후발적 무효사유인 제133조 제1항 제4호의 규정에 따라 특허를 무효로 한다는 심결이 확정된 경우에는 특허권은 그 특허가 같은 호에 해당하게 된 때부터 없었던 것으로 본다(제133조 제3항 단서).

특허권을 침해하였다는 유죄판결이 확정되거나 손해배상청구 인용판결이 확정된 후 특허무효심결이 확정된 경우에는 민사 · 형사 확정판결에 대한 재심사유(민사소송법 제451조 제1항 제8호, 형사소송법 제420조 제1항 제6호)에 해당하고 민사 · 형사소송 중에 등록무효심결이 확정된 경우에 그 민사소송은 청구기각판결을 하고 그 형사소송은 무죄판결을 한다.

---

125) 기각심결의 주문표시방법은 "1. 이 사건 심판청구를 기각한다. 2. 심판비용은 청구인이 부담한다."이다.

126) 인용심결의 주문표시방법을 예로 들면 "1. 특허 제OO호를 무효로 한다. 2. 심판비용은 피청구인이 부담한다.", "1. 특허 제00호의 청구범위 제1항을 무효로 한다. 2. 그 나머지 부분에 대한 심판청구를 기각한다. 3. 심판비용 중 0/0은 청구인이, 나머지는 피청구인이 각 부담한다." 등이다.

127) 상표권에 관한 대법원 2002. 1. 8. 선고 99후925 판결 참조.

7 무효심결의 확정과 특허실시계약의 효력, 실시료의 반환의무 등에 관한 문제

특허를 무효로 하는 심결이 확정된 후 특허권자로부터 특허실시를 허락받은 실시권자는 그 이후의 실시료 지급을 거절할 수 있다.

문제는 특허에 관한 실시권설정계약에 따라 실시료를 지급하였으나 등록된 특허가 무효로 확정된 경우 그 무효심결확정사유가 실시권설정계약에 대해 원시적 이행불능에 해당하는지 아니면 후발적 이행불능에 해당하는지(실시권 설정계약이나 실시권 지급계약이 소급하여 무효로 되는지와도 관련됨), 실시권자가 이미 지급받은 실시료 등을 부당이득으로 반환할 의무가 있는지 등이다.

이와 관련하여 지식재산권법에서의 종전 실무는 특허등록의 무효가 확정되어 특허권이 소급하여 소멸하는 경우에 당사자 사이의 전용실시권설정계약은 그 이행이 원시적으로 불가능하여 무효이므로, 특허권이 소급하여 무효로 된 경우 무효인 전용실시권설정계약에 기한 실시료지급청구권은 발생할 수 없고 이미 지급한 실시료는 부당이득이 된다고 한 것,[128] 등록상표가 소급하여 무효로 되었다고 하여 통상사용권설정 계약이 원시적 불능으로 되는 것이 아니므로 이를 전제로 한 무효 주장 또는 계약 해제 주장을 배척하고, 등록상표가 통상사용권설정계약 후에 무효로 확정된 경우 무효로 확정된 때에 위 설정계약이 실효되고 사용권설정계약에 따른 기간 동안 지급된 사용료에 대해 반환을 구할 수 없다고 한 것,[129] 무효심결이 확정되었더라도 수수료지급의무가 있다고 한 것[130] 등으로 견해가 나뉘어 있었다.

그 후 실무는 특허법에 관한 사안에서 특허에 관한 실시권 설정계약을 체결하였다거나 화해 등에 따라 금전을 지급하였으나 특허가 무효로 확정된 경우에 ① 실시권자가 착오 등을 이유로 위 실시권설정계약을 취소할 수 있는지의 문제에 대해 특허권은 그 성질상 언제든지 무효로 될 가능성이 내재되어 있는 권리이어서 계약 체결 당시 특허권자가 특허의 유효성에 대하여 특별히 보증하였다는 등의 사유로 인해 실시권자가 착오에 빠졌고 그것이 법률행위 내용의 중요 부분에 해당된다는 등의 특별한 사정이 없는 한, 특허의 유효성이 계약 체결의 동기로서 표시되어 계약의 내용으로 포섭되었다고 보기 어려우므로 착오를 이유로 취소는 원칙적으로 인정하기 어렵다고 하고, ② 무효심결확정사유가 실시권설정계약에 대해 원시적 이행불능에 해당하는지 아니면 후

128) 서울중앙지방법원 2006. 7. 5. 선고 2005가합62919 판결(미항소 확정).
129) 부산지방법원 2007. 2. 15. 선고 2005가합8197 판결(미항소 확정).
130) 서울중앙지방법원 2005. 1. 13. 선고 2003나39872 판결(심리불속행 상고기각 확정).

발적 이행불능에 해당하는지(실시권설정계약이나 실시료 지급계약이 소급하여 무효로 되는지와도 관련됨)의 문제에 대해서는, 실시계약 체결 이후에 특허 무효가 확정되고 특허무효의 소급효는 법률에 따라 의제되는 효과이므로 실시계약체결 당시 특허발명을 실시할 수 없었다는 특별한 사정이 없는 한 특허무효의 소급효에 의해 실시계약이 그 체결 당시부터 이행할 수 없는 원시적 불능상태였다고 볼 수 없고 후발적 이행불능에 해당하며, 특허가 무효로 되기 전에 특허권의 존재에 따른 채무이행을 할 수 있으므로 이러한 논리는 전용실시권과 통상실시권에 따라 달라지지 않는다고 하였고, ③ 특허권자가 이미 지급받은 실시료 등을 부당이득으로 반환할 의무가 있는지의 문제에 대해서는, 실시계약이 원시적 이행불능으로서 무효가 아니라면, 이미 지급한 실시료의 지급에는 실시계약이라는 법률상 원인이 있는 것이므로 부당이득 문제가 일어나지 않고, 존재하는 특허권에 기한 채무의 이행이 있었던 이상 특허권자가 채무불이행을 한 것도 아니므로 채무불이행에 따른 계약해제를 원인으로 한 원상회복청구로서의 기지급 실시료 반환청구도 인정되지 아니하는 것으로 정리되었다.[131)]

그리고 특허가 무효로 확정된 경우에 특허권자가 특허무효 확정 이전에 미지급된 실시계약의 특허실시료 지급을 구할 수 있는지에 관한 문제에 대하여는, 특허발명 실시계약 체결 이후에 특허가 무효로 확정되었더라도 특허발명 실시계약이 원시적으로 이행불능 상태에 있었다거나 그 밖에 특허발명 실시계약 자체에 별도의 무효사유가 없는 한 특허 특허무효 확정 시부터 특허발명 실시계약이 이행불능에 빠지게 되므로 특허권자는 원칙적으로 특허발명 실시계약이 유효하게 존재하는 기간 동안 실시료의 지급을 청구할 수 있다고 하였다.[132)]

II. 특허권 존속기간 연장등록의 무효심판(제134조)

[1] 의의

특허권(실용신안권) 존속기간의 연장등록의 무효심판은 연장등록된 특허권(실용신안권)의 존속기간을 무효로 하기 위하여 청구하는 심판이다(제134조, 실용신안제31조의2).

특허권 존속기간 연장 제도에 관한 허가 등에 따른 특허권 존속기간의 연장과 등록지연에 따른 존속기간의 연장에 대해서는「제8장 특허권의 설정등록 · 존속기간 · 효력 제1절 설정등록 · 존속기간 III. 존속기간의 연장」에서 자세히 설명하였다.

131) 대법원 2014. 11. 13. 선고 2012다42666, 42673 판결.
132) 대법원 2019. 4. 25. 선고 2018다287362 판결.

2 심판청구

가. 청구인 · 피청구인

존속기간연장등록의 무효심판을 청구할 수 있는 자는 이해관계인 또는 심사관이고, 그 피청구인은 심판청구 당시 등록원부에 기재된 권리자(허가 등에 따른 존속기간연장등록의 무효심판의 경우에는 특허권자만 인정되고 등록지연에 따른 존속기간연장등록의 무효심판의 경우에는 특허권자 또는 실용신안권자임)이다. 따라서 특허권을 양도받았으나 아직 그 이전등록을 마치지 아니한 양수인은 특허권자라고 할 수 없고 그 경우에는 등록원부상 등록권리자로 남아있는 양도인이 여전히 특허권자이다.

이해관계인의 의의, 범위에 대하여는 본 장 「제2절 심판절차 일반 I. 심판청구서 제출 1 당사자 및 청구방식 가. 심판청구인과 피심판청구인」에서 설명하였다.

관련하여 심판이 제기된 후 특허권의 양도 등으로 당사자의 지위가 양도된 경우에 구체적으로 누구에게 절차를 속행하도록 할 것인가의 문제에 대하여는 「제7장 특허에 관한 출원 · 심사 · 결정 제2절 특허출원과 관련된 주요 내용 I. 기간 · 절차에 관한 규정(제14조 내지 제24조) 2 특허법상 절차에 관한 규정 나. 절차의 효력의 승계, 절차의 속행 · 중단 · 중지, 중단된 절차의 속행 2) 승계 후 절차 진행에 관한 문제(당사자적격 문제)」에서 설명하였다.

특허권의 공유와 심판 사이의 관계에 대하여는 「제9장 특허권의 이전 · 이용 · 소멸 제2절 특허권의 이전 II. 특허권의 공유 3 특허권의 공유와 심판, 심결취소소송 등의 4 특허권의 공유의 일부지분에 대한 무효심판청구 가부」에서 설명하였으므로 중복을 피한다.

나. 청구시기

존속기간연장등록의 무효심판은 심판청구의 이익이 있는 한 언제라도 청구할 수 있음이 원칙이다.

존속기간연장등록의 무효심판은 특허권이 소멸된 후에도 청구할 수 있다(제134조 제3항, 제133조 제2항, 실용신안법 제31조의2 제2항). 특허권이 존속기간 만료나 취소 등으로 소멸되어도 소급효가 없어 존속기간 중 특허권의 침해행위에 대해 소멸되기 전의 특허권실시에 대한 손해배상 등의 부담이 여전히 남는다. 존속기간연장등록의 무효심판에 따른 무효심결이 확정되면 소급효로 인해 그러한 손해배상 등의 부담까지 소급적으로 없앨 수 있기 때문에 특허권이 소멸된 후에도 심판청구를 할 수 있도록 하였다.

다. 심판청구서 기재사항

심판청구서에 기재할 사항은 본 장 「제2절 심판절차 일반 I. 심판청구서 제출 [1] 당사자 및 청구방식 나. 심판청구서 기재사항」에서 설명하였다.

[3] 무효사유

가. 허가 등에 따른 특허권의 존속기간의 연장등록의 무효사유

허가 등에 따른 특허권의 존속기간의 연장등록의 경우, 특허발명을 실시하기 위하여 제89조에 따른 허가 등을 받을 필요가 없는 출원에 대하여 연장등록이 된 경우(제1호), 특허권자 또는 그 특허권의 전용실시권 또는 등록된 통상실시권을 가진 자가 제89조에 따른 허가 등을 받지 아니한 출원에 대하여 연장등록이 된 경우(제2호), 연장등록에 따라 연장된 기간이 그 특허발명을 실시할 수 없었던 기간을 초과하는 경우(제3호), 해당 특허권자가 아닌 자의 출원에 대하여 연장등록이 된 경우(제4호), 제90조 제3항을 위반한 출원에 대하여 연장등록이 된 경우(제5호)의 어느 하나에 해당하는 경우에 무효심판을 청구할 수 있다(제134조 제1항).

나. 등록 지연에 따른 특허권의 존속기간의 연장등록의 무효사유

등록 지연에 따른 특허권의 존속기간의 연장등록의 경우, 연장등록에 따라 연장된 기간이 제92조의2, 실용신안법 제31조의2에 따라 인정되는 연장의 기간을 초과한 경우(제1호), 해당 특허권자(실용신안권자)가 아닌 자의 출원에 대하여 연장등록이 된 경우(제2호), 제92조의3 , 실용신안법 제22조의3 제3항을 위반한 출원에 대하여 연장등록이 된 경우(제3호)의 어느 하나에 해당하는 경우에 무효심판을 청구할 수 있다(제134조 제2항, 실용신안법 법 제31조의2 제1항).

[4] 심리

심리방식은 본 장 「제2절 심판절차 일반 II. 심리」에서 설명하였다.

심판장은 존속기간연장등록의 무효심판이 청구된 경우에는 그 취지를 해당 특허권의 전용실시권자와 그 밖에 특허에 관한 권리를 등록한 자에게 통지하여야 한다(제134조 제3항, 제133조 제4항, 실용신안법 제31조의2 제2항, 제31조 제4항).

5 심판의 종료

심판은 원칙적으로 심결로써 종결하나(제162조 제1항), 그 밖에도 심판청구서의 각하결정(제141조 제2항), 보정할 수 없는 심판청구의 부적법에 의한 각하심결(제142조), 심판청구의 취하(제161조) 등에 의해서도 심판이 종결된다. 이에 대하여는 본 장 「제2절 심판절차 일반 II. 심리」에서 설명하였다.

존속기간연장등록에 대한 무효심판청구가 이유 없다고 인정하는 경우에는 기각심결을 하고, 무효심판청구가 이유 있다고 인정하는 경우에는 인용심결을 한다.

무효심결에 불복하는 경우에는 심결등본송달일부터 30일 내에 특허법원에 심결취소의 소를 제기하여 다툴 수 있다(제186조 제3항).

심판의 심결이 확정되면 그 심결의 내용에 따른 실질적인 효력이 발생하고 심판기관에 대한 기속력이 발생하며 그 사건에 대해서는 누구든지 동일 사실 및 동일 증거에 의하여 다시 심판을 청구할 수 없다. 다만, 확정된 심결이 각하심결인 경우에는 그러하지 아니하다(제163조).

특허권의 존속기간연장등록을 무효로 한다는 심결이 확정된 경우에는 그 연장등록에 따른 존속기간의 연장은 처음부터 없었던 것으로 본다(제134조 제1항). 다만, 연장등록에 따라 연장된 기간이 그 특허발명을 실시할 수 없었던 기간을 초과하였다는 이유(제134조 제1항 제3호) 또는 제92조의2, 실용신안법 제22조의2에 따라 연장되는 연장의 기간을 초과하였다는 이유로(제134조 제2항 제1호, 실용신안제31조의2 제1항 제1호)로 그 연장등록을 무효로 하는 취지의 심결이 확정된 경우에는 그 무효심결의 효과는 연장등록 전체의 효력을 상실시키는 것이 아니라 그 특허발명을 실시할 수 없었던 기간을 초과하여 연장된 기간 또는 제92조의2, 실용신안법 제22조의2에 따라 인정되는 연장의 기간을 초과하여 연장된 기간에 대해서만 각각 연장이 없었던 것으로 본다(제134조 제4항 단서, 실용신안법 제31조의2 제3항 단서).

III. 정정의 무효심판(제137조)

1 의의 · 취지

정정의 무효심판이란 특허발명의 명세서 또는 도면에 대한 정정(특허취소신청 · 무효심판 절차에서 정정청구에 의한 정정 또는 정정심판에서의 정정 등)이 부적법한 경우에 그 정정을 무효로 하는 심판을 말한다(제137조, 실용신안법 제33조).

정정에 의하여 특허권(실용신안권)의 권리범위가 확장되거나 특허(실용신안등록)될 수 없는 것이 유효한 특허(등록실용신안)로 존속하게 된다면 일반의 제3자는 예측하지 못한 손해를 입을 수 있기 때문에 그와 같은 경우에 제3자가 대항할 수 있는 수단으로서 정정의 무효심판 제도를 두고 있다.

특허무효심판은 특허에 무효사유가 있는 경우에 원칙적으로 특허권 설정등록일까지 소급하여 그 특허 자체의 효력을 상실시키는 것임(제137조 제3항)에 반하여 정정의 무효심판은 특허 자체를 무효시키는 것이 아니라 정정청구 또는 정정심판청구에 의하여 정정된 명세서 또는 도면만을 무효시키는 것이다. 또한 특허무효심판과 정정무효심판은 그 무효사유도 서로 다르다.

2 심판청구

가. 청구인 · 피청구인

정정의 무효심판을 청구할 수 있는 자는 이해관계인 또는 심사관이고, 그 피청구인은 청구 당시 등록원부상의 특허권자(실용신안권자)이다. 특허(실용신안권) 소멸 후의 청구에서는 소멸 시의 특허권자(실용신안권자)이다. 한편 특허권(실용신안권)이 공유인 경우에는 공유자 전원을 피청구인으로 하여야 한다(제139조 제3항, 실용신안법 제33조).

이해관계인의 의의, 범위에 대하여는 본 장 「제2절 심판절차 일반 I. 심판청구서 제출 1 당사자 및 청구방식 가. 심판청구인과 피심판청구인」에서 설명하였다.

관련하여 심판이 제기된 후 특허권의 양도 등으로 당사자의 지위가 양도된 경우에 양도인이 당사자의 지위에서 계속 심판절차를 수행할 수 있고 그 승계인에게 심판절차를 속행하게 할 수도 있는데 구체적으로 누구에게 절차를 속행하도록 할 것인가의 문제에 대하여는 「제7장 특허에 관한 출원 · 심사 · 결정 제2절 특허출원과 관련된 주요 내용 I. 기간 · 절차에 관한 규정(제14조 내지 제24조) 2 특허법상 절차에 관한 규정 나. 절차의 효력의 승계, 절차의 속행 · 중단 · 중지, 중단된 절차의 속행 2) 승계 후 절차 진행에 관한 문제(당사자적격 문제)」에서 설명하였다.

나. 청구시기

정정의 무효심판은 정정심결이 확정된 이후이면 특허권(실용신안권)의 존속 중에는 물론 특허(실용신안권)의 소멸 후에도 청구할 수 있다. 다만 정정된 특허(실용신안등록)를 무효로 하는 심결이 확정된 경우에는 그 특허권(실용신안권)이 처음부터 없었던 것으로 되어 심판의 대상물이 존재하지 않게 되므로 정정무효심판을 청구할 수 없고, 정정무효심판이 청구되더라도 부적법하여 심결로써 각하한다.

2 이상의 청구항 중 일부가 특허(실용신안등록) 무효로 된 경우에는 그 나머지 부분에 대하여 청구할 수 있다.

다. 심판청구서 기재사항

심판청구서에 기재할 사항에 대하여는 본 장 「제2절 심판절차 일반 I. 심판청구서 제출 [1] 당사자 및 청구방식 나. 심판청구서 기재사항」에서 설명하였다.

[3] 정정의 무효심판에서의 정정청구

정정의 무효심판의 피청구인은 제136조 제1항 각 호(청구범위를 감축하는 경우, 잘못 기재된 사항을 정정하는 경우, 분명하지 아니하게 기재된 사항을 명확하게 하는 경우)의 어느 하나에 해당하는 경우에만 제147조 제1항 또는 제159조 제1항 후단에 따라 지정된 기간(즉, 무효심판청구서 부본의 송달에 따른 답변서 제출기간 또는 직권에 의해 이루어진 무효의견제출통지에 대한 의견서 제출기간)에 특허발명의 명세서 또는 도면의 정정을 청구할 수 있다. 이 경우 심판장이 제147조 제1항에 따라 지정된 기간 후에도 청구인이 증거를 제출하거나 새로운 무효사유를 주장함으로 인하여 정정의 청구를 허용할 필요가 있다고 인정하는 경우에는 기간을 정하여 정정청구를 하게 할 수 있다(제137조 제3항).

위 정정청구에 관하여는 제133조의2(특허무효심판절차에서의 특허의 정정) 제2항부터 제5항까지의 규정을 준용한다. 이 경우 제133조의2 제3항 중 "제133조 제1항"은 "제137조 제1항"으로 보고, 같은 조 제4항 후단 중 "제133조의2 제1항"을 "제137조 제3항"으로 보며, 같은 조 제5항 각 호 외의 부분 및 같은 항 제1호 중 "제1항"을 각각 "제3항"으로 본다(제137조 제4항).

이 부분 내용은 본 장 「제5절 특허 · 특허권 존속기간 연장등록의 무효심판(제133조, 제134조) I. 특허에 대한 무효심판 [5] 무효심판에서의 정정청구(제133조의2)」 부분을 참고한다.

[4] 심판청구 대상범위 · 무효사유

가. 심판청구 대상범위

정정무효심판청구의 대상은 정정심판 또는 정정청구(무효심판, 이의신청, 기술평가 취소신청 등에서의 정정청구)에 의하여 행해진 정정처분이다(제137조, 실용신안법 제33조).

일부 청구항에 대해서만 정정을 무효로 한다는 취지의 청구를 할 수 없고 정정사항 등에서 일부를 무효로 한다는 취지의 청구도 할 수 없다.[133)]

나. 무효사유

1) 정정심판을 청구할 수 있는 요건을 충족하지 못한 경우

명세서 또는 도면에 대한 정정이 i) 청구범위를 감축하는 경우(제1호), ii) 잘못 기재된 사항을 정정하는 경우(제2호), iii) 분명하지 아니하게 기재된 사항을 명확하게 하는 경우(제3호)의 정정심판 청구요건을 충족하지 않는 때에는 정정무효사유에 해당한다(제137조 제1항 제1호, 제136조 제1항 각 호, 실용신안법 제33조).

2) 정정요건을 위반한 경우

이의신청, 기술평가, 무효심판, 취소신청 절차 내의 정정청구 및 정정심판에서 인정된 정정이 i) 명세서 또는 도면의 정정이 등록명세서 또는 도면에 기재된 사항의 범위를 벗어난 경우 (잘못된 기재를 정정하는 경우는 출원서에 최초로 첨부된 명세서 또는 도면에 기재된 사항의 범위를 벗어난 때), ii) 명세서 또는 도면의 정정이 청구범위를 실질적으로 확장하거나 변경한 경우, iii) 청구범위를 감축하거나 잘못 기재된 사항을 정정하는 경우에 정정 후의 청구범위에 기재된 사항이 출원을 한 때에 특허를 받을 수 없는 경우에 각각 정정무효사유에 해당한다(제137조 제1항 제2호, 제136조 제3항 내지 제5항, 실용신안법 제33조).

5 심리

심리방식은 본 장 「제2절 심판절차 일반 II. 심리」에서 설명하였다.

심판장은 정정의 무효심판이 청구된 경우에는 그 취지를 해당 특허권의 전용실시권자와 그 밖에 특허에 관한 권리를 등록한 자에게 통지하여야 한다(제137조 제2항, 제133조 제4항, 실용신안법 제33조).

정정무효심판에 대해 정정무효심판의 피청구인(특허권자)은 청구서 부본 송달 후 답변서 제출기간 내(제147조 제1항) 또는 직권심리한 의견서 제출기간 내(제159조 제1항 후단)에 제136조 제1항 각 호의 어느 하나에 해당하는 경우에만 특허발명의 명세서 또는 도면의 정정을 청구할 수 있다(제137조 제3항).

---

133) 심판편람 제17편 제2장 2.

6 심판의 종료

심판은 원칙적으로 심결로써 종결하나(제162조 제1항), 그 밖에도 심판청구서의 각하결정(제141조 제2항), 보정할 수 없는 심판청구의 부적법에 의한 각하심결(제142조), 심판청구의 취하(제161조) 등에 의해서도 심판이 종결된다. 이에 대하여는 본 장 「제2절 심판절차 일반 II. 심리」에서 설명하였다.

정정무효심판청구가 이유 없다고 인정하는 경우에는 기각심결을 하고, 무효심판청구가 이유 있다고 인정하는 경우에는 인용심결을 한다.

심판비용의 부담은 심결로써 정하되 심판이 심결에 의하지 아니하고 종결될 때에는 결정으로써 정한다(제165조, 실용신안법 제33조).

무효심결에 불복하는 경우에는 심결등본송달일부터 30일 내에 특허법원에 심결취소의 소를 제기하여 다툴 수 있다(제186조 제3항).

정정을 무효로 한다는 심결이 확정된 때에는 그 특허발명의 명세서 또는 도면의 정정은 처음부터 없었던 것으로 본다(제137조 제5항, 실용신안법 제33조). 다만 정정 후에 특허의 일부무효가 있는 경우에는 정정무효의 심결의 효력은 그 일부무효인 것에 대하여는 미치지 아니한다.

심판의 심결이 확정되면 그 심결의 내용에 따른 실질적인 효력이 발생하고 심판기관에 대한 기속력이 발생하며 그 사건에 대해서는 누구든지 동일 사실 및 동일 증거에 의하여 다시 심판을 청구할 수 없다. 다만, 확정된 심결이 각하심결인 경우에는 그러하지 아니하다(제163조, 실용신안법 제33조).

한편 특허권의 공유와 심판 사이의 관계에 대하여는 「제9장 특허권의 이전 · 이용 · 소멸 제2절 특허권의 이전 II. 특허권의 공유 3 특허권의 공유와 심판, 심결취소소송 등의 4 특허권의 공유의 일부지분에 대한 무효심판청구 가부」에서 설명하였다.

제6절 권리범위확인심판(제135조)

I. 의의 · 성격

1 의의

제135조는 특허권자, 전용실시권자 또는 이해관계인은 자신의 특허발명의 보호범위를 확인하기 위하여 특허권의 권리범위확인심판을 청구할 수 있다고 규정하여 권리범위확인심판에 대해 규정한다. 실용신안법 제33조에서도 특허법 제135조를 준용하고 있다.

특허권의 권리범위확인심판은 어느 발명의 실시형태가 특허발명의 권리범위에 속하는지 여부에 대하여 확인을 구하는 심판이다.

특허권자는 특허권이 유효하게 존속하는 기간 중에 행해진 제3자의 특허침해행위에 대해 특허침해금지를 청구할 수 있고 특허권의 존속기간 만료로 특허권이 소멸된 뒤에도 손해배상청구를 할 수 있다.

이러한 경우 특허침해가 성립되기 위한 선결 조건으로서 제3자가 실시 중이거나 실시계획 중인 기술이 특허발명의 보호범위에 속하는지 또는 후 등록된 특허발명이 선 등록된 특허발명을 이용하고 있어서 그 보호범위에 속하는지 여부에 대해 특허심판원에 공신력 있는 판단을 구하도록 함으로써 그 판단 결과를 근거로 당사자 간의 조속한 분쟁 해결을 도모하거나 무익한 다툼을 미연에 방지할 수 있도록 하기 위해 권리범위확인심판 제도가 마련되었다.[134)]

2 법적 성격

특허권의 권리범위확인청구는 단순히 그 특허발명 자체의 기술적 범위를 확인하는 사실확정을 목적으로 한 것이 아니라 그 기술적 범위를 기초로 하여 구체적으로 문제가 된 상대방의 실시발명과의 관계에 있어서 그 발명에 대하여 특허권의 효력이 미치는 여부를 확인하는 권리확정을 목적으로 한다.[135)]

권리범위확인심판은 청구인에 의해 주장되는 청구인의 실시발명(소극적 권리범위확

---

134) 심판편람 제14편 제1장.

135) 대법원 1982. 5. 25. 선고 81후6 판결 등.

인심판의 경우) 또는 피청구인의 실시발명(적극적 권리범위확인심판의 경우, 이하 이들 실시발명을 확인대상발명이라 한다)과의 관계에서 특허발명의 범위라고 하는 사실구성의 상태를 확정하는 것이 아니라 그 권리의 효력이 미치는 범위를 확인대상발명과의 관계에서 구체적으로 확정하는 것으로서[136] 특허발명에 대한 보호범위에 속하는지 여부라고 하는 법률관계를 객관적으로 확인하는 심판이지만, 더 나아가 특허발명의 침해 여부로 인한 구체적인 법률관계, 즉 침해금지청구권 존부나 손해배상채무 존부까지 확인하는 제도는 아니다.

따라서 발생한 특허권이 나중에 소멸하면 그에 관한 권리범위의 확인을 구할 이익이 없게 된다.[137]

또한 권리범위확인심판의 심결이 확정되면 확인대상발명이 특허발명의 권리범위에 속하는지 여부가 확인되는 것이지만, 그 심결은 침해사건을 판단하는 법원을 기속하는 것이 아니므로 그것으로써 특허발명에 대한 침해 여부가 최종적으로 확정되는 것은 아니다. 침해사건의 판결이 확정된 후의 권리범위확인심판의 심결취소소송이 제기된 경우에도 같다.[138]

이와 같이 권리범위확인심판은 특허권 침해에 관한 민사소송과 같이 침해금지청구권이나 손해배상청구권의 존부와 같은 분쟁 당사자 사이의 권리관계를 최종적으로 확정하는 절차가 아니고, 그 절차에서의 판단이 특허권 침해에 관한 민사소송에 기속력을 미치는 것도 아니지만,[139] 간이하고 신속하게 확인대상발명이 특허권의 객관적인 효력범위에 포함되는지를 판단함으로써 당사자 사이의 분쟁을 사전에 예방하거나 조속히 종결시키는 데에 이바지한다는 점에서 고유한 기능을 가진다.[140]

권리범위확인심판에 대하여 특허법에서는 특허발명의 보호범위를 확인하기 위하여 청구항별로 권리범위확인심판을 청구할 수 있다고 간략히 규정하고 있을 뿐 권리범위확인심판에서 구체적인 심리 대상물의 범위나 판단 기준에 관해서는 규정을 두고 있지 않다. 이에 따라 권리범위확인심판의 절차적·실체적 요건들은 실무가 정한 내용에 따르고 있다.

---

136) 대법원 1991. 3. 27. 선고 90후373 판결 등 참조.
137) 대법원 2000. 7. 6. 선고 99후161 판결 등 참조.
138) 대법원 2011. 2. 24. 선고 2008후4486 판결.
139) 대법원 2002. 1. 11. 선고 99다59320 판결, 대법원 2014. 3. 20. 선고 2012후4162 전원합의체 판결의 다수의견에 대한 보충의견 등 참조.
140) 대법원 2018. 2. 8. 선고 2016후328 판결 참조.

II. 심판의 종류

권리범위확인심판에는 특허권자, 전용실시권자가 상대방이 사용하는 확인대상발명이 자기의 특허권의 권리범위에 속한다는 확인을 구하기 위하여 청구하는 적극적 권리범위확인심판과 확인대상발명을 실시하고 있는 자가 특허권자나 전용실시권자를 상대로 확인대상발명이 특허권의 권리범위에 속하지 않는다는 확인을 구하기 위하여 청구하는 소극적 권리범위확인심판이 있다.

III. 심판

1 심판청구

가. 청구인 · 피청구인

권리범위확인심판의 청구인은 특허권자, 전용실시권자[141] 또는 이해관계인이다.

적극적 권리범위확인심판의 청구인은 특허권자 또는 전용실시권자이고, 소극적 권리범위확인심판의 청구인은 이해관계인이다.

적극적 권리범위확인심판에서의 피청구인은 특허발명을 특허권자 등의 동의 없이 실시하고 있는 자이고 소극적 권리범위확인심판에서의 피청구인은 청구 당시 등록원부상의 특허권자이다.

이해관계인의 의의, 범위에 대하여는 본 장 「제2절 심판절차 일반 I. 심판청구서 제출 1 당사자 및 청구방식 가. 심판청구인과 피심판청구인」에서, 심판이 제기된 후 특허권의 양도 등으로 당사자의 지위가 양도된 경우의 절차 승계의 문제에 대하여는 「제7장 특허에 관한 출원 · 심사 · 결정 제2절 특허출원과 관련된 주요 내용 I. 기간 · 절차에 관한 규정(제14조 내지 제24조) 2 특허법상 절차에 관한 규정 나. 절차의 효력의 승계, 절차의 속행 · 중단 · 중지, 중단된 절차의 속행 2) 승계 후 절차 진행에 관한 문제(당사자적격 문제)」에서 각각 설명하였다.

특허권의 공유와 심판 사이의 관계에 대하여는 「제9장 특허권의 이전 · 이용 · 소멸 제2절 특허권의 이전 II. 특허권의 공유 3 특허권의 공유와 심판, 심결취소소송 등의 4 특허권의 공유의 일부지분에 대한 무효심판청구 가부」에서 설명하였다.

---

141) 2007. 3. 3. 법률 제7871호로 개정되기 전의 특허법 제135조는 특허권자와 이해관계인만이 권리범위확인심판을 제기할 수 있다고 규정되어 있었는데 위 개정 특허법에서 전용실시권자도 심판제기 당사자로 추가되었다.

나. 청구방식 · 심판청구서 기재사항

1) 심판청구서 기재사항

심판청구서에 기재할 사항에 대하여는 본 장 「제1절 특허심판에 관한 일반 사항」 및 「제2절 심판절차 일반 I. 심판청구서 제출 [1] 당사자 및 청구방식 나. 심판청구서 기재사항」에서 설명하였다.

2) 확인대상발명의 특정

특허발명의 권리범위확인심판을 청구함에 있어 심판청구의 대상이 되는 확인대상발명은 해당 특허발명과 서로 대비할 수 있을 만큼 구체적으로 특정되어야 하는데, 그 특정을 위하여 대상물의 구체적인 구성을 전부 기재할 필요는 없다고 하더라도 특허발명의 구성요건에 대응하는 부분의 구체적인 구성을 기재하여야 하며, 그 구체적인 구성의 기재는 특허발명의 구성요건에 대비하여 그 차이점을 판단함에 필요한 정도는 되어야 한다. 확인대상발명이 불명확하여 특허발명과 대비대상이 될 수 있을 정도로 구체적으로 특정되어 있지 않다면, 특허심판원으로서는 요지변경이 되지 아니하는 범위[142] 내에서 확인대상발명의 설명서 및 도면에 대한 보정을 명하는 등의 조치를 취하여야 하고, 그럼에도 불구하고 그와 같은 특정에 미흡함이 있다면 심판청구를 각하한다.

이때 확인대상발명이 적법하게 특정되었는지 여부는 특허심판의 적법요건으로서 당사자의 명확한 주장이 없더라도 의심이 있을 때에는 특허심판원이나 법원이 이를 직권으로 조사하여 밝혀보아야 할 사항이다.[143]

특허권의 권리범위확인심판을 청구할 경우 심판청구의 대상이 되는 확인대상발명은 해당 특허발명과 서로 대비할 수 있을 만큼 구체적으로 특정되어야 할 뿐만 아니라, 그에 앞서 사회통념상 특허발명의 권리범위에 속하는지를 확인하는 대상으로서 다른 것과 구별될 수 있는 정도로 구체적으로 특정되어야 한다.[144]

확인대상발명의 특정 여부는 확인대상발명의 설명서와 도면을 일체로 파악하고 이

---

142) 대법원 1995. 5. 12. 선고 93후1926 판결은 "요지의 변경을 쉽게 인정할 경우 심판절차의 지연을 초래하거나 피청구인의 방어권행사를 곤란케 할 우려가 있기 때문이라 할 것이므로, 그 보정의 정도가 청구인의 고안에 관하여 심판청구서에 첨부된 도면 및 설명서에 표현된 구조의 불명확한 부분을 구체화한 것이거나 처음부터 당연히 있어야 할 구성부분을 부가한 것에 지나지 아니하여 심판청구의 전체적 취지에 비추어 볼 때 그 고안의 동일성이 유지된다고 인정된다면 이는 요지변경에 해당하지 않는다."라고 하였다.

143) 대법원 2005. 4. 29. 선고 2003후656 판결, 대법원 2023. 12. 28. 선고 2021후10725 판결 참조.

144) 대법원 2011. 9. 8. 선고 2010후3356 판결 등 참조.

를 종합적으로 고려하여 판단해야 하므로, 확인대상발명의 설명서에 불명확한 부분이 있거나 설명서의 기재와 일치하지 않는 일부 도면이 있더라도, 확인대상발명의 설명서에 기재된 나머지 내용과 도면을 종합적으로 고려하여 확인대상발명이 특허발명의 권리범위에 속하는지 여부를 판단할 수 있는 경우에는 확인대상발명은 사회통념상 특허발명의 권리범위에 속하는지를 확인하는 대상으로서 다른 것과 구별될 수 있는 정도로 특정된 것으로 본다.[145)]

즉, 확인대상발명의 설명서에 특허발명의 구성요소와 대응하는 구체적인 구성이 일부 기재되어 있지 않거나 불명확한 부분이 있다고 하더라도, 나머지 구성만으로 확인대상발명이 특허발명의 권리범위에 속하는지 여부를 판단할 수 있는 경우에는 확인대상발명이 특정된 것으로 본다.[146)]

다만 적극적 권리범위확인심판에서 심판청구서의 확인대상발명에 대하여 피청구인이 자신이 실제로 실시하고 있는 발명과 다르다고 주장하는 경우 청구인이 피청구인의 실시발명과 동일하도록 확인대상발명의 설명서 또는 도면을 보정하는 것은 그 발명의 동일성이 유지되는지 여부와 관계없이 심판청구서의 요지변경으로 보지 아니하며 그 보정은 적법한 것으로 본다(제140조 제2항 제3호).[147)]

특허발명이 방법의 발명인 경우에 확인대상발명이 물건의 발명으로 특정되었더라도 설명서에 그 생산방법이나 제조공정을 구체적으로 특정하고 있는 경우 방법의 발명인 특허발명과 대비하여 그 권리범위에 속하는지 여부를 판단하고, 특허발명이 물건을 생산하는 방법의 발명인 경우에는 그 방법에 의하여 생산된 물건에까지 특허권의 효력이 미치므로 특정한 생산방법에 의하여 생산한 물건을 실시발명으로 특정하여 특허권의 보호범위에 속하는지를 판단할 수 있다.

특허발명이 일정한 범위의 수치로 한정한 것을 구성요소로 포함하는 경우에는 확인대상발명에서도 특허발명의 구성요소와 대비할 수 있도록 그 수치를 구체적으로 한정하여야 하며 그 수치에 대한 기재가 없거나 모호한 경우에는 확인대상발명이 구체적으로 특정되었다고 할 수 없다.[148)]

확인대상발명을 해석함에 있어서도 설명서의 내용을 기준으로 파악하여야 하고 도면에 의하여 설명서의 내용을 변경하여 파악하는 것은 허용되지 아니한다. 도면은 보

---

145) 대법원 2010. 5. 27. 선고 2010후296 판결, 대법원 2020. 5. 28. 선고 2017후2291 판결, 대법원 2023. 12. 28. 선고 2021후10725 판결 등 참조.
146) 대법원 2010. 5. 27. 선고 2010후296 판결.
147) 심판편람 제14편 제5장 제4절 1.
148) 대법원 2005. 4. 29. 선고 2003후656 판결.

충적인 역할만 하는 것이므로 확인대상발명의 설명서의 내용과 도면이 서로 일치하지 않을 경우에는 설명서에 의하여 확인대상발명을 파악한다.[149)]

관련하여 구성요소를 선택적으로 기재한 확인대상발명의 특정을 허용할 것인가의 문제가 있다.

이에 대해 1건의 권리범위확인심판에서 복수의 확인대상발명에 대한 권리범위확인심판을 단순 병합하여 청구할 수 있으나 선택적 또는 예비적 병합의 형태로 청구하는 것은 허용되지 않는다는 특허법원 실무가 있다.[150)] 대법원은 권리범위확인심판은 확인대상발명이 한 개의 특허권의 권리범위에 속하는지의 확인을 구하는 1건의 청구라는 취지로 판시한 적이 있어 복수의 확인대상발명 특정에 대해 소극설을 취한 것으로 해석될 수 있지만, 해당 판결은 오래 전에 간단한 판시만으로 설시된 것이고[151)] 현재의 입장은 아직 명확하지 않다. 특허심판원의 실무는 확인대상발명은 1건의 심판청구에 관련하여 1개이어야 한다는 이유로 만일 확인대상발명이 여러 개인 것으로 인정되는 경우 흠결을 보정하도록 하고, 보정명령에 불응하거나 보정에 의해서도 그 흠결이 해소되지 아니하면 심판청구를 각하하고 있다.

그런데 이 부분 쟁점에 대해서는 더 깊이 생각해 볼 필요가 있다.

예를 들어 특허발명에서 청구항 중 일부 구성요소가 'A 혹은 B로 이루어진 표시수단'과 같이 선택적으로 기재되어 있다면, 이것은 그중 하나만을 권리범위에 포함하고 나머지 하나는 포함하지 않는 것이 아니라, A로 이루어진 표시수단뿐만 아니라, B로 이루어진 표시수단도 모두 권리범위에 포함하되 실시례에서 선택적으로 구현될 수 있다는 의미로 해석되고, 동일 당사자 사이에서 상대방 실시품의 기술내용이 실질적으로 동일하거나 유사한 경우에는 이를 하나의 확인대상발명으로 기재하여 심판청구하는 것을 허용하는 것이 당사자 사이의 유사한 법률관계를 일거에 해결할 수 있어 분쟁의 신속한 해결과 소송경제라는 측면에서 바람직하므로, 이러한 확인대상발명의 선택적 기재는 심판의 이익과 특정의 요건 등을 충족한다면 허용하여도 무방하다는 견해가 있다.[152)]

특허청구범위에서 구성요소를 선택적으로 기재하는 것이 원칙적으로 허용되므로 (이른바 마쿠쉬 형식), 확인대상발명도 특허발명과 구성을 대비할 수 있을 정도라면 그

149) 심판편람 제14편 제5장 제3절.
150) 디자인보호법 주해, 박영사(2015), 897~899(염호준 집필부분).
151) 대법원 1971. 6. 22. 선고 69후18 판결.
152) 서영철, "구성요소가 선택적으로 기재된 확인대상고안", 특허소송연구 IV, 특허법원(2008), 569~570. 특허법원 2007. 4. 12. 선고 2006허2486 판결(미상고 확정)도 같은 취지이다.

구성요소를 선택적으로 기재하는 것 또한 허용된다고 볼 수 있다. 다만 확인대상발명의 설명서에 'A 혹은 B로 이루어진 표시수단'과 같이 기재된 예에서 확인대상발명이 A 표시수단과 B 표시수단을 모두 권리범위에 포함하되 실시례에서 선택적으로 구현될 수 있다는 의미로 해석되더라도 하나의 확인대상발명이므로 실시자가 그 구성요소를 '모두' 실시하고 있어야 심판의 이익이 인정되고 그중 하나만이 실시되고 있다면 확인대상발명 전체에 대해 심판의 이익이 부정될 여지가 있다. 그렇지 않고 확인대상발명의 일부 구성요소를 선택적으로 기재한 경우에 실시자가 그중 어느 하나만을 실시하여도 확인대상발명의 특정이나 실시요건을 충족한다고 하면 권리자로서는 상대방이 실시하는 기술내용을 구체적으로 특정하여야 하는 어려움을 피하기 위해 쟁점이 되는 구성요소를 여러 가지 경우로 무분별하게 나열하여 선택적으로 기재함으로써 쉽게 소를 제기할 수 있는 반면에 상대방으로서는 일일이 각 선택된 구성요소에 대응하여야 되므로 그 방어권 행사에 지장을 받게 되어 불합리하게 되기 때문[153]이다. 다만 이 문제에 대하여 더 검토가 필요하다면서 유보적인 의견을 표명하는 견해도 있다.[154]

또한 소극적 권리범위확인심판청구 사건에서 확인대상발명의 설명서에 'A 혹은 B로 이루어진 표시수단'과 같이 기재되어 있더라도 이를 그중 하나만을 확인대상발명으로 하는 취지가 아니라 'A 혹은 B로 이루어진 표시수단'의 어느 것을 사용하든 특허발명의 권리범위에 속하지 않으므로 그 모두에 대하여 권리범위확인심판을 구한다는 취지인 경우에는 권리범위확인 심판청구에서 확인대상발명이 복수여서 특허발명의 청구항과 대비할 수 있을 정도로 명확하게 특정되었다고 볼 수 있다.[155]

나아가 확인대상발명의 설명서에 'A 혹은 B로 이루어진 표시수단'과 같이 기재되어 있고 설령 작성자의 의도가 그중 하나만을 확인대상발명으로 하는 취지라고 보더라도, 확인대상발명은 1건의 심판청구에 관련하여 1개이어야 한다는 이유만으로 이를 가볍게 배척할 것은 아니고 권리범위확인심판청구의 청구취지, 확인대상발명의 특정의 편의성, 추가 구성 기재의 필요성과 상대방의 방어권 보장, 분쟁의 1회적 해결 실익 등의 여러 사정을 종합적으로 검토하여 이를 명확히 하도록 하거나 개별적으로 허용 여부를 검토할 필요가 있다.

3) 그 밖의 심판대상과 관련된 문제

권리범위확인심판청구에도 민사소송법상의 당사자 처분권주의는 적용되어야 하므

---

153) 특허법원 2007. 4. 12. 선고 2006허2486 판결(미상고 확정)에서의 판결이유 중 일부이다.
154) 전지원, "확인대상발명의 특정", 대법원판례해설 제90호, 법원도서관(2011), 724.
155) 특허법원 2013. 11. 7. 선고 2013허4954 판결(미상고 확정).

로, 확인대상발명이 특허발명의 권리범위에 속하지 아니함을 구하는 소극적 권리범위 확인심판청구사건에서 확인대상발명이 특허발명의 권리범위에 속한다고 인정되면 심판청구를 기각하면 되는 것이지 확인대상발명이 특허발명의 권리범위에 속한다는 내용의 심결주문은 처분권주의에 위배되어 할 수 없다.156)

적극적 권리범위확인을 구하는 심판이 특허심판원에 계속 중에 있더라도 그 특허권에 기초한 침해금지청구 및 손해배상청구 등의 침해소송을 중지할 것인지는 법원이 합리적인 재량에 따라 직권으로 정한다.

특허권자가 심판청구의 대상이 되는 확인대상발명이 특허발명의 권리범위에 속한다는 내용의 적극적 권리범위확인심판을 청구한 경우, 심판청구인이 특정한 확인대상발명과 피심판청구인이 실시하고 있는 실시발명 사이에 동일성이 인정되지 아니하면, 확인대상발명이 특허발명의 권리범위에 속한다는 심결이 확정된다고 하더라도 그 심결은 심판청구인이 특정한 확인대상발명에 대하여만 효력을 미칠 뿐 실제 피심판청구인의 실시발명에 대하여는 아무런 효력이 없으므로, 피심판청구인이 실시하지 않고 있는 발명을 대상으로 한 그와 같은 적극적 권리범위확인 심판청구는 확인의 이익이 없어 부적법하여 각하되어야 한다.157)

적극적 권리범위확인심판에서 피청구인은 자신이 실제로 실시하는 발명이 청구인이 제출한 확인대상발명과는 다른 것이라고 주장하는 경우가 있는데 이를 이른바 실시주장발명이라고 한다. 그리고 이 경우 확인대상발명과 피심판청구인이 실시하고 있는 실시주장발명의 동일성은 피심판청구인이 확인대상발명을 실시하고 있는지 사실확정에 관한 것이므로 이들 발명이 '사실적 관점'에서 같다고 보이는 경우에 한하여 그 동일성을 인정한다.158)

반면에 소극적 권리범위확인심판의 경우는 심판청구인이 실시하였거나 실시한 것은 물론 장래 실시하고자 하거나 사용가능성이 없는 것이라도 청구인이 일단 적법하게 특정한 이상 그와 같이 특정한 확인대상발명이 심판대상이 된다.159)

권리범위확인심판에서 특허발명과 대비대상이 되는 확인대상발명과 관련하여 법 시행규칙 제57조 제3항은 특허발명과의 구체적인 대비표를 포함한 설명서라고 명시하고 있으므로 특허발명과의 구체적 대비표는 확인대상발명의 설명서의 일부를 이룬다.

156) 대법원 1992. 6. 26. 선고 92후148 판결.

157) 대법원 2003. 6. 10. 선고 2002후2419 판결, 대법원 2012. 10. 25. 선고 2011후2626 판결 등.

158) 대법원 2012. 10. 25. 선고 2011후2626 판결.

159) 대법원 1985. 10. 22. 선고 85후48, 49 판결, 대법원 2000. 4. 11. 선고 97후3241 판결 등 참조.

따라서 확인대상발명이 어떠한 구성요소로 이루어진 것인지를 파악할 때는 특허발명과의 구체적 대비표에 기재된 사항까지 포함하여 종합적으로 판단한다.

2 심판청구(확인)의 이익

소극적 권리범위확인심판에 있어서의 심판을 청구할 수 있는 이해관계인이라 함은 등록권리자 등으로부터 권리의 대항을 받아 업무상 손해를 받고 있거나 손해를 받을 염려가 있는 자를 말하고, 이러한 이해관계인에는 권리범위에 속하는지 여부에 관하여 분쟁이 생길 염려가 있는 대상물을 제조 · 판매 · 사용하는 것을 업으로 하고 있는 자에 한하지 아니하고 그 업무의 성질상 장래에 그러한 물품을 업으로 제조 · 판매 · 사용하리라고 추측이 갈 수 있는 자도 포함된다.

따라서 소극적 권리범위확인심판의 경우에는 확인대상발명을 피청구인이 실시하고 있는 경우 또는 과거에 실시한 적이 있거나 앞으로 실시할 가능성이 없다고 단정할 만한 사정이 없다면 확인의 이익이 인정된다.[160)]

실무는, 적극적 권리범위확인심판에서 심판청구인이 확인대상발명으로 특정한 실시형태와 피심판청구인에 의해 실시주장발명이라 주장된 실제 실시형태 사이에 '사실적 관점'에서 동일성이 인정되지 않는다면, 비록 피심판청구인의 실시주장발명이 확인대상발명과 발명의 요지가 같아서 법적으로 동일성 내지 균등범위 내에 있는 경우라고 평가받더라도 그 심결의 효력은 심판청구인이 특정한 실시형태에 대하여만 미칠 뿐, 피심판청구인의 실제 실시형태에 대하여는 아무런 효력이 미치지 아니하므로, 이러한 적극적 권리범위확인심판청구는 확인의 이익이 없어 부적법 각하되는 것으로 처리하고 있다.[161)]

이때 적극적 권리범위확인심판사건에서 피청구인이 확인대상발명을 실시하고 있다는 사실에 대한 증명책임은 청구인에게 있다.

당사자들 사이에 권리범위의 속부에 관하여 다툼이 없다면 원칙적으로 확인의 이익이 없다.[162)]

---

160) 대법원 2005. 10. 14. 선고 2004후1663 판결. 확인대상표장을 사용한 바도 없고 앞으로도 사용하지 아니할 것이라면 그 대상상표에 대해 심판청구인이 구하는 심결을 받는다고 하더라도 심판청구인이 사용하고 있거나 사용하고자 하는 상표에 대하여는 아무런 효력을 가지지 아니하여 심판청구인의 법적 불안을 해소하는 데 아무런 도움이 되지 않아 소극적 권리범위확인심판청구는 확인의 이익이 없으므로 부적법하여 각하되어야 한다.

161) 대법원 1996. 3. 8. 선고 94후2247 판결, 대법원 2003. 6. 10. 선고 2002후2419 판결, 대법원 2012. 10. 25. 선고 2011후2626 판결 참조 등 참조.

한편 적극적 권리범위확인심판에서 상대방이 권리범위의 속부에 대해 다투지 않고 있지만 과거에 다툰 사실이 있었다면 본안판단을 할 필요가 있다.

침해소송과 권리범위확인심판의 심결취소소송은 별개의 독립된 소송으로서 양 소송이 동시에 계속 중이라 하더라도 중복소송에 해당하지 않고 어느 한쪽의 결론이 다른 소송에서 기속력을 가지지 않는다. 침해소송이 계속 중이어서 그 소송에서 특허권의 효력이 미치는 범위를 확정할 수 있더라도 이를 이유로 침해소송과 별개로 청구된 권리범위확인심판의 심판청구 이익이 인정된다.[163)]

권리범위확인심판의 심결이 확정된 경우 그 심결이 민사·형사 등 침해소송을 담당하는 법원을 기속하지는 않는다고 하더라도, 권리범위확인심판절차에서 불리한 심결을 받은 당사자가 유효하게 존속하고 있는 심결에 불복하여 심결의 취소를 구하는 것은 특허법의 규정에 근거한 것으로서, 특허권이 소멸되거나 당사자 사이의 합의로 이해관계가 소멸하는 등 심결 이후의 사정으로 심결을 취소할 법률상 이익이 소멸되는 특별한 사정이 없는 한 심결의 취소를 구할 소의 이익이 있다.[164)]

특허권의 권리범위확인심판은 현존하는 특허권의 권리범위를 확정하는 것을 목적으로 하기 때문에 일단 적법하게 발생한 특허권이라도 특허취소결정, 무효심결의 확정으로 특허권이 소멸된 이후에는 심판청구의 이익이 없어 특허권에 대한 권리범위확인 심판을 구할 이익이 없어 그 청구를 각하한다.

특허발명이 신규성이 없는 경우에는 특허발명의 권리범위를 인정할 수 없어 등록무효의 심결이 없어도 권리범위확인심판에서 그 권리범위를 인정할 수 없다.[165)]

다만 대법원은, 특허발명의 보호범위를 판단하는 절차로 마련된 권리범위 확인심판에서 특허의 진보성 여부를 판단하는 것은 권리범위 확인심판의 판단 범위를 벗어날 뿐만 아니라, 본래 특허무효심판의 기능에 속하는 것을 권리범위 확인심판에 부여하는

162) 대법원 1991. 3. 27. 선고 90후373 판결, 대법원 2016. 9. 30. 선고 2014후2849 판결.

163) 대법원 2018. 2. 8. 선고 2016후328 판결.

164) 상표권에 관한 대법원 2011. 2. 24. 선고 2008후4486 판결. 대법원은 위 판결에서 갑 회사가 을 회사를 상대로 특허심판원에 상표권에 관한 소극적 권리범위확인심판을 제기하였으나 특허심판원이 확인대상표장이 등록상표의 권리범위에 속한다는 이유로 청구를 기각하는 심결을 하였는데, 이후 을 회사가 위 등록상표의 상표권침해와 관련하여 제기한 민사소송에서 갑 회사 승소판결이 선고되었고, 심결취소소송의 상고심 계속 중 위 민사판결이 그대로 확정된 사안에서, 확정된 위 민사판결은 위 심결취소소송을 담당하는 법원에 대하여 법적 기속력이 없으므로 갑 회사에 위 민사판결이 확정되었음에도 불구하고 자신에게 불리한 위 심결을 취소할 법률상 이익이 있고, 달리 위 심결 이후 위 등록상표의 상표권이 소멸되었다거나 당사자 사이의 합의로 이해관계가 소멸되었다는 등 위 심결 이후 심결을 취소할 법률상 이익이 소멸되었다는 사정도 보이지 아니하므로, 갑 회사에 위 심결의 취소를 구할 소의 이익이 있다고 하였다.

165) 대법원 2009. 9. 24. 선고 2007후2827 판결 등 참조.

것이 되어 위 두 심판 사이의 기능 배분에 부합하지 않기 때문에 특허발명이 공지의 기술인 경우 등을 제외하고는 특허발명의 진보성이 부정되는 경우에도 권리범위 확인심판에서 등록되어 있는 특허권의 효력을 당연히 부인할 수 없다는 입장이다.[166)]

이에 따라 특허발명의 진보성이 부정되어 특허발명에 대한 등록무효심결이 확정되기 전이라고 하더라도 특허권이 무효심판에 따라 무효로 될 것임이 명백한 경우라면 특허권 침해소송에서는 권리남용을 이유로 특허권의 효력이 미치지 않음을 주장할 수 있지만,[167)] 권리범위확인심판 절차에서는 등록무효심결이 확정되기까지는 특허발명의 진보성에 등록무효사유가 존재하는지를 고려할 필요 없이 단지 확인대상발명이 그 특허발명의 권리범위에 속하는지 여부에 관해서만 심리 · 판단한다.[168)]

특허권의 권리범위확인심판을 청구한 이후에 당사자 사이에 심판을 취하하기로 한다는 내용의 합의가 이루어졌다면 그 취하서를 심판부(또는 기록이 있는 대법원)에 제출하지 아니한 이상 심판청구취하로 인하여 사건이 종결되지 않지만, 당사자 사이에 심판을 취하하기로 하는 합의를 함으로써 특별한 사정이 없는 한 심판이나 소송을 계속 유지할 법률상의 이익은 소멸된다.[169)]

소극적 권리범위확인심판의 청구인이 확인대상발명과 피심판청구인의 특허발명이 권리범위에 속함은 다투지 아니한 채, 다만 피심판청구인의 특허출원 행위가 심판청구

---

166) 대법원 2017. 11. 14. 선고 2016후366 판결 등 참조.

167) 대법원 2012. 1. 19. 선고 2010다95390 전원합의체 판결.

168) 상표권에 관한 대법원 2014. 3. 20. 선고 2011후3698 전원합의체 판결 참조. 판결이유에서 “상표권침해소송에서 명백한 등록무효사유가 존재한다고 인정되어 권리남용의 항변이 받아들여지더라도, 이는 권리의 부존재나 무효를 확인하거나 확정하는 것이 아니다. 단지 그 사건의 분쟁 당사자 사이에 권리행사의 제한사유가 존재한다는 것을 인정하는 의미를 가질 뿐이고, 그 판결의 효력도 그 소송 당사자 사이에서만 미치므로, 다른 제3자는 그 상표등록에 명백한 무효사유가 존재하지 아니한다고 주장하여 다투는 것이 불가능하지 않다. 반면 권리범위확인심판은 그 심결이 확정되면 심판의 당사자뿐만 아니라 제3자에게도 일사부재리의 효력이 미치는 대세적 효력을 가진다는 점에서 결정적 차이가 있다.”라고 한다.
특허권에 관한 대법원 2014. 3. 20. 선고 2012후4162 전원합의체 판결도 “특허법이 규정하고 있는 권리범위확인심판은 심판청구인이 그 청구에서 심판의 대상으로 삼은 확인대상발명이 특허권의 효력이 미치는 객관적인 범위에 속하는지 여부를 확인하는 목적을 가진 절차이므로, 그 절차에서 특허발명의 진보성 여부까지 판단하는 것은 특허법이 권리범위확인심판 제도를 두고 있는 목적을 벗어나고 그 제도의 본질에 맞지 않다. 특허법이 심판이라는 동일한 절차 안에 권리범위확인심판과는 별도로 특허무효심판을 규정하여 특허발명의 진보성 여부가 문제되는 경우 특허무효심판에서 이에 관하여 심리하여 진보성이 부정되면 그 특허를 무효로 하도록 하고 있음에도 진보성 여부를 권리범위확인심판에서까지 판단할 수 있게 하는 것은 본래 특허무효심판의 기능에 속하는 것을 권리범위확인심판에 부여함으로써 특허무효심판의 기능을 상당 부분 약화시킬 우려가 있다는 점에서도 바람직하지 않다.”라고 하여 같은 취지이다.

169) 대법원 1997. 9. 5. 선고 96후1743 판결, 대법원 2007. 5. 11. 선고 2005후1202 판결.

인에 대한 관계에서 사회질서에 위반된 것이라는 등의 대인적(對人的)인 특허권 행사의 제한사유를 주장하면서 확인대상발명이 특허발명의 권리범위에 속하지 아니한다는 확인을 구하는 것은 특허권의 효력이 미치는 범위에 관한 권리확정과는 무관하므로 그 확인의 이익이 없어 부적법하다.170)

간접침해 행위에 대한 권리범위확인심판을 제기할 수 있는지에 대해 실무는 간접침해 행위에 대한 권리범위확인심판을 인정한다.171)

제135조는 특허권자 · 전용실시권자 또는 이해관계인은 특허발명의 보호범위를 확인하기 위하여 특허권의 권리범위확인심판을 청구할 수 있다고 규정하고 있고, 제127조 제2호는 특허가 방법의 발명인 때에는 그 방법의 실시에만 사용하는 물건을 생산 · 양도 · 대여 또는 수입하거나 그 물건의 양도 또는 대여의 청약을 하는 행위를 업으로서 하는 경우에 특허권 또는 전용실시권을 침해한 것으로 본다는 취지로 규정하고 있으므로, 특허권자 · 전용실시권자 또는 이해관계인은 그 방법의 실시에만 사용하는 물건과 대비되는 물건을 심판청구의 대상이 되는 발명으로 특정하여 특허권의 보호범위에 속하는지 여부의 확인을 구할 수 있다.

권리범위확인심판에서 확인의 이익의 유무는 직권조사사항이므로 당사자의 주장 여부에 관계없이 특허심판원이 직권으로 판단하여야 한다.

권리범위확인심판은 그 심결이 특허분쟁 해결을 위한 유효 적절한 수단이 되어야 하므로 청구인이 심판을 청구함에 있어서는 민사소송에서의 확인의 소와 유사하게 권리관계의 확인을 통해 얻을 수 있는 법률상의 이익 즉 확인의 이익이 있을 것을 요건으로 한다. 확인의 이익이 없다면 그 심판 청구는 부적법한 것이므로 심결로써 각하되어야 한다.

권리범위확인심판은 현존하는 특허권의 범위를 확정하는 것을 목적으로 하는 것이므로 소멸된 특허권을 대상으로 청구하거나 권리범위확인심판 진행 중에 특허권이 소멸된 경우에도 확인의 이익이 없다.172)

3 자유실시기술

확인대상발명이 특허출원 전 공지기술이거나 그 기술분야에서 통상의 지식을 가진

---

170) 대법원 2012. 3. 15. 선고 2011후3872 판결, 대법원 2013. 2. 14. 선고 2012후1101 판결.
171) 대법원 2001. 1. 30. 선고 98후2580 판결, 대법원 2005. 7. 15. 선고 2003후1109 판결.
172) 심판단계에서 등록료 미납으로 소멸된 사안으로 대법원 2000. 9. 29. 선고 2000후75 판결이 있다.

사람이 공지기술로부터 쉽게 실시할 수 있는 경우에는 특허발명과 대비할 것도 없이 특허발명의 권리범위에 속하지 않는다.[173] 실무상 이러한 경우의 확인대상발명의 기술 구성을 자유실시기술[174]이라고 한다.

권리범위확인심판에서 특허발명(등록실용신안)과 대비되는 확인대상발명(확인대상고안)이 공지의 기술만으로 이루어진 경우뿐만 아니라 그 기술분야에서 통상의 지식을 가진 자가 공지기술로부터 쉽게(아주 쉽게) 실시할 수 있는 경우에는 이른바 자유실시기술로서 특허발명(등록실용신안)과 대비할 필요 없이 특허발명(등록실용신안)의 권리범위에 속하지 않는다.[175] 실무는 이러한 방법으로 특허발명의 무효 여부를 직접 판단하지 않고 확인대상발명을 공지기술과 대비하는 방법으로 확인대상발명이 특허발명의 권리범위에 속하는지를 결정함으로써 신속하고 합리적인 분쟁해결을 도모할 수 있다고 보고 있다.

그리고 자유실시기술 법리의 본질, 기능, 대비하는 대상 등에 비추어 볼 때, 위 법리는 특허권 침해 여부를 판단할 때 일반적으로 적용되는 것으로, 확인대상발명이 결과적으로 특허발명의 청구범위에 나타난 모든 구성요소와 그 유기적 결합관계를 그대로 가지고 있는 이른바 문언 침해(literal infringement)에 해당하는 경우에도 그대로 적용하고 있다.[176]

확인대상발명이 자유실시기술인지 여부를 판단할 때에는 확인대상발명을 특허발명의 청구범위에 기재된 구성과 대응되는 구성으로 한정하여 파악할 것은 아니고 심판청구인이 특정한 확인대상발명의 구성 전체를 가지고 그 해당 여부를 판단한다.[177] 따라서 확인대상발명이 특허권과 대응되는 구성 외에 추가적인 구성을 더 포함하여 특정한 경우에는 확인대상발명이 특허발명을 이용한 이용관계가 성립하는지를 먼저 판단한 후 추가적인 구성을 더 포함한 확인대상발명이 자유실시기술에 해당하는지를 판단한다.

관련하여 신규성 상실 예외 적용의 근거가 된 공지발명에 기초하여 자유실시발명 주장을 할 수 있는지가 문제되는데, 신규성 상실 예외 규정의 적용 근거가 된 공지발명에 따라 쉽게 실시할 수 있는 발명이 누구나 이용할 수 있는 공공의 영역에 있음을 전제로 한 자유실시발명 주장은 허용되지 않고, 확인대상발명과 등록된 특허발명을 대비

173) 대법원 2004. 9. 23. 선고 2002다60610 판결, 대법원 2011. 1. 27. 선고 2009후832 판결, 대법원 2013. 9. 12. 선고 2012다36326 판결.
174) 대법원 2001. 10. 30. 선고 99후710 판결, 대법원 2017. 11. 14. 선고 2016후366 판결 등 참조.
175) 대법원 2001. 10. 30. 선고 99후710 판결, 대법원 2017. 11. 14. 선고 2016후366 판결 등 참조.
176) 대법원 2017. 11. 14. 선고 2016후366 판결.
177) 대법원 2008. 7. 10. 선고 2008후64 판결.

하여야 한다.[178)]

4 심판의 종료

심판은 원칙적으로 심결로써 종결하나(제162조 제1항), 그 밖에도 심판청구서의 각하결정(제141조 제2항), 보정할 수 없는 심판청구의 부적법에 의한 각하심결(제142조), 심판청구의 취하(제161조) 등에 의해서도 심판이 종결된다. 이에 대하여는 본 장 「제2절 심판절차 일반 II. 심리」에서 설명하였다.

권리범위확인심판청구가 이유 없다고 인정하는 경우에는 기각심결을 하고, 권리범위확인심판청구가 이유 있다고 인정하는 경우에는 확인대상발명이 특허 제○호의 권리범위에 속한다는 내용의 인용심결을 한다.

권리범위확인심결에 불복하는 경우에는 심결등본송달일부터 30일 내에 특허법원에 심결취소의 소를 제기하여 다툴 수 있다(제186조 제3항).

권리범위확인심판의 경우에는 등록무효나 등록취소 등과는 달리 법에서 그 심결의 효력과 관련하여 규정한 것이 없어서 등록무효심판 등의 심결에서 인정되고 있는 형성적 효력 내지는 심사관이나 민사·형사의 침해소송을 담당하는 법원에 대한 기속력은 없지만,[179)] 심판청구에 대한 결론의 근거가 기재된 심결은 유력한 자료의 하나가 될 수 있다.

권리범위확인심판의 심결이 확정되면 확인대상발명이 특허발명의 권리범위에 속하는지 여부가 공적으로 확인되고 모든 종류의 심판의 심결(각하심결 제외)이 가지는 일사부재리의 효력이 있다(제163조, 실용신안법 제33조).

IV. 권리 대 권리 간의 권리범위확인 심판 가부

이는 특허권 상호간에 권리범위확인심판청구를 할 수 있는지의 문제로서 적극적 권리범위확인심판과 소극적 권리범위확인심판을 나누어 살펴보아야 한다.

권리 대 권리의 권리범위확인심판에서 특허권의 권리범위확인은 특허발명을 중심으로 어떠한 확인대상발명이 적극적으로 특허발명의 권리범위에 속한다거나 소극적으로 이에 속하지 아니함을 확인하는 것이다.

먼저 권리 대 권리의 적극적 권리범위확인심판의 경우를 살펴본다.

---

178) 디자인권에 관한 대법원 2023. 2. 23. 선고 2022후10012 판결 참조.
179) 대법원 2011. 2. 24. 선고 2008후4486 판결.

상대방에 의해 실시되고 있는 확인대상발명이 등록된 특허발명인 경우에 그 확인대상발명이 설령 청구인의 특허발명의 권리범위에 속하더라도 특허발명인 확인대상발명이 청구인의 특허발명의 권리범위에 속한다는 확인을 구하는 것은 상대방의 특허발명이 특허법 소정의 절차에 따라 무효심결이 확정되기까지는 그 무효를 주장할 수 없는 것임에도 그에 의하지 아니하고 등록무효절차 이외에서 등록된 권리의 효력을 부인하는 결과가 되므로 상대방의 특허발명이 자신의 특허발명의 권리범위에 속한다는 확인을 구하는 심판청구는 부적법하다.[180]

다만 예외적으로 두 발명이 제98조에서 규정하는 이용관계에 있어 확인대상발명의 등록 효력을 부정하지 않고 권리범위확인을 구할 수 있는 경우에는 권리 대 권리 간의 적극적 권리범위확인심판의 청구가 허용된다.[181][182]

다음으로, 이와 달리 후등록 특허권자가 청구인으로서 선등록 특허권자를 상대로 제기하는 권리 대 권리의 소극적 권리범위확인심판은 후등록 특허권자 스스로가 자신의 등록된 권리의 효력이 부인되는 위험을 감수하면서 타인의 등록된 권리의 범위에 속하는지 여부에 대한 판단을 구하는 것이어서 적법하다.[183] 물론 이때에도 후등록 특허권자가 선등록 특허권의 효력을 부인하는 주장은 등록무효절차 이외에서 등록된 권리의 효력을 부인하는 것이어서 허용되지 않는다.

한편, 권리범위확인 단계에서 문제되는 아니지만, 참고로 침해소송 단계에서 선출원 발명을 미처 알지 못하여 후출원 발명이 특허를 받게 된 경우와 관련하여 후출원 특허발명이 심판 또는 판결에 따라 무효로 확정될 때까지 선출원 특허발명과의 관계가 문제된다. 이에 대하여는 앞서 서술한 바와 같이 판례변경으로 인해 후출원 특허권자가 후출원 발명의 출원일 전에 출원 · 등록된 타인의 선출원 특허발명과 동일한 발명을 선출원 특허권자의 동의 없이 실시하였다면 후출원 특허발명의 적극적 효력이 제한되어 후출원 특허발명에 대한 등록무효심결의 확정 여부와 상관없이 선출원 특허발명에 대한 침해가 성립하는 것임에 유의한다.[184]

---

180) 대법원 1992. 10. 27. 선고 92후605 판결, 대법원 2007. 10. 11. 선고 2007후2766 판결.
181) 대법원 2002. 6. 28. 선고 99후2433 판결.
182) 특허법원 2024. 4. 18. 선고 2023허13100 판결(미상고 확정)은 동일한 종류의 등록권리의 사이에는 이용관계 등에 해당하지 않는 한 원칙적으로 적극적 권리범위확인심판이 허용되지 않을 것이나, 보호대상과 등록 요건에 차이가 있는 다른 종류의 등록권리 사이에는 권리범위확인심판의 판단 결과에 의해 바로 확인대상고안의 해당 등록권리로서의 등록의 효력을 부인하는 결과가 되는 것이 아닌 경우에까지 일률적으로 권리 대 권리의 적극적 권리범위확인심판에 해당한다는 이유로 확인의 이익이 부정된다고 볼 수 없다고 하였다.
183) 대법원 2007. 10. 11. 선고 2007후2766 판결 참조.
184) 대법원 2021. 3. 18. 선고 2018다253444 전원합의체 판결 참조.

제7절 통상실시권허락심판(제138조)

I. 의의 · 취지

특허권자, 전용실시권자 또는 통상실시권자는 해당 특허발명이 제98조(타인의 특허발명 등과의 관계)에 해당하여 실시의 허락을 받으려는 경우에 그 타인이 정당한 이유 없이 허락하지 아니하거나 그 타인의 허락을 받을 수 없을 때에는 자기의 특허발명의 실시에 필요한 범위에서 통상실시권 허락의 심판을 청구할 수 있다(제138조 제1항). 실용신안법 제32조 제1항에도 같은 취지의 규정이 있다.

통상실시권허락심판은 해당 권리가 선출원인 다른 권리(특허권, 실용신안권, 디자인권)와 이용관계에 있거나 선출원인 다른 권리(디자인권, 상표권)과 저촉관계에 있을 때 그 권리의 실시를 조정하기 위한 심판이다.

통상실시권허락심판은 선 · 후 발명 간에 이용관계가 있을 경우에 이를 심판에 의하여 해결함으로써 당사자 사이의 권리관계를 조정하고 나아가 선출원발명을 기초로 한 이용 개량발명의 탄생을 촉진하고자 마련된 제도로 특허권자의 의무면에서 볼 때 실시협조의무 위반에 대한 제재조치로서의 의미도 있다.[185]

통상실시권허락심판은 심판합의체에 의하여 통상실시권이 허락되는 점에서 특허청장의 결정에 의하여 통상실시권이 설정되는 재정에 의한 강제실시권의 경우(제107조)와 구별된다.

II. 심판청구

1 심판청구의 당사자

청구인은 이용, 저촉발명의 관계에 있는 특허권자, 전용실시권자 또는 통상실시권자이다. 피청구인은 이용발명의 경우에는 선출원의 특허권자, 실용신안권자, 디자인권자이고, 저촉발명의 경우에는 선출원의 디자인권자 또는 상표권자가 된다(제138조 제1항, 제98조).

한편 통상실시권허락심판에 따라 통상실시권을 허락한 자가 그 통상실시권을 허락받은 자의 특허발명을 실시할 필요가 있는 경우 그 통상실시권을 허락받은 자가 실시

185) 심판편람 제20편 제1장 1.

를 허락하지 아니하거나 실시의 허락을 받을 수 없을 때에는 통상실시권을 허락받아 실시하려는 특허발명의 범위에서 통상실시권 허락의 심판을 청구할 수 있는데(제138조 제3항) 이 경우의 청구인은 제98조의 통상실시권을 허락한 자이고 피청구인은 통상실시권을 허락받은 자(후출원 특허권자, 전용실시시권자 또는 통상실시권자)이다.

2 심판청구의 요건

제138조 제1항은 "특허권자, 전용실시권자 또는 통상실시권자는 해당 특허발명이 제98조에 해당하여 실시의 허락을 받으려는 경우에 그 타인이 정당한 이유 없이 허락하지 아니하거나 그 타인의 허락을 받을 수 없을 때에는 자기의 특허발명의 실시에 필요한 범위에서 통상실시권 허락의 심판을 청구할 수 있다."라고 하고, 같은 조 제2항은 "제1항에 따른 청구가 있는 경우에 그 특허발명이 그 특허출원일 전에 출원된 타인의 특허발명 또는 등록실용신안과 비교하여 상당한 경제적 가치가 있는 중요한 기술적 진보를 가져오는 것이 아니면 통상실시권을 허락하여서는 아니 된다."라고 규정한다.

가. 이용 · 저촉관계에 있을 것

먼저 해당 특허발명이 제98조에 해당하여야 한다. 제98조는 "특허권자 · 전용실시권자 또는 통상실시권자는 특허발명이 그 특허발명의 특허출원일 전에 출원된 타인의 특허발명 · 등록실용신안 또는 등록디자인이나 그 디자인과 유사한 디자인을 이용하거나 특허권이 그 특허발명의 특허출원일 전에 출원된 타인의 디자인권 또는 상표권과 저촉되는 경우에는 그 특허권자 · 실용신안권자 · 디자인권자 또는 상표권자의 허락을 받지 아니하고는 자기의 특허발명을 업으로서 실시할 수 없다."라고 규정한다.

따라서 후출원 특허발명이 그 특허발명의 특허출원일 전에 출원된 타인의 특허발명, 등록실용신안 또는 등록디자인이나 이와 유사한 디자인을 이용하는 이용관계에 있거나 후출원 특허권이 그 특허발명의 특허출원일 전에 출원된 타인의 디자인권 또는 상표권과 저촉되는 저촉관계에 있어야 한다.

이용 · 저촉 관계에 대하여는 「제6장 특허발명의 보호범위 제1절 특허발명의 보호범위 침해유형 IV. 이용침해 · 동일 저촉침해」에서 이미 설명하였다.

나. 정당한 이유 없이 실시허락을 하지 아니하거나 실시허락을 받을 수 없을 것

통상실시권의 허락을 받고자 하는 자는 통상실시권허락심판의 청구 전에 먼저 선출원 특허권자 등과 협의를 하였거나 하려 하였지만 당사자 간에 협의가 성립되지 않는 경우에 한하여 심판을 청구할 수 있다.

정당한 이유란 제3자가 납득할 수 있을 정도의 객관적 이유를 말하고 실시허락을 받을 수 없을 때란 권리자의 주소 또는 영업소가 불명하여 실시허락을 받을 수 없는 경우 또는 부당한 조건을 제시하거나 선출원권리가 공유인데 모든 공유자의 동의를 받기 어려운 경우, 권리자의 소재가 불분명한 경우 등을 말한다.

다. 상당한 경제적 가치가 있는 중요한 기술적 진보가 있을 것

통상실시권을 허락하기 위하여는 그 특허발명이 타인의 특허발명, 등록실용신안에 비하여 상당한 경제적 가치가 있는 중요한 기술적 진보를 가져오는 것이어야 한다.

이 요건은 통상실시권허락심판의 남용을 방지하고 선출원인 기본발명(또는 고안, 디자인, 상표)의 특허권자(또는 실용신안권자, 디자인권자, 상표권자)를 보호하기 위해서이다.

따라서 이 요건은 특허발명이 타인의 권리와 이용관계에 있는 경우뿐만 아니라 저촉관계에 있는 경우에도 적용될 수 있다.186)

라. 협의절차를 거칠 것

후출원 특허권자 등은 먼저 선출원 특허권자 등에게 자신의 특허발명을 실시하기 위한 협의를 거쳐야 하고, 후출원 특허권자 등에게 통상실시권이 허락된 경우에 선출원 특허권자가 후출원 특허권의 실시가 필요한 경우 후출원 특허권자에게 실시허락을 할 것을 협의하여야 한다(제138조 제3항, 이른바 크로스 라이선스).

3 청구방식 · 심판청구서 기재사항

심판청구서에 기재할 사항에 대하여는 본 장 「제2절 심판절차 일반 I. 심판청구서 제출 1 당사자 및 청구방식 나. 심판청구서 기재사항」에서 설명하였다.

제138조 제1항에 따른 통상실시권허락심판의 심판청구서에는 제138조 제1항 각 호의 사항 외에 실시하려는 자기의 특허의 번호 및 명칭(제1호), 실시되어야 할 타인의 특허발명 · 등록실용신안 또는 등록디자인의 번호 · 명칭 및 특허나 등록 연월일(제2호), 특허발명 · 등록실용신안 또는 등록디자인의 통상실시권의 범위 · 기간 및 대가(제3호)를

186) 다만 제140조 제4항의 통상실시권허락심판청구서에 기재사항 중 상표권에 관하여는 아무런 언급이 없다. 한편, 특허법 주해 II, 506(이회기 집필부분)은 특허발명이 저촉관계에 있는 상표권, 디자인권에 비해 기술적 진보란 상정할 수 없기 때문에 이용관계에 있는 발명일 경우에 한정된다고 한다.

적어야 한다(제140조 제4항).

4 심판의 종료

심판은 원칙적으로 심결로써 종결하나(제162조 제1항), 그 밖에도 심판청구서의 각하결정(제141조 제2항), 보정할 수 없는 심판청구의 부적법에 의한 각하심결(제142조), 심판청구의 취하(제161조) 등에 의해서도 심판이 종결된다. 이에 대하여는 본 장 「제2절 심판절차 일반 II. 심리」에서 설명하였다.

통상실시권허락심판청구가 이유 없다고 인정하는 경우에는 기각심결을 하고, 통상실시권허락심판이 이유 있다고 인정하는 경우에는 인용심결을 한다.

심판비용의 부담은 심결로써 정하되 심판이 심결에 의하지 아니하고 종결될 때에는 결정으로써 정한다(제165조, 실용신안법 제33조).

통상실시권허락심판에 대한 심결에 불복하는 경우에는 심결등본송달일부터 30일 내에 특허법원에 심결취소의 소를 제기하여 다툴 수 있다(제186조 제3항). 이때 그 소의 성격에 대하여는 형식적 당사자소송에 해당하는 견해, 민사소송에 해당하는 견해 등이 있는데 이에 대하여는 「제10장 특허민사소송 제6절 보상금 및 대가에 관한 불복의 소(제190조, 제191조) II. 법적 성질」에서 설명하였다.

통상실시권허락심판의 심결이 확정되면 청구인에게 통상실시권이 인정되는지 여부가 공적으로 확인되고 심판의 심결이 가지는 일사부재리의 효력이 있다(모든 종류의 심결에 일사부재리 효력이 인정되는지에 대하여는 다툼이 있다. 이에 대하여는 「제12장 특허심판 · 심결 제2절 심판절차 일반 III. 심판의 종료 3 일사부재리 다. 적용범위」 참조). 다만, 확정된 심결이 각하심결인 경우에는 그러하지 아니하다(제163조, 실용신안법 제33조).

통상실시권을 허락받은 자는 특허권자, 실용신안권자, 디자인권자 또는 그 전용실시권자에게 대가를 지급하여야 한다. 다만, 자기가 책임질 수 없는 사유로 지급할 수 없는 경우에는 그 대가를 공탁하여야 한다(제138조 제4항). 제138조 제4항에 따른 통상실시권자는 그 대가를 지급하지 아니하거나 공탁을 하지 아니하면 그 특허발명, 등록실용신안 또는 등록디자인이나 이와 유사한 디자인을 실시할 수 없다(제138조 제5항).

통상실시권허락심판에 의한 실시권은 심결의 확정에 따라 발생하므로 별도로 등록하지 아니하여도 효력이 있으나 제3자에 대항하기 위하여는 등록이 되어야 한다.

제8절 확정심결에 대한 재심

I. 총설

1 의의 · 취지

행정청이 행하는 구체적 사실에 관한 법집행으로서 공권력의 행사 또는 그 거부와 그 밖에 이에 준하는 행정작용 및 행정심판에 대한 재결을 취소하는 판결에 따라 권리 또는 이익의 침해를 받은 제3자가 자기에게 책임 없는 사유로 소송에 참가하지 못함으로써 판결의 결과에 영향을 미칠 공격 또는 방어방법을 제출하지 못한 때에는 이를 이유로 확정된 종국판결에 대하여 재심을 청구할 수 있다(행정소송법 제31조 제1항).

그런데 행정소송법은 제3자에 의한 재심청구만 인정하고 있기 때문에 이를 특허심판에 적용할 경우 당사자의 권리구제에 미흡한 면이 있다.

특허취소결정, 특허심결(이하 특허심결 등이라 한다)이 확정되면 대세적 효력에 따른 법적 안정성을 위하여 그 효력은 최대한 존중되어야 하지만 특허심결 등의 절차 또는 확정된 특허심결 등의 사실인정 등에 관하여 중대한 흠이 있음에도 이를 무시하고 법적 안정성만을 강조하면 특허심결 등의 적정성과 권위를 잃게 된다. 특허심판원에 의한 심판은 준사법적 절차로서의 성격을 가지기 때문에 당사자의 권리구제를 위해 민사소송법상의 재심제도를 특허법에 도입하여 확정된 특허심결 등에 대하여도 특별한 사유가 있는 경우에 특허심결 등의 취소와 재심리를 구하는 제도를 인정하고 있다.

다만 재심은 어디까지나 확정된 특허심결 등에 대한 중대한 흠이 있는 경우에 인정되는 비상(非常)한 불복신청수단이기 때문에 특허법은 민사소송법 제451조에 해당하는 재심사유가 있는 경우와 제179조의 재심사유에 한정하여 인정하고 청구기간에도 제한을 두어 법적 안정성과의 조정을 꾀하고 있다.

2 성격

재심은 확정된 특허심결 등을 취소하고 다시 새로운 심판을 구하여 기존 권리관계의 변화를 초래한다는 점에서 형성의 심판에 해당하고 종결된 심판에 대해 본안심리를 다시 하여 심판이 이루어진다는 면에서 부수적 심판이다.

II. 재심청구 요건 및 재심사유

재심청구는 아래와 같이 제178조 제2항에서 준용하는 민사소송법 제451조의 재심사유를 이유로 한 재심청구, 제179조에 따른 사해심결을 이유로 한 재심청구, 헌법재판소법 제75조 제7항에 따른 재심청구가 있다.

1 특허법에서 준용하는 민사소송법상의 재심

제178조 제2항에서 준용하는 민사소송법상의 재심사유에 대해 알아본다.

가. 청구요건

1) 재심청구 대상

재심청구 대상은 확정된 특허취소결정과 확정된 특허심결이다(제178조 제1항).

확정되지 아니한 특허취소결정이나 확정되지 아니한 특허심결에 대한 재심청구는 부적법하고, 그 특허취소결정이나 특허심결 확정 전에 제기한 재심청구가 부적법하다는 이유로 각하되지 아니하고 있는 동안에 그 취소결정이나 심결이 확정되었더라도, 재심청구가 적법한 것으로 되지 않는다. 여기서의 확정된 특허취소결정과 확정된 특허심결(이하 확정심결 등이라 한다)은 심판의 특허심결 외에 재심의 확정심결도 포함한다.

재심청구는 확정심결 등의 확정력 제거를 목적으로 하지만 수계 또는 당사자표시정정 등 절차를 밟지 아니하고 사망한 사람을 당사자로 한 확정심결 등은 당연무효로서 확정력이 없어 이에 대한 재심청구는 부적법하다.

2) 재심청구할 곳

민사소송법 제453조 제1항은 재심은 재심을 제기할 판결을 한 법원의 전속관할로 한다고 규정하고 있고 특허법 제178조 제2항은 이 규정을 준용하고 있으므로 이에 따르면 재심은 확정심결을 한 심판기관인 특허심판원에 제기한다.

민사소송법 제453조 제2항은 "심급을 달리하는 법원이 같은 사건에 대하여 내린 판결에 대한 재심의 소는 상급법원이 관할한다. 다만, 항소심 판결과 상고심 판결에 각각 독립된 재심사유가 있는 때에는 그러하지 아니하다."라고 규정하고 있으므로 재심사유가 특허법원이나 대법원의 판결에서 발생한 경우에는 특허법원이나 대법원에 각각 재심을 청구한다.[187] 이러한 경우는 제178조 이하가 아니라 민사소송법상의 재심 규

---

187) 대법원 1995. 6. 19. 자 94마2513 결정은 항소심에서 사건에 대하여 본안판결을 한 때에는

정이 적용된다.[188]

3) 재심청구 당사자

재심청구 당사자는 확정심결 등의 당사자이다.

결정계 심판의 경우에는 해당 심판의 청구인만이 재심당사자가 된다. 당사자계 심판의 경우에는 해당 심판의 청구인 또는 피청구인이 재심청구인이 되고 그 각 상대방이 피청구인으로 된다.

당사자 이외의 심판절차의 참가인이 재심청구를 할 수 있는지에 대하여 특허법에 명시되어 있지 않으나 심결 등에 대세적인 효력이 있고 심판에 공동참가를 할 수 있거나 법률상 이해관계를 가지고 있는 자로서 실제로 그 심판에 참가하였던 이상 재심청구 적격을 인정할 수 있다(다수설).[189]

재심청구인 적격과 관련하여 특허법에서는 법인이 아닌 사단 또는 재단으로서 대표자나 관리인이 정하여져 있는 경우에 그 이름으로 당사자계 심판의 청구인적격이 인정되지만, 결정계 심판의 확정심결 등의 경우에는 출원인 적격이 자연인과 법인에 한정됨이 원칙이므로 재심의 청구인적격에 제한이 있다.

출원인 적격에 관한 내용은 「제3장 특허를 받을 수 있는 자 · 특허를 받을 수 있는 권리 제3절 특허를 받을 수 있는 자」에서도 설명하였다.

나. 재심사유

제178조 제2항에 따라 준용되는 민사소송법 제451조의 재심사유 관련 규정은 아래와 같다.

제1심판결에 대하여 재심의 소를 제기하지 못하므로, 항소심판결이 아닌 제1심판결에 대하여 제1심법원에 제기된 재심의 소는 재심 대상이 아닌 판결을 대상으로 한 것으로서 재심의 소송요건을 결여한 부적법한 소송이며 단순히 재심의 관할을 위반한 소송이라고 볼 수는 없으나, 재심 소장에 재심을 할 판결로 제1심판결을 표시하고 있다고 하더라도 재심의 이유에서 주장하고 있는 재심사유가 항소심판결에 관한 것이라고 인정되는 경우(항소심 판결과 제1심판결에 공통되는 재심사유인 경우도 같다)에는 그 재심의 소는 항소심판결을 대상으로 한 것으로서 재심을 할 판결의 표시는 잘못 기재된 것으로 보는 것이 타당하므로, 재심소장을 접수한 제1심법원은 그 재심의 소를 부적법하다 하여 각하할 것이 아니라 재심 관할법원인 항소심법원에 이송하여야 한다고 하였다.

188) 대법원 2007. 3. 30. 선고 2006재후29 판결은 상고이유가 상고심절차에 관한 특례법 소정의 심리불속행 사유에 해당한다고 보아 더 나아가 심리를 하지 아니하고 상고를 기각한 재심대상판결에는 상고이유에 대한 판단누락이 있을 수 없으므로 이를 민사소송법 제451조 제1항 제9호의 재심사유로 삼을 수 없다고 한다.

189) 입법으로 재심청구인 적격자를 당사자 및 참가인으로 규정함이 바람직하다.

① 다음 각 호 가운데 어느 하나에 해당하면 확정된 종국판결에 대하여 재심의 소를 제기할 수 있다. 다만, 당사자가 상소에 의하여 그 사유를 주장하였거나, 이를 알고도 주장하지 아니한 때에는 그러하지 아니하다.

1. 법률에 따라 판결법원을 구성하지 아니한 때
2. 법률상 그 재판에 관여할 수 없는 법관이 관여한 때
3. 법정대리권 · 소송대리권 또는 대리인이 소송행위를 하는 데에 필요한 권한의 수여에 흠이 있는 때. 다만, 민사소송법 제60조 또는 제97조의 규정에 따라 추인한 때에는 그러하지 아니하다.
4. 재판에 관여한 법관이 그 사건에 관하여 직무에 관한 죄를 범한 때
5. 형사상 처벌을 받을 다른 사람의 행위로 말미암아 자백을 하였거나 판결에 영향을 미칠 공격 또는 방어방법의 제출에 방해를 받은 때
6. 판결의 증거가 된 문서, 그 밖의 물건이 위조되거나 변조된 것인 때
7. 증인 · 감정인 · 통역인의 거짓 진술 또는 당사자신문에 따른 당사자나 법정대리인의 거짓 진술이 판결의 증거가 된 때
8. 판결의 기초가 된 민사나 형사의 판결, 그 밖의 재판 또는 행정처분이 다른 재판이나 행정처분에 따라 바뀐 때
9. 판결에 영향을 미칠 중요한 사항에 관하여 판단을 누락한 때
10. 재심을 제기할 판결이 전에 선고한 확정판결에 어긋나는 때
11. 당사자가 상대방의 주소 또는 거소를 알고 있었음에도 있는 곳을 잘 모른다고 하거나 주소나 거소를 거짓으로 하여 소를 제기한 때

② 제1항 제4호 내지 제7호의 경우에는 처벌받을 행위에 대하여 유죄의 판결이나 과태료부과의 재판이 확정된 때 또는 증거부족 외의 이유로 유죄의 확정판결이나 과태료부과의 확정재판을 할 수 없을 때에만 재심의 소를 제기할 수 있다.

③ 항소심에서 사건에 대하여 본안판결을 하였을 때에는 제1심 판결에 대하여 재심의 소를 제기하지 못한다.

특허법에서 준용하는 민사소송법상의 재심사유는 위에서 열거된 11가지에 한정되므로 설령 재심청구사유가 위 11가지의 재심사유가 아닌 그 밖에 다른 절차상, 실체상의 다툼(예를 들면 화학 관련 심판사건에서 화학분야를 전공하지 아니한 심판관이 심판에 관여하였다는 주장, 사실인정과 판단내용이 부당하다거나 심리미진의 위법이 있다는 주장, 당사자가 주장하였거나 조사를 촉구하지 아니한 직권조사사항에 대한 판단누락 주장 등)을 이유로 한 재심청구는 부적법하다.

위 11가지의 재심사유는 각각 독립된 청구사유가 되므로 어느 한 가지 재심사유를 이유로 하여 재심을 청구하여 그것이 기각되었다 하더라도 다른 재심사유가 있는 경우 그 사유로 다시 재심을 청구할 수 있다.

다만 재심은 위 재심사유를 상소로써 주장할 수 없었던 경우에 한하여 청구할 수 있으므로 당사자가 재심사유에 해당하는 사실을 상소로써 주장하여 기각되었거나 이를 알면서도 상소로써 주장하지 아니한 경우에는 동일한 사유로 재심을 청구할 수 없다(민사소송법 제451조 제1항 각 호 본문 외의 단서 부분).

이때 '재심사유를 알고 주장하지 아니한 때'라 함은 당사자가 재심사유의 존재를 알았음에도 불구하고 상소를 제기하면서 이를 상소심에서 주장하지 아니한 경우뿐만 아니라, 상소를 제기하지 아니하여 판결을 확정시킨 경우도 포함한다. 따라서, 판단누락(유탈)과 같은 재심사유는 심결이유를 읽어봄으로써 쉽게 알 수 있어서 당사자는 특별한 사정이 없는 한 심결정본의 송달로 이를 알았다고 본다.190)

여기서는 이들 재심사유 중 위 제2호, 제6호 내지 제11호를 심판절차에 준용하여 (예를 들어 '판결'을 '심판'으로 바꾸는 등으로) 부연 설명한다.

예를 들어 화학 관련 심판사건에서 화학분야를 전공하지 아니한 심판관이 심판에 관여하였다는 재심주장 사유는 특허법 제178조 제2항에 따라 준용되는 민사소송법 제451조 제1항 제2호에 해당하지 않을 뿐만 아니라, 민사소송법 제422조 제1항 각 호의 어디에도 해당하지 아니한다.191)

재심사유 중 제6호 소정의 '심결의 증거로 된 문서 기타 물건이 위조나 변조된 것인 때'라 함은, 그 위조된 문서 등이 심결 주문의 이유가 된 사실인정의 직접적 또는 간접적인 자료로 제공되어 심판관이 그 위조문서 등을 참작하지 않았더라면 해당 심결과는 다른 심결을 하였을 개연성이 있는 경우를 말하고, 그 위조문서 등을 제외한 나머지 증거들만 가지고도 그 심결의 인정 사실을 인정할 수 있거나 그 위조문서 등이 없었더라면 심결 주문이 달라질 수도 있을 것이라는 일응의 개연성이 있지 아니하는 경우 또는 위조문서 등이 재심대상 심결이유에서 가정적 또는 부가적으로 설시한 사실을 인정하기 위하여 인용된 것이고 주요사실의 인정에 영향을 미치지 않는 사정에 관한 것이었을 때에는 재심사유가 되지 않으며, 여기에서 말하는 위조에는 형사상 처벌될 수 있는 허위공문서작성이나 공정증서원본불실기재가 포함된다.192)

재심사유 중 제7호의 '증인의 거짓 진술이 심결의 증거가 된 때'라 함은 증인이 직

190) 대법원 1985. 10. 22. 선고 84후68 판결, 대법원 1991. 11. 12. 선고 91다29057 판결.
191) 대법원 1997. 6. 27. 선고 97후235 판결
192) 대법원 1997. 7. 25. 선고 97다15470 판결.

접 그 재심의 대상이 된 심판사건을 심리하는 심판기관에서 거짓으로 진술하고 그 거짓 진술이 심결 주문에 영향을 미치는 사실인정의 자료가 된 경우를 가리키고, 그 증인이 그 재심대상이 된 심판사건 이외의 다른 민 · 형사 등 관련 사건에서 증인으로서 거짓 진술을 하고 그 진술을 기재한 조서가 재심대상심결의 심판절차에 서증으로 제출되어 채용된 경우는 같은 호의 재심사유에 포함될 수 없다.[193] 이때 거짓 진술이 판결 주문에 영향을 미친다는 것은 만약 그 허위 진술이 없었더라면 판결 주문이 달라질 수도 있었을 것이라는 개연성이 있는 경우를 말하고 변경의 확실성을 요구하는 것은 아니며, 그 경우에 있어서 사실인정의 자료로 제공되었다 함은 그 허위 진술이 직접적인 증거가 된 때뿐만 아니라 대비증거로 사용되어 간접적으로 영향을 준 경우도 포함된다.[194]

재심사유 중 제8호의 '심결의 기초로 된 민사나 형사의 판결 기타의 재판 또는 행정처분이 다른 재판이나 행정처분에 따라 바뀐 때'라 함은 그 확정심결에 법률적으로 구속력을 미치거나 그 확정심결에서 사실인정의 자료가 된 재판이나 행정처분이 그 후 다른 재판이나 행정처분에 따라 확정적이고 또한 소급적으로 변경된 경우를 말한다.

한편 특허의 무효심판사건이 상고심에 계속 중 해당 특허의 정정심결이 확정된 경우, 종전에는 그 특허발명은 제136조 제9항에 따라 정정 후의 명세서대로 특허출원되고 특허권의 설정등록이 된 것이므로 정정 전의 특허발명을 대상으로 하여 무효 여부를 판단한 원심판결에 민사소송법 제451조 제1항 제8호 소정의 재심사유가 있어 판결에 영향을 끼친 법령위반이 있다고 하였으나, 특허권자가 정정심판을 청구하여 특허무효심판에 대한 심결취소소송의 사실심 변론종결 이후에 특허발명의 명세서에 대하여 정정을 한다는 심결이 확정되더라도 정정 전 명세서로 판단한 원심판결에 민사소송법 제451조 제1항 제8호가 규정한 재심사유가 있다고 볼 수 없다는 것으로 판시가 변경되었다.[195] 이러한 법리는 확정심결에도 그대로 적용된다.

재심사유 중 제9호의 '심결에 영향을 미칠 중요한 사항에 관하여 판단을 누락한 때'라고 함은 당사자가 심판절차에서 제출한 공격방어방법으로서 심결에 영향이 있는 것에 대하여 심결 이유 중에 판단을 명시하지 아니한 경우를 말하고, 판단을 한 이상은 그 판단에 이르는 이유가 소상하게 설시되어 있지 아니하거나 당사자의 주장을 배척하는 근거를 일일이 개별적으로 설명하지 아니하더라도 이를 위 법조에서 말하는 판단누락이라고 할 수 없다.[196] 즉 여기서의 판단누락은 당사자가 적법히 소송상 제출한 공

193) 대법원 1997. 3. 28. 선고 97다3729 판결 등.
194) 대법원 1995. 4. 14. 선고 94므604 판결.
195) 대법원 2020. 1. 22. 선고 2016후2522 전원합의체 판결.
196) 대법원 1987. 4. 14. 선고 86사38 판결.

격방어방법으로 당연히 판결의 결론에 영향이 있는 것에 대하여 판결이유 중에서 판단을 표시하지 아니한 경우를 말하는 것이고 판단을 표시한 경우에는 설령 그 판단내용에 잘못이 있다 하더라도 이를 위 법조에서 말하는 판단누락으로 볼 수 없다.[197]

재심사유 중 제10호의 '재심을 제기할 심결이 전에 선고한 확정심결에 어긋나는 때'라고 함은 전에 선고한 확정심결의 효력이 재심대상심결의 당사자에게 미치는 경우로서 양 심결이 저촉되는 때를 말하고, 전에 선고한 확정심결이 재심대상심결과 그 내용이 유사한 사건에 관한 것이라고 하여도 소송물을 달리하는 경우에는 위 재심사유에 해당하지 아니한다.

재심사유 중 제11호의 문언상으로만 보면 전단에는, 상대방의 주소 또는 거소를 알면서 있는 곳을 잘 모른다고 하면서 거짓의 주소로 기재하여 제소함으로써 소장 등을 송달불능에 이르게 한 후 소재불명이라고 하여 법원을 기망하여 공시송달에 의한 진행을 하도록 하여 승소판결을 받은 경우(공시송달에 따른 판결편취)가 해당하고, 후단에는 상대방의 주소나 거소를 거짓으로 기재하여 상대방에 대한 소장 등을 그 거짓된 주소로 보내고 상대방 아닌 다른 사람이 이를 받음으로써 법원으로 하여금 피고가 소장부본을 받고도 답변서를 제출하지 않은 것처럼 하여 법원을 기망하는 경우(자백간주에 따른 판결편취)가 해당한다.

그런데 대법원은 본 호가 전·후단을 막론하고 공시송달에 따른 판결편취의 경우에 적용되는 규정으로 보고, 자백간주에 따른 판결편취의 경우에는 본 호가 적용되지 않는 것으로 본다.[198] 자백간주에 따른 판결편취의 경우에는 기판력이 없어 어느 때나 항소를 제기하여 구체받을 수 있다는 이유(항소설)에 근거한다.

공시송달에 따른 편결편취의 경우 본 호에 따라 재심을 제기할 수도 있고, 추호보완 상소를 제기할 수도 있는데 공시송달에 따라 판결이 선고되고 판결정본이 송달되어 확정된 이후에 추후보완 상소의 방법이 아닌 재심의 방법을 택한 경우에는 추후보완 상소기간이 도과하였더라도 재심기간 내에 재심의 소를 제기할 수 있다.[199]

이러한 법리는 확정심결에도 그대로 적용된다.

한편, 본 조 제2항은 민사소송법 제452조("판결의 기본이 되는 재판에 제451조에 정한 사유가 있을 때에는 그 재판에 대하여 독립된 불복방법이 있는 경우라도 그 사유를 재심의 이유로 삼을 수 있다.")를 준용하고 있지 아니하나, 독립된 불복절차를 취하도록 할 경우 재심청구기간이 도과할 우려가 있고 절차상의 불편과 비용만을 늘릴 우려가 있어 이를

---

197) 대법원 1987. 7. 21. 선고 87후55 판결.
198) 대법원 1978. 5. 9. 선고 75다634 전원합의체 판결.
199) 대법원 2011. 12. 22. 선고 2011다73540 판결.

유추적용할 수 있다(다수설).[200]

2 제179조에 따른 사해심결의 재심

제179조 제1항은 "심판의 당사자가 공모(共謀)하여 제3자의 권리 또는 이익을 사해(詐害)할 목적으로[201] 심결을 하게 한 때에는 제3자는 그 확정된 심결에 대하여 재심을 청구할 수 있다."라고 규정한다.

확정심결이 확정되면 당사자 및 참가인뿐만 아니라 제3자에도 그 효력이 미치는 심결의 대세적 효력이 인정된다. 본 조항은 심판의 당사자가 공모하여 제3자(예를 들면 특허권에 설정된 질권의 질권자)의 권리 또는 이익에 손해를 입힐 목적으로 한 심결(詐害審決)이 있을 경우 심결의 대세적 효력에 따라 제3자의 권리 또는 이익이 침해된 경우 해당 심판절차에 참가하지 못한 제3자에게 심결의 효력을 재심으로 소멸시키고 다시 심판을 청구하여 새로운 심결을 구할 수 있도록 한다는 데에 취지가 있다.

그 예로서 특허권자 A가 그 특허권에 관하여 B를 위하여 질권을 설정하고 그 후 C가 청구한 무효심판에서 특허권자 A와 C가 공모하여 허위의 진술을 함으로써 심판관을 기망하여 특허를 무효로 하는 취지의 심결을 받아 그것이 확정된 경우이다. 여기서 특허권에 대하여 질권을 설정받은 B가 사해재심을 청구할 수 있는 제3자에 해당한다.

결국 제179조 제1항의 사해심결의 재심은 청구인, 피청구인의 공모에 따라 이루어진 사해행위에 의한 심결에 대한 재심청구이다.

가. 청구요건

1) 재심청구 대상

재심청구 대상은 심판의 당사자가 공모(共謀)하여 제3자의 권리 또는 이익을 사해할 목적의 확정심결이다. 사해할 목적이 있다고 하기 위하여는 청구인과 피청구인이 당해 심결을 통하여 제3자를 해할 의사를 갖고 있다고 객관적으로 인정되고 그 심결의 결과 제3자의 권리 또는 법률상의 지위가 침해될 염려가 있다고 인정되어야 한다.[202]

확정심결에 관한 일반적인 내용은 앞에서 설명하였다.

---

200) 입법론적으로 본 조 제2항에서 민사소송법 제452조를 준용하도록 규정함이 바람직하다.
201) 상표법 제158조 제1항은 "이익에 손해를 입힐 목적으로"라고 규정되어 있다.
202) 대법원 2017. 4. 26. 선고 2014다221777, 221784 판결.

2) 재심청구할 곳

민사소송법은 제453조 제1항은 재심은 재심을 제기할 판결을 한 법원의 전속관할로 한다고 규정하고 있고 제179조 제2항은 이 규정을 준용하고 있으므로 이에 따라 심결에 대한 재심은 확정심결을 한 심판기관인 특허심판원에 제기한다.

3) 재심청구 당사자

제179조에 따른 사해심결에 대한 재심청구에서는 그 심결에 의하여 권리 또는 이익을 해하는 제3자가 재심청구의 청구인이고, 심결을 한 심판의 당사자(청구인과 피청구인) 모두가 재심청구의 공동피청구인이 되며(제179조 제2항) 이때 재심청구의 청구인과 공동피청구인 간은 필수적 공동심판 관계에 있다. 그리고 사해재심의 경우 독립당사자 간에 분쟁을 일거에 모순없이 해결(합일확정)하기 위하여 "상호 대립 · 견제관계"에 서게 되는 점에서 민사소송법상의 독립당사자참가소송의 경우와 유사한 면이 있으나 제3자 및 공동피청구인간의 3면 관계가 처음부터 법률상 강제되어 있고 그 3면 관계의 분리 취하나 분리각하는 예상하기 어렵기 때문에 독립당사자참가소송의 경우와는 달리 필수적 공동심판 관계 중 고유필수적 공동심판의 관계에 있다.[203)]

여기의 제3자에는 취소판결에 의하여 권리를 침해당하는 제3자뿐만 아니라 취소판결의 결과 그 구속력을 받는 행정청의 행위에 의하여 권리, 이익을 침해받은 제3자도 포함된다(다수설).[204)]

제3자 여부에 관한 사안으로, 상표법에 관한 사안이나 등록상표에 관하여 상표불사용을 이유로 그 등록을 취소하는 취지의 재심대상심결이 이루어졌다 하더라도, 그 '재심대상심결 후' 등록상표와 별개의 독립된 다른 상표에 관하여 질권을 설정받거나 상표권을 승계취득한 자는 등록상표에 관한 재심대상심결이 상표법 제158조에서 말하는 사해심결임을 주장하며 재심을 청구할 수 있는 제3자에 해당하지 않는다고 한 것이 있다.[205)]

---

203) 특허법 주해 II, 박영사(2010), 692(오영준 집필부분), 다만 무효심결에 대하여 불복하여 공유자 중 1인이 제기하는 심결취소의 소는 유사필수적 공동소송이라고 한 대법원 2004. 12. 9. 선고 2002후567 판결을 예로 들면서 일반론으로서는 심판절차에서 고유필수적 공동심판의 관계에 있다고 하여 논리필연적으로 특허소송에서도 고유필수적 공동소송의 관계에 있다고는 말할 수 없다고 한다.

204) 특허법 주해 II, 박영사(2010), 686(오영준 집필부분).

205) 대법원 2007. 1. 25. 선고 2004후3508 판결.

나. 재심사유

심판의 당사자가 공모(共謀)하여 제3자의 권리 또는 이익을 사해할 목적으로 심결을 하게 하였을 것과 그 심결이 확정될 것이 사해재심청구의 요건이다.

본 조에 따른 재심사유에 해당하기 위해서는 제3자의 권리 또는 이익을 사해할 목적으로 심결을 하게 하여야 하는데 이는 심판의 당사자가 해당 심판을 통하여 제3자를 해할 의사를 가지고 있다고 객관적으로 인정되고 그 심결에 따라 제3자의 권리 또는 법률상의 지위가 침해될 염려가 있으면 그 요건이 충족한다.

그리고 '심결을 하게 하였을 것'이라고 하는 문언에 비추어 재심대상심결의 당사자가 심결 전에 공모하여 사해심결을 하게 하는 경우를 말하고 당사자가 심결 후에 공모하여 소취하 등으로 부당한 내용의 심결을 확정시킨 경우는 해당하지 않는다.

3 헌법재판소법 제75조 제7항에 따른 재심

헌법재판소법 제75조 제7항은 "헌법재판소법 제68조 제2항에 따른 헌법소원이 인용된 경우에 해당 헌법소원과 관련된 소송사건이 이미 확정된 때에는 당사자는 재심을 청구할 수 있다."라고 규정한다.

그런데 여기서 헌법소원이 인용된 경우라 함은 법원에 대하여 기속력이 있는 위헌결정이 선고된 경우를 말하므로, 그 주문에서 법률조항의 해석기준을 제시함에 그치는 한정위헌결정은 법원에 전속되어 있는 법령의 해석 · 적용 권한에 대하여 그 기속력을 가질 수 없고, 따라서 소송사건이 확정된 후 그와 관련된 헌법소원에서 한정위헌결정이 선고되었다고 하여 위 재심사유에 해당하지는 않는다.[206] 다만 헌법소원을 통하여 법률조항에 대한 헌법불합치결정이 선고된 경우 그 결정의 계기가 되었던 해당 사건의 확정판결에는 헌법재판소법 제75조 제7항에서 정한 재심사유가 있다.[207]

III. 재심의 청구기간

1 원칙

재심청구는 원칙적으로 당사자가 확정 심결 등의 확정 후 재심의 사유를 안 날부터 30일 이내에 청구하여야 한다(제180조 제1항). 재심사유는 상호 독립한 것이므로 이

206) 대법원 2001. 4. 27. 선고 95재다14 판결.
207) 대법원 2006. 3. 9. 선고 2003재다262 판결.

청구기간은 재심사유마다 각각 기산한다.

재심청구의 기산점과 관련하여, 재심사유가 증인의 거짓 진술이 판결의 증거로 된 때(민사소송법 제451조 제1항 제7호)인 경우에는 증인의 증언이 위증이라는 내용의 유죄 판결이 확정된 사실을 알았을 때부터 기산하고,[208] 판결에 영향을 미칠 중요한 사항에 관하여 판단을 누락한 때(민사소송법 제451조 제1항 제9호)인 경우에는 판결정본이 송달되면 특별한 사정이 없는 한 그 당사자는 판결정본을 송달받았을 때에 그 판결에 판단누락이 있는지를 알 수 있으므로 그 후 판결이 확정된 때부터 기산한다.[209]

이 30일의 기간은 임의로 신축할 수 없는 불변기간이지만(민사소송법 제456조 제2항), 특허거절결정 또는 특허권의 존속기간의 연장등록거절결정을 받은 자 또는 재심을 청구할 자가 책임질 수 없는 사유로 심판 또는 재심의 청구기간을 지키지 못한 경우에는 그 사유가 소멸한 날부터 2개월 이내에 지키지 못한 절차를 추후 보완할 수 있다. 다만, 그 기간의 만료일부터 1년이 지났을 경우에는 그러하지 아니하다(제17조 제2호).

재심청구는 특허취소결정 또는 심결 확정 후 3년이 지나면 당사자가 재심사유를 알았는지와 관련 없이 재심청구를 할 수 없다(제180조 제3항).

2 예외

재심사유의 기산은 재심의 사유를 안 날부터 30일 이내(제180조 제1항)이나 재심사유에 따라 기간계산의 기산점이 그와 다른 예외가 인정된다.

가. 대리권 흠결을 이유로 하는 경우

대리권의 흠을 이유로 하여 재심을 청구하는 경우에 안 날로부터 30일은 청구인 또는 법정대리인이 특허취소결정등본 또는 심결등본의 송달에 의하여 특허취소결정 또는 심결이 있는 것을 안 날의 다음날부터 기산한다(제180조 제2항).

나. 재심사유가 심결 확정 후에 생긴 경우

재심사유가 특허취소결정 또는 심결 확정 후에 생긴 때에는 심결 확정 후 3년은 그 사유가 발생한 날의 다음날부터 이를 기산한다(제180조 제4항).

---

208) 대법원 1996. 5. 31. 선고 95다33993 판결.

209) 대법원 1993. 9. 28. 선고 92다33930 판결.

다. 확정심결의 내용이 상호 저촉되는 경우

해당 심결이 그 심결 이전의 확정심결에 저촉된다는 이유로 재심을 청구하는 경우에는 앞에서 본 바와 같은 제180조 제1항 및 제3항의 기간의 제한이 없다(제180조 제5항)고 하여 심결의 통일을 위해 언제든지 이를 청구할 수 있도록 하였다.

여기서 해당 심결 이전의 확정심결에 저촉된다는 이유라 함은 동일 당사자 사이의 같은 내용의 사건에 관하여 저촉되는 확정심결이 있는 경우를 말한다.[210]

Ⅳ. 재심절차

특허취소결정 또는 심판에 대한 재심의 절차에 관하여는 그 성질에 반하지 아니하는 범위에서 심판의 절차에 관한 규정을 준용한다(제184조).

심판절차 일반에 관하여는 본 장 「제2절 심판절차 일반」에서 설명하였다.

재심을 청구하고자 하는 자는 재심을 관할하는 특허심판원에 법 시행규칙 별지 제31호 서식의 심판청구서(재심청구서)를 제출한다. 이 경우 대리인에 의하여 절차를 밟을 때에는 그 대리권을 증명하는 서류를 첨부한다(법 시행규칙 제72조).

재심청구의 본안의 변론과 재판은 재심청구이유의 범위 안에서 하여야 한다(제185조 제1항, 민사소송법 제459조 제1항). 여기서 본안의 변론과 재판이라 함은 재심의 소에서 취소의 대상이 되는 특허심결 등 사건의 변론과 재판을 말한다. 재심의 심리는 재심청구인이 주장하는 청구이유의 범위 내에서 심리하여야 하고 다른 이유까지 심리할 수 없어 직권심리가 제한되므로 제159조 제1항은 적용되지 않는다.

사해재심절차에서는 제3자의 재심대상심판의 청구인 및 피청구인에 대한 재심대상심결의 취소청구와 위 취소청구가 받아들여질 경우 재심대상심판의 청구인의 피청구인에 대한 재심대상 심판청구에 대하여 심리가 이루어져야 하고 이때 심판은 모두에게 합일적으로 확정될 필요가 있기 때문에 재심청구인인 제3자 및 재심의 공동피청구인(재심대상심결의 청구인 및 피청구인)은 고유필수적 공동심판의 관계에 있다.

한편 제178조 제2항은 재심의 소를 제기한 후 재심사유를 변경할 수 있도록 한 민사소송법 제459조 제2항은 준용하지 않고 있다.

210) 대법원 1972. 3. 23. 선고 71후32 판결, 대법원 2001. 10. 12. 선고 99후1737 판결.

V. 재심의 종료

1 일반 사항

확정심결 등에 대한 재심청구 자체만으로는 확정심결 등에 대한 집행정지의 효력이 발생하지 않는다. 재심절차는 재심청구의 취하, 재심의 심결 및 그 심결의 확정으로 종료된다.

재심의 심리 결과 재심청구가 이유 없다고 판단할 때에는 재심청구를 기각하는 심결을 한다. 재심청구가 이유 있을 때에는 원심결을 취소하고 원심결과 같은 결론을 유지할 수 있는지 여부를 심리하며 원심결을 유지할 수 없다고 인정할 때에는 새로운 심결을 하고, 원심결을 유지할 수 있다고 인정할 때에는 원심결과 같은 내용의 심결을 한다. 이와 같이 재심청구가 이유 있다고 인정하는 이상 원심결을 파기하고 다시 심결을 하여야 하고, 원심결의 결과가 정당하더라도 재심청구를 기각하는 취지의 심결을 하여서는 안된다.

재심의 심결이 확정되면 형식적 확정력과 실체적 확정력이 발생하여 확정심결에 기속력, 대세적 효력이 있게 되고 일사부재리 원칙이 적용되는 점은 일반 심판에서의 심결이 확정되는 경우와 같다. 이에 대한 내용은 본 장 「제2절 심판절차 일반 III. 심판의 종료」에서 이미 설명하였다.

2 재심에 의하여 회복한 특허권의 효력제한

가. 의의

재심의 특수한 효력으로서 특허법은 재심에 의하여 회복한 특허권의 효력의 제한에 대해 규정한다.

제181조 제1항은 i) 무효가 된 특허권(존속기간이 연장등록된 특허권을 포함한다)이 재심에 의하여 회복된 경우(제1호), ii) 특허권의 권리범위에 속하지 아니한다는 심결이 확정된 후 재심에 의하여 그 심결과 상반되는 심결이 확정된 경우(제2호), iii) 거절한다는 취지의 심결이 있었던 특허출원 또는 특허권의 존속기간의 연장등록출원이 재심에 의하여 특허권의 설정등록 또는 특허권의 존속기간의 연장등록이 된 경우(제3호), iv) 취소된 특허권이 재심에 의하여 회복된 경우(제4호)의 어느 하나에 해당하는 경우에, 특허권의 효력은 해당 특허취소결정 또는 심결이 확정된 후 재심청구 등록 전에 선의로 수입하거나 국내에서 생산 또는 취득한 물건에는 미치지 아니한다고 규정한다.

그리고 제181조 제2항은 제181조 제1항 각 호의 어느 하나에 해당하는 경우의 특허권의 효력은, i) 해당 특허취소결정 또는 심결이 확정된 후 재심청구 등록 전에 한 해당 발명의 선의의 실시(제1호), ii) 특허가 물건의 발명인 경우에는 그 물건의 생산에만 사용하는 물건을 해당 특허취소결정 또는 심결이 확정된 후 재심청구 등록 전에 선의로 생산 · 양도 · 대여 또는 수입하거나 양도 또는 대여의 청약을 하는 행위(제2호), iii) 특허가 방법의 발명인 경우에는 그 방법의 실시에만 사용하는 물건을 해당 특허취소결정 또는 심결이 확정된 후 재심청구 등록 전에 선의로 생산 · 양도 · 대여 또는 수입하거나 양도 또는 대여를 청약하는 행위(제3호)의 어느 하나의 행위에 미치지 아니한다고 규정한다.

본 조의 취지는 특허취소결정 또는 심결이 확정된 후 재심청구 등록 전에 특허권의 효력이 없거나 특허권의 권리범위에 속하지 않는다는 특허취소결정 또는 심결을 신뢰하여 해당 특허를 선의로 실시하거나 실시하려는 제3자를 보호하려는 데에 있다.

나. 내용

아래와 같이 특허권의 효력이 제한되기 위하여는 발명의 선의의 실시 등의 행위가 '재심청구의 등록 전'에 이루어져 한다. 재심의 청구가 있었던 경우에는 제3자에게 공시하기 위하여 예고등록을 하고 또한 특허공보에도 게재하여 재심청구의 사실을 공지하기 때문에 그 이후 실시자는 악의로 간주하더라도 가혹하지 않기 때문이다.[211]

1) 특허권의 효력이 제한되는 물건 및 그 시기

무효가 된 특허권(존속기간이 연장등록된 특허권을 포함한다)이 재심에 의하여 회복된 경우(제1호), 특허권의 권리범위에 속하지 아니한다는 심결이 확정된 후 재심에 의하여 그 심결과 상반되는 심결이 확정된 경우(제2호), 거절한다는 취지의 심결이 있었던 특허출원 또는 특허권의 존속기간의 연장등록출원이 재심에 의하여 특허권의 설정등록 또는 특허권의 존속기간의 연장등록이 된 경우(제3호), 취소된 특허권이 재심에 의하여 회복된 경우(제4호)의 어느 하나에 해당하는 재심의 심결이 확정되어야 한다(제181조 제1항 제1호 내지 제4호).

재심에 의하여 효력 등이 회복된 특허에 저촉되는 물건이 해당 특허취소결정 또는 심결이 확정된 후 재심청구의 등록 전[212]에 선의로 수입하거나 국내에서 생산 또는 취

211) 특허법 주해 II, 박영사(2010), 703(오영준 집필부분).
212) 재심청구가 있는 경우에는 제3자에게 공시하기 위하여 예고등록을 하고 또한 특허공보에도 게재하여 재심청구의 사실을 공지하기 때문에 그 이후 실시자는 악의로 간주된다.

득한 물건이어야 한다.

한편 특허권자가 아닌 제3자를 상대로 하여 제기된 특허무효심판에서 이를 인용하는 심결이 확정되더라도, 이러한 심결은 특허권자에게 효력이 미치지 아니하므로, 특허청장은 이러한 심결을 이유로 특허권의 소멸등록을 하여서는 아니되고, 설령 이에 위배되어 소멸등록이 이루어졌다고 하더라도 특허권자는 「특허권 등의 등록령」 제27조의 절차에 따라 그 회복을 신청할 수 있으므로 이 경우에는 본 조가 적용되지 않는다.

2) 특허권의 효력이 제한되는 행위 및 그 시기

재심에 의하여 회복한 특허권의 효력이 제한되는 행위는, 해당 특허취소결정 또는 심결이 확정된 후 재심청구 등록 전에 한 해당 발명의 선의의 실시(제1호), 특허가 물건의 발명인 경우에는 그 물건의 생산에만 사용하는 물건을 해당 특허취소결정 또는 심결이 확정된 후 재심청구 등록 전에 선의로 생산·양도·대여 또는 수입하거나 양도 또는 대여의 청약을 하는 행위(제2호), 특허가 방법의 발명인 경우에는 그 방법의 실시에만 사용하는 물건을 해당 특허취소결정 또는 심결이 확정된 후 재심청구 등록 전에 선의로 생산·양도·대여 또는 수입하거나 양도 또는 대여를 청약하는 행위(제3호)의 어느 하나의 행위이다(제181조 제2항 제1호 내지 제3호).

여기서 선의라고 하기 위해서는 재심사유의 존재를 알지 못하거나 재심사유의 존재를 알고 있더라도 특허권의 회복가능성이 없다고 생각한 경우이어야 한다. 그러나 이러한 사정을 예견하는 것은 극히 드물기 때문에 특별한 사정이 없는 한 선의에 해당한다.

3 재심에 의하여 회복한 특허권에 대한 선사용자의 통상실시권

가. 의의

앞의 제181조 제1항 각 호의 어느 하나에 해당하는 경우에 해당 특허취소결정 또는 심결이 확정된 후 재심청구 등록 전에 국내에서 선의로 그 발명의 실시사업을 하고 있는 자 또는 그 사업을 준비하고 있는 자는 실시하고 있거나 준비하고 있는 발명 및 사업목적의 범위에서 그 특허권에 관하여 통상실시권을 가진다(제182조).

제181조는 공평의 원칙에 근거하여 선의의 실시자를 보호하는 것에 그치는 규정이나 본 조는 사업설비의 유지라고 하는 측면을 중시하여 선의의 실시자에게 통상실시권을 인정하고 있는 점에서 차이가 있다.

나. 내용

본 조에 따른 선사용자의 통상실시권을 가지기 위하여는 ① 제181조 제1항 제1호 내지 제4호의 어느 하나에 해당할 것, ② 해당 특허취소결정 또는 심결이 확정된 후 재심청구 등록 전에 국내에서 선의로 그 발명의 실시사업을 하고 있는 자 또는 그 사업을 준비하고 있는 자일 것의 요건을 충족하여야 한다.

위 요건을 충족하는 자는 그 실시하거나 준비하고 있는 발명 및 사업목적의 범위에서 그 특허출원된 발명의 특허권에 대하여 통상실시권을 가진다.

이는 제103조(선사용에 의한 통상실시권)의 특허출원 시에 그 특허출원된 발명의 내용을 알지 못하고 그 발명을 하거나 그 발명을 한 사람으로부터 알게 되어 국내에서 그 발명의 실시사업을 하거나 이를 준비하고 있는 자는 그 실시하거나 준비하고 있는 발명 및 사업목적의 범위에서 그 특허출원된 발명의 특허권에 대하여 통상실시권을 가진다는 규정 내용과 매우 유사하다.

본 조에 의한 통상실시권은 법정실시권으로 등록이 없더라도 그 효력이 발생한다(제118조 제2항).

[4] 재심에 의하여 통상실시권을 상실한 원권리자의 통상실시권

가. 의의

제138조 제1항 또는 제3항에 따라 통상실시권을 허락한다는 심결이 확정된 후 재심에서 그 심결과 상반되는 심결이 확정된 경우에는 재심청구 등록 전에 선의로 국내에서 그 발명의 실시사업을 하고 있는 자 또는 그 사업을 준비하고 있는 자는 원(原)통상실시권의 사업목적 및 발명의 범위에서 그 특허권 또는 재심의 심결이 확정된 당시에 존재하는 전용실시권에 대하여 통상실시권을 가진다(제183조 제1항).

통상실시권 허락의 확정심결을 받은 자가 재심에 의하여 그와 상반되는 심결이 확정되더라도 그 발명의 실시사업을 하고 있거나 사업의 준비를 하고 있는 경우에는 원통상실시권의 발명 및 사업목적의 범위에서 그 특허권 또는 재심의 심결이 확정된 당시에 존재하는 전용실시권에 대하여 통상실시권을 가지도록 하였다.

나. 내용

본 조에 따른 통상실시권을 가지기 위하여는 제138조 제1항 또는 제3항에 따라 통상실시권을 허락한다는 심결이 확정된 후 재심에서 그 심결과 상반되는 심결이 확정될 것과 재심청구 등록 전에 선의로 국내에서 그 발명의 실시사업을 하고 있는 자 또는 그 사업을 준비하고 있는 자일 것의 요건을 충족하여야 한다.

위 요건을 충족하는 자는 원(原)통상실시권의 사업목적 및 발명의 범위에서 그 특허권 또는 재심의 심결이 확정된 당시에 존재하는 전용실시권에 대하여 통상실시권을 가진다(제183조 제1항). 위 통상실시권의 실시범위는 제138조 제1항 또는 제3항에 따라 허락받은 통상실시권의 범위와 같다.

본 조에 의한 통상실시권은 법정실시권으로 등록이 없더라도 그 효력이 발생한다(제118조 제2항).

제183조 제1항에 따라 통상실시권을 가진 자는 특허권자 또는 전용실시권자에게 상당한 대가를 지급하여야 한다(제183조 제2항).

제13장

심결 등 취소소송

제1절 의의
제2절 심결취소소송의 당사자·소의 이익
제3절 심결취소소송의 제기·심리
제4절 심결취소소송의 주장·증명책임
제5절 판결 등

제13장 심결 등 취소소송

제1절 의의

I. 특허심결 등 취소소송의 의의

특허소송에는 특허취소결정 또는 심결 및 특허취소신청서·심판청구서·재심청구서의 각하결정에 대한 취소소송을 비롯하여 특허침해소송(금지청구소송, 손해배상청구소송, 신용회복조치청구소송, 부당이득반환소송), 특허청의 행정상 처분에 관한 소송(서류불수리, 절차의 무효, 특허권의 수용, 통상실시권 허락을 위한 재정에 관한 불복, 보상금 또는 대가에 관한 불복),[1] 민사소송(수용, 정부 등에 의한 실시 등에 따른 보상금에 관한 소, 통상실시권 설정 재정 및 허락 시의 대가에 관한 소), 특허권의 귀속(발명자의 특정, 상속, 양도 등의 승계 등)에 관한 소송, 형사소송 등을 들 수 있다.

그 중 특허취소결정 또는 심결 및 특허취소신청서·심판청구서·재심청구서의 각하결정에 대하여 불복이 있는 경우에, 당사자, 참가인, 해당 특허취소신청의 심리, 심판 또는 재심에 참가신청을 하였으나 신청이 거부된 자는 해당 심결 또는 결정의 등본을 송달받은 날부터 불변기간인 30일 이내에 그 취소를 구하는 소를 특허법원[2]에 제기하

---

1) 대법원 1996. 4. 9. 선고 95누13098 판결은 분할출원 불인정 통지에 대해 출원인의 구체적인 공법상의 권리의무관계나 법률상의 이익에 직접적 현실적인 변동을 생기게 하는 것이 아니므로 특허청 심사관의 분할출원 불인정 통지는 항고소송의 대상이 되는 행정처분이 아니라고 하였다.

2) 1994. 7. 27. 법률 제4765호로 개정된 법원조직법에서 고등법원급의 특허법원을 설치하였다. 종전에는 결정계 심판은 특허청의 항고심판소를 거쳐 대법원을 최종심으로 하고 당사자계 심판은 특허청의 심판소, 항고심판소를 거쳐 대법원을 최종심으로 하는 구조였으나 위 법원조직법 개정으로 결정계 사건이나 당사자계 사건 모두 특허심판원, 특허법원을 거쳐 대법원을 최종심으로 하는 구조로 체계가 바뀌었다.
특허법원의 토지관할은 대한민국 전 지역이므로 심결 등의 취소를 구하는 소는 당사자의 주소 등에 관계없이 특허법원에 제기하여야 한다.
특허법원은 당초 특허법 제186조 제1항, 실용신안법 제33조, 디자인보호법 제166조, 상표법 제162조 제1항에서 정하는 사건을 전속관할로 하고 있다가, 2015. 12. 1. 법률 제13521호로 개정된 민사소송법 제24조, 2015. 12. 1. 법률 제13522호로 개정된 법원조직법 제28조의4 제2호에 따라 특허권 침해 및 품종보호권침해 민사본안사건(신청사건은 제외)의 항소심 사건을 심판하고, 법원조직법 제28조의4 제3호에 따라 종자산업법 제105조 제1항에 의하여 품종보호

여야 한다(제186조 제1항 내지 제4항).[3)]

이하 제186조의 특허취소결정 또는 심결에 대한 소 및 특허취소신청 · 심판청구서 · 재심청구서의 각하결정에 대한 소로서 위 심결 및 결정에 대하여 불복하여 제기하는 취소소송을 편의상 심결취소소송이라 줄여 쓴다.

심결취소소송은 행정기관인 특허심판원이 한 위 심결 및 결정에 대한 불복소송이라서 행정소송에 해당하고 결정계 사건 및 당사자계 사건 모두 행정소송법 제3조 제1호에서 정한 행정청의 처분 등이나 부작위에 대하여 제기하는 소송인 항고소송의 일종이다.[4)]

다만 특허취소를 신청할 수 있는 사항 또는 심판을 청구할 수 있는 사항에 관한 소는 특허취소결정이나 심결에 대한 것이 아니면 제기할 수 없어(제186조 제6항) 심판전치주의를 취하고 있고, 심결취소소송에서 특허법원은 그 심결 등의 절차적, 실체적 적법 여부를 심리 · 판단하여 그 심결 등을 취소하는 형성판결을 할 수 있을 뿐이고, 행정청인 특허심판원을 대신하여 특허발명을 무효로 하는 심결이나 특허심판원으로 하여금 특허발명을 무효로 할 것을 명하는 이행판결을 할 수 없으며,[5)] 특허심판원의 심결 등에 대한 불복을 특허법원의 전속관할로 하는 점에서 행정법원에 제기되는 일반 항고소송과는 다른 특수성을 가진다.

특허심판원이 심판한 심결이나 결정은 행정처분에 속하므로 불복하면 행정소송법에 따라 행정소송절차를 진행하여야 하나 특허사건의 특성과 심판의 준(準)사법적인 성격으로 인해 일반 행정소송법을 그대로 적용하는 것이 적당하지 아니하여 특허법에 소송에 관한 별도의 주요 규정만을 두고 특허법에 규정하지 않은 사항에 대하여는 행정소송법과 민사소송법을 준용하고 있다(행정소송법 제8조 제2항).

심판위원회의 품종보호에 관한 거절결정 또는 무효심판에 대한 심결이나 품종보호출원서, 심판청구서 또는 재심청구서의 보정각하결정에 대한 소송, 농수산물 품질관리법의 심결에 대한 소송(농수산물 품질관리법 제54조 제1항), 식물신품종 보호법의 심결 및 심판청구서 · 재심청구서의 보정각하결정에 대한 소송(식물신품종 보호법 제13조 제1항) 등의 사건도 전속관할한다.

3) 제224조의2(불복의 제한)는 보정각하결정, 특허여부결정, 특허취소결정, 심결이나 특허취소신청서 · 심판청구서 · 재심청구서의 각하결정에 대해서는 다른 법률에 따른 불복을 할 수 없으며, 이 법에 따라 불복할 수 없도록 규정되어 있는 처분에 대해서는 다른 법률에 따라 불복을 할 수 없고(제1항), 제1항에 따른 처분 외의 처분의 불복에 대해서는 행정심판법 또는 행정소송법에 따른다(제2항)고 규정한다.

4) 대법원 2002. 6. 25. 선고 2000후1306 판결.

5) 대법원 1999. 7. 23. 선고 98후2689 판결 참조.

II. 심결취소소송의 종류 및 심판과의 관계

1 심결취소소송의 종류

일반적으로 특허심판에서 청구인과 피청구인이 서로 대립하는 구조를 취하는지에 따라 결정계 심판, 당사자계 심판 및 그 밖의 심판으로 나뉘는데 특허에 관한 심결취소소송도 같은 기준으로 결정계·당사자계 심결취소소송으로 구분한다.[6]

결정계 심결취소소송은 소송 당사자인 원고와 피고가 대립구조를 취하지 않고 원고만이 존재하는 소송이다. 결정계 심결취소소송에는 특허(실용신안등록)거절결정에 대한 심판(제132조의17, 실용신안법 제33조),[7] 특허권(실용신안권)의 존속기간의 연장등록거절결정에 대한 심판(제132조의17, 실용신안법 33조) 및 정정심판(제136조, 실용신안법 제33조)의 각 심결에 대한 취소소송, 심판관 합의체에 의한 특허취소결정(제132조의13)에 대한 소, 특허(실용신안등록)취소신청서(제132조의4, 실용신안법 제30조의3)·심판청구서·재심청구서(제141조 제1항, 제142조, 실용신안법 제33조, 제184조)의 각하결정(취소신청의 경우는 심판장의 신청서 각하결정에 한함)에 대한 취소소송 등이 있다.

당사자계 심결취소소송은 이해관계인 등이 특허권자 등의 권리자를 상대로 제기함이 원칙이고(다만 적극적 권리범위확인심판의 경우 특허권자 등의 권리자가 확인대상발명 실시자를 상대로 제기함) 당사자가 대립하는 소송이다. 당사자계 심결취소소송에는 특허(실용신안등록)무효심판(제133조, 실용신안법 제31조), 특허권(실용신안권)의 존속기간의 연장등록 무효심판(제134조, 실용신안법 제31조의2), 정정무효심판(제136조, 실용신안법 제33조), 권리범위확인심판(제135조, 실용신안법 제33조), 통상실시권허락심판(제138조, 실용신안법 제32조)의 각 심결(위 심판·재심 청구서 각하의 심결 포함)에 대한 취소소송이 있다.

2 심판과 심결취소소송 간 관계

심결취소소송은 심판에 대한 속심의 성격을 가진 구조이지만 심판과 심결취소소송은 법원의 제1심과 제2심처럼 심급으로 연계되어 있지 않다.

따라서 심판절차에서 한 주장이나 제출한 자료가, 심결취소소송이 진행되는 특허법원으로 당연히 송부되지 않기 때문에 당사자는 심판절차에서 제출했던 주장과 증거

---

6) 이에 대하여는 「제12장 특허심판·심결 제1절 특허심판에 관한 일반 사항 I. 특허심판의 의의·성질·종류 2 특허심판의 종류」에서 설명하였다.
7) 1999. 6. 30. 이전 및 2006. 10. 1. 이후의 실용신안등록출원에 한한다.

라도 심결취소소송 절차에서 관련 주장과 증거를 다시 제출하여야 한다.

특허법원도 심리 편의상 필요하다고 인정할 경우 특허청장 또는 특허심판원장에게 심사·심판·등록서류 등의 송부를 촉탁하거나 당사자에게 그 등본을 제출하도록 석명할 수 있다.

법원은 제186조 제1항에 따른 소의 제기 또는 같은 조 제8항에 따른 상고가 있는 때에는 지체 없이 그 취지를 특허심판원장에게 통지하여야 하고, 제187조 단서에 따른 소에 관하여 소송절차가 완결되었을 때에는 지체 없이 그 사건에 대한 각 심급의 재판서 정본을 특허심판원장에게 보내야 한다(제188조).

III. 심결취소소송의 소송물·위법성 판단시점·심리범위

1 심결취소소송의 소송물

심판의 심판물에 대하여는 「제12장 특허심판·심결 제1절 특허심판에 관한 일반사항 II. 특허심판의 심판물」에서 이미 설명하였다.

항고소송의 일종인 심결취소소송의 소송물은 해당 심결의 위법성 일반이다.

심결의 위법성 일반이란 심결이라는 행정처분의 절차상 위법인 심판절차의 위법과 실체상 위법인 심결의 실질적 판단의 위법을 말한다.

절차상 위법이란 심결 결과에 영향을 미칠 가능성이 있는 심판의 절차에 관한 흠을 말한다.

예를 들면 제140조, 제140조의2의 청구 방식 또는 청구의 적법요건(당사자적격, 심판청구 기간 도과, 심판청구 이익 소멸, 일사부재리나 중복제소금지 원칙)을 충족하지 못한 경우, 심판 등 절차의 흠(거절결정의 거절이유와 다른 이유로 출원인의 심판청구를 기각하는 심결을 하면서 새로운 거절이유에 대해 의견서 제출의 기회를 부여하지 않은 경우, 특허심판원이 직권으로 심리한 이유에 대하여 의견진술의 기회를 부여하지 않고 달리 이러한 기회가 주어졌다고 볼 수 있을 만한 사정이 없는 경우[8]), 심결 자체의 흠(심결에 영향을 미치는 제162조 제2항의 사항 누락, 심결에 영향을 미치는 중요한 공격방어방법에 대한 판단누락) 등이 이에 해당한다.[9]

---

8) 대법원 2006. 6. 27. 선고 2004후387 판결.

9) 다만 제162조 제3항 내지 제5항의 심리종결 통지 등 규정에 위반하였더라도 심결을 취소할 사유에 해당하는 위법사유에 해당하지 않는다. 대법원 1984. 1. 31. 선고 83후71 판결, 대법원 1995. 2. 24. 선고 93후1841 판결 등 참조.

실체상 위법이란 본안판단에 관한 심결의 실체적인 사유에 대한 흠이다. 실체적인 사유란 특허 등록요건의 충족 여부, 특허 간 권리범위 속부 여부이다.

예를 들면 결정계 사건인 거절결정 불복심판청구에 대한 심결취소소송에서는 거절이유를 인정한 심결 판단의 당부이고, 당사자계 사건인 특허등록무효심판청구의 심결에 대한 심결취소소송에서는 심판청구인이 주장한 심결 판단의 당부이다.

심결의 기초가 된 거절결정처분이나 등록의 유·무효는 심결의 적부심사를 통하여 간접적으로 소송의 심리대상이 됨에 그치고, 심결의 개개 위법사유는 공격방어방법에 불과하다.[10] 다만 변론주의 원칙이 심결취소소송에도 적용되므로 당사자가 주장하지 아니한 사실을 법원이 인정하고 판결의 기초로 삼을 수 없다.

특허무효심판은 청구항이 2 이상인 경우 청구항마다 무효심판을 청구할 수 있고(제133조 제1항), 2 이상의 청구항에 대하여 무효심판을 청구한 경우에는 청구항마다 취하할 수 있으므로(제161조 제2항), 청구항마다 별개의 심판물로 보아야 하고, 권리범위확인심판의 경우에도 같은 규정이 있으므로 마찬가지이다(제135조 재2항, 재161조 제2항).

따라서 특허무효심판이 청구된 복수의 청구항 중 일부 청구항에 대해서만 특허등록 무효의 심결이 있고 그중 일부의 지정상품에 대하여 심결취소소송이 제기되었다면 심결 중 불복하지 아니한 나머지 청구항에 대한 무효부분은 확정된다.

그러나 거절결정불복심판이나 정정심판의 경우는 특별한 사정이 없는 한 출원발명 또는 정정사항 전체가 하나의 심판물이 되기 때문에 개개의 청구항 또는 정정사항마다 별개의 심판물이 되지 않는다(실무).

2 심결취소소송에서 위법성 판단시점

심결취소소송에서 소송 대상인 심결의 위법성을 어느 시점의 법규와 사실관계를 기준으로 할 것인지에 관하여 처분 시(심결 시)라는 견해와 심결취소소송의 변론종결 기준 시라는 견해가 있으나, 심판은 특허심판원에서의 행정절차이고 심결은 그 행정처분에 해당하므로 처분 시(심결 시)를 기준으로 처분의 위법성 유무를 판단한다.

이때 심결의 위법 여부를 판단하는 기준 시점이 처분 시라는 의미는 심결이 있을 때의 법령과 사실상태를 기준으로 하여 위법 여부를 판단하고 심결 후 법령의 개폐나 사실상태의 변동에 영향을 받지 않는다는 뜻이지[11] 심결 당시 존재하였던 자료나 특허

---

10) 대법원 2004. 7. 22. 선고 2004후356 판결 등 참고.

11) 적극적 권리범위확인심결에 대한 심결취소소송이 진행 중에 해당 확인대상발명이 등록되었다

심판원에 제출되었던 자료만으로 위법 여부를 판단한다는 의미는 아니므로 심결 당시의 사실상태 등에 대한 증명은 심결취소소송의 사실심 변론종결 당시까지 할 수 있고, 법원은 심결 당시 특허심판원이 알고 있었던 자료뿐만 아니라 그 사실심 변론종결 당시까지 제출된 모든 자료를 종합하여 심결 당시 존재하였던 객관적 사실을 확정하고 그 사실에 기초하여 처분의 위법 여부를 판단할 수 있다.[12)]

3 심결취소소송의 심리범위

가. 의의 및 문제의 소재

심결취소소송의 심리범위란 법원이 심결취소소송의 소송물에 대하여 어느 범위까지 심리할 수 있는가 이다.

심결취소소송의 심리범위와 관련하여, 일반 행정소송과 달리 심결취소소송에서는 당사자가 특허심판원의 심판절차에서 심리 판단된 위법사유(사실 및 증거)에 한하여 주장할 수 있고 특허법원도 그러한 사유만을 심결의 위법사유로 심리 판단하여야 하는지가 핵심적인 쟁점이다.

심결취소소송의 소송물은 특허심판원이 한 심결의 위법성 일반인데 심결에 대하여 실체면 및 절차면에 걸쳐 위법성 심사를 한다는 점에서 일반 행정처분의 취소소송의 소송물과 같다. 다만 심결의 위법성 일반 중 절차적 위법사유인 심판절차의 위법사유는 대부분 직권심리사유여서 문제가 되지 아니하므로 심결취소소송에서 심리범위는 사실상 실체적 위법사유가 문제로 된다.

나. 당사자계 사건

심결취소소송의 소송물은 심결의 실체적, 절차적 위법성 여부이므로 특허등록무효사건과 같은 당사자계 사건의 경우에 당사자는 심결에서 판단되지 않은 처분의 위법사유도 심결취소소송 단계에서 주장·증명할 수 있고 심결취소소송의 법원은 특별한 사정이 없는 한 제한 없이 이를 심리·판단하여 판결의 기초로 삼을 수 있다(무제한설).[13)]

다만 그렇더라도 아무런 제한 없이 새로운 주장이나 청구를 할 수 있는 것은 아니다. 즉 동일한 소송물의 범위 내에서 공격방어방법만을 추가할 수 있고 그 범위를 넘어 등록무효심판 단계에서 주장하지 않았던 새로운 청구항에 대한 등록무효사유를 주장할

고 하여 심판청구가 결과적으로 부적법한 것으로 되는 것은 아니다.

12) 대법원 1995. 11. 10. 선고 95누8461 판결.

13) 대법원 2002. 6. 25. 선고 2000후1290 판결.

수는 없다.

다. 결정계 사건

실무는 거절결정에 대한 심결취소소송과 같은 거절계 사건의 경우에 원칙적으로 동일한 소송물 범위 내에서 당사자계 사건에서 본 바와 같은 무제한설의 내용을 기초로 하면서 특허청장에 의한 새로운 거절이유 제한설(특허청장은 심사 또는 내지 심판단계에서 판단되지 않은 거절결정의 이유와 다른 새로운 거절이유를 심결취소소송에서 주장할 수 없음)[14]을 취하고 있다.[15] 이하 특허청장에 의한 새로운 거절이유 제한에 관한 내용을 설명한다.

특허출원에 대한 심사 단계에서 거절결정을 하려면 그에 앞서 출원인에게 거절이유를 통지하여 의견제출의 기회를 주어야 하고, 거절결정에 대한 특허심판원의 심판절차에서 그와 다른 사유로 거절결정이 정당하다고 하려면 먼저 그 사유에 대해 의견제출의 기회를 주어야만 이를 심결의 이유로 할 수 있다. 심사단계에서 의견제출의 기회를 부여한 데에는 이의신청서에 기재되어 의견제출의 기회를 부여한 경우를 포함한다.[16]

거절결정불복심판청구 기각심결의 취소소송절차에서도 특허청장은 심사 또는 심판 단계에서 의견제출의 기회를 부여한 바 없는 새로운 거절이유를 주장할 수 없다. 다만 거절결정불복심판청구 기각심결의 취소소송절차에서 특허청장이 비로소 주장하는 사유라고 하더라도 심사 또는 심판 단계에서 의견제출의 기회를 부여한 거절이유와 주요한 취지가 부합하여 이미 통지된 거절이유를 보충하는 데 지나지 아니하는 것이면 이를 심결의 당부를 판단하는 근거로 할 수 있다.[17]

따라서 거절결정 불복심판의 심결취소소송에서 특허청장(피고)이 주장·제출할 수 없는 것은 심사 또는 심판 단계에서 거절이유 또는 심판기각사유로 주장(통지)되거나 판단되지 아니한 적용법조·사실·증거에 한하므로, 비록 심결의 판단에 나타나 있지 않은 거절사유라도 그것이 심사단계에서 거절이유로 통지되었다면 새로운 거절사유로 되지 않아 심결취소소송에서 특허청장은 이를 심결의 결론을 정당하게 하는 사유로

---

14) 대법원 2003. 2. 26. 선고 2001후1617 판결.

15) 참고로 일본은 最高裁判所 1953(昭和28). 10. 16. 선고 昭和26(オ)745 판결에서 당사자는 심결에서 판단되지 않은 처분의 위법사유도 심결취소소송에서 주장·증명할 수 있다고 하여 무제한설을 취하였다가 最高裁判所 1976(昭和51). 3. 10. 선고 昭和42(行ツ)28 판결에서 심결취소소송에서 항고심판절차에서 심리 판단되지 않았던 공지사실과 대비한 무효원인을 심결의 위법사유로 주장할 수 없고 이러한 원칙은 무효심판뿐만 아니라 거절계 심판에도 적용된다고 하였다. 이후 일본 실무는 심결취소소송에서 심리범위 제한설을 취하고 있다.

16) 대법원 1990. 1. 25. 선고 89후407 판결.

17) 대법원 2013. 9. 26. 선고 2013후1054 판결.

주장·증명할 수 있고 법원은 제한 없이 이를 심리 판단하여 판결의 기초로 삼을 수 있다.[18)]

여기서 새로운 거절이유란 기존의 거절이유와 주된 취지에서 부합하지 않는 것을 말하므로 거절결정에서와 다른 별개의 새로운 이유로 심결을 한 것이 아니고 거절결정에서의 거절이유와 실질적으로 동일한 사유로 심결을 하는 경우에는 출원인에게 그 거절이유를 통지하여 그에 대한 의견서 제출의 기회를 줄 필요가 없다.[19)] 그러나 거절결정에서의 거절이유와는 다른, 즉 제62조 중 다른 거절이유를 주장하는 것은 새로운 거절이유에 해당한다.

---

18) 대법원 2003. 2. 26. 선고 2001후1617 판결.
19) 대법원 2003. 12. 26. 선고 2001후2702 판결.

제2절 심결취소소송의 당사자 · 소의 이익

I. 원고적격

1 총설

특허취소결정 또는 심결에 대한 소 및 특허취소신청서 · 심판청구서 · 재심청구서의 각하결정에 대한 소는 당사자, 참가인 또는 해당 특허취소신청의 심리, 심판 또는 재심에 참가신청을 하였으나 신청이 거부된 자만 제기할 수 있다(제186조 제2항).

따라서 심결취소소송에서의 원고적격은 당사자, 참가인 또는 해당 특허취소신청의 심리, 심판 또는 재심에 참가신청을 하였으나 신청이 거부된 자이다.

일반 행정소송의 원고적격은 행정청이 행하는 구체적 사실에 관한 법집행으로서의 공권력의 행사 또는 그 거부와 그 밖에 이에 준하는 행정작용 및 행정심판에 대한 재결의 취소를 구할 법률상 이익이 있는 자가 제기할 수 있어(행정소송법 제12조 본문) 제3자도 행정처분 등의 취소를 구할 수 있지만 심결취소소송의 원고적격은 그보다 한정하여 인정하고 있다.

이하 법문에서 열거하는 원고적격에 대해 설명한다.

2 당사자

심결취소소송의 원고적격 중 당사자는 심판절차의 당사자로서 심결 명의인이다.

예컨대 특허무효심판의 대상이 된 특허발명의 특허권자라 하더라도 심결의 당사자가 아니라면 그 심결에 대한 소를 제기할 수 없다. 특허권자가 아닌 제3자를 상대로 하여 제기된 특허무효심판에서 이를 인용하는 심결이 내려지더라도, 이러한 심결은 특허권자에게 효력이 미치지 아니하므로, 특허청장은 이러한 심결을 이유로 특허권의 소멸등록을 하여서는 아니되고, 설령 이에 위배되어 소멸등록이 이루어졌다고 하더라도 특허권자는 「특허권 등의 등록령」 제27조의 절차에 따라 그 회복을 신청할 수 있다.[20]

특허법은 특허권 또는 특허를 받을 수 있는 권리의 공유자가 그 공유인 권리에 관하여 심판을 청구할 때에는 공유자 모두가 공동으로 청구하여야 한다고 규정하지만(제139조 제3항), 심결취소소송의 제기에 대하여는 별다른 규정이 없다.

---

20) 대법원 2014. 1. 16. 선고 2013후2309 판결 참조.

그러나 특허권의 공유자가 그 특허권의 효력에 관한 심판에서 패소한 경우에 제기할 심결취소소송은 공유자 전원이 공동으로 제기하여야만 하는 고유필수적 공동소송이라고 할 수 없고, 공유자의 1인이라도 해당 특허등록을 무효로 하거나 권리행사를 제한·방해하는 심결이 있는 때에는 그 권리의 소멸을 방지하거나 그 권리행사 방해배제를 위하여 단독으로 그 심결의 취소를 구할 수 있다(유사필수적 공동소송의 관계).[21)]

한편, 특허권의 공유와 심결취소소송 등의 제기권자 및 그 법률관계에 대하여는 「제9장 특허권의 이전·이용·소멸 제2절 특허권의 이전 II. 특허권의 공유」에서 설명하고, 특허권의 승계와 원고적격에 대하여는 「제7장 특허에 관한 출원·심사·결정 제2절 특허출원과 관련된 주요 내용 I. 기간·절차에 관한 규정(제14조 내지 제24조) ② 특허법상 절차에 관한 규정 나. 절차의 효력의 승계, 절차의 속행·중단·중지, 중단된 절차의 속행」에서 설명하였다.

특허출원인으로부터 특허를 받을 수 있는 권리를 양수한 특정승계인은 특허출원인변경신고를 하지 않은 상태에서는 그 양수의 효력이 발생하지 않아서 특허심판원의 거절결정불복심판 심결에 대하여 취소의 소를 제기할 수 있는 당사자 등에 해당하지 아니하므로 그가 제기한 취소의 소는 부적법하다.[22)]

특정승계인이 취소의 소를 제기한 후 특허출원인변경신고를 하였더라도 그 변경신

---

21) 대법원 2004. 12. 9. 선고 2002후567 판결 참조. 위 판결은 상표권의 공동소유관계에 대해서 "상표권이 공유인 경우에 각 공유자는 다른 공유자의 동의를 얻지 아니하면 그 지분을 양도하거나 그 지분을 목적으로 하는 질권을 설정할 수 없고 그 상표권에 대하여 전용사용권 또는 통상사용권을 설정할 수도 없는 등 일정한 제약을 받아 그 범위에서 합유와 유사한 성질을 가지지만, 이러한 제약은 상표권이 무체재산권인 특수성에서 유래한 것으로 보일 뿐이고, 상표권의 공유자들이 반드시 공동목적이나 동업관계를 기초로 조합체를 형성하여 상표권을 소유한다고 볼 수 없을 뿐만 아니라 상표법에 상표권의 공유를 합유관계로 본다는 명문의 규정도 없는 이상, 상표권의 공유에도 상표법의 다른 규정이나 그 본질에 반하지 아니하는 범위 내에서는 민법상의 공유의 규정이 적용될 수 있다."라고 하였다.
위 판결은 당사자계 심결취소소송에 관한 사안인데 본문 법리는 결정계 심결취소소송의 경우에도 적용하여 공유자 중 1인에게 원고적격을 인정할 수 있다고 본다.

22) 대법원 2017. 11. 23. 선고 2015후321 판결. 그런데 이는 심판과는 다름에 유의한다. 위와 같은 취지에서 과거에 대법원 2007. 4. 26. 선고 2005후2861 판결도 특허취소결정에 대한 심판청구 시 누락된 특허권의 공유자를 추가하는 보정이 허용되는 시간적 한계는 심판청구기간 도과 전까지라고 하면서 특허권의 공유자 중 일부만이 심판청구를 제기한 경우 그 심판의 계속 중 나머지 공유자를 심판청구인으로 추가하는 보정은 요지의 변경으로서 허용할 수 없음이 원칙이나, 심판청구기간이 도과되기 전이라면 나머지 공유자를 추가하는 보정을 허용할 수 있다고 하였었다. 그런데 2009. 1. 30. 법률 제9381호로 개정된 특허법 제140조(심판청구방식) 제2항 제1호에서 "제1항 제1호에 따른 당사자 중 특허권자의 기재를 바로잡기 위하여 보정(추가하는 것을 포함한다)하는 경우"에는 요지변경에 해당하지 아니하는 것으로 규정하여 보정을 허용하게 되었다.

고 시기가 취소의 소 제기기간이 지난 후라면 제기기간 내에 적법한 취소의 소 제기는 없었던 것이므로 취소의 소가 부적법하기는 마찬가지이다.[23)]

3 참가인

심결취소소송의 원고적격 중 참가인이란 심판절차 참가인을 말하는데 심판절차 참가인이란 타인의 심판절차 계속 중 그 심판의 당사자 일방을 위해 그 심판절차를 수행하는 당사자 외의 제3자를 말한다.

특허법은 심결취소소송의 참가의 유형에 대하여 심판과는 달리 아무런 규정을 두고 있지 않으나[24)] 행정소송법 제8조 등에 따라 공동소송참가, 공동소송적 보조참가 및 보조참가가 허용된다.

특허무효심판의 심결취소소송에서 보조참가를 한 경우, 특히 원래 공동소송 참가를 하거나 또는 별도로 제소를 할 수 있었는데도 제소기간이 도과한 다음 보조참가를 한 경우 그 성격을 통상의 보조참가로 볼 것인지, 아니면 공동소송적 보조참가로 볼 것인지 문제가 된다.

제소기간이 지난 자를 당사자에 준하여 보호하는 것은 불합리함을 근거로 통상의 보조참가라는 견해도 있으나, 특허무효심판의 심결취소소송에서 판결의 효력이 참가인에게 미치므로 민사소송법 제78조의 공동소송적 보조참가에 해당한다.

4 특허취소신청의 심리, 심판 또는 재심에 참가신청을 하였으나 신청이 거부된 자

심결취소소송의 원고적격으로, 해당 특허취소신청의 심리, 심판 또는 재심에 참가신청을 하였으나 신청이 거부된 자를 인정한 이유는 이들은 참가신청에 대한 참가 여부의 결정에 대하여 불복할 수 없기 때문에 참가신청이 거부되더라도 심결취소소송을 제기하여 본안에 대해 다툴 수 있도록 하기 위함이다.

---

23) 대법원 2017. 11. 23. 선고 2015후321 판결.

24) 심판절차에서는 당사자계 심판에 한하여 참가가 인정되고 결정계 심판인 특허거절결정 또는 특허권의 존속기간의 연장등록거절결정에 대한 심판에서는 참가가 허용되지 않고(제171조 참조), 다만 특허취소신청절차에서 권리자 측의 참가는 인정되지만(제132조의9), 심결취소소송에서는 소송결과에 이해관계가 있는 제3자라면 당사자계 사건뿐 아니라 이들 결정계 사건에서도 참가할 수 있다.

II. 피고적격

특허취소결정 또는 심결에 대한 소 및 특허취소신청서 · 심판청구서 · 재심청구서의 각하결정에 대한 소를 제기하는 경우에는 특허청장을 피고로 하여야 한다. 다만, 특허무효심판, 특허권 존속기간의 연장등록의 무효심판, 권리범위확인심판, 정정의 무효심판 또는 통상실시권 허락의 심판 또는 그 재심의 심결에 대한 소를 제기하는 경우에는 그 청구인 또는 피청구인을 피고로 하여야 한다(제187조).

결정계 사건인 특허취소결정 또는 심결에 대한 소, 특허취소신청서, 심판청구서 또는 재심청구서의 각하결정에 대한 취소를 구하는 소송(앞에서 편의상 이를 심결취소소송으로 줄여 쓴다고 기재한 바 있다)의 피고적격은 특허청장이다.

당사자계 사건인 특허무효심판, 특허권 존속기간의 연장등록의 무효심판, 권리범위확인심판, 정정의 무효심판 또는 통상실시권 허락의 심판 또는 그 재심의 심결에 대한 심결취소소송의 피고적격은 그 심판 또는 재심의 청구인이나 피청구인이다. 간단히 말하여 당사자계 사건의 심결취소소송에서는 불이익한 심결을 받은 자가 원고가 되고 그 상대방이 피고가 된다.

공유인 특허권의 특허권자에 대하여 심판을 청구할 경우에는 공유자 모두를 피청구인으로 청구하여야 하는데(제139조 제2항), 특허권자를 피고로 하여야 하는 심결취소소송도 공유자 모두를 피고로 하여야 하는 고유필수적 공동소송이다(다툼 없음). 원고가 공유자 중 일부를 피고에서 누락한 경우에는 민사소송법 제68조(필수적 공동소송인의 추가)에 따라 피고를 추가할 수 있다.

한편 원고가 피고를 잘못 지정한 때에는 원고의 신청에 따른 법원의 결정을 받아 피고를 경정할 수 있다(행정소송법 제14조 참조).

특허권의 승계와 원고적격에 대하여는 「제7장 특허에 관한 출원 · 심사 · 결정 제2절 특허출원과 관련된 주요 내용 I. 기간 · 절차에 관한 규정(제14조 내지 제24조) ② 특허법상 절차에 관한 규정 나. 절차의 효력의 승계, 절차의 속행 · 중단 · 중지, 중단된 절차의 속행」에서 설명하였다.

III. 소의 이익

특허법상 심결과 심결취소소송 사이에 소송법상 심급의 연결이 없으므로 심판을 청구할 이익과 심결취소소송을 제기할 이익은 구별된다.

심결취소소송이 원고적격을 가진 자에 의하여 제기되었더라도 특허무효소송이 상고심 계속 중에 심판이 취하된 경우, 거절결정을 유지한 심결의 취소를 구하는 심결취소소송 중에 특허출원이 취하된 경우 등에는 심결취소를 구할 법률상 이익이 없어 그 소는 더 이상 소의 이익이 없고 부적법하게 된다.

특허발명에 대한 등록무효심결의 상고심 계속 중 같은 특허권에 대한 다른 사건에서 등록무효심결이 확정된 경우에도 심결 취소를 구할 법률상 이익이 없다.[25]

특허권의 권리범위확인에 관한 청구는 현존하는 특허권의 범위를 확정하는 데 그 목적이 있어, 적법하게 발생한 특허권이라도 심결취소소송 중에 특허등록이 무효로 확정되거나 존속기간만료 · 포기로 소멸하면 그에 관한 권리범위의 확인을 구할 이익이 없다.[26]

한편 적극적 권리범위확인심판의 심결에 대한 심결취소소송이 진행 중에 확인대상발명이 특허등록되면 확인의 이익이 소멸하는지 문제된다. 심결취소소송에서 심결의 위법 여부는 심결 당시의 법령과 사실상태를 기준으로 판단하여야 하고 원칙적으로 심결이 있은 이후 비로소 발생한 사실을 고려하여 판단의 근거로 삼을 수 없으므로 심결 이후에 확인대상발명이 특허등록되었다고 하여 심판청구가 결과적으로 부적법한 것으로 되는 것은 아니다. 즉 권리범위확인 심결에 대한 심결취소소송이 진행 중에 확인대상발명이 등록되더라도 심결 후 등록사실을 고려하여 심결 위법 여부를 판단하지 아니한다.[27]

권리범위확인 사건 절차와 침해사건 절차는 별개 독립의 제도이므로 침해소송에서 특허권의 효력이 미치는 범위를 확정할 수 있더라도 이를 이유로 침해소송과 별개로 청구된 권리범위확인의 이익이 인정된다. 마찬가지로 특허에 관한 권리범위확인심결 이후 침해금지 등 민사소송에서 받은 판결이 확정되더라도 심결취소를 구할 소의 이익이 있다.[28]

권리범위확인심판청구를 제기한 이후에 당사자 사이에 심판을 취하하기로 한다는 내용의 합의가 이루어졌다면 그 취하서를 법원에 제출하지 아니한 이상 심판청구취하

---

25) 대법원 2004. 4. 9. 선고 2003후946 판결, 대법원 2005. 9. 15. 선고 2004후2130 판결.

26) 권리범위확인심판에서 권리범위에 속한다는 심결 후 취소를 구하는 소송에서 별개의 등록무효심결이 확정된 사안에 관한 대법원 2003. 11. 27. 선고 2001후1563 판결, 권리범위확인에 관한 심결 후 그 심결의 일부 취소를 구하는 소가 법원에 계속 중에 실용신안권이 포기를 원인으로 소멸한 사안으로 대법원 2007. 3. 29. 선고 2006후3595 판결, 권리범위확인심판에서 권리범위 불속 심결 후 취소를 구하는 소송에서 디자인권의 무효심결이 확정된 사안으로 대법원 2009. 8. 20. 선고 2009후1552 판결 등이 있다.

27) 특허에 관한 대법원 2002. 4. 12. 선고 99후2211 판결, 디자인에 관한 2004. 11. 12. 선고 2003후1420 판결 참조.

28) 대법원 2011. 2. 24. 선고 2008후4486 판결.

로 인하여 사건이 종결되지 아니하나, 당사자 사이에 심판을 취하하기로 하는 합의를 함으로써 특별한 사정이 없는 한 심판이나 심결취소소송을 계속 유지할 법률상의 이익은 소멸된다.[29)]

한편 심판청구인이 이해관계인인지는 심결취소소송 전의 심판단계에서 심판의 이익 문제로 다루어지게 되고 심결 시를 기준으로 판단한다.

Ⅳ. 제소기간

심결취소소송은 심결 또는 결정의 등본을 송달받은 날부터 30일 이내에 제기하여야 한다(제186조 제3항). 위 30일의 제소기간은 연장하거나 단축할 수 없는 불변기간(不變期間)이다(제186조 제4항). 다만, 심판장은 주소 또는 거소가 멀리 떨어진 곳에 있거나 교통이 불편한 지역에 있는 자를 위하여 직권으로 위 불변기간에 대하여 30일 이내의 부가기간을 정할 수 있다(제186조 제5항, 법 규칙 제16조 제5항).

심결에 대한 소의 제소기간 및 상고기간의 계산에는 제14조 제4호가 적용되지 아니하고 그에 관하여 특허법이나 행정소송법에서 별도로 규정하고 있는 바도 없으므로 결국 행정소송법 제8조에 의하여 준용되는 민사소송법 제170조에 따라 "기간의 말일이 토요일 또는 공휴일에 해당한 때에는 기간은 그 익일로 만료한다"라고 규정한 민법 제161조가 적용된다.[30)]

서류제출의 효력발생시기와 관련하여 우편으로 심판원에 서류를 제출하는 경우는 우편물의 통신일부인에서 표시된 날에 도달한 것으로 간주되지만(제28조 제2항), 특허법원 및 대법원에 제출하는 서류는 예외 없이 도달주의가 적용된다.

기간에 관한 일반사항에 대하여는 「제7장 특허에 관한 출원 · 심사 · 결정 제2절 특허출원과 관련된 주요 내용 I. 기간 · 절차에 관한 규정(제14조 내지 제24조) ① 특허법상 기간에 관한 규정」에서 설명하였다.

---

29) 대법원 1997. 9. 5. 선고 96후1743 판결.
30) 대법원 2014. 2. 13. 선고 2013후1573 판결 참조.

제3절 심결취소소송의 제기 · 심리

I. 소장의 제출 등

심결취소소송은 특허법원의 전속관할이므로 특허법원에 소장을 제출한다. 제소기간 내의 심결취소소송 제기로 인해 해당 심결의 확정이 차단된다.

법원은 제186조 제1항에 따른 소 제기가 있는 때에는 지체 없이 그 취지를 특허심판원장에게 통지하여야 한다(제188조 제1항).

특허법원에서 심결취소소송은 당사자 본인이 할 수 있고 변호사나 변리사[31)]의 대리인에 의할 수도 있다. 특허청장이 피고가 되는 결정계 사건에서는 특허청장이 지정하는 직원이 지정대리인이 될 수 있는데 지정대리인은 국가를 당사자로 하는 소송에 관한 법률에 따라 법무부장관의 소송지휘를 받아 그 소송절차를 수행한다.

II. 심리

행정소송의 일종인 심결취소소송에서 법원이 필요하다고 인정할 때에는 직권으로 증거조사를 할 수 있고 당사자가 주장하지 아니한 사실에 대하여도 판단할 수 있다(행정소송법 제26조). 다만 행정소송법 제26조는 행정소송의 특수성에 연유하는 당사자주의, 변론주의에 대한 일부 예외규정일 뿐 법원이 아무런 제한 없이 당사자가 주장하지 아니한 사실을 판단할 수 있는 것은 아니고 기록에 현출되어 있는 사항에 관하여서만 직권으로 증거조사를 하고 이를 기초로 하여 판단할 수 있으며 그것도 법원이 필요하다고 인정할 때에 한하여 청구의 범위 내에서 증거조사를 하고 판단할 수 있다.[32)]

법원은 소송에 필요한 때에는 특허출원에 대한 특허여부결정이 확정될 때까지 그 소송절차를 중지할 수 있다(제78조 제2항). 이에 따른 중지에 대해서는 불복할 수 없다(제78조 제3항).

당사자가 변론종결 후 주장 · 증명을 제출하기 위하여 변론재개신청을 한 경우 당

31) 대법원 2012. 10. 25. 선고 2010다108104 판결은 변리사는 특허, 실용신안, 디자인 또는 상표에 관한 사항의 소송대리인이 될 수 있다"고 정하는 변리사법 제8조에 의하여 변리사에게 허용되는 소송대리의 범위 역시 특허심판원의 심결에 대한 심결취소소송으로 한정되고, 현행법상 특허 등의 침해를 청구원인으로 하는 침해금지청구 또는 손해배상청구 등과 같은 민사사건에서 변리사의 소송대리는 허용되지 아니한다고 하였다.

32) 대법원 1995. 2. 24. 선고 94누9146 판결.

사자의 변론재개신청을 받아들일지는 원칙적으로 법원의 재량에 속한다. 그러나 변론재개신청을 한 당사자가 변론종결 전에 그에게 책임을 지우기 어려운 사정으로 주장·증명을 제출할 기회를 제대로 가지지 못하였고, 그 주장·증명의 대상이 판결의 결과를 좌우할 수 있는 관건적 요증사실에 해당하는 경우 등과 같이, 당사자에게 변론을 재개하여 그 주장·증명을 제출할 기회를 주지 아니한 채 패소의 판결을 하는 것이 민사소송법이 추구하는 절차적 정의에 반하는 경우에는 법원은 변론을 재개하고 심리를 속행할 의무가 있다. 당사자가 참고서면과 참고자료만을 제출하였을 뿐 별도로 변론재개신청서를 제출하지 않았어도 마찬가지이다.[33]

법원조직법 제54조의2에 따른 기술심리관의 제척·기피에 관하여는 제148조, 민사소송법 제42조부터 제45조까지, 제47조 및 제48조를 준용한다(제118조의2 제1항).

제188조 제1항에 따른 기술심리관에 대한 제척·기피의 재판은 그 소속 법원이 결정으로 하여야 한다(제118조의2 제2항). 기술심리관은 제척 또는 기피의 사유가 있다고 인정하면 특허법원장의 허가를 받아 회피할 수 있다(제118조의2 제3항).

33) 대법원 2013. 4. 11. 선고 2012후436 판결.

제4절 심결취소소송의 주장 · 증명책임

I. 변론주의

당사자능력, 당사자적격, 소송대리권의 흠결 여부, 제소기간, 심결 존재 등의 소송요건은 공익적 성질을 가지므로 변론주의가 적용되지 않고 직권탐지사항 또는 직권조사사항에 속한다.

행정소송에서 기록상 자료가 나타나 있다면 당사자가 명백하게 주장하지 않았더라도 기록에 나타난 자료를 기초로 하여 직권으로 조사하고 이를 토대로 판단할 수 있고, 당사자가 제출한 소송자료에 의하여 법원이 처분의 적법 여부에 관한 합리적인 의심을 품을 수 있음에도 단지 구체적 사실에 관한 주장을 하지 아니하였다는 이유만으로 당사자에게 석명을 하거나 직권으로 심리 · 판단하지 아니함으로써 구체적 타당성이 없는 판결을 하는 것은 행정소송법 제26조의 규정과 행정소송의 특수성에 반하므로 허용될 수 없다.[34] 이는 행정소송의 일종인 심결취소소송에도 적용된다.

행정소송의 일종인 심결취소소송에서 직권주의가 가미되어 있다고 하더라도 여전히 변론주의를 기본 구조로 하는 이상 심결의 위법을 들어 그 취소를 청구하면서는 직권조사사항을 제외하고 그 취소를 구하는 자가 위법사유에 해당하는 구체적 사실을 먼저 주장하여야 하고, 법원이 당사자가 주장하지도 아니한 법률요건에 대하여 판단하는 것은 변론주의 원칙에 위배된다.[35]

행정소송인 심결취소소송에서도 원칙적으로 변론주의가 적용되고, 따라서 자백 또는 자백간주도 인정되지만, 자백의 대상은 사실이고[36] 이러한 사실에 대한 법적 판단 내지 평가는 자백의 대상이 되지 아니한다.[37]

---

34) 대법원 2010. 1. 28. 선고 2007후3752 판결, 대법원 2011. 2. 10. 선고 2010두20980 판결 참조.

35) 대법원 2011. 3. 24. 선고 2010후3509 판결.

36) 대법원 2006. 8. 24. 선고 2004후905 판결은 특허발명의 진보성 판단에 제공되는 선행발명이 어떤 구성요소를 가지고 있는지는 주요사실로서 당사자의 자백의 대상이 된다고 하였다. 대법원 2022. 1. 27. 선고 2019다277751 판결도 같은 취지이되, "침해대상제품 등이 어떤 구성요소를 가지고 있다"는 표현이 사실에 대한 진술인지, 아니면 그 구성요소가 특허발명의 구성요소와 동일 또는 균등하다는 법적 판단 내지 평가에 관한 진술인지는 당사자 진술의 구체적 내용과 경위, 변론의 진행 경과 등을 종합적으로 고려하여 판단하여야 한다고 하였다.

37) 대법원 2000. 12. 22. 선고 2000후1542 판결, 대법원 2006. 6. 2. 선고 2005후1882 판결.

II. 주요 사항에 대한 주장 · 증명책임

1 특허 발생요건 및 장애요건

가. 특허 발생요건

① 산업상 이용할 수 있는 발명인 사실(제29조 제1항 각 호 외의 부분 전단)

② 출원서가 제42조 제3항, 제4항, 제6항의 요건(특허출원서에 첨부된 명세서의 기재 방법)을 구비하고 있는 사실

③ 1발명 1출원이라는 사실(제45조)

④ 국내에 주소 또는 영업소를 가지지 아니한 외국인인 때에는 제5조 제1항, 제2항에 따른 특허관리인이 선임되어 있다는 사실

⑤ 무권리자 출원(모인출원)이라고 주장되는 경우에 특허출원이 그 특허에 관한 발명의 발명자 또는 발명자로부터 특허를 받을 권리를 승계한 자에 의하여 행해진 사실(제33조, 제38조)

⑥ 특허를 받을 권리가 공유인 때에는 다른 공유자 전원과 공동으로 출원한 사실(제44조)

⑦ 명세서 또는 도면의 보정은 특허출원서에 최초로 첨부된 명세서 또는 도면에 기재된 사항의 범위 안에서 행해진 사실(제47조 제2항), 정정심판 또는 정정청구에서 특허청구범위나 발명의 설명에 관한 정정이 특허청구범위를 감축하는 경우 등의 소정 요건을 충족하고(제136조 제1항, 제133조의2 제1항), 명세서 또는 도면의 보정 중 특허청구범위를 감축하거나 분명하지 아니하게 기재된 것을 명확하게 하는 경우에는 특허출원서에 첨부된 명세서 또는 도면에 기재된 사항의 범위 안에서 행해지고, 그중 잘못 기재된 것을 명확하게 하는 경우에는 특허출원서에 최초로 첨부된 명세서 또는 도면에 기재된 사항의 범위 안에서 행해지며(제136조 제2항, 제133조의2 제4항), 특허청구범위를 실질적으로 확장하거나 변경하는 것이 아니고(제136조 제3항, 제133조의2 제4항), 명세서 또는 도면의 보정 중 특허청구범위를 감축하는 경우와 잘못 기재된 것을 정정하는 경우에 정정 후의 특허청구범위에 기재된 사항이 특허출원을 한 때에 특허를 받을 수 있는 사실(제136조 제5항, 제133조의2 제4항, 다만 제133조의2 제6항에 따라 무효심판청구 절차에서 무효심판청구의 대상이 된 청구항에 대한 정정청구의 경우에는 독립특허요건은 적용 안됨)

⑧ 신규성 부정 사유(제29조 제1항 제1, 2호)가 있는 때에는 이에 대한 예외사유인 공지 등이 되지 아니한 발명으로 보는 사유(제30조 제1항 각 호)가 존재하는 사실

⑨ 확대된 선출원에 관한 발명의 발명자 등이 원고의 (다른) 출원에 관한 발명의 발명자와 동일한 사실(제29조 제3항 후문)

나. 특허 장애요건

⑩ 특허출원 전에 국내 또는 국외에서 공지된 발명이라는 사실(제29조 제1항 제1호 전단)

⑪ 특허출원 전에 국내 또는 국외에서 공연히 실시된 발명이라는 사실(제29조 제1항 제1호 후단)

⑫ 특허출원 전에 국내 또는 국외에서 반포된 간행물에 게재되거나 전기통신회선을 통하여 공중이 이용가능하게 된 발명이라는 사실(제29조 제1항 제2호)

⑬ 특허출원 전에 그 발명이 속하는 기술분야에서 통상의 지식을 가진 자가 제29조 제1항 각 호의 어느 하나에 해당하는 발명에 의하여 쉽게 발명할 수 있는 것이라는 사실(제29조 제2항)

⑭ 해당 특허출원의 특허출원일 전에 특허출원 또는 실용신안등록출원을 하여 해당 특허출원을 한 후에 출원공개되거나 등록공고된 다른 특허출원 또는 실용신안등록출원의 출원서에 최초로 첨부된 명세서 또는 도면에 기재된 발명 또는 고안과 동일하다는 사실(제29조 제3항, 제4항의 각 본문)

⑮ 선출원발명과 동일한 사실(제36조 제1항 내지 제3항)

⑯ 해당 특허가 공공의 질서 또는 선량한 풍속을 문란하게 하거나 공중의 위생을 해할 염려가 있는 발명이라는 사실(제32조)

⑰ 출원에 관한 발명이 조약을 위반한 발명이라는 사실(제62조 제3호)

2 거절결정불복심판 심결취소소송의 주장 · 증명책임

거절결정불복에 대한 심결의 취소소송에 있어서 심결의 거절이유가 특허발생요건(① 내지 ⑨)이 없음을 이유로 하는 경우에는 특허 발생요건이 충족되었다는 점에 대하여 출원인(원고)이 주장 · 증명책임을 지고, 심결의 거절이유가 특허 장애요건(⑩ 내지 ⑰)에 있음을 이유로 하는 경우에는 특허청장(피고)이 특허 장애요건에 해당된다는 점에 대하여 주장 · 증명책임을 진다.

3 무효심판 심결취소소송의 주장 · 증명책임

무효심판청구 사건의 심결취소소송에서 심결이 무효심판청구를 인용한 경우에는 원고(특허권자, 무효피심판청구인)가 특허 발생요건(① 내지 ⑨)에 대하여 주장 · 증명책임을 부담하고 피고(무효심판청구인)는 특허 장애요건(⑩ 내지 ⑰)에 대하여 주장 · 증명책임을 부담한다.

무효심판청구사건의 심결취소소송에서 심결이 무효심판청구를 기각한 경우에는 원고(무효심판청구인)는 특허 장애요건(⑩ 내지 ⑰에 대하여 주장 · 증명책임을 부담하고, 피고(특허권자, 무효피심판청구인)는 특허 발생요건(① 내지 ⑨)에 대하여 주장 · 증명책임을 부담한다.

4 권리범위확인심판 심결취소소송의 주장 · 증명책임

적극적 권리범위확인심판의 심결취소소송에서 심판청구인이 확인대상발명(청구인이 주장하는 피청구인의 발명)이 특허권의 권리범위에 속하는 사유에 관하여 주장 · 증명책임을 부담하고, 소극적 권리범위확인심판의 심결취소소송에서는 심판청구인이 확인대상발명(청구인이 주장하는 청구인의 발명)이 특허권의 권리범위에 속하지 아니하는 사유에 관하여 주장 · 증명책임을 부담한다.

제5절 판결 등

Ⅰ. 취소소송의 판결

특허법원은 심리 후 심결취소의 소가 소송요건(제소기간 도과, 소의 이익이 없는 경우 등)을 구비하지 못하였다고 판단하면 판결로써 소를 각하한다.

특허법원은 본안판단 후 심결 또는 결정의 취소를 구하는 원고의 청구가 이유 없으면 판결로써 이를 기각하고 원고의 청구가 이유 있으면 판결로써 심결 또는 결정을 취소한다(제189조 제1항).

심결취소소송에서 원고의 청구가 이유 있을 때 법원은 특허청이 내린 심결 또는 결정을 취소하는 것 외에 행정청인 특허심판원을 대신하여 특허발명을 무효로 하는 심결을 하거나 특허심판원에게 계쟁대상인 출원된 특허를 등록하라고 명령하거나 해당 특허발명을 무효로 할 것을 명하는 이행판결을 선고하는 것은 행정권에 대신하여 행정처분을 하는 것과 같아 삼권분립의 원칙에 반하므로 허용되지 않는다.[38)]

법원은 제187조 단서에 따른 소 즉 특허무효심판, 특허권 존속기간의 연장등록의 무효심판, 권리범위확인심판, 정정의 무효심판 또는 통상실시권 허락의 심판 또는 그 재심의 심결에 대한 소에 관하여 소송절차가 완결되었을 경우에는 지체 없이 그 사건에 대한 각 심급(審級)의 재판서 정본을 특허심판원장에게 보내야 한다(제188조 제2항). 여기서 소송절차가 완결되었다고 함은 특허법원이 판결을 선고한 후 상고가 없거나 상고가 제기되었지만 상고가 기각되어 심결취소소송이 종결된 경우를 말한다.

법원의 판결에 대한 상고는 판결서가 송달된 날부터 2주 이내에 하여야 한다. 이 때 송달된 날은 판결서가 당사자에 도달한 날인데, 전자문서 송달과 관련하여 전자적 송달 또는 통지는, 법원서기관·법원사무관·법원주사·법원주사보가 송달할 전자문서를 전산정보처리시스템에 등재하고 그 사실을 송달받을 자에게 전자적으로 통지하는 방법으로 하고(민사소송 등에서의 전자문서 이용 등에 관한 법률 제11조 제3항), 이 경우 송달받을 자가 등재된 전자문서를 확인한 때에 송달된 것으로 보되, 다만 그 등재사실을 통지한 날부터 1주 이내에 확인하지 아니하는 때에는 등재사실을 통지한 날부터 1주가 지난 날에 송달된 것으로 본다(같은 조 제4항).

---

38) 대법원 1999. 7. 23. 선고 98후2689 판결 참조.

II. 상고

1 의의

심결취소소송에 관한 특허법원의 판결에 대하여 불복하여 대법원에 상고할 수 있다(제186조 제8항).

법원은 제186조 제8항에 따른 상고가 있는 경우에는 지체 없이 그 취지를 특허심판원장에게 통지하여야 한다(제188조 제1항).

특허법은 상고절차에 대하여 특별한 규정을 두고 있지 않아 행정소송법 제8조, 민사소송법 제425조, 제396조, 제397조 제1항에 따라 일반 민사소송의 상고절차가 심결취소소송에 준용된다.

심결취소소송에 대한 상고는 판결송달 전에 또는 판결이 송달된 날부터 2주일 내에 상고장을 원심법원인 특허법원에 제출하여야 한다. 당사자가 책임질 수 없는 사유로 말미암아 불변기간을 지킬 수 없었던 경우에는 그 사유가 없어진 날부터 2주 이내에 게을리 한 소송행위를 보완할 수 있다(민사소송법 제173조 제1항). 상고기간 도과로 인한 국외에서의 기간에 관한 특칙으로 국외에서의 소송행위 추완에 있어서는 그 기간을 14일에서 30일로, 제3자에 의한 재심청구에 있어서는 그 기간을 30일에서 60일로, 소의 제기에 있어서는 그 기간을 60일에서 90일로 한다(행정소송법 제5조).

2 상고이유

특허법원의 판결에 상고할 수 있지만 언제나 상고할 수 있는 것은 아니다.

상소는 자기에게 불이익한 재판에 대하여 자기에게 유리하도록 그 취소·변경을 구하는 것이므로 전부 승소한 원고는, 불복의 대상인 판결이유가 취소판결의 기속력이 발생하는 부분이라는 등의 특별한 사정이 없는 한 원심의 판결이유에 대해 상고를 제기할 이익이 없다. 이러한 상고가 제기된 경우에 대법원은 판결로 상고를 각하한다.

상고심절차에 관한 특례법은 불필요한 상고를 남발하는 것을 제한하고 대법원이 법률심의 기능을 효율적으로 수행할 수 있도록 상고이유를 제한하고 있으며 특허법원 판결에 불복하여 상고하는 경우에도 위 특례법이 적용된다.

대법원은 상고이유에 관한 주장이 아래 제1호 내지 제6호의 어느 하나의 사유를 포함하지 아니한다고 인정하면 더 나아가 심리를 하지 아니하고 판결로 상고를 기각한다(상고심절차에 관한 특례법 제4조 제1항).

1. 원심판결이 헌법에 위반되거나, 헌법을 부당하게 해석한 경우
2. 원심판결이 명령 · 규칙 또는 처분의 법률위반 여부에 대하여 부당하게 판단한 경우
3. 원심판결이 법률 · 명령 · 규칙 또는 처분에 대하여 대법원 판례와 상반되게 해석한 경우
4. 법률 · 명령 · 규칙 또는 처분에 대한 해석에 관하여 대법원 판례가 없거나 대법원 판례를 변경할 필요가 있는 경우
5. 제1호부터 제4호까지의 규정 외에 중대한 법령위반에 관한 사항이 있는 경우
6. 민사소송법 제424조 제1항 제1호부터 제5호까지에 규정된 사유가 있는 경우

[3] 판결

상고권이 없거나 방식위반으로 부적법한 경우에는 상고를 각하하고, 상고가 이유 없거나 상고이유서를 제출하지 아니한 때에는 상고기각판결을 하며 상고가 이유 있는 경우에는 원판결을 파기하고 사건을 특허법원으로 환송하는 판결을 하거나 스스로 판결을 한다.

확정된 판결에 민사소송법 제451조에 정하는 재심사유에 해당하는 중대한 하자가 있는 경우에 재심의 소를 제기하여 그 판결의 취소와 이미 종결된 사건의 재심을 구할 수 있다. 재심사유 등과 관련한 내용은 「제12장 특허심판 · 심결 제8절 확정심결에 대한 재심」에서 설명하였다.

III. 변리사의 보수와 소송비용

소송비용의 부담에 대하여 제191조의2에서 "소송을 대리한 변리사의 보수에 관하여는 민사소송법 제109조를 준용한다. 이 경우 변호사는 변리사로 본다."라고 규정하고 있을 뿐이어서 소송비용의 부담, 소송비용의 담보, 소송구조에 대하여는 행정소송법 제8조 제2항에 따라 민사소송법 제98조 내지 제133조가 준용된다.

제191조의2에 따라 소송을 대리한 변리사에게 당사자가 지급하였거나 지급할 보수는 대법원규칙이 정하는 금액의 범위 안에서 소송비용으로 인정한다. 이에 따라 소송비용을 계산할 때에는 여러 변리사가 소송을 대리하였더라도 한 변리사가 대리한 것으로 본다(제191조의2, 민사소송법 제109조 제1항, 제2항).

관련하여 특허법원의 심결취소소송에서 '원고'가 피고에 대해 소송비용 담보제공을 신청할 수 있는지가 문제된다.

행정소송법 제8조 제2항에 따라 준용되는 민사소송법 제117조 제1항이 피고의 신청이 있는 경우에만 소송비용 담보제공 신청을 인정하므로 심결취소소송에서도 피고만이 소송비용 담보제공 신청을 할 수 있고 '원고'는 그 담보제공 신청을 할 수 없고 이 점은 심결취소소송의 피고가 해당 심결취소소송의 불복 대상이 된 특허심판원 심결이 내려진 특허무효심판절차의 청구인이라고 하더라도 마찬가지이다.[39]

Ⅳ. 확정된 판결의 효력

1 기판력

확정된 판결 주문에 포함된 법률적 판단 내용은 당사자와 법원을 규율하는 규준으로서 구속력을 가지고 뒤에 동일한 사항이 문제되면 당사자는 그에 어긋나는 주장을 할 수 없고 법원도 그와 모순·저촉되는 판단을 할 수 없다.

이러한 당사자와 법원에 대한 불가쟁불가반(不可爭不可反)의 구속력을 기판력이라 한다.

심결취소소송에도 행정소송법 제8조 제2항에 따라 민사소송법이 준용되므로 심결취소소송의 판결 주문에 포함된 법률적 판단 내용에 대해 기판력이 인정된다.

그런데 심결취소소송에서 원고의 청구가 이유 있더라도 심결 또는 결정을 취소하는 형식만 할 수 있고 등록무효를 선언하거나 이행판결을 할 수 없으므로 심결취소소송의 판결에서는 기판력보다 기속력이 상대적으로 더 중요하다.

2 형성력

판결의 형성력이란 판결내용대로 새로운 법률관계의 발생이나 종래 법률관계의 변경·소멸을 낳는 효력을 말한다.

---

39) 대법원 2012. 9. 13. 자 2012카허15 결정 참조. 피신청인이 신청인을 상대로 하여 특허심판원에 상표등록무효심판을 청구하였고, 특허심판원은 그 청구를 받아들여 상표등록을 무효로 하는 심결을 하였으며, 한편 신청인이 피신청인을 피고로 하여 특허법원에 위 심결의 취소를 구하는 소를 제기하고, 특허법원은 그 청구를 받아들여 심결을 취소하는 판결을 하였으며, 피신청인이 위 판결에 대하여 대법원에 상고를 제기하자, 신청인이 이 사건 소송비용 담보제공 신청을 한 사안에서, 대법원은 이 사건 소송비용 담보제공 신청은 민사소송법 제117조 제1항에서 정한 소송비용 담보제공 신청권이 없는 본안의 '원고'에 의하여 이루어진 것으로서 부적법하다고 하였다.

특허법원의 심결취소 판결이 확정됨에 따라 행정처분인 심결의 위법성이 확정됨으로써 심결의 적법한 추정이 번복되고 그에 따라 심결이 가지고 있던 효력이 소멸되는 결과를 가져온다.

3 기속력

특허심판원의 심결 또는 결정을 취소하는 판결이 확정된 때에는 기존의 심결이나 결정은 효력을 잃으므로 심판관은 다시 심리하여 심결이나 결정을 하여야 하는데(제189조 제2항), 위 취소판결에 있어서 취소의 기본이 된 이유는 그 사건에 대하여 특허심판원을 기속하므로(제189조 제3항), 특허심판원은 확정판결의 취소이유와 저촉되는 심결이나 결정을 할 수 없다. 이러한 효력을 확정된 취소판결의 기속력이라고 한다.

일사부재리 원칙은 심결이 확정된 경우에 적용되는 것인데 비해 취소판결의 기속력은 취소판결에 따른 심결이나 결정이 이루어지지 않은 경우에 적용되므로 적용시점이나 대상에 차이가 있다.

확정된 취소판결의 기속력의 성질에 대하여는 행정청에 대하여 취소판결의 취지에 좇아 행동하여야 할 실체법상의 작위의무를 발생하게 하는 것으로 기판력과 다른 특수한 효력이다(특수효력설, 통설).

이에 따라 심결을 취소하는 판결이 확정되면 행정청인 특허심판원은 동일한 사실관계 하에서 동일한 당사자에 대하여 동일한 내용의 심결이나 결정을 반복할 수 없고(반복금지효), 취소판결이 확정된 경우에는 그 심결이나 결정을 한 심판관은 심판청구인의 새로운 신청을 기다리지 않고 취소판결의 취지에 따라 다시 심리를 하여 심결 또는 결정을 하여야 한다(제189조 제2항).

특허심판원과 심판관을 기속하는 취소판결의 '취소의 기본이 된 이유'가 무엇을 의미하는지에 따라 그 기속력의 객관적 범위가 달라질 수 있다.

통상 행정소송법상의 기속력은 취소판결 등의 실효성을 도모하기 위하여 인정된 효력이므로 판결 주문 및 그 전제로 된 요건사실의 인정과 효력의 판단에만 미치고 판결의 결론과 직접 관계없는 방론이나 간접사실의 판단에는 미치지 아니한다. 따라서 판결 주문 및 그 전제로 된 요건사실의 인정과 효력에 관한 판단이 '취소의 기본이 된 이유'가 된다.

취소의 기본이 된 이유는 그 사건에 대하여 특허심판원을 기속하는데, 이 경우의 기속력은 취소의 이유가 된 심결이나 결정의 사실상 및 법률상 판단이 정당하지 않다는 점에서 발생하는 것이므로, 취소 후의 심리과정에서 새로운 증거가 제출되어 기속적 판단의 기초가 되는 증거관계에 변동이 생기는 등의 특별한 사정이 없는 한, 특허심판원은 위 확정된 취소판결에서 위법이라고 판단된 이유와 동일한 이유로 종전의 심결이나 결정과 동일한 결론의 심결이나 결정을 할 수 없고, 여기에서 새로운 증거라 함은 적어도 취소된 심결이나 결정이 행하여진 심판절차 내지는 그 심결의 취소소송에서 채택, 조사되지 않은 것으로서 취소판결의 결론을 번복하기에 족한 증명력을 가지는 증거를 말한다.[40]

대법원은, 당사자가 심판절차에서 증거를 제출하였으나 심결취소소송에서 법원에 그 증거를 제출하지 않은 채 변론이 종결되어 그 심결 이유의 토대가 되었던 그 증거가 소송에서 제출된 바 없다는 이유로 심결을 취소하는 판결이 선고되고 그 판결이 그대로 확정된 경우에, 위 특허심판원에서의 재심리과정에서 다시 그 당사자가 취소된 심결의 심리절차에서 제출하였던 증거를 제출하고 특허심판원이 이에 기하여 취소된 심결과 동일한 결론을 내는 것은 새로운 증거의 제출로 볼 수 없어 확정된 심결취소판결의 기속력에 반하여 위법하다고 한다.[41]

취소판결의 기속력은 심결이나 결정의 위법성 일반에 대해서가 아니라 심결이나 결정의 개개의 위법원인에 대하여 생기는 것이므로, 판결에 표시한 위법사유와 다른 이유로 동일한 심결이나 결정을 하는 것은 허용된다. 즉 특허심판원이나 심판관은 환송된 취소판결의 파기이유에 따르되 환송 전 원심결이나 환송된 취소판결에서 판단되지 아니한 청구인의 주장을 받아들이거나,[42] 취소판결의 사실심 변론종결 이후에 발생한 새로운 사유를 내세워 환송 전의 심결이나 결정과 동일한 결론을 내릴 수 있다.[43]

환송판결에 따른 특허심판원이나 심판관의 재심리에 따른 심결이나 결정에 불복하여 취소소송을 제기할 수 있으나 새로운 사실을 주장하거나 심결취소판결에서 인정한 사실을 번복하기에 족한 정도의 새로운 증거를 제출하는 등으로 심결취소판결에서 판

40) 대법원 2002. 12. 26. 선고 2001후96 판결.

41) 대법원 2002. 12. 26. 선고 2001후96 판결. 상표법 주해 II, 박영사(2018), 710~712(최성준 집필부분)은 이 판결의 취지라면, 자백 또는 자백간주에 의한 인정사실을 기초로 심결을 취소하는 판결이 확정되고 위 자백 또는 자백간주의 내용이 원(종전)심결 당시 이미 제출된 증거에 의해 인정되는 사실과 다른 경우에도 심결취소판결의 기속력이 인정되어 특허심판원으로서는 원심결 때의 판단자료에 기하여 종전과 같은 심결을 하는 것이 기속력에 반하여 위법하다는 취지로 설명한다.

42) 대법원 1991. 6. 28. 선고 90후1123 판결.

43) 대법원 2002. 5. 31. 선고 2000두4408 판결 [증여세부과처분취소]은 "과세처분을 취소하는 판결이 확정된 경우, 그 확정판결의 기판력은 확정판결에 적시된 위법사유에 한하여만 미친다 할 것이므로 과세처분권자가 그 확정판결에 적시된 위법사유를 보완하여 행한 새로운 과세처분은 확정판결에 의하여 취소된 종전의 과세처분과는 별개의 처분으로서 확정판결의 기판력에 저촉된다 할 수 없다."라고 한다.

단한 것과 다른 새로운 위법사유를 주장·증명하지 않는 한 그 주장은 받아들여질 수 없다.

V. 확정된 판결에 대한 재심

민사소송법 제453조 제2항은 "심급을 달리하는 법원이 같은 사건에 대하여 내린 판결에 대한 재심의 소는 상급법원이 관할한다. 다만, 항소심판결과 상고심판결에 각각 독립된 재심사유가 있는 때에는 그러하지 아니하다."고 규정하고 있으므로 재심사유가 특허법원이나 대법원의 판결에서 발생한 경우에는 특허법원이나 대법원에 각각 재심을 청구한다.[44] 이러한 경우는 민사소송법상의 재심 규정이 적용된다.[45]

재심사유 등과 관련한 내용은 「제12장 특허심판·심결 제8절 확정심결에 대한 재심」에서 설명하였다.

민사소송법 제451조 제1항의 재심사유 중 제8호의 재심사유와 관련하여, 원고의 등록무효 심판청구에 따라 원심판결 선고 이후에 선출원하여 등록된 특허에 무효심결이 내려져 확정된 경우 위 선출원 특허는 제133조 제3항 본문에 따라 그 특허권이 처음부터 등록이 없었던 것으로 되므로, 위 선출원 특허가 선출원되어 유효하게 등록되었음을 기초로 한 원심판결에는 민사소송법 제451조 제1항 제8호에 규정된 재심사유가 있어 결과적으로 판결에 영향을 미친 법령 위반의 잘못이 있게 된다.[46]

민사소송법 제451조 제1항 제10호에 규정된 재심사유는 재심대상판결과 전에 선고한 확정판결의 기판력 충돌을 조정하기 위하여 마련된 것이므로 그 규정의 "재심을

---

44) 대법원 1995. 6. 19. 자 94마2513 결정은 항소심에서 사건에 대하여 본안판결을 한 때에는 제1심판결에 대하여 재심의 소를 제기하지 못하므로, 항소심판결이 아닌 제1심판결에 대하여 제1심법원에 제기된 재심의 소는 재심 대상이 아닌 판결을 대상으로 한 것으로서 재심의 소송요건을 결여한 부적법한 소송이며 단순히 재심의 관할을 위반한 소송이라고 볼 수는 없으나, 재심 소장에 재심을 할 판결로 제1심판결을 표시하고 있다고 하더라도 재심의 이유에서 주장하고 있는 재심사유가 항소심판결에 관한 것이라고 인정되는 경우(항소심 판결과 제1심판결에 공통되는 재심사유인 경우도 같다)에는 그 재심의 소는 항소심판결을 대상으로 한 것으로서 재심을 할 판결의 표시는 잘못 기재된 것으로 보는 것이 타당하므로, 재심소장을 접수한 제1심법원은 그 재심의 소를 부적법하다 하여 각하할 것이 아니라 재심 관할법원인 항소심법원에 이송하여야 한다고 하였다.

45) 대법원 2007. 3. 30. 선고 2006재후29 판결은 상고이유가 상고심절차에 관한 특례법 소정의 심리불속행 사유에 해당한다고 보아 더 나아가 심리를 하지 아니하고 상고를 기각한 재심대상판결에는 상고이유에 대한 판단누락이 있을 수 없으므로 이를 민사소송법 제451조 제1항 제9호의 재심사유로 삼을 수 없다고 한다.

46) 대법원 2017. 12. 22. 선고 2016후373 판결 참조.

제기할 판결이 전에 선고한 확정판결에 어긋나는 때"라고 함은 전에 선고한 확정판결의 효력이 재심대상판결의 당사자에게 미치는 경우로서 양 판결이 저촉되는 때를 말하고, 전에 선고한 확정판결이 재심대상판결과 그 내용이 유사한 사건에 관한 것이라고 하여도 소송물을 달리하는 경우에는 위 규정의 재심사유에 해당하지 아니한다.[47)]

재심사유와 관련하여, 심결취소소송 사실심 변론종결 후의 정정심결 확정이 재심사유에 해당하는지가 문제된다.

이 논점에 대해 대법원은 과거 심결취소소송 사실심 변론종결 후에 정정심결이 확정되었다면 민사소송법 제451조 제1항 제8호에 규정된 '판결의 기초로 된 행정처분이 다른 행정처분에 의하여 변경된 때'라는 재심사유에 해당한다는 취지로 판시하였었는데 그후 견해를 바꾸어, 특허권자가 정정심판을 청구하여 특허무효심판에 대한 심결취소소송의 사실심 변론종결 이후에 특허발명의 명세서 또는 도면에 대하여 정정을 한다는 심결이 확정되더라도 정정 전 명세서 또는 도면으로 판단한 원심판결에 민사소송법 제451조 제1항 제8호가 규정한 재심사유가 없다고 하였다.[48)]

따라서 특허권자가 원심 변론종결 후 상고심 계속 중 정정심판청구를 하고 정정이 받아들여짐에 따라 최종적으로 정정 인용 심결이 확정되더라도 위 전원합의체 판결의 취지에 따라, 원심 변론종결 후 정정심결이 확정되었음을 상고이유로 주장할 수 없고 상고심은 정정심결이 확정되기 전의 정정 전 명세서 등을 대상으로 판단한다.[49)]

그리고 이러한 법리는 특허권 침해금지 등 청구사건에서도 그대로 적용되어 특허권 침해를 원인으로 하는 민사소송의 사실심 변론종결 후에 해당 특허권에 관한 정정청구에 대한 심결이 확정되더라도, 정정 전 명세서 등으로 판단한 원심판결에 민사소송법 제451조 제1항 제8호의 재심사유는 없다.[50)]

---

47) 대법원 2008. 9. 11. 선고 2008재다21 판결 등 참조.

48) 대법원 2020. 1. 22. 선고 2016후2522 전원합의체 판결. 위 판결에서 대법원은 "정정심결의 확정이 민사소송법 제451조 제1항 제8호에 규정된 재심사유에 해당한다는 취지로 판시한 심결취소소송에 관한 대법원 2001. 10. 12. 선고 99후598 판결, 대법원 2008. 7. 24. 선고 2007후852 판결, 대법원 2010. 9. 9. 선고 2010후36 판결, 특허권 침해를 원인으로 하는 민사소송에 관한 대법원 2004. 10. 28. 선고 2000다69194 판결뿐만 아니라, 특허무효심판절차에서의 정정청구에 대한 심결의 확정이 민사소송법 제451조 제1항 제8호에 규정된 재심사유에 해당한다는 취지로 판시한 대법원 2006. 2. 24. 선고 2004후3133 판결을 비롯한 같은 취지의 판결들은 이 판결의 견해에 배치되는 범위 내에서 이를 모두 변경하기로 한다."라고 하였다.

49) 대법원 2020. 10. 15. 선고 2016후2829 판결, 대법원 2020. 11. 26. 선고 2017후2055 판결 참조.

50) 대법원 2021. 1. 14. 선고 2017다231829 판결.

제14장

특허에 관한 국제적 측면

제14장 특허에 관한 국제적 측면

제1절 국제재판관할권과 준거법[1)]

I. 국제재판관할권

1 국제재판관할권의 의의

국제재판관할권의 문제란 외국과 관련된 요소(섭외적 요소)가 있는 법률관계에 관한 분쟁사건에 대하여 당사자의 공평, 재판의 적정, 신속과 경제 등에 비추어 어느 국가의 법원에 재판관할을 인정할 것인가(당사자 입장에서는 어느 국가에 제소하여야 할 것인가)이다.

국제재판관할권은, 어느 국가의 실질법 질서에 따라 분쟁을 해결하는 것이 적절한지의 문제인 준거법 문제와는 서로 다른 이념에 따라 결정된다.

2 특허의 국제재판관할권과 관련하여 발생되는 문제 정리

특허권 등 권리의 발생이나 소멸에 등록을 요하는 지식재산권(도메인이름 포함)은 등록국법에 의하여 발생하는 권리로서 법원은 다른 국가의 특허권 등의 부여행위와 그 행위의 유효성에 관하여 판단할 수 없으므로 등록을 요하는 특허권 등의 성립에 관한 것이거나 유·무효 또는 취소 등을 구하는 소는 일반적으로 등록국 또는 등록이 청구된 국가 법원의 전속관할에 속한다.[2)]

격지적 불법행위에 대한 재판관할권 문제와 관련하여, 물품을 제조하여 판매하는

---

1) 이 책에서는 특허에 관련된 부분을 중심으로 설명한다. 그 외 국제재판관할권과 준거법에 관하여 참고할 만한 여러 대법원판결 등은 윤태식, 특허법 - 특허 소송 실무와 이론 - , 진원사(2017), 1033 이하의 「제12장 특허권의 국제적 측면」에서 정리되어 있고, 저작권에 관련된 국제재판관할권, 준거법, 외국재판의 승인과 집행에 대하여는 윤태식, 저작권법(제2판), 박영사(2021), 644~655에 정리되어 있다.

2) 다만 권리의 발생이나 소멸에 등록을 요하지 아니하는 저작권의 경우는 전속관할의 문제가 생기지 아니한다는 견해가 유력하다.

제조자의 불법행위로 인한 손해배상 책임에 관한 제조물책임 소송에서 손해 발생지의 외국 법원에 국제재판관할권이 있는지 여부는 제조자가 손해 발생지에서 사고가 발생하여 그 지역의 외국 법원에 제소될 것임을 합리적으로 예견할 수 있을 정도로 제조자와 손해 발생지와의 사이에 실질적 관련이 있는지 여부에 따라 결정함이 조리상 상당하고, 이와 같은 실질적 관련을 판단함에 있어서는 예컨대 손해 발생지의 시장을 위한 제품의 디자인, 그 지역에서의 상품광고, 그 지역 고객들을 위한 정기적인 구매상담, 그 지역 내에서의 판매대리점 개설 등과 같이 손해 발생지 내에서의 거래에 따른 이익을 향유하려는 제조자의 의도적인 행위가 있었는지 여부가 고려될 수 있다.[3)]

국제재판관할에서의 관련 재판적은 피고의 입장에서 부당하게 응소를 강요당하지 않도록 청구의 견련성, 분쟁의 1회 해결 가능성, 피고의 현실적 응소가능성 등을 종합적으로 고려하여 신중하게 인정되어야 하며, 인터넷을 통한 불법행위에 있어서 불법행위의 결과발생지로서의 재판관할의 인정에는 피해자의 보호, 피해의 경중, 증거수집의 편의, 가해자의 의도와 예측가능성 등이 고려되어야 한다.[4)]

대한민국 법원의 관할을 배제하고 외국의 법원을 관할법원으로 하는 전속적인 국제재판관할의 합의가 유효하기 위해서는, 사건이 대한민국 법원의 전속관할에 속하지 아니하고 지정된 외국법원이 그 외국법상 그 사건에 대하여 관할권을 가져야 하는 외에 그 사건이 그 외국법원에 대하여 합리적인 관련성을 가질 것이 요구되고, 그와 같은 전속적인 관할합의가 현저하게 불합리하고 불공정하여 공서양속에 반하는 법률행위에 해당하지 않는 한 관할합의는 유효하다.[5)]

외국 법원의 관할을 배제하고 대한민국 법원을 관할법원으로 하는 전속적인 국제관할의 합의가 유효하기 위하여는, 사건이 외국 법원의 전속관할에 속하지 아니하고, 대한민국 법원이 대한민국법상 그 사건에 대하여 관할권을 가져야 하는 외에, 그 사건이 대한민국 법원에 대하여 합리적인 관련성을 가질 것이 요구되며, 그와 같은 전속적인 관할 합의가 현저하게 불합리하고 불공정하여 공서양속에 반하는 법률행위에 해당하지 않는 한 관할 합의는 유효하다.[6)]

특허권은 등록국법에 의하여 발생하는 권리로서 대한민국 법원은 다른 국가의 특허권 부여행위와 그 행위의 유효성에 대하여 판단할 수 없으므로 등록을 요하는 특허권의 성립에 관한 것이거나 유·무효 또는 취소 등을 구하는 소는 일반적으로 등록국

---

3) 대법원 1995. 11. 21. 선고 93다39607 판결(제조물책임 소송).
4) 대법원 2003. 9. 26. 선고 2003다29555 판결.
5) 대법원 2023. 4. 13. 선고 2017다219232 판결.
6) 대법원 2011. 4. 28. 선고 2009다19093 판결.

또는 등록이 청구된 국가 법원의 전속관할로 볼 수 있으나, 그 주된 분쟁 및 심리의 대상이 특허권의 성립, 유·무효 또는 취소와 관계없는 특허권 등을 양도하는 계약의 해석과 효력의 유무일 뿐인 그 양도계약의 이행을 구하는 소는 등록국이나 등록이 청구된 국가 법원의 전속관할로 볼 수 없다.[7)]

특허에서 국제재판관할권 문제와 관련하여, ① 국내 법원에 외국에 등록된 특허권이 침해되었다는 이유로 특허권 침해금지의 소가 제기된 경우에 국내 법원이 위 사건에 대해 재판관할권을 가지는지 여부, 만일 재판관할권을 가진다면 국내 법원이 특허권 침해금지 등의 선결문제로서 외국에 등록된 특허권의 유효성 여부를 판단할 수 있는지 여부, ② 국내 법원이 국내에 등록된 특허권 침해사건의 국제재판관할권을 가지는 경우에 같은 발명에 대하여 외국에 등록된 특허권의 침해에 대하여도 국내 법원에서 함께 재판할 수 있는지의 문제가 있다.

먼저 ①에 관하여 보면, ⓐ 적극설로, 특허권의 유효성 여부를 판단하는 등록무효사건에 대하여는 해당 특허권이 등록된 국가에 재판관할권이 있지만, 특허권 침해금지청구 등의 소에 대하여는 해당 특허권이 등록된 국가가 아니더라도 재판관할권을 가지며 재판과정에서 침해금지나 손해배상 청구의 선결문제로 외국에 등록된 특허권의 무효 여부를 판단하더라도 그것은 판결이유 중의 판단이고 소송 당사자 간에 상대적인 효력을 가지는 것에 지나지 않아 해당 특허권을 대세적으로 무효라고 선언하는 것이 아니라는 이유로 이를 긍정하는 입장,[8)] ⓑ 소극설로, 등록된 특허권에 대해 등록국의 국가기관이 특허가 부여될 때까지 관여하였고, 그 특허권이 등록되어 있는 국가의 법원이 등록국가의 법을 적용하여 특허권의 유효성 등에 대하여 가장 적절하게 판단할 수 있다는 이유로 특허권의 유효성 여부가 문제가 되는 소송이라면 특허권 침해소송을 포함하여 특허가 등록된 국가의 전속관할로 하여야 한다는 입장,[9)][10)] 공업소유권의 보호를 위한 파리 협약은 각 국가의 특허제도와 사법제도의 독립성을 인정하고 있고 어느 국가의 법원이 다른 나라에서 등록된 특허권에 대하여 판단하는 것을 명문으로 인정하고 있지 않으며, 어느 국가의 법원이 다른 나라의 특허를 판단하는 것이 부적절하

7) 대법원 2011. 4. 28. 선고 2009다19093 판결.
8) 東京地方裁判所 2003(平成15). 10. 16. 선고 平成14(ワ)1943 판결.
9) Gesellschaft für Antriebstechnik mbH & Co. KG v. Lamellen und Kupplungsbau Beteiligungs KG, Case C-4/03 (European Court of Justice, 2006).
10) European Court of Justice의 위 Case C-4/03의 판결을 반영한 2007. 10. 30.자 유럽자유무역연합(EFTA)의「민사 및 상사사건의 재판관할 및 재판의 승인·집행에 관한 협약」(Convention on jurisdiction and the recognition and enforcement of judgments in civil and commercial matters, 이른바 개정 루가노협약)(2010. 1. 1. 발효) 제22조 제4호.

고, 증거수집에 들이는 비용 등 사법자원이 과다하게 소비되어 효율이 떨어지게 된다는 등의 이유로 외국 특허권 침해소송에 대하여 소극적으로 보는 입장[11]이 있다.

다음으로 ②에 대하여도, 민사소송법상 관련재판적이나 객관적 병합의 요건을 갖추고 있는 한 외국에 등록된 특허권에 관한 특허침해소송을 병합하는 데 적극적인 견해[12]와 소송지연 등을 이유로 병합에 소극적인 견해[13]가 있다.

3 국제사법에서의 특허에 관한 국제재판관할 관련 규정

2022. 1. 4. 법률 제18670호로 국제사법이 전부개정되었다.[14] 개정된 국제사법은 국제재판관할 결정의 일반원칙인 '실질적 관련성' 판단 기준을 구체화하고, 일반관할 및 사무소·영업소 소재지 등의 특별관할, 반소·합의·변론·전속관할 등 국제재판관할에 관한 총칙 규정을 신설하며, 채권, 지식재산권, 친족·상속, 해상 등 유형별 사건에 관한 국제재판관할 규정을 도입하여 법적 안정성 및 예측가능성을 확보할 수 있도록 하였다. 관련 주요 내용은 아래와 같다.

국제재판관할에 관한 원칙에 대하여, "대한민국 법원은 당사자 또는 분쟁이 된 사안이 대한민국과 실질적 관련이 있는 경우에 국제재판관할권을 가진다. 이 경우 대한민국 법원은 실질적 관련의 유무를 판단할 때에 당사자 간의 공평, 재판의 적정, 신속 및 경제를 꾀한다는 국제재판관할 배분의 이념에 부합하는 합리적인 원칙에 따라야 한다(제2조 제1항). 이 법이나 그 밖의 대한민국 법령 또는 조약에 국제재판관할에 관한 규정이 없는 경우 대한민국 법원은 국내법의 관할 규정을 참작하여 국제재판관할권의 유무를 판단하되, 제1항의 취지에 비추어 국제재판관할의 특수성을 충분히 고려하여야 한다(제2조 제2항)."라고 규정한다.

---

11) Voda v. Cordis Corp., 476 F.3d 887 (Fed. Cir. 2007).

12) 민사소송법 제25조 제1항 해석상 동일 당사자 간에 복수의 청구를 병합함에 있어 청구간의 관련성을 요구하지 않고 있으나 청구간의 밀접한 관계 등을 요건으로 인정하자는 견해가 유력하다. 서울중앙지방법원 2005. 6. 22. 선고 2003가합87723판결(미항소 확정, 저작권침해금지 등, 병합 인정) 참조.

13) 인천지방법원 2003. 7. 24. 선고 2003가합1768 판결(미항소 확정, 양수금 사건, 병합 부정), Voda v. Cordis Corp., 476 F.3d 887 (Fed. Cir. 2007). 그 외에 European Court of Justice 및 브뤼셀 협약이 이를 인정하지 않고 있다고 한다. 지적재산권재판실무편람, 지적재산권재판실무편람 집필위원회(2012), 38 재인용.

14) 전부개정된 국제사법의 부칙에는 "이 법 시행 당시 법원에 계속 중인 사건의 관할에 대해서는 종전의 규정에 따른다(제1조). 이 법 시행 전에 생긴 사항에 적용되는 준거법에 대해서는 종전의 규정에 따른다. 다만, 이 법 시행 전후에 계속(繼續)되는 법률관계에 대해서는 이 법 시행 이후의 법률관계에 대해서만 이 법의 규정을 적용한다(제2조)."라고 되어 있다.

지식재산권의 전속관할에 대해 “등록 또는 기탁에 의하여 창설되는 지식재산권이 대한민국에 등록되어 있거나 등록이 신청된 경우 그 지식재산권의 성립, 유효성 또는 소멸에 관한 소는 대한민국 법원에만 제기할 수 있다(제10조 제1항)”고 규정한다.

국제적 소송경합에 대해, “같은 당사자 간에 외국법원에 계속 중인 사건과 동일한 소가 대한민국 법원에 다시 제기된 경우에 외국법원의 재판이 대한민국에서 승인될 것으로 예상되는 때에는 대한민국 법원은 직권 또는 당사자의 신청에 의하여 결정으로 소송절차를 중지할 수 있다. 다만, 전속적 국제재판관할의 합의에 따라 대한민국 법원에 국제재판관할이 있는 경우(제1호), 대한민국 법원에서 해당 사건을 재판하는 것이 외국법원에서 재판하는 것보다 더 적절함이 명백한 경우다음 각 호의 어느 하나에 해당하는 경우(제2호)에는 그러하지 아니하다(제11조).”라고 규정한다.

국제재판관할권의 불행사에 대해 “국제사법에 따라 대한빈국 법원에 국제재판관할이 있는 경우에도 대한민국 법원이 국제재판관할권을 행사하기에 부적절하고 국제재판관할이 있는 외국법원이 분쟁을 해결하기에 더 적절하다는 예외적인 사정이 명백히 존재할 때에는 피고의 신청에 의하여 대한민국 법원은 본안에 관한 최초의 변론기일 또는 변론준비기일까지 소송절차를 결정으로 중지하거나 소를 각하할 수 있다. 다만, 당사자가 합의한 국제재판관할이 법원에 있는 경우에는 그러하지 아니하다(제12조 제1항).”라고 규정한다.

지식재산권 계약에 관한 소의 특별관할에 대해, “지식재산권의 양도, 담보권 설정, 사용허락 등의 계약에 관한 소는, 지식재산권이 대한민국에서 보호되거나 사용 또는 행사되는 경우(제1호), 지식재산권에 관한 권리가 대한민국에서 등록되는 경우(제2호)의 어느 하나에 해당하는 경우 대한민국 법원에 제기할 수 있다(제38조 제1항).”라고 규정한다.

지식재산권 침해에 관한 소는, “침해행위를 대한민국에서 한 경우(제1호), 침해의 결과가 대한민국에서 발생한 경우(제2호), 침해행위를 대한민국을 향하여 한 경우(제3호)의 어느 하나에 해당하는 경우 법원에 제기할 수 있다. 다만, 이 경우 대한민국에서 발생한 결과에 한정한다(제39조 제1항).”라고 하고, 그 외에 “지식재산권에 대한 주된 침해행위가 대한민국에서 일어난 경우에는 외국에서 발생하는 결과를 포함하여 침해행위로 인한 모든 결과에 관한 소를 법원에 제기할 수 있다(제39조 제3항).”라고 규정한다.[15)]

---

15) 이러한 국제사법 규정이 있기 전까지는 다소 논란이 있었다. 즉, 서울중앙지방법원 2005. 6. 22. 선고 2003가합87723 판결(미항소 확정)은 외국법인을 상대로 저작권침해소송을 제기한 사안에서 한국에서의 저작권침해에 대하여는 원고 저작권의 침해 결과발생지는 한국이라는 이유로 우리나라의 국제재판관할을 인정하고, 외국에서의 저작권침해에 대하여는 외국회사가 한

II. 준거법

1 준거법의 의의

준거법은 어느 국가에 국제재판관할권이 있는 것으로 결정될 경우에 그 국가의 법원에서 해당 분쟁을 해결하는 데에 적용할 실질법을 말한다.

2 국제사법에서 특허에 관한 준거법 규정 및 관련 문제

국내에서 통상 준거법의 결정문제는 국제사법에 의하여 결정되는데 국제사법 제40조는 지식재산권의 보호는 그 침해지법[16]에 의한다고 규정하고 국제사법 제53조에서 준거법에 관한 사후적 합의를 인정하고 있다.

지식재산권계약 등의 준거법에 관하여는, 다른 채권적 법률행위와 마찬가지로 당사자자치의 원칙에 따라, 당사자가 명시적 또는 묵시적으로 선택한 법에 의한다. 다만 묵시적 선택은 계약내용 그 밖에 모든 사정으로부터 합리적으로 인정할 수 있는 경우에 한한다. 분할 가능한 계약의 구성부분에 관하여 각기 다른 준거법을 지정할 수도 있고(이른바 준거법의 분열 허용), 사후적 변경도 허용하고 있으며, 국내법의 강행규정에 반하지 않는 한 외국법을 준거법으로 지정할 수도 있다(국제사법 제45조 제1항, 제2항). 이러한 지식재산권 실시계약의 효력, 해석 및 이행에 관한 준거법 합의의 효력은 지식재산권 침해에 대한 금지청구 및 손해배상청구에는 미치지 아니한다.[17]

국제사법 제46조는 당사자가 준거법을 선택하지 아니한 경우 그 계약과 가장 밀접한 관련이 있는 국가의 법에 의하도록 하고 있으며(제1항), 이른바 '특징적 이행'에 관한 추정규정(제2항)을 두고 있다. 다만 이용계약과 관련하여, 물건 또는 권리를 이용하도록

국에서의 제소를 합리적으로 예견할 수 있었고, 한국이 피해자인 원고의 상거소지인 점, 국내 저작권침해와 외국에서의 저작권침해 부분은 사실관계 및 쟁점이 동일하여 함께 재판함이 바람직하다는 점 등을 종합하여 국제재판관할을 긍정하였다. 다만 독일, 프랑스 등에서는 유럽연합법원의 Fiona Shevill 사건 판결(Case 68/93, Fiona Shevill et al. v. Presse Alliance SA, 1995 E.C.R. 415, 신문에 의한 명예훼손으로 인한 손해배상사건임)에 따라 손해 발생지의 경우에는 재판관할을 정하기 위한 손해배상의 범위를 해당 사건의 손해 발생지에서 발생한 손해로 한정하고 다른 곳에서 발생한 손해에 대해서는 관할권을 인정하지 않고 있다.

16) 특허권을 비롯한 지식재산권은 그 보호를 부여하는 보호국에서만 침해될 수 있으므로 특허권을 비롯한 지식재산권침해에 있어 침해지법과 보호국법은 같다.

17) 서울고등법원 2002. 9. 11. 선고 2001나63201 판결(위 설시 부분은 상고이유로 삼지 않았고, 대법원 2004. 9. 24 선고 2002다58594 판결로 확정).

하는 당사자의 이행을 계약의 특징적 이행을 행하여야 하는 당사자의 계약체결 당시 그의 일상거소가 있는 국가의 법(당사자가 법인 또는 단체인 경우에는 주된 사무소가 있는 국가의 법을 말한다. 상거소지법)이 가장 밀접한 관련이 있는 것으로 추정하고 있는데(같은 항 제2호), 저작권이나 상표권 등 이용 또는 사용계약에서는 이용하도록 하는 당사자(이용허락권자)보다 이용자를 위와 같은 계약의 특징적 이행을 행하는 당사자로 보아 위 추정규정을 제한해야 한다는 견해가 있다.[18]

그 외 외국에서 특허를 받을 수 있는 권리를 양도하는 경우와 같이 외국과 관련된 요소가 포함된 법률관계의 준거법 문제와 관련하여, 종업원 등이 한 발명에 관한 특허를 받을 권리 자체에 대하여 그것이 어떻게 취급되고 어떠한 효력을 가지는가, 그 권리의 성립과 소멸에 대하여는 등록국법에 의하고,[19] 직무발명에 대하여 특허를 받을 권리 양도 시 그 대가에 관한 문제는 양도 당사자 간의 원인관계인 채권적 법률행위의 효력 문제로 보아 계약 등 당사자의 의사에 따라 결정된다는 견해가 유력하다.

한편 도메인이름에 관한 권리의 침해로 인한 소송의 준거법은 도메인이름에 관한 권리의 법적 성격을 지식재산권의 일종으로 보는 경우에는 국제사법 제40조에 따라 침해지법이 되는데 이에 대해 그 법적 성격을 채권의 일종으로 보아 국제사법 제52조를 적용하자는 견해가 있다.

지식재산권의 보호는 침해지법에 의한다는 규정과 관련하여 속지주의 원칙이 적용되는가의 문제가 있었다.

속지주의 원칙이란 특허권 등의 지식재산권은 국가에 의한 처분에 따라 출원인에게 부여되는 권리로서 각 국의 특허법과 그 법에 따라 특허를 부여할 권리는 각 국에서 독립적으로 존재하여 지역적 제한을 지니게 되므로 해당 지식재산권자가 지식재산권이 부여된 물건을 독점적으로 생산, 사용, 양도, 대여, 수입 또는 전시하는 등의 실시 또는 사용에 관한 권리는 그 지식재산권이 설정등록된 국가의 영역 내에서만 효력이 미친다는 원칙이다.

대법원은 "구 국제사법 제24조에 의하면, 지적재산권의 침해로 인한 불법행위의 준거법은 그 침해지법이 된다 할 것이므로 일본 보따리상들의 일본에서의 일본 상표권 침해행위에 피고가 교사 또는 방조하였음을 이유로 하는 이 부분 손해배상청구의 당부

---

18) 지적재산권재판실무편람, 지적재산권재판실무편람 집필위원회(2012), 39-41쪽 참조.
19) 다만 저작권의 경우에는 권리의 성립 등에 등록을 요하지 않으므로 저작권자의 결정이나 권리의 성립, 소멸, 양도성 등 지식재산권에 관한 일체의 문제를 보호국법에 따라 결정한다는 견해가 유력하다. 서울고등법원 2008. 7. 8. 선고 2007나80093판결(심리불속행 상고기각 확정) 참조.

는 침해지법인 일본 상표법 제37조 등의 해석에 따라야 할 것인데, 위조한 상표를 부착한 의류를 일본 보따리상들에게 대량으로 판매함으로써 일본에서의 일본 상표권 침해행위를 용이하게 하여 준 피고의 행위가 위 침해행위에 대한 방조가 될 수 있다 하더라도, 기록에 나타난 지식재산권에 관한 일본 법원의 해석론에 비추어 보면, 속지주의 원칙을 채용하고 있는 일본 상표법 하에서는 상표권이 등록된 나라의 영역 외에서 해당상표권의 등록국에서의 침해행위를 유도하는 등 이에 관여하는 행위는 불법행위를 구성하지 아니하는 것으로 해석됨을 알 수 있으므로 이 부분 원심의 설시에 일부 적절하지 아니한 점은 있으나 피고의 공동불법행위책임의 성립을 인정하지 아니한 그 결론에 있어서는 정당하다 할 것이고 거기에 상고이유에서 주장하는 바와 같은 법리오해 및 심리미진 등의 위법이 있다고 할 수 없다."라고 한 것이 있다.[20]

대법원이 위 판결에서 지식재산권의 속지주의 원칙을 인정하였는지에 관하여 명시적으로 언급하고 있지는 않으나 실무에서는 위 판결의 원심[21]에서 '상표권도 다른 지식재산권과 마찬가지로 속지주의 원칙에 따라 해당상표권이 등록된 국내에서만 효력을 가진다'고 판단하였고 위 판결은 원심의 위 판시이유를 전제로 판단하고 있으므로 지식재산권에 있어서 속지주의 원칙이 우리나라에서 통용되는 원칙임을 간접적으로 판단한 셈이라고 이해하고 있다. 즉, 만일 대법원이 속지주의 원칙을 배척하는 입장이라면 위 판결 내용과는 달리 원고의 한국 상표권이 일본에서도 효력을 가지는 것으로 보아야 하고 나아가 일본 보따리상들의 일본 내 판매행위는 바로 우리나라에 등재된 상표권의 침해가 되어 일본에서 발생된 그 상표권자의 손해에 대하여 손해배상책임을 인정하는 취지로 논리를 전개하여야 되는데 대법원은 위 판결에서 그러한 논리를 전혀 채택하지 않았기 때문이다.

그 후 대법원은 지식재산권침해사건에서 "특허권의 속지주의 원칙상 물건의 발명에 관한 특허권자가 그 물건에 대하여 가지는 독점적인 생산·사용·양도·대여 또는 수입 등의 특허실시에 관한 권리는 특허권이 등록된 국가의 영역 내에서만 효력이 미치는 점을 고려하면,"이라고 하여 특허권의 속지주의 원칙을 명시하고 있다.[22]

특허품이 국내에서 생산되었다고 하려면 어느 정도로 완성될 필요가 있는지가 문제된다.

속지주의 원칙과 관련하여, 국내에서 특허발명의 실시를 위한 부품 또는 구성 전부가 생산되거나 대부분의 생산단계를 마쳐 주요 구성을 모두 갖춘 반제품이 생산되

20) 대법원 2004. 7. 22. 선고 2003다62910 판결.
21) 서울고등법원 2003. 10. 29. 선고 2002나65044 판결.
22) 대법원 2015. 7. 23. 선고 2014다42110 판결.

고, 이것이 하나의 주체에게 수출되어 마지막 단계의 가공·조립이 이루어질 것이 예정되어 있으며, 그와 같은 가공·조립이 극히 사소하거나 간단하여 위와 같은 부품 전체의 생산 또는 반제품의 생산만으로도 특허발명의 각 구성요소가 유기적으로 결합한 일체로서 가지는 작용효과를 구현할 수 있는 상태에 이르렀다면, 예외적으로 국내에서 특허발명의 실시 제품이 생산된 것과 같이 보는 것이 특허권의 실질적 보호에 부합한다. 따라서 이러한 경우에는 특허발명을 구성하는 각 개별 제품을 생산한 것만으로도 국내에서 특허발명의 각 구성요소가 유기적으로 결합한 일체로서 가지는 작용효과를 구현할 수 있는 상태가 갖추어진 것으로서 그 침해가 인정된다.[23]

관련하여 외국의 특허권 침해와 관련된 준거법 문제로, ① 특허침해사건에서 선결문제로 외국특허권의 유효성에 대하여 재판관할권을 인정할 수 있다는 입장을 전제로 외국특허권의 유효성 여부에 대하여는 등록국법에 따라야 하고, ② 특허권 침해사건의 손해배상청구와 금지청구에 대하여, 손해배상청구는 불법행위의 문제로서 국제사법에 의하여 침해지법에 의하고, 금지청구는 물권 유사의 성질을 가지는 것으로 물권적 청구권으로 해석하거나 특허권의 효력의 문제로 보아 등록국법에 의한다는 견해[24]가 다수설이나, 특허권 침해소송이나 금지청구나 분쟁의 실체가 동일함에도 별개의 재판관할로 결정하는 것은 실익이 없다는 이유로 분쟁의 실태를 고려하여 특허권에 기한 금지청구를 불법행위에 관한 소에 포함하는 것으로 해석하여 결정하자는 견해[25]도 있다.

III. 외국재판의 승인 및 집행

민사소송법 제217조(외국재판의 승인) 등이 2014. 5. 20. 법률 제12587호로 개정되고 제217조의2(손해배상에 관한 확정재판 등의 승인)가 신설되어 시행되고 있는데 이에 대하여는 졸저[26]에서 설명하고 있어 지면상 중복을 피한다.

---

23) 대법원 2019. 10. 17. 선고 2019다222782, 2019다222799(병합) 판결. 피고 1 등이 카테터와 허브, 봉합사, 봉합사 지지체의 개별 제품을 생산한 것만으로도 국내에서 특허발명의 각 구성요소가 유기적으로 결합한 일체로서 가지는 작용효과를 구현할 수 있는 상태가 갖추어진 것으로서 그 침해가 인정된다고 보는 것이 타당함에도 봉합사 단부에 봉합사 지지체를 형성하려면 추가적인 가공·조립 등을 거쳐야 한다는 이유만으로 특허발명에 대한 침해를 부정한 원심판단에 잘못이 있다고 하였다.

24) 다만 이 경우에도 속지주의 원칙상 외국특허법에 기한 국내에서의 금지청구 등은 인정하기 어렵다.

25) 知的財産高等裁判所 2010(平成22). 9. 15. 선고 平成22年(ネ)10001 판결.

26) 윤태식, 저작권법(제2판), 박영사(2021), 650~655 부분 참조.

Ⅳ. 관세법에 따른 수출입금지

관세법에 따른 수출입금지제도는 세관장이 관세법에 따라 세관에 수출 또는 수입할 물품 중에 특허권 등의 지식재산권을 침해하는 물품을 발견한 경우에 물품의 통관을 보류하거나 물품을 몰수하거나 폐기할 수 있도록 하는 제도이다.

세관장이 관세법에 따른 공권력의 행사로서 수출입금지처분을 행하는 결과 특허권자로서는 특허권 등 지식재산권을 침해하는 물품의 수출 또는 수입을 금지시키는 반사적 효과 내지 이익을 향유할 수 있어 관세법에 따른 수출입금지제도는 사실상 민사 분쟁을 해결하는 역할을 할 수 있다.

관세법은 특허법에 따라 설정등록된 특허권을 침해하는 물품은 수출하거나 수입할 수 없다고 규정하고 있고(제235조 제1항 제5호), 관세청장은 위 특허권을 침해하는 물품을 효율적으로 단속하기 위하여 필요한 경우에는 특허권을 관계 법령에 따라 등록 또는 설정등록한 자 등으로 하여금 해당 특허권에 관한 사항을 신고하게 할 수 있고(같은 조 제2항), 세관장은 수출입신고된 물품 등이 제2항에 따라 신고된 특허권을 침해하였다고 인정될 때에는 그 특허권을 신고한 자에게 해당 물품의 수출입, 환적, 복합 환적, 보세구역 반입, 보세운송 또는 제141조 제1호에 따른 일시양륙의 신고 사실을 통보하여야 하고(같은 조 제3항), 이 경우 통보를 받은 자는 세관장에게 담보를 제공하고 해당 물품의 통관 보류나 유치를 요청할 수 있으며(같은 조 제4항), 제3항 또는 제4항에 따른 요청을 받은 세관장은 특별한 사유가 없으면 해당 물품의 통관을 보류하거나 유치하여야 한다. 다만, 수출입신고 등을 한 자가 담보를 제공하고 통관 또는 유치 해제를 요청하는 경우에는 해당 물품의 통관을 허용하거나 유치를 해제할 수 있으나 특허로 설정등록된 발명을 사용하여 신고된 특허권을 침해하는 물품 등은 제외된다(같은 조 제5항). 세관장은 수출입신고된 물품 등이 제1항에 규정된 특허권 등을 침해하였음이 명백한 경우에는 대통령령으로 정하는 바에 따라 직권으로 해당 물품의 통관을 보류하거나 해당 물품을 유치할 수 있도록 하고 있다(같은 조 제7항, 같은 법 시행령 제239조). 세관공무원은 관세범 조사에 의하여 발견한 물품이 범죄의 사실을 증명하기에 충분하거나 몰수하여야 하는 것으로 인정될 때에는 이를 압수할 수 있고(제303조), 관세청장이나 세관장은 압수물품 중 사람의 생명이나 재산을 해칠 우려 등이 있는 경우에는 피의자나 관계인에게 통고한 후 폐기할 수 있다(제304조).

참고로, 관세법 제235조 제1항의 '특허권을 침해하는 물품'의 해석과 관련하여 해당 물품이 국내에 수입되는 시점에는 특허를 침해하지 않으나 국내에 수입된 이후에 국내특허를 침해하게 되는 물품에 대해, 관세청장이나 세관장이 관세법 제235조를 들어 해당 물품의 국내반입을 금지할 수 있는지에 관하여, 참고가 되는 사례로 Suprema, Inc. v. International Trade Commission 사건[27]이 있다. 위 사건은 해당 물품이 수입될 당시에는 미국 특허를 침해하지 않고 수입 후에 미국 회사의 행위(소프트웨어 탑재)가 더하여져 비로소 미국의 방법특허를 직접 침해하는 경우였는데, 미국 연방항소법원은 미국에서의 특허침해행위가 예상되고 실제 특허침해행위가 있었으며 해외의 판매자(Suprema, Inc.)가 이러한 침해를 적극적으로 유도하였다고 판단하고 미국 관세법 제337조의 "침해하는 물품"의 해당 여부를 해석할 때 수입 후의 행위까지 고려하는 것이 합리적이라는 이유로, 해당 물품의 반입을 금지하는 배제명령(exclusion order)을 내린 미국무역위원회의 결정을 수긍하였다.

27) 796 F.3d 1338 (Fed. Cir. 2015) (en banc).

제2절 특허에 관한 국제조약과 국제출원

I. 특허에 관한 주요 국제조약

1 공업소유권의 보호를 위한 파리 협약(Paris Convention for the Protection of Industrial Property)

공업소유권(산업재산권)을 국제적으로 보호하고 그 이용을 촉진하기 위하여 1883. 3. 20. 파리회의(Paris Convention)에서 공업소유권의 보호를 위한 파리 협약(Paris Convention for the Protection of Industrial Property, 이하 파리 협약이라 한다)이 체결되었다. 그 후 파리 협약은 1900년에 브뤼셀, 1911년에 워싱턴, 1925년에 헤이그, 1934년에 런던에서 각각 개정되었다.

우리나라는 1980. 4. 14. 파리 협약에 가입하여 파리 협약이 국내에 1980. 5. 4. 조약 제707호로 발효되었다.

파리 협약에서 공업소유권의 보호는 특허, 실용신안, 디자인, 상표, 서비스표, 상호, 원산지표시 또는 원산지명칭 및 부당경쟁의 방지를 그 대상으로 한다(파리 협약 제1조 제2호).

여기서의 공업소유권은 최광의로 해석되며 본래의 공업 및 상업뿐만 아니라 농업 및 채취 산업과 포도주, 곡물, 연초엽, 과일, 가축, 광물, 광수, 맥주, 꽃 및 곡분과 같은 모든 제조 또는 천연산품에 대해서도 적용된다(파리 협약 제1조 제3호). 특허에는 수입특허, 개량특허, 추가특허 또는 증명 등 동맹국의 법에 의하여 인정되는 각종의 특허가 포함된다(파리 협약 제1조 제3호).

파리 협약의 중요 내용으로 ① 파리 협약이 적용되는 국가인 동맹국의 국민은, 각 동맹국의 법령이 내국민에 대해 부여하고 있거나 장래 부여할 이익을 서로 향유하고 내국민과 동일한 보호를 받으며 권리침해에 대해 내국민과 동일한 법률상 구제를 받을 수 있도록 한 것(동맹국의 내·외국인 평등 원칙), ② 동맹국에서 정식으로 특허, 실용신안, 디자인, 상표를 출원한 자 또는 그 승계인이 정해진 우선기간 내에 다른 동맹국에 동일한 발명 등을 출원하는 경우에 선출원 및 특허요건 등의 판단에서 그 우선권의 기초가 되는 출원의 출원일로 소급하여 인정하도록 한 것(우선권 제도), ③ 특허권, 상표권에 대한 속지주의를 인정하여 국가별로 성립된 특허, 상표는 그 국가에서만 효력을 가지며, 다른 나라에서 특허, 상표의 보호를 받기 위해서는 그 나라에서 별도로 특허를 받도록 한 것(동일한 발명, 상표에 대해 국가별 독립 원칙), ④ 주지상표의 보호, 국가표장 · 공공인장 및 정부 간 기구의 표장 등록 금지 등, 상표 등록 거절 및 무효, 상표 양도, 보유권자의 허가를 받지 않은 대리인 또는 대표자 명의의 상표등록 제한, 단체상표, 부당경쟁행위의 금지, ⑤ 발명 등의 특정 국제 박람회에서의 잠정적 보호, ⑥ 동맹국으로 구성되는 총회, 집행위원회, 국제사무소, 재정 등이 있다.

특허분야에서 파리 협약이 구현된 것으로, 국제특허출원절차에 관한 특허협력조약(PCT, 1970), 국제특허분류에 관한 스트라스부르그 협정(1971), 특허절차상 미생물기탁의 국제적 승인에 관한 부다페스트조약(1977) 등이 있다.

2 세계 지식재산권 기구(World Intellectual Property Organization, WIPO) 창설

세계 지식재산권 기구(World Intellectual Property Organization, WIPO, 이하 WIPO라고 한다)는 세계지식재산권을 관장하는 United Nations(UN, 이하 UN이라 한다) 전문기구로서 지식재산과 관련된 정책과 제도 등을 논의하기 위한 국제기구로서 1970. 4. 26. 설립되었다.

1886년의 문학 및 예술 저작물 보호를 위한 베른협약과 1883년의 공업소유권 보호를 위한 파리 협약의 운영을 위하여 각각 구성된 저작권 기구와 공업소유권 기구가 1893년 지식재산권보호를 위한 국제사무국(BIRPI)으로 통합되었고, 1967년 스웨덴 스톡홀름에서 체결되고 1970년에 발효된 WIPO 설립 협약에 따라 지식재산을 보호하고 창작 활동을 장려하는 WIPO가 조직되었다. 1974년 UN 전문기구가 된 WIPO의 본부는 스위스 제네바에 위치하며, 뉴욕의 UN 본부에도 연방사무국을 두고 있다.

우리나라는 1973. 5월부터 참관인(옵서버)의 자격으로 참석하고 1979. 3월 WIPO에 회원국으로 정식 가입하였다.

WIPO는 국제법 및 공동 네트워크 구축 등의 국제적 보호 시스템을 통해 경제 · 사회 · 문화 발전을 이끄는 지식재산권의 발전을 촉진하기 위해 조약 체결이나 각국의 법제 간 국제협력을 도모하고, 지식재산권에 관한 법제를 확립하는 데 도움을 필요로 하는 나라에게 필요한 자료를 공급하거나 교육기회를 제공하는 등의 일을 하고 있다.

WIPO 협약에 따라 구성된 최고 의사결정기관인 WIPO 총회는 2년마다 정기회의를 개최한다. 또한 당사국회의(Conference), 조정위원회(Coordination Committee) 등의 임시회의가 격년으로 열린다. 그리고 상임위원회(Standing Committees)는 특허, 상표 · 디자인 · 지리적 표시, 저작권, 정보기술 등의 4개의 위원회로 구분된다.

WIPO 활동에 따른 지식재산권 관련 국제규범들로 지식재산권의 무역관련 측면에 관한 협정(TRIPS, 1994), WIPO 저작권조약(WCT), 실연음반조약(WPPT) 등이 있고, 특허에 관하여는 특허법조약(PLT)이 2000년에 체결되어 2005년에 발효되어 있고, 특허실체법조약(SPLT)을 체결하기 위해 노력하고 있다.

3 지식재산권의 무역관련 측면에 관한 협정(Agreement on Trade-Related Aspects of Intellectual Property Rights, TRIPS)

지식재산권 분야가 서비스 무역과 마찬가지로 우루과이라운드에서 관세 및 무역에 관한 일반협정(GATT)에 포함되어 1994. 4. 15. WTO(World Trade Organization)의 부속서 형태로 채택된 후 1995. 1. 1. 발효된 협정이 지식재산권의 무역관련 측면에 관한 협정(Agreement on Trade-Related Aspects of Intellectual Property Rights, TRIPS,[28] 이하 TRIPS라 한다)이다. 우리나라에서는 1995. 1. 1. 발효되었다.

TRIPS 이전까지 공업소유권(상표권, 디자인권, 특허권)은 파리 협약, 저작권은 문화·예술적 저작물의 보호를 위한 베른 협약, 저작인접권은 로마 협약 등과 같이 개개의 분야별로 국제협정이 체결되어 보호되고 있었으나 보호의 정도가 낮고 관세 및 무역에 관한 일반협정(GATT)에 포함되지 않아 나라들 간 무역 분쟁이 일어나게 되었다.

이에 따라 TRIPS는 광범위한 지식재산권을 대상으로 기존의 국제협정을 보완, 강화하고 세계무역기구분쟁처리 절차를 이용하여 지식재산권에 관한 분쟁을 공평하게 해결하는 것을 목적으로 특허권, 상표권, 저작권, 컴퓨터프로그램 반도체칩법, 영업비밀 등 8개 분야의 지식재산권과 관련한 최소한의 보호기준을 마련하였다.

중요 내용으로 내국민대우·최혜국대우 등의 기본원리, 지식재산권의 개개 분야별로 권리자에게 부여된 보호수준, 지식재산권의 행사, 지식재산권의 취득·유지 등, 지식재산권에 관한 분쟁처리 등을 두고 있다.

이 규정들은 세계무역기구(WTO) 회원국 모두에게 적용된다는 점에서도 종전의 개별적인 협약에 따른 적용과 다르고, 특허, 디자인, 상표, 저작권 외에도 컴퓨터 프로그램, 데이터베이스, 반도체, 영업비밀 등도 보호 대상으로 추가하고 있다. 특허와 관련된 주요 내용으로, 출원요건 및 특허권의 효력 및 보호기간 등에 대해 규정하고 의료행위에 관한 발명과 미생물 이외의 동·식물 등을 특허대상에서 제외하고 있다.

---

28) TRIPs라고 표기하기도 한다.

4 특허법 조약(Patent Law Treaty, PLT)

미국이 신규성 상실 유예기간(grace period)의 국제적인 통일을 제안한 것을 계기로 특허제도 통일화가 논의되었으나 특허등록에서 선발명주의를 채택한 나라들과 선출원주의를 채택한 나라들 사이에서 견해가 좁혀지지 않아 중단되었다가 다른 나라에서의 특허취득을 원하는 출원인의 편의성을 높이고 비용절감을 도모하기 위한 국제적인 논의가 필요하다는 의견에 따라 일단 신규성, 진보성 등의 특허의 실체적 요건은 제외하고 특허를 받기 위한 형식적 절차에 관한 사항으로 한정하여 논의를 계속한 끝에 특허법 조약이 2000. 6. 1. 스위스 제네바에서 53개국과 유럽특허기구에 의해 체결되고 2005. 7. 28. 발효되었다. 우리나라는 특허법 조약에 가입하지 않은 상태이다.

특허법 조약은 특허를 얻기 위한 절차적 요건에 관하여 규율할 뿐 신규성, 진보성, 명세서 기재요건 등 특허를 얻기 위한 실체적 요건과 관련된 사항은 담겨 있지 않다.

특허법 조약의 주요 내용으로 출원일의 인정과 설정 기준, 출원서류의 서식, 언어 및 표기사항, 대리인 선임에 관한 내용, 출원인이 특허청에 제출하는 서류의 전달 서식 및 수단, 출원인 · 권리자 또는 기타 이해관계인에 대한 통지, 특허의 유효성, 취소 · 무효 · 거절을 의도할 경우 출원인에게 의견서 제출 기회를 부여하도록 하는 내용, 기간의 연장 및 권리의 복원, 우선권 주장의 보정 또는 추가 · 우선권의 회복, 조약 운영에 관한 사항(총회, 국제사무국) 등으로 이루어져 있다.

5 특허실체법 조약안(Draft Substantive Patent Law Treaty, SPLT)

세계지식재산권기구(WIPO)의 주도하에 진행되어온 특허법 통일화 논의는 2000년에 각국의 특허절차 통일을 목표로 한 특허법 조약(Patent Law Treaty, PLT)의 타결로 목표의 일부를 달성하였고 그 이후에도 어떠한 기술에 대해 특허를 부여할 것인가에 대한 기준(특허의 실체적 요건)을 통일하기 위한 특허실체법조약(Substantive Patent Law Treaty, SPLT)에 관한 논의가 진행되고 있다.

WIPO는 2000년 11월 이후 특허의 실체적 요건 등을 통일하기 위하여 특허실체법조약안을 마련하고 특허법상설위원회(Standing Committee on the Law of Patents: SCP)를 중심으로 조약안을 논의하였다.

특허실체법 조약안의 내용으로는 특허요건(특허대상, 신규성, 진보성), 선행기술, 명세서의 내용 및 순서, 보정 및 정정, 특허 무효 및 취소사유 등 특허를 받기 위한 실체적 요건 등의 특허를 받기 위한 실체적 요건이 담겨져 있다.

WIPO는 논의 과정에서 각국이 제기한 의견을 종합하여 수정조약안을 작성하였으나, 전통지식 및 유전자원 문제 등 각국의 이해관계가 얽히면서 타결이 쉽지 않은 상태이다.

6 국제특허분류에 관한 스트라스부르그 협정(Strasbourg Agreement Concerning the International Patent Classification)

국제특허분류에 관한 스트라스부르그 협정(Strasbourg Agreement Concerning the International Patent Classification, 이하 스트라스부르그 협정이라 한다)은 특허 · 발명자증 · 실용신안 및 실용증에 대한 통일된 분류체계를 마련하고 파리 협약 제19조의 특별합의의 하나로 통일된 국제분류의 채택을 위한 동맹을 형성하기 위해 1971. 3. 24. 프랑스 스트라스부르그에서 체결되고 1975. 10. 7. 발효되었다. 우리나라에서는 1998. 10. 8. 가입서 기탁에 따라 스트라스부르그 협정이 1999. 10. 8. 발효되었다.

이 협정이 적용되는 국가는 특별동맹을 구성하며, 발명특허 · 발명자증 · 실용신안 및 실용증에 대하여 "국제특허분류"로 알려진 공통의 분류를 채택하고 이에 따른 국제특허분류는 관리적 성격만을 가지고 특별동맹의 각 회원국은 국제특허분류를 주요 또는 보조 분류체계로써 사용할 권리를 가진다.

7 특허 절차상의 미생물기탁의 국제적 승인에 관한 부다페스트 조약(Budapest Treaty on the International Recognition of the Deposit of Microorganism for the Purposes of Patent Procedure)

특허 절차상의 미생물기탁의 국제적 승인에 관한 부다페스트 조약(Budapest Treaty on the International Recognition of the Deposit of Microorganism for the Purposes of Patent Procedure, 이하 부다페스트 조약이라 한다)은 미생물에 관한 특허를 해외에 출원할 때 미생물을 각국의 기탁기관에 각각 기탁해야 하는 번거로움을 피가기 위해, 파리 협약 제19조의 특별합의의 하나로 특허절차에서 미생물(microorganism) 기탁(deposit)의 국제적 승인을 위한 동맹을 형성하기 위해 1977. 4. 28. 헝가리 부다페스트에서 체결되고 1980. 8. 19. 발효되었다. 우리나라에서 부다페스트 조약은 1988. 3. 28. 발효되었다.

부다페스트 조약에 대해서는 「특허절차상 미생물기탁의 국제적 승인에 관한 부다페스트 조약에 기초한 규칙」이 작성되어 있다.

부다페스트 조약에 따라 하나의 승인된 국제기탁기관에 기탁하면 조약국 간에는 다른 기관에 기탁하지 않아도 기탁한 것으로 인정된다. 따라서 부다페스트 조약 제7조의 규정에 의하여 국제기탁기관으로서의 지위를 취득한 기관에 미생물을 기탁하면 각 나라의 기탁기관에 각각 기탁해야 하는 번거로움을 덜 수 있다.

8 특허협력조약(Patent Cooperation Treaty, PCT)

아래 Ⅱ. 특허협력조약(PCT) 및 그에 따른 국제출원절차 부분 참조.

II. 특허협력조약(Patent Cooperation Treaty, PCT) 및 그에 따른 국제출원절차[29)]

1 특허협력조약(Patent Cooperation Treaty, PCT)

가. 특허협력조약의 의의

특허협력조약(Patent Cooperation Treaty, PCT, 이하 PCT라 한다)은 특허(발명) 및 실용신안(고안)에 관한 국제출원 절차의 통일화와 간소화를 위해 1970. 6. 19. 워싱턴 외교회의에서 체결되어 1978. 1. 24. 발효된 조약이다.

처음에는 18개 체약국으로 출발하였으나 2023년 4월 현재 157개국으로 확대되었고 24개국의 특허청에서 국제조사기관 및 국제예비심사기관 업무를 맡고 있다.

우리나라는 1984. 8. 10. PCT에 가입하고, 1999. 12. 1.부터 세계 10번째의 PCT 국제조사기관 및 세계 9번째의 국제예비심사기관으로 지정되어 관련 업무를 수행하고 있다. 국제예비심사기관의 채택 여부는 각 국의 선택에 달려 있으나 우리나라는 국제조사기관 외에 국제예비심사기관에 의한 절차도 마련하고 있다(제198조의2 참조).

나. 해외출원의 필요성과 출원방법

특허 독립의 원칙(속지주의)에 따라 각국의 특허는 서로 독립적이므로 동일한 발명에 대해 여러 나라에서 특허를 받고자 하는 출원인은 반드시 특허권이나 실용신안권(이하 기재 편의를 위해 특허권을 전제로 설명한다)을 받고자 하는 나라에 출원하여 그 나라의 특허권을 취득하여야만 해당국에서 독점 배타적 권리를 확보할 수 있다.

---

29) 이하 관련 내용은 주로 특허청 홈페이지 중 해외특허출원에 관한 내용(https://www.kipo.go.kr/ko/kpoContentView.do?menuCd=SCD0200122, 2023. 11. 23. 검색)을 참고하였다.

따라서 우리나라에서 특허권을 취득하였더라도 다른 나라에서 권리를 취득하지 못하면 그 나라에서 독점 배타적인 권리를 행사할 수가 없다.

이러한 1국 1특허의 원칙 때문에 해외에서 특허권을 부여받기 위해서는 별도의 해외출원이 필요한데, 해외출원을 하는 방법에는 (1) 특허를 받고자 하는 모든 나라에 각각 개별적으로 출원하는 통상의 방법(다만 선출원에 대한 우선권을 주장하여 출원하는 경우 선출원의 출원일로부터 12개월 이내에 해당 국가에 출원하여야 우선권을 인정받을 수 있음), (2) 유럽 특허청에서 등록결정을 받은 후 출원인이 유럽 특허청 소속 개별 국가에 등록료를 납부하여 해당 국가에서 특허권을 받는 방법, (3) 국적국 또는 거주국의 특허청(수리관청)에 하나의 PCT 출원서를 제출하고, 그로부터 정해진 기간 이내에 특허받기를 원하는 국가[지정(선택)국가]의 국내단계에 진입하여 특허를 받을 수 있는 (PCT 국제출원의 출원일이 지정국가에서 출원일로 인정됨, 다만, 선출원에 대한 우선권을 주장하여 출원하는 경우 선출원의 출원일로부터 12개월 이내에 PCT 국제출원을 하여야 우선권 주장을 인정받을 수 있음) PCT에 따른 국제출원(이하 국제출원이라 한다) 방법이 있다.

2 국제출원

가. 국제출원의 장점 · 단점

1) 국제출원의 장점

국제출원을 이용하면 1회의 국제출원으로 출원인이 모든 PCT 체약국의 특허청에 직접 출원하는 효과가 발생하고(출원일 인정 편의), 지정된 체약국(이하 지정국 이라 한다)에서 특허심사를 받기 전에 국제조사 및 국제예비심사를 받게 함으로써 출원인이 특허요건 충족 여부를 사전에 파악할 수 있도록 하며(특허획득 가능 여부 쉽게 파악), 한국 특허청을 통한 출원 언어는 한국어, 영어, 일어로 다수 국가를 지정하여 국제출원을 하는 경우 초기에 개별국가 언어로 된 번역문을 일일이 준비하지 않아도 되므로 편리하다(출원서 작성 간편).

발명을 국제출원을 통하여 각 지정국 특허청에 직접 출원한 것과 같은 효력을 확보한 다음, 그 지정국의 국내단계 진입기한(원칙적으로 우선일로부터 30개월 이내이되 다만 룩셈부르크 및 탄자니아는 우선일로부터 19개월 이내에 국제예비심사를 청구한 경우에만 30개월 이내이다. 우리나라는 우선일로부터 31개월 이내이다)까지 국제조사 및 예비심사보고서를 토대로 특허 받을 가능성을 면밀히 검토함과 동시에 각 지정국의 시장성을 조사한 다음에 국내절차 이행 여부를 결정함으로써 불필요한 비용지출 및 해외출원을 방지할 수 있다(불필요한 해외출원 등 방지).

일부 국가 특허청에서는 PCT를 통한 외국인의 국내단계 진입 시 자국 특허수수료를 일정조건에 따라 감면해 주는 제도를 두고 있고, 출원인은 특허받기를 원하는 국가에 대해서만 출원심사를 청구함으로써 번역료, 출원비용 및 대리인 선임료 등의 불필요한 비용 지출을 막고 줄일 수 있다(비용 절감).

2) 국제출원의 단점

국제출원의 경우 국제출원 비용이 별도로 소요되고, 지정국의 국내단계에 진입하는 경우에는 개별국에 출원할 때에 지출하는 비용과 동일한 비용이 추가로 필요하게 된다.

국제예비심사를 받았음에도 불구하고 국내단계에 진입할 때 지정국에서 새로운 심사를 추가로 받아 심사절차가 이중으로 진행되거나 예상과 달리 거절될 수 있다.

나. 국제출원 절차 개요

국제출원 절차는 출원인이 국제출원서를 수리관청(국제출원을 접수하는 국내 또는 지역 관청)에 제출하면서 시작되고 각 지정국 관청(지정관청)에서 특허권을 부여받거나 특허가 거절됨으로써 끝난다.

국제출원 절차는 통상 우선일부터 원칙적으로 30개월(우리나라는 최대 31개월)이 되는 각 지정국에 대한 번역문 제출 절차를 기점으로 국제단계와 국내단계로 나뉜다. 즉 국제예비심사업무에 따른 심사결과의 통지로써 국제절차가 일응 종료한 후 각 지정국에 번역문이 제출됨에 따라 국내단계로 넘어가게 되어 그 이후에는 해당 출원에 대해 각 지정국 관청에서 국내법에 따라 독립적으로 특허 부여 여부에 대한 심사절차가 진행된다. 이에 따라 실무에서는 편의상 각 지정국에 대한 번역문 제출 이전 단계의 절차를 국제단계, 그 이후의 절차를 국내단계라 불리고 있다.

국제출원 절차 중 국제단계는 ① 출원인에 의한 국제출원, 해당 출원에 대한 수리관청의 방식심사 및 처리, ② 국제조사기관에 의한 국제조사보고서 및 견해서(written opinion)의 작성, 출원인의 보정, ③ 국제사무국에 의한 국제공개[국제조사기관의 견해서는 우선일로부터 30개월(원칙)까지 출원인의 요청이나 위임이 있는 경우를 제외하고 국제사무국과 국제조사 기관은 누구에게도 공개를 하여서는 아니된다], ④ 국제예비심사기관에 의한 국제예비심사보고서의 작성 및 송부, 출원인의 보정 등의 절차로 구성되어 있다.

국제조사업무는 출원발명에 대해 선행기술의 존재 여부를 조사하고 특허성 유무를 검토하여 그 결과를 출원인에게 제공하는 업무이고, 국제예비심사업무는 출원인의 청구에 따라 개시되어 출원발명의 신규성, 진보성, 산업상 이용가능성의 실체적인 요건에 대한 예비심사업무를 수행하여 그 결과를 출원인에게 제공하는 업무이다.

국제조사는 국제출원이 시작되면 반드시 거치는 필수적인 절차이지만 국제예비심사는 출원인의 별도 청구가 있어야 거치게 되는 선택적인 절차이다.

국제출원이 있으면 국제조사기관에 의한 선행기술의 조사가 이루어지고, 그 결과 국제조사보고서 및 견해서가 작성되어 출원인 및 WIPO의 국제사무국으로 송부된다. WIPO 국제사무국은 조사보고서, 견해서와 국제출원을 지정국 관청에 송부하고, 우선일부터 18개월이 경과한 뒤 위 조사보고서와 국제출원을 국제공개한다(다만 원칙적으로 견해서는 우선일부터 30개월까지는 미공개).

출원인은 위 국제조사보고서에 나타난 선행기술의 내용 등을 검토하여 출원 유지 여부를 결정하고, 출원절차를 계속 진행하려면 지정국 관청에 국제출원의 번역문을 제출하고 수수료를 납부한다. 이로써 국제출원 절차는 국내단계로 넘어가고 지정국 관청은 자국의 국내법에 따라 독립적으로 출원절차를 진행하여 특허여부 결정을 한다.

우리 특허법은 제10장의 제192조부터 제214조까지 특허협력조약에 의한 국제출원에 대해서 규정하면서 국제단계에 관련된 절차(제1절), 국제단계에서 국내단계로의 진입 및 국내단계에서의 절차(제2절)를 두고 있다. 이하 국제단계와 국내단계에 대해 알아본다.

다. 국제단계

국제단계는 출원인에 의한 국제출원, 그 출원에 대한 수리관청[30]의 방식심사 및 처리, 국제조사기관에 의한 국제조사보고서 및 견해서 작성, 출원인의 보정, 국제사무국에 의한 국제공개, 국제예비심사기관에 의한 국제예비심사보고서의 작성, 출원인의 보정 등으로 이루어져 있다.

이하 우리나라에서 국제출원을 하는 경우를 전제로 설명한다.

1) 국제출원의 주체 · 대상 · 서류

가) 국제출원을 할 수 있는 자

국제출원을 할 수 있는 자는 대한민국 국민(제1호), 국내에 주소 또는 영업소를 가진 외국인(제2호), 위 제1호 또는 제2호에 해당하는 자가 아닌 자로서 제1호 또는 제2호에 해당하는 자를 대표자로 하여 국제출원하는 자(제3호), 제1호부터 제3호까지에 해당하는 자가 아닌 자로서 1명 이상의 대한민국 국민이나 국내에 주소 또는 영업소를

---

30) 우리나라 출원인의 경우 특허청, 국제사무국이 수리관청으로서 역할을 한다.

가진 외국인과 공동으로 국제출원하는 자(제4호, 법 시행규칙 제90조)이다(제192조).

나) 보호의 대상

국제출원은 발명(고안)을 그 보호대상으로 한다. 발명의 보호를 위해 각 국에서는 특허 · 발명자증 · 실용신안 · 실용증 · 추가특허 · 추가증 · 추가 발명증 · 추가 실용증 등의 출원 형식을 선택적으로 인정하고 있다. 우리나라는 이 중에서 특허와 실용신안만 인정하고 있다. 출원인이 특허 이외의 출원형식으로 출원을 하고자 한다면 지정국이나 선택국의 국내단계를 밟을 때에 원하는 권리의 종류를 표시하여야 한다.

다) 국제출원서류

국제출원을 하고자 하는 자는 한국어, 영어 또는 일본어로 작성하고 제193조 제2항 각 호의 사항을 적은 출원서(Request), 발명의 설명(Description), 청구범위(Claim), 필요한 도면(Drawings) 및 요약서(Abstract)를 특허청장(수리관청)에 제출하여야 한다(제193조 제1항, 제2항). 필요한 경우 유전공학관련 서열목록(Sequence listing) 등도 제출하여야 한다. 이 외에도 수수료계산서(Fee Calculation Sheet), 대리인이 있는 경우 위임장(Power of Attorney), 기타 필요한 증명서류를 첨부할 수 있다.

그리고 미생물을 기탁할 경우에는 미생물기탁증을 발명의 설명의 일부로 작성, 제출하여야 하고, 유전공학관련 서열목록을 제출할 경우에는 이를 수록한 전자매체를 함께 제출하여야 한다.

발명의 설명은 그 발명이 속하는 기술분야에서 통상의 지식을 가진 사람이 쉽게 실시할 수 있도록 명확하고 상세하게 적어야 하고(제193조 제4항), 청구범위는 보호를 받으려는 사항을 명확하고 간결하게 적어야 하며, 발명의 설명에 의하여 충분히 뒷받침되어야 한다(같은 조 제5항).

국제출원의 경우 수수료는 송달료, 국제출원료, 조사료 등이 있으며, 이외에도 우선권서류송달료 등 특별한 경우에 발생되는 수수료가 있다(제198조). 수수료를 납부하지 않은 경우에는 1개월의 기간을 정하여 보정요구(가산료 부과)가 나가며, 기간 내에 수수료를 납부하지 않은 경우에는 국제출원은 취하 간주된다.

2) 국제출원의 방식심사

국제출원의 방식심사란 출원의 주체, 법령이 정한 방식상의 요건 등 절차의 흠결 유무를 점검하는 것을 말한다. 수리관청은 방식심사결과 이상이 없으면 국제출원일을 인정하고, 흠이 있으면 출원인에게 보정 또는 보완 통지를 한다. 수리관청의 국제출원일 인정은 모든 지정국에 정식으로 국내출원이 제출된 것과 동일한 효과가 발생한다.

가) 국제출원일의 인정(제194조)

특허청장은 국제출원이 특허청에 도착한 날을 특허협력조약 제11조의 국제출원일(이하 국제출원이라 한다)로 인정하여야 한다(제194조 제1항 본문). 다만 i) 출원인이 제192조 각 호의 어느 하나에 해당하지 아니하는 경우(제1호), ii) 제193조 제1항에 따른 언어로 작성되지 아니한 경우(제2호), iii) 제193조 제1항에 따른 발명의 설명 또는 청구범위가 제출되지 아니한 경우(제3호), iv) 제193조 제2항 제1호 · 제2호에 따른 사항 및 출원인의 성명이나 명칭을 적지 아니한 경우(제4호)에는 그러하지 아니하다(제194조 제1항 단서).

특허청장은 위 제1호 내지 제4호에 해당하는 경우에 기간을 정하여 서면으로 절차를 보완할 것을 명하고(같은 조 제2항) 절차의 보완명령을 받은 자가 지정된 기간에 보완을 한 경우에는 그 보완에 관계되는 서면의 도달일을 국제출원으로 인정한다(같은 조 제4항 전문).

특허청장은 도면에 관하여 적고 있으나 그 출원에 도면이 포함되어 있지 아니하면 그 취지를 출원인에게 통지하여야 하는데(같은 조 제3항) 위 통지를 받은 자가 기간 내에 도면을 제출한 경우에는 그 도면의 도달일을 국제출원일로 한다. 다만, 위 통지를 받은 자가 산업통상자원부령으로 정하는 기간[31] 내에 도면을 제출하지 아니한 경우에는 그 도면에 관한 기재는 없는 것으로 본다(같은 조 제4항).

특허청으로부터 국제출원일을 인정받으면 모든 지정국에 정식의 국내출원이 제출된 것과 동일한 효과가 발생한다.

나) 보정명령(제195조)

특허청장은 국제출원이, i) 발명의 명칭이 기재되지 아니하거나(제1호), ii) 요약서가 제출되지 아니하거나(제2호), iii) 행위능력에 관한 제3조 또는 변리사 대리의 원칙에 관한 제197조 제3항을 위반하거나(제3호), iv) 산업통상자원부령으로 정하는 방식을 위반하는 경우(출원서의 서식 등에 관하여 정한 법 시행규칙 제101조를 위반한 경우)(제4호)에는 기간을 정하여 보정을 명하여야 한다.

---

31) 제194조 제3항에 따른 통지일부터 2개월을 말한다(법 시행규칙 제99조 제1항).

다) 국제출원의 취하 간주(제196조)

i) 제195조에 따른 보정명령을 받은 자가 지정된 기간 내에 보정하지 않거나(제1호), ii) 국제출원에 관한 수수료를 산업통상자원부령이 정하는 기간[32] 내에 납부하지 아니하여 특허협력조약 제14조(3)(a)에 해당하게 되거나(제2호), iii) 제194조에 따라 국제출원일이 인정된 국제출원에 관하여 산업통상자원부령이 정하는 기간[33]에 그 국제출원이 제194조 제1항 각 호의 어느 하나에 해당되는 것이 발견된 경우(제3호)의 어느 하나에 해당하는 국제출원은 취하된 것으로 본다(제196조 제1항).

국제출원에 관하여 내야 할 수수료의 일부를 산업통상자원부령으로 정하는 기간(1개월)에 내지 아니하여 특허협력조약 제14조(3)(b)에 해당하게 된 경우에는 수수료를 내지 아니한 지정국의 지정은 취하된 것으로 본다(같은 조 제2항).

특허청장은 제1항 및 제2항에 따라 국제출원 또는 지정국의 일부가 취하된 것으로 보는 경우에는 그 사실을 출원인에게 알려야 한다(같은 조 제3항).

라) 대표자 등(제197조)

2인 이상이 공동으로 국제출원을 하는 경우에 제192조부터 제196조까지 및 제198조에 따른 절차는 출원인의 대표자가 밟을 수 있다(제197조 제1항).

2인 이상이 공동으로 국제출원을 하는 경우에 출원인이 대표자를 정하지 아니한 경우에는 제192조 제1호 또는 제2호에 해당하는 출원인 중 첫 번째로 기재되어 있는 자로 한다(제197조 제2항, 법 시행규칙 제106조의4).

제1항의 절차를 대리인에 의하여 밟으려는 자는 제3조(미성년자 등의 행위능력)에 따른 법정대리인을 제외하고는 변리사를 대리인으로 하여야 한다(제197조 제3항).

마) 우선권 주장

(1) 의의

우선권이란 조약당사국에 선출원에 근거하여 우선권을 주장하면서 후출원을 하는 경우에 후출원발명의 신규성, 진보성 등의 판단 기준일을 선출원의 출원일로 소급시키는 것을 말한다.

---

32) 제104조 제1항에 따라 수수료미납부에 대한 보정을 명한 날부터 1개월을 말한다(법 시행규칙 제106조 제1항).

33) 국제출원일부터 4개월을 말한다(법 시행규칙 제106조 제2항).

(2) 우선권 주장의 기초로 할 수 있는 출원

파리 협약, WTO 당사국에서 행하여진 선출원 및 자국 내에 한 선출원을 기초로 하여 우선권 주장을 할 수 있고, 당연히 국제출원도 포함된다. 이러한 출원들이 정식 출원으로 인정된 후에는 그 출원이 무효, 취하, 포기 또는 거절되더라도 우선권 주장을 하는 것에는 아무런 영향을 주지 않는다. 우선권 주장의 기초가 되는 출원의 출원인과 우선권 주장을 하는 출원의 출원인은 동일인이거나 그 승계인이어야 하며, 두 출원 간에는 발명의 동일성을 유지하여야 한다. 그리고 우선권을 인정받기 위해서는 통상 최선출원일로부터 12개월 이내에 우선권 주장을 하여 후출원을 하여야 한다.

(3) 우선권 주장의 절차

출원서에 선출원일자, 선출원번호 및 선출원국명을 기재한다. 출원인은 우선일부터 1년 4월(우선권 주장의 보정 또는 추가로 인하여 우선일이 변경된 경우에는 변경된 우선일부터 1년 4월과 우선일부터 1년 4월 중 먼저 만료되는 날)과 국제출원일부터 4월 중 늦게 만료되는 날 이내에 수리관청 또는 국제사무국에 우선권 주장을 정정 또는 추가하는 서면을 제출할 수 있다. 출원인이 조기국제공개를 신청한 경우에는 이를 할 수 없다. 다만, 조기국제공개를 위한 기술적 준비가 완료되기 전에 그 조기공개를 취하한 경우에는 우선권 주장을 정정 또는 추가할 수 있다.

출원인은 우선일로부터 16개월 이내에 우선권서류를 수리관청 또는 국제사무국에 제출하여야 한다. 다만, 우리나라에 제출한 특허 · 실용신안등록출원 및 국제출원을 기초로 하여 우선권을 주장하는 경우에는 출원서에 우선권서류송달신청의 의사표시를 한 후 우선권서류송달신청서와 수수료를 납부하면 출원인이 직접 우선권서류를 제출할 필요 없이 수리관청의 책임 하에 우선권서류를 준비하여 국제사무국으로 송부한다.

(4) 제202조의 특허출원 등에 의한 우선권 주장의 특례 규정

제202조는 아래와 같이 국제특허출원 등에 의한 우선권 주장의 특례를 규정한다.

- 국제특허출원에 관하여는 제55조(특허출원 등을 기초로 한 우선권 주장) 제2항 및 제56조(선출원의 취하 등) 제2항을 적용하지 아니한다(제202조 제1항).
- 제55조 제4항을 적용할 때 우선권 주장을 수반하는 특허출원이 국제특허출원인 경우에는 같은 항 중 "특허출원의 출원서에 최초로 첨부된 명세서 또는 도면"은 "국제출원일까지 제출된 발명의 설명, 청구범위 또는 도면"으로, "출원공개되거나"는 "출원공개 또는 특허협력조약 제21조에 따라 국제공개되거나"로 본다. 다만, 그 국

제특허출원이 제201조 제4항에 따라 취하한 것으로 보는 경우에는 제55조 제4항을 적용하지 아니한다(제202조 제2항).

- 제55조 제1항, 같은 조 제3항부터 제5항까지 및 제56조 제1항을 적용할 때 선출원이 국제특허출원 또는 실용신안법 제34조 제2항에 따른 국제실용신안등록출원인 경우에는 다음 각 호에 따른다.
  1. 제55조 제1항 각 호 외의 부분 본문, 같은 조 제3항 및 제5항 각 호 외의 부분 중 "출원서에 최초로 첨부된 명세서 또는 도면"은 다음 각 목의 구분에 따른 것으로 본다.
     가. 선출원이 국제특허출원인 경우: "국제출원일까지 제출된 국제출원의 발명의 설명, 청구범위 또는 도면"
     나. 선출원이 실용신안법 제34조 제2항에 따른 국제실용신안등록출원인 경우 : "국제출원일까지 제출된 국제출원의 고안의 설명, 청구범위 또는 도면"
  2. 제55조 제4항 중 "선출원의 출원서에 최초로 첨부된 명세서 또는 도면"은 다음 각 목의 구분에 따른 것으로 보고, "선출원에 관하여 출원공개"는 "선출원에 관하여 출원공개 또는 특허협력조약 제21조에 따른 국제공개"로 본다.
     가. 선출원이 국제특허출원인 경우: "선출원의 국제출원일까지 제출된 국제출원의 발명의 설명, 청구범위 또는 도면"
     나. 선출원이 실용신안법 제34조 제2항에 따른 국제실용신안등록출원인 경우 : "선출원의 국제출원일까지 제출된 국제출원의 고안의 설명, 청구범위 또는 도면"
  3. 제56조 제1항 각 호 외의 부분 본문 중 "그 출원일부터 1년 3개월이 지난 때"는 "국제출원일부터 1년 3개월이 지난 때 또는 제201조 제5항이나 실용신안법 제35조 제5항에 따른 기준일 중 늦은 때"로 본다(제202조 제3항).
- 제55조 제1항, 같은 조 제3항부터 제5항까지 및 제56조 제1항을 적용할 때 제55조 제1항에 따른 선출원이 제214조 제4항 또는 실용신안법 제40조 제4항에 따라 특허출원 또는 실용신안등록출원으로 되는 국제출원인 경우에는 다음 각 호에 따른다.
  1. 제55조 제1항 각 호 외의 부분 본문, 같은 조 제3항 및 제5항 각 호 외의 부분 중 "출원서에 최초로 첨부된 명세서 또는 도면"은 다음 각 목의 구분에 따른 것으로 본다.
     가. 선출원이 제214조 제4항에 따라 특허출원으로 되는 국제출원인 경우: "제214조 제4항에 따라 국제출원일로 인정할 수 있었던 날의 국제출원의 발명

의 설명, 청구범위 또는 도면"

나. 선출원이 실용신안법 제40조 제4항에 따라 실용신안등록출원으로 되는 국제출원인 경우: "실용신안법 제40조 제4항에 따라 국제출원일로 인정할 수 있었던 날의 국제출원의 고안의 설명, 청구범위 또는 도면"

2. 제55조 제4항 중 "선출원의 출원서에 최초로 첨부된 명세서 또는 도면"은 다음 각 목의 구분에 따른 것으로 본다.

가. 선출원이 제214조 제4항에 따라 특허출원으로 되는 국제출원인 경우: "제214조 제4항에 따라 국제출원일로 인정할 수 있었던 날의 선출원의 국제출원의 발명의 설명, 청구범위 또는 도면"

나. 선출원이 실용신안법 제40조 제4항에 따라 실용신안등록출원으로 되는 국제출원인 경우: "실용신안법 제40조 제4항에 따라 국제출원일로 인정할 수 있었던 날의 선출원의 국제출원의 고안의 설명, 청구범위 또는 도면"

3. 제56조 제1항 각 호 외의 부분 본문 중 "그 출원일부터 1년 3개월이 지난 때"는 "제214조 제4항 또는 실용신안법 제40조 제4항에 따라 국제출원일로 인정할 수 있었던 날부터 1년 3개월이 지난 때 또는 제214조 제4항이나 실용신안법 제40조 제4항에 따른 결정을 한 때 중 늦은 때"로 본다(제202조 제4항).

바) 국제출원 등의 취하

출원인은 국제출원 후에 국제단계 진행 중 국제출원, 지정국의 지정, 우선권 주장 등을 취하할 수 있다. 그러나 국내처리 또는 국내심사가 개시된 경우에는 국제출원을 취하할 수 없고, 우선일로부터 30개월(일부 국가의 경우 20개월, 우리나라는 31개월)이 경과하고 국내단계에 이행된 경우에는 각 지정국마다 국내법에 따라 취하절차를 밟는다.

사) 기간 미준수 구제

출원인 또는 그 대리인은 그의 주소나 영업소가 속하는 지역 또는 체재지에서의 전쟁·혁명·폭동·파업·천재지변 그 밖에 이와 유사한 사고로 인하여 조약규칙에 따른 절차를 그 절차에 대하여 정하여진 기간 이내에 밟지 못하였다는 것을 증명하는 증거서류와 그 절차를 최대한 빨리 밟았다는 것을 증명하는 증거서류를 제출할 수 있다. 다만, 조약규칙에서 그 절차에 대하여 정한 기간의 만료일부터 6개월이 지난 때에는 그러하지 아니하다(법 시행규칙 제88조의2 제1항).

법 소정에 따른 증거서류가 모두 제출된 경우에는 조약규칙에 따른 절차를 그 절차에 대하여 정하여진 기간 이내에 밟은 것으로 본다(같은 조 제3항).

3) 국제조사기관에 의한 국제조사

국제조사란 국제조사기관이 출원된 발명에 관련된 선행기술을 조사하는 것으로 그 결과는 국제조사보고서로 작성되어 출원인 및 국제사무국에 송부된다. 모든 국제출원은 원칙적으로 국제조사의 대상이 된다. 그러나 국제출원의 대상이 국제조사에 적합하지 않은 경우, 청구범위에 대하여 유효한 국제조사를 할 수 없는 경우 등의 사유가 있으면 예외적으로 국제조사를 하지 않을 수 있다. 우리나라 특허청을 수리관청으로 하는 출원인은 국제조사기관으로 한국, 오스트리아, 호주, 싱가포르, 일본의 특허청 중 하나를 선택할 수 있다.

국제조사기관의 주요업무는 발명의 단일성 조사, 발명의 명칭 및 요약서 누락 확인, 선행기술 조사, 특허성 유무 판단[34] 등이 포함된다.

국제조사보고서는 출원인이나 지정관청을 구속하는 효과는 없으나 각 지정국에 대한 본격적인 출원절차를 개시하기 전에 출원인에게 자신의 출원과 관련된 관련 선행기술의 존재 여부를 미리 알려주어 절차진행을 계속할지를 결정하거나 청구범위를 보정하는 데 참고자료로 활용된다. 국제조사기관은 선행기술 조사와 더불어 신규성·진보성 및 산업상 이용가능성의 특허성 유무를 판단하고 조사용사본의 송부일로부터 3개월 또는 우선일로부터 9개월 중 늦게 만료되는 날까지 국제조사보고서 및 국제조사기관의 견해서를 작성하여 출원인 및 국제사무국에 송부한다.

국제조사기관의 견해서는 우선일로부터 원칙적으로 30개월까지 출원인의 요청이나 위임이 있는 경우를 제외하고 국제사무국과 국제조사 기관은 누구에게도 공개를 하여서는 아니 된다. 국제사무국은 국제예비심사청구가 없는 경우 국제조사기관의 견해서를 「특허성에 관한 국제예비보고서(특허협력조약 제1장)」라는 이름으로 보고서를 발행하여 출원인과 각 지정관청에 송부한다.

한편, 국제단계에서 보충적 국제조사가 2009. 1. 1.부터 인정되었는데, 보충적 국제조사는 출원인에게 주(主) PCT 조사에 추가하여 국제조사기관에 대한 하나 또는 둘 이상의 보충적 조사를 신청할 수 있는 선택권을 제공하는 제도이다.

보충적 국제조사는 ① 국내단계에서의 새로운 선행기술에 대한 가능성을 줄임으로써 이용자들에게 이점을 제공하고, ② 출원인에게 늘어나는 다양한 언어의 선행기술을 고려한 추가적인 조사보고서를 받을 수 있는 기회를 제공한다.

보충적 국제조사는 참여하는 국제조사기관(ISA)이 정하는 제한 범위 내에서만 이용

34) 2004년도부터 국제조사기관에서도 특허성 유무를 판단하게 되면서 선행기술조사가 주 기능이었던 국제조사기관의 기능이 대폭 확장되어 신규성, 진보성, 산업상 이용가능성 여부까지 판단하며 그 내용을 "국제조사기관의 견해서"라는 이름으로 작성한다.

할 수 있고 신청기한은 우선일부터 22개월 이내이다.

4) 청구범위의 보정

출원인이 청구범위를 보정하고자 한다면 국제조사보고서를 받은 후 국제조사보고서 송부일부터 2개월 이내에 또는 우선일부터 16개월 중 늦게 만료하는 날 이내에 1회에 한하여 국제사무국(International Bureau)[35]에 청구범위 보정을 신청할 수 있다. 이 보정내용은 우선일로부터 18개월 후 국제출원서 및 국제조사보고서와 함께 국제공개가 된다.

출원인은 이러한 보정 이외에 국제예비심사를 청구하고 그 청구기한과 동일한 기간 내에 국제조사기관의 견해서에 기초하여 출원의 명세서, 청구범위 및 도면에 대하여 보정서 및 의견서를 국제예비심사기관에 제출할 수 있다.

5) 국제공개

국제공개제도는 출원단계가 어디까지 진행되었는지에 관계없이 출원 후 일정시점에 이르면 모든 출원에 대하여 그 내용을 강제적으로 공개하고 여기에 일정한 법률적 보호를 부여하는 제도이다. 국제공개는 통상의 출원에서 출원공개에 상응하지만, 국제출원의 특성상 공개의 방법과 효과 등에서 통상의 출원공개와 다른 점이 있다.

국제공개 전에 국제출원이나 모든 지정국의 지정이 취하 또는 취하 간주되는 등의 특별한 사정이 없는 한 국제출원은 국제공개의 대상이 된다.

국제공개는 원칙적으로 국제출원의 우선일부터 18개월이 경과한 후에 국제사무국에 의하여 전자적 형태로 이루어지며, 출원서 자체를 제외한 출원인이 제출한 국제출원 전문이 공개되는데, 출원서의 서지적 사항과 요약서가 기재된 표지, 발명의 설명, 청구범위 및 도면(필요한 경우), 보정서가 있는 경우에는 보정된 사항 및 설명서, 국제조사보고서 등을 포함한다. 현재 국제공개언어는 아랍어, 중국어, 영어, 불어, 독어, 일어, 러시아어, 스페인어, 한국어, 포르투갈어의 10개 언어이며, 이들 언어로 출원된 경우에는 각각 이들 언어로 공개된다.

국제사무국이 국제공개 후 이를 출원인 및 각 지정관청에 송부한다.

국제사무국은 우선일부터 18개월 전이라도 출원인이 조기공개신청을 하면 신속히 공개하여야 한다. 다만, 아직 국제조사보고서 등을 활용할 수 없는 상황인 경우에는 국제사무국은 조기공개신청료를 청구할 수 있으며 수수료가 납부된 직후 국제공개를 행

---

35) WIPO 산하의 국제사무국으로 국제공개, 변경통지서 송부 등 국제출원 절차 업무를 담당하는 기관이다.

한다.

국제공개의 효과는 각 지정국(또는 선택국)의 국내법에 따른 출원공개의 효과가 동일하고 그 효과의 발생시기는 특허협력조약 제29조에서 정한 시기 중에서 선택적으로 행한다. 국제공개된 출원은 국제공개일부터 선행기술의 일부가 된다.

국제공개의 시기 및 효과에 대해 아래와 같이 특칙이 있다.

국제특허출원의 출원공개에 관하여 제64조(출원공개) 제1항을 적용하는 경우에는 "다음 각 호의 구분에 따른 날부터 1년 6개월이 지난 후"는 "국내서면제출기간(제201조 제1항 각 호 외의 부분 단서에 따라 국어번역문의 제출기간을 연장해 달라는 취지를 적은 서면이 제출된 경우에는 연장된 국어번역문 제출 기간을 말한다. 이하 이 항에서 같다)이 지난 후(국내서면제출기간에 출원인이 출원심사의 청구를 한 국제특허출원으로서 특허협력조약 제21조에 따라 국제공개된 경우에는 우선일부터 1년 6개월이 되는 날 또는 출원심사의 청구일 중 늦은 날이 지난 후)"로 본다(제207조 제1항). 제1항에도 불구하고 국어로 출원한 국제특허출원에 관하여 제1항에 따른 출원공개 전에 이미 특허협력조약 제21조에 따라 국제공개가 된 경우에는 그 국제공개가 된 때에 출원공개가 된 것으로 본다(제207조 제2항).

국제특허출원의 출원인은 국제특허출원에 관하여 출원공개(국어로 출원한 국제특허출원인 경우 특허협력조약 제21조에 따른 국제공개를 말한다. 이하 이 조에서 같다)가 있은 후 국제특허출원된 발명을 업으로 실시한 자에게 국제특허출원된 발명인 것을 서면으로 경고할 수 있다(제207조 제3항).

국제특허출원의 출원인은 제3항에 따른 경고를 받거나 출원공개된 발명임을 알고도 그 국제특허출원된 발명을 업으로서 실시한 자에게 그 경고를 받거나 출원공개된 발명임을 안 때부터 특허권의 설정등록 시까지의 기간 동안 그 특허발명의 실시에 대하여 합리적으로 받을 수 있는 금액에 상당하는 보상금의 지급을 청구할 수 있다. 다만, 그 청구권은 해당 특허출원이 특허권의 설정등록된 후에만 행사할 수 있다(제207조 제4항).

6) 국제예비심사

국제예비심사는 국제출원의 필수적이 절차가 아니라 출원인의 선택에 따라 진행되는 절차로서,[36] 국제예비심사기관이 특허협력조약 제33조에 따라 국제출원의 청구범위에 기재된 발명의 신규성, 진보성, 산업상 이용가능성에 대해 예비적으로 비구속적인 판단을 내리는 것을 말한다.

---

36) 따라서 국제출원서 제출과는 별도로 국제예비심사기관에 청구서를 제출하고 수수료를 납부하여야 한다.

우리나라 특허청을 수리관청으로 하는 출원인은 국제예비심사기관으로 한국, 오스트리아, 호주, 일본(일본 특허청에서 국제조사를 수행한 경우에 한함), 싱가포르 특허청(싱가포르 특허청에서 국제조사를 수행한 경우에 한함) 중 하나를 선택할 수 있다.

출원인이 국제조사보고서(또는 부작성 선언서) 및 견해서를 송부한 날부터 3개월 또는 우선일부터 22개월 중 늦게 만료하는 날 이전에 수수료를 지불하고 국제예비심사를 신청하면 국제예비심사기관은 국제출원의 청구범위에 기재된 발명의 특허성, 즉 신규성, 진보성 및 산업상 이용가능성에 관하여 심사한 후, 그에 대한 예비적이고 비구속적인 판단을 국제예비심사보고서의 형태로 작성하여 출원인 및 국제사무국에 송부한다. 출원인은 우선일로부터 30개월(우리나라는 31개월) 전까지는 언제라도 국제사무국에 통보함으로써 국제예비심사의 청구 또는 선택국의 선택을 취하할 수 있다.

국제예비심사기관은 발명의 설명, 청구범위, 도면뿐만 아니라 특허협력조약 제19조 보정서 및 제34조 보정서가 있는 경우에는 이들도 대상으로 심사하는데 출원인과 의견교환을 할 수 있고 견해서를 작성하며 발명의 단일성 여부 등을 심사한다.

국제조사기관의 견해서는 해당 국제출원에 대하여 국제예비심사가 청구된 경우 국제예비심사기관은 이를 국제예비심사기관의 1차 견해서로 본다. 따라서 출원인은 국제예비심사를 청구할 수 있는 기간 내에 청구범위는 물론 발명의 설명 및 도면까지도 원출원의 범위 내에서 보정할 수 있고 의견서도 제출할 수 있다.

국제조사단계에서와는 달리 국제예비심사기관과 출원인은 심사과정에서 상호 의견을 교환할 수 있고, 국제예비심사기관은 출원발명이 특허요건을 갖추지 못한 것으로 판단되는 경우에는 보고서 작성 이전에 견해서를 작성하여 출원인에게 송부하며, 출원인은 이에 응하여 보정서 또는 의견서를 제출할 수 있다. 출원인은 국제예비심사보고서의 작성 전까지 횟수에 관계없이 발명의 설명, 청구범위, 도면을 보정할 수 있다. 국제예비심사보고서는 우선일부터 28개월, 국제예비심사착수부터 6개월 또는 국제예비심사를 위한 번역문 접수일부터 6개월 중 늦은 날까지 작성되어 출원인 및 국제사무국에 송부된다. 국제예비심사기관의 보고서는 「특허성에 관한 국제예비보고서(특허협력조약 제2장)」라는 이름으로 작성되며, 국제예비심사기관에 의해 작성된 국제예비심사보고서라는 내용이 부기된다.

출원인은 예비심사결과를 검토하여 특허성이 없는 것으로 판단되는 경우 이후의 국내단계절차를 밟지 않음으로써 출원비용을 절감할 수 있다. 예비심사결과의 통지로써 국제단계에서의 절차는 종료되고 출원인의 번역문을 제출하면 국제출원을 송달 받은 지정관청(또는 선택관청)이 그 나라의 국내법에 의해서 특허 여부를 심사, 결정하는 국내단계의 절차로 넘어간다.

라. 국내단계

각 지정국의 국내단계로 진입하기 위해서는 해당 국가가 요구하는 언어로 작성된 번역문의 제출과 국내단계 진입의사 표시를 위한 서면을 제출하여야 한다.

출원인이 국내단계 절차를 밟기로 결정한 지정국에 대하여는 국제출원의 번역문 제출, 수수료납부, 대리인 선임 등 지정국의 국내법에 따른 국내출원 절차를 밟아야 한다. 출원인으로부터 번역문 등을 제출받은 각 지정관청(또는 선택관청)은 국제조사보고서 및 국제 예비심사보고서를 참고로 각 지정관청의 국내법에 따라 심사한 후 독립적으로 진행된다.

특허협력조약에 따라 국제출원일이 인정된 국제출원으로서 특허를 받기 위하여 대한민국을 지정국으로 지정한 국제출원은 그 국제출원일에 출원된 특허출원으로 본다(제199조 제1항). 이에 따라 특허출원으로 보는 국제출원(이하 국제특허출원이라 한다)에 관하여는 제42조의2, 제42조의3 및 제54조를 적용하지 아니한다(제199조 제2항).

국제특허출원된 발명에 관하여 제30조 제1항 제1호를 적용받으려는 자는 그 취지를 적은 서면 및 이를 증명할 수 있는 서류를 같은 조 제2항에도 불구하고 제201조 제5항에 따른 기준일 경과 후 30일 내에 특허청장에게 제출할 수 있다(제200조, 법 시행규칙 제111조).

국제특허출원의 국제출원일까지 제출된 출원서는 제42조 제1항에 따라 제출된 특허출원서로 본다(제200조의2 제1항). 국제특허출원의 국제출원일까지 제출된 발명의 설명, 청구범위 및 도면은 제42조 제2항에 따른 특허출원서에 최초로 첨부된 명세서 및 도면으로 본다(제200조의2 제2항). 국제특허출원에 대해서는 국제특허출원의 요약서를 국어로 적은 경우는 국제특허출원의 요약서(제1호), 국제특허출원의 요약서를 외국어로 적은 경우는 제201조 제1항에 따라 제출된 국제특허출원의 요약서의 국어번역문(제201조 제3항 본문에 따라 새로운 국어번역문을 제출한 경우에는 마지막에 제출한 국제특허출원의 요약서의 국어번역문을 말한다)(제2호)을 제42조 제2항에 따른 요약서로 본다(제200조의2 제2항).

1) 번역문 등 제출(제201조 국제특허출원의 국어번역문)

국제출원의 출원인은 국제출원 서류와는 별도로 국어로 작성된 번역문을 제출해야 하고, 심사관은 번역문을 기초로 심사를 진행한다. 국내서면제출기한 내에 번역문을 제출하지 않으면 해당 국제출원은 취하 간주되고, 보정서의 번역문이 제출되지 않은 경우에는 해당 보정은 행해지지 않은 것으로 간주된다.

국제출원을 외국어로 한 출원인은 특허협력조약 제2조(xi)의 우선일(이하 우선일이라 한다)부터 2년 7개월(31개월, 이하 국내서면제출기간이라 한다) 이내에 국제출원일까지 제출한 발명의 설명, 청구범위 및 도면(도면 중 설명부분에 한정한다)의 국어번역문(제1호), 국제특허출원의 요약서의 국어번역문(제2호)을 특허청장에게 제출하여야 한다(제201조 제1항). 다만, 국어번역문의 제출기간을 연장하여 달라는 취지를 제203조 제1항에 따른 서면에 적어 국내서면제출기간(31개월) 만료일 전 1개월부터 그 만료일까지 제출한 경우(그 서면을 제출하기 전에 국어번역문을 제출한 경우는 제외한다)에는 국내서면제출기간 만료일부터 1개월이 되는 날까지 국어번역문을 제출할 수 있다(제201조 제2항).[37]

제201조 제1항에도 불구하고 국제특허출원을 외국어로 출원한 출원인이 특허협력조약 제19조(1)에 따라 청구범위에 관한 보정을 한 경우에는 국제출원일까지 제출한 청구범위에 대한 국어번역문을 보정 후의 청구범위에 대한 국어번역문으로 대체하여 제출할 수 있다(제201조 제2항). 제201조 제1항에 따라 국어번역문을 제출한 출원인은 국내서면제출기간(제1항 단서에 따라 취지를 적은 서면이 제출된 경우에는 연장된 국어번역문 제출 기간을 말한다. 이하 이 조에서 같다)에 그 국어번역문을 갈음하여 새로운 국어번역문을 제출할 수 있다. 다만, 출원인이 출원심사의 청구를 한 후에는 그러하지 아니하다(제201조 제3항).

특허출원인이 국내서면제출기간의 만료일(국내서면제출기간에 출원인이 출원심사의 청구를 한 경우에는 그 청구일을 말하며, 이하 기준일이라 한다)까지 제1항에 따라 발명의 설명, 청구범위 및 도면(도면 중 설명부분에 한정한다)의 국어번역문(제3항 본문에 따라 새로운 국어번역문을 제출한 경우에는 마지막에 제출한 국어번역문을 말한다. 이하 이 조에서 최종 국어번역문이라 한다)을 제출한 경우에는 국제출원일까지 제출한 발명의 설명, 청구범위 및 도면(도면 중 설명부분에 한정한다)을 최종 국어번역문에 따라 국제출원일에 제47조 제1항에 따른 보정을 한 것으로 본다(제201조 제5항).[38]

---

37) 통상 서면제출기간은 30개월이나 우리나라는 31개월+1개월의 형식으로 규정하고 있다.

38) 특허법 제201조와 관련하여 이에 대응되는 실용신안법 제36조(도면의 제출)는 다소 다른 내용으로 규정되어 있다. 실용신안법 제36조는 국제실용신안등록출원의 출원인은 국제출원일에 제출한 국제출원이 도면을 포함하지 아니한 경우에는 기준일까지 도면(도면에 관한 간단한 설명을 포함한다)을 특허청장에게 제출하여야 하고(제1항), 특허청장은 기준일까지 제1항에 따른 도면의 제출이 없는 경우에는 국제실용신안등록출원의 출원인에게 기간을 정하여 도면의 제출을 명할 수 있다. 기준일까지 제35조 제1항 또는 제3항에 따른 도면의 국어번역문의 제출이 없는 경우에도 또한 같다(제2항). 특허청장은 제2항에 따른 도면의 제출명령을 받은 자가 그 지정된 기간에 도면을 제출하지 아니한 경우에는 그 국제실용신안등록출원을 무효로 할 수 있고(제3항), 출원인이 제1항 또는 제2항에 따라 도면 및 도면의 국어번역문을 제출한 경우에는 그 도면 및 도면의 국어번역문에 따라 제11조에 따라 준용되는 특허법 제47조 제1항에 따른 보정을 한 것으로 본다. 이 경우 특허법 제47조 제1항의 보정기간은 도면의 제출에 적용하지 아니한다(제4항)라고 규정하고 있다.

특허출원인은 제47조 제1항 및 제208조 제1항에 따라 보정을 할 수 있는 기간에 최종 국어번역문의 잘못된 번역을 산업통상자원부령으로 정하는 방법[39]에 따라 정정할 수 있다. 이 경우 정정된 국어번역문에 관하여는 제5항을 적용하지 아니한다(제201조 제6항). 위 제6항 전단에 따라 제47조 제1항 제1호 또는 제2호에 따른 기간에 정정을 하는 경우에는 마지막 정정 전에 한 모든 정정은 처음부터 없었던 것으로 본다(제201조 제7항). 제201조 제2항에 따라 보정 후의 청구범위에 대한 국어번역문을 제출하는 경우에는 제204조(국제조사보고서를 받은 후의 보정) 제1항 및 제2항을 적용하지 아니한다(제201조 제7항).

제201조 제1항에 따른 출원인이 국내서면제출기간에 제201조 제1항에 따른 발명의 설명 및 청구범위의 국어번역문을 제출하지 아니하면 그 국제특허출원을 취하한 것으로 본다(제201조 제3항).

2) 국내수수료 납부 및 소정 서면의 제출

출원인은 특허료 등의 징수규칙 소정의 해당 수수료를 납부하여야 하고, 국제출원에 관한 사항을 명확하게 하기 위하여 국내서면제출기간 내에 서면[출원인 및 발명자의 성명(명칭) 및 주소, 국제출원일 및 국제출원번호 등을 기재]을 제출하여야 한다(제203조 제1항). 이 경우 국제특허출원을 외국어로 출원한 출원인은 제201조 제1항에 따른 국어번역문과 함께 제출하여야 한다(제203조 제1항). 제203조 제1항 후단에도 불구하고 제201조 제1항 단서에 따라 국어번역문의 제출기간을 연장하여 달라는 취지를 적어 제1항 전단에 따른 서면을 제출하는 경우에는 국어번역문을 함께 제출하지 아니할 수 있다(제203조 제2항).

특허청장은 제203조 제1항 전단에 따른 서면을 국내서면제출기간에 제출하지 아니한 경우(제1호), 제1항 전단에 따라 제출된 서면이 특허법 또는 특허법에 따른 명령으로 정하는 방식에 위반되는 경우(제2호)의 어느 하나에 해당하는 경우에는 보정기간을 정하여 보정을 명하여야 하고(제203조 제3항), 제203조 제3항에 따른 보정명령을 받은 자가 지정된 기간에 보정을 하지 아니하면 특허청장은 해당 국제특허출원을 무효로 할 수 있다(제203조 제4항).

---

39) 제201조 제6항에 따라 국어번역문의 잘못된 번역을 정정하려는 자는 별지 제17호의2 서식의 국어번역문 오역정정서에 정정사항에 대한 설명서, 대리인에 의하여 특허에 관한 절차를 밟는 경우에는 그 대리권을 증명하는 서류를 첨부하여 특허청장에게 제출하고 징수규칙 제2조 제1항 제11호의3에 따른 수수료를 납부하여야 한다(법 시행규칙 제114조 제5항).

3) 보정

가) 국제조사보고서를 받은 후의 보정(제204조)

국제특허출원의 출원인은 특허협력조약 제19조(1)에 따라 국제조사보고서를 받은 후에 국제특허출원의 청구범위에 관하여 보정을 한 경우 기준일까지(기준일이 출원심사의 청구일인 경우 출원심사의 청구를 한 때까지를 말한다. 이하 이 조 및 제205조에서 같다) 외국어로 출원한 국제특허출원인 경우에는 그 보정서의 국어번역문(제1호), 국어로 출원한 국제특허출원인 경우에는 그 보정서의 사본(제2호)을 특허청장에게 제출하여야 한다(제204조 제1항).

제204조 제1항에 따라 보정서의 국어번역문 또는 사본이 제출되었을 때에는 그 보정서의 국어번역문 또는 사본에 따라 제47조 제1항에 따른 청구범위가 보정된 것으로 본다. 다만, 특허협력조약 제20조에 따라 기준일까지 그 보정서(국어로 출원한 국제특허출원인 경우에 한정한다)가 특허청에 송달된 경우에는 그 보정서에 따라 보정된 것으로 본다(제204조 제2항).

국제특허출원의 출원인은 특허협력조약 제19조(1)에 따른 설명서를 국제사무국에 제출한 경우 외국어로 출원한 국제특허출원인 경우에는 그 설명서의 국어번역문(제1호), 국어로 출원한 국제특허출원인 경우에는 그 설명서의 사본(제2호)을 기준일까지 특허청장에게 제출하여야 한다(제204조 제3항).

국제특허출원의 출원인이 기준일까지 제1항 또는 제3항에 따른 절차를 밟지 아니하면 특허협력조약 제19조(1)에 따른 보정서 또는 설명서는 제출되지 아니한 것으로 본다. 다만, 국어로 출원한 국제특허출원인 경우에 특허협력조약 제20조에 따라 기준일까지 그 보정서 또는 그 설명서가 특허청에 송달된 경우에는 그러하지 아니하다(제204조 제4항).

나) 국제예비심사보고서 작성 전의 보정(제205조)

국제특허출원의 출원인은 특허협력조약 제34조(2)(b)에 따라 국제특허출원의 발명의 설명, 청구범위 및 도면에 대하여 보정을 한 경우 기준일까지 외국어로 출원한 국제특허출원인 경우에는 그 보정서의 국어번역문(제1호), 국어로 출원한 국제특허출원인 경우에는 그 보정서의 사본(제2호)을 특허청장에게 제출하여야 한다(제205조 제1항).

제205조 제1항에 따라 보정서의 국어번역문 또는 사본이 제출되었을 때에는 그 보정서의 국어번역문 또는 사본에 따라 제47조 제1항에 따른 명세서 및 도면이 보정된 것으로 본다. 다만, 특허협력조약 제36조(3)(a)에 따라 기준일까지 그 보정서(국어로 작성된 보정서의 경우만 해당한다)가 특허청에 송달된 경우에는 그 보정서에 따라 보정된

것으로 본다(제205조 제2항).

국제특허출원의 출원인이 기준일까지 제1항에 따른 절차를 밟지 아니하면 특허협력조약 제34조(2)(b)에 따른 보정서는 제출되지 아니한 것으로 본다. 다만, 특허협력조약 제36조(3)(a)에 따라 기준일까지 그 보정서(국어로 작성된 보정서의 경우만 해당한다)가 특허청에 송달된 경우에는 그러하지 아니하다(제205조 제3항).

다) 국제출원의 보정에 관한 특례 규정(제208조)

제208조에서 국제출원의 보정에 관한 특례 규정을 두고 있다.

국제특허출원에 관하여는 i) 제82조 제1항에 따른 수수료를 낼 것(제1호), ii) 제201조 제1항에 따른 국어번역문을 제출할 것. 다만, 국어로 출원된 국제특허출원인 경우는 그러하지 아니하다(제2호), iii) 기준일(기준일이 출원심사의 청구일인 경우 출원심사를 청구한 때를 말한다)이 지날 것(제3호)의 요건을 모두 갖추지 아니하면 제47조 제1항에도 불구하고 보정(제204조 제2항 및 제205조 제2항에 따른 보정은 제외한다)을 할 수 없다(제208조 제1항).

외국어로 출원된 국제특허출원의 보정할 수 있는 범위에 관하여 제47조 제2항 전단을 적용할 때에는 "특허출원서에 최초로 첨부한 명세서 또는 도면"은 "국제출원일까지 제출한 발명의 설명, 청구범위 또는 도면"으로 본다(제208조 제3항).

외국어로 출원된 국제특허출원의 보정할 수 있는 범위에 관하여 제47조 제2항 후단을 적용할 때에는 "외국어특허출원"은 "외국어로 출원된 국제특허출원"으로, "최종 국어번역문(제42조의3 제6항 전단에 따른 정정이 있는 경우에는 정정된 국어번역문을 말한다) 또는 특허출원서에 최초로 첨부한 도면(도면 중 설명부분은 제외한다)"은 "제201조 제5항에 따른 최종 국어번역문(제201조 제6항 전단에 따른 정정이 있는 경우에는 정정된 국어번역문을 말한다) 또는 국제출원일까지 제출한 도면(도면 중 설명부분은 제외한다)"으로 본다(제208조 제4항).

4) 기타 증명서류

가) 위임장

재외자는 재외자가 국내에 체재하는 경우를 제외하고는 그 재외자의 특허에 관한 대리인으로서 국내에 주소 또는 영업소를 가지는 자에 의해서만 특허에 관한 절차를 진행할 수 있다(제5조 제1항).

재외자인 국제특허출원의 출원인은 기준일까지는 제5조 제1항에도 불구하고 특허관리인에 의하지 아니하고 특허에 관한 절차를 진행할 수 있으나(제206조 제1항), 국어번역문을 제출한 재외자는 제201조 제4항에 따른 기준일부터 2개월 내에 특허관리인을 선임하여 특허청장에게 신고하여야 하며(제206조 제2항, 법 시행규칙 제116조) 선임신고가 없는 경우에는 그 국제특허출원은 취하된 것으로 본다(제206조 제3항).

나) 감면 대상임을 증명하는 서류

「특허료 등의 징수규칙」 제7조에서 정한 면제 및 감면대상자, 특허료 등의 징수규칙 제10조 제5항에서 정한 감면대상자 등은 그 사실을 증명하는 서류를 제출하여야 한다.

5) 그 밖의 국제출원에 관한 특례 규정

국제출원이 국내단계로 진입한 이후에는 각 국의 국내법 절차에 따라 심사가 독립적으로 진행된다. 그런데 특허법은 국제출원의 특성상 국내법을 그대로 적용할 수 없는 경우에 대처하기 위해 다양한 특례조항을 마련해 두고 있다.

이에 관하여는 특허법 제10장 제2절(제199조부터 제214조까지)에서 규정하고 있는데 앞에서 서술한 특례 규정 설명 외에 제209조(변경출원시기의 제한), 제210조(출원심사청구시기의 제한), 제211조(국제조사보고서 등에 기재된 문헌의 제출명령), 제214조(결정에 의하여 특허출원으로 되는 국제출원)가 있다.

■ 변경출원시기의 특례(제209조)

실용신안법 제34조 제1항에 따라 국제출원일에 출원된 실용신안등록출원으로 보는 국제출원을 기초로 하여 특허출원으로 변경출원을 하는 경우에는 제53조 제1항에도 불구하고 실용신안법 제17조 제1항에 따른 수수료를 내고 실용신안법 제35조 제1항에 따른 국어번역문(국어로 출원된 국제실용신안등록출원의 경우는 제외한다)을 제출한 후(실용신안법 제40조 제4항에 따라 국제출원일로 인정할 수 있었던 날에 출원된 것으로 보는 국제출원을 기초로 하는 경우에는 같은 항에 따른 결정이 있은 후)에만 변경출원을 할 수 있다.

■ 출원심사청구시기의 특례(제210조)

국제특허출원에 관하여는 제59조 제2항에도 불구하고 i) 국제특허출원의 출원인은 제201조 제1항에 따라 국어번역문을 제출하고(국어로 출원된 국제특허출원의 경우는 제외한다) 제82조 제1항에 따른 수수료를 낸 후(제1호), ii) 국제특허출원의 출원인이 아닌 자는 국내서면제출기간(제201조 제1항 각 호 외의 부분 단서에 따라 국어번역문의 제출기간을 연장하여 달라는 취지를 적은 서면이 제출된 경우에는 연장된 국어번역문 제출 기간을 말한다)이 지난 후(제2호)의 어느 하나에 해당하는 때에만 출원심사의 청구를 할 수 있다.

■ 국제조사보고서 등에 기재된 문헌의 제출명령(제211조)

특허청장은 국제특허출원의 출원인에 대하여 기간을 정하여 특허협력조약 제18조의 국제조사보고서 또는 특허협력조약 제35조의 국제예비심사보고서에 적혀 있는 문헌의 사본을 제출하게 할 수 있다.

■ 결정에 의하여 특허출원으로 되는 국제출원(제214조)

국제출원의 출원인은 특허협력조약 제4조⑴(ii)의 지정국에 대한민국을 포함하는 국제출원(특허출원만 해당한다)이, i) 특허협력조약 제2조(xv)의 수리관청이 그 국제출원에 대하여 같은 조약 제25조⑴ⓐ에 따른 거부를 한 경우(제1호), ii) 특허협력조약 제2조(xv)의 수리관청이 그 국제출원에 대하여 같은 조약 제25조⑴ⓐ 또는 ⓑ에 따른 선언을 한 경우(제2호), iii) 국제사무국이 그 국제출원에 대하여 같은 조약 제25조⑴ⓐ에 따른 인정을 한 경우(제3호)의 어느 하나에 해당하는 경우 산업통상자원부령으로 정하는 기간[40]에 산업통상자원부령으로 정하는 바[41]에 따라 특허청장에게 같은 조약 제25조⑵ⓐ에 따른 결정을 하여줄 것을 신청할 수 있다(제214조 제1항).

제214조 제1항의 신청을 하려는 자는 그 신청 시 발명의 설명, 청구범위 또는 도면(도면 중 설명부분에 한정한다), 그 밖에 산업통상자원부령(법 시행규칙 제112조)으로 정하는 국제출원에 관한 서류의 국어번역문을 특허청장에게 제출하여야 한다(제214조 제2항).

특허청장은 제214조 제1항의 신청이 있으면 그 신청에 관한 거부·선언 또는 인정이 특허협력조약 및 같은 조약규칙에 따라 정당하게 된 것인지에 관하여 결정을 하여야 한다(제214조 제3항).

특허청장은 제214조 제3항에 따라 그 거부·선언 또는 인정이 특허협력조약 및 같은 조약규칙에 따라 정당하게 된 것이 아니라고 결정을 한 경우에는 그 결정에 관한

40) 이에 따른 기간은 거부·선언 또는 인정이 출원인에게 통지된 날부터 2월이다(법 시행규칙 제117조 제1항).

41) 특허법 제214조 제1항에 따른 결정의 신청을 하려는 자는 법 시행규칙 별지 제58호 서식의 신청서 2통에 발명의 설명, 청구범위, 요약서 및 도면의 번역문 각 2통(제1호), 대리인에 의하여 절차를 밟는 경우에는 그 대리권을 증명하는 서류 2통(제2호), 기타 법령의 규정에 의한 증명서류 2통(제2호)의 각 서류를 첨부하여 특허청장에게 제출하여야 한다(법 시행규칙 제117조 제2항).

국제출원은 그 국제출원에 대하여 거부 · 선언 또는 인정이 없었다면 국제출원일로 인정할 수 있었던 날에 출원된 특허출원으로 본다(제214조 제4항).

특허청장은 제214조 제3항에 따른 정당성 여부의 결정을 하는 경우에는 그 결정의 등본을 국제출원의 출원인에게 송달하여야 한다(제214조 제5항).

제214조 제4항에 따라 특허출원으로 보는 국제출원에 관하여는 제199조 제2항, 제200조, 제200조의2, 제201조 제5항부터 제8항까지, 제202조 제1항 · 제2항, 제208조 및 제210조를 준용한다(제214조 제6항).

제241조 제4항에 따라 특허출원으로 보는 국제출원에 관한 출원공개에 관하여는 제64조 제1항 중 “다음 각 호의 구분에 따른 날”을 “제201조 제1항의 우선일”로 본다(제214조 제6항).

사항색인

[ㅇ]

[ㅈ]

[영문]

저자약력

윤 태식(尹 泰植)

■ 주요 약력 ■

특허법원 판사

대법원 재판연구관(지식재산권조)

서울중앙지방법원 부장판사(지식재산권 전담 합의부 재판장)

서울중앙지방법원 지적재산권실무연구회 회장

서울동부지방법원 수석부장판사

서울동부지방법원 법원장

〈현재〉 수원지방법원 부장판사

법관연수 지식재산권소송 실무연수, 대한변호사협회 지식재산권법 특별연수 및 지식재산연수원 연수, 서울지방변호사회 특허연수원 연수, 대한변리사회 민사소송실무연수, 변리사시험 합격자 실무수습 집합교육과정, 기술심리관·조사관 직무수행연수, 군법무관 전문화 교육 등의 강사 역임

■ 주요 저서 ■

- 단독집필 저서 :

「판례중심 특허법, 진원사(2013)」, 「디자인보호법 -디자인 소송 실무와 이론-, 진원사(2016)」, 「특허법 -특허 소송 실무와 이론-(제2판), 진원사(2017)」, 「저작권법, 박영사(2020)」, 「부정경쟁방지법, 박영사(2021)」, 「저작권법 제2판, 박영사(2021)」

- 분담집필 저서 :

「전면개정판 지적재산소송실무, 특허법원 지적재산소송실무연구회, 박영사(2009)」, 「특허판례연구, 한국특허법학회 편, 박영사(2009)」, 「특허법 주해 I·II, 박영사(2010)」, 「지적재산권재판실무편람, 지적재산권재판실무편람 집필위원회, 법원행정처(2011)」, 「개정판 특허판례연구, 한국특허법학회 편, 박영사(2012)」, 「특허판례백선 제4판, 사단법인 한국특허법학회 역, 박영사(2014)」, 「직무발명제도해설, 한국특허법학회 편, 박영사(2015)」, 「디자인보호법 주해, 박영사(2015)」, 「온주 부정경쟁방지 및 영업비밀 보호에 관한 법률, THOMSON REUTERS LAWnB(2016)」, 「영업비밀보호법, 한국특허법학회 편, 박영사(2017)」, 「상표법 주해 I·II, 박영사(2018)」, 「지식재산권 재판실무편람, 법원 지식재산권 재판실무편람 집필위원회(2020)」, 「제2판 민법주해 [III] 총칙(3), 박영사(2022)」, 「부정경쟁방지법 판례백선, 법원 지식재산권법연구회·사단법인 특허법학회, 박영사(2024)」 등

■ 주요 논문 ■

- 「외국인의 인신 손해배상액 산정에 있어서의 일실이익과 위자료, 법조 제52권 9호(2003)」, 「일본 민사소송법의 집중심리제도 연구, 재판자료 제113집 : 외국사법연수논집(27), 법원도서관(2007)」
- 「프로덕트 바이 프로세스 청구항(Product by Process Claim)에 관한 소고, 사법논집 제45집, 법원도서관(2007)」, 「인터넷 링크 중 이른바 심층링크 내지 직접링크를 하는 행위가 구 저작권법에 정한 복제 및 전송에 해당하는지 여부(소극), 대법원판례해설 82호(2009 하반기), 법원도서관(2010)」, 「제조방법 기재 물건 청구항의 청구범위 해석과 관련된 쟁점, 특별법 연구 제11권, 사법발전재단(2014)」, 「상표법상 상표의 유사 여부 판단에 관한 연구, 사법논집, 제59집, 법원도서관(2014)」, 「상표법 제33조 제1항 제3호의 기술적 상표에 관한 실무적 고찰, 사법논집, 제77집, 사법발전재단(2023)」 등

특허법

초판발행 2024년 10월 17일

지은이 윤태식
펴낸이 안종만 · 안상준

편 집 윤혜경
기획/마케팅 조성호
표지디자인 BEN STORY
제 작 고철민 · 김원표

펴낸곳 (주) 박영사
서울특별시 금천구 가산디지털2로 53, 210호(가산동, 한라시그마밸리)
등록 1959. 3. 11. 제300-1959-1호(倫)
전 화 02)733-6771
f a x 02)736-4818
e-mail pys@pybook.co.kr
homepage www.pybook.co.kr
ISBN 979-11-303-2937-6 93360

정 가 55,000원